现代社会与犯罪治理

——中国犯罪学学会年会论文集（2019年）

XIANDAI SHEHUI YU FANZUI ZHILI

主　编◇黄　河　葛　迪
副主编◇岳向阳　徐　然　舒洪水

中国检察出版社

编委会

主　　　编：黄　河　葛　迪

副 主 编：岳向阳　徐　然　舒洪水

编委会主任：王　牧　黄　河

编委会成员：（按姓氏笔画排序）

王大为　王晓东　车承军　皮　勇
刘仁文　刘晓梅　张　凌　应培礼
严　励　吴宗宪　时延安　周光权
郭立新　赵国玲　袁　林　徐　岱
魏昌东

编写说明

中国犯罪学学会第二十八届学术研讨会将于 2019 年 10 月 17 日至 18 日在西安市召开。本届年会由中国犯罪学学会主办，陕西省人民检察院、西北政法大学联合承办。

习近平总书记在 2019 年中央政法工作会议上明确指出，要善于把党的领导和我国社会主义制度优势转化为社会治理效能，完善党委领导、政府负责、社会协同、公众参与、法治保障的社会治理体制，打造共建共治共享的社会治理格局。要创新完善平安建设工作协调机制，统筹好政法系统和相关部门的资源力量，形成问题联治、工作联动、平安联创的良好局面。这既是党在新时代对政法战线提出的新使命、新命题、新任务，也是不断完善和发展中国特色社会主义制度、推进国家治理体系和治理能力现代化的内在要求，更是坚持全面依法治国、建设中国特色社会主义法治体系和建设社会主义法治国家的题中之义。

犯罪学是以观察犯罪现象、归纳犯罪原因、总结犯罪规律、形成犯罪对策为主要研究内容的一门社会科学，较之于法规范学科的刑法学而言，具有更强的实证性、社会性、政策性，需要跨越更广的知识领域，掌握更多的分析工具，形成更全的观察视角。也因此，犯罪学直接受到了国家社会变迁、科学技术的发展、刑事政策的调整等社会重要现象的影响，同时也以科学的方式，反作用于这些社会重要现象，从而不断提升国家和社会抗制犯罪的能力，实现对犯罪，特别是层出不穷的新型犯罪的有效控制。基于此，自 2018 年第二十七届学术研讨会起，中国犯罪学学会决定以"现代社会与犯罪治理"作为今后一个阶段的年会核心主题，鼓励引导犯罪学的理论研究重点关注现代社会中的热点犯罪现象及其动向趋势，更好地服务新时代国家发展的战略大局，实现现代社会的良性治理，促进犯罪学理论研究的学术繁荣，提升犯罪学理论在现代社会和法治国家中的话语权和公众认同。

与 2018 年四项分议题相比，"现代社会与犯罪治理"（2019），在更为广泛、更为全面、更为实务的层面，响应了今年中央政法工作会议所提出的"要加大关系群众切身利益的重点领域执法司法力度，让天更蓝、水更清、空气更清新、食品更安全、交通更顺畅、社会更和谐有序"的部署要求，分别对八个分议题加以审视和研究：(1) 犯罪防控与被害预防的基础理论；(2) 风险社会下刑事政策的基本立场；(3) 大数据、人工智能时代的犯罪统计与定量分析；(4) 黑恶势力犯罪的防控与治理；(5) 环境领域犯罪的防控与治理；(6) 金融领域犯罪的防控与治理；(7) 扶贫领域犯罪的防控与治理；(8) 食品药品领域犯罪的防控与治理。第一个分议题"犯罪防控与被害预防的基础理论"。相对于具体政策下的犯罪治理而言，更为宏观和全局，强调犯罪基础理论和研究方法的系统性和整体性，直接呼应主题，从而在此次学术研讨会中发挥着全景概览、奠定基础、凝聚共识、提纲挈领的作用。第二个分议题为"风险社会下刑事政策的基本立场"。这里有两个方面的考量，一方面，人类已经进入到因现代技术发展而风险不断弥散的社会；另一方面，我国当前面临社会主要矛盾的时代性变化，各项政策特别是刑事政策也面临调整的历史契机。有鉴于此，为了更为科学地指导刑事立法和司法规制犯罪，避免刑事政策的盲动，专设该分议题，探讨新时代刑事政策的应然价值取向。第三个分议题为"大数据、人工智能时代的犯罪统计与定量分析"。这是考虑到长期以来，我国犯罪学研究重定性研究、轻定量研究，依赖文献分析、较少实证分析，对现代犯罪统计和定量分析了解不够、研究不深。专设该议题，旨在引领学术范式的转型，不断在研究方法上取得突破。第四至八分议题，则分别聚焦黑恶势力犯罪、环境领域犯罪、金融领域犯罪、扶贫领域犯罪和食品药品安全领域犯罪问题，这既是当前刑事实务中常见、高发的重难点问题，也是涉及人民群众切身利益、关系到社会公共法益的重大问题。有鉴于此，我们分别设置分议题，从理论和实务的不同维度，形成对这些重点议题的"问题联动""对策探讨"，从而不断推动这些领域刑事政策的规范化、科学化、效能化。

秉承自第十九届年会以来的优良传统，本届学术研讨会亦于年会举办前将各位学者提交的论文择优正式结集出版。这不仅为年会的顺利召开提供研讨的基础，更重要的是为我国犯罪学领域的学术交流提供一个有益的平台。也希望此举可以为进一步提高犯罪学研究水平和我国法治建设作出应有贡献。至主题征文截稿之日，学会共收到论文163篇。经过认真审查和筛选，最终我们从中选取70篇优秀论文结集出版，这些论文基本上反映了我国犯罪学领域内相关问题的最新研究状况。衷心感谢所有惠赐稿件的作者对本届学术研讨会的热心关注与支持，对犯罪学研究事业的无私奉献与真诚关爱！

本文集能够及时、高质量地出版，得益于中国检察出版社领导的鼎力支持和编辑同志的辛勤劳动，我们在此表示由衷的感谢和崇高的敬意！

中国犯罪学学会
2019年8月8日

目 录

犯罪防控与被害预防的基础理论

走向空间正义：城市公共安全的技术治理 …………………… 单　勇 / 3
教育背景与再犯罪的关系研究
　　——以监狱服刑人员为样本 ………………………………… 张旭芳 / 14
刑法预防性立法之困境和犯罪学提供智识的进路 ……………… 姜　敏 / 26
犯罪预防视域中的刑法宽缓化：表现、根基、影响与反思 …… 赵　星 / 38
论犯罪预防与人脸识别技术之间的博弈
　　——基于隐私与安全的角度 …………………………… 刘灿华　夏立款 / 44
加强我国网络著作权刑法保护的若干思考
　　——以"云霄阁"等侵犯著作权典型个案为研究对象
　　……………………………………………………… 刘晓梅　鲍洁莹 / 53
对终身监禁制度实现刑罚目的可能性之探讨 …………………… 涂欣筠 / 76
对检察机关提前介入重大疑难案件侦查制度完善的思考
　　………………………………………………………… 李逸强　许军望 / 89
被害人"恶逆变"犯罪及其预防 ………………………… 兰跃军　廖建灵 / 97
制度初衷与现实：农村社区矫正执行阻力分析
　　——基于 S 省 W 镇的社区矫正执行调查 ………… 但未丽　苏现翠 / 114
关于性侵未成年被害人综合保护体系的构建 …………………… 朱艳菊 / 123
刑事合规理念下的企业犯罪风险防控 …………………… 于　阳　王雅琦 / 133
犯罪控制的合规性建构：一种基础理论的研究 ………………… 师　索 / 143

风险社会下刑事政策的基本立场

风险社会视野中人工智能领域的犯罪主体 ……………………… 周振杰 / 163

守底限的惩罚主义
　　——风险社会下刑事政策的基本立场 ·················· 汪明亮 / 172
风险社会背景下风险预防的刑事政策立场及其处遇机制的展开
　　··· 李　川 / 180
风险社会视域下的刑事政策考量：瞻前与顾后 ······ 聂立泽　刘林群 / 188
风险社会视阈下刑事立法的价值选择和目标定位 ··· 叶良芳　马路瑶 / 196
风险社会下刑事政策的基本立场 ·························· 李卫红 / 208
死刑错案及洗冤的实证研究 ··· 刘瀚文（译）　熊谋林　苗　苗（著） / 217
预防性刑法观的风险应对与审思 ··················· 陈小彪　储　虎 / 255
人工智能刑事责任论的法理分析与检讨 ····················· 赵运锋 / 265
中国恐怖主义犯罪态势、特点与应对策略 ··················· 李　恒 / 277
应以"宽限入罪，严控重刑"为坐标定义"宽严相济"
　　·· 傅跃建　张晓东 / 291

大数据、人工智能时代的犯罪统计与定量分析

大数据时代侵犯公民个人信息犯罪实证分析及防控研究
　　——基于对669份判决书的定量分析 ············ 皮　勇　杜嘉雯 / 301
大数据视阈下网络犯罪的调查与思考
　　································· 浙江省丽水市中级人民法院课题组 / 315
大数据时代电信网络诈骗犯罪的防控反思 ··· 伍　健　娄永涛　唐　祥 / 330
基于大数据的犯罪统计与定量分析研究 ····················· 胡　勇 / 343
基于大数据的服刑人员重新犯罪预测 ······················· 马国富 / 352
电信网络诈骗犯罪的独特属性与治理路径 ··················· 王　洁 / 363
陕西省醉驾型危险驾驶犯罪案件有关情况的调研报告
　　······································ 王　洋　王文宾　王玉洁 / 374

黑恶势力犯罪的防控与治理

套路贷的概念及入刑条件辨析 ······················ 刘仁文　刘文钊 / 389
"腐恶并发型"恶势力组织治理模式的路径更新
　　——监察力量参与恶势力组织治理的策略 ··············· 蒋凌申 / 405
企业涉黑财产处置法治化问题研究 ························· 商浩文 / 415
"软暴力"的概念及其类型化认定研究 ··············· 陈毅坚　陈梓瀚 / 427

暴力讨债刑事犯罪防控实证研究
　　——兼及恶势力雏形治理 ………… 四川省崇州市人民检察院课题组 / 438
组织、领导、参加黑社会性质组织犯罪的治理与防范
　　——以遏制犯罪人的产生为视角 ……………………… 彭凤莲　邓　瑞 / 449
新时代黑恶势力犯罪善治问题研究 …………………………………… 王燕飞 / 457
论农村黑恶势力犯罪的防控与治理
　　——以犯罪滋生土壤为切入点 …………………………… 俞　亮　罗来兵 / 466
黑恶势力保护伞问题实证研究
　　——以中纪委国家监察委网站通报的83起保护伞案件为例 ……… 张应立 / 475
论恶势力开设实体赌场的特征与防控 ……………………… 周　娅　方向楠 / 493
"扫黑除恶"的法治保障之思维向度 ………………………………… 荣　月 / 508

环境领域犯罪的防控与治理

生态环境犯罪长效治理的法律机制
　　——以长江流域非法采砂治理为例 ……………………………… 叶小琴 / 519
环境犯罪案件监测数据认可的实践困境与制度创新 ………………… 涂龙科 / 529
"治理靶向更新"：污染环境罪合规治理模式之首倡
　　——从"理性选择理论"视角 …………………………………… 钱小平 / 536
环境污染犯罪治理困境破解：理念更新与综合治理
　　…………………………………………… 王志远　陈　昊　季金升 / 547
地方排放标准修改与污染环境犯罪防控问题研究 …… 毛颖洁　李怡文 / 557
新型非法采矿行为的特点、定罪量刑与防控 …………………… 叶林秀 / 565

金融领域犯罪的防控与治理

涉众型金融犯罪问题及实证性对策研究 ……………………………… 贺　卫 / 575
从抑制到缓和：我国金融刑事政策的基本走向 ……………………… 满　涛 / 584
技术、制度、价值视野下互联网金融刑事风险及其防控
　　………………………………………………………………… 郭泽强　谢　逍 / 595
强监管背景下互联网金融犯罪侦防研究
　　——以P2P网贷为中心 …………………………………… 董邦俊　赵　聪 / 607

金融领域网络犯罪的防控与治理
　　——基于河南省焦作市解放区检察院办理的杨某特大网络犯罪案
　　　件实证分析 …………………… 漆泽民　赵海燕　王晓雯　徐梦瑶 / 626
积极治理主义导向下 P2P 网贷平台犯罪防控模式更新 ………… 程　衍 / 635
涉众型金融犯罪的原因分析与治理对策 ……………… 胡　江　刘宛春 / 644
国企产权转让中中介机构的犯罪风险与防范 …………………… 王　天 / 654
地方金融犯罪预防和打击对策研究 …………………… 卢一凡　朱全龙 / 664
P2P 网贷平台案件侦办特点、控辩焦点与侦查对策 …………… 王枫梧 / 685
金融犯罪刑法规制的风险逻辑 …………………………………… 张玮琦 / 693

扶贫领域犯罪的防控与治理

惠农扶贫领域职务犯罪问题研究 ……………………… 霍辉生　陈　兵 / 709
惩防扶贫领域职务犯罪的困境与出路
　　——以 S 省 C 市 2018 年办理的案件为例 …………………… 杨　娟 / 715
扶贫专项资金领域职务犯罪预防的对策研究
　　——以广东扶贫资金监管的创新实践为视角 ………………… 李　娟 / 722

食品药品领域犯罪的防控与治理

医疗事故犯罪案件判决的特点与犯罪治理思路
　　——以 113 份医疗事故罪相关裁判文书为分析对象 ………… 吴　勃 / 731
非法添加和滥用含铝食品添加剂犯罪之实证分析与研究
　　——以 539 个案例为样本 …………………… 郑丽萍　赵　杨 / 745
危害食品安全犯罪研究的现状、反思与展望
　　——基于 2008～2018 年相关文献的研究 ………… 王　嘉　李春雷 / 754
食品安全领域犯罪治理问题研究
　　——以台湾大统食用油掺假案侦办经验为镜鉴 ……… 沈　威　徐晋雄 / 768
涉假药犯罪案件的社会认同问题研究 ………………… 高孝义　金华捷 / 782
微整形领域销售假药犯罪特点、原因及防控研究 …… 马　珣　许　蕾 / 792
危害食品安全犯罪刑事治理的政策性检视 ……………………… 张伟珂 / 800
食品药品领域犯罪的防控与治理
　　——以 G 省 F 市 2012～2018 年司法审结的案件为样本 …… 付　余 / 809

犯罪防控与被害预防的基础理论

走向空间正义：城市公共安全的技术治理[*]

单 勇[**]

一、技术穹顶下的治理隐忧

随着城市化的深入推进，人口持续从农村涌入城市、从中小城市汇聚于大城市，代表当代文明高峰的特大城市及高密度城市的崛起势不可挡。"城市人口、功能和规模不断扩大，城市运行系统日益复杂，安全风险不断增大"[①]。城市面临治安及刑事案件、交通安全、消防安全、网络安全、极端天气、流行性疾病、基础设施安全、非传统安全等公共安全问题的挑战与日俱增。对此，在互联网及物联网+大数据+人工智能的"三浪叠加"下，以信息技术为代表的科学技术向城市公共安全治理全面渗透，"运用技术平台监管社会成为现代政府的普遍做法"[②]。"社会的发展塑造了技术，但也被技术所塑造。"[③] 通过"智慧城市"等战略的推动，全景式监控城市、数据控制型社会初具规模，城市公共安全的技术治理模式蔚然成形。

从内涵上看，技术治理既指依靠技术的治理，也指代治理方式、治理机制的技术化。在"技术治理成为当前社会治理领域改革和政策实践的主导逻辑"[④] 背景下，技术治理对公共安全治理形成了巨大的拉动效应，但实践中技

---

[*] 本文系 2014 年度国家社科基金青年项目"基于犯罪热点制图的城市防卫空间研究"（项目编号：14CFX016）、2016 年度国家法治与法学理论研究中青年课题"地理信息系统支持下的犯罪热点与空间因素相关性研究"（项目编号：16SFB3017）的阶段性成果。

[**] 单勇，南京大学法学院教授，法学博士。

[①] 引自中共中央办公厅、国务院办公厅：《关于推进城市安全发展的意见》，2018 年 1 月印发。

[②] Rebecca MacKinnon, China's " Network Authoritarianism", Journal of Democracy, 2011, Vol. 22, No. 2, p. 41.

[③] Smith M R, Marx L. Does technology drive history?: The dilemma of technological determinism [M]. Mit Press, 1994. 101.

[④] 黄晓春、嵇欣：《技术治理的极限及其超越》，载《社会科学》2016 年第 11 期。

术治理所面临的发展隐忧似更值得关注。"技术之舟载着人类越来越迅速地向无限的未知维度推进。如果说把技术探索继续进行下去似已成为人类的宿命，那么对技术的性质及可能后果作批判性的思考，已成为人类责无旁贷的义务。"① 城市公共安全的技术治理至少存在如下隐忧：

第一，城市公共空间被限制使用的情况趋重。一般来说，技术治理往往紧密依托城市空间结构而布局。囿于城市空间资源的稀缺性，城市更新及防卫空间设计等治理技术的广泛运用导致城市中"门禁社区"、全封闭管理空间日渐增多，致使空间区隔、空间分化、空间冲突现象愈发显著，外来人口、低收入人群对城市空间的使用受到多重限制。城市公共空间的限制使用是一种全球性现象，"美国在'9·11'后城市的堡垒化态势趋重，空间限制、隔离增加，监控无所不在，安全在很多地方成为借口，公共空间被限制使用的现象非常普遍"。② 随着视频监控等物联网感知技术的发达，城市披上"数字皮肤"，公共安全治理的黑科技层出不穷，但智慧城市建设似乎并未缓解空间区隔和分化，反而以"数字鸿沟"、人被技术物化异化等形式加剧了城市的空间分化，技术治理的土壤可能生长出无处不在、无所不知、持续进化的全景式监控社会。

第二，技术治理形成的"数字鸿沟"在潜移默化之中催生出新的社会鸿沟，使民众面临被技术异化和物化的可能，这无疑增大了城市居民参与公共安全治理的难度。在由大数据算法、物联网编织成的智慧城市面前，普通个体感到自己越来越无足轻重。"随着权威从人类转向算法，世界可能不再是一个自主的、人们努力做出正确选择的剧场。相反，我们可能会认为整个宇宙就是一个数据流，每个有机体不过是一套生化算法。"③ 以算法为中心的技术治理潜藏着滑向"数字利维坦"④ 危险，使民众的生活越来越被数字技术、算法、模型所控制，导致"个人与大数据掌控者之间的力量悬殊越来越明显，个人越来越无法掌握自己的命运"⑤。

---

① 阮炜：《技术把人带向何方？》，载《社会科学报》2018年2月2日第1594期，第6版。
② 强乃社：《空间视野中的当代城市哲学》，载《学习与探索》2015年第9期。
③ ［以色列］尤瓦尔·赫拉利：《今日简史——人类命运大议题》，林俊宏译，中信出版集团股份有限公司2018年版，第52页。
④ 郧彦辉：《数字利维坦：信息社会的新型危机》，载《中共中央党校学报》2015年第3期。
⑤ 《郑戈谈个人隐私与大数据：整个现代法律体系都在受大数据冲击》，载澎湃新闻，http://m.thepaper.cn/newsDetail_forward_1737936?from=timeline&isappinstalled=0，访问日期：2017年7月23日。

第三，既有研究对技术治理的理解存在明显的"技术决定论"偏颇。某些研究在技术性思维引导下把"智慧城市"的治理实践单纯视为技术性问题，对大数据技术寄予过高的期望，盲目迷信人工智能，各种"智慧城市"的治理规范多为技术性规则，各种理论研讨多聚焦于"怎么做"的问题，即如何利用技术现实公共安全风险的全面感知及预警预测预防。实际上，技术治理研究最重要的不是"怎么做"，而是解决"为什么做"和"做什么"的问题，这需要对技术治理的基本理念、价值诉求、内在逻辑及顶层设计等基础性和先导性问题展开深入思考。

综上，正所谓"没有人，何为城？"人是万物的尺度和城市空间的主宰。面对空间区隔、人的主体性被技术异化、理论研究方向存在偏颇等问题，技术治理的上层观念、价值诉求及发展方向亟待明晰。

二、技术治理应遵循空间正义理念

人是空间的存在，"空间是人类生活的第一原则"①。城市公共安全的技术治理应将对弱势群体的空间边缘化和空间相对剥夺减少到最低限度，尤其是在城中村改造、防卫空间设计、群租房及地下空间安全隐患整治等治理活动中，应遵循"空间正义"的基本理念。

"'空间正义'是'空间中的社会正义'的缩写。"② 空间正义，即社会正义的空间化，起源于1968年规划师戴维斯在《社会需求和当地服务资源》一文中提出的"领域正义"概念。③ 随后，大卫·哈维从马克思主义政治经济学的视角，对"领域正义"内涵进行拓展，将其定义为寻求一种对城市社会资源的正义分配，理论上首次将社会正义与城市空间结合起来。④ 根据美国地理学家爱德华·苏贾的理解，"空间与正义内在关联，空间包含正义，不是外在于正义的；正义必然需要空间，否则正义就是一种单纯的理念，不能落地生根"。⑤ 具体来说，"空间正义，就是存在于空间生产和空间资源配置领域中的

---

① ［美］爱德华·W.苏贾：《寻求空间正义》，高春花、强乃社等译，社会科学文献出版社2016年版，"译者的话"第2页。

② G. H. Pirie, "OnSpatialJustice", EnvironmentandPlanning, 1983, A. 15.

③ 张京祥、胡毅：《基于社会空间正义的转型期中国城市更新批判》，载《规划师》2012年第12期。

④ Harvey D. Social justice and the city ［J］. American Political Science Association, 1973, 69 (2): 180 - 192.

⑤ 强乃社：《城市空间化及空间正义化——一场围绕苏贾〈寻求空间正义〉争论的回顾与反思》，载《学习与探索》2016年第11期。

公民空间权益方面的社会公平和公正，它包括对空间资源和空间产品的生产、占有、利用、交换、消费的正义"。①

技术治理之所以应遵循空间正义理念，理由有三：

第一，城市公共安全的技术治理不仅要回应我国城镇化发展中的现实问题，更要顺应城市运行发展的基本规律。"空间是治理的基础和对象，城镇化则是改变空间的重大力量。"②"城镇化是一个空间生产的过程，空间正义是中国城镇化的基本价值准则。"③ 作为城市更新的核心价值，空间正义关注资源空间分配的正义和政策制定过程的正义。客观地说，技术治理在控制公共安全风险、促进城市更新的同时，在一定程度上造成了城市空间的异化和隔离、弱势群体的相对剥夺、"城市公共空间资源的'私域化'"④、空间资源分配的不均衡等弊端，而"空间正义"范畴的提出就是"对不正义的空间表现的批判，目的在于观察、辨别和消减植根于空间和空间过程的不正义"。⑤ 由此，"城市成为了重构社会正义的空间所在"⑥，成为保障正义的基本条件；而"空间正义"则构成了回应"城市如何让生活更美好"问题的理论依据，是现代城市更新的基本价值导向和城市空间重构的核心理念。

第二，城市公共安全的技术治理在追求社会控制与空间秩序重构的过程中，离不开社会正义观念和人本主义精神的引导。实际上，没有绝对客观的城市空间，只有透过社会关系、城市规划、权力运行、治理活动、主观想象而折射出的城市空间。"技术重塑社会"不仅要求公共安全治理对大数据等信息技术做出适应性调整，更要求在"技术社会的正义观念"指导下重塑治理秩序、维护公民权利及实现良政善治。"正义是社会制度的首要价值"⑦，作为关于空间利用及社会资源空间分配的正义观念，空间正义成为技术治理不得不首要关注的问题。此外，在技术治理中，"人是智慧城市的主角，信息技术并非替代

---

① 任平：《空间的正义——当代中国可持续城市化的基本走向》，载《城市发展研究》2006 年第 5 期。

② 陈晓彤、杨雪冬：《空间、城镇化与治理变革》，载《探索与争鸣》2013 年第 11 期。

③ 张宝义：《中国城镇化过程中的空间正义探寻》，载《城市》2014 年第 2 期。

④ 张宝义：《中国城镇化过程中的空间正义探寻》，载《城市》2014 年第 2 期。

⑤ 曹现强、张福磊：《空间正义：形成、内涵及意义》，载《城市发展研究》20111 年第 4 期。

⑥ Soja, E. Seeking Spatial Justice [M]. Minneapolis: University of Min‐nesota Press, 2010: 7.

⑦ [美] 约翰·罗尔斯：《正义论》，何怀宏等译，中国社会科学出版社 1988 年版，第 3 页。

人们解决问题,而是帮助人们解决问题"。① 技术治理应以人为本,让技术服务于民众而非单纯的社会控制,应避免现代信息技术对人的异化,应保障民众依法参与技术治理的基本权利和制度渠道。

第三,城市公共安全的技术治理应以权利保障为导向,而权利观念的确立离不开正义观念的形塑。人是空间的存在,更是权利的存在。"空间是权利的基础和实现的途径,正是在空间场域中,才产生了空间权益是否公平正义的问题。"② "空间正义既是经验的,也是先验的;由于空间正义本身的特殊性,在某种条件下,空间正义即空间权利,空间正义具体体现为对空间的支配权和分配权。"③ 空间正义不是为精英阶层服务的一种少数人正义,而是主张从微观起步面向普适个体、偏重弱势群体的人民正义观。从性质上看,"空间"是理解城市权利的基本视角,空间性是城市权利的基本维度,空间权利构成了城市权利的基础内容。④ 因此,空间权利亦是一种城市权利,以空间正义为理念的技术治理应认真对待及保障城市权利。

三、技术治理应认真对待城市权利

城市权利是城市研究的中心议题。作为一种综合性的关系存在,"城市是人的社会性的空间化实现,权利关系是城市的基本关系"。⑤ 法国哲学家亨利·列斐伏尔指出,"空间并非是某种与意识形态和政治保持着遥远距离的科学对象,相反,它永远是政治性和策略性的"。⑥ "在广义上,城市权利泛指一切与城市和城市发展有关的权利,比如土地权、居住权、道路权、生活权、参与权、管理权、获取社会保障的权利等。在狭义上,城市权利特指由于城市发展所产生或带有鲜明城市性的权利,比如获得城市空间、参与城市管理、拥有

---

① 胡小明:《智慧城市的思维层次》,载《中国建设报》2018年5月28日,第006版。
② 张天勇、韩雪:《空间正义的"权利—价值"逻辑及其实践策略》,载《天津社会科学》2016年第5期。
③ 孔明安:《空间正义的批判及其限度》,载《苏州大学学报》2013年第4期。
④ 陈忠:《城市权利:全球视野与中国问题——基于城市哲学与城市批评史的研究视角》,载《中国社会科学》2014年第1期。
⑤ 陈忠:《城市权利:全球视野与中国问题——基于城市哲学与城市批评史的研究视角》,载《中国社会科学》2014年第1期。
⑥ Lefebvre, H. The Urban Revolution [M]. Columbia: University Of Min - nesota Press, 2003:46.

城市生活的权利。城市权利是人与城市关系中的主体资格、主体素质与主体能力。"① 对此,技术治理聚焦于狭义的城市权利,这种城市权利对技术治理的影响有三:

第一,作为一种集体权利,城市权利要求技术治理致力于谋求城市内各群体的共同福祉与整体利益,以整体性治理思路实现治理资源在空间分配上的公正与均衡。

大卫·哈维认为,"城市权利不同于新自由主义所倡导的个体权利,城市权利是一种可能超越严格意义上阶级分化的、较为宽泛的集体权利。这种集体权利是一种从总体上对城市化过程、城市建设、城市更新的控制权"。② 在技术治理中,集体权利的实现不仅限于诸如"城市大脑"、"交通小脑"、人脸识别、灾害预警、犯罪预测等选择性的"抓亮点"创新举措,更致力于城市公共安全的系统性治理与整体性改善,致力于治理资源在中心城区与边缘城区、经济发达城区与相对落后城区、商业区与居住区、优质改善性居住区与老旧楼宇及棚户区、传统成熟社区与流动人口聚居区的系统布局及均衡配置。由此,基于集体权利导向的技术治理要求城市公共安全治理"从选择性治理向整体性治理、从增长型治理向服务型治理、从抓'亮点'向补'短板'"③ 转型。

第二,作为一种底线权利,城市权利要求技术治理重视对底层弱势群体的利益平衡,以保障弱势群体"不被排斥于城市运行之外"④ 为治理活动的底线。

"城市权利指向一种具体的保障性、接受性权利,是人们共担城市责任、共享城市福祉的主体资格和主体条件。共担与共享对理解城市权利具有基础性意义。"⑤ 这种底线权利要求技术治理的开展不仅应杜绝排斥性的空间布局和空间隔离,还要有意识地向弱势群体的居住生活空间、公共安全问题突出的城市空间实现政策倾斜。在整治大城市外来人口聚居区消防隐患时,以安全之名拆除棚户区的同时,政府有责任为低收入群体提供过渡性居所,保障底层群体

---

① 陈忠:《城市权利:全球视野与中国问题——基于城市哲学与城市批评史的研究视角》,载《中国社会科学》2014 年第 1 期。

② 关巍:《大卫·哈维对"城市革命"的构想》,载《中国社会科学报》2017 年 4 月 18 日,第 002 版。

③ 彭勃:《从"抓亮点"到"补短板":整体性城市治理的障碍与路径》,载《社会科学》2017 年第 1 期。

④ Henri Lefebvre, The Urban Revolution, p.150.

⑤ 陈忠:《城市权利:全球视野与中国问题——基于城市哲学与城市批评史的研究视角》,载《中国社会科学》2014 年第 1 期。

享有居住空间；在城中村拆迁拔点时，不能仅考虑对出租房业主进行经济补偿，还应考虑为出租房的租户（以外来人口为主）提供经济上可接受、出行有保障的住所更替引导方案；在犯罪预防领域，以城市犯罪的空间分布密度为依据科学配置警力，向犯罪热点区域尤其是商业区、城中村、交通枢纽等空间有针对性地精准投入防控资源，这包括规划最佳出警路径、优化防控布局、治安服务区估算、位置分派等。

第三，作为一种积极权利，城市权利要求技术治理以开放式思维尊重民众的治理主体地位、广泛汇聚民意民智，保障各群体在技术治理中的知情权、表达权、参与权、监督权。

"积极权利在一定程度上对应行为权，作为行动、生产、创造、实践权利的积极城市权利，是城市权利的根本内容，是标示、衡量一个人能否作为、能否成为城市主人的根本尺度。"[①] 城市是普罗大众积极行动追求美好生活的空间，故而民众进入及利用城市空间、获得居住空间和出行便利、接受公共服务、知情及意见表达、参与城市治理、拥有城市生活的积极行动权无疑构成了城市权利实现的本质体现与更高目标。以往的技术治理往往强调公共安全信息在政府职能部门之间的共享，而非对社会共享和数据开放；往往重视公共安全风险的监测与应急管理，但在一定程度上对参与式治理、开放式治理有所忽视。"只有当人们有机会参与影响他们生活的决策时，公正的目标才能得到更好的实现。"[②] 在保障集体权利和底线权利的基础上，技术治理必须有更高层次的追求，克服智慧城市建设千城一面的"内卷化"景象，尊重民众对城市空间的支配权和使用权，以法律巩固民众的知情权、表达权、参与权、监督权，以追求积极城市权利的实现为价值诉求。

四、空间正义、城市权利在技术治理中的实现

前述城市空间的限制使用、"数据鸿沟"影响民众参与治理及既有研究陷入"技术决定论"等弊端牵涉"我们究竟需要什么样的技术治理"这一元问题，通过空间正义理念的引入与基于城市权利的阐述，技术治理应以空间正义为导向、以尊重城市权利为原则的论断得以确立。那么，如何在技术治理中实现空间正义和城市权利呢？这涉及对技术治理体系、技术治理中人的智慧参

[①] 陈忠：《城市权利：全球视野与中国问题——基于城市哲学与城市批评史的研究视角》，载《中国社会科学》2014年第1期。

[②] ［美］大卫·雷·格里芬：《后现代精神》，王成兵译，中央编译出版社1998年版，第157页。

与、城市权利的法律实现等问题进行深入探究。

(一) 城市公共安全技术治理的体系厘定

随着数字化浪潮与城镇化进程、计算机理性与城市空间治理的交汇,"智慧城市"理念风靡全球,城市公共安全的技术治理在实践中主要体现为"智慧城市"建设。随着大数据浪潮的风起云涌,诸如"万物皆可计量"、"算法设计未来"、"软件定义世界"的"大数据崇拜"声音在"智慧城市"领域不绝于耳。虽然智慧城市流淌着信息的血液,但"智慧城市"建设绝不能被简单归结为一个技术性问题,"智慧城市"背后的技术治理是由"背景—理念—制度—应用—技术"五个层面要素有机组合而成的治理体系。

第一,背景层:以人为核心的城市化和数据化。背景层主要解决在什么语境和场景下研讨技术治理的问题。当前,在市场配置资源的底层规律影响下,我国城镇化出现了明显的从中小城市向特大城市、大城市转移的趋势。[1] 在某种程度上,城市高密度化发展所引发的城市病的本质是人口快速增长与城市管理和服务能力不足的矛盾。[2] 城市化是人的城市化,以人为本、"城市让生活更美好"是城市化的核心内涵。同时,智慧城市建设是城市由物理空间向赛博空间转化的数据化过程,最终也是为了满足人的需求、维护人的权利、以人为核心而开展智慧治理。

第二,理念层:以空间正义为目标的城市善治。理念层主要解决为什么开展技术治理的问题。开展技术治理的理由有很多,但绝不仅是为了实现社会控制和全景式监控,必须站在"社会和政治正义准则"的高度理解技术治理在城市空间的运用,警惕、防范各种形式的空间不正义现象,以"空间正义"形塑"城市权利"、设计公共安全政策,以"空间正义"为基础重塑技术社会的治理规则体系,助力"政成人立、永清四海"的盛世太平实现。

第三,制度层:以法律之道实现城市权利。制度层主要解决技术治理的法律依据问题。智慧城市表面上看是各种技术的运用,但技术运用的规则取决于相关法律制度的设计,城市大数据的共享、城市资源在空间上的公平分配、视频监控的规制、防卫空间设计的规则、民众参与技术治理的依据等问题均依赖于城市治理法律制度对城市权利的具体落实。

第四,应用层:问题导向的大数据治理操作系统。应用层主要解决技术治

---

[1] 张鑫:《城市人口规模取决于市场和管理》,载《上海证券报》2014 年 3 月 27 日,A2 版。

[2] 任远:《城市病本质并非人口问题》,载 https://mp.weixin.qq.com/s/Lv03N1Ka9O rknzmhqiGKFg,访问日期:2017 年 10 月 9 日。

理能够做什么的问题,这主要是以公共安全突出问题为导向,体现为大数据技术对公共安全治理的全面拉动,如"城市大脑"、"交通小脑"、灾害预警、犯罪预测、非传统安全风险评估等领域的应用。可见,技术治理实际上是公共安全治理的大数据操作系统与基本架构,各种专项治理、被害预防、源头治理等其他治理策略往往运行于技术治理这一操作系统之中。

第五,技术层:基于大数据、AI 等技术的底层支撑。技术层主要解决技术治理应该怎么做的问题,代码、算法、架构、网络、数据缩短了公共安全治理链条的长度,大数据技术为城市披上"数字皮肤",从底层技术的角度改变了治理结构的架构,营造了全新的治理生态。"'智慧城市'如今已成为新的'规划者的行话',因为它抓住了 21 世纪技术的核心所在。"①

综上,城市公共安全的技术治理倡导"背景、理念、制度、应用、技术"五阶层的一体论,技术治理的"背景层—理念层—制度层—应用层—技术层"息息相关、相互制约、无法分割,探究具体的治理应用创新无法脱离技术治理的正义观念和权利观念的宰制,技术治理的开展是在空间正义与城市权利引导下的应用创新和技术升级。

(二)技术治理中人的智慧参与

在智慧城市建设中,人类将把越来越多的分析、判断、预警工作交给智能机器,这种"让渡决策"及其背后隐含的"算法中心主义"存在着消减人的主体性、异化人类的巨大风险。实际上,我们有可能高估了大数据分析的价值。大数据决策不是战略决策,越是精细的数据在整体上越是片面的。"现实生活无法完全被数据化,尤其是对决策越重要的因素越难以数据化,离开未能数据化的因素大数据决策将大打折扣。"② 因此,技术治理不能超越工具主义,不可以算法中心主义解构人类中心主义;智慧城市建设离不开人的智慧参与,大数据分析仅是人类智慧决策的基础条件之一。

从具体内容上看,普通民众参与公共安全的技术治理主要表现在知情、表达、参与、监督四个方面。关于知情,政府应遵循数据开放理念,将城市公共安全数据、治理规划及预案对社会公开,保障民众了解所在城市的安全风险隐患和政府治理计划,便于自身趋利避害采取被害预防行动。关于表达,技术治理指向公共资源的空间分配和城市空间的再生产,故而必然牵涉特定空间的利

---

① [希腊]尼克斯·可姆尼诺思:《智慧城市——智能环境与全方位创新策略》,机械工业出版社 2016 年版,第 2 页。

② 引自《深度思考:关于智慧城市的十大反思》,载 http://www.sohu.com/a/204795369_99905896,访问日期:2017 年 12 月 25 日。

害关系人,如业主、租户、周边邻里等。利害关系人的民意诉求能否顺畅表达和及时沟通反馈直接影响到社会稳定。关于参与,技术治理方案的落地离不开利害关系人的支持、配合及积极参与,借助民意的收集和表达,将民意转化为公共安全的治理行动,有助于减少技术治理推行的社会阻力。关于监督,政府权力来源于人民的权利,民众对技术治理的监督乃是社会参与的应有之义。

从实现方式上看,在大数据时代,民众知情、表达、参与、监督权利的实现有赖于打通社会参与的"信息入口",从而消除"数据鸿沟"带来的信息不对称。国外的犯罪地图及公共安全地图的公开就是这样一种"以可视化、交互性、精准性方式指引公民安全生活,驱动公共安全治理从封闭式管理走向开放式治理"①的重要机制。对此,政府应善于利用大城市的网络协同效应,以网络辐射、链接特定空间的利害关系人,创造更多高质量的社会参与和互动机会,促进城市公共安全治理的可沟通性。实际上,民众智慧参与实现的关键在于在技术治理中保障公民的治理主体地位,以法律形式确认和维护城市权利。

(三)技术治理中城市权利的法律完善

相对于丰富的治理实践,城市公共安全治理的法治化程度较为滞后。虽有林林总总的公共安全应急预案,但这些预案的法律位阶较低,且各省市的应急预案具有趋同化倾向。有关城市公共安全治理的相关规定散见于《刑法》《治安管理处罚法》《突发事件应对法》《突发公共卫生事件应对条例》《安全生产法》《食品安全法》等法律法规部门规章之中。这些法律规范多针对某一领域或某一行业的公共安全问题,缺乏对城市公共安全的系统性界定、总则性规范和顶层设计;注重应急管理,但对特定利害关系人的救济和补偿保障有限;注重应急处置的可操作性和责任落实,但围绕技术治理的程序性立法甚为欠缺,如监控探头、声音监测等物联网设备的规划与安装很多情况下欠缺特定区域居民的知情、听证及合法授权程序。

上述分散性立法难以适应大数据时代智慧城市建设及技术治理的发展需要,难以有效保障民众的城市权利。因此,应以法治思维和法治方式开展城市公共安全的技术治理,制定一部总则性质的《城市公共安全治理条例》。以《城市公共安全治理条例》落实空间正义理念与城市权利原则,对公共安全治理的宗旨、内涵、类型进行法律确认;对利用大数据技术开展技术治理的内容、机制、程序予以法律认可,界定城市大数据平台的法律地位,对诸如

---

① 单勇:《城市公共安全的开放式治理——从公共安全地图公开出发》,载《中国行政管理》2018年第5期。

"城市大脑"等新型城市公共安全风险预测预警平台的运作机制予以规范;整合技术治理的社会资源,明确民众参与技术治理的形式、机制、保障等问题;厘定互联网科技公司参与技术治理的形式,明确政府、科技公司、民众三方在技术治理中的法律关系;总结治理实践中暴露的问题,对城市权利的具体类型、实现方式、保障机制予以明确规定。总之,这部总则性条例不仅应考虑高效处置、可预见性和空间秩序,还应立足于空间正义观充分反映民众诉求,以法律之道实现城市权利。

教育背景与再犯罪的关系研究[*]
——以监狱服刑人员为样本

张旭芳[**]

目的刑论认为,刑罚具有教育及改造功能,从应然层面来看,个体接受惩罚后将会畏惧法律的威严,避免再次触碰法律的红线,但事实并非如此,仍旧有很多接受过刑罚的个体再次犯罪,再犯罪现象让犯罪学学者深思其背后的原因并且致力于挖掘影响再犯罪行为产生的因素。受教育水平反映个体就业能力,进而预测其经济水平,在一定程度上能够预测犯罪。美国犯罪学家罗伯特·阿格纽(Robert Agnew)在传统紧张理论[①]的基础上提出了一般紧张理论(general strain theory,GST),论述了教育与犯罪的关系,他认为因缺乏教育资本而无法实现期望的经济及社会地位目标,长期处于紧张、消极情感状态下的个体容易产生犯罪行为。[②] 结合理论推测,对于已经服刑的个体而言,如果其教育背景没有得到提高,出狱之后仍旧会面临就业困难、经济窘迫的局面,甚至再次犯罪,简言之,受教育水平低有可能是预测再犯罪的因素之一。本文旨在检验上述推测,如果教育水平确实能够预测服刑人员的再犯罪行为,那就可以据此在监禁过程中提供更多提升服刑人员文化水平的措施,帮助服刑人员在服刑期间取得学历,让经过改造的服刑人员有能力融入社会生活,以此降低再犯率。

---

[*] 再犯罪是指已经接受过刑罚宣告的自然人再次犯罪的现象,前罪和后罪都应该包括被判处在监狱、未管所、看守所服刑的行为,被判处管制、宣告缓刑在社区服刑的行为,被单独判处罚金、没收财产、剥夺政治权力的行为,免予刑事处罚,附条件不起诉以及被收容教养的行为。参见江华锋:《我国重新犯罪概念的再界定》,载《学海》2017 年第 3 期。由于本文仅在监狱进行了调查,并以"入狱次数"来区别初犯与再犯,因此本文以前罪和后罪均被判处监狱服刑为例对服刑人员教育水平与再犯罪行为的关系进行研究。

[**] 张旭芳,北京师范大学刑事法律科学院 2018 级博士生,研究方向为犯罪学、犯罪心理学。

[①] 传统紧张理论由美国社会学家、犯罪学家罗伯特·默顿提出,主要指宏观的社会结构性紧张;一般紧张理论强调个体层面的紧张,更加关注外界环境对个体心理及适应方式的影响。

[②] 吴宗宪:《西方犯罪学史》,中国人民公安大学出版社 2010 年版,第 1061 页。

一、文献回顾

国外关于教育与犯罪的研究开始的比较早,最早可追溯至 19 世纪末期,龙勃罗梭认为教育的普及不仅不会降低犯罪率,反而会导致犯罪率的上升,而且受过教育的犯罪人更易成为累犯。① 观察龙勃罗梭引证的数据可知,受教育程度的层次只包含"文盲"与"接受过教育",并未对非文盲的受教育程度进行详细划分,变量设置过于简单,并不严谨。20 世纪 70 年代,教育与犯罪的关系被用于分析青少年越轨行为产生的原因,犯罪学家特拉维斯·赫希(Travis Hirschi)提出社会控制理论(social control theory),他认为依恋是个体社会联系的关键成分,依恋的对象之一就是学校,并且认为青少年学业水平差,逃学甚至辍学的行为导致青少年失去对于学校的依恋,这条社会联系(social bond)的断裂是导致青少年产生越轨行为的原因之一。② 20 世纪末至今,英美国家掀起了关于再犯罪风险评估的研究热潮③,服刑人员的受教育水平也作为人口学变量纳入再犯罪的预测模型。多数学者认为受教育水平是再犯罪的预测指标,例如劳拉·贝丝(Laura Beth)以受教育年限为自变量(连续变量),经过回归分析结果显示,受教育年限越高,产生再犯罪行为的可能性越低;④ 再如洛克伍德·苏珊(Lockwood Susan)和同事们对刑满释放人员进行了 5 年的追踪研究,结果显示具有本科以上学历的个体再犯罪的可能性要小于未完成

---

① 切萨雷·龙勃罗梭:《犯罪及其原因和矫治》,吴宗宪等译,中国人民公安大学出版社 2009 年版,第 96~125 页。

② T. Hirschi, Causes of delinquency, London: University of California Press, 1971. 110 – 132.

③ Julia Dressel, Hany Farid, The accuracy, fairness, and limits of predicting recidivism, in SCIENCE ADVANCES, Vol. 4 (2018).

R. Karl Hanson, Kelly E. Morton – Bourgon, The Accuracy of Recidivism Risk Assessments for Sexual Offenders: A Meta – Analysis of 118 Prediction Studies, in PSYCHOLOGICAL ASSESSMENT, Vol. 21 (2009), pp. 1 – 21.

Ruth E. Mann, R. Karl Hanson, David Thornton, " Assessing Risk for Sexual Recidivism: Some Proposals on the Nature of Psychologically Meaningful Risk Factors", in SEXUAL ABUSE – A JOURNAL OF RESEARCH AND TREATMENT, Vol. 22 (2010), pp. 191 – 217.

Linda Buckmon, " Predictors of Recidivism for Offenders With Mental Illness and Substance Use Disorders", Minnesota: Walden University, 2015.

Laura Beth McGaughey, " Gender, race, reading achievement, education level, and crime type: A quantitative study in forensic psychology", Ann Arbor: Capella University, 2017, p. 165.

④ Laura Beth McGaughey, " Gender, race, reading achievement, education level, and crime type: A quantitative study in forensic psychology", Ann Arbor: Capella University, 2017, p. 165.

高中学业的个体。① 有学者在研究男性白人海洛因滥用者复吸预测因素时，发现受教育程度高的个体更倾向于复吸。② 但是该学者对于教育这个自变量设置的比较粗糙，将未完成高中学业编码为"0"，高中以上包括专、本、硕均编码为"1"，因此所得结果的科学性有待验证。

  国内关于教育与犯罪的研究开展的比较晚，但是也取得了一些成果。2005年，邬庆祥对上海市1994～1999年释放的全部15000名上海籍的服刑人员进行调查发现，不同受教育程度的刑释人员再犯罪的可能性不同，文化程度越低，重新犯罪可能性越大。③ 同样的结果也出现在孔一④及曾赟⑤的研究中。

  回顾现有研究可以发现，再犯罪风险评估研究兴起之前，多数学者仅将研究重点放在了教育与犯罪行为发生的关系上，用受教育程度解释犯罪行为，很少关注再犯罪行为。再犯罪风险评估热潮掀起后，学者们开始重视受教育水平对于再犯罪行为的预测能力，但是多数研究只是简单验证了受教育程度是否能够作为预测再犯罪的因子，并未深入分析不同级别的受教育水平与再犯罪的关系，忽略了教育背景作为服刑人员就业的基础作用，同时也忽略了监禁过程中为服刑人员提供更多学历教育机会对其出狱后顺利回归社会的作用。因此笔者采用实证研究的方法，首先，对不同受教育水平在初犯及再犯组中的分布进行差异性研究，确定受教育程度是否能够影响再犯罪行为；其次，进行受教育水平与犯罪次数的相关性研究，了解受教育水平能够在多大程度上预测再犯罪行为；最后，根据研究结论，提出提高狱内服刑人员文化水平，进而减少再犯罪现象的建议。

二、研究设计

（一）样本

本文深入北京市、天津市、宁夏回族自治区、广西壮族自治区、贵州省、

---

① Susan Lockwood, John M. Nally, Taiping Ho, Katie Knutson, " The Effect of Correctional Education on Postrelease Employment and Recidivism: A 5 – Year Follow – Up Study in the State of Indiana", in CRIME & DELINQUENCY, Vol. 58 （2012）, pp. 380 – 396.

② Linda Buckmon, " Predictors of Recidivism for Offenders With Mental Illness and Substance Use Disorders", Minnesota: Walden University, 2015.

③ 邬庆祥：《刑释人员人身危险性的测评研究》，载《心理科学》2005年第1期。

④ 孔一等：《刑释人员再犯风险评估量表（RRAI）研究》，载《中国刑事法杂志》2011年第10期。

⑤ 曾赟：《中国监狱罪犯教育改造质量评估研究》，载《中国法学》2013年第3期。

曾赟：《逐级年龄生平境遇犯罪理论的提出与证立——以重新犯罪风险测量为视角》，载《中国法学》2011年第3期。

广东省、安徽省 7 个地市，采取团体调查的形式，作答前统一说明作答要求，针对难以理解问卷内容的服刑人员，采用个别调查的方式。在 24 家监狱以及 2 家未成年管理所随机发放了 10000 份调查问卷，所得有效问卷 9283 份，问卷有效率为 92.8%。

9283 名服刑人员中，男性 7180 人，占 77.3%，女性 2103 人，占 22.7%；初次犯罪的服刑人员 7644 人，占 82.3%，再次（两次及以上）犯罪的服刑人员 1639 人，占 17.7%。详细情况见下表 1。

表 1 被测服刑人员基本情况 （n = 9283）

		初犯组		再犯组	
		频数	百分比（%）	频数	百分比（%）
性别	男	5630	73.7	1550	94.6
	女	2014	26.3	89	5.4
	合计	7644	100	1639	100
年龄段	未成年	82	1.1	3	0.2
	18～28 岁	2955	38.7	375	22.9
	29～38 岁	2127	27.8	510	31.1
	38～48 岁	1757	23	577	35.2
	49～59 岁	604	7.9	157	9.6
	60 岁以上	119	1.6	17	1
	合计	7644	100	1639	100
婚姻状态	未婚	3867	50.6	802	48.9
	已婚	2553	33.4	507	30.9
	离婚	1078	14.1	301	18.4
	其他	146	1.9	29	1.8
	合计	7644	100	1639	100

（二）研究设计与方法

为了验证服刑人员羁押前的教育水平与再犯罪行为是否具有预测关系，笔者设计了两个子研究：

子研究一：不同受教育水平在初犯及再犯组中分布的差异性研究。将总样本分为初犯组和再犯组，并使用卡方检验进行差异性研究。卡方检验适用于计数变量之间的差异比较,基本原理是检验理论频数与实际频数之间的差异。①假设不同受教育程度在总样本中的比例分布是 T,在初犯组中的比例分布为 R,在再犯组中的比例分布是 S。R 与 S 在数值上不可能完全一致,在检验之前我们无法确定这种不一致是来自抽样误差还是来自初犯组与再犯组之间教育背景的差异,但是我们知道不同受教育程度在总样本中的比例分布 T 是确定的。如果 R 和 S 的差异是由抽样误差导致,那么两者与总体中的频数分布 T 应该不存在统计学意义上的差异,此处总体中的比例分布 T 则应该是 R、S 的期望比例,R、S 本身则是实际比例。按照总体中的比例 T 重新分配初犯及再犯中不同受教育程度的人数,则获得了期望频数。卡方检验的原理则是将两个实际频数与期望频数进行比较,如果 R 和 S 之间的差异仅仅是由抽样误差造成的,那么 R 与 T 之间以及 S 与 T 之间并不存在显著差异,如果差异显著那么就能推测这个差异并非来自抽样误差,而是来自教育背景的不同。验证之前,笔者提出如下假设:

假设1:不同受教育程度在初犯组和再犯组中的比例分布差异由抽样误差导致,不具有统计学意义。

子研究二:教育水平与犯罪次数的相关性研究。本文的因变量为犯罪次数,包括"初犯"和"再犯"两个类别,为二分变量,因此利用二项 logistic 回归的方法检验服刑人员受教育程度与犯罪次数是否存在相关。现有研究的大部分成果都证明教育水平是再犯罪的预测因子,服刑人员受教育程度越低,再次犯罪的可能性就越大,因此笔者提出如下假设:

假设2:教育水平与犯罪次数之间存在负相关关系。

三、结果

数据整理分析之后,笔者制作了受教育程度与犯罪次数的交叉表、进行了卡方检验及 logistics 二元回归分析,结果如下:

(一) 受教育程度与犯罪次数的总体状况

分析每一种教育背景在初犯和再犯中的频数分布,观察受教育程度与犯罪次数的总体状况,具体情况见表2。

---

① 武松:《SPSS 实战与统计思维》,清华大学出版社2017年版,第185页。

表 2　犯罪次数与教育背景交叉制表

犯罪次数		教育背景					合计
		文盲	小学	初中	高中	大专及以上	
初犯	频数	337	556	4436	1502	813	7644
	百分比	4.40%	7.30%	58.00%	19.60%	10.60%	100.00%
再犯	频数	108	147	1041	291	52	1639
	百分比	6.60%	9.00%	63.50%	17.80%	3.20%	100.00%
合计	频数	445	703	5477	1793	865	9283
	百分比	4.80%	7.60%	59.00%	19.30%	9.30%	100.00%

由表 2 可知，初犯组中，占比最多的是受教育程度为初中的服刑人员，占 58%；其次是受教育程度为高中的服刑人员，占 19.6%；再次是大专以上文化程度的服刑人员，占 10.60%；然后是小学毕业的服刑人员，占 7.3%；占比最低的是文盲，4.4%。再犯组中的排序与初犯组并不一致，从多到少依次为：初中（63.5%）、高中（17.8%）、小学（9%）、文盲（6.6%）、大专及以上（3.20%）。

仔细观察数据结果可以发现两个特点：一是相对于初犯组，文化程度为大专及以上的再犯人员明显减少，从初犯组的第三名（10.6%）直接降为最后一名（3.2%）。二是初中以下的三种文化程度以及高中以上的两种文化程度在初犯与再犯组中的比例分布呈现相反的趋势：一方面，再犯组中文盲、小学、初中三种文化程度占比要比同种文化程度在初犯组中的比例数高（初犯为 4.4%、7.3%、58%，再犯为 6.6%、9%、63.5%）；另一方面，受教育程度为高中和大专及以上的服刑人员所占的比例却比初犯组的比例低（初犯为 19.6%、10.6%，再犯为 17.8%、3.2%），说明文化程度为高中及以上的服刑人员出现再犯罪现象的情况少于初中及以下的服刑人员，见图 1。

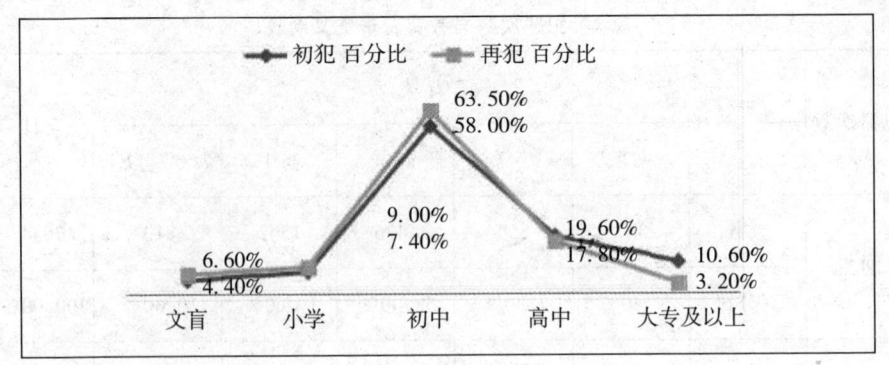

图 1 不同教育背景初犯、再犯占比分布

（二）子研究一：不同受教育水平在初犯及再犯组中分布的差异检验

虽然从总体情况上能够观察出不同受教育程度在初犯与再犯组中分布的差异，但是未经验证性分析，并不能确定差异是来自抽样误差还是来自于教育背景对于犯罪次数的影响，因此笔者进行了卡方检验，结果如下：

表 3 教育背景实际频数与期望频数

犯罪次数	教育背景	实际频数	期望频数	残差
初犯	文盲	337	581	-243.9
	小学	556	367	189.1
	初中	4436	4510	-74
	高中	1502	1475	26.7
	大专及以上	813	711	102.1
	总计	7644		
再犯	文盲	108	125	-16.6
	小学	147	79	68.3
	初中	1041	967	74
	高中	291	316	-25.3
	大专及以上	52	152	-100.4
	总计	1639		

根据表 3 可知，初犯组中文盲、小学、初中、高中、大专及以上的实际频数为：337、556、4436、1502、813，期望频数为：581、367、4510、1475、

711；再犯组中文盲、小学、初中、高中、大专及以上的实际频数为：108、147、1041、291、52，期望频数为：125、79、967、316、152。

表4 卡方检验表

是否初犯		教育水平
初犯	卡方	216.243a
	自由度	4
	渐近显著性	0.000＊＊＊
再犯	卡方	135.402b
	自由度	4
	渐近显著性	0.000＊＊＊
a.0个单元格（.0%）的期望频率低于5。期望的最低单元格频率为366.9。		
b.0个单元格（.0%）的期望频率低于5。期望的最低单元格频率为78.7。		

注：＊＊＊代表 $P<0.001$

使用卡方检验将初犯与再犯组中教育背景分布的实际频数与期望频数进行差异检验，结果显示无论是初犯还是累犯，其实际频数均与期望频数差异非常显著（$P<0.001$），如表4所示。因此，假设1不成立，每个受教育程度在初犯组和再犯组中的比例分布差异并非由抽样误差导致，而是由于教育背景对犯罪次数的显著影响造成的。

（三）子研究二：教育水平与犯罪次数的相关性研究

差异性分析只能证明教育背景对犯罪次数存在影响，但是并不能说明影响的程度，为了了解教育背景能够在多大程度上预测再犯罪行为，笔者也进行了回归分析，结果如下：

表5 logistic 二元回归方程中的变量

		B	标准误差	瓦尔德	df	Sig.	Exp（B）
步骤1a	教育背景	-0.251	0.029	75.883	1	0.000＊＊＊	0.778
	常量	-1.011	0.065	244.125	1	0.000＊＊＊	0.364
a. 在步骤1中输入的变量：教育背景。							

注：＊＊＊代表 $P<0.001$

根据表5可知，服刑人员羁押前受教育水平与再次犯罪的相关性非常显著（$P<0.001$）。教育背景的系数值 $B=-0.251$，表明从总体上来看，服刑人员

受教育水平与犯罪次数呈现负相关关系,假设 2 成立。详言之,服刑人员再犯罪的可能性随着其受教育水平的降低而越来越大。教育背景的比数比 Exp(-0.251)= 0.778,在不考虑其他因素对于犯罪次数影响的情况下,受教育程度高的个体再犯罪的风险是受教育程度低的 0.778 倍。①

四、讨论

通过执行研究设计,对数据进行统计分析,我们得出一些结果,为了更加准确地分析教育背景与再犯罪行为的关系,笔者进一步与已有的研究进行对比分析,提炼出以下几个观点:

(一)初中文化程度的服刑人员占总样本的主要部分

总体状况的结果说明初中文化程度无论是在初犯组还是再犯组中都占主体部分(超过 50%),远超其他文化程度的服刑人员,这样的数据结果能够证明初中文化程度的特殊性。

第一,初中时辍学的个体更易产生犯罪行为。这与赫希研究 4077 名中学少年时所取得的成果是一致的。② 社会控制理论的前提假设是每个人的犯罪倾向与生俱来,是否实施犯罪行为取决于个体的社会联系是否完好及其坚韧程度。学校作为社会联系之一,在个体青少年时期发挥十分重要的作用,初中辍学意味着青少年时期学校纽带丧失。因此在青少年时期脱离学校的个体,与继续在学校读书的个体相比,更易走上犯罪的道路。③ 此处会有疑问,本研究的样本并不是青少年,使用社会控制理论中"对学校的依恋"是不是存在时间差别,笔者认为,应该结合发展心理学的观点,个体早年是否形成了对于学校的依恋能够影响其成年后的行为。

第二,初中比其他文化程度更易产生再犯罪行为。初中辍学的个体受教育程度低,导致其无法获得自己期待的社会地位,这种紧张的局面并没有因为接受过监禁惩罚而有所改变,因此缺乏教育资本的个体也会比受教育程度高的个体更容易再次犯罪。社会控制理论认为学校与家庭的功能是一致的,都对青少年的行为起到了控制作用,但是一般紧张理论更重视学校教育赋予个体实现目

---

① 吴明隆:《问卷统计分析实务——SPPS 操作与应用》,重庆大学出版社 2010 年版,第 437~441 页。

② 根据赫希的调查结果,认为自己能够"学好"的少年中 13% 有过两次以上犯罪行为,比不认为自己能够"学好"的少年犯罪的比例要低 22%。

③ T. Hirschi, Causes of delinquency, London: University of California Press, 1971. 110 - 132.

标的能力。阿格纽于 1992 年首次提出了一般紧张理论，更加关注个体对于社会结构的紧张体验，以及个体紧张体验的中介效应，① 适用于解释缺乏教育背景的个体再犯罪的行为。

（二）教育背景可以预测再犯罪行为

教育背景与犯罪次数的差异性分析及回归分析的结果表明，教育背景不仅能够影响再犯罪行为，并且能够在一定程度上预测再犯罪行为。

首先，假设 1 的证否与假设 2 的证成说明，教育背景可以预测再犯罪行为。一方面，子研究一的结果表明，受教育程度在初犯组与再犯组的频数分布上具有非常显著的差异，因此教育背景能够影响个体的再犯罪行为；另一方面，子研究二的结果表明，教育背景与犯罪次数呈显著的负相关关系，受教育程度高的个体再犯罪的风险是受教育程度低的 0.778 倍。此结果与大部分研究的结果一致，例如，曾赟以 2886 个服刑人员为样本建立再犯罪预测模型，其中个体受教育程度同样与犯罪次数呈显著负相关，且比数比为 0.703，与本研究接近。②

其次，初中是预测再犯罪的临界点。数据结果显示，初中以下的三种文化程度在再犯组中占的比例高于其在初犯组中占的比例，高中、大专及以上文化程度在再犯组中占的比例低于初犯组中占的比例，这两种趋势是截然相反的，并且以初中文化程度为分界点。因此，初中学历以上、接受高中教育（包括高中、大专及以上）的服刑人员再犯罪的可能性要低于初中及以下（包括文盲、小学、初中）文化程度的服刑人员。洛克伍德·苏珊对美国印第安纳州刑满释放人员长达 5 年的追踪研究证明，高中是一个临界点，即高中学历以上、接受高等教育的服刑人员出狱后再犯罪的可能性要小于高中及以下（包括文盲、小学、初中、高中）学历的服刑人员。③ 这与本研究的结果反映相同的趋势，所不同的是，本文证明在中国，初中文化水平是一个临界点。可能由于两国青少年辍学的高峰期不同。

最后，大专及以上文化水平是再犯罪减少的临界点。数据结果显示，大专及以上文化程度在再犯组中的比例大幅度减少，从初犯组中占比第三降至再犯组中占比最少。这个规律说明接受高等教育的服刑人员再犯的行为减少，可能

---

① 杨学峰：《一般紧张理论的成长》，载《晋阳学刊》2016 年第 5 期。
② 曾赟：《中国监狱罪犯教育改造质量评估研究》，载《中国法学》2013 年第 3 期。
③ Susan Lockwood, John M. Nally, Taiping Ho, Katie Knutson, "The Effect of Correctional Education on Postrelease Employment and Recidivism: A 5 – Year Follow – Up Study in the State of Indiana", in CRIME & DELINQUENCY, Vol. 58 (2012), pp. 380 – 396.

原因有二：一是接受高等教育的服刑人员自省力及领悟力相对较强，改造效果好，二是教育背景较好的个体具备较大的就业资本，出狱后能够通过正常渠道满足经济需求。

（三）加强监狱文化教育，提升服刑人员文化水平

教育改造、文化改造，是监狱"五大改造"的重要组成部分，目前很多监狱都致力于完善文化教育的硬件设施并以攻心治本为核心加强教育改造，[①]但是仍旧缺乏专门提升服刑人员学历文化水平的软硬件设施。本研究的数据显示，将服刑人员的文化水平从初中提升至高中、从高中提升至大专以上具有十分重要的意义。

第一，受教育水平在初中与高中之间的改变意味着再犯罪行为风险的转折。一方面，学历为初中的服刑人员占据了全部服刑人员的一半以上，因此应着重为初中学历的服刑人员提供高中文化教育，不仅能够提升其文化素养，而且能够为其出狱后就业提供资本；另一方面，初中以下（包括文盲、小学、初中）服刑人员在再犯中的比例高于初犯，但是高中及以上的占比则呈现降低的趋势，这一占比趋势的变化意味着将初中学历提升至高中，就有可能减少其再犯罪的可能性。

第二，受教育程度从高中提升至大专及以上意味着服刑人员再犯罪的可能性大大降低。大专及以上学历的服刑人员在再犯组中的占比大幅降低，从这一规律可推测，将高中学历提升至大专及以上，就可能大大降低服刑人员再犯罪的可能性。

因此，监禁期间加强文化教育具有重要价值，高中文化水平的教育要统一实施，大专及以上的文化教育可以制定奖励政策，鼓励服刑人员申请。

五、结论

本文从总体状况、差异性分析以及回归分析三个方面厘清了教育背景与犯罪次数之间的关系，从而总结出以下观点：首先，个体再犯罪行为出现的可能性受到其教育背景的影响，具体而言，受教育程度低于初中的服刑人员更容易产生再犯罪行为，受教育程度为高中及以上的服刑人员产生再犯罪行为的可能性较小。其次，教育背景与犯罪次数呈显著的负相关关系，受教育程度高的个体再犯罪的风险是受教育程度低的0.778倍。最后，初中是预测再犯罪行为的

[①] 杨婉：《新时代监狱工作构建"五大改造"新格局的思考》，载中华人民共和国司法部中国政府法制信息网，http://www.moj.gov.cn/organization/content/2019-01/22/zgjygzxhxwdt_227356.html，访问日期：2019年7月15日。

临界点，受教育水平在初中与高中之间的改变意味着再犯罪行为风险的转折；大专及以上文化水平是再犯罪减少的临界点，受教育程度从高中提升至大专及以上意味着服刑人员再犯罪的可能性大大降低。

  本研究仍旧存在局限，需要在以下两个方面继续努力：第一，样本结构存在不平衡，成年男性犯罪人较多，女性被试及未成年被试过少，可能影响样本的代表性；第二，提升服刑人员学历教育水平的措施研究还需继续努力，后续研究中可以尝试探索更多的具体措施。

刑法预防性立法之困境和犯罪学提供智识的进路

姜 敏[*]

引 言

犯罪学是关于犯罪现象、犯罪原因、犯罪预防对策（其中包含刑罚方法和非刑罚方法）等的知识和理论体系，刑法学是研究犯罪和刑罚的知识和理论体系。犯罪学和刑法学是毗邻的学科，二者必然是互相联系、互相成就和互相影响的学科。德国学者耶赛克和魏根特曾深刻而形象地评价过二者的这种关系："没有犯罪学的刑法是个瞎子，没有刑法的犯罪学是无边无际的犯罪学。"[①] 不仅如此，二者还有一些共同的志向和任务。基于此，日本学者上田宽认为应通过刑法法和犯罪学的"并行发展，推动与作为整体的犯罪作斗争，并且也同时强调两者是"互相依存、互相提供养分的性质"。[②] 而当代刑法立法的突出特点是预防性立法，其把风险行为或其他没有实害结果的行为予以犯罪化。预防性立法创设了越来越多的预防型犯罪，对刑法的"罪"体系、刑罚制度和犯罪预防策略等均产生了很大影响。犯罪学"对刑法学有指引作用"，[③] 甚至被喻为是"刑法学的眼睛和牙齿"，[④] 应提供智识和策略，使立法者能更理性和清醒地进行预防性立法。

隐含在预防性立法背后的关键要素是风险、不确定性、预防和安全，这些要素倒逼刑法由"事后法"转向"事前法"。刑法的转向引起的刑法体制中的

---

[*] 姜敏，西南政法大学法学院，法学博士，教授，博士生导师。
[①] [德] 汉斯·海因里希·耶赛克、托马斯·魏根特：《德国刑法教科书》，徐久生译，中国法制出版社2001年版，第53页。
[②] [日] 上田宽：《犯罪学》，戴波、李世阳译，商务印书馆2016年版，第13页。
[③] 赵宝成：《犯罪学与刑法学的关系——兼谈犯罪学的性质与特点》，载《犯罪学论丛》（第1卷），中国检察出版社2003年版，第76页。
[④] 张伯晋：《犯罪学与刑法学的关系》，载《检察日报》2012年6月14日，第003版。

知识结构的变化，具有革新性、回应性和必要性，但也具有激进性、冲动性和非理性。因此，引起了理论争鸣。同时，预防性立法是否有效或是否可信，还缺乏实证根据。刑法由事后法转向事前法是对当代社会的回应，而刑法转向的此种社会背景也同样影响和动摇了犯罪学既有的研究根基："尽管当代的犯罪学是深深根植于当代的制度中，但犯罪学的智识工具对于正在发生变化的社会环境而言，其相关性正在减弱。"① 因此，预防性立法的理论困境和当代社会的特征，均使犯罪学现有的概念、方法资源和分析工具的利用，达到了极限。因此，犯罪学研究需要进行问题意识的转化，以化解危机走出困境。

一、预防性立法使"犯罪"简化为安全的技术辅助

传统刑法是以惩罚核心犯罪为主，也就是以惩罚具有严重实害结果的犯罪为主。此种语境下的刑法，是在严重后果犯罪出现后再进行惩罚。因此，传统刑法是典型的事后法。但社会的发展和犯罪的高频发生，使传统的事后法在阻止和预防犯罪时显得捉襟见肘。基于安全的不确定，民众的焦虑和恐慌，立法者不得不采用预防性立法，对可能诱发安全隐患的风险予以管理和排除，并对民众的呼吁予以回应。因此，基于维护安全的预防性立法，是有积极意义的。

"安全"是解释预防性立法的重要钥匙。安全能够解释和说明预防性立法的概念轮廓和其被践行的根据，尤其是，其能解释刑法设罪位置发生的"时移"——从事后移向事前。从概念内涵看，预防性立法犯罪化的是没有实害结果的风险行为。但实际上，这些被预防性立法犯罪化的行为，是传统犯罪的"上游"行为。与传统立法相比，预防性立法之所以把没有实害结果的行为犯罪化，目的是为了减少严重犯罪发生的机会。因此，在传统立法考量中的仅可能被视为是犯罪嫌疑的行为，在预防性立法中，已被危险或风险行为所取代，并成为了犯罪。基于此，有学者把预防性立法视为是从"犯罪到犯罪前"（from crime to pre‑crime）转变的运动。②

但由此，预防性立法将"犯罪"简化成了安全的技术辅助。为了安全，预防性立法犯罪化风险行为，从而减少严重犯罪机会。确实，在当代风险和工业时代，"机会"成就犯罪，如果给犯罪留下一线机会，就可能给犯罪发生留下空间。因此，预防性立法基于"不给犯罪提供机会，就是最好的犯罪预防"

---

① John Braithwaite, The New Regulatory State And The Transformation Of Criminolgy, BRIT. J. CRIMINOL. (2000) 40, P. 222.

② L. Zedner, Pre‑crime and post‑criminology, 11 Theoretical Criminology, 2007, P. 261.

之战略,① 通过前移设罪的规范位置,对风险行为加强监测。与传统的事后刑法相比,预防性立法与其说是对犯罪作出反应、控制或起诉,不如说是消除严重后果犯罪发生的先决条件。从这个角度看,预防性立法设置的"犯罪",是国家维护安全的辅助技术。

二、预防性立法需要犯罪学提供智识

预防性立法对传统刑法知识体系的冲击,已在刑法学领域引起了热议和争鸣,但"似乎犯罪学领域并未太多涉及"。② 犯罪学研究的犯罪现象、原因和对策等要素,因预防性立法的确立和践行,已发生变化。而更为紧迫的是,作为回应当代社会的预防性立法及其引起的刑法知识体系的革新,其所遇的分歧和争鸣,还需要犯罪学为其提供智识。

(一)当前的预防性立法面临许多难题和挑战

从当前预防性立法的现状看,其还面临许多未解难题。因此,需要进一步阐明根据、原因,并消解分歧,获得认同。知识场域的解读、罪因透视、风险量度、刑罚功能嬗变等,都需要强有力的新解,才能帮助预防性立法构建牢固的基础。

1. 为刑法知识场域的当代社会状况及其构成要素,是否已足以迫使刑法转型?社会变迁和发展会不断提出新的课题和命题,国家对此予以反应而架构的知识系统会与旧的知识系统碰撞,甚至会产生互相调试的困境。刑法从事后法向事前法转向,在刑法学领域引起的争鸣和质疑,也是新旧知识体系竞争的反应。到底是固守旧的知识体系,还是采纳新的知识要素,虽然这会受新旧知识体系优劣的影响,但最终还是由当代社会及其构成要素决定。因此,预防性立法带来的新知识,是否真正应成为刑法系统的知识要素,或替代原有的过时的知识,必须从社会状况(当然包括犯罪状况和公民诉求等)和其构成要素状况处求解。

2. 何种类型及多少程度的"风险"可被视为犯罪?如前论及,预防性立法是通过对"风险"的管控而降低严重犯罪的机会,并且是以刑罚作为监管和控制手段。但基于刑法的最后手段性和刑罚的严厉性,并不是所有的风险均应被刑法管控。因此,理性、科学、合理的预防性立法必须对风险进行评估与

---

① [日]大谷实:《刑事政策学》(新版),黎宏译,中国人民大学出版社 2009 年版,第 315 页。

② 岳平:《社会治理中的刑法前置:一个犯罪学命题》,载严励、岳平主编:《犯罪学论坛》(第 4 卷),中国法制出版社 2018 年版,第 12 页。

精算，而不能仅根据立法的推定，就把某种具有风险或风险程度不高的行为予以犯罪化处理。而作为规范法学的刑法，在立法时难以从根本上克服其推测性。这需要犯罪学探寻方式和手段，为预防性立法提供可参照的路径、测量手段和实证根据。

3. 如何理性和全面的看待风险/危险行为的发生机理和对社会结构的影响？当前的预防性立法含有非常严重的情绪化和权宜之计的考量。① 但要克服预防性立法的情绪化、权宜化和冲动化，就必须理性和全面的对待风险/危险行为，才能从根源上解决问题，并克服立法的冲动。我国学者王玫指出："没有对犯罪的社会的、个人的等多方面的研究，人们是不可能全面、理性地认识和把握犯罪问题的。"② 同样，对于风险犯罪或风险行为，也需要进行全面和理性的认识。尤其是风险行为，从其发生机理和对社会的影响看，并不只是会诱发犯罪，相反，其还对社会有"利"。从发生源头、生成机理和演化轨迹等要素看，某些危险行为同样也可能不应进入犯罪圈。但是，这些判断均依赖于对这些行为本身的深层次认识。作为规范法学的刑法，难以做到对其进行全面而深刻的认识、评价和把握。

（二）规范刑法学难以为预防性立法夯实根基

"理性立法是经验性社会科学的结果"，③ 同样，预防性立法要走向科学、合理和理性，首先也应依赖经验性社会科学，对前述涉及的问题进行深度分析。犯罪学具有经验学科的特征，也是社会科学的一支，能对此提供有益帮助。

预防性立法确实也对传统刑法基本理论有巨大冲击，比如对刑法现有的因果关系、罪责及责任规则，不能对新风险进行归属等。④ 由此也导致"刑法传统教义学所关注的因果关系认定、危险犯、责任能力和责任大小等命题，都将在新风险面前被重新评估和整合"。⑤ 但从现状看，预防性立法还是引起了争鸣，并遭遇了质疑，且就其涉及的很多基本问题看，均没有达成共识。从更深层次的原因看，这是由预防性立法的根基不稳造成的。也即是说，如果预防性立法有深厚的根基，则其与传统刑法知识相遇而致的争议，就会被消弭，并获

---

① 周光权：《积极刑法立法观在中国的确立》，载《法学研究》2016年第4期。
② 王玫：《犯罪学和刑法学的科际界限》，载《中国法学》2004年第1期。
③ 李强：《中国法教义学的"价值自觉"》，载 http://www.cssn.cn/sf/bwsf_fx/201611/t20161116_3278148.shtml，访问日期：2019年5月13日。
④ [德] 埃里克·希尔根多夫：《德国刑法学：从传统到现代》，江溯、黄笑岩等译，北京大学出版社2015年版，第241页。
⑤ 袁小玉：《犯罪学对中国刑法研究的可能贡献》，载《犯罪研究》2017年第1期。

得更多共识，其自然会引领刑法进行知识转型。而根基不稳就在于其未能深刻解释其与社会之间的互构关系，也没有深度解析风险与安全，更没有实证佐证刑罚作为监管风险之工具的效度。

预防性立法在刑法学领域引起的分歧，一直处于缠诉状态，无论是对预防性立法证伪还是对其证立，均难分胜负。实际上，前述问题的回答涉及社会、经济、政治、国家治理模式和道德哲学等诸多因素，且这些要素并不是刑法学本身能深入解读的要素。而犯罪学与刑法学相比，犯罪学能借助其跨学科的特征，对前述问题进行深入研究。并且因犯罪学本身的特质，其不会受到公共政策、刑事政策和打击犯罪需要的制约，所以也更有空间和力量，对前述问题进行全面而客观的分析。更为重要的是，正如法国学者皮纳特尔指出的，犯罪学看到的并不是刑法所规定的法律实体，而是"看到这一实体所掩盖的'人的现象'与'社会现象'"。① 所以其能更深入的根植于社会，由此对前述问题进行更深入的观察。法国的另一位犯罪学家乔治·比卡认为："犯罪学不仅仅产生于刑法的不足，同时也为刑法的新生创造了条件。"② 同样，犯罪学作为刑法学的毗邻学科，其也能为预防性立法夯实根基。

三、预防性立法对犯罪学知识体系的冲击

在预防性立法策略中，立法者是从风险管控的角度，而不是从报应和惩罚的角度进行犯罪预防的政策设计。预防性立法不仅对传统刑法知识造成了影响，而且也对犯罪学的知识体系有挑战。尤其是，"事后惩罚型"犯罪视野下的犯罪学知识体系，以及固守的传统研究范畴，已受到巨大冲击。

（一）传统罪因论不能解释基于"关联性"关系设罪之因

犯罪学会研究犯罪原因，但传统犯罪学探讨犯罪原因的思路，已无法解释预防性立法中的某些行为入犯罪圈的原因。尤其是某些预防型犯罪禁止的行为，是从经验推定上看，可能诱发、刺激或引起某些严重犯罪，或者仅可能是与严重犯罪有关联关系，甚至仅具有薄弱的关联关系。但预防性立法基于疏而不漏的维护安全考虑，把这种关联性行为予以了犯罪化。对此，平野龙一深刻地评析到："原因观念逐渐被转换为了相关性的概念。"③ 基于建立安全机制，

---

① ［法］卡斯东·斯特法尼等：《法国刑法总论精义》，罗结珍译，中国政法大学出版社1998年版，第55页。
② ［法］乔治·比卡：《犯罪学的思考与展望》，王立宪等译，中国人民公安大学出版社1992年版，第2页。
③ ［日］平野龙一：《刑法的基础》，黎宏译，中国政法大学出版社2016年版，第50页。

预防性立法对风险采纳了精算主义和审慎主义，即通过对风险行为的围剿而降低犯罪机会，从而加强对安全的维护。比如，为了维护安全把持有枪支的行为予以犯罪化。持有枪支的行为不一定是严重犯罪的原因，从经验推定上看，可能是与严重犯罪具有关联的行为。比如，持有枪支者本人可能将进一步实施严重犯罪行为，或者持有的枪支被他人获得后实施严重犯罪。但无论哪种情况，持有枪支本身并不是严重犯罪的原因，而仅仅是关联性行为。传统犯罪学研究的犯罪原因，并不是关联性关系。因此，传统犯罪原因论难以解释这种预防性立法基于关联关系归罪。

（二）在解释预防型犯罪的各个要素时有难解之因

刑法学中的犯罪虽然不等同于犯罪学中的犯罪，但刑法学中的犯罪为犯罪学研究的犯罪提供了重要的参考，甚至是重要的研究起点。因此，刑法学所定义的犯罪以及其体系中的新型犯罪，始终是犯罪学所研究的主要对象。相应地，刑法中的犯罪会逐渐影响犯罪学的研究范畴、对象和方法，甚至塑造犯罪学的研究面相。传统犯罪影响下的犯罪学，无论是对犯罪现象、原因和对策的研究，虽然不是全部围绕刑法中传统犯罪展开，但至少是以其为主轴展开。因此，当预防性立法逐渐在立法实践展开，且创设了诸多预防型犯罪后，传统犯罪学的研究汇聚的智识，就难以解读预防型犯罪及其相关要素。

预防性立法关心的中心主题是安全，并最终为此设置预防型犯罪制。预防型犯罪侧重于预测和预防尚未发生和可能会发生的危害安全的事情，考量的是预测风险、风险行为、不确定性和监管风险等。最终，与传统犯罪相比，尽管其包括的也是犯罪、犯罪行为、犯罪人及施加的刑罚等因素，但这些要素的内涵、价值、概念等，有较大差异。这主要表现在：首先，传统犯罪中的犯罪人和犯罪，一般是基于"人性恶"的哲学根据，而预防型犯罪基于安全逻辑构建，更侧重于犯罪发生和犯罪人实施犯罪的概率性。其次，传统犯罪侧重的是对行为不法进行评价，个体犯罪人的责任、过错、道德感是重要的考量因素；而预防性立法因是评价该行为是否具有或可能引起严重犯罪风险，前述因素并不是主要的考量对象："犯罪控制的安全机制较少关注个体犯罪人的责任、过错、道德感、诊断、干预或处理。"[①] 预防性立法引起的这些不同，使建立在研究传统犯罪基础上的犯罪学面临困境。

（三）事实学研究范式不能深度解析预防性立法

犯罪学是对犯罪现象这种客观事实进行研究，所以犯罪学常被视为是事实

---

① [英]海泽尔·肯绍尔：《解读刑事司法中的风险》，李明琪译，中国人民公安大学出版社2009年版，第31页。

学。传统犯罪学的研究也尽可能做到价值无涉,专注犯罪事实的解读。从古典学派到实证学派,再到当代的各种犯罪学派,无论是个体自由意志选择、天生犯罪人论,还是犯罪三因论以及社会标签论等,确实主要是对客观事实的描述。甚至有学者认为:"评价犯罪学理论的标准应当是它们对科学过程的有用性,而不是它们的正确性。"① 确实,犯罪学对犯罪现象的解读需要具有科学精神,其重视的不是所得出的理论是否具有价值上的"正确"性,而是研究方法、研究假设、结果是否科学,研究是否能满足治理犯罪的需要,是否经得起证实或证伪,是否能揭示犯罪现象背后的规律等。但这不意味着犯罪学不应进行规范性研究,而只是意味着犯罪学的研究结果和结论应更具有客观性、科学性。而要求犯罪学应更具有客观性,实质也在于让其更具有应用价值。

基于事实学的原因,把犯罪学的研究局限于只能进行客观分析的研究范式,是值得商榷的,并且已受到质疑:"把犯罪学研究视为是纯客观的研究是犯罪学研究的误区。"② 比如,从犯罪概念看,公民、法学人士、犯罪学家等把某种现象视为犯罪时,其评价一定带有正与错、邪与善的规范性判断。因此,各种维度的犯罪在概念层面上本就是事实存在与价值评判的统一,并不存在纯客观的犯罪概念。而预防性立法设置的预防型犯罪,与传统犯罪现象相比,嵌入了更多的规范性判断,甚至其本身就是立法者在权衡各种利益及各种价值之后设立的犯罪。预防型犯罪最突出的特征之一,就是其具有的象征性,即象征了某种价值导向和价值选择。在这种语境下,犯罪学如不对犯罪进行规范性解读,尤其是如果秉承价值无涉的立场,会导致其适用性受到制约,难以真正回应社会。

(四) 为刑法立法提供参考和指导的研究较少

法国学者卡斯东·斯特法尼认为:"犯罪学的影响首先表现为对立法者的影响。犯罪学对犯罪的原因以及对孕育犯罪的过程所做的阐述,对立法者进行各种改革起着指导作用。"③ 而从犯罪学的定义看,机关犯罪学的定义有多种,无论是狭义的犯罪学还是广义的犯罪学,均涉及三个方面的问题:第一,刑法立法;第二,违反刑法之规定;第三,违反刑法规定的反应。因此,犯罪学的

---

① [美] 乔治·B. 沃尔德、托马斯·J. 伯纳德、杰弗里·B. 斯奈普斯:《理论犯罪学》,方鹏译,中国政法大学出版社 2005 年版,第 392 页。

② 李波、张洪玮:《犯罪学科学性视野下我国犯罪学若干认识误区之辨明——兼论关系犯罪学之提倡》,载《福建警察学院学报》2012 年第 1 期。

③ [法] 卡斯东·斯特法尼等:《法国刑法总论精义》,罗结珍译,中国政法大学出版社 1998 年版,第 55~56 页。

研究也应涉及该三个维度。而传统犯罪学研究虽然一般包括现象、原因和对策研究三步，但主要是指向犯罪学概念涉及的后两个维度，即主要是针对刑法设置的犯罪而言，研究为什么刑法规范被违反以及如何通过对策保证刑法得到执行。换言之，传统犯罪学研究主要是针对立法后刑法的遵守和执行，但较少为刑法立法提供参考。

但犯罪学不仅应在立法设罪后，分析犯罪现象、原因和对策，更应为刑法立法提供根据，进行指引，甚至还应关注刑法立法的科学性、有效性，追问社会缘何要设置某种犯罪。因此，犯罪学研究对刑法立法具有重大的积极意义，甚至有学者认为充分建立在犯罪学基础上的刑法典是非常了不起的刑法典。① 尤其是，与刑法学发展相比，中国的犯罪学较为"晚熟"，因此，其与刑法学的互相作用关系更多地"表现为合谋"——研究范式主要侧重于刑法立法后的犯罪预防对策研究，对刑法立法的参考、指导意义不大。② 从这个角度看，中国当代犯罪学在立法上的功能是被忽视的，且是弱项。③ 而在当代，正如前述已提及的，对于刑法学而言，预防性立法禁止的行为形成的社会机理、制度原因和环境因素等均不在或主要不在其研究的视野中，但又是预防性立法打下稳固基础必须首先厘清的问题。而犯罪学本身的发展或转型不够充分，导致在认识和对待社会风险行为上，总是在刑法立法之后，主张对刑法立法设置的罪进行打击或预防，而难见对预防性立法设罪提供反应和指导。这种传统的犯罪现象—原因—对策研究，更倾向于是要和预防刑法知识体系"合谋"，但无法解决其面临的诱发质疑和争鸣的问题。

四、犯罪学为预防性立法贡献智识的进路

预防性立法遵循着不同于"事后惩罚"立法的理念，且采取的路径和对策也不同。因此，犯罪学研究不进行转变，则跟不上刑法学的发展和转型。固然犯罪学作为独立的学科，且已取得较大发展，但依然是为传统犯罪和事后惩罚等提供智力成果的犯罪学。犯罪学不必然顺应刑法学的任何变化，且传统的研究范式应继续发挥作用，但作为刑法学的"设计师"和"侦察兵"，④ 犯罪

---

① 严励、岳平：《犯罪学的转型与发展——第一届犯罪学论坛的观点与评析》，载严励、岳平主编：《犯罪学论坛》（第2卷），中国法制出版社2016年版，第868页。
② 岳平：《当代中国犯罪学的知识社会学研究》，中国法制出版社2012年版，第3页。
③ 严励、岳平：《犯罪学的转型与发展——第一届犯罪学论坛的观点与评析》，载严励、岳平主编：《犯罪学论坛》（第2卷），中国法制出版社2016年版，第868页。
④ 张伯晋：《犯罪学与刑法学的关系》，载《检察日报》2012年6月14日，第003版。

学也必须寻找路径,突破既有樊篱,为预防性立法走向科学化、合理化和理性化贡献智识,为预防立法给刑法带来的变革提供注解。

(一) 由"事后"犯罪学转向"事前"犯罪学

从传统界定的犯罪看,刑法设置的犯罪是具有严重后果或者侵害了公众利益后的行为。因此,其是"事后"犯罪。"事后"犯罪及相关因素,是传统犯罪学研究的主要对象。而预防性立法设置的犯罪是没有实害结果的犯罪,其是把实害结果出现之前的风险行为,或者某种公共利益被侵害之前的某时空点上的风险行为视为犯罪。因此,预防性立法需要的是事前犯罪学——侧重研究实害结果出现之前,或公共利益被侵害之前的风险行为、风险或危险等的犯罪学。当然,这不是说犯罪学就不研究事后犯罪及其相关因素,而是说回应预防性立法,犯罪学也应转换研究范式,重视对事前犯罪及相关因素的研究。

王牧教授认为:"犯罪学让刑事立法找到理性。"[1] 前述论及,实践中的预防性立法并不成熟,带有冲动性、权宜性,甚至还具有诸多不合理性。而其根本原因还在于预防性立法对风险及风险行为的认识程度不够,甚至认识上还存在偏差。预防性立法是否正确、合理、合法,往往取决于能否对拟设置的预防型犯罪及其相关因素进行全面的、整体的和真正本质上的把握和理解。而作为规范法学的刑法,其研究范式难以对风险和风险行为进行深入的解读,更不可能对风险大小进行精准的评估。同样,奠基于传统核心犯罪的事后犯罪学,难以对其进行深入分析。因此,犯罪学需要从事后犯罪学转向事前犯罪学,为预防性立法当好"军事"。

犯罪学由事后犯罪学转向事前犯罪学,从而研究预防型犯罪的本体性和规律性,重解读预防性立法禁止之行为发生的原因和机制,找出预防性立法禁止行为的弱点和该类行为对社会的破坏性或破坏可能性,恰当地帮助立法者作出犯罪化或非犯罪化之决定。更重要的是,事前犯罪学在进行视角转移的研究后,其提供的智识不仅能避免事后犯罪学视角的偏见,而且还能打破固有的知识体系的壁垒。确实,犯罪学进行研究范式的转变后,能对预防性起到很多导向和指导作用。从国外的情况看,预防性立法践行的时间较早,犯罪学的研究范式已开始转变。因此,国外犯罪学运用的概念和理论工具已发生了小规模的革命,比如其犯罪学中的机会理论、环境分析理论、情景犯罪理论、精算理论、稳健主义、日常活动理论等,就是一些针对事前犯罪的新犯罪学方法。这些分析工具和理论,对指导预防性立法提供了帮助。

---

[1] 王牧:《犯罪学让刑事立法找到理性》,载《检察日报》2007年8月21日,第003版。

（二）跨学科进一步借智发展和拓展视域

研究范式由事后犯罪学转向事前犯罪学，仅是犯罪学方向的转变，但如何实现此转向才是问题的关键。此关键问题的解决路径，需要依靠犯罪学跨学科"借智"。学科之间的借智是源于对同一现象的观察，是从不同角度进行的。因此，学科为了丰富和拓展自己，进行跨学科的借智是必要的。甚至如果没有学科间的互相借智，学科就会停滞不前。而从犯罪学所具有的结构性和实体性特征看，其本身也是跨学科的或间质性的学科。因此，犯罪学的发展和拓展本身也是依靠向其他学科借智。

犯罪学应向社会学、历史学、法学、生物学、经济学和心理学等借智。这些学科对犯罪现象有共同兴趣，且有自己的注解和分析。从犯罪学的发展史看，这些学科的智识对犯罪学产生了很大影响。同时，这些学科的发展也促进了犯罪学的转型——从颅相学测量颅骨类型，到通过心理分析个体发展，再到越轨社会学，这些学科的智识促使犯罪学的每一次向新的研究模式和目标转变成为可能。

但是，事前犯罪学需要的借智，是其他学科在社会新要素的刺激下，所研发的新智识。刑法之所以采用预防性立法这种不同于传统刑法立法的模式，在于社会的发展、变化，已出现很多新情况，衍生了很多新要素，且新情况或新要素在某些情况下需要刑法前置予以保护。因此，要真正解读预防性立法，并为其寻找正当根据，也需要从其他学科寻找新智识。犯罪学栖居于这些社会科学之间，获取这些学科的新智识、新概念和新解释工具。并且，犯罪学从整合性基点出发，合理吸收、利用所有有关犯罪问题研究的多个学科的新研究成果和研究方法，才能让犯罪学旧的知识和新知识的冲突与交融中，提升犯罪学解决预防性立法带来的理论涵养，增强犯罪学的实践功效。

犯罪学可依靠的学科的知识本身，也出现了大量更新，产生了一系列新的理论分析和概念工具。这为犯罪学研究的转型和发展提供了新的资源，成了犯罪学转型可依靠的保障。比如，从生物学的观点看，传统的生物学是建立在遗传学的基础上。但生物学的发展已经出现了分子生物学、进化生物学和生态生物学，这些生物学说都超越了旧生物学。这意味着旧生物学派已没落，依靠遗传学对犯罪现象进行的解释，并不一定就不科学，但如果能借助生物学取得的新发现对犯罪现象进行解释，能进一步更为合理的解释犯罪现象。再比如，经济分析法是非常具有影响力的分析工具。社会经济因素的变化，是诸多社会变化背后的重要动因。因此，犯罪学应更加严格和系统性地分析和应对这些变化。经济分析法中的经济推理、理性选择理论假设和博弈论等系列概念，共同决定了政策制定者心中的犯罪概念、在公共领域内和公共领域外追求安全的原因。特别是对于预防性立法,机会论具有重要的参考价值。在经济学分析的机会论语境下,犯罪与其说是道德上的不法,不如说是机会的产物。正是基于这一基本假设产生了这样一种预期:犯罪是日常生活中的"正常"且可能无法根除的事实,但同时,犯罪也是一种可计算的成本,且这种成本可被估算、投保,或者以其他的方式予以最小化。因此,当前预防性立法政策在很大程度上是经济性分析的结果。根据这一逻辑,对于预防犯罪而言,减少犯罪机会比解决犯罪的根源问题或进行道德再教育更为有效。因此,用预防性立法策略,规制某种可能诱发犯罪的行为,并强化目标,进行有效监控和监督,减少犯罪的机会。概言之,犯罪学应借助于其他学科的新发展,对预防性立法提供智识,从而使犯罪学与时代接轨,成为有朝气的学科。

(三)犯罪学应为预防性立法提供客观且规范的理据

在某种程度上,犯罪学从其他学科借的智识要发挥支撑预防性立法的功能,或者作为解读预防性立法的逻辑点,犯罪学还需要进行规范性思考。有学者就认为,犯罪学的研究应对各种犯罪现象与各种类型的犯罪作理论上的解释与说明,不仅如此,也应对现行刑法制度与社会制度加以研究,提出修改意见,对犯罪处遇的方法加以评价,提出最经济、最有效且合乎人道处遇的方法与建议。[①] 同样,如果犯罪学只是简单地跨学科借智识,也只能为犯罪学研究的转型提供知识、理论或分析工具,但有理论、知识或分析工具,并不意味着犯罪学就能为预防性立法的道德和伦理困境提供指导。尤其是,预防性立法本身挑战了刑法的道德和伦理底线,其需要强有力的正当化理据为其证立。预防性立法作为作为回应社会变迁和发展的立法技术,但其"理"不限于刑法内,甚至更重要的"理"是在刑法外。基于刑法外"理"的探寻,刑法也期望毗邻的犯罪学能进行规范性研究,解决预防性立法面临的道德和伦理困境。

(四)事前犯罪学的研究应遵循法治精神

事前犯罪学进行规范性研究,首先从宏观上看,就必须遵循法治精神。如果"犯罪学坚持法治原则,就会避免犯罪学研究及其犯罪对策带来的一系列伦理和道德问题,就会成为真正科学的犯罪学"。[②] 前述论及的犯罪学研究中的不科学、不合理、不客观的结论,也在于其研究没有遵循法治精神。

---

① (台)蔡德辉、杨士隆:《犯罪学》(第6版),五南图书出版有限公司2012年版,第9页。
② 联合国第十届预防犯罪和罪犯待遇大会文件:《犯罪与司法:二十一世纪所面临的挑战》。

犯罪学关注犯罪预防策略，而预防性立法设置预防型犯罪后，犯罪学也会研究如何预防此类犯罪。从规范性角度看，当犯罪学研究如何预防该类犯罪时，必须坚持法治原则。随着预防性立法越来越趋势化，预防型犯罪也会越来越多。在"面对日益增长的犯罪和被侵害危险的增加，政治家们和社会公众为了秩序往往会失去法律的理性而选择极端的措施"。① 因此，事前犯罪学在研究预防犯罪的对策时，不能在此基础上推波助澜。相反，其更应重视法治原则，从而保证预防对策符合法治精神。

面对日益增长的犯罪和被侵害的风险之增加，政治家之所以可能会失去理性而选择极端措施，还在于社会和民众的诉求之压力。也就是说，社会和民众对安全的苛求，对风险的害怕和恐惧，可能会导致走向法治的对面。另一方面，犯罪学在研究预防犯罪对策时，如果过度重视效果，也会导致法治危机。尤其是其研发的犯罪制裁或预防措施偏重于现实问题的解决，也会面临侵犯人权的危险。所以，风险社会语境下，减少犯罪和法治的坚持，会产生博弈。但在这种情况下，更需要坚持法治精神。甚至可以说，这是检验是否能坚持法治的试金石。当然，这并不是说就放弃减少犯罪，而是要在坚持法治原则的前提下，寻找减少犯罪的策略。学者王玫认为："犯罪要减少，法治也必须坚持。在两者之间寻找到恰当的平衡点是理论家和社会管理者的共同责任。"② 而要实现平衡，就必须借助规范性研究，从而保证是在保障人权的范围内进行研究和发展控制和预防犯罪的方案，避免陷入法治危机。

---

① 靳高风：《犯罪学的发展与中国犯罪学学科建设》，中国人民公安大学出版社2013年版，第199页。
② 王玫：《犯罪学与刑法学的科际界限》，载《中国法学》2004年第1期。

犯罪预防视域中的刑法宽缓化：
表现、根基、影响与反思

赵 星[*]

中国社会的发展给法治的变革不断带来推动力，刑法宽缓化的趋势日益明显，已然成为刑法变革与发展的重要特征之一。由于定罪量刑对于犯罪预防具有重要的作用，因此，刑法的宽缓化对于犯罪预防也会带来重要的影响。宽缓化刑法虽然具有儒家传统文化的根基，也可以为立法者所借用以现某种现实的价值与功效，但是，宽缓化刑法也的确面临着一些问题，它对于犯罪预防效果的影响值得深入研究。

一、刑法宽缓化的表现

近年来，随着中国社会的快速发展和社会主要矛盾的转化变迁，在肃清过去"严打"偏差的大背景之下，国家"宽严相济"刑事政策正式确立，至此，刑法宽缓化获得了正式的政策依据，伴随着为严密刑事法网而进行的刑法规范完善过程，我国刑法定罪量刑宽缓化的特征也日趋明显。

例如，在刑法修正案（七）中对原刑法规定的偷税罪的规定进行了宽缓化的规定，即在《刑法》第 201 条中增设了第 4 款，规定"有第一款行为，经税务机关依法下达追缴通知后，补缴应纳税款，滞纳金，已受行政处罚的，不予追究刑事责任……"这样的规定就在立法明确缩小了此罪可能成立犯罪的范围，使本罪构成犯罪的可能性大大减少，刑法的宽缓化性质非常明显。刑法修正案（八）虽然也有严密刑事法网的规定，例如严格限制对累犯以及故意杀人等暴力性犯罪的减刑、适当延长有期徒刑数罪并罚的刑期，最高刑期从 20 年升至 25 年，但是，两相比较，体现的刑法宽缓化的规定内容更显著，在该修正案中，至少在以下几个方面进一步深化了我国刑法的宽缓化。其一，取

---

[*] 赵星，中国海洋大学法学院教授，法学博士，法学博士后。

消 13 个非暴力经济类犯罪的死刑；① 其二，规定了对于年满 75 周岁的人一律给予轻缓待遇的规定，即增加了第 17 条之一，"已满七十五周岁的人故意犯罪的，可以从轻或者减轻处罚；过失犯罪的，应当从轻或者减轻处罚"，还增加了 49 条第 2 款，"审判的时候已满七十五周岁的人，不适用死刑，但以特别残忍手段致人死亡的除外"。其三，规定了"坦白"至少可以从轻的待遇："犯罪嫌疑人虽不具有前两款规定的自首情节，但是如实供述自己罪行的，可以从轻处罚；因其如实供述自己罪行，避免特别严重后果发生的，可以减轻处罚。"其四，对于可以宣告缓刑的"不满十八周岁的人、怀孕的妇女和已满七十五周岁的人"，规定了"应当宣告缓刑"的法定情形，轻缓力度很明显。② 刑法修正案（九）承继了这种宽缓化的趋势，取消了 9 个罪名的死刑，③ 从而使中国适用死刑的罪名从 55 个降至 46 个，与此同时，限制了判处死刑缓期的条件，从原来的"（死缓执行期间）如果故意犯罪，查证属实的，由最高人民法院核准，执行死刑"改为"故意犯罪，情节恶劣的，报请最高人民法院核准后执行死刑"。

刑事诉讼法律近年来规定的诸如"认罪认罚从宽""速裁"等程序，均是对于犯罪人以轻缓待遇的重要立法，对于国家整个的宽缓化起到了重要作用。

在 2016 年 8 月 29 日在第十二届全国人民代表大会常务委员会第二十二次会议上，最高人民法院院长周强代表高法，并受高检院委托，作了关于《关于授权在部分地区开展刑事案件认罪认罚从宽制度试点工作的决定（草案）》的报告，该报告意味着"认罪认罚从宽"正式进入中国刑事司法的舞台。按照周院长的报告，当一个人犯了罪之后，在司法机关有相应证据的前提之下，只要犯罪人"自愿如实供述自己罪行，对指控的犯罪事实没有异议，同意人

---

① 这 13 个罪名具体包括：走私文物罪，走私贵重金属罪，走私珍贵动物、珍贵动物制品罪，走私普通货物、物品罪，票据诈骗罪，金融凭证诈骗罪，信用证诈骗罪，虚开增值税专用发票、用于骗取出口退税、抵扣税款发票罪，伪造、出售伪造的增值税专用发票罪，盗窃罪，传授犯罪方法罪，盗掘古文化遗址、古墓葬罪，盗掘古人类化石、古脊椎动物化石罪。

② 这些情形包括：(1) 犯罪情节较轻；(2) 有悔罪表现；(3) 没有再犯罪的危险；(4) 宣告缓刑对所居住社区没有重大不良影响。

③ 这 9 个罪名包括：走私武器、弹药罪，走私核材料罪，走私假币罪，伪造货币罪，集资诈骗罪，组织卖淫罪，强迫卖淫罪，阻碍执行军事职务罪，战时造谣惑众罪。

民检察院量刑建议并签署具结书的案件",就可以享受程序和实体上的宽待。①

根据十三届全国人大常委会第十一次会议29日通过的全国人大常委会《关于在中华人民共和国成立七十周年之际对部分服刑罪犯予以特赦的决定》,我们国家已经对九类服刑罪犯实行特赦。对于这次特赦,全国人大常委会法制工作委员会负责人就全国人大常委会《关于在中华人民共和国成立七十周年之际对部分服刑罪犯予以特赦的决定》答记者问中明确表示,此次特赦一个很重要的原因在于是为了"承续中华文明慎刑恤囚、明刑弼教的优良传统,推进法安天下、德润人心的仁政",由此可见,传承传统文化中的"慎刑""弼教",以"德"施"仁政"是此次特赦的重要文化基础。我们认为,法工委负责人就特赦原因的解释在很大程度上也构成了近年来我国刑法宽缓化过程的说明。

二、刑法宽缓化的传统文化根基

正如全国人大常委会法制工作委员会负责人就全国人大常委会《关于在中华人民共和国成立七十周年之际对部分服刑罪犯予以特赦的决定》答记者问中所表达的那样,刑法宽缓化在长期占中华文明主体的儒家文化传统中具有悠久的传统。自周公开始,德主刑辅始终是儒家善治的支配性思想。儒家理念向来赋予以仁义为核心的道德以重要的地位,他们认为,"伊尹以尧、舜之道为殷国基,子孙绍位,百代不绝",而以重刑峭法作为根基的秦国只经历了二世就覆灭了。究其原因,秦之速亡就是因为远离道德教化的结果,"刑既严峻矣,又作为相坐之法,造诽谤,增肉刑,百姓斋栗,不知所措手足也。赋敛既烦数矣,又外禁山泽之原,内设百倍之利,民无所开说容言"。儒家学者认为,如果"严刑峻罚""与民争利""崇利简义",则越是"广壤进地",就像"人之病水"一样,"益水而疾深",只有以仁义道德为基础,才能打下好的根基,才能根深蒂固,如果基本理念和价值出了问题,就像凿得宽窄不一的卯眼,就是鲁班这样的能工巧匠也安不上合适的榫头;就像在一簸箕土的基础之上,再高明的工匠也不能建造巍峨的建筑一样,所谓的"功业"就会像经风

---

① 程序上从宽的待遇体现在,对于基层人民法院管辖的可能判处3年有期徒刑以下刑罚的案件,刑事被告人认罪认罚的,可以适用速裁程序,由审判员独任审判,不进行法庭调查、法庭辩论,当庭宣判,但在判决宣告前应当听取刑事被告人的最后陈述。对于基层人民法院管辖的可能判处3年有期徒刑以上刑罚的案件,刑事被告人认罪认罚的,可以适用简易程序审判。在实体上从宽从"认罪认罚从宽"本身就可以看出得到好的待遇是当然的。

霜的秋蓬,只要被风一吹就会四散零落,果如此,"虽有十子产,如之何?故扁鹊不能肉白骨,微、箕不能存亡国也"。①

孔子著名的"道之以政,齐之以刑,民免而无耻;道之以德,齐之以礼,有耻且格"思想对后世的影响深刻而深远,逐渐形成了儒家先教后刑,德礼为先,礼乐教化的治世观。孟子以"性善论"为逻辑起点,全面阐释了他以教化发掘引导人的善端,从而实现社会大治的思想。他认为,要进行道德教化,首先要民众有比较富足的物质生活,如其所言,"有恒产者有恒心,无恒产者无恒心。苟无恒心,放辟邪侈,无不为已"。②孟子特别重视治民恒产的作用,反对凭空的说教,提出如果人民生活无保障,则"惟救死而恐不赡,奚暇治礼义哉?"孟子认为,在满足了基本物质生活条件之后,人人都有经教化而向善的可能,因为人皆有"善端",如其所云,"恻隐之心,仁之端也;羞恶之心,义之端也;辞让之心,礼之端也;是非之心,智之端也"。③孟子认为,如果能"谨庠序之教,申之以孝悌之义",则"颁白者不负戴于道路矣。七十者衣帛食肉,黎民不饥不寒,然而不王者,未之有也"。④

荀子主张"隆礼重法"思想,其将"隆礼"居首的表述安排显示了他对教化的重视,他认为,"教化之行,挽中人而进于君子之域;教化之废,推中人而堕于小人之涂"⑤。董仲舒也主张道德教为本,刑狱为末的思想,他认为,"教,政之本也;狱,政之末也。其事异域,其用一也"。⑥ 传统儒家都重德轻刑,强调礼义教化,认为以德礼进行教化,可以使民众向善,"不假刑法严峻而自制也"。至朱子则继承和发展了儒家关于德刑关系的思想,他认为"然刑政能使民远罪而已。德礼之效,则有使民日迁善而不自知,故治民者不可徒恃其末,又当深探其本也"。⑦ 在他看来,政刑只能"制其外",而德礼却可"格其心",道德教化使民众日益向善,"不待黜陟刑罚一一加于其身,而礼义之风,廉耻之俗已丕变矣"。对于"德礼政刑"之间的关系,朱子主张德礼为本,政刑为末。"愚谓政者,为治之具。刑者,辅治之法"⑧,德礼是"出治之本",是政刑的依据,而政刑是辅助之工具,但是"有德礼而无刑政又做不

---

① 《盐铁论·非鞅第七》。
② 《孟子·梁惠王上》。
③ 《孟子·公孙丑章句上》。
④ 《孟子·梁惠王上》。
⑤ 《朱子语类》卷一百八。
⑥ 《春秋繁露·精华》。
⑦ 《论语集注》卷一。
⑧ 《论语集注》卷一。

得",因此二者"相为始终,不可偏废"。而在"德"与"礼"之间,"德又礼之本也"。"德"是道德准则,而"礼"是体现"德"的社会规范。"德者义理也,义理非礼不行,故欲以德道民者,必以礼齐民。"① "礼"以"德"为依据,同时"德"又要依靠"礼"来实现与推行。在"政"与"刑"之间,"政"为本,"刑"为末。"政"是国家法令,是治理国家的工具,而"刑"则居于辅助地位。"先之以法制禁令,是令下有猜疑关防之意,故民不从,又却齐之以刑。"② 当人们不服从法令时,再动用刑罚。但没有"刑",政也无法实现,"号令既明,刑罚亦不可弛。苟不用刑罚,则号令徒挂墙壁尔"。③ 因此,"法度非刑不立,故欲以政道民者,必以刑齐民。"④

三、刑法宽缓化要注意的问题

刑法宽缓化的主要目的包括以下几个方面:其一是继承中华法制传统上的慎刑恤囚、明刑弼教的优良传统,推行仁政;其二是充分发挥特赦的感召效应,促进社会和谐稳定;其三是展现我国人权司法保障水平,进一步树立我国文明的形象。⑤ 但是,刑法宽缓化也应注意一些问题:

首先,应当严格遵守罪责刑相一致原则,有罪必罚,罚当其罪,维护社会的公平正义观念与价值。这个道理甚至为儒家学者所认可,例如,集儒家思想之大成者的朱子就认为不应该宽赦犯罪之人。朱子思想的核心理念是"理",在他看来,"理也者,形而上之道也,生物之本也"。⑥ "合于义理者为是,不合于义理者为非","理皆同出一原,但所居之位不同,则其理之用不一,如为君须仁,为臣须敬,为子须孝,为父须慈。物物各其此理,而物物各异其用,然莫非一理之流行也"。⑦ 依朱子看来,对于犯罪行为应当施以严格的刑罚,就是罪与罚场合的"殊理",违背了此"理",就是违背"理",会得到天谴。朱子认为,片面宽恕犯罪人,是对犯罪被害人的伤害与亵渎,是不能容

---

① 《朱文公文集》卷四十一。
② 《论语集注》卷一。
③ 《朱子语录》卷一百零八。
④ 《朱文公文集》卷四十一。
⑤ 虽然不是对我国刑法宽缓专门作出的解释,但是,不容否定的是,从全国人大常委会法制工作委员会负责人就全国人大常委会《关于在中华人民共和国成立七十周年之际对部分服刑罪犯予以特赦的决定》答记者问中的表述中,我们可以集中窥视出我国近一段时期以来刑法宽缓化的主要目的。
⑥ 《朱文公文集·答黄道夫书》。
⑦ 《朱子语类》。

忍的"妇人之隐":"今人说轻刑者,只见所犯之人为可悯,而不知被伤之人尤可念也。如劫盗杀人者,人多为之求生,殊不念死者之为无辜,是知为盗贼计,而不为良民谋也。"①朱子认为,"刑愈轻","而愈不足以厚民之俗,往往反以长其悖逆作乱之心,而使狱讼之愈繁,则不讲乎先圣之法之过也"。② 杀人者必死,伤人者必抵罪,是"理"的客观要求,如果杀人者不处以死刑,伤人者不按律治罪,则就是古代的贤王再世也不能治理好天下。③ 朱子认为,只有让犯罪的人真正地感受到刑罚带来的痛苦与触动,才能真正地对犯罪人起到效果,警示他不敢再去危害社会,祸害他人,从而实现刑罚的目的和效果。即:"今徒流之法,既不足以止穿窬淫放之奸,而其过于重者则又有不当死而死。如强暴赃满之类者,苟采陈群之议,以宫之辟当之,则虽残其支体,而实全其躯命,且绝其为乱之本,而使后无从肆焉"④。

其次,罪刑法定,罚当其罪,并不意味着刑法一定会走向残暴与滥刑,只有坚持罪刑相应,有罪必罚,才能维护社会的根本利益。如法家所言,如果执政者所设立的是"可为之赏"与"可避之罚",则"盲者处平而不遇深谷,愚者守静而不陷险危"。法律只要不搞突然袭击,不溯及既往,在实施之前做充分的宣传,就可以象"华表那样高矗而很容易被眼睛看到,就会像鼓声响亮很容易被耳朵听到",就不会坑害民众,暗箭伤人。韩非子也认为,法令界颁之于前,严刑对待于后,就绝对谈不上是"犯而诛之,是为民设陷也"。恰恰是那些主张轻罪的人,才是真正地在设立陷阱迫害民众,"是故轻罪者,民之垤也","是以轻罪之为民道也,非乱国也,则设民陷也,此则可谓伤民矣!"⑤

最后,应当更多地倾听民众对于宽缓化的意见,毕竟法律的效果如何,离不开社会的反映和百姓的认可。如有人提出,现在到底贪官贪污多少钱,给国家造成多大的损失才可能被判处死刑立即执行?如果说钱在贬值,那么为何盗窃罪数额较大的起点为何几十年没有明显地上调呢?法律实施的效果由法律效果与社会效果共同组成,如果不考虑民众的感受与需求,这样的司法就是与社会实际脱离的,不会获得社会的普遍尊重与拥护,其犯罪预防效果也会大打折扣。

---

① 《朱子语类》。
② 《朱子大全·戊申延和奏劄 一》。
③ 《朱子大全·戊申延和奏劄 一》。
④ 《朱文公文集·卷三十七·答郑景望》。
⑤ 《韩非子·六反》。

论犯罪预防与人脸识别技术之间的博弈

——基于隐私与安全的角度

刘灿华　夏立款[*]

人脸识别是指在静止的图像或视频序列中确定是否存在人脸，并在存在人脸的图像或序列中给出人脸的数量、位置、大小等参数。[①] 人脸识别属于生物特征识别技术的一种，其同样依据生物体（一般特指人）的生物特征来区分个体。目前，对人的脸部、指纹、手掌纹、虹膜、视网膜、语音、体形、个人习惯（如签字）等生物特征都有相应的识别技术。这些特征常被视为便捷的身份认证形式，因为它们大多与生俱来，且具备唯一性。[②] 当前，人脸识别技术在预防犯罪方面有着巨大作用，例如，人脸识别技术可以帮助及时识别和发现犯罪嫌疑人，在预防违法犯罪方面具有高效、精准的优势。但是，随着人脸识别技术的迅猛发展，人们逐渐重视隐私安全，世界范围内逐渐开始出现抵制人脸识别技术的声音。

一、人脸识别技术预防犯罪的实践

（一）域外实践情况

2019年，全球知名风投调研机构CB Insights发布报告称，面部识别等生物技术正在改变诸多行业防范犯罪的模式。CB Insights的专利分析工具显示，在美国，人们对人脸识别软件的兴趣正在飙升，而且有几家公司正在为执法应用开发这项技术。例如，亚马逊正在向执法机构出售其面部识别技术——"亚马逊认知"（Amazon Rekognition）。该技术声称可以对视频流进行"实时

---

[*] 刘灿华，中国社会科学院文化法制研究中心研究员；夏立款，中国人民公安大学2018级博士研究生。

[①] 李淼：《视频监控下的人脸识别及跟踪研究》，湖南大学工程硕士学位论文，2016年。

[②] 赵士伟、张如彩、王月明：《人脸识别技术在公安应用中的浅析》，载《中国安防》2016年第9期。

分析"、"基于人脸的用户验证"以及许多其他功能。该报告还称,该公司于2018年申请了一项专利,该专利探索了附加的认证层,包括要求用户执行某些动作,如"微笑、眨眼或倾斜头部"。汽车制造商正在测试人脸识别技术,以验证司机身份,这可能有助于减少汽车盗窃事件。福特(Ford)和英特尔(Intel)合作开展了一个名为"美孚项目"(project Mobil)的项目。在该项目中,一个仪表盘摄像头使用面部识别技术来识别车辆的主要驾驶员或其他授权驾驶员,如果不是授权驾驶员,而是其他人坐在驾驶座上,它就会阻止车辆启动。概括而言,以下行业已经使用面部识别技术,以改善商业实践、产品和运营:(1)执法部门;(2)医疗保健部门;(3)零售部门;(4)市场营销和广告部门;(5)银行;(6)体育竞技;(7)社交媒体;(8)航空部门;(9)汽车行业;(10)博彩行业;(11)选民投票。①

美国政府问责局(GAO)在今年6月的一份报告中表示,FBI的人脸识别办公室现在可以搜索包含6.41亿多张照片的数据库,其中包括21个州的数据库。政府问责局表示,几十年来,指纹分析一直是最广泛使用的生物识别技术,用于确定被捕者的身份,并将他们与以往的犯罪相关联。2010年,联邦调查局开始用下一代指纹识别系统(NGI)取代集成的自动指纹识别系统(IAFIS),NGI不仅包括来自IAFIS和传记数据的指纹数据,还通过整合生物特征识别技术(比如人脸识别技术)提供了新的功能和改进了现有的能力。作为一项举措的一部分,联邦调查局开始更新州际照片系统(IPS),提供面部识别服务,让执法机构可以搜索一个犯罪照片数据库,该数据库使用一个名为"调查照片"(probe Photo)的无名人士的照片,与提交的指纹照片一起出现。NGI-IPS于2015年全面投入使用。NGI-IPS的用户包括美国联邦调查局(FBI)、特定的州和地方执法机构,这些机构可以提交搜索请求,从而帮助其识别监控摄像头拍摄的陌生人照片。问责局表示,当一个州或地方执法机构提交这样的照片时,NGI-IPS会启动自动机制,从数据库中搜索候选照片列表,最终结果从2张到50张不等。②

(二)我国实践情况

1. 区域精准布控

所谓人脸识别技术应用于区域精准布控是指在特定的区域和特定的时间,

---

① https://www.securitymagazine.com/articles/90341-facial-recognition-changing-industries-across-the-us.

② https://www.securitymagazine.com/articles/90332-fbi-using-more-facial-recognition-to-fight-crime.

精准高效地对犯罪嫌疑人等人员进行搜索,从而确认目标的轨迹。具体的应用模式为将目标任务的人脸数据作为布控对象,利用人脸识别技术进行匹配,一旦目标人出现,系统自动识别报警。

2. 重点区域全方位布控

火车站属于重点需要防范违法犯罪的区域。将重点区域自有人员按照不同的分属区域准入权限设定白名单,在重点区域范围与抓拍人像库进行精准布控,一旦非白名单陌生人员出现,立即报警至保安值班室(值班室管控人员可以将登记获准进入的外来人员临时授权白名单,以降低不必要的虚警)。将陌生人员库实时与高危人员库和黑名单库(比如暴恐分子在逃人员库等)进行比对识别,一旦发现信息吻合,立即向单位值班室和所属辖区派出所联动报警。火车站内旅客活动场所,一般进出人流的数量比较大,身份各异,将一些重点人员,如盗窃前科人员、吸毒人员等,注册为重点人员库,设定重点区域,实时与人像抓拍库进行比对,一旦发现其进入,立即报警至保安值班室,可以进行犯罪预警干预;将抓拍人员库实时与黑名单库(比如暴恐分子在逃人员库等)进行比对识别,一旦发现信息吻合,立即向保安值班室和所属辖区派出所联动报警。

3. 在验票登记处布设人证合一系统

自动从人脸摄像机数据中提取人脸,经工作人员刷身份证后,自动检验身份证并读取身份证照片、文字等信息,现场进行人脸和身份证照片进行比对,判断是否为本人。如果一旦判别为身份信息和人脸信息不一致,马上产生报警信息到指挥中心,并自动将人脸照片与预设的重点人员库进行比对识别,如果确认目标身份为公安布控嫌疑人的,立即提高报警级别并启动相关联动程序(比如马上关联实时视频,多警种值班室同步报警等)。

4. 警务通 APP 动态识别检索

某公司开发了能装载在警务通手机系统上的人脸识别检索 APP 应用服务。下载安装后,可连接平台人脸数据库,将一线警务通采集的人像照片与重点人员库、逃犯库等预设人脸资源库进行大数据检索比对,在秒级的反馈时间内确认目标嫌疑人的身份信息,精确快速高效地支持一线治安反恐实战。

二、人脸识别技术遭遇隐私挑战

近来,人脸识别技术在美国公共部门的应用受到了媒体和社会的广泛关注,但大多数都呈现出消极态度。比如,2019 年 5 月,美国旧金山监事会颁布法令,该法令禁止警察和其他市政机构使用面部识别技术。这项禁令覆盖了包括市警察局和县治安部门在内的政府机构,但并不影响企业或个人安装的安全摄像头。① 民众对联邦政府和各州如何使用这项技术以及由此产生的生物特征数据充满诸多担忧。许多人担心人脸识别项技术的使用将导致出现"老大哥"国家或政府。这些担忧正逐渐在新加坡、英国等国变为现实。例如,最近伦敦当局对一名男子处以罚款,原因是他行为不端——其为了躲避街上的监视而遮挡面部。② 警察询问该男子为什么要蒙着脸。该男子表示,"如果我想遮住我的脸,我就遮住我的脸"。随后,便衣警察用手机给他拍了一张照片用于面部识别。最后,该男子被要求交出身份证,警方以扰乱治安为由对他开出了 90 英镑(合 115 美元)的罚款。英国有超过 600 万的监控摄像头,这是除中国外世界上人均监控摄像头数量最多的国家。在英国和美国,生物特征照片被拍摄并存储在相应的数据库中,用于与罪犯面部进行匹配——即使匹配不正确。

另据报道,警方使用自动面部识别监控系统的第一个诉讼出现在英国威尔士的加的夫。2017 年 12 月,埃德·布里奇斯(Ed Bridges)看到警方发布禁令,宣布他们正在使用"自动面部识别技术",其认为这侵犯了他的隐私。支持布里吉斯的公民自由组织相关律师表示,"这就像在不知情或未经同意的情况下提取人们的 DNA 或指纹"。公民自由组织表示,研究表明,面部识别对妇女、少数民族和有色人种存在歧视,因为它会不成比例地发生误认,而且存在准确性问题。在旧金山成为美国第一个禁止使用面部识别技术的州之后,这起案件可能会进一步为面部技术的合法使用提供重要指导,尤其是对警察而言。③

美国旧金山禁止执法部门和其他机构使用面部识别,因为它给人的印象是在"监视"居民。与此同时,机场正在采用这种技术来取代登机牌。特朗普最近签署了一项行政命令,要求其识别 100% 的国际旅客,包括美国公民。除了受到政府监控的概念所引发的担忧之外,还有其他因素导致了公众对人脸识别技术使用的强烈抗议。这些包括:第一,当某些面部识别技术过时时,准确率较低、误差较大,尤其是应用于女性和少数族裔时;第二,对数据隐私安全的不信任,以及由于资料被泄露而可能导致个人身份及生物特征资料的损失;第三,对技术的使用方式和使用地点缺乏理解或缺乏足够的(坦诚的)解释

---

① https://www.securitymagazine.com/articles/90240 - san - francisco - bans - facial - recognition - technology.

② https://time.com/5590343/uk - facial - recognition - cameras - china/.

③ https://www.securitymagazine.com/articles/90264 - facial - recognition - case - begins - in - cardiff.

(例如，公共区域与被认为是私有的区域）。

近来美国出于数据隐私的问题的考虑，已经阻止了几个人脸识别系统的实施。例如，纽约州洛克波特学区（Lockport School District）试图为所有学生推出一套面部识别系统。家长、老师和隐私倡导者提出了抗议。最终，纽约州教育部叫停了这个项目，直到能够进行隐私评估，确保学生数据得到适当保护。[①]

三、执法部门应用人脸识别技术遭质疑的原因

（一）外部原因——隐私被监控的风险

为什么把面部识别技术交到政府部门手中会引起如此多的关注，而许多反对在公共部门使用面部识别技术的人认为，用其代替密码来保护他们的移动设备是没有问题的。这个问题的答案归结于谁拥有、管理和使用生物特征人脸匹配数据。

苹果公司首创了供个人使用的生物识别认证技术。它首先在 iPhone 上使用了 TouchID 指纹认证，后来，TouchID 迅速传播到其他苹果设备，如 iPad 和 MacBook。三星和其他安卓设备很快也推出了自己的指纹认证。苹果公司在 FaceID 人脸识别技术方面更是走出了第一步，这已经成为 iPhone 和 iPad 的标准，其他手机制造商对手也正在做同类识别技术。毫无疑问，大多数 iPhone 和 Android 手机用户都乐于使用指纹或人脸来验证自己的身份，从而解锁手机、登录网站，甚至进行金融交易。然而，这些人通常都不希望政府机构使用类似的技术。理解这一现象的关键在于，首先要理解苹果及其竞争对手为何以及如何实现生物识别认证。

可以明确的是，苹果并非出于安全目的而采用 TouchID 技术，因为可以使用 PIN 或密码轻易地地替代它。事实上，对用户来说，指纹识别和面部识别在苹果设备上的使用完全是可选的，并非强制使用。苹果在 iPhone 上安装指纹识别器的真正原因是为了方便用户，用指纹解锁手机要比用个人识别码或密码快得多，FaceID 更方便快捷，因为它不需要把手指放在传感器上。即，手机用户可以接受指纹和人脸匹配技术的第一个原因是方便。人们信任移动生物识别技术的第二个原因是 pin 和密码经常会出现问题。绝大多数的数据泄露——超过80%——都是由于密码泄露和易于猜测造成的。为了安全起见，不得不

[①] https://www.lockportjournal.com/news/local_news/state-education-officials-want-lockport-schools-to-delay-facial-recognition/article_abe6072c-82f4-11e9-a772-67e0caa2c32b.html.

使用随机的、长的、不容易记住的密码。相反,使用指纹或人脸识别相对于密码验证要容易得多。人们信任移动生物识别技术的最后一个原因是,生物识别数据安全地存储在设备本身。当与 iPhone 或 Android 设备上的指纹或人脸匹配时,它被称为设备上的匹配。换句话说,用户所有的指纹或面部生物特征数据都不会离开用户的移动设备,也不会存储在苹果、谷歌或政府机构管理的远程位置。

然而,设备上匹配的生物识别技术并不是没有任何风险。其中一个核心风险便是,存储在设备上的生物特征数据不一定要对设备的所有者进行身份验证。我们很多人的个人设备上都有多个指纹或面部生物特征,通常包括配偶和孩子。如果使用生物识别技术解锁手机或进行交易,任何登记的指纹或人脸都可以使用。

与民众在自己的移动设备使用生物识别技术不同,人们之所以忌惮执法部门拥有和使用人脸识别技术,是因为这些生物特征数据由执法部门掌握和使用,民众难以知晓自己的相关生物特征数据如何被使用,也即,执法部门使用人脸识别技术缺乏相应的监督。

(二) 内部原因——人脸识别技术的局限性

人脸对比识别主要是通过对人脸识别算法的合理的应用,针对抓拍到人脸的图像建模,并且在该过程中,要与黑名单中数据库中的人脸进行动态对比,若人脸相似度达到了相应的阈值,此时系统将会自动报警使管理人员意识该项问题。通常来说,人脸识别技术都是基于统计学习的人脸特征选择算法,学习海量人像数据,并且要在选择特征的基础上,利用测试集,对被选择的不同特征的人像对比效果产生的具体影响进行对比分析,依据测试结果,从大量的人像中选择出一张最佳人像。通过对自动最优特征选择算法,完成对人像信息合理描述,提高了对比人像的速度,并且是具体算法适合应用在海量人像对比场景中。① 但是人脸识别技术在具体的应用过程中会存在一些不可避免的局限性,比如人脸相似问题、同一张脸会发生变化以及存在遮挡物等问题。我们可以以人脸相似问题来说明人脸识别技术的局限性。针对同一种人,人脸结构具有很高的相似性,实际性的差别较小,人脸识别技术在应用时会发生较大的误差,针对该现象,相关研究人员,应重点加强对人脸相似度参数调节内容的研究,提取人脸上的细微差异,从而使人脸识别的准确率能够得到进一步的提高。

---

① 张金龙:《浅析人脸识别技术在公共安防视频监控领域的运用》,载《中国公共安全》2019 年第 3 期。

四、人脸识别技术与预防犯罪博弈的结合点：生物特征数据集中管理

多年来，世界各地的政府机构一直在使用集中的生物特征数据库。这样的数据库包含数十万甚至数百万的身份和相关的生物特征数据，其中往往包括面部识别数据。集中式人脸识别系统是一种重要的工具，在执法部门、海关和移民机构有着悠久而成功的历史。如果面部识别系统不在这些机构的控制范围内，这些机构将很难做好自己的工作，并保护社会不受罪犯和恐怖分子的伤害。如果这些敏感的生物特征数据被破坏，数据泄露还可能会产生巨大的风险。当考虑到影响数亿人隐私的数据泄露数量时，就可以理解公众为何越来越关注生物特征数据的存储、使用地点以及方式。

所以，必须在个人隐私、安全和公共安全之间取得平衡。这种平衡往往很难达到。总的来说，人脸匹配和生物特征，可以用于许多私人和公共部门的应用，从识别罪犯和恐怖分子，到确保公司网络的安全和建设。在私人企业中，人脸识别可以用于线上（如网络、文件访问、交易等）和物理（如建筑、门、电梯等）安全。

（一）人脸识别技术在预防犯罪方面的优势

尽管对人脸识别技术有着诸多担忧，但是包括人脸识别技术在内的生物识别技术并不一定是可怕的。事实上，人脸识别可以有效地防止很多犯罪问题。比如上文提到的，洛克波特学校的项目可能是一个很好的例子，说明如何正确使用这项技术可以带来的好处。如果应用正确，洛克波特将能够阻止恋童癖者和其他有威胁的人进入校园，确保儿童不会被错误的人带走。每种生物识别模式都有各种各样的适用场景，人脸识别技术在保护校园安全方面具有重要的作用和难以取代的优势。儿童、教师和家长通过指纹识别器等特殊硬件进行交互，当违法犯罪事件发生时，比如有可疑人员进入学校，警报就会自动生成。然而，为了实现这些好处，洛克波特的学校应该更好地考虑他们的计划。应考虑到几个因素，例如：第一，生物特征（即面部）数据在哪里储存以及储存的方式；第二，如何保护生物特征数据；第三，如何使用生物特征数据。以上三个因素也是执法部门在掌握和使用人脸识别技术时应该充分考虑的问题。

（二）正确储存和使用生物特征数据

生物特征存储是一个重要而热门的研究课题。集中存储的生物特征和个人信息必须加密、隔离和保护。生物特征数据不应与其他个人身份信息（如姓名、生日等）一起存储。相反，生物特征数据应该匿名存储，使用映射回身份的不透明密钥对。这样，如果生物特征数据被破坏，它将毫无用处，因为没

有办法将其映射回特定的个体。任何关联身份（例如配偶、父母、孩子、雇主、已知的同事等）也应该匿名映射，使用不透明的密钥对。

在执法方面，应该做到只有特定的身份才能授权将其生物特征与个人信息联系起来。例如，如果出于安全目的而在公共场所使用摄像机对某人进行识别，除非此人已知对公众构成危害或潜在危险，否则不应将其个人信息与人脸特征数据相匹配。这将需要严格的程序约束以及外部监督，以确保公众的信任。我们可以审视一下其他侦查措施，比如搜查、技术侦查措施等，在进行具体的搜查和特定的技术侦查措施之前，要履行法定的程序，取得许可才能实施。同样地，将生物测定作为公共安全工具加以使用，也应该有同样严格的法律规则和遵守法定程序。有鉴于此，本文认为，为了平衡人脸识别技术与预防犯罪之间的冲突，可探索建立生物数据令状制度。所谓生物特征数据令状制度，是指对民众的生物特征数据采集后，要进行匿名的集中管理，这些生物特征数据不能指向任何特定的个人，当执法过程中需要将生物特征数据和特定的犯罪嫌疑人进行匹配时，执法部门需要向上一级机关或者法院申请许可，在得到许可后才能获准到保存生物特征数据的部门进行匹配。

几个世纪以来，英国和美国一直在保护公民不受国家的肆意干预——"我们希望国家向我们表明自己的身份，而不是向他们表明我们的身份"。不可否认的是，人脸识别在及时发现犯罪嫌疑人、预防犯罪方面确实有着得天独厚的优势，但是瑕不掩瑜，当前人脸识别技术在公共安全方面确实存在着监控民众的问题，为了更好地发挥人脸识别等生物识别技术的重要作用，有必要制定相应的制度和程序，从而保证人脸识别技术的合法化。

（三）重视隐私和数据安全

在使用人脸识别技术时，公民隐私安全始终是一个需要考虑的问题。在掌握数据后，有必要采取措施保证数据安全和公民的隐私。首先，所有个人信息数据，无论生物特征数据还是其他数据，都需要加密和隔离。关于这些数据具体由谁保存需要慎重考虑。目前数据泄露事件时有发生，比如以色列包括总理在内的数百万旅行者身份信息泄露；又如加拿大信用合作社发生大规模数据泄露；再如，全球有2300万信用卡号流入暗网。因此，在取得相应的数据后，应十分重视数据安全，其中涉及存储、使用、交换和传递等环节。其次，访问上述数据需要是单向的。换句话说，任何生物特征匹配都需要在一个充当"黑匣子"的软件平台中进行，而不能将数据暴露给任何其他软件处理。因此，生物特征数据将被隔离，不开放检索。最后，同样重要的是，当身份数据从平台上删除时，生物特征数据也要删除。

五、结论

人们对人脸识别技术充满担忧是可以理解的，使用包括人脸识别在内的生物识别技术往往存在着隐私和公共安全之间的冲突。如何平衡人脸识别技术和预防犯罪之间的冲突，没有"灵丹妙药"，也没有"一刀切"的解决方案。然而，如果仅仅因为隐私或其他方面的考虑而将生物识别技术弃用的话，也不符合长远的趋势。因此，一方面，我们需要发展出保护隐私的技术方案，即通过有效的生物特征数据安全措施和更先进的技术来保障数据安全；另一方面，我们应该及时调整相关法律政策、完善法律规则，特别是构建严格的法律程序来确保隐私。合法、合理使用面部识别等生物特征技术，既可以显著减少数据泄露事件，保护我们的个人信息，也可以使我们在一个"危险"的世界中更加安全。

加强我国网络著作权刑法保护的若干思考*
——以"云霄阁"等侵犯著作权典型个案为研究对象

刘晓梅 鲍洁莹**

党的十八大以来,习近平总书记多次强调清朗网络空间,部署推进网络强国建设。为加快知识产权强国建设,国务院于 2015 年 12 月 18 日下发《关于新形势下加快知识产权强国建设的若干意见》。在互联网飞速发展的大环境下,由于互联网所具有的开放性特点几乎所有的作品均可以转化成数字形式在网络上进行传播,而且这种转化成本很小甚至无须成本,由此导致网络侵犯著作权犯罪数量迅猛增长。网络侵犯著作权犯罪的主要形式是上传侵犯他人著作权的作品并有偿提供给他人下载或阅读,这在性质上属于信息网络传播权。①随着现代通信技术的不断发展,侵犯信息网络传播权的犯罪手段不断创新,这就要求刑法对信息网络传播权给予适度的保护。为了实现对网络著作权的充分保护,我国《刑法修正案(九)》《著作权法》《网络安全法》等法律法规先后出台或修订,最高人民法院、最高人民检察院相继出台关于保护网络著作权的司法解释,使严重侵犯信息网络传播行为能够从既定的刑法中找到处罚依据。然而,将"信息网络传播行为"视为"复制发行行为","以营利为目的"是否应当作为犯罪构成的主观要件,学界对诸如此类的问题看法不一。本文以案例分析和内容分析为主要研究方法,通过分析严重侵犯信息网络传播权行为犯罪化问题,提出完善我国网络侵犯著作权犯罪刑法保护的建议。

一、我国严重侵犯网络信息传播权犯罪状况分析

随着网络技术的快速发展,搜索引擎已成为移动端盗版网络文学的最大入

---

* 本文为教育部 2019 年度人文社会科学研究项目"多维视角下中国网络盗版犯罪实证研究"(项目编号:19YJA820031)阶段性研究成果。

** 刘晓梅,天津工业大学法学院教授,法学博士;鲍洁莹,天津工业大学法学院硕士研究生。

① 于志强:《网络知识产权犯罪制裁体系研究》,法律出版社 2017 年版,第 79 页。

口,盗版网文 APP 的渠道上升也十分明显。一些公司或个人打着技术中立和避风港原则的旗号,通过聚合器阅读 APP 和移动转码技术,直接向用户提供盗版网络文学内容①,为利用网络侵犯著作权犯罪的滋生提供了温床。《国家知识产权战略纲要》中明确提出,对于盗版行为的处置,需要依法加大处罚力度。纲要要求:为了达到抵制盗版的目的,必须对盗版物品的制作和销售行为严加监管,严厉打击盗版行为,降低其所带来的危害。然而,愈演愈烈的网络盗版现象在损害网络作品作者利益的同时还损害会网络经营者的直接利益,更是给整个数字文化创意产业带来不可估量的损害,网络侵权盗版现象更加泛滥。据艾瑞咨询调查数据表明,2015 年盗版现象给网络文学带来的损失达 79.7 亿元,其中移动端付费阅读类损失达到 43.6 亿元,占比达 54%;2016 年损失为 79.8 亿元,其中移动端付费阅读类损失多达 50.2 亿元,占比达 62.9%。②

表 1 中国法院审判网络侵犯著作权犯罪案件样本(主案由"侵犯信息网络传播权")③

编号	判决法院	裁判日期	当事人	主要案由	刑罚处罚
1	北京市海淀区人民法院(2017)京0108 刑初3213 号	2018 - 01 - 12	宗某、陈某某、王某共同犯罪	三人借助互联网技术,通过云存储平台存储侵权资源,利用通讯协议端口搭建社交平台与侵权资源的联系,后在电子商务平台向互联网用户销售获得侵权作品的"通行证"激活码,实施的是一种利用互联网多平台领域相互关联作用的侵犯著作权犯罪行为。	陈某某被判处有期徒刑一年,无缓刑,并处罚金;宗某被判处有期徒刑九个月,无缓刑,并处罚金;王某被判处有期徒刑九个月,无缓刑,并处罚金
2	广东省茂名市茂南区人民法院(2018)粤0902 刑初43 号	2018 - 02 - 06	柏某某	侵权复制文字作品上传至其所建立的网站,并进行网络信息传播	柏某某被判处有期徒刑一年六个月,缓刑二年,并处罚金

---

① 引自《中国网络文学版权保护白皮书》(2016 年版),载 http://www.sohu.com/a/133587837_667892,最后访问日期:2018 年 8 月 25 日。
② 于志强:《网络知识产权犯罪制裁体系研究》,法律出版社 2017 年版,第 79 页。
③ 本表所列案例均来源于中国裁判文书网。

续表

编号	判决法院	裁判日期	当事人	主要案由	刑罚处罚
3	江苏省徐州市中级人民法院（2018）苏03刑初6号	2018-02-07	彭某某	侵权复制文字作品上传至其所建立的网站，并进行网络信息传播	彭某某被判处有期徒刑二年，缓刑三年，并处罚金
4	成都市温江区人民法院（2016）川0115刑初89号	2017-01-20	叶某某、江某某、胡某某共同犯罪	侵权复制漫画作品上传至其所建立的网站，并进行网络信息传播	叶某某被判处有期徒刑三年，缓刑四年，并处罚金 江某某被判处有期徒刑三年，缓刑四年，并处罚金 胡某某被判处有期徒刑二年，缓刑三年，并处罚金
5	湖北省鄂州市鄂城区人民法院（2017）鄂0704刑初109号	2017-05-22	某文化传播有限公司及其法定代表人余某某，公司技术主管宋某某单位犯罪	开发手机APP软件侵权复制漫画作品，并进行网络信息传播	某文化传播有限公司被判处罚金；余某某被判处有期徒刑三年，缓刑四年，并处罚金；宋某某被判处有期徒刑三年，缓刑三年，并处罚金
6	江苏省徐州市中级人民法院（2017）苏03刑初41号	2017-08-18	李某	未经授权私设网站（页）侵权复制文字作品，并进行网络信息传播	李某被判处有期徒刑三年，缓刑四年，并处罚金
7	天津市南开区人民法院（2017）津0104刑初410号	2017-08-31	秦某 胡某 共同犯罪	"盗链"侵权复制影视作品，并进行网络信息传播	秦某被判处有期徒刑三年六个月，无缓刑，并处罚金 胡某被判处有期徒刑一年，无缓刑，并处罚金
8	上海市杨浦区人民法院（2017）沪0110刑初623号	2017-10-12	某软件科技有限公司、冷某某 单位犯罪	侵权复制文字作品上传至其所建立的手机阅读APP软件，并进行网络信息传播	某软件科技有限公司犯侵犯著作权罪，判处罚金；冷某某犯侵犯著作权罪，判处罚金，无人身罚

续表

编号	判决法院	裁判日期	当事人	主要案由	刑罚处罚
9	江苏省徐州市中级人民法院（2017）苏03刑初70号	2017-11-20	卢某某	侵权复制文字作品上传至其所建立的网站，并进行网络信息传播	卢某某被判处有期徒刑三年，缓刑四年，并处罚金
10	湖北省鄂州市鄂城区人民法院（2017）鄂0704刑初572号	2017-12-27	杨某某	侵权复制漫画作品上传至其所建立的网站，并进行网络信息传播	杨某某被判处有期徒刑九个月，缓刑一年，并处罚金
11	上海市杨浦区人民法院（2015）杨刑（知）初字第65号	2016-01-20	某公司、蔡某某 单位犯罪	开发手机APP软件侵权复制文字作品，并进行网络信息传播	某公司被判处罚金；蔡某某被判处有期徒刑三年，缓刑三年，并处罚金
12	江苏省张家港市人民法院（2016）苏0582刑初348号	2016-06-28	朱某	侵权复制影视作品上传至其所建立的网站，进行网络传播	朱某被判处有期徒刑十个月，缓刑一年，并处罚金
13	汕头市潮阳区人民法院（2016）粤0513刑初121号	2016-07-14	朱某某	通过信息网络向公众传播他人电视、录像作品	朱某某被判处有期徒刑三年六个月，无缓刑，并处罚金
14	江苏省扬州市广陵区人民法院（2016）苏1002刑初163号	2016-08-11	刘某某、邓某、陈某共同犯罪	侵权复制影视作品上传至其所建立的高清影视网站，并进行网络信息传播	刘某某被判处有期徒刑一年六个月，缓刑二年，并处罚金；邓某被判处有期徒刑一年三个月，缓刑一年六个月，并处罚金；陈某被判处有期徒刑一年三个月，缓刑一年六个月，并处罚金
15	福建省福州市鼓楼区人民法院（2015）鼓刑初字第900号	2016-08-12	张某	私设网站（页），开发手机APP侵权复制文字作品，并进行网络信息传播	张某被判处有期徒刑三年，缓刑三年，并处罚金

续表

编号	判决法院	裁判日期	当事人	主要案由	刑罚处罚
16	江苏省南通市通州区人民法院（2016）苏0612刑初458号	2016-08-29	马某某	购买网站（页），租用服务器自营，侵权复制文字作品，并进行网络信息传播	马某某被判处有期徒刑六个月，缓刑一年，并处罚金
17	广西壮族自治区南宁市西乡塘区人民法院（2016）桂0107刑初396号	2016-09-03	魏某某，陈某某，覃某共同犯罪	侵权复制文字作品上传至其所创建和经营的网站，并进行网络信息传播	魏某某被判处有期徒刑三年，缓刑四年，并处罚金；陈某某被判处有期徒刑三年，缓刑三年，并处罚金；覃某被判处有期徒刑一年六个月，缓刑二年，并处罚金
18	江苏省扬州市广陵区人民法院（2016）苏1002刑初394号	2016-11-04	盛某	侵权复制文字作品上传至其所建立的网站，并进行网络信息传播	盛某被判处有期徒刑一年，缓刑二年，并处罚金
19	北京市通州区人民法院（2016）京0112刑初22号	2016-11-24	某公司、某公司及其法定代表人王某 单位犯罪	侵权复制文字作品上传至其所开发运营的网站，并进行网络信息传播	某1公司被判处罚金人民币二十万元；某2公司被判处罚金人民币二十万元；王某判处罚金，无人身罚
20	上海市浦东新区人民法院（2015）浦刑（知）初字第12号	2016-12-29	某信息技术有限公司及其法定代表人于某 单位犯罪	侵权复制文字作品上传至其所建立的网站，并进行网络信息传播	某信息技术有限公司被判处罚金；于某被判处拘役三个月，缓刑三个月，并处罚金
21	江苏省徐州市中级人民法院（2014）徐知刑初字第28号	2015-01-27	张某	侵权复制影视作品上传至其所建立的网站，并进行网络信息传播	张某被判处有期徒刑三年，缓刑四年，并处罚金
22	河北省石家庄市长安区人民法院（2015）长刑初字第12号	2015-03-12	张某	侵权复制文字作品上传至其所建立的网站，并进行网络信息传播	张某被判处有期徒刑三年，无缓刑，并处罚金

续表

编号	判决法院	裁判日期	当事人	主要案由	刑罚处罚
23	江苏省徐州市中级人民法院（2015）徐知刑初字第3号	2015-04-22	龙某	侵权复制文字作品上传至其所建立的网站，并进行网络信息传播	龙某被判处有期徒刑两年，缓刑三年，并处罚金
24	江苏省徐州市中级人民法院（2015）徐知刑初字第6号	2015-05-14	吕某	侵权复制文字作品上传至其所建立的网站，并进行网络信息传播	吕某被判处有期徒刑三年，缓刑四年，并处罚金
25	江苏省徐州市中级人民法院（2015）徐知刑初字第13号	2015-08-13	袁某 谭某 共同犯罪	侵权复制影视作品上传至其所建立的网站，并进行网络信息传播	袁某被判处有期徒刑三年，缓刑四年，并处罚金；谭某被判处有期徒刑一年，缓刑两年，并处罚金
26	上海市杨浦区人民法（2015）杨刑（知）初字第61号	2015-12-18	李乙 张某某 白某某 共同犯罪	购买网站（页）自营侵权复制文字作品，并进行网络信息传播	李乙被判处有期徒刑八个月，缓刑一年，并处罚金；张某某被判处有期徒刑七个月，缓刑一年，并处罚金；白某某被判处有期徒刑六个月，缓刑一年，并处罚金
27	上海市杨浦区人民法院（2015）杨刑（知）初字第62号	2015-12-24	余某	开发手机APP侵权复制文字作品，并进行网络信息传播	余某被判处有期徒刑一年八个月，缓刑一年八个月，并处罚金
28	北京市海淀区人民法院（2014）海刑初字第83号	2014-01-23	张某	侵权复制600余部影视作品上传至其所经营的2家网站，并进行网络信息传播	张某被判处有期徒刑六个月，无缓刑，并处罚金

续表

编号	判决法院	裁判日期	当事人	主要案由	刑罚处罚
29	安徽省黄山市屯溪区人民法院（2014）屯刑初字第00078号	2014-03-25	江某	侵权复制歌曲作品上传至其所建立的音乐网站，并进行网络信息传播	江某被判处有期徒刑六个月，缓刑一年，并处罚金
30	北京市海淀区人民法院（2014）海刑初字第81号	2014-05-05	赵某	侵权复制文字作品上传至其所经营的网站，并进行网络信息传播	赵某被判处有期徒刑三年六个月，无缓刑，处罚金
31	北京市海淀区人民法院（2014）海刑初字第526号	2014-05-15	周某某（网站经营者）、苏某、寇某、曹某、李某、贾某、崔某 共同犯罪	侵权复制影视、音乐等作品上传至其所经营的网站供2.6万余注册会员下载	周某某被判处有期徒刑五年，无缓刑，并处罚金；寇某被判处有期徒刑三年，无缓刑，并处罚金；苏某被判处有期徒刑二年六个月，无缓刑，并处罚金；曹某、李某、贾某被判处有期徒刑二年，缓刑三年，并处罚金；崔某被判处有期徒刑一年，缓刑二年，并处罚金
32	北京市海淀区人民法院（2014）海刑初字第976号	2014-05-23	钟某	侵权复制影视作品上传至其所经营的4家网站，并进行网络信息传播	钟某被判处有期徒刑十个月，无缓刑，并处罚金
33	北京市海淀区人民法院（2014）海刑初字第803号	2014-05-23	颜某	侵权复制影视作品上传至其所建立的网站，并进行网络信息传播	颜某被判处有期徒刑十个月，无缓刑，并处罚金
34	上海市普陀区人民法院（2013）普刑（知）初字第11号	2014-05-23	张某某	未经著作权人许可，采用P2P技术网络传播941部影视作品	张某某被判处有期徒刑一年三个月，缓刑一年三个月，并处罚金

续表

编号	判决法院	裁判日期	当事人	主要案由	刑罚处罚
35	北京市海淀区人民法院（2013）海刑初字第2725号	2014-07-07	郑某 邓某 黄某 郑某 非共同犯罪	侵权复制文字作品上传至其所运营的网站，并进行网络信息传播	郑某被判处有期徒刑四年，无缓刑，并处罚金；黄某被判处有期徒刑三年，无缓刑，并处罚金；郑某被判处有期徒刑三年，无缓刑，并处罚金；邓某被判处有期徒刑一年六个月，无缓刑，并处罚金
36	湖南省长沙县人民法院（2014）长县刑初字第313号	2014-08-19	刘某某	侵权复制文字作品上传至其所建立的网站，并进行网络信息传播	刘某某被判处有期徒刑六个月，缓刑一年，并处罚金
37	江苏省扬州市广陵区人民法院（2014）扬广知刑初字第00006号	2014-08-28	龚某	侵权复制文字作品上传至其所开发运营的网站，并进行网络信息传播	龚某被判处有期徒刑三年，缓刑三年，并处罚金
38	安徽省合肥高新技术产业开发区人民法院（2014）合高新刑初字第00333号	2014-11-10	陈某	"盗链"侵权复制影视作品，并进行网络信息传播	陈某被判处有期徒刑七个月，并处罚金
39	江苏省徐州市中级人民法院（2013）徐知刑初字第20号	2013-06-17	谈某	侵权复制文字作品上传至其所建立的网站，并进行网络信息传播	谈某被判处有期徒刑一年，缓刑二年，并处罚金
40	江苏省徐州市中级人民法院（2013）徐知刑初字第21号	2013-08-13	王某	侵权复制文字作品上传至其所建立的网站，并进行网络信息传播	王某想被判处有期徒刑三年，缓刑四年，并处罚金

续表

编号	判决法院	裁判日期	当事人	主要案由	刑罚处罚
41	上海市浦东新区人民法院（2013）浦刑（知）初字第25号	2013-12-17	唐某某	侵权复制文字作品上传至其所建立的网站，并进行网络信息传播	唐某某被判处拘役六个月，缓刑六个月，并处罚金
42	杭州市滨江区人民法院（2011）杭滨刑初字第145号	2012-10-22	某网络技术有限公司和某网络科技有限公司 李某某 方某某 单位犯罪	开发系统，提供服务器侵权复制影视作品，并进行网络信息传播	某网络技术有限公司犯侵犯著作权罪，判处罚金；某网络科技有限公司犯侵犯著作权罪，判处罚金；李某某犯侵犯著作权罪，判处有期徒刑四年，并处罚金；方某某犯侵犯著作权罪，判处有期徒刑三年六个月，并处罚金

表2 中国法院审判的网络侵犯著作权犯罪案件研究样本
（主案由"侵犯信息网络传播权"）犯罪对象类型分类①

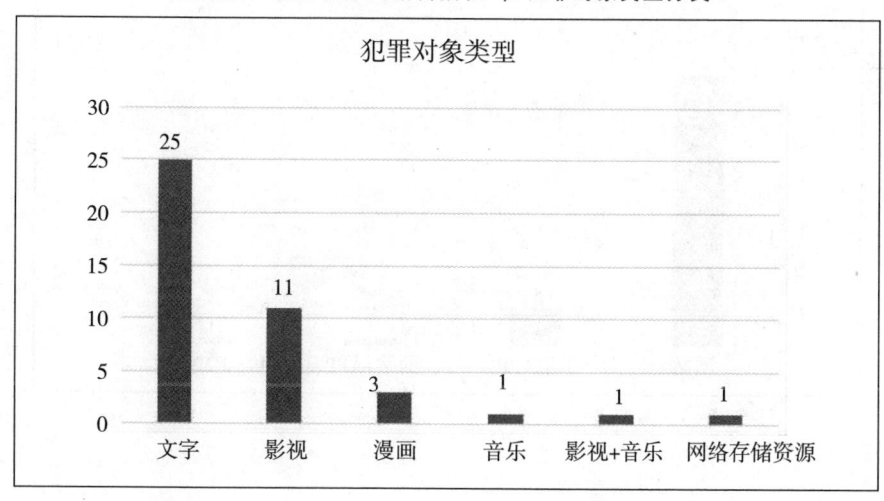

① 数据来源：中国裁判文书网。

表3 中国法院审判的网络侵犯著作权犯罪案件研究样本
（主案由"侵犯信息网络传播权"）犯罪形态分类①

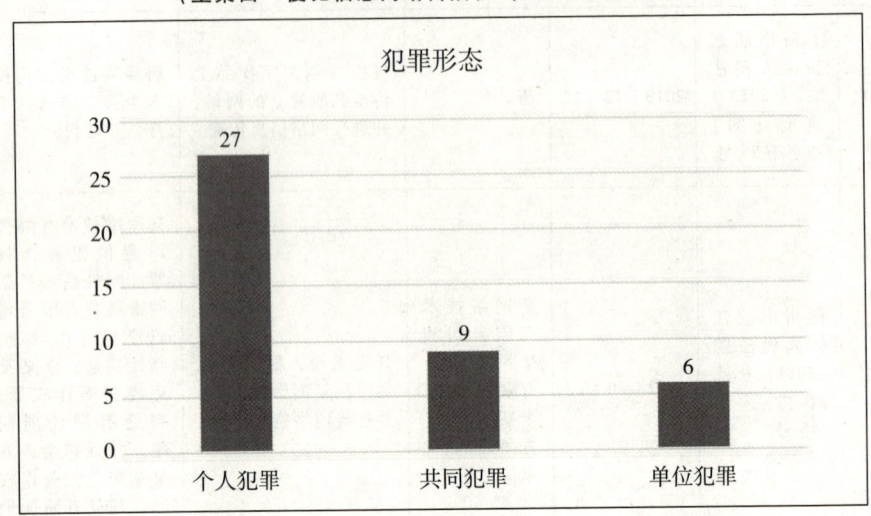

表4 中国法院审判的网络侵犯著作权犯罪案件研究样本
（主案由"侵犯信息网络传播权"）行为方式分类②

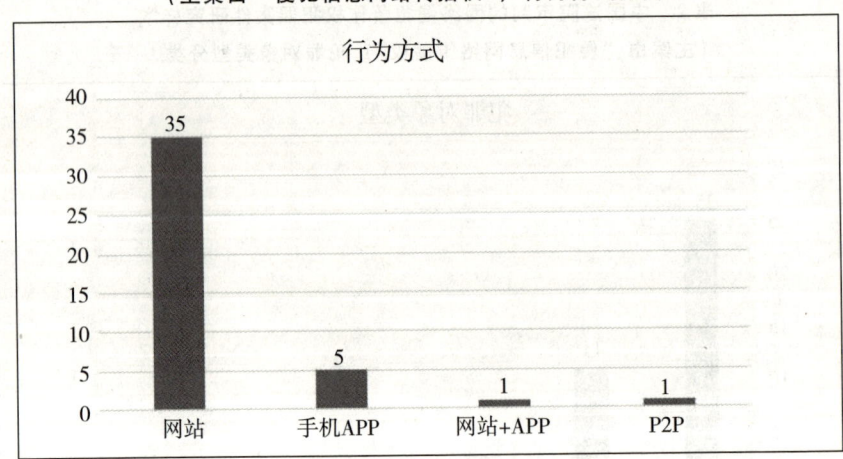

---

① 数据来源：中国裁判文书网。
② 数据来源：中国裁判文书网。

表 5　中国法院审判的网络侵犯著作权犯罪案件研究样本
（主案由"侵犯信息网络传播权"）刑罚类型分类①

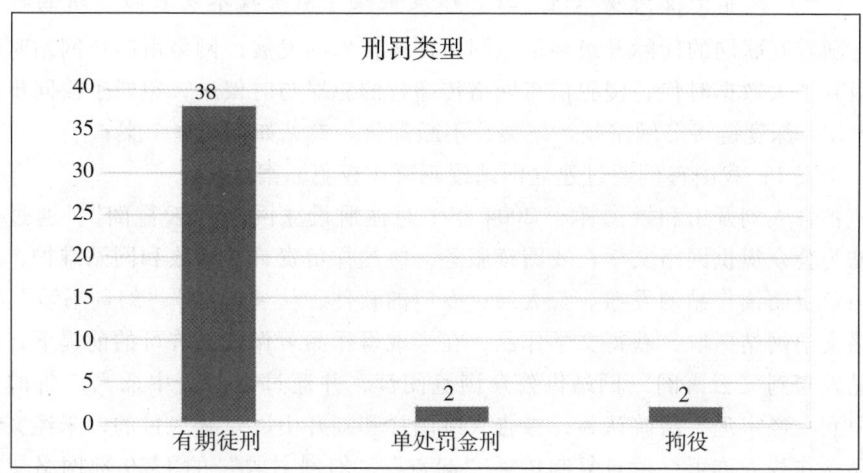

表 6　中国法院审判的网络侵犯著作权犯罪案件研究样本
（主案由"侵犯信息网络传播权"）地区分布②

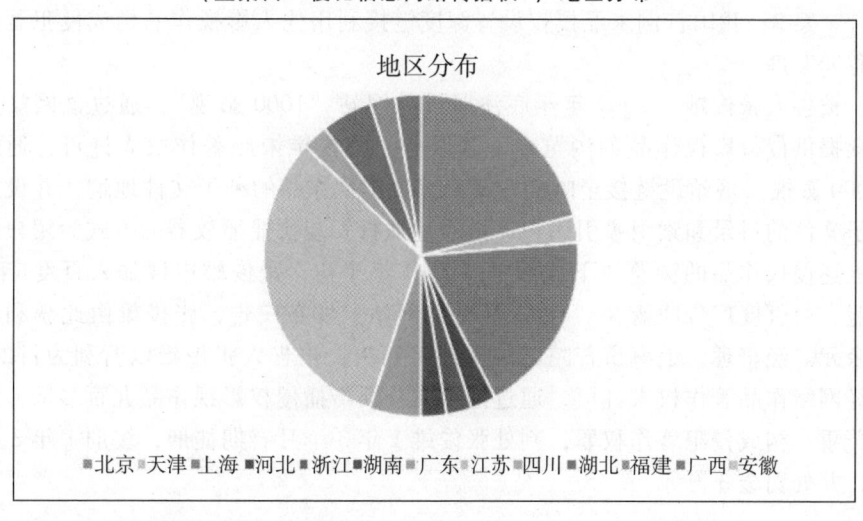

通过以中国裁判文书网收集到 42 个典型案件作为研究样本，可看出北京、上海、江苏等经济发展水平较高地区为犯罪高发地，严重侵犯信息网络传播权

---

① 数据来源：中国裁判文书网。
② 数据来源：中国裁判文书网。

犯罪案件呈现以下特点：

（一）犯罪手段同步跟进 P2P、深度链接等网络技术发展而不断翻新

随着互联网的代际升级和信息网络传播技术的发展，网络由门户网站时代升级到了大数据时代，侵犯信息网络传播权的犯罪与时俱进，犯罪手段同步跟进 P2P、深度链接等网络技术发展，不断翻新。参见如下典型个案：

个案 1：我国首例通过建立网站侵犯著作权犯罪案件

被告人刘开山和姚国祥于 2004 年 1 月注册设立网站"云霄阁"，通过该网站为公众提供网络文学在线阅读服务，姚国祥负责日常营收和网站维护，刘开山负责阅读作品的发布。二人通过专门的软件，从"起点""幻剑书盟"等网络文学网站抓取、获得文学作品，在未取得作品著作权人许可的前提下，将作品发布到"云霄阁"网站供公众浏览阅读，并通过在网页中插入广告的方式牟利。经审理，法院认为，被告人姚国祥和刘开山以营利为目的，未经文学作品著作权人许可，擅自复制传播"起点""幻剑书盟"的 1339 部网络文学作品，构成侵犯著作权罪，分别判处两名被告人 1 年 6 个月有期徒刑，并处罚金 10 万元。①

个案 2：我国首例未经授权设置深度链接利用他人影视作品构成侵犯著作权犯罪案件

被告人张俊雄于 2009 年年底注册设立网站"1000 影视"，通过该网站为公众提供侵权影视作品的浏览、下载服务。张俊雄未经著作权人许可，通过"1000 影视"网站设链接至哈酷资源网获取影视作品的种子文件地址，并设立种子文件的目录和索引吸引用户，再通过强行安装快播播放器的方式为用户提供上述侵权作品的浏览、下载服务。2010 年年初，张俊雄申请加入百度广告联盟，由百度广告联盟在"1000 影视"网站上发布广告，张俊雄由此获利十万余元。经审理，上海市普陀区法院作出判决：被告人张俊雄以营利为目的，未经网络作品著作权人许可，通过网络向公众传播侵权影视作品九百多部，情节严重，构成侵犯著作权罪，判处张俊雄 1 年 3 个月有期徒刑，缓刑 1 年 3 个月，并处罚金 3 万元。②

---

① 郑良：《首例网络文学侵权案在闽宣判》，载《经济参考报》2008 年 11 月 14 日，http://www.jjckb.cn/jjft/2008-11/14/content_128243.htm，最后访问日期：2018 年 8 月 27 日。

② 上海市普陀区人民法院（2013）普刑（知）初字第 11 号判决书。参见凌宗亮：《深度链接侵权影视作品是否构成侵犯著作权罪》，载《人民法院报》2014 年 9 月 11 日 07 版。

个案3：我国首例利用手机应用程序（APP）侵犯著作权犯罪案件

2012年12月，李某注册成立了一个网络技术有限公司并出任公司的法定代表人一职，徐某担任高级工程师，王某出任技术总监一职，对外开展技术开发等业务，3人共同开发了一款名为"快读免费小说"的阅读软件。2013年12月，李某开设了"快读免费小说"的官方网站，之后3人将该软件投放至应用宝等应用下载市场。为宣传提升提高知名度和下载量，擅自复制、转载多部文字作品，如"起点中文网"上的《星辰变》，转存到自己软件的服务器内，安卓系统用户下载软件后可免费阅读，之后通过植入广告的方式获得收益。经鉴定，"快读免费小说"服务器内存储的1453部文字作品与"起点中文网"上连载的小说存在实质性相似。案发后，3人向权利人支付版权和解费200万元。2014年12月1日，法院判决某网络技术有限公司犯侵犯著作权罪，判处罚金6万元；李某等3人犯侵犯著作权罪，分别判处有期徒刑1年至有期徒刑10个月，缓刑1年，各并处罚金。①

个案4：我国首例利用电商、社交、云存储多平台侵犯著作权犯罪案件

自2015年开始，宗冉伙同王旭在未经著作人许可的情况下，擅自复制著作权归属于上海玄霆公司、上海阅文公司、北京幻想公司的作品存储到云服务器上。利用宗冉编写的程序，实现公众号依据指令推送所需的作品到指定邮箱的过程，以此种途径来非法传播文字作品。2015年8月开始，陈令杰向宗冉、王旭支付合作费用后未经著作权人许可，获得上述文字作品传播功能的权限。通过淘宝网店"墨墨的图书小馆""优加云推送"销售激活码，用户可通过该激活码在被告人陈令杰运营的"优加书院""优加云推送"微信公众平台进获取存储在云服务器上的文字作品。经查，涉案作品侵犯上海玄霆公司、上海阅文公司、北京幻想公司享有独家信息网络传播权的文字作品共计700部。北京市海淀区人民法院依据《中华人民共和国刑法》相关规定审理认为，被告人宗冉、陈令杰、王旭以营利为目的，在未经著作权人许可的情况下，违法合伙复制发行著作权人的作品，情节严重，认定其行为均已构成侵犯著作权罪。②

---

① 林中明：《侵犯知识产权犯罪新变化：网络成犯罪多发地》，载http://news.163.com/16/0426/07/BLIGSVGD00014AEE.html，最后访问日期：2018年8月27日。

② 北京市海淀区人民法院（2017）京0108刑初3213号刑事判决书。凤凰网新闻来源《检察日报》：《2017年检察机关保护知识产权十大典型案例》，载http://news.ifeng.com/a/20180426/57887413_0.shtml，最后访问日期：2018年8月27日。

(二) 严重侵犯信息网络传播权案件有时会"同类案不同判"

从刑法保护范围来看,我国《刑法》第 217 条中未将网络游戏、数据库等作为著作权保护对象。司法实践中,法院对于严重侵犯信息网络传播权的行为有的通过《反不正当竞争法》进行规制,如斗鱼直播平台盗播侵权案;有的依据《刑法》被认定为非法经营罪,如董某、陈某利用"外挂"帮助《热血传奇》游戏玩家升级牟利案;有的依据《刑法》被认定为侵犯著作权罪,如"热血传奇"网络游戏"私服"侵权案,曹某某、黄某制作网络游戏外挂软件,并通过淘宝网店出售案。而个案 6 和 7 都是利用"外挂"帮助网络游戏玩家升级牟利案,但法院却分别以非法经营罪和侵犯著作权罪定罪。笔者认为,无论斗鱼直播平台盗播电竞赛事,还是利用"外挂"帮助网络游戏玩家升级牟利,以及私自架设服务器端,非法运营网络游戏,都是以互联网在线方式严重侵犯信息网络传播权的行为。

个案 5:斗鱼直播平台侵害耀宇公司电竞赛事信息网络直播权案

DOTA2(刀塔 2)是一款由美国维尔福公司(Valve Corporation)开发的风靡全球的电子竞技类网络游戏,完美世界(北京)网络技术有限公司为其在中国大陆地区的游戏代理运营商。2014 年,上海耀宇文化传媒有限公司(以下简称耀宇公司)与游戏运营商签订战略合作协议,共同运营 2015 年 DOTA2 亚洲邀请赛。耀宇公司通过协议约定获得该赛事在中国大陆地区的独家视频转播权,并负责赛事的执行及管理工作①。广州斗鱼网络科技有限公司(以下简称斗鱼公司)在未获得授权许可,擅自转播赛事画面进行实时直播并加以主播点评。法院通过审理认定,斗鱼直播平台盗播电竞赛事构成不正当竞争,斗鱼公司赔偿耀宇公司经济损失 100 万元,合理费用 10 万元,并刊发声明消除影响。

个案 6:董某、陈某利用"外挂"帮助《热血传奇》游戏玩家升级牟利案

2006 年,行为人董某、陈某在玩游戏时知悉通过非法"外挂"程序可以大幅提升游戏等级,利用外挂进行代练会获得丰厚的利润。于是二人合谋购买了多台电脑作为工具,又申请了 QQ 号、银行账户、电话及电信宽带,之后为经营代练升级向他人购买"外挂"程序。2006 年 9 月至 2007 年春节期间,二人招揽人员在其居住地,利用购买的"小金鱼""外挂"程序为《热血传奇》

---

① 上海法院网:《上海耀宇文化传媒有限公司诉广州斗鱼网络科技有限公司著作权侵权及不正当竞争纠纷案》,载 http://shfy.chinacourt.org/article/detail/2017/08/id/2948781.shtml,最后访问日期:2019 年 1 月 30 日。

游戏用户进行代练并牟利。2007年3月,二人又向他人购买了"冰点传奇"这一外挂程序,利用这一程序为一万多个《热血传奇》玩家提供代练升级。2007年3月至2007年12月,先后收到代练玩家汇入的报酬人民币1989308.6元。法院通过审理认定,被告人董某犯非法经营罪,判处有期徒刑6年,罚金人民币160万元;被告人陈某犯非法经营罪,判处有期徒刑3年,缓刑4年,罚金人民币140万元。①

个案7:曹某某、黄某制作网络游戏外挂软件,并通过淘宝网店出售案

"奕奕11对战平台游戏软件"(以下简称"11对战平台")系由上海奕奕数字技术有限公司(以下简称"奕奕公司")取得计算机软件著作权登记证书并运营的互联网游戏对战平台,该平台提供互联网游戏接入服务,使玩家可以通过互联网与其他玩家进行《魔兽争霸》等单机游戏的联机对战。为保证游戏对战的公平性,奕奕公司在"11对战平台"的基础上开发运行了"奕奕反外挂系统服务软件"(以下简称"奕奕反外挂系统"),并于2014年3月取得计算机软件著作权登记证书,以防止有玩家在"11对战平台"进行游戏对战时运行地图全开等作弊类外挂软件。2011年8月至2013年9月,被告人曹某某任职于奕奕公司反外挂部门,知悉了"奕奕反外挂系统"的工作原理,其离开奕奕公司后,未经许可或授权,针对"11对战平台"制作了外挂程序,该程序通过技术手段突破了"奕奕反外挂系统"的保护性措施,实现了在"11对战平台"进行游戏对战时(主要为《魔兽争霸》游戏)的地图全开功能。2015年1月起,被告人曹某某、黄某为牟取非法利益,由黄某利用曹某某提供的两个外挂核心文件以及软件制作程序,制作生成名为"海马全图""大牛全图""11全图"等的外挂软件,并通过淘宝网店出售,从中牟利。经上海司法会计中心审计,被告人曹某某、黄某销售外挂程序非法经营数额达210万余元,其中曹某某非法所得170万余元,黄某非法所得40万余元。法院判决认定:曹某某犯侵犯著作权罪,处以有期徒刑2年10个月,缓刑2年10个月,并处罚金人民币8万元;被告人黄某犯侵犯著作权罪,判处有期徒刑2年,缓刑2年,并处罚金人民币2万元。②

个案8:伍云华架设网络游戏私服严重侵犯《热血传奇》信息网络传播权案

上海盛大网络发展有限公司于2004年12月开始代理由韩国WeMade公司

---

① 搜狐网:《游戏代练获利一百多万涉嫌非法经营罪入狱》,载http://www.sohu.com/a/152958322_413725,最后访问日期:2019年1月30日。
② 上海市普陀区人民法院(2016)沪0107刑初552号刑事判决书。

出版的一款名为《热血传奇》的网络游戏。自2013年3月起，被告人伍云华在未经盛大公司许可的情况下，以营利为目的，从网络上非法取得了《热血传奇》游戏源代码后，分别在浙江省丽水市、广东省东莞市等地租用服务器，并利用网站进行宣传发布广告招揽客户，通过将游戏登录器绑定某网站的方式，私自架设服务器端，运营这一款游戏。同时，被告人伍云华将支付平台与其其个人的财付通账户绑定，收取游戏玩家充值款共计人民币16万余元。法院经过审理认定，伍云华的行为构成侵犯著作权罪，其被判处拘役6个月，缓刑6个月，并处罚金人民币10万元。

随着网络技术发展的日新月异，如何对搜索引擎恶意链接侵犯著作权行为进行救济成为司法难题。从技术上对于网络的链接可以细分为深度链接和普通链接两种类型，前者是指，为了将他人网站上的影视音乐等作品放在自己的网站上供人观看而运用加框技术设置链接的方式。对这一设链方式的法律性质的界定，学界仍存在较大争议，一部分学者认为，深度链接只是一种帮助传播行为，设链者并没有将影视音乐作品的源文件在自己的服务器上储存下来，源文件仍然处于上传者的控制之下;① 另一部分学者认为，设链者采用P2P等网络技术手段主动采集影片资源，该行为不是简单的内容复制，而是已经构成一种信息网络传播行为。② 随着互联网络以及网络视频产业的迅猛发展，各种内容聚合APP被大量使用，运用深度链接的方式向用户提供作品内容，使用户可以通过网络浏览观看影视音乐作品，这属于一种信息网络传播行为。笔者认为，司法实践中将深度链接类推适用侵犯著作权的"复制发行"行为牵强附会。

（三）严重侵犯信息网络传播权犯罪呈现链条化和职业化趋势

从犯罪侵权的作品类型来看，文字作品侵权犯罪案占比62%，影视音乐作品侵权犯罪案占比31%。从犯罪形态来看，共同犯罪和单位犯罪占比35%，

---

① 王冠认为，"深度链接只是帮助被链方传播作品内容，扩大作品内容的受众面而已。从这个意义上讲，深度链接行为是一种帮助型的间接信息网络传播行为"。（王冠：《深度链接行为入罪化问题的最终解决》，载《法学》2013年第9期）；林清红、周舟认为，"深度链接作为一种路径指引的传播方式，完全依赖于被链者，其只能是以设链的方式扩大被链网站已上传作品的影响，引导更多网络用户从被链网站获取作品。被链网站上传作品的行为就是《著作权法》中最为典型的信息网络传播行为，深度链接是在被链网站上传作品的基础上，帮助原本即可为公众所获取的作品得到了更为广泛的传播，能够为更多网络用户获取，故深度链接的实质只能是信息网络传播行为的帮助行为"。（林清红、周舟：《深度链接行为入罪应保持克制》，载《法学》2013年第9期）。

② 腾讯研究院：《网络侵犯著作权刑事案件实证分析》，载 http://www.tisi.org/Article/lists/id/4252.html，最后访问日期：2018年8月27日。

其中三人及以上多人团伙作案占比75%，这些团伙作案的案件中各涉案人员分工明确，职责清晰，形成了严密组织体系。侵权盗版网站利用网络爬虫等方式获取正版网站的资源，正版网站更新后同步上线，通过一些浏览量较大的网页或搜索引擎发布文案推广，同时利用广告联盟的资源在网站页面嵌入大量广告，从而获得的广告收益与搜索引擎和盗版网站依据约定共享，由此形成侵犯著作权犯罪产业链和盗版产业。

（四）网络侵犯著作权犯罪案件单处罚金刑适用比例较低，个别案件的刑罚处罚社会认可度偏低

本文案例样本中采取社区矫正刑罚执行方式的占比68%，并全部附加判处罚金刑，仅2例单处罚金刑。另有研究统计2006~2015年我国网络著作权刑事案件共有1891件，其中仅有243件单独处以罚金刑，占案件总数的12.8%；另有1382件主要适用有期徒刑并处罚金或者拘役并处罚金。① 如番茄花园一案，2009年8月20日，苏州市虎丘区人民法院对番茄花园案作出了一审判决：判处成都共软网络科技有限公司（以下称"成都共软"）以及四名相关人员孙显忠、洪磊、张天平、梁焯勇因未经著作权人许可复制发行计算机软件，判处侵犯著作权罪并追究刑事责任。其中网站负责人洪磊被判处有期徒刑3年6个月，并处罚金100万元人民币。有人认为对洪磊的刑罚过重。

二、我国刑法未对严重侵犯信息网络传播权进行直接有效的规制

我国对网络著作权实行"双轨制"保护，即对网络版权实行行政执法与刑事司法并行保护制度。自2005年起，国家版权局联合有关部门连续多年开展打击网络侵权盗版专项治理"剑网行动"，相继查处了番茄花园网侵权案、思路网侵权案、快播播放器侵权案等一批大案要案②。虽然"剑网行动"对遏制网络影视、音乐、文学等领域大规模侵权盗版现象起到一定的效果，但是"以罚代刑"情况仍然存在，网络著作权治理依然任重道远。其主要原因在于，行政处罚和刑事处罚的界限不清，我国刑法未对严重侵犯信息网络传播权进行直接有效的规制。这也是司法实践中同类案件不同判的根源所在。

信息网络传播权是在2001年我国《著作权法》修订时新增的一项著作财产权。是指以有线或者无线方式向公众提供作品、表演或者录音录像制品，使

---

① 张先昌、鲁宽：《近十年网络著作权犯罪案件的实证研究》，载《知识产权》2016年第9期。

② 人民网：《5年下线盗版链接600余万条》，载http://legal.people.com.cn/n1/2018/0227/c42510-29837051.html，最后访问日期：2018年11月20日。

公众可以在其个人选定的时间和地点获得作品、表演或者录音录像制品的权利。①《信息网络传播权保护条例》（2013 年修订）②和《电子商务法》（2018 年 8 月 31 日通过）分别对信息网络传播权的范围和电子商务领域知识产权保护提供了法律依据。2001 年《著作权法》修改时在第 47 条中增加了行为人未经许可实施侵犯他人信息网络传播权行为的刑事责任部分（与最新版《著作权法》中第 48 条相同），由此开启了信息网络传播权刑法保护时代，开启信息网络传播权刑法保护体系的建构。

2004 年 12 月 8 日，最高人民法院和最高人民检察院（以下简称"两高"）颁布《关于办理侵犯知识产权刑事案件具体应用法律若干问题的解释》（简称《解释（一）》）。《解释（一）》第 11 条称传播他人作品通过信息网络途径的属于刑法第 217 条中的复制发行行为。这一条款的规定作为对网络侵犯著作权行为的定罪依据发挥了主要的作用，为刑法保护信息网络传播权的体系逐渐添砖加瓦。2007 年 4 月 5 日，"两高"颁布《关于办理侵犯知识产权刑事案件具体应用法律若干问题的解释（二）》（简称《解释（二）》）。上述所颁布的文件将两个概念相等同，即"信息网络传播行为"与"复制发行行为"，如此一来即可从目前已有的刑法以及相关的法律法规内容中找到相关条文用于规制网络上侵犯著作权的行为。2011 年 1 月，"两高"与公安部携手发布《关于办理侵犯知识产权刑事案件适用法律若干问题的意见》（简称《意见》）。《意见》中将通过利用信息网络传播侵权作品并刊登广告收取费用的视为"以营利为目的"。《意见》第 15 条规定将明知他人利用信息网络实施侵权行为仍提供帮助者认定为侵犯知识产权罪的共犯。该规定加大了刑事处罚的范围，客观上提高了刑法体系对知识产权的保护力度。

2015 年 11 月 1 日开始施行的《刑法修正案（九）》第 29 条在刑法正文第 287 条第 2 款新增"帮助信息网络犯罪活动罪"，该条款规定："明知他人利用信息网络实施犯罪，为其犯罪提供互联网接入、服务器托管、网络存储、通讯传输等技术支持，或者提供广告推广、支付结算等帮助，情节严重的，处三年以下有期徒刑或者拘役，并处或者单处罚金。"这一条款对实施侵犯信息网络

---

① 有观点指出，我国《著作权法》中"信息网络传播权"不能被浅显地理解为"通过信息网络传播作品的权利"，而应当是"通过信息网络对作品进行交互式传播的权利"。简言之，"信息网络传播权"针对的是"交互式"传播行为。参见王迁：《论"信息网络传播权"的含义》，载《法律适用》2018 年第 12 期。

② 2006 年 5 月 18 日中华人民共和国国务院令第 468 号公布《信息网络传播权保护条例》；2013 年 1 月 16 日国务院第 231 次常务会议通过《国务院关于修改〈信息网络传播权保护条例〉的决定》，自 2013 年 3 月 1 日起施行。

传播权帮助行为确定了明确的入罪标准,不仅回应了司法实践难题,同时进一步提升了网络著作权刑法保护力度。2017年6月1日,我国开始实施的《网络安全法》中第12条和第74条对网络的所有者、管理者和网络服务提供者等主体的法律义务及相应法律责任作出了明确规定。可见,《网络安全法》作为刑法的下位法保障了行为人信息网络传播权的行使。

综观已有相关研究,对适应数字网络技术的发展,进一步完善著作权刑事保护法网,有效惩治严重侵犯信息网络传播权行为,我国理论界与实务界已达成共识,主要意见分歧集中在以下两个方面:

其一,司法解释中将"信息网络传播行为"归入"复制发行行为"的设置是否恰当?有观点指出,"我国目前主要是通过司法解释而不是法典的形式来确立和完善网络著作权犯罪刑法保护体系"[①]。《意见》作为司法解释,将信息网络传播行为与传统的发行行为视为同等的行为,这明显与《著作权法》的立法原意相冲突[②]。三则司法解释将网络传播行为硬性地归入复制发行行为,这一做法不仅不能够适用罪刑法定的原则,也使《刑法》中的概念与同为基本法的《著作权法》产生了不应有的差异。[③] 作为基本法和其他相关法律的参考,在刑法中,对于信息网络的传播行为应该是与复制发行行为处于一个同等地位的概念,而不应将"网络传播"归入"复制发行"行为范围。[④] 从本质上看,信息网络传播行为与复制发行行为的区别在于网络传播行为是一种通过无形方式转移作品的行为,是以互联网作为媒介进行传播的;而复制发行行为则是一种移转著作权客体原件或复制件的有形载体所有权或占有的行为,其所依托的载体往往是传统现实的工艺技术。可见,从本质上来说"信息网络传播行为"与"复制发行行为"就有很大的差别;这两者应处于并列地位,均属于独立的著作财产权。

其二,"以营利为目的"是否应当作为构成侵犯著作权罪的主观要件,其存废之争,一直以来就作为理论界争论焦点的形式出现。争论主要分为四种观点,这四种观点分别是废止论、保留论、折衷论和新罪论。从废止论的角度来看,是否"以营利为目的"将不再是认定一个人是否有侵犯著作权行为的主

---

① 于志强:《网络知识产权犯罪制裁体系研究》,法律出版社2017年版,第90页。
② 王敏敏:《论网络著作权的刑法保护》,载《中州学刊》2014年第6期。
③ 王俊平、孙菲:《论信息网络传播权的刑法保护》,载《中州学刊》2009年第1期。
④ 参见王迁:《论著作权意义上的"发行"——兼评两高对〈刑法〉"复制发行"的两次司法解释》,载《知识产权》2008年第1期;刘杨东、候婉颖:《论信息网络传播权的刑事保护路径》,载《法学》2013年第7期。

观要件。赵秉志教授认为,"以营利为目的"作为限制侵犯著作权行为入罪,与我国承诺的国际义务(《TRIPS 协议》第 61 条)相违背,废除这一主观要件有利于实现刑法领域对网络著作权的全面保护①。不同于上述的废止论,保留论坚持以营利为目的的重要性,这是在侵犯著作权定罪方面不可缺少的因素,同时也能够强调刑事保护的重要作用,主要体现在其严厉的属性和兜底作用上。②折衷论观点则宣扬,依照不同的情形来分别确定是否要适用"以营利为目的"这一行为人的主观要件来规制犯罪的构成。在传统实际生活条件下,侵犯著作权犯罪仍应受"以营利为目的"这一主观要件的限制;在网络环境下,则不需要"以营利为目的"作为侵犯著作权犯罪的主观要件。③新罪论主张通过新设一个侵犯网络著作权罪的罪名,在该罪名中不再适用行为人需要以营利为目的这一要件,如此一方面可在信息化发展迅速的时代更好地规范和区分著作权的侵权行为,另一方面还可完善网络方面的刑法救济体系,实现刑法对网络著作权的适度保护。④

三、进一步加强我国网络著作权刑法保护的建言

从 20 世纪 90 年代以来,为了适应社会发展以及保护著作权人合法权益的需要,我国公布且实施了多部保护著作权的法律法规,并逐步建立起以民法、行政法为主体,以刑事法律为辅助的著作权法律保护体系。在著作权的法律保护体系中,刑法在惩治侵犯著作权犯罪方面发挥着重要作用。笔者认为,我国网络著作权刑法保护应当坚持谦抑原则,以防由于"过度犯罪化"从而限制数字作品的传播。有鉴于此,为适度加强著作权刑法保护提出以下三点建议:

(一)转变保护理念

网络著作权刑法保护理念应当从"以复制权为中心"转变为"以传播权为中心"。我国《刑法》第 217 条规定行为人以营利为目的未经权利人许可实施复制发行他人作品、复制发行他人图书、出版他人图书以及制作出售假冒他

---

① 赵秉志:《罪刑各论问题》,北京大学出版社 2010 年版,第 150~154 页。
② 卢建平:《在宽严和轻重之间寻求平衡——我国侵犯著作权犯罪刑事立法完善的方向》,载《深圳大学学报》2006 年第 5 期。
③ 贺志军:《我国著作权刑法保护问题研究》,中国人民公安大学出版社 2011 年版;邵培樟:《侵犯著作权犯罪之主观要件设置的反思与重构——数字网络环境下著作权刑法保护之有限扩张》,载《湖北社会科学》2014 年第 4 期。
④ 杨加明:《"以营利为目的"存废论下网络著作权的刑法保护》,载《海峡法学》2017 年第 3 期。

人美术作品并获得较大收益或情节严重的,处以有期徒刑等人身刑罚,并处或者单处财产法。从中可以看出我国目前的刑法只局限于保护著作权里传统的复制发行权。《刑法》对信息网络传播权这一行为人固有著作财产权的保护处于缺位,因此则造成数字版权的保护更加居处劣势①。大数据时代的特性体现为信息的迅速传播,保护著作权中的信息网络传播权更具有深远意义。2006年7月正式启用的《信息网络传播权保护条例》是以传播权为保护的重点,表明立法者已明确传播权在现今的信息网络时代所具有的价值高于复制权。为了回应社会发展现状亟须重新构建一个以保护"传播权为中心"而不是以保护"复制权为中心"的网络著作权刑法保护理念。在网络虚拟空间范围内,若行为人只是进行了复制数字作品的活动,那么就不能将其认定为侵犯著作权犯罪行为;相反若行为人实施下载并广泛传播数字作品的行为,并造成了严重后果,就可以视为侵犯著作权的犯罪,这样的行为才应当是刑法保护网络著作权的重点。

(二) 单独入罪

建议刑法修订时将"侵犯他人信息网络传播权且情节严重的行为规定为单独的侵犯网络著作权罪",并对罪名及相关概念作出明确的界定并与《著作权法》相协调。刑法在设定侵犯著作权罪时需要将《著作权法》等法律法规视为前置法,其中关于行为要素的规范判断部分应当参照《著作权法》的有关规定,与《著作权法》规定保持一致。为了应对数字版权保护之困境,建议在刑法中增加"侵犯网络著作权罪"这一罪名,即将公民的信息网络传播权纳入到刑法保护的范围,对于侵犯他人该权利的行为规定法律后果,从而起到规制与保护的双重作用,以此来加强刑法体系对信息网络传播权的保护并净化网络环境。

建议采用刑法修正案的方式增设侵犯网络著作权罪。侵犯网络著作权罪,是指未经著作权人许可,通过信息网络向公众传播他人文字作品、音乐、电影、电视、美术、摄影、录像作品、录音录像制品、计算机软件及其他作品,情节严重的行为。② 与刑法原有的侵犯著作权罪相比,侵犯网络著作权罪的在构成要件有所区别。第一,犯罪客体不同,侵犯著作权罪所保护的法益主要是著作财产权中的复制权和发行权;而侵犯网络著作权罪侵犯的法益是著作财产

---

① 姚万勤:《刑法应如何应对大数据时代数字版权保护的"焦虑"》,载《重庆邮电大学学报(社会科学版)》2016年第5期。

② 杨加明:《"以营利为目的"存废论下网络著作权的刑法保护》,载《海峡法学》2017年第3期。

权中的信息网络传播权。第二，犯罪客观方面不同，侵犯著作权罪因其历史悠久，我们可明确界定其发生的环境是现实生活空间，而侵犯网络著作权罪则发生在虚拟的网络空间，无须借助载体来传播；二者侵权作品也是一个有实体一个仅存在于虚拟条件下，以数字形式存在。第三，从犯罪主体来看，侵犯网络著作权罪的主体包括帮助犯，即明知行为人实施的是侵权行为仍为其提供帮助的人。第四，从犯罪主观方面来说，侵犯网络著作权罪相较传统侵犯著作权罪排除了行为人"以营利为目的"这一主观条件对入罪的限制。

笔者认为，刑法应当明确侵犯网络著作权罪的构成要件针对的是以复制、传播为主的流量导向型实行行为。随着网络流量的重要性的提升，作品本身品质的作用受到弱化，作品的营利模式转变为"作者提供作品—网络平台传播作品—用户关注作品—作者和网络平台获取流量—作者和网络平台获取利益"的过程。在网络运营的过程中，作品虽然依旧作为著作权营利的基础和起点，但是"流量为王"的互联网宗旨才是著作权经济运行的核心内涵，并且最终决定了经济收益的规模。因此，流量的取得虽然依靠作品，但是并不依赖、也不决定于作品，"流量导向型"的著作权实现模式开始逐步取代"作品导向型"的著作权实现模式，作者、作品、网络平台以及受众的行为都围绕网络流量展开。如果将传统作品的运营模式称之为"作品经济"，那么网络作品的运营模式则可以称之为"流量经济"。在数字经济和大数据的时代背景下，网络流量又具有进一步转化为经济收益的功能。因此，侵犯网络著作权犯罪行为不仅是为了获取作品本身所能带来的经济收益，还是为了获取作品所能够吸引的网络流量。实践中，我国侵犯网络著作权入罪门槛高，证明网络盗版危害性后果严重的取证成本高等问题十分突出，亟须刑事立法进一步完善。

（三）转变刑罚方式

建议通过出台相关司法解释，并加大依法单处罚金刑和适用资格刑的力度。我国司法实践中，对侵犯网络著作权罪的量刑以自由刑为主，罚金刑为辅。而绝大多数侵犯网络著作权犯罪以牟利为目的，犯罪人的人身危险性不高，公众（特别是"网民"）对判处其自由刑的社会认可度不高，没有有效发挥罚金刑对防控著作权犯罪的正功能。很多国家对侵犯著作权犯罪重视罚金刑的适用，并且处罚金额较高。美国侵犯著作权犯罪可能被判处50万美元的罚金，如果行为人人身危险性较大，再次犯罪的，会被加倍处罚，判处100万美元的罚金。① 为避免侵犯网络著作权犯罪人入狱后的"交叉感染"形成"犯罪人格",建议通过出台相关司法解释,根据具体网络版权犯罪的获利数额、所造成的损失等因素综合确定罚金数额,并加大依法单处罚金刑的适用力度。针对网络侵犯著作权犯罪的牟利性特点和盗版产业链犯罪模式增多的发展趋势,建议通过适用资格刑,并充分发挥职业禁止对预防网络盗版犯罪的作用。对职业化的网络侵犯著作权的犯罪人禁止其在刑罚执行完毕或假释后一定时期内从事网络版权经营活动,以剥夺其再犯罪能力。对职业化的网络版权犯罪人禁止其在刑罚执行完毕或假释后一定时期内从事网络版权经营活动,这将从源头上起到斩断行为人再犯经济能力的作用。② 笔者认为,增加资格刑将对于预防网络侵犯著作权犯罪能够起到警示作用。

结　语

互联网时代,信息网络传播获利空间巨大,导致网络侵犯著作权犯罪机会多多。本文主要采用刑法学案例分析法和传播学内容分析方法,对中国裁判文书网搜集到42个典型案件进行分析。在方法意义上,是刑事法学和传播学的交叉跨学科研究成果。网络侵犯著作权犯罪的司法救济不仅仅是法学和传播学领域的问题,还是一个经济学的问题。

---

① 田宏杰、王然:《中外知识产权刑法保护趋向比较研究》,载《国家行政学院学报》2012年第6期。
② 雷山漫:《网络环境下著作权刑法保护研究》,载《法学评论》2010年第6期。

对终身监禁制度实现刑罚目的可能性之探讨

涂欣筠[*]

终身监禁作为一项刑罚制度，它的存在及具体的制度设计需与刑罚的目的相一致。随着刑罚权由私人向公有的转移，原本的一些不法行为被定义为犯罪，所假设的惩罚给罪犯带来的有目的性的影响开始流行。[①] 不同于古代刑罚的"以牙还牙、以眼还眼"，近现代意义上的刑罚目的更多地体现为刑罚的正当性。刑罚的正当性既在于其公正性也在于其功利性，刑罚既以报应为其正当根据，又以预防犯罪为其正当目的。[②]启蒙思想家对刑罚目的的看法虽然有所不同，但他们却承认刑罚具有一定的目的。[③]他们反对中世纪的报应刑，而主张刑罚具有"恢复法律秩序""威慑""改造"等具体目的。这便产生了刑罚报应主义和刑罚功利主义的区分。对刑罚目的的探索导致对刑罚制度、刑罚执行制度的改革，从而在很大程度上促成了现代刑事政策的诞生、发展和完善。[④]终身监禁制度也是对刑罚目的的探索的结果，而对刑罚目的的不同理解亦会影响到终身监禁制度的具体设计。

一、报应主义与功利主义的刑罚目的

刑罚的报应目的和功利目的是关于刑罚目的主要的两大对立观点。报应刑论是最历史久远的刑罚目的论，它源自宗教的神学理论。但作为刑罚目的之报应，并非简单地等同于报复。它承认刑罚是一种恶，也认为对犯罪人因其犯罪

---

[*] 涂欣筠，中国政法大学刑事司法学院讲师，北京大学法学博士。

[①] See Edwin H. Sutherland and Donald R. Cressey, Principles of Criminology, 7th edition, Philadelphia: Lippincott, 1966, p. 311.

[②] 邱兴隆：《刑罚理性评论——刑罚的正当性反思》（第二版），中国检察出版社2018年版，第86页。

[③] 马克昌、莫洪宪：《近代西方刑法学说史》，中国人民公安大学出版社2008年版，第5页。

[④] 徐久生：《刑罚目的及其实现》，中国方正出版社2011年版，第5页。

行为应遭受此种恶,却要求这种恶的施加是有限度的、合乎比例的,且仅可针对犯罪人本身。它是世俗的而非宗教的,它尊重人作为独立道德主体的存在,反对将刑罚的施加作为预防犯罪的手段或工具。①依报应刑论,罪犯所受的惩罚应当与其实施的犯罪行为及造成的损害后果相一致,不可基于其他目的而对罪犯施加额外的惩罚。等序报应所要求的是以犯罪的严重性作为标准,对犯罪进行轻重次序的排序,以刑罚的严厉性为标准,对刑罚进行轻重次序的排序,在此基础上,追求刑罚与犯罪在轻重次序上的对等。②

后期古典学派的学者大多是坚决主张报应刑论的。"一般认为报应主义的刑罚理论由宾丁大体完成。"宾丁从规范说出发,认为犯罪是违反规范的,对这种违反规范的行为由刑罚法规规定而发生刑罚权。刑罚是对否定规定的犯罪的否定,刑罚的轻重应当与犯罪的轻重成比例,即犯罪人由科刑所受痛苦的大小,应当与法律程序因犯罪所受损害的大小成正比。③这种刑罚报应目的的出发点在于犯罪行为对法律秩序的违反,而刑罚的目的则在于恢复被破坏的法律秩序。"当代"应报论,其在时间上乃是 20 世纪 70 年代以后所兴起的。这股思潮的兴起是对于"二战"后主宰大多西方国家刑事司法政策的矫治主义(correctionism)以及复归主义(rehabilitationism)的反动。④它认为刑罚在本质上是一种惩罚,而这种惩罚是罪犯所应得的。当一个人应得某种对待,他必须是由于自身拥有的一些特点或是先前的行为。⑤这种对待的方式可以是多样的,但大体上可区分为赞成或是反对、追求或是避免、愉快或是不快的。⑥而惩罚作为对罪犯先前犯罪行为的对待,应当是一种表明反对的、带来不愉快的对待方式。因此报应论者反对采取中立的"矫治"来对待犯罪人,而明确刑罚施以痛苦的惩罚属性。司法上根据具体犯罪人在犯罪中所体现的主观恶性程度量

---

① 参见许家馨:《应报即复仇?——当代应报理论及其对死刑之意涵初探》,载《中研院法学期刊》2014 年第 15 期。

② 邱兴隆:《刑罚理性导论——刑罚的正当性原论》(第二版),中国检察出版社 2018 年版,第 140 页。

③ 马克昌、莫洪宪:《近代西方刑法学说史》,中国人民公安大学出版社 2008 年版,第 248 页。

④ 许家馨:《应报即复仇?——当代应报理论及其对死刑之意涵初探》,载《中研院法学期刊》2014 年第 15 期。

⑤ Joel Feinberg, Doing and Deserving: Essays in the Theory of Responsibility, Princeton: Princeton University Press, 1970, p. 58.

⑥ Joel Feinberg, Doing and Deserving: Essays in the Theory of Responsibility, Princeton: Princeton University Press, 1970, p. 61.

刑，明显地使刑罚的严厉性与犯罪的主观恶性相对称，符合基于作为法律报应之另一渊源的道义报应所要求的刑恶相称的规定，使配刑因经得起道德评价而具有相应的公正性。①

也许是受到报复刑所自然产生的遏制犯罪的效果的启示，经过长时间惩罚犯罪的实践，人们逐渐认识到刑罚不仅可以惩罚犯罪，而且可以遏制犯罪。基于对刑罚的这种遏制作用的认识，人们已不满足于仅仅将刑罚作为惩罚犯罪的手段，而是开始有意识地追求刑罚对预防犯罪的效果，从而形成了对以报复观念为主宰的报复刑体制的否定。②功利主义的刑罚目的论应运而生。该目的论认为，报应只是刑罚的本质而非目的，刑罚的目的在于其所实现的预防犯罪的效果。大体来说，行为功利主义持这样的观点：行为的正确或错误仅仅取决于其结果总体上的善与恶，也就是行为对所有人类（或许是所有具有感知之生物）福利的效果。③具体就刑罚而言，刑罚的实施在于实现打击和预防犯罪、维护社会秩序的人类福祉。边沁作为刑罚功利主义的代表人物，亦认为刑罚是一种恶。根据功利原则，如果说刑罚应该被完全允许的话，那么，只有在它有可能排除某个更大的恶的情况下，才应该被允许。④因此，刑罚的实施需以预防损害的效果为前提，而这种效果既可以是预防其他公众犯罪，也可以是预防犯罪人再次实施犯罪。依所预防的对象不同，功利主义的刑罚目的论又可分为一般预防论也即威慑论和特殊预防论，前者认为刑罚通过对犯罪人的惩罚使一般公众惧于实施犯罪行为，而后者则强调刑罚通过使罪犯囚于监狱剥夺其犯罪能力、给其造成痛苦而不再实施犯罪行为。功利主义所认为的，另一个刑罚所追求的社会后果是对罪犯予以改造。由于罪犯的行为采取的是破坏性的和反社会的方式，他们须得到改造从而使其不再具有反社会的愿望。⑤然而，20世纪英国著名法哲学家哈特却认为对罪犯的改造不能成为刑罚体系的一般正当化目标。他认为社会在任何时候都可划分为两类人：一是已实际破坏特定法律者，

---

① 邱兴隆：《刑罚理性评论——刑罚的正当性反思》（第二版），中国检察出版社2018年版，第48页。

② 邱兴隆：《刑罚理性评论——刑罚的正当性反思》（第二版），中国检察出版社2018年版，第15页。

③ [澳] J. J. C. 斯玛特、[英] 伯纳德·威廉斯：《功利主义：赞成与反对》，劳东燕、刘涛译，北京大学出版社2018年版，第5页。

④ [英] 杰里米·边沁：《论道德与立法的原则》，程立显、宇文利译，陕西人民出版社2009年版，第130页。

⑤ Robert M. Baird and Stuart E. Rosenbaum, Punishment and the Death Penalty: The Current Debate, Amherst: Prometheus Books, 1995, p.9.

二是还未破坏但可能破坏法律者。将改造作为最主要的目标会忽视影响与更严重犯罪相关的、在数量上更多的第二类人。①

应当说明的是，无论是对于一般预防还是特殊预防的强调，抑或是对罪犯改造的主张，功利主义的刑罚目的论认为刑罚的正当性在于其所实现的好的结果。这也导致了功利主义的刑罚目的论与报应主义的刑罚目的论最根本的分歧，即是否始终坚持将报应作为刑罚施加的正当性依据。在报应主义的刑罚论者看来，无论报应源自对法律秩序的破坏还是源自对道德规范的违反，报应不仅是国家机构施以刑罚的正当性依据，也是个案中对具体个人适用刑罚的根据。报应的实现是为了社会公平的结果，公民作为社会秩序的缔造者，其若通过犯罪行为破坏了原本的游戏规则，那么依分配正义的原理就应当受到刑罚惩罚。而功利主义的刑罚论者在面对单纯从结果出发，有时无辜者将受到惩罚而有罪者无需惩罚的情形时，也许会通过区分刑罚制度的正当性和所实施的特定刑罚行为的正当性来解决这一困境。

依此观点，只有作为制度的刑罚是依功利主义的考虑而予以正当化。个案中的犯罪行为则由组成该制度的政策、程序和实践所掌握，并且个案中刑罚施加的正当性仅在制度的语境下所需要，当正当性的问题已包含在内，功利主义的考虑并不在合法性上触及个案。②康德对于将人仅作为手段的担忧并没有被忘却，罗尔斯和哈特都试图通过将制度的总体目标与一个特别案件中刑罚的特定目的相区分来回避这一难题。他们认为，刑罚制度可能在功利主义的观点上正当化，对特定个人的刑罚仅可在个人罪过的基础上正当化。报应主义者和功利主义者可以看作是回答了不同的问题，而不是对于"为何刑罚"这一个问题回答的分歧。③哈特亦认为需要将刑罚体系本身所追求的一般目标的"报应"与在回答"对谁施以刑罚"问题上的"报应"相区分。他认为功利主义者与他们的反对者之间令人迷惑的冲突阴影将被避免，如果意识到可以完美一致地认为刑罚实践在总体上的正当化目标是它的有利结果，并且对这一总体目标的追求获得满足或受到限制顺从于分配的原则，即要求刑罚仅可适用于实施犯罪

---

① See Richard Wasserstrom, "Punishment v. Rehabilitation", in Robert M. Baird and Stuart E. Rosenbaum edit, Punishment and the Death Penalty: The Current Debate, Amherst: Prometheus Books, 1995, p. 57.

② Robert M. Baird and Stuart E. Rosenbaum, Punishment and the Death Penalty: The Current Debate, Amherst: Prometheus Books, 1995, p. 10.

③ Deirdre Golash, "Punishment: An Institution in Search of a Moral Grounding", in Christine T. Sistare edited, Punishment: Social Control and Coercion, Peter Lang Publishing, 1996, p. 21.

行为的犯罪人。①这一解释似乎在一定程度上缓和了报应主义和功利主义二者之间的矛盾。

但不可否认的是,基于功利主义的结果考量仅在个案分配上坚持报应,与将报应作为整个刑罚体系的根基之间存在本质差别。如果分配正义难以通过报应来实现,那么功利主义对报应的态度将有所转变。同时,依刑罚功利主义者的观点,报应主义对个案的适用并不能合法地应用于刑罚制度的正当性本身。②这无疑是一个法理上的悖论。同时,尽管这一路径避免了对功利主义的主要批判(与对无辜者的惩罚有关)和对报应主义的主要批判(要求无意义痛苦的施加),其缺点是要求对犯罪人的损害是善的,且这一善的行为通过整个制度对损害的衡量来实现。③然而事实逐渐地证明,监狱在大体上并没有成功使罪犯复归或者威慑罪犯,也越来越难主张刑罚对犯罪人而言是善的,或者它相较损害而言是善的。20 世纪 80 年代初,一系列新的理论出现,寻求基于对犯罪人道德上的善(尽管是直接损害)而将刑罚正当化。因为刑罚是为了犯罪人道德上的善,而不需要证明它对社会的全部益处。甚至是,它不需要实际完成道德上的改变而只要它指向这些转变。这些理论的核心问题是需要证明的不仅是道德改变的愿望,还有刑罚是实现这一改变的方式。刑罚是道德改变的必要路径,且它的施加即使在这一改变并不即将来临时也可正当化。④与此同时,对刑罚有利于社会观点回归的萌芽,体现于自我防卫的理论。这一理论寻求建立将犯罪人作为实现社会更大善的手段并非是不可允许的,基于犯罪人所表现的损害的威胁和刑罚为了避免这种损害而施加其的损害之间的因果联系。如果对犯罪人的损害威胁对于阻止他造成无辜者损害是必要的,并且实施这一威胁对于未来的威胁是必要的,对犯罪人的损害可基于自我防卫而被正当

---

① H. L. A Hart, "Prolegomenon to the Principles of Punishment", John Kleinig edit, Correctional Ethics, Ashgate Publishing Limited, 2006, p. 11.

② Robert M. Baird and Stuart E. Rosenbaum, Punishment and the Death Penalty: The Current Debate, Amherst: Prometheus Books, 1995, p. 10.

③ Deirdre Golash, "Punishment: An Institution in Search of a Moral Grounding", in Christine T. Sistare edited, Punishment: Social Control and Coercion, Peter Lang Publishing, 1996, p. 21.

④ See Deirdre Golash, "Punishment: An Institution in Search of a Moral Grounding", in Christine T. Sistare edited, Punishment: Social Control and Coercion, Peter Lang Publishing, 1996, pp. 23 – 24.

化。这一理论显然依赖于威慑的有效性。①

综上,报应主义由于符合人类的道德心理,而更易成为制定惩罚规定的基本原则,但如果没有对犯罪与刑罚予以功利主义的考量,报应主义也将沦为空洞与虚无。这里所谓的"功利主义"并非一般的伦理理论,而仅指任何刑罚理论使刑罚与犯罪相适应需依据特定的惩罚或刑罚规范所实际或可能造成的结果。②这种相适应与否的判断则依赖于对比例原则的坚持。刑罚是对罪犯权利的侵犯,而被全球模式所采纳的为了使对宪法权利的侵犯正当化的一个重要工具是比例原则理论。③比例原则是为给各自治利益之间矛盾提供结构性解决的一个工具。任何一个比例性检验的四个阶段包括:合法的目的、合理的联系、必要性、严格意义上的权衡。④同时,需要说明的是,刑罚所实际或可能造成的结果并不等同于特定刑罚所产生的后果。因为刑罚作为一种规则预设,其实际效果取决于人们对于这种规则的认识和态度。如果没有假设犯罪人的理性,威慑并不与实际或可能的犯罪相联系。⑤

二、终身监禁制度对刑罚目的实现的可能性

关于刑罚的证立,有两个层次的课题,必须加以区分:第一个层次是证立刑罚作为一般性制度或社会实践活动;第二个层次是证立特定类型的刑罚是否应被涵摄在此规则或社会实践之下。刑罚理论的主要任务,乃是前者,而后者通常是前者的应用或延伸。⑥应当说明的是,作为一般刑罚理论的刑罚目的论所探讨的刑罚根据与具体刑事政策层面刑罚的设立与实施还存在一定的距离。第一层次的证立主要体现为对刑罚目的的理论探讨,而第二层次的证立则依赖

---

① Deirdre Golash, "Punishment: An Institution in Search of a Moral Grounding", in Christine T. Sistare edited, Punishment: Social Control and Coercion, Peter Lang Publishing, 1996, p. 24.

② Michael Davis, "How to Make the Punishment Fit the Crime", Ethics, Vol. 93 (4), 1983, p. 727.

③ Kai Möller, The Global Model of Constitutional Rights, Oxford, New York, New York: Oxford University Press, 2012, p. 5.

④ Kai Möller, The Global Model of Constitutional Rights, Oxford, New York, New York: Oxford University Press, 2012, p. 25.

⑤ Michael Davis, "How to Make the Punishment Fit the Crime", Ethics, Vol. 93 (4), 1983. p. 735.

⑥ 许家馨:《应报即复仇?——当代应报理论及其对死刑之意涵初探》,载《中研院法学期刊》2014 年第 15 期。

于对特定刑罚可否实现刑罚目的的具体判断。终身监禁制度作为具体刑罚的证立,应是在第一层次证立的基础上对第二层次证立的实现。

作为一个刑罚规则创设的问题,在刑罚目的论上需坚持以报应主义为基础,同时兼具考虑威慑和其他理论后果。合理的刑罚正当化理论应该在涉及该当性之前的正当化阶段,融入结果的意义。①哈特在《惩罚与责任》一书中阐述了刑罚报应实现的三个要素:第一,仅当行为人自愿实施应受惩罚的行为时方可对其予以惩罚;第二,刑罚必须与犯罪行为的邪恶程度相匹配或是相一致;第三,惩罚犯罪人的正当性在于道德邪恶自愿造成的痛苦本身是公正的或是道德上正确的。②由此,对刑罚报应的实现,需回答的是如何将刑罚与犯罪行为的邪恶相匹配,以及刑罚所施加的痛苦何以具有道德正当性的问题。刑罚报应主义对终身监禁的审视也离不开对这些问题的回答。对实施严重犯罪的罪犯的报应源自其给被害人、被害人家人和社会造成的巨大痛苦,而刑罚即是其反过来应承受的必要痛苦。唯一能实现完全一致报应的犯罪是杀人,剩下的如:强奸、敲诈勒索、伪造、严重的亵渎神明等从未以同样的形式被施以报应。如果他们在不同标准下被偿还,又如何将他们进行比较?③因此只有对不同种类犯罪施以相对同质性的刑罚,并依犯罪的道德可责难性决定刑罚的轻重,才可实现刑罚的报应。无论是道义主义还是经验主义的报应论,其所关注的核心并非是所施加的绝对惩罚,而是在不同程度道德可责性的案件中施加相对的惩罚。④刑法特别在产生和维护社会一致同意的社会道德形式上扮演了重要的角色。⑤可见,道德可责性的大小成为判断是否需要将终身监禁制度纳入刑罚体系的关键。

早先的报应主义者对死刑和终身监禁均感到不适,而反对地认为固定期限

---

① [美]道格拉斯·胡萨克:《刑罚哲学》,姜敏译,中国法制出版社2015年版,第604页。

② H. L. A Hart, Punishment and Responsibility: Essays in the Philosophy of Law, 2nd edition, New York: Oxford University Press, 2008, p. 231.

③ Mara Jose Falcon y Tella, Fernando Falcon y Tella, Punishment and Culture: A Right to Punish? Boston: Martinus Nijhoff, 2006, p. 135.

④ Paul H. Robinson, "Life without Parole under Modern Theories of Punishment", in Charles J. Ogletree, Jr., and Austin Sarat edit, Life Without Parole: America's New Death Penalty? New York University Press, 2012, p. 146.

⑤ Paul H. Robinson, "Life without Parole under Modern Theories of Punishment", in Charles J. Ogletree, Jr., and Austin Sarat edit, Life Without Parole: America's New Death Penalty? New York University Press, 2012, p. 150.

的监禁更易衡量并使得刑罚（剥夺自由的期限）与犯罪的严重性相适应。①在古典报应论者看来，一个正当的刑罚是通过比例性来衡量的，即刑罚的严厉性取决于基础犯罪行为的严重性。报应主义的理论是回溯性的，并不对未来的损害预防感兴趣。依报应主义的观点，终身监禁仅在当犯罪人因其犯罪行为的应受谴责性，在道德上与将其置于监禁至死相称时才具有正当性。②

如果有足够严重的犯罪需要通过终身监禁来实现报应，那么终身监禁就具有存在的必要。然而，这实际上是一个该当性的问题。该当性判断很少施加强制性义务或职责于任何人，并以特定的方式制裁应受惩罚的人。③对于实施足够严重犯罪的犯罪人，其该当与其犯罪严重程度相适应的刑罚，但未能说明这一刑罚应为终身监禁。刑罚以剥夺绝对有限的个人权益为内容，而犯罪以相对无限的社会秩序为侵犯对象。这就决定了社会无法为每一种犯罪设计出一种与之在损害形态上对等的刑罚。④刑罚可以按照一个基本的方式，诉诸学说理论和法律假定进行分类。第一层次的分类聚焦于其所"作用的物理对象"，第二层次的分类是依刑法典记录的它的"严重性"。注意到教义方面，可以说，第一是死刑，接着是肉刑、剥夺自由、限制自由（流放、囚禁、驱逐）、剥夺权利、金钱刑罚和道德刑罚。⑤终身监禁作为终身剥夺犯罪人自由的刑罚，首先应纳入自由刑的范畴。由于自由刑具有可分性，故理论上自由刑可以包含无数种刑罚。而在自由刑内部，通常依剥夺自由的刑期长短对不同种类的自由刑进行排序。剥夺自由刑的严厉性也与刑期的长短成正比。终身监禁则因其终身性毫无疑问地成为自由刑中最大值的刑罚。

1948年《世界人权宣言》第6条规定："在未废除死刑的国家，判处死刑只能是作为对最严重的罪行的惩罚"，可见对最严重的罪行，也即道德可责性最大的罪行方可在未废除死刑的国家适用死刑。而在废除死刑的国家和考虑到终身监禁制度对死刑替代的价值取向，终身监禁制度也只能适用于道德可责性

---

① Dirk van Zyl Smit and Catherine Appleton, Life imprisonment: A Global Human Rights Analysis. Cambridge, Massachusetts: Harvard University Press, 2019, p. 5.

② Melissa Hamilton, "Some Facts about Life: The Law, Theory, and Practice of Life Sentences", Lewis &Clark LawReview, Vol. 20（3），2016, p. 817.

③ ［美］道格拉斯·胡萨克：《刑罚哲学》，姜敏译，中国法制出版社2015年版，第598页。

④ 邱兴隆：《刑罚理性泛论——刑罚的正当性展开》，中国检察出版社2018年版，第140页。

⑤ Mara Jose Falcon y Tella, Fernando Falcon y Tella, Punishment and Culture: A Right to Punish? Boston: Martinus Nijhoff, 2006, p. 107.

最大的小部分罪行。终身监禁不仅惩罚罪犯，还剥夺了他们实现救赎的任何希望，有很少的机会获得自由。大多数受到终身监禁惩罚的罪犯导致了痛苦的生活。总体而言，罪犯的年龄越小，他因终身在监狱服刑的时间就越长，而报应的后果通常随着监禁的长短而增加。更长的监禁通常具有更多的报应和更大的痛苦因为刑罚实施的时间更长。①终身监禁罪犯所受的痛苦源于其身体上和社会上的孤立，以及他们永远从公民社会移除瓦解与家庭的联系，并时常削弱在社区中所能负担的最小社会控制结构。②终身监禁作为终身剥夺罪犯人身自由的刑罚，其执行时间长、耗费人力物力成本高，也给罪犯家庭造成物质和情感上的巨大伤害。然而，这种痛苦对道德可责性最大的犯罪人的施加却是正当的，绝对意义上复归社会的权利，对这些犯罪人而言是与刑罚的道德性相违背的。在死刑执行的痛苦被认为是非人道、不道德的情形下，国家有必要通过符合道德的刑罚痛苦的施加，强化公民对道德原则的坚持，保护社会免受最严重犯罪的侵害。但若将终身监禁适用于危害性程度不适当的犯罪，则会丧失刑罚的报应道德规则。刑罚通过识别犯罪行为所造成的损害，作为强化价值的沟通表达。如果一个人特定的犯罪行为按照社会标准如此严重，那么它便引发了对其在公民社会生活权利的剥夺。但如果这种剥夺被滥用，就会丧失刑罚的表达功能。③

应当说明的是，并非所有刑罚分配问题都可以通过仅仅诉诸罪犯的该当性而得到解决，在证成实际施加的刑罚是否具有正当性时，还必须考虑"额外该当性"因素。④在决定具体的应得刑罚是否应实际施加的时候，结果因素起着重要的作用。⑤这就需要引入功利主义者对结果的考量。在功利主义者看来，在特定的情境下，产生最善结果的行动方案在于对规则的违反，不那么做的话

---

① Michael L. Radelet, "The Incremental Retributive Impact of a Death Sentence over Life Without Parole", University of Michigan Journal of Law Reform, Vol. 49 (4), 2016, p. 806.

② Melissa Hamilton, "Some Facts about Life: The Law, Theory, and Practice of Life Sentences", Lewis &Clark Law Review, Vol. 20 (3), 2016, p. 816.

③ Melissa Hamilton, "Some Facts about Life: The Law, Theory, and Practice of Life Sentences", Lewis &Clark Law Review, Vol. 20 (3), 2016, p. 819.

④ [美] 道格拉斯·胡萨克：《刑罚哲学》，姜敏译，中国法制出版社2015年版，第620页。

⑤ [美] 道格拉斯·胡萨克：《刑罚哲学》，姜敏译，中国法制出版社2015年版，第615页。

就会构成"规则崇拜"。①但如果考虑到,违反规则可能受到刑罚惩罚或承受道德上的煎熬,行为人则可能选择不实施违反规范的行为。这就涉及到威慑和特殊预防的问题。对一般公众而言,终身监禁的威慑在于,如果实施相当严重程度的犯罪行为,其将面临终身被剥夺自由不再复归社会的处境。威慑论者认为,即便威慑效果可能难以实现,或威慑效果并不好或是不能依立法者的预期来实现,但只要有证据证明它能够起到一定作用,即通过对一个人的对待作为其他许多人的例证,那么这种威慑就具有道德上的合法性。②这并不是将犯罪人所受的终身监禁作为一种工具和手段。依责任主义原则,犯罪人因其犯罪行为而应得一定的惩罚,而这种惩罚的设定与实施所带来的威慑,仅为终身监禁的一种附随效果。

然而一般威慑的实现需满足三个先决条件:第一,威慑的规则仅可在其意图威慑的对象直接或间接地意识到该规则时起作用;第二,即使目标受众知晓基于威慑的规则,威慑的效果也仅在他们具有依其最优利益理性计算的能力和倾向时才能发挥作用;第三,即使潜在的犯罪人知道基于威慑的规则,并且能够以他们的最优利益理性计算其行为,规则的威慑也仅在他们得出实施犯罪的代价超出了其所获得收益时起作用。③研究表明,大多数人假设刑罚会跟随他们对正义的直觉。因此威慑在偏离人们的直觉正义时就遇到了巨大的困难。就终身监禁而言,如果将终身监禁仅适用于如杀人等最严重的犯罪,依据人们的应得经验这一刑罚的是公正合理的,也更易为潜在的犯罪人所知晓。但若如美国的终身监禁制度,不仅适用于谋杀罪等重罪,还适用于大量的毒品犯罪和累犯实施的犯罪,那么将很少有潜在的犯罪人实际知晓他们各州的具体实践。进一步而言,如果潜在的犯罪人知晓威慑的规则,但这些累犯或实施毒品犯罪的犯罪人因长期受到毒品、酒精、精神疾病或是扭曲的人生经历的影响,他们将比普通人更难拥有理性计算其行为后果的能力。更进一步的是,即使潜在的犯罪人对其实施的犯罪行为经过了理性的计算,仍有多样化的因素可能最终导致其得出犯罪的收益大于其需付出代价的结论,其中包括逮捕率和判刑率。因此,终身监禁的威慑效果在一定程度上是存疑的,它依赖于终身监禁的具体规

---

① [澳] J. J. C. 斯玛特、[英] 伯纳德·威廉斯:《功利主义:赞成与反对》,劳东燕、刘涛译,北京大学出版社2018年版,第230页。

② Gerard V. Bradley, "Retribution and the Secondary Aims of Punishment", The American Journal of Jurisprudence, Vol. 44, p. 120.

③ Paul H. Robinson, "Life without Parole under Modern Theories of Punishment", in Charles J. Ogletree, Jr., and Austin Sarat edit, Life Without Parole: America's New Death Penalty? New York University Press, 2012, p. 140

则是否符合公众和潜在犯罪人的正义观念,取决于可适用终身监禁的犯罪类型及司法实践中终身监禁的实际适用情况。

但不可否认的是,终身监禁如此严重的刑罚后果与被剥夺一定期限自由的定期刑所带来的后果存在质的差异,而这种差异体现在犯罪人是否具有复归社会的可能性。终身监禁与复归的联系,最早源于监禁刑积极作用的观点。该观点认为监禁不仅威慑意识到监狱痛苦的罪犯和其他人,还通过提高他们的技能和道德使其复归。①因为他们乐观地认为,即使不是全部,罪犯具有改造的能力,并且保证他们不在监狱待过度长的时间。②但通过科学方法对罪犯改造可能的乐观主义并没有全世界所接受。如冯·李斯特的欧洲刑罚学者自19世纪末以来提升了对其的注意力,并在观念上认为一些犯罪人因为不可被威慑或是复归,因而是不可救药的。对这些能够被威慑的罪犯应给予如贝卡利亚在一个世纪之前所主张的与能够劝阻他们不再继续实施犯罪所需要的成比例刑罚。然而,真正"不可救药"的罪犯则不应被治愈,因而仅关押他们的余生,且没有任何释放的希望。③

基于此观点而实施的终身监禁是出于剥夺犯罪能力的考虑,也即为了实现特殊预防。特殊预防的对象是因实施犯罪行为被判处刑罚处罚的犯罪人。李斯特是特殊预防论的集大成者。根据他提出的概念,特殊预防具有三重形式的内涵:通过对行为人的监禁来保护一般公众免受其侵害,通过对行为人适用刑罚来威慑其不得实施其他犯罪行为,通过对行为人的矫正来防止其再犯罪。④具体又可分为消极的和积极的特殊预防两个方面。消极的特殊预防是指通过刑罚遏制具体行为人重新犯罪,保护社会免受其侵害;积极的特殊预防是指通过刑罚对具体行为人进行矫正,从而使之重新社会化。⑤对被判处终身监禁的犯罪人而言,其终身被剥夺自由与社会隔离,丧失了再次实施犯罪行为的能力和条件,终身监禁发挥了较好的消极预防效果;而在积极的特殊预防方面,犯罪人终身在监狱服刑,其危害行为可以得到长时间的、系统性的矫正,但由于犯罪人缺乏重新回归社会的可能性,对其社会化再适应能力的培养可能被忽视。据

---

① See Dirk van Zyl Smit and Catherine Appleton, Life Imprisonment: A Global Human Rights Analysis. Cambridge, Massachusetts: Harvard University Press, 2019, p. 7.

② Dirk van Zyl Smit and Catherine Appleton, Life Imprisonment: A Global Human Rights Analysis. Cambridge, Massachusetts: Harvard University Press, 2019, p. 8.

③ Dirk van Zyl Smit and Catherine Appleton, Life Imprisonment: A Global Human Rights Analysis. Cambridge, Massachusetts: Harvard University Press, 2019, p. 9.

④ 王世洲:《现代刑罚目的理论与中国的选择》,载《法学研究》2003年第3期。

⑤ 王世洲:《现代刑法学(总论)》,北京大学出版社2011年版,第22页。

此，有观点对终身监禁积极的特殊预防效果予以了否定，同时对通过剥夺终身自由的方式来实现消极的特殊预防的必要性产生了质疑。

然而，从理论的角度，贝卡利亚、边沁等古典犯罪学理论推测，使丧失犯罪能力需对一些挑选的罪犯保留：具有极端高危险的应得永远与公民社会分离的个人。①但这些罪犯的范围应受到严格的限制。终身监禁者不享有国家给予机会的承诺，再次考虑他们在公民社会生活的自由机会被官方且永久地侵犯了。②终身监禁却能与剥夺自由的刑罚威慑相适应，如果特定的犯罪依照社会标准是如此严重，那么它便引发了对罪犯在公民社会生活权利的没收。剥夺再犯能力作为一项功利主义的工具提供了防止犯罪的功能。其最好之处在于，允许官方挑选出具有最高再犯危险的罪犯，从而取消他们获得释放的机会。③通过监禁的方式终身剥夺犯罪人的犯罪能力，对于预防犯罪人再次实施犯罪，特别是针对已多次实施严重犯罪的累犯，具有必要性。在美国，终身监禁作为一项现代刑罚制度，其设立之初即是为了惩治累犯。然而并非针对所有实施严重犯罪的累犯都应适用终身监禁，剥夺能力只有在这种情况下才是一种有价值的主张，即我们能够证明，对实施特定行为者若不加以剥夺能力则其中的大部分人都会继续该行为。④

终身监禁显然与剥夺再犯能力的目标相一致，却在一定程度上否定了这些罪犯复归社会的可能性。因此，从剥夺犯罪能力的角度，终身监禁对最危险的罪犯以外的犯罪人适用是不必要且无效的。但应当说明的是，单纯因终身监禁剥夺了罪犯复归社会的权利而否定其积极的特殊预防效果是不合理的。因为监禁刑本身能否实现社会化再适应的效果是存在疑问的。作为20世纪现代刑事政策理论的新社会防卫论，就反对通过监禁的方式实现犯罪人的社会化再适应的观点。监禁刑本身即是将犯罪人与社会相隔绝，又如何要求通过监狱内的处遇实现犯罪人的社会化？很显然，这种方式是手段与目的的南辕北辙。定期的监禁刑尚且如此，作为长期监禁刑的终身监禁则更难承担使罪犯再社会化的职责。但即使罪犯终身在监狱服刑，也可以通过家人探望、完成工作等方式保持

---

① Melissa Hamilton, "Some Facts about Life: The Law, Theory, and Practice of Life Sentences", Lewis &Clark Law Review, Vol. 20 (3), 2016, p. 820.

② Melissa Hamilton, "Some Facts about Life: The Law, Theory, and Practice of Life Sentences", Lewis &Clark Law Review, Vol. 20 (3), 2016, p. 806.

③ Melissa Hamilton, "Some Facts about Life: The Law, Theory, and Practice of Life Sentences", Lewis &Clark Law Review, Vol. 20 (3), 2016, p. 819.

④ [美] 哈伯特 L. 帕克：《刑事制裁的界限》，梁根林等译，法律出版社2008年版，第266页。

其社会化的联系。无论在过去或者现在,都可以推测出来的一点是,对刑罚的恢复和再社会化功能来说,倒不如说它们与长期自由刑是没有任何关系的。①同时,终身监禁因不剥夺犯罪人的生命,而代价低于死刑,其在剥夺犯罪能力方面不如死刑彻底,不但因其所具有的改造作用而部分得到弥补,也因其代价远比死刑小而使得其投入产出比并不亚于死刑的投入产出比。②

简言之,依报应和威慑理论的相对损害排序,终身监禁的极端属性意味着它仅在对最严重的犯罪,如故意谋杀、最严重的累犯的适用上才具有正当性。在剥夺犯罪能力上适用终身监禁,也只有在其作为保护社会的最后必要手段上才具有道德合理性。③在一些案件中,类似地不可能精确计算一个罪犯"应得"什么,特别是因为许多罪犯拥有精神健康问题或者是有身体、精神、情感或受性虐待的背景。决定一个人"应得"哪些完全不是顺从于精确的计算或是衡量,即使是,也有很高的风险在衡量上的错误。我们不能精确衡量刑罚的强度,正如我们不能精确衡量罪犯在实施死刑犯罪时让无辜的被害人所承受的伤害。即使我们决定了一个人"应得"哪些,但并不强迫我们去给予或是实施它。④对于终身监禁的适用亦是如此,它虽然具有实现刑罚目的的可能性,但是否需要通过终身监禁的实施来实现刑罚目的,在具体案件中终身监禁的实施又是否具有正当性,则是需要经过个案探讨的问题。

---

① [德]汉斯-约格·阿尔布莱希特:《重罪量刑:关于刑量确立与刑量阐释的比较性理论与实证研究》,熊琦等译,法律出版社2017年版,第30页。

② 邱兴隆:《刑罚理性泛论——刑罚的正当性展开》,中国检察出版社2018年版,第139页。

③ Melissa Hamilton, "Some Facts about Life: The Law, Theory, and Practice of Life Sentences", Lewis &Clark Law Review, Vol. 20 (3), 2016, p. 807.

④ Michael L. Radelet, "The Incremental Retributive Impact of a Death Sentence over Life Without Parole", University of Michigan Journal of Law Reform, Vol. 49 (4), 2016, p. 803.

对检察机关提前介入重大疑难案件侦查制度完善的思考

李逸强　许军望*

检察机关是我国的法律监督机关，检察机关提前介入重大疑难案件是强化与完善侦查监督，促进侦查程序法治化，理顺诉讼关系的重要手段，也是我国司法改革的重要方向。提前介入实际上是一种新型侦查监督模式，不同于静态、事后、被动的监督方式，而是检察机关基于自身法律监督职能主动深入侦查活动之中，并对侦查活动实施动态、同步、主动的监督。在实践中检察机关提前介入刑事案件侦查为数不少，但是提前介入相关制度诸多方面还存在一些不足有待进一步完善。

一、检察机关提前介入重大疑难案件侦查的必要性

检察机关提前介入重大疑难案件侦查是检察机关派员参加侦查机关对重大、疑难案件的侦查活动，并对证据调取、事实认定、法律适用和侦查行为的合法性提出意见和建议的一项制度。《刑事诉讼法》第8条规定："人民检察院依法对刑事诉讼实行法律监督。"《刑事诉讼法》这一基本原则为提前介入侦查提供了立法上的前提保证。《刑事诉讼法》第87条还规定"必要的时候，人民检察院可以派人参加公安机关对于重大案件的讨论"。第134条规定"人民检察院审查案件的时候，对公安机关的勘验、检查，认为需要复验、复查时，可以要求公安机关复验、复查，并且可以派检察人员参加"。由此可见，检察机关提前介入公安机关侦查活动，是对侦查活动行使侦查监督权的不断深化，是检察机关作为法律监督机关的应有之义。

---

* 李逸强，陕西省渭南市人民检察院党组书记、检察长；许军望，陕西省渭南市人民检察院法律政策研究室副主任、市检察官协会会长、中国法学会会员。

（一）检察机关提前介入重大疑难案件侦查是推进以审判为中心的司法改革的必然要求

随着司法改革不断深化，以审判为中心成为重要内容，要求案件事实的认定和证据的采信、定罪量刑要通过庭审来确定，庭审实质化是审判为中心的实质所在；要求公安机关提请逮捕、检察机关提起公诉、法院作出判决三个重要环节的证据标准要达到一致。这对公安机关、检察机关、审判机关提出了更高要求。但是，公安机关在实践中有时提请逮捕和移送起诉的证据标准没有必要达到审判标准的程度。因此，检察机关不仅仅对公安机关移送的案卷材料进行审查，而且在一些重大疑难案件中，要适时介入到侦查活动中去，引导侦查机关更加全面有效地收集、固定证据，更好地把握证据标准，确保有关诉讼活动顺利进行。因此，检察机关提前介入重大疑难案件侦查正是以审判为中心的司法改革的迫切要求。

（二）检察机关提前介入重大疑难案件侦查是全面履行法律监督职能的内在要求

检察机关以监督国家法律统一正确实施，促使其他司法机关依法行使权力为基本职能。"检察机关对公安机关的侦查活动具有监督和制约两方面的作用。"① 在刑事诉讼活动中，就形成了以法律监督关系为依托的检察机关与公安机关、审判机关之间监督与被监督的关系。这种监督与被监督的关系，在具体的诉讼活动中，是通过法律赋予检察机关的各项诉讼监督职能体现的，如对公安机关等侦查机关的侦查活动和采取强制措施的行为是否合法进行监督。这种监督，具有维护司法公正、保护人权的功能。对侦查活动的监督，主要是通过对侦查机关移送的案卷进行审查，决定是否批准逮捕或提起公诉，以及对立案和侦查程序是否合法进行监督等形式来实施的。这种监督方式都是针对已经侦查到一定阶段或侦查终结的案件，是一种事后的监督，而不是对过程的监督，监督效果受到限制。因此，要实现对侦查行为的全过程动态监督就必须提前介入侦查，将监督重心由审查批捕转向侦查监督，对公安机关在侦查活动中是否存在刑讯逼供、暴力取证、徇私舞弊等违法行为全程跟踪监督，及时纠正侦查活动中的违法行为，将非法证据排除在批准逮捕或者审查起诉之前，使检察机关对侦查活动监督从事后监督转向同步监督。

---

① 朱孝清主编：《检察学》，中国检察出版社2010年版，第213页。

（三）检察机关提前介入重大疑难案件侦查是提高诉讼效率和司法办案质量的客观要求

检察机关在重大案件中主动提前介入监督或者受公安机关的邀请提前介入监督，参与公安机关对重大案件的讨论、取证，指导侦查，有利于公安机关对重大疑难案件的研判、把握和处理，促进公安机关与检察机关之间相互配合，能够抓住最佳取证时机在较短时间内将案件侦查终结，可以节约司法资源，提高办案效率。"检察引导侦查，改变了检察和侦查两张皮的格局，变事后监督为事前监督，变被动监督为主动监督。"① 由于检察机关的提前介入可以更好地在公安机关和审判机关之间搭建桥梁，很大程度上可使侦查人员强化侦查意识，注重从审查案件的角度把握案件的性质、侦查方向，更加有针对性地收集、调取证据，使证据达到庭审标准，保证了公安机关取证更加全面准确，提高了办案质量。

二、检察机关提前介入重大疑难案件侦查存在的问题

随着司法改革不断深化，检察机关积极探索提前介入重大疑难案件侦查工作也不断推进，取得了一定成效，也发现了一些问题，影响着介入侦查的实效。

（一）法律有关规定比较宽泛，操作性还不够强

检察机关提前介入重大疑难案件侦查的探索实践时间较长，就提前介入制度而言，我国现行刑事诉讼法只是赋予了检察机关对刑事诉讼的侦查监督权，以及检察机关可以派人参加公安机关对重大案件的讨论、参加有关案件复验、复查等一些零星规定。而对检察机关提前介入重大疑难案件侦查的法律定位还不够明确、清晰；对提前介入的案件范围、介入方式和程度等规定不够明确，对于提前介入重大疑难案件范围，公安机关和检察机关很多时候仍然存在一些分歧，应当介入的案件范围规定过于笼统，不具备操作性；提前介入中检察机关与公安机关双方的权利义务也没有细化规定。此外，缺乏对不规范操作的责任追究的规定，大大削弱了其执行力。

（二）提前介入方式略为单调，具有一定的被动性

"我国现行刑事诉讼程序设置有检察权来制约侦查权，但受多种因素影

---

① 韩大元：《中国检察制度宪法基础研究》，中国检察出版社2007年版，第191页。

响,常常具有被动性和滞后性。"① 目前,检察机关提前介入的方式有参加公安机关对重大疑难案件的讨论、参与现场勘查和提出可行性建议指导公安机关办案。从这三种方式来看,检察机关所要实施提前介入都无疑是处于被动状态,参与公安机关重大疑难案件讨论,一般都是在重大疑难案件发生后案件还没有被公安机关立案或者在提请逮捕之前很多证据需要进一步查实时,公安机关邀请或者是上级机关指定检察机关参与此类案件的讨论研究,检察机关才可介入,才能发表对此类案件的事实及证据存在问题的观点和认识。而且在有需要的情况下检察机关派员赶赴现场重新勘查,重新调查取证。但是,多数情况下,原始现场很多证据人为毁灭或自然灭失,只能进行侦查实验,这种衍生证据的证明力就会明显减弱。因此,由受各种因素影响,在有些情况下检察机关所提出来的意见和建议,在一定程度上还很难被公安机关接受。

(三) 检察人员对提前介入认识和把握存在偏颇

在办案实践中,部分检察人员对提前介入重大疑难侦查的认识过于片面,主要有以下几种认识误区:一些人认为提前介入是检察机关配合公安机关办案,导致介入过程中配合多、主动监督少,能及时纠正违法侦查行为的更少;一些人认为提前介入是公安机关、检察机关联合办案,导致介入过程中以指挥者自居,对公安机关的侦查活动干预过多,对案件能否报捕、能否移送审查起诉等关键问题随意发表意见,有时甚至代替公安机关进行侦查;还有些人认为提前介入无关紧要,认为侦查工作是公安机关的事,是否介入、介入如何不影响大局,使提前介入基本流于形式。同时,由于缺乏对检察人员介入方式的明确规定,以及机制设计方面不完善、不具体,使得检察人员在操作过程中难以把握介入的"度",介入工作的成效更多地决定于检察人员个人业务能力。还存在介入人员选派的随意性的问题,在需要介入侦查时临时指定人员,缺乏系统管理。

(四) 提前介入发出文书不具有强制执行效力

检察机关提供的法庭所需证据意见书、补查提纲等文书不具有强制执行的效力。检察机关对案件情况、侦查思路和方向、证据收集、固定等方面发表的意见,提出的建议,对公安机关不具有强制的法律约束力。公安机关自行决定是否执行和是否回复,没相应的监督落实措施,导致检察机关提出的建议对证据的补充经常没有起到实效,对补查工作的监督难以发挥作用。

---

① 山东省院课题组:《派驻基层检察室建设理论与实践》,载《中国检察》2018年版第27卷,第206页。

三、检察机关提前介入重大疑难案件侦查工作制度完善

针对检察机关提前介入重大疑难案件侦查存在的一些问题，结合检察工作实际，笔者提出一些建议和措施，以充分发挥监督职能，保证提前介入重大疑难案件侦查取得实效。

（一）牢固树立正确的提前介入理念

要充分认识检察机关提前介入重大疑难案件侦查的法律监督性质，始终坚守法律监督的宪法定位，按照权力分工制约的原则，正确处理好配合与制约的关系。检察机关提前介入侦查工作要不断结合自身工作实际，着力改变以往"重配合、轻监督"的偏颇认识，严格按照以审判为中心各项要求开展提前介入工作，认真贯彻"分工负责、互相配合、互相监督"的刑事诉讼基本原则。提前介入重大疑难案件侦查旨在引导侦查机关依法、全面、客观收集证据，避免瑕疵证据，不断提高案件质量。检察机关提前介入重大疑难案件侦查，应坚持监督与支持并重，打击犯罪与保障人权并重。就主要工作任务而言，应包括对案件涉嫌的罪名、证据的发现、收集、固定、保全及侦查取证方向提出意见和建议；了解和掌握案件的情况及涉案犯罪嫌疑人社会危险性情况，做好审查逮捕、审查起诉准备，提高诉讼效率；对侦查活动是否合法进行法律监督，及时发现和纠正侦查活动中的违法行为，确保侦查活动依法、及时进行。

（二）立法上明确提前介入有关具体规定

检察机关提前介入重大疑难案件侦查是为收集证据提供意见，以实现刑事诉讼的顺利进行。必须明确规定检察机关在提前介入重大疑难案件侦查中的地位，明确公安机关、检察机关的职责分工，严格遵循分工负责、互相配合的原则，使得提前介入引导取证不再是检察机关的单个行为。应该明确检察机关提前介入是为控告犯罪收集证据提供意见，可以参与现场勘查、侦查实验以及尸体检验、复检，参与对犯罪嫌疑人的讯问、证人的询问、参加案件的讨论、查阅案卷、分析证据等。检察机关在提前介入后，仍应严格遵循分工负责、互相配合的原则，保持正常的公安机关、检察机关之间的适当分离，形成必要的张力。要对案件的证明力进行分析，对证据的补充和完善提出建议，对公安机关的取证程序作出要求，对公安机关的违法行为提出纠正意见，对案件的法律适用发表意见，但不能指挥取证，更不能代替侦查，以保证准确有效地执行法律。

（三）要准确把握提前介入有关原则

检察机关提前介入重大疑难侦查，应坚持依法、适度、监督的原则。首

先，提前介入作为检察机关一项司法职权活动，必须受法律的约束。"检察机关在履行法律监督职责过程中，既要充分发挥作用，又必须严守权力边界。"①对于法律有明确规定的，提前介入要严格依法执行；对于现有法律没有明确规定的，也应在法律的框架内实施，不得违背宪法和法律的基本精神，不得与法律监督的宪法定位相冲突。其次，按照我国刑事诉讼法有关司法机关职责分工的规定，公安机关主导刑事侦查活动，检察机关提前介入只是公安机关、检察机关司法权力科学配置下的弥补性措施，起到了引导侦查活动的作用。因此，提前介入必须坚持适度原则，正确把握提前介入侦查的"度"，做到"引导不领导、引导不主导、引导不越位、监督要到位"。再次，强化提前介入工作监督功能。对侦查行为合法性进行全方面监督，将"排除非法证据"程序提前到侦查阶段，严防冤假错案，保障人权和程序正义。要求提前介入侦查的检察人员应当坚持客观中立，全面指导侦查人员搜集犯罪证据，按照法律规定督促公安机关既要注重搜集证实犯罪嫌疑人有罪、罪重的证据，也要注重搜集证实犯罪嫌疑人无罪、罪轻的证据，确保案件得到公正处理。

(四) 建立刑事案件备案制度

提起介入的前提是检察机关对案件情况的了解，以便对符合提前介入的案件及时介入。检察机关要加强监督工作机制建设，建立刑事案件备案制度。公安机关在立案过程中，应当将立案及采取强制措施情况在5日内报送同级检察机关登记备案，并详细说明案件进展和处理情况。检察机关安排专人进行审查，决定是否提前介入重大疑难案件侦查活动。对于公安机关立案侦查的重大疑难案件，检察机关应当介入侦查。同时，公安机关认为案件重大、疑难的，也可以主动要求检察机关提前介入侦查，检察机关应当及时派人参加公安机关的现场勘查和其他侦查活动，提出合理的建议，帮助公安机关确定正确的侦查重点和侦查方向。

(五) 规范提前介入侦查工作的范围

明确规定检察机关提前介入的案件范围，既能防止检察机关不主动介入侦查活动或者介入案件范围过广，也能防止公安机关借口侦查工作的保密性而拒绝检察机关提前介入。检察机关提前介入的案件范围，要结合侦查监督工作的需要，从案件类型、性质、社会危害性程度等因素来考虑。根据《刑事诉讼法》以及相关司法解释规定，提前介入侦查工作不是无任何限制的随意介入，应当有其必要的范围，即在重大疑难案件的范围之内，即应限定在一些取证难

---

① 孙谦：《新时代法律监督的理念、原则和职能》，载《人民检察》2018年第21期。

度大、证据标准不容易把握的疑难复杂案件或具有较大社会影响的案件。在司法实践中，检察机关提前介入的案件主要包括以下几类：危害国家安全犯罪案件；涉黑涉恶有关犯罪案件；爆炸、杀人、抢劫、绑架等严重暴力犯罪案件；重特大盗窃、抢夺等严重影响群众安全感的多发性犯罪案件；涉及群众切身利益、群众反映强烈、社会危害严重的破坏市场经济秩序的犯罪案件；对事实证据、案件定性处理方面存在分歧，性质难以确定的案件；新型犯罪案件；有关部门或领导批示、交办的案件等以及检察机关认为有必要提前介入的其他重大疑难案件。因为上述案件案情复杂，社会影响较大，对侦查活动的干扰也比较大，检察机关提前介入可以更好地保证侦查人员依法、及时、全面地收集和固定证据，抵制各种干扰因素。

（六）准确运用提前介入监督手段

提前介入的监督手段是提前介入达到侦查监督目的的基本保证。在提前介入过程中，检察机关要加强各种监督措施运用。一是纠正违法行为。发现违法问题及时提出纠正意见。检察机关发现公安机关侦查活动有违法情形，发出纠正违法通知书，公安机关应当将调查、处理情况及时报告检察机关。二是开展立案监督。发现有应该立案而未立案，或者不应立案而立案的情况，及时发出《说明不立案理由通知书》或者《纠正违法通知书》。对于公安机关不予立案又没有充分理由的，制发《立案通知书》，通知公安机关立案。三是对职务犯罪立案侦查。发现侦查人员在办案过程中有非法拘禁、刑讯逼供、非法搜查等属于检察机关立案侦查的犯罪行为，及时移送本院或有管辖权的检察机关，对其进行立案侦查。四是发出检察建议。发现轻微的违法行为或者不符合程序行为，但没有造成严重后果，公安机关也主动改正不当行为，可以检察建议形式要求公安机关改进工作。发现侦查人员怠于行使职权，对案件当事人可能造成不利后果，但并没有职务犯罪行为，可以检察建议形式建议公安机关调整办案人员，监督侦查权正确行使。

（七）着力提升介入检察人员工作能力

提前介入侦查工作专业性较强，要求介入检察人员熟悉侦查、批捕、起诉各个业务环节，善于与侦查机关沟通、协调，能够敢监督、会监督，把监督与引导侦查融于一体。侦查工作从形式和实质上明显区别于审查逮捕和审查起诉工作，侦查人员在长期办案实践中总结出了一系列侦查策略和谋略，这些策略和谋略对于打击惯犯、累犯具有较强的实用性，但与法律规定的精神是否相符，需要经验丰富、业务精通检察人员审查，对取证内容、取证方式提出意见。因此，要不断提升检察人员综合素质。对于重大疑难案件可以采取具有侦查工作经历检察人员加熟悉刑检业务的检察人员组合的方式开展介入工作,使提前介入意见和建议能做到理论联系实际、人权保障与打击犯罪有机结合。

(八) 强化对公安机关侦查活动的监督

检察机关提前介入必须始终坚守宪法定位,恪守法律监督职责,立足监督,防止以"引导"取代监督的现象。检察机关应同步审查公安机关侦查活动是否存在违反法定程序的情况,依法实施侦查活动监督。如案件管辖、立案、撤案程序以及指定居所监视居住等强制措施是否合法;讯问犯罪嫌疑人、询问证人或被害人及辨认措施是否合法;搜查、查封、扣押、冻结等侦查措施是否合法;取证程序和方式是否合法、适当;是否遗漏罪行或者遗漏同案犯等。发现公安机关收集物证、书证不符合法定程序,可能严重影响司法公正的,可以要求公安机关补正或者作出书面解释,不能补正或者无法作出合理解释的,应当监督公安机关对该证据予以排除。

(九) 完善提前介入有关制度机制

经过不断探索实践,渭南市院制定出台了《关于规范检察机关提前介入重大疑难案件侦查工作的规定》和《关于规范检察机关引导公安派出所刑事侦查活动的工作意见》,切实规范检察机关提前介入重大疑难案件侦查工作。要严格按照关于提前介入的相关规定,健全完善提前介入侦查的回避制度、办案纪律和保密制度等制度,对提前介入侦查活动进行程序性规范。要建立提前介入重大疑难案件侦查工作台账制度,设置提前介入工作台账,检察人员介入的每一个案件,应当记录案情简介、介入过程、介入行为、建议引导取证的内容和理由、发现的违法行为及监督纠正情况等,案后归档,以备查询,切实强化责任落实。"建设刑事案件信息共享平台,既是加强侦查监督信息化的重要手段,也是打通知情渠道不畅的重要渠道。"[①] 要优化检察资源配置,建设刑事案件信息共享平台,利用科技手段,创新监督方式,发现重大、疑难案件,特别是命案发生之时,刑事检察部门及时介入,在案件批捕过程中确保取证及时性、全面性,还要注意公诉过程中在证据采信、案件定性等方面正确履职。

[①] 黄河、赵学武:《侦查监督的现状、问题和发展方向》,载《检察智库成果》,中国检察出版社 2018 年版,第 145 页。

被害人"恶逆变"犯罪及其预防[*]

兰跃军　廖建灵[**]

引　言

被害人与犯罪人之间存在密切的互动关系，在这种互动中，被害人可以因自己的主观能动性，在客观情况下转化为加害人，而加害人也可能转换为被害人。学界通常将这种被害人与加害人互换角色的现象称之为被害人与犯罪人的角色转换，将犯罪人转换为被害人的现象称为逆向转换，并将被害人转换为犯罪人的现象称为正向转换。这种正向转换形式又被称之为被害人"恶逆变"。[①]在犯罪中，一般来说，被害一方常是弱势、被同情的一方，而加害一方则是强劣、令人憎恶的一方。当被害人被害后的主观心理发生变化，由处于弱势的一方转化为强势的攻击地位时，其主观心理和外部型态就表现出"恶"的特征，转而拥有原本犯罪人才拥有的"恶"，这种由"善"的被害人逆向转化形成"恶"的犯罪人的逆变转化正是其形象的最好诠释。而"逆变"说明被害人角色的逆向转变，是一个具有方向性和动态性的过程。但是，被害人"恶逆变"犯罪通常表现为哪些型态，其产生原因有哪些？如何预防被害人"恶逆变"犯罪，以及怎样处罚实施"恶逆变"犯罪的被害人，才能达到事后预防的目的，等等，这些都是亟待研究解决的重要课题。

一、被害人"恶逆变"犯罪的型态

被害人遭受加害人犯罪侵害后，发生"恶逆变"，继而实施犯罪行为，因此，被害人"恶逆变"受到加害人的影响较大。根据影响的内容和程度不同，

---

[*]　本文是作者主持的国家社科基金项目"刑事诉讼法律责任研究"（16BFX034）阶段性成果。

[**]　兰跃军，上海大学法学院教授，博士生导师，法学博士、博士后；廖建灵，贵州民族大学人文科技学院讲师。

[①]　郭建安：《犯罪被害人学》，北京大学出版社1997年版，第183页。

可以分为两种型态。

(一) 不愿追究刑事责任型被害人"恶逆变"

此种型态的被害人"恶逆变"是指那些遭受犯罪侵害后,基于某些特殊的原因不愿意追究加害人的责任,并可能在司法机关调查时,包庇犯罪人,掩饰隐瞒犯罪的实情。这类"恶逆变"犯罪常见于被害人和加害人关系比较密切的案件中,比如亲情、爱情、友情等,生活中常见的案例很多,例如:儿子将父母打成重伤,父母为了保护儿子不受司法机关的追诉,包庇儿子、掩饰隐瞒犯罪的真实情况;被害人被强奸后和犯罪人产生了爱情,决定和强奸犯结婚,不将强奸的事实如实告知司法机关;几个好兄弟一起实施犯罪行为,只有其中一个被抓获,为掩护其他几个兄弟被追究责任,谎称自己一个人实施的行为,等等。在这样的案例中,被害人不愿意将被侵害的事实告知其他人,特别是司法机关,不希望加害人受到法律的追究。被害人的这一做法没有受到加害人的强迫,其逆变实施的违法犯罪行为属于被害人自陷影响的情形,但无论如何,被害人的逆变终究与被害事实有关,只是在被侵害前或者在侵害过程中,双方的互动形成了一种容易让被害人自陷影响的情景,这是其中一种典型的被害人"恶逆变"。

(二) 转而实施犯罪型被害人"恶逆变"

由于被害人与加害人的互动关系不同,被害人在不同的层面受到加害人的影响,在不同的情形中可能存在实施同种类型犯罪和不同种类型犯罪两类情形。

1. 实施相同种类犯罪型被害人"恶逆变"。我国刑法修正案(七)增加规定组织、领导传销活动罪,其特征是组织者骗取受害者一定的钱财作为会费,并对其进行洗脑,让其引诱更多的被害人参会,以此类推不断发展下线,从而扰乱社会经济秩序。这样的组织行为模式是被害人"恶逆变"的又一典型体现。作为被害人,一开始被亲朋好友介绍了解传销组织,或者单纯的被利益诱惑接触传销,在这一阶段被害人基于对亲人朋友的信任,在几乎没有任何防备的情形下进入传销机构,接下来由机构的组织者或者领导人对被害人进行宣传和洗脑,并在此期间采取相应的措施没收被害人的身份证、通讯工具和所携带的财物,使得被害人不得不继续留在组织中,经过一段时间的隔离和洗脑,被害人逐渐认同了组织的理念,同时形成一套骗取他人入会的方式和手段,当被害人洗脑、敛财的水平达到一定程度时,被害人便逆变成为传销组织的组织者甚至领导者。在被害人从被害到加害的过程中,其没有明显的身体创伤和财产损失,在整个过程中被害人缺少危机感,并在不知不觉中认同了犯罪人的理念，认同他们的做法并期许自己能同他们一道共同实施犯罪行为，在长时间交往互动中，被害人"理所当然"地走上了"恶逆变"道路，并在未来的行为中和加害人一起实施同样的犯罪行为。

除此之外，有的被害人和犯罪人一样触犯了相同的刑事法律，但不是由于被害人单独实施了行为性质相同的犯罪，而是在犯罪人实施的其他犯罪行为中提供帮忙和协助，从而以共犯的形式触犯相同的法律。这也属于这一型态的被害人"恶逆变"。

2. 实施不同种类犯罪型被害人"恶逆变"。转而实施犯罪型的被害人，其在犯罪行为中具有较强的主观能动性，没有直接受到犯罪人的威胁或强迫，能根据自身的需要或者案情的需求实施相应的行为，因而触犯不同的刑事法律规范。例如，被拐卖的妇女在公安机关逮捕罪犯的过程中可能因妨害公务而成立妨害公务罪，可能因自身的利益协助犯罪人组织被拐卖的妇女卖淫或者强迫被拐卖的妇女卖淫，还有可能帮助犯罪人强奸被拐卖的妇女，等等。笔者通过中国裁判文书网统计发现，仅领导传销活动罪这一种犯罪的被害人实施的"恶逆变"犯罪的类型就有非法拘禁罪、抢劫罪、洗钱罪、掩饰隐瞒犯罪所得、犯罪所得收益罪等多种情形。被害人被侵害后，无论思想上还是行为方式上都会受到加害人和被害情景的影响，使得被害人的社会化程度锐减，在思想上逐渐认同犯罪人的行为和理念，或偏离正常人的思维方式，基于被害情景当下不同的利益需求实施不同的犯罪行为，这是被害人"恶逆变"的另一种表现型态。

需要说明的是，以上对被害人"恶逆变"犯罪型态的划分并不是绝对的，不愿追究刑事责任型的被害人也可能因为在实施具体行为时触犯其他的法条而成立其他的犯罪，而实施不同种类犯罪型的被害人也可能因为在犯罪人的犯罪行为中提供帮助而触犯相同的法律。同样，既以共犯的形式触犯相同的法律，又自身的行为成立不同种类犯罪的情形也可能在同一个案件中以数罪的形态存在。

二、被害人"恶逆变"犯罪的成因

被害人遭受犯罪侵害后发生"恶逆变"，继而实施各种犯罪行为，其原因是多方面的。

（一）被害人主观方面的原因

被害人实施犯罪行为跟自身被侵害有很大的关系，被害人被侵害后与犯罪人的互动内容对被害人转而实施加害行为也有较大的影响。从被害人主观方面考虑，如果被害人没有遭受犯罪侵害，或者被害人遭受侵害后没有受到犯罪人过多的影响,那么,被害人便没有实施"恶逆变"犯罪行为的需求,也就是说,被害人自身的被害性和被害人被侵害后的需求是引发其被害和侵害的两个重要原因。

1. 被害人自身的被害性。犯罪原因与被害原因分别从引发犯罪和导致被害两个不同的角度对犯罪行为发生的原因进行分析。在被害人"恶逆变"犯罪中,被害是引发被害人犯罪的根本原因,导致被害的被害人被害性便是其中重要的问题。据俄罗斯犯罪学家波鲁宾斯基的调查,48.9%的故意杀人罪的被害人、50%故意伤害罪的被害人、49%的强奸罪的被害人都是因为其自身的一些不良行为,诸如威吓、侮辱、污蔑、轻佻、殴打、酗酒等而遭致犯罪侵害或为犯罪侵害创造了有利条件。① 美国著名犯罪学家门德尔松将这种被害性概括为"遭受某些社会因素所造成的某些损害的所有各类被害人的共同特征",② 它包括诱发性、易感性、受容性和转换性四个方面。③ 实施"恶逆变"犯罪的被害人对其被侵害的事实,在一定程度上体现了被害人自身的被害性。

被害人"恶逆变"犯罪的互动关系体现为两个方面:在被害前,被害人与加害人有频繁的接触和互动,双方之间在社会交往中形成亲密的关系,彼此之间至少是值得信任的。除了这种关系信任型的互动模式,还包括利益依赖型的互动模式,利益依赖主要是指被害人因受利益诱惑,信任加害人对赚取利益的说辞和做法。在被害后,加害人成了被害人为数不多的甚至是唯一的互动对象,包括数量上的唯一和情感寄托上的唯一,加害人对其有绝对的控制和影响,为取得被害人的信任并实现对被害人的控制,在选择被害人时,加害人常会选择自己身边那些容易相信别人、意志不坚定并且不善于反抗的人下手。这类人容易接受别人的诱惑和引导,并顺应加害人营造的环境和氛围,且不容易暴露犯罪人的犯罪行为,易于控制、危险性小,因而容易成为被害的对象。

被害人上述被害性特征也是其"恶逆变"犯罪的一个重要因素。被害人的诱发性主要是造成了被害人身份这个先行条件,而被害人的易感性和受容性使其在被害后顺其自然的接受了加害人营造的环境和灌输的理念,并且在无犯罪意识的情形下实施了犯罪行为,如在组织、领导传销活动罪中,被害人被诱骗进组织后,经过洗脑认同犯罪组织的理念,然后开始实施对其他无辜者的传

---

① [俄罗斯]波鲁宾斯基:《被害可能性问题》,俄罗斯联邦莫斯科出版社1997年版,第177页。
② [德]汉斯·约阿希姆·施奈德:《国际范围内的被害人》,许章润等译,中国人民公安大学出版社1992年版,第18~19页。
③ 董士昙:《论犯罪被害人的被害性》,载《北京人民警察学院学报》2005年第1期。

销洗脑活动,这种容易接受诱导、顺应既定环境的被害性也是其"恶逆变"犯罪的重要原因。

2. 被害人求衡的需求。求衡是平衡状态被打破后的恢复性需求。被害人遭受犯罪侵害后,因犯罪行为遭受的人身损害或者财产损失是被害人的实际损害,因犯罪行为造成的情感伤害是对情感需求的迫害。例如,组织、领导传销活动罪、强奸罪中的被害人因犯罪行为而在财产、人身自由、贞洁方面被侵害,在子女对父母实施的故意伤害罪、拐卖妇女罪中,父母与子女的亲情,被拐卖妇女与丈夫之间的感情因国家机关的介入会受到影响,这些因犯罪行为的实施或者国家机关的介入会造成被害人生理、物质、情感上的绝对或相对的剥夺感。这些剥夺感会促使被害人通过实施犯罪行为来恢复平衡,或者通过隐瞒包庇犯罪的方式来防止平衡被破坏,这是被害人平衡被破坏之后恢复平衡的需要。"需要的产生是由于个体内部生理或心理上存在某种缺乏或不平衡状态,为了消除心理紧张以恢复心理平衡,个体必须进行有关活动以获得所需之物质满足需要。"① 被害人因为犯罪行为的侵害造成原有平衡的破坏,也因为犯罪的持续行为形成不愿被破坏的新平衡。一旦这些平衡被打破,被害人的需求便会受到影响,继而实施犯罪行为来恢复平衡或者包庇隐瞒犯罪来保持平衡。

在需求形成后,正常情况下可以通过合法和违法两种行为方式来满足自己的需求,而在一个理性的人面前,其会综合考量自身利益、行为风险、社会规范,从而选择合法的行为方式,但对于被害人而言,在其需求形成之前,其首先遭受了犯罪行为的侵害,在物质条件和人身自由等方面都受到了极大的限制,被害人通过合法途径满足需求、恢复平衡的条件欠缺,实施合法行为的可能性较小,转而实施犯罪行为的几率大大增加。也就是说,在被害人"恶逆变"场合,被害人的止罪因素受到影响,选择范围被缩小,行为方式受到限制,而这些影响和限制主要是由加害人的加害行为决定的。

(二)被害事实方面的原因

理性的自由人大多通过合法的行为解决需求,而遭受犯罪侵害的被害人,由于犯罪行为造成的被害事实和被害禁锢的交往范围的影响,限制了被害人可采取的合法措施,导致被害人通过实施"恶逆变"犯罪行为来实现需求。

1. 犯罪侵害打破被害人的平衡。通常说来,因犯罪行为带来的危害是多方面的,对被害人及其家属、社会、国家等都造成一定程度的伤害和影响。而

---

① 梅传强:《犯罪心理生成机制研究》,中国检察出版社2004年版,第4页。

"恶逆变"犯罪的被害人是犯罪行为侵害的对象,是犯罪危害后果的直接承受者。在遭受犯罪侵害前,被害人需要的衣食住行方面,简单易得。在遭受犯罪侵害后,被害人遭受人身或者财产方面的巨大损失,使得其所有状态在短时间内由正值变为负值,被害人原有的外在平衡和心理平衡都受到巨大冲击,并且这种损失在持续的犯罪行为中还继续存在和扩大,被害人的失衡状态会一直持续,因犯罪行为造成的既定损害不能通过正常的行为进行弥补,对于还在继续的犯罪行为,被害人产生三个方面的心理和需求:一是希望自己遭受的损失能得到赔偿,二是希望未来的伤害不再继续,三是希望犯罪分子受到法律的制裁。这些都是被害人被侵害后恢复平衡的具体需求。面对这些需求,被害人必须采取相应的措施来实现,或是私力救济方式,或是公力救济。持续遭受侵害的被害人,物质受到限制,人身受到控制,私力救济方式名存实亡。人身受到控制的被害人不能根据自己的意志向他人寻求帮助,也不能依靠自己的力量摆脱犯罪人的控制,当寻求帮助的途径受到物质制约时,私力救济的途径也将受到限制,在犯罪人对被害人实现完全控制的情形中,被害人完全排除了私力救济的可能。

2. 犯罪控制排除被害人私力救济。被拐卖的妇女、被洗脑的公民、被囚禁的少年,他们的人身自由、物质财产都受到犯罪人的绝对控制,不能正常参与市场活动,不能取得和亲人朋友的联系,不能通过相互之间的帮助来实现需求。相反,他们的生存需要依靠犯罪人,交往对象只能是犯罪人,情感寄托也是犯罪人。久而久之,被害人的互动圈子只有作为被害人的自己和作为加害人的双方,在这样单一不平衡的互动关系中,被害人想通过其他的社会交往实现对需求的满足没有途径,想通过合法方式让犯罪人实现对损失的弥补更加困难,也即通过正常社会交往的私力救济方式不能实现被害人的需求。而对于被害人来说,恢复被打破的平衡是必需的,这一需求在持续的侵害中不能通过私力合法的方式来达到。相反,作为弱势一方的被害人,对侵害行为采取顺从或者反抗的方式能实现上述需求。如果被害人顺从了侵害行为,那么其被打破的平衡将会被新的平衡取代,其需求也在被取代之后终止;如果对侵害行为进行反抗,在力量对比悬殊中被害人占了上方的话其需求也迎刃而解。但作为非正常的私力救济途径,被害人也在实施这些行为的同时走上了"恶逆变"的道路。被害人顺从的结局是进入圈套同样变成犯罪人或者继续被侵害,反抗的结局是直接变成犯罪人或者被制服进一步被侵害。总而言之,被持续侵害的被害人由于受到犯罪行为的控制,通过合法私力救济的方式实现需求不太可能,在其强行实现需求的过程中容易"恶逆变"为犯罪人。根据实证调研(如下表一)①，一些被害人害怕来自犯罪人的威胁和报复，一些被害人不相信公安机关，使得被害人在犯罪人的控制中失去了公力和合法私力救济的可能。

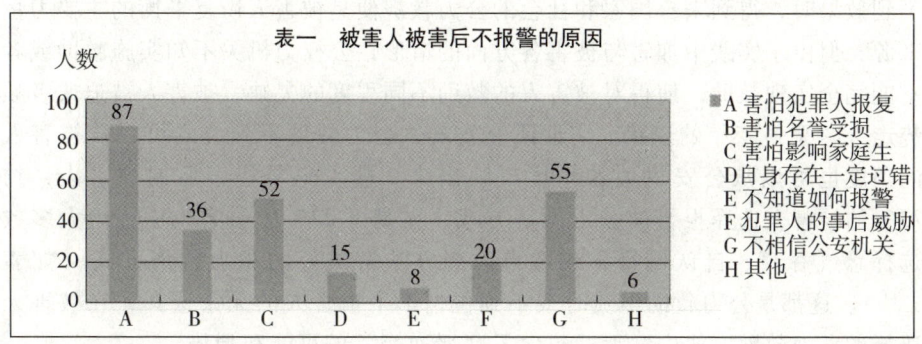

表一 被害人被害后不报警的原因

（三）被害救助方面的原因

1. 救助不及时打破被害人新平衡。造成被害救助不及时的一个重要原因是犯罪行为的隐蔽性，体现为两个方面。一是行为实施的场所，不同的犯罪有不同的行为场所，但对于控制被害人、长时间利用被害人实现经济或其他目的犯罪来说，犯罪行为的实施场所可能是地下（如河南洛阳性奴案），可能是公开的场所（如KTV、公司、公共道路），等等，地下显然是隐蔽不易被发现的地方，公共场所也正因为其公开性，使得公众的注意力被分散，造成对犯罪行为的"掩护"。二是行为实施的方式，不像故意伤害、寻衅滋事那样犯罪行为的暴力性、违法性能一下子就被辨认和识别，要控制和利用被害人，犯罪分子首先要取得被害人的信任。所以，在犯罪的初期，犯罪分子会通过交易、创业、帮助、介绍等的名义与被害人接触，取得被害人信任，并在交往中对其灌输理念，通过利益诱惑来蒙蔽被害人的心智，使得被害人在不知不觉中"心甘情愿"的为犯罪人谋取利益。在这样的环境下，被害人不知反抗或者不能反抗，司法机关等外界帮助力量又不能及时对其实施救助，长期持续下去，被害人会逐渐认同犯罪人的行为和理念，并适应这样的环境，也即长期持续的被害事实会使被害人在犯罪人营造的环境中建立新的平衡，并有意保持这样的平衡，所以对于迟来的国家机关的救济，其实是对被害人新的理念和平衡的反对，为保持自己的新平衡，被害人便成为上述讨论的第一种类型的被害人"恶逆变"，即被害人为维护、包庇犯罪人妨害了国家机关的执法活动，因情节严重触犯刑法。

---

① 兰跃军：《侦查程序被害人权利保护》，社会科学文献出版社2015年版，第261页。

2. 救助不到位排除公力救济。通过合法的私力救济方式实现需求是在被害人遭受犯罪侵害后最有可能选择的方式,当这种方式无法实施或者实施后达不到效果时,得到来自国家和社会的公力救济便是被害人恢复平衡的主要力量来源,但由于实践中加害与被害各方面的情形,公权力机关不知实施救助或者不能完全实现救助,使得对被害人的救助不同程度的欠缺,被害人被迫或者顺势走上"恶逆变"的道路。实证研究发现,公力救助不到位既可以从被害人的角度也可以从公安机关的角度反映出来。遭受犯罪侵害后的被害人,约73%的被害人选择报警的公力救济方式,在剩下27%的被害人中,绝大多数选择忍气吞声、自认倒霉、或者自己想办法解决等的私力救济方式(如表二①)。这都是公力救助不及时或不到位情形下被害人的无奈选择,在被害人选择的私力救助方式中,无疑包含了"恶逆变"的可能和趋势。

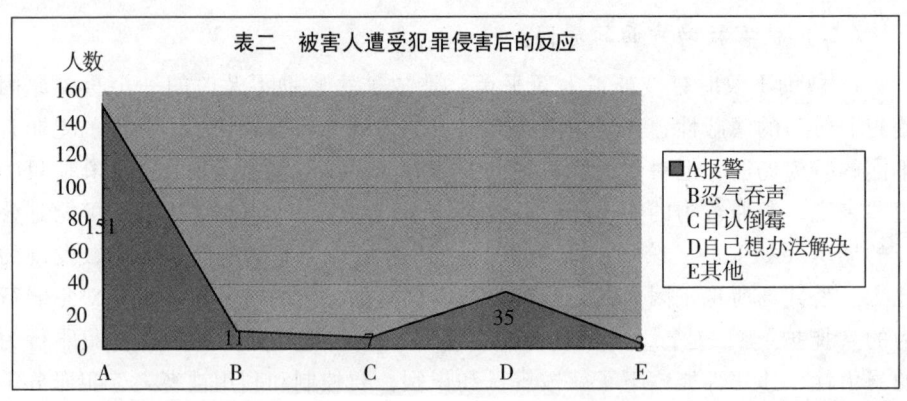

国家机关救助不到位的原因之一,在于一些被害人"恶逆变"犯罪的犯罪组织具有较强的组织性和纪律性,被害人不会主动暴露组织的头目、场所和行为,甚至会对其包庇隐瞒,公安机关很难发现犯罪窝点,解救其他被害人。或者被害人对团伙的组织形式不了解,不能真正找出犯罪源头,只能实现对被害人的个别救助。还有一些被害人完全掌握在犯罪人手中,犯罪线索全靠公安机关自行发现,缺乏来自被害人一方的支持和线索提供,很难全面的实现救助。在救助内容方面,被害人遭受强烈的犯罪侵害后,需要的不仅是简单脱离犯罪人的人身控制,其在心理、经济、情感支持方面也需要来自国家的关怀和支持。这种被害人强烈的需求在一定程度上表明被害人没有完全摆脱犯罪行为造成的影响,被害人仍处于与犯罪人的互动关系中,只是前面的互动强度很

---

① 兰跃军:《侦查程序被害人权利保护》,社会科学文献出版社2015年版,第260页。

大，被害人失去了自己原有的认识，将犯罪行为造成的影响延续到后续的生活中。此时，仅从人身方面对被害人实施救助不能完全预防被害人"恶逆变"，被害人在心理或情感方面的缺失也体现了国家的公力救助不到位，这些不全面的救助使得被害人持续遭受犯罪行为的影响，最终产生"恶逆变"，实施犯罪行为。

（四）被害主客观方面的原因

1. 不同交往影响被害人犯罪心理。在被害人"恶逆变"犯罪中，可以将被害人遭受犯罪侵害前后的交往环境视为不同的文化。在遭受犯罪侵犯之前，其所处的环境是一个守法的、肯定法律规范的文化环境，人们之间互为榜样地遵守法律，维护秩序。但在遭受犯罪侵害后，被害人所处的环境不再是守法的生态圈，交往的对象不再是积极的法律维护者，在与犯罪人的互动中形成了另一种文化：否定法律规范的违法氛围。"恶逆变"的犯罪人在这样的文化中学到了一定的犯罪态度、方式以及动机，他的心理也由守法的、健康的心理变为犯罪的、侵犯性的心理，并将这种心理变化通过犯罪的形式反映到实施原犯罪行为的人以及与其相关的人甚至无辜的第三人身上。这是美国心理学家萨瑟兰"不同交往理论"犯罪思想的具体体现。① 被害人的身份决定其在被侵害之后的交往环境与正常的社会活动脱节，受犯罪人思想和行为潜移默化的影响，逐渐形成否定法律规范、具有特定犯罪态度的逆变行为。

2. 社会支持影响被害人犯罪心理。被害人遭受犯罪侵害后有惩罚犯罪、赔偿损失等的心理需求。当这两个愿望不能得到满足时，被害人的挫败感就会增强，物质资源日益紧张、精神状态每况愈下，此时无论在物质上还是在精神上都急需来自社会的帮助和救济。当穷尽了公力救济和合法的私力救济之后，又缺乏来自社会的支持力量时，被害人走投无路，只能铤而走险了：通过私力救济的途径来弥补自己的经济损失，或通过两败俱伤的方式求得心理的平衡。可以说，在被害人遭受犯罪侵害过程中，来自国家或社会的及时帮助，对减少被害人实施"恶逆变"犯罪行为具有重要意义。

美国犯罪学家弗兰西斯·卡伦从减少和预防犯罪的角度提出了社会支持理

---

① 不同交往理论包括多个方面的内容，其中较为核心的是导致系统犯罪行为的过程本质上与导致系统合法行为的过程相同，都是通过学习得到的；犯罪行为是在与他人交流的互动过程中学会的，这种交流包括了通过手势等身体语言的方式进行的交流；在犯罪的学习过程中，包括学习从事复杂或简单的犯罪技能和特定的犯罪动机、犯罪态度等内容；特定的犯罪动机，包括对法律规范肯定还是否定的不同文化环境。参见张杰、傅跃建：《萨瑟兰与犯罪学》，法律出版社2010年版，第13~18页。

论，他指出："一个社区的社会支持越低，该社区的犯罪率就会越高；一个人得到家庭、社会的支持越多，其犯罪的可能性越低；社会支持的缺乏感与其犯罪的可能性成正比；社会支持会减少犯罪受害者的心灵创伤；当支持守法的力量大于支持犯罪的力量时，犯罪的可能性就会降低。"① 卡伦的论点阐明了社会支持对犯罪的影响，社会支持不仅会产生利他性的积极社会效果，同时也从犯罪被害人的角度说明其遭受犯罪侵害后有接受社会支持的需要。在犯罪被害人得到足够的社会支持时，对减少其心理创伤，增强其守法意识具有重要作用，从而将犯罪被害人带入守法的良性环境。至于增加社会支持会降低犯罪可能性，卡伦也给出了自己的理由，他说："社会支持具有缓冲器的功能；接受社会支持会培养一个人利他的观念或行为；给予他人社会支持也可以降低犯罪可能性。"② 不可否认，在接受他人的帮助和支持时，特别是该帮助来自于犯罪人之外的第三人的情况下，犯罪被害人的心理创伤是能得到平息和恢复的，至少在接受帮助的时间内暂时减少了对犯罪人的愤怒和厌恶，被害人在此期间采取极端的报复措施的可能性较小，其犯罪的可能性也相对较低。

在很大程度上，被害人"恶逆变"犯罪是不得已而为之的选择，当被害人被侵害后有来自社会力量的支持和帮助，其便摆脱了不得已的处境。因犯罪行为给被害人造成的心理创伤，因犯罪人不同交往给被害人造成的影响等都会受到抑制。此时，被害人没有足够的动机去实施"恶逆变"犯罪行为。相反，当被害人没有来自社会的支持和帮助时，其逆变走向犯罪的可能性便大大增加。

对于被害人"恶逆变"犯罪的成因，需要说明的是，被害人主观方面的因素和被害事实、被害救助方面原因之间的关系并不是孤立的，正因为被害人自身的某些原因导致了被害人被害的客观事实，而客观方面的被害事实和救助不足引发了被害人的需求，而被害人需求的原因在于原有平衡或新建平衡的破坏，其中导致平衡破坏的原因又是客观方面的，而恢复平衡的需求是主观方面的，正是这主客观方面原因综合作用的结果导致了被害人"恶逆变"，实施犯罪行为。

三、被害人"恶逆变"犯罪的预防

由于被害人"恶逆变"犯罪的成因具有复杂性，预防被害人"恶逆变"需要标本兼治，将被害预防、社会预防和加害预防结合起来，形成合力。

---

① 曹立群、任昕：《犯罪学》，中国人民大学出版社2008年版，第92页。
② 曹立群、任昕：《犯罪学》，中国人民大学出版社2008年版，第93~95页。

(一)倡导被害预防

被害预防是从"恶逆变"犯罪的主体——被害人角度得出的预防措施。对于被害人"恶逆变"犯罪,没有被害就没有加害,而现实中,被害问题还大量存在。根据笔者调研,在 207 位被调查者中,除 53 位声称从没有遭受过犯罪侵害外,其他被调查者都在近 5 年或者 5 年前遭受过犯罪侵害(如表三①),这是一个很高的比例,也是预防被害人"恶逆变"犯罪不得不考虑的问题。笔者认为,这可以从意识和制度两方面进行完善。

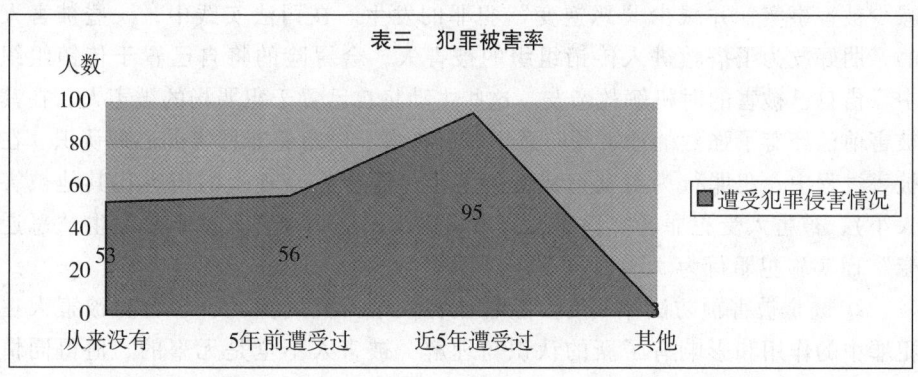

1. 培养被害预防意识。被害预防意识是指人们在社会生活中,在对可能遭受不法侵害及严重后果认识的基础上表现出来的一种警觉性。② 实施"恶逆变"犯罪行为的被害人容易相信别人、意志较为薄弱,对可能遭受的不法侵害缺乏警惕,在行为后果的认识上没有足够的觉悟,这是其沦为被害人并逆变实施犯罪行为的重要原因,因此,从被害人的角度培养被害预防意识是预防被害人"恶逆变"犯罪的重要举措。

培养被害预防意识的良好方式是加强教育。在具体犯罪行为发生之前,每个人都可能是被侵害的对象,对于社会大众,政府机关可以在橱窗、道路、车站等公共场所通过横幅、有线电视、广播等方式向公众传播犯罪行为的特征、被害性的内容、预防被害的方式、自救的内容等,对于某些犯罪的犯罪对象,教育机构、工作单位、社区组织等也可以在平时的工作生活中加强安全保护意识的培养,使公众了解常见"恶逆变"犯罪的规律,减少被害人的被害因素。

---

① 兰跃军:《侦查程序被害人权利保护》,社会科学文献出版社 2015 年版,第 255 页。
② [德]汉斯·约阿西姆·施耐德主编:《国际范围内的被害人》,许章润等译,中国人民公安大学出版社 1992 年版,第 7 页。

在"恶逆变"犯罪中,尤其需要加强公众对犯罪场的理解和把控,使得公众对犯罪人与被害人的互动模式有明确的概念和分辨的思维,无论在对被害人的引诱阶段还是控制阶段,被害人通过平时的学习和教育,了解犯罪人实施引诱或者控制行为的套路,在被害过程中便能识破犯罪人的骗局,及时采取有效措施防止自己被诱导或被侵害,同时也能在被害之前或者逆变之前有坚持守法的信仰和信心。经过对犯罪规律全面的了解,社会公众也能深刻的理解被害预防的方法和措施,并在日常生活中形成被害预防的意识,从而减少被害性,减少被害事实,并减少"恶逆变"犯罪的发生。在司法实践中,一些被害人的亲朋好友为了搭救进入传销组织的被害人,会冒险的将自己置于传销组织中,借自己被害的时机解救亲友。这些主动将自己置于犯罪场的被害人,在其被害前已经有了强烈的被害预防意识,有抵御、防范犯罪侵害的心理认识。在被害过程中,犯罪行为对其造成的侵害小(至少在心理上的伤害比其他被害人小),被害人受犯罪场中犯罪人的影响也小,这些被害人就不易发生"恶逆变"而实施犯罪行为。

2. 健全被害预防法律制度。随着被害人学研究的深入,学者对被害人在犯罪中的作用和影响有了新的认识与理解,被害人不全是无辜的、值得同情的。在犯罪场语境下,被害人在某些犯罪中是有过错甚至是有罪的,但被害人需要及时救助、需要获得赔偿和补偿、权利需要保障等仍然是不变的事实。从这一角度出发,健全被害预防相关法律制度也是预防被害人"恶逆变"犯罪的方式。具体而言,包括两个方面:

(1) 建立"恶逆变"被害人责任追究机制。刑罚作为一种预防犯罪的方法,对预防被害人"恶逆变"可以从两个方面发挥作用。首先,针对实施犯罪行为的犯罪人而言的,通过惩罚犯罪人、教育社会人的功能发挥,能部分的减少犯罪行为的实施。根据概率学的思维,犯罪行为减少了,遭受犯罪侵害的被害人也减少了,被侵害后实施"恶逆变"犯罪行为的被害人也会随之减少。其次,从实施"恶逆变"犯罪行为的被害人角度出发,鉴于刑罚的威慑性和可预见性,被害人能斟酌和衡量自己的行为,在权衡利弊之后选择放弃实施犯罪行为,这也能在一定程度上预防被害人"恶逆变"犯罪行为的实施。其中需要改进和完善的是,上述预防犯罪的基础是既有的刑事法律规范,但对被害人而言,其以被害人身份承担责任没有明确的依据,因此,从刑罚预防犯罪的角度出发,应当建立被害人责任追究机制,它是通过立法的方式明确在被害人有过错的场合,减轻犯罪人的刑事责任或者追究被害人责任的制度,这一方面是被害人权衡利弊的标尺,使得被害人能对自己的行为后果进行预期,给其放弃犯罪行为提供衡量的依据,另一方面,立法的规定能给社会公众或被害人提供警醒的作用，使得各自在平时的工作或生活中提高被害预防意识和加害控制意识，从而预防犯罪的发生。

（2）完善被害人保护立法。在我国刑事司法体系中，被害人控诉权行使不充分，被害人在精神损害方面的赔偿没有立法保障，在法律援助方面缺乏关于被害人救助、社会援助的立法，这些都是对被害人保护不全面的体现。① 继而引发的问题是，被害人遭受犯罪侵害后没有得到及时全面的救助和帮助，使其长时间处于犯罪人的控制中，犯罪行为能对被害人产生病毒式的影响，渐渐扭曲了被害人的精神状态乃至行为方式，进而导致"恶逆变"犯罪行为的发生。另一方面，在被害人持续被侵害的过程中，由于犯罪行为的隐蔽性，司法机关发现并解救被害人不能满足及时性的要求，而被害人通过私力救济的方式逃离被害的可能性较少。如果通过立法的方式明确赋予被害人上诉权和获得国家救助权，将被害人精神损害赔偿纳入附带民事诉讼的受案范围，并明确具体的赔偿标准，犯罪人的犯罪成本将急剧上升，犯罪人的气焰也将受到压制，这无疑是进行被害预防的良好方式。

（二）坚持社会预防

社会预防就是通过调整与完善社会结构，使社会健康和谐发展，从而达到预防、遏制和减少犯罪发生的目的的一种社会活动。② 它以预防和减少犯罪为目的，通过完善和调整政治、经济、组织等管理活动和制度，从而实现物质资源的合理分配和共享，满足公众的需求，实现他们内心的平衡，减少因需求而产生恢复平衡的犯罪动机。也就是说，社会预防从社会因素方面减少引发犯罪的动机，这是"未病先防"的治理方法。

1. 坚持传统社会预防方式。社会预防是一种积极能动的多元化的预防犯罪的方式，它首先体现为预防主体主动采取措施满足需求，保持平衡。其次，采取措施的主体是多元化的，除了政府及其职能部门外，还包括学校、社区、其他非政府组织等，而实施措施的手段和方式也体现了多元化的内容，各主体根据自己组织形式的不同可以采取不同的预防措施。对于政府，完善社会保障体系是重要途径，这主要是通过分配与再分配的方式，使掌握生产资料少、生活水平不高、有需要特殊照顾的人群得到生活和安全的保障，这与引发犯罪的内在需求是统一的，都是保障相对少、需求比较多、容易失衡的群体容易激发犯罪的动机，当社会保障体系补足了他们的需求，失衡的状态也就得到了恢

---

① 兰跃军：《刑事被害人人权保障机制研究》，法律出版社2013年版，第129~141页。
② 康树华：《论犯罪预防》，载《中国刑事法杂志》1999年第1期。

复，相应的激发犯罪的因素少了，犯罪行为也将得到遏制。除此之外，学校、社区等由于学习生活比较集中，可以以群体为单位在平时的学习生活中，加强对守法知识的学习，强化对预防犯罪手段的了解，并在团体内部组织交流学习，互帮互助，消除犯罪刺激因素，并落实到个体上，切实减少犯罪的发生。

这种传统社会预防方式对于被害人"恶逆变"犯罪同样适用。在一些场合，犯罪人对被害人的控制是相对的，被害人在一定的空间和时间上能自主支配自己的活动，在此期间，通过传统媒介宣传教育、开展社区防治工作、加强公共监控等方式使被害人接触较多的积极守法因素。根据"不同交往理论"，被害人因与犯罪人交往形成的理念也将被瓦解，当来自社会力量的帮助足以平衡内心的需求并能借此帮助逃脱犯罪人的控制，这在解救被害人的同时也从根本上遏制了被害人"恶逆变"犯罪的发生。从某种角度说，对犯罪的社会预防能从情景上预防被害人"恶逆变"。另一方面，实施"恶逆变"犯罪行为的被害人，也会像一般犯罪人那样对社会上的公众实施普通犯罪行为。加强社会预防，可以减少潜在被害人的被害性，从而增加被害人实施犯罪的难度，减少"恶逆变"犯罪行为的发生。

2. 开展现代社会预防方式。现代社会随着科技的发展，犯罪方式和预防犯罪的方法都发生相应的变化。互联网是犯罪分子实施犯罪行为的重要媒介，其具有传播速度快、涉及面积广、对象不具体等特征，采取现代化的预防措施预防犯罪是必要的手段。各政府机关可以联合利用网络平台了解犯罪的趋势，犯罪人常用的手段、网站和特征等，有针对性的形成宣传内容对网站用户进行宣传引导，并在宣传方式上利用计算机技术使内容易于理解、便于接受，比如通过动画还原案件场景等，使社会公众通过互联网了解犯罪的相关信息，也让犯罪嫌疑人认识到自己行为的法律后果。另一方面，随着科技的发展，犯罪人无需面对面就能实施犯罪行为，并且手段多样，被害人很难识别并预防这些犯罪，这需要相关部门加强监管，及时发现并整治相关不法网站，既可以在网络准入方面加强管理，以便切断犯罪分子的源头，也可以在网站运营过程中强化监督，及时发现不良网站和用户，采取措施预防犯罪行为的实施。

另外，科技发展能提供一些手段，便于将违法犯罪行为掩盖在合法形式之下，使一些行为性质变得模糊难以认定，不能及时发现违法犯罪的实质，也存在因证据方面的不足难以追究行为人责任的问题。对此，可以对预防方式进行创新，比如实行特殊网站的实名认证制度，特殊交易的信息提取制度，建立专门网站供网络用户提供线索、举报犯罪等。在被害人利用互联网实施"恶逆变"犯罪的场合，通过网络提取行为人前后数据并分析其行为差异，或者追踪其网站流向分析其行为性质等,在其逆变之前及时制止,防止"恶逆变"犯罪行为的实施。总之,科技可能引发犯罪行为的创新,带来"恶逆变"犯罪行为的变化,但也给犯罪预防提供了新的途径和方法,在社会预防中,可以充分发挥科技的作用采取科学手段预防犯罪,减少被害人"恶逆变"犯罪行为的发生。

(三) 强化加害预防

对于被害人"恶逆变"犯罪,加害预防是在被害人遭受犯罪侵害后实施犯罪行为前预防其"恶逆变"的方法,这可以从三个方面加强和完善。

1. 完善被害人国家救助制度。我国被害人救助作为司法救助的一部分,在不断建设和完善中。由于对被害人救助的形式以发放救助金为主,且主要针对"救急"的情形,对于被害人"恶逆变"犯罪的特殊情形,应当在救助内容和救助情形方面加以完善。

(1) 完善被害救助的内容。一般说来,我们所说的被害人救助主要是针对因犯罪行为遭受物质损失,生活陷入困境的被害人及其赡养、抚养的人而言的,但是在犯罪场环境中,被害人获得人身解救、财产帮助和精神救助的需求也极其强烈,被害人既因犯罪侵害丧失人身自由,也因犯罪行为造成财产上的巨大损失,同时因为犯罪控制和犯罪人的影响,被害人在精神上会受到强烈的冲击,无论人身、财产还是精神方面的损害,被害人都需要得到救助,这也是被害救助必不可少的内容。现阶段,我国被害人救助的内容主要是经济救助,且是事后救助,立法也致力于完善被害人救助有关资金、数额、程序等,有关被害人人身、精神、心理方面救助尚处于欠缺甚至空白状态,这不利于被害人"恶逆变"犯罪的预防。为此,对于持续遭受犯罪侵害的被害人,对其进行有关人身解救的救助是被害救助的首要内容;因犯罪侵害造成精神损害也是导致被害人"恶逆变"犯罪的原因,为预防此类犯罪,对被害人进行精神救助显得尤为必要,并且此类精神损害不完全等同于精神损害赔偿领域的损伤,其包含因犯罪给被害人造成的严重思想扭曲、认知偏差,可以说对被害人进行精神方面的救助是被害救助的重要内容。对于获得人身救助的被害人,在其回归生活过程中,如因经济特别困难不能维持正常生活,因心理压力过大不能正确排解,因精神损伤不能有效疏导,应当在救助被害人之后继续为其提供精神、物质、心理方面的帮助。从这个层面讲,对被害人后续的帮助和救济是被害人救助的补充内容。

(2) 强化被害救助积极性。对于被害人被持续侵害的情形,因为"救急"的限制使得被害人得不到应有的救济和帮助。为使国家机关对被害人的救助工作能落到实处,首先应当在立法中完善相关规定,明确实施救助工作的主体、救助对象、救助方式、救助标准、资金来源等,同时确定监督主体,便于工作的落实和责任的追究。另一方面,将救助工作开展的结果作为惩罚或者奖励的依据,目的在于提高救助主体的积极性,因为救助工作的开展可以依职权也可以依申请,当被害人被犯罪人完全控制时,通过申请的方式提出被害救助没有途径也没有理由,职能部门通过各种途径了解到线索的可能性较大,主动实施被害救助工作对被害人而言是全部的希望和寄托。对执法机关主动实施救助行为取得良好救助效果的情形,给予有关机关鼓励并给予相关人员表彰,在表彰事迹的同时在行业内宣传救助方法和措施,提高其他机关的救助积极性。同时,笔者一直主张全国人大常委会尽早审议通过《刑事被害人救助法》,① 实现被害人国家救助法治化。

2. 构建被害人社会援助体系。主要包括两个方面:

(1) 明确被害人援助的目标。被害人援助是指所有旨在减轻被害人痛苦和增强被害人康复能力的活动。广义的被害人援助包括了被害人赔偿、补偿,被害人咨询、治疗、服务,被害人权利,热线服务,危机介入,保护"二次被害"等。② 对被害人而言,这是促进其回归社会的重要内容。因为在犯罪场环境中,被害人难免受到犯罪人及其行为方式的影响,当被害人回归社会后不能及时消除影响,其会模仿犯罪人或者报复犯罪人实施犯罪行为。特别是对获得被害救助后仍没有摆脱犯罪场影响的被害人,犯罪侵害给其造成了巨大的冲击,一方面被害人回归社会需要一定的过程和相应的时间,另一方面犯罪场对被害人的影响会使被害人具有一定的人身危险性。帮助被害人融入社会回归正常的生活,无论对其自身还是对社会公众都是共同的目标和心愿,而这个过程少不了来自社会各方面力量的支持和帮助。社会援助是人道主义立法化和制度化的表现,也是社会契约赋予公众的平等义务。它能体现一国法治制度完善的程度,这对预防犯罪有一定的作用,在预防被害人"恶逆变"犯罪中尤为重要,属于"切断传播途径"的犯罪预防方法。正如医学领域对已经生病的人进行治疗时,要把握"既病防变"的原则。从外部讲,被害人获得社会援助,远离犯罪人的控制和影响,切断了犯罪人对被害人传输犯罪理念的时空条件。从内部讲,一旦被害人获得援助后,其交往对象是遵纪守法的群体,经过后续

---

① 笔者主持完成中国法学会2014年部级研究课题"刑事被害人救助法立法研究",并提出了《中华人民共和国刑事被害人救助法(立法建议稿)》。参见兰跃军:《中华人民共和国刑事被害人救助法(立法建议稿)》,载中国法学会:《中国法学会部级课题成果要报汇编2016年(刑法与诉讼法卷)》,中国法制出版社2017年版,第72~80页。

② 麻国安:《被害人救助论》,上海财经大学出版社2002年版,第1页。

的帮助和支持，被害人逐渐摆脱犯罪行为带来的消极影响，需求得到了满足，通过实施犯罪行为来恢复平衡的动机消失，被害人从心理认同守法的行为，从内部阻隔了"恶逆变"行为的发生。

（2）加强被害人援助的制度设计。被害人援助是一个需要多方参与的系统工程，既包括法律援助，也包括社会援助；既包括法律支持，也包括物质帮助、感情支持、医疗服务等多方面内容。为了保证该系统协调合作，帮助被害人回归社会，并减少犯罪，应当从制度上进行设计。第一，通过立法明确被害人有获得援助的权利。联合国《为罪行和滥用权利行为受害者取得公理的基本原则宣言》第14条规定："受害者（被害人）应从政府、自愿机构、社区方面及地方途径获得必要的物质、医疗、心理及社会援助。"我国作为该公约的缔约国，应当通过立法将其转化为国内法。第二，明确援助工作原则。可以借鉴美国《被害人和证人保护法》规定，明确被害人援助工作的宗旨是降低被害人心理伤害的程度、节省执法的经济成本和时间流程，以及鼓励被害人报案，促进其与司法机关的合作。① 这样，强化被害人求救意识和获救信心，同时培养各援助主体的援助意识，结合立法加强对援助主体的精神文明建设，培养援助主体的行为意识，并加强援助主体和被害人之间的信任和合作。第三，多方面援助协调配合，经济援助、安全保护、法律支持、医疗服务、感情帮助等各方面内容，对于被害人需要的任何支持和力量，各主体在自己力所能及的范围内提供帮助，虽然我国还没有专门的被害人援助组织，但一些实践经验已经表明了援助组织的必要性和可行性，② 这也是在被害人援助方面可以努力的空间。现阶段，拥有职权和职责的国家机关可以作为主要力量对被害人提供支持和帮助。而作为普通的社会公众和一般的社会组织，面对被害人，完全可以做到不主动伤害，不故意谴责，这也是对被害人实施援助的不作为方式。第四，在被害人援助组织建立后，应当建立并完善各主体在援助被害人过程中的具体制度，比如对被害人援助所需要的医疗费用由被害人援助机构担保，由医疗机构先行垫付；被害人援助所需要的其他资金可以从被害人援助基金中得到支持；被害人所需要的情感支持可以通过保密、便捷的方式得到满足，等等。

---

① 王道春：《论我国刑事被害人社会援助制度的构建》，载《时代法学》2006年第6期。
② 2018年"5·12"汶川地震期间，国内一些心理学家已经认识到被害人在这方面的需求，西南大学以及其他地方的心理专家就曾组成心理咨询服务队赴灾区开展心理咨询与服务；俄罗斯、奥地利、波兰等国还邀请我国地震灾区儿童赴他们国家进行心理疗养。参见兰跃军：《刑事被害人人权保障机制研究》，法律出版社2013年版，第411页。

制度初衷与现实：
农村社区矫正执行阻力分析*

——基于 S 省 W 镇的社区矫正执行调查

但未丽　苏现翠**

　　与我国农村国土面积大于城市、农村人口多于城市人口的国情相对应，农村社区矫正对象也远多于城市。以 2017 年 12 月为例，当时全国农村社区有矫正对象近 50 万人，在同时期总数为 70 万的全国社区矫正对象中占比 20% 左右。本文的分析样本 W 镇地处 S 省 L 市属下的 Z 县，有 50 个行政村，全镇总面积 158 平方公里，耕地面积 8.7 万亩，人口约 7.8 万人。对 W 镇的调查前后持续了两年时间，其间不断地有新增或解除矫正期的矫正对象。2016 年 8 月，笔者前往 W 镇时，该镇有社区矫正对象 63 人，其中有 58 人是缓刑，5 人是假释，没有管制和监外执行类矫正对象。性别上，男性 60 人，女性仅 3 人。从年龄看，两个年龄段人数比较集中，一是"80 后"有 18 人，二是"50 岁以上"则有 24 人，这其中一起因征地纠纷引起的聚众扰乱社会秩序涉案的人员就有 7 人，年龄都在 55 岁以上。文化程度上，"初中"居多，有 33 人，其余有小学 14 人、文盲 5 人、高中及以上 11 人，"80 后"矫正对象基本都是高中或者中专、大专，没有本科学历的。而文盲多是 50 岁以上的老人，但据笔者问卷和访谈掌握的信息看，很多填"小学"文化程度的矫正对象，其实只上过几天学，基本与文盲无异。

　　本文着重谈农村社区矫正困境，但农村和城市社区矫正都存在前提性的共同困扰，这便是司法所不能胜任社区矫正执行机构，以及社区矫正工作人员实际缺失刑罚执行主体资格和刑罚执行权限，以致社区矫正工作执法效果堪忧。

---

　　* 本文为 2015 年度国家社会科学基金一般项目"社区矫正立法研究与立法设计"（项目号：15BFX057）阶段性研究成果。
　　** 但未丽，首都师范大学政法学院副教授，硕士生导师，法学博士，社会学、犯罪学博士后；苏现翠，首都师范大学政法学院硕士生。

追根溯源，当前社区矫正制度适用的缓刑、假释、管制和监外执行四种对象，在 2003 年以前也是在社区履行刑事责任，只是由公安部门的派出所在监督和管理。但对警力一向严重不足的派出所来说，打击犯罪毕竟是首要工作，在轻重缓急权衡之下，无暇顾及回到社区但尚未重新犯罪的这几类人的监管矫正，确属无能为力。于是，2003 年国家司法改革推出的社区矫正制度，主体承担者由公安部门改为司法行政部门，但后者当时并未在全国建立专门专职队伍专项负责此工作，而是直接指定司法所承担社区矫正日常工作。然而，司法所的执法力度明显不能跟派出所同日而语，这不仅体现在司法所及其工作人员不具备刑罚执行权限，缺乏相应执法装备和执法威慑，也体现在许多司法所不具备必要的硬件设施，办公条件和基本设施都较差，更严重的是缺编制、缺人员，特别是缺专业素质能胜任社区矫正执法工作的有效工作力量。而上述情况在农村社区矫正执行中挑战尤为艰巨。

一、矫正设施条件和保障条件薄弱：社区矫正在司法所无所依傍

全国来看，无论软件还是硬件方面司法所力量都很薄弱，有的司法所唯一的编制名额也被街道或者乡镇相关部门占用，据笔者写作此文时了解到，有个别地方的司法所甚至都撤销了。农村社区由于地处偏远，矫正设施和矫正基础就更薄弱。比如，本文调查对象 W 镇，其所属的 Z 县共有 88 个司法所，虽同属一个地级市，但各地司法所因经济发展等因素，办公条件存在较大差异。W 镇司法所属于乡镇级别，无论人员还是设施，都是其中相对比较差的。其办公室有两处：一处正式的在镇政府内，绝大多数时候都是在此办公。另一处在 W 镇中心路边上，门口标有"W 镇司法行政工作站"，但在该司法所长看来这仅仅是个"门头儿"，一般不会在那里办公。

社区矫正工作开始后，司法行政系统借此东风开展了轰轰烈烈的司法所规范化建设活动，希望以此夯实司法所的基础设施和基本工作力量，但效果并不理想。农村较之于城市，司法所的规范化建设似乎更难推进，最后真正被"规范"了的，往往只是一些硬件设施。在笔者进行调研的仅相隔几个月的 2016 年 2 月、5 月和 8 月，W 镇司法所从外观上变化较大。2016 年 5 月笔者来时，W 镇所属的 Z 县司法所规范化建设正在如火如荼进行，较之 2 月份，司法所由内而外进行了崭新的装饰粉刷，并且门外的标牌更为明确详细，司法所工作人员也由所长 1 人增加为 2 人，尽管另一位工作人员还肩负着武装部的职责。到 8 月份，又新增加了社区矫正解矫室，并且增添了身份证识别仪，规定矫正对象每月报到的时候必须带身份证前来。到 2017 年 2 月份，司法所已经添上了空调。但综观 W 镇规范化建设过程，很多只是做了表面功夫，比如

新挂起的符合标准的司法行政徽和木制竖式标牌,又比如依照 S 省司法厅 2016 年 3 月发布的《司法所管理办法(试行)》规定,"乡镇司法所不少于 150 平方米、街道司法所不少于 100 平方米的标准,切实加强司法所办公用房建设,逐步实现办公场所独立,各业务室设置齐全、功能配套",新添加的办公室以及空调等硬件设施等,形式大于实质,书面要求大于实际效果。

即便依据《S 省司法所管理办法》和《S 省社区矫正人员分级处遇暂行规定》的书面要求,W 镇司法所在规范化方面也还存在较多问题,很多方面特别是软件建设不能达标:一是档案方面的问题。调查中发现,W 镇社区矫正档案管理混乱,存在保管不力甚至有丢失档案的情况。第一次到司法所询问情况时,所长便直接将部分档案资料一股脑给笔者阅览,使笔者非常震惊。不过,迄今关于社区矫正的各种法律、规章和文件中,并未有涉及社区矫正对象的隐私保密规定。虽然社区矫正本质上是针对犯罪人的一种刑罚执行方式,但对矫正对象信息进行适当程度的保密,也是对他们羞耻心的一种尊重与保护,是人性化的体现,有利于矫正对象告别过去开始新的人生。而且,他们的档案内容也比较混乱,常有明显错误出现。比如,司法所 63 名矫正对象中有 3 名是女性,但其中两名的档案里"性别"一栏都写的"男"。二是处遇级别和走访的问题。按照规定,矫正对象应该根据风险评估划分为严管、普管和宽管三个等级,不同等级的报到和思想汇报的频率不同,司法所工作人员的走访时间也不同。但 W 镇司法所只有少部分矫正对象划分了级别,大部分都是空白,除了被司法局严重警告的对象外,其他一律实行的都是相同的报到程序。至于走访,完全没有做过。三是教育学习和社区服务方面。按照规定,矫正对象每月必须参加一定时间的教育学习和社区服务,但很明显 W 镇在这方面也是空白。

同时,经费不足也是农村社区矫正的重大困难之一。关于矫正经费,2012 年财政部、司法部曾出台《关于进一步加强社区矫正经费保障工作的意见》,明确要求将社区矫正经费列入同级财政预算,保障社区矫正工作所需技术装备。2013 年、2014 年各地社区矫正工作经费分别为 8.4 亿和 11.3 亿元,近两年又有新增长①,具体数额不详。但不论城市还是农村,社区矫正经费仍然是阻碍矫正工作发展的重要因素之一。从访谈中得知,W 镇社区矫正的突出问题也是经费不足,或者说是后续经费不足。政府临时性拨款和偶尔挤占其他业务经费划过来一些,只能解决燃眉之急,矫正对象的矫正费用、矫正工作人员

---

① 这两个数据及相关信息为 2017 年 5 月笔者从司法部获得的《社区矫正立法有关背景资料汇编》中第五部分"我国社区矫正制度确立依赖的工作情况"部分所载。

的工资、基础设施的进一步完善等,尚需常态化和充实的后续保障。

二、专职力量和社会参与欠缺:社区矫正在农村地区支撑不足

由于没有一支有力的职业化专业化的矫正队伍,社区矫正的法律性和专业性一直未能得到充分保障。这在经济相对发达,矫正力量和矫正资源相对充足的城市社区尚且如此,在农村地区就更是严峻。

基层司法所此前主业为人民调解、法律服务、法律援助、法律宣传工作,后来增加了社区矫正的日常工作。笔者调查期间,W镇司法所工作人员除了原先的一人,又增加了一人,但该新增人员还需要承担武装部的职责,所以总数为两人的司法所工作力量仍然稍显不足。人员难保障,工作的顺利开展便受阻。虽然按正常程序,所长应该每周定期给矫正对象打电话了解情况,但由于工作人员少,矫正对象的人数众多,这项程序规定也沦为形式。W镇司法所的情况不是个案,也不仅仅是S省独有。此前的2016年8月10日,笔者就曾从四川省司法厅了解到,该省有4600多个司法所,但现有工作人员只有4000人左右,平均每所只有0.8人。[①]

W镇司法所现有两位工作人员,其中一位是政法编制,但已年过半百,身体也不是很好,另一位是乡镇其他岗位人员兼职的,属于事业编。两人虽说熟悉农村的人情世故,但对于社区矫正工作还是门外汉,业务素质和知识储备都不符合社区矫正的专业性要求。整个司法所最常使用的现代化工具,就是一部面部识别仪,但因为矫正对象迫于生存压力的流动性,该仪器的使用也只是一个形式。为适时监管矫正对象,W镇司法所从很早便已开始手机定位系统的使用,但是所长认为这也是个形式,"很多人出了L市去打工,不拿手机出去不就完了?该报到的时候又回来报到,你拿他也没辙"。两位工作人员都不太会用手机定位系统,对电脑的基本操作也不熟练,这也是部分档案出现错误的原因之一。

同时,各部门在社区矫正中配合不力,社会资源未能有效整合致社会帮教落空,也是农村社区矫正的一个重大阻力。社区矫正是一项需要多方协力完成的工作,从矫正开始到矫正结束,矫正对象需要各渠道力量参与配合,具体包括公安、法院、司法所、村委会等方面。良好矫正效果的促成,既需要家人亲友的关心支持,也需要工作人员的监督和敦促,还需要司法所出面协调组织各部门合力参与矫正。由于司法所协调能力有限,一直以来的社区矫正实践中,

---

① 但未丽:《社区矫正官执法身份的实然与应然》,载《首都师范大学学报(社会科学版)》2017年第2期。

都或多或少存在着各方相互推卸责任、不作为等现象，这在城市社区矫正工作中也存在，但在农村尤为突出。从 W 镇情况来看，矫正对象报到的时候，会签一个矫正小组，矫正小组由矫正对象和司法所工作人员加上村干部组成。但事实上，并不会起什么作用。也有很多矫正对象在访谈时表示，村委会很少给予什么帮助。如前文提到的那样，W 镇有两个村庄村委会都曾整体参与犯罪，所以风评不可能好。但村委会作为基层政权，在整个乡村社会中具有重要作用，它是很多工作施行过程中与民众连接的桥梁。笔者设想，可以建议政府将社区矫正对象的矫正情况纳入村委会干部的考核机制，这样才能真正促使村委会重视矫正工作。

综上可以看出，W 镇的社区矫正形势不容乐观：一方面，专业的矫正力量不足。司法所工作人员以前进行的是性质完全不同的群众性工作，从事社区矫正纯粹属于临时上架，导致他们看起来严重缺乏社区矫正所需的专业素质和相关矫正技能，而且相对年纪较大，知识结构偏于老化，向上提升的空间不大。而社区矫正的工作效果，很大程度上取决于社区矫正工作人员的业务素质、工作能力和责任心。另一方面，社区矫正在农村地区也未能得到足够的社会支持，社会参与积极性不高。事实上，要把农村社会力量发动起来，只靠单薄的司法所是显然不够的，必须得到党委政府重视和支持，把村委会发动起来，把矫正对象所在的社区居民和亲戚朋友发动起来。但这些工作实际做起来相当不容易。根据笔者调查，W 镇只是我国农村的一个缩影，W 镇司法所面临的情况在农村社区矫正中存在。也基于此原因，如前文所述，笔者是不主张社区矫正工作直接由司法所来承担的。

三、矫正区域面大而控制手段有限：分散的矫正对象监管难度大

社区矫正的性质在学界一直存在争论，有学者说属于刑罚执行，有学者反驳说缓刑就不是刑罚执行。从当前刑法、刑事诉讼法规定和司法实践来看，社区矫正的适用对象或者是不需要关押的缓刑和管制人员，或者是不需要继续关押的假释与监外执行对象，不论哪一种，都是经过系列严格诉讼程序、被法院正式判决认定为有犯罪事实的人，这是没有争议的。而"一个人当前的危险性——如果今天他被释放，是否会犯罪——是很难判断的。判断一个人将来的危险性——如果他在该当刑期结束被释放之后是否会犯罪——就更加困难了"①。矫正对象回到社区，可以保持正常就业就学、可以照顾家人也被家人照顾，可以与其他人一样在社区自由活动，从再社会化的角度，无疑是有利于

---

① 刘仁文、王桂萍组织编译：《哈佛法律评论》，法律出版社 2005 年版，第 353 页。

他们顺利回归社会的。但正是由于这些人有一定人身危险性又能自由在社区出入，便具备再次危害社区（社会）的可能和条件，所以对这部分人，首要的任务是管得住，其次再是如何帮助他们改过迁善。城市社区住得集中，监控手段发达，而农村社区地域范围广大，人住得分散，要将矫正对象严格控制在视线里并确保他们过上守法生活，并不容易。

首先，农村地区"广而大"的天然特点给矫正对象的监管带来困难。农村地区居住松散性带来的监管困难，在 W 镇也挺突出。W 镇有 50 个行政村，全镇总面积达 158 平方公里，管辖面积大，辖区分散。虽然交通还算便利，有省道、乡道这样的公路，但也有县道这种不通公交车、客车的土路。全镇 63 位矫正对象就这样散落在这片广袤区域，给矫正工作的开展和矫正对象的报到都带来了不便，司法所工作人员进行走访调查也很难成行。比如司法所里看来最有用的一件设施——一辆公车，笔者曾经在 2016 年 2 月份和 5 月份见过，工作人员常用它来进行一些调查和协商工作，但 8 月份这辆车已被收回，原因是不符合上面刚下达的公车标准。现在无车可用。加之辖区住户分散，众多矫正对象难以聚齐，也给矫正教育活动举办带来挑战。很多矫正对象都路途遥远，需要租车来报到，这无形中为他们报到和参与矫正增加了难度。比如，赵村位于 W 镇东北部，毗邻山区，从赵村到镇政府需要经过县道和乡道，因为路途远、土路又凹凸不平，骑电动车速度快的都要一个多小时才能到达。而不会骑车的，要步行大半天才能到。一位赵村的 80 多岁矫正对象从早上四点开始走，到上午 9 点钟左右才能走到司法所，老人健康状况不佳，听力也已经不太好，又是文盲，来到司法所之后在面部识别仪上报个到，也就回去了，其他材料都由所长帮忙填写。

其次，农村矫正对象流动性需求大，而跟踪控制力度不足。农村地区经济发展慢，基础设施不完善，没有较多的劳动力需求，不能为矫正对象提供工作岗位。由于生存所迫，矫正对象多数需要向外流动。又由于管辖面积大，人员住得零落，司法所对矫正对象的"外出打工"较难知情与管理。调查时发现很多矫正对象违反规定外出打工，这种擅自离开矫正区域而导致的脱管漏管，是 W 镇社区矫正的一个大问题。这些外出的矫正对象，在异地到底做什么，是否保持善行和守法生活，司法所不得而知。据悉，上海等地已开始实行跨区域托管式社区矫正。在笔者调查期间，W 镇司法所便曾办理了一起转接档案手续，就是一位户籍在 W 镇的年轻人在上海地区犯罪被判缓刑，因工作原因将本地档案转至上海某街道司法所，而回上海接受矫正教育的情形。但这种异地托管制度在大多数地区还未大幅展开，所以其他矫正对象就没有这样的机会了。调查中，还了解到 W 镇矫正对象外出主要有两方面原因：一方面是迫于生计。在 L 市范围内找不到合适的工作养活自己，只能外出打工，就算在本地有工作或自己做小生意的，也偶尔需要外出办些事情；另一方面是休闲娱乐生活的需要。不少"80 后""90 后"时常去外地购物和娱乐。司法所工作人员对这些情况通常都是"睁一只眼闭一只眼"。这是因为，手机定位系统尚未得到广泛使用，就算已经安装了的，也不过是个摆设，因为矫正对象出离 L 市范围不会带上那只手机。除非有人举报，否则工作人员很难知情。

生存是人的第一需要，矫正对象如果不能以合法手段养活自己，那么其再犯罪可能性必然会增大。而矫正对象也知道不准外出的书面规定执行起来不会太过生硬，笔者在与部分矫正对象通话时，都是首先表明自己的身份是"司法所家访人员"，对方毫不避讳自己身在外地的事实，坦言自己正"在 Z 县打工"、"在省城买车"，或者"去 L 市进货"。在调查中了解到，矫正期结束后，矫正对象还有三年安置帮教时间。在此期间，已经解矫的矫正对象虽能出省，但不能出国。近年来出国劳务也成为 W 镇青壮年劳动力的工作形式之一，矫正对象在几年矫正期间不能出市，已经减少了收入，在随后的安置帮教期间如果还不能出国劳务的话，难免心有怨愤。所以在农村社区，尽快建立并落实异地社区矫正异地转接制度、外出担保制度，加强对外出对象的跟踪管理是当务之急。而能否给予已经解矫但尚处于安置帮教期间的矫正对象以更多的工作机会，建议相关管理部门重新考虑。

四、矫正项目和矫正手段有限：社区矫正实际效果较难保证

全国来看，社区矫正的工作目标还主要停留监管上，甚至监管都未能落实得很好，教育方面主要是将所有矫正对象集中教育，矫正活动形式单一且流于表面，有针对性的矫正方案和矫正措施基本处于缺失状态，矫正效果较难保证。近几年来，S 省各地区积极探索，进行了社区矫正管理模式的各种尝试，比如"1+6"帮教模式、以电子档案为基础的社区矫正管理综合服务平台、建立矫正微信群时时交流互动等，但基层矫正教育和矫正项目实际并未真正开展起来。W 镇社区矫正对象的主要教育活动就是"报到"，而他们每月报到时要做的事有三件：一是携带之前所长发给的已经盖了公章的公益劳动表，由所长或者自己填写好。二是在面部识别仪上"露脸"报到。三是自己填或者让所长帮忙填写思想汇报表并摁手印。至于于公益劳动，W 镇并未开展，但矫正档案里需要有与公益劳动相关的内容，因此每个月都要填一份，电话访谈亦是如此，都是在纸面上完成而已。

由于惩罚措施较少较轻，奖励措施缺失，再加上前文提到的路途遥远等因素，即使每月报到这件事矫正对象也不能很好完成。记得笔者 2016 年 8 月调

查时,直到月底,还有 20 余人应报到而未报到,这还是在所长已打过几次电话催促了部分矫正对象的情况下。所长表示每个月基本都会有差不多一半的人不来报到,而所长在每个月的月底都会打电话催。司法所奖惩措施少,而大部分矫正对象都是缓刑人员,未进过监狱服刑,不能正确理解社区矫正制度的本质,所以对矫正的重视程度和积极性都不够。

由于缺乏精干的矫正力量、矫正条件和有效矫正举措,农村社区矫正连最基本的监管任务都无法实际完成,因此导致的矫正对象在矫正期间脱管、漏管而再次犯罪,全国已有多个司法所长因矫正对象再犯罪而被认定为玩忽职守。通过对中国裁判文书网截至 2017 年 2 月公开的裁判文书进行检索,获得相关裁判文书 36 份,涉及被告人 43 人。从样本总体看,社区矫正领域的渎职犯罪主要集中在玩忽职守,该罪名涉及被告人 38 人,占被告人总数 43 人的 88.37%①。如陕西大荔县司法局苏村司法所辖区的监外执行矫正对象赵某某擅自离家窜至北京,涉嫌强奸罪于 2015 年 5 月 12 日被北京市丰台区法院与前罪数罪并罚判处有期徒刑 7 年 6 个月。虽然苏村司法所 2008 年以来就只有刘某某一个人,各种工作应接不暇,但作为司法所长和赵某某的社区矫正直接责任人,法院依然判决刘某某犯玩忽职守罪②。类似的案例还有河南安阳曲沟司法所原辖区一名犯合同诈骗罪但因严重疾病被决定暂予监外执行的刘某,后在矫正期间脱离监管,前往外地非法吸收公众存款达 1500 万余元,该司法所原所长李某因为监管不力也被一审法院认定犯玩忽职守罪,并被判处有期徒刑 10 个月缓刑 1 年,从矫正工作执行人员变成自己曾经工作辖区的矫正对象③。

我国各地区矫正机构的社区服刑人员在矫正期间的"再犯罪率一直处于 0.2% 左右的较好水平"④,而 S 省则一直保持 0.1% 左右的再犯罪率。农村社

---

① 胡剑锋、翁寒屏:《社区矫正领域渎职犯罪实证研究》,载《公安学刊——浙江警察学院学报》2018 年第 1 期。

② 参见搜狐网:《原陕西大荔县司法局某司法所所长刘某某社区矫正玩忽职守案》,网址 http://www.sohu.com/a/132248182_660595,查询时间:2018 年 9 月 10 日。

③ 参见澎湃新闻网,澎湃新闻记者谭君:《安阳一曾负责社区矫正司法所长玩忽职守需接受社区矫正》,网址 https://www.thepaper.cn/newsDetail_forward_2142613,查询时间:2018 年 9 月 10 日。

④ 关于社区矫正对象重犯率的公开报道是 2014 年 11 月 5 日,国务院新闻办 5 日召开的新闻发布会,司法部副部长张苏军介绍说,"目前我国社区服刑人员已达 73.1 万人,从试点的 2003 年开始到现在,已经累计接收了 211.3 万人,社区服刑人员矫正期间再犯罪率一直处于 0.2% 以下的较好水平",见 http://www.gov.cn/xinwen/2014-11/05/content_2775532.htm,查询时间:2018 年 9 月 9 日。

区矫正工作一直以来存在不少问题，但无论从数据上还是从实践来看，矫正还是有效果的。不过我们也清楚，事实上，能进入社区的矫正对象人身危险性都是经过评估的，基本上是不需要关押或不需要继续关押、经评估可以与社会接触的，何况矫正期间即使仅仅违反治安管理处罚条例也会被收监，所以一般的矫正对象但凡还有点理智和自我约束能力的，都不至于在矫正期间重新犯罪。真正能考察矫正效果的，笔者认为应是矫正期满结束后的时间，比如3年5年之内，但目前我们的重犯率还只限于统计矫正期间的再犯情况。

五、余论：应成立社区矫正的专门执行机构

"在近代世界，法律成了社会控制的主要手段"①，而犯罪控制中最重要的力量，就是拥有国家强制力量做后盾的专业机构的正式控制。让社区矫正对象回到社区，原本指望能获得一些社区支持，实际上社区也确实起到了一些作用。但在当前公民社会还不够发达、公民自发力量还相当有限的现阶段，监管和矫正犯罪人的重任首先还得依靠国家机器。如果不能认识到这一点而将矫正对象放任自流，则无异于放虎归山，这不仅是对社区安全和民众安全，也是对从事矫正工作人员自身的安全不负责任。

10多年的实践表明，作为监管和矫正这些曾经实施犯罪因而具有一定人身危险性的犯罪人事实上的刑罚执行机构，司法所不是配一辆车、整修整修办公室，或者添置点新设备等搞搞硬件建设就能解决的。社区矫正工作的核心，是必须有一支自己的专门专职工作力量，一支职业化、素质过得硬、能熟练运用相关法律规定和社会工作技巧，懂基本的犯罪学知识，有刑罚执行权限，能胜任矫正工作全方位要求、能随时应对危机处理的专业执法队伍。对此，笔者再次建议，在县（县级市、区）司法行政部门下成立社区矫正的专门执行机构，该执行机构主要由矫正官为主的专职社区矫正工作队伍组成②，名称可以是社区矫正执行大队，以在县（县级市、区）范围统一、规范、专业化、职业化地执行社区矫正。虽然具体的矫正工作过程和工作资源可以依托司法所和街、乡、镇，但执行机构一定要统一设立，并保持经常学习、经常训练、常备不懈。现在不少省市已经自发采取这种模式，希望得到司法部的确认和推广。

---

① ［美］R. 庞德（R. Pound）：《通过法律的社会控制》，沈宗灵、董世忠译，商务印书馆1984年版，第10页。

② 但未丽：《社区矫正立论基础与制度构建》，中国人民公安大学出版社2008年版，第291页。

关于性侵未成年被害人综合保护体系的构建

朱艳菊*

全国未检工作已经发展了30多年,在未成年刑事检察业务活动中,我们在加强未成年犯罪嫌疑人的权益保护方面迈出了可喜的步伐。然而,却在不经意间淡漠了刑事案件的真正受害人所处的境遇,尤其是性侵案件未成年被害人。性侵案件未成年被害人由于遭受到犯罪行为的侵害,身体上受到损伤,所遭受的精神创伤更难愈合,严重者无法正常就学、生活。目前,我国对性侵案件未成年被害人的综合保护,散见于各类刑事法规中,尚缺乏专门保护的法律法规,这对保护性侵未成年被害人的合法权利显然是不利的。

一、刑事未成年被害人社会救助的实践现状

随着未成年案件办案模式一体化改革进程的推进,被害人为未成年人的部分刑事案件被归入未成年人检察职能,可以说日趋完善的司法体制为未成年被害人社会救助制度的建立提供了科学的机制保障,同时未成年被害人救助制度的出台也是实现未检一体化的良好举措。[①] 2018年3月,最高人民检察院出台的最高人民检察院《关于全面加强未成年人国家司法救助工作的意见》,河南省检察机关也推出了实施细则,河南省各地市相继出台了刑事被害人救助文件、制定了办法,主要有以下几种形式。

(一)主动开展救助

Z市院未检部门联合控申部门主动及时地开展未成年被害人社会救助,始终秉承四个主动,即主动联系救助对象、主动告知有权提起救助申请、主动帮其收集申请材料、主动将救助资金送到救助对象手中,在化解社会矛盾、提升

---

* 朱艳菊,河南省人民检察院第九检察部副主任,三级高级检察官,中国犯罪学会常务理事。

① 杜颖、汤汝燕:《浅析未成年被害人诉讼参与权的保护问题》,载《青少年犯罪问题》2005年第6期。

检察执法公信力方面成效明显。

(二) 拓展社会救助

S县院对5名性侵案件的被害人进行了社会救助,共计救助2.5万元。X市院于2014年以来,共为84名未成年被害人申请了各类救助,申请救助金102.5万余元。

(三) 实施综合救助

G区院与辖区11家单位共同签署《关于建立受侵害未成年人先行救助联动机制的实施意见》,明确各部门在未成年被害人心理疏导、身体康复、经济救助等方面的职责,一年来共救助24人,救助金22万元。

(四) 建立一站式询问救助机制

E区人民检察院根据2016～2018年所办理的性侵害未成年人犯罪案件41件44人的经验,全面规范一站式救助机制,组建关爱救助队伍,有效利用辖区医疗资源优势,探索建立未成年被害人一站式询问救助机制。"未成年人关爱中心"建成以来,对遭受性侵害的全部未成年被害人开展了"一站式"询问救助,均成功提供了心理救助和医疗救助,为其中3名未成年被害人发放司法救助金4万元,实实在在地维护了未成年被害人的合法权益。可以说上述司法实践的有力尝试为构建针对于未成年被害人的救助制度积累了一定的成功经验。

二、构建未成年被害人社会救助体制面临的困难

(一) 立法不完善

我国没有专门被害人保护法规,现散见于相关法律规定中的有关保护未成年被害人的规定,无论在内容上还是形式上都缺乏系统性和完整性。立法的不完善,在一定程度上影响和限制了对未成年被害人合法权利的保护。如刑法总则对未成年被害人保护没有原则性规定,而刑法分则对涉及未成年人被害人的犯罪,则是通过加重处罚来体现保护的。如《刑事诉讼法》规定了被害人由于被告人的犯罪行为遭受到的物质损失,有权提出附带民事诉讼。但现实中,由于被告人没有履行判决的能力,赔偿屡屡遭遇空白,未成年犯罪嫌疑人的权利将无法得到保障。①

2018年3月,最高人民检察院出台的最高人民检察院《关于全面加强未

---

① 王临平、赵露娜:《防止未成年被害人恶逆变》,载《未成年人犯罪问题》2001年第3期。

成年人国家司法救助工作的意见》，顺应了我国未成年人刑事司法制度改革与发展的趋势，切实保护了未成年犯罪主体的合法权益。检察机关办理案件时，对特定案件中符合条件的未成年人，应当依职权及时开展国家司法救助工作，根据未成年人身心特点和未来发展需要，给予特殊、优先和全面保护。检察机关开展未成年人国家司法救助工作，要坚持党委政法委统一领导，加强与法院、公安、司法行政部门的衔接，争取教育、民政、财政等部门支持，对接共青团、妇联等群团组织和学校、医院、社区等相关单位，引导社会组织尤其是未成年人保护组织、公益慈善组织、社会工作服务机构、志愿者队伍等社会力量，搭建形成党委领导、政府支持、各有关方面积极参与的未成年人国家司法救助支持体系。

（二）司法实践的困境

一是救济途径单一。在司法实践中，多数未成年人被害人在看到罪犯受到法律制裁的同时，渴望能获得一定的经济赔偿。以经济赔偿的方式抚慰犯罪行为给未成年被害人带来的心灵创伤，是法律公平正义的必然要求。但无论是从立法层面，还是执法层面，我国现行刑事法律都没有对未成年被害人获得经济上的赔偿权利提供强有力的保障。即使是物质损害赔偿，也因为犯罪人经济困难等各种原因而难以落到实处。司法实践中，未成年被害人得到完全赔偿的机率极低，赔偿款不到位导致当事人及其家庭一筹莫展，相应的救济途径又缺乏，造成极大困扰。

二是救助条件难以把握。国内外相关实践中，对未成年被害人社会救助的申请资格及申请条件也做了相应的探索，以保证严格控制并准确使用救助经费，使真正需要社会救助的刑事被害人及家属均能得到救助。但遇到实际案件时，对条件往往就难以把握。比如未成年被害人是否具有救助的必要性，即是否面临生活困境，就需要从多个方面进行考查评估，如果其无法提供低保救助资料，则其目前的生活状况是否符合生活严重困难的条件，这样的标准在具体把握时很难统一。即使被害人能够提供充分的救助资料，但其是否已经从保险理赔或其他救济途径获得钱款需要检察机关核实，如果已经获得救济则应当全部减免还是部分减免救助金额，部分减免的金额如何确定都难以确定标准。这样就使得各地检察机关因具体救助条件不一导致落实救助的标准不一，即使在同一检察机关也可能由于把握的标准不同导致因人而异，难免出现实施了救助反而引起被害人之间相互攀比产生不满情绪的情况。①

三是综合救助不到位。医疗救助不到位。未成年被害人在受到人身侵害后会产生一定的身体伤害,进而需要进一步的身体检查,但司法机关在对未成年犯罪嫌疑人提供医疗检查时,却忽视了对未成年被害人的医疗救助及人文关怀,没有建立未成年被害人的检查、治疗的绿色通道,没有设立专门康复中心,往往导致被害人不愿意配合检查,案件缺少重要证据,而且无法体现人文关怀。

(三)心理干预难以进行

一些刑事案件,未成年被害人年龄都偏小,性侵行为对于她们的身体包括心理带来的伤害较之成年人更为沉痛。公安机关在询问未成年被害人及其法定代理人时,经常发生被害人不愿过多谈及自己的心理状况,不愿和承办民警进行交流,一般选择沉默不语,而法定代理人由于考虑到被害人的名声,也不愿再去提及案件的相关情况,在很多情况下,被害人及法定代理人都是以一种回避的方式来应对询问。被害人的消极态度也使得公安机关怠于为被害方提供专业的心理干预和治疗,忽视了对未成年被害人及其家属的心理安抚工作。②

三、完善专业化办案机制建设

(一) 办案机制

我国适合未成年人的专门化办案人员和专业化工作机制较为成熟,2014年以来性侵未成年人犯罪案件也同一归口未检科办理,可以说检察机关在性侵未成年人案件专业化办案及未成年人诉讼权利保护方面中走在前列。如 E 检察院与辖区六个公安分局、区司法局会签《关于未成年被害人一站式办案救助工作的实施意见》,建立性侵案件检察提前介入制度、"一站式"办案规范。检察机关与公安机关联合开展"一站式"询问,增强了提前介入侦查效能,使引导侦查工作更加全面、准确。细致的询问提纲,确保在整个诉讼过程中对未成年被害人只询问一次;制定《一站式询问救助流程图》,由专业的心理治疗师对未成年被害人进行必要的前期疏导和心理创伤治疗,使其能够顺利接受司法机关的询问;制定《一站式询问工作规定》,明确询问人员全部由女性办案人员担任,不能开警车、穿制服,切实保护未成年被害人的隐私;询问用语

---

① 陈彬、李昌林、高峰:《刑事被害人救助制度研究》,法律出版社 2009 年版,第 29 页。

② 赵可主编:《被害者学》,中国矿业大学出版社 1989 年版,第 216 页。

要符合未成年人的年龄特点，避免使用专业性强的语言；可以用做游戏的方式消除被害人的恐惧心理，必要时借助卡通玩偶，使被害人还原案件真实情况。

（二）场所建设

目前对未成年被害人的询问大多在办案工作区内进行，对被害人的身体检查又往往是将其带至医院或法医室进行，这容易使得处于陌生环境的未成年被害人形成内心的压抑和恐惧。为使未成年被害人能相对轻松地陈述被性侵害过程，E区检察院充分利用辖区医疗资源优势，在河南省妇幼保健院建立"未成年人关爱中心"，作为未成年被害人"一站式"询问、救助场所。利用该中心的三大优点，破解办理性侵未成年人案件存在的三大难题。

一是隐私保护性好。河南省妇幼保健院专门提供一层独立医疗用房作为"未成年人关爱中心"，占地约500平方米，拥有独立进出的门和电梯，整体装饰风格采用暖色调，帮助未成年被害人舒缓心情，并且进行软包及隔音处理，确保安全性和私密性。能够给未成年被害人及其家属较好的安全感，帮助克服其对隐私、名誉的担忧，较好地解决性侵案件询问难的问题。

二是设施配备齐全。中心配备有隐蔽同步录音录像、心理测评、证据采集等办案设备；配有心理测试沙盘、音乐治疗室、心理咨询室等治疗设备，用于缓解未成年人被害人紧张恐惧心理及相应治疗。利用同步录音录像固定言词证据，克服言词证据易变化，解决了因固定证据不及时产生的指控难的问题。

三是医疗救助专业。河南省妇幼保健院是全省著名的妇产儿童专科医院，在医疗水平和专科设置上能够做到对未成年被害人专业的救助和保护，解决了关爱救助难的问题。"未成年人关爱中心"的设立实现了在同一场所，一次性询问、身体检查证据提取、心理疏导、法律援助、司法救助等工作，克服了办理性侵害案件过程中遇到的询问被害人难、有力指控难关爱救助难等三个难题，避免重复询问对未成年被害人造成二次伤害。

（三）能力建设

一是建立熟悉少年刑事司法程序的专业化队伍。由于性侵害未成年人案件的特殊性，部分关键证据若在第一时间未及时提取，或提取过程不合法导致该证据被排除，直接影响到案件的定性和量刑。而在案件办理实践中，个别侦查人员取证意识淡薄、取证过程不规范。一种情形是侦查人员发问方式过于成人化，未成年人不能理解侦查人员问题的意思，往往通过未成年人的父母进行翻译，这就容易使其陈述受到父母意志的影响。另一种情形是侦查人员对未成年人语言记录过于成人化。部分侦查人员习惯性的将未成年被害人尤其是年幼女童或智障女性的口语化描述直接转化为极为专业性的用语，如G区检察院办理的一名六岁被害女童的询问笔录中,频频出现"我被人猥亵了""下体""生殖器"等词汇。显然,这种笔录没有真实地表达被害人的意思,从而导致该份证据的证明力被大打折扣。另外还存在取证不够完整全面的情况。

二是组建法律援助律师队伍。由司法局法律援助中心挑选有爱心、耐心细致善于与未成年人沟通的律师,组建为未成年被害人维权的法律援助律师团队。同时建立律师值班制度,确保每一个未成年被害人都能够及时得到法律帮助。

三是组建医师、心理咨询师队伍。河南省妇幼保健院的知名妇科、儿科专家,为未成年被害人提供专业、全面的身体检查和医疗救助服务,确保未成年被害人得到最及时最精准的治疗。医院心理行为中心知名专家、心理治疗师组成专业的未成年人心理咨询师队伍,由未成年被害人或家属选择合适的心理治疗师开展治疗。如被害人尹某被强奸后怀孕两个月,"未成年人关爱中心"妇科专家为尹某做流产手术,心理咨询师为尹某同步开展心理疏导,让尹某身心早日恢复健康。同时,区检察院为尹某申请司法救助金18000元。

四是组建司法社工队伍。区检察院通过政府购买服务的形式,由专业司法社工负责未成年人帮教等社会化工作,有长期在"未成年人关爱中心"工作的司法社工4名,并签订保密协议。司法社工定期对未成年被害人跟踪回访,动态了解其身心康复、学习、生活等情况,及时反馈检察机关,及时提供医疗、司法等多维度关爱救助。

四、开展医疗、心理救助

(一)联合专业机构,开展心理救助

许多性侵未成年人案件,被害人遭受的生理伤害会导致被害人创伤性应急障碍,影响被害人较长时间,需要专业人员尽早介入。对部分未成年被害人在询问时就应引入心理咨询师辅助侦查。性侵害未成年人可能由于种种原因不敢开口说出、说不清楚被侵害的事实,或因年幼无法表达。而侦查人员未免其受到二次伤害不会过度询问,或者由于侦查人员缺乏儿童心理学相关知识,无法正常与未成年人进行沟通,无法理解未成年人真正想要表达的内容,这就可能导致被害人陈述于犯罪嫌疑人供述在细节上无法印证,从而影响对言辞证据的采信。如果在被害人报案时及时吸纳心理学方面的专家介入,可在很大程度上缓解其心理上的恐惧和顾虑,使其能够较为清晰地描述事情的经过;而对于年龄幼小的被害人,出于对陌生侦查人员的不信任,以及对侦查人员成人化询问方式的不理解,可能无法准确描述被侵害的事实,此时引入了解儿童心理、语言、思维的专业人员,如儿童教育学、临床心理师等方面的专家,可以为双方的沟通及制作笔录起到桥梁作用,给未成年被害人提供充分陈述的机会,便于案件的详细调查。同时专家证人辅助侦查,也可以避免未成年人在接收询问时的陈述受到法定代理人的影响,可以使其陈述更加真实可靠,提高证据的证明力。另外,心理帮扶应贯穿整个诉讼过程,针对被害人被性侵后出现自闭等情况,由经验丰富的心理咨询师开展个案心理疏导,及时引导被害人恢复正常的学习生活。①

(二) 整合医疗资源,开展医疗救助

有条件的地区,可在辖区内选择一家综合性医院,让未成年被害人在法定代理人或合适成年人的陪同下,一次性完成询问、检查、提取、疏导等工作。选择内部资源丰富的综合性医院,不仅具有能够进行身体检查的专业医务人员,而且医院内具有心理咨询师资质的医生较多,可以同时对心理创伤比较严重的未成年被害人开展心理疏导。同时,可在定点医院建立医疗绿色通道,为未成年被害人提供基础的身体检查及性病筛选、身体康复、器官修复等特殊医疗救助。如 E 区检察院联合公安机关在辖区内选择定点医院,建立性侵未成年被害人的检查、治疗的绿色通道,并设立专门康复中心,无偿为未成年被害人或亲属提供心理咨询或医疗服务。

(三) 建立司法关爱救助机制

医院为未成年被害人提供专门身体检查室,配备根据儿童身高自动升降的医疗检查床,免挂号,免排队,开辟医疗救治"绿色通道";妇科、产科、儿科医生实行 24 小时值班制度,随时为未成年被害人提供诊疗服务。鉴于遭受性侵害未成年人身心受到极大伤害,往往得不到赔偿的情况,检察院积极为未成年被害人申请司法救助。如被害人李某被强奸后患有尿失禁,区检察院承办人通过"一站式"救助机制,联系到河南省妇幼保健院妇科盆底重建方面的专家,多次带领李某到该医院就诊治疗直至治愈,并为李某申请司法救助金 18000 元。

五、开展经济救助

(一) 救助机构

从世界范围看,关于性侵被害人救助机构的设置,有设立独立机构、行政

---

① 臧爱存:《刑事被害人权益保护不足的原因》,载《法制日报》2006 年 4 月 6 日。

机关决定、司法机关裁定等多种方式。① 以管城区检察院为例,该院成立了由区政法委牵头,公安、检察、法院、司法机关共同参与的救助委员会,建立联席会议制度,专门负责救助审批以及申请人不服各司法机关作出救助决定的复议工作,并履行对各司法机关救助工作的指导和监督职责。

（二）资金来源

目前,实践中各地的公安、检察、法院等机关都制定不同的救助办法,资金来源渠道也呈现多样化,有地方财政拨款,将资金列入政府财政预算,也有中央或省级财政统一拨款,或地方财政拨款与捐款想结合。如管城区检察院按照地方各级财政拨款为主、社会捐助为辅的模式,在各级机关建立刑事被害人救助资金专门账户,确保救助资金的来源稳定可靠,同时实现收支分离,明确救助金的管理和使用应接受同级监察、审计等部门的监督检查,确保专款专用。

（三）救助程序

各职能机关应根据不同的工作机制制定相应的程序,下面笔者就以河南省管城区检察院为例,阐述构建相应的救助程序。管城区院的公诉、未检、侦监、控申等部门,对符合司法救助的对象,应当告知案件当事人及其监护人、诉讼代理人有申请司法救助的权利。申请人应当在被告知权利之日起三日内提出申请并提供相关证明材料,由业务部门登记情况后,统一转交控申部门办理。控申部门指定专人在规定期限内对救助对象的受侵害程度、生活状况、有无获得其他赔偿、救助等方面进行调查核实,并拟定调查报告,提出是否给予司法救助的初步意见,对于符合救助条件的,层报检察长审批决定,对于不符合救助条件的,以书面形式告知申请人。决定给予经济救助的,由案件承办部门会同财务部门予以发放,决定给予其他救助的,则由案件承办部门会同区团委、教育、民政部门予以实施。此外,国家支付救助补偿金后,对犯罪人或其他应负赔偿责任的人享有代位追偿权。②

六、构建立体化预防保护体系

（一）构建性侵未成年被害人立法

构建性侵害未成年人救济性立法,应当遵循儿童利益最大化原则,遵循未

---

① 周法:《"两高"共同关注刑事被害人救助难题》,载《人民法院报》2007年9月2日,第2版。
② 宋杰:《国家救助不是赔偿而是补偿》,《法周刊》2007年1月12日第3471期。

成年人优先保护的基本原则，立足于未成年被害人的角度考虑需求，量身定制预防性立法及救济性立法，从预防和救济维度对现行立法进行完善。① 一是细化预防性立法。保留禁制令制度的基础上，可以建立性犯罪者信息等级制度、社区公告制度、备案更新制度。建立性犯罪者得数据库，通过指纹查询，禁止有性犯罪历史记录的人从事相关工作。公安机关通过派驻社区警察，保障校园周边的安全。二是补充救济性立法。构建适用于未成年被害人的国家补偿制度，通过制订《犯罪被害人国家补偿法》，保障性侵未成年被害人的补偿权。规范补偿原则、补偿对象、补偿范围和标准、补偿金来源和管理、补偿机构、补偿程序等，其中补偿金来源可以是罪犯的罚金、保释金及劳动所得、国家税收、社会捐助等。补偿对象应限于遭受严重暴力犯罪或性犯罪的被害人。现阶段的补偿标准应当维持在保障未成年人的一般生活需要。②

（二）强化监护力度，发挥一般预防职能

家庭保护、学校保护、社会保护、司法保护形成合力，才能有效构建性侵害未成年的人的保护网，有效将性侵害未成年人案件消灭在萌芽状态。首先，依托学校，开展宣传教育。通过组织开展"法治进校园"巡讲活动，把未成年人的自我保护，青春期教育和性侵害的预防纳入讲课内容，并推动纳入教育大纲。其次，举行"家长课堂"。让家长肩负起保护未成年子女的责任，除日常生活中对进行必要的性教育外，在发现子女受到侵害的第一时间应寻求正确有效的途径维护其合法权益。最后，建设有特色的未成年人法治教育基地，将防性侵纳入基地课程。同时，依托社会平台，建立辅助监护机制。联合社区承担起对未成年人的保护工作，通过与街乡救助站、社会机构、大学生组织合作，针对监护缺失未成年被害人，建立辅助监护机制，辅助提供托管场所照料未成年人。

（三）惩防并重，发挥特殊预防职能

首先在处理相关案件的同时，要建立有效的风险评估体系，根据性侵害案犯的现实危险性，进行必要跟踪，防止再犯。其次深入学校、社区，关注有性侵害前科劣迹的重点人员，发现苗头要及时采取措施制止。再者，对办案中发现的涉及未成年人管理服务方面的薄弱环节及时提出检察建议，堵塞社会管理

---

① 何挺、林家红：《中国性侵害未成年人立法的三维构建》，载《青少年犯罪问题》2017年第1期。

② 马静华：《刑事和解的理论基础及其在我国的制度构想》，载《法律科学》2003年第4期。

漏洞。

(四) 聚焦民事监督, 发挥检察机关民事检察职能

对遭受监护人性侵害的未成年被害人, 积极建议、督促、支持有关机构、组织和人员向法院申请人身安全保护裁定、撤销监护人资格和提起人身、精神损害赔偿等, 协同做好临时照料和案后安置工作。同时, 加强与法院少年庭、民庭和民政部门的工作联系, 畅通案源渠道, 以涉及未成年人监护权、抚养权的民事申诉案件以及督促、支持起诉撤销监护权案件为重点, 积极开展个案实践。探索建立涉案困境儿童、留守儿童临时监护照料机制, 督促办案机关以及相关职能部门依法履职, 解决性侵未成年被害人的监护困境。

刑事合规理念下的企业犯罪风险防控

于 阳 王雅琦[*]

近年来,我国企业尤其是跨国公司在经营管理过程中,面临着越来越多的合规问题,企业刑事合规更是众多企业合规风险中所必备的内部控制和刑法激励机制。本文通过对企业合规与刑事合规内涵的梳理,厘定企业刑事合规的概念范围;通过对国外企业刑事合规制度的沿革和发展的对比、评析,总结出国外在企业刑事合规制度设计方面的先进经验和方法;进而从建立商业行为准则、合规组织体系、防范体系、监控体系、应对体系等五个方面构建我国企业内部的刑事合规防控机制,为预防企业违法犯罪筑牢安全阀。

一、企业合规与企业刑事合规的内涵

(一)企业合规的内涵

"合规"顾名思义就是符合规范要求。在法律语境中,"规"就是指"成例、标准、法则",即规范之意。① 德国刑法学者齐白(Sieber)教授认为,"合规计划规定的是一种对——首先是法定的,有时又是伦理的或其他的——预订目标的遵守程序"。② 根据巴塞尔银行监管委员会发布的《合规与银行内部合规部门》,合规风险(Compliance Risk)指的是"银行因未能遵循法律法规、监管要求、规则、自律性组织制定的有关准则,以及适用于银行自身业务活动的行为准则,而可能遭受法律制裁或监管处罚、重大财务损失或声誉损失的风险"。合规风险肇始于金融行业,一开始针对的对象主要是银行机构自身业务行为是否符合行业准则。随着经济的社会的发展,合规风险概念逐渐泛化

---

[*] 于阳,天津大学法学院副教授,刑事法律研究中心研究员,法学博士;王雅琦,女,天津大学法学院 2018 级法学硕士研究生,天津市河北区人民法院法官助理。

① 孙国祥:《刑事合规的理念、机能和中国的构建》,载《中国刑事法杂志》2019 年第 2 期。

② [德]乌尔里希·齐白:《全球风险社会与信息社会中的刑法:二十一世纪刑法模式的转换》,周遵友、江溯等译,中国法制出版社 2012 年版,第 236 页。

并从传统银行业扩展到非银行类公司层面的内部控制风险。自 2002 年《萨班斯－奥克斯利法案》颁布以来，企业合规理念逐步加深，合规风险定义也变为在公司的内部控制和治理流程中，因未能够与法律、法规、政策、最佳范例或服务水平协定保持一致而导致的风险，以及通过探索建立完善企业合规体系和相关制度，寻求使企业有效规避合规风险的合理路径。

我国于 2018 年 7 月 1 日生效的《合规管理体系指南》对企业合规的概念作了界定："合规意味着组织遵守了适用的法律法规及监管规定，也遵守了相关标准、合同、有效治理原则或道德准则。"这里的"规"，既包括国家层面的相关法律规范，也包括行业规范、商业道德、伦理规范以及企业自愿设立的风险防控规范。合规，不仅是指企业在从事商业活动时应当遵循上述标准，而且上述标准应当相互配合，协调一致，形成有效规制企业活动的制度合力。可见，这种广义上的合规计划之"规"，是通过国家与企业（私人）共同规范的方式形成的。① 然而，尽管广义的合规计划初衷涵括了企业伦理的弘扬，但实践证明，"对于以追求营利为目的的企业而言，宣扬未必与利益挂钩的至善行动是不现实的，最终不过是'徒有虚名'"。② 纵观企业合规的发展历史，西方企业之所以在建立合规制度方面具有强大的动力，是因为合规在刑法上具有多重激励机制。也即建立有效的合规计划可以成为涉嫌犯罪的企业寻求不起诉、作出无罪抗辩、获得减免刑罚乃至与监管机构签署暂缓起诉协议的重要依据，企业由此可以最大限度地减少损失。③ 由此可见，合规计划的核心正是刑事合规。

（二）企业刑事合规的内涵

法塔赫－穆加达姆提出："刑事合规完全是一个经济概念，其认为刑事合规的核心功能主要并不在于预防经济犯罪，而在于降低公司在追求经济利益时的刑事责任风险。"④ 托马斯·罗什教授认为，刑事合规有狭义和广义之分。具体而言，广义的刑事合规将经济刑法作为指涉对象予以包括，而狭义的刑事

---

① ［德］乌尔里希·齐白：《全球风险社会与信息社会中的刑法：二十一世纪刑法模式的转换》，周遵友、江溯等译，中国法制出版社 2012 年版，第 236 页。
② 参见孙国祥：《刑事合规的理念、机能和中国的构建》，载《中国刑事法杂志》2019 年第 2 期。
③ 陈瑞华：《企业合规制度的三个维度——比较法视野下的分析》，载《比较法研究》2019 年第 3 期。
④ 参见孙国祥：《刑事合规的理念、机能和中国的构建》，载《中国刑事法杂志》2019 年第 2 期。

合规则包含的是源自避免刑事责任这一功能的相关特定问题。"刑事合规包括全部必要以及被法律允许的措施,这些措施旨在避免因企业相关行为而给企业带来的刑事责任。"① 刑事合规还可以进一步区分为形式的刑事合规与实质的刑事合规,实质的刑事合规指为所有与刑法有关的实体规则之整体,其位于现行刑事实体法的前置领域,旨在确保法定的可罚性的风险不会变成现实。虽然对于刑事合规的概念各国学者各有不同的表述,但是从他们的观点中不难发现,避免"刑事责任"的功能是刑事合规制度的核心功能。

对于刑事合规的内涵,学界观点不一,概括起来主要包括:刑事合规的目的是要求企业的运行应该受到刑事规范的约束;刑事合规的内容是赋予企业及其经营者一定的刑事风险管理的积极义务;刑事合规是国家刑法制度,同时包括了合规与不合规的刑事政策回应。基于对上述特征的总结和概括,企业刑事合规是为避免因企业或企业员工相关行为给企业带来的刑事责任,国家通过刑事政策上的正向激励和责任归咎,推动企业以刑事法律的标准来识别、评估和预防公司的刑事风险,制定并实施遵守刑事法律的计划和措施。

二、域外企业刑事合规制度的梳理及评析

(一)各国企业刑事合规制度

1. 美国。《美国联邦量刑指南》第八章中的"组织量刑规则"导言部分开篇就指出:"本章旨在维持预防、发现和举报犯罪的内在机制,使对组织及其代理人的制裁总体上能够提供公正的惩罚、足够的威慑和对组织的激励。"② 在《萨班斯法案》中404条款:"为了达到404条款的要求,上市公司要保证对交易进行财务记录的每一个环节都有相应的内部控制制度,例如对交易的条件、合同成交的记录、付款和交货的时间、业务的具体负责人员等作出详细的记录和制定相应的控制措施。此外,还需要及时总结出内部控制中存在的缺陷并提出具体的补救措施。"③ 在2015年经耶茨签署的《公司违法行为个人责任指令》中强调执法过程中个人配合,也要求涉案个人承担相应责任。由此可见,美国主要依靠刑罚激励推动企业内部控制,并且这种激励机制得到了不断强化。

---

① [德]托马斯·罗什:《合规与刑法:问题、内涵与展望》,李本灿译,载《刑法论丛》2016年第4期。
② U. S. Sentencing Guideline Manual, §8, Introductory Commentary.
③ 施君:《解读美国〈萨班斯法案〉404条款及其立法启示》,载《扬州大学学报(人文社会科学版)》2009年第3期。

2. 英国。《企业过失杀人与企业杀人法》规定：如果因其组织和管理活动严重背离其应当承担的义务而导致人员死亡，那么该部分所规定的组织应当承担刑事责任；在判断是否存在重大义务违反时，应考虑组织是否遵守相关健康和安全法规，同时应当考虑是否存在容易导致犯罪行为的态度、政策以及惯例。① 《反贿赂法案》中规定：对在英国开展业务的公司等组织，一旦被发现与其有关联的任何个人为了该组织获得某种业务或者为了在其业务经营中获得某种优势而支付贿金那么该组织即构成"商业组织防治贿赂失职罪"。该法案还规定，如果企业能够证明已实施"充分措施"等"反腐合规"程序，便可免遭起诉。该法第7条规定："商业组织预防腐败失败的法律效果"部分第（2）部分规定，如果该商业组织拥有旨在预防组织成员实施犯罪行为的足够的措施，则构成合法辩护；第9条规定，国务大臣应当制定关于预防组织成员犯罪的适当程序和措施的指南并进行适时修订。2011年英国司法部发布了细化第9条的具体指导意见，设定了组织建立合规计划的6条原则，即适当程序；高层践行；风险评估；尽职审查；沟通；监控和检查。

3. 日本。1987年11月，日本通商产业省在《出口贸易管理令实施规则》中要求，在申请出口许可之际必需附适法计划。1988年2月为提高出口申请审查手续的效率，出台了事前提出适法计划，规定企业只有在接受审查之后，才可以进行出口许可申请，事实上，企业自身的适法计划已经成为获得出口许可的前置条件。20世纪90年代，随着《反垄断法》执行的加强，反垄断领域企业适法计划的重要性显著提高。为此，日本于1991年先后颁布了《反垄断法适法计划辅导》与《反垄断法适法计划手册》，对必要的基本事项作了简洁的规定。以上述两项文件以及其后颁布的立法为基础，日本经济的各界逐渐制定了统一的指导守则，要求企业制定、实施适法计划。

4. 德国。起初，只有部分条款零星规定了企业责任。1968年的《秩序违反法》第30条引入了企业责任的一般条款，规定只要高层管理人员实施了刑事犯罪或者行政犯罪，就可以对企业施加罚款。《反洗钱法》第14条第2款第2项要求金融机构建立旨在防止洗钱行为的适当的保护和控制机制。《银行法》第25a条也规定了全面的组织义务，据此金融机构应当指定一个适当的专门机构，由其负责法律制定的执行。《证券交易法》第33条还规定了广泛的组织义务，根据第33条第1款第1项，证券服务公司为了履行法定义务，还应制定适当的原则预留资金，设立程序，特别是要设立一个长期性与有效性的合规职能，从而能够独立地履行职责。

---

① Corporate Manslaughter and Corporate Homicide Act 2007, Section 1, Section 8.

（二）对各国刑事合规制度的简要评析

在美国，刑事合规制度的作用主要体现在阻却犯罪实现的事前激励作用。德国采取了"美国模式"，而"英国模式"中合规制度的作用主要体现在犯罪发生后在量刑阶段的刑罚减免上，起到的是事后帮助企业脱困的作用，日本则采取了英国模式。从立法上看，英国通过《企业过失杀人与企业杀人法》等法案的形式对企业组织的违法行为进行独立构罪，通过"商业组织预防贿赂失职罪"等罪名的设立，从而倒逼企业进行腐败犯罪事前的自我管理、自我监督，以预防腐败犯罪、商业贿赂犯罪等常见企业犯罪形式的发生。"美国模式"下，则采取事后的量刑激励机制，从未推动企业进行内部的合规机制构建。如企业建立有效的合规计划可以成为涉嫌犯罪的企业寻求不起诉、作出无罪抗辩、获得减免刑罚乃至与监管机构签署暂缓起诉协议的重要依据。① 然而，两者具有内在的一致性，都是以刑法手段为媒介，促进组织体自觉进行合规管理。② 虽然上述两种模式对于企业合规在刑法激励机制作用中的出发点不同，但随着社会的发展，二者在对于企业合规制度作用的认定上也呈现出融合趋势。如《美国联邦量刑指南》最初的旨意是，通过量刑的激励推动企业内控，但随着《联邦检察官规则》的出台，合规越来越多的成为罪与非罪的判断依据。德国《刑法》第 357 条规定："企业领导层应为危险保证人，这一点并不会被通过特定法律规定所形成的观念，如《德国违反秩序法》第 130 条中损害监督义务行为的构成要件或者职务犯罪（《德国刑法典》第 357 条中容忍行为的构成要件）所否定，而是会被证实。"③

综上所述，刑事合规的两个终极目标就是实现企业的内部控制和刑法激励，无论是降低企业未来的刑事风险可能抑或是对定罪量刑产生积极效果，目的都是借此提高企业的价值。刑事合规的内涵可以从不同的角度理解：从企业视角看，其目标不仅在于预防犯罪，而且意在发挥刑罚的抑制作用；从国家视角看，合规意味着司法效率的提高。

三、企业刑事合规与企业风险防控措施

通过对国外企业刑事合规立法、执法和司法制度的梳理，为了避免中兴、

---

① 陈瑞华：《企业合规制度的三个维度——比较法视野下的分析》，载《比较法研究》2019 年第 3 期。

② 李本灿：《刑事合规理念的国内法表达——以"中兴通讯事件"为切入点》，载《法律科学》2018 年第 6 期。

③ Ransiek. Zur strafrechtliche Verantwortung des Compliance Officers. AG, 2010：147.

华为通讯事件的再次发生,应当尽快制定和出台普遍有效的企业合理的风险防控措施,以促进刑事合规制度的构建,推动企业合规的普遍展开。

(一) 企业内部商业行为准则公示与培训机制

企业刑事合规的关键在于建立一个符合企业自身实际情况的合规政策和行为准则等具体实施要求,这也是企业合法运行的前提,并对此进行及时的公示。即企业需要建立实现这种义务的组织,为预防、发现和制裁违法犯罪行为建立完善的内部机制(措施)。需要指出的是,商业行为准则不仅要符合本国的刑事法律,而且在当今全球化的背景下,尤其需要考虑到企业运营所涉及的相关国家法律的遵守问题。但公司仅仅建立起笼统的合规制度是远远不够的。一方面,企业应当识别出有可能发生行为风险的活动领域;另一方面,企业应当制定指导原则,以便管理人员作出公司决策时可以遵守,从而保证管理机构全面了解公司的活动和管理。

在制定并公示了合规政策、行为准则和其他要求之后,企业需要通过培训和交流等方式确保员工充分理解并遵守规定。正所谓不知者无罪,"法不强人所难","守法"的前提是"知法",这就需要企业承担"释法"即"解释刑事合规准则"的义务,指明商业行为的具体规范。概而言之,企业可以针对敏感位置的员工进行有针对性的合规培训和教育,针对全体员工则进行全员性的合规培训,以帮助员工了解法律法规和内部规章制度的最新变化,传达高层关于合规的最新政策和措施。合规培训的根本目的是提高企业内人员的合规意识,树立最高诚信道德标准,进而引导个体行为,使其主动遵守合规的要求,从而避免各个企业刑事法律风险点。最为重要的是,要对员工进行持续的沟通和指导,解答在实践中有关合规管理的疑问和难题,将诚信和合规理念融于员工的思维之中,从而形成一种合规文化。

(二) 设立合规管理机构

企业根据自身的业务性质、地域范围、监管要求等设置相应的合规管理机构以与合规管理任务相匹配,如企业合规部等。同时要把握合规管理机构的设立原则,在企业内部的地位和层级,所充当的角色与职责,与其他部门的关系等。德国《银行法》第25a条也规定了全面的组织义务,据此金融机构应当指定一个"适当的专门机构",由其负责法律制定的执行。该合规管理机构,负责制定合规管理制度,并确保这些政策制度被真正贯彻下去。这就需要公司保持一种上下一体的合规组织结构。合规部门应有首席合规官,直接向首席执行官负责,并且应保持最大限度的独立性,由专职人员担任,这既可以防止不必要的利益冲突,也能够确保合规部门独立地识别合规风险,并及时向管理层和董事会报告合规风险。同时，合规部门公司在所有分支机构和职能部门都应设立合规部门，合规部门应接受公司合规委员会和首席合规官的直接领导。

（三）建立企业风险防范体系

刑事合规的内容，就是赋予企业及其经营者一定的刑事风险管理的积极义务，即通过建立各种合规组织，采取各种有效的合规性措施，促进企业以最有效的方式预防、消除或者减轻刑事风险。所谓风险防范，就是指企业对可能出现的合规风险所采取的实时监督、识别和控制体系。

首先是实时监督。在设定了风险防范目标、明确企业刑事合规的目的之后，企业首先应该对自身在实现目标的过程中遇到的风险进行管理、监督，并贯穿于企业的各个环节和各项活动。既要对每个高管、每个员工在其职责范围内的每一项业务活动是否存在违规行为，进行可持续的控制管理，也要对公司运营过程是否存在违规行为进行双重审查。因此，必须制定与企业目标相一致的风险防范目标，将风险防范机制融入到企业目标实现过程中。

其次是风险识别。风险识别是指由合规部门基于合规风险的尽职调查和研究，查找企业各层级、各业务单元、各项重要经营活动及其重要业务流程中有无风险，有哪些风险，提交合规风险报告，并研究制定和实施降低风险的措施。进而进行风险评估，定期和不定期地对公司运营过程中存在的合规风险进行识别和评估。一个企业面临的风险有固有风险和剩余风险之分，风险评估确保主体在采取了风险应对以后的剩余风险在主体的风险承受能力和风险容忍度内。

（四）合理设置考核、举报和调查机制

要保障企业合规管理的有效性就需要考核评估员工的合规表现，即企业应考虑从业绩与合规性两个方面对管理者和员工进行全面的业绩考核，通过合规绩效考核来提升合规执行力。美国反腐败法案对举报人给予罚金金额的10%作为奖励并且保密。并且为保证合规管理机制的有效运行，避免刑事法律风险点所涉及的风险发生，企业应当建立完善的举报体系。

全体员工应有机会并能便利地向合规部门进行投诉，以便反映公司运营中存在的违规行为，这种投诉应得到及时高效的处理，并使投诉者受到保护。当违规者知道自己的行为处于众多员工的监督之下，而且可能随时被举报时，他们的违规行动肯定会受到约束。举报热线的设立以及中立员工都具有强大的威慑作用，对企业和调查部门来独立管理调查调查制度会加强企业内部规章及其他要求的执行力度。另外，公司合规部门应定期和不定期地就公司合规体系的实施状况以及相关的合规风险,向高级管理层乃至董事会进行报告,以便使后者能迅速及时地了解合规体系的实施状况。

(五) 风险出现的应对体系

应对体系其实是企业合规的事后补救机制,是在违规行为发生后,对存在违规行为的员工进行必要的惩戒,并对企业合规体系的运转情况进行全面有效的实时审查和监测,对于发现的制度漏洞和结构性缺陷,快速及时地加以修补和完善。2011 年英国司法部发布了细化第 9 条的具体指导意见,设定了组织建立合规计划的 6 条原则,亦即,适当程序;高层践行;风险评估;尽职审查;沟通;监控和检查。①

即使拥有强大的合规管理体系,只能降低了员工违规的风险,却不能绝对避免员工违纪违规。员工违规一旦证实,企业需要立即处理。处理员工违规行为的方式反映了企业是否严肃对待合规,很多企业对违反公司政策的违规行为和非法活动持有坚决的零容忍态度。同时应对员工违规行为进行分析,是疏忽大意还是重大过失还是其他原因,以便发现合规管理弱点并改进。好的机制能够使合规方案有效运营和执行,但有一个更重要的前提,就是需要管理层支持。管理层包括企业内各层级的领导人和高管,只有得到他们的支持,合规方案才能得到有效执行。管理层支持至少体现在以身作则和资金、资源支持三个方面。

四、完善我国企业刑事合规的对策

(一) 企业刑事责任范围的调整

传统上,法人刑事责任的基础是替代责任,企业依法为其员工及其代理人的行为负责。但该替代责任在实践中存在明显不足:一是任何企业成员只要为企业利益实施了犯罪行为,即承担严格责任,检察官在起诉时无须证明企业本身存在过错,企业也不必证明自己是否已经采取了相关的预防措施。无论如何,企业都要因此承担刑事责任。二是涉罪企业获刑后,不但要承担巨额的财产损失,还可能因为犯罪带来相关的附随后果而导致企业一蹶不振,从而摧垮整个企业。为了纾解企业对法人犯罪严格规制可能带来的困局,可以适当调整对法人犯罪的刑事政策。司法的目标不再是追求对涉罪法人的有罪判决和惩罚,而是期待企业改革其内部的规章制度,预防再次犯罪,刚性的法人刑事责

---

① Thomas R. Fox, UK Bribery Act Guidance: the Six Principles of a Non-Skewered Compliance Program, 2011.

任归责原则逐渐轻缓或者变通。首先，法人刑事责任根据，不再是简单的替代责任标准，而是法人的风险管理失误，回归到过错责任原则。其次，刑事责任的轻缓。从刑事立法的趋势看，法人犯罪的刑事责任是趋重化，不断加重对法人犯罪的惩处。

从短期看，应当尽快考虑以政企合规反腐以及企业承担预防犯罪之法律义务这一政策观念修正现行刑法总则中关于单位犯罪刑事责任以及刑事责任追究的相关条文。也即应考虑以预防理念以及组织性责任理念修订现行刑法中关于单位犯罪刑事责任的规定。具体可考虑以刑法修正案的方式修改刑法总则中关于单位犯罪的相关条文。可以考虑在借鉴前述欧盟相关立法经验的基础上在《刑法》第30条中增加如下内容："单位犯罪在犯罪构成以及刑事责任内涵及认定方面有别于自然人犯罪。单位刑事责任的内涵不仅包括公司主要管理者为了实现法人之利益而实施的犯罪行为，而且还包括由于公司主要领导在监管控制方面的缺失致使处于其监管之下的公司成员为了实现法人之利益而实施的犯罪行为。"同时，刑法总则及分则中与追究单位犯罪刑事责任相关的条文以及公司法中关于公司及公司高管预防违法犯罪的工作职责等配套法规，也要予以相应修改。

（二）刑事合规与企业犯罪的刑事责任

从中长期看，伴随我国单位犯罪的严峻态势、单位犯罪刑事法研究的深入拓展和企业犯罪防控观念的提升，未来需要在单位犯罪刑事责任的预防转型、企业刑事合规的司法协同、企业刑事合规与企业合规的无缝衔接、国际社会企业反腐软法的研究借鉴、企业治理及企业合规的国际及地区合作等战略性、系统性问题进行深入研究并达成共识的基础上，就企业刑事合规相关问题予以整体性安排和系统性规定。就刑法而言，这样的系统性规定既可以充实为刑法总则中的专门章节，也可以另行制定更为系统的专门针对单位犯罪的法律、规章。至于我国企业刑事合规的制度模式，可以在综合考虑我国刑事法制度的体系特点并参考当下国际社会典型模式不同特点的基础上，予以通盘考虑并作出具体规定。

第一，将刑事合规设定为企业刑事责任的积极抗辩事由，即使存在法益侵害的结果，也可以基于企业经营者已经制订并实施了合理的合规计划，尽到了监督义务，而对其进行加减免责任。这可以作为企业实施刑事合规政策的一个激励机制，在定罪量刑时给予企业刑事责任上的减轻；第二，确定现代公司中的领导人（股东或者高级经理）的责任。企业犯罪在形式上是企业雇员实施的，背后往往有企业负责人的影子。尽管处罚直接实施犯罪行为的企业雇员的责任没有太多制度障碍，但追究对雇员具有选任、监督责任者刑事责任是否违背了传统刑法中的责任主义原则,实属不无疑问。现实状况是,在增强刑罚处罚力度,大幅度提高企业和高管人员违法犯罪成本的同时,制定并执行企业负责人面临较低的承受严厉处罚的可能性的执法策略,可以调动公司的内部治理资源,从而限制员工对企业犯罪活动的参与。

犯罪控制的合规性建构:
一种基础理论的研究[*]

师 索[**]

一、犯罪控制合规性建构的提出

合规通常是指企业的经营活动、内部管理等制度与法律、规章等规范相一致。《中央企业合规管理工作指引》第3条规定,合规是指企业对经营管理中所有适用规范的普遍遵循,主要包括法律法规、党内法规、监管要求、商业惯例、行业准则、道德规范等外部合规要求和企业内部规章制度。合规的英文单词为compliance,其本意包含着遵从、遵循之意。所以合规往往具有将内在制度以某种标准为参考依据而予以设定的意味。近年来,合规一词的使用范围逐渐从商经管理向执法司法以及反腐败领域演进,但仍然习惯于将本体概念放置在较为局限的企业运营环境下解读。

事实上,围绕合规一词所衍生的法律关系、管理关系、社会关系显然不是刑事范畴所能涵盖,合规可在更广泛的格局中对其他制度进行辐射,进而将合规关系整合为一种工具主义而实现制度改善的重要功能。从这个意义来看,合规具有呈现出个人或组织由外至内的风险控制特性,不仅有预防越轨、犯罪、腐败等功能,更是需要根据制度本体的抽象程度确定合规的层级需求。所以合规既可以常态化的呈现出工具意义,其本身也是重要的制度建构方式。比如公司企业会重点偏向于刑事合规或反腐败合规,但并不妨碍公司企业或者其他制度围绕着合规进行更广范围的本体制度优化。

过去围绕犯罪现象展开犯罪学研究,将重点放在了客观叙事方面,而对主观建构不够重视,这点从犯罪学研究种较少出现争议与商榷有关。刑法学、刑

---

[*] 2016年国家社科基金青年项目《犯罪治理现代化评估指标体系研究》(16CFX034)。
[**] 师索,西南政法大学诉讼法与司法改革研究中心博士研究生,重庆市南岸区人民检察院检察员。

事诉讼法学同犯罪学相比最大的不同就在于开篇阶段会有较多原则性问题,比如刑法中的罪刑法定,刑事诉讼法的无罪推定等。当抽象的原则性与实践中的复杂情形碰撞时就会产生很多新问题。就原则本身来说,在任何时期对它们的解读都不会过时,反而历久弥新、越品越香。较之于犯罪学,最重要的犯罪控制领域并没有原则性规定,不能围绕原则性理念进行理论建构,进而不能形成整个犯罪学群的原则性体系,必然导致基础理论的薄弱。这可从长久以来的犯罪控制对策趋同性中得到显现。

合规性理念是一种宏观原则性的建构,在其下又可分为若干的细分原则,围绕着这些原则体系开展研究,可以弥补犯罪学基础理论在横向结构比较中的长期劣势。另一方面,当难以破解犯罪控制中的新生事物以及困境僵局时,合规性所主导的原则体系可以在现实与抽象之间、主观与客观之间生成一种可供反复对比、检验、审查的标准体系,为控制体系的破局性提供功能支撑。回到原则体系本身中寻找对策,可能会比寻找抽象的其他学科更为规范,这种内生知识的剧增过程实际在不经意间提升了犯罪学的理论厚度。总体而言,具体到犯罪控制这种宏大叙事的制度时,需要通过广义的合规机制去进行内部构造。犯罪控制作为犯罪学体系的核心部件,在整个犯罪学结构中的地位举足轻重,决定了犯罪学的现实功效。本文尝试着去利用合规机制探索犯罪控制的内部构造,并以此为切入点丰富犯罪学基础理论。

二、犯罪控制合规性建构的目的

为什么要进行犯罪控制的合规性建构,以及这种建构能对犯罪学体系产生何种功效,是首先必须回答的问题。从理论原理来说,合规的本质目的是为了更好的规避发展过程中的风险,犯罪控制在作为国家重要制度的过程中同样面临着风险需要克服。

(一)结构强化:从外至内规避自运行风险

犯罪控制体系过去所呈现的功利色彩较为浓厚,采取了一种事实建构进路,即注重控制措施在实体层面的成效,倾向于建构手术刀般的控制精准度,犯罪基于何种原因生成就对症采取何种控制措施,怎么有效降低犯罪率或者降低类型犯罪生成就加大特定的控制力度。犯罪控制在整个犯罪学生成的逻辑中位列于犯罪原因论之后而作为工具性的显像存在。犯罪控制运行强烈依赖于原因论体系而对国家、社会、公民形成输出态势。

事实上,犯罪控制并不是仅仅根据犯罪原因论就能被狭义界定,总是习惯讨论犯罪控制应当如何,却很少思考本质如何。犯罪控制的完整结构应当由实然和应然构成,实然是本体与根基,应然是表现形态。基于此,犯罪控制的对外输出结构应当由两个部分构成,一是传统的原因导向驱动,二是被忽视的本体导向驱动。也就是说,犯罪控制本体由内部管理结构与外部输出结构组成。在内外关系上呈现出外部输出的合目的性与内部管理的合规性相对应。合规性决定了手段性的控制效果,就像一个人,首先得知道自己的性格、人格、知识结构、能力框架,才能寻找自己的理想的工作。而工作中的各种能力又取决于对自身的充分认知。唯有明晰自身,才能找到最合适的工作,社会价值才能体现。

比如一种极端的控制策略,将涉恐人员全部终身监禁即可消除恐怖因素。这种手段显然不具有合规性,因为严重超出了犯罪控制的比例原则,并且严重侵犯人权。另一方面,恐怖主义犯罪的根源并未消除,只会持续性产生对立,激发更多的恐怖犯罪而形成恶性循环。就像评价一个人,如果认为其本质坏,那么这个人无论做什么好事均会被质疑。合规意味着正当化、体系化的犯罪控制对策,进而优化犯罪控制的逻辑结构,原因导向论的控制进路往往不能兼顾更为复杂的环境。合规导向的控制体系则可能具有更强的容错机制。

(二)比例平衡:完善利益博弈规避合法性风险

公共安全利益保护成为控制体系的首选利益。犯罪学也逐步成为西方政治领域的有力工具,惩罚的门槛越来越靠前,基于风险的预防控制逐渐成为主流。基于风险的控制体系是否能够经得起长远评价则摆在稍逊位置。事实建构已经造成了预防犯罪与惩罚犯罪之间的紧张关系,整个刑事司法体系作为一种规范性存在,正在被逐渐吞没于犯罪控制的同质化进程中,在保证惩罚性的同时正在无限的扩张预防功能。三振出局法经常将一些累犯的重复性轻微犯罪予以无限惩罚,本质上就是剥夺其实施犯罪的时空能力。那么这种超出报应刑之外的惩罚,就是为了预防。

犯罪控制权是多种权力的集合形态,并没有独立的控制权。犯罪控制基本都是依附在某一明文授权的体系中发挥效用。正是基于这种易于制造抽象的集合性,有必要上升到一种权力汇集的高度上来统一评价。在这种混合同进的思路下,越来越多带着惩罚性质的犯罪预防措施在控制领域发生作用。国家的犯罪控制权无名由的渗透到社会各个角落,隐匿于人类的意识层面,也侵入了权利体系。当下越来越多的措施嵌构于社会行为体系中,与人们的生活同步性而无法觉察,数据时代的权利体系重构,权力规制方式也需顺应重构。国家权力在控制犯罪时的各类权力应当符合比例原则,这是任何细化后的犯罪控制权能够存续的基本底线。合规性则要求犯罪控制能够在合适的比例范围内行使权力,不能以道德许容性来替代权利保护性。犯罪控制体制在鼓励人们遵守法律方面仍然扮演着重要角色,由此产生了犯罪控制目的的等次性,控制犯罪是基础目标,通过控制体系的法治化实现人类行为模式的转变是深层次目标,一个制度试图去改变其他制度,那最起码的应当做到自身合规。

(三)政治参与:提升决策效度规避决策性风险

犯罪控制体系在国家政治结构中的地位决定了控制效度的各项指标能否实现预期。威权社会的控制体系不讲究合规性,而讲究唯上性。法治社会的控制体系则强调民主决策、权利保障,讲究规范性、说理性。政治体制的不同决定了犯罪控制参与渠道的差异。良性的犯罪控制机制与国家政治运行往往互为促进,合规性保证了政治参与与决策体系间最基本的通道顺畅。很多决策建议需要经过多重转换才能最终发挥控制效果,而每次转换都可能引发其他连锁性的制度更替,不合规的控制体系或者不合规的控制建议,通常无法得到政治回应而形成无用、无效、低效的决策机制。在刑事程序之内,犯罪学对策和刑事诉讼法的对策比较,犯罪学并不能直接影响刑事程序,只能通过刑事程序对犯罪的反应来影响刑事政策,再通过刑事政策去影响程序的现实适用。而刑事诉讼法的对策则是直接干预程序运行。长此以往形成了犯罪学的决策力让位于平行的刑法学、刑事程序法等学科,在整个国家决策机制话语权方面逐渐式微。所以,研究合规性问题也旨在重新调整学界对控制对策的合规性要求,对策建议应尽量避免天马行空般的理想抽象,而着力在控制决策与政治执行力之间达成一个良性平衡。

三、犯罪控制合规体系的基本结构

犯罪控制的合规性并不完全作为抽象理论而存在,而是以结构化的体系形式得以体现,其合规功能的运行机制将在可视结构中得到安排。整个犯罪控制结构实际由一个主体三个体系构成,即犯罪控制本体为核心,原因论体系、合规体系与控制输出体系为影响因素。具体见下图:

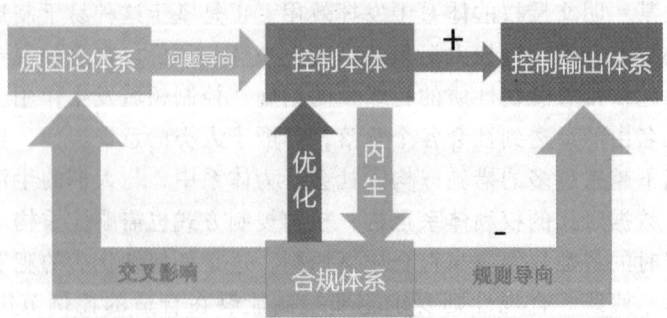

(一) 合规体系与控制本体的关系

同任何组织一样，犯罪控制的合规体系是整个控制本体在运行过程中的必然生成环节。合规体系内生于控制本体，在过去很长时间里，犯罪控制本体中一直存在合规机制，但处于分散无序状态，而随着整个权力与权利体系的重构，这种将分散合规机制形成统一评价体系的动力得到加强。传统的合规理论将合规视为一种责任豁免或减免的前提条件，将促使公司企业强化内部风险管理。但将合规理念应用于犯罪控制时，由于作为制度的犯罪控制不同于经济实体，其本来的制度抽象性决定了无时无刻都处于变动中。因此，犯罪控制中的合规体系的首要功能就是维护控制本体的政治合法性，这就必然超越传统的责任豁免事由，成为正面的本体强化事由。合规体系的存在也让犯罪控制的统筹能力将得到强化，各个学科各个领域中涉及到犯罪控制权的问题均需要合规性建构，犯罪控制在进行集中整合评价后会形成一种大犯罪学的格局，从而打破了传统的以研究对象为学科划分界限的方法，也让控制本体的控制能力更加全面。

(二) 合规体系与原因论体系的关系

内部合规构建面临着原因论体系与控制输出体系的双重制约。原因论体系不是完全独立于合规体系，而是与控制本体与合规体系形成了交织关系。一方面，原因论体系可以对控制本体产生未知影响而让控制本体的内部运行产生风险性。特别是原因论体系在发展过程中可能会出现的未经实践验证的理论，更有可能误导控制本体的决策机制而形成错误的控制输出。就此而言，合规体系的作用就是规范控制本体的决策机制，就如何认识全新的犯罪原因提供纠偏的参考标准。另一方面，合规体系与原因论体系之间也是相互影响，尽管不是直接互联，但在意识到合规体系存在时再让人们观察犯罪，特别是将注意到犯因性制度是否具备合规性对犯罪生成的影响，可能会对犯罪的生成原因产生更规范的认识。就好比在山坡上盖楼和沙地上盖楼，山坡和沙地的不同地质决定了楼房根基结构的差异。越是复杂的原因情境，越是需要完善的合规体系来夯实控制本体的决策根基。

(三) 合规体系与控制输出体系的关系

合规体系与输出体系之间的关系则显得稍微复杂一些。合规体系在本质上属于犯罪控制的规范形态范畴，规范形态主要为控制运行提供必要的授权依据。当规范形态缺失时，可能会导致两种极端的情形，一种是授权性规范缺失让控制主体无法基于法律而实施控制，典型则如"套路贷"犯罪初露端倪时，时有的法律法规与司法解释无法认定其为诈骗犯罪，公安机关无法立案打击而导致迅速泛滥；一种则是由于限制性规范的缺失而让控制主体在选择适当的控制措施时超越了比例原则，比如控制主体为满足一定考核指标时而有意拔高犯罪的社会危害性。

因此，合体体系蕴含着特殊的规则导向，这种规则本身具有普适性的价值观与世界观，代表着正义体系。而输出体系则属于犯罪控制的现实形态，是控制本体在经过原因酝酿与决策分析后的具体控制措施，输出体系的最终目的就是解决已知的犯罪问题，呈现出强烈的问题导向色彩。哈特认为，只要我们想用普遍标准控制行为，规则就无法考虑事实经常难以预测的特性和相关特征的多样性，这些都是由具体情形和特定的人所带来。① 其实也就阐明了合规体系的规则导向与输出体系的问题导向之间不可能完全匹配。输出体系通常会在原因体系的支持下呈现出一种超然性、超前性。也就意味着在合规体系的两种规则导向中，授权性规则会成为一种稀少的应急措施，而合规体系在绝大多数时候将以限权性规范而存在，继而成为一种保障控制输出的底线规则。

四、犯罪控制合规性建构的基本原则

探讨犯罪控制的合规性存在一种前提假设，就是没有合规制约，那么整个控制流程将如脱缰的野马一样不受羁绊而肆意奔跑。合规性的规范力首先在于确立可参照的基本原则。笔者认为，合规性构建的基本原则主要有以下三个方面。

（一）合规性与合法性相衔接原则

合规性与合法性严格来说不是同一概念，但彼此有交叉又可互为补充。合规性主要是为犯罪控制确立一个可参考的标准，使得内部流程更加规范，进而影响控制输出体系。合法性则严格地说不仅包括合乎法律规则，也带有政治合法性的意味。犯罪控制运行来源于犯罪控制权，犯罪控制权的管理问题就成为合规性生成的主要源头，具体到中观层面则涉及对犯罪控制秩序的监管。因此，合规性建构首先得找到一套合适的具有授权功能与惩罚功能的规范体系，比如刑法、行政法、刑事诉讼法以及纪律处分条例等。

合规性构建在一定程度上是为了满足合法性的基本需求，而达到合法性标准后的合规性也将更加完善。技术层面而言，合规性特有的工具价值可将犯罪控制的规则合法性与政治合法性予以区分后表达，从而让合规体系在控制结构

---

① ［英］H. L. A. 哈特：《法律的概念》（第二版），许家馨、李冠宜译，法律出版社2008年版，第90页。

中具有双重功能定位,即不断从合法性体系寻求支撑而实现自律,又不断满足合法性的基本需要去实现他律。如果合法性规范过于零散以及合法性体系存在自身缺陷时,并不利于整体合规性与外部合法性的衔接。

(二) 权利与权力成比例原则

犯罪控制权包括了行政权、刑事司法权以及其他软性权力。不管归属于何种权力,控制措施对基本权利的干预,要求控制体系无论是在刑事范畴内还是刑事范畴外,均要设置必要的救济机制。这种救济机制应当包括提请审查权、提起诉讼权、申请复议权、控告申诉权等。英国《反贿赂法 2010》被称为世界上最严厉的反腐立法。根据该法,任何在英国开展业务或与英国有关系的组织涉嫌腐败将被起诉,面临无限罚款以及涉案人员被判入狱的风险。但是该法允许企业在自我报告中提出已经建立了完善的预防贿赂犯罪程序作为自身抗辩的理由,反严重欺诈局将把这些抗辩理由作为公共利益评估的重要因素,评判其是否符合起诉的公共利益要求,也就在一定程度上为避免企业过度入罪提供了空间。

另一方面,越是先进的控制措施,特别是技术领域的秘密控制,越是要合规跟进与比例审查。实际上在欧美地区,利用大数据进行犯罪控制已受到严格规制,比如欧盟《通用数据保护条例》(General Data Protection Regulation)、美国联邦《隐私法》等对国家公权力获取公民大数据进行了程序规制。在犯罪控制的新领域中,首先需要做到的是控制合规,而不是控制效率。

(三) 专业性与公正性相结合原则

合规化管理本来就是非常专业的技术领域。当应用到犯罪控制时,这种专业性就将进一步强化。制度设计者必须在犯罪控制的实然状态与参考体系下的应然状态不断对比权衡。比如如何准确、迅速的确定某些具有更迭性的社会行为是否属于犯罪行为就是这种专业主义的体现。基于线性思维的传统管理认为,只要严格按照既定规范制定和实施计划,就可以获得预期的结果,过程中出现的偏离或者扰动只是一些"意外"。但实际上,这些"意外"可能正是内部非线性关系导致的不确定性和复杂性。复杂性问题不能用还原论方法处理,常常成为导致管理目标难以实现甚至灾难性后果的重要因素。①

所以合规性建构专业性视角不可避免具有局限性,必须引入公正性来弥补平衡。这种公正性集中体现为客观中立性,既不能存在对犯罪、犯罪人群体的

---

① [美]小约瑟夫·巴达拉克:《灰度决策:如何处理复杂、棘手、高风险的难题》,唐伟、张鑫译,机械工业出版社 2008 年版,第 15 页。

偏见而放宽规制标准,也不能因强烈的权利意识而收紧必要的控制权限度。专业性与公正性相结合的合规性不再是一成不变的教条主义,而是随着时代变迁和犯罪运行不断调整。比如作为沉默权发源地的英国,多次出台法律限制沉默权,以满足打击犯罪需要,比如《刑事司法法1987》在欺诈犯罪调查中限制沉默权适用,《刑事司法与公共秩序法1994》又进一步限制沉默权,《严重犯罪法2007》又对15种严重犯罪限制沉默权。总之,合规性标准就是要在控制犯罪与人权保障之间寻求必要的平衡。从这个角度而言,犯罪控制的合规性管理可能会长期处于一种半脱域的博弈状态,合规决策者、执行者与犯罪控制的决策者、执行者之间的关系会显得非常复杂。

五、犯罪控制合规性建构的基本维度

犯罪控制合规性建构可以分为两个关键字:一个是"合",即怎么遵循;一个是"规",即遵循什么。怎么遵循的前提在于理清应该遵循的客体,即合规性构建的基本维度。偏重于规制色彩的合规体系通常由三个维度及其相互关系来展示这个复杂过程。

(一) 建立在道德义务基础上的标准合规

这是整个合规体系建构的根基性框架,也是伴随着习惯或日常生活发展而不由自主的习惯性合规。犯罪控制的道德支撑在于一个国家应当为社会提供必要的抗制措施来应对那些可能对社会造成伤害的人。但犯罪控制的长运目标不是功利性的惩罚,控制功利性与道德许容性之间并不是独立联系,因为道德许容性也随社会结构裂变而面临着分化,不是所有符合道德或情感的控制措施均能够被容许。违背道德合规的后果就是执法权的恣意性扩大后,彻底摧毁刑事司法体系的信任机制。合规性应当尽最大可能符合道德底线,才能保证犯罪控制权在不经意间延伸到其他领域时的基本底线。

(二) 建立在公共利益基础之上的工具合规

犯罪控制的目的在于提供公共安全的供给度,从而维护公共利益。被喻为最严格的数据保护法的欧盟《一般数据保护法》(GDPR)第2条规定,由主管当局为预防、调查、侦查或起诉的刑事犯罪,执行的刑事处罚的目的,包括防范和阻止公共安全受到威胁,可以自动处理个人数据。第5条规定,只要个人数据将仅仅以为达到公共利益、科学或历史研究或统计的目的而处理,个人数据能被长时间存储控制。事实上,绝大多数权力立法都将公共利益作为权力运行的工具性要求,因为控制主体在调动公共资源、使用公共财政方面具有较好的天然优势。控制某类犯罪所需要的成本是否要从公共财政中支出涉及到公

共税收、资金的使用。这种工具合规主要旨在规制控制主体不正当的使用公共利益,尤其是在犯罪治理框架下,国家作为传统控制主体将和私营主体进行合作性控制,这就必然涉及到国家对本应当自行使用的资金进行二次转移的情形,从中产生的控制权威泛化、控制效果失精以及带来的权力寻租问题都会逐步显现出来。很遗憾的是,目前各个国家对公共利益并未作为详尽解释,而是更多交由执法机关与司法审查机关进行自主解释。

(三)建立在强制力基础之上的约束合规

约束合规通常表现为对法律规范的合规,也包括遵循国际准则惯例、区域性公约、司法解释、行政解释、部门间联合意见等多样化的合规载体。简单地说就是犯罪控制的规范形态对合规化的影响,是能够切实找到明确参照标准的合规维度,具体到实践中就会形成犯罪控制措施的法治化。约束合规对控制本体的强制遵循力度最强,也是权力与权利博弈的集中地。这里的情形还可以细化为对国家机关与经济组织两类控制主体的合规要求。通常而言,公司企业在调查内部犯罪及商业贿赂方面并不具备司法权限的强制手段,只能尽可能做好内部合规建设用于将调查程序详细化。比如公司规章可以规定在办公场所只能使用公共电脑,并禁止在电脑上从事个人事务,发案后公司就有权回收电脑进行检查。若允许员工使用私人电脑办公,员工就可以用侵犯隐私权为由对抗调查。所以只要设置合理,经济主体内部也能创设出具有一定强制力的约束合规。

对于国家机关所行使的控制权而言,刑事程序的合规性应当更加重视。刑事程序是对犯罪进行刑法认定的过程,在多数时候,学界认为刑事程序意味着犯罪业已成型而似乎已经预防失败,所以犯罪学对刑事程序的关注并不充分。犯罪控制并非杜绝犯罪发生,而是将犯罪控制在一定社会安全阈值之内,也就意味着刑事程序的预防作用被掩盖,而控制作用仍然存在。刑事程序以规范国家权力、保护公民基本权利为基本原则,犯罪所引发的侦查、起诉与审判均属于国家权力,在一定程度上也属于犯罪控制权的分支。刑事程序通过规范侦查权、起诉权与审判权,均将对犯罪情境生成影响。尤其是启动刑事程序的标准,证据标准的把握呈现出倒溯式的以审判为中心的投射,当定罪所需要的证据标准较高时,侦查机关就会选择性的侦办证明难度较低的犯罪,而较大概率的放弃证明难度较高的犯罪。对于检察机关来说,就会通过诉辩交易来推进刑事程序,进而影响到纸面上所能显现的犯罪境况。这种犯罪境况又称为影响刑事司法决策的根据而存在,所以刑事程序与刑事程序之外的犯罪控制实际上是相互关联不可分割的体系,均属于约束性合规维度。

(四) 三种基本维度间的关系体系

道德合规是控制主体的内心确信，公共利益合规是能够经得起审查的可以自我解释的合规，而约束合规则是必须遵守的规则体系。这三个合规维度可以单独出现也可以共同出现，并且可能在犯罪控制的某些阶段特别突出，其他控制规范行为的短期合规与刑事法体系形成的长期合规必须予以区分。合规维度彼此之间相互影响，符合法律规定的犯罪控制具有合法性、符合公共利益规则的犯罪控制具有合理性、符合道德规范的犯罪控制具有正当性。实际上三个维度构成了合规管理的基本内核，成为外部权力或第三方机构对犯罪控制权进行审查与监督的动态标准，专业机构、大众媒体、公民群体会按照这些标准对控制体系进行合规评价。而这些标准可能也会随着合规的精细化发展而不断扩展，最终不断完善合规审查的标准体系。

完美的合规就是同时符合三个维度的合规，但事实上同时契合的合规体系很难出现。道德合规、公共利益合规与约束合规之间经常发生冲突。就某些控制措施的性质而言，其本身就不具有道德合规性，比如线人侦查或诱惑侦查就有突破伦理的嫌疑，又比如在欧洲备受争议的数据留存制度，在没有任何合理怀疑的情境中就可以留存公民的网络通讯数据，这无疑于将所有人都提前视为嫌疑人，只需等待其犯罪后备查即可。而这些预防性措施之所以能获得当局广泛支持，就在于满足法律合规的情况下具有公共利益的工具属性。恰恰也有学者认为由于法律规则与道德规则作为两个虽然不同但相互补充的行动规范而并列出现，呈现出互补性关系，两者所需要的合法性论证无法以指涉对方的方式来完成，所以将求助于合理商谈去实现行动规范的有效性。① 由此可见，道德合规尽管作为底线维度，但由于这种解释弹性的存在，成为了一种象征性的维度而内化于日常政治生活，合规维度更偏重于公共利益与约束性规范。

六、犯罪控制合规性建构的方法论体系

(一) 宏观建构：注重从内至外的控制输出

1. 以广义程序观建构合规基本流程

这里的程序并不是唯独指称以刑事诉讼法为主的刑事程序，而是一种广义的程序观。犯罪控制的结果并不总是会进入刑事程序，这种程序观涵盖了从一般事项到行政事项再到刑事事项的流程通道。事实上就要求犯罪控制体系在生

---

① 哈贝马斯：《在事实与规范之间：关于法律和民主法治国的商谈理论》，童世骏译，生活·读书·新知三联书店2003年版，第132页。

成过程中实现一种普遍正义。从政治哲学的角度来看，程序正义主要是指通过人们必须接受某种程序形成的结果，罗尔斯、哈贝马斯等人提出的正义观就是这种程序正义观。罗尔斯又将程序正义分为三个种类：一是完善的程序正义，就是对正义的分配具有独立标准，且配套有保证这个标准实现的程序。二是不完善的程序正义，就是有独立的分配标准，却没有程序可以保证实现正义。三是纯粹程序正义，即不存在独立的标准，结果的公平取决于对程序的遵守。① 纯粹程序正义允许公正具有多个标准的实现路径，但实现的程序非常重要。

在犯罪控制中，显然用纯粹程序正义来设置合规性流程更为合理。其中一个最重要的原因就是犯罪控制所对应的犯罪现象具有随时裂变的不稳定性，导致控制体系无法用一种标准、一种模式来设置运行模式。这就涉及到犯罪控制权的分配问题，就是权力来源及其如何运行问题，由何种程序生成的权力是合乎道德与法律的。只有获取权力的程序是正义的，才能保证分配过程的正义性。

2. 以风险为导向设置合规监管机制

合规运行的功能之一就是风险防控。在不同语境下的风险会带来不同的损害后果。合规监管的设置就需要以风险为导向。比如公私合作治理犯罪时，如何评估私营主体的控制能力、业务优势，在合作过程中可能会出现哪些意料之外的风险、如何评价这种公私合作效果等问题，均需要以风险为导向。控制主体很随意的通过寻租方式找寻合作伙伴，同样涉及到腐败风险。从这个角度讲，基于风险管理的合规流程属于程序中的程序，但违反合规流程则有较大概率的违背犯罪控制所设定的实体目标。

这里就出现一个问题，合规化需要犯罪控制体系所达到的目标和犯罪控制本来想要达到的目标之间是什么关系。合规化必然会通过规制内部流程来影响犯罪控制的外部输出，但具体是正相关还是负相关在实践中呈现出不确定性格局。内部收紧可能导致外部措施的成效降低，但内部合规不力肯定降低控制实效。合规风险往往是操作风险存在和发生的重要起因，比如在布控治安耳目中，情报人员违反了单线联系原则，导致耳目暴露后失去情报收集能力，该区域短时间内盗窃频发。这就是典型的内部合规管理不够引发外部控制失效。风险导向的合规监管就需要结合常规风险与突变风险进行规制，在控制目标、控制措施设计上可以联动考虑，增强风险管理的力度。具体而言，可以设置有效的评价指标将笼统的控制流程予以分割，给予风险外溢的必要观察空间，在方

---

① 姚大志：《一种程序正义？——罗尔斯程序正义献疑》，载《江海学刊》2010年第3期。

法论上也将遵循风险规制的基本规律。

3. 以有效性为导向构建措施体系

控制输出体系的最终形态就是控制措施体系的呈现，纷繁的控制措施成为控制本体与社会结构、政治体系相互嵌构的触伸角。控制措施必须契合社会结构的基本要素，并取得政治体系的良性评价才能获得有效性，有效性也是促进合规管理的必要条件。具体而言，构建有效的控制体系需要从三个方面细化。第一，从低成本措施向高成本措施演进。即针对某一类犯罪的控制部署要优先考虑低成本的控制措施，而不能直接选择高成本措施。比如能通过数据碰撞获得的情报，就不需要再派出大量警力进行走访调查。高成本措施应当作为一种补充性、强化性的选择。第二，从细节落实向宏观目标演进。在提出控制对策时，其逻辑选择应当优先考量可以着眼于犯罪问题本身的措施，再去思考治理层面的制度改进问题。比如针对电信诈骗犯罪，措施体系的第一选择就是如何构建有效的侦破体系、协作体系，而不是如何从国家治理层面去寻求救济药方。这里也不是说宏观的控制目标不切实际，相反，最终要有效减少犯罪，最终肯定需要国家治理的整体发力。第三，从可直接着手向多层次制度演进。提出或部署的控制措施应当优先给予控制主体一种可操作感，如果一种措施建议在最基层的执行体系中无法得到适用，那么措施的政治回馈就出现了一线受阻，自然无法得到更高的政治回应。总体来说，控制措施的有效性能反映出整个控制机制在国家政治生活中的话语色彩，在实践中往往最容易忽视政治反馈的基本规律而做了大量的无用功。

（二）中观建构：控制本体的结构性合规

犯罪控制在结构上由控制主体、控制措施与控制对象构成。在中观层面，对控制结构本体进行合规建构是必不可少的环节。

1. 控制主体的合规性

到底应该由哪些合适的人或组织作为犯罪控制主体，并没有得到学界的重视。控制主体的合规性包括主体的合法性、合理性两个相互影响的要素。除去传统的以警察为代表的合法又合理的控制主体，这里要分两种情况剖析：第一，有合法性并不代表具有合理性。这种情形通常是由控制功能的供给不足所引起。控制主体不能胜任在某一情境中针对某类犯罪实施的控制行为。比如某地区近来海盗犯罪突变猖獗，国家基于海上警力缺失的现实情况而抽调陆上警力前往巡逻执法，但陆上警察并不具备海上防控的经验，就很容易出现控制真空。第二，有合理性不一定具有合法性。这种情形通常是控制主体由于身份、专业知识、特殊技能等因素非常契合于针对某类犯罪的控制体系，但由于不能取得合法的控制资格而形成了控制主体的边缘人物。比如在控制乡村犯罪过程中，国家通过利用宗族能人的本土资源就能形成对当地社会秩序的特殊震慑。而这种秘密的合作很可能无法取得法律上的明面资格。

在实践中，第一种情形往往不足以对合规体系造成冲击，较难处理的在于第二种情形中如何处理身份合规与控制实效的难题。控制主体的身份不合法但能力很合理，特别是在一些秘密力量的使用中经常出现类似难题。这个时候犯罪控制的正义观呈现出程序让位于实体的情况。如何在实体与程序之间达成平衡，就需要引入公共利益标准进行平衡，重点权衡法益与公共利益之间的取舍，是否具有紧迫性、是否可能引起更大公共利益受损等因素将成为主体合规性的例外适用规则。

2. 控制对象的合规性

控制对象的合规性问题主要涉及犯罪控制的辐射范围，即解决一个问题：符合什么条件的个人或组织可以被纳入控制范围。从国家治理的效率来讲，控制基数越大，基础性情报信息越丰富，能够发现的犯罪可能性节点越多。但从控制成本来说，无限制的扩大控制范围以及人口基础并不符合公共利益原则。随着数据时代来临，整个社会行为模式被各类元数据所重构。过去的行为溯源需要传统的走访调查、查看监控，而当下只需要从每个人在网络世界中留存的数据里就能轻松还原个人轨迹。这无疑是对国家权力与个人权利运行方式的彻底重建。过去我们还在依赖人盯人的特情耳目来不断发现线索，而现在只需要技术性还原就可以实现人口管控。

在不经意间，基于技术演进而来的控制门槛前置导致控制对象的泛化趋势明显，越来越多的人被悄然纳入监控范围却毫不知情。这必然带来两个问题，一是大规模数据监控将会让所有人都成为没有合理怀疑之下的"嫌疑人"，进而将其视为可能会犯罪的人群，如此扩大化的控制对象是否违背了程序正义中的"无罪推定"？二是在这种先入为主的假定下，国家对市民的日常管理就会产生信息不对称的格局，从而改变过去在双方信息相对对称之下的平均制衡格局。比较典型的就是公民的反控制能力基本被剥夺，无法实施反侦查行为，而反侦查行为严格地说也是公民的一种权利，只要不超出合法限度。三是控制对象泛化必然将导致社会整体隐私权遭受挑战，隐私权在何种情形下才能让渡于国家监控权是个很严肃的问题。

但就目前来看，控制对象泛化与合规性要求之间肯定是有差距的，严格地说这是个治理技术问题。欧洲人权法院对以数据留存为主的大规模监控的态度可以参考，人权法院认为无罪推定和遭受污名化的风险要求对定罪之人和未定罪之人实施不同的数据处遇，在当下的背景下，要特别关注污名化风险对不特定人的影响，未被定罪的人有权享受无罪推定，因此不能同已定罪之人等同处遇。对于嫌疑人而非定罪之人进行"全面而无差别"的数据留存构成了"恣意",因此未能在平衡公共利益和私人利益间实现公平。① 另外,立法者需要区分严重犯罪、普通犯罪与轻微犯罪的界限,以此在数据留存的情境中更好去平衡国家利益和个人利益,建立已入库数据的移除机制。独立审查机制必须被建立来评估留存的理由,比如犯罪的严重程度、被怀疑的力度和其他可以评估留存正当性的标准。另外,扩大控制对象的范围也需要在这个框架内遵循比例原则。

3. 控制措施的合规性

控制措施是控制体系的核心构件,也是能够直接对犯罪现象进行干预的行为制度机制。控制措施相比于控制主体与控制对象的合规性更难把握,其多样性、繁杂性、突变性等特征让针对控制措施的合规性建构可能会偏向原则层面。从总体上说,控制措施的合规性必须从形式层面与实质层面共同切入。形式合规表示措施将技术性的满足最低控制标准,而实质合规则意味着完全严格的要求。

比如在对追溯式预防性羁押的合法性评判中,欧洲人权法院发现此类预防性羁押主要是在刑事判决执行完毕后,由于其先前的罪行而继续被羁押在治疗中心,从而实现危险犯罪人的风险隔离,于是"惩罚性""预防性""治疗性"就可能成为追溯式预防性羁押的三个目的。如果将行为人羁押在治疗中心具有惩罚性,那么这种犯罪预防措施就不具有合法性。从整个欧洲来看,在审查的32个缔约国中,有10个国家允许采取类似措施,即在刑事判决后继续剥夺自由。这些国家中有一半允许在判刑后下令采取此类措施。这些措施是由司法机构施加的。在大多数这些国家,根据国内法,这些措施不属于"惩罚"。那么允许适用该措施的国家就采用了形式合规的解释进路。②

但是欧洲人权法院大法庭经过实质合规审查后,其中有部分法官认为预防性与惩罚性无法分离。"预防性"目的不是惩罚,而是与惩罚密切相关。预防是许多惩罚理论的核心:惩罚通常被认为可以防止被定罪者在被关押(通过丧失能力或消极特殊预防)和之后(通过重新社会化或积极特殊预防)犯下更多罪行。同样,据说惩罚通常是通过威慑潜在的罪犯(消极的一般预防)和传递强制规范的信号(一般积极预防)来预防犯罪。因此,措施的"预防

---

① 师索:《犯罪侦查中网络通讯数据留存制度的欧洲法审视》,载《西南政法大学学报》2018年第6期。

② ECHR. [GC] Case of Ilnseher v. Germany (Applications nos. 10211/12 and 27505/14), 4 December 2018.

性"目的绝不会排除其惩罚性质。惩罚性体现在法律行为中而非执行条件中,司法审查仅仅缓解但不能消除惩罚的严厉性。追溯性本身就是惩罚,治疗性仅仅是一种外在的装饰。

由于犯罪控制措施的多样性,其合规性建构不可能具体到每个具体的措施中,而只能在形式合规与实质合规之间寻求平衡,并尽可能的将这种平衡机制进行类型化建模,进而上升至一种动态的原则性规范,任何控制措施都要经受这种原则性规范的审查。

(三)微观建构:合规审查的方式构建

在犯罪控制合规性建构的微观层面,则涉及到一些可以实现具体操作的东西,即如何在实践中切实落实合规性。

1. 权力审查

完全依赖于犯罪控制体系内部的自我合规并不现实,权力部门往往习惯于自我监督,但效果并不好,最好的权力监督就是权力制衡,权力制衡并非静态制衡,而是通过权力工具为介质实现,通常表现为权力审查。在犯罪控制运行中就表现为对犯罪控制权的具体审查,并且通常由控制体系之外的中立部门进行审查。

权力审查可以多个标准从多个维度进行解构。第一,从权力与权利的平衡为标准,可以分为对控制对象的权利合规审查与对控制措施的权力合规审查。比如欧洲人权法院通常会从四个方面审查剥夺人身自由的控制措施。一是合法性审查。审查剥夺自由的理由以及是否按照法律规定的程序"合法"羁押。二是实质性审查,应从其目标和宗旨去解释和适用,以便为防止恣意起诉,定罪和刑罚。三是及时性审查,必须根据每个案件的具体情况去审查迅速作出决定的权利是否得到尊重。四是公正性审查,即审查相关具有决定权的官员是否处于中立立场。第二,从犯罪控制触及的时空领域为标准,分为虚拟的审查与现实的审查。从目前的来看,虚拟审查的难度显然比现实审查更大,因为无论是国家或联盟,每年新增的网络通讯数据规范不计其数,涉及适用效力、适用层级方面的矛盾冲突,公说公有理婆说婆有理的情形突出。第三,从犯罪控制的推进阶段来看,可分为刑事程序之外的审查与刑事程序之中的审查。传统犯罪学并不愿意过多介入进入刑事程序之后的控制形态,不自觉的这个阶段控制犯罪的任务归入刑事诉讼。目前看来,这种只重视刑事程序之外的控制思路值得重新考量。刑事程序的合规与刑事程序外的合规性之间的关系,是否要将某类行为予以犯罪化或者适用刑事制裁时,应当在最后原则之前考量是否具有其他可选择替代的控制方法,所以两个阶段彼此呈现互补关联性。而国家总是倾向于选择刑事程序来处理类似的情况,其原因就在于其特有的惩罚性机制。因此，评判一项犯罪控制措施的重要标志就是该措施的惩罚性。一些措施尽管没有进入刑事程序，或者在刑事程序结束之后适用，但其惩罚性仍然伴随着预防性。

2. 措施衔接

世界各国控制犯罪的措施性质大概可以涵盖民事、行政与刑事三类。民事性质的控制措施可能相对陌生，但英国《严重犯罪法》所规定的重罪预防令就被界定为一种民事措施。不仅如此，美国在1970年施行的《欺诈干预与腐败组织法》已经证明可以用民事法令来实施行为控制。英国内政部在2006年发布的绿皮书中写道，整个美国正在被这种民事法令所深刻影响。①民事程序性质的控制措施构建了一种启动控制强制性的双重标准，即用民事证据为标准规避刑事标准的审查而启动带有强制性的控制措施，却以严厉的刑罚措施保障这种控制措施能够顺利运行。就行政措施而言，比较典型的就是德国法中的保安处分，即从防卫社会的角度对具有人身危险性的人员进行的保安措施，保安处分与刑事惩罚也构成了德国的双轨制制裁体系。伴随着保安处分的争议也较多，比如突破罪刑法定，以行政手段实施刑事制裁等。而具体到刑事程序，刑事程序本身就是一种惩罚，进入刑事程序之后，无论最终是否出罪，这种特殊的余味性标签都将伴随终生而成为一种略带污名的累赘。

所以，对三类性质控制措施的合规性审查需要做好以下几点：第一，要坚持法有规定才可为。比如协商性司法往往带有从宽处理的意味，如果刑事程序内的协商带来的出罪可能性加大，那么就很有可能造成程序外的控制效果降低。合规性要求确立这种协商机制的限度。第二，若是刑事程序之外的审查，就必须在控制措施与惩罚性之间达成比例原则。特别是民事、行政措施的实际惩罚性以及由此带来的强制性问题往往不能忽略，即刑法对被拘禁者自由权的干预强度是否与非刑事措施的强度相对应。第三，要确立刑事制裁的责任问题，违背合规性的措施体系应当接受程序性制裁，比如阻断控制目的，将控制效果从程序中排除。

3. 回馈评价

合规性建构的目的通常是为了建立合规管理机制、防范合规风险、培育合规文化。合规性构建往往不能单向行进，而只能形成循环论证，合规性运行的回馈评价就显得尤为重要。回馈评价实质上围绕控制措施的有效性而建构。众所周知，控制措施必须根据犯罪运行的最新情形而不断调整，也就意味着要不断契合合规性思路。不断创新控制措施是犯罪控制体系的生命力，对这种创新

---

① 师索：《解构重罪预防令》，载《中国人民公安大学学报》2017年第6期。

式的控制进路必须要不断接受外界的回馈评价才能满足合规性。

第一，政治回馈。不能忽视的是，任何犯罪控制领域的改革或创新都不能脱离政治评价，不能取得政治支持或者刻意规避政治视线的控制措施体系均会遭受失败。甚至在某些时候由于政治人物的更替而导致改革半途而废。第二，专业回馈。刑事司法体系中的专业人员通常具有比其他领域更为丰富的地方性知识。为什么一些地区或国家的成功经验会在其他地方遭受失败，就是由于在移植过程中忽视了对当地专业人员的回馈。比如 A 区实施毒品犯罪控制措施在 B 区却毫无起色，最终发现 A 区的措施改革基于法院判决毒品犯罪的严厉性，而 B 区法院在判决该区毒品犯罪时比 A 区偏低。最终形成了 A 区贩毒人员向 B 区转移，反而搅乱了 B 区原有的控制格局。一项成功的控制措施脱离原生情境时可能会变得不再成功，而专业人员将对此作出解释。第三，公众回馈。减少犯罪实际只是国家通过运行犯罪控制体系所要达到的目标之一，并不是唯一目的。一种控制体系或控制措施的有效性能否维系，关键在于这种创新或改革让谁受益。公共政策领域的任何改革都必须让公众受益才能获得继行力，若仅仅通过花哨的改革方案去获取政绩，这种控制无疑不合规，其逻辑起点无疑荒谬。

七、结语

在各类新型犯罪层出不穷且控制主体疲于奔命的时候，现在研究犯罪控制的合规性问题是否为时过早了？是否合规体系的凸显就会影响控制效率？这种担忧，有些类似 20 世纪 90 年代学界提出规制侦查权来预防刑讯逼供时，遭遇了很多的误解，当一系列的冤假错案都因刑讯逼供而埋下隐患并最终爆发时，才深刻体会到针对国家权力的规范和制衡是永恒的主题。事实上，本文提出的合规性源于犯罪控制权，只要有权力就会有规范，就会形成合规机制。犯罪控制的合规性建构一直都存在，也并不是新生事物，只是过去处于分散状态未被集中化的进行探讨。一方面，合规性问题能够有效将过去分散于各个学科的犯罪学知识汇集，形成以合规为中轴的大犯罪学格局，从而丰富基础理论框架。另一方面，合规性视角为犯罪控制权在实践中遭遇的新问题提供了全新的分析工具。所以，研究犯罪控制的合规性问题并不存在早或晚的问题，而是或浅或深的问题。

风险社会下刑事政策的基本立场

风险社会视野中人工智能领域的犯罪主体

周振杰[*]

虽然早在 20 世纪 80 年代初，人工智能的潜在风险已经因为机器人导致汽车装配工死亡的事故引起了社会关注，[①] 但是有关人工智能犯罪的研究成为学界关注的热点，却是近年的事情。就对人工智能进行刑法规制的正当性与必要性，学界已经从人工智能潜在的社会危害性、刑法的机能等角度进行了论述，而且并无实质性分歧。[②] 但是，对于人工智能领域的"犯罪主体是谁"这一核心问题，学界仍然众说纷纭，需要进一步研究。

一、人工智能领域犯罪主体的理论争议与问题所在

（一）理论争议

"犯罪主体是谁"之所以成为核心问题，不仅是"只有明确谁应当对人工智能'失控'行为所造成的危害结果承担刑事责任，才能够以此为基准建立起对于人工智能犯罪治理的法律体系"，[③] 更是因为只有确定了犯罪主体，才可能有针对性地设置与适用归责原则与刑罚措施。以是否承认人工智能本身的主体地位为标准，可以将目前的观点分为肯定说、否定说与区分说。

肯定说主张赋予具有自主意志的人工智能产品以犯罪主体地位，置而言之，人工智能领域刑法规制的对象应该是人工智能。一方面，人工智能的高速发展使我们不得不面对越来越多的不确定性与风险，而"面对人工智能的高速发展，我国现行刑法显得力有未逮，具体表现在，无法将人工智能产品作为

---

[*] 周振杰，北京师范大学刑事法律科学研究院教授、博士生导师。
[①] See Gabriel Hallevy. The Criminal Liability of Artificial Intelligence Entities.［EB/OL］. http: //ssrn. com/abstract = 1564096，2019 - 01 - 16.
[②] 刘宪权、房慧颖：《涉人工智能犯罪刑法规制的正当性与适当性》，载《华南师范大学学报（社会科学版）》2018 年第 6 期。
[③] 叶良芳、马路瑶：《风险社会视阈下人工智能犯罪的刑法应对》，载《浙江学刊》2018 年第 6 期。

单独的犯罪主体加以规制,并对其处以特定种类的刑罚措施及无法对人工智能犯罪所涉及的其他相关责任主体进行有效地刑事处罚"。① 另一方面,人工智能产品尤其是强人工智能产品能够而且应该拥有道德。"对于具备'独立意志'、'人工道德'的机器人,其自身独立于机器人的设计者,应对自身行为及其所造成的后果负责。"② 与此同时,既然单位可以被拟制为犯罪主体,"将具有独立意志的人工智能产品做同样的拟制又何尝不可?……具有独立意志的人工智能产品拥有比单位更强的意志自由,因为其是模拟人类的思维体系制造而成的,相比于单位更类似于人"。③

与肯定说主张应该以人工智能为规制对象相对,否定说认为将人工智能拟制为犯罪主体的理论本身不能自圆其说,应由人工智能产品的设计、制造和使用者来承担刑事责任,而非人工智能。否定论认为,人类基于功利性的目的开发、设计、生产并使用人工智能产品,机器人的工具性价值决定了其受人为编程与算法的控制,本身难以产生利己主义的指令与行为,这一点即使肯定论者亦不否认,④ 而理性人这一法律权利主体隐含了利己性这一最基本的人性假设。因此,如果人工智能产品在不能成为权利主体的情况下被要求承担包括刑事义务在内的法律义务,权利—义务相对应的理论不可避免地陷入自相矛盾之中。⑤ 同时,从刑罚的根本属性来看,刑罚是对恶的报应,也是一种能够阻止个人欲望等把整个社会带入无秩序混乱状态的"易感触的力量",⑥ 而且从理性人的前提假设和"刑罚之苦应超过犯罪之利"的罪刑均衡原则出发,能够感知刑罚的痛苦是刑罚实现报应与预防功能的必要条件。但是,不论人工智能的认知水平多么发达,都无法具有真正人类的喜怒哀乐、悲欢情仇,更不能感受到刑罚的剧烈痛苦并因此产生恐惧感,"无法实现特殊预防和一般预防的功能,只能以报应刑的方式一定程度上抚慰被害人,这显然与现代刑法观格格不入。……无论是删除数据,还是修改程序,抑或最严厉的永久销毁,如果受罚

---

① 蔡婷婷:《人工智能环境下刑法的完善及适用》,载《犯罪研究》2018年第2期。
② 刘宪权:《人工智能时代机器人行为道德伦理与刑法规制》,载《比较法研究》2018年第4期。
③ 蔡婷婷:《人工智能环境下刑法的完善及适用》,载《犯罪研究》2018年第2期。
④ 参见张玉洁:《论人工智能时代的机器人权利及其风险规制》,载《东方法学》2017年第6期。
⑤ 参见王勇:《人工智能时代的法律主体理论构造——以智能机器人为切入点》,载《理论导刊》2018年第2期。
⑥ [意]贝卡利亚:《论犯罪与刑罚》,黄风译,中国大百科全书出版社1993年版,第9页。

主体缺乏对其意义的伦理感知，则与将其作为供犯罪使用的财物进行处置并无本质区别"。①

与肯定说与否定说都不同的是，区分说的论者将人工智能划分为不具有辨认和控制能力而仅能够在预先设计与编制的程序范围内实施特定行为的弱人工智能产品，与具有辨认能力和控制能力并且能在设计和编制的程序范围外实施危害社会的行为的强人工智能产品，并主张"在强人工智能时代到来时在刑法中确立智能机器人的刑事责任主体地位，……（因为）人工智能机器人和自然人的区别仅仅在于自然人具有生命体，而智能机器人是非生命体，这一区别似乎并不会改变行为人的行为是在自己意识和意志支配之下实施的性质"。②

（二）问题所在

显而易见，肯定说、否定说与区分说是从不同的视角理解在人工智能领域的刑事责任主体：肯定说立足于人工智能本身的道义性，否定说强调人工智能的工具价值，区分说提出赋予强人工智能的主体地位，可以说是偏向肯定说。那么，对于这三种学说应该如何继续进行取舍？对于这一问题的回答，应该取决于对"为什么要对人工智能进行刑法规制？"这一前置问题的理解，因为如果无需将人工智能纳入刑法规制，研究人工智能领域犯罪主体的问题也就失去了根基。

那么，为什么要对人工智能进行刑法规制？就此问题，有的学者已经明确指出，对人工智能进行刑法规制，是因为"人工智能时代的到来必将带来风险，其中的刑事风险包括可能使得部分传统犯罪的危害性发生'量变'，可能会导致新的犯罪形式产生，以及人工智能产品可能因为种种原因脱离人类控制，进而实施严重危害社会的犯罪行为"，③并将法人刑事责任作为人工智能刑事责任的正当性基础之一，因为"人们曾经对企业以及企业通过自己的影响实施诸多犯罪有过类似的恐惧，但是，由于公司已经成为一种法律主体，受制于刑法和公司法，才使得这样的恐惧感大幅降低"。④国外有的学者也认为，

---

① 参见叶良芳、马路瑶：《风险社会视阈下人工智能犯罪的刑法应对》，载《浙江学刊》2018年第6期。

② 刘宪权、林雨佳：《人工智能时代技术风险的刑法应对》，载《华东政法大学学报》2018年第5期。

③ 刘宪权：《人工智能时代的刑事风险与刑法应对》，载《法商研究》2018年第1期。

④ 储陈城：《人工智能时代刑法的立场与功能》，载《中国刑事法杂志》2018年第6期。

就对人工智能机器人进行刑法规制而言,当前最现实的选择是"从功能主义的角度重构刑事责任的概念,因为这一概念表明了对违反社会规则并可能置其于紊乱之中的行为的谴责"。① 也即,对人工智能进行刑法规制的目的,就在于有效预防其可能对社会造成的风险或者危害。

人工智能的风险潜伏在预设原则、基础算法等之中,是否会、在何时、在何地以及以何种方式产生都不可知,具有制度化、不可知以及全球性等典型的风险社会中风险的特征。我们"实际上往往不知道这些风险是什么,就更甭说从概率表的角度来对它们加以精确计算了",② 有时候甚至不得不怀着矛盾的心情接受它们"至少在法律上、医学上、技术上或科学上不存在"③ 的结论。因此,应该从风险社会的角度去探讨上述肯定说、否定说与区分说的取舍,确定人工智能领域的犯罪主体。

二、风险社会理论与人工智能领域犯罪主体的选择

(一)风险社会理论与人工智能领域犯罪主体的选择标准

风险社会是德国社会学者乌尔里希·贝克提出来的概念,用以描述20世纪中叶以后人类社会的转型。在本质上,风险社会是工业化在近代以来发展的必然结果,是工业社会的一个更高的发展阶段。因为正义是人类社会的存在基础与终极追求,分配正义是社会正义的基础,而"人类社会的分配过程,实际上是对两种不同性质事物的配置:一种是发展成果的分配,如财富分配;另一种是发展成本的分配,如风险分配",④ 所以,风险社会理论以"风险"为逻辑分析的起点,以风险分配为核心议题与运作逻辑,认为"在发达的现代性中,财富的社会生产系统地伴随着风险的社会生产。相应地,与短缺社会的分配相关的问题和冲突,同科技发展所产生的风险的生产、界定和分配所引起的问题和冲突相重叠",⑤ 风险分配的不正义将导致社会的崩溃。从公平分配与有效预防风险的立场出发,风险社会理论主张正义的风险分配应该遵循如下

---

① Monika Simmler and Nora Markwalder. Guilty Robots? – Rethinking the Nature of Culpability and Legal Personhood in an Age of Artificial Intelligence, Criminal Law Forum, 2018, https://doi.org/10.1007/s10609-018-9360-0.

② [英]安东尼·吉登斯:《现代性——吉登斯访谈录》,尹宏毅译,新华出版社2001年版,第195页。

③ [德]乌尔里希·贝克:《风险社会》,何博闻译,译林出版社2004年版,第86页。

④ 王道勇:《风险分配中的政府责任》,载《学习时报》2010年4月13日。

⑤ [德]乌尔里希·贝克:《风险社会》,何博闻译,译林出版社2004年版,第121页。

三个原则：第一，"谁创造，谁负责"的原则，即谁创造出了威胁社会安全的风险，谁就应该承担起不利后果与预防义务；第二，弱者优先的原则，即在分配风险的制度安排上，首先化解社会中相对弱势群体所承担的风险；第三，节制原则，即风险分配制度要以减少社会中的风险总量为宏观目标。[1]

从上述风险分配的原则出发，应该根据如下两个标准选择人工智能领域的犯罪主体：其一，实施了创造风险的行为。这是追究刑事责任的前提与基础，如果行为人并未创造任何风险，则不产生责任问题，当然也就不可能成为犯罪主体；其二，能够承担风险的后果。如果行为人不能够承担风险的后果，通过刑罚预防风险的政策目的就无法实现，将其作为犯罪主体也就失去了根本意义。

（二）人工智能领域的犯罪主体是创造风险并承担后果者

那么，是谁的行为创造了人工智能领域的潜在风险？是人工智能或者其产品吗？答案当然是否定的。刑法视野中的行为，是行为人在自由意志支配下实施的作为、不作为或者实现的某种状态。在弱人工智能的场合，因为其仅能够根据预设的程序执行人的指令，实现设计者或者利用者的目的，毫无自由意志可言，当然不存在自由意志的问题；在强人工智能的场合，虽然其能够根据所处情况在预先设计和编制的程序范围之外做出选择，但也不能认为其具有自由意志，因为其进行自我选择与决定的前提是既定原则、大数据与算法，而这些都是人为设定的。此外，具有自由意志意味着能够在冲突之际进行选择，而且选择的结果未必是最优的，甚至可能是最劣的，而即使是强人工智能也无法在冲突中自由选择。

谁能够承担风险的后果？当然也不是人工智能或者其产品。从刑法的角度而言，承担风险的后果意味着具有刑罚适应性，能够承担刑罚的不利后果。但是，人工智能及其产品没有肉体与自由可言，也无财产可供执行。而且，人工智能是按照预设的原则、算法和习得的数据进行判断，即使对 A 智能机器人进行删减数据或者将其销毁，在不改变预设原则与基础算法的情况下，也难以对 A 以外的智能机器人形成任何威慑。质而言之，无论人工智能的认知水平有多么发达，都无法与人类等而视之，也无法具有真正的人类的喜怒哀乐、悲欢情仇，更不能感受到刑罚的剧烈痛苦并因此产生恐惧感，因此也就"无法实现特殊预防和一般预防的功能，只能以报应刑的方式一定程度上抚慰被害

---

[1] 参见张劲松：《论风险社会人造风险的政策防范》，载《天津社会科学》2010 年第 6 期。

人，这显然与现代刑法观格格不入。……无论是删除数据，还是修改程序，抑或最严厉的永久销毁，如果受罚主体缺乏对其意义的伦理感知，则与将其作为供犯罪使用的财物进行处置并无本质区别"。①

此外，将人工智能作为犯罪主体不具有效益性。从诉讼程序的角度而言，将人工智能及其产片作为犯罪主体，就意味着将之作为犯罪人与被告人进行追诉，而这从投入—产出的效益角度而言也是存疑的。如上所述，对人工智能适用刑罚不能实现刑罚目的，一系列的追诉行为最后可能都是做了无用功。同时，侦查、起诉、审判等诉讼行为都需要付出人力、物力。从被害赔偿的角度而言，根据刑法第 36 条的规定，"由于犯罪行为而使被害人遭受经济损失的，对犯罪分子除依法给予刑事处罚外，并应根据情况判处赔偿经济损失"。如果将人工智能规定为刑事责任主体，就意味着应该由之承担被害赔偿，而人工智能并无独立的财产。如果将赔偿责任转移至研发、生产或者使用者，又会与罪责自负的基本原则相冲突。从矫治的角度而言，人工智能虽然可能自行收集数据、进行深度学习，但不能自行改变预设的原则与基础算法，这也意味着其不能自我矫治。人工智能当然也谈不上回归社会的问题，因为如果某一人工智能产品的运算原则与方法被改造了，其还是改造前的人工智能吗？当然不是。

因此，人工智能领域的犯罪主体不是人工智能，而是其研发、生产、销售与使用者。他们不但是真正创造出潜在风险的人，能够承担风险后果，而且将他们视为犯罪主体也符合上述风险分配中弱者优先原则，因为相对于其他社会成员而言，他们在技术方面具有巨大的优势，在风险发生之后，总是会"竭尽全力通过在工业中逐渐制度化的'反科学'的帮助来反驳对他们的指控，并试图提出其他的原因和祸根"② 以将风险转移出去。如此，"在逐利性市场的引导下，人工智能所隐藏的风险将永远不可能减少和消除，这显然不利于对人类生存安全的保护。（例如）如果仅对军事智能武器施加所谓的'刑罚'（事实上相当于处置犯罪工具），而不对其设计者、操纵者、控制者或命令下达者等自然人或单位追究刑事责任，那么军事智能武器便成为战争发动者规避法律责任的盾牌，这显然是保障功能的失灵"。③ 在这种情况下，作为其他法

---

① 叶良芳、马路瑶：《风险社会视阈下人工智能犯罪的刑法应对》，载《浙江学刊》2018 年第 6 期。

② ［德］乌尔里希·贝克：《风险社会》，何博闻译，译林出版社 2004 年版，第 33 页。

③ 叶良芳、马路瑶：《风险社会视阈下人工智能犯罪的刑法应对》，载《浙江学刊》2018 年第 6 期。

律部门的保障与后盾的刑法就必须介入，强制人工智能的研发、生产、销售及其使用者承担风险后果，这既有助于防止出现"有组织的不负责任"①的状态，也有助于从源头上减少风险的总量。

此外，如上所述，人工智能领域的风险具有制度化、不可知性以及全球性等特征。为了有效预防这些风险，我们不得不转而对可能造成风险的行为进行事前规制，也即，对风险的最初源头进行防控，这也是20世纪中期以来，以行为犯与义务犯为主要内容的行政刑法大量喷涌的重要原因之一。在这种情况下，如有的学者所言，刑法实际上成为了"管理不安全性的风险控制工具"。②在人工智能领域，可能导致风险的事前行为毫无疑问就是研发、生产、销售与使用行为，对这些行为进行刑法规制，其实也就是将研发、生产、销售与使用者作为犯罪主体。

综上，从风险社会的角度出发，与主张将人工智能或者强人工智能作为犯罪主体的肯定说与区分说相比，强调研发、制造、销售以及使用责任的否定说更具有合理性。

三、人工智能领域犯罪主体的责任分类与法条适用

在将人工智能的研发、生产、销售与使用者规定为犯罪主体的情况下，在现行刑法下可以根据不同标准对其刑事责任进行分类，并适用相应的法条。

首先，以主观方面的内容为标准，可以将人工智能领域的刑事责任划分为故意责任与过失责任。例如，故意生产不符合国家或者行业标准的人工智能产品的研发者与生产者，可以根据刑法第140条追究其生产伪劣产品罪的刑事责任；对于明知是伪劣产品而销售的销售者，可以根据同条追究其销售伪劣产品罪的刑事责任。在涉案人工智能产品属于医疗器材或者易燃易爆产品的场合，还可以根据刑法第145条或者第146条追究相应人员生产、销售不符合标准的医用器材罪或者不符合安全标准的产品罪。如果在使用人工智能产品的过程中造成重大安全事故或者危险品爆炸，可以根据刑法第134条或者第136条追究相应主体重大责任事故罪或者危险品肇事罪的过失责任。

---

① 即"尽管现代社会的制度高度发达，关系紧密，几乎覆盖了人类活动的各个领域，但是它们在风险社会因为人们无法准确地推算风险结果和破坏程度，这就必然导致风险责任主体模糊不清……责任主体的缺失常常使人们听任风险继续发展而无法防范，一旦风险真的来临了也无能力承担事后的责任"的现象。参见张劲松：《论风险社会人造风险的政策防范》，载《天津社会科学》2010年第6期。

② 劳东燕：《公共政策与风险社会的刑法》，载《中国社会科学》2007年第3期。

其次，以犯罪主体的属性为标准，可以将人工智能领域的刑事责任划分为个人责任与单位责任。需要指出的是，虽然刑法第 30 仍然保留了"法律规定为单位犯罪的，应当负刑事责任"之限制性规定，但是根据 2014 年 4 月 24 日公布的全国人民代表大会常务委员会《关于〈中华人民共和国刑法〉第三十条的解释》，在单位实施刑法分则没有规定为单位犯罪的危害行为之际，可以追究组织、策划、实施者的刑事责任。也即，至少在理论上，可以认为单位能够实施刑法分则规定的所有行为，并据之追究相应个人的刑事责任。

最后，以行为内容为标准，可以将人工智能领域的刑事责任分为研发责任、生产责任、销售责任与使用责任。这里需要指出的是：第一，就研发责任与生产责任，虽然在刑法并无直接针对研发行为的规定，但是鉴于研发构成生产的一个必不可少的环节，而且在实践中研发者通常与生产者相同，所以在通常情况下可以将研发责任视为生产责任的一部分。如果行为人是正常的研发、生产人工智能，只是违反国家规定并未达到相应的标准，可以根据上述生产型的罪名追究其刑事责任；如果是为了实施犯罪而研发、生产，则应在目的行为与手段行为之间择一重罪而处罚。第二，就销售责任而言，明知是不符合相应标准的产品而销售的，可以根据上述有关销售伪劣产品、医用器材等罪名追究行为人的刑事责任；明知购买者为实施犯罪之目的而购买人工智能技术或者产品的，有同谋者，可追究其共犯责任；无同谋者，可根据刑法第 282 条之二规定的帮助信息网络犯罪活动罪追究刑事责任。第三，就使用责任而言，一方面，可以根据刑法第 287 条之规定，① 根据相应的罪名追究行为人的刑事责任，例如利用人工智能产品盗窃的，可追究行为人盗窃罪的刑事责任，侵入国防建设计算机信息系统的，可追究行为人非法侵入计算机信息系统罪的刑事责任。另一方面，也可以根据刑法第 287 条之一的规定，追究行为人非法利用信息网络罪的刑事责任。

四、结语

"一切法律均都是为了人的缘故而制定的。制定法律的宗旨就是为了保护人们的生存利益。保护人们的利益是法的本质特征；这一主导思想是制定法律的动力。"② 我们之所以要将人工智能纳入刑法规制，就是为了保护人们免遭其潜在风险的侵害。因此，选择人工智能领域的犯罪主体，必须符合通过刑罚

---

① 该条规定："利用计算机实施金融诈骗、盗窃、贪污、挪用公款、窃取国家秘密或者其他犯罪的，依照本法有关规定定罪处罚。"

② [德]李斯特：《德国刑法教科书》，徐久生译，法律出版社 2000 年版，第 3 页。

最大限度维护人的利益这一原则的要求,这也是应该以人工智能的研发、生产、销售以及使用者而非其本身为犯罪主体的原因所在。

需要指出的是,在将人工智能的研发、生产、销售以及使用者规定为犯罪主体之后,如何对之进行归责,以在有效防控风险的同时,实现"前瞻应对风险挑战,推动以人类可持续发展为中心的智能化"① 之宏观政策目的,就成为了亟待解决的问题。由于这一问题已经超出了本文研究的范围,笔者将另行撰文探讨。

---

① 《国务院关于印发新一代人工智能发展规划的通知》(国发〔2017〕35号)。

守底限的惩罚主义
——风险社会下刑事政策的基本立场

汪明亮[*]

当今中国正处在风险社会,在如何控制犯罪的态度上,精英与民众观点冲突。总体来说,精英们大多持有一种人道主义理念,认为刑法要人道、要保障犯罪人的权利、反对严刑峻法,并且坚信这是国际潮流,是刑法发展的方向。与之相反,民众则大多持一种惩罚主义理念,认为刑法要严厉,要保护被害人和公共安全。

如何看待精英和民众对待犯罪控制政策的态度?如何理解刑法发展的国际潮流?如何在精英与民众的态度间寻找平衡点?本文在借鉴美英国家刑事政策历史演变之基础上,提出了守底限的惩罚主义这一风险社会下刑事政策的基本立场。

一、从刑罚人道主义转向守底限的惩罚主义的域外经验

根据美国纽约大学 Garland 教授对美英等国刑事政策历史演变规律的研究,发现其刑事政策历经了惩罚主义、人道主义及守底限惩罚主义立场的演变。详言之,在18世纪中后期之前的传统社会,刑事政策凸现了惩罚主义理念,强调严刑峻法;在18世纪中后期,特别是19世纪中后期之后的100多年时间,刑事政策凸现了人道主义理念,反对严刑峻法;20世纪中后期至今,刑事政策开始追求惩罚主义理念,在遵循一定的程序规则与证据规则基础上,推行严刑峻法。

18世纪中后期,特别是19世纪中后期之后的100多年时间,受启蒙运动所倡导的人权观念影响,在刑事政策领域,以美英等国为代表的西方发达国家经历了一场所谓的刑罚人道革命(humanity revolution),即强调给予犯罪人人

---

[*] 汪明亮,复旦大学法学院教授,博士生导师。

道的待遇，而不是严厉的惩罚。① 这意味着人道主义的刑事政策立场的到来。在人道主义盛行时期，矫正主义、人权保障的声音占据主流，严刑峻法的明确表达越来越少见。在刑事立法方面，强调罪刑法定，罪刑相适应，废除死刑，主张轻刑化、非犯罪化；在刑事司法方面，强调程序正义，坚守证据规则；在行刑方面，坚信刑罚的改造功能，保障罪犯的各种权利。

然而，到了20世纪中后期，伴随着风险社会的到来，曾经引领刑罚人道革命的美英等国对犯罪问题所采用的控制政策发生了戏剧性变化，犯罪控制和刑事司法领域内朝向理性化与文明的刑罚现代化进程长期趋势已彻底改变。② 这些转变令专家感到意外，违反了历史预期。这些变化意味着刑罚人道革命的终结，刑罚严厉革命（severity revolution）③ 的到来；意味着人道主义理念的退让，以严厉手段对付犯罪的惩罚主义理念登场。

以美国为例，刑罚严厉革命主要体现在：在刑事立法方面，制定了诸多特别法案，在一定程度上突破既有法治规则，利用法律对抗法律（law against law）策略，④ 严厉打击特殊类型的刑事犯罪。例如，《美国爱国者法案》（*USA Patriot Act*）、《梅根法》（*Megan's Law*）等。在刑事司法方面，限制法官量刑自由裁量权，制定强制判决、强制最低刑期判决、推定判决、量刑指南、"三振出局"判决等法案；非法证据排除规则受到限缩和制定预防性羁押法。在行刑方面，恢复执行死刑，且数量呈稳中有升之态势，⑤ 有些州的死刑执行还采取了示众与电视直播方式；⑥ 开始限制服刑罪犯的权利，取消假释委员会酌

---

① Jonathan Simon, " Sanctioning Government: Explaining America's Severity Revolution," University of Miami Law Review, Vol. 56, No. 1, 2001, p. 217.

② David Garland, The Culture of Control: Crime and Social Order in Contemporary Society, University of Chicago Press, 2001, p. 3.

③ Jonathan Simon, " Sanctioning Government: Explaining America's Severity Revolution," University of Miami Law Review , Vol. 56 , 2001, pp. 217 – 254.

④ 所谓法律对抗法律，就是通过违反法治的法律，以减少或规避在预防犯罪时可能遇到的程序上的障碍，其目的在于违反法治程序以拯救社会秩序。B Bebenton , T Seddon," From Dangerousness to Precaution: Managing Sexual and Violent Offenders in an Insecure and Uncertain Age", The British Journal of Criminology , Vol. 49, Issue 3, 2009, pp. 343 – 362.

⑤ 据统计，1977年执行死刑1人，1987年为25人，1997年为74人，2007年为42人。Death Penalty Information Center," Executions by Year", https://deathpenaltyinfo.org/executions - year，2017年7月12日。

⑥ 参见高一飞、张金霞：《围观杀人：美国死刑执行的示众与电视直播》，载《昆明理工大学学报》2013年第1期。

情假释权，结束监狱的奢侈设施等。

David Garland 的研究至少给我们带来三个方面的启示：

第一，刑事政策立场的选择，必须考虑特定历史时期的社会、经济、政治及文化条件，而不能仅凭精英（特别是专家和理论研究者）的"一厢情愿"。具体来说，自 18 世纪中后期，特别是 19 世纪中后期开始，美英国家迎来了一个历史上低犯罪率和高福利的年代，在此历史时期，当时进步的政治文化，即启蒙运动之后人道主义思想开始深入人心，刑事政策人道主义立场应运而生，并且获得了社会公众的广泛支持。然而，到了 20 世纪后期，随着风险社会的来临，美英国家开始进入高犯罪社会，民众开始质疑基于人道主义立场的刑事政策实践，即便精英界还有人在为该立场鼓与呼，即便现代刑事司法国家机器仍在运转，人道主义所倡导的理念和制度还在一定范围内存在，但总体而言，基于人道主义立场的现代犯罪控制的结构开始崩溃。很明显，低犯罪率和高福利是选择刑事政策立场必须考虑到的条件。

第二，应该辩证看待惩罚主义带来的问题。人道主义虽然表面上实现了精英们所标榜的文明、理性，有其光鲜的一面，但由于过于强调对犯罪人权利的保障，却使社会公众承受了遭致犯罪侵害的代价，这种为了保障少数人（犯罪人）的利益而牺牲多数社会公众利益的刑事政策立场的弊端也是非常明显的。更值得一提的是，以人道主义为立场的近百年的美英国家刑事政策实践，不仅没能实现其倡导者所追求的矫正罪犯、解决犯罪问题的理想，反而使公众的犯罪恐惧感与日俱增。在此意义上说，人道主义是一种带有浪漫主义色彩的理想化的刑事政策立场。反观惩罚主义立场，虽然存在制造社会隔离、降低公众宽容心方面等方面的不足，与人道理念相距甚远，但该立场毕竟在降低公众犯罪恐惧感、安抚被害人及其亲属、给社会公众交代方面有着明显的效果。因而，惩罚主义是一种带有现实主义色彩的刑事政策立场。在选择刑事政策立场的时候，可以有理想，也可以有浪漫，但更需要考虑现实条件。

第三，20 世纪中后期美英国家刑事政策立场从人道主义向惩罚主义转向，此时的惩罚主义不同于传统意义上的惩罚主义，而是一种守底限的惩罚主义。

二、守底限的惩罚主义内涵

守底限的惩罚主义，意指在坚持惩罚主义前提下，适当考虑人道主义。也就是说，坚持惩罚主义，强调刑法的惩罚机能，是刑事政策的根本；只能在惩罚的基础上给予犯罪人一定的人道，人道不能超越惩罚，更不能替代惩罚，否则会本末倒置。

守底限的惩罚主义与传统的惩罚主义的根本区别在于：传统的惩罚主义过

于强调刑法的社会保护功能；在刑事立法领域，不考虑犯罪的性质及犯罪人的个体情况，一味地严刑峻法；在刑事司法领域，不遵守基本的证据规则，容易制造冤假错案；在行刑领域，施行酷刑，剥夺罪犯的最基本权利。而守底限的惩罚主义在坚持惩罚主义前提下，适当考虑人道主义；在刑事立法领域考虑一定的非犯罪化、要求罪刑大体等价；在刑事司法领域遵循罪刑法定原则，依法定罪量刑，遵循一定的程序规则和证据规则，防止冤假错案；在行刑领域，保障罪犯的最基本权利。

守底限的惩罚主义与人道主义具有一定的共通性，此种共通性主要体现在刑事司法过程中的程序规则与证据规则遵守方面。只不过，人道主义把遵循程序规则与证据规则视为保证犯罪人权利的重要手段；而守底限的惩罚主义则把遵循程序规则与证据规则视为保障被害人及社会公众权利时的手段限制。实际上，美英等国在20世纪后期由人道主义刑事政策立场向惩罚主义立场转向过程中，虽然在一定程度上突破了既有程序规则与证据规则，如非法证据排除的诸多例外情形等，但这并不意味着程序规则与证据规则在惩罚主义立场时期已经靠边，其只不过是对人道主义立场时期过于强调程序规则与证据规则的一种修正。因此，以守底限的惩罚主义为立场的刑事政策有别于那种不讲程序规则与证据规则底限的严刑峻法，有别于那种为了保护社会利益而不惜牺牲无辜者权利的专制做法。

守底限的惩罚主义之"底限"在制度层面主要表现为：在刑事立法领域进行一定的非犯罪化立法、法定刑设置要实现罪刑大体等价；在刑事司法领域遵循罪刑法定原则，依法定罪量刑，遵循一定的程序规则和证据规则，防止冤假错案；在行刑领域，保障罪犯的最基本权利。

三、当下中国选择有底限惩罚主义刑事政策立场之理由

第一，20世纪中后期的美英等国刑事政策立场转向对当今中国的刑事政策立场选择具有重要的借鉴价值。

第二，基于比较的视野，当下中国选择有底限惩罚主义刑事政策立场的现实条件。一方面，自20世纪80年代以后，中国进入社会转型期，风险社会来临，犯罪率一直高攀不下。从近些年的全国公安机关刑事立案数看，犯罪一直呈上升趋势。我国当前犯罪形势严峻。[①] 另一方面，经济条件不足，福利化水平受限。根据国家统计局2018年2月1日发布的数据，虽然党的十八大以来，全国农村贫困人口累计减少6853万人，取得了重大成绩，但截至2017年末，

[①] 参见汪明亮：《死刑废除不能操之过急》，载《社会观察》2014年第12期。

全国农村贫困人口还有 3046 万人。①

第三，中国刑事法理论界人道主义追求呈过度化趋势。德国刑法学家魏根特之"无论如何，刑法已经改变了它自身的形象：它不再像严厉的父亲……更似一位悉心的母亲"② 论断被主流刑事法学界广为接受，甚至有些学者创新性地提出了"刑法民法化"的观点，③ 并认为这是当代中国刑法的九个转向之一。④

第四，对人道主义刑事政策立场的过度强调带来的诸多问题。当下中国正处在风险社会，对人道主义刑事政策立场的过度强调不仅难以降低持续攀升的犯罪率、缓解公众的犯罪恐惧感、维护社会稳定⑤，而且还可能带来诸如犯罪被害人的权利被忽视、引发被害人及其家人上访甚至复仇、不利于刑罚威慑效果的实现、导致司法权威日渐下降以及引发更严重犯罪的发生等。

一则，被害人的权利难以得到保障。基于过度强调人道主义刑事政策立场，无论刑事法学研究还是刑事诉讼制度的设计基本是从犯罪人的角度着手，强调的是对犯罪人权利的保障，被害人的权利保护和救济并没有得到应有的重视。不仅如此，在刑事司法实践中，精英们由于深受人道主义的影响，他们在关注犯罪人权利的同时，却忽略了被害人的权利。以邱兴华特大杀人案为例，⑥ 凶案发生后，精神病专家、法学教授、公知、律师有的发表公开信，有的上书要枪下留人，凶手邱兴华一时间命系国人。⑦ 邱妻因名人效应获资助，邱兴华案死者家庭却陷困境。正如有学者所说，邱兴华案，为何没人关注被害

---

① 《2017 年末全国农村贫困人口减至 3046 万人》，载 http：//society.people.com.cn/n1/2018/0202/c1008 - 29802293.html，访问日期：2018 年 7 月 12 日。

② ［德］托马斯·魏根特：《德国刑法向何处去？——21 世纪的问题与发展趋势》，张志刚译，载《刑法论丛》2017 年第 1 卷，第 389 页。

③ 参见姚建龙：《论刑法的民法化》，载《华东政法学院学报》2001 年第 4 期。

④ 刘仁文：《当代中国刑法的九个转向》，载《暨南学报（哲学社会科学版）》2009 年第 4 期。

⑤ 参见汪明亮："刑罚福利主义不利于转型期的社会稳定"，载《探索与争鸣》2014 年第 6 期，第 28—29 页。

⑥ 2006 年 7 月 14 日，陕西汉阴县发生了震惊全国的杀人案件。汉阴县铁瓦店庙中有 10 人被杀死，场面十分惊人。10 名死者中 4 人为庙中道士，其余 6 人是前去上香拜佛的信徒。10 人均被斧头砍伤致死，有的死者还被残忍地挖掉双眼和心脏，现场十分血腥，凶手即为邱兴华。

⑦ 参见阎笑古：《呼吁给邱兴华做精神鉴定很荒唐》，载 http：//news.sina.com.cn/c/pl/2006 - 12 - 29/091311913936.shtml，2016 年 3 月 23 日。

人利益? ①

二则,引发被害人及其家人上访甚至复仇。在刑事案件处理过程中,基于人道主义的考量,司法机关所作不予立案、不予起诉、无罪判决或从轻判决,是引起被害人及其家人不满,进而长期上访甚至私力复仇的重要缘由。故意杀人案件的人道主义判决尤甚。一旦被害人因犯罪行为失去了生命,其家属遭受重创甚至是毁灭性打击,他们难以接受人道主义判决结果。正如有学者所言,"在此类案件的处理过程中,被害人家属的信访甚至闹访在某种程度上成为一种常态,只是程度不同而已。"② 至于因不满法院过于人道主义判决而实施私力复仇的案件更是常见。

三则,不利于刑罚威慑效果的实现。从理性选择理论角度看,犯罪是一种利益与损害之衡量。刑事司法对人道主义的过度追求,使得犯罪成本降低,不利于预防犯罪:刑罚宽缓,会使犯罪人感觉到有利可图;证据规则过于严格,容易使潜在犯罪人养成侥幸心理。以刑事和解为例,实践中已经出现相关案例,如犯罪嫌疑人尤某因故意伤害罪被执行逮捕,后与被害方进行和解,达成调解协议,案件作撤案处理。一年之后,尤某又纠集人员将他人打成轻伤。在审查批捕阶段的检察人员提审过程中,尤某还满不在乎,提出是否可以进行调解。③ 另外,近些年来有两类经济犯罪异常突出,涉及金额越来越大:一是亿元贪官;二是数十亿、百亿元集资诈骗。虽然导致此类现象的原因是多方面的,但是,这与过度强调人道主义实践亦有密切关系。

四则,导致司法权威,特别是警察权威日渐下降。改革开放30年以来,中国警察权威下降非常明显。④ 虽然导致警察权威下降的原因是多方面的,但与刑事法理论界人道主义倡导者质疑警察所作所为之常态化做法也有一定的相

---

① 李奋飞:《邱兴华案,为何没人关注被害人利益》,载http://news.sina.com.cn/c/pl/2006-12-25/100611878998.shtml,2016年3月23日。

② 刘静坤:《死刑案件被害人家属信访问题研究》,载《政法论丛》2009年第1期,第95页。

③ 池桂宁、符跃红:《推行刑事和解的理论与实践困惑——以路桥区办理轻伤害案件和解实践为视角》,载http://lqjcy.luqiao.gov.cn/InfoPub/InfoList.aspx?CategoryID=12,2007年11月21日。

④ 正如有学者所言,"30年前,一名便衣警察猛喝一句'我是警察'就足以平息十多人的街头械斗,今天三名全副武装的警察也难以制服一名当众撒泼的妇女。近年来各地频频发生的针对警察、警车、公安机关的打砸抢烧事件,怵目惊心地表明当前中国的警察权威已经降到30年来的最低点。"谭代雄:《浅谈当前中国警察权威的下降与重建》,载《公安研究》2010年第1期,第79页。

关性。例如，每遇警察使用警械、武器，就质疑不绝；一旦有警察违规违法，则声讨不断。把个别警察的过错推及整个警察队伍；把警察的执法过程放在显微镜下来找错误；对执法者苛刻、为违法者洗地；过分强调保护犯罪嫌疑人权利、过度弱化执法权威；凡此种种，似乎渐成常态。① 一旦警察在正当执法中的权益面临风险，这种"流血又流泪"的局面势必造成在现实中出现执法软弱、甚至不敢执法的现象。②

四、守底限的惩罚主义立场下的刑事政策构建

第一，修正过度强调人道主义的理念，善待惩罚主义理念。一方面，需要转变过于强调犯罪人人权保障的观念。在犯罪控制领域，实体公正和程序公正的内涵不仅仅包括犯罪人的权利保障，更应该包括对于被害人权利的救济与保障。人权不是犯罪人的专利，刑事法治不能以牺牲受害者及其家人的痛苦为代价，不能只让犯罪人享受法治的红利。另一方面，要理性看待公权力可能对公民权利带来的侵害。在风险社会，公民面临的不仅仅是来自公权力的侵害，而且更可能是来自私权利的侵害。若公权力行使严重受限，若公权力主体（特别是警察）不敢去制止私权利主体对公民的侵害，必然让违法犯罪者得寸进尺，让无辜者权利失去保护，人权保障不可能真正实现。再一方面，要正视矫正主义所面临的困境，树立新的监狱功能观。犯罪控制的目标不完全在于处罚犯罪人或使犯罪人复归社会，更在于标示与管理麻烦的群体，减少守法公民被犯罪侵害的风险。监狱应作为一种无害化隔离及惩罚的手段，并以此去满足公共安全的需要。

第二，善待严厉刑事政策。宽严相济刑事政策之适用不能极端化，要纠正宽严相济刑事政策过于强调"宽缓"面向之实践。该严则严，是宽严相济刑事政策应有之义：对严重危害社会的犯罪，特别是对暴恐犯罪、性侵儿童犯罪，应该严厉打击，零容忍；公安机关要适时开展专项严打行动，严厉打击各类严重暴力犯罪、经济犯罪。

第三，坚持刑事立法过程中的惩罚主义。刑事立法应考虑被害人的声音和民意，面对转型时期严峻的犯罪形势，应进一步强化刑法的威慑力；扩大终身监禁的适用范围，逐渐把终身监禁适用范围从贪污罪、受贿罪扩大至其他的严

---

① 《警察被打为什么不敢还手？》，载 http://www.sohu.com/a/110458029_119911，2018年3月10日。

② 《人民日报谈袭警辱警频发原因：地方不愿担当》，载 http://news.sina.com.cn/c/2018-01-17/doc-ifyqtycw8592411.shtml，访问日期：2018年4月10日。

重暴力犯罪判处死缓情形;适当保持犯罪化趋势,适时把严重危害社会的行为纳入其规制范围;严惩累犯,对被判处有期徒刑以上刑罚的故意犯罪分子,刑罚执行完毕或者赦免以后,第三次及三次以上犯应当判处有期徒刑以上刑罚之故意罪的,判处 25 年有期徒刑或者无期徒刑;单独设立性侵儿童罪,增加公开性侵儿童的犯罪人员个人信息和禁业方面的规定;① 等等。

第四,坚持刑事司法过程中的惩罚主义。适用非法证据排除规则不应该走极端:要清醒地意识到非法证据排除规则可能带来的负面影响,应通过司法解释或指导性案例的方式,明确若干非法证据排除规则例外情形,例如善意的例外等;严格落实现行《刑事诉讼法》第七十九条对预防性羁押的明确规定,以实现防卫社会、保护无辜者的需要;刑事和解和认罪认罚从宽所适用的案件范围应该有所限制,对于恶性故意杀人案件,不能花钱买命,② 认罪认罚从宽应有限度。③

第五,坚持行刑过程中的惩罚主义。反对建造豪华监狱,监狱的设施、伙食、医疗、娱乐等条件应该受到限制,在艰苦的条件中服刑是罪犯所接受惩罚的一部分;严格假释条件,建议对因暴力犯罪而被判监禁刑的罪犯,必须在服完所判最高刑期的 80% 才可以获得假释。

---

① 司法实践中已经出现了公开性侵儿童的犯罪人员个人信息和禁业方面的案例,由于缺乏法律上的明确规定,一度引发学界激烈争论。参见"多地公开性侵罪犯信息设置行业禁入 法学专家解析",http://www.xinhuanet.com/legal/2017-12/19/c_1122131112.htm;2017 年 12 月 30 日;"不得已的正义:限制性侵违法犯罪人员从业",http://news.sina.com.cn/sf/news/fzrd/2017-09-06/doc-ifykpysa3574722.shtml,2017 年 12 月 30 日。

② 参见黄明儒、曾家全:"河南首例'刑事和解'判案争议——'刑事和解'等于'花钱买命'?",载《人民之友》2010 年第 2 期。

③ 笔者认为,在故意杀人案件审理过程中,只要行为人认罪认罚就从轻处理,对被害人是不公平的,容易造成对被害人权利的漠视。广州首宗适用认罪认罚从宽制度的重大刑事案件的判决结果只得商榷。参见"广州首宗适用认罪认罚从宽制度的重大刑事案件开庭审理",http://www.jcrb.com/procuratorate/jcpd/201705/t20170518_1754570.html,2017 年 12 月 30 日。

风险社会背景下风险预防的刑事政策立场及其处遇机制的展开*

李 川**

自 20 世纪 70 年代开始,随着社会形势的变化与新的社会治理需要,超越传统的一般预防与特殊预防二元处遇刑事政策的新的政策需求出现,这一刑事政策与福利社会衰退与风险社会的理念兴起有关,主要是出于防范社会越来越严重的违法犯罪可能风险需要,基于风险预防的刑事处遇理念和刑事政策需求得到发展,从而形成了风险预防的刑事政策体系,并受此决定形成了刑事处遇的风险管控机制。

一、风险预防刑事政策产生的风险社会时代背景

(一)风险社会下风险预防理念发展的两大政策需求

随着世界进入到风险高发与难以预测的风险社会时代,社会矛盾冲突急剧增加、控制社会风险的需求大增,传统刑事处遇手段那种强调福利主义式的教育改造违法犯罪人、帮助其复归社会的刑事政策思路明显不能适应风险控制的即时与大幅需求,基于福利主义教育矫治逻辑的社会治理效果有限且成本高昂,由此就要求必须在刑事处遇的整个刑事政策体系中增加对风险管控的考量,以社区的安全性隐忧为着眼点、以风险控制为考量依据,社区矫正有限制人身自由以及监督控制矫正对象的机制得到了重视,推动产生了基于风险预防的监督管控刑事政策思路,刑事处遇也向风险预防理念演化发展。[①]

---

* 本文系国家社科基金项目"劳教废止后社区矫正职能定位与处遇模式研究"(15CFX026)的成果。
** 李川,东南大学法学院教授,博士生导师。
[①] 参见李川:《修复、矫治与分控:社区矫正机能三重性辩证及其展开》,载《中国法学》2015 年第 5 期。

(二) 风险预防理念发展的刑事处遇实践需求

20世纪70年代开始,世界范围内违法犯罪控制实践的需求和发展越来越显示出这种风险预防理念的影响力超越了其他传统理念。第一,随着前所未有的刑事处遇机构和处遇人口数量的剧增,使得传统成本高昂的个殊化教育矫治不堪重负也无法达成,解决和安排前所未有的处遇服刑人员成为刑事司法的首要任务。因此为了能最大限度的安排处遇服刑人数,违法犯罪治理的其他考量纷纷让位于风险预防必要性的原则,只要是能够压制风险和预防风险的方法就能够优先适用。因此首要的违法犯罪治理需求就从特殊预防逐渐变为了风险预防。美国违法犯罪治理实践中私营监狱、改造营和电子监控的大量适用正是这一转变的体现。[1] 第二,如前所述,随着福利国家的衰退,以福利为出发点的矫治帮扶经费遭到了大量削减,严格的预算限制导致违法犯罪治理无法再过多深入考量个案矫治的精致规划进程和多措施综合适用而更强调矫治中的安全即风险预防状况,对矫治工作人员的绩效评价已经从未来再犯比率转变为当下安全比率,矫治工作逻辑也转向风险预防。第三,以更有效的风险预防为核心的"中间处遇"这种处遇执行理念迅速发展,不仅影响违法犯罪治理实践,甚至影响处遇立法状况,体现出整个刑事处遇体系都注重有利于风险预防的新理念和制度这一趋势。第四,整体社会治理都愈加重视对风险的预警和管理,以对风险预防进行更高效、反应更灵敏、更富创造性的服务。其中一个突出体现是情境预防理念的大行其道,不仅违法犯罪治理领域,整个社会都重视环境风险的综合规划和调整,以适应风险预防的需求,安全监控设备和风险预警系统已经成为城市治理和违法犯罪控制的标准配置。

世界违法犯罪控制领域的种种实践做法已经不约而同的越来越显示出对风险预防这一目标的优先强调,因此这表明传统的违法犯罪治理领域的理念应该拓宽视角,将风险预防纳入处遇刑事政策考量的范围之内,明确违法犯罪治理体系内部风险预防刑事政策的定位和特征,并持续以实践加以推动和完善。

二、风险预防刑事政策决定的风险管控机制的展开

(一) 刑事处遇的风险预防刑事政策之形成

从预防再犯风险的需求出发,前述结合了风险社会背景、违法犯罪控制宏

---

[1] See F. Bérard, M. Vacheret Full, G. Lemire Honorary, Risk Management in the Correctional System of Canada: A Problematic Model, The Howard Journal of Criminal Justice, 2013, (52), pp. 254–256.

观需要和违法犯罪治理实践取向而形成的风险预防理念逐渐成熟,认为可以通过两种普遍的风险管理的方法,即控制和替代的方式实现刑事处遇的风险预防目标,从风险产生时起就介入发生作用。

现代社会风险预测与防范的难度加大,因此风险预防成为社会整体不得不重点关注考量的重要运行目标。具体到违法犯罪治理领域,风险社会情势下对社会风险的一般控制成为超越个体权利和正义目标的违法犯罪对策的优先考量,包括刑罚在内的违法犯罪处遇的重点就从对具体个人的教育矫治变成了违法犯罪风险的统一监督管理。在这一转变之下,刑事处遇要求违法犯罪治理哲学从改造主义转向风险管控,处遇机构的设立必须以风险管理责任的明确为前提,处遇机构最重要的目标是将具备风险的违法犯罪人通过合适的监督控制手段将其侵害风险识别并消除隔离,对这一事务的管理是处遇工作的核心环节。这一方面要求处遇措施中的风险评估就不再要求以教育论下的矫治可能性为内涵,而应全面的转向为采取合适的风险监督控制手段所服务。另一方面处遇中的教育矫治机制不再是唯一考量,工作重心是对现存违法犯罪人的风险分类管理,即根据违法犯罪人的危险评估结果按照风险预防标准采取必要的监督控制措施。① 在这一风险管控理念的影响下,个人主义式的个别矫治因为管理意义上的低效和进程缓慢不再为唯一重要机制,而从风险整体视角出发,对不同风险等级的预防对象采取特殊的直接控制预防手段因为集合效果显著而变得更加重要。因此对预防对象分级分类、确定相适应的集合预防手段成为风险管控下处遇的重要手段,电子监控、局部或职业禁止令等新处遇手段得到大量使用。这表明,随着时代发展,风险管控式预防在处遇措施体系中从个别走向整体、从矫治走向控制,处遇需求也需要重新认识调整。

此外,出于对风险进行有效管理的需求,刑事处遇被要求特别注重采纳那些可以尽可能少的花费成本就能够实现良好风险预防的高效益处遇手段,以最小的成本实现最大化的违法犯罪处遇,体现效益主义的属性。社区矫正制度之所以受到比监禁刑更多的重视和应用,就是因为社区矫正在成本收益方面的巨大优势。根据美国学者统计,社区矫正后犯罪人再犯率只有监禁刑的1/6,改造效果明显优于监禁刑,同时其改造成本却只有监禁刑的1/8到1/10。② 因此现代矫正的过程中,一方面矫正科技由于对人力成本的节省和对风险监督的有

---

① See, Davies Garth, Dedel Kelly, Violence Risk Screening in Community Corrections, Criminology and Public Policy, 2006, (5), pp. 633 – 634.

② See, Andrews, D. A., and cullen, F. T., Does Correctional Treatment Work? A Clinically Relevant And Psychologically Informed Meta – Analysis, 1990, (3), pp. 369 – 404.

效性而得到了长足发展,特别是那些对有风险违法犯罪人进行有效监督控制的监视技术得到大量采用和快速更新,从矫正定位仪到电子腕带技术已经成为现代处遇措施中常见的矫正手段,对违法犯罪人的监督控制起到了非常明显的保障效果。① 另一方面,从处遇设施到处遇机制都越来越以成本—收益考量为核心,面向刑事处遇需求的有效设施和机制都得到了优先的发展。比如国外社区处遇中经常见到的训练营、居家处遇等半开放式矫正手段之所以得以设计和广泛采用,就是因为这些手段很好的平衡了处遇成本与处遇收益之间的关系,训练营的纪律训练采用较低的成本方式(只需要配备几名训练官)就通过训练机制培养了良好的内在守法行为习惯,有效降低了社会侵害风险;而居家处遇成本十分低廉(主要在居家处遇设备安装,生活食宿都无需成本),但却达成了犯罪人与社会的有效隔离,达到了刑事处遇的最优效果。②

(二) 风险预防刑事政策催生风险管控的处遇机制

风险预防理念经过长期的实践积累和科学的归纳,最终形成了相对成熟的方法论思路:即以情境理性的立场出发,认为应该采取宏观视角调整社会风险负担,以精算概率和统计管理的司法方法管理危险人群,以最少的司法成本获取最大的风险控制收获。在这一效益目标下,报应、威慑或教育矫治的违法犯罪治理必要性仅限于其本身与风险有效控制有关,可以通过风险的精密计算和分析纳入风险管控的范围,依靠风险管控实现风险预防,在这个意义上风险管控机制就此诞生。

以风险管控的逻辑而言,违法犯罪治理应采取分类标定和分流管理的两步精算处遇方法:第一步,通过违法犯罪统计将犯有多数违法犯罪的少数重点高风险行为人辨识标记出来、并加以具体分类。如通过统计发现交通肇事风险主要集中于某类职业司机中的交通违法惯犯者。这就需要将这类交通违法惯犯者通过法律或规范机制加以区分进行严密监督控制。所以诸如职业司机三次违法一般吊销执照或一次严重违法构成违法犯罪之类的针对某种特定类型主体的科学分类处遇措施,都是有效实现风险管控机制而最终保障风险预防目标的良好方法。第二步,在分类标定违法犯罪人的基础上,根据统计归纳的有效措施结论采取针对性的监督控制手段,针对不同风险层次的违法犯罪人分流处遇,采取轻重不一的监督管控措施集中防范风险。比如针对较轻风险的初犯可以采取

---

① See, . Graeme Newman. The Punishment Response NY: Harrow and Heston, 1985, p. 166.

② See, Leanne Fiftal Alarid, Community based Corrections, Wadsworth Publishing, 2014, p. 98.

前置转处分流的附条件不起诉处遇措施，采取较为宽松的风险管理方式；而针对较重的累犯则采取隔离监禁为主的较重风险管理方式，通过较长期限的物理性隔离方式的运用，防范对社会的侵害风险。而居于其中的则采取中等强度的监督管制措施，可以在社区中服刑，只是实施必要的限制自由措施来相对隔离风险。

三、刑事处遇的风险预防职能与管控机制

（一）风险预防职能的理论基础

风险预防职能最早脱胎于隔离论，也可称为剥夺再犯能力论。隔离论本是特殊预防论内部产生的、基于防范处遇对象对社会的危害而采取社会隔离的理论。① 要想预防违法犯罪人的再犯行为，就要先行将其与社会隔离开来，使其在物理意义上就无法对社会造成伤害。而隔离的时间长短取决于该违法犯罪人对社会的危害可能性，因此需要根据个体危害行为所体现出的实际危险状况进行个案评估。由于监禁是直接物理性隔绝违法犯罪人对社会侵害可能性的方法，因此隔离论在逻辑上特别强调监禁刑的重要意义。②

隔离论的观点集大成者是早期新派代表人物加罗法洛龙勃罗梭。在吸收借鉴了龙勃罗梭提出的对天生犯罪人直接进行监禁或流放的物理性隔离方案的基础上③，加罗法洛延续了这种对部分难以教育矫治的违法犯罪人隔离的必要逻辑，他认为："正如讲究的家庭通过客人的言词或举动发现客人缺乏社会教养而拒绝他做客一样……社会也应该把那些个别行为足以清楚地说明他们缺乏适应能力的犯罪人驱逐出去。"④ 加罗法洛认为具有严重道德危害性的违法犯罪人难以教育矫治，最好的处理措施就是直接加以与社会隔离，无论是采用监禁、流放甚至死刑都是依据其人身危险状况可以采用的隔离方案。

从特殊预防的理论预设出发，隔离论与教育矫治论基础相同，仍然是从人身危险性的判断出发，根据人身危险性的需要来施加具体的隔离或剥夺再犯能

---

① 参见邱兴隆：《关于惩罚的哲学：刑罚根据论》，法律出版社 2000 年版，第 192 页。

② See, Ernest van den Haag, Punishing Criminals: Concerning a Very Old and Painful Question, NY: Basic Books, Inc., Publishers, 1979, pp. 57 - 58.

③ 参见［意］龙勃罗梭：《犯罪及其原因和矫治》，吴宗宪等译，中国人民公安大学出版社 2009 年版，第 77~101 页。

④ ［意］加罗法洛：《犯罪学》，耿伟、王新译，中国大百科全书出版社 2004 年版，第 197 页。

力的处遇措施:一方面,针对人身危险性特别大而难以教育改造的犯罪人采取物理性隔离的方式,甚至可以通过无期徒刑或死刑等方式将其与社会完全隔绝开始,从而彻底杜绝对社会的危害可能;另一方面,针对人身危险性尚可以矫正但在矫正中仍然可能危害社会的矫正对象,采用相对隔离的方式,无须彻底的限制人身自由,而是可以通过不同刑期或在社会中部分限制人身自由和行动方式的措施来防范矫正对象对社会的危害可能性。

由于人身危险性判断是决定隔离或剥夺再犯能力措施的前提,所以人身危险性的判断就对隔离论变得至关重要。而恰恰同医疗模式对人身危险性判断没有科学客观标准相同,隔离论和剥夺再犯能力早期对人身危险性的判断也限于矫正官的主观经验判断,缺乏准确性和一致性,这导致隔离论和剥夺再犯能力论虽然早已产生,但其一直存在的实践化障碍之一就是隔离或剥夺再犯能力的社会危险性该如何界定的问题。但是当新兴的社会风险管理理论开始逐渐兴起,这一问题相对有了逐渐新的确定标准,隔离论或剥夺再犯能力论逐渐能够同风险预防的需求相契合,隔离成了根据违法犯罪人的社会风险来决定的措施,因此逐渐形成了风险预防的内核逻辑,也即根据违法犯罪人对社会的风险程度来决定对违法犯罪人的监督控制程度,对违法犯罪人的监督管控就是为了防范其当下对社会的侵害风险。隔离逻辑开始逐渐通过风险概念的引入而向风险预防职能理念转化。

(二) 隔离论向风险预防职能论的转化

出现自 20 世纪中叶的风险预防新刑罚学为隔离论和剥夺再犯能力论提供了一套新的评价思路或评估基准体系。这种理论从福柯的治理性[①]概念出发,认为刑罚必须通过精密的规划来控制规训社会整体结构,因而需要一套符合时代特点的全新知识系统和控制计算方法。新刑罚学通过考察当时的时代特征提出了以风险预防为核心的新的刑罚视角和观点预设,认为刑罚既不是为了惩罚也不是为了改造,而是为了分辨与管控社会的具体风险,防范犯罪人风险向实害的转换。因此作为逻辑展开的前提,风险预防刑罚学首先设计和发展出了一套风险分析和评价理论,用于明确风险判断,以在这种风险判断的基础上进一步进行风险的预防。[②] 这种风险的分析评价体系是建立在"少数人犯了大多数犯罪"和风险"大数法则"的基础之上,通过参考保险学和会计精算学中风

[①] 参见 [法] 米歇尔·福柯:《规训与惩罚》,刘北成、杨远婴译,生活·读书·新知三联书店 2007 年版,第 216~218 页。

[②] 参见周愫娴:《以风险评估为基础至新刑罚学:新远道与旧乡愁》,载《月旦法学教室》2013 年第 124 期。

险管理评估的方式在刑罚体系内设立标准化和规范化的犯罪人风险评估体系来确立犯罪的具体风险。这样风险预防的刑罚理论就实现了从传统人身危险为核心的概念体系向社会风险为核心的概念体系的转换：将原本依靠主观个别判断的人身危险性通过风险这一因素抽象标准化为可以科学判断区分的社会风险评估指标体系，以在此基础上设立科学合理的管控措施。

隔离论或剥夺再犯能力的理论同风险预防理论在保障社会安全、实施监督管理措施的意义上具有逻辑共通之处，其差别主要体现为实施监督管理措施的具体依据标准。而风险预防理论所提出的可以客观化科学化的风险评估标准恰恰为困扰隔离论或剥夺再犯能力论的主观判断基准过于模糊随意的难题提供了针对性的解决方案，隔离论或剥夺再犯能力论同样可以通过风险评估的方式以科学化和合理化的风险评估体系来确定犯罪人风险评估的大小，从而根据这种风险评估结果采取相对科学合理的防范措施。而如果以违法犯罪人的社会风险大小作为隔离或剥夺再犯能力的标准，则隔离论或剥夺再犯能力论在某种程度上就转换成了依据风险大小采取适当管理防控措施的理论，这就走向了与风险预防异曲同工的理论取向，隔离论逐渐转换为了风险预防理论。当然风险预防理论内涵非常丰富，不限于隔离论所体现的单纯的隔离性风险管理控制理念，但隔离性风险管理控制理念当然属于风险预防理论的一部分。而刑事处遇情形下隔离论向风险预防论的转换就意味着，对尚在处遇中的违法犯罪人需要形成科学风险评估基准，并在其基础上评估具体的社会风险，根据这种风险程度采取适当的监督管理措施，防范违法犯罪人的社会风险转换为实害。

（三）刑事处遇的风险管控机制

刑事处遇的风险预防职能与传统教育矫治职能对未来再犯预防的最大不同之处在于出于对风险社会中违法犯罪的不确定性和高发性的防范，风险管控要求刑事处遇必须满足尽可能早和尽可能快的需求，对违法犯罪人处遇中的当下危害风险需求实行前置控制和过程控制。

一方面就刑事处遇中风险前置控制而言，就是尽可能将刑事处遇的阶段前置，将风险的实害转换可能性消灭在萌芽阶段。西方现代刑事司法中的转处分流制度就是前置控制需求的良好体现。传统对犯罪人刑事处遇需要在对犯罪人定罪量刑、确定刑罚措施之后，但转处分流制度将这种刑事处遇阶段部分提前到尚未定罪量刑甚至公诉之时，在审查起诉阶段就通过转处制度附加有条件的社区矫正来换取对矫正对象的不起诉。此时刑事处遇的实施阶段大大提前，对处遇对象可以尽早的展开具体的监督控制，从而防范了当下的社会侵害风险。当然此时的这种处遇措施已经超越了行刑领域的含义，进入到保安处分意义上的前置处遇措施领域。另一方面，就处遇中风险过程控制而言，对矫正对象的即时针对性处遇非常必要和重要。在处遇过程中的违法犯罪人其人身风险尚未消除,对社会存在着不确定的危害可能性,如果不加以即时的监督隔离,则难免存在较大再犯可能。因此从进入刑事处遇开始,就必须强调对处遇对象即刻风险的监督管控的重要性,采取动态监控和定期评估相结合的措施保证处遇的风险全程预防。①

更进一步,基于效益最大化的需求,刑事处遇需要在风险预防效果和控制效益之间保持科学的平衡,一方面即时预防要求必须能够有效的保证社会中的处遇对象不会出现难以防范的高风险问题;另一方面控制效益要求必须能够保障处遇的最大化效益,不会过分的增加社会成本和资源成本,体现出其良好的效益水平。而这两种要求在某种意义上存在龃龉之处,即时预防的要求可能带来更多的监控人力和物力资源的投入,增加处遇成本;而控制效益则要求尽量节省和削减人力物力资源,最大化的节省成本。② 此时就需要在风险预防效果和控制效益之间寻求平衡的机能关系,既要人力物力资源的投入满足即时预防的要求,又需要保证这种人力物力投入仅限于最小必要性的成本范围内,实现效益最大化。而对这种必要性的把握,则需要通过精密的科学研究和评估加以实现,需要对刑事处遇的最小化成本在以往实践经验的基础上进行系统归纳,计算设计出满足风险预防要求的最佳矫正措施和方法。

正是应对这一需求,刑事处遇面对风险预防需要的司法实践兴起了精算司法理念,将保险学和管理学意义上的精算方法引入风险计算领域:依据经济学的基本原理,运用现代数学、统计学、金融学及法学等的各种科学有效的方法,对各种处遇中未来的风险进行分析、评估和管理,从而对各种处遇方法和手段的风险管控能力和成本进行综合科学统计和分析,从中选择形成最能有效节约成本且能控制即时风险的矫正方案组合。刑事处遇本身成为一门可以计算的科学,也只有通过精算司法矫正才能符合风险管控的要求。③

---

① 参见周愫娴:《以风险评估为基础至新刑罚学:新远道与旧乡愁》,载《月旦法学教室》2013 年第 124 期。

② See, Andrews D. A. , James Bonta; Stephen J. W. , The Recent Past and Near Future of Risk and/or Need Assessment, Crime & Delinquency, 2006, (1), pp. 221 – 223.

③ See, Malcolm M Feeley, Actuarial Justice: the Emerging New Criminal Law, David Nelken, The Futures of Criminology, London Sage Publication, 1994, pp. 173 – 201.

风险社会视域下的刑事政策考量：
瞻前与顾后

聂立泽　刘林群*

一、现状：风险理论下刑事政策与刑法联系紧密

刑法的演变不能脱离于所存在的时代背景，而现代风险社会呈现出的特征也会潜移默化地影响和决定刑法未来的走向。① 风险社会的出现使刑法从古典刑法时代强调对犯罪的惩治向预防、控制犯罪转变，人们更希望于在风险发生之前便规避风险，刑事政策也不得不对此做出回应。因此，主张通过刑法的早期介入来实现对法益保护的预防刑法应运而生。预防刑法主张通过刑法的早期介入来实现对法益的前置化保护，以更早地防控风险、避免危害结果的发生。预防刑法在犯罪论层面的表现为法益保护的前置化如预备行为实行犯化、实害犯危险犯化、具体危险犯抽象危险犯化。

法律作为人类高度内在型和自发的价值体系存在，必须与人类社会的生活方式相适应，刑法与时转则治，与世宜则有功，国家不能固守18世纪的精神来解决21世纪的社会问题。② 刑法教义学体系过分强调法的安定性与明确性，但过于精密的逻辑体系会使刑法体系失去灵活性，使刑法体系难以回应不断变化的社会现实。体系性的理论很难容纳其他与之相冲突的价值而带有很大的封闭性，尽管语言本身的模糊性与意义流变为开放性提供理论上的可能，但问题在于这种开放显然不能满足法律与社会发展之间的互动需要。③

---

*　聂立泽，中山大学法学院教授、博士生导师；刘林群，中山大学法学院刑法学硕士研究生。
①　舒洪水、张晶：《法益在现代刑法中的困境与发展——以德、日刑法的立法动态为视角》，载《政治与法律》2009年第7期。
②　何荣功：《"预防性"反恐刑事立法思考》，载《中国法学》2016年第3期。
③　参见劳东燕：《罪刑法定的明确性困境及其出路》，载《法学研究》2004年第6期。

而风险社会的现实恰恰就要求刑法以新的姿态积极应对,而不是如传统刑法般等到实害结果的发生才予以制裁。社会的发展和价值观的更迭要求刑法不断变化和制度创新,但刑法本身所具有的稳定性的特点使得刑法无法与社会的发展同步,因而刑法需要刑事政策化,刑事政策化了的刑法便具有了刑事政策的灵活性,使刑法的发展与社会的变化同步,满足国家和社会对刑法功能的需求。①

二、瞻前:刑事政策积极参与风险防控

(一) 对刑法工具属性的正视

长期以来,刑法被定义为"保障法"而背负着"最后手段性""谦抑性"的约束,如果刑法与政策、行政法规一起参与社会的治理,则不可避免地会遭受到"刑法工具主义""违背最后手段性""功利主义"的诘难。但是,刑法自诞生之日起,便是作为社会治理工具而存在的,这一点是无法否认的。即便是在现代社会,刑法也是作为维护社会秩序的工具之一,而不是单纯的"犯罪人权利保护法"。现代国家当然不可能放弃刑法这一秩序利器,它更需要通过有目的地系统使用刑法达到控制风险的政治目标。②

风险社会促使现代刑法的使命发生变轨,应对不确定的风险和维护安全秩序已然成为刑法必须实现的主要目标,社会治理语境下刑法的工具属性更凸显,因此,应正视刑法工具属性的客观性与刑法功能主义的发展性。③ 刑法的工具性属性具有客观性,并不会因为个人的好恶而改变,与其掩饰、忽略、批判刑法的工具性属性,不如正视刑法的工具性属性,因势利导、使刑法这一工具在合适的轨道上行使。诚然,刑罚的严厉性极易对人权造成威胁,因此,刑法的运用总是伴随着"违反谦抑原则"的诘难。但是,这仅仅意味着刑法的运用要慎之又慎,而并不意味着不能动用刑法。在这个变动不居的社会里,刑法有理由也应当随之变动而变动。④

---

① 柳忠卫、郭琳:《"刑法的刑事政策化"的理论解读》,载《政法论丛》2015年第4期。

② 劳东燕:《公共政策与风险社会的刑法》,载《中国社会科学》2007年第3期。

③ 参见高铭暄、孙道萃:《预防性刑法观及其教义学思考》,载《中国法学》2018年第1期。

④ [德] 乌尔斯·金德霍伊泽尔:《安全刑法:风险社会的刑法危险》,载《马克思主义与现实》2005年第3期。

(二) 对刑法秩序维护机能的重申

现代刑法具有人权保障与秩序维护的双重机能,但由于刑法本身的严厉性与残酷性,加上人们对封建刑法侵犯人权的恐惧,使得现代刑法的人权保障机能被无限放大,与此同时,秩序维护机能却长期被遮蔽。然而,风险社会的存在,决定了抽离公共政策的分析范式将无法真正认识现代刑法,① 刑事政策对充斥的风险绝无法视若无睹。值得我们反思的是,单纯的强调刑法对人权保障的价值,是否忽略了刑法的安全价值、忽略了刑法的秩序维持面向了呢?形象地说,是否刑法在人权保障的道路上只顾着埋头前行,以致慢慢背离了刑法的初衷了呢?

如前所述,刑法在立法上需防止罪刑擅断,但司法上显然是社会治理法、是作为"犯罪治理法"而存在的。此外,刑法的工具属性也要求刑法需积极发挥其在社会治理中的作用。传统刑法强调刑法的人权保障机能,对风险议题的关注透视出人们对安全的担忧,安全问题联结风险社会理论与社会治理规则体系,刑事法将预防或排除社会风险作为目的是治理规则调整的表现之一。②风险社会的现实要求刑法对不确定性的风险积极予以回应,要求刑法积极发挥秩序维护的机能。传统刑法要求等到实害结果发生才能介入,正所谓"无侵害则无责任",但是,实害结果可能是十分巨大的、也可能是无法恢复的,而且一概要求实害结果的发生也无法解决未遂犯的处罚正当性问题。由此,危险也被认为是结果的一种。③

危险犯的出现解决了刑法保护前置的处罚根据问题,而风险社会的现实则要求刑事政策采取更为积极的方式对风险进行防控。与此同时,刑法也不能过分强调人权保障机能而偏废秩序维护机能。即便至今仍有很多学者不承认风险社会的存在并认为"抽象危险犯不是风险社会的产物"④,但是,风险刑法理论的勃兴,必然强调对法益保护的早期化与预防性,这体现在立法上便是抽象危险犯的大量增加,体现在恐怖主义犯罪、有组织犯罪、环境犯罪等各个领域,如非法持有宣扬恐怖主义、极端主义物品罪,组织、领导、参加黑社会性质组织罪,污染环境罪等。

---

① 劳东燕:《刑法基础的理论展开》,北京大学出版社2008年版,第11页。
② 倪春乐:《"预防性"正义及其风险——中国反恐刑事立法审视》,载《上海政法学院学报(法治论丛)》2018年第2期。
③ [德] 李斯特:《德国刑法教科书》,徐久生译,法律出版社2006年版,第180页。
④ 参见张明楷:《"风险社会"若干刑法理论问题反思》,载《法商研究》2011年第5期。

（三）对社会安全需求的回应

在刑法领域，公众对于安全的现实需求汇聚成刑事政策上的压力，最终通过目的的管道传递至刑法体系的内部，驱使刑法体系向预防目的的方向一路狂奔。① 风险社会下的风险凸显的是一种不确定性的、全球性的、制度性的风险，这与传统刑法理论中的实害、危险概念是完全不同的。风险的不确定性加剧了民众的担忧，而民众对于风险的担忧则呼吁刑事政策对风险进行提前规避。刑法作为刑事政策的重要工具之一，自然难以置身事外。

诚然，风险社会加剧了民众的不安全感，为了回应社会关切偶尔会出现象征性立法与情绪性立法的情况，但这种危机与副作用也有其好的侧面，如象征性立法是刑法对民众意愿的积极回应，不仅具有社会安定的作用，也有利于维持国家、法律的正当性基础。情绪性立法在某种程度上也恰恰是对民主政治的尊重。应正视民意立法，社会对某种行为有意见导致"群情汹汹"，国家和法律也不能置之不理，需要重视，因为预防刑法也有安定人心之用。一定程度上的象征性立法与情绪性立法是民主政治制度下的必然产物，这在日本、美国等国家亦然。当社会的某种现象引起民众的恐慌而令民众发出"严惩""提前预防"的呼吁时，国家的现行法律制度是无法对此视而不见的。

刑法教义体系能确保法的安定性与可预见性，却失去了对现实的适应性与灵活性。刑法教义学理论强调在现行的立法模式内进行解释，有助于维持刑法体系的稳定性，但刑事立法本身便具有一定的滞后性，而刑法教义学更是由于对体系性的过分重视而存在与治理犯罪的社会现实脱节的风险。刑事政策的缺席或者说离开刑事政策价值选择的刑法体系，刑法不可避免地导致现实适应力的缺失，由此形成的司法裁判结果，无法实现法律效果与社会效果的动态平衡。② 风险社会的现实要求刑法积极对社会中可能出现的不确定性风险予以积极应对，这恰恰是脱离了刑事政策的刑法体系所无法及时回应的。刑法体系的稳定性缺乏对现实的回应性与灵活性，无法满足风险社会对风险的预防，而"积极防控风险社会的不确定性和保障安全的基本条件，是时代赋予刑法的新任务"。③

---

① 劳东燕：《风险社会与变动中的刑法理论》，载《中外法学》2014年第1期。
② 孙国祥：《论司法中刑事政策与刑法的关系》，载《法学论坛》2013年第6期。
③ 高铭暄、孙道萃：《预防性刑法观及其教义学思考》，载《中国法学》2018年第1期。

三、顾后：刑事政策刑法化不可盲目推进

（一）与罪刑法定原则、罪刑均衡原则相适应

当下中国正处于从前现代向现代化国家急剧转型的历史进程中，而这种转型又是在经济全球化带来的风险全球化的背景下展开的。① 尽管风险社会与风险理论为刑事政策的刑法化提供了现实基础与理论依据，但刑事政策可能存在的动摇罪刑法定原则与刑法体系的稳定性等问题也不容忽视。封建刑法时代下刑事政策僭越了刑法的领域导致刑法失去安定性，以李斯特为代表的古典刑法理论学者将刑事政策与刑法相分离，提出"刑法是刑事政策不可逾越的藩篱"的命题，这也被罗克辛称之为"李斯特鸿沟"。当犯罪构成突破了罪刑法定限制的时候，刑事政策就如同脱缰的野马，对公民权利与自由所主宰的市民社会肆意践踏的危险就会随之而来。② 风险社会的到来为刑事政策导向的刑法扩张提供了现实基础，但这并不意味着刑事政策可以盲目地推动刑法的扩张。在当前风险社会的背景下，刑事政策的积极化介入能使刑法更加灵活应对当下社会的状况，应当肯定刑事政策早期介入与积极介入，预防刑法便是现实体现；但是，刑事政策的介入不应逾越"李斯特鸿沟"，即不能突破罪刑法定原则的界限。

风险社会下刑事政策导向的刑法是预防刑法，即刑事政策为了防范不确定的风险而对仅具有轻微法益侵害性或仅具有法益侵害风险的行为予以犯罪化，也称之为"轻微罪化"。这种风险社会背景下的犯罪化是一种"特殊犯罪化"，所针对的是早期化的法益侵害行为。较传统的犯罪而言，这种"轻微罪化"犯罪的罪质相对较轻，仅仅是因为风险社会下刑事政策为更好预防风险而推行的犯罪化。在刑法的早期介入时，实际的法益侵害结果往往没有发生或者尚未发生严重的法益侵害结果，此时适用刑罚措施便存在是否违反罪刑均衡原则的疑问。此外，我国刑罚的附随后果过重，刑罚的严厉性不仅体现在刑罚本身对人身、财产的剥夺，更是体现在刑罚的后续效果，如留下前科、背负犯罪人标签等后果，这种"轻微罪化"的扩张也存在违反罪刑均衡之虞。对于"轻微罪"应当适用"轻微罚"，这是罪刑均衡原则的应有之义：如危险驾驶罪，代替考试罪，使用虚假身份证件、盗用身份证件罪的最高法定刑仅为拘役，这便是刑事政策对轻微罪采取"轻微罚"的体现。即便身处风险社会背景下，刑

---

① 邹兵建：《跨越李斯特鸿沟：一场误会》，载《环球法律评论》2014年第2期。
② 陈兴良：《刑法教义学与刑事政策的关系：从李斯特鸿沟到罗克辛贯通》，载《中外法学》2013年第5期。

事政策为了实现对风险的防控而将罪质轻微的行为入罪化,也应当"轻罪轻罚",而不能违反罪刑均衡原则。

(二) 与我国二元违法体系的立法模式相协调

刑事政策的导入对于刑法体系而言可谓"牵一发而动全身",应当进行整体性考量。风险社会的现实要求刑法对法益进行前置化保护,但刑事政策导向的预防在"瞻前"的同时也应"顾后",不能忽视我国采取行政违法与刑事违法的二元违法体系的立法模式的现状。预防刑法的刑事立法应当考虑到我国二元违法体系的立法模式以及轻微罪转处、分流的实务难题。① 随着我国刑事政策从"厉而不严"向"严而不厉"转变,出现了很多仅具备行政违法性行为、甚至连行政违法性都没有的行为也被直接赋予刑事违法性的情况,即刑事政策导向刑法扩张的现象。刑法只是社会规范之一,在我国二元违法的立法模式下,对于"越轨行为"的规制是否能随便调用刑法则需要审慎考量。

在我国二元违法体系下,刑事政策导向的预防刑法似乎不应过度侵入行政违法的管控领域。李斯特曾指出"最好的社会政策就是最好的刑事政策",而刑事政策强调对犯罪行为或者说越轨行为的治理则不仅包括刑罚处遇,更是包括了行政处遇及其他处遇措施。对于部分法益侵害性尚小的行为,在适用行政处遇已足以惩戒的情况下,如果还强行适用刑罚处遇则显得过重。

(三) 与前科消灭及复权、轻微罪分流、追诉时效等程序制度相衔接

在前科消灭、复权机制等配套制度尚未建立的背景下,刑事政策导向的预防刑法的过度扩张不仅给受刑人带来难以承受的后果:被判处刑罚意味着被判刑人终身都背负着"犯罪人"的标签。此外,过度扩张的"轻微罪化"也面临如何对这些轻微犯罪进行转处、分流的问题。刑法的扩张需要有正当性自无疑问,但问题在于,有了正当性就能肆意扩张吗?如耶林所言,"刑罚如两刃之剑,用之不得其当,则国家与个人两受其害。②"过于超前的预防刑法,是否能达到预防的目的呢?还是只是徒然扩大打击面呢?而通过刑法预防这些行为是否能达到有效打击恐怖主义和极端主义的效果呢?这些问题都不得不引起重视。

与此同时,预防刑法所提前打击的是"轻微罪",对"轻微罪"如最高法

---

① 刘艳红:《"风险刑法"理论不能动摇刑法谦抑主义》,载《法商研究》2011 年第 4 期。

② 耶林(Jhering)语,转引自林山田:《刑罚学》,台北商务印书馆 1985 年版,第 127 页。

定刑仅为拘役的危险驾驶罪是否有必要适用"轻罪"的 5 年追诉时效也存在疑问。显然，即便是风险社会背景下刑事政策对风险进行提前打击，但也应考虑到司法资源的有限性问题。此外，我国还规定了前科报告制度，这给被判刑人带来的潜在影响是巨大的，很大程度上影响了被判刑人的社会复归，甚至可能继续回到犯罪的道路之上。

申言之，刑事政策在对风险采取前瞻性防控的姿态的同时，也要"顾后"：既要考虑到行政违法涵摄规制范围与刑事违法规制范围交叉地带尤其是行政刑法的适用；又要考虑到轻罪、微罪在当前司法资源有限、犯罪附随后果比刑罚更重的现状，适当的划定预防刑法的界限，实现与相关程序的有效衔接。

四、结语：瞻前顾后间求进退之度

古典刑法理论认为"刑法不是现代化的推动者，当然刑法需要以调整自身的方式来对现代化的挑战进行回应"①。风险社会洪流之下，刑法作为社会治理工具之一，已经难以独善其身。诚然，刑法本身的保障法性质要求刑法保持谦抑，但是刑法的谦抑性并不意味着刑法对变动的社会风险置之不理，抑或固守传统的规制模式。刑法是共同规范体系的根基，如果应予发动刑法而不发动，不仅不应当冠之以谦抑的美名，反而要受到渎职的严厉指责。② 风险社会对预防性的强调与刑事政策功利性不谋而合，而刑法的工具性与严厉性属性也决定了刑法是社会治理的强有力手段。政策性导向的刑法能增强刑法对社会现实的灵活性，使刑法能因时而变。因此，在风险社会的现实背景下，刑事政策应保持前瞻性姿态，有力发挥刑法作为社会治理工具的作用。

但是，政策导向的刑法蕴含着摧毁自由的巨大危险，有必要借助刑事责任基本原则对风险刑法进行规范与制约。③ 这也提醒我们刑事政策在"瞻前"的同时也应"顾后"。刑事政策对惩治犯罪与预防犯罪的功利性价值应当受到罪刑法定原则和罪刑均衡原则的限制：只有在刑法框架之内，刑事政策的目的性与功利性的价值追求才具有合理性。④ 刑事政策导向的预防刑法的推进不可避

---

① ［芬兰］Kimmo·Nuotio：《安全、风险与刑法》，载梁根林、车浩、江溯主编：《当代刑法思潮论坛——刑事政策与刑法变迁》（第三卷），北京大学出版社 2016 年版，第 297 页。
② 何庆仁：《犯罪化的整体思考》，载《刑事法评论》2008 年第 2 期。
③ 劳东燕：《公共政策与风险社会的刑法》，载《中国社会科学》2007 年第 3 期。
④ 陈兴良：《刑法的刑事政策化及其限度》，载《华东政法大学学报》2013 年第 4 期。

免的导致犯罪数量的增加，而在我国刑罚附随后果过重，尤其是出罪机制不完善、前科消灭及复权机制等制度尚付之阙如或不完善、司法资源有限的背景下，也不得不考量如何进行轻微罪的分流与转处。

刑事政策的"前瞻性打击"不能逾越"李斯特鸿沟"，更应"顾后"：对二元违法体系、出罪机制、轻微罪分流、转处等机制进行整体性考量。申言之，风险社会现实下，刑事政策的进退可谓"牵一发而动全身"，应在瞻前顾后间求得进退之度，使刑罚恰如其分，既与风险社会的现实相适应，又与民生保障相契合。

风险社会视阈下刑事立法的价值选择和目标定位

叶良芳　马路瑶*

"社会变迁必然引发犯罪态势的变化，引发刑法观念的变革，而刑法观念的载体就是刑事政策。"①　"法律理念不是定居在一个全然和谐的价值的天堂；而是处于人的世界，也因此是有限而暂时的"②，刑事立法政策所侧重的法律价值也从来不是一成不变的，而是随着社会发展状况的变化而逐渐演变的。当前，人类发展已进入风险社会阶段。只有制定符合风险社会的社会发展状况的刑事立法政策，才能在其指导下理性地进行刑事立法，进而有效地组织对犯罪的治理活动。

一、安全保障：风险社会刑事立法的首要价值

风险社会下，人类发现新知识、发明新技术和创设新制度的能力相比农业社会和工业社会有了显著提高，但是认识新生事物所潜藏的风险的能力，却往往难以与创新行为实现同步。这便是风险社会中最大的矛盾所在，也是风险社会中新型风险产生的根源。然而，风险社会下工业化所造成的副作用仍是可控的，控制风险所需要的是"一个设计精妙的通过制度化的解决方法预防不可预见的事情的反思程序"，"它把针对现代化所造成的不安全因素而提出的控制要求扩展到未来社会"。③ 在风险社会的背景下，包括刑法在内的制度设计，

---

* 叶良芳，浙江大学光华法学院教授、博士生导师，法学博士；马路瑶，浙江大学光华法学院博士研究生。

① 张旭：《风险社会的刑事政策方向选择》，载《吉林大学社会科学学报》2011年第2期。

② [德] 阿图尔·考夫曼：《法律哲学》，刘幸义译，法律出版社2011年版，第212页。

③ [德] 乌尔里希·贝克、约翰内斯·威尔姆斯：《自由与资本主义——与著名社会学家乌尔里希·贝克对话》，路国林译，浙江人民出版社2001年版，第124页。

都应当将当下和未来的安全保障作为制度设计的首要价值目标。

(一) 强化刑法安全保障机能是风险社会基本特征的要求

刑事立法政策的合理与否,应当对照当时的社会发展状况和需求进行历史地、具体地判断,"刑法唯有满足并符合当时社会基本特征的要求,才能从社会中、从一般民众那里获得普遍遵守的力量"。① 安全问题是风险社会理论与刑法体系之间的连接点,因而排除危险或预防成为刑法的首要目标。②

客观层面,人类认知水平的有限性与人类决策潜藏风险的无限性之间的矛盾,导致人类所创制的新型风险在种类、数量和影响范围等多个维度均呈现出逐渐增长的态势。在与人类生存安全息息相关的领域,新技术和新制度的出现带来了更多难以为人类完全认知和控制的风险,如果放任风险转变为实害结果,那么这样的制度建构是难以实现保障人类生存安全的重要机能的。正如李斯特所言,"无论对个人还是对社会,预防犯罪行为的发生要比处罚已经发生的犯罪行为更有价值,更为重要",③ 这一观点在风险社会的背景下显得尤为重要。传统刑法以处罚实害犯为特征、以惩罚犯罪为出发点,显然难以满足风险社会对刑法安全保障机能所提出的新要求。从事后惩罚向事前预防的转变,是风险社会刑法安全保障机能有效发挥的必然选择。风险社会的客观新型风险的增加,还体现在每个个体所分担的风险上。风险社会下,个人被迫从阶级、核心家庭、专业工作等环节中"不再重新嵌入地抽离",成为"不完善的个体",并在人类历史上首次成为进行社会再生产的基本单元。④ 相比较农业社会和工业社会而言,风险社会下个人作为独立的社会参与主体,更容易受到各类社会风险演变成的实害结果的冲击。刑法作为社会安全的最后保障法,其安全保障机能如果不能得到有效发挥,那么刑罚权的正当性基础将面临危机。

在主观层面,风险社会下,由于获取信息途径的增多、对专家系统信赖与排斥的矛盾态度以及大众传媒一定程度上的误导性等因素的存在,社会公众对于风险的感知明显增加,这使得强化刑法的安全保障机能成为民众的强烈诉求。如果刑事立法完全不考虑对于民众理性诉求的回应,那么这样的立法就难以得到民众的普遍认同和遵守。反映共识的普遍性,最大限度地表达社会所公认的公平正义规则,是实现立法科学性的必要条件。认同作为人类情感与理性

---

① 高铭暄:《风险社会中刑事立法正当性理论研究》,载《法学论坛》2011年第4期。
② 参见劳东燕:《风险社会与变动中的刑法理论》,载《中外法学》2014年第1期。
③ [德]李斯特:《德国刑法教科书》,徐久生译,法律出版社2000年版,第21页。
④ 参见焦旭鹏:《自反性现代化的刑法意义——风险刑法研究的宏观知识路径探索》,载《政治与法律》2014年第4期。

共同作用的结果,当两者都高涨时,其所产生的意识形态的信任具有惊人的力量,因而认同是一种制度性资产,成为刑法权威的根源。① 刑法的公众认同是刑法的信仰产生的前提,而刑法的公众认同则来源于一种以常识(普遍的社会生活知识)、常理(普遍的社会生活道理)和常情(普遍的社会生活情感)为内容的人们对于社会生活关系的共识。②

(二) 强化刑法安全保障机能的多重维度

1. 法益保护前置化

第一个维度,是法益保护前置化。法益保护前置化是刑法从惩罚本位转变为预防本位的重要手段,能够有效发挥防患于未然的作用。风险社会下,刑事立法中出现的预备行为实行化、帮助行为正犯化以及增设危险犯特别是抽象危险犯等现象,无疑是法益保护前置化的显著体现,因而刑法有从处罚实害犯为原则向实害犯、危险犯甚至是行为犯均须处罚转变的趋势。诚然,法益保护前置化确实一定程度上压缩了人们的自由空间,但如果刑事立法中所划定的国家刑罚权与公民自由权之间的界限是符合当时社会发展状况的,那么这样的刑事立法就不存在违背谦抑性原则的问题,即使其在当时给公民留下的自由空间窄于过去的某个时点。

需要强调的是,法益保护前置化的立法趋势并非是对关于犯罪本质的法益侵害说的颠覆、走向了规范违反说的阵营,而是对法益侵害说的充实和发展。有学者在阐述风险刑法的调整标准时,提出"刑法对犯罪的认定及处罚,不再基于法益侵害,行为无价值成为新的判断标准",③ 这实属误读。法益保护前置化的立法对尚未真正导致法益侵害结果的行为进行了处罚,尤其是对预备行为、帮助行为处罚力度的加大以及增设了抽象危险犯,客观上确实导致了对一些仅存在违反刑法规范的行为而未造成实害结果的行为进行处罚,外观上强化了对违反规范的行为本身的否定评价。然而,法益保护前置化的出发点并非维持某种抽象的社会伦理道德,而是避免风险发展为实害结果,因而将法益保护前置化的立法演变视为对法益侵害说的发展更为妥当。

---

① 参见姜涛:《在秩序与自由之间:刑法父爱主义之提倡》,载《江淮论坛》2015 年第 1 期。

② 参见马荣春:《共识刑法观:刑法公众认同的基础》,载《东方法学》2014 年第 5 期。

③ 郭浩、李兰英:《风险社会的刑法调适——以危险犯的扩张为视角》,载《河北法学》2012 年第 4 期。

2. 强化相关主体的刑事责任

第二个维度，是强化相关主体的刑事责任，避免"有组织的不负责任"。因为风险属于一种"可预测的内生危险"，所以"今天所要进行控制和实施社会监督的对象是那些没有尽心按照操作规程去操作的人"，让人更加严格地遵守安全纪律，"以此去约束不安全因子"。① 刑事责任本属于典型的个人责任，传统刑法所惩罚的正是为人的自由意志所能控制的具有公共危害性质的行为，且只能对行为人进行非难而不能实行连带。② 然而，在风险社会下，这种刑事责任的分配，显然难以有效应对新型风险。一方面，需要以设立法人犯罪的方式，对法人或者其他形式的组织以集体的名义并且为了集体的利益而实施的创设不应被允许的风险的行为进行规制，并对其中负有避免风险发生义务的自然人的行为进行规制，尽可能地使单位和其中的自然人依据其自身所起的作用，合理地分配刑事责任。另一方面，也要防止将人类创造的人工智能等产品拟制为犯罪主体，即使最终的实害结果是由人类创造物直接造成且超出人力控制范围，也不能掩盖人类在设计和制造这类产品的行为本质上是创设一种不可预测的风险。如果将人类创造物拟制为犯罪主体，那么其设计和制造者就有了绝佳的规避刑事责任的理由，就会为了追求技术创新以及由此产生的经济利益而不再有动力提高认识和避免技术风险的能力，进而加剧"有组织的不负责任"。

3. 有限度地修正刑法因果关系认定标准

第三个维度，是对公害犯罪的行为与实害结果之间因果关系认定标准的修正。环境污染问题和食品药品安全问题都是公害的表现形式，其中社会危害性最严重的部分，已经纳入刑法调整范围。"公害犯罪的原因行为具有间接性、复杂性和多元参与性、危害结果具有潜伏性、加害方知识具有排他垄断性，这些特性使得公害犯罪的因果关系呈现出多因性、易变性、不紧密性、隐蔽性等特点。"③ 当特定领域的风险创设的行为可能会持续地威胁人类的生命、身体和健康的安全时，如果恪守传统刑法的因果关系认定方法，对一些从病理学、生物学等方面证明困难或者证明成本过高，但事实上又确实导致了实害结果发生或者具有导致实害结果发生的高度可能性的风险创设行为，将难以追究刑事

---

① ［德］乌尔斯·金德霍伊泽尔：《安全刑法：风险社会的刑法危险》，刘国良编译，载《马克思主义与现实（双月刊）》2005年第3期。
② 参见姜涛：《风险社会之下经济刑法的基本转型》，载《现代法学》2010年第4期。
③ 左袖阳：《关于当前食品安全刑事立法政策的反思》，载《中国人民公安大学学报（社会科学版）》2015年第3期。

责任。这不利于提高相关企业在生产过程中的责任心，从而难以实现风险社会下刑法的安全保障机能。在这种情况下，因果关系推定理论的应用可以克服传统刑法因果关系认定理论的困境，即：在证据认定方面，采取疫学因果关系理论的盖然性认定方法；在举证责任方面，采取间接反证理论而有条件地进行举证责任倒置。①

二、自由保障：风险社会刑法不应缺失的重要价值

风险社会下，刑法面对时代变迁的新要求，将其价值重心从自由保障转向安全保障具有必要性，但是刑事立法应当保持谨慎，避免风险社会的刑法危险成为一个新的制度风险。② 风险社会下，刑法仍然应当调和秩序与自由的关系，保障人类社会生存安全不应以过度牺牲作为犯罪人的程序自由和作为善良人的实体自由为代价。

（一）自由保障是风险社会刑法不应丢失的基本机能

刑法为了积极应对风险社会下新型风险对人类生存安全带来的挑战，将安全保障作为首要价值，力图在风险转化为实害结果之前即对风险实现有效控制，具有合理性。在这样的转变之中，自由价值虽然相对弱化了，但是绝不能被忽略。

一方面，自由与秩序虽然是不同的价值，甚至两者可能存在冲突，但是能够实现正义要求的良善之法，绝不应将两者截然对立，而应最大限度地进行调和。法律最根本的价值是公正，也即个人公正与社会公正的统一，因此刑法应当在个人自由与社会秩序的价值选择上划出一条界线，即"在最大限度地使个人享有自由的条件下保持社会的稳定；或者说，在社会秩序不受破坏的条件下使个人享有自由"。③ 如果刑法的安全保障机能无法落实到对公民的自由保护层面，那么这样的刑法将陷入工具主义的窠臼之中，进而导致认同危机。刑法安全保障机能的有效发挥，是对秩序价值进行保护的体现，但是体现正义的刑法中，个人自由与社会秩序之间应当具有对立统一关系，即"秩序是自由的保证，自由是秩序的根据。没有秩序，自由就无从谈起；不是为了自由，秩

---

① 参见周微：《公害犯罪因果关系推定》，载《河北法学》2012年第7期。
② 参见龙敏：《秩序与自由的碰撞——论风险社会刑法的价值冲突与协调》，载《甘肃政法学院学报》2010年第5期。
③ 陈兴良：《刑法的价值构造》，载《法学研究》1995年第6期。

序的价值就不完整"。① 风险社会下的刑事立法，如果仅仅为了某种行政管理效率的提高和秩序的维护而扩大犯罪圈，而不以从根本上保障更大范围内社会公众的根本自由和利益作为出发点，那么这样的强化秩序价值并非真正意义上的强化安全保障机能，因而只会导致刑法成为一种恣意侵犯公民自由的统治工具。

另一方面，风险社会下以安全保障为导向的预防性刑事立法，意味着犯罪圈的扩大，必然会导致自由边界的收缩，因而风险社会的刑法天然存在过度限制公民自由的"冲动"。谦抑性原则是刑法用以避免过度限制公民自由而应当坚持的铁律，其本质"在于如何确定刑法对社会的介入程度，即如何在国家与国民之间适当分权，找到平衡点，使得国家与人民两受其利"。② 随着社会发展状况的变化，这一平衡点亦在动态变化。能够体现正义这一最高价值的刑法，应当对这一平衡点有所精准把握。立法者及其背后的专家系统以及司法者所具有的智慧总是存在局限性的，立法活动以及依据法律和社会发展新状况所进行的司法活动，都是一个试错的过程。因此，在立法的内容和程序上都应当慎重地对待公民自由保障的问题，防止刑法在法律父爱主义的外衣下流变成刑法工具主义。如果仅强调刑法的安全保障机能，就可能导致刑法存在处罚思想犯的冲动，从而过度限制公民自由，因此必须将刑法干预范围限定在已经实施的有责的不法行为之内。③

（二）自由保障机能在风险社会刑法中的多重维度

1. 恪守罪刑法定原则

第一个维度，是应当恪守罪刑法定原则，避免以增设"口袋罪"的方式强化刑法的前瞻性，避免以不明确的罚则增加刑罚的威慑力。如果刑法不能让作为其规范对象的人们明确地通过其条文知道自己作出什么样的行为将要受到刑罚处罚以及将要受到何种刑罚处罚，那么行为人即使具有自由意志，也难以正确判断自己行为的后果，最终导致司法者以防控风险为导向而以类推解释和确定过高宣告刑的方式适用刑法，过度地限制公民的自由。事实上，如果立法者试图以含糊的罪状和罚则来扩大犯罪圈和加重刑罚，看似加强了对风险转化

---

① 曲新久：《个人自由与社会秩序的对立统一以及刑法的优先选择》，载《法学研究》2000 年第 2 期。

② 卢建平、刘传稿：《法治语境下犯罪化的未来趋势》，载《政治与法律》2017 年第 4 期。

③ 参见 [德] 乌尔里希·齐白：《全球风险社会与信息社会中的刑法：二十一世纪刑法模式的转换》，周遵友、江溯等译，中国法制出版社 2012 年版，第 205 页。

为实害的防控效果，但往往事与愿违。"了解和掌握神圣法典的人越多，犯罪就越少。因为，对刑罚的无知和刑罚的捉摸不定，无疑会帮助欲望强词夺理。"① 因此，在罪刑法定原则的指引下，坚持罪状和罚则的明确性是刑事立法应有的品格。

有学者基于风险社会下的新型风险具有不确定性特征，认为为了应对行为样态多样性、行为主体虚拟性、空间无限性和时间瞬间性及跳跃性的新型犯罪，刑事立法应当采取个案例举与概括条款相结合的"例示法"，使犯罪构成要件具有开放性，从而保持刑法的时代品格。② 这样的立法技术设想固然可以使刑法具有前瞻性，可以对更多未知的犯罪行为类型进行规制，从而避免因立法的滞后性而导致一些风险创设行为不合理地出罪，但是这种立法思路显然违背了刑法的明确性原则。为了防止司法者借防控风险之名而对刑法进行无限扩张的解释，立法者应当尽可能使罪状具有明确性，以便公民明确自己行为的合法边界，同时消除司法者变相行使制刑权的合法存在空间。

罚则的明确性亦是罪刑法定原则的重要内容。它能够让公民明确实施刑事违法性的行为的不利后果，因而可以在事前比较其作出该行为的收益与损失的大小，进而作出符合理性人思维方式的选择。如果在立法中只规定某种犯罪行为应受惩罚、但不规定适用的刑罚，或者规定的刑罚裁量范围太大、没有合理的区间幅度，则这样的刑罚显然具有极高的严厉性。抽象罚金刑就是一种不具有确定性的刑罚，赋予司法者过大的自由裁量权。这导致公民难以预期自己行为的法律后果，并不符合刑法明确性原则对于罚则设置的要求，有突破国家权力与公民权利界线之虞，不利于对公民自由的保障。因此，在罚金刑设置上，应当尽可能明确罚金刑的数额范围或者计算方法，并且根据罪责刑相适应原则进行科学配置，而不应当让司法者在适用时完全自主裁定。

2. 坚持法定犯的二次违法性原则

第二个维度，是坚持法定犯的二次违法性原则，在法秩序的统一性下审慎地进行刑事立法，避免一个行为在民法和行政法领域不违法却构成刑事犯罪的现象发生。风险社会下，国家对社会管理内容和范围的不断扩张，在满足国民基本需求的同时，也导致刑法的扩张，包括经济刑法和行政刑法等在内的法定

---

① ［意］贝卡利亚：《论犯罪与刑罚》，黄风译，中国法制出版社 2005 年版，第 19 页。
② 参见田鹏辉：《论风险社会视野下的刑法立法技术——以设罪技术为视角》，载《吉林大学社会科学学报》2009 年第 5 期。

犯的增加,这已成为风险社会中刑法的突出特点。①

尽管从长远的角度看,行政法规范也可能转化为为社会所普遍认同的伦理道德的内容,但是因行政法规范具有易变性、专业性等特性,以违反行政法规范为前提的法定犯与传统的自然犯在入罪条件的限定上不应完全等同。工业社会以来,尤其是人类进入风险社会后,国家越来越积极地介入社会生活,体系庞杂的行政法规范应运而生。行政作为一种国家权力的基本职责是整合社会秩序,使紊乱的社会秩序得以恢复,而此意义上的"整合"既包含了修复已经失衡的社会秩序,也包含有目的的塑造形成一种有利于个人全面发展的新的社会秩序。② 这一对社会秩序进行修复和塑造的过程中,行政法必然会对需要社会主体遵守的行为规范不断地进行"破"和"立",其所创设的社会生活各个领域的行为准则,会随着新生事物的出现和发展以及国家公共政策的调整而不断变更,不再能够依据朴素的法感情进行捕捉,而更多地体现为一种在特定背景下追求效率和秩序的管理性行为规范。因此,具有行政违法性的行为,并不一定违背社会伦理道德,其中社会危害性最为严重的部分如果为刑法所禁止,那么这类行为便是并不一定具有悖德性的法定犯。如果一种行为既不严重违反社会伦理道德,在行政法中又缺少禁止性规定,在以意思自治为原则的民法领域亦属于合法有效的行为,那么刑法跳过前置性法规范而对其积极干预,则有违反法秩序的统一性之虞。

3. 防止对罪责原则的背弃

"罪责是犯罪的概念特征,无罪责即无刑罚,是一个很长的且目前仍然没有结束的发展的结果。"③ 在功利主义刑法观的指引下,刑罚之所以能够发挥威慑和预防功能,是因为作为其规制对象的人经过权衡后,可以认识到其实施一个犯罪行为能够获得的利益要小于其需要付出的以刑罚为主要内容的代价。如果行为人在主观上既没在认识到将要发生的实害结果并希望或者放任其发生的故意,也没认识到实害结果可能发生但是轻信能够避免的过于自信的过失,甚至连预见结果发生的可能性都不存在,也即不存在疏忽大意的过失,若仅因为行为人作出的行为导致了不为刑法所允许的危害结果的发生便追究其刑事责任,显然难以对行为人起到震慑和预防作用。罪责原则与刑罚的机能存在密切的相关性,如果风险社会下的刑事立法为了防控新型风险,绕开寻找刑事责任

---

① 参见孙道萃:《风险社会与风险刑法:立场与调试》,载《中国公共安全(学术版)》2011年第2期。

② 参见章剑生:《现代行政法总论》,法律出版社2014年版,第9页。

③ [德]李斯特:《德国刑法教科书》,徐久生译,法律出版社2006年版,第265页。

主体时遇到的瓶颈,而将罪责原则予以背弃,无疑是一种过度限制公民自由而又无法起到其预想效果的选择。

即使风险社会中的刑事立法应当将安全保障价值放在首位,突出刑法在防控新型风险中的积极作用,也应当禁止绝对严格责任的适用。以是否允许被告人提出辩护理由为分类依据,严格责任可以分为两大类:一类是绝对严格责任,是指法律对没有规定主观罪过的行为追究刑事责任且不允许被告人提出辩护的归责形式;另一类是相对严格责任,是指推定实施了刑法禁止行为的行为人在行为时具有主观罪过,但是行为人有权针对控方的有罪推定提出辩护的归责形式。① 事实上,严格责任的适用并不必然违反罪责原则。公民作为刑法规制的对象,其实力难以与国家相抗衡,为了平衡控辩双方的力量,从而避免公民的自由因国家滥用刑罚权而被过度限制,由控方承担举证责任的规则被确认下来。对于与新技术相关且行为主体复杂、危害结果影响范围广的公害犯罪,刑事立法可以规定相对的严格责任,由被告人一方承担关于主观过错的举证责任,允许其提出反证对刑事立法推定予以推翻。对这类犯罪,将缺乏主观过错的举证责任转移给被告方,则可以实现控辩双方的力量平衡,更好地维护刑法安全保障价值和自有保障价值之间的关系。但是,不允许被告方就自身缺乏主观过错提出抗辩的绝对严格责任,则体现了对罪责原则的背弃,刑事立法不应为了防控风险而贸然作出这样不合理的规定。绝对严格责任客观上对行为人提出了行为时应尽特别的注意义务的要求,而在定罪时又不对行为人的主观罪过予以考虑,这样一来,人们便根本无法对自己行为的性质进行合理预测,不知道自己在什么时候会因为什么事而锒铛入狱,从而不得不对自己的行为进行限制,那么公民的自由空间必然将会压缩。②

三、差别对待:风险社会刑事立法的适用语境

(一) 刑法面对新型风险与传统风险须差别对待

在工业社会,立法者在如何应对传统风险的问题上已经得出了较为完善的答案。在风险社会中,刑法的革新所要解决的问题,是工业社会刑法应对失灵的新型风险应当如何防控。贝克将风险社会中的核风险、化学风险、生态风险和基因工程风险等新型风险与早期工业风险之间的差异,梳理为以下几点:一

---

① 参见谷永超:《我国环境犯罪中引入严格责任的立法考量》,载《人民检察》2017年第12期。

② 参见吴念胜:《我国环境犯罪不宜采用严格责任原则》,载《兰州学刊》2012年第8期。

是新型风险既不能以时间也不能以空间被限制;二是新型风险的创设者不能按照因果关系、过失和责任的既存规则来负责;三是新型风险不能被补偿或者保险。① 换言之,只有那些工业社会已经发展成熟的法律制度应对殆于无效的风险,才能称之为风险社会的新型风险。如果将风险社会理论特定语境下的"风险"作不合理的扩大解释,甚至将一切犯罪风险均纳入风险社会刑法的规制范围,显然会打破刑法在规制传统风险时安全保障和自由保障两种价值之间的平衡。以风险社会中新型风险为规制对象的风险社会刑法,相比工业社会刑法而言,更加强调其安全保障机能的有效发挥,这必然会在一定程度上压缩公民行动的自由空间。如果用以安全保障为首要出发点的风险社会刑法对工业社会中的传统风险进行规制,那么必定会过多地干涉传统风险的创设者的自由。

在风险社会理论引入中国刑法时,尤其应当注意中国社会发展进程与西方发达资本主义国家相比的特殊性,不能忽视跨越式前进的中国社会中大量存在的传统风险。随着科学技术的发展,中国不可避免地卷入全球化浪潮中,与新技术和新制度相伴而生的新型风险必然会对中国产生影响;与此同时,在尚未完成工业化和城市化、尚未真正进入福利国家时代的中国,传统的农业社会和工业社会中的风险仍然存在,并与新型风险交织在一起形成更加复杂的风险图景。在这种情况下,利用刑法手段防控风险时,更应该审慎地甄别风险的类型,避免风险社会刑法不当地干预了本处于工业化进程中可以用当前法律体系有效规制的风险。

(二) 刑法面对"真创新"与"假创新"须差别对待

刑法在风险社会中的技术和制度创新面前保持适度的谦抑,是刑事措施收益与成本权衡的必然要求。"在与犯罪作斗争中,刑罚既非唯一的,也非最安全的措施。对刑罚的效能必须批判性地进行评估。"② 刑法不应仅立足于防控风险社会中由创新带来的新型风险,也应当以更好地推动人类社会进步为出发点适度地保障技术和制度创新。不过,刑法应对技术和制度创新背后的新型风险时,应当注意区分"真创新"和"假创新"。无论是哪种创新,都会潜藏着可能引发严重且难以预测和控制的实害结果,但是两种创新背后的风险产生的根源却截然不同:前者是因为人类认知水平的有限,即使严格遵守当下的技术标准和相关行政法规范,仍然存在造成某种严重的实害结果的风险,行为人对于风险的具体内容及其实害结果在主观上缺乏认知,并且完全有理由相信行为

---

① [德] 乌尔里希·贝克:《世界风险社会》,吴英姿、孙淑敏译,南京大学出版社2004年版,第101页。

② [德] 李斯特:《德国刑法教科书》,徐久生译,法律出版社2006年版,第22页。

人不具备正确认知的可能性。后者则是行为人利用技术创新,明知或者应知这种利用是存在较大的安全风险,仍然为了谋求自身利益而放任风险的产生和向实害结果转化。

根据罪责原则,前者的创新中行为人并无主观过错,依据人类现有的认知水平不能对行为人正确认知风险产生期待可能性,因此对这类风险的创设者不应科以刑罚。"技术风险是以科学技术的发展为前提的,也是科学技术在给人类带来福祉的同时所具有的消极后果,可以说是人类享受科学技术成果的同时必须付出的代价",与此同时,"对于技术风险的防范主要还有赖于科学技术的进步",但是"新技术本身又会带来新风险"。① 这便产生一种无法消解的矛盾,而这种矛盾运动的有利之处是能够不断提高人类的认知水平和增进人类福祉,并为科学地防范风险提供依据,弊端则是在认知盲区进行探索时可能会引发严重的实害结果。真创新背后的风险,正是人类认知的盲区,而人类社会的不断进步正是向一个又一个盲区不断探索而将其变成非盲区的结果,因此在利益衡量之后,刑法应当对这类创新予以一定的容忍。只有当真创新所潜藏的风险在统计学上具有高度可能性,且这类风险一旦引发实害后果将对人类生存安全产生极大的冲击时,才应当对无法在发生机理上查明原因的风险用刑法手段予以规制。

但是从严格意义上讲,后者与风险社会理论中所指的新型风险并不具有相同的产生根源。这类假创新背后的风险,更大程度上是功利主义和利己主义驱动的结果,其目的在于以最小的代价获取最大的利益,以个别利益牺牲公共利益,以自然和社会风险换取私人利益和地方利益,而并非人类认识误区所导致的难以避免的风险。② 例如,温州乐清女子赵某被滴滴顺风车司机钟某强奸杀害并抛尸案受到舆论广泛关注。案发前滴滴顺风车的运营机制显然存在着诸多安全隐患:其以外包为主的客服并不具有直接处理投诉的权限,使得投诉并不能得到及时的处理和反馈;在其以社交为导向并隐藏着性暗示的业务定位方向下,对司机资质审查和管制不严以及对乘客性别等信息的筛选规则等,则成为在车内封闭空间内发生性侵和杀人等惨案的催化剂。这些并非网络技术本身存在的问题,而是滴滴公司以企业利益为导向却忽视对公众安全保障责任的履行所创设的风险。对于这类借助创新而以牺牲公众利益为代价的情形,本身并非利用人类认知盲区,并且具有强烈的伦理道德违背性,刑法在对其风险创设行为进行规制时,应当强调其安全保障机能的发挥。

---

① 陈兴良:《风险刑法理论的法教义学批判》,载《中外法学》2014 年第 1 期。
② 参见肖瑛:《风险社会与中国》,载《探索与争鸣》2012 年第 4 期。

四、结语

  风险社会下,人类面临着以技术创新为先导的各类新型风险,传统刑法在应对这些新型风险时明显有所乏力。刑事立法政策的调整,应该与社会发展状况的变化相适应。在调和各种需要刑法保护但可能存在冲突的价值时,立法者不应完全拘泥于传统刑法的教条限制,而应该立足于社会发展的现实需求,对传统的刑事立法理念进行继承与发展。安全保障价值是风险社会刑事立法的首要价值,因为风险社会下,客观上新型风险具有不可预测性、后果扩展性等特征,且个体逐渐成为承担风险的独立个体,主观上种种原因导致社会公众对风险的感知明显增加,这些都要求刑法在防止风险转化为实害结果上发挥更为积极的作用。法益保护前置化、强化相关主体的刑事责任以及有限度的修正刑法中因果关系的认定标准,都是强化刑法安全保障机能的有效方式。同时,自由保障也是风险社会刑法不能缺少的重要价值,它是以预防为导向的刑事立法所应坚守的底线。恪守罪刑法定原则、坚持法定犯的二次违法性原则以及防止对罪责原则的背弃,是刑法防控风险社会下新型风险时发挥自由保障机能的几个重要维度。除此之外,差别对待同样是刑法面对风险社会中形形色色复杂的风险、平衡安全与自由价值时应该遵循的原则。具体而言,刑法对于风险社会中的新型风险与传统风险应该区别对待,对于"真创新"与"假创新"亦应该区别对待。风险社会中,刑事立法面临着革新的挑战,只有坚持正确的刑事立法政策,才能保证刑事立法在当前社会发展状况下更好地调和不同的价值,实现效益最大化。

风险社会下刑事政策的基本立场

李卫红*

刑事政策可以在不同层次被学者们研究①,本文的刑事政策主要指党的政策在刑事领域中的体现,如扫黑除恶、以审判为中心、认罪认罚从宽等等,既有实体方面的也有程序方面的还有执行方面的,是针对治理犯罪的不同层级权力支撑的对策。

"风险社会是指在全球化发展背景下,由于人类实践所导致的全球性风险占据主导地位的社会发展阶段,在这样的社会里,各种全球性风险对人类的生存和发展存在着严重的威胁。"② 在存在各种风险的社会生活中,不同学科、不同专业人士、各级政府、社会组织等在解决不同的风险问题,在当下的风险社会,本文主要是指犯罪给社会带来的风险,刑事政策主要针对的是如何解决犯罪问题。

"立场,指认识和处理问题时所处的地位和所抱的态度,是处在在某一位地点位置看一个事物事件问题等。"③ 当我们面对各种各样犯罪侵扰我们正常的生活时,刑事政策应当秉持什么样的态度?即刑事政策本身应当坚持法治的立场;在实体法里,刑事政策应当渗入构成要件中;在犯罪学意义上,刑事政策是对犯罪的控制与预防的对策。当然,所有这些在宏观上应当是打击犯罪与保障人权相结合;微观上是刑事政策法律化后规范及其被适用的程序及结果。终级要求是国家权力无法绕开的应当以具体法律规范及适用过程从而让每一个案件都呈现出公平与正义的结局。

一、刑事政策本身的立场

刑事政策是在法治前提与基础之上,法治是我国社会主义核心价值观之

---

* 李卫红,中国社会科学院大学政法学院教授。
① 参见李卫红:《刑事政策学》(第二版),北京大学出版社2018年版,第25页。
② 360百科解释的"风险社会"。
③ 360百科解释的"立场"。

一,任何组织及个人不能突破法治的底线,在刑事法治范畴内,法治就是以罪刑法定为主要内容。刑事政策本身的立场必须是法治的立场。

刑事政策的制定与实施具有正当程序,这是法治的应有之义;更重要的是对颁布的刑事政策的解释,必须以法治为基本原则。以扫黑除恶为例,2018年1月,中共中央、国务院发出《关于开展扫黑除恶专项斗争的通知》(以下简称《通知》),这是刑事政策的内容。党中央提出扫黑除恶的刑事政策,严厉打击"黑"与"恶",以让人民群众享有获得感、安全感及幸福感。

《通知》指出,为深入贯彻落实党的十九大部署和习近平总书记重要指示精神,保障人民安居乐业、社会安定有序、国家长治久安,进一步巩固党的执政基础,党中央、国务院决定,在全国开展扫黑除恶专项斗争。《通知》指出,要坚持党的领导、发挥政治优势;坚持人民主体地位、紧紧依靠群众;坚持综合治理、齐抓共管;坚持依法严惩、打早打小;坚持标本兼治、源头治理。① 这一扫黑除恶的刑事政策决定了相关法律的来源,现代法治国必须依法对犯罪分子进行定性量刑,其间贯彻刑事政策。

其中有争议的是"打早打小",难点在于对"早"与"小"的界定。即便"打早打小",对它的解释也应当在法治的范畴内进行而不能随意人为拔高。

(一)"早"的含义

"早"是阶段问题,用刑法教义学语言表达,即在整个犯罪过程中,刑法理论及立法将犯罪阶段划分为犯罪的预备、未遂、中止、既遂,如果用线段表示,预备是起点,既遂是终点,预备以后中间的各点是未遂与中止,预备阶段的中止只是理论上的存在。犯罪预备非常难以被认定,有些国家的立法干脆不规定或取消犯罪预备的规定,其难点在于犯罪的主观方面难以被推定。都是同样的买刀行为,判断不出其主观上行为人是想杀人还是想在厨房切菜切肉使用。因此,"早"的确定标准还是应当以着手实施实行行为为限,只有出现了实行行为,才可以判断或认定行为人的犯罪事实,太"早"有可能侵权,可在行政或民事方面处理,而不能运用刑事手段解决。尽管对实行行为是构成犯罪的最基本要素存在争议②,但针对绝大多数案件而言,只有行为出现,才可判断刑法规定的罪的主观要件要素的成立,着手以前的行为可推断其主观要件要素的可能性太多而不是唯一。所以,"早"一定是在行为人着手以后才可认

---

① 全部内容见《通知》。
② 德国学者在争议实行行为是否是构成要件的基本要素。

定，否则，有可能太早而不能准确认定。预备行为中的准备工具和制造条件距离行为人着手实施犯罪还有一段距离，其法益侵害的危险性尚未明确地显现，因此不宜认定。

（二）"小"的含义

"小"是限度问题，难点在于罪与非罪的界限。立法与司法的沿革对于罪与非罪的规定不断扩大或限缩，犯罪化与非犯罪化交叉进行，再加上案情复杂，构成要件不齐备，但同时在实质上具有严重的社会危害性，这样就使得司法机关对犯罪节点的把握更为困难。宏观上社会危害性是罪与非罪的关键点。从贝卡利亚提出社会危害性以来，不管哪个法系，这一软性标准一直存于立法与司法实践中，虽然理性不能以直觉来衡量，人心也不可以理性来观测，但因为世间的主体是人，认定犯罪的构成也是由法官完成，因此，人的"感觉"或许有些意义，比如跳舞时的舞感、打球时的球感等，对于社会危害性也应当有感觉，我们称之为法感，它是理性之外帮助立法与司法工作人员衡量社会危害性大小的一种方法，不在逻辑推理范畴，属于心理学意义上的一种活动，只起辅助作用，不可体现在刑事判决文书中。微观上具体小的标准还是犯罪构成要件要素的有无，客观上的行为与主观上的罪过是考量的重点，不管是哪一体系的构成要件理论，三阶层、两阶层、四要件、英美的"双层次体系"，基本的构成要件要素不变，客观上的行为、结果、因果关系，主观上的罪过。在立法层面还有行为是否侵犯法益，这是立法者在立法时必须确定的。构成要件要素是成立犯罪的教义学标准，也是立法规定犯罪、司法认定犯罪的边界所在。

（三）打准打实

在司法实践中与之相配合的是"打准打实"，刑事政策的纲领性文件性质必须转化成立法与司法的行动才可落实下来。"准"是指司法机关的司法要准确，立案、侦查、起诉、审判的案件符合刑法规定，以教义学的构成要件标准来衡量，不可以办冤假错案；"实"是指被打的对象确实构成黑恶势力犯罪，而不是简单的违法行为，违法与犯罪虽然一线之隔，性质大不同，而在这样严打的背景下，特别容易混淆违法与犯罪的界限。在中国式的运动方法打击犯罪的历史背景下，一定避免或最大限度地减少错案的发生，"准"与"实"也是标准，党中央要求严厉打击黑与恶，但一定要准与实，不能出现扩大化、完成任务指标化、以政治政策取代严格的法律标准，从实体法与程序法及办案人员的法律政治政策水平上严控"黑"与"恶"的认定。依法办案永远是中央的刑事政策应有之义。

二、实体上刑事政策渗入到犯罪构成要件中

（一）扩大犯罪圈

刑事政策能否渗入定罪量刑之中，一直考验着司法人员的政策理论水平，宏观上，当打击犯罪又要保障人权一致时，立法与司法皆没有异议，但如果出现矛盾，陷入两难境地，如何选择？微观上，刑事政策在刑法来不及修正增设相关内容时，它对刑事司法有无影响，即是否可将其纳入构成要件中来，作为构成要件要素以确定行为人的犯罪性质及量刑的轻重？这些要素可否重复评价，既涉及定性也关乎量刑。以扫黑除恶为例说明，2018年1月16日，最高人民法院、最高人民检察院、公安部、司法部印发《关于办理黑恶势力犯罪案件若干问题的指导意见》（以下简称《指导意见》），随着社会的不断发展，"黑"与"恶"的构成要件不断增减，司法机关对于"黑"与"恶"的认定存有疑义，是否可将其认定为刑法上的罪与适用刑法规定的刑罚，司法人员面临新的挑战。

黑恶势力与普通犯罪相比，在犯罪构成上的要求门槛降低，从某种程度上扩大了犯罪圈。以下以敲诈勒索罪为例，其构成要件及刑事责任有如下变化：

1. 增加了软暴力行为要素

《指导意见》第17条关于黑恶势力利用软暴力犯敲诈勒索罪的规定，在明确规定"有组织地采用滋扰、纠缠、哄闹、聚众造势等手段"的基础上，进一步细化规定：同时由多人实施或者以统一着装、显露纹身、特殊标识以及其他明示或者暗示方式，足以使对方感知相关行为的有组织性的，应当认定为《关于办理敲诈勒索刑事案件适用法律若干问题的解释》第2条第5项规定的"以黑恶势力名义敲诈勒索"。该规定中"足以使对方感知相关行为的有组织性的"认定规则，事实上承认了软性恶害的有组织通告方式，就意味着软性恶害具有了与暴力性手段几乎程度相等的危害作用，此类已经转换为软暴力的软性恶害，甚至可以成为适用较低的入罪门槛和升档量刑标准的事实基础。

2. 数额降低

以最高人民法院、最高人民检察院《关于办理敲诈勒索刑事案件适用法律若干问题的解释》（法释〔2013〕10号）（简称《敲诈勒索解释》）为例，其中的第2条第5项明确规定，以黑恶势力名义敲诈勒索的，"数额较大"的标准可以按照该解释第1条规定标准的50%确定。《敲诈勒索解释》第4条明确规定，敲诈勒索公私财物，具有"以黑恶势力名义敲诈勒索的"情形的，数额达到该解释第1条规定的"数额巨大""数额特别巨大"80%的，可以分

别认定为刑法第274条规定的"其他严重情节""其他特别严重情节"。司法解释规定的精神十分明确,"以黑恶势力名义敲诈勒索的"情形,就是敲诈勒索罪入罪门槛降低、量刑幅度提升的酌定情节。换言之,恶势力实施敲诈勒索行为,非罪行为可以认定为犯罪,且升档量刑标准相对较低,轻罪可以重处。

3. 刑罚加重

上面两个司法解释均有规定,相对于不是以恶势力名义进行敲诈勒索的,量刑幅度有所提升。比如,广西壮族自治区高级人民法院《〈关于常见犯罪的量刑指导意见〉实施细则》(桂高法〔2017〕142号)明确规定:敲诈勒索公私财物,具有"以黑恶势力名义敲诈勒索的"情形(已确定为基本犯罪构成事实的除外),可以增加基准刑的30%以下。寻衅滋事,具有"带有黑社会性质或者恶势力性质的"情形,可以增加基准刑的20%以下。湖北省高级人民法院《〈关于常见犯罪的量刑指导意见〉实施细则》(湖北省高级人民法院审判委员会于2017年4月25日讨论通过)也有相同的具体规定。足见,依据具有事实约束力的地方量刑细则的明确规定,被认定为恶势力,是对该恶势力组织(包括恶势力团伙、恶势力犯罪集团)成员构成的敲诈勒索罪、寻衅滋事罪从重处罚的酌定情节,并且从重处罚的幅度有量化的规定。

(二) 缩小犯罪圈

当下理论界与实务界对于正当防卫及防卫过当的讨论,从某种意义上,法不能向不法让步,说明刑事政策对于认定行为人正当防卫或防卫过当后构成的罪名及量刑具有相当大的影响。有些案件由原来被认定为防卫过当改为正当防卫,有些被认定为防卫过当承担刑事责任改为减轻或免除刑事责任,在司法上缩小犯罪圈或从轻处理。甚至在十年前,正当防卫的条件已渗透进刑事政策的内容。

以此案为例:王某某的母亲李某某居住的房屋在拆迁范围内,拆迁公司具体负责人袁某某为达到拆迁目的,多次带领众拆迁人员到61岁的李某某家,辱骂、威胁李某某及其女儿,砸坏李家的玻璃,放火焚烧其家门前的木柴。王某某报警,但未解决。袁某某指使手下用强力胶水将王某某家中的防盗门锁眼堵住,致王一家人须从窗口进进出出。几天后,袁某某带领9人再次来到王某某家,要求商谈,王某某等5名女姓在家不敢开门,袁在门前辱骂、砸门,王某某的两个弟弟得知后分别持菜刀至王某某家门口,与拆迁人员发生争执,在室内的王某某担心弟弟吃亏,打开房门持菜刀向袁某某的颈部、头部猛砍数刀,致袁某当场死亡。江苏省某市中级人民法院一审判决被告人王某某的行为构成故意杀人罪,但本案是被害人袁某某侵犯他人的合法住宅权利并威胁到他人的人身安全,王某某实施的反击行为具有防卫性质,但明显超过必要限度造成重大损害，属于防卫过当，应负刑事责任，但应减轻处罚，判处王某某有期徒刑 8 年，并赔偿附带民事损失 27 万元。江苏省高级人民法院作出终审判决，王某某犯故意伤害罪，判处有期徒刑 5 年。①

这一终审判决的案例说明：第一，私权利不可侵犯，更不可以违法的形式侵犯；第二，正当防卫及防卫过当，以暴制暴，对于不法侵害的认定更加客观公正，彰显法律的公平正义；第三，本案防卫过当，罪名由故意杀人罪改为故意伤害罪，由 8 年改为 5 年有期徒刑，无须承担数额较大的民事赔偿，判决让被告个人有获得感、公平正义感。

我国刑法第 20 条规定了正当防卫的条件及刑事责任。其条件之一是正在发生的不法侵害，教义学上解释不法侵害必须具有现实性，即它是客观存在的而不是假想的、虚拟的，对后者进行防卫则构成假想防卫，假想防卫人不成立故意犯罪，其主观要件或为过失或为意外事件，如果存有过失，则构成过失犯罪。不法侵害还必须具有紧迫性，即不立即实施防卫行为，自己、他人、国家、社会公共利益就会受到侵犯，是正当对不正当，在那一瞬间，不反击不法侵害，不正当就要得逞。问题是这一现实性是指危害行为还是危险状态的逼近，在司法实践中，危害行为外化，容易被认知，这也是客观主义存在的根据，而危险状态的逼近或是趋向就相对难以判断，而本案恰恰是后者，对于这样判断可能就要介入价值因素，是利于不法侵害人还是利于正当防卫人，因为这样的危险状态其走向有多种可能，其不法侵害的概率最大，因此，不法侵害成立，其中，与刑事政策的介入有一定的关系，即保护防卫人优于保护侵害人。其条件之二是正在，即时间条件，不法侵害已经开始、不法侵害尚未结束，本案涉及不法侵害是否开始，袁某某带人来还在门外，虽然是在王某某家门外，与王某某的弟弟们发生争吵，在无暴力实施的情况下，不法侵害的紧迫性只能综合以往袁某某的辱骂、威胁、在门外烧柴等行为及警察未能解决问题而只有王某某必须私力救济等情节，她一中年女性，不想惹事，事却找上门来，气愤之下做出过激违法甚至犯罪行为，法律是否倾向于她，对于不法侵害正在发生的认定具有价值意义。三是对于防卫过当的认定，只有在正当防卫的前提下才可能出现防卫过当，即正当防卫明显超过必要限度造成不应有的损害。本案不法侵害人还在门外或敲门或争吵，在已被认定符合正在进行的不法侵害，正当防卫人对其进行正当防卫，用菜刀对其狂砍，导致其当场死亡的后果，明显超出了必要限度，具有一定的发泄内心愤怒的成分，行为方式过激，因此认定其为的故意杀人罪或故意伤害致死罪

---

① 参见江苏省高级人民法院刑事附带民事判决书（2010）苏刑一终字第 0037 号。

都可成立,一审认定其行为构成故意杀人罪,其主观恶性为杀人的故意,表现形式为间接故意,即王某某的行为无论导致袁某某是死是伤全在她的犯意之中,如果死亡是故意杀人罪,如果出现伤害的结果就是故意伤害罪,对于突发性案件的间接故意的认定一般以结果论。二审法院认定其构成故意伤害致死罪,即其主观故意是直接故意,内容是伤害,导致袁某某死亡是出于过失,是伤害后流血过多死亡,因此,可以认定为故意伤害致死罪,就低不就高,这样的认定也是成立的。

由此看出,无论是司法解释还是具体个案,刑事政策已渗透到具体的犯罪认定中,有些成为构成要件要素,有些成为个案处理追求正义结果的根据。

三、犯罪学学科的刑事政策立场

犯罪学意义上理解的刑事政策大多是指犯罪对策,即预防、控制犯罪的所有措施、方案等等。"在日本这个刑事政策非常广义,为预防犯罪而由国家和地方政府采取的一切措施,都叫刑事政策,它的范围很广,就是公权力为预防犯罪的一切措施,都是刑事政策的对象。而且,还有越来越扩张的趋势,现在不仅仅是公权力采取的措施,民间机构所采取的与预防犯罪有关的措施,现在也被纳入到刑事政策的对象里面来了。比如在日本,在英美也有,在犯罪发生之前的犯罪预防,包括城市规划、停车场如何设计、摄像头怎么安置,就是通过城市设计来预防犯罪,这是刑事政策很重要的内容。这些不能完全靠公权力来实现,涉及各类民间企业的贡献。在行刑的过程中,有些国家有监狱私营化的形式,以前监狱是公权力的核心部分,现在也是对民间放开,让民间人参与进来,虽然其中还有多数公职人员及以公权力的运行为主导。也就是说现在刑事政策的对象扩大了,它的主体不断增多,同时手段也越来越多样化。"①

在国内,犯罪学者大多将刑事政策看作是犯罪学中的犯罪对策。② 笔者认为,犯罪对策的范畴太大,包括事前预防与事后处罚,在犯罪学领域可以如此适用,但在刑事政策学领域,刑事政策应当更多地被界定在对已然犯

---

① 金光绪:《日本刑事政策的最新动向——犯罪人社会复归理念所面临的挑战》,载梁根林主编:《当代刑法思潮论坛(第三卷)刑事政策与刑法变迁》,北京大学出版社2016年版,第248页。

② 参见王牧主编:《新犯罪学》,高等教育出版社2005年版,第332页。参见张远煌主编:《犯罪学》,中国人民大学出版社2007年版,第321页。

罪的处置。但作为一门学科，犯罪学意义上的刑事政策有其特定的含义及立场。

不管刑事政策基于哪一学科的立场，其共性在于：

第一，对策性。刑事政策是解决犯罪问题的。犯罪与人类社会相生相伴，犹如个人身体里面的癌细胞或其他病毒细菌一样，虽然个体不同病菌相异，但人类还要经历漫长的过程才可攻克一个个生物学、医学方面的难关，或许某些个人可能成为纯粹的无病毒之人。犯罪之于社会也是相同的道理。人们从古至今一直研究如何对付犯罪，从运用刑罚到适用刑事政策，不断改变。但究竟从哪一视角、哪一层面、哪一路径去解决犯罪问题，依然见仁见智，即便是当下的刑事政策也无法给出满意的答案，以法律化后刑事政策定罪量刑、以刑事政策变通程序、以刑事政策教育、改造犯罪人，在这一动态过程中如何准确地适用刑事政策，人们一直在探讨，并不断地将研究成果纳入到刑事法律中，其对策性是刑事政策的面相。

第二，灵活性。罪刑法定的初衷一方面是限制国家权力，另一方面是保障公民的自由不受国家权力恣意的侵犯。即使这样它依然有不完美，它的坚固性、滞后性等都成为阻碍个性张扬、妨碍社会发展的樊篱。人们想到刑事政策，试图以此来弥补罪刑法定的不完美。为此，李斯特扩张到刑罚及其后面的监狱改造，罗克辛运用了目的理性作为刑事政策进入犯罪成立要件的违法层面及责任层面，试图在罪刑法定的前提下解决其定罪量刑的不足。只是界限难以把握，多则侵权，少则不足以解决问题，至今尚未达成共识。我国的刑事政策的灵活性体现得更加充分。针对每一时代出现的问题刑事政策及时作出调整，并贯穿到立法及司法实践中。当社会治安每况愈下时，严打刑事政策出台，当社会治安出现明显好转时，宽严相济刑事政策问世，每一刑事政策的出现都有其历史的必然性。另外还有程序方面的刑事政策及时应对司法改革的困境，如以审判为中心、认罪认罚从宽等，都是刑事政策灵活性的最好证明。

第三，刑事责任性。无论哪一层面的刑事政策，如中国与外国不同的刑事政策、学者研究的刑事政策等，只要成为在司法实践中解决犯罪问题的措施必须法律化，它并不一定被刑法化，但一定要被法律化，即以法律的形式公示出来，行为人依法承担刑事责任。突破罪刑法定只可在出罪与出刑的情况下适用刑事政策，在法无明文规定时不得以刑事政策为由入罪或重刑。罗克辛将刑事政策贯通到犯罪与刑罚过程，笔者认为这有一定意义，但需要深入探讨。我国目前正通过刑法解释论将刑事政策纳入犯罪构成要件中。刑事政策的输入与贯通在特定情况下可以融入罪刑法定,如扫黑除恶刑事政策,对于由黑恶势力构成的非法拘禁罪、敲诈勒索罪、寻衅滋事罪等与由普通主体构成上述犯罪的构成要件不同,刑事责任也不一样,相对处罚更重些。①

---

① 参见2018年1月,中共中央、国务院《关于开展扫黑除恶专项斗争的通知》;2018年1月16日,最高人民法院、最高人民检察院、公安部、司法部《关于办理黑恶势力犯罪案件若干问题的指导意见》;2019年4月9日,最高人民法院、最高人民检察院、公安部、司法部《关于办理实施"软暴力"的刑事案件若干问题的意见》。

死刑错案及洗冤的实证研究*

刘瀚文（译）　　熊谋林　苗　苗（著）**

——树斌，今天我们来看你，这二十多年我一直奔波，就是为了这一天，我觉得我没有白白奔波。①

——如果是严格依法办案，以事实为依据，以法律为准绳，我肯定没有问题，我能扛到今天，这是我的信念，我们国家的法制一直是向正确的方向前进。②

——要坚持依法纠正错案，发现一起、查实一起、纠正一起。③

——错误处死是所有未废除死刑的社会所关注的问题。④

——死刑洗冤是对死刑判决和刑事司法制度的严峻考验。⑤

——自 1976 年以来，我们无从得知被处决的一千多人中，有多少人可能

---

* 本文原载于《Hastings International & Comparative Law Review》2018 年第 41 卷第 3 期，翻译和发表已获得作者和期刊的授权。中国犯罪学学会 2019 年年会收录的译文删减约二分之一，读者若有疑问，请参阅英文版。——译者注。作者感谢王馨兰、陈强、胡瑶、周倩、司敏敏对本研究的无私帮助。

** 刘瀚文，西南财经大学法学院研究生；熊谋林，西南财经大学法学院副教授，研究方向：法学、犯罪学以及社会学交叉领域，具体研究包括错案与死刑、青少年犯罪以及量刑差异等；苗苗，任教于香港中文大学法学院，讲授刑法和中国法律体系。研究方向：犯罪学、人权保障、社会法律研究和国际法等交叉学科。

① 聂树斌当年是蒙冤被执行死刑的，他的母亲张焕枝在 2016 年 12 月 3 日来到他的坟前哭着翻开判决书复印件最后一页和聂父高声朗读："无罪！"朱自洁、吴明敏、彭子洋：《聂树斌父母为儿子上坟祭奠 坟前高声朗读"无罪"》，载《新京报》，http://www.bjnews.com.cn/news/2016/12/03/-425845.html。

② 刘响：《北京常林锋涉嫌杀妻焚尸案 如何从有罪变无罪》，载观察者网，http://www.guan-cha.cn/broken-news/2014_12_09_302911.shtml。

③ 薛勇秀、周强：《依法纠正错案》，载中国法院网，http://www.chinacourt.org/article/detail/2013/07/id/1021634.shtml。

④ James S. Liebman, "Rates of Reversible Error and the Risk of Wrongful Conviction", Judicature, Vol. 86, No. 2, 2002, p. 78.

⑤ Karen S. Miller, Wrongful Capital Conviction and the Legitimacy of the Death Penalty, New York: LFB Scholarly Publishing LLC, 2006.

是无辜的。①

——桑尼·雅各布斯（Sunny Jacobs）和彼得·普林格尔（Peter Pringle）是一对幸福的夫妻，他们有着罕见的共同经历，都因谋杀罪名分别在美国和爱尔兰的监狱中度过了十五年，直到被洗冤才重获自由。②

——无辜人被错误处死的风险是无法避免的，这正是废除死刑的理由。③

一、引言

对于中国法学家和犯罪学学者而言，死刑错案是一个相当重要的研究主题，尤其是涉及到无辜者被错误处决的情形。一方面，人们普遍认为死刑适用于罪行极其严重的犯罪分子，可以对犯罪分子起到有效的惩戒作用。④ 但另一方面，死刑错案的发生往往会导致无辜者被错误判决并错误执行死刑，这引起

---

① "Executed but Possibly Innocent", Death Penalty Information Center, https://deathpenaltyinfo.org/executed-possibly-innocent.

② Huma Qureshi, Former Death Row Couple: "Life Turned Out Beautifully", The Guardian, 2013.6.22, https://www.theguardian.com/lifeandstyle/2013/jun/22/former-death-row-couple.

③ Joseph M. Giarratano, "To the Best of Our Knowledge, We Have Never Been Wrong: Fallibility vs. Finality in Capital Punishment", the Yale Law Journal, Vol.100, No.4, 1991, pp.1005-1009.

④ Dietrich OBerwittler & Shenghui Qi, "Public Opinion on the Death Penalty in China: Results from a General Population Survey Conducted in Three Provinces", Max Planck Institute for Foreign and International Criminal Law, 2007.8, https://www.mpicc.de/shared/data/pdf/forschung_aktuell_41.pdf. 最后访问日期：2017年3月22日，作者于2017年在三个省进行调研，调查表明78.1%的受访者相信应该采取对那些剥夺他人生命的人处以死刑，63.6%受访者认为废除死刑会立即导致中国犯罪率上升，而且58.6%的人认为死刑是阻止犯罪最有效的措施；Shanhe Jiang & Jin Wang, "Correlates of Support for Capital Punishment in China", International Criminal Justice Review, Vol.8, No.1, 2008, pp.24-31, 有50%的受访学生认同"同态复仇"，认为要严惩暴力犯罪分子；Cao Liqun & Francis T. Cullen, "Thinking About Crime and Control: A Comparative Study of Chinese and American Ideology", International Criminal Justice Review, Vol.11, 2001, p.58; Shanhe Jiang, Eric G. Lambert & Vincent N. Nathan, "Reasons for Death Penalty Attitudes among Chinese Citizens: Retributive or Instrumental?", Journal of Criminal Justice, Vol.37, 2009, pp.225-229, 河北省的调查显示，39.5%的市民赞同"以眼还眼、以命偿命"的观点，而51.3%的市民支持社会有权对暴力犯罪的罪犯进行打击报复；Shanhe Jiang, Eric G. Lambert & Jin Wang, "Capital Punishment Views in China and The United States: A Preliminary Study Among College Students", International Journal of Offender Therapy and Comparative Criminology, Vol.51, 2007, p.84, pp.89-92; Bin Liang, Hong Lu, Terance D. Miethe & Lening Zhang, "Sources of Variation in Pro-Death Penalty Attitudes in China: An Exploratory Study of Chinese Students at Home and Abroad", British Journal of Criminology, Vol.46, 2006, pp.119-125, 接受调查的中国学生中，43.3%支持一般威慑论，55%更倾向于特定威慑论。

了公众的强烈不满,使得刑事司法制度的公信力下降。①通过对中国近几十年来的刑事法适用情况和刑事政策改革趋势的分析,本文对中国冤假错案和死刑执行情况进行实证研究,旨在为死刑错案领域的探讨做出贡献。

十年前,年仅 21 岁的聂树斌被错误判处死刑。十年后,聂树斌终于在 2016 年 12 月 2 日被中国最高人民法院洗冤。其实,早在 2005 年真正的凶手王书金就已经供认了他的罪行,但这仍未能阻止无辜的聂树斌最终被执行死刑的结果发生,年轻的生命就此含冤逝去。②然而,悲剧并未就此停止,在过去的几十年里,聂树斌并不是唯一被错误处决的人。据媒体报道,在上世纪 90 年代就有滕兴善③、魏清安④

---

① 见前注,Jiang & Wang, supra note〔9〕,pp. 31 - 32. 调查显示,80% 的学生认为无辜的人有时会被判死刑,而他们对错误处决的担忧程度与对死刑支持率呈现负相关;Jeffrey L. Kirchmeier, "Dead Innocent: The Death Penalty Abolitionist Search for a Wrongful Execution", Tulsa Law Rev, Vol. 42, 2006, pp. 403 - 407, 作者认为,不可逆地处决一个无辜的人会引起宪法上的问题,并破坏我们的司法制度和我们对公平公正的认识;Charles I. Lugosi, "Executing the Factually Innocent: The U.S. Constitution, Habeas Corpus, and the Death Penalty: Facing the Embarrassing Question at Last", Stanford Journal of Civils Rights & Civil Liberties, Vol. 1, 2005, pp. 473 - 494, 作者表明,没什么比无辜者被冤枉判刑或者被处决,更会损害刑法的理念;Carol S. Steiker & Jordan M. Steiker, "The Seduction of Innocence: The Attraction and Limitations of the Focus on Innocence in Capital Punishment Law and Advocacy", Journal of Criminal Law & Criminology, Vol. 95, 2005, pp. 587 - 588, 作者认为,无辜者被判处死刑的错案破坏了整个刑事司法系统的合法性;Kenneth Williams, "Why the Death Penalty is Slowly Dying", Southwestern Law Review, Vol. 46, 2017, pp. 253 - 254, 作者表明,无辜的人被处决很大可能深刻地影响着公众对死刑的态度。

② Liu Xin, "Nie Shubin Files Opened to Lawyers", Global Times, 2015. 3. 7, http://www.globaltimes.cn/content/ 912369. shtml; Katie Hunt, Serentitie Wang & Steven Jiang, "'My Son is Innocent': Chinese Man Exonerated 21 Years After Execution", CNN News, 2016. 12. 2, https://edition.cnn.com/2016/12/01 - /asia/china - executed - man - found - - innocent - nie - shubin/index. html.

③ Huang Shiyuan, "Chinese Wrongful Convictions: Causes and Prevention", University of Cincinnati Law Review, Vol. 80, 2012, pp. 1219 - 1220; Jiang Na, Wrongful Convictions in China: Comparative and Empirical Perspectives, Springer, 2016, pp. 44 - 46; He Jiahong, "Miscarriage of Justice and Malpractice in Criminal Investigations in China", China Review, Vol. 16, 2016, pp. 65 - 67.

④ 参见王佳:《追寻正义:法治视野下的刑事错案》,中国人民公安大学出版社 2011 年版,第 188 ~ 193 页;钮东昊:《河南青年被当强奸犯枪决后真凶落网揭洗冤实情》,载中国网新闻中心,http://www.china.cn/news/law/2010 - 07/21/content_ 20540247. htm.

和呼格吉勒图①三名无辜者被误判处决，而另外两名无辜受害者——马志兰②、杨文彩③也在刑讯逼供的折磨中去世。这些情况使得刑法和刑事司法界的学者们已经认识到死刑错案是一个日益严峻的问题，④从而使得这方面的研究文献也越来越多。⑤在此基础下，本文广泛收集了所有新闻媒体公开的死刑错案信息，希望对该问题的研究做出进一步的贡献。

何家弘教授在他的著作《亡者归来，刑事司法十大误区》中介绍了两起死刑错案——佘祥林和腾兴善"杀"的"受害者"居然都活着回家。⑥但我们不把重点放在"亡者归来"的个别错案上，也不局限于张高平、张辉、佘祥林、腾兴善、赵作海、李怀亮、赵建新、杜培武、李久明、陈金昌等轰动全国的案件。⑦ 虽然上述案件说明了刑事诉讼过程中的一些重要情况，包括：无辜者面临被错误定罪的风险；无辜者在被释放或洗冤之前会被错误监禁多年；除非进行多次重审和重新调

---

① 见前注, Jiang, supra note〔12〕, pp. 260 – 264.

② 参见董开炜：《含悲 26 载，冤案昭雪伤痛难抚》，载《兰州晨报》2009 年 7 月 3 日，第 A06 版；董开炜：《蒙冤者亲属获赔 55 万元》，载《兰州晨报》2009 年 7 月 4 日，第 A07 版；董开炜：《含悲 26 载，冤案终昭雪》，载《兰州晨报》2009 年 12 月 31 日，第 T11 版.

③ 参见刘刚：《一死刑犯举报 26 年前命案另有真凶》，载《新京报》2014 年 3 月 22 日，第 A16 版.

④ Jiang Na, "The Adequacy of China's Responses to Wrongful Convictions", International Journal of Law, Crime and Justice, Vol. 41, 2013, pp. 390 – 392, 作者认为中国近年的错案有所增加；Hugo Adam Bedau & Michael L. Radelet, "Miscarriage of Justice in Potentially Capital Cases", Stanford Law Review, Vol. 40, 1987, pp. 21 – 22, 作者认为错误处决无辜者是最严重的错误.

⑤ Yuning Wu & Marvin Zalman, "Wrongful Conviction in China: Analyzing the Scholarship", Crime & Criminal Justice, International, Vol. 21, 2013, p. 1, http://www.twscholar.com/Publication/alDetailedMesh? DocID = 18104045 – 201309 – – 20140121009 – 1 – 45.

⑥ 参见何家弘：《亡者归来，刑事司法十大误区》，北京大学出版社 2014 年版，第 108 ~ 118, 200 ~ 210 页.

⑦ 见前注, Huang, supra note〔12〕, pp. 1220; Jiang, Huang, supra note〔12〕, pp. 42 – 57; Jiang Na, "A Comparison of Wrongful Convictions in Death Penalty Cases Between China and the United States", International Journal of Law, Crime and Justice, Vol. 41, 2013, pp. 144 – 147; He Jiahong, "Case Study on The Causes of Wrongful Conviction in Chinese Criminal Proceedings", Frontiers of Law in China, Vol. 10, 2015, pp. 670 – 675; He Jiahong, "Wrongful Convictions and The Exclusionary Rules in China", Frontiers of Law in China, Vol. 9, 2014, pp. 490 – 491; Ira Belkin, "China's Tortuous Path Toward Ending Torture in Criminal Investigation", Columbia Journal of Asian Law, Vol. 24, 2011, pp. 273 – 287.

查,否则法院不会将那些无辜者释放。① 但这些个案并不能为严谨的学术论证提供足够的依据。所以,本文探讨了一百多名曾被误判或错误执行死刑的无辜被告人,我们关注的是死刑错案中,那些冤死狱中以及死里逃生、沉冤昭雪的无辜者。

先前的大量研究主要采用定性分析方法对司法不公及其原因进行描述性分析。② 这些研究主要揭露了导致冤假错案的法律原因,例如无罪推定原则的缺失③、公安机关的刑讯逼供以及执法机关的其他不当行为。④ 而最近的研究集中在错案防治的立法和司法完善,其中就包括了推动颁布新的非法证据排除规则等。⑤ 尽管上述研究具有重大的价值,但通常仅限于少数个案的分析,这些结果仍不足以揭示错案对整个司法系统的影响。而我们的研究将对该领域做出有价值的新贡献。

通常来说,死刑错案与非死刑错案中被告的特点以及诉讼特征是一致的。他们唯一的区别是判决结果的不同,前者是死刑判决而后者是非死刑判

---

① 见前注,He, "Case Study on The Causes of Wrongful Conviction in Chinese Criminal Proceedings", supra note [20], p. 675; Jiang Na, "Problems and Prospects: China's Response to Wrongful Convictions", International Journal of Law, Crime and Justice, Vol. 43, 2015, pp. 109 – 113.

② 见前注,He, supra note [19]; Jiang, "A Comparison of Wrongful Convictions in Death Penalty Cases Between China and the United States", supra note [20], p. 145.

③ 见前注,He, "Case Study on The Causes of Wrongful Conviction in Chinese Criminal Proceedings", supra note [20], p. 686; Jiang Na, "The Presumption of Innocence and Illegally Obtained Evidence: Lessons from Wrongful Convictions in China?", Hong Kong Law Journal, Vol. 43, 2013, p. 745; Jiang Na, "Convicting the Innocent: What Causes Wrongful Convictions in China?", the Chinese Journal of Comparative Law, Vol. 3, 2015, pp. 161 – 166; Wu Xiaofeng, "An Analysis of Wrongful Convictions in China", Oklahoma City University Law Review, Vol. 36, 2011, pp. 451 – 456.

④ Jiang Na, "Iron Triangle of the Gong Jian Fa: Lessons from Wrongful Convictions in Capital Cases?", 42 International Journal of Law Crime and Justice, Vol. 42, pp. 406 – 411; He Jiahong, "Miscarriage of Justice and Malpractice in Criminal Investigations in China", China Review, 2016, Vol. 16, pp. 65 – 71.

⑤ 见前注,He, "Wrongful Convictions and the Exclusionary Rules in China", supra note [20], p. 495; Jiang Na, "Problems and Prospects: China's Response to Wrongful Convictions", International Journal of Law, Crime & Justice, Vol. 43, 2015, pp. 109 – 112; Margaret K. Lewis, "Controlling Abuse to Maintain Control: The Exclusionary Rule in China", New York University Journal of International Law& Politics. Vol. 43, 2011, pp. 629 – 633; Jiang Na, "The Adequacy of China's Responses to Wrongful Convictions", International Journal of Law, Crime and Justice, Vol. 41, 2013, p. 390.

决。Yuning Wu 和 Marvin Zalman 认为错案可能是由法院和公安机关的不正当行为造成的,例如法院没有按照规定进行交叉质证,以及公安机关使用了备受诟病的刑讯逼供。① Jiang 进一步解释了错案普遍存在的原因是司法制度上存在的各种问题,比如审判程序的滥用、律师无效的辩护、法律监督制度的不完善、有罪推定的适用以及公安机关、检察院和法院之间的"铁三角"式的合作关系等。②还有学者补充道,公安机关往往严重依赖嫌疑人的供词,并僵化地按照指令处理刑事案件,即"命案必破"和"限期破案",他们抱令守律、因循守旧的行事作风导致了错案的发生。③ 最后,Wu 认为错案泛滥的另一个重要原因是辩护律师在诉讼中地位较低,使得他们能掌握的资源十分有限。④

尽管世界各地的文化和法律制度各不相同,但在全球领域的司法实践中,仍可找到导致这些错案出现的共同原因。⑤ 现有文献表明,这些原因包括定罪率高居不下、司法程序监督与制衡机制缺失、证据链条缺陷、公安讯问制度不完备、虚假供述、审判低效、社会和媒体舆论压力、DNA 检测技术落后和上

---

① Yuning Wu & Marvin Zalman, supra note〔18〕.

② 见前注, Jiang, "A Comparison of Wrongful Convictions in Death Penalty Cases Between China and the United States", supra note〔20〕, p. 147; Jiang, supra note〔24〕, p. 406.

③ 见前注, He, supra note〔24〕, p. 70; Cui Jia, "Deadlines Lead to Wrongful Convictions", China Daily, Aug. 11, 2009, http://www.chinadaily.com.cn/china/2009-08/11/content_8552317.htm, 作者指出,一些警察为了执行上级领导规定的严格调查限期,会强迫无辜者承认他们没有犯下的罪行; Jiang Jue, "Legal and Political Rights Advocacy in Wrongful Conviction Death Penalty Cases in China: A Study of The Leping Case of Injustice", Columbia Journal of Asian Law, Vol. 29, 2016, pp. 96 - 97.

④ 见前注, Wu, supra note〔23〕, p. 459.

⑤ 见前注 Jiang, "A Comparison of Wrongful Convictions in Death Penalty Cases Between China and the United States", supra note〔20〕, p. 145; Jiang, supra note〔12〕, pp. 41 - 88; Jiang, "Convicting the Innocent: What Causes Wrongful Convictions in China?", supra note〔23〕, p. 161; Shawn Armbrust & Susan Friedman, Gerben Bruinsma & David Weisburd (ed.), Causes of Wrongful Convictions, in Encyclopedia of Criminology and Criminal Justice, 2014, pp. 303 - 310; Ronald C. Huff, "Wrongful Conviction: The Experience of America", Canadian Journal of Criminology and Criminal Justice, Vol. 46, 2004, pp. 107 - 109; C. Ronald Huff & Martin Killias, Wrongful Convictions and Miscarriages of Justice: Causes and Remedies in North American and European Criminal Justice Systems, Routledge, 2013, pp. 15 - 237.

诉程序缺位等。①

我们认为，研究错案发生过程和特征与探究其发生原因同样重要。② 本文分析了 1983 年至 2012 年间，122 名死刑错案的被告人的案件情况。截止到 2016 年 10 月 26 日，本研究完成数据库的基本建设，并阐述了这些死刑犯洗冤或释放的情况。与以往的中文研究相比，我们不仅全面收集了早期和近几年发表的文献中的死刑错案样本，还收集了很多过去研究中未被关注的案件样本。③ 在这 122 名死刑错案的无辜被告人中，109 人已洗冤，而学者和记者认为其余的 13 人仍未被洗冤。在前一种情况中，错案中的被告因各种原因，经过不同的法律程序后洗冤或释放。尽管后一种情况当局并未承认，但众多媒体、

---

① Lynne Weathered, "Wrongful Conviction in Australia", University of Cincinnati Law Review, Vol. 80, 2012, pp. 1391 – 137; Lynne Weathered, "Investigating Innocence: The Emerging Role of Innocence Project in The Correction of Wrongful Conviction in Australia", Griffith Law Review, Vol. 12, 2003, pp. 64 – 65; Andrea S. Anderson, "Wrongful Conviction and The Avenues of Redress: The Post – Conviction Review Process in Canada", Appeal: Review of Current Law & Law Reform, Vol. 20, 2015, pp. 5 – 6; Adam Górski & Maria Ejchart, "Wrongful Conviction in Poland", University of Cincinnati Law Review, Vol. 80, 2012, pp. 1179 – 1185; C. Ronald Huff, "Wrongful Conviction: Cause and Public Policy Issues", Criminal Justice, Vol. 18, 2003, pp. 15 – 16; Paul J. Saguil, "Improving Wrongful Conviction Review: Lessons From a Comparative Analysis of Continental Criminal Procedure", Alberta Law Review, Vol. 45, 2007, p. 117.

② 见前注，Armbrust & Friedman, supra note〔30〕, p. 303，作者指出，在任何司法系统中，都存在错误地将无辜者定罪的风险；James R. Acker, "Foreword", Albany Law Review, Vol. 74, 2011, pp. 1067 – 1068，作者指出，在一个完美、公正和无错误的世界里，刑法将能够以可靠、公平和罪刑罚相适应的方式惩治违法者，而且无辜者不会被错误定罪。不幸的是，我们所生活的世界并非如此；Hannah Quirk, "Identifying Miscarriages of Justice: Why Innocence in the UK Is Not the Answer", the Modern Law Review, Vol. 70, 2007, p. 759，作者指出，在任何刑事司法系统中，都会出现审判错误的情况；事实上，有罪的人可能会因此逃脱法律的制裁，而无辜者却因此被错误地判刑。

③ 中国在研究死刑错案的问题上，反复提及滕兴善、佘祥林等人的案例，这与英文文献区别不大。参见方鹏：《死刑错案的理性分析》，载《刑事法评论》2006 年第 1 期，作者调查了 33 起死刑错案及并在网上搜索具体的判决情况；吕泽华、贾宜臻：《死刑冤假错案证据问题之实证研究》，载《湖北警官学院学报》2017 年第 2 期，作者通过公开媒体调查了 19 名被误判死刑的无辜者；韩大元：《死刑冤错案的宪法控制——以十个死刑冤错案的分析为视角》，载《中国人民大学学报》2013 年第 6 期，作者从宪法的角度关注了 10 例无辜者被误判死刑的案件问题；金泽刚：《法官错判的原因与防治——基于 19 起刑事错案的样本分析》，载《法学评论》2015 年第 2 期，作者通过阐述 13 例死刑案例，以分析错误定罪产生的原因。

学者和律师都认为这 13 起案件当中可能存在冤假错案。①一般而言,在这些无辜者中,有的被监禁多年后才最终被洗冤或释放,有的在判决生效后就被执行死刑。通过对无辜者从被拘留逮捕到释放的整个过程进行统计分析,我们深入探究了近几年立法和刑事政策的变化、改革是如何影响死刑错案的。

本研究有两方面的贡献,主要表现在比较刑事司法和刑事法制变迁上。一方面,将中国的司法实践与世界其他国家和地区进行了比较,侧重阐述死刑的不可逆转性,以及被误判死刑的循环审判、监禁、错误处决风险。另一方面,有助于我们从不同的角度来看待立法、司法、刑事政策的发展和互动,帮助立法机关和司法机关从死刑错案和洗冤中汲取经验,重点阐释了"严打"、"少杀慎杀"与错案和洗冤之间的联系。相比已有的法律沿革和刑罚改革回顾的研究,② 本文在探讨死刑的机理及错案产生的原因上也有参考价值。

二、全球视野下的死刑错案现象

在保留死刑的国家及地区,死刑错案屡见不鲜。这愈发引起世界各国媒体和学术界的关注,尤其是无辜者已被处决的错案。我们将死刑案件中的误判分为四类:(1)错误执行死刑后洗冤;(2)执行死刑前洗冤;(3)监禁期间死亡后洗冤;(4)未洗冤的死刑错误执行。第一类误判主要包括无辜者在被证明清白前就被错误处决的情形。第二类误判中,被告先是被判处死刑,后来再在监狱中被洗冤、释放或赦免。而在第三类误判中,被告在监禁期间死亡,后来才被认定无罪。最后一类误判中,无辜者则在被处决后也没有被洗冤。

(一) 错误执行死刑后洗冤

现有研究表明,如果一个国家继续保留死刑制度,那么就无法避免无辜者

---

① 例如,附录 1 所列的赵粉绒、朱继峰、任文辉等案件被普遍认为是无辜的。参见王晓:《那些被判"死缓"的杀人犯》,载《瞭望东方周刊》2010 年 7 月 12 日第 28 期;另参见白润岱、刘继忠:《河南狱警涉嫌凶杀法院凭孩童证词判其死缓》,载《河南商报》,http://news.sina.com.cn/s/2005-06-03/10216833761.shtml。

② Albert H. Y. Chen, "China's Long March Toward Rule of Law or China's Turn Against Law?", the Chinese Journal of Comparative Law, Vol. 4, 2016, p. 1; Susan Trevaskes, "China's Death Penalty: The Supreme People's Court, the Suspended Death Sentence and the Politics of Penal Reform", British Journal of Criminology, Vol. 53, 2013, p. 482.

被错误处决的情况出现。①在大陆法系中，死刑错案普遍存在。日本的无罪与死亡信息中心（Innocence and Death Information Center）在 1983 年至 1989 年期间的死刑案件中发现了四起洗冤的案件，而 1989 年后则没有类似的案件。②在中国台湾地区，前空军成员江国庆于 1993 年 8 月 3 日被错误处决，而直到 2011 年 9 月真正的凶手许荣九认罪时，江国庆才洗冤。③

在英美法系中，错案也是贯穿死刑刑罚历史的争议性话题。④1973 年至 2015 年间，在美国有 8595 名被告人被判处死刑，其中有 1421 名被告人被处决，被处决的人中没有被改判无罪的。⑤然而，这并不意味着错案不存在，相反可能只是未被发现。这是因为刑事司法系统在处决的正当性受到质疑时，也

---

① 见前注 Miller, supra note〔5〕, p. 4; Peter J. van Koppen, Dick J. Hessing & Chistianne J. de Poot, "Public Reasons for Abolition and Retention of the Death Penalty", International Criminal Justice Review, Vol. 12, 2002, pp. 77 - 78, 作者声称，死刑确实提供了特殊的保障措施，但不能保证被判处死刑的人是真正的罪犯；Erik Lillquist, "Absolute Certainty and The Death Penalty", American Criminal. Law Review, Vol. 42, 2005, pp. 45 - 67, 作者指出，近年来，美国死刑适用衰微的最大原因是发现了许多无辜者被错误地判处死刑。

② Japan Innocence & Death Penalty Information Center, http://www.jiadep.org, 最后访问日期：2016 年 11 月 8 日。

③ Cindy Sui, "Executed Taiwan Airman Chiang Kuoching Innocent", BBC News, http://www.bbc.com/news/world - asia - pacific - 14895747, 最后访问日期：2011 年 9 月 30 日；Dennis Engbarth, "Taiwan: Wrongful Execution Response Death Penalty Debate", Global Issues, http://www.globalissues.org/news/2011/02/05/8419, 最后访问日期：2011 年 2 月 25 日。

④ 参见 Jeffrey L. Kirchmeier, "Dead Innocent: The Death Penalty Abolitionist Search for a Wrongful Execution", Tulsa Law Review, Vol. 42, 2006, p. 403, pp. 411 - 421; Bruce P. Smith, The History of Wrongful Execution, 56 Hastings Law Journal, Vol. 56, 2005, pp. 1185 - 1188; John B. Gould, "One Hundred Years Later: Wrongful Convictions after a Century of Research", Journal of Criminal Law and Criminology, Vol. 100, 2010, pp. 825 - 827.

⑤ Smuel et al. 收集了大量在 1973 年至 2004 年间的死刑判决并统计了被处决的人数，分别为 7482 例和 943 人。另外，死刑信息中心（Death Penalty Information Center）也在 2005 年至 2015 年期间对这两项数据进行了统计。Samuel Gross, Barbara O'Brien, Chen Hu & Edward H. Kennedy, "Rate of False Conviction of Criminal Defendants Who Are Sentenced to Death", Proceedings of the National Academy of Sciences, Vol. 111, 2014, pp. 7230 - 7231; "Death Sentences in the United States From 1977 by State and by Year", Death Penalty Information Center, http://www.deathpenaltyinfo.org/death - sentences - united - states - 1977 - present, 最后访问日期：2016 年 12 月 10 日。

不愿承认他们的行为有任何的不当。①例如，2004年，德克萨斯州的一名囚犯卡梅隆·托德·威林汉（Cameron Todd Willingham）被指控杀害了其三个年幼的女儿，尽管法庭证据表明他缺乏纵火能力，而且他在审判中坚称自己是无辜的，②但他依然被处决了，而经过十余年的漫长等待，直到最近他才沉冤昭雪。③其实，死刑案洗冤在当代美国并不常见，但洗冤的来源可以追溯到早期的美国刑事司法系统。例如在1985年6月13日，州长马克·怀特（Mark White）签署了一项决议，使奇皮塔·罗德里格斯（Chipita Rodriguez）得以洗冤，而奇皮塔早在一百三十多年前的1863年在德克萨斯州被处以绞刑。④在另外两起案件中，托马斯·格里芬（Thomas Griffin）和米克斯·格里芬（Meeks Griffin）于1915年被处决，⑤乔伊·阿瑞迪（Joe Arridy）在1939年被处决。他们在2009和2011年分别被赦免，但并没被改判无罪。⑥

在适用普通法的其他地区，死刑错案的洗冤也是无比的艰难。例如在英国，蒂莫西·埃文斯（Timothy Evans）因1950年被指控谋杀其妻子和幼女而最终被错误地执行绞刑，后来埃文斯被王室赦免，直到1966年才正式撤销了对他的定罪。⑦而在2004年11月17日，刑事案件审查委员会最终证实了埃文

---

① Daniel Epps, "The Consequences of Error in Criminal Justice", Harvard Law Review, Vol. 128, 2015, pp. 1065-1123, 作者表示，实际上我们也不愿意承认刑事司法系统出现了大量的冤假错案，也许采取辩诉交易是为了掩盖虚假认罪供词所带来的误判风险。

② Meghan J. Ryan, "Remedy Wrongful Execution", University of Michigan Journal of Law Reform, Vol. 45, 2012, pp. 261-262.

③ Cameron Todd Willingham, "Wrongfully Convicted and Executed in Texas", Innocence Project, Sept. 13, 2010, http://www.innocenceproject.org/cameron-todd-willingham-wrongfully-convicted-and-executed-in-texas/.

④ Marylyn, Underwood, Rodriguez, Josefa (Chipita), The Handbook of Texas Online Texas State Historical Association, Dec. 10, 2016, https://www.tshaonline.org/handbook/online/articles/fro50.

⑤ Tom Joyner. S.C. "Men Executed in 1913 get state Pardon", NBC News, Oct. 14, 2009, http://www.nbcnews.com/id/--33310170/ns/us_news-crime_and_courts/t/sc-men-executed-get-state-pardon/#.WEw-wcfIxC0.

⑥ Charmaine Ortega Getz, "Joe Arridy Pardoned", Weird Colorado, Feb. 5, 2011, http://www.weirdcolorado.net/--cemetery-safar-update-joe-arridy-pardoned; Robert Perske, "Colorado Governor Pardons Joe Arridy", 49 Intellectual and Developmental Disabilities, Vol. 49, 2011, pp. 192-365.

⑦ Neil Prior, "Timothy Evans Family's 60-year Conviction Wait", BBC News, Mar. 9, 2010, http://news.bbc.co.uk/--2/hi/uk_news/wales/8556721.stm.

斯的清白。①此外，1951年被错误处决的乔治·凯利（George Kelly）和1952年被错误处决的马哈茂德·胡森·马坦（Mahmood Hussen Mattan）分别在1998年和2003年被洗冤。②另外，犯罪时智力水平仅为11岁的德里克·本特利（Derek Bentley）在其19岁时被处决，这可能是1953年最后一个被错误处决的囚犯。而在45年后的1998年，在一次尸检中，对他杀害一名警官的指控终于被推翻。③人们普遍认为，这些案件推动了英国死刑的废除。2015年4月6日，爱尔兰政府在核查了间接证据后，为哈里·格里森（Harry Gleeson）于1941年被处决一事道歉。④这迟来的道歉引发了公众的热议，公众指责政府为何不在处决之前就还无辜者一个清白。

（二）执行死刑前洗冤

除了采取改判无罪、赦免和量刑改判的措施外，对于死刑错案我们还需努力防止不可挽回的结果发生。据美国死刑信息中心（DPIC）记载，在1973年至2015年期间，共有156名无辜者被关押在死囚监狱。这些人平均需要11.3年才能获释、赦免或改判无罪。⑤但司法机构并不认为每个案子都是错案。根据DPIC的数据，只有48起案件被"改判无罪"，占所有错案总体样本的30.77%，而其他无辜者则被赦免或被撤销指控。

DPIC记录的最早的洗冤案件是大卫·基顿（David Keaton）案。大卫于1971年因被错误指认，在遭受刑讯逼供后被判有罪。在1973年找到真正的凶手后，大卫才成功被洗冤。在最近的一个案件中，无辜者德雷尔·韦恩·霍奇

---

① Julian B. Knowles, "The Abolition of the Death Penalty in the United Kingdom: How it Happened and Why it Still Matters", The Death Penalty Project, 2015, pp. 32, http://www.deathpenaltyproject.org/wp-content/uploads/2015/11/--DPP-50-Years-on-pp1-68-1.pdf.

② Owen Bowcott, "Man Hanged 53 Years Ago Was Innocent", The Guardian, Jun. 11, 2003, https://www.theguard--ian.com/uk/2003/jun/11/ukcrime.owenbowcott.

③ "UK Craig's relief at Bentley Pardon", BBC News, Jul. 30, 1998, http://news.bbc.co.uk/2/hi/142351.stm; R v. Derek William Bentley (1998), EWCA (Crim.) 2516 (Eng.).

④ Erin McGuire, "How Harry Gleeson Was Wrongly Hanged for Murder in 1941", The Irish Times, Apr. 6, 2015, http://--www.irishtimes.com/news/crime-and-law/how-harry-gleeson-was-wrongly-hanged-for-murder-in-1941-1.2165731.

⑤ "List of Those Freed from Death Row", Death Penalty Information Center, Innocence, Nov. 11, 2016, http://www.deathpenaltyinfo.org/innocence-list-those-freed-death-row.

金斯（Derral Wayne Hodgkins）①因2006年9月刺伤前女友于2013年被判处死刑。2015年6月18日，佛罗里达州最高法院以证据不足为由改判其无罪。在这个案件中，来自犯罪现场的21组指纹中没有一组属于霍奇金斯，没有证据表明他与现场发现的有血渍的瓶子有任何关联。②此外，拉德莱特（Radelet）等人还发现了数百名在20世纪70年代后被释放了的美国死刑犯。③另外，赫门（Hime）还查明了130起因错误定罪、被判死刑后又被释放或被错误处决的死刑案件。④在错误处决案件中，洗冤的证据往往在无辜者被处决后才被提出。

1980年，在未经陪审团审判的情况下，爱尔兰的彼得·普林格尔（Peter Pringle）因谋杀罪和抢劫罪于都柏林的特别刑事法庭被判处死刑。1981年5月，在被处决的前两周，他被减刑为40年的苦役，且没有任何期限的减免。1995年，在服役15年后，他的判决终于被撤销。⑤而在欧洲其他国家，废除死刑之前，显然也存在误判的情况。例如，在20世纪60年代至80年代的匈牙利，虽然没有官方数据和记录，但佐尔坦·托思（Zoltan Toth）就被认为是206名死刑犯中的一个无辜者。⑥206人中的另两名无辜被告在1989年至1990

---

① Hodgkins v. State, 175 So. 3d 741 (Fla. 2015).
② Innocence Cases, Death Penalty Information Center, Dec. 12, 2016, https://deathpenaltyinfo.org/node/4900#156; Pasco Tribune, "Conviction overturned in 2006 Land O' Lakes Murder Case", Tampa Bay Times, Jun. 18, 2015, http://www.tbo.com/pasco-county/conviction-overturned-in-2006-land-o-lakes-murder-case-20150618/.
③ 见前注，Bedau & Radele, supra note [17], pp. 37–39, 90–172; Michael LAW Radelet & Barbara A. Zsembik, "Executive Clemency in Post-Furman Capital Cases", University of Richmond Law Review, Vol. 27, 1993, p. 289, pp. 295–297, 306–314; Michael L. Radelet et al., "Prisoners Released from Death Rows Since 1970 Because of Doubts About Their Guilt", Thomas. M. Cooley Law Review, Vol. 13, 1996, p. 907, pp. 923–963.
④ Adam Hime, "Life or Death Mistakes: Cultural Stereotyping, Capital Punishment, and Regional Race-Based Trends in Exoneration and Wrongful Execution", University of Detroit Mercy Law Review, Vol. 82, 2005, pp. 181–183.
⑤ "Innocent on Death Row: The Story of Sunny and Peter", Clarke Forum on Contemporary Issues, Sept. 27, 2016, http://clarke.dickinson.edu/sunny-jacobs-and-peter-pringle/.
⑥ Zoltan J. Toth, "The Capital Punishment Controversy in Hungary: Fragments on the Issues of Deterrent Effect and Wrongful Convictions", European Journal of Crime, Criminal Law & Criminal Justice, Vol. 21, 2013, pp. 37–53, 作者指出，60年代有129起死刑判决，70年代有47起，80年代只有32起。

年的政权过渡期间前被判处死刑,但处决前洗冤。①匈牙利的另一个错案发生在 1990 年废除死刑之后,埃德·凯塞(Ede Kaiser)被指控于 2002 年 5 月与莫尔本克(Mor Bank)共同实施抢劫和谋杀八人的犯罪,并被错误地判定为故意杀人罪的加重犯。许多律师认为,如果当时匈牙利没有废除死刑,那么凯塞肯定会被处死。②

(三) 监禁期间死亡后洗冤

冤假错案在各个国家都是很普遍的。以日本为例,无罪与死刑信息中心记录了 6 起发回重审的死刑案件,重审的被告人均被宣判无罪。③例如,大西正郎(Masaru Okunishi)被控谋杀五名妇女,他在 1963 年 12 月 23 日的一审中被判无罪,但在 1969 年 9 月 10 日二审中却被定有罪。尽管他声称自己无辜且不停地要求重审,但他的申诉始终没有得到回应。最终,2015 年 10 月 4 日,他在东京的一所监狱里逝世。④又如在澳大利亚,研究人员发现 1981 年至 1988 年期间,约有 125 名土著居民在羁押期间死亡,⑤如果不废除死刑,他们中的一些人将被判处死刑并可能被处决。

另一个误判死刑的悲剧发生在一位名叫弗兰克·李·史密斯(Frank Lee Smith)的非洲裔美国人身上,他在佛罗里达被指控强奸和谋杀一名 8 岁的女孩。他在监狱里度过了 15 年,于 2000 年 12 月 15 日死于癌症。⑥在他去世后的 11 个月,弗兰克·李·史密斯经 DNA 检测后才洗冤,这距离其被定罪的 1986

---

① 见前注, Owen Bowcott, supra note [49].

② 同上注。

③ Japan Innocence & Death Penalty Information Center (日本错案信息中心), Death Demanded – Not Guilty, http://jiadep.org/styled-10/files/page395_1.html, 最后访问日期: 2018 年 4 月 14 日。

④ Kyodo, "Death Row Inmate Seeking Retrial Over 1961 Wine – poisoning Murders Dies at 89", The Japan Times, Oct. 4, 2015, http://www.japantimes.co.jp/news/2015/10/04/national/crime-legal/death-row-inmate-seeking-retrial-1961-wine--poisoning-murders-dies-89/#.WUfuf8fIxC0.

⑤ Peter Nagle & Richard Summerrell, "Aboriginal Deaths in Custody: The Royal Commission and Its Records, 1987 – 1991", National Archive of Australia, 2002, pp. 61 – 67, 最后访问日期: 2016 年 12 月 14 日。

⑥ 见前注, Hime, supra note [56], p. 202.

年已过去了14年。① 另外，丹尼斯·普索马（Denes Pusoma）被指控在匈牙利的一个小村庄杀害了一名妇女，尽管他成功洗冤，但却因为国家赔偿请求遭到拒绝而于1994年3月16日自杀。②尽管普索马幸运地逃脱死刑，但最终却被冷漠的国家机构伤害。

死刑的冤假错案虽是社会的阵痛，但被揭露的错误处决可能只是冰山一角。大量真相不明的错误处决被掩盖在一个看似有效的死刑制度之下。此外，除了处决不当，被监禁在死牢的痛苦本身就可能会使得无辜者承受极大的压力，从而造成受到严重的心理创伤，这可能比执行死刑更痛苦。

（四）未洗冤的死刑错误执行

对于蒙冤的被告人来说，最糟糕的情况莫过于冤屈一直未洗清。2003年5月，盖洛普民意调查显示，73%的美国人认为在过去5年就有无辜者被处决。③本森（Benson）和他的同事根据1071名被判死刑的被告中包含12名无辜者这一事实，推断出在得克萨斯州被错误执行死刑的可能性。他们发现得克萨斯州处决无辜者的概率为99%，其显著水平为0.0093370。④然而，不幸的是，目前已有5名无辜囚犯被处决，⑤包括卡洛斯·德卢纳（Carlos Deluna）⑥、

---

① Frank Lee Smith, "The National Registry of Exonerations", http://www.law.umich.edu/special/exoneration/-Pages/casedetail.aspx?caseid=3644, 最后访问日期：2016年12月14日。

② 见前注，Toth, supra note〔58〕, pp. 50-51.

③ Lois Romano, "When DNA Meets Death Row, It's the System That's Tested", The Washington Post, Dec. 12, 2003, https://www.washingtonpost.com/archive/politics/2003/12/12/when-dna-meets-death-row-its-the-system-thats-tested/624c865d-3540-4b2f-8dff-1a9c1b773539/.

④ Daniel H. Benson et al., "Executing the Innocent", Alabama Civil Right & Civil Liberties Law Review, Vol. 3, 2013, p. 1, pp. 10-14.

⑤ 见前注，Jiang, supra note〔21〕; The NAACP Legal Defense and Educational Fund, Death Row U.S.A., Spring, Apr. 1, 2016, pp. 13-28, http://www.naacpldf.org/files/publications/DRUSA_Spring_2016.pdf.

⑥ James S. Liebman et al., "Los Tocayos Carlos", Columbia Human Rights Law Review, Vol. 43, 2012, p. 711; ED Pilkington, "The Wrong Carlos: How Texas Sent an Innocent Man to His Death", The Guardian, May. 15, 2012, https://www.theguardian.com/world/2012/may/15/carlos-texas-innocent-man-death; Nicole Megale, "Executing the Innocent: How to Remedy a State's Wrong", Journal of Civil Rights & Economic Development. Vol. 28, Dev., 2016, p. 373.

鲁本·堪图（Ruben Cantu）①、大卫·斯宾塞（David Spence）②、加里·格雷厄姆（Gary Graham）③和卡梅隆·托德·威林厄姆（Cameron Todd Willingham）④。尽管这些人声称自己无罪，但到目前为止他们仍未被洗冤。此外，DPIC还记录了另一组8名被处决的囚犯，包括拉里·格里芬（Larry Griffin）、约瑟夫·奥戴尔（Joseph O'Dell）、利奥·琼斯（Leo Jones）、卡拉德·琼斯（Calaude Jones）、特洛伊·戴维斯（Troy Davis）、莱斯特·鲍尔（Lester Bower）、布赖恩·特雷尔（Brian Terrell）、理查德·马斯特森（Richard Masterson）⑤。根据现有的证据，他们可能是无辜的，其案件仍存在疑点。

利布曼（Liebman）和他的研究小组的另一项研究表明，1973年至1995年期间，在美国1004个保留死刑的县中一共做出了5800起死刑判决，其中有41%的死刑判决存在缺陷，有10个判决在重审中被推翻，而每100个判决就有68个判决被州或联邦法院在诉讼程序中改判。⑥此外，在最近的一项具有创设性的研究中，塞缪尔·格罗斯（Samuel Gross）教授得出的结论表明，在美国被判处死刑的被告中，至少有4.1%的被告是无辜的，另外司法机构豁免了

---

① Kenneth Williams, "Why it is so Difficult to Prove Innocence in Capital Cases", Tulsa Law Review, Vol. 42, 2006, p. 241, pp. 242 – 243; William W. Wilkins, "The Legal, Political, and Social Implications of the Death Penalty", University of Richmond Law Review, Vol. 41, 2007, p. 793, pp. 802 – 803.

② "Did George W. Bush Execute an Innocent Person: David Wayne Spence?", Texas Moratorium Network, Jun. 8, 2012, http://www.texasmoratorium.org/archives/1891; Richard A Stack, "Grave Injustice: Unearthing Wrongful Executions", Potomac Books, 2013, pp. 64 – 69.

③ Richard A. Rosen, "Innocence and Death", North Carolina Law Review, Vol. 82, 2003, p. 61, pp. 91 – 92; Peter T. Hofer and Ryan J. Maierson, "The Case of Gary Graham: After a Procedural Circus, a Pyrrhic Victory", Texas Forum on Civil Liberties & Civil Rights, Vol. 2, 1995, p. 69.

④ 见前注，Megale, supra note [70], pp. 375 – 376; Rachel Dioso – Villa, "Scientific and Legal Developments in Fire and Arson Investigation Expertise in Texas v. Willingham", Minnesota Journal of Law Science & Technology, Vol. 14, 2013, p. 817; Meghan J. Ryan, "Remedying Wrongful Execution", University of Michigan Journal of Law Reform, Vol. 45, 2012, p. 261.

⑤ "Executed but Possibly Innocent", Death Penalty Information Center, http://www.deathpenaltyinfo.org – /executed – possibly – innocent, 最后访问日期：2016年11月9日；"Wrongful Executions", National Coalition to Abolish the Death Penalty, http://www.ncadp.org/pages/wrongful – executions, 最后访问日期：2016年12月15日。

⑥ 见前注，Liebman, supra note [4], pp. 80 – 81.

138 名死刑犯。由此可见，仍有多达 141 名无辜囚犯尚未洗冤。①我们还注意到，在 DPIC 的列表中有 156 名死刑犯在执行死刑前洗冤。而在美国，无辜者被执行死刑后并没有任何洗冤的官方记录。

鉴于现有的研究结果，我们认为美国存在大量错误执行死刑后未洗冤的案件。例如，1990 年，杰西·约瑟夫·塔费罗（Jesse Joseph Tafero）②因 1976 年谋杀巡警菲利普·布莱克（Philip Black）和唐纳德·欧文（Donald Irwin）而被处决，后来当沃尔特·罗兹（Walter Rhodes）供认其射击警察的罪行后才发现当年对塔费罗的判决有误。③在这起案件中，杰西的搭档索尼娅（桑尼）·雅各布斯［Sonia (Sunny) Jacobs］于 1981 年也被判处死刑，④ 她在监狱度过 17 年后被翻案改判，并最后于 1992 年获得释放。如今，尽管有无数的司法运动要求对杰西洗冤，但这个案子直到今天都没得以改判。17 岁的鲁本坎图（Ruben Cantu）⑤ 于 1993 年 8 月 24 日在得克萨斯州因抢劫、结伙犯罪和对无辜者枪击 9 次致死而被执行死刑。然而，越来越多的证据表明，对他的定罪和执行可能都是错误的，真正的凶手可能是当时那位 15 岁的证人。⑥

从 1867 年到 1976 年 7 月 14 日加拿大废除谋杀罪死刑的期间，共有 1481 人被判死刑，其中 710 人被执行。⑦但我们对加拿大被判死刑的被告是否存在错误执行的情况知之甚少。自 1993 年以来，错案不断地被揭露，民间非营利

---

① 见前注，Gross et al., supra note［40］, p. 7230.

② Tafero v. State, 406 So. 2d 89 (Fla. 1981).

③ Alejandra de la Fuente, "Questionable Membership", Plain Error: The Official Blog of the Innocence Project of Florida, Oct. 03, 2011, http://floridainnocence.org/content/? tag = jesse - tafero; Huma Qureshi, "Former Death Row Couple: Life Turned Out Beautifully", The Guardian, Jun. 22, 2013, https://www.theguardian.com/lifeandstyle/2013/jun/22/ - - former - death - row - couple.

④ Jacobs v. State, 396 So. 2d 713, 715 (Fla. 1981).

⑤ Cantu v. State, 738 S. W. 2d 249 (Tex. Cr. App. 1987).

⑥ Lise Olsen, "Did Texas Execute An Innocent Man? The Cantu Case: Death and Doubt", Chron, Nov. 20, 2005, http://www.chron.com/news/houston - texas/article/Did - Texas - execute - an - innocent - man - 1559704.php.

⑦ "Capital Punishment in Canada", Wikipedia, https://en.wikipedia.org/wiki/Capital_punishment_in_Canada, 最后访问日期：2017 年 6 月 3 日；Margaret Dudgeon, "The Death Penalty in Canada: Ethnicity, Abolition, and the Current Debate", in Peter Hodgkinson (ed.), Capital Punishment in New Perspectives, 2013, pp. 275 - 275; C. W. Topping, "The Death Penalty in Canada", Annals of the American Academy of Political and Social Science, Vol. 284, 1952, p. 147.

组织已协助 21 名无辜者洗冤,① 其中就包括了被判谋杀罪的有大卫·米尔加德(David Milgaard)、唐纳德·马歇尔(Donald Marshall Jr.)、盖伊·保罗·莫林(Guy Paul Morin)、托马斯·索霍诺(Tomas Sophonow)和克莱顿·约翰逊(Clayton Johnson)。②

正因为认识到错误定罪风险的不可避免性和不可预防性,全球多个国家和地区在立法与司法中废除了死刑。虽然刑事诉讼程序中的防范性程序有助于降低误判的风险,但是只要死刑制度仍然存在,就不可能完全避免"误杀"情况的出现。基于以上全球性和地区性死刑制度的讨论比较,下文我们将针对中国死刑案件中的错案问题进行讨论。

三、我国死刑错案的审判与裁决

正如"迟来的正义非正义",《公民权利与政治权利国际公约》要求所有成员国应保证在判定对嫌疑人提出的任何刑事指控时,每个嫌疑人完全平等地享有"受审时间不被无故拖延"的最低限度的权利保障。③虽然缺乏对"拖延"的明确定义,但从死刑错案的被告情况来看,我们或许能揭示审判程序的正义迟延。在本章中,我们将探讨中国的死刑无辜者是如何被错误地定罪的,以及为何无辜者只有被监禁数年后才能洗冤。

(一)二审裁决及理由

每一起错案都反映出"惩治罪犯"与"避免伤及无辜"的矛盾,虽然实际上正确地做出司法裁判并非难事。错案问题存在的关键不是法官对事实的认识错误,而是在于司法实践中的司法操作不当。如果嫌疑人是无辜的,那么一系列有罪的证据链条应该很容易被推翻,因为虚假的事实是无法与其他细节证据全部佐证的。

二审程序中,刑事诉讼法规定由三名法官组成合议庭,如果合议庭认定一审程序认定的事实有误或指控的证据不充分的话,可推翻原有罪判决并改判做

---

① "Exonerations", Innocence Canada, https://www.aidwyc.org/cases/historical/. 最后访问日期:2016 年 12 月 18 日。

② Susan Munroe, "Abolition of Capital Punishment in Canada", ThoughtCo, Mar. 25, 2016, https://www.thoughtco.com/abolition-of-capital-punishment-in-canada-510121。

③ G. A. Res. U. N. HRO, 2200A (XXI), art. 14. c, International Covenant on Civil and Political Rights, Dec. 16, 1966,"在确定对他的任何刑事指控时,人人有权在完全平等的情况下得到以下最低限度的保障:……(C)不被无故地拖延受审。"

出无罪判决,也可发回重审。①然而,二审法院通常要么裁决发回重审,要么维持原判,而不是改判无罪。②因此,二审法院常因未及时纠正错案,未对那些被错误定罪的人给予有效救济而受学术关注。③

如表1所示,只有5名一审被判死刑的被告,在向高级人民法院提出上诉后,立即被无罪释放。而另一些人因上诉法院不愿改判无罪而被长期监禁。在向高级人民法院提出上诉的119名被告中,法院审查证据时发现有85例判决存在问题。由于证据没有达到排除合理怀疑的程度,法院本可立即宣判被告无罪,但仍有80起即65.57%的二审案件以事实或证据问题被上诉法院发回重审。以佘祥林一案为例,荆州中级人民法院于1994年10月13日判处其死刑立即执行。在其向湖北省高级人民法院提出上诉后,法院于1995年1月6日以"事实不清、证据不足"为由裁定原判决无效,并将案件发回重审。④

表 1　二审法院审理、裁决和理由

		死刑缓期执行		死刑立即执行		总数	
		n	%	n	%	n	%
上诉	未上诉	3	5.26	0	0.00	3	2.46
	是	54	94.74	65	100.00	119	97.54
二审裁判	发回重审	33	57.89	47	72.31	80	65.57
	维持一审判决	13	22.81	6	9.23	19	15.57
	量刑改判	3	5.26	12	18.46	15	12.30
	改判无罪	5	8.77	0	0.00	5	4.10
	不适用	3	5.26	0	0.00	3	2.46

---

① 参见《刑事诉讼法》第189条,1996年3月17日。
② 更多关于滥用重审的案件详情见前注的文献。见前注,Jiang, supra note [12], pp. 42 - 57.
③ 参见陈卫东、李奋飞:《刑事二审"发回重审"制度之重构》,载《法学研究》2004年第1期;Kuang Kai & Liang Bin, "Efficiency and Justice and Fairness: An Empirical Analysis of Criminal Appeals in Hunan Province, China", European Journal on Criminal Policy & Research, Vol. 21, 2015, p. 565.
④ 见前注,He, supra note [20], pp. 673 - 675; Jiang, supra note [12], pp. 41 - 44.

续表

		死刑缓期执行		死刑立即执行		总数	
二审裁判理由	事实不清或证据不足	38	66.67	47	72.31	85	69.67
	原审裁决没问题	13	22.81	6	9.23	19	16.39
	量刑不当	3	5.26	12	18.46	15	12.30
	不适用	3	5.26	0	0.00	3	1.64
裁判是否生效	未生效，监禁或死在看守所	34	59.65	34	52.31	68	55.74
	生效，执行死或送监狱	23	40.35	31	47.69	54	44.26
最后的刑罚	监禁，<3年	1	4.35	1	3.23	2	3.7
	监禁，15年	0	0	1	3.23	1	1.85
	无期	3	13.04	4	12.9	7	12.96
	死刑立即执行	19	82.61	20	64.52	39	72.22
	死缓	0	0	5	16.13	5	9.26

相反，二审法院维持了19名无辜被告的死刑判决，其中68%（13名无辜者）获死刑缓期执行，32%（6名无辜者）被判处死刑立即执行。在这些案件中，虽然被告人没有犯罪，但合议庭认为证据已充分表明罪名成立。另有15名无辜被告在法院承认一审定罪的证据确有缺陷之后被量刑改判，从死刑立即执行减至死刑缓期执行或由死刑缓期执行减至无期徒刑。数据显示，相对一审判处死刑立即执行而言，二审判决刑罚更轻，因此有助于这些无辜者逃脱死刑处决。实际上，当法院发现证据瑕疵时，量刑改判的做法已成为了不成文的惯例。①

尽管所有的含冤者在被执行死刑时，也一再申诉声明他们是无辜的，但不幸的是仍有5名无辜者被处死了。在现实中，可能存在更多因错误定罪而被错误执行死刑的被告，他们自始至终未洗冤，亦从未被学者发现或被媒体报道过。例如，一位名为董伟的被告人很可能是无辜的，但到目前为止他的案件还

---

① 见前注，Jiang, supra note〔12〕, p. 98, 118, 120, 160, 166, 215, 268.

没有被证实是错案。①在我们所收集的一些洗冤案件中,被告往往面临被错误执行死刑的危险,而法院常常在最后一刻才做出重审的决定。在丁志全的案子中,他于1996年8月30日因被诬陷谋杀其妻子而被判死刑立即执行。而在安排行刑的前一天,黑龙江省高级人民法院才决定重审他的案子,并停止执行死刑。②

(二)死缓和量刑改判

根据《刑事诉讼法》,死刑判决必须由上级法院复核。死刑缓期执行也必须由高级人民法院审核和批准。然而,随着时间的推移,死刑立即执行的核准制度也发生了变化。③从1980年到2007年,高级人民法院被授权对大多数死刑案件进行复核。从2007年起,所有的死刑判决都必须提交至最高人民法院

---

① 27岁的董伟,2001年5月2日因谋杀被延安中级法院判处死刑立即执行。2002年4月27日,他的辩护律师朱占平在没有提前告知的情况下突然被告知,陕西省高级人民法院已维持对董的死刑判决,并将于4月29日上午10:30处死。朱占平惊讶之余颇为难过,虽然和董伟家人一时联系不上,但他知道执行也许很快就会进行,所以立即决定赴京向最高人民法院申诉,表示董伟是合法的正当防卫,要求重新审理。就在执行死刑的前四分钟,最高人民法院刑事一庭副庭长李武清法官通过电话向监督执行死刑的法官发出暂停执行令。之后,尽管他的案子仍存问题,陕西省高级人民法院还是于2002年8月26日作出新的判决,维持了延安中级人民法院的死刑判决,董最终还是于2002年9月5日被处决了,他的行为到底是正当防卫还是杀人行为留下了许多疑问。此案件被张艺谋和田波改编为电影《人命关天》。参见江雪:《枪下留人赶在行刑4分钟前》,载《华商报》,http://news.sohu.com/45/61/n6145.shtml,最后访问日期:2017年3月25日;谢勇强:《陕西"枪下留人"案拍成电影》,载《华商报》,http://ehsb.hsw.cn/shtml/hsb/20150106/211959.shtml,最后访问日期:2017年3月25日。

② 高爽:《三次判决三次重审 超期羁押11年恍如隔世》,2003年12月9日,http://news.qq.com/a/20031219/--000185.htm,最后访问日期:2017年3月25日。

③ Kandis Scott, "Why Did China Reform its Death Penalty?", Pacific Rim Law & Policy Journal, Vol. 19, 2010, p. 63, pp. 65-67,作者说明了中国死刑法律改革背后可能的影响因素包括国际力量和国内因素,如媒体、大环境的变化、人民的同情、政策变化等;Andrew Scobell, "The Death Penalty in Post-Mao China", China Quarterly, Vol. 123, 1990, p. 503. 本文介绍了20世纪80年代死刑核准的背景及法律上的变化; Xiong Xuanguo, "Death Penalty System Reform in China", China Legal Development Yearbook, Vol. 3, 2009, p. 83,作者是最高人民法院刑事审判第二庭的前任庭长,其回顾了1949年至2007年死刑核准制度改革的整个背景; Guo Zili, "On China's Death Penalty System", Peking University Journal of Legal Studies, Vol. 2, 2010, p. 30,作者介绍了1979-2007年中国死刑核准制度中不断变化的法律政策。

复核。①将死刑核准权收归最高院是阻止错误执行死刑的最后一个阀门,②但该阀门一旦失效可能会导致对无辜者滥用死刑的后果。③在我们的数据样本中,大多数错误的死刑判决都发生在由高级人民法院行使死刑核准权的时期。④ 5名被错误处决的被告都是由高级人民法院进行死刑核准的,当时也正是"严打"运动在中国如火如荼之时。⑤与被处决的罪犯相比,其他 117 名无辜者幸运地逃脱了处决;然而,他们在审判前、审判后或重审程序中也饱受长期监禁之苦。

在我们的数据集中,54 名无辜者的死刑判决生效后,有的经由二审法院审理维持原判,有的通过重审程序获得量刑改判。而其余68 起案件中,一审判决经上诉程序被二审法院推翻,在整个漫长的辩护过程中,判决尚未生效。准确地说,被告无论受到哪种刑罚,对于他/她而言也难逃被长期监禁的命运。判处不同刑罚的唯一区别可能就是监禁条件和地点的不同,或是在看守所,或是在监狱。

(三)循环审判与监禁

尽管如此,那些没有被错误执行死刑的人仍然在反复的上诉和重审中挣扎,在等待法院的裁判与发回重审中,逐渐心灰意冷。如表 1 所示,在平均被羁押的 896.1 天(2.5 年)之后,只有 4.1% 的人被上诉法院宣告无罪。其余 93.4% 的无辜被告会继续被关押在看守所或监狱长达 6.5 年,绝望地等待释放和洗冤的结果,这是一个需要几经周折审批和重审程序的漫长过程。对于立即执行的死刑案件,最高人民法院可以不核准死刑,并将其发回高级人民法院重

---

① Moulin Xiong, "The Death Penalty after the Restoration of Centralized Review: An Empirical Study of Capital Sentencing", in Liang Bin & Lu Hong (ed.), Death Penalty in China: Policy, Practice, and Reform, Columbia University Press, 2016, pp. 217 – 218;邵新:《死刑复核权下放与收回的三纬思考》,载《中外法学》2005 年第 17 期,http://www.ixueshu.com/document/77750a818c2db757.html。

② 见前注,Jiang, supra note〔12〕, p. 210,作者认为,最高人民法院的死刑核准程序是防止潜在错案发生和纠正死刑错案的最后一道防线。

③ 见前注,Huang, supra note〔12〕, p. 1242;Jiang, supra note〔12〕, pp. 209 – 16.

④ Teng Biao, "Chinese Death Penalty: Overview and Prospect", East Asian Law Journal, Vol. 1, 2010, p. 85, pp. 89 – 90,作者阐述了修改死刑核准制度的动因,以及介绍了 2007 年以前在各省、市、自治区发生的轰动全国的刑事冤假错案。

⑤ 见前注,Huang, supra note〔12〕, pp. 1220 – 1223;Jiang, supra note〔12〕, Springer, 2016, pp. 44 – 46;He, supra note〔12〕, pp. 66 – 67;Liu, supra note〔11〕;Wang, supra note〔13〕, pp. 188 – 193.

审,高级人民法院随后可将案件再次移交中级人民法院重审。这一程序实际上严重拖延了无辜者的洗冤周期。

表2反映了两个方面的情况：一是被告被法院定罪的次数（判决的次数）以及被告平均被监禁的时间。这两个指标可以用来衡量法院的裁判倾向和滥用司法程序的程度。我们的数据表明，被告人被不同级别的法院定罪的次数可能多达9次，例如胡电杰一案。胡某于2001年3月4日被指控犯故意杀人罪，并四次被判处死刑缓期执行，而河南省高级人民法院均以证据不充分发回重审。①这起案件在第九次审理时，濮阳检察院方撤销了对胡某的指控。②直到2011年1月19日，胡某才获释而被改为监视居住，期间其一共被监禁了3233天（9年）。而由于缺乏充分的证据，河南省高级人民法院一直未明确裁决。

平均而言，无辜被告一般被判处死刑缓期执行3.68次，被判处死刑立即执行4.40次。被立即执行死刑的无辜被告受判决定罪的次数甚至超过那些被判处死刑缓期执行的人。这意味着法院更不愿意释放前一类错案中的无辜者。另一方面，判决是否生效与审判次数有关，因为判决生效意味着诉讼程序的结束，而不生效的判决则意味着诉讼程序的延续。在我们的分析中，因判决未生效而被羁押在看守所的无辜者审判次数（平均4.39次），比判决生效然后被送进监狱的人的审判次数（平均3.64次）大约多了一次。造成这种差距的原因很简单，因为有效的判决意味着不同级别的法庭均认为无辜者有罪，然后就会结束审判，这表示在审判过程中发生循环审判的可能性很低。相反，如果判决尚未生效，无辜者仍在刑事诉讼过程中，很有可能因程序倒流而重审此案。③

---

① 参见李丽：《豫一杀人嫌犯4次被判死缓4次被发回重审》，载《中国青年报》2011年11月7日，第03版；谷武民：《"疑罪从挂"受害人胡电杰获赔85万》，载《大河报》2016年2月19日，第A06版。

② "撤销指控"简称"撤诉"。胡电杰案是其他非死刑案件中的代表，因为法院不希望直接对胡某宣告无罪。参见吕娟：《冤案的撤诉怪圈》，载《法律与生活》2010年第20期；赵晓秋：《撤回起诉，"抢劫命案嫌犯"的艰难回家路》，载《法律与生活》2013年第12期。

③ 循环审判并没有在更深刻的层面杜绝冤假错案，反而出现了一系列的诉讼怪圈、司法怪圈、程序倒流、踢皮球、相互推诿等问题，多年来这一现象备受关注。参见陈卫东、李奋飞：《刑事二审"发回重审"制度之重构》，载《法学研究》2004年第1期；张贵峰：《发回重审，一个司法怪圈》，载《公民与法治》2011年第24期；黎伟华：《法律如何跳出"不断重审"的怪圈》，载《民主与法制》2004年第2期；李恩树、郑小琼：《被滥用的发回重审》，载《政府法制》2011年第7期。

表 2　裁判次数与错误监禁

		死刑						生效裁判					
		死刑缓期执行			死刑立即执行			否，审理中			是，执行或监禁		
		n	均值	标准误	n	均值	标准误	n	均值	标准误	n	均值	标准误
裁判次数	范围 2–9 次	57	3.68	0.22	65	4.40	0.23	*	69	4.39	0.23	53	3.64	0.21	**
监禁天数与裁判次数	2 次裁判	15	4039	691.4	12	3421	957.0		11	2143	524.7	16	4879	776.5	***
	3 次裁判	16	3380	546.1	14	2364	533.1	*	16	1811	244.1	14	4157	644.5	***
	4 次裁判	14	2943	604.4	8	1901	670.7		16	1748	297.5	6	4740	1109.3	***
	5 次裁判	2	3717	2306.5	12	3562	429.5		5	2059	286.9	9	4432	460.7	***
	6 次裁判	7	3402	585.2	12	3169	208.1		12	2895	221.9	7	3872	478.5	**
	7 次裁判	0	—	—	1	1589	—		1	1589	—	0	—	—	
	8 次裁判	3	3525	466.4	5	2606	139.8	**	7	2851	254.5	1	3650	—	
	9 次裁判	0	—	—	1	3233	—		1	3233	—	0	—	—	

运用 T 检验（单边）检测差异。

* p≤0.1；* * p≤0.05；* * * p≤0.01。

从数据可知，不同主体之间被监禁的时间差别也较大。生效判决与未生效判决中的被告所受的监禁差异表明不必要的审判周期过长，而刑事审判的结束又意味着更长时间的监禁。如果判决不生效，无辜被告平均被监禁 2143 天（6 年），如果判决生效且诉讼审判终结（无新的审判程序），被告人则会被羁押 4879 天（13.6 年）。换句话说，对无辜者来说更糟糕的是失去作斗争的机会，在这种情况下，判决一旦生效，他们被释放的几率就更低了。具体而言，大多数无辜被告由各级法院审判，被定罪次数为 2 至 6 次，10 名无辜被告被审判超过 7 次。这表明，高级人民法院平均会将这些案件发回一审法院两次以上。同时，在循环审判过程中，无辜者不得不在监狱里被关押 8 至 23 年（8436 天）才可最终获释。尽管经历了长期监禁和迟到的正义，大多数被监禁的无辜者仍须洗冤，唯一的问题是洗冤或释放的具体日期。

在死刑错案中，念斌案可以很好地说明"迟到的正义不是正义"。2006 年 7 月 27 日晚，有两名儿童被毒死。警方认为是他们的邻居念斌投毒致两名儿童死亡，并于 2006 年 8 月 7 日逮捕了念斌。他于 2007 年 2 月被指控投放危险物质罪，并于 2008 年 2 月 1 日被福州市中级人民法院判处死刑立即执行。在 2008 年 12 月的上诉中，福建省高级人民法院以事实不清、证据不足为理由撤销了判决，并将案件发回福州市中级人民法院重审。2009 年 6 月 8 日，念斌再次被福州市中级人民法院判处死刑。2010 年 4 月 7 日念斌再次提出上诉，这次福建省高级人民法院维持中级人民法院的死刑判决,并提交到最高人民法院复核。2010年10月28日,最高人民法院发回福建省高级人民法院并责令重审。2011年5月5日,福建省高级人民法院撤销了对念斌的判决,将其发回福州市中级人民法院重审。2011年11月7日,福州市中级人民法院,第三次对念斌判处死刑立即执行。而在念斌第三次向福建省高级人民法院提出上诉时,他终于在2014年8月22日,即被逮捕的8年后,被宣告无罪。①李肖霖律师说,在福建省高级人民法院的最后一次审判中,所有证人都被传唤作证。念斌是无辜且无罪的,②尽管公安机关在对该案件的重新调查中仍将念斌登记为嫌疑犯,并限制他出国,但念斌被宣告无罪仍然反映了中国司法的进步。③2014年12月25日,念斌提交了国家赔偿申请,要求国家赔偿其1500万。结果,他只收到福州市中级人民法院的112万元,这一点于2015年12月30日得到了福建省高级人民法院的证实。④

四、刑事政策与法律的变化

多年来,我们始终认为,法院必须将"不冤枉一个好人、不放过一个坏人"作为原则,并且特别重视真凶的供述。然而,无论法院制度如何改革,我们对罪犯的供述采取何种态度,似乎都无法避免错案的发生。⑤在中国,虽

---

① 参见(2012)年闽刑终字第10号,http://www.fjcourt.gov.cn/Page/Court/News/ArticleTradition.aspx? nrid = 1e77d - - 372 - 0 - ce6 - 4144 - a7ca - 92b3d40ee753;Tian Shaohui:《中国男子因8年的错误监禁而得到赔偿》,2015年2月17日,http://news.xinhuanet.com/english/china/2015 - 02/17/c_ 134003624.htm。

② 参见中国中央电视台 CCTV,《念斌:从死刑到无罪》,2014年9月13日,http://news.cntv.cn/2014/09/13/ - - VIDE1410586738746314.shtml;Yang Jie, "The Development of China's Death Penalty Representation Guidelines: A Learning Model Based on The ABA Guidelines for the Appointment and Performance of Defense Counsel in Death Penalty Cases", Hofstra Law Review, Vol. 42, 2013, pp. 589 - 608,作者称,中国最近倾听了辩护律师的意见,并取得了一定进展。

③ 参见曹晶晶:《"无罪"念斌仍被限制出境》,载《南方都市报》2014年11月25日,第 A19 版。

④ 参见《福建省高级人民法院对念斌申请国家赔偿案依法作出赔偿决定》,福建省高级人民法院,2015年12月30日,http://www.fjcourt.gov.cn/Page/Court/News/ArticleTradition.aspx? nrid = 34939924 - 1e96 - 44f9 - bda - 7 - e113e81 - - e958e。

⑤ 见前注,Acker, supra note〔32〕, p.1067,作者认为,刑法应以信赖可靠、公平公正和合理恰当的方式对违法者定罪量刑,这样一个绝对公正、没有误判的司法环境,能将真正的罪犯绳之以法而不冤枉无辜。不幸的是,我们所处的环境并非如此。

然每年涉及错案的数量在登记在册的刑事案件数量中，只占很小比例。但随着媒体的报道，这些错案也越来越为公众所知。在一些案件中，媒体极大地帮助了无辜者洗冤，但舆论压力有时未必能发挥作用。

在一些案件中，公众舆论确实能很好地敦促法官驳回检察院不当的起诉或为无辜被告洗冤，但公众舆论意见仍不足以促使法院为无辜者洗冤。而洗冤最重要的依据仍是刑事法、司法政策以及刑事司法的实际执行情况。我们对循环审判和程序倒流的分析表明，掌握了裁判实权的是法官而不是媒体。也就是说，洗冤关键的问题是当错案发生时，法院判定其有罪的依据是什么，以及应由哪个司法机构判别和纠正错案。在本节中，我们将从刑事政策和法律变化的角度，解释错案产生的原因，以及无辜的被告如何被洗冤或释放。

（一）"严打"与"少杀慎杀"

文革结束后，"严打"运动可能是众多刑事政策当中最能反映错案产生原因。[①]"严打"运动要求严厉和迅速地打击刑事犯罪并处罚涉案者，导致了无数起错案的发生。[②]中国在1983年、1996年、2001年、2010年分别进行的四轮"严打"运动，对中国刑事司法产生了广泛深刻的影响。

如图1所示，无辜者被逮捕的人数的峰值反映了"严打"运动影响下刑事司法政策的变迁。例如，在1994年和1995年，年平均逮捕的人数最多，分别有14名和11名无辜被告被捕并随后被判处死刑。1994年《最高人民法院工作报告》明确指出"继续坚定不移地严厉打击严重危害社会治安刑事犯罪和贪污、受贿等严重经济犯罪活动。"[③] 1995年，最高人民检察院（以下简称"最高检"）检察长张思卿在工作报告中再次表示，"坚持查办大案要案，推动反腐败斗争不断深入"，刑事司法机关当务之急是"坚持'严打'斗争，全力维护国家安全和社会稳定"。[④]

图1显示，自1994年以来，即使正值"严打"运动期间，被拘留逮捕的无辜死刑犯的人数也逐渐减少，而无辜者被洗冤或释放的数量却越来越多。如

---

① 见前注，Trevaskes, supra note〔35〕, p. 486; Stephen B. Davis, "The Death Penalty and Legal Reform in the PRC", Journal of Chinese Law, Vol. 1, 1987, p. 303.

② 参见谢望原：《死刑错案主要成因与防范》，载《中外法学》2015年第3期。作者认为，"严打"运动未能有效遏制了当时的某些严重犯罪，反而还导致了大量的冤假错案。

③ 参见任建新：《最高人民法院工作报告》，载《人民日报》1994年3月27日，第3版。

④ 参见张思卿：《最高人民检察院工作报告》，1996年3月12日，http://www.spp.gov.cn/gzbg/200602/- - t20060222_ 16383. shtml。

果现实情况确如所述，这一趋势正好与非营利性组织所统计的数据相吻合。①这说明判处死刑的案件数量越多，被错误处决的无辜被告数量可能就越多。②因此，为了遏制死刑错案和错误执行，最好的方法是减少死刑的适用，从而减少死刑错案的发生。这可能是"少杀"、"慎杀"刑事政策的缘由之一。③

值得关注的是，在2012年后，我们尚未发现一起死刑错案，但这并不意味着在过去的五年里没有出现误判的情形，可能只是短时间内潜在的死刑错案难以被媒体发现并报道。如图1所示，错案公开的潜伏期平均为十年。也就是说，中国的死刑错案情况与其他国家相似，每一桩错案都需要很长的时间确认，④即2012年后的死刑错案可能也需数年甚至数十年，才能查明它们确实存在。

中国的刑事司法实践呈现出从"严打"向"少杀慎杀"转变的过程。在

---

① David T. Johnson, & Franklin E. Zimring, The Next Frontier: National Development, Political Change, and the Death Penalty in Asia, Oxford University Press, 2009, p. 236; Cornell Center on the Death Penalty Worldwide, Death Penalty Database: China, http://www.deathpenaltyworldwide.org/country-search-post.cfm? country = China, 最后访问日期：2017年5月18日; Kandis Scott, "Why Did China Reform its Death Penalty?", Pacific Rim Law & Policy Journal, Vol. 19, 2010, pp. 63-64, 作者指出，在修改死刑案件核准程序后，中国在2007年的死刑判决数量将同比减少了30%; Also see Amnesty International Report 2013: The State of The World's Human Rights, http://files.amnesty.org/air13/Amnesty - - InternationalAnnualReport2013_complete_en.pdf, 最后访问日期：2016年8月15日; Dui Hua Foundation, "Criminal Justice: Death Penalty Reform", http://duihua.org/wp/? page_id = 136, 最后访问日期：2017年6月2日; World Coalition, China, Asia (Eastern Asia), http://www.w-orldcoalition.org/China, 最后访问日期：2017年6月2日。

② 见前注, Gross et al., supra note〔40〕, p. 7230.

③ Susan Trevaskes, "The Death Penalty in China Today: Kill Fewer, Kill Cautiously", Asian Survey, Vol. 48, 2008, p. 393; Stephen Noakes, "'Kill Fewer, Kill Carefully' State Pragmatism, Political Legitimacy, and the Death Penalty in China", Problems of Post-Communism, Vol. 61, 2014, p. 18; Jiang Su, "Kill Fewer and Kill Cautiously? A Critical Review of Death Penalty Reforms in China", Peking University Law Journal, Vol. 2, 2014, p. 277; Stephen Minas, "Kill Fewer, Kill Carefully: An Analysis of the 2006 to 2007 Death Penalty Reforms in China", UCLA Pacific Basin Law Journal, Vol. 27, 2010, p. 36.

④ Jon B. Gould & Richard A. Leo, "The Path to Exoneration", Albany Law Review, Vol. 79, 2016, pp. 325-356, 作者基于美国460个错案样本指出："对于无辜者而言，从定罪到洗冤之间需要159个月，足足超过13年时间。"

"严打"运动时期,中国的刑事政策坚持"报复主义"和"报应主义"。①但是随着透明的数字化时代到来,"刑罚轻缓化"和国际压力促使中国重新审视自己的死刑政策。②近年来,中国的刑事司法态度逐渐向"宽严相济"转变。2005年12月5日,中共中央政法委书记罗干提出了"宽严相济"规则。在这一刑事政策的变化下,中国的刑事司法机关开始重新考虑,如何调整惩治严重危害他人及社会的罪犯与合理合法适用死刑的关系,以及如何在维护社会稳定与"宽严相济"规则之间取得平衡。③为了执行新政策,相关部门发布了一系列的法律法规。因此,在这一阶段,被洗冤或释放的案件数量大幅度增加。

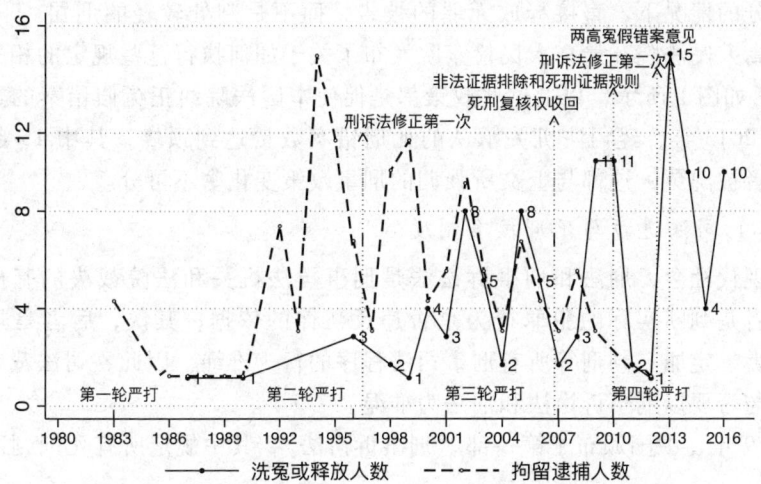

图 1 无辜者刑事司法处遇影响的年度数量(1983-2016)

---

① 见前注,Johnson & Zimring, supra note [120], p. 302; Borge Bakken, "The Culture of Revenge and The Power of Politics: A Comparative Attempt to Explain The Punitive", J. Power, Vol. 1, 2008, p. 169; Borge Bakken, "China, A Punitive Society?", Asian Journal of Criminology., Vol. 6, 2011, p. 33; Liang Bin, "Severe Strike Campaign in Transitional China", Journal of Criminal Justice, Vol. 33, 2005, p. 387; Michelle Miao, "Capital Punishment in China: A Populist Instrument of Social Governance", Theoretical Criminology, Vol. 17, 2013, p. 233; Susan Trevaskes, "Courts on the Campaign Path: Criminal Court Work in the Yanda 2001'Anti-crime Campaign", Asian Survey, Vol. 42, 2002, p. 673; Susan Trevaskes, "Yanda 2001: Form and Strategy in A Chinese Anti-crime Campaign", Australian and New Zealand Journal of Criminology, Vol. 36, 2003, p. 272.

② 见前注,Scott, supra note [132], pp. 70-72; Randall Peerenboom, "China Stands Up: 100 Years of Humiliation, Sovereignty Concerns, and Resistance to Foreign Pressure on PRC Courts", Emory International Law Review, Vol. 24, 2010, p. 653, pp. 669-670.

③ 见前注,Trevaskes, supra note [35], p. 486.

近年来，中国刑事政策呈现出"从宽处理"的趋势。2006 年 10 月 11 日，中共中央发布了《关于构建社会主义和谐社会若干重大问题的决定》，强调了"宽严相济"的刑事政策。①而在 2010 年 2 月 8 日，最高人民法院颁布了《关于贯彻宽严相济刑事政策的若干意见》。在相关司法解释中，最高人民法院强调通过"宽严相济"的政策来维护社会和谐的重要性，要求法官通过死刑来严惩罪大恶极的罪犯，同时不冤枉无辜者，确保任何罪犯都难逃法网。② 2013年 8 月，中国共产党中央委员会发布了一项《关于切实防止冤假错案的规定》的重要文件，要求中国法院要坚持以无罪推定原则为准则，在事实不清晰、证据不充分的情况下，直接释放无罪的被告，而不是判处较轻的刑罚。③一个月后，最高人民法院和最高人民检察院发布了关于如何执行这些规定的相关司法解释。④ 如图 1 所示，以上这些政策都是促使中国法院纠正冤假错案的重要依据。⑤在 2013 年，经司法机关承认的死刑错案数量达到顶峰，其中 15 起案件的无辜者被洗冤，这都与上文所强调的刑事政策变化密不可分。

（二）司法进步与死刑核准制度

在现代社会，刑法和刑事诉讼法是刑事司法机关和法院裁决的基础。首先，前者是判断实际的犯罪行为是否违反法律的依据；其次，后者是规定逮捕、起诉、定罪、判刑等所有刑事司法程序的行为准绳。因此，司法裁判结果的正确与否要以刑事诉讼法和刑法为准绳。

1979 年，中国颁布了第一部《刑事诉讼法》，其中规定所有死刑判决必须

---

① 参见中国共产党中央委员会：《中共中央关于构建社会主义和谐社会若干重大问题的决定》，2006 年 10 月 11 日。

② 参见最高人民法院：《关于贯彻宽严相济刑事政策的若干意见》，2010 年 2 月 8 日。

③ 参见中央政法委：《关于切实防止冤假错案的规定》，载 http：//www.360doc.com/content/15/0105/23/19128036_43849--9196.shtml，最后访问日期：2017 年 3 月 18 日。

④ 参见最高人民检察院：《关于切实履行检察职能防止和纠正冤假错案的若干意见》，2013 年 9 月 9 日；最高人民法院：《关于建立健全防范刑事冤假错案工作机制的意见》，2013 年 10 月 9 日。

⑤ Susan Trevaskes, "The Shifting Sands of Punishment in China in the Era of 'Harmonious Society'", Law & Policy, Vol. 32, 2010, p. 332; Li Enshen, "Towards the Lenient Justice? A Rise of 'Harmonious' Penalty in Contemporary China", Asian Journal of Criminology, Vol. 10, 2015, p. 307.

由最高人民法院核准。①但这些规定在 1981 年经全国人民代表大会常务委员会（以下简称"人大常委会"）授权高级人民法院审理死刑案件后就被废止了。②1983 年，即"严打"期间，全国人民代表大会常务委员会修改了《人民法院组织法》，从实际上确认了高级人民法院有权核准死刑案件。③随后的几年，中国颁布了更多相关的司法解释，从而巩固了高级人民法院在毒品犯罪、侵害人身权利的暴力犯罪、抢劫罪和其他犯罪上对死刑进行核准的权力和地位。④如图 1 和图 2 所示，在授权高级人民法院核准死刑案件期间，被逮捕的无辜被告的数量有所增加，并在 1994 年和 1995 年达到峰值。所以不难看出，这一时期中国各地死刑错案频发的现象与将死刑核准权下放到高级人民法院密不可分。在这方面，如前所述的董伟案、聂树斌案、滕兴善案、魏清安案和呼格吉勒图案都是很好的例子。⑤

立法机关考虑到，冤假错案的产生很可能是因为高级人民法院拥有死刑立即执行判决的复核权，于是在 1996 年《刑事诉讼法》第一修正案第 199 条和第 200 条，重新确定了死刑判决必须由最高人民法院核准。因此，1996 年死

---

① 参见 Jerome Alan Cohen, "The Criminal Procedure Law of the People's Republic of China", Journal of Criminal Law and Criminology, Vol. 73, 1982, p. 171 – 199, 第 145 条表明，"中级人民法院一审判处死刑的案件，被告人不上诉的，应当由高级人民法院审查，并报最高人民法院批准。……如果由高级人民法院一审判处死刑的案件，且被告不上诉的，以及二审判处死刑的，应当报最高人民法院批准。"

② 参见全国人民代表大会常务委员会：《关于死刑案件核准问题的决定》，1981 年 6 月 10 日。

③ 参见全国人民代表大会常务委员会：《关于修改〈中华人民共和国人民法院组织法〉的决定》，1983 年 9 月 2 日。

④ 参见最高人民法院：《关于授权云南省高级人民法院核准部分毒品犯罪死刑案件的通知》，1991 年 6 月 6 日；最高人民法院：《关于授权广东省高级人民法院核准部分毒品犯罪死刑案件的通知》，1993 年 8 月 18 日；最高人民法院：《关于授权广西壮族自治区、四川省、甘肃省高级人民法院核准部分毒品犯罪死刑案件的通知》，1996 年 3 月 19 日；最高人民法院：《关于授权贵州省高级人民法院核准部分毒品犯罪死刑案件的通知》，1997 年 6 月 23 日；最高人民法院：《关于授权高级人民法院和解放军军事法院核准部分死刑案件的通知》，1997 年 9 月 26 日。

⑤ 见前注，Huang, supra note〔12〕, pp. 1220 – 1223; Jiang, supra note〔12〕, pp. 44 – 46; He, supra note〔12〕, p. 67; Wang, supra note〔13〕, pp. 188 – 193; Niu, supra note〔14〕; Zheng, supra note〔14〕; 江雪：《枪下留人赶在行刑 4 分钟前》，载《华商报》2002 年 7 月 12 日，http://news.sohu.com/45/61/n6145.shtml，最后访问日期：2017 年 3 月 25 日；谢勇强：《陕西"枪下留人"案拍成电影》，载《华商报》2015 年 1 月 6 日，http://ehsb.hsw.cn/shtml/hsb/20150106/211959.shtml，最后访问日期：2017 年 3 月 25 日。

刑错案的数量达到九十年代的最低点，同时，洗冤和释放无辜被告的数量也有所增加。但是1996年之后，被逮捕的人数并没有太大的变化。对此，一个可能的解释是司法机关并没有执行《刑事诉讼法》修正案的规定，在实践中仍由高级人民法院核准死刑判决。①同时，这也是因为1996年及之后一段时间仍然在推行"严打"运动，导致全国范围的司法实践广泛出现了"严惩不怠"和"迅速破案"现象。

图1呈现了3个判处死刑的案件数量高峰，以及3个涉及洗冤和释放的案件数量低谷。自1997年以来，死刑处决和错误定罪的案件数量有所增加。为此，全国人民代表大会和全国人民代表大会常委会于2006年10月30日决定恢复最高人民法院的死刑核准权力。②随着新修订的《中华人民共和国刑事诉讼法》和改革后的死刑核准机制的发布，2007年以后的死刑判决数量明显变少。③与此同时，被判死刑的无辜者人数也显著减少。④这一趋势表明，死刑核准制度的收回可能有效遏制了死刑错案产生的源头，这不仅使得死刑判决减少，而且还限制了高级人民法院的权力。⑤

在我们的数据集中，90%以上被判死刑的无辜者是在2007年之前被逮捕的，并且自1981年以来，只有43人被洗冤或释放。如图1所示，尽管在此期间部分无辜者被洗冤，但仍被羁押的无辜者数量远高于被洗冤的人数。而错案频发的情况，也引起了司法机关的重视。2010年，最高人民法院与另外四个司法、行政机关共同公布了两项司法解释，分别为《关于办理刑事案件排除

---

① 参见最高人民法院：《关于授权高级人民法院和解放军军事法院核准部分死刑案件的通知》、《关于授权高级人民法院和解放军军事法院核准部分死刑案件的通知》，1997年9月26日。

② 参见全国人民代表大会常委会：《关于修改〈中华人民共和国人民法院法〉的决定》，2016年10月31日；最高人民法院：《关于统一行使死刑案件核准有关的决定》，2006年12月28日。

③ Kandis Scott, supra note [123], pp. 63 - 64; Amnesty International Report 2013, supra note [123]; Dui Hua Foundation, supra note [123]; World Coalition, supra note [123].

④ Carolyn Hoyle, Michelle Miao, "Thinking Beyond Death Penalty Abolitionist Reformation: Lessons from Abroad and the Options for China", China Legal Science, Vol. 2, 2014, p. 121; Susan Trevaskes, "Lenient Death Sentencing and the 'Cash for Clemency' Debate", China Journal, Vol. 73, 2015, p. 56.

⑤ 参见田雨、邹声文、张宗堂：《死刑核准权之变：尊重保障人权，防止冤假错案》，载http://news.xinhuanet.com/legal/2006 - 11/01/content_ 5275030.htm，最后访问日期：2017年6月2日）；袁祥：《死刑核准权收归最高法院有利于防止冤假错案》，载《央视国际》，http://news.cctv.com/law/20061101/100719.shtml。

非法证据若干问题的规定》和《关于办理死刑案件审查判断证据若干问题的规定》的通知。①这两项司法解释对排除非法证据的原则作出了详细的规定，其中法院应当排除通过刑讯逼供或其他手段获得的非法证据。②两年后，《刑事诉讼法》第二修正案颁布并生效实施，其中规定了如果案件可能存在潜在的事实错误，③那么法院只能将其发回重审一次，上级法院也可指定另一个下级法院审理案子，但该下级法院不能是原审法院。④

新规定严格限制了对重审程序的适用，鼓励高级人民法院对无法定罪的死刑犯直接改判无罪。这项规定解决了一审和二审程序循环审判和程序倒流的问题，其中那些提交至高级人民法院的案件必须由该高级人民法院做出裁判，而不能将案件退回下级人民法院重审。如果原审法院拒绝及时审理案件，根据《刑事诉讼法》第244条，高级人民法院可指定和原审法院同等级别的、同时对案件具有管辖权的法院审理该案件。尽管我们的数据无法对新规定的作用进行准确的检验，但我们仍希望对滥用司法程序的行为严加管控，避免循环审判和程序倒流的问题。如图1所示，虽然17.21%的错案发生在2007年以后，但近十年来，尤其是在2010年，有62.39%（68名）被判死刑的无辜者已被洗冤。这证明了中国的新法规和形势政策在纠正错案上已见成效。

---

① 参见最高人民法院、最高人民检察院、公安部、国家安全部、司法部：《〈关于办理刑事案件排除非法证据若干问题的规定〉和〈关于办理死刑案件审查判断证据若干问题的规定〉的通知》，2010年6月30日；Dui Hua, "China's New Rules on Evidence in Criminal Trials", NYU Journal of International Law and Politics, Vol. 43, 2011, p. 739.

② NYU International Law and Politic 为庆祝杰罗姆·科恩（Jerome J. Cohen）80岁的生日，发表了特别的文章和三个评论。见前注，Lewis, supra note [25], p. 632; Jeremy Daum, "Tortuous Progress: Early Cases Under China's New Procedures for Excluding Evidence in Criminal Cases", NYU Journal of International Law and Politics, Vol. 43, 2011, p. 699; Yu-Jie Chen, "One Problem, Two Paths: A Taiwanese Perspective on the Exclusionary Rule in China", NYU Journal of International Law and Politics, Vol. 43, 2011, p. 713; Hyeon-Ju Rho, "The Exclusionary Rule in China and a Closer Look at the Dynamics of Reform", NYU Journal of International Law and Politics, Vol. 43, 2011, p. 729.

③ 参见《中华人民共和国刑事诉讼法》第225条，该法条规定"原审人民法院对于依照前款第三项规定发回重新审判的案件作出判决后，被告人提出上诉或者人民检察院提出抗诉的，第二审人民法院应当依法作出判决或者裁定，不得再发回原审人民法院重新审判"。

④ 参见《中华人民共和国刑事诉讼法》第243条，该法条规定"最高人民法院对各级人民法院已经发生法律效力的判决和裁定，上级人民法院对下级人民法院已经发生法律效力的判决和裁定，如果发现确有错误，有权提审或者指令下级人民法院再审"。

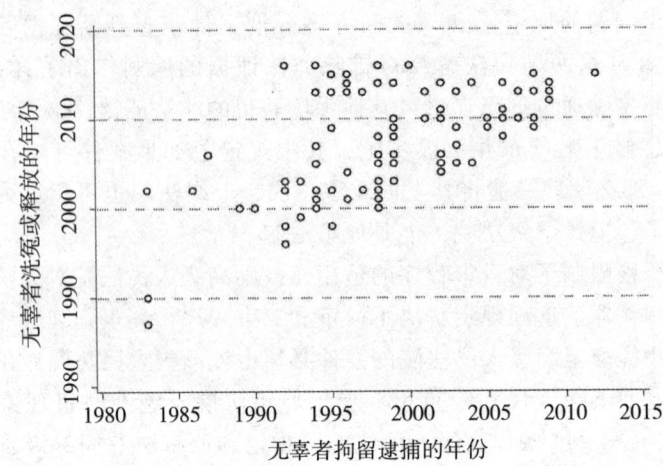

图 2　无辜者的拘留逮捕和洗冤、释放的具体年份（1983 – 2013）

综合图 2，修改后的法律和刑事司法政策能使无辜者比以前更容易洗冤，至少能显著缩减被监禁的时间。如图 2 中，"被拘留逮捕"（X 轴）与"被洗冤或释放"（Y 轴）的年份分布图所示，随着死刑核准权的收回与刑事诉讼法修正案的变化，被判处死刑的无辜被告被监禁的时间较以前更短，被洗冤或释放的速度较以前更快。在我们的数据集中，2007 年至 2012 年期间，有 30 名无辜被告被洗冤或释放；2013 年至 2016 年期间，则有 38 名被告被无罪释放。相比之下，从 1987 年到 2006 年，只有 41 人被洗冤。但实际情况并不如上述乐观，无辜者被长期监禁的事实并没有改变。由于有罪推定仍在适用，很多的无辜者仍面临着无尽的折磨。

如上文所述，错案的现实情况促使全国人民代表大会常务委员会将死刑核准权力收归最高人民法院。[①]虽然图 1 和图 2 显示，媒体所报道的被错误定罪或判处死刑的人数很少，但实际存在的错案数量可能远远不止如此。

（三）纠正冤假错案的新举措

近几年来，中国刑事司法机关在推动适用"无罪推定"原则上取得了一

[①] Jiang Na, "The Adequacy of China's Responses to Wrongful Convictions", International Journal of Law, Crime and Justice, Vol. 41, 2013, p. 390.

定进展。①在本节中，我们将回顾中国刑事司法机关在纠正错案上的一些新举措，包括再审监督、②检察院抗诉、③以及对重审次数的限制。这些新举措意味着司法机关对错案态度上的转变。④除此之外，中国在审判监督、异地再审和最高人民法院核准程序上的革新，极大地帮助了无辜者洗冤。在新的刑诉法修正案颁布实施后，大多数死刑错案中的无辜者已由异地的二审法院（非原审二审法院）直接改判无罪而不再发回原审人民法院重新审判。

其中，异地审判监督最有影响的案件之一就是陈满案。陈满在一审程序中，被海口市中级人民法院判处死刑缓期执行，并且海南省高级人民法院在二审程序中维持了一审判决。2015年2月22日，最高人民检察院决定向最高人民法院提出抗诉。两个月后，最高人民法院于2015年4月27日裁定启动审判监督程序，并指定浙江省高级人民法院负责陈满案的重审。2016年1月26

---

① Joshua Rosenzweig, Flora Sapio, Jiang Jue, Teng Biao and Eva Pils, "The 2012 Revision of the Chinese Criminal Procedure Law: (Mostly) Old Wine in New Bottles", CRJ Occasional Paper, May 17, 2012, http: //www. law. cuhk. edu. hk/en/research/crj/download/papers/CRJ%20Occasional%20Paper%20on%20CPL%20revision%20120517. pdf, 最后访问日期：2017年7月29日；Mou Luye, "Breakthroughs and Limitations of Judicial Reform: A Brief Review of China's New Criminal Procedure Law", Peking University Law Journal, Vol. 1, 2014, p. 459, https: //www. tandfonline. com/doi/abs/10. 1080/20517483. 2014. 11424480.

② Chen Guangzhong & Zheng Weimei, "On the Reform of China's Criminal Procedures for Trial Supervision", Frontiers of Law in China, Vol. 2, 2007, p. 255; Yi Yanyou, "State Ideology Transition and Procedure Model Reformation: China's Criminal Procedure Law and Its Revisions", Tsinghua China Law Review. , Vol. 4, 2012, p. 155 – 177.

③ 根据刑事诉讼法，检察院如果认为存在错误的定罪、有误的无罪开释、不适当的判决，可以对有效的判决提出抗诉。参见李蒙：《最高检察院第一例刑事抗诉的背后》，载《民主与法制》2016年第12期；Sun Qian, "Procuratorate System Reform", China Legal Development Yearbook, Vol. 4, 2010, p. 201; "Criminal Procedures in Contemporary China: Socialist, Civilian or Traditional?", International & Comparative Law Quarterly, Vol. 59, 2010, pp. 1099 – 1171; Huang Shiyuan, "Chinese Wrongful Convictions: Discovery and Rectification", University of Cincinnati Law Review, Vol. 80, 2012, p. 1195, pp. 1205 – 1208.

④ 参见蒋安杰：《以学术研究推动冤假错案的防范与救济》，载《法制日报》2013年10月16日，第12版，蒋记者表示，河南省高级法院勇敢地承认并纠正了错误，并采取防范错案发生的措施，不作任何掩饰和回避。特别是河南省高级人民法院在每年的5月9日设定了纠正错案的时间期限。与此同时，无辜者赵作海在2010年终于被河南省高级人民法院洗冤。

日，浙江省高院的合议庭宣判陈满无罪。①浙江省高院认为陈满的供词显然不足以对其定罪。另一个异地审判的案例是聂树斌案。具体来说，聂树斌案的案件由河北省高级人民法院移交给山东省高级人民法院进行异地审理。山东省高法基于证据不足和非法证据排除规则，建议最高人民法院重新审理聂树斌一案。②最终，最高人民法院的第二巡回法庭审理了聂树斌案，主审法官胡云腾为聂树斌洗冤。这是过去的十年里被最高人民法院宣判无罪的冤假错案第一案，检察官和律师在聂树斌被改判无罪上也功不可没。③

从《刑事诉讼法》可见，人民检察院在审判监督方面发挥着重要作用。检察院在大多数被洗冤的案件中，都致力于审查被告是否被冤枉，这种敬业的态度为被告洗冤排除了障碍，并在帮助法院纠正错案上做出了重大贡献。例如，负责聂树斌案和陈满案的检察官，都要求法院在再审程序中为被告洗冤。而在另一起案件中，杨明于1995年3月29日被逮捕，并于2015年12月22日被无罪释放。④ 在此期间，贵州省人民检察院在2014年4月向贵州省高级人民法院提出了再审的申请，这为杨明的洗冤发挥了重要作用。在再审期间，检察院认为最初对杨明的定罪证据不明确、不充分。⑤杨明的律师和负责该案的检察官表示，在本案中不利于被告杨明的证据是有缺陷的非法证据，并且该证据也不能与其他事实相佐证，因此贵州省高级人民法院应当改判杨明无罪。在黄志强、方春平、程发根、程立和的案件中，检察官认为所有不利于四名被告的证据皆不能作为证据链条中的一环，仅凭被告的供词是不足以证明他们犯罪的事实的，因此要求法官宣告被告无罪。⑥

鉴于原审二审法院往往不愿直接宣告无辜被告无罪，新修改的刑事诉讼法为被告洗冤提供了有效机制。在过去，二审法院更倾向于将错案发回重审而非

---

① 参见浙江省高级人民法院：《（2015）浙刑再字第2号》，2016年2月15日，http://www.xingtao.cn/news/6839.html.

② 参见最高人民法院：《最高人民检察院诉聂树斌一案》，http://news.china.com.cn/2016-12/02/content_39835782.htm，最后访问日期：2017年2月2日。

③ 见前注，Lewis, supra note〔142〕, pp. 287-319; Lan Rongjie, "A False Promise of Fair Trials: A Case Study of China's Malleable Criminal Procedure Law", UCLA Pacific Basin Law Journal, Vol. 27, 2010, p. 209.

④ 参见周娴：《贵州一"杀人犯"喊冤20年获判无罪 曾拒认罪减刑》，载《中国新闻网》，http://www.chinanews.com/sh/2015/08-11/7460479.shtml.

⑤ 参见闫起磊：《"没有'真凶'归来，'死刑犯'喊冤20年终获无罪"》，载《新华每日电讯》2015年8月24日，第A6版。

⑥ 参见江西省高级人民法院：《（2016）赣刑再1号》，2016年12月21日，http://www.360doc.com/content/16/1223/--20/12509739_617148061.shtml.

直接释放被告或宣告无罪（见表1）。而近年来，错案洗冤似乎已成为了新趋势，例如在念斌案已经被发回重审三次的情况下，福建省高级人民法院于2014年8月22日宣布念斌无罪，而新刑诉法是促使该案改判的关键原因。基于新规定，高级人民法院对念斌案必须作出明确裁决或判决，即维持死刑判决或改判无罪。在最高人民法院反对高级人民法院将念斌案发回重审的情况下，福建省高级人民法院最终宣告念斌无罪。

综上所述，随着近年来刑事司法领域各个方面的革新，中国法院纠正了越来越多的冤假错案。①正如学者们所说的那样，拯救无辜被告的最佳途径是确保法院能及时承认错误、纠正错案，而不是仅仅探讨错案所产生的负面影响。②目前，各级法院已经开始执行一项新规定，该规定要求法院裁判案件时，必须排除一切合理怀疑，才能判定犯罪事实。以宋兴富案为例，在四川省高级人民法院驳回宋兴富的死刑判决后，内江市中级人民法院直接基于证据存在瑕疵而直接宣告宋兴富无罪。③可见，近年来人们对错案的态度也在逐渐向好的方向改变。④

五、结论与限制

随着近年来研究中国死刑的文献越来越多，学者们对死刑制度理论和政策的研究也日益重视。本文对相关的问题进行了实证探究，归纳了死刑错案的共

---

① Celia Hatton, "China Judge Warns on Wrongful Convictions", BBC News, Mar. 12, 2015, http://www.bbc.com/news/world-asia-china-31845874.

② 见前注，Epps, supra note〔41〕, p. 1151, 作者指出，一个容忍对无辜者定罪的制度对无辜者来说，或许并无想象中那么坏，相反，这个制度可能更加明智；Moulin Xiong, Richard G. Greenleaf & Jona Goldschmidt, "Citizen Attitudes toward Errors in Criminal Justice: Implications of the Declining Acceptance of Blackstone's Ratio", International Journal of Law, Crime and Justice, Vol. 47, 2017, p. 14, 作者指出, "所研究的时期，显著地违反布莱克斯通错误比例原则，且这种现象日益俱增"。Jeffery Reiman & Ernest Von Den Haag, "On the Common Saying That It Is Better That Ten Guilty Persons Escape Than That One Innocent Suffer: Pro and Con", Social Philosophy and Policy, Vol. 7, 1990, pp. 226-230, 作者认为, "不严惩罪犯，就像伤害无辜者或使一个无辜的人蒙冤入狱一样糟糕"。

③ 参见内江市中级人民法院：《（2014）内刑初字第4号》, 2014年9月25日, http://wenshu.court.gov.cn/content/content?DocID=30cae5f1-484f-406f-a86c-4077cd5654e4。

④ "Wrongful convictions overturned as Chinese laws progress", China Daily/ANN, Sept. 09, 2014, http://www.asiaone.com/asia/wrongful-convictions-overturned-chinese-laws-progress; Stephen Noakes, "The Death Penalty and Institutional Reform: The Case of China", https://www.cpsa-acsp.ca/papers-2012/Noakes.pdf, 最后访问日期：2017年5月30日。

同特征以及法律和政策的变化,展示了中国在司法公正上的不懈努力和显著进步。同时,本研究通过实证分析,推断出频发的死刑错案可能是推动中国死刑改革的重要动因。

我们已经发现,中国的错案情况与刑事诉讼法、刑事政策的动向密切相关。以前文所述的"严打"运动为例,"严打"运动侧重于打击犯罪,产生了一些错误判决和错误执行的死刑案件。另一方面,刑事政策经历了由"严厉打击、快速打击"向"少杀慎杀"转变的过程,而这一过程也正是中国对错案改变态度的期间。① 尽管已经充分展示了中国在洗冤过程中的努力,但人民法院的及时纠错还依然是值得关注的问题。过去三十年的司法实践表明,拒绝及时改判无罪很大程度上仍然是无辜者的洗冤障碍。在多起案件中,无辜者仍然会被循环审判或发回重审,以及量刑改判仍然是一个主要的做法。所以,我国要实现刑事诉讼最基本的程序正义,仍有一段路要走。因此,有效提升法官对错案和无罪推定等的认识、控制发回重审从而尽早洗冤死刑无辜者,仍然是一个重要任务。② 我们希望未来的错案审判中,人民法院能积极有效地直面无

---

① Susan Trevaskes, "The Death Penalty in China Today: Kill Fewer, Kill Cautiously", Asian Survey, Vol. 48, 2008, pp. 393 – 413; Stephen Noakes, "'Kill Fewer, Kill Carefully' State Pragmatism, Political Legitimacy, and the Death Penalty in China", Problems of Post – Communism, Vol. 61, 2014, p. 18; Jiang Su, "Kill Fewer and Kill Cautiously? A Critical Review of Death Penalty Reforms in China", Peking University Law Journal, Vol. 2, 2014, p. 277; Stephen Minas, "Kill Fewer, Kill Carefully: An Analysis of the 2006 to 2007 Death Penalty Reforms in China", UCLA Pacific Basin Law Journal, Vol. 27, 2010, p. 36; Mingxing Zhao, "The Death Penalty in China and its Impact on Sino – Canadian Criminal Justice Cooperation", in Huhua Cao & Jeremy Paltiel (ed.), Facing China as a New Global Superpower: Domestic and International Dynamics From a Multidisciplinary Angle, Springer, 2016, p. 117.

② 陈卫东和李奋飞,见前注〔125〕,第 127~131 页,作者对鼓励改判无罪和控制循环审判的法律改革提出六项建议;参见李长城:《发回重审与程序滥用》,载《山东警察学院学报》2013 年第 1 期,作者呼吁对程序问题进行改革,限制重审,并取消对事实问题的发回重审制度;张玉录:《建议取消发回重审制度》,载《山东审判》1999 年第 2 期,作者阐释了各种理由,提出取消重审的建议;伍金平:《新刑诉法二审发回重审制度修改的立法解读与思考》,载《中国刑事法杂志》2012 年第 8 期,作者建议建立检察监督司法管理政策控制发回重审的使用;史立梅、刘林呐:《中国刑事二审发回重审的反思与重构》,载《国家检察官学院学报》2004 年第 3 期,作者认为,因事实问题而发回重审的二审裁决是不妥当的,建议宣判无罪。

罪可能，并在第一时间直接改判无罪。① 虽然采用量刑改判或留有余地的判决可以避免错误执行死刑，但漫长的洗冤过程无疑加深了无辜者的痛苦。我国刑事诉讼法的修改和死刑改革，为无辜者的释放和洗冤做出了贡献。② 然而，在我们的数据集中，仍有13名无辜被告没有得到洗冤，9人仍处于被监禁中。

虽然我们收集的所有案件都是由媒体公开的，但这些案件并非随机挑选，所以可能无法反映死刑错案的全貌。虽然样本筛选也可能存在偏差，但目前所收集的资料已经足以归纳错案的一些共同特点。例如，死刑错案的状况与刑事政策的动向，从总体上呈现相一致的变化趋势。长期以来，死刑错案备受域外法学家和犯罪学学者关注，由此我们希望通过借鉴域外的研究经验，对中国死刑和司法误判研究领域做出贡献。③希望本文能为学者、律师和政策制定者等提供有用的数据，让其更好地思考死刑制度以及死刑可能造成的不可逆后果。

由于数据来源的限制，本文未能全面地展示错案和洗冤的全部情况。例如，外部法律因素也是不可忽视的力量，包括司法追责、④ 上访⑤以及媒体曝

---

① 见前注，Epps, supra note〔41〕, p. 1123; Trevaskes, supra note〔35〕, 2013, p. 487 - 490;. Liu Siyu, "Capital Punishment with a Two - Year Suspension: China's Gateway to Fewer Executions?", Crime and Criminology Justice International, Vol. 20, No. 1, 2013, pp. 1 - 14; Michelle Miao, "Two Years between Life and Death: A Critical Analysis of The Suspended Death Penalty in China", International Journal of Law Crime and Justice, Vol. 45, No. 26, 2016, pp. 27 - 28.

② Bian Jianlin, "Legislative Progress in Chinese Criminal Proceedings System: The Second Amendment to the Criminal Procedures Law of China", Frontiers of Law in China, Vol. 7, 2012, p. 175.

③ 见前注，Bedau & Radelet, supra note〔17〕, p. 21, pp. 37 - 39, 90 - 172; Radelet & Zsembik, supra note〔55〕, p. 289, pp. 295 - 297, 306 - 314; Radelet et al., supra note〔55〕, pp. 923 - 963.

④ 参见赵蕾：《院长连坐 错案难翻》，载《法律与生活》2012年第20期，作者指出，错误定罪的行政问责制度使洗冤更为困难，因为中级法院及区县级法院的院长一旦为蒙冤入狱的无辜者洗冤，则必须为该冤案承担责任; Fu Hualing, "Police Accountability: The Case of the People's Republic of China", Police Study: International Review of Police Development, Vol. 14, 1991, p. 140, 作者介绍了警察内部监管中的问责制度，以制衡警察的权力，防止警察的不当行为; Jacob Blacklock, "'Practitioners' Perspective on Advance in China's Judicial Reform", Tsinghua China Law Review, Vol. 8, 2016, p. 213, pp. 220 - 236, 作者介绍了中国提高司法的透明度和完善问责机制的司法改革背景; Ying Yan, "Judicial Independence and Individual Legal Case Supervision in China", US - China Law Review, Vol. 12, 2015, pp. 1002 - 1012, 作者指出，"诬告责任追究制度"是法官也要受到监督的体现。

⑤ 参见曾业松：《冤案十载民告官，天人相助得平反》，载《炎黄春秋》1995年第5期，曾记者报道，上访帮助无辜者洗冤变得很重要; 谢锐勤：《艰难的挑战：冤案的发现与证明》，载《法律与适用》2011年第5期，作者明确了上访对余祥林改判洗冤的作用。

光等。① 我们希望本研究能对今后中国司法错案的法外原因研究有所启发，未来也需要继续深入探索。另外，虽然我们已收集了数百个错案样本，但由于只限于探讨判处死刑的案件，没有涵盖判处无期徒刑和有期徒刑等其他刑罚类型的误判案件。从研究方法上来说，大多数人认为收集的样本越多，研究所得出的结论就越可靠，不过非死刑的错案并不是本研究的重点。而关于死刑和非死刑错案的更多问题，我们计划在不久的将来进一步研究。

  本研究存在一些不足，死刑错案的样本上确实有其局限性。但我们认为，本文仍很好地展现了目前中国死刑错案的产生和洗冤机制上特点，阐明了有关预防和纠正刑事错案的法律、政策的重大变化。本研究对中国近年以来的死刑错案和洗冤现状的分析，对评估刑事政策的转变也做出重大贡献，尤其是客观展示了2013年以来的法治正义和洗冤成效显著。近年，中国的法律改革频繁，这为学者研究冤假错案和洗冤情况提供了良好的机会。②鉴于这一政策趋势，我们预计未来刑事司法领域将还有一系列的重大改革，这或许能为无辜者洗冤排除障碍，并改变司法人员对无罪辩护和无罪判决的态度。尽管本文的主题非常沉重，但描述出的洗冤趋势还是较为乐观，文中所有表述不作为保留或废除死刑的证据。③

---

  ① Benjamin L. Liebman, "Watchdog or Demagogue? The Media in the Chinese Legal System", Columbia Law Review, Vol. 105, 2005, p. 1, 作者指出, "在过去十年中，中国的媒体已经成为中国法律体系中最具影响力的角色之一……然而，这往往使得媒体与中国法院之间的冲突愈发的严重"; Huang, supra note [188], p. 1210, 作者指出, 媒体在纠正错案上发挥着巨大的作用。

  ② 见前注, Huang, supra note [188], pp. 1203 – 1212; Jiang, supra note [25], pp. 393 – 403; Huang Shiyuan, "Chinese Wrongful Convictions: Discovery and Rectification", University of Cincinnati Law Review, Vol. 80, 2012, pp. 1203 – 1212.

  ③ 本文作者之一——熊谋林，在译文中特别添加。

预防性刑法观的风险应对与审思

陈小彪　储　虎*

2005 年，由刘国良教授编译的乌尔斯·金德霍伊泽尔教授的《安全刑法：风险社会的刑法危险》一文发表，昭示着风险社会正式进入我国刑法学界的视野。自 2007 年劳东燕教授发表《公共政策与风险社会的刑法》一文，从此，围绕"风险与刑法"这一话题的学术研究如火如荼，热闹非凡，"风险刑法""安全刑法""预防刑法"等专业术语被反复雕琢。十余载后"预防性刑法观"①现世，刑法学界必将迎来新的研讨高潮，本文略作探讨，求教于方家。

一、预防性刑法观的呈现与冲击

预防性刑法观的诞生离不开风险刑法的发展与刑事立法的支撑，风险刑法将社会风险引入刑法领域，将现实世界的不安感带入刑法世界，而频繁出世的刑法修正案从社会需要的角度反向论证了预防性刑法观诞生合乎情理、合乎法治。

（一）预防性刑法观的模拟对手

风险一词在经济学的带领下已经成为一个中性词。风险的来源不是基于无知的、鲁莽的行为，而是基于理性的规定、判断、分析、推论、区别、比较等认知能力，它不是对自然缺乏控制，而是期望于对自然的控制能够日趋完美。②刑法作为上层建筑，受经济基础的影响，这是刑法的社会性。风险刑法

---

* 陈小彪，西南政法大学法学院副教授，硕士生导师，法学博士，西南政法大学特殊群体权利保护与犯罪预防研究中心副主任；储虎，西南政法大学法学院刑法学硕士生，西南政法大学特殊群体权利保护与犯罪预防研究中心研究人员。

① 高铭暄教授与孙道萃博士在《中国法学》杂志 2018 年第 1 期发表《预防性刑法观及其教义学思考》一文，正式提出预防性刑法观。

② 薛晓源、刘国良：《全球风险世界：现在与未来——德国著名社会学家、风险社会理论创始人乌尔里希·贝克教授访谈录》，载《马克思主义与现实》2005 年第 1 期。

的概念在不同学者的论述中有不同的表达,但是都会强调这是一种新的刑法体系。风险刑法具有弥补了传统刑法所无法调整的法益类型,改变了传统刑法对某些罪行处罚过于滞后的做法,解决了传统刑法的一些归责难题等优势。① 风险刑法在诞生之初,就以传统刑法为"竞争"对手,以解决传统刑法缺陷为己任,凸显自身顺应时代潮流,作为弄潮儿所具备的先天优势。

(二) 预防性刑法观的立法映照

社会的巨大转型与立法的积极应对,相互交织的过程中,不断反映出预防性刑事立法的汹涌势头。我国《刑法修正案(七)》首次体现了预防性立法的迹象,如增加《刑法》第285条第2款,第3款、第388条之一等。《刑法修正案(八)》和《刑法修正案(九)》在犯罪化方面,提前介入法益保护,危险犯设置等方面都做了相应改变,这一立法价值在传说中的未来刑法修正案中,必将继续呈现。刑法修正案的有力支撑,让预防性刑法观有例可循。

恐怖犯罪、网络犯罪、贪贿犯罪在预防性立法方面表现突出。2014年制定《反间谍法》与修订的《国家安全法》双管齐下。《刑法修正案(九)》对恐怖主义实行大规模立法,预备行为、狭义共犯行为的实行行为化处理,持有性、煽动性和宣示性的行为纳入刑法调整,意图让恐怖主义无处遁行,加强对恐怖犯罪、极端主义犯罪的风险防控。网络犯罪同样是预防性立法大展拳脚的舞台,网络平台的不作为犯罪,网络技术帮助行为的正犯责任,都是刑法预防性思想的体现。《刑法修正案(九)》对贪污贿赂犯罪改"数额论处"一元定罪为数额+情节二元定罪,并新增数个罪名;对贪贿犯罪终身监禁的规定,虽然具有探索死刑替代措施之试验性立法之责,但更宣示着党和国家对于贪贿犯罪不可容忍的态度,标志着"打击型"到"预防型"反腐败刑法立法机制的形变。食品安全犯罪、药品安全犯罪、环境犯罪等诸多犯罪领域的立法,俱是将超个人法益和集体法益视为重中之重,以此求得更早更广的法益保护。

(三) 预防性刑法观的理论渗透

高铭暄教授围绕预防性刑法观,提出刑法"工具法治"与社会治理的比例供给观、经济社会进化与犯罪交替的形势政策协同观和当代谦抑精神的内涵廓清与刑罚有效的积极预防观。② 三大观念的协同,共同构建了预防性刑法观

---

① 孙道萃:《风险社会与风险刑法:立场与调试》,载《中国公共安全》2011年第2期。

② 高铭暄、孙道萃:《预防性刑法观及其教义学思考》,载《中国法学》2018年第1期。

的坚实理论基础。

刑法天然的具有工具法制的属性,正确认识刑法的天然属性,有利于辩证的审视刑法工具观。刑法的阶级属性决定了刑法是人民民主专政的工具。[①] 长久以来在传统工具主义的熏陶下,刑法一直被视为我国进行阶级斗争的工具,一味强调刑法是最严厉的制裁方法,"工具"的身份与地位被妖魔化。从功利主义角度出发,立法者应以公共利益为目标,最大范围的功利应成为一切思考的基点。了解共同体的真正利益是什么,是立法科学使命之所在,关键是找到实现这一利益的手段。[②] 为了化解对刑法过度工具化的隐忧,将比例原则纳入刑法并以此作为刑法工具理性的坚守。刑法的比例性可以援引自行政法与宪法中被誉为"帝王条款"的比例原则,在刑法语境内,比例原则可以找到解决保障人权和惩罚犯罪之间的平衡点,防止出现刑法工具属性的危险身份被放大。

犯罪变迁与刑法变革之间虽有内生性的逻辑协同关系,但并非直接可以"接通",往往需要借助刑事政策的疏导与润滑。犯罪学是刑事政策学的基础和"上游学科",刑事政策学是犯罪学发挥学科价值的基本途径,[③] 由此可以总结,刑事政策是犯罪学研究的成果融入国家意志向刑法的自然过渡,已完成刑法的知识更新和发挥刑法的工具价值。刑事政策通过间接的方式将社会需求注入刑法,达致刑法的社会治理效果。

谦抑原则在刑法的地位决定了任何改革都逃不脱其审视,追本溯源地看,刑法谦抑性精神的核心依据是主张刑罚的有效性以及刑法的局限性,进而强调刑罚权发动的慎重性与正当性,并非一味反对必要的犯罪化与刑罚化,也并不是从本质上排斥刑法参与社会治理,当然也不否定刑法扮演社会变迁与发展中的"工具法制"角色。[④] 所以"必要处罚"和刑罚权的积极启用均符合谦抑主义的中国本土叙事。刑法的功能在现代社会被赋予新的内涵,刑法的功能要在必要处罚理念与刑法谦抑精神下,协同完成刑罚有效性命题。

二、预防性刑法观的理论剖析

预防性刑法观整体构思紧密,理论渊源丰富,论证过程抽丝剥茧、环环相

---

① 高铭暄:《我国刑法是人民民主专政的工具》,载《法学杂志》1990年第3期。
② 边沁:《道德与立法原理导论》,时殷弘译,商务印书馆2012年版,第2页。
③ 张旭、单勇:《论刑事政策学与犯罪学的学科价值及其连接点》,载《法商研究》2007年第5期。
④ 高铭暄、孙道萃:《预防性刑法观及其教义学思考》,载《中国法学》2018年第1期。

套、层层累计，刑法新厦，拔地而起。"预防"一词首先在刑法世界的出现是在刑法的子系统刑罚论的之中，强调的是通过刑罚剥夺罪犯的权利达到特殊预防的目的和通过刑罚的威慑效力达到一般预防的目的。当下将"预防"推到刑法的至高地位，其不仅仅是刑罚论中的一员大将，而是在刑法世界可以呼风唤雨的王牌，不仅停留在认识论的层面，更是拔高到价值论的层面。预防性刑法观横空出世，预防性立法是其表象，而对于刑法的价值取向，功能设计，法律属性冲击更加巨大，刑法扛起了社会治理的大旗，冲在解决社会问题的第一线。我国进入高速发展的时代，社会发展一日千里。预防性刑法观为此诞生，其必然有许多细节值得考察。

（一）风险社会与刑法理论的交织关系

1. 风险内涵的不同解读

"风险"一词的出现是点亮预防性刑法观的第一根蜡烛，学者寻光而来，试图突破传统刑法观。风险一词的丰富内涵，成为学者们论战的一个制高点。社会产生危险，同时危险改变社会。① "风险"最开始从德国引进到国内，是"危险"一词，与之对应的是"安全刑法"的概念。现代风险是中性概念，它会带来不确定性与危险，也具有开辟更多选择自由的效果。② 对于"风险"一词的中性含义确实是符合现代汉语的概念，在经济学领域"风险"意味着机会，是进行选择后承担的后果，有得有失。但是"不确定性与危险"的定义确会让人产生疑惑，"不确定性"应该是形容"危险"的，而与"危险"相伴而生的是"安全"，所以"风险会带来不确定性的安全或者危险"是否更符合汉语表达，可以考虑。例如行为人进入一个不熟悉的山洞过夜是存在风险的，可能是找到了一个安全的避难所也可能是走进了危险的境地。仅从"风险"一词的引进和解读来看，风险并不等同于危险，风险更不等同于社会危害或者是法益侵害。风险一词是否在引入刑法学界后被赋予了新的刑法内涵，是值得考量的。但是得出的结论是刑法学意义上的"风险"显然和风险社会中的"风险"不同，与现实社会中的"风险"亦不同，所以如果将不同语境下的"风险"不分你我的放入刑法话语体系中，就会造成混沌的局面。进一步说，在预防性刑法观中，"风险"需要被加以重视，不可以将现实生活中的"风险"、风险社会中的"风险"错误引入刑法的考虑之中，否则就有越俎代庖之嫌。

---

① ［德］乌尔斯·金德霍伊泽尔：《安全刑法：风险社会的刑法危险》，刘国良编译，载《马克思主义与现实》2005年第3期。

② 劳东燕：《公共政策与风险社会的刑法》，载《中国社会科学》2007年第3期。

2. 风险社会与刑法的对接

"风险刑法"是建立在风险社会的基础之上,继"风险"制高点之后,预防性刑法观的另一理论参考。同时,孙道萃博士另一重要观点——"安全刑法观",风险社会要求刑法更多地考虑社会安全,并重构安全刑法观。在风险社会的视域和逻辑支配下,刑法应从社会安全的角度出发,关注的不能仅仅是实害,还应包括风险,应当确立风险在刑法中的重要突出地位。① 应对风险,应当建立安全刑法观,其实这与德国一些学者观点一致,可见"风险"在此处与"安全"是相对的概念,"风险"的实质内涵可以解读成"危险"。但是刑法关注的范围从"实害"增加了"风险",可以解读成"实害"与"风险"是不重合的概念,所以孙博士所谓的风险是否是进一步限缩的概念也是难以捉摸的。但是孙博士的观点很明晰,刑法必须对接风险社会。

风险社会的理论也受到刑法学界的质疑,德国学者威廉姆斯向"风险社会"理论的创始人、德国学者乌尔里希·贝克提出"风险社会"的概念"所阐述的不是多少有点老套的东西吗?自社会化的最初时期以来,'风险'不是一直在改变着社会吗?"的质疑时,乌尔里希·贝克也不得不承认:"这是一个能轻易使此概念的创造者陷入尴尬境地的问题"。② 风险社会的风险即后工业社会的风险与工业社会的风险的混淆,风险概念被泛化的结果是导致风险刑法的理论丧失现实基础,也使风险刑法理论与风险社会理论难以对接。③

风险社会与刑法的对接并非看似的那样水到渠成,大胆设想,却不能仔细论证。风险刑法理论构建在借助风险社会理论基础时,对风险没有实质性理解,造成了不得精髓的混沌局面,甚至仅理解成存在风险或者风险增多等表层含义,未能明确风险社会的风险与传统社会的风险之间的"世纪性差别",④ 同样不得风险刑法与风险社会中风险的实质性差异,一概而论。

风险社会与刑法的对接显得十分吃力,风险刑法理论基础一再遭到质疑之时,劳东燕教授作为将风险社会引入我国刑法的贡献者之一,力图梳清争议所在,解除当下理论对抗的焦灼景象。劳东燕教授否定了直接将风险社会理论与刑法体系简单粗暴的连接,但是肯定了风险社会理论与刑法体系之间存在内在

---

① 孙道萃:《风险社会与风险刑法:立场与调试》,载《中国公共安全(学术版)》2011年第2期。

② 张明楷:《"风险社会"若干刑法理论问题反思》,载《中国检察官》2012年第1期。

③ 陈兴良:《风险刑法理论的法教义学批判》,载《中外法学》2014年第1期。

④ 南连伟:《风险刑法理论的批判与反思》,载《法学研究》2012年第4期。

关联。风险社会理论与刑法体系之间的连接点并非风险，而是安全。风险刑法本质上是一种预防刑法。① 在深刻分析英美犯罪学发展后，劳东燕教授提出安全问题，正如上文对"风险"一词的分析时，提到了其对立面应该是"安全"。将安全作为架起风险社会理论与刑法相通的金桥，刑法的首要目也可以解释为排除危险或预防。

3. 预防刑法的追本溯源

"预防刑法"在我国刑法学界较少提到的名词，在德国刑法中相对于"风险"有"安全刑法"，在美国刑法中相对于"控制"有"预防刑法"。劳东燕教授将"安全刑法"与"预防刑法"同义理解，将两种价值取向其实并不重合的刑法理念同一使用，虽然表面解决了风险社会与刑法对接的困难，其实内在可能是对传统刑法体系进行撼动根基的改造。

从 20 世纪末一直到现在的近 20 多年里，不管是大陆法系的德国、意大利，还是海洋法系的美国、英国，迫于社会发展的现实困境都在对刑法体系进行改造。在恐怖主义活动大行其道，肆无忌惮的时代背景下，崇尚哲学理性和恪守法治原则的传统刑法信仰正在遭受挤压，刑法的功能正在以显性或是隐形的方式转向预防与安全。② 美国"9·11"事件更是让世界记住这个惨痛的教训，恐怖主义犯罪使得全体社会公众处在高压之下，社会群众紧张的神经难以放松，全球范围都充斥着不安感。放眼于全世界，为了应对恐怖犯罪，立法的积极作为仿佛是一致趋势。"所谓预防刑法，系相对于建立在启蒙思想之上的传统古典刑法而言，它不再严格强调以既成的法益侵害结果作为追究刑事责任的基础，而是着眼于未来，基于对安全的关注，着重于防范潜在的法益侵害危险，从而实现有效的社会控制。"③ 预防刑法从诞生之日起就天然是与传统古典刑法对立，传统的法益侵害论的地位受到冲击，刑法功能直接指向社会控制。这一切都是对刑法伤筋动骨的巨大改造。从恐怖主义犯罪到一切犯罪，预防刑法的扩张呈现出星火燎原之趋势，意气风发，一发不可收拾。预防刑法欲呈王者之姿，仿佛一夜之间，普天之下莫非王土，传统古典刑法毫无据足之地。

（二）积极立法与积极预防的理念交融

刑事立法活动是国家主持的一项重要活动，立法的核心价值取向积极呼应形势政策的现象是毋庸置疑的。公共政策作为国家实现社会控制的政治策略和

---

① 劳东燕：《风险社会与变动中的刑法理论》，载《中外法学》2014 年第 1 期。
② 何荣功：《"预防性"反恐刑事立法思考》，载《中国法学》2016 年第 3 期。
③ 何荣功：《预防刑法的扩张及其限度》，载《法学研究》2017 年第 4 期。

表达方式,旨在支持和加强社会秩序,以增加人们对秩序和安全的预期。刑事政策对于刑法的影响是深刻的。从文本的角度看,刑事政策以纽带的身份,承接犯罪学的知识体系向刑法学的知识体系过度,从中也将自身的内容带向刑法,这种内容是掺杂着社会需要与政治需要,另外在传递的过程还可能存在过滤机制。刑事政策有选择性的通过一增一减的方式决定了刑法典的字面变数;从解释来看,将刑事政策作为刑法解释的方法,给了刑事政策进入刑法世界的第二条通道,法官以刑事政策为解决刑事案件的指向,突破传统解释方法,解决了刑法解释的适用难题,也解决了身处行政体制的政治压力。刑事政策在刑法的文本和解释中都当仁不让,占据高地,影响着立法者,司法者,每一个人的权利与义务都会受到刑事政策的影响,惩罚犯罪与保护人权的边界在刑事政策的严威之下,时刻都可能发生改变。

不以报应刑为基础的刑事政策,将犯罪控制与犯罪预防作为目标。从《刑法修正案(七)》到《刑法修正案(九)》,刑事立法现象的活跃,是国家进一步发挥刑法的工具价值,实现社会治理的功能,逐步显露出积极预防的立法意图。积极立法以安全、维稳为价值目标,这与预防性立法思维不谋而合。客观的分析可以看出《刑法修正案(九)》对传统刑法理论体系及其解释论均产生影响,刑法理论体系的二元化分野,积极刑法立法观已现端倪。

三、预防性刑法观的审思

预防性刑法观伴随着社会风险理论、风险刑法理论和预防刑法理论的争议而诞生,其对刑法体系的进一步发展的方向提出了一些新思路,尤其是对于破解传统刑法难以解决的诸如恐怖犯罪、公共安全犯罪、网络犯罪等诸多困境,具有高度的时代需求感。提出预防性刑法观是刑法理论的创新之举,但是值得注意的是预防性刑法观目前还是一种"概括性的认识",对其实质内涵还需要进一步研究,而预防性刑法观与传统刑法体系的"对冲",使新旧理论体系的取舍问题显露无遗,也容易陷入一些两难困局。[①] 传统刑法体系在解决现实的问题存在控力不足,无疑也是走到瓶颈之处,社会的"不安感"急剧上升,预防性刑法观的问世,确实可以解决现在的困境。但是值得深思的是社会的"不安感"是如何产生的,是所谓"风险",还是所谓"安全",抑或其他?解决问题的方式有很多,刑法只是社会综合治理的选择之一,且刑法绝不是先锋部队,动用刑法的必要性何在?动用刑法的效果如何?如果可以完美的解答

---

① 高铭暄、孙道萃:《预防性刑法观及其教义学思考》,载《中国法学》2018年第1期。

以上疑问,是否意味着预防性刑法观的全面树立就是水到渠成的?按照笔者的观察,尚有许多疑问难以回答。

(一)预防性刑法观隐藏的风险

1. 刑法工具主义大行其道,难免心生法治隐忧

刑法工具属性仍是一个危险的身份,而中国刑法立法的频繁活动,也引发了许多学者的思考。有人担忧立法逐步抛弃规范的实用性与可行性标准,一味追求安抚社会公众情绪,刑法立法貌似"华丽",可是却可能无用武之地,展现出一种"新刑法工具主义"取向,偏离了刑事立法的法益基准,造成了立法空置或选择性司法现象。①

预防性刑法观将预防犯罪放在核心思想,这意味着刑法的任务进一步加重,解决的社会问题越来越复杂,如果从理论上承认刑法的任务确实发生了重大改变,正在向预防犯罪的方向合理的发展,但是从现实层面解决问题的角度来看,工具主义的兴起在所难免。首先从综合治理角度来看,社会治理不是刑法的专属,是需要所有部门共同参与的。刑法过度参与社会治理,其他部门法必然让位,这种让位可能是合理的,但是也有可能是推卸自己应承担的责任,如此恶性循环下去,刑法就像一个处理社会问题的"垃圾厂",最终就会导致过于庞杂,运转不灵,势必引发更加混乱的社会治理状态。刑法固然是有力的社会治理工具,但是工具也是有自身局限性的。如果国家过于倚重刑法的工具价值,使之超负荷运行,将蕴含着巨大危险;从司法运作的角度看,预防性立法已然是必然趋势,存在矫枉过正的风险。过度的犯罪化并不符合经济原则,这必将浪费大量司法资源。具体案件处理时,强调预防论的结果就是解释刑法、适用刑法、执行刑罚一切都是为了预防目的,显然不利于保护被告人,更可能使得刑法呈现极度扩张。主观主义的刑法可能借着预防性刑法观的春风焕发生机,这也是对于客观主义刑法的巨大挑战。如果司法者一切从预防出发,把刑法看成惩罚犯罪的工具,必然导致人权保障机能被冷落,惩罚犯罪和保障人权的天平就向惩罚犯罪一端不断倾斜。由此我们应该高度警惕极端工具化的出现,防止刑法全能观、象征性立法、单向入罪等思维的出现。

2. 积极刑罚观独领风骚,将使刑法大大扩容

"树立刑法应当积极干预社会的治理思维,释放积极刑罚观的潜能。"② 在预防性刑法观的理念下,刑罚权的开启,是发挥刑法工具价值和实现刑法控制

---

① 魏昌东:《新刑法工具主义批判与矫正》,载《法学》2016年第2期。
② 高铭暄、孙道萃:《预防性刑法观及其教义学思考》,载《中国法学》2018年第1期。

社会机能的必要步骤,相反,限制刑罚权的启动,是"本末倒置之举"。刑罚权在风险社会中需要被重新定义,以此重新定义刑法的当代功能,不要惧怕刑罚权,更不要将刑罚权看成"洪水猛兽",笔者认为这种观点是值得商榷的,甚至也是危险的。从限制刑罚权到积极刑罚观是一种跳跃性的思维,刑法应由"限定的处罚"转向"妥当的处罚",① 刑罚应该是"妥当的"的观点应该被大多数学者接受。如果当我们把刑罚的妥当性当成一个参考,限制刑罚和积极刑罚都是两个极端。积极刑罚是传统刑法体系里格格不入的观念,一旦确定了刑罚的积极发动的预防刑法观,稍有不慎,刑法"恶"的一面马上暴露无遗,人权保障的功能只会被漫天的惩罚遮掩,存在于记忆与怀念之中,现实生活却见不到其理论的一丝光亮,社会生活与惩罚犯罪的阴影之下,这不是一种倒退又是什么呢?"洪水猛兽"的担忧只会变成现实的恐惧。

(二)传统刑法体系底线之坚守

1. 拂去谦抑原则的蒙尘

预防性刑法观对于谦抑原则的解读存在扭曲,严重背离了谦抑原则的本意。刑法的辅助原则来自德国的理论,最早提出谦抑原则的是日本刑法理论。在二次大战之后,谦抑原则是朝着辅助原则的方向发展的。② 在德日,谦抑原则是否是一项宪法性原则还有争议,但是作为刑法重要的理论原则的地位毋庸置疑。马克昌教授称谦抑原则是近代刑法的根本原则。③

预防性刑法观下谦抑原则被解读成仅仅和刑罚相关的概念,刑法谦抑只是关注刑罚的滥用或刑罚的有效性问题,这是一种片面的理解。刑法的谦抑原则的实质内容应当还包含刑法在法律体系的地位以及与其他原则是什么关系的相应内涵。其次谦抑原则当然与刑罚权的启动并没有实质的冲突,但是不意味着谦抑原则也暗合刑罚权可以积极发动。最后谦抑原则可以平衡保护人权和惩罚犯罪这两大刑法机能,预防性刑法观将"控制风险"、"安全"等概念引进刑法的功能,引起一种不在同一维度的理论争议,是一种混淆视听的做法,利用一种结构错位的体系观批评传统刑法体系,在逻辑证成上就让人质疑。

2. 谨防预防主义的独大

刑罚的预防主义与报应主义之争只是刑罚的正当化根据之争。刑罚目的的正当性不等于刑罚的正当性,换言之,预防犯罪目的的正当性不等于刑罚的正

---

① 张明楷:《网络时代的刑法理念——以刑法的谦抑性为中心》,载《人民检察》2014年第9期。

② 王世洲:《刑法的辅助原则与谦抑原则的概念》,载《河北法学》2008年第10期。

③ 马克昌:《危险社会与刑法谦抑原则》,载《人民检察》2010年第3期。

当性,预防刑论的缺陷恰好需要报应刑的弥补。① 但是值得注意的是以上讨论还只是在刑罚这一概念下的探究。预防性刑法观强调的是积极刑罚观,这是一个远远超过刑罚概念的话题。在刑罚论的体系中观察,刑罚权与刑罚是不同的概念,刑罚的积极预防论不等同于刑罚权的积极发动,刑罚权的发动时国家权力的一种动用,与之而来就是对于自由价值的限制,这已经超过了预防犯罪的范畴;从刑法的体系中考察,预防性刑法观将刑罚的预防主义加入犯罪论之中,犯罪的概念将被重新定义。预防主义一再突破,贯穿于整个刑事法律体系,无视刑法应当坚守其他价值,一手遮天的美好的愿景难以实现。

四、余论

刑法有所为有所不为,过度犯罪化确实体现出社会治理无所不用其极的疯狂状态。从风险社会理论到风险刑法理论和预防刑法理论的诞生,尚存在诸多争议,各家众说纷纭,预防性刑法观伺机而生,顿生幻象。预防性刑法观想要进一步发展,需要解决很多问题。第一,如何解决罪刑法定原则与预防性刑法观的融合问题;第二,预防性刑法观如何定义法益(社会危害性);第三,预防性刑法观如何妥当处理刑法客观主义与刑法主观主义。

预防性刑法观是刑法适应风险社会,对自身体系的知识转型的重新解构,预防性刑法观念的发展的趋势是显而易见的,对于传统刑法体系的改造势在必行,但是值得注意的是,预防性刑法观也存在显而易见的风险,向刑法新工具主义的偏离和漠视人权保障的倾向都需要时刻保持高度注意。预防性刑法观大胆假设有余,小心论证不足,构建怎样的刑法体系有待进一步观察。在犯罪治理和社会风险防控中,于中国刑法而言,须立足国情,合理借鉴,在传统刑法体系的扬弃的基础上循序渐进稳扎稳打,不可走大跳跃的道路。

---

① 张明楷:《刑法学》,法律出版社2016年版,第504~506页。

人工智能刑事责任论的法理分析与检讨

赵运锋*

2017年7月8日,国务院《新一代人工智能发展规划》将发展人工智能作为我国抢抓战略机遇、构筑先发优势、加快建设创新型国家和世界科技强国的重要国家战略。党的十九大报告指出,加快建设制造强国,加快发展先进制造业,推动互联网、大数据、人工智能和实体经济深度融合。随着人工智能置于国家战略的地位,并日益成为社会各界关注的重要话题,对人工智能的讨论也开始从哲学领域向包括法学的社科领域渗透。从哲学层面看,主要聚焦于人工智能是否具备意识能力、是否可以成为人格主体。哲学从本原层面聚焦人工智能,主要指向宏观维度。从法学领域考察,对人工智能的关注主要体现在责任能力方面,也即,人工智能取得成果是否具有知识产权,人工智能实施危害行为是否应该承担责任,涵盖了民事责任到刑事责任的所有内容。

一、人工智能的社会风险分析

随着人工智能的发展,并对社会各个领域的影响,智能社会开始成为时下的流行话语。但是,科技本身是一把双刃剑,发展与危机并存,人工智能在让人类生活更美好的同时,也在悄然改变着社会发展模式和社会关系,孕育着社会危机和风险,人类既要享有人工智能带来的福利,也应该关注人工智能暗含的风险。

(一)人工智能的发展评述

人工智能并没有统一概念,专业背景不同的主体,对人工智能会给出不同的界定。有人从仿生学的角度进行解释,人工智能仿照人脑进行思维和行为,具有类人性;有人从计算机学出发,认为人工智能是一种算法,是根据信息和规则进行计算的过程和结果;有人从控制论出发,认为人工智能是通过对信息输入、提取、选择,并输出结果的过程。不同主体立足于不同背景,对人工智

---

* 赵运锋,上海政法学院、刑事司法学院教授,法学博士。

能给出不同的界定,有横看成岭侧成峰的意蕴,又有乱花渐欲迷人眼的感觉。简言之,内涵不同的界定概括了人工智能的不同侧面,但都缺乏系统性和全面性,科学性与合理性也明显不足。总的来看,对人工智能的界定需要注意三个要素:人工、智能和终端产品。智能是指智慧型认知和处理,人工是指赋予人的意识和信息,并最终体现在各种终端产品上。作为人类智力的延伸,人工智能一定程度上解放了人类大脑,可以有效完成应该有人类完成的或者人类难以完成的行为。

  根据人工智能发展的不同阶段,人工智能可分为弱人工智能、强人工智能、超人工智能。① 不论这种划分是否合理,一定程度上,代表了当下及一段时间内计算机科学、医学、哲学、社会学、法学等学科对人工智能的基本判断和认知,也是分析法律、伦理等社会问题的基本理论依据。弱人工智能是指,对信息的储存和执行,体现于当下流行的面部识别、语音识别、数据运算等各种工作;强人工智能是指,对信息的学习和模仿,主要体现为对输入信息的抓取、运算,再到思维的学习、模拟,直至做出类人的行为;超人工智能是指,对信息的创新和突破,主要表现为超出人类思维的思考能力,代替人类处理社会事务,全面取代人类在社会中的角色和作用。当前来看,在深度学习、神经网络原理与大数据技术的支持下,人工智能获得飞速发展,但总体来看,人工智能的发展尚处在弱人工智能阶段,主要表现为,部分模仿自然智能,努力延伸人类智能的范围,为社会发展提供足够的智力补充和智慧支持。至于强人工智能和超人工智能,还处于想象中的发展阶段,只是体现在理论和纸面上,尚未能在社会实践上获得成功。

  人工智能带给社会的好处和利益不言而喻。无人机、工业机器人、无人驾驶汽车、智能手机、智能手环、智能司法等带给社会的福利已经充实到社会各个领域,交通、金融、教育、医疗、司法等领域都能看到人工智能的印记,将来智能家政人员、智能军事专家、智能教育业者等,也会逐渐出现在我们的生活中,并对社会发展起到重要的推动作用。从美国好莱坞大片"人工智能"、"终结者"、"2036 来历不明"等影片中,都可以看到人工智能在人类社会中的作用和影响,包括积极的社会价值和消极的社会影响。对人工智能潜藏的社会风险,霍金、比尔盖茨等人曾发出其可能危害人类的警醒。比如,霍金在2014 年接受 BBC 采访时就断言,人工智能可能意味着"人类的末日"。② 在人

---

① 詹可:《人工智能法律人格问题研究》,载《信息安全研究》2018 年第 3 期。

② BBC News, Stephen Hawking—Will AI Kill or Save Humankind?, http://www.bbc.com/news/technology - 37713629, accessed July28, 2017.

工智能发展进程中，人类也能清晰看到其在人类社会中不可忽视的作用，美国未来学家库兹韦尔笔下的奇点似乎也日益临近。不过，我们还应该看到，与其他科学技术一样，人工智能也在将消极因素和负面影响带给人类，对此，需要认真且严肃的面对，并做深刻的分析和探讨。

（二）人工智能蕴含的风险剖析

看到人工智能带来的机遇和优势，也应关注人工智能暗含的危机与风险，当我们享受人工智能带来的福利时，人工智能孕育的风险也在威胁着人类，对此，需要给予认真关注，并努力构建妥当对策予以应对，以最大程度弱化因人工智能内在危机带来的社会风险。总的来看，人工智能风险主要有三部分组成，分别为技术风险、制度风险和焦虑风险。

风险社会概念是德国学者乌尔里希·贝克于20世纪晚期提出来的。贝克于1986年出版《风险社会》一书以来，"风险"成为理解和诠释社会变迁的一个关键性概念，"风险社会"随之也成为解释世界的全新范式，并迅速在全球范围内引起关注。虽然自概念提出以来，不断有学者批驳贝克的风险社会理论，但并没有影响到风险社会理论在社会科学领域的巨大影响，某种程度上，甚至改变了人类对20世纪和21世纪社会的基本认知和属性判断，从而风险社会成为后现代社会的代名词，并相继成为社会科学领域分析和探讨问题的基本理论模型。根据贝克的风险社会理论，主要指涉两种风险，技术风险与制度风险。"风险社会的内在风险，基于技术性风险和制度化风险而形成，且存在共生状态。"[①] 技术风险是指，科技在带给社会丰厚福利的同时，也将各种危机和风险抛给人类，比如核安全的风险、环境危机等；制度风险是指，人类社会在构建社会体系的过程中，为了妥善处理各种复杂的社会关系而构建的制度，其本身也面临着各种风险，包括制度缺陷、不足、滞后等各个方面。具体表现为对新技术无措的"制度缺失"，或是表现为对新技术错判的"制度失败"，其结果形成制度化风险。技术风险和制度风险基本支配了整个社会的运行和发展，处于现代化进程及后现代化中的国家无不面临社会风险的威胁，并在此过程中衍生出政治、经济、金融、交通、医疗、司法等各种或宏观或具体的风险，尽管在贝克的风险理论中，这些风险要素都未直接涵盖进去，但无疑都与风险社会理论密切相关。

人工智能发展依托风险社会大环境，给人类带来的震撼不亚于任何一项科

---

① 吴汉东：《人工智能时代的制度安排与法律规制》，载《法律科学》2017年第5期。

学技术,同时,也将危机和风险一并带给人类。根据贝克的风险社会理论,人工智能的风险是风险社会的重要风险类型,需用风险社会理论进行分析,并据此构建有效的应对之策。从风险系统看,技术风险是人工智能需要面对的基本风险,属于内生性风险,天生俱来,即当人工智能出现时,技术风险也应运而生。人工智能的技术风险主要包括内生性风险和外来性风险:前者是指人工智能抓取信息错误、运算错误、执行错误等,这种风险源于人工智能本身;后者是指人工智能程序被人为破坏或被黑客侵入,从而破坏或者修改人工智能运行程序,导致出现危害人类的后果,这种风险源于风险人工智能外部。人类需要为人工智能设计合理、科学、有效的制度规范,为人类合法使用人工智能提供行为指引,确保人工智能在伦理与法律范畴内运行和发展。不过,从当下人工智能的发展状况看,法律制度在回应人工智能权利侵害问题上的作为与作用明显不足,未能及时构建出科学、有效的法律规范,以应对人工智能社会带来的种种侵权、侵财等问题。

焦虑风险是指,面对人工智能的迅猛发展,人类社会对人工智能未来可能替代人类的担忧和恐惧。人工智能是否能替代人类意识和思维,是否能发展出人工思维,是近百年来科技、哲学、社会学、医学等学科界持续争论的问题。当然,主流声音一直坚持,自然智能不可替代,人工智能只是补充,是人类智能的延伸,至于人工智能发展的奇点何时到并没有确切的时间表。如维特根斯坦所说:凡你能说的,你说清楚;凡你不能说清楚的,留给沉默。因此,我们应该将研究重心放在弱人工智能上面,但民众对人工智能替代人类智能的担忧一直存在,并试图为强人工智能设计科学、有效、及时的制度规范。基于此,人工智能的刑事主体资格、刑事处罚措施、刑事责任能力等成为学界积极探讨的问题。"在人工智能时代已经来临的今天,在承认智能机器人实施严重危害社会行为有可能构成犯罪的前提下,重构我国的刑罚体系,显然是当代刑法学者所面临的义不容辞的任务。"[①]"人工智能引发传统伦理观的变更,对刑法的渗透与侵蚀也将进一步动摇刑事归责体系。"[②] 上述刑法观念体现的是对人工智能未来发展的焦虑,我们将其界定为焦虑风险,这种风险也是风险社会中的具体类型和组成要素。

---

① 刘宪权:《人工智能时代我国刑罚体系重构的法理基础》,载《法律科学》2018年第4期。

② 孙道萃:《人工智能对传统刑法的挑战》,载《检察日报》2017年10月23日。

二、人工智能犯罪是个假命题

随着人工智能迅速发展,人工智能与自然智能融合的奇点正在悄然逼近,但能否如期到来,在社科学界依然存在分歧,这种分歧对人工智能未来发展有深刻影响,对规范人工智能的制度设计有重要作用。因此,对人工智能能否由弱向强转化,需要进行深度研究和解读,以达到为法律制度设计提供充分的论证基础和说理依据。

首先,行为主义倡导,需用实证分析和数据论证和分析心理因素,不应该依靠抽象的意识和想象来解读人类思维。基于行为主义价值观,图灵提出图灵测试理论,并成为强人工智能认同论的依据。图灵认为,计算的人是在头脑中用一种完全机械式的方法遵守一系列的规则。而机器只要满足了这样的条件,也是完全可以机械式的去遵守规则的。[①]根据图灵测试,把要被提问的一个人和一台计算机分别隔离在两间屋子,让提问者用人和计算机都能接受的方式来进行问答测试。如果提问者分不清回答者是人还是机器,那就证明计算机已具备人的智能,机器就是能够思维的。但是,有个问需要重申,图灵测试的理论预设是人脑根据机械式规则进行计算的,也即,图灵预先假定了人类的计算是机械式的,既然思维是机械式的,那就可以借用机器模拟来实现,因此,计算机器可以思维。[②]但是,问题是依据什么说人类的思维是机械的,对此问题图灵并没有给予回答,且这已经涉及到认识的哲学本质问题。

其次,从认识论出发,人类智慧是指人类的意识和思维,通过意识和思维,人类能感知和理解外部世界,并据此作出妥当合理的反应。人类智慧一直作为认识主体而存在,到了人工智能时代,人类智慧从认识主体发展到认识客体,人类需要对表征人类智慧的人工智能进行科学理性的认识,并对人工智能能否发展到人类智能进行切实有效的判断。人类认识来源于物质世界,即人类智能源于对客观世界的认知和探索。人工智能是对人类智慧的模拟,其发展程度取决于人类认识世界的程度。易言之,人类智慧决定了人工智能的未来发展,而不是相反。"如果人的认识能力停顿不前,则人自身认识其自身的认识能力同样停顿不前。反之,如果人的认识能力不断发展,则人自身认识其自身的认识能力同样不断发展。前者是一个闭合系统,其中没有万能模拟;后者是

---

① Davis, Martin. What is a computation?, in Lynn Arthur Steen (ed., Mathematics Today. New York: Springer Verlag, 1978: 243.

② 魏屹东、樊岳红:《遵守规则与人工智能——维特根斯坦与图灵人工智能理论的交集》,载《山西大学学报》2011年第5期。

一个开放系统,其中同样没有万能模拟。"① 据此,人工智能发展到何种程度,取决于人类智慧而不是相反,也即,人工智能只能是跟随着人类后面跑的模拟物。

再次,根据仿生学,人类大脑对外界的认知和感觉学依靠的是大脑神经元的树突,当前,人类对大脑神经元的认识尚有很远的路要走,神经元的复杂性和神秘性还有待人类破解。正是这种复杂与神秘使得人类有别于其他动物,人脑才可以完成拥有复杂结构的表达。作为模仿人类智慧的人工智能,不论仿制的人工神经元有多发达,距离真正的大脑神经元还有很远的距离,对外界的认识和感触上也存在巨大差距。根据科学研究,人脑的结构非常复杂,有850亿个神经元,每个神经元与其他神经元之间可能有上千个连接,如果从技术层面做到还原、重建大脑,实现反向工程,难度巨大,可能此路不通。由此,幻想人工智能与人类智能融合的奇点出现的那一刻显得很不现实。

最后,逻辑学认为,人类在思维过程中,不但有形式逻辑,还有辩证逻辑,不仅有形式思维,还有抽象思维,不仅借助符号语言进行思考,还依托自然语言进行交流,并在思维当中会表征出不同的感情要素。易言之,当人类从事意识活动时,既能进行形式逻辑、数理逻辑推演等技术性思维,又能进行形象思维,更能进行非逻辑和辩证逻辑的创造性思维。但是,在人工智能中的逻辑模式只有形式逻辑,仅能借助符号语言进行运算,且不会出现情感要素。质言之,人工智能只是按照人的意志,根据人为它事先编制的逻辑程序,严格地遵循形式逻辑和数理的格进行判断和推理,可以说它的思维活动只是进行信息形式的传输。"人工智能不可能具备思想,生成内容不可能是思想的表达,仅是一种通过算法进行分析、选择所完成的机械式输出。"② 人类智能与人工智能在思维逻辑和语言形式上有诸多不同,决定了人工智能只能是人类智能的补充和延伸,不可能成为人类智慧的替代和发展。所以人工智能不论发展到什么程度,都不能达到人类的认知和思维水平,不可能成为人类智慧的替代。正如黑格尔说:没有人能够替别人思维,一如没有人能够替别人饮食一样。③

基于行为主义、认识论、仿生学、逻辑学等内容分析,人工智能与人类智能存在本质区别,强人工智能只是理论可能,从弱人工智能到强人工智能的奇点出现依然遥遥无期。"从人工智能在各个门类的创作活动及相关作品中,至

---

① 陈步:《人工智能的哲学问题探讨》,载《哲学研究》1978年第6期。
② 参见曹源:《人工智能创作物获得版权保护的合理性》,载《科技与法律》2016年第3期。
③ 黑格尔:《小逻辑》,生活·读书·新知三联书店1954年版,第89页。

今还看不到电脑能够完全代替人脑的任何可能性。"①一如工具的出现解放了人类的双手，但手的价值不能替代；人工智能的出现是人类智慧的延伸，但不是延伸的大脑。对此发展规律，法律学者如果有清醒认识，对强人工智能的知识产权问题尤其是犯罪问题，也许就不会过于执着、在意了。

三、人工智能法律责任能力批判分析

国内一些学者因人工智带来的法律问题而产生焦虑感，进而主张改变现有的法律结构以，赋予人工智能的刑事责任能力，对人工智能犯罪施以刑事处罚。"我国目前的刑罚体系存在局限性，无法对在设计和编制的程序范围外实施严重危害社会行为的智能机器人进行刑罚处罚，即我国目前的刑罚体系无法适应人工智能时代的发展需求。因此，有必要对我国的刑罚体系进行重构。"②对此，需从法理层面进行分析，探讨人工智能是否具有刑事责任能力，是否需要为人工智能构建刑事责任体系。

不论是西方社会的法学理论，还是国内的法学研究，当前主要集中在人工智能的民事能力是否存在的问题上，即人工智能是否具有民事权利能力和民事责任能力。在中国知网上收索人工智能论文并分析可知，与人工智能相关的法律话题主要集中在民商法、诉讼法与司法实务、法理法史等领域，其中，民商法学科发文121篇、诉讼法与司法实务发文94篇、法理法史发文59篇，专门从行政法、刑法角度探讨人工智能问题的论文则屈指可数。这充分说明，在刑法学界，人工智能现象尚未引起刑法学者的广泛关注，也进一步说明，刑法学界对人工智能刑事责任问题未给予充分认同，只有个别刑法学者③讨论该问题。

民法学界不断有学者坚持，鉴于人工智能发展迅速，且在法律问题上出现诸多争议，应仿照法人的拟制主体地位，赋予人工智能独立的法律主体资格，以应对因人工智能带来及潜在的法律问题。"历史地看，法律可以赋予公司等法人地位，甚至承认非法人组织（比如合伙）也可以享有一定的法律地位，

---

① 杨守森：《人工智能与文艺创作》，载《河南社会科学》2011年第1期。
② 刘宪权：《人工智能时代我国刑罚体系重构的法理基础》，载《法律科学》2018年第4期。
③ 刘宪权教授分别在《法商研究》、《法律科学》、《比较法研究》、《东方法学》、《法学》、《政治与法律》、《上海政法学院学报》等期刊发表数篇论文，集中讨论了人工智能的刑事责任问题。

未来在时机成熟时赋予智能机器人法律地位,也未尝不可。"①反对的声音也很有力,认为法人是自然人的集合体,具有自然人的特征,可以参照自然人的主体资格赋予其民事责任能力。模拟和扩展"人类智能"机器人虽具有相当智性,但不具备人之心性和灵性,与具有"人类智慧"的自然人和自然人集合体是不能简单等同的。换言之,受自然人、自然人集合体——民事主体控制的机器人,尚不足以取得独立的主体地位。②人工智能本质是机器,体现的只是人工智能开发者、使用者的意图,即使人工智能借助规范的逻辑运算和强大的数据计算,获得相对独立的结果或产品,这种产品依然是人工智能形式逻辑运算的结果,没有任何社会性与情感要素,与人类智慧成果有着本质区别。

据美国 NarrativeScience 预测,未来 15 年将有 90% 的新闻稿件由机器人完成,大量的美术、音乐等艺术作品也将出自人工智能创作。③据此,在知识产权领域,对人工智能的产品能否拥有著作权的争论逐渐热烈,比如,人工智能对通过计算产生的绘画、小说、诗歌等作品是否享有著作权。当下有力的主张是,鉴于人工智能作品只是数据逻辑运算的结果,没有感情描述和表达,与蕴含情感、理想和思想的人类作品有本质区别,将其与人类作品同等对待且赋予著作权并不合适。"人工智能只是生成相同内容的技术手段,都是在执行既定流程和方法,与体现个性化的智力创作存在根本区别。"④"没有理性的东西只具有一种相对的价值,只能作为手段,因此叫作物;而有理性的生灵才叫作'人',因为人依其本质即为目的本身,而不能仅仅作为手段来使用。"⑤

从行政法研究看,至今未有学者从行政法角度论证研究人工智能的法律主体问题,也鲜有学者探讨人工智能的行政责任问题。易言之,在行政法领域,人工智能还不是行政相对人,不需要承担行政责任。质言之,随着人工智能的迅速发展并带来的社会问题,民法、知识产权法等部门法理论开始密切关注人工智能的法律问题,并对人工智能能否具有责任能力有较多争论,但行政法学者还对人工智能的行政责任问题依然保持沉默,也即,在刑法的前置法领域,人工智能能否能否承担法律责任,远没有达成统一的意见。易言之,是否赋予

---

① 司晓、曹建峰:《论人工智能的民事责任:以自动驾驶汽车和智能机器人为切入点》,载《法律科学》2017 年第 5 期。

② 吴汉东:《人工智能时代的制度安排与法律规制》,载《法律科学》2017 年第 5 期。

③ 杨延超:《机器人来了,法律准备好了吗?》,载《检察时报》2016 年 6 月 17 日。

④ 参见王迁:《论人工智能生成的内容在著作权法中的定性》,载《法律科学(西北政法大学学报)》2017 年第 5 期。

⑤ 参见胡玉鸿:《法律主体概念及其特性》,载《法学研究》2008 年第 3 期。

人工智能民事责任能力，在民商法领域依然没有形成一致建议，行政法也未对人工智能能否处以行政处罚进行明确。

从刑法与其他部门法的关系看，刑法是前置法，是其他部门法的保障法，只有在部门法不能达到规制危害行为之目的时才能作出适当反应。如果部门法对某种危害行为是否需要承担责任还没有达致合意时，刑法就应该保持缄默。据此，国内有刑法学者提出，"与自然人相比，智能机器人具有超强的控制能力与可培养的辨认能力，即智能机器人具有承担刑事责任的可能性。易言之，为应对强人工智能时代的到来，应及时根据智能机器人所享有的权利类型重新建构刑罚体，以实现刑罚的目的。"[①]但从人工智能的发展现状看，这显然属于强人工智能理论预设的研究结论，有不切实际之感，与刑法的谦抑性和最后性特征不相吻合。

四、人工智能刑事责任主体否定论证

人工智能推动社会发展的作用不言而喻，因人工智能带来的社会问题也一直为社会关注，如人工智能的刑事责任主体、刑罚结构体系、刑事责任能力等问题。根据上文，鉴于人工智能没有刑事责任能力，与人工智能相关的犯罪应如何处理需进行进一步研究。

（一）人工智能不是刑事责任主体

自然人与法人是刑事责任主体，具有刑事责任能力。刑法理论也是围绕自然人进行建构的，随着人工智能概念的提出，有学者提出，需将人工智能纳入刑事责任主体范畴，以达到合理规制人工智能行为之目的。"机器人主体地位的趋势已经形成，我们应当正视这一社会伦理现象，考虑赋予其适当的法律资格与地位，制定并完善相关的法律制度。"[②]

自然人是刑法理论与刑法结构的基本主体，刑法的基本理论与刑法规定都是依照自然人的特点进行设计的。随着社会发展，法人在社会领域中的地位日渐突出，并因业务开展带来诸多社会问题，法律主体资格问题自然被法律关注。鉴于法人是自然人的集合体，体现的是自然人意志，于是，法人的法律主体地位逐渐获得民法、刑法等部门法的认可，法人的刑事责任也被纳入到刑法理论与刑法规范当中。根据自然人与法人理论，逐渐发展出刑事责任能力、刑

---

① 刘宪权：《人工智能时代机器人行为道德伦理与刑法规制》，载《比较法研究》2018年第4期。

② 刘宪权：《人工智能时代机器人行为道德伦理与刑法规制》，载《比较法研究》2018年第4期。

事责任年龄、刑罚结构、共同犯罪、罪数、罪过、行为、因果关系等刑法理论体系,同时,刑事立法与刑事司法也是在刑法理论的指导下运行和展开。

刑法理论与刑法结构与人工智能的属性、特点相差甚远,如果将人工智能纳入到刑事主体范畴,则会面临与刑法理论与刑法结构如何兼容的问题,也即,在当前的刑法理论框架下面,还不能有效解决人工智能的刑事责任主体问题。不过,理论界有学者坚持,人工智能有独立的意思和思维,可以根据自己的意志独立做出判断,并实施相应的行为,因此,主张应根据人工智能的自身特征,完善刑罚结构、增加刑事责任主体,在刑法理论与刑法规定上对人工智能犯罪做有针对性的反应和变革,比如,改造我国的刑罚体系,增加针对人工智能的刑罚措施,扩大我国的刑罚处罚范围。对于智能机器人的刑罚处罚方式可以有三种,分别为删除数据、修改程序、永久销毁。① 分析学者的观点,在刑罚设计上虽然符合人工智能的特点,但是否需要将其上升为刑罚措施值得商榷,并且与当前的刑罚种类、刑罚结构兼容问题也很难解决。

从国际范围的立法情况看,2016 年 5 月,欧盟议会法律事务委员会发布《就机器人民事法律规则向欧盟委员会提出立法建议的报告草案》;同年 10 月,发布研究成果《欧盟机器人民事法律规则》;2016 年 12 月,电气和电子工程师学会(IEEE)发布《合伦理设计:利用人工智能和自主系统最大化人类福祉的愿景》;在自动驾驶领域,2016 年 3 月 23 日,联合国关于道路交通管理的《维也纳道路交通公约》获得修正;美国道路交通安全管理局(NHTSA)于 2013 年发布《自动驾驶汽车的基本政策》;德国立法机构 2016 年对《德国道路交通条例》所规定的"驾驶员在车辆行驶过程中全程保持警惕"、"驾驶员的手不能离开方向盘"等条文启动立法修正。但是,迄今为止,上述立法草案或研究主要集中在民法和道路交通立法等领域,关于人工智能犯罪的立法还处在探索阶段。换言之,不论是人工智能发展水平远高于我们的国家,还是法治发展相对发到的地区,对人工智能的法律主体地位基本都持相对谨慎的态度,并未明确在法律上设置人工智能的主体地位,更不用说人工智能的刑事责任立法了。

(二)刑法能处理与人工智能相关的犯罪问题

当前,人工智能并不具备独立的犯罪主体资格,应充分运用现有犯罪理论与刑法条文协调和解决人工智能犯罪问题。一段时间内,刑法依然能有效处理

---

① 刘宪权:《人工智能时代我国刑罚体系重构的法理基础》,载《法律科学》2018 年第 4 期。

与人工智能有关的犯罪问题，不需要单独为人工智能设计刑法处罚措施、建构新的刑罚体系。

第一，因为人工智能技术缺陷或计算错误，导致侵害他人人身或财产权利的，比如，无人驾驶汽车发生交通事故、工业机器人或家用机器人伤害人类、散步恐怖言论的。2016年5月间，在佛罗里达的一条高速公路上，一辆开启了Autopilot模式的特斯拉发生了车祸，致驾驶员死亡；2015年7月，《金融时报》报道的大众机器人"杀人事件"中，大众承包商的一名工作人员与同事一起装配机器人的过程中，机器人突然抓住这名工作人员的胸部，然后将他挤压到一块金属板，最终导致该名工作人员重伤身亡；2016年微软在Twitter上推出的聊天机器人Tay，但仅上线一天，Tay就散布一些种族主义、性别歧视和攻击同性恋的言论，后微软不得不紧急关闭了Tay的Twitter账号。①如果因为人工智能的内部原因导致人身伤害或财产损害到的，应根据刑法上因果关系理论、原因自由行为、监督过失理论等进行责任认定，追究人工智能开发者、销售者、使用者的过失犯罪的刑事责任。"为此，应明确智能产品使用者、所有者、提供者、制造者的责任归属与分配问题，而不应由某方单独承担替代责任。"②当然，应如何平衡和分配人工智能开发者、销售者与使用者之间的法律责任，还需要在理论上进行认真研究。再则，还应根据当时的科技水平，开发者、使用者或销售者如果不可能知道人工智能会出现运算错误，并实施犯罪行为的，应做意外事件进行处理。"制造者对于其产品导致危害后果而要承担的刑事责任是有限的，不是说产品出问题了，就能导致刑事责任。"③

第二，人工智能程序被恶意侵入并修改信息，致使其实施犯罪行为的。这主要分为两种情况：一种是，恶意侵入人工智能程序并进行修改，通过发布命令，指使人工智能实施某种犯罪行为。在这种情况下，人工智能成为犯罪主体实施犯罪的工具，行为人需要根据人工智能实施的犯罪行为承担刑事责任；一种是，恶意侵入人工智能程序并进行修改，人工智能程序被修改后，根据修改程序运算和逻辑推理，实施某种犯罪行为的，对此需要做具体分析。如果恶意侵入者明知修改人工智能程序后会实施犯罪行为，依然实施修改程序的，属于间接故意，应对犯罪行为承担刑事责任；如果恶意侵入者对人工智能是否会实

---

① 王肃之：《人工智能犯罪的理论与立法问题初探》，载《大连理工大学学报（社会科学版）》2018年第4期。

② 孙道萃：《人工智能对传统刑法的挑战》，载《检察日报》2017年10月23日。

③ 杜晓：《人工智能给法律带来哪些"变"与"不变"》，载《法制日报》2017年12月8日。

施犯罪没有明确的认知,则可能会根据危害后果承担过失的刑事责任。当然,如果行为人根本认识不到修改程序后的危害后果,则属于意外事件,不应该对行为人做刑事责任的认定和处理。

第三,人工智能被作为犯罪工具,被行为人非法使用而实施犯罪行为的。人工智能具有模仿人类大脑的功能,利用得当可以为人类谋福利,监管不当则会被罪犯作为犯罪的工具。如果行为人在研发、制造、使用人工智能时,就是基于某种犯罪动机,比如,利用人工智能实施危害金融安全、公共安全等恐怖主义行为,达到威胁社会或政府的目的,或者利用人工智能,实施盗窃财产、实施爆炸、故意杀人实施等具体犯罪行为。那么,对于故意利用研发或使用人工智能技术实施严重危害社会犯罪的,应当将人工智能产品看作行为人实施犯罪的"智能工具",所有刑事责任应当由人工智能产品的研发者或使用者承担。[1]人工智能被作为犯罪工具的情况,与普通的刑事犯罪在刑事处理程序上基本没有区别。

人工智能是科技发展到一定社会阶段的产物,是对人类智能的完善和补充,两者之间是相互推进的关系。不过,电脑与人脑的关系只能是一条渐近线,无限地逼近,它们之间的界限是不会消除的。[2] 对人工智能的作用、地位和价值,法律制度应该有清晰的认识和地位,不应该片面夸大它的作用和功能,应该根据人工智能的性质给予客观、理性和全面的评价。人工智能未来发展的奇点也许会到来,但毕竟还遥遥无期,作为规范社会行为的刑法文本需要保持克制和清醒,需要对人工智能当下出现的问题并进行合理规制,刑法理论也需要将更多的精力投入到弱人工智能带来的诸种社会问题上,而不是将研究重点转向未来才可能出现或者根本不会出现的问题。惟此,刑法规范才不会出现过早干预非刑事社会关系的问题,刑法理论研究也不至于显得空泛且不合实际。

---

[1] 刘宪权:《人工智能时代的刑事风险与刑法应对》,载《法商研究》2018年第1期。

[2] 林可济:《人类真的能够制造出"超级大脑"吗?——人工智能哲学论辩的历史回顾与现实意义》,载《中共福建省委党校学报》2016年第1期。

中国恐怖主义犯罪态势、特点与应对策略*

李 恒**

一、中国面临的国内外反恐怖主义斗争态势

(一) 当前国际反恐怖主义斗争态势

2018 年 12 月，澳洲经济与和平研究所（Institute for Economics and Peace）公布的《全球恐怖主义指数（2018）》（*Global Terrorism Index*，*GTI*，*2018*）报告中的全球遭受恐怖袭击数据库（The Global Terrorism Database），对包括中国、美国、俄罗斯等在内的全球 138 个国家和地区未来面临的恐怖袭击风险进行了危险性评估。美国得分为 6.066，全球威胁评估排名第 20 位；俄罗斯得分为 5.230，全球威胁评估第 34 位；中国得分为 5.108，全球威胁评估排名第 36 位。据 GTI 统计，2017 年全球共计 1.8814 万人死于恐袭，比 2016 年下降了 27%，恐怖主义的影响仍广泛存在，全球 67 个国家遭受致命的恐怖袭击，直接经济损失 520 亿美元，中东、撒哈拉以南非洲和北非面临极端主义最严重的暴恐袭击。"伊斯兰国"（Islamic State of Iraq and the Levant）、塔利班（the Taliban）、索马里青年党（Al‐Shabaab）和博科圣地（Boko Haram）四个恐怖组织实施的暴恐袭击，共计造成 10632 人死亡。① 当今国际社会相互依存程度越来越高，利益交织越来越复杂，恐怖活动所引起的恐怖效应也呈现"牵

---

* 基金项目：国家社会科学基金一般项目（18BFX093），教育部规划基金一般项目（19YJA820030），四川社会治安与社会管理创新研究中心重大委托项目（SCZA19A01）。

** 李恒，西南政法大学刑事侦查学院（国家安全学院）讲师，法学博士。从事反恐怖主义法治理论与实践、国家安全学研究。

① Global Terrorism Index 2018: Measuring the Impact of Terrorism, IEP Report, No. 63, Sydney, New York, Brussels and Mexico City: Institute for Economics and Peace, November 2018 [EB/OL]. [2018‐12‐11] http://economicsandpeace.org/reports/Global‐Terrorism‐Index‐2018.pdf.

一发而动全身"的示范作用,没有任何一个国家可以超脱于外而高枕无忧。①当前,国际反恐怖斗争形势仍然严峻,恐怖活动组织与人员持续在全球作恶,"伊斯兰国""基地"组织依然势头强劲,实施恐怖袭击的主要方式包括爆炸、劫持人质、武装袭击、暗杀、攻击基础设施等。

(二)当前中国国内面临的反恐怖主义斗争态势

1. 总体形势。随着 2022 年中国北京冬奥会进入筹备攻坚阶段,新疆和内地重点地区发生重大暴恐活动的可能性不容低估,因偶发案事件、社会矛盾等不确定因素引发群体性事件的可能性依然很高。在疆内暴恐活动外溢和"伊吉拉特"出境势头加剧的叠加影响下,暴恐分子借道内地非法出境、"就地圣战"的威胁加大,内地发生暴恐活动的可能性明显增大。经笔者实地调研,目前,"东伊运"等恐怖极端势力极力煽动勾结,对中国境内暴恐活动刺激影响加大。境内暴恐分子"干大事""干成事"的意图依然明显,疆内暴恐案件虽已由多发频发转变为总体可控的态势,但极端分子就地"圣战"的倾向持续不减,内地重点省市发生暴恐案件的风险较高。恐怖主义在中国的存在不是偶然的,有着复杂的社会背景,是境内与境外、历史与现实、网上与网下等多种因素相互交织、长期积累形成的。同时,恐怖主义分裂破坏活动也随着国际国内大环境变化而变化。

2. 中国当前面临的恐怖主义威胁挑战。第一,1990 年至 2016 年期间,在中国境内特别是新疆地区,已经发生数千起暴恐袭击事件,造成重大人员伤亡和经济财产损失。暴恐活动活跃期、反分裂斗争激烈期、干预治疗阵痛期的"三期叠加"形势并没有发生根本性变化。第二,恐怖主义威胁已经对中国新疆地区的人民生产生活和社会发展构成了严峻挑战,导致该地区文化旅游产业、经济项目投资不断下降,单纯依靠经济支持并无法从根本上解决恐怖主义犯罪等现实问题。第三,中国面临恐怖主义、极端主义等意识形态挑战,与国际恐怖主义长期遥相呼应,已经由主要利用"民族认同"转向"宗教认同"来挑起事端。

3. 中国当前面临的恐怖主义威胁源。一是以"东伊运"为首的"东突"恐怖势力与其他国际恐怖势力相互勾结、里应外合,积极充实自身实力,不断招募和培训人员,预谋指挥、策划在中国境内实施暴恐活动。二是流亡在国外的"世维会"组织骨干成员,积极拉拢纠结流窜在欧美国家的零散"东突"恐怖组织势力,图谋在中国境内实施"文煽""武扰"。三是"伊斯兰国"肆

---

① 刘跃进:《国家安全学》,中国政法大学出版社 2016 年版,第 272 页。

虐全球后,境内非法出境参加国际恐怖组织培训的人员开始陆续"回流",潜在风险增大。四是境内暴恐分子和极端宗教人员受境外"东突"势力暗中蛊惑、煽动、串联、指挥,成立数支暴力团伙和小型恐怖组织,现实威胁不容低估。五是国际恐怖势力的渗透滋扰依然严峻复杂。

二、中国面临的国内外反恐怖主义斗争特点

(一)当前国际恐怖主义活动特点——以欧美重大恐袭为例

1. 总体特点。结合近年欧美重大恐袭案并对恐怖组织活动能力与发展进行分析发现,其组织的威胁来源、战术战略与欲攻击目标等各层面特征,均已显示出犯罪手段更加多样化趋势,组织行动与"独狼"行动相互交织。就战术而言,部分恐怖袭击已较少像以往在攻击前有扩展性的行动规划,也少有与国际恐怖主义组织有关联,更多采取的是一种小范围攻击,使用简易爆炸装置、炸药与小型武器。就攻击目标而言,政府、人员密集地、航空等交通运输工具、公共场所以及重大关键基础设施仍是恐袭重点。

2. 身份背景。从身份背景看,大多数实施恐怖袭击者都受宗教极端主义思想的蛊惑。袭击者部分来自穆斯林国家,深受极端主义思想影响。他们或为宗教极端组织成员,或与宗教极端组织有过频繁联系,或通过网络社交网站浏览过与极端组织有关的内容,或有曾赴叙、伊地区的经历,或对伊斯兰表示同情,或直接是极端伊斯兰组织和恐怖活动的支持者。如法国巴黎卢浮宫持砍刀袭击军人案,袭击者为埃及人,持刀袭击军人期间高喊宗教口号,明显受极端宗教主义思想影响。俄罗斯车臣近卫军基地遭袭案,6名恐怖分子均被警察局列为极端主义信仰者。瑞典斯德哥尔摩卡车袭击案,袭击者为乌兹别克斯坦籍,曾关注一个名为"利比亚和叙利亚之友"的小组,曾是"伊斯兰国"成员。美国加利福尼亚枪击案袭击者跟警方对峙时用阿拉伯语高喊"真主至大"。[①] 作案前,虽有犯罪前科,但大部分人并无恐怖主义案底,除少部分暴力极端主义者(如法国巴黎奥利机场袭击执勤士兵案和英国议会大厦袭击案袭击者)外,未被当局纳入监控视线。

3. 作案手法。当前,欧美反恐斗争形势整体呈现"越反越恐"的尴尬局面,越来越多的极端分子响应"伊斯兰国"号召发动"独狼"式恐袭。虽然事发后"伊斯兰国"宣布对部分案件负责,但主要还是以欧洲本土伊斯兰极端分子为主体。一方面,袭击与近期叙利亚、伊拉克局势有关,也受到"伊斯

---

① 《美国加州发生枪击案致 3 人死亡》,载央视新闻,http://m.ifeng.com/gKUr5KTz/shareNews? forward = 1&aid = cmpp_ 030240050963307。

兰国"组织头目圣战蛊惑的煽动刺激。袭击者采用简易爆炸装置、枪击、刀砍、车撞等简单易行的方式发动袭击。如美国佛罗里达州国际机场枪击案、英国议会大厦袭击案、比利时安特卫普驾车冲撞袭击案和瑞典斯德哥尔摩卡车袭击案等,袭击者均为单独作战。另一方面,恐怖分子发现汽车攻击似乎影响更大。过去三年,陆续在法国、德国、瑞典和英国发生以汽车冲撞人群的方式实施恐袭。开车冲撞人群不需要特殊技巧,要拿到一辆车也不难,因此,对现在的恐怖分子而言,汽车和卡车成为最理想的武器。此外,当今恐怖攻击分子多受国际极端组织鼓舞,并非其中成员,多缺乏复杂恐袭所需的训练和规划。2016 年以来,德国发生恐袭既遂案件已有 4 起。此外,警方先后在柏林、科隆等地逮捕多名恐怖嫌疑人,挫败数起恐袭图谋。2016 年 10 月 10 日,德东部开姆尼茨市在逃恐怖嫌疑人(系在德叙利亚难民)被抓捕归案后,联邦内政部长表示,如该犯计划得逞,其规模和影响堪与巴黎和布鲁塞尔恐袭事件相比。德安全部门认为当前德伊斯兰极端主义恐怖威胁主要来自难民中极端分子和中东"圣战"回流人员两个群体。①

4. 袭击目标。袭击者主要针对机场、地铁、旅游景点、商业街及宗教场所等人员密集地,影响巨大,示范效应较强,更容易制造恐慌气氛,特别是景点的游客可能首先遭遇恐袭。美国"9·11"恐怖攻击中,基地组织的攻击锁定象征美国经济、政治和军事力量的纽约市双子星大楼,但如今伊斯兰组织的攻击更广泛,可能以任何形式对任何人和任何地方展开攻击。近几年英国曼彻斯特演唱会、法国尼斯庆祝人群、突尼西亚海滩及从埃及返回俄罗斯的航机上都出现恐袭。2017 年 4 月 9 日,紧邻欧洲的北非国家埃及北部城市坦塔和亚历山大接连发生两起针对科普特教派基督教堂的自杀式炸弹袭击,造成至少 47 人死亡,137 人受伤。② 此连环恐袭发生在基督教徒庆祝"棕枝主日"当天、梵蒂冈教皇计划访埃前夕及塞西总统访美后不久,是继 2016 年 12 月开罗爆炸案后"伊斯兰国"策划实施的又一起针对基督教徒的自杀式炸弹袭击。从此次恐袭的时间、目标和手法来看,"伊斯兰国"意在煽动宗教对立、挑起教派冲突、搅动埃国内局势,为其发展壮大创造条件。

(二)当前中国面临的国内反恐怖主义斗争特点

1. "三股势力"是影响新疆地区社会稳定和长治久安的总根源。"三股势

---

① 唐志超:《当前国际恐怖主义演变趋势及中国应对策略》,载《中国人民公安大学学报(社会科学版)》2018 年第 1 期。

② 《埃及两教堂遭炸弹袭致 47 人死:IS 认领,总统宣布全国进入紧急状态》,载观察者网,http://www.guancha.cn/Third-World/2017_04_10_402813.shtml。

力"是指以"世维会"为首的分裂势力、以"东伊运"为代表的恐怖势力和以"伊吉拉特"为主的极端势力。"三股势力"本质上是"三位一体",宗教极端思想是基础、暴力恐怖是主要手段、民族分裂是最终目的。其主要活动特点包括:一是"世维会"打着"民主、人权、自由"等旗号,积极推动中国"新疆问题"国际化、人权化、政治化,暗中筹建"东突流亡政府",企图效仿达赖集团打造政治实体,同时不断利用社会矛盾煽动民族仇恨,并一手策划制造了"7·5"事件。二是"东伊运"极力策划煽动进行暴恐活动。"东伊运"是艾山·买合苏木外逃后,于1997年在巴基斯坦部落地区建立的国际恐怖组织。2003年以来,中国与巴基斯坦军方密切配合,先后击毙了其三任主要头目,但其活动一直没有停止,现已初步建立了以巴基斯坦和阿富汗交界山区为中心,以土耳其为"中转站",辐射中国周边地区的组织网络,极力利用恐怖音视频宣扬"圣战"思想,传授恐怖犯罪方法,煽动实施爆炸、暗杀、投毒和"独狼式"袭击等恐怖活动。三是"伊吉拉特"等极端团伙不断制造暴力恐怖事件。1997年以来,"东伊运"为招募补充人员,极力鼓动境内人员参加"伊吉拉特"活动,导致"伊吉拉特"团伙明显增多,有的"迁徙"境外参加"圣战",有的"迁徙"不成就地"圣战"。目前来看,境外"东伊运"利用恐怖音视频对境内人员进行思想发动和技能培训,利用"伊吉拉特"活动补充人员和搭建境内外勾连渠道;小型团伙成为境内暴恐活动的主要行动力量,亲属、同乡等成为拉拢蛊惑主要对象,宗教极端思想成为团伙的精神支柱,恐怖音视频成为团伙成员的行动指南,团伙成员被"圣战"思想洗脑后,唯死不恐、甘于送命。

2. 中国反恐怖斗争正处于关键时期。一方面,在严打高压态势下,暴恐活动呈现出新特点。一是境外煽动策划暴恐活动行为更加频繁。二是疆内预谋实施暴恐活动苗头隐患明显增多。新疆暴恐极端活动总体处于活跃态势虽有所下降,但暴恐极端分子殉教"干大事"意愿强烈,疯狂反扑、伺机报复几率增大。从近年公开报道的案件来看,查获的爆炸装置、制爆物品数量较大,"多点多批次"和"人车弹刀"组合式袭击手法被大量采用,"冷热兵器"交叉对抗程度明显升级,破坏程度大大增强。三是内地滋生诱发暴恐活动现实威胁日益突出。目前,恐怖活动的一个主要特点是恐怖活动组织与人员,利用便利的通讯技术跨国、跨地域勾联,涉恐案件涉及十几个省甚至境外、涉案人员上百人的案例屡见不鲜,对反恐职能部门的情报侦查能力提出了严峻挑战。另一方面,暴恐活动威胁正在从新疆向内地蔓延扩散。一是在内地边境地区建立非法出入境的通道和中转站。他们主要经甘肃、陕西、四川、浙江、河南、广东等地中转,前往云南、广西等地非法出境至越南、马来西亚等东南亚国家,最终到达土耳其、巴基斯坦等目标国参加恐怖组织。二是在内地建立据点、练习暴力恐怖技能。一些暴恐极端分子潜藏其中传播宗教极端思想，开展"圣战"培训。三是在经济发达地区筹集资金，为暴恐活动筹集资金提供经济支持。四是在内地制贩宗教极端宣传品，非法宗教极端宣传品在内地暗流涌动。

3. 专项行动取得了明显成效，中国反恐形势总体可控。"当前及今后相当长一段时期，我们将不得不继续面对一个动荡而无序的世界，不得不继续面对一个恐怖主义威胁日益增长的时代。"① 面对严峻复杂的反恐斗争特点，中国相关反恐职能部门坚决贯彻中央决策部署，全面开展反恐怖主义专项斗争。自2014年5月起，深入推进严打专项行动，各地公安机关积极会同网信、工信等部门进一步严密网络监管，对境内主要商业网站、网络应用和新兴通联工具进行全面清理，共清理涉恐涉暴有害信息上万条，依法关闭网站数千个，处置涉恐涉暴音视频万余部，关停传播涉恐涉暴信息的即时通讯账号、语音聊天室数千个，侦破涉恐涉暴案件上千起。另外，通过技术封堵、技术反制等措施，封堵境外数千个暴恐音视频下载链接，打掉"东伊运"多个门户网站，迫使美国"谷歌""推特""优兔"等网站关闭一批"东伊运"博客、账号、删除了一批暴恐音视频。同时，成功地处置了一系列重大暴恐案事件，及时查获了一批涉恐敏感国家和地区非法出境人员，提早侦破多起暴恐预谋案件，沉重打击了暴力恐怖活动组织与人员的嚣张气焰。近年来，通过加强法治建设、促进公平正义，保障宗教信仰自由和民族平等、团结、互助，提高全民抵制、防范、制止恐怖主义的意识和能力，消除恐怖主义产生、蔓延的土壤和条件，有效地维护了社会大局的总体稳定。

三、中国防范和打击恐怖主义犯罪应对策略

（一）充分发挥法律治理在反恐怖主义中的重要作用

1. 反恐怖主义需要法治思维。法治是治国理政的基本方式，是国家治理体系和治理能力的重要依托。依法打击恐怖主义维护国家安全，是全面依法治国的重要组成部分。反恐怖主义工作应当依法进行，尊重和保障人权，维护公民的合法权利和自由。在国际反恐立法方面，联合国积极发挥自身作用，这也是每个成员国的义不容辞的国际责任，如已通过施行的1997年的《制止恐怖主义爆炸事件的国际公约》、1999年的《制止向恐怖主义提供资助的国际条约》、2005年的《制止向恐怖主义提供资助的国际条约》等国际公约。最有影

---

① 唐志超：《当前国际恐怖主义演变趋势及中国应对策略》，载《中国人民公安大学学报（社会科学版）》2018年第1期。

响力的联合国安理会第 1373 号决议, 强化了将恐怖主义视为国际刑事犯罪的力度, 具有重要的国际法意义, 也普遍为国际社会所接受。目前, 上海合作组织已经成立了反恐怖主义常设机构, 签署批准了《上海合作组织反恐怖主义公约》等法律文件, 并在地区合作中发挥了十分显著的作用。在国内反恐立法方面, 中共中央高度重视反恐怖主义工作和反恐怖主义立法。中共十八届四中全会明确指出要抓紧出台反恐怖主义等一批急需法律。《刑法》《刑事诉讼法》《反洗钱法》《人民武装警察法》《国家安全法》《网络安全法》《国家情报法》等法律法规的修正与颁布, 特别针对恐怖主义犯罪构成要件、行为界定、刑事责任; 惩治恐怖活动犯罪的诉讼程序; 涉恐资金监控监管; 国际合作等相关内容作出了明确规定。中国近年还缔结、参加了一系列相关国际反恐怖主义法律条约, 都为有效开展打击和防范恐怖主义犯罪提供了法律支撑。

2. 完善反恐怖主义专门立法。在现实社会里, 战火硝烟仍未永久散去, 恐怖主义阴霾依然难除, 违法犯罪时有发生。随着反恐怖主义斗争形势的发展变化, 反恐怖主义法律制度建设面临着新情况和新挑战, 迫切要求立法部门根据总体国家安全观为指导, 在现有法律规定的基础上, 制定一部专门的反恐怖主义法律规范。2015 年 12 月 27 日, 全国人大常委会审议通过《反恐怖主义法》, 国家反对一切形式的恐怖主义, 依法取缔恐怖活动组织, 对任何组织、策划、准备实施、实施恐怖活动, 宣扬恐怖主义, 煽动实施恐怖活动, 组织、领导、参加恐怖活动组织, 为恐怖活动提供帮助的, 依法追究法律责任。《反恐怖主义法》根据总体国家安全观的要求, 坚持以问题为导向, 从客观实际出发, 认真总结近年来中国防范和打击恐怖活动斗争成功经验, 研究借鉴国外一些有效做法, 明确恐怖主义等定义, 确定了反恐怖主义工作的基本原则, 完善了工作体制机制, 强化了安全防范、情报信息、侦查调查和应对处置能力, 提高了反恐怖主义工作的保障水平, 为进一步加强反恐怖主义工作, 包括加强反恐怖主义国际合作, 维护国家安全、公共安全和人民生命财产安全, 提供了有力的法律保障。

3. 强化反恐怖主义刑事立法。法律的生命力在于实施, 法律的权威也在于实施。"天下之事, 不难于立法, 而难于法之必行。""在构建法治中国的过程中, 更需要重视在反恐过程中善用法治思维, 严格依法治国、依法反恐, 贯彻落实宽严相济的刑事政策, 最大限度地打击、分化、瓦解暴力恐怖犯罪分子。对暴力恐怖犯罪活动的首要分子、罪行严重的人员要依法坚决严惩; 而对参与暴力恐怖活动的一般人员就需要区别对待, 争取、教育、挽救受蛊惑和受蒙蔽的群众，彰显法律尊严。"① 2015年8月29日，全国人大常委会通过《刑法修正案（九）》，将涉及恐怖主义相关犯罪行为列入刑事追责范围，加大了对恐怖主义、极端主义犯罪的惩治力度。《刑法修正案（九）》切实回应了中国当前反恐怖主义工作的现实需要，大幅完善了反恐怖主义刑事法律规制，修改了《刑法》第120条相关内容，专门增加第120条之一至之六共计六个条文，使恐怖主义和极端主义犯罪的刑法规定更加细致明确、打击力度更加坚决果断。《刑法修正案（九）》和《反恐怖主义法》的颁布，既能保证中国从严打击暴恐犯罪的合法性与合理性，而且有效避免了给少数别有用心的国家留下"侵犯人权"的口实，进一步提升了中国参与反恐怖合作的国际地位和国家形象。②

（二）科学构建反恐怖主义安全防范体系和社会化参与机制

一方面，以创新完善社会治安防控体系为依托，加快构建多维一体的反恐怖安全防范体系。《反恐怖主义法》坚持"防范为主、惩防结合"的原则，其中第三章对"安全防范"相关内容做了专门规定。其中，基础性防范措施是反恐怖安全防范的重要环节。其内容涉及反恐怖宣传教育、网络安全管理、货运物流管理、危险物品管控、防范恐怖融资、反恐纳入城乡规划、强化技防物防等。③ 强化社会面稳控首要任务是抓好反恐怖主义工作，全面提升反恐怖工作能力和水平，不断夺取新时代反恐怖斗争新胜利。例如，深入推进社会治安综合治理，完善立体化社会治安防控体系建设，坚决遏制严重刑事犯罪高发态势，保障人民生命财产安全。完善立体化社会治安防控体系，提高社会治理整体水平，注意从源头排查化解矛盾纠纷。加强网络安全预警监测体系建设，确保大数据绝对安全，实现全天候全方位感知和有效防范涉恐案事件。依法加强对大数据的管理体系建设。一些涉及国家利益、国家安全的数据，很多掌握在互联网企业手里，企业应积极保证这些数据的绝对安全，预防黑客实施网络恐怖主义袭击。此外，还应立足解决实战急需，着眼反恐怖长期斗争准备，健全反恐怖主义专项经费、装备、人才、科技等保障体系，提升支撑服务反恐怖实战的能力水平。

---

① 康均心：《习近平新时代反恐理论的形成与发展》，载《法商研究》2018年第5期。

② 付玉明、王耀彬：《新疆反恐的国际合作与法律适用》，载《江西社会科学》2017年第4期。

③ 冯卫国：《论〈反恐法〉中的基础性防范措施》，载《河南警察学院学报》2017年第4期。

另一方面,建立反恐怖社会化参与机制。反恐人民战争呼吁法治反恐已成大势所趋。《反恐怖主义法》第 5 条专门规定:"反恐怖主义工作坚持专门工作与群众路线相结合。"毛泽东同志说过,"革命战争是群众的战争,只有动员群众才能进行战争,只有依靠群众才能进行战争"。① 全民反恐战略的纵深推进,在很大程度上与人民群众是否主动地参与反恐怖主义工作有关。建立专门的反恐怖主义工作机构和力量,协调、动员所有国家机关、武装力量、社会团体、企业事业单位和个人,共同开展反恐怖主义工作。所有单位和个人均负有下列义务:服从反恐怖主义工作的决定、命令;及时向公安机关或者其他有关部门报告恐怖主义活动或者恐怖主义活动嫌疑;协助、配合有关部门开展反恐怖主义工作;积极制止恐怖主义活动。基层治理者在开展反恐怖工作中要敢于亮剑、善于发声。事实证明,各族群众踊跃发声,声讨恐怖分子,形成舆论攻势,有利于营造全民反恐的氛围。基层治理者也应在所属辖区广泛宣传动员群众从心底排斥极端主义思想,抵制恐怖主义行为,筑牢人民反恐防恐的"防火墙"。② 因此,应当全面贯彻落实《反恐怖主义法》宣传教育,坚持专群结合、依靠群众,深入开展各种形式的群防群治专题活动,努力形成反恐怖工作人人参与、人人有责的良好局面,增强民众的反恐防范意识和自我保护能力。推进重点领域、重点行业的配套制度建设,完善反恐怖主义相关行业执法规范,细化执法行业标准。落实"谁执法谁普法"的普法责任制,加大反恐怖普法宣传力度在全社会形成更加有利的全民反恐氛围。

(三) 全面提升反恐怖主义情报信息工作能力

1. 完善反恐情报信息侦查实战化工作机制。第一,充分发挥情报信息等级评定载体的作用,确保反恐怖情报信息获取的主动性、时效性和精准性。强化对重点人员、重点目标、重大线索的跟踪掌握,增强对国内国际反恐怖斗争形势的预测能力。提升大数据、云计算等科学技术在反恐怖工作中的实用效能,实现涉恐人员的智能化筛查、精准发现和实时监控,努力做到可知可测可控。第二,将全省性的涉恐专案由"省反恐办"统一指挥侦办。对"省反恐办"及相关地区、情报单位部署通报的情报线索,按照"边核查、边控制、边处置"的要求,快速核查、判明性质、有效处置。公安、安全、军队、武警等单位及时将收集掌握的情报线索上报"省反恐办",同时按照"谁发现谁跟进谁甄别"的原则,落实主体责任,对安全机关发现并已核查落地明确境

---

① 《毛泽东选集》(第 1 卷),人民出版社 1991 年版,第 136 页。
② 郭永良:《论反恐怖人民战争战略》,中国人民公安大学出版社 2017 年版,第 8 页。

外背景的境内人员，及时交公安机关开展后续情报侦查工作，公安机关将后续情报侦查情况及时反馈安全机关；需要对相关人员依法采取刑事强制性措施等行动的，以公安机关为主，安全机关提供情报信息支持。第三，建立刑侦部门牵头负责，国保、经侦、边防、出入境、网安、技侦、情报、反恐等部门配合的警务机制。公安机关内部应当明确分工，普通刑事案件性质发生转变，涉嫌从事暴恐活动的，在侦部门应及时移交由公安反恐部门牵头负责。各警种充分发挥自身职能作用和优势，加强资源交流与共享，打合成战、整体战。国保、边防、反恐等部门充分调动人力情报资源，网安、技侦、情报等部门应充分发挥技术情报优势，加强对涉嫌此类活动的情报信息收集和线索串并分析。技侦、网安、情报部门应按照相关程序，及时对涉恐案件提供科学技术分析支持。案件侦办中涉及恐怖融资活动的，经侦部门应及时提供资金调查支持等。

2. 建立纵向层级情报信息工作机制。在情报信息归口管理的基础上，情报管理系统按照层级进行分类，形成"自上而下、纵向到底"的架构，改变以往"碎片式""散沙状"局面。建设国家、省区地市、县四级综合情报部门，国家综合情报部门负责筹划建立反恐怖情报体系框架，统一数据结构标准；省综合情报部门负责建设各类体系框架、根据自身反恐怖形势需要建立相关模型方法库，并可向国家综合情报部门提出相关标准方法建议；地市综合情报部门负责充实完善相关各类数据，结合本地区形势对情报信息分析研判，提高情报分析精准率，并有效指导县级情报部门工作；县级情报部门负责做实各类基础数据，利用所在区域熟悉优势，分析研究本地区重点人员行为轨迹，结合人力情报相互分析印证，适时上报或采取必要措施。反恐数据信息在各层级之间流动，向上不断聚合，向下则不断分散。强调各层级间的指挥协调作用，如上一层级可通过指示，对下一层级间关系进行协调，建立相关协作机制，防止数据信息之间的阻断。

3. 建立横向互通的情报信息协调会商机制。横向间的情报只有打破"信息孤岛"，不断印证、综合使用，才能找出特点规律，发挥情报数据的实用价值。在反恐斗争中，需要"党政军警兵民"联合行动，把反恐怖斗争作为自身义不容辞的任务抓紧抓牢抓实抓好，树立情报信息合作意识，建立重大情报协调会商机制，这是"反恐战线前移"的需要，也是反恐怖斗争必不可少的一环。重视同一地区反恐怖情报的收集、分析、研判、交换及通报工作，可由公安情报部门牵头建立情报交换职能部门，定期召开会议，使日常交换机制落到实处，长效畅通。根据任务需要，把公安、安全、武警、军队、地方政府等各种情报力量组织起来。武警、军队等专业力量发挥技术、装备优势，实现近中远距离、短中长时效情报信息的有效获取，地方政府等非专业力量则充分发挥党政机关、人民群众对当地熟悉的先天优势，通过走访、调查等方式，对当地民情、社情、敌情地形等相关情报信息进行细致分析。各类情报力量尽可能优势互补形成合力，做到"遇事必评估、评估必会商、会商必研判"，形成"常态联动、定期会商、战时研判"的常态化工作机制。

（四）进一步深化开展反恐怖主义警务合作

一方面，深化开展反恐怖调查侦查警务合作。第一，建立健全外国人签证事前审核机制，视情收紧重点国家来华人员签证政策，继续向重点国家增派出入境审查官，严格签证审查核查；对重点国家飞往中国的航班派驻机场移民联络官，敦促当地民航部门严格安检措施，对来华航班提前严格把关。第二，加强对邀请函颁发单位的管理，加快研发来华邀请函核发系统，提高对来华邀请函的识别能力。加强来华签证申请全项身份信息采集，推动实施生物签证制度，建立以生物信息为核心的移民管理数据库。建立涉外管理信息共享机制，整合各有关部门涉外管理信息资源，建设来华外国人信息管理系统，强化对重点国家来华人员的综合动态管控能力。第三，加强边境管控，加强边境技防设施建设，明确口岸查验"严进"标准，推进采集入境重点关注人员生物特征信息工作，推动完善中塔阿边境联合管控机制。第四，继续推进"境外清源"专项行动，整合公安、安全、军队等有关部门力量，以境外"东伊运"重点人员为侦控突破口，快查快办"东伊运"派遣入境线索，巩固扩大境外抓捕、遣返和打击"东伊运"核心骨干成员的行动战果。在周边国家加强人力、技术情报信息搜集工作，侦查掌握"东伊运"派遣人员建立接应、联络站点情况。对"东伊运"制作、发布暴恐音视频活动开展技术侦查、人力侦查，掌握其网络体系和主要涉案人员，做好边控、布控工作，并对境外极端组织网站开展情报信息侦查调查与技术限制。

另一方面，深入实施反恐怖情报信息警务合作。首先，为有效地预防和打击"东突"等恐怖势力，需要进一步健全和完善中国同其他国家、地区及国际组织交流与共享反恐情报信息的工作机制。由于联合国通过了一系列反恐公约和决议，这些公约和决议从不同侧面对反恐情报信息交流合作机制提出了新要求。此外，国际刑警组织的多项数据库为其成员之间实现情报信息交流与共享提供了便利条件。因此，中国反恐情报预警机制建设需要在加强双边和多边反恐情报信息交流合作的同时，积极倡导、推动并充分利用联合国、国际刑警组织等国际组织框架内的反恐情报交流与合作机制，以实现在全球范围内收集恐怖活动情报信息，努力实现对恐怖袭击前的全时空、全方位、全天候预警。其次，通过政策对话增进反恐情报信息交流互信，运用国际区域性合作平台拓宽反恐情报信息交流渠道，完善国内法制畅通反恐情报信息交流机制；注重加强人才培养提升反恐情报信息工作能力。特别是通过资源共享，扩大情报信息使用价值和相互作用密度频度，最终有助于提高情报信息的可靠性。新形势下，应着眼于区域性安全稳定，增强互信、扩宽领域、拓展渠道、畅通机制、提升能力等维度，不断提高中国反恐情报信息警务合作的成效。

（五）持续推动反恐怖主义国际法律合作和刑事司法协助

一方面，推动反恐怖国际法律合作。面对打击恐怖主义的艰巨任务和责任，联合国及其他国际性组织先后出台了多部有关反恐的国际公约，多个国家和地区针对恐怖主义的预防与惩治制定了专门法律法规，既包括实体性规定，也包括程序性规定，其中程序性规定占主要部分。《联合国全球反恐战略》第2部分"防止和打击恐怖主义的措施"和第3部分"建立各国防止和打击恐怖主义的能力，以及加强联合国系统在这方面的作用措施"中，多次提到反恐国际合作，要求各会员国在反恐司法协助、反恐警务合作、反恐情报信息等方面加强合作。同时，鼓励相关组织创建反恐合作中心、邀请联合国系统与会员国研发反恐综合数据库，以及在适当情况下，加强国家努力及双边、次区域、区域和国际合作以改进边界和海关管制等内容。西方美、英、法、德等主要国家，在"9·11"事件后也随即签署了一系列打击伊斯兰极端主义和恐怖主义的双边协议和多边协议。[1] 因此，为努力营造有利于中国的国际反恐大环境，在推进同各国特别是"一带一路"有关国家经济、文化等务实合作中，应不断深化反恐怖法律相关领域的国际交流合作。

另一方面，推进反恐怖国际刑事司法协助。国际反恐刑事司法合作包括提供司法文书，执行搜查、没收和冻结财产，检查物品或场所，提供情报信息或证据，提供文书和记录，识别和追踪作为证据的收益或财产，取得证人证言，暂时移交被羁押者，便利自动投案等。[2] 例如，中国边境线长，在长期工作生活中，边境地区公安机关就互涉刑事案件办理或者其他刑事司法领域形成一些行之有效的习惯性做法，本着有利于稳定与效率原则的需要，边境地区反恐情报信息警务合作的特别授权内容，必须根据《反恐怖主义法》相关规定贯彻执行，经相关部门严格审批后，在规定的范围内进行交流合作。反恐怖刑事司法协助内容包括：第一，提供恐怖活动组织与人员基本情况，如犯罪活动类

---

[1] 中国现代国际关系研究所反恐怖研究中心：《恐怖主义与反恐怖斗争理论探索》，时事出版社2002年版，第330页。

[2] 赵秉志、杜邈：《中国反恐法治问题研究》，中国人民公安大学出版社2010年版，第353页。

型、策划、准备、实施犯罪拟订时间与地点及侵害对象、犯罪形式与工具、犯罪嫌疑人特性与犯罪特点。第二，提供有关犯罪对象、目标情况。第三，提供有关保护性措施的情况，恐怖主义犯罪案件发生之后，犯罪地国根据有关国际条约规定，采取必要保护性措施时，应当及时将这些措施情况通知有关当事国。第四，提供有关采取强制措施情况。第五，协助提供犯罪证据。通过反恐怖主义国际合作取得的材料可以在行政处罚、刑事诉讼中作为证据使用，但对方明确要求不得使用的除外。

四、结语

近年来，"一带一路"建设从愿景到行动、理念到实施，已经初步发展成为实实在在的国际合作，取得了令人瞩目的阶段性成就。① 沿线国家共同维护"一带一路"倡议地区安全稳定已是大势所趋。"一带一路"倡议的顺利发展和实施，离不开沿线国家的支持，更离不开各国在反恐方面的合作与反恐措施的保障。② 当前，中共中央对反恐怖工作的总体要求是不能发生暴恐案件，不能让暴恐分子打响炸响，坚决把恐怖势力摧毁在行动之前、把恐怖活动制止在预谋阶段。要实现"万无一失"的工作要求，必须以坚决防止发生暴恐案件为出发点和立足点，既要全面加强社会面的治安防控，又要提高反恐怖情报信息工作能力，以"人"为核心要素做实做强反恐怖侦查调查工作，及时从关注人群中发现涉恐重点群体和人员，严格落实各项综合管控措施，及时发现并跟进核查各种涉恐可疑动向，切实做到发现在前、打击在先、制敌于未发、防患于未然。

从现实维度看，国际社会相继达成一些国际公约和国际条约，意图加强国际间司法协助以对付国际恐怖分子，这类国际公约和国际条约大多针对特定恐怖行为而制定，将某些性质严重的恐怖活动行为刑法犯罪化，对恐怖主义犯罪案件的刑事管辖权适用普遍管辖原则，同时对恐怖分子不适用政治犯不引渡原则，以便作为特定的严重的犯罪分子加以惩罚。③ 全国反恐怖职能部门应深刻把握中共中央关于反恐怖工作的总要求总部署，立足当前、着眼长远，全面贯彻中国共产党的民族政策，坚持各民族一律平等，坚持依法管理，促进各民族

---

① 《习近平谈"一带一路"》，人民出版社2018年版，第218页。
② 范娟荣、李伟：《"一带一路"建设面临的恐怖威胁分析》，载《中国人民公安大学学报（社会科学版）》2018年第1期。
③ 贾宇、李恒：《恐怖活动对"一带一路"倡议实施的威胁评估与对策研究》，载《宁夏社会科学》2017年第1期。

群众交往交流交融，筑牢各民族群众共同维护祖国统一、维护民族团结、维护社会稳定的钢铁长城。2017年1月至今，中国新疆地区未发生一起重特大暴力恐怖袭击事件。注重铲除滋生蔓延恐怖主义的土壤，发展经济并改善民众生活，推行"去极端化"措施等已经取得阶段性成果。例如，全国已经开展内地对口援疆工程，精准扶贫等一系列专项措施。积极采取科学立法、宣传教育、社区管控等措施，在新疆开展"去极端化"专项教育培训，如设立"职业技能教育培训中心"等成效显著。

中国反恐怖主义斗争的本质既不是民族问题，也不是宗教问题，而是反分裂与反渗透、中华文化认同与意识形态领域的问题。未来反恐怖主义工作必须紧紧围绕中国社会大局稳定和长治久安为中心，以维护重要战略机遇期国家安全和社会稳定为总目标；以依法反恐、保障人权、经济发展、民生改善为对象；以总体国家安全观为理论指导，深入研究当前中国反恐怖反分裂斗争总体特点，准确把握新疆、西藏等重点维稳地区安全形势。从民族团结、教育转化、人权保障等角度为切入，积极回应国际社会普遍关心的民生扶贫、依法治理、教育管理、社会保障等现实问题。从体制机制建设、基层基础工作、意识形态领域、推动依法治理、维护民族团结等方面，谋长远之策、行固本之举，有力维护国家安全和社会稳定。从长远战略和全国共治为出发点，在政治、经济、社会等方面共筑民族团结的大旗，持续深化"去极端化"工作，最大限度铲除宗教极端思想滋生蔓延的土壤。①

---

① 赵克志：《坚持不懈深化反恐怖斗争以优异成绩庆祝新中国成立70周年》，载中华人民共和国公安部网站，http://www.mps.gov.cn/n2255053/n5147059/c6436280/content.html。

应以"宽限入罪,严控重刑"为坐标定义"宽严相济"

傅跃建 张晓东*

"所谓刑事政策,是指国家借助于刑罚以及与之相关的机构,同犯罪作斗争的基本原则的整体。"① 冯·李斯特给出的上述关于刑事政策的定义,可谓广义刑事政策;我国现行刑事政策,则为狭义刑事政策,系指由学界提出理论框架、文本意涵,经国家权威机关认可,在立法、司法、执法、守法等各个环节一体遵循的刑事法治指导思想或基本原则。我国现行宽严相济刑事政策的理论基础,是"惩办与宽大相结合"政策。"惩办与宽大相结合是我们党和国家同犯罪作斗争的基本政策。这项政策是从无产阶级改造世界、改造人类的历史使命出发,根据反革命分子和其他刑事犯罪分子中存在着不同情况而制定的。它对于争取改造多数,孤立打击少数,分化瓦解敌人,有着重大的作用。"② 由此可见,"惩办与宽大相结合"作为阶级斗争的产物和表现,主要目的在于"分化瓦解敌人",在镇反中"少杀、慎杀"。随着1997年刑法取消反革命罪,"惩办与宽大相结合"的提法随之消失。但此后不久,随着社会主义和谐社会建设目标任务提上日程,"为构建社会主义和谐社会,在总结以往刑事政策的经验与教训的基础上,在新时期发展和完善惩办与宽大相结合刑事政策的思想的指导下,宽严相济的刑事政策应运而生。"③

---

* 傅跃建,浙江省金华市人民警察学校教授,中国刑法学研究会理事,中国犯罪学学会副秘书长;张晓东,浙江省义乌市人民检察院案件监督管理部副主任,四级高级检察官。

① [德]冯·李斯特:《论犯罪、刑罚与刑事政策》,徐久生译,北京大学出版社2016年版,第212页。

② 高铭暄:《中华人民共和国刑法的孕育诞生和发展完善》,北京大学出版社2012年版,第11页。

③ 赵秉志、袁斌等:《宽严相济刑事政策之问题及对策研究》,载《面向实践的刑事法研究》,北京师范大学刑事法律科学院2015年8月编印,第2页。

一、对"以宽济严,以严济宽""三化"为主导的"宽严相济"之反思

学界通说认为:宽严相济刑事政策的"宽"具有两层含义:一是该轻的轻,二是该重的重,表现为非犯罪化、非监禁化、非司法化。宽严相济的"严",是指严格、严厉和严肃。宽严相济的"济",即补益、调节。宽严相济即当宽则宽,该严则严;以宽济严,以严济宽;宽严有度、宽严审时。[①] 笔者认为,以"以宽济严,以严济宽"为策略,"三化"为内核的宽严相济刑事政策尽管反映了特定时期社会背景,适应推进社会矛盾化解等"三项重点工作"需要,但其着眼点在于"宽",作为主要表现形式的"三化"("非犯罪化、非监禁化、非司法化")更是明显偏离了法治轨道。笔者认为,以"三化"为内核的"宽严相济",就其理论渊源看,无疑受到了自由主义、实用主义、功利主义思潮影响;而"以宽济严,以严济宽",则体现了我国传统社会治理文化中的"非讼""中庸"之道。值得注意的是,党的十八大以来,无论是国家领导人讲话,还是中央正式文件中,均未提到"宽严相济"或者类似表述。这同样表明,没有不变的常态。随着中国特色社会主义进入新时代,有必要对宽严相济政策的"原论"加以反思,重新解读。理由如下:

(一)现行"宽严相济"的内涵含糊不清,政策适用范围一直以来众说纷纭

考察学界权威解读,宽严相济刑事政策所包含的"当宽则宽,该严则严",尽管看似讲究语言艺术,但仔细推究,事实上等于什么也没说;"宽严有度、宽严审时"的"有度",本身就是虚词。所谓"审时","审"的标准是什么,依据在哪里,不仅显得神秘兮兮,而且政策本就是应时而制,是"审时"之后的结果。笔者认为,刑事政策作为刑法的政治指导,根本上说不在于语言如何精致、漂亮,而在于言之有物、行之有依。"宽严相济"的正式提出,始见于2005年底全国政法工作会议上时任中政委书记的报告,具体表述为:"宽严相济刑事政策"是"我们在维护社会治安的长期实践中形成的基本刑事政策"。可见最初的"宽严相济",着眼点在于"维护社会治安",不涉及全部法治活动。笔者注意到,2006年10月,中共十六届六中全会《关于构建社会主义和谐社会若干重大问题的决定》,并未沿用前述提法,而是要求"实施宽严相济的刑事司法政策"。这样一来,"宽严相济"从"行政政策"转向

[①] 马克昌:《"宽严相济"刑事政策与刑罚立法的完善》,载《法商研究》2007年第1期。

了"司法政策"。此后,学界基于上述不同表述,对"宽严相济"给出的解读,出现了"司法政策说""立法、司法政策说"以及"立法、司法、执行政策说"①等多元解读,由于所依据的文本不同,很难说孰是孰非、孰优孰劣。既然未能统一,对该政策作出新的解读,不仅不会导致政策断档,而且有利于统一认识、通盘实施。

(二)刑事政策固然需要关照本土文化,但其灵魂不是迁就昨天而是构建未来

在"宽严相济"与西方"轻轻重重"刑事政策相互关系上,学界一直存在不同主张。学界普遍认为,宽严相济刑事政策更具科学性。如赵秉志教授提出,宽严相济"比我国以往的'惩办与宽大'相结合的刑事政策更为准确,比西方国家近年来奉行的'轻轻重重'的刑事政策更为科学"。②亦有学者认为,两者不存在何者更科学问题,而是一脉相承关系。如王顺安教授认为,"宽严相济刑事政策的提出是顺应国际形势和我国社会构建的要求,是国际上'轻轻重重'两极化刑事政策的中国化"。③这两种观点,笔者均难以认同。先看一种观点,我们知道,西方国家普遍秉持"轻轻重重"刑事政策,"轻轻"就是对轻微犯罪,包括偶犯、初犯、过失犯等主观恶性不重的犯罪,处罚更轻;"重重"就是对严重的犯罪,处罚比以往更重。这是一种较明显的两极发展倾向。④之所以采行这种政策,主要是迫于犯罪上升的压力,对"教育刑的观念进行了调整。传统的报应刑理念日趋抬头"。⑤由此可见,西方"轻轻重重"刑事政策的适用范围体现在刑罚裁量环节(要求"轻罪更轻""重罪更重"),而本土的"宽严相济"虽然也涵盖刑罚,但主要侧重点则在于定罪。故不宜简单地认为"以宽济严、以严济宽"是西方"轻轻重重"两极化刑法政策的"中国化"。其次,至于两种不同导向的刑事政策究竟何者"更为科学",笔者认为,两者可谓花开两朵,各美其美,各有局限。一个着眼于入罪面和司法处理幅度,一个立足于威慑力和刑罚轻重程度。就现实性而言,尽管学界对"宽严相济"鲜有异议,通常认为该政策符合中国本土文化特点和

---

① 参见赵秉志、袁斌等:《宽严相济刑事政策之问题及对策研究》,载《面向实践的刑事法研究》,北京师范大学刑事法律科学院2015年8月编印,第3页。
② 赵秉志、袁斌等:《宽严相济刑事政策之问题及对策研究》,载《面向实践的刑事法研究》,北京师范大学刑事法律科学院2015年8月编印,第4页。
③ 王顺安:《宽严相济刑事政策之我见》,载《法学杂志》2007年第1期。
④ 参见杨春洗主编:《刑事政策论》,北京大学出版社1994年版,第397页。
⑤ 杨春洗主编:《刑事政策学》,北京大学出版社1994年版,第29页。

传统思维方式（这也是笔者虽然深感"宽严相济"之说很值得商榷，但尚不主张断然取消该提法，以照顾历史文化传统的原因），但必须指出，存在的并不都是合理的。法律政策是历史的回音，现实的模板，更是未来的蓝图。古人尚讲求"世易时移"，在时代脚步迅疾、治国方略沿革不以人的主观想象为转移的今天，"我们也要展开对刑事政策自身的批判，认清刑事政策实践的缺陷与隐忧，并积极寻求应对和改进之策。"①

（三）刑事政策作为刑法的政治纲领，应依据社会情境与执政理念而应因变化

现行宽严相济刑事政策现自 2005 年实施至今已有 15 个年头，在此期间，随着治国理政新理念新战略新布局持续推进，我国社会背景已然发生显著变化。用习总书记的话说——"党的十八大以来，党和国家事业发生了历史性变革"。② 这种历史变革是多维度的，其中一个显著标志，就是 2015 年 10 月召开的中共十八届五中全会，提出以创新、协调、绿色、开放、共享为内容的新发展理念，这一系统化、科学化、民本化的"五大发展理念"，是对"和谐发展理念"的修订与完善。与此同时，以往强调行政干预的"社会管理"，演进为全民参与的"社会治理"。随着党的十九大胜利召开，我国社会主要矛盾则转化为"人民日益增长的美好生活需要和不平衡不充分的发展之间的矛盾"。"'人民日益增长的美好生活需要'的法学意涵就是充分有效而切实的人权与权利保障需要……具体地表现为对完备的权利确认、权利保障和权利救济的法律规范体系与法律制度架构及其与时俱进的发展演化的需要上，体现在对这些法律规范体系与制度架构得到充分而有效的现实实践的需要上。"③ 由此可见，新时代新形势新任务，必然要求以新思想新理念为指针，对包括刑事政策在内的社会政策作出必要的调整。

二、以"宽限入罪，严控重刑"为坐标重构宽严相济刑事政策

鉴于现行宽严相济刑事政策中"以严济宽，以宽济严"固有的不确定性、非原则性，以及"三化"所蕴含的随意性、妥协性、片面性，笔者认为，有必要将宽严相济刑事政策重新解读为"宽限入罪，严控重刑"。其中的"宽"，

---

① 刘仁文主编：《刑法学的新发展》，中国社会科学出版社 2014 年版，第 489 页。
② 习近平：《走中国特色社会主义社会治理之路》，载《习近平谈治国理政》（第二卷），外文出版社 2018 年版，第 384 页。
③ 姚建宗：《新时代中国社会主要矛盾的法学意涵》，载《法学论坛》2019 年第 1 期。

立足"宽限入罪",就是遵循近年来逐步明晰的违法行为犯罪化的思路,进一步完善刑法修正,严密法网,降低犯罪"准入",探索建构相对独立的轻罪体系;通过严谨、规范、科学的刑事立法,突出依法打击重点,将危害社会治安、侵害人民权益特别是社会弱势群体权益的违法行为,有步骤、分阶段地实行"犯罪化";所谓"严",旨在"严控重刑",即合理限缩和控制刑罚的强度、烈度,切实转变以往单纯以犯罪人为中心的评价标准,落实"只有必要的刑罚才是公正的刑罚"① 原则,同时更加注重刑事被害人权益与国家社会受损权益的保障与修复,凸显刑罚的适度性、准确性、必要性与有效性,体现"惩罚之值在任何情况下,皆须不小于足以超过罪过收益之值"② 的基本逻辑。总体而言,该政策制度设计中的"宽",主要是针对立法提出的要求,并非现行宽严相济政策中的"宽大"之意,而是强调入罪放"宽";其中的"严",主要是针对司法提出的要求,并非现行宽严相济政策中要求的那样动辄"减""缓""免",而是要求理性、平和、审慎、负责地进行刑罚裁量,切实发挥刑法的宗旨——"打击犯罪,保护人民"。这种宽严相济,既有利于辩证体现宽严统一,亦不不完全否定"宽中有严,严中有宽",比如,"宽限入罪"即体现了严格规矩、严密法度意义上的"严";"严控量刑"又体现了刑罚的立足点并非只是惩罚和报应,而是重在防控、减少犯罪,这同样辩证体现出"宽"的一面。笔者认为,以"宽限入罪,严控重刑"为核心重构宽严相济刑事政策,其现实必要性至少体现在以下几个方面:

(一)有助于彻底贯彻法治主义

与人治主义、自由主义相对立,现代法治主义强调依法治理的规则之治,要求在法治理念上恪守依法办事、法律面前人人平等原则,坚持法治社会、法治政府、法治国家"三位一体"建设,等等。权利保障是法治主义的终极目标。社会治理法治化使权力得到分离,行政权受到限制,而将通过行政权行使限制人身自由的行为通过升格为轻微犯罪纳入刑事司法规制,契合法治发展的时代主题。近年,不乏有学者对国家根据与犯罪作斗争形势需要出台的相关刑法修正案体现的犯罪化导向提出"反思"。笔者认为,这实际上反映出不同刑法观和治理观的深层冲突,既有如何看待刑法在社会治理中的地位与作用的认识论问题,但更主要的则是要不要贯彻法治主义的价值论问题。有学者提出,

---

① [德]冯·李斯特:《论犯罪、刑罚与刑事政策》,徐久生译,北京大学出版社2016年版,第27页。

② [英]边沁:《道德与立法原理导论》,时殷弘译,商务印书馆2012年版,第226页。

"强调以刑法积极参与社会治理，本质上属于功利的或工具主义思维方式"。① 这种观点实际上是将刑法的工具价值与工具主义等同起来，只承认刑法具有自由保护、人权保障之"责"，无视和否认刑法同时具有威慑与改造之"权"。试想，倘若刑法与社会治理原本"风马牛不相及"，犯罪学和刑事政策学研究岂不成了"天桥把式"？总是将社会视为自由落体、原子弥漫而不是人与自然、人与社会、人与人之间的社会关系的交集，现代法治主义岂不成了"自由阻却"的罪魁祸首？

（二）顺应"违法行为犯罪化"趋势

事实上，早有学者严肃指出，由于我国刑法从实质上即以社会危害性为起点，而不是像西方那样以形式上即从"三阶层要件符合性"上定义犯罪，刑法谦抑性与我国立法模式、法治现状不相符合，② 退一步讲，即使刑法谦抑性依然有借鉴价值，有回旋余地，我国当下刑法谦抑性的内涵也应当是处罚程度的谦抑而并非犯罪圈的谦抑。③要看到，现代社会既是一个矛盾交织的社会，也是一个风险叠加的社会，"在现代社会……刑法担当的保护社会安全与公民权利的任务，正在日益繁重。面对社会和时代的要求，通过强调'刑法是一种恶'而从数量上主张少用刑法的观点是片面的与推卸责任的。先哲在提出'刑罚是一种必要的恶'时，仅仅说明了刑法这种'恶'与犯罪所产生的'恶'具有本质上的区别，完全没有限制刑法在必要时可以适用的意思……通过把刑法说成是一种恶，从而直接或间接地贬低刑法作为最高等级法律保护的意义，希望在限制或者排除刑法适用的同时，自我免除对刑法适用精确性的论证任务，不过是一种拙劣地摆脱自己责任的方式。刑法工作者应当关心的不是

---

① 何荣功：《我国轻罪立法的体系思考》，载《中外法学》2018年第5期。

② 刑法谦抑原则与我国刑事立法与社会现实不符之情状，诚如学者所阐释："所谓刑法上的谦抑原则，是来自欧美发达国家的舶来品。欧美发达国家的现状是：对很小的违法行为（如殴打他人、盗窃商店等）追究及时、处罚严格（也许正是这些国家社会秩序良好的重要原因），同时对死刑这类极刑严格慎用。对这些国家而言，当法治社会发展到一定阶段后开始减少刑事处罚的数量、减轻处罚的强度，是顺理成章的。但是，我国的刑事立法将大量较轻的违法行为排除在刑法之外，得不到追究或者追究不及时，导致违法者抱有极大的侥幸心理，视法律为儿戏。从这个角度看，我们的法网还存在相当大的漏洞。"参见周大伟：《暴力行为入刑：我们还要等多久？》，载《中国新闻周刊》2013年第4期。

③ 参见郑丽萍、李颖峰、孙本熊：《违法行为犯罪化对刑法体系的建构与影响》，载《人民检察》2018年第7期。

刑法条文的数量,而是刑法规定的需要性与准确性"。①考察世界各国刑法规范,"从数量上说,在刑法中新增加的条文明显地多于被取消的条文。犯罪圈在客观上的扩大,在社会发展与进步过程中,已经成为一种无法抗拒的发展趋势"。②

（三）符合"德法共治"社会治理模式

中国特色社会主义法治道路的"一个鲜明特点,就是坚持依法治国和以德治国相结合,强调法治和德治两手抓、两手都要硬"。③ 就此而言,"宽限入罪,严控重刑"较现行的"去犯罪化、去刑罚化、去司法化"和"以宽济严,以严济宽"相比,何者能够契合党中央提出的依法治国和以德治国相结合的治国理念,答案不言而喻。在道德与法律的关系上,无论是从"君子怀德"的中华优秀传统文化,还是从"使法律和道德趋同的努力——以法律规范覆盖道德规范,并使既存规范吻合一个合理的道德体系的要求——造就了近代法"④ 的客观历史进程看,道德与法律都是相辅相成、不可分割的有机整体。"宽限入罪,严控重刑",既是全面推进依法治国的实际步骤,又是通过"惩罚小恶防范大患",强化人们的规则意识和现代文明意识,弘扬社会主义核心价值观的根本保障。近年来,非法集资、信息盗用、网络诈骗等案件高发,违法犯罪手段日趋智能化、隐蔽化,严重暴力犯罪、黑恶势力犯罪屡打不绝。严峻复杂的治安形势,同样要求全面贯彻习近平新时代中国特色社会主义法治思想,坚持依法治国和以德治国有机结合,"把实践中广泛认同、较为成熟、操作性强的道德要求及时上升为法律规范,引导全社会崇德向善",⑤ 把刑法的规制机能与塑造机能结合起来,赋予宽严相济以"宽限入罪,严控重刑"的新内涵,注重运用法律手段推进社会治理,弥合社会断裂,弘扬社会正气,确保长治久安。

---

① ［德］克劳斯·罗克辛:《德国刑法学总论》（第2卷）,王世洲主译,法律出版社2013年版,主译者序第3页。
② ［德］克劳斯·罗克辛:《德国刑法学·总论》（第2卷）,王世洲主译,法律出版社2013年版,主译者序第2、3页。
③ 习近平:《坚持依法治国和以德治国相结合》,载《习近平谈治国理政》（第二卷）,外文出版社2018年版,第134页。
④ ［美］罗斯科·庞德:《法律与道德》,陈林林译,商务印书馆2015年版,第27页。
⑤ 习近平:《坚持依法治国和以德治国相结合》,载《习近平谈治国理政》（第二卷）,外文出版社2018年版,第134页。

大数据、人工智能时代的犯罪统计与定量分析

大数据时代侵犯公民个人信息犯罪实证分析及防控研究

——基于对 669 份判决书的定量分析

皮 勇　杜嘉雯[*]

自 20 世纪 90 年代以来,信息技术逐渐渗透至社会中各个领域,随着数据分析技术的进步和数据共享化的深入,更多的个人信息被采集、挖掘、监测和循环利用。大数据时代不仅带来了工业时代无法想象的经济利益,同时也催生了大量侵犯个人信息犯罪。而面对个人信息犯罪手段的多样化趋势,现行刑法仅将非法获取、出售或提供行为规定为侵犯公民个人信息罪,并未突出对非法利用个人信息行为的规制,很难满足现代社会对公民个人信息保护的需要。

本文以《刑法修正案(九)》对侵犯公民个人信息罪的修正为起点,通过中国裁判文书网进行检索,关键词为"个人信息",为避免出现重复案例,设置具体筛选条件为"一审""判决书"和"刑事案件",命中 2015 年 11 月至 2019 年 7 月全国刑事判决共 3340 份,在保证样本精确性的前提下,从各年份中平均随机抽取 1/5,最终获得 669 份生效判决书作为研究样本。笔者通过对样本判决书的定量分析,提炼出侵犯公民个人信息犯罪的基本特征,重点关注因现行刑法中对于非法利用个人信息行为规制的缺失,进而采取比较研究的方法,结合美国与欧盟有关个人信息保护的最近进展,归纳总结我国刑事立法对个人信息保护的实践困境,最终提出具有针对性的防控策略。

一、侵犯公民个人信息犯罪特征的定量分析

刑事裁判文书往往最直接、最真实的反映出刑事司法样态,下文为笔者依据上述判决书中该类犯罪的案发地、犯罪主体、犯罪行为、信息数量、宣告刑

---

[*] 皮勇,武汉大学法学院教授、博士生导师;杜嘉雯,武汉大学法学院刑法学博士研究生。

等内容进行定量分析,对我国侵犯公民个人信息犯罪的主要特征的提炼和归纳。

(一)侵犯公民个人信息犯罪数量逐年递增但地域分布不均衡

通过中国裁判文书网对 2015 年 11 月至 2019 年 7 月全国侵犯公民个人信息案件进行检索,共命中 3340 份裁判法律文书,排除 2015 年与 2019 年的不完全数据,从 2016 年的 268 件、2017 年的 1155 件到 2018 年的 1574 件,引起案件数量激增的原因,是在大数据时代个人信息的隐藏价值被发掘后带来的负面影响,公民个人信息市场需求庞大,从犯罪运行的利用率来看,哪一类犯罪容易发生,其原因之一就是行为者可从中得到更多的利益,社会则应考虑提高对该类犯罪的惩罚幅度,调整社会惩罚与犯罪行为之间的关系,从而遏制该类犯罪的增长势头。①

根据对样本判决书的统计与计算(见表1),侵犯公民个人信息犯罪案件发生地主要集中在东部沿海发达地区,案件数量与地域经济发展程度呈现正相关趋势,究其原因,主要是因为相较于经济欠发达地区,发达地区的产业结构、科技水平、对外交流程度以及经济行为习惯更容易推进犯罪分子作案方法和手段的更新,致使新型犯罪频发。而随着网络技术的不断发展,国内地区间犯罪信息交流也会不断增加,加之当前发达地区公安机关打击力度更大,需要在未来谨防个人信息犯罪发生地域转移的情况。

表1 侵犯个人信息犯罪的区域分布统计表

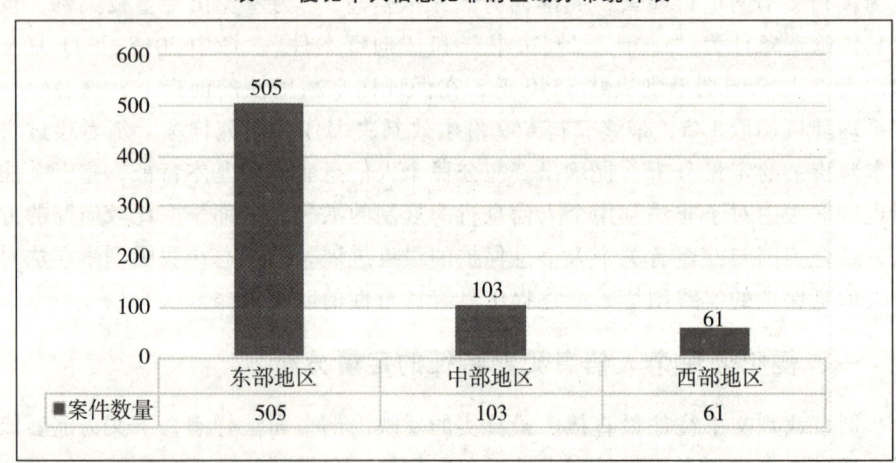

---

① 金其高:《论犯罪运行的基本规律及其防控》,载《福建公安高等专科学校学报》1999 年第 3 期。

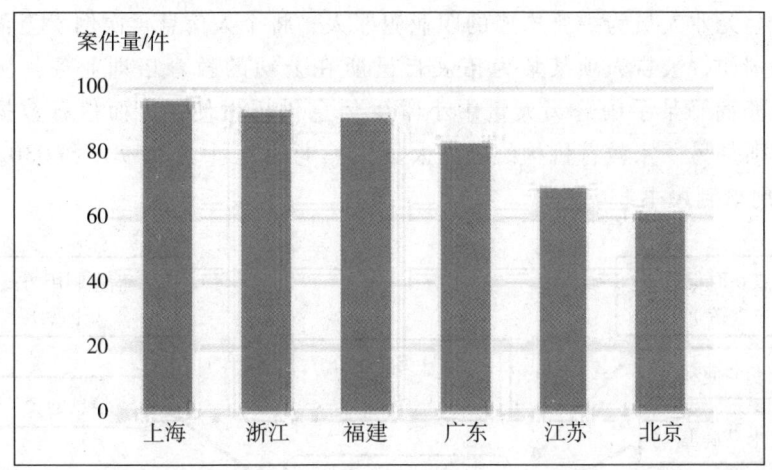

（二）侵犯公民个人信息犯罪主体呈职业化且具团伙化趋势

结合犯罪主体的教育背景和职业类型分布显示（见表2），大多数犯罪人的受教育程度不高，仅为中学及以下水平，学历为本（专）科以上的犯罪人不足四成，其中，教育程度较高的犯罪人往往具有稳定的职业背景，利用职务便利可掌握一定数量的个人信息数据，主要负责在上游进行"非法提供型"侵犯个人信息犯罪。在这类犯罪主体中，国家工作人员的占比最大。而无业人员虽占比最高，达到40%，成为了个人信息犯罪的主要主体，但主要是以"非法倒卖"和"非法利用"手段参与个人信息犯罪，犯罪人多数专门从事个人信息的中介买卖服务，或进一步利用非法获取的个人信息实施电信网络诈骗等犯罪行为，处于犯罪的中下游部分。

表2 犯罪主体分布统计表

受教育程度	职业类型/人数			
	国家工作人员	企业工作人员	无业人员	其他人员
本（专）科及以上	45	274	48	66
初高中学历	3	143	398	185
小学及以下	0	2	23	9

而通过对669份样本刑事判决书的分析发现，团伙作案率约40.78%，而共同犯罪案件数量不仅庞大，同时呈现逐年递增的趋势。在司法实践中，利用职业便利掌握个人信息数据的犯罪人与社会无业人员形成团伙犯罪，通

过以社会无业人员为主要构成的职业犯罪人,将个人信息再次倒卖至需求方手中。例如,被告人项某某为拓展自己所在公司的教育培训业务,从"黑色"中介商马某手中购买大量中小学生信息供招生使用,而信息数据的上游来源则是另一家教育机构的工作人员"熊老师"。[(2017)鄂0302刑初635号刑事判决书]

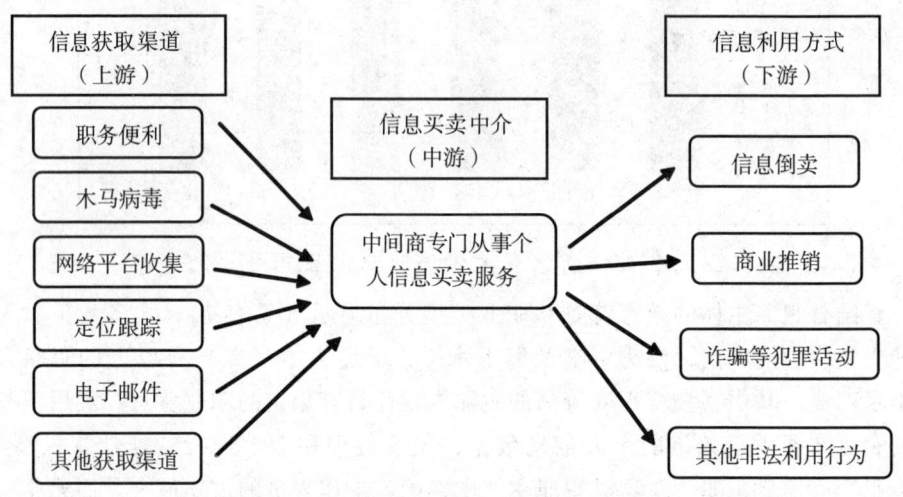

图2 侵犯公民个人信息犯罪黑色产业链

由此可知,在个人信息背后所蕴含的利益价值驱动下,围绕非法获取、非法提供、非法利用个人信息的黑产业链已经逐步形成,犯罪团伙内部分工明确,组织严密,具有目的一致性,犯罪模式逐渐由"地毯式"转化为"精准式"。

(三)侵犯个人信息犯罪成源头性犯罪且危害性广泛

公民个人信息因包含多重属性而被大量非法获取或出售,据侵犯公民个人信息犯罪信息用途统计显示(见图3),犯罪分子获得公民个人信息后用途集中体现在三个方面,一是对个人信息进行再次倒卖,案件数量达到236件,占比35.28%,从侧面也反映出买卖个人信息已形成完整地下犯罪网络和黑色利益链;二是将个人信息用于商业推销,案件数量为212件,占比31.68%,公民个人信息作为一种重要的资源,在市场竞争的刚性需求下,企业为了提高自身竞争力,减少推广成本,对其趋之若鹜,催生大量的个人信息犯罪;三是利用个人信息实施电信诈骗、敲诈勒索等其他犯罪活动,案件数量为169件,占比25.26%,在大数据时代,侵犯个人信息犯罪被称之为"罪发之源",个人信息为各类暴力、财产性犯罪提供了便利性条件。而电信诈骗等下游犯罪屡禁不绝，很大原因就在于源头难挖。

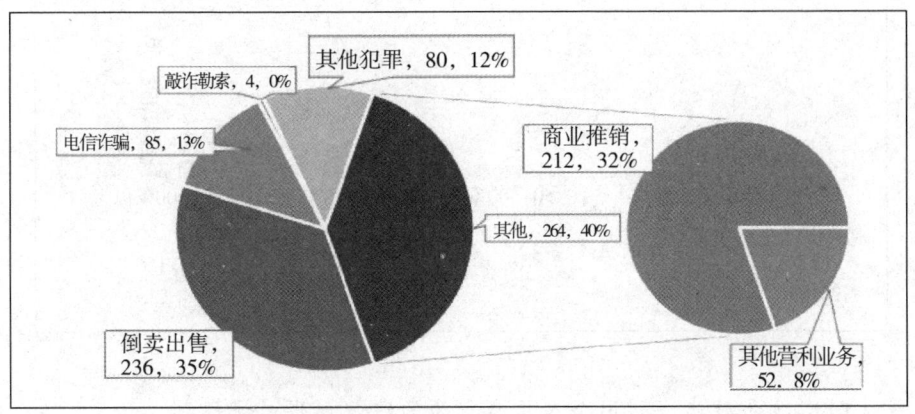

图3 侵犯公民个人信息犯罪信息用途统计图

随着信息网络技术的广泛普及，侵犯个人信息犯罪不再局限于公民个人，从被侵犯的对象来看，群体被害成为了常态，这类犯罪实质危害了公共信息安全。最高人民法院、最高人民检察院《关于办理侵犯公民个人信息刑事案件适用法律若干问题的解释》（以下简称《解释》）第5条规定了非法获取、出售或提供公民个人信息认定为"情节严重""情节特别严重"的情形，并对个人信息分类划定了50条、500条、5000条的数量判定标准，从样本统计来看（见表3），个案侵犯个人信息数量在5000条以下的不足四成，其中两个案件涉及个人信息数量最为巨大，犯罪人以硬盘或网站为媒介进行存储的公民个人信息数十亿条，具体数目无法解析。[（2017）苏0826刑初569号、（2016）皖1623刑初830号] 在大数据时代，个人信息在网络数据传播过程中极易脱离公民自身掌控，从自我保护到法律规范的转变是一个本质上的重大变革，在提升民众法律意识的同时，完善相关法律，提升社会群众安全感亦是非常必要的。

表 3　侵犯公民个人信息犯罪数量统计表

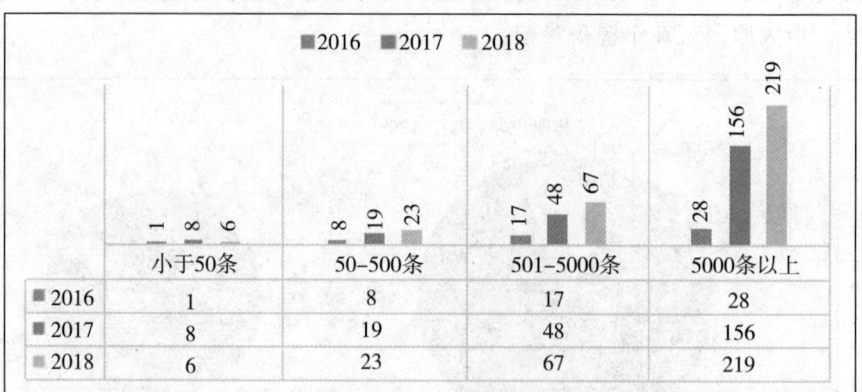

	小于50条	50-500条	501-5000条	5000条以上
2016	1	8	17	28
2017	8	19	48	156
2018	6	23	67	219

（四）缺乏对非法利用个人信息行为的统一刑事司法规制

结合上文侵犯公民个人信息犯罪黑色产业链流程来看，非法利益链中"下游"环节中所实施的各种非法利用个人信息的行为直接损害公民权益，且凸显出严重的社会危害性。通过对样本判决书的统计来看（见表4），对于侵犯公民个人信息犯罪案件中非法利用个人信息行为的规制，实践中分为两类情况：一是通过非法获取信息的行为将其纳入侵犯公民个人信息罪予以规制，此种多见于下游的利用行为独立看来为合法化的情况；例如犯罪人黎某某以800元的价格购买了包含姓名、电话号码、住址、银行存款、车型等内容的公民个人信息72余万条用于公司业务推广〔（2018）赣0102刑初172号〕；二是以下游犯罪的具体罪名予以规制，种类繁多，因缺乏统一的规定标准，使得对于这类犯罪的刑罚裁量上，来自不同经济地区的法院往往具有一定差别。俗语有言，"没有买卖就没有杀害"，只有对非法利用个人信息行为进行深层次的打击，才能彻底扫除非法利用个人信息牟利的黑色消费市场，从而将信息买卖"中间人"与"上游"非法获取信息的行为扼杀在摇篮之中。

表 4　侵犯个人信息犯罪判决罪名统计表

罪名	侵犯公民个人信息罪	混合罪名
案件数量/件	493	176

表 5　混合罪名中主要判决罪名统计表

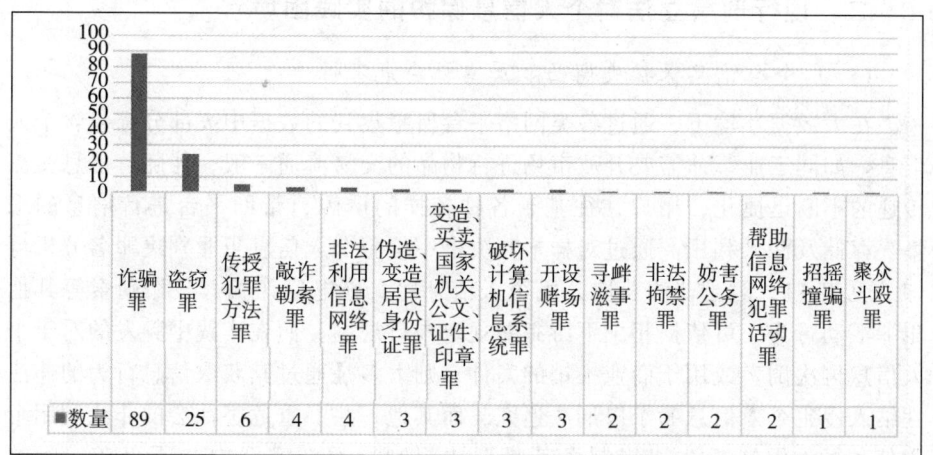

大数据时代，个人信息的价值很大一部分都体现二级用途上，随着信息技术的发展，去识别化与分析解读手段可挖掘个人信息的潜在价值。在司法实践中，模式化地适用"非法获取"或是其具体的下游犯罪表现将非法利用行为入罪，已不能与其危害性相适应。根据对样本判决书中涉及非法利用信息行为的分析归纳可知，非法利用个人信息行为目的主要分为三类，其中，基于商业目的非法利用个人信息行为数量最多，占47.64%，但入罪率较高，而基于公共利益目的与侵犯人格利益目的虽数量占比不大，但不论是从事实评价亦或是法律评价，都难以纳入"获取"或下游犯罪中进行规制。可以说，现行的刑事立法对于非法利用个人信息行为规定稍有缺失，亟待独立规制。

表 6　非法利用信息行为刑法规制现状表

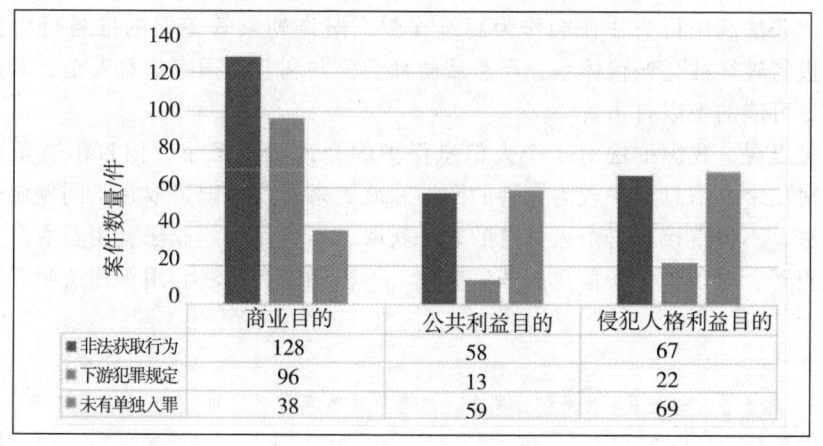

二、现行刑事立法对个人信息保护的实践困境

(一) 个人信息保护失衡凸显严重社会危害性

在大数据环境下，通过各类网络平台所采集到的数据中大部分都包含个人信息，如同工业革命需要开放市场进行物品的交易流通一般，伴随着信息交流传递的不断迅捷化，用户往往基于各种各样的诱因，帮助平台进行信息的采集、存储及深入利用。通过对样本判决书中侵犯个人信息犯罪判决罪名分析可知（见表4），对于非法获取公民个人信息后实施电信诈骗、敲诈勒索等其他犯罪活动行为，可依据相关下游犯罪规定进行规制，而在实践中频发的对于个人信息再次倒卖或用于商业推销的案件，则大多是通过其获取信息行为的违法性纳入侵犯个人信息罪予以刑法追究，而其他一些严重危害社会的非法利用个人信息行为因缺乏法律规制尤其是刑法规制导致在实践中并不存在实际的判决。

在我国围绕侵犯个人信息犯罪的黑灰产业链逐步形成的今天，非法获取、出售或提供信息的主体大多与非法利用信息的主体相分离，两者目的也各不相同，非法利用行为呈现独立化趋势，对于侵犯公民个人信息的行为，应是包容了非法提供、非法获取、非法使用、利用行为等在内的完整的行为体系，相关的犯罪设置也应形成一个完整的犯罪链。① 通过刑法对非法利用个人信息行为进行刑法规制，一方面可以打破侵犯个人信息犯罪链，非法利用行为作为非法获取、出售或提供行为的目的和前提，在个人信息犯罪体系中占据核心地位，对于非法利用个人信息行为进行独立评价，予以刑法单独规制，有利于从下游利益获取途径打击侵犯个人信息犯罪，避免非法提供和非法获取行为的进一步扩大化；另一方面，有利于从犯罪准备阶段对后续严重犯罪的产生和发展进行遏制，非法利用行为往往会作为后续诈骗、敲诈勒索等犯罪的准备行为而存在，极易破坏社会诚信体系，严重威胁社会公共利益与国家信息安全，有必要尽早尽可能的予以打击。

可以说，我国刑法对于个人信息保护的介入阶段虽早，但打击链条并不长。对比个人信息保护较为完善的欧洲和北美来看，美国采取在不同领域分散式立法，不但直接打击个人信息的非法获取、不当保管、非法利用及所产生的下游犯罪，对于为个人信息的非法获取、不当保管和非法利用等违法犯罪活动

---

① 韩玉胜、赵桂民：《侵犯公民个人信息犯罪客观方面辨析》，载《人民检察》2013年第19期。

提供机会、创造条件的行为也直接通过个人信息犯罪的新罪名予以规制。① 可以说是对于个人信息犯罪的打击力度最大化。而对于个人信息利用保护上则强调自律模式，对于信息主体的义务要求较高，信息利用者对于信息主体权益的保护建立在信息主体积极行使自身权利的基础之上，一定程度保障了信息自由流通的空间。欧盟作为个人信息保护先行者，2018年实施的《通用数据保护条例》（以下简称GDPR）相较于1995年《欧盟个人信息保护指令》在很多方面更加细化，重视对个人信息保护的事前预防，强化了信息主体对个人信息的控制权，进一步完善了信息控制者的义务。设立严格的执行监督机制，赋予监管机构调查、矫正、授权与建议的权利，其全面严格的规范体系对中国这种数据庞大而复杂的国家而言是最好的借鉴范本。

（二）个人信息保护未与行政法律法规相衔接

网络技术的发展对个人信息犯罪的案发量乃至发展规律产生了重要影响，随着侵害个人信息安全事件频频发生，在个人信息保护立法规制上，行政制裁手段严重缺位，个人信息犯罪作为新型犯罪对传统刑事立法体系提出了挑战，抽象的刑法规定无法进行准确定罪量刑，在法律适用存在分歧，2017年颁布实施的《解释》第2条②对于侵犯公民个人信息罪中客观构成要件"国家有关规定"进行了具体解释，但落实到刑法中具体犯罪认定时，依然无法发挥其应有的厘定入罪范围的作用，不仅使刑法第253条之一所规定的犯罪成为非典型的行政犯，也使其成为一种法定犯时代之下颇为尴尬的立法。③

目前我国《电子商务法》《电信和互联网用户个人信息保护规定》《网络安全法》《消费者权益保护法》等多部法律均有涉及个人信息保护的条款，然而，这些法律条款大多针对特定领域，对于个人信息保护的规定过于分散且相互交叉矛盾，处罚幅度上存在一定差异，缺乏统一的操作标准。例如，2005年中国人民银行颁行的《个人信用信息基础数据库管理暂行办法》第41条规

---

① 吴苌弘：《个人信息的刑法保护研究》，上海社会科学院出版社，2014年版，第225页。

② 《关于办理侵犯公民个人信息刑事案件适用法律若干问题的解释》第3条规定：违反法律、行政法规、部门规章有关公民个人信息保护的规定的，应当认定为刑法第二百五十三条之一规定的"违反国家有关规定"。

③ 赵秉志：《公民个人信息刑法保护问题研究》，载《法学论坛》2014年第1期。

定①中对于非法使用个人信用信息行为规定了移送司法机关处理的处罚规则，但现行刑法中对于非法利用个人信息行为找不到直接相关的罪名可予以规制。由笔者对于样本判决书的研究可知，因各类行政法律法规对于个人信息保护的碎片化，司法机关鲜有对"违反国家有关规定"进行构成要件要素查明，仅是依照刑法对其进行直接适用，这使得在实践中，对于侵犯公民个人信息犯罪中"非法"的认定，法官具有较大的自由裁量权。基于刑法的谦抑性原则，对于侵犯个人信息犯罪的刑法救济应当把握尺度，防止过度打击，忽视信息流通的基本需求。

大数据背景下，以刑法一己之力并不能完成个人信息法律保护的任务，我国《刑法》中的"侵犯公民个人信息罪"不过是面对危害后果的应急反应，虽然刑法的社会危害防治会暂时发挥作用，但也会引发更多实践中的问题。②我国应尽快构建个人信息法律保护体系，实现民事责任、行政责任与刑事责任的衔接。

（三）侵犯公民个人信息犯罪刑罚力度轻缓、定罪量刑标准不统一

刑罚轻缓化是刑罚法律政策发展的主流趋势，出于人道主义与人权保护的要求，我国司法实践中，对于侵犯公民个人信息犯罪刑罚适用呈现轻缓化特征，具体分为以下两个方面（见表7），一是宣告刑中缓刑适用率较高，在刑罚适用中占到近四成，以致一些犯罪违法者已将个人信息犯罪视作低风险、高收益的致富捷径；二是罚金刑整体力度不够，《解释》规定"罚金数额一般在违法所得的一倍以上五倍以下"，通过对样本判决书的研究发现，多数罚金刑的数额均与违法所得数额相近，例如犯罪人张某违法所得人民币23000余元，判处有期徒刑1年3个月，并处罚金人民币25000元。[（2017）苏0281刑初2273号] 受公民个人信息的商品属性影响，犯罪人实施该类犯罪具有明显的牟利性，加大罚金刑的适用力度，不仅可以提高犯罪成本，威慑不法企图的行为人，同时也可以剥夺犯罪人再次实施此类犯罪的经济能力。

---

① 《个人信用信息基础数据库管理暂行办法》第41条规定：征信服务中心工作人员有下列情形之一的，由中国人民银行依法给予行政处分；涉嫌犯罪的，依法移交司法机关处理：（1）违反本办法规定，篡改、毁损、泄露或非法使用个人信用信息的；（2）与自然人、法人、其它组织恶意串通，提供虚假信用报告的。

② 王秀哲：《大数据时代个人信息法律保护制度之重构》，载《法学论坛》2018年第6期。

表7 侵犯个人信息犯罪刑罚适用情况统计表

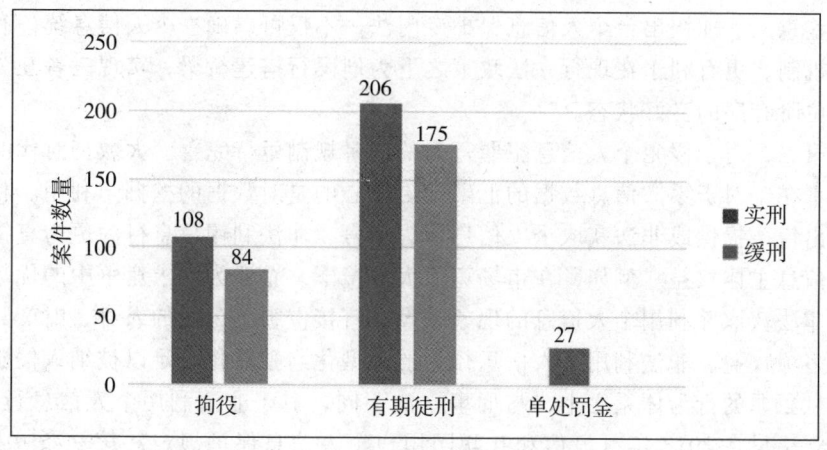

三、大数据时代侵犯公民个人信息犯罪刑事治理的完善对策

（一）构建完善的个人信息刑法保护法律体系

大数据时代的到来使得信息收集变得更容易、成本更低廉也更有价值，亦凸显了对个人信息保护的全面规制的重要性。在信息化社会背景下如何实现个人信息合理开发利用与公民个人有序生活不受侵扰的基本价值诉求之平衡，已成为大数据时代发展过程中不可回避的难题之一。我国应当立足国情，结合国际国内的长期实践经验，加快制定统一的《个人信息保护法》，形成以专门法为中心，刑法居于最后一道防线地位的具有中国特色的个人信息保护规范体系。

第一，我国应加快推进《个人信息保护法》的立法工作，厘清个人信息的内涵与外延边界，建立统一的个人信息监督机制，明确信息控制者、处理者的行为规范与信息主体的控制权，对个人信息实施全程嵌入式保护，GDPR中对于信息主体权利和信息控制者义务的规定具有较高的参考价值。一方面，在信息主体权利中，GDPR第7条细化规定了信息主体的撤回同意权，通过规定信息控制者对信息主体同意的证明责任来防控实践中许可条款空置、格式条款繁杂等情况发生；另一方面，扩大并完善信息控制者义务。大致可分为两类：一类为控制保障义务，如风险控制义务、技术与组织措施义务等，主要为预防信息控制者过度收集、处理或滥用数据的风险；另一类为告知义务（GDPR第19、33、34条），告知的对象包括信息主体和信息监管机构，以此有效搭建个人信息泄露防范机制，最大限度的避免和减轻损失。GDPR对于信息主体权利、信息控制者义务的统一而具体的规定，对数据庞大且复杂的我国具有良好的借鉴意义。加快出台个人信息保护专门法，不仅可以确立个人信息统一有效保护机制，更有利于在现行立法政策之下为刑民行搭建桥梁，实现三者互为补充、位阶有序的良好状态。

第二，对于侵犯个人信息犯罪行为的刑事规制亟待完善。大数据时代的特色并不在于对于零散信息数据的汇聚，更核心的是对数据的挖掘与利用。相较非法出售、提供或非法获取个人信息行为而言，非法利用信息行为更为直接的损害信息主体权益。例如，在市场竞争大环境下，企业为谋求竞争中的优势地位，非法获取并利用个人信息的现象频发，直接侵害了公民的人身、财产、征信等多项权益。非法利用个人信息行为的类型化与独立化已足以被纳入侵犯个人信息犯罪的行为体系之中，与刑事立法不同，对于非法利用个人信息行为，行政立法早在 2013 年《电信和互联网用户个人信息保护规定》第 9 条①中就有所涉及，2016 年颁布的《网络安全法》第 41 条②对网络运营者收集、使用个人信息的范围作了一定限制。《民法总则》第 111 条③也明确规定了不得非法使用他人个人信息。民事责任、行政责任与刑事责任作为严厉性逐步提升的权利救济方式，鉴于非法利用个人信息行为在犯罪产业链条中所体现出的主体及不法行为独立性，仅通过"下游犯罪"予以规制显然不妥，将其纳入侵犯个人信息犯罪规范体系之中确属应有之义。

（二）营造规范安全规范的信息环境

在大数据时代，个人信息保护的重要性不言而喻，我国对于个人信息保护的路径选择可借鉴他国的先进理念，发挥政策导向，行政法规与部门规章并存补充，同时加强行业自律，致力于营造个人信息的安全栖息环境。

第一，严厉的刑罚并非解决社会矛盾的"万灵药"，单纯靠刑罚规制对于

---

① 《电信和互联网用户个人信息保护规定》第 9 条规定：未经用户同意，电信业务经营者、互联网信息服务提供者不得收集、使用用户个人信息。

② 《网络安全法》第 41 条规定：网络运营者收集、使用个人信息，应当遵循合法、正当、必要的原则，公开收集、使用规则，明示收集、使用信息的目的、方式和范围，并经被收集者同意。网络运营者不得收集与其提供的服务无关的个人信息，不得违反法律、行政法规的规定和双方的约定收集、使用个人信息，并应当依照法律、行政法规的规定和与用户的约定，处理其保存的个人信息。

③ 《民法总则》第 111 条规定：自然人的个人信息受法律保护。任何组织和个人需要获取他人个人信息的，应当依法取得并确保信息安全，不得非法收集、使用、加工、传输他人个人信息，不得非法买卖、提供或者公开他人个人信息。高富平：《个人信息保护：从个人控制到社会控制》，载《法学研究》2018 年第 3 期。

侵犯公民个人信息犯罪的治理存在一定的局限性，刑罚替代措施的出现可以完善法律规制阶层化递进，个人信息作为公共产品的一部分，社会层面对其管理、控制和监督，应重点落在政府部门的行政监管上，GDPR 中改革监管体系，搭建数据保护机构，配备专门的数据保护官为我国行政监管工作提供了一定思路，借鉴欧盟做法，我国需要建立个人信息行政监督机构和民事赔偿救济制度，围绕信息控制者、处理者对于个人信息处理过程的安全性进行监管保障，完善监管体系有利于个人信息保护的落实到地和执法的统一性。同时，对于因信息控制者、处理者违反应尽义务造成侵犯个人信息的行为，应当给予信息主体民事赔偿救济权，真正实现信息类犯罪从刑事制裁到行政制裁、民事救济的软着陆。

第二，个人信息保护的法律执行成本居高不下，推进行业自律自治则应运而生。目前，由腾讯、华为、小米等 16 家企事业单位共同参与的国内首个 App 自律联盟已经建立，行业自律联盟涉及传媒、互联网科技、电商平台、手机终端以及设备等多个领域，针对个人信息收集、使用确立了目的明确、公开透明、坚守底线及保存时间最小化四大原则。尽管在行业自律模式上跨出了重要的变革一步，但是仍有两方面不足之处：一是惩罚机制的规定。App 自律联盟虽然针对信息控制者义务作出了要求，但缺乏合理的惩罚措施，在未来适用中依然容易流于形式；二是行业自律体系不够完备。App 自律联盟尽管以大企业牵头号召小企业加盟，但从体系上来说依然不够完善，缺乏自律审查体系、自律性规则标准等。可借鉴 GDPR 中专门数据官制度，在企业等社会组织中要求配备专门数据官，并推出与之相匹配的资质考核认证制度，可参照医师资格、法律职业资格等专业领域的具体操作方式。

（三）提高侵犯公民个人信息犯罪的成本与风险

大数据作为信息时代中继互联网、云计算之后又一大颠覆性的技术革命，在云计算实现了各种数据存储平台、使用渠道的畅通后，数据自然而然的取代成为信息时代最有价值的资产。可以说，每一个生活在社会中的普通人，每天都在产生数据，创造大数据和使用大数据。个人信息因所包含的利益价值成为犯罪高发领域，侵犯个人信息犯罪利益链错综复杂，源头追溯难。因此，对于个人信息犯罪的防控必须要加大犯罪成本与风险，特别是通过完善刑事法律切实提升侵犯个人信息犯罪主体的惩罚成本。

尽管法律文化背景与文化价值观念不同，基于人道主义、民主政治文明的角度出发，各国在刑罚适用上均朝着更加轻缓人道的趋势前进。以世界范围的个人信息犯罪立法来看，罚金刑无疑是最为普遍的适用，欧盟 GDPR 因其"最高可处企业相当于其上一年全球总营业额 4% 的金额的罚款"的处罚数额规定而饱受争议，目前，我国对于个人信息法益保护偏重于人格权与人身权，忽视了财产权利的保护，使得罚金刑数额难以与被害人损失相适应，整体力度不够，同时，因罚金刑并没有统一的适用标准，致使各地法院在司法实践中量刑差异较大。当下有必要结合各案发地社会具体经济情况，对于罚金刑倍数的具体设置应当满足刑罚阶梯的要求，一方面要避免罪刑不相适应，对同一犯罪中不同情节规定同样倍数罚金，另一方面也要避免行政处罚高于设定的罚金刑。例如，《中华人民共和国治安管理处罚法》（修订公开征求意见稿）第57条第2款规定①的罚金刑标准，已高于《解释》中所规定的罚金刑标准。因此建议为侵犯个人信息犯罪中罚金刑制定详尽的裁量标准，以期做到罪刑相适应。

同时，针对侵犯个人信息犯罪中职业化特征显著，可以适用从业禁止这一刑罚替代措施。在从业禁止的适用上应当遵循必要性与相当性，目前我国《刑法修正案（九）》对于从业禁止规定了两个具体条件：一是利用职业便利实施犯罪，或者实施违背职业要求的特定义务的犯罪；二是基于犯罪情况和预防再犯罪的需要。侵犯个人信息犯罪中黑客与"内鬼"并存，通过适用从业禁止既可以增加犯罪风险，对犯罪人起威慑作用，又可以限制犯罪人再次进同一领域的资格，切实管好"内部人"，防范监守自盗。

在历次的技术革命中，中国均处在学习者的地位之中，大数据时代是历史赋予中国新的机会，将个人信息纳入刑法保护范畴可以有效满足社会信息保护的需要，及时遏制当前侵犯个人信息犯罪高发的态势。通过对近五年来侵犯公民个人信息犯罪案件的定量分析，剖析出犯罪的成因和特征，在审慎借鉴欧美先进立法经验和对我国实践困境的反思基础上，建议构建完善个人信息刑法保护体系，优化个人信息犯罪中犯罪行为具体设置，加快推进《个人信息保护法》出台，营造规范安全规范的信息环境，切实提高侵犯公民个人信息犯罪的成本与风险，实现个人信息合理开发利用与公民个人有序生活不受侵扰的基本价值诉求之平衡，真正利用好数据这一新世纪的矿产与石油，使得大数据不仅成为公司竞争力的来源，更将成为国家竞争力的一部分。

---

① 《中华人民共和国治安管理处罚法》（修订公开征求意见稿）第57条第2款规定：违反国家规定，将在履行职责或者提供服务过程中获得的公民个人信息出售或者提供给他人的，处十日以上十五日以下拘留，并处违法所得五倍以上十倍以下罚款；没有违法所得或者违法所得不足一千元的，并处五千元以上一万元以下罚款。

大数据视阈下网络犯罪的调查与思考

浙江省丽水市中级人民法院课题组[*]

近年来,随着信息化时代的到来,互联网以及电子通讯产品被广泛应用,深刻改变着人们的生产生活。在享受着高科技给人民群众带来便利的同时,病毒、网络诈骗、网络赌博、倒卖个人信息等网络犯罪也日益猖獗,严重威胁着人们的信息财产安全,扰乱了社会秩序。本专题旨在对全国法院2013至2017年审理的网络犯罪案件,利用大数据分析系统,对案件进行深度挖掘,探究该类案件在审理过程中的难点、困境等,从而提出相关建议及对策,为审判和社会治理发挥参考作用。

一、数据采集方法概述

根据2014年最高人民法院、最高人民检察院、公安部发布的《关于办理网络犯罪案件适用刑事诉讼法程序若干问题的意见》,网络犯罪的范围有四类:危害计算机信息系统安全犯罪案件;通过危害计算机信息系统安全实施的盗窃、诈骗、敲诈勒索等犯罪案件;在网络上发布信息或设立主要用于实施犯罪活动的网站、通讯群组,针对或组织教唆、帮助不特定多数人实施的犯罪案件;主要犯罪行为在网络上实施的其他案件。我们认为根据网络犯罪的定义以及上述规定可以将网络犯罪分为典型的网络犯罪与非典型意义上的网络犯罪。典型的网络犯罪是指危害计算机信息系统安全犯罪案件,而非典型的网络犯罪是指利用网络技术实施的犯罪,包括通过危害计算机信息系统安全实施的盗窃、诈骗、敲诈勒索等犯罪案件;在网络上发布信息或者设立主要用于实施犯罪活动的网站、通讯群组,针对或者组织、教唆、帮助不特定多数人实施的犯

---

[*] 课题组成员:叶晓生,浙江省丽水市中级人民法院副院长;杨婷,浙江省丽水市中级人民法院研究室副主任;李丽杰,浙江省丽水市中级人民法院审判管理处副处长;朱泓洁,浙江省丽水市中级人民法院研究室副主任;徐飞豹,浙江省景宁畲族自治县人民法院办公室副主任;陈玉成,浙江省丽水市中级人民法院刑事第二审判团队法官助理;张奇,浙江省云和县人民法院民事审判庭法官助理。

罪案件；主要犯罪行为在网络上实施的其他案件。

本专题以典型性与非典型性类型案件为切入点，以中国裁判文书网为数据样本采集源，在没有全国基础案件数据的情况下，通过相关案由及相应关键词的方式检索、收集裁判文书，利用文本分析从既有裁判文书中采集相应数据，继而对全国网络犯罪进行分析。

相应分析维度、案由及查询关键词如下：

表1 相关分析维度、案由及数据分析范围

类别	分析维度	案由	裁判文书检索范围	文书数据分析范围
典型性	危害计算机信息系统安全犯罪案件	非法侵入计算机信息系统罪；非法获取计算机信息系统数据、非法控制计算机系统罪；提供侵入、非法控制计算机信息系统程序、工具罪	在既定案由范围内，检索一审刑事案件判决书	通过裁判文书文本分析获取以下案件信息：案件名称、案件类型、承办法院、裁判日期、审判程序、案号及是否存在犯罪预备、未遂、中止、共同犯罪、累犯、从轻处罚、从重处罚、有期徒刑、缓刑、罚金等情况；通过以上案件信息拓展获得：承办法院所在区域、案件受理时间等信息； 获取以下被告人信息：被告人性别、出生年份、民族、文化程度、居住地/户籍地/出生地、职业等； 通过以上案件信息、被告人信息获得被告人犯罪时年龄、是否属于流动人口等数据信息。
非典型性	通过危害计算机信息系统安全实施的盗窃、敲诈勒索等犯罪案件	金融诈骗罪；盗窃罪；诈骗罪；贪污罪；挪用公款罪；职务侵占罪；非法获取国家秘密罪；为境外窃取、刺探、收买、非法提供国家秘密、情报罪；敲诈勒索罪；	在一审刑事案件判决书的"理由"中检索以下关键词：利用网络、使用网络、通过网络、在网络上、危害网络信息安全、在网上、利用互联网、通过互联网、使用互联网、在互联网上、危害互联网信息安全、利用计算机、使用计算机、通过计算机、在计算机上、设立门户网站、在门户网站上、利用门户网站、使用门户网站、通过门户网站、利用网站、通过网站、使用网站、在网站上、交友平台、通过微信、使用微信、利用微信、在微信上； 在此基础上进行拓展，增加如下关键词进行更大范围模糊检索：网站、网络、互联网、网盘、QQ、微信、京东、淘宝、支付宝、电商、直播；	
	网络上发布信息或设立主要用于实施犯罪活动的网站、通讯群众，针对或组织、教唆、帮助不特定多数人实施的犯罪案件	编造并传播整卷、期货交易虚假信息罪；编造、故意传播虚假恐怖信息罪；编造故意传播虚假信息罪；制作、复制、出版、贩卖、传播淫秽物品牟利罪；传播淫秽物品罪；分裂国家罪；煽动分裂国家罪；武装叛乱、暴乱罪；颠覆国家政权罪；煽动颠覆国家政权罪；组织、领导、参见恐怖组织罪；组织、领导、参加恐怖组织罪；组织、领导传销活动罪；组织残疾人、未成年人乞讨罪；组织未成年人进行违反治安管理活动罪；组织出卖人体器官罪；组织、领导、参加		

续表

类别	分析维度	案由	裁判文书检索范围	文书数据分析范围
非典型性		黑社会性质组织罪；组织、利用会道门、邪教组织、利用迷信破坏法律实施罪；组织利用会道门、邪教组织、利用迷信致人重伤、死亡罪；组织、利用会道门、邪教组织、利用迷信致人死亡罪；组织考试作弊罪；组织、资助非法聚集罪；组织他人偷越国（边）境罪；非法组织卖血罪；协助组织卖淫罪；组织卖淫罪；引诱、容留、介绍卖淫罪；引诱幼女卖淫罪；组织播放淫秽音像制品罪；组织淫秽表演罪；传授犯罪方法罪；非法利用信息网络罪；	对已获得的裁判文书进行案由过滤。	
	主要犯罪行为在网络上实施的其他案件	违规制造、销售枪支罪；生产、销售假药罪；生产、销售伪劣产品罪；生产、销售劣药罪；生产、销售不符合卫生标准的食品罪；生产、销售有毒、有害食品罪；销售假冒注册商标的商品罪；非法制造、销售非法制造的注册商标标识罪；侵犯著作权罪；销售侵权复制品罪；侵犯商业秘密罪；非法生产、销售专用间谍器材、窃听、窃照专用器材罪；非法生产、销售间谍专用器材罪；非法生产、销售间谍专用器材罪；窝藏、转移、收购、销售赃物罪；非法生产、买卖、运输制毒物品、走私制毒物品罪；走私、贩卖、运输、制造毒品罪；侵犯公民个人信息罪；出售非法提供公民个人信息罪；非法获取公民个人信息罪；诽谤罪；寻衅滋事罪；非法经营罪；开设赌场罪；赌博罪；行贿罪；受贿罪；		

通过既定数据采集方法，获得 13266 件案件样本数据，其中受理时间为 2013～2017 年的数据量为 12451 件，属于本课题所称网络犯罪案件数为 11697 件。获得 19682 多个被告人样本数据，其中有效样本数据 18839 个，与待分析案件样本相关数据为 16528 个。

受限于数据获取渠道、数据技术水平及网络犯罪自身特殊性等主客观因素，课题组无法获得 2013～2017 年涉网络犯罪的全部样本，仅以上所采集的样本数据作为调研分析对象，数据分析工具为 Python + Pandas 相应数据分析结论与客观实际将有些许误差，故仅作参考。

二、案件基本情况

（一）网络犯罪案件基本情况

1. 2013～2017 年全国网络犯罪样本总体情况

2013～2017 年全国网络犯罪有效样本案件数为 11697 件，其中 2013 年受理 399 件；2014 年受理 1313 件，2015 年受理 1754 件，2016 年受理 3104 件，2017 年受理 5127 件。（见图 1）

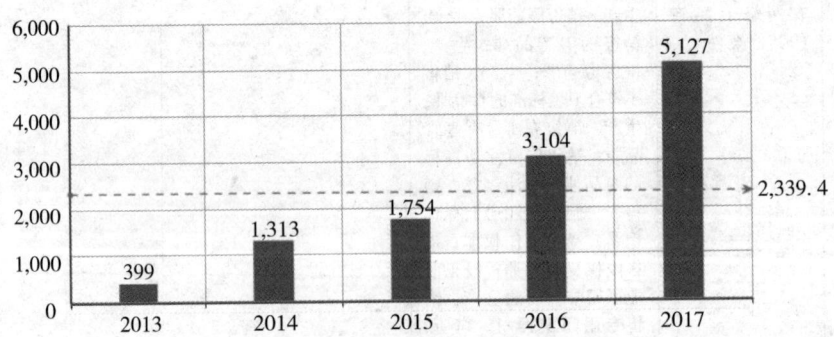

图1　2013 年至 2017 年各类网络犯罪案件年度分布

2013～2017 年，网络犯罪四种类型中，第二类案件发生率最高，占样本总数的 41.45%，第三类次之，占比 39.10%；第一类案件即典型网络犯罪案件数量最少，仅占 4.81%。（见图 2）

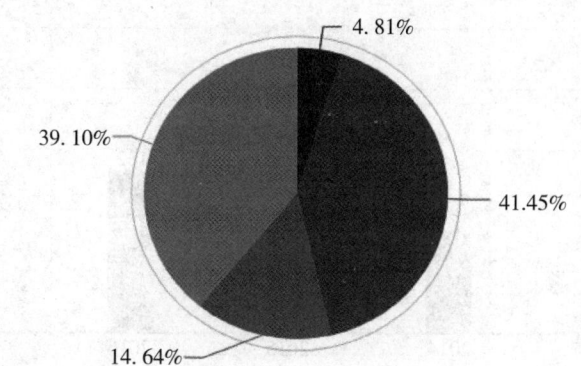

- 危害计算机信息系统安全犯罪案件
- 通过危害计算机信息系统安全实施的盗窃、诈骗、敲诈勒索等犯罪案件
- 在网络上发布信息或者设立主要用于实施犯罪活动的网站、通讯群组、针对或者组织、教唆、帮助不特定多数人实施的犯罪案件
- 主要犯罪行为在网络上实施的其他案件

图 2　网络犯罪各类型分布

2013~2017年，网络犯罪四中类型案件有变化趋势，自2014年起，第二类及第四类案件数量增幅最为明显，且自2015年起，第二类案件开始超过其他类型案件成为主要类型。（见图3）

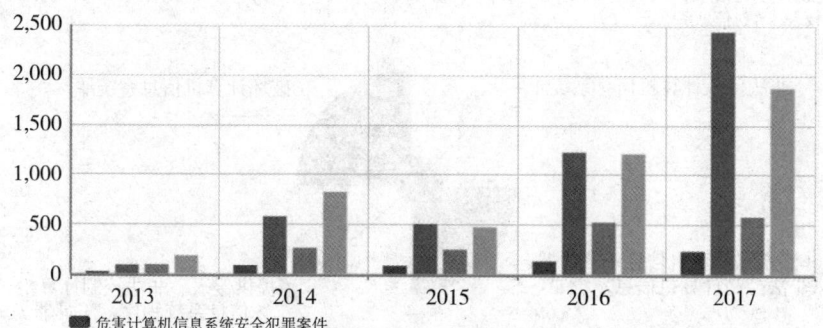

- 危害计算机信息系统安全犯罪案件
- 通过危害计算机信息系统安全实施的盗窃、诈骗、敲诈勒索等犯罪案件
- 在网络上发布信息或者设立主要用于实施犯罪活动的网站、通讯群组、针对或者教唆帮助不特定多数人实施的犯罪案件
- 主要犯罪行为在网络上实施的其他案件

图 3　网络犯罪各大类年份变化趋势

2. 典型网络犯罪案件数量情况及案由分布情况

从数据分析结果来看，典型网络犯罪数量不多，仅占全部案件总数的4.81%，年度增幅不大，但仍呈上升趋势。（见图4）

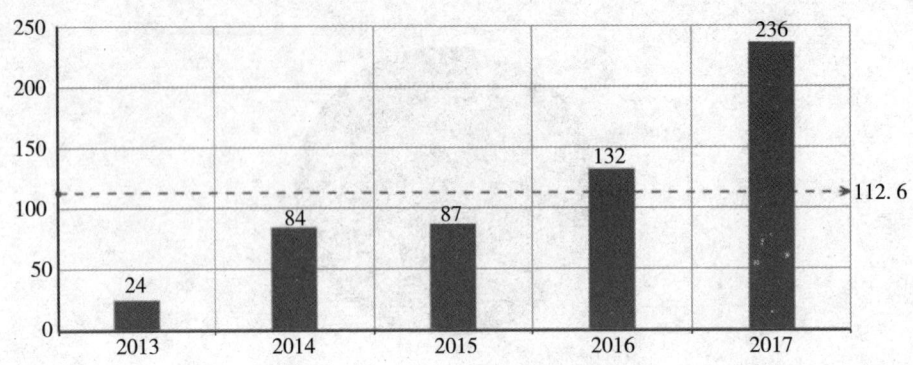

图 4　典型网络犯罪案件年度分布

从典型网络犯罪案由分布上看，主要集中于破坏计算机信息系统罪（占 51.50%）及非法获取计算机信息系统数据、非法控制计算机信息系统罪（占 43.33%）上，两类案件共占典型网络犯罪有效样本总数的 94.84%。（见图 5）

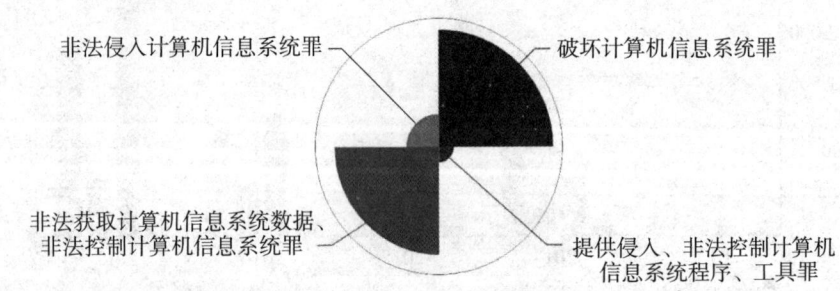

图 5　典型网络犯罪案由分布

3. 非典型网络犯罪案件数量情况及案由分布情况

从数据分析结果来看，非典型网络犯罪明显居多（占 95.19%），且年增幅较大，上升趋势明显。（见图 6）

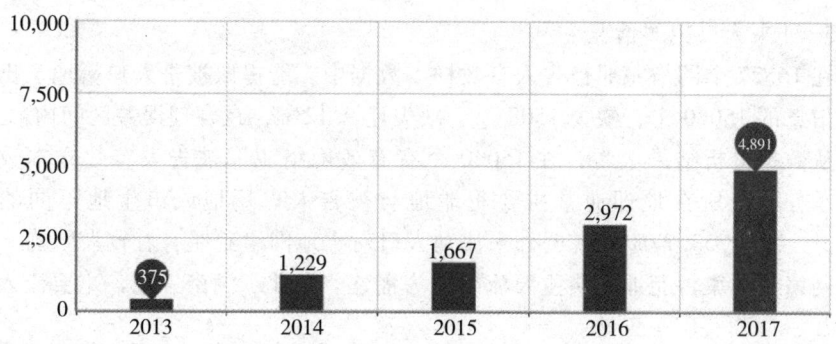

图6　非典型网络犯罪案件年度分布

非典型网络犯罪所涉犯罪类型众多，但相对集中，主要涉及十类案由：诈骗罪；开设赌场罪；走私、贩卖、运输、制造毒品罪；盗窃罪；非法经营罪；赌博罪；制作、复制、出版、贩卖淫秽物品牟利罪；非法制造、买卖、运输、邮寄、储存枪支、弹药、爆炸物罪；敲诈勒索罪。以上十类案件数占非典型网络犯罪样本总数的89.20%，其中诈骗罪占38.18%。（见图7）

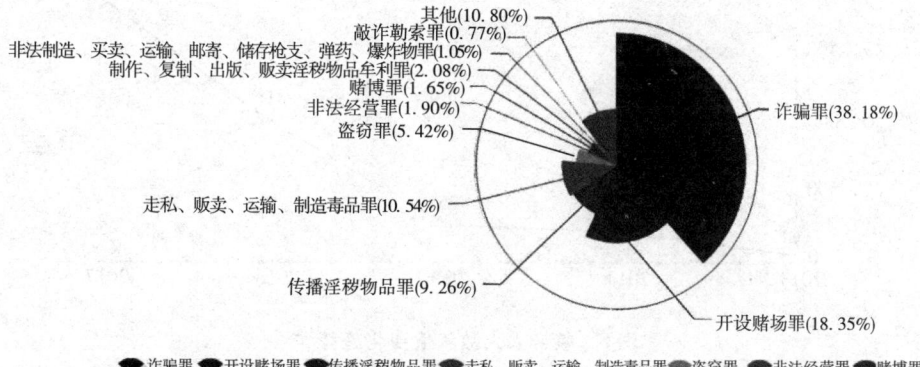

图7　非典型网络犯罪案件案由分布

4. 网络犯罪案件地域分布变化情况

在11697件有效样本案件中，能提取省份信息的11056件，缺失641件，缺失比5.48%，在合理范围内。

从数据分析结果上看，典型网络犯罪主要集中在江苏、浙江、广东三个省份；而非典型网络犯罪主要集中在广东、浙江、江苏、福建四个省份。各类网络犯罪集中在东南沿海一带，总体呈自东向西递减趋势。

5. 外来人口犯罪情况

在 16527 个网络犯罪被告人有效样本数据中，能提取被告人户籍地、出生地等信息的 15020 个，缺失 1508 个，缺失比 9.12%，在合理误差区间内。

从数据分析结果上看，在 15020 个有有效网络犯罪被告人有效样本数据中，承办法院所在地即通常主要犯罪地与被告人户籍地或出生地不同的有 8077 个，占比 53.77%。说明外来流动人口对本地网络犯罪有着较大影响。

网络犯罪案件犯罪人员主要流出地为福建、湖北、湖南三地，主要流入地为浙江、江苏、广东三地。

（二）网络犯罪案件中被告人基本情况

1. 被告人人数情况分析

与以上网络犯罪案件相对应的被告人人数为 16527 名，平均每案被告人人数为 1.41 名。分析结果显示，网络犯罪被告人人数呈迅猛增长趋势。（见图 8）

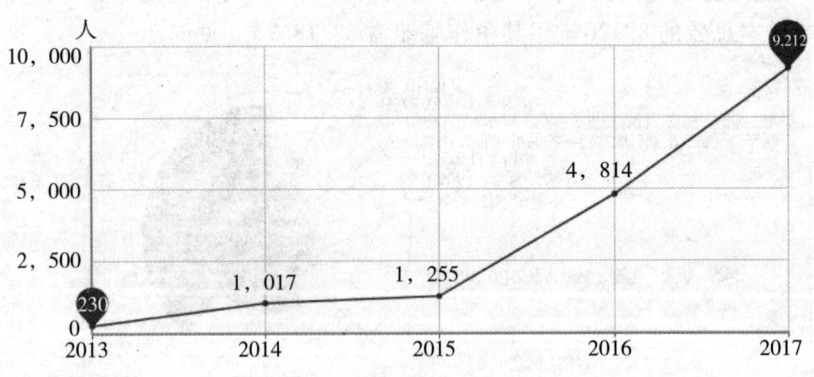

图 8　被告人人数年度变化趋势

2. 被告人性别分析

能有效提取被告人性别的样本数据有 15925 个，缺失 602 个。其中男性有 13049 人（占 81.49%），女性有 2876 人，男性占绝大多数。女性主要涉及的案由主要集中在诈骗罪、开设赌场罪等罪名。（见图 9）

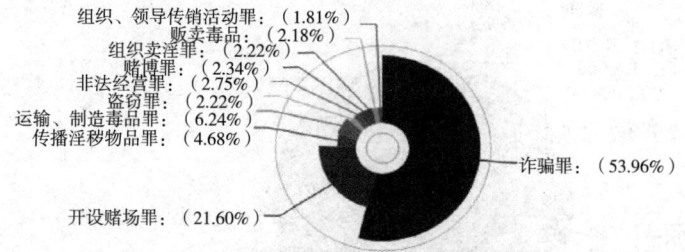

图9 女性被告人涉嫌的前十类案由分布

3. 被告人犯罪年龄分析

能有效提取并计算被告人所涉案件审理时年龄的样本数据有14912个，缺失1615个。从分析结果上看，被告犯罪年龄段无论男女，主要集中18~50岁年，特别集中于18~30岁。（见图10）

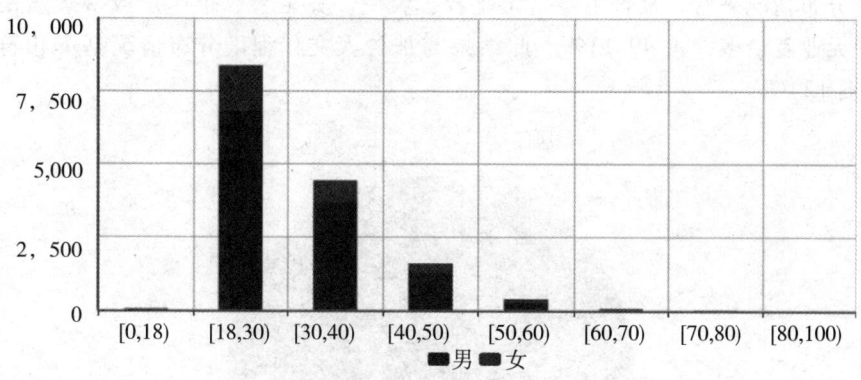

图10 被告人犯罪年龄段（男/女）综合分布

4. 被告人文化程度分析

能有效提取被告人文化程度的样本数据有14503个，缺失2024个。从被告学历分布上看，高中文化以下被告人最多，共占87.76%，其中初中文化水平被告人人数居首，小学、高中、中专分列第二、第三、第四位。（见图11）大专以上文化程度者参与网络犯罪的人数大幅度削减。

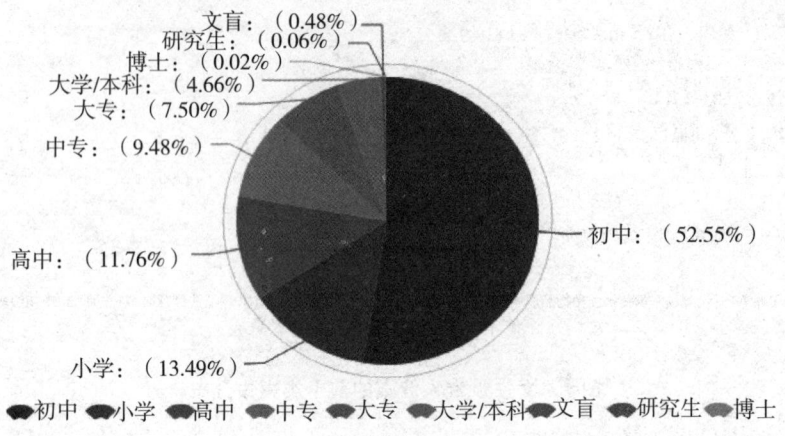

图 11 被告人文化程度分析

5. 被告人职业情况分析

能有效提取被告人职业的样本数据有 10858 个，缺失 5669 个。从被告人职业分布情况来看，被告主要是无业者、农民、务工者、个体户或一般居民，其中无业者最多，占 49.13%。此结果与被告人文化程度分布情况基本相符。（见图 12）

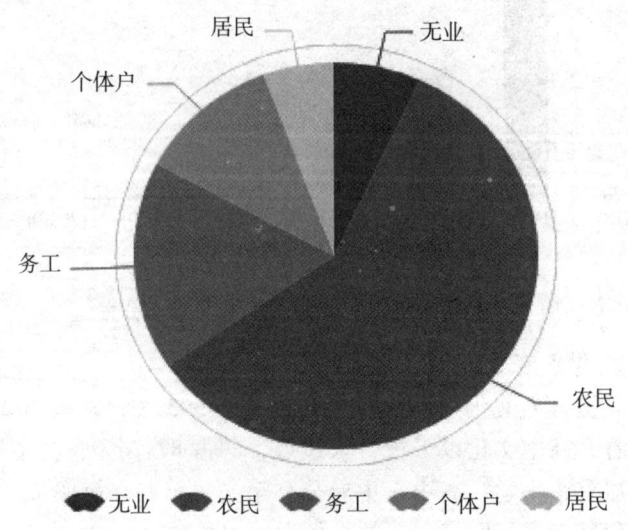

图 12 被告人职业情况分析（前五）

6. 被告人户籍情况分析

能有效提取被告人户籍或出生地的样本数据有 15020 个，缺失 1507 个。

从数据分析结果来看，被告人户籍地或出生地主要集中在广东、福建、浙江、河南、湖北、湖南、广西、四川等地，西南地区集中在四川，东南沿海地区集中在广东、福建、浙江，中部地区集中在河南、湖北和湖南三地。

（三）案件基本特征

1. 案件趋势分析

在我们采集的样本中，2013年受理网络犯罪案件399件，到了2017年受理网络犯罪案件达到了5127件，是2013年的12.85倍。同时，2014年较2013年增长229%，2015年较2014年增长了33.59%，2016年较2015年增长了76.97%，2017年较2016年增长了65.17%，五年平均增幅237%。可见，该类案件呈现爆发式增长，并且当前处于高位。

2. 案件地域特征分析

从提取的样本数据上看，网络犯罪主要集中在江苏、浙江、广东、福建四个省份，各类网络犯罪集中在东南沿海一带，总体呈自东向西递减趋势。这也反映出东南沿海地区信息化水平较高，导致犯罪案件增多，而西部地区经济欠发达，信息化水平较低，相应的网络犯罪案件就较少。同时，网络犯罪门槛低，犯罪分子只需要一台可以接入互联网的终端机，就可以在网络上任何一个节点任何一个地方实施犯罪活动，比如2017年5月爆发的全球性勒索病毒攻击事件，导致至少150个国家、超过30万名用户的计算机系统被感染，可见网络犯罪犯罪地点呈现跨区域化趋势。

3. 案件被告人特征

就掌握的有效数据上看，被告人年龄在30岁以下的达到50%左右，有些甚至没有达到刑事责任年龄，犯罪主体呈现低龄化趋势。比如2016年发生在山东的"8·19徐玉玉电信诈骗案"，四个被告人中年龄最大的不满25周岁，年龄最小的为19岁；2007年的"熊猫烧香"冰毒案的制作者李俊犯罪时25岁。犯罪主体呈现低龄化趋势，值得我们探究与反思，"80""90"后伴随着网络飞速发展成长起来的一代，他们既是国家发展的坚强后盾，同时又容易受到网络不良信息的影响，易走上犯罪的道路。

4. 犯罪行为特征

（1）犯罪工具呈现智能化趋势。有的网络犯罪，需要较强的专业技能，比如攻击相关网站，制造计算机病毒等，一般人无法做到，只有那些计算机"高手"才能做到。有的网络犯罪虽然不需要犯罪嫌疑人具有较高的专业技能，但必须要熟知网络的相关知识，学会利用相关网络技术，比如电信诈骗等。因此，网络犯罪与一般的犯罪相比，具有很强的技术性和专业性，犯罪工具呈现智能化趋势。此外，随着网络安全技术的发展，犯罪分子的作案手段也在不断翻新，不断更新，更趋专业化。

（2）犯罪手段呈现多样化趋势。随着信息技术的发展，网络犯罪的手段更新快、技术含量高，不断地与通信业、金融业、网络技术交叉和渗透，已从最开始的网络攻击、网络赌博、网络盗窃发展到网上招嫖、网上传销、电信诈骗、网贷犯罪等。犯罪手段的多样化，加大了社会治理与防范的难度。此外，犯罪手段易被复制，比如利用计算机病毒实施的犯罪，犯罪手段不仅可以复制，而且传播速度较快，社会危害性较大。

（3）犯罪组织呈现产业化趋势。在 11697 件网络犯罪案件中，共同犯罪案件 4970 件，比例为 42.49%，可见网络犯罪呈现团伙化趋势。网络犯罪的专业性、技术性以及复杂性也决定了犯罪活动往往很难由一个人单独完成，因此，实践中，网络犯罪往往会形成犯罪组织，呈现产业化趋势。比如，浏阳警方破获的"6·08"特大网络制贩枪支案，收缴枪支 1000 多条，配件 74169 个，铅弹 4511 发，涉案人数 646 名。① 2013 年江苏警方破获的"香港宝马公司"网络传销案，传销组织内部上下层级多大 36 层，涉案人数 4 万多人，涉案金额 15 亿元人民币。② 浙江丽水成功破获"6·15"特大电信网络诈骗窝点 40 处，抓获涉案人员 540 人，刑拘犯罪嫌疑人 414 人，涉案总金额达 1.6 亿元。③

三、网络犯罪在审判中的现实困境

（一）法律适用困难

网络犯罪主要包括两类：一是在计算机网络上实施的犯罪，例如非法侵入计算机信息等；另一类是利用计算机实施的犯罪，例如电信诈骗等。前者我国刑法进行了明确规定，但是对于后者所涉罪名往往适用传统犯罪所规定的法律条文。但在许多罪名涉及利用网络进行犯罪的现象非常常见，且其犯罪构成要件具有典型性，例如电信诈骗，公安已经以电信诈骗罪进行立案侦查，而我国刑法未规定电信诈骗罪，电信诈骗只作为诈骗罪的一种类型，适用我国刑法第 265 条的有关规定进行定罪量刑。而对于电信诈骗犯罪的处罚力度，惩处关联

---

① 刘怡斌：《浏阳警方破获一特大网络制贩枪支案收缴枪支 1000 余条》，载网易网，访问日期：2018 年 10 月 10 日。

② 朱国亮：《江苏淮安破获特大网络传销案涉案金额大 15 亿元》，载新华社网，访问日期：2018 年 10 月 10 日。

③ 《浙江特大电信诈骗案：414 名嫌犯刑拘案值达 1.6 亿元》，载新华社网，访问日期：2018 年 10 月 10 日。

犯罪、认定共同犯罪与主观故意、确定案件管辖、证据的收集和审查判断、涉案财物的处理等内容，则只能依据最高人民法院、最高人民检察院、公安部《关于办理电信网络诈骗等刑事案件适用法律若干问题的意见》，但是该文件不属于法律或司法解释，不能在裁判文书中列明。

（二）犯罪事实认定难

一是犯罪主体认定困难。由于网络犯罪的犯罪分子实施非接触式犯罪，被告人和公安机关能够掌握的系犯罪分子的虚拟身份，需要进一步取证查明该虚拟身份实施的犯罪系犯罪分子实施。在证明过程中，除非虚拟身份与犯罪分子的真实身份具有统一性，不然需要进一步取证进行查证。而网络犯罪多为电子证据，在证明犯罪分子身份上证明力非常有限。在未取得犯罪分子有效供述与被害人证言相互印证的情况下，很难排除合理怀疑，认定其为犯罪的实施主体。

二是犯罪数额认定困难。随着网银及第三方支付方式的普遍适用，人们运用支付宝、微信和网银（手机银行）进行支付的行为普遍发生。许多犯罪分子电子账单有上千甚至上万条，所得赃款也是通过上述支付方式取得。大额的资金流入还可以通过进一步查证确认，而对于小额的资金流入很难进行甄别，除非有确切的被害人，否则很难一一查证。

三是犯罪行为认定困难。近年来，随着人们生活的多元化，各类网络犯罪的形式层出不穷，形式多样，例如冒充社国家干部或熟人、虚构中奖事实、利用高薪招聘等诈骗犯罪，让人防不胜防。在淘宝代运营类案件，犯罪分子是否构成电信诈骗罪，认定其收取被害人金钱后，能否确切和实际履行合同所约定的义务。在许多案件中前期犯罪分子确实实际履行了部分合同义务，但后期为占有被害人更多财物为目的，虚构事实进行诈骗才导致案件的性质发生转变。该类案件发生初期很难认定犯罪分子实施的行为是构成民事上的违约还是刑事上的诈骗。

（三）量刑尺度把握难

一是个案量刑平衡难。个案平衡难一直是我国刑事制度的一大问题，最高人民法院常常发布指导案例对司法实践进行指导。然而，许多网络犯罪案件涉及犯罪人数众多、案件复杂，侦破案件需要跨省侦查，且侦破案件时间较为冗长，有些案件一时难以查清所有犯罪分子的犯罪事实，根据我国诉讼法规定可以分案处理，同一犯罪团伙的不同犯罪分子在不同案件中进行审理裁判，我国各地法院的量刑尺度有所不同，容易造成个案量刑不平衡。

二是同案犯量刑平衡难。在许多网络犯罪案件中被告人人数也众多，他们的犯罪事实繁杂难以厘清，且各个犯罪分子的主观过错程度和犯罪情节均有所不同，法院在审判该类案件中较难做到同案犯的量刑平衡。

四、相关建议及对策

（一）加强相关罪名的立法

随着我国经济社会发展和当前正处在经济社会转型期，网络犯罪案件迅速增长，成为我国刑事犯罪的一种新类型，并具有普遍意义。但传统的法律规范又难以调整，应当根据刑事立法规律，参照我国刑法第253条，加强相关罪名的立法。这样既可以体现我国打击网络犯罪的决心，又可以对犯罪分子起到很好的震慑作用。

（二）加快落实以审判为中心的刑事制度改革

近年来，随着我国司法体制改革的深入推进，以审判为中心的刑事制度改革的各项制度被逐步落实，我国的刑事案件制度都是先由公安进行立案侦查，再由检察院审查起诉，最后由法院进行审判。在司法实践中，法院容易被该程序绑架，在很多案件中公安机关按照疑罪从无对案件定性侦查，检察院则围绕公安的侦查取证进行审查起诉，而我国刑事制度具有谦抑性，法院只能居中进行裁判，容易不能对全案进行审查。在网络犯罪案件中，侦查取证较一般的刑事案件相比较为困难和繁杂，许多案件的犯罪事实不能逐一查证，法院只能依照已查清的犯罪事实进行裁判，容易存在漏罪的情况，造成对犯罪分子的处罚偏轻。司法各部门需进一步提升认识和决心，加快和落实以审判为中心的司法体制改革的各项举措，从而更好地打击违法犯罪。

（三）科学运用罪刑相适应原则

在许多网络犯罪都是团伙犯罪，呈现公司化、集团化管理。犯罪团伙组织分工明确，根据业绩进行分成。每个犯罪分子在主观认识上和实施犯罪的情节上都各有不同。许多犯罪分子系没有社会经验的毕业大学生，因为就业而误入诈骗团伙进行诈骗，在刚进入团伙的初期根本就没有意识到自己已经实施了犯罪。同时在网络犯罪中，各犯罪分子的主观犯意和犯罪情节不同，因此不能机械地适用法律条文进行定罪处罚，而应当科学运用罪刑相适应原则，综合各情节进行定罪处罚。

（四）充分运用类案检索功能实现个案量刑平衡

网络犯罪案件往往涉及犯罪人数众多、案件复杂，侦破案件需要跨省侦查，且侦破案件时间较为冗长，有些案件一时难以查清所有犯罪分子的犯罪事实，根据刑事诉讼法规定可以分案处理。网络犯罪案件一般由犯罪地公安机关立案侦查，犯罪地包括犯罪行为发生地和犯罪结果发生地。在很多案件中以被害人所在地认定为犯罪结果发生地进行管辖，这就很难保证审理同一网络犯罪案件的法院为同一家法院，而我国各地法院的量刑尺度有所不同，容易造成同案不同判失衡后果。因此在该类案件中，充分运用类案检索功能实现个案量刑平衡非常重要，不仅有利于同案的平衡，也有利于不同案之间相互平衡，提升司法权威和公信力。

大数据时代电信网络诈骗犯罪的防控反思

伍 健 娄永涛 唐 祥*

正如日本学者大河原克行指出"现在是'海量信息'创造财富的时代，……大数据的核心就是收集到以往无法收集到的数据，看见以往看不见的事物。"①随着互联网、智能手机的普及，人们开始拥有并发送大量的数据，海量大数据不仅使"隐形知识"可视化，通过对多种数据的整合，可以得出精准的预测。通过网络购物平台和支付理财 APP 等互联网和移动支付终端收集用户注册信息是大数据获取用户个人电子信息的主要渠道，它们大多要求个人信息注册才可登录浏览和使用，这加大了个人电子信息安全出现隐患的概率，也为不法分子提供盗取个人信息的机会。大数据时代给我们带来生活便利的同时，也潜藏了巨大的风险。

德国社会学家贝克早就指出：随着社会工业化和现代化深入，人类社会步入了一个风险丛生的时代。②除了自然风险外，各种人为风险越来越多，随着大数据应用的日益深入，精准锁定个人的电信诈骗案件频频曝光，整个社会对此产生了恐惧和焦虑，新型电信诈骗风险已然成为影响社会和谐稳定的重大问题。利用电话和互联网等电信技术传播信息的功能，向不特定的人群发布虚假信息来骗取数额较大的公私财物，这种传统电信诈骗历经打击和科技发展已衍生出很多新的类型。③诈骗分子利用大数据获取的个人信息，有针对性的制定诈骗套路，例如冒充熟人诈骗，求职诈骗、校园贷诈骗、保健品购物诈骗等多

---

* 伍健，四川省成都市锦江区人民检察院党组书记、检察长，法学硕士；娄永涛，南京财经大学讲师，东南大学刑法学博士后；唐祥，四川省成都市锦江区人民检察院法律政策研究室员额检察官，法学硕士。
① ［日］大河原克行：《图解大数据》，苏小楠译，南方出版社 2013 年版，第 22 页。
② ［德］乌尔里希·贝克：《世界风险社会》，吴英姿译，南京大学出版社 2004 年版，第 3 页。
③ 张新宪等：《电信诈骗犯罪疑难问题研究》，载《人民检察》2011 年第 8 期。

种契合被害人需求的诈骗手段。① 不仅侵犯人民群众合法权益,还危及信息安全、公共安全等法益。深入研判电信诈骗犯罪面临的难题,反思犯罪发生的各类因素,寻找破解难题的路径具有重要现实意义。

一、大数据时代电信诈骗犯罪防控的四大痛点

在大数据和人工智能日渐成熟的时代,随着大数据、智能通讯等科技的进步,犯罪集团的隐蔽性趋势明显,犯罪分子愈显高智商化,犯罪手段智能化不断升级,防控电信诈骗犯罪形势十分严峻,存在防控电信诈骗类犯罪的四大痛点。

(一)大数据管控出现真空,个人数据极易泄露

正如瑞士研究网络犯罪的苏朗热·戈尔纳奥提教授指出,网络犯罪运用"钓鱼"等成熟的社会工程技术在网上欺骗人们泄露私人数据、银行账户信息和密码,进而实施各种网络诈骗。② 在互联网时代,电信诈骗是通过中奖、操作网上赌博、卷入洗钱过程、冒名顶替、信用卡诈骗、窃取机密数据诈骗等手段,来收集个人信息以及个人数据进而实施诈骗。在互联网时代诈骗的基础是个人的私密数据,在大数据时代,个人的私密数据很容易被自己无意识的泄露并被各种数据平台或者手机 APP 所收集。

正如日本学者松尾丰教授和盐野诚对谈时,涉及到一个尖锐的问题:大数据是属于谁的?国家使用公民个人数据时,"如果这是用于改善自己接受公共服务质量,那把个人数据交给国家也无妨"。但如果普通企业或个人使用个人数据的时候怎么界定呢?③ 换言之,个人的数据是否属于个人财产?这个问题在世界很多国家的法律规定中都还不完善,存在很大的真空地带,这也为一些犯罪分子提供了滋生犯罪的温床。我国关于大数据权限和使用规则的法律规定更是极度不完善,目前只能通过侵犯公民个人信息罪等几个罪名来进行打击和约束。2019 年"两高"发布《关于办理侵犯公民个人信息刑事案件的解释》第 1 条、第 5 条将公民个人信息限定为,识别自然人身份的信息和反映自然人

---

① 《新型电信网络诈骗手段公布 这十大骗术要小心》,载央视网,http://news.cctv.com/2017/08/14/ARTIvkpzauviiSJlMg8TFgdQ170814.shtml,最后访问日期:2019年6月20日。

② [瑞士]苏朗热·戈尔纳奥提:《网络的力量——网络空间中的犯罪、冲突与安全》,王标译,北京大学出版社 2018 年版,第 44~48 页。

③ [日]松尾丰、盐野诚:《大智能时代:智能科技如何改变人类的经济、社会与生活》,陆贝旎译,机械工业出版社 2016 年版,第 63 页。

活动情况的行踪轨迹、通信内容、征信等各种信息。

日本 IBM 公司认为大数据具有四个特性：多样性、高频性、海量性和精确性。例如"多样性"不仅指企业等信息系统收集的结构化数据是多样的，文字、声音、影像、点击流等非结构化数据也是多样的。① 由此，通过大数据的几个特性来看，大数据可以收集的个人信息也是形式、内容多样的，当前我们国家的法律并没有系统纳入法律规制，还存在立法规制的漏洞。随着云计算和云存储的技术日益成熟，使得数据通过网络实现便捷的存储共享成为可能，在给人们带来生活便利的同时，也不可避免的带来了潜在的巨大风险。实时抽取庞大数据的技术设备——传感器的价格日益下降，传感器的应用门槛也不断降低，由此也带来了一系列的问题：如何规避窃听、偷拍？如何在收集传感器信息的过程中，保障信息的安全？这都是亟待解决的技术难题和法律痛点。

（二）数据信息获取源头、流通过程监管不严

"信息社会最显著的特征是信息创造价值。"② 个人信息具有商业价值，这便导致其被各种渠道"出卖"。除了个人信息保护意识薄弱导致个人信息泄露外，一些掌握信息源的机构或个人，为了谋求非法利益，通过隐蔽手段倒卖个人信息，导致公民个人信息从源头被泄露。由于法律规范的缺漏，加之非法倒卖信息极具隐蔽性，较少有受到法律制裁，助长了个人信息泄露不止，为电信诈骗分子提供更为有利的条件，促使电信诈骗犯罪集中爆发和加速蔓延。虽然相关职能部门在防范电信诈骗方面做了大量工作，如金融监管部门出台办法限制开卡数量，通讯部门限期手机实名制等取得了实效。然而，仍有一些网络通讯商为了拉用户，一些银行等金融机构为了揽客户，竟然对各类假名登记、申办业务，视而不见、毫不审查。

随着大数据技术的发展、智能化程度不断提高，电信诈骗案件已从运用邮寄包裹信件、利用手机拨打电话、利用短信群发器、电脑群发软件、400 捆绑电话等途径散布虚假信息实施诈骗，发展到综合运用 VOIP 网络电话、"伪基站"、"钓鱼网站"、有线和无线网络设备、网上银行、手机银行、第三方支付等技术和平台，传递散布虚假信息实施诈骗、转移钱财。随着犯罪科技手段不断升级，加之根据被害人个人信息精心设计各类骗局，犯罪分子极易突破被害人心理防线，让受害人毫无抵抗、招架之力。例如 2019 年发生的电信诈骗团

---

① ［日］大河原克行：《图解大数据》，苏小楠译，南方出版社 2013 年版，第 11 页。
② 张新宝：《从隐私到个人信息：利益再衡量的理论与制度安排》，载《中国法学》2015 年第 3 期。

伙通过劫持 GSM 短信信息，用短信嗅探技术对受害人银行卡实施盗刷。①
2016 年初，公安部统计公布了 48 种常见电信诈骗案件，其中诸如"扫二维码诈骗""微信点赞骗""网络订票诈骗""网络购物诈骗""退款诈骗"等方式。② 这些诈骗手段结合最新的网络技术，针对不同群体，量身定制、编制骗术，手法之新、类型之广，确实令人防不胜防。

（三）网络犯罪打击难度大，难彻底铲除

在大数据时代，一些企业通过网络或者收集 APP 很容易收集到很多个人信息数据，并通过网络等多种渠道进行多次倒卖，导致犯罪分子获取个人信息的渠道极为便利和隐蔽。再加上电信诈骗犯罪的组织日益严密、分工更加细化、手段更为隐蔽，具有职业化、集团化和地域化的发展趋势。新型电信诈骗涉案成员构成逐步由相熟的家族成员、朋友同学共同作案，发展为陌生人通过网络、手机聊天软件单线纵向沟通交流，借助网络通信、大数据技术横向阶段式独立，总体协作的方式来作案。并且主犯多隐藏在境外，从犯、帮助犯等分散在境内。传统电信诈骗成员之间彼此具有较为深厚的情感，即便是被抓捕、被起诉或被审判，也基本上不会供述其亲戚朋友，导致难以开展深挖犯罪工作；而现在，新型电信诈骗犯罪成员之间彼此单线联系且身处地域跨度较大，一般只能抓住个别犯罪组织的下属或打掉少数组织下端的小团伙，而极难将整个犯罪集团连根拔起、彻底铲除。

为逃避司法机关的打击，电信诈骗犯罪分子流动性和反侦查能力极强，往往隐藏自己真实身份，经常更换居住地址，不易被抓捕；犯罪集团核心成员往往身处境外或港澳台地区，各地刑事司法协作不尽完备，更给打击犯罪带来困难；一些地域性电信诈骗犯罪重灾区整治还不够彻底，如福建省龙岩市新罗区被点名为网络购物诈骗犯罪重点地区，广西壮族自治区宾阳县被点名为假冒QQ 好友诈骗犯罪重点地区等，发案率居高不下，出现了屡打不绝的现象。③
另外，虽然侦查机关已经开始利用大数据技术来进行犯罪侦查，尤其是在发现

---

① 《"GSM 劫持 + 短信嗅探技术"警方发现最新诈骗手法》，载央视网，http：//news.cctv.com/2018/07/27/ARTI316SDCwQDE2jc7Ybp7kQ180727.shtml，最后访问日期：2019 年 6 月 25 日。

② 《公安部公开 48 种常见电信诈骗犯罪案件 电话类占 6 成》，载人民网，http：//society.people.com.cn/n1/2016/0127/c1008 - 28090338.html，最后访问日期：2019 年 6 月 22 日。

③ 《七大地域性职业电信诈骗手法全揭秘》，载 http：//www.mzyfz.com/index.php/cms/item - view - id - 1195263，最后访问日期：2019 年 6 月 25 日。

并锁定犯罪嫌疑人的技术较为成熟,但是,在完成第二项重要侦查任务即收集犯罪的证据材料方面作用极为有限。有学者统计在公安适用技术侦查措施的570份裁判文书中仅有52个案件,也就是9%的案件中技侦措施被用作诉讼证据,并且113件适用大数据技术的案件均未被用作诉讼证据。① 这也反映出我国的大数据侦查的应用目前还处在初级阶段,尤其在处理公民隐私权的不当干预与对犯罪精准打击的合理协调上还有很多的问题亟待解决。

(四) 用高新技术侦办案件分歧较多影响效率

虽然2011年"两高"出台了《办理诈骗案件应用法律若干问题的解释》对电信诈骗犯罪作出相关规定,并在2019年出台关于侵犯公民个人信息的最新司法解释。但是,在大数据和智能化时代,电信诈骗犯罪手段不断翻新、涉及到大数据、云技术、网络通讯、电子支付等诸多新领域,以致新类型的电信诈骗犯罪存在定罪量刑标准滞后和法律法规盲区。理论界和实务部门关于电信诈骗犯罪就已经存在很多争议。在定罪方面包括被害人"处分意识",想象竞合犯等问题引发很多争论。② 对于大数据这种还正处于飞速发展阶段的新科技作为办案手段可能会引发更大的分歧。

以冒充公检法电话诈骗这种典型的电信诈骗定性为例,在司法实践中就有两种分歧意见:一种观点认为,应当按照招摇撞骗罪和诈骗罪的法条竞合规则定罪处罚;另一观点认为,应当按照招摇撞骗罪和诈骗罪的想象竞合犯从一重处断。③ 在量刑方面包括该类犯罪犯罪数额问题、既未遂问题、共同犯罪问题等,如多人分工协作实施电信诈骗是按犯罪集团处理还是一般共犯论处。在司法实务方面包括管辖问题、证据审查问、侦查技术问题等,如关于电信诈骗犯罪的证据效力认定问题,有观点认为,扣押清单与搜查笔录不一致、手机串号最后一位数不确定等证据是瑕疵证据不能成为定罪依据;又有观点认为,虽然前述证据单独看或有瑕疵,但只要综合看所有证据能够形成证据锁链,就可以成为定罪证据。④

大数据技术的应用是以收集并分析大量数据为基础的,但是大数据的作用

---

① 程雷:《大数据侦查的法律控制》,载《中国社会科学》2018年第11期。

② 秦新承:《认定诈骗犯罪无需"处分意识"——以利用新型支付方式实施的诈骗案为例》载《法学》2012年第3期。

③ 参见蒲英华、张贺全:《招摇撞骗罪与诈骗罪法条竞合时应如何定罪处罚》,载《中国检察官》2011年第12期。

④ 参见成都市人民检察院编:《陈某等三人电信诈骗案》,载《四川省成都市检察机关案例选编》2015年第1期。

并不仅限于此,而是根据分析结果加以预测并制定预先的应对措施。① 大数据的挖掘或预测结果极度依赖作为源头的数据质量,数据被污染或有瑕疵将直接导致误导性甚至根本性错误。② 关乎公民生命与自由的刑事司法领域的容错率极为有限,基于污染或错误数据开展的大数据侦查和裁判,极可能误导司法机关不当干预公民权利乃至剥夺公民个人自由生命,从而引发新技术导致的一系列冤假错案。这就导致司法实践中涉及到新技术类型的犯罪时,侦办案件效率不高。

二、大数据时代电信诈骗犯罪防控难的因由

在大数据和智能化时代,新技术给社会生活带来的风险无所不在,法律被视为应对风险的重要利器,司法机关成为防控电信诈骗犯罪的排头兵。然而,过度夸大司法机关的力量是不可取的,我们只有深刻反思电信诈骗的各类成因,才能找准根治顽症的出路。

(一) 风险成本与犯罪收益博弈后的抉择

正如美国学者迈克尔·戈特弗里德森指出:"犯罪的数量深受犯罪活动的性质、犯罪活动包含的危险性(被逮捕和受惩罚的危险性)、犯罪所需付出的努力以及犯罪能够产生的利益的制约。"③ 被逮捕和受惩罚的危险性会有效阻碍涉及长期计划和大量投入的犯罪活动。犯罪必受处罚的刑法威慑力不足,一些犯罪分子更是有恃无恐地进行电信诈骗。当前,我国经济处于转型升级的阵痛期,很多与互联网、大数据关联的新型经济模式如雨后春笋般涌现,相应的立法的滞后性导致了法律约规制的漏洞。受到利益的驱动,电信诈骗犯罪分子在风险与利益之间博弈,走向了"经济成本低、非法收益高"的诈骗之路。据媒体统计,电信网络诈骗给被骗个人或企业、单位造成了极大的经济损失,少则几千,多则上百万、甚至上亿元的财产损失,与巨大的获利相比被破获抓捕到的风险相对较小。④

为了逃避法律制裁风险,谋求更大经济收益。大数据时代下,新型电信诈骗犯罪的分工架构已高度专业化和职业化,充分勾结网络社会中的灰色产业

---

① [日] 大河原克行:《图解大数据》,苏小楠译,南方出版社 2013 年版,第 3 页。
② 程雷:《大数据侦查的法律控制》,载《中国社会科学》2018 年第 11 期。
③ Michael Gottfredson and Travis Hirschi, A General Theory of Crime, Stanford University Press, Stanford, CA, 1990, p. 21.
④ 颜斐:《电信诈骗案数额最高上亿》,载《北京晨报》2016 年 3 月 5 日,第 A12 版。

链,来买卖个人信息数据,然后利用这些信息数据筛选诈骗对象,制订周密的诈骗方案进而分工实施诈骗行为,并对诈骗资金转移分流等一个闭环的诈骗产业链。诈骗团伙的分工也从过去"通讯组""技术组""取款组"的简单分工,发展到与网络上非法获取公民个人隐私信息数据的个人或者公司进行合作,与网络黑客进行技术服务支持的买卖交易,甚至将传统的"取款业务"也外包给有资金分流或洗钱渠道的个人或者公司来专门处理。这种流程的分段外包看似较传统诈骗组织更松散,但正是对非法利益的共同追逐,新型电信诈骗犯罪分子与灰色产业群的合作更加紧密,不断拓展犯罪空间,形成了犯罪生态链条,严重影响了社会经济发展和公众的安定生活。刑法的目的是预防犯罪行为的发生,而现实这一目的可以通过"特殊威慑"、"普遍威慑"和剥夺再犯能力这三种途径借助于刑罚来实现,对于利用大数据技术实施电信网络诈骗的犯罪亦是如此。

(二)大数据产业存在行业失范和监管不力现象

法国社会学家迪尔凯姆在研究有机社会中的病理状态——"失范"时明确指出:"失范"是缺少行为规范和道德控制的一种社会的不正常状态,人们容易迷失于合理有效的规范和行为中,缺乏有效约束和控制,个人欲望和行为无限膨胀。[①] 与电信网络诈骗犯罪关联的行业失范,主要是互网络、通信、金融服务、大数据产业等行业内部缺乏对从业人员适法性的规范约束,相关行政部门对这些行业的监管存在漏洞,导致部分从业人员倒卖他人信息数据资源、非法贩卖移动通讯设备、违规办理网络或金融账户、特殊号通信业务等,为新型电信诈骗犯罪提供支持和帮助,失范行为和犯罪行为不断增加。

正是由于网络通信、金融服务、大数据应用等领域,还缺乏严密的监督管理,如移动通信的服务商缺乏有效的外部监管机制,手机实名制的规定形同虚设,而国家行政机关对短信群发器、改号软件等违规软件监管存在漏洞导致违法犯罪分子可以轻易获得作为犯罪工具;又如金融机构监管不到位,往往忽视审核开卡人信息,只要有身份证就可以开卡,不管其身份证是拾得的、盗窃的还是伪造的;还如第三方网络支付平台监管不到位,犯罪分子利用电子支付方式轻松转账,甚至实现其"洗钱"之目的。除了以上单位对用户的监管不到位外,工信部、银监会、工商管理等政府部门还存在对电信运营商、金融机构和第三方支付平台监管不力的问题,这是前文所述行业失范问题的重要原因。

---

① Emile Durkheim, The Division of Labor in Society, translated by George Simpson, The Free Press, New York, 1965, p.40.

在经济飞速发展的转型期，大数据和网络经济给当前的社会带来了巨大的利益增长，互联网和电商平台创造了很多短期内暴富的神话。① 这也激发了人们通过在网络淘金暴富的创业激情和欲望，在淘宝、京东、跨境电商等C2C的营销模式，也衍生出了P2P互联网金融、共享经济模式，更滋生了网络传销、E租宝、钱宝网等利用人们急于通过网络暴富的心理实施诈骗的多种犯罪形态。② 这正如法国社会学家迪尔凯姆在《自杀论》中拓展研究"失范"理论时指出：经济繁荣时期的失范比经济衰退要更为严重，因为经济繁荣刺激了欲望的产生，而恰恰此时约束这些个人欲望的规则体系已经崩溃。在经济飞速发展刺激个人欲望膨胀时，极易导致传统规则在民众心中失去权威，欲望的实现这种莫大奖赏刺激着人们更急功近利，更加漠视规则的约束和控制。此时，外界约束规则的缺失必然导致违规状况或社会反常状况进一步恶化。③

（三）立法滞后司法疏漏导致打击不力

虽然我国《刑法》、《电信条例》、《维护互联网安全的决定》和《关于办理诈骗刑事案件具体应用法律若干问题的解释》对电信网络违法犯罪均作出了明确规定，但是正如前文所述电信网络诈骗在定罪量刑等实践方面还有诸多争论，《刑法》及相关司法解释未作出针对性的细化新规定，现有规定可操作性不强，无法适应新型电信诈骗的立法需要。除此之外，个人信息保护、电信、金融等行业领域存在法律法规滞后问题，如刑法对公民个人信息保护的法律规定比较笼统可操作性不强；又如电信、金融、互联网等行业法律规范不足，导致虚假信息泛滥，电子支付漏洞、网络病毒等为不法之徒利用，给电信诈骗犯罪滋生蔓延提供有利条件。

新型电信诈骗犯罪主要是犯罪集团与司法机关在通信、金融和互联网领域的技术对抗，而实践中司法人员缺乏电信、金融和互联网等知识的储备，打击能力相对不足，达不到预期的打击效果。据2015年的统计，全国公安机关对电信网络诈骗的立案共59万起，而检察机关起诉的和法院审结的却只有千余件，总计222亿元经济损失中被追回的只是"九牛一毛"。尤其是在办理跨国

---

① 《淘宝网最强暴富神话："女装能卖1.5亿 练了葵花宝典?"》，载中国经济网，http://finance.ce.cn/rolling/201007/28/t20100728_16012206.shtml，最后访问日期：2019年6月26日。

② 《1.3万人梦断网络"暴富神话"》，载凤凰网，http://tech.ifeng.com/internet/detail_2013_01/21/21432310_0.shtml?_from_ralated，最后访问日期：2019年6月26日。

③ 参见 Emile Durkheim, Suicide, translated by John A. Spaulding and George Simpson, The Free Press, New York, 1951, pp. 83 – 84.

电信诈骗犯罪时,司法机关需要跨境侦办案件,在收集、固定相关电子证据时很难短期内及时高效的处理,涉案赃款赃物的冻结、追缴面临多重困难,与境外相关司法机关协作配合机制不健全,使得办案成本高效率却很低,导致公安机关对电信网络诈骗立案较多,囿于证据收集不全等问题,能够被检察院起诉、法院审判的案件数量大幅度降低。

三、大数据时代电信网络诈骗防控的新思路

大数据时代对电信网络诈骗犯罪的防控应采取新理念与方法,应当顺应大数据技术引发的社会生活变化,从完善的大数据技术运用、规范大数据行业规则推动社会治理和多层次刑事控制协调三个维度寻找新的防控思路。当然,结合大数据技术在刑事政策、立法和司法各个层面制定打击电信网络诈骗犯罪的有效应对方案,已成为当今刑法学理论和实务亟须攻克的重大课题。

(一)大数据技术的开发应用同步防范涉罪风险

大数据技术是一般双刃剑,它可以造福人类,也潜藏着诸多风险。有些属于容许的风险,即我们因为追求一个更高度的利益而可以接受该行为的附带风险。① 大数据技术对社会生活和经济发展是有正面效用的,大数据技术不完善潜藏的技术风险是被容许的风险。电信诈骗者利用大数据技术等前沿科技,非法获取公民个人大量隐私信息进而设计各类新型诈骗套路,不是大数据可容许风险的范畴,它给我们的网络通信安全和个人隐私保护敲响了警钟。大数据时代可能引发的违法犯罪风险,"表现在云计算对于低价值密度的数据进行挖掘的信息价值实现过程,使元数据窃取的也具有核心信息泄露的不确定性"。② 电信诈骗分子正是利用了大数据、网络通信等科技手段精准获取客户某方面的需求制造诸如"杀猪盘"等新型电信网络诈骗。司法机关机关需加强与互联网平台公司、网络安全公司等技术合作,在依法整合大数据的基础上,开发高精尖技术,斩断新型电信诈骗犯罪上下游违法犯罪生态链。

首先,在个人隐私和信息安全保护技术要与新科技同步,不仅要从PC终端、手机通信终端等硬件设备上加强技术防范,也要从操作系统、应用软件和

---

① Otto, Grundkurs AT § 8V6. 转引自黄荣坚:《刑法问题与利益思考》,中国人民大学出版社2009年版,第134页。

② 于志刚、李源粒:《大数据时代数据犯罪的制裁思路》,载《中国社会科学》2014年第10期。

手机 APP 等软件系统上强化技术防范。① 例如，在个人 PC 端、手机等硬件设备上安装正版防病毒软件、360 安全卫士等，有意识地和有针对性地使用一些隐私安全软件、加密软件和自动清除软件等。

其次，在审查虚假信息方面，运用现代生物技术，建立"人脸识别""指纹识别""语音识别"等数据库，对虚假身份信息快速准确鉴别，严防套用、伪造、变造公民个人身份信息等情况。除此之外，强化网络服务商、网络商家对网络用户大数据信息的保护，积极运用大数据技术防止网络平台、网络商家或软件服务商非法收集、过度收集注册信息、购物信息、位置信息等个人隐私，确保平台、网站、软件的规范性和合法性，避免出现个人电子数据泄露、隐私信息被窃取甚至、被贩卖等情况的发生。

再次，利用大数据技术借助电信通讯、网络监控平台过滤和报警诈骗信息。运用专业的技术手段对诈骗电话、短信、网页信息进行过滤和拦截，或网站的技术手段，反向追查电信诈骗 VOIP 电话服务器，并研究开发使用"防范电信诈骗犯罪通讯平台"、定期或不定期地发布揭露各类新型电信诈骗手法的短信，确保广大群众不被诈骗电话或诈骗短信的攻击。

最后，限制和举报资金非法转移方面，通过对银行交易系统、第三方支付系统等设置技术屏障，对向境外转账、支付的账户设置单日交易金额和次数的上限，在 ATM 机上增设防骗警示屏幕和加装防骗语音提示系统，有效阻隔或切断涉案资金的非法转移。

（二）顶层设计 + 多方联动推进"双层社会"治理

习近平总书记强调，"没有网络安全就没有国家安全，就没有经济社会稳定运行，广大人民群众利益就难以得到保障"。② 虽然《网络安全法》对公民个人信息保护、大数据传输等规则予以法律确认，但我们还需要在党委领导、政府主导下，加强信息安全保护、大数据传输的顶层设计，不断健全信息安全防护制度体系。在不断加强个人信息安全知识宣传教育的基础上，网络信息安全相关职能部门要逐步做好与现有法律法规、大数据技术应用、网络通信建设等方面的配套衔接，同时强化与司法机关协作配合，构建起系统多元的治理格局，对新型电信诈骗犯罪展开整体战、合成战。如电信、金融等主管部门要实时监控电信、金融等行业的信息保护工作，正向激励网络安全平台公司提供精

---

① 参见韩春煌：《大数据背景下个人电子信息安全隐患及预防措施》，载《信息与电脑（理论版）》2018 年第 21 期。

② 《习近平：自主创新推进网络强国建设》，载新华网，http：//www.xinhuanet.com/2018－04/21/c_1122719854.htm，最后访问日期：2019 年 6 月 28 日。

准有效的技术支撑，确保公民个人隐私信息、大数据等不泄露、不丢失；鼓励和支持相关公司建立网络改号诈骗电话拦截阻断和快速通报关停制度，以及涉案账户紧急止付和快速冻结制度，封堵电信、金融等领域的安全漏洞。①

随着电子商务、网络社区等在网络空间的发展成熟，网络空间也逐渐由"信息媒介"向"生活平台"过渡，网络行为不仅仅是"虚拟性"的行为，它被赋予了更多的"现实性"社会意义，成为了人们日常活动的"第二空间"。网络已经逐渐形成自身的社会结构，并对现实社会空间形成巨大的辐射效应，这就意味着"双层社会"逐渐形成。② 在双层社会空间要防范大数据技术发展引发的犯罪风险，除了在从源头上加强顶层设计和行政监管外，还要提高大数据产业的行业自律和规范，多方联动切实做到负责任地使用信息隐私和大数据。

一方面，网络运营等大数据行业的工作人员应强化自我约束和相互监督，相关行业协会应强化自律机制建设，增加信息数据安全方面资金、政策的战略投入，建立起对用户数据负责任使用的内部监督机制，并建立完善相关人员诚信档案，对违背承诺买卖各类信息数据的个人公司进行严厉惩罚和制裁。另一方面，电信运营商、金融机构等应强化信息数据的审核、传播和使用，例如，电信运营商必须严格落实手机、"一号通"和"400"电话等实名制，严格规范、审查移动通讯账号身份、短信群发业务、VOIP线路及"透传"线路等。又如，银行必须严格落实银行卡用户实名制，严格遵循银行业交易记录保存制度，保存银行交易中产生取款、转账等交易记录、ATM取款的视听资料等电子记录，不等随意传播或商业使用。

（三）严密法网+强化司法协同推进法治保护

大数据具有无形、可复制、易传播的特征，而网络社交、网络购物等领域广泛使用云计算等大数据技术极易导致个人隐私信息的复制传播。现有电信、金融相关法规体系已不能较好适应大数据时代需要，亟须完善电信、金融等领域的法律法规体系，具体完善思路如下：

1. 严密法网为大数据行业监管和防控犯罪护航。电信网络诈骗涉及到个人信息保护、电信、金融和互联网等领域，对其防控除依赖大数据产业的行业监管和自律之外，还须尽快弥补法律漏洞，运用法规保护公民个人信息、电子

---

① 王治国：《以更大决心和力度打击治理电信诈骗犯罪》，载《检察日报》2016年2月26日，第1版。

② 于志刚：《"双层社会"中传统刑法的适用空间—以两高〈网络诽谤解释〉的发布为背景》，载《法学》2013年第10期。

账户密码等电子数据的安全。(1)《民法总则》第 111 条确立对公民个人信息采"事先同意"和确保"信息安全"的依法处理原则,却未明确个人信息的具体内涵,也未赋予公民个人信息决定权、查询权、更正权、补充权、删除权、拒绝权等权利。① 立法应当完善个人信息非法传播的问责机制,强化网络留存的个人信息安全保密制度和规范追责机制;(2)升格《电信条例》《互联网信息服务管理办法》《中国互联网行业自律公约》为《电信法》《互联网法》等单行法,补充完善《银行法》等金融法规来规范互联网金融平台的运行规范和法律责任。通过出台专门法律规范或司法解释加大对司法机关法律适用的立法支持,如健全电子证据的收集、固定、审查、司法协助,涉案资金返还及跨境协助等制度;(3)鉴于电信网络诈骗犯罪侵害法益的复杂性,涉及财产、信息安全、通信安全和金融秩序等法益,可考虑制定电信网络诈骗犯罪单行法,对该罪构成、量刑、案件侦办、证据收集认定等详细规定,也是建立法规体系的核心内容。

2. 强化对数据信息资源的全程严密保护。在大数据时代,个人隐私和财产都被网络技术处理为一系列的电子数据,鉴于网络数据信息重要的现实意义,刑法须突破传统思维,重视关涉数据的犯罪对原有数据信息保护体系的全面切入,以开放性的姿态为现实犯罪罪名体系与数据类犯罪罪名体系间的协调提供可能。② 为提升防控电信诈骗犯罪的司法控制,立法应当从源头上对非法收集、贩卖、传播、使用大数据的黑客和监守自盗、非法牟利的大数据从业人员及企业,从严从快打击,形成强大的刑法震慑力。目前我国刑法只是对利用公民隐私信息、大数据实施的各类犯罪的行为人,以及非法倒卖公民个人信息的公司或个人进行刑事打击。但对网络平台运营商未采取可期待的技术措施的刑事可罚性问题规定并不明确。例如,当网络服务商没有将已知诈骗性垃圾邮件发送者从网络上清除时,是否可认定为诈骗行为帮助犯?对此,德国很早就依据《关于电子业务的欧盟指导准则》(ECRL)制定了《电子服务法》中规定:网络提供商只是单纯传导数据,则毋需对数据类犯罪承担责任,但在网络提供商知晓某一网络来源的违法内容时,有相应技术能力却仍故意不封锁时,

---

① 李媛:《大数据时代的网络信息安全保护》,载《中国社会科学报》2017 年 5 月 24 日,第 5 版。
② 于志刚、李源粒:《大数据时代数据犯罪的制裁思路》,载《中国社会科学》2014 年第 10 期。

系居于保证人地位,应当承担刑法上的责任。①

3. 强化司法机关主导多方协作打击电信网络诈骗。在大数据时代,电信网络诈骗分子利用大数据技术获取的个人信息数据实施跨地、跨国电信网络诈骗,并根据个人信息数据量身定制精准的诈骗套路,危害性和打击难度极大。对此,司法机关应当加强内外沟通协作。(1)在司法机关内设机构之间应当形成工作合力,例如检察机关内部整合刑事、民事、行政不同检察部门力量,以及与公安刑侦人员沟通协作,探索解决电子证据的收集、固定、举证标准认定和举证责任分配等司法难题;(2)司法机关应联合国内的大数据企业加大对司法办案人员的网络通信知识、大数据技术等专门培训,提高办案人员的电子证据取证、鉴定和审查的技术能力;(3)与境外司法部门协作搭建信息资源共享平台,或建立沟通交流联席会议机制,协商解决电信网络诈骗犯罪的取证协作机制、涉案资金冻结、追赃机制以及涉案人引渡等难题。

结 语

在大数据时代,数据和信息已经成为网络社会和现实社会的核心要素。互联网公司通过云计算平台挖掘出的公民个人信息数据,已经成为企业的重要核心资产。是否应当严格区分数据和信息的差异,明确公民个人数据信息的权利属性,公民授权同意大数据企业获取的个人信息使用边界和可追责范围,以及司法机关在利用大数据技术侦办案件时如何处理好公民个人隐私和非法数据信息监控之间的平衡都是需要深入研究的法律问题。在未来网络交易会比现在更普遍化、国际化,甚至将来会出现更多的跨国界、跨文化的电信网络诈骗案件。这需要司法机关联合多方力量建立信息监控巡查等司法联动机制,全面切断新型电信诈骗犯罪跨地域的信息链和资金链,努力做到全面系统打击电信网络诈骗及其上下游的违法犯罪行为。

---

① 参见[德]埃里克·希尔根多夫:《德国刑法学:从传统到现代》,江溯等译,北京大学出版社 2015 年版,第 366~369 页。

基于大数据的犯罪统计与定量分析研究

胡 勇[*]

引 言

随着舍恩伯格的《大数据时代》引起广泛关注,近几年关于大数据的研究和讨论也层出不穷,大数据已经成为时代潮流。大数据人工智能为引领的创新驱动发展,已经开始横扫各个领域重构现代社会。毫无疑问大数据时代已经来临,以犯罪数据为研究对象的犯罪统计与定量分析研究将以大数据的视角重新审视对于犯罪数据的统计分析,采用新的研究方法提高统计分析质量和效率。

犯罪统计和分析关系社会和谐稳定,对预防犯罪和犯罪控制有着极大作用。结合国内外研究成果已经中国司法工作实际,经过对犯罪数据的分析统计可以得出一定时间段或区域内犯罪数据高于正常值的对象,我们称之为犯罪热点。犯罪热点的动态生成离不开大数据技术提供的强大技术支持,也离不开统计和定量分析研究方法的支撑,它必将为减少和预防犯罪提供新的理论基础,为保护人民生命财产安全、打击犯罪嚣张气焰以及维护社会和谐稳定产生深远的影响。大数据技术在犯罪统计分析上的应用不仅能对犯罪热点实时控制,更能通过犯罪热点图的构建对犯罪行为、犯罪区域、犯罪时间段进行预测,极大地促进犯罪预防工作的开展。

大数据时代对犯罪统计的影响是多方面的,首先,大数据时代的到来改变了数据的采集形式。传统数据的采集以人工普查、问卷调查、抽样调查为主,面对当今海量数据已经无法满足对数据收集处理速度要求。其次,数据的分析模式也发生了改变。传统犯罪数据在收集后进行抽样分析,抽样分析无法适应对犯罪情况的准确性要求,大数据统计分析模式是全数据分析模式,使得其准确性和实效性得到了极大提高。最后,数据关系之间因果联系要求下降。传统

---

[*] 胡勇,重庆市南岸区人民检察院检务保障部主任科员,工程师。

的统计方法要求数据之间有一定的因果联系,而大数据统计分析对这个要求下降,只要有足够数据分析就能从一些看似无联系的数据中找到有效数据形成关系脉络图谱,实现数据的可用价值最大化。

一、大数据统计概述

在维克托·迈尔-舍恩伯格等编写的《大数据时代》一书中大数据指由于数据的规模、复杂而不用传统的抽样统计分析法对数据运算,而采用对所有数据进行分析处理。大数据具有4V特点:Volume(巨量)、Velocity(高速)、Variety(多样)、Value(价值)[1]。大数据就是一系列结构化、非结构化、半结构化数据的集合,是一切可记录信号的总和。

大数据统计分析是以大量数据集合为基础的统计分析技术,大数据是一个整体而不能脱离其所处环境单独分析,它是基于现代信息技术的具有超出传统统计记录和存储能力的一切类型数据,能够更全面真实的反映客观世界。

大数据是大量数据的集合,其本身没有什么价值,但是通过统计分析挖掘出有效数据和数据间的关系脉络图后就能对决策提供重要的依据。在司法办案实践中,我们常常是事后处理一些犯罪案件,如果采用大数据系统对犯罪数据进行统计分析,获取有效信息从而得出犯罪叠加热点图后,我们能通过热点图推断出一定时间、范围内犯罪率高的地区从而重点控制。此外,通过大数据分析获取的嫌疑人有效信息我们能发掘出他的关系脉络图,对还未发现的嫌疑人或者可能发生的犯罪案件进行梳理,进而及时预防犯罪事件的发生,这是大数据有别于传统统计方法的预判能力。

二、大数据犯罪统计与传统统计的区别

大数据统计分析是以大量数据集合为基础的统计分析技术,与传统统计学不同,大数据统计不用抽样调查,大数据是一个整体而不能脱离其所处环境单独分析,它需要全部数据都参与。当数据累积到一定程度即所采用的数据越多,大数据统计分析的结果与客观现实就越接近,估计精度就越高。[2]

大数据是一切可记录数据的总和,大数据统计是全数据统计,里面包含很多不方便使用结构化数据库二维逻辑来表达的数据,包括所有格式的办公文档、图像音频信息等。这也导致大数据统计与传统统计方式有很多区别,其主

---

[1] 邬贺铨:《大数据时代的机遇与挑战》,载《求是》2013年第4期。
[2] 王吉善、陈晓红、马谢民:《大数据时代统计分析的新特点》,载《中国卫生质量管理》2015年第1期。

要的区别如下:

(一) 统计的样本概念不同

传统统计方式离不开抽样调查,样本是所研究整体的一个部分,通过样本的分析反映整体的情况。大数据时代的样本概念与传统统计截然不同,大数据是所有可记录数据都参与统计分析,是全数据统计。其数据来源主要分为静态数据和动态数据。

静态数据就是已经存在的统计对象,例如客户端已经存在的数据,它们没有和服务器数据库发生交互,这也的闭合数据无需检测样本的有效性,只需要全部纳入大数据统计范围即可,不会随着时间变化而改变的数据集合。

动态数据是一些随着时间的推移而改变的数据,例如公安办案过程中产生的所有案件信息,这些信息会随着时间推移而增多,这些数据有别于随机抽样的数据,它们是一个需要动态分析的数据总和。由于大数据是基于动态数据而不是历史或严格环境下产生的数据,因此适合司法办案中犯罪数据的分析统计,这些数据的采集、存储、处理具有动态性的特点。

不难发现大数据相比于样本数据的最大优点是具有巨大的数据选择空间,大数据统计可以多维度、多角度对数据进行定量分析。由于大数据的多样性和巨大的体量,样本不足以呈现的某些规律会在大数据中体现。传统的抽样统计样本不足以从少量数据中的一些弱规律信息提取有效信息,一些异常数据无法得到有效认可解释,这将极大限制犯罪事实和案件的侦查防范。为避免类似情况的发生,采用大数据技术对犯罪数据统计分析能极大提高我们队犯罪行为和事实的认知能力,避免丢失重要信息,避免失去预测案件走向和预防犯罪的机会。

(二) 大数据统计重在挖掘数据的联系

传统统计研究方法,大量样本是统计的基础,主要是对足够量的个体进行因果关系的分析,以确保有足够的数据基础来抵消个体之间的差异对整体的影响,从而总结出数据规律。但是受限于各种因素传统统计方式一般情况不能做到普查而只是抽样调查,这需要选取的样本有较强的因果关系,只有大量的强因果关系的样本数据才能符合大数定律,让样本结果趋近于整体结果。

大数据分析统计是全数据统计,其与样本容量无关,只与采集的数据量有关,因此存在大量弱关系的数据。大数据统计借助强大的分析处理能力对这些离散、非结构数据重新整理,找出有效数据产生关系谱图,能得出传统抽样统计方法漏掉或者无法分析的特殊规律。大数据技术在犯罪统计分析的应用可以保障对犯罪记录的全数据统计,能够避免丢失重要关系图谱和数据,能够得出符合规律较强有较高价值的结果。①

(三) 大数据统计的数据类型范围更大

传统统计方法的数据主要是结构化数据,是可以用二维结构逻辑表达的数据,有标准的结构。大数据统计的数据包括结构化数据、半结构化数据、非结构化数据和其他离散数据,这些数据表现形式有办公文档、图片、音视频、网页等不适合用二维逻辑表达。

(四) 大数据统计与传统统计存储方式不同

传统存储数据的方式有固定的存储格式和结构,通常采用结构化数据库如 SQL 数据库存储。大数据统计是动态采集信息存储,更适合运行过程中的各类数据分析,例如犯罪信息包含路边高清摄像头的音视频信息、执法记录仪的音视频信息、各类司法机关办案系统产生的数据,因此需要对这些犯罪有关的数据进行分类识别存储如 Hadoop 分布式云平台存储。

Hadoop 得益于自身数据提取、变形、加载 ETL 方面的天然优势可将大数据处理引擎尽可能靠近存储提高处理速度。Hadoop 的 MapReduce 功能可打碎单个任务,将犯罪数据碎片任务发送到多个节点上,再以单个数据集的形式加载到数据仓库中。

(五) 数据采集的方式不同

传统统计方法的数据采集需要根据统计分析的目的进行,在采集数据的过程中需要设计采集的方案、采集的流程,最常见的采集方式是普查、调查问卷等方式,存在低效率、高成本的缺点。大数据统计只需要对各类数据预处理,从识别整理后的数据挖掘出有效信息,分布式存储到云端。

(六) 大数据统计的数据来源不同

传统的统计方式是根据研究目的事业调查会限制调查内容和范围,而且受限于经费往往不能细分。例如对刑事案件犯罪行为特征分析,在完成统计工作后想具体了解某一地区故意伤害案件行为的特征就可能因为抽样中满足条件的案件数量太少或者没有类似的案件而无法进行。

大数据统计方式的数据来源于可记录数据的总和,很难追溯到数据源头,不具有很强的目的性。② 大数据时代对数据的处理技术已经不是问题,我们可以借助云计算扩展数据规模,可以做到总体把握,又能做到局部关注,这对社

---

① 欧阳竹筠:《犯罪统计若干问题探讨》,载《统计与决策》2005 年第 9 期。
② 蒋媛媛:《大数据时代下数据犯罪的研究》,华南理工大学 2016 年学位论文。

会有巨大影响的犯罪案件统计分析工作十分重要。

（七）数据的精确性要求不同

传统统计方式获得的数据一般具有完整性、精确性、可比性、一致性等特征。传统方式分析数据的目的是为了尽可能利用有限数据全面精准的反映整体情况，它对数据有着严格的要求。在大数据时代，数据的来源广泛可以允许不精确，我们可以接受并处理多样的数据而不追求数据的精确性。数据量越大，数据来源越多，我们获得的反映整体情况的分析结果就越接近客观规律。例如，某条刑事犯罪记录中嫌疑人身高170，在传统模式下可能就只有几条该嫌疑人的身高数据测的平均值是168。但是在大数据时代该嫌疑人可能在交通犯罪或者其他记录中有两千条记录身高170、在户籍中有三次记录身高169，那么我们可以认为他的身高是170。

（八）大数据定量分析方式不同

传统统计分析的数据来源于结构化数据，定量分析方式很完备，也容易得到结果。大数据统计分析主要是一些非结构化数据，这些数据的分析不能套用以前的分析方式，需要新的突破和创新。

大数据统计分析往往是分析数据之间的联系进而由此及彼的预测而不仅是因果关系，一些非结构化数据变量之间存在某种关联但是没法确定变量之间的关系函数。

（九）大数据统计与定量分析思维不同

传统的统计方法往往是先假设某种关系然后针对性的计算变量和因变量的关系，这是"先假设、后因果"的分析思路。大数据统计处理的数据是流数据其数据量巨大，变量随着数据规模增多而变大，变量间的因果关系具有时效性，大数据更关注数据之间的联系。[①]

传统统计分析过程是"定性、定量、再定性"的分析过程，先找到定量分析的方向经过分析处理后得出结论。大数据统计过程是"定量、定性"的过程，通过强大的分析处理能力找到重要数据的数量特征和数量关系，得出可以为决策做依据的结论，从而提高狄取高价值数据的可能性。[②]

传统的统计实证分析，一般采用提出假设，通过数据验证假设是否成立，其分析思路是"假设+验证"模式。这种模式受到假设的局限性有可能造成变量选取失当，所得结论不是真实情况，往往很多实证分析纯粹是为了匹配假

---

① 赵彦云：《对大数据统计设计的思考》，载《统计研究》2015年第6期。
② 李金昌：《大数据与统计新思维》，载《统计研究》2014年第1期。

设而得出。大数据统计的实证分析思路是"发现+总结",通过全面分析研究数据从中发现规律,再加以总结形成规律,这种启发式的分析方式有助于发现更多规律。

传统的统计推断分析过程是以分布理论为基础,在一定概率保证下,根据样本特征推断总体特征,其分析思路是"分布理论、概率保证、总体推断",推断是否正确完全取决于样本的好坏。在大数据统计过程中,在静态或者动态数据流的某个时间点,总体特征不依赖于局部样本来分布理论推断,只需要根据计算方法来推断,分析思路变为"实际分布、总体特征、概率判断",其概率不再是预设而是根据实际分布得出判断。

伴随上述三大变化,不难看出大数据统计思维更适用于大量数据基础的实际犯罪统计中,特别是对难以发现的非结构化联系的实证分析,大数据统计能带来更多的规律,构建更为完善的关系图谱和犯罪热点图。

三、大数据统计分析的应用前景

目前,大数据统计分析广泛应用于金融服务、医疗、司法、电信、交通运输等领域,实现了海量数据有效利用、精确预测。

2018年10月,司法部在内蒙古自治区呼和浩特召开的全国司法行政信息化推进会上,预计在2019年年底,完成标准规范建设,完成全面依法治国、行政立法行政执法协调监督等六大类18项业务系统建设,完成司法大数据平台建设,基本实现"大平台共享、大系统共治、大数据慧治"的"数字法治、智慧司法"信息化建设目标。

"智慧公安大数据平台"是指在充分利用云计算、视频物联网、大数据和视频智慧分析技术、GIS、GPS、3G、移动警务智能系统、数字集群等背景下,全面梳理金盾工程的系统和资源,海量吸存数据,把传统的人流、物流、资金流形成的信息化"社会流"纳入管控,利用云计算、云平台进行智能分析和处理,以"人"为中心,掌控"屋、车、路、网、场、组织"等周边要素,形成的动态轨迹管控机制,是大数据统计分析的有效应用。

从以上应用不难看出大数据统计分析已经深入司法工作中的各个领域,大数据犯罪统计与定量分析研究对于预防犯罪和控制犯罪有着极为广阔的应用前景。

四、大数据犯罪统计与定量分析方法

对于犯罪统计而言,大数据时代带来的不仅是变革,更多的是统计方式多样性发展机遇。大数据将改变传统犯罪统计模式的工作程序,改变犯罪统计分

析的研究深度和广度。

（一）大数据犯罪的统计

大数据犯罪统计不能用数量关系衡量犯罪相关的文本、图像、音视频、地理位置等非结构化数据，如平均数、方差等反应特征关系的方法已经不适用于大数据统计。大数据犯罪统计的数据收集不仅通过司法机关自身数据采集，还需通过如街道摄像头等传感器自动采集数据，数据资料不再需要人为假设和人工收集。①

大数据犯罪统计包括数据预处理和整理、数据应用两个环节。

由于犯罪相关信息数量巨大、数据类型复杂、数据处理能力快等特点，对大数据的汇总统计前需要对其本身进行预处理。② 一是统计所获得的犯罪数据要有权威性，尽管大数据具有很多优点但并非完美，数据的偏移性是不可避免的，在统计分析时会有很多不可用数据。二是大数据统计中，是对整体数据的分析，但是个体之间仍然有差异，必须对复杂的数据动态分析。通过对大数据的噪音、不稳定内部关系的预处理才能有效获取可用数据。

大数据犯罪统计可以让我们控制犯罪动向，继而作出预测判断犯罪走向，预防犯罪的重要手段，大数据统计分析的思路从统计分析、实证分析、推断分析三个方面开展。

大数据犯罪统计分析是"定量、定性"的过程，通过强大的处理能力从犯罪数据的"定量回应"中找到重要犯罪数据的数量特征和数量关系，得出可以为进一步案件侦查决策和预防犯罪做依据，为构建关系图谱获取必要的特征关系，从而提高获取高价值犯罪数据的可能性。

大数据犯罪统计的实证分析思路是"发现＋总结"，通过全面分析研究犯罪相关数据从中发现规律，再加以总结形成规律如犯罪热点图，这种启发式的分析方式有助于发现更多规律例如破解历史遗留案件。

在大数据犯罪统计过程中，在犯罪信息动态数据流的某个时间点，总体特征不依赖于局部样本来分布理论推断，只需要根据计算方法来推断，分析思路变为"实际分布、总体特征、概率判断"，其概率不再是预设而是根据犯罪事实的实际分布得出。

大数据时代衍生的犯罪统计分析思路可以使我们发现了很多之前没有发现

---

① 朱建平、章贵军、刘晓葳：《大数据时代下数据分析理念的辨析》，载《统计研究》2014 年第 2 期。

② 王锐园：《大数据在禁毒工作中的应用》，载《中国刑警学院学报》2018 年第 5 期。

的事物之间的联系，有利于对历史疑难案件的破解。

（二）大数据犯罪的定量分析

犯罪信息的多样性和混杂性，以及先有数据后有总结的特点，传统的定量分析方法已经不能适应大数据时代的要求。传统的数据梳理与分类是按照预定方案进行，指标的关系和分类标识等都是结构化的，大数据时代的犯罪信息是动态随时更新的内容，数据的表达形式也多种多样，使得无法事先定义严格的分类梳理标准，形成以实证主义为导向的定量分析模式。

大量犯罪数据是一个信息宝库，只重视一般特征的归纳分析是不够的，还需要分析研究各类犯罪信息的子类信息乃至个体信息，以及一些特殊或者异常信息。这些信息可能代表事务的一些发展方向，需要通过已掌握的分布特征和相关知识经验推理分析出更多、更具体的规律，这些需要运用演绎推理等方法充分利用已有的知识去认知更细微更有用的规律。我们能从大数据定量分析中得到更多偶然性中的必然联系，能更全面、多维度的分析犯罪案件。

大数据犯罪分析通过相互关联的事物发现各种真实存在的关系，形成关系图谱，甚至能发现不曾注意的事物之间的联系破解历史疑难案件。爱因斯坦认为："西方科学的发展是以两个伟大的成就为基础的，那就是西方哲学家发明的形式逻辑体系，以及通过系统的实验发现有可能找出因果关系。这告诉我们只知道相关关系而不知道因果关系，那么犯罪数据的定量分析只能说完成了一半。因此，我们在值得事物之间存在的联系后需要按照特定的特征模式识别学习来探索他们之间的因果关系，这样得出的犯罪分析结论能帮助我们更科学的决策和预测未来，为更好的防治犯罪提供依据。

（三）大数据犯罪统计和定量分析技术

基于大数据的犯罪统计与定量分析需要处理大量非结构化数据，这就要求其具有强大的计算能力和存储能力，分布式云计算大数据平台具有强大的分布式计算能力、多节点冗余存储、虚拟化平台，它可以动态对海量犯罪相关信息进行挖掘。海量的犯罪信息可以实时存储在云平台中，依托平台强大的处理能力调用数据资源。

将犯罪数据导入到根据不同需要建立的模型中，自动生成相关侦查参考资料，包括受害人与涉案金额间的关联、犯罪嫌疑人的主从地位、犯罪嫌疑人与涉案金额间的关联、涉案金额等，通过受害人录入口供数据对比，查找漏网犯罪嫌疑人，查找犯罪线索或提示串供等，通过可视化图谱直观反映出有价值数据分析结果。

（四）大数据犯罪热点制图和犯罪预防

依托大数据云平台的分析处理能力，对犯罪信息进行定量分析可以识别出犯罪空间图谱，犯罪行为、案件高发地带可以通过"区域统计数据""犯罪位置分布"等形式叠加为犯罪热点图，方便司法人员有针对性的预防犯罪和打击犯罪。

区域统计数据通过大量犯罪数据的定量分析结合模型指标来识别犯罪统计数据的聚集情况，通过空间分布反映犯罪的聚集程度和分布趋势特征。通过对犯罪热点探测包括基于区域统计数据的热点探测和基于离散点的犯罪热点探测我们可以对犯罪热点制图。

犯罪热点的形成，表示不同地区的犯罪活动有差异，意味着潜在的社会风险。对于区域犯罪大数据统计，可通过空间描述性定量分析、探索性数据分析、灰色关联法等方法研究犯罪热点的形成与社会环境的关系，对中国犯罪热点的综合成因的研究，为犯罪预防和控制提供了新的思路。

结束语

大数据时代对统计学有着划时代的意义，大数据以其4V特征弥补了传统统计学高成本、高误差的劣势，其适用于动态巨量数据的处理，利用大数据统计和定量分析对犯罪相关数据进行研究有利于提高办案效率，对破解历史疑难案件、制作犯罪热点图、形成关系脉络图谱、为司法办案提供决策依据、预防犯罪等有着十分重要的价值。大数据时代对于犯罪领域的统计与定量分析既是机遇又是挑战，大数据与统计学的有机结合对犯罪学的发展有着巨大意义，为犯罪控制和预防提供了新的创新点和突破口。

基于大数据的服刑人员重新犯罪预测

马国富[*]

监狱作为国家的刑罚执行机关，监管安全是监狱工作的首要任务，也是构建和谐社会的重要基石。目前，监狱为了确保监管安全，提出了各种管理方法，制定了各种管理制度，来规范监管。近年来，按照国家、司法部和各省的有关部署，经过各级司法行政机关的共同努力，监狱信息化建设工作已取得了很大的进展，但与公安等政法系统相比，各地监狱信息化建设发展不均衡、水平不一、缺乏信息化评估体系；各系统重复数据录入，各系统之间没有实现数据整合与共享，形成很多"信息孤岛"；重防控、轻整合，重建设、轻应用的现象比较普遍，信息化应用的总体水平仍然相对较低，信息技术在于监管安全中的应用有待进一步提升。随着云计算、物联网、智能化视频监控等新型IT技术在监狱中的深入应用，监狱网络、信息资源库、应用软件、应用服务器、视频监控系统、无线传感器网络、基于无线定位的电子腕带和RFID等组成的物联网智能安防监控等系统所产生的数据呈爆炸性增长，并且数据量从线性级到指数级增长，数据已经成为一种新的资产，而大数据将产生新的价值，监狱系统正面临着"大数据""大系统"的管理和维护问题。利用数据挖掘、模式识别和机器学习等大数据技术从监狱信息化资源库、安防监控等系统及服刑人员的日常行为中收集服刑人员的相关数据并整合成数据集，然后进行聚类、关联、分类和深度分析，提炼信息规律，获取知识建立数据模型来对监狱服刑人员重新犯罪进行模式识别和预测，服刑人员重新犯罪的识别与预测将日益基于数据分析做出，而不是像过去更多凭借经验和直觉。

一、监狱监管安全的现状

惩罚和改造服刑人员，预防和减少犯罪，确保监管安全稳定，维护执法公平正义是《监狱法》赋予监狱的职能，而这其中监管安全更是重中之重。当

---

[*] 马国富，中央司法警官学院教授。

前，监狱各类业务信息管理系统和安全防范系统在监狱的应用大大提高了监狱的监管改造管理水平日和工作能力，然而监狱突发事件任时有发生。监狱安全监管事件除了服刑人员越狱脱逃外，还包括集体暴乱、自杀、罪犯斗殴、传染病、生产安全事故及自然灾害类等安全突发事件。然而，在现有制度下，大部分省份的监狱将劳动改造、生活卫生等形成的计分作为减刑、假释的重要依据，证明服刑人员却有悔改不致危害社会，这显然会导致监狱执法的科学性受到质疑。服刑人员出于减刑、假释的需要，会有针对性地根据监狱制定的计分方式和计分细则进行最大努力获取分数，这必然会造成服刑人员改造思想的不端正和诱发功利改造思想。在实践中，存在罪犯减刑前后两个样，前后反差很大的现象。并且一旦服刑人员脱离了监狱环境回归社会，监狱监管的丧失，服刑人员的危险性将很难预料。从长远意义上来说，计分考核制度在一定程度上给监狱监管改造工作带来不良影响，因此有必要对服刑人员的监管改造模式进行革新，探索新的监管安全手段和方法。

二、服刑人员重新犯罪预测

Beck&Bemand（1989）通过档案分析发现，5%的犯罪人要对45%案件的发生负责；Farrington（1996）的研究也显示，在所有案件中，有将近一半是由6%的犯罪人完成的。这一现象表明，通过对高危险性服刑人员的行为识别和预测是可以实现预防的。各国学者开始了相关问题的探讨，研究个体特别是特定服刑人员是否具有人身危险性、危险性程度如何等问题，并且形成了一系列评估手段、方法。阿根廷的拉普拉特在2011年实施了"风险评估试点项目"，在当地法院的申请下，通过HCR-20、PCL-R和VARG，对65名有假释资格的罪犯进行了评估；日本成立了"专门监督官特别队"，对缓刑、假释者进行再犯风险评估；英国研发出了"犯罪人需要评价量表"，根据量表得分划分风险程度并将不同风险的犯罪人划分为高、中、低3种监管等级。[①] 在中国，为提高监管改造的科学性和执法的公正性；为预防狱内突发事件的发生；为减刑、假释的需要；为服刑人员在社区矫正中重新犯罪预测，全国很多监狱都开展了针对服刑人员的重新犯罪预测。司法部预防犯罪研究所于1992年出版的《中国重新犯罪研究》，定性地分析了影响刑释人员再犯的可能性因素及其动机，但由于缺少实证数据和科学手段的支持，也没有提出如何对再犯可能性进行评估。上海市监狱管理局（2003）制定了《违法犯罪可能性量表（修

---

① 何川、马皑：《罪犯危险性评估研究综述》，载《河北北方学院学报（社会科学版）》2014年第2期。

订版)》对减刑、假释、监外执行的服刑人员的重新犯罪危险性进行预测,但没有提出具体预测关系函数;① 黄兴瑞（2004）等采用判断抽样方法对浙江省715名（初犯345,再犯370）犯人进行了问卷调查,运用数理统计方法,提取出12项与再犯显著相关的特征,并分别制成判刑前、入狱前、服刑中、释放前四种重新犯罪预测量表,但由于用初犯代替未重新犯罪者,对不同特征没有赋予不同的权重,导致"弃真"错误率超过50%。② 邬庆祥（2005）对15000名刑释人员进行问卷调查,选择14个再犯特征,利用多元线性回归函数对其重新犯罪进行预测。③ 章恩友（2007）提出通过在押人员自评量表、他评量表和实验模拟3个主要手段建立重新犯罪预测评估体系,通过对在押人员的掩饰倾向、个性特质的变化、社会适应水平、改造质量等方面来确定重新犯罪概率;④ 曾赟（2011）对浙江省不同类型监狱1238名随机在押犯样本进行调查与统计,采用多因素方差分析与二元Logistic回归分析,提出了11项罪犯出监前重新犯罪预测因子,但没有给出预测因子与应变量（重新犯罪）的函数关系;⑤ 孔一等（2011）选择浙江省监狱313名重新犯罪人员和288未重新犯罪的刑释人员分别作为实验组和对照组,利用SPSS17.0通过统计方法求得 λ 或 E^2 系数来选择初始预测特征,再通过合并预测特征,实现降维,但同样也没有给出预测特征和应变量的函数关系。⑥

综上所述,我们可以看出,早期对罪犯的重新犯罪的预测主要是通过定性分析,最近几年主要是通过随机抽样选择样本,然后利用统计学方法提取特征,制定量表进行重新犯罪预测。一方面,量表测评本身具有其局限性,如果量表没有进行信度和效度的检验,其准确性很难保证;既是进行了效度和信度检验,一套量表一旦制定出来就相对固定了,变成通用的了,然而和犯罪行为相关的因素会随着社会环境、地理区域、犯罪类型等的变化而变化,因此量表的信、效度会随着时空的转换而变得越来越低。另一方面,抽样调查本身具有

---

① 胡庆生:《行刑方式的文明进步——上海市积极拓展社区矫治新空间》,载《法制日报》2003年8月4日,第8版。

② 黄兴瑞、孔一、曾赟:《再犯预测研究——对浙江罪犯再犯可能性的实证分析》,载《犯罪与改造研究》2004年第8期。

③ 邬庆祥:《刑释人员人身危险性的测评研究》,载《心理科学》2005年第28期。

④ 章恩友:《罪犯心理矫治》,中国民主法制出版社2007年版。

⑤ 曾赟:《服刑人员刑满释放前重新犯罪风险预测研究》,载《法学评论》2011年第6期。

⑥ 孔一、黄兴瑞:《刑释人员再犯风险评估量表（RRAI）研究》,载《中国刑事法杂志》2011年第10期。

登记性误差和代表性误差,登记性误差是指由犯人人为因素造成的误差;代表性误差是指不论随机抽样多么科学,总是不能代替所有目标对象,因此从样本空间提取出来的特征总是和实际有一定的误差。在大数据时代,我们首先收集全部服刑人员的结构化、半结构化、非结构化数据,也即静态属性和动态行为数据;然后利用统计方法、数据挖掘等相关技术提取罪犯重新犯罪危险性特征,建立服刑人员重新犯罪危险性识别与动态预测模型;再然后利用机器学习等技术根据后期测试结果不断训练模型,提高精度,使其成为一个循环反馈环路,从而建立一套服刑人员动态预测体系。该体系一方面针对的是所有服刑人员,避免了抽样调查本身带来的误差;另一方面该体系收集的是每个服刑人员的静态属性和动态行为数据,可提供个性化、精细化的预测,避免了模型随时空的转换而信、效度降低的可能。

三、基于大数据的服刑人员重新犯罪危险性识别与预测

(一)基于大数据的服刑人员重新犯罪危险性识别与预测架构

目前,全国大部分监狱都已建立各类业务信息管理系统,内部历史数据量越来越大,然而在建设过程中由于主要从业务部门考虑,导致数据分散存储、数据冗余、数据不完整、数据字段标准不一等现象,使得数据难以集成为统一的大数据平台。面对有结构化数据(例如各业务管理系统中的数据)、半结构化数据(例如服刑人员病例)和非结构化数据(例如服刑人员和家属会见及电话记录、视频监控)组成的海量多源数据,不仅需要有效组织存储,而且需要筛选过滤,经深度挖掘后提取出更为有效的知识为服刑人员的重新犯罪危险性识别和预测服务。20世纪90年代以来,数据仓库作为一种支持数据挖掘、联机分析处理、传统查询及报表功能并解决数据整合、数据展现及数据分析的系统架构受到学术界和产业界的广泛关注,逐渐成为信息化建设的主流技术,为决策支持提供了重要帮助。① 一个典型的数据仓库架构见图1所示,它分为四个层次,首先使用 ETL 工具对数据源中的数据进行数据抽取(Extract)、清洗(Cleaning)、转换(Transform)、装载(Load)到数据仓库集中存储,然后按照某种模型(星型或雪花型)组织数据;然后 OLAP(On-Line Analytical Processing)工具从数据仓库中读取数据,生成数据立方体,共前段用户查询、分析和挖掘等应用。

大数据时代图1的模型存在两个问题:首先由于在数据源层和分析层之间

---

① 唐世渭、童云海:《数据仓库技术在金融行业的深度应用和发展趋势》,载《中国金融电脑》2010年第7期。

引入一个存储管理层,在提升数据质量的同时也付出了较大的数据迁移代价和执行时的连接代价;其次传统的数据仓库假设主题是较少变化的,因此很难适应基于主题的大数据需求变化。面对数据量大、数据类型多、处理速度快、价值密度低、异构(结构化、半结构化、非结构化)等大数据下的各种挑战,监狱需要新的大数据分析与预测架构。① 提出视频监控大数据应用框架和监狱大数据应用架构,但架构没有分层,更没有针对业务逻辑进行建模和大数据处理。

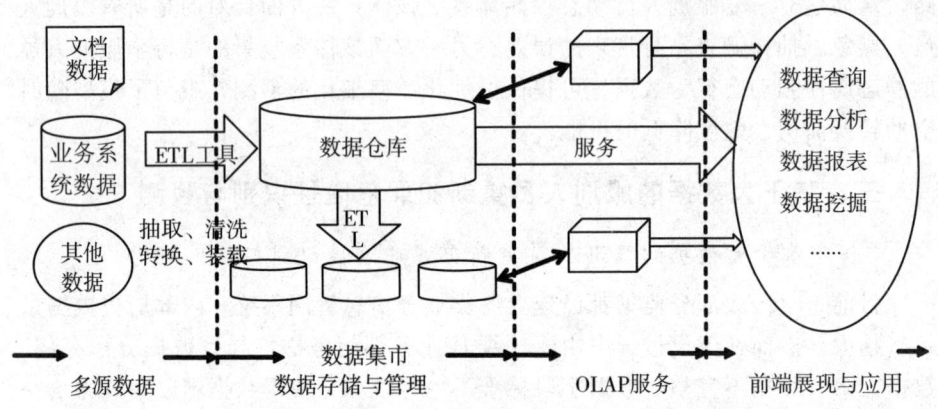

图 1 数据仓库典型架构

基于大数据的服刑人员重新犯罪危险性识别与预测架构见图 2 所示,在多维数据源层的结构化数据中,罪犯信息库包括:罪犯服刑数据、罪犯家属数据、罪犯社会关系数据,警察职工信息库包括:警察职工数据、警察职工人事管理数据、警务督察数据,监管改造信息库包括:狱政管理数据、劳动改造数据、教育改造数据、刑法执行数据、狱内侦查数据、生活卫生数据、罪犯医疗健康数据等,物联信息库包括:罪犯定位数据、车辆定位数据、劳动工具定位数据、安防设备物联数据;半结构化数据中的日志数据主要包括:各信息系统的日志,社会数据主要包括:监狱门户网站及互联网中有关服刑人员的数据;非结构化数据中的文本数据主要包括:监狱日常开会的记录数据、监狱警察每月对服刑人员的谈话数据、服刑人员可穿戴设备产生的数据、监狱警察在服刑人员和家属会见时的记录数据等一切由监狱日常工作所产生的所有文本数据,音频数据主要包括:监狱会见系统及远程电话等系统中的所有录音数据,视频数据主要包括:监狱所有视频监控产生的数据。对多源数据进行数据预处理后

---

① 孙培梁:《智慧监狱》,清华大学出版社 2014 年版。

可存放到分布式数据库中,然后分别建立基于不同的危险等级和危险分类主题的数据集市,并通过数据仓库来实现,利用图计算系统对服刑人员的社会关系、劳动关系、饭友关系等网络进行分析;逻辑模型层通过统一的数据总线接口进行数据分析挖掘和机器学习。

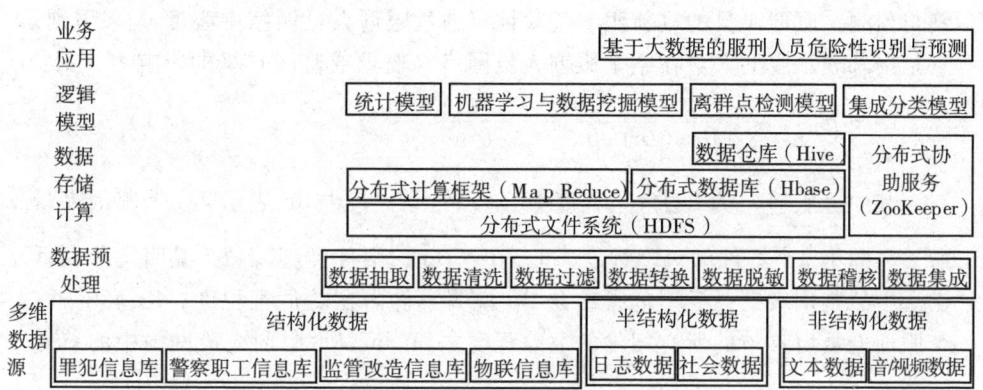

图2 基于大数据的服刑人员重新犯罪危险性识别与预测架构

(二)基于大数据的服刑人员重新犯罪危险性识别与预测逻辑模型

基于大数据的服刑人员重新犯罪危险性识别与预测逻辑模型主要包括统计模型、机器学习与数据挖掘模型、离群点检测模型、集成分类模型等,这些模型针对不同的数据结构类型、不同的业务领域通过相关算法从不同维度、不同的时空变化来实现对服刑人员重新犯罪危险性的识别与预测。

1. 服刑人员重新犯罪危险性统计模型

大数据时代的到来暴露了传统统计学已有方法的缺陷,从抽样调查、数据管理和存储、统计分析和计算,海量数据分析的需求对统计学带来了严峻的挑战。针对大数据时代的高维数据降维分析,Jiangqing Fan 教授提出了优于传统主成分分析的投影主成分分析(Projected Principal Component Analysis),是大数据背景下统计学的重构和创新。而要想从高维数据中找到起作用的特征,有效的变量选择通过剔除多余的变量能够给出最优的预测变量,从而得到最简洁的模型,同时,有效的变量选择能够提高模型的预测精度。确定独立筛选方法(Sure Independence Screening, SIS)大大提高了超高维变量选择的计算速度及统计性质。①

---

① 赵彦云、田茂再、吴延科等:《大数据时代统计学的重构与创新》,载《统计研究》2015年第2期。

然而在大数据时代下，统计学模型仍然具有重要的有意义，比如可利用回归分析进行变量选择。对服刑人员所犯案件及其同伙服刑人员（不一定要在一个监狱关押）的犯罪网络图谱进行分析，可建立服刑人员重新犯罪危险性逻辑模型，实现对服刑人员的犯罪网络维度上的统计分析、重新犯罪危险性识别与预测。服刑人员的重新犯罪危险性可通过服刑人员网络中心度 C_p 来识别，它是用来表示服刑人员在整个服刑人员网络（监狱或监区）里的影响力，则：

$$C_p = f_p \frac{m}{n} + f_c \frac{Dri}{Max(Dr1, Dr2, \ldots, Drn)} \tag{1}$$

其中，服刑人员 i 的危险程度 $Dr_i = \sum_{j=1}^{n} dij$，其中 dij 表示第 i 个服刑人员所参与的第 j 个案件的危险程度，$d_{ij} = t_j * Dp_j$，案件类型参数 t 说明案件在诉讼法中的判刑级别；类型危害参数 Dp_j 说明案件内在的危害程度；Dr_i 表示第 i 个服刑人员所参与的所有案件的危险程度之和。n 表示服刑人员网络中的节点数，m 表示服刑人员网络中和第 i 个服刑人员有直接关系的节点数，$\frac{m}{n}$ 表示社会网络中心度；D_{ri} 表示第 i 个服刑人员的危险程度，f_p 和 f_c 分别为两个程度参数，并且 $f_p + f_c = 1$，一般 f_p 在 0.2~0.4 之间，f_c 在 0.6~0.8 之间，相对来说，服刑人员的危险程度更能说明服刑人员网络的中心度，由此可识别、预测出服刑人员中的关键成员，从而进行重点监管，降低监狱安全事件的发生，提高安全监管能力。

2. 机器学习与数据挖掘模型

机器学习是指利用经验来改善计算机系统自身的性能，最本质的问题是要最小化预测误差的某种度量。数据挖掘是指从大量数据中揭示出隐含的、先前未知并有潜在价值的信息的过程。大体上看，数据挖掘可以视为机器学习和数据库的交叉，它主要利用机器学习提供的技术来分析海量数据，利用数据库提供的技术来管理海量数据。利用数据挖掘进行数据分析常用的方法主要有分类、回归分析、聚类、关联规则、特征分析、变化和偏差分析等。利用回归分析，可对服刑人员重新犯罪危险性建立函数关系，发现变量或属性间的依赖关系，可通过散点图进行特征选择；对未标记重新犯罪危险性类别的服刑人员进行聚类分析，可用于发现服刑人员的异常行为，可用于离群点检测；特征分析用于确定服刑人员重新犯罪危险性的属性特征；变化和偏差分析用于识别服刑人员的日常反常行为。在监狱这个独特的环境中，可利用时空数据挖掘实现对服刑人员重新犯罪危险性的识别与预测，时空数据挖掘主要分为：时空模式挖掘、时空聚类、时空异常检测。① 服刑人员重新犯罪危险性时空异常检测在于识别某个服刑人员和他在空间上相邻并在一段连续时间内出现的邻居有着显著差异的服刑人员，常用基于距离、密度和聚类的方法。

3. 服刑人员重新犯罪危险性离群点检测模型

离群点是数据集中偏离大部分数据的数据，被用来发现稀有模式或者数据集中异常于其他数据的对象。离群点检测可以分成三类：全局离群点、情景（或条件）离群点和集体离群点，全局离群点是指一个数据对象显著偏离数据集中的其他所有对象；情景离群点是指在某个特定情景下，一个数据对象显著偏离该情景中的其他对象；集体离群点是指数据集的一个子集偏离整个数据集。② 通过对服刑人员重新犯罪危险性数据集中的离群点分析，可以迅速、准确地甄别发生在监狱中的时间、空间中的异常事件，从而识别与预测出服刑人员的重新犯罪危险性行为。服刑人员重新犯罪危险性的全局离群点检测主要是指某个服刑人员相比较于其他所有犯人的危险性行为。情景离群点检测在服刑人员重新犯罪危险性识别与预测中，主要是指在监狱的特定区域或特定时间段内发生的异常行为时间。特定区域是指监狱食堂、监舍、工作场地等服刑人员活动的场所和监狱周界围墙等高危险性场所；特定时间段是指服刑人员早课、就餐、工作、就寝、学习、休闲等时间段。服刑人员重新犯罪危险性集体离群点检测主要是指一小部分服刑人员的集体异常危险性行为，一般可用于服刑人员的网络图谱（犯罪网络、饭友网络等）离群点检测。服刑人员重新犯罪危险性识别与预测主要通过情景离群点检测来实现，具体算法如下：

（1）对于给定的数据集 D，确定该数据集的情景属性 sa_i（$i \leq m$，m 为情景属性的最大维度）和行为属性 bp_j（$j \leq n$，n 为行为属性的最大维数）；

（2）使用训练数据，在情景属性 sa_i 上学习数据的一个混合模型 U，在行为属性 bp_j 上学习数据的一个混合模型 V；

（3）在 U 和 V 的基础上，学习一个映射 $p(V_j | U_i)$，然后捕获属于情景属性 U_i 上的簇的对象 o 被行为属性 V_j 上的簇产生的概率；

（4）用公式（6）计算离群点得分，如果该值显著偏离正常值，确定最终离群点，预测出服刑人员的重新犯罪危险性行为。

$$S(o) = \sum_{U_i} p(o \in U_i) \sum_{V_j} p(o \in V_j) p(V_j | U_i) \qquad (2)$$

---

① 吉根林、赵斌：《面向大数据的时空数据挖掘综述》，载《南京师大学报（自然科学版）》2014 年第 1 期。

② HAN J W, KAMBER M, PEI J.《数据挖掘概念与技术》，机械工业出版社 2015 年版。

4. 服刑人员重新犯罪危险性集成分类模型

分类是数据挖掘、模式识别和机器学习领域中一种重要的技术，是根据数据集的特点构造一个分类模型（分类函数，或称为分类器），能把未知类别的数据映射到给定类别中的一种技术。常用的分类算法主要有决策树、Bayes、神经网络、支持向量机、马儿可夫等分类算法，分类算法的评价标准是预测的准确率、速度、强壮性、可伸缩性、可解释性。[①][②] 基于马儿可夫模型对软件故障、软件漏洞进行分类预测，但是马儿可夫链所反映的最本质的属性是马可可夫性（称为无后效性），即系统的状况与过去的状况无关。而服刑人员重新犯罪危险性前后是非常紧密相关的，比如一个想自杀的犯人可能会多次自杀，越狱的犯人会多次想越狱等，显然马儿可夫模型不适合用于服刑人员重新犯罪危险性分类预测。经典的神经网络分类模型计算量大，用户很难辨别输入条件对分类结果的影响，而集成分类器通过构建一组基分类器（包括决策树、Bayes、神经网络、支持向量机等分类器），最后通过投票来实现分类，从而提高分类准确率和模型的稳定性。随机森林就是一个经典的集成分类器，它的每一棵树的子分类器相互独立，最后汇总各分类子树的结果，用户可以对分类器进行在线改进，通过条件的不同组合进行训练，可随时根据数据和危险性特征的更新而对新的输入条件进行运算，得到预测结果。[③] 随机森林的运算速度很快，在处理大数据时表现优异，给出了所有变量的重要，并可以体现变量间的交互作用，对离群值不敏感，[④] 因此，基于多个决策树集成的随机森林可用在对服刑人员的重新犯罪危险性进行识别和预测中。假定服刑人员数据集为 D，然后随机抽取 K 个 bootsrap 样本集，记为 D_i（i = 1, 2..., k）；其次，对每个 D_i 分别建立服刑人员重新犯罪危险性决策树模型 $\{h(x, \theta_i), i = 1, 2..., k\}$，其中 x 是服刑人员重新犯罪危险性特征变量，参数集 θ_i 是独立同分布的随机向量；最后，经过 k 轮训练，得到分类模型序列 $\{h_1(x), h_2(x), ..., h_k(x)\}$，再用它们构成一个多分类模型，通过投票方式得到最终分类结果，最终的分类决策可用如下公式表示：

---

① 易锦、罗峋、凹建勋等：《基于马尔科夫链的软件故障分类预测模型》，载《中国科学院大学学报》2013 年第 4 期。

② 高志伟、姚尧、饶飞等：《基于漏洞严重程度分类的漏洞预测模型》，载《电子学报》2014 年第 9 期。

③ 孙菲菲、曹卓、肖晓雷：《基于随机森林的分类器在犯罪预测中的应用研究》，载《情报杂志》2014 年第 10 期。

④ 李欣海：《随机森林模型在分类与回归分析中的应用》，载《应用昆虫学报》2013 年第 4 期。

$$H(x) = \arg\max_Y \sum_{i=1}^{k} I(hi(x) = Y) \quad (3)$$

其中，H（x）表示集成分类模型，h_i（x）是单个决策树分类模型，Y 表示输出变量（脱逃、自杀、暴力等危险类型），I（.）为示性函数．可用 R 语言中的软件包 randomForest 运行随机森林算法对服刑人员重新犯罪危险性进行分类预测，R 中代码执行如下：

Install. packages（"randomForest"）　　　　//安装随机森林程序包
Library（randomForest）　　　　　　　　　//调用随机森林程序包
Offender < – read. csv（"c：/data/offenders. csv"，header = TRUE）
//从硬盘读入数据集
RF3 < – randomForest（offender［，c（'L1','L2','L3','L4'）］，offender［,'category'］，importance = TRUE，ntree = 10000）
　　　　　　　　　　　　　　　　　　　　//调用随机森林模型
RF3　　　　　　　　　　　　　　　　　　//显示模型结果

其中，offender［，c（'L1','L2','L3','L4'）］表示服刑人员重新犯罪危险性量度，offender［,'category'］表示服刑人员重新犯罪危险性类别。表 1 是服刑人员重新犯罪危险性分类混淆矩阵，表 2 显示模型对 A 类的判别错误为 21.6%，对 B 和 C 类的判别错误率为 0。

表 1　随机森林的混淆矩阵

		服刑人员重新犯罪危险性预测类别		
		A	B	C
服刑人员重新犯罪危险性实际类别	A	n11	n12	n13
	B	n21	n22	n23
	C	n31	n32	n33

表 2　随机森林的混淆矩阵的重新犯罪危险性分类误差

	A	B	C	分类误差
A	4	1	0	0.216
B	0	5	0	0
C	0	0	4	0

四、结论

本文在对服刑人员重新犯罪预测现状分析的基础上，提出了一种基于大数据的服刑人员重新犯罪危险性识别与预测架构，并重点对架构中的统计模型、离群点检测模型、集成分类模型四个逻辑模型在服刑人员重新犯罪危险性识别与预测中的应用算法进行了描述，尤其是使用 R 软件包实验了服刑人员重新犯罪危险性集成分类识别与预测，并给出了分类预测误差。

  下一步的主要工作是针对监狱大数据，丰富基于大数据的服刑人员重新犯罪危险性识别与预测架构，例如流计算框架（Spark）、图处理并行框架（Graphlab）、实时流计算框架（Storm）等；另外还研究针对监狱不同数据类型、不同价值密度的开源实现架构和数据分析工具；最核心的内容是进一步研究将更多的机器学习算法应用到服刑人员的重新犯罪危险性识别与预测领域中，通过不断的训练，找出越来越精准的服刑人员重新犯罪危险性识别与预测模型，实现对服刑人员的重新犯罪危险性识别与预测。

电信网络诈骗犯罪的独特属性与治理路径*

王　洁**

电信网络诈骗犯罪（以下简称电诈犯罪），是指行为人以非法占有为目的，利用通信信息技术和手段实施诈骗的违法犯罪行为。① 2016 年最高人民法院、最高人民检察院、公安部《关于办理电信网络诈骗等刑事案件适用法律若干问题的意见》要求"人民法院、人民检察院、公安机关要针对电信网络诈骗等犯罪的特点，坚持全链条全方位打击，坚持依法从严从快惩处，坚持最大力度最大限度追赃挽损"，从这些措辞可以看出，政府将刑罚作为主导的控制电诈犯罪的手段，高度重视对电诈犯罪的打击和治理。在公检法各部门的精心部署和严打整治，以及从政府到社会各界多部门的联合行动下，对电诈犯罪的打击取得了一定效果，如最高人民法院《司法大数据专题报告之电信网络诈骗（2016.1 – 2017.12）》显示，2017 年在电诈案件审理数量上，福建、广东两地的案件量同比降幅显著。但是，2016 ~ 2017 年，全国电诈案件量呈上升趋势，2017 年全国已结一审电诈案件量较 2016 年上升 70.34%。2018 年底，国务院打击治理电信网络新型违法犯罪工作部际联席会议决定，"从 2018 年 12 月起到 2019 年底，在全国范围内组织开展为期一年的新一轮打击治理电信网络违法犯罪专项行动。"② 这些都说明，在重拳打击下，全国范围内的电诈犯罪并未偃旗息鼓，而是在不断变换手法、升级模式、扩散区域。③ 在互联网犯罪手段不断升级更新的背景下，公检法机关管控电诈犯罪的治本效果是有限

---

* 本文是 2019 年北京市社会科学院重点课题"北京市涉众型经济犯罪治理研究"（2018A5284）的阶段性研究成果。

** 王洁，北京市社会科学院法学所副研究员，博士。

① 南京邮电大学信息产业发展战略研究院编著：《中国反电信网络诈骗蓝皮书（2016）》人民邮电出版社 2017 年版，第 1~6 页。

② 汤瑜：《2018 年全国公安机关打击犯罪大事记》，载《民主与法制时报》2019 年 1 月 6 日，第 2 版。

③ 张洋：《打击电信诈骗要治未病》，载《人民日报》2018 年 12 月 7 日，第 5 版。

的，而司法机关介入时犯罪已是既成事实，只能在末端补救正义。当前需要适应信息时代趋势，在充分考虑到电诈犯罪独特属性的基础上，创新治理手段，充分激发潜在被骗人的被害预防理念，才能从根本上管控电诈犯罪的蔓延。

一、电诈犯罪的独特属性

电诈犯罪是网络技术和传统诈骗相结合的新型犯罪，诸多既有研究较为强调信息技术对传统诈骗犯罪的"赋能"，关注电诈犯罪的非接触性特质，[①] 说明犯罪隐蔽性强、智能化高，[②] 以及由此导致的取证难、抓捕难、定性难、追赃难等。[③] 可以看出，既有研究主要是从犯罪控制角度研究电诈犯罪，强调通过控制、打击犯罪人进而减少犯罪。换言之，对于电诈犯罪而言，少有论文从被害人权利保护角度研究如何减少电诈被害。电诈犯罪与传统诈骗犯罪有重大差异，通过刑罚惩罚电诈犯罪，只能在事后发挥刑事责任的追究功能，而无法实现被害的事前预防。电诈犯罪内在的立体式、操控式、应和式特质，使得其社会危害性与传统的诈骗犯罪不可相提并论，传统的犯罪治理模式并不适应此种新型犯罪行为。[④]

（一）电诈犯罪是一种立体式犯罪

传统诈骗犯罪多是一种线性犯罪，犯罪人通常要直接和被害人进行面对面互动才能获取被害人财产；但是，科技发展使得电诈犯罪成为一种非线性犯罪，犯罪人不与被害人进行面对面接触，犯罪人借助电话、网络设计骗局，使被害人置身于虚假信息的全方位、立体式包围中，形成一种"逼真"环境，并通过隔空操纵，让被害人"自愿"地交付财产。作为一种立体式犯罪，犯罪人通过全方位、多链条地设置骗局，对被害人进行心理钳制，向被害人发送犯罪指令，不断裹挟被害人配合实施犯罪行为，危害性凸显：

其一，犯罪外卷。犯罪外卷主要是指为了实现特定目的，犯罪行为不断延伸翻卷，不仅让更多的人加入犯罪圈成为犯罪人，而且使犯罪行为精细化，犯罪破坏力提升。首先，从犯罪行为要素的角度来看，实施电诈犯罪，通常需要

[①] 刘启刚、蒋天蔚：《非接触性犯罪的地缘性特点及应对策略研究》，载《贵州警官职业学院学报》2018年第5期。

[②] 王喆骅、王丽萍：《电信诈骗犯罪之新动及打防研究——以上海检察机关办理的案件为例》，载《上海公安高等专科学校学报》2016年第2期。

[③] 黎晴：《当前电信诈骗犯罪的打击难点和对策》，载《江西警察学院学报》2012年第5期。

[④] 喻海松：《网络犯罪二十讲》，法律出版社2018年版，第5~6页。

搜集公民个人信息,然后利用电信网络实施诈骗,最后达到银行取款提现目的。完成这些犯罪行为需要众多犯罪人的分工、协作;实际上也就是通过众多犯罪人对被害人进行全方位、立体式围猎。根据刑法基本理论,在各行为人明知犯罪目的时,构成诈骗罪的共同犯罪;在不明知时,则可能分别构成侵犯公民个人信息罪、诈骗罪、掩饰、隐瞒犯罪所得罪等。概言之,电诈犯罪行为成弥散性扩散趋势,导致更多的人成为犯罪人。其次,从犯罪专业化角度来看,众多犯罪人的逐利加入和生存竞争,会进一步提升犯罪技术水平,推动犯罪行为向更加专业化、精细化的方向发展。立体式犯罪通常可归类于刑法第26条规定的集团犯罪,① 这些犯罪集团采用高度公司化管理机制,分工协作水平较高。在高度分工情况下,犯罪人仅仅是犯罪链条中的一个环节,犯罪人之间松散的联系也可能让犯罪人感觉不到其是在实施电诈犯罪行为,无需担心被追责。犯罪集团利用此种机制不断扩大犯罪规模,使得犯罪能量增大,犯罪破坏力增强。

其二,被害内卷。被害内卷是指被害人自身在一定时间内处于持续被骗过程中,并且被害程度不断加深的现象。首先,从被害时长来看,传统诈骗犯罪多是在较短时间迅速完成或者一次完成。这是因为:在熟人社会活动区域中,很少有机会对被害人进行持续不断的诈骗,因此被害人较少,被害程度相对有限。但是,依靠心理学技术和网络技术相结合的精准信息诈骗,不仅能找到"合适"的犯罪对象,还能对犯罪对象的心理特征以及其财产信息进行研判,由此不仅让很多民众上当受骗,还让被骗人在一段时间内持续地、"主动地"将所有财产"让与"犯罪人。其次,从被害严重性来看,立体式犯罪使得犯罪人对被害人"服务更全面",不仅骗取现金、股票等流动资产,还要求被害人通过抵押、质押等方式变现固定资产,类似假民间借贷外衣行诈骗之实的"套路贷",② 被害程度比传统诈骗犯罪严重很多。

综上可见,犯罪外卷使犯罪圈扩大,被害内卷使犯罪危害加深。立体式犯罪更可能形成一种犯罪产业,犯罪链条不断延伸,推动更多的犯罪产业发展。犯罪产业化水平提高,不仅会使犯罪分工加强、犯罪链条加长、反侦查能力提升,更会使相应的被害人数倍增,被害程度加深。

(二) 电诈犯罪是一种操控式犯罪

电诈犯罪的专业化和精细化,使得作案方式类似于流水线生产,当事方只

---

① 最高人民法院公布的《司法大数据专题报告之电信网络诈骗(2016.1 - 2017.12)》显示,2017年全国已结一审电诈案件中共同犯罪率为44.78%。
② 王瑞山:《"小额贷"诈骗之预防》,载《中国人民公安大学学报》2017年第5期。

要在特定阶段完成特定角色即可,并不需要发挥当事方的主观能动性。从某种意义上说,部分电诈犯罪人、被害人等逐步呈现物化特性,他们被电诈集团当作犯罪工具或者"棋子",受制于电诈集团主犯,被精细设计的诈骗剧本和程序操控,电诈犯罪的社会危害性被逐步推高。

其一,心理操控。为了使诈骗更具有欺骗性,犯罪人会"精心研发"诈骗技术,针对被害人心理进行预判,并预设相应的机制去全方位"帮助"被害人,由此将被害人套入骗局且深信不疑。心理操控可以分为两种类型:一种是恫吓型操控,嫌疑人冒充司法机关、冒充黑社会等对当事人进行恫吓,逼迫被害人进行转账;另一种是利诱型操控,嫌疑人利用中奖、送手机、积分兑换、网络贷款等利益形式,向当事人抛出利益,诱使被害人将资金转账进入他们控制的账户。利诱型操控可以进一步划分为物质性利诱和精神性利诱。无论哪种类型操控,嫌疑人基本都是按照预先研发的骗术对当事人进行心理操控,让被害人比较容易形成代入感,诱使被害人陷入环环相扣的链条之中,无暇去验证信息真伪,深陷骗局而不能自拔。

其二,技术操控。在当事人不知情或者未授权情况下,嫌疑人通过远程控制技术手段,对被害人的财产处置等关键信息进行相关操作,骗取或者窃取被害人财物。典型例子如,嫌疑人基于概率,随机向当事人的手机、电脑等发动隐藏木马病毒的连接,一旦当事人点击链接,木马病毒就会自动窃取与被害人手机、电脑绑定的银行卡信息。然后通过控制被害人电脑操作网银,把被害人的网银资金直接转入嫌疑人控制的账户。

无论是故意杀人、故意伤害、强奸、抢劫等自然犯罪,还是非法经营、非法吸收公众存款等法定犯罪,抑或是传统的诈骗犯罪本身,其中的犯罪人与被害人多数都有面对面的互动和接触,否则犯罪就不能完成。而互动过程中必有可能留下相关痕迹,便于司法机关采集证据后进行追责。但是,电诈犯罪人通过电话、信息、网络等方式进行遥控操纵,回避和当事人面对面的接触,不仅使犯罪现场证据极大地减少甚至没有证据,增加司法机关追责的难度,而且还使得当事人报案缺少有效证据,使司法机关介入匮缺依据,从而让犯罪人较轻易地逃避司法机关的打击。

(三)电诈犯罪是一种应和式犯罪

电诈犯罪通常有三个基本阶段,即搜寻被害人信息、实施骗术、转账提款。这三个阶段又不断细分成不同层级、不同环节,环环相扣才能诈骗成功。尽管电诈犯罪结构复杂,但被害人的应和是诈骗完成的关键环节,可以说,"无应和,无电诈"。犯罪人通过被害人的回应和双方的互动,一方面过滤掉那些不太可能被骗的人,比如那些听到中奖信息的人因为不相信"天上掉馅饼"就立即挂电话的,或者对司法程序较熟悉因而不相信电话讯问、安全账户的等等,从而提高犯罪效率;另一方面,更全面地掌握与被害人财产相关的信息,实施精准诈骗,"诈干"被害人所有财产,提高犯罪收益;并且,通过立体式操控,使被害人自己"同意处分"甚至"帮助处分"财产,还会使被害人基于自责、羞愧等心理不敢报案,司法机关无法介入,由此进一步降低犯罪风险。

其一,主动应和。这主要是指潜在被害人轻信嫌疑人的骗术,"积极参与"诈骗进程,从而使得诈骗犯罪顺利完成。由于涉及到通话、转账、取款等手续,电诈犯罪往往要经过一定的时间跨度才可能既遂。在被害过程中,部分被害人仅凭直觉就相信来电或者信息的真实性;即便有所怀疑,或者在别人提醒下有所怀疑,也多数会反复暗示自己,"这应该不是骗子电话""他们应该不会是骗子"等,被害人通过这种心理暗示机制,不自觉地去"营造"一种被骗环境,将自身陷入骗局而不能自拔,从而使得骗术得逞。实践中被害人不顾银行、公安机关劝阻执意要给诈骗分子转账的报道时见报端。[①] "在许多骗局中,对于说谎者的破绽,受害者总是故意不去面对,一厢情愿地往好的方面设想,害怕谎言一旦拆穿,可怕的后果将难以收拾,于是成了骗局得以持续下去的帮凶。"[②] 传统诈骗犯罪比如以假钞或者假金饰的方法施行诈骗,主要是面对面即时完成,当发觉被骗之后,被害人虽然也可能说"他们不会是骗子"这类话语,但此时是犯罪既遂之后被害人寻求的一种心理安慰而已。

其二,被动应和。主要是指潜在被害人基于畏惧、怕事、厌讼等心理,消极地"配合"犯罪人完成诈骗行为。"冒充公检法诈骗"作为诈骗高端形态之一,就在于犯罪集团充分掌握被害心理,并根据被害心理"研发"骗术,让潜在被害人深陷诈骗圈套之中,成为犯罪人侵害自己财产的工具。被动应和则多存在于恫吓型诈骗中。调研发现,有一位被害人居然每天都和诈骗人保持联系,并按照诈骗人指示,早晨、中午、晚上分阶段"报平安",[③] 在近30天的时间里,被害人一直置身于犯罪人编织的"诈骗锁链"中,竟然没有"挣脱",不断转账400多万人民币进入犯罪人账户。被骗人说:"女儿这段时间

---

① 也正是基于自陷性犯罪,被害人信条学主张对于那些信任明显拙劣、虚假骗术的被害人不予刑法保护。

② [美]保罗·埃克曼:《说谎:揭穿商业、政治与婚姻中的骗局》,邓伯宸译,生活·读书·新知三联书店2016年版,第6页。

③ "报平安"意思是没有被受骗人以外的人发现。通过"报平安",诈骗人控制犯罪进程。

比较忙，不能经常回来，即便回来，也是简单说几句，不敢将转钱的事情告诉女儿"，"天天都睡不着觉，让孩子损失这么多，对不起孩子！"①

电诈犯罪的立体式、操控式特性，使得卷入犯罪的嫌疑人数增多，相应的被害人数增多且财产损失增大，司法机关对犯罪人处罚过程中就可能存在打击范围界定模糊、刑罚裁量轻缓不当、法律实施不公平等问题，其不仅会导致被害人损失无法追回，同时会让部分犯罪人侥幸逃脱法网。电诈犯罪的应和式特性，使得被害人在发现财产受损后，为了面子问题，也通常不太愿意报案，由此使得部分犯罪人得以逃避法律追究。电诈犯罪的独特属性，使得电诈犯罪人获利极高而遭受惩罚的可能性却极低。此种"低风险高利润"犯罪行为对犯罪人有很大的吸引力。② 正如反诈骗电影《巨额来电》中女主角说的，"放着弯腰就能捡钱的生意，谁还会老老实实地做买卖啊"。

二、司法管控电诈犯罪的有限性

各省公安机关成立反电诈犯罪中心或者打击平台，依靠公安机关和银行、电信等部门联合办案，合成作战，对被害人被骗财物进行拦截、止付、冻结，并根据电诈犯罪特点，有针对性地进行类似于手机卡实名制、ATM 转款 24 小时到账等相关制度建设，有效地控制了电诈犯罪高发态势。但是，电诈与传统诈骗不同，《司法大数据专题报告之电信网络诈骗（2016.1 – 2017.12）》显示 2016 年至 2017 年，全国电诈案件中排名前五的诈骗方式是电话、短信、木马病毒、钓鱼网站、QQ，其通常没有物理空间意义上的犯罪现场，且是通过远

---

① 被骗人：Z，女，原铁道部退休人员；住址：北京市丰台区；调研时间：2018 年 2 月 3 日。电诈犯罪是新型犯罪，基于电诈案件特性，很多被害人被骗后不向公安机关报案，被害后也不愿意接受访谈。而诈骗犯罪人或者被拘禁，或者潜藏在社会之中，更是不易接触，课题组很难获取科研需要用的数据。故此，采用量化研究，其数据结果可能不易剖析诈骗犯罪多发的原因，尤其不能揭示司法机制管控电诈犯罪的效果。作者主持的"北京市涉众型经济犯罪治理研究"根据课题实际需要，采用质性研究方法，直接针对在司法机制中工作的刑事司法人员进行深度访谈，以及对公安机关的办案卷宗进行文本分析，以此来判断司法机制在管控电诈犯罪的作用和效果。重点针对电诈案件的被害人、犯罪人以及相关司法机构进行调研。目前，通过非概率抽样，课题组已经对 14 位在刑事司法机构中的专业人士进行了深度访谈，对 5 位被害人进行了深度访谈。为保护受访人及其单位隐私，课题组对相关受访人员进行编码，并采取匿名保护措施。论文中凡是涉及到引用受访人话语的都用引号予以突出，并以脚注形式予以说明。本文所用数据除特别注明外，均为作者调研所得。

② 参见陈晓娟：《我国电信网络诈骗犯罪的犯罪学分析》，载《山东警察学院学报》2017 年第 5 期。

程通讯方式实施犯罪,这就导致物证痕迹较少,加之,电诈范围往往跨区跨境,调查取证困难,使得电诈犯罪收益高而犯罪风险极低。当前,全球化、数据化和自动化使电诈犯罪空间拓展提供了机会,而司法管控的技术仍然不能紧跟犯罪者的步伐,某种意义上,也是为电诈犯罪提供了发展的"契机"。根据 Cyber ROAD 项目在欧洲国家所作的调查,只有8%的网络犯罪被成功起诉。① 中国的情况而言,有消息说国内电诈案件的破案率不超过3%。② 鉴于电诈犯罪的独特成因、内在属性、社会环境等因素影响,刑事司法机关采取的"末端治理"行为,虽有亡羊补牢之效果,却很难成为治理电诈犯罪的长效机制。

（一）刑事司法资源有限性使得打击范围有限

公安机关采取的拦截、止付等行为是在犯罪人实施犯罪行为过程中实施的,这种警务行为主要针对的是具体的、现实的被害人。受限于警务资源的有限性,其数量必然是有限的;多数被骗者并不能享受到公安机关提供的此种"警务服务",社会损失仅是在相对范围内有限降低。换句话说,仅有少数被骗者能及时被公安机关提醒并醒悟,进而减少财产损失。

（二）司法末端治理无助于减少诈骗被害数量

一方面,司法行为具有保守本性。电诈犯罪案件进入司法机关处置流程,就表明犯罪行为已经发生或者实施完毕,犯罪已经造成社会危害后果,被害人已经产生。换言之,如果没有证据表明犯罪已经发生,司法机关通常不能启动司法程序;如果有证据证明犯罪发生,则无论司法机关如何处置犯罪人及其实施的犯罪行为,被害人均已经产生。司法行为对已经发生的电诈案件治理效果较为有限。另一方面,司法末端治理具有天然弊端。司法机关目前采取的集中治理模式,在一定时间内有助于挽回部分损失,但是随着时间推移和科技进步,犯罪人使用的技术也在不断更新迭代。比如当下公安机关对电话通话实施监听比较容易,但是对于微信语音通话、网络通话则很难监控、很难拦截,同样电诈犯罪的资金流也难以被管控。如果不能及时完善并提升治理电诈的技术,电诈犯罪就可能会发生。

---

① ARMIN J, THOMPSON B, KIJEWSKI P. Cybercrime Economic Costs: No Measure No Solution [M] //AKHGAR B, BREWSTER B (Eds). Combatting Cybercrime and Cyberterrorism: Challenges, Trends and Priorities. Switzerland: Springer International Publishing Switzerland. 2016: 138.

② 张扬:《电信诈骗害死人的背后:破案率不超过3%》,载 http://news.cnhubei.com/xw/sh/201608/t3686711.shtml。

（三）网络犯罪证据取证难导致打击力度弱化

传统诈骗犯罪可能留有指纹等具有唯一性的证据，采集到指纹进行比对，有助于快速并且较准确地锁定犯罪嫌疑人；但是，囿于电诈犯罪属于非接触性犯罪，在电诈案件中，没有类似于 DNA 一样具有高度识别性的证据，特别是电诈案件中很多被害人都是经过一段时间之后才发现自己被骗，而相关电子信息已经被更新或者删除，更是难以采集到高度识别性的证据。尽管目前公安机关在研发类似于声纹比对技术，但目前仍有制度和技术瓶颈约束。

基于以上对电诈犯罪治理效果的分析，以现有模式对电诈犯罪进行管控治理，导致的直接后果有三：其一，对犯罪人打击不力。一方面部分发生的电诈案件因为证据薄弱，只能根据有限的证据对犯罪人进行指控，降低了打击力度；另一方面，多数发生的电诈案件因为证据缺失不能被立案，成为"犯罪黑数"。不立案的直接后果就是不对犯罪人进行刑事追责，诈骗犯罪人依然可以继续行骗，导致诈骗犯罪总量持续上升。其二，对被害人的保护不到位。对被害人的财产损失很难进行补偿。有检察官说，他承办的案件中，诈骗金额的50%以上通常都不能追回，这些赃款被用于犯罪人的消费、投资，甚或转移出境，被害人损失无法挽回。有针对司法管控电诈犯罪的实证研究发现，电诈犯罪中被害人 80%以上的钱款都无法追回。其三，政府权威下降。尽管电诈案件中的被害人有一定的责任，但是社会上却往往将损失不能挽回之责转嫁给行政、司法机关，使得政府权威下降。当犯罪人假冒公权力机构行骗成功一次，政府在人民群众中的权威也就被侵蚀了一次。

三、电诈犯罪治理路径：被害预防

刑事司法机关的打击并不能有效降低诈骗犯罪行为发生。与其他传统暴力犯罪、财产犯罪不同，从减少被害的角度看，电诈犯罪由于其本身运作上的特性，有必要做好被害预防，而预防起来所需的投入却相对较少。

（一）被害主体不应和：没有被害人配合，诈骗犯罪就不能完成

无论是故意杀人、故意伤害、强奸、抢劫等暴力犯罪行为，还是盗窃、侵占等财产犯罪行为，不管被害人是否配合，凭借犯罪人自身的暴力就可以径直实施；但是，电诈犯罪中，犯罪人往往是通过电话、短信、网络等手段，在不与被害人直接接触情况下，通过隔空对话实施心理影响，进行心理干预，引导被害人自己逐步进入陷阱。司法实践中，电诈犯罪中被害人与犯罪人的"配合"增加了公安司法机关办案的难度。据某公安局反诈骗中心警察介绍，在

"清华教授被骗1700万"案中,① 被骗教授接到诈骗电话之后,警方在很短时间内也拦截到相关信息,并且给该教授打电话,提醒她不要被骗,但是该教授不信,也不听警方的劝告;随后,警方联系该教授的家属,让其劝告事主不要上当;之后,警方再追问其家属是否劝告事主,该家属回答说"以后你们别管了"。由此,该教授通过多次、连续被骗、转账,造成至今仍不能挽回的财产损失。实践中也发生过警察、银行工作人员劝阻事主不要被骗、不要转账时反而被事主辱骂的情况。没有被害人及其家属的配合,警察也无法破除被骗者的沉迷。

因此,在整个电诈操作程序中,只要有一个环节中断,或者说,只要被骗人能及时认识到诈骗行为,并不予应和,被骗人就可以免于被害。由此,需要唤醒民众的预防意识,即"不应和"意识,让民众知道通常诈骗犯怎么说话、要怎么应对,在遇到类似情况下,能及时唤醒自身的预防机制进行应对。

(二)摆脱锁链:被害人单方面就可以脱离诈骗锁链

类似于上面提到的故意杀人、故意伤害、强奸、抢劫等犯罪行为,其通常不是共同犯罪,其并不需要进行类似于电诈犯罪这样的分工,其作案手段更没有电诈犯罪如此的复杂。在冲动型杀人犯罪行为中,可能随手捡拾的一块砖头或者木棒就成为命案的凶器,而从犯罪行为实施到犯罪既遂也就是分分钟内完成。生活实践中,被害人对于此种临时起意型犯罪的预防存在极大难度。

但是,电诈犯罪手段相对比较繁琐,需要在不同犯罪人之间进行"链接",《司法大数据专题报告之电信网络诈骗(2016.1-2017.12)》显示,通过电话方式进行诈骗链接的案件占比高达52.88%,由此却也给被害人挣脱诈骗链条提供了时机。根据当下公安机关办案人员对电诈犯罪的总结分析,均发现犯罪团伙内部有分工,即"一线、二线、三线"等。以实践中发生比例较高的"冒充公检法诈骗"为例,其中"一线"是前台工作人员,强调事主办理的信用卡有问题或者有人冒用其身份证信息等,让事主赶紧联系"公安部门";随后,"二线""公检法人员"登场,以"公检法"公权力机关身份,严肃告诉事主涉及严重犯罪行为,让事主"举证"证明其"无罪",在此过程中进一步套取事主的信息,同时也是进一步实施心理控制;接着,"三线"登场,建议事主按照他们的指令将资金转移到"安全账户"。这三线之间需要起承转合,并不是无缝连接,也很难在短时间内分分钟迅速完成。在此期间,当

---

① 媒体报道被骗金额有1760、1800万等。具体案情参见:《清华教授被骗1800万,台警方通报案件细节》,载 http://news.cctv.com/2017/02/18/ARTI5JataqhGwHz7iha2gKHw170218.shtml。

事方有足够机会挂断电话、停止聊天、终止转账等，从而摆脱诈骗锁链。

(三)"捂紧自己的钱袋子"：被害预防成本低且较为有效

相对于暴力犯罪，电诈犯罪更具可防性。课题组对10多位在公检法工作的人员进行深度访谈，受访的司法工作人员均强调被害预防的重要性。某刑侦总队的警察在办案实践中，曾成功阻断一个欲通过手机转账400多万元人民币的个案，其时当事人正拟告诉犯罪人短信验证码，该警察电话告知当事人说刚才是骗子，当事人幡然醒悟，及时终止了转账行为，从而有效地避免巨额财产损失。但当被问及"如果您现在是反电诈中心的主管人员，您现在最想要做的是什么"时，受访的警察谈到，其最想做的"首先是思路转变，因为打不胜打，容易上当的人更多"。①

"转变治理思路"的观点与在一些公开场合的会议发言有显著差异：与会人员通常会强调办案机关在人、财、物方面的资源紧张，要求上级部门增派人手、增加财力、增添物资；而这位从警十多年的警察基于其办案经验，认为要从治理理念角度进行转变，也就是要从偏重打击转变到预防优先。而在检察院工作的受访的检察官也同样认为，"提高反诈骗意识，关键是'捂紧自己的钱袋子'。从预防角度看，投入成本最低。"② 2019年6月7日，中华人民共和国公安部从西班牙成功押解94名"冒充公检法"进行电诈的犯罪嫌疑人回国，参与办理此案的公安部刑侦局电信网络犯罪侦查处负责人在2019年6月接受中央电视台记者采访时，明确说治理电诈犯罪"防范还是第一位的"。③

需要指出的是，传统犯罪学理论也强调犯罪预防，即通过惩罚、监禁已经实施犯罪的犯罪人让其不能再犯罪，并由此威慑其他没有实施犯罪的人不敢犯罪。可以看出，此种理论注重从管控犯罪人角度减少犯罪，在特定阶段针对特定时期的犯罪有其合理性。但是，基于电信网络技术实施的新型诈骗犯罪有其特殊性，因此，充分激发、调动电诈被害人的预防意识，对减少电诈犯罪有事半功倍的效果。

---

① 受访人：B，男，警察，从警11年；住址：北京市丰台区；调研时间：2017年12月26日。

② 受访人：C，男，检察官，入职5年；住址：北京市东城区；调研时间：2017年10月10日。

③ 公安部从西班牙成功押解94名"冒充公检法"进行电诈的犯罪嫌疑人回国。中央电视台"面对面"栏目对此跨境打击电诈犯罪行动进行了采访，于2019年6月30日播出。参见《揭秘"长城行动"》，载http://tv.cctv.com/2019/06/30/VIDEzDi1bdJDNUOVjWCLOAOV190630.shtml。

结语：做好被害预防工作最为关键

电诈犯罪是立体式、操控式、应和式犯罪，其犯罪特性决定了预防手段应该与其他传统犯罪有所区别。其一，针对其立体式特性，首先需要提醒民众保护个人信息，减少信息被恶意利用；其次应多宣传揭示骗术，让民众认识到只要不应和，犯罪人就不能得逞；再次，要培养被害人随时摆脱锁链的能力，减少财产损失。其二，针对其操控式特性，要鼓励民众不轻易和陌生人说话，不轻易和嫌疑人合作。在非接触情况下，不应和就根本不会产生类似于抢劫、伤害等暴力犯罪的刑事后果，应该减少当事人担心报复的心理。其三，针对其应和式特性，要着力培养民众自理、自律能力，提升民众理性思考能力，让民众不要陷入诈骗人设计的骗局。由于本文的主题与篇幅限制，具体的被害预防训练措施将另外撰文论述。

需要强调的是，做好被害预防工作不等于让被害人独自防范电诈犯罪。最新的电诈犯罪案例显示，个人信息泄露是电诈犯罪的重要一环。犯罪分子往往利用被泄露的被害人个人信息编写剧本实施精准诈骗，迷惑性极强；被害人往往陷入"相信吧，这可能是假的；不相信吧，这可能是真的"困境，有时甚至对公检法机关工作人员产生怀疑和不信任。目前已经有公检法工作人员在办案过程中被误当作电诈犯罪嫌疑人的案例。这种矫枉过正、以邻为壑的情况毫无疑问会对被害人挣脱诈骗链条和被害预防产生妨碍。由此看来，被害预防不仅要激发、训练被害人审慎思考以及随时摆脱锁链的能力，还需要全社会的通力合作，斩断个人信息泄露利益链，堵住个人信息泄露的渠道，从源头上防范电诈犯罪的发生。

陕西省醉驾型危险驾驶犯罪案件
有关情况的调研报告

王 洋 王文宾 王玉洁[*]

2011年2月25日，全国人大常委会通过了《刑法修正案（八）》，将醉酒驾车行为作为危险驾驶罪的情形之一，纳入到刑法中进行规制。2019年是"醉驾入刑"实施的第八年。在八年中，随着醉驾案件数量的持续上升，有关对醉驾行为在打击处理上的认识分期和在司法实践中的争议性探究逐步显现。有鉴于此，最高人民法院、最高人民检察院和公安部在2013年12月18日联合发布了《关于办理醉酒驾驶机动车刑事案件适用法律若干问题的意见》（以下简称《醉驾意见》）。该司法解释的颁布，在一定程度上缓解了当前办案实践中上位法规范供应不足的困局。但由于总体基调偏向于保守，再加上受到司法解释创制空间的约束，其仍无法彻底化解实践中出现的种种疑难问题。一些地方的公、检、法机关通过颁布规范性文件，对醉驾案件的办理规则作出了细化规定。但是，这种分散化出台规范文本的做法，造成了醉驾案件的办理在不同部门、不同地区之间的差异，导致了法律效果、社会效果的不统一。为此，我们有必要进一步加强对醉驾型危险驾驶犯罪的调查研究，来推动治理醉驾行为法律规则的完善。

目前，刑法规定四种情形可以构成危险驾驶罪：（1）在道路上追逐竞驶，情节恶劣的；（2）醉酒驾驶机动车的；（3）从事校车业务或者旅客运输，严重超过额定乘员载客，或者严重超过规定时速行驶的；（4）违反危险化学品安全管理规定运输危险化学品，危及公共安全的。在司法实践中，醉酒驾驶类犯罪占危险驾驶案件的绝大多数，二者数据几乎重合，超载驾驶、追逐竞驶、运输危险物品型的案件较少甚至几乎没有。如商洛地区近三年受理的530起危

---

[*] 王洋，陕西省人民检察院第二检察部主任，二级高级检察官；王文宾，陕西省人民检察院第二检察部副主任，三级高级检察官；王玉洁，陕西省人民检察院一级检察官助理，中国政法大学硕士研究生，西安交通大学法学博士在读。

险驾驶罪案件中均系酒后驾驶。又如汉中地区从2012年至2018年七年间，醉驾案件平均占危险驾驶类案件的98.73%，且2013年至2016年连续四年间，醉驾案件与危险驾驶类案件完全重合。再如华阴市检察机关2019年上半年起诉的24起危险驾驶罪案件中有23起系醉酒驾驶。基于样本数量的有限性，本文将立足基层实践，通过对陕西省全省检察机关的调研和业务数据分析，以全省近三年来办理醉驾案件的基本情况①为视角探讨目前我省醉驾案件办理中存在的疑难问题，并结合相关刑法理论分析问题，以期探索解决问题的途径。

一、陕西省醉驾型危险驾驶罪的现状

1. 案件受理数与不起诉数双双走高。2017年至2019年上半年，陕西省全省危险驾驶罪的受理数在逐年上升，呈高发态势，近2019年上半年的案件受理数接近2017年全年受理，远超2018年受理数的二分之一。对同期数据进行对比可见，2018年较2017年同期数据增长了21%，2019年较2018年同期数据上涨了49%。危险驾驶类犯罪呈高发态势。

由于受案量持续走高，不起诉案件数也在持续走高。2018年醉驾案件的不起诉数比2017年增长82.5%。2019年上半年的不起诉数就已经占到2018年全年不起诉数的59%。但近三年来，全省醉驾案件的不诉率分别为8.4%、11.8%、9.8%，平均不诉率为10%，高于全国的4.4%的平均水平。在不起诉案件中，酌定不诉的占到了97%以上。近三年来，全省酌定不诉的比率和法定不诉的比率均呈增长趋势，2019年上半年，法定不诉的比率为0.22%。

当然，全省各地市、各区县醉驾案件的不诉率存在不同程度的差异，且差异较大。以西安为例，2019年上半年，全市醉驾案件的不诉率为13.7%。而临潼区的不诉率2%，莲湖区的不诉率为6.9%。安康地区2018年至2019年上半年，全市醉驾案件的不诉率为7.7%。汉中地区2015至2018年上半年，全市醉驾案件的不诉率为10.9%。商洛地区，近三年来，全市醉驾案件的不诉率仅为3.2%。

---

① 由于醉驾类犯罪数据与危险驾驶罪的数据样本数据高度重合，本文以危险驾驶罪的数据作为醉驾案件数据进行分析。

图一

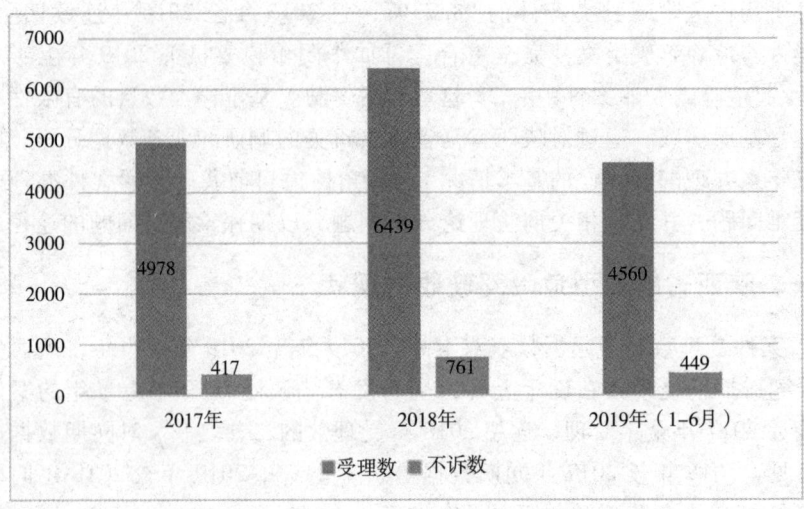

表一

年份	受理数	起诉数	不起诉数
2017年（1-6月）	2532	2176	161
2018年（1-6月）	3067	2553	323
2019年（1-6月）	4560	3628	449

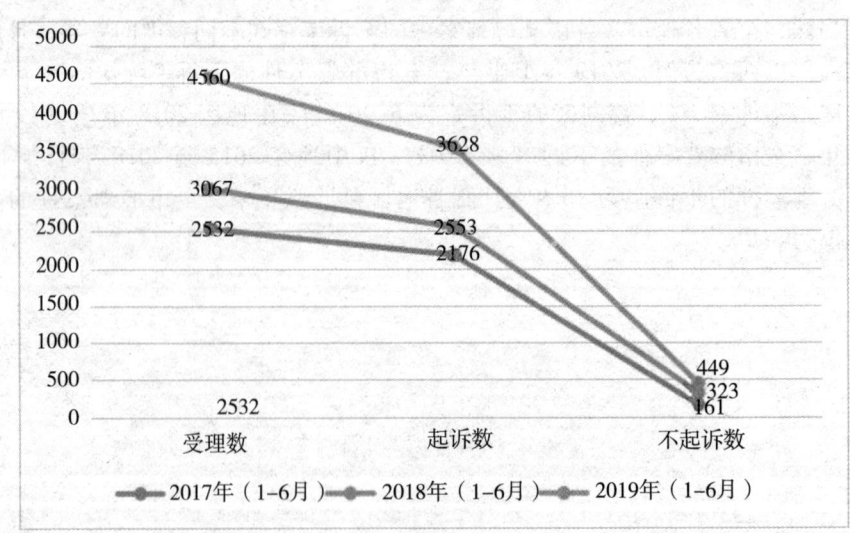

图二

2. 醉驾案件在危害公共安全类犯罪中占比超过一半,且持续走高。2017年至 2019 年 6 月,一审以危险驾驶罪宣判的比例持续三年在《刑法》分则第二章所有罪名中占比超以 50%,并且在逐年升高。

与此同时,在诉讼结果方面,该罪一审判处免予刑事处罚和宣告缓刑的比例均在逐年上升。拘役实刑与并处罚金的比例在逐年下降。但总体而言,判处拘役实刑的比例高,缓刑少,近三年全省判处拘役实刑的比例平均达到了 62%,判处缓刑的比例平均仅为 25.43%。

表二

年份	一审宣判件数	在分则第二章占比	免予刑事处罚人数	在该罪一审生效判决中占比	拘役实刑人数	在该罪一审生效判决中占比	宣告缓刑人数	在该罪一审生效判决中占比	并处罚金人数	在该罪一审生效判决中占比
2017 年	3681	54.61%	66	1.79%	2847	77.32%	735	19.96%	3448	93.64%
2018 年	4840	71.8%	130	2.68%	3395	70.06%	1299	26.81%	4442	91.66%
2019 年(1-6月)	2820	76.59%	104	3.67%	1882	66.45%	836	29.52%	2502	88.35%

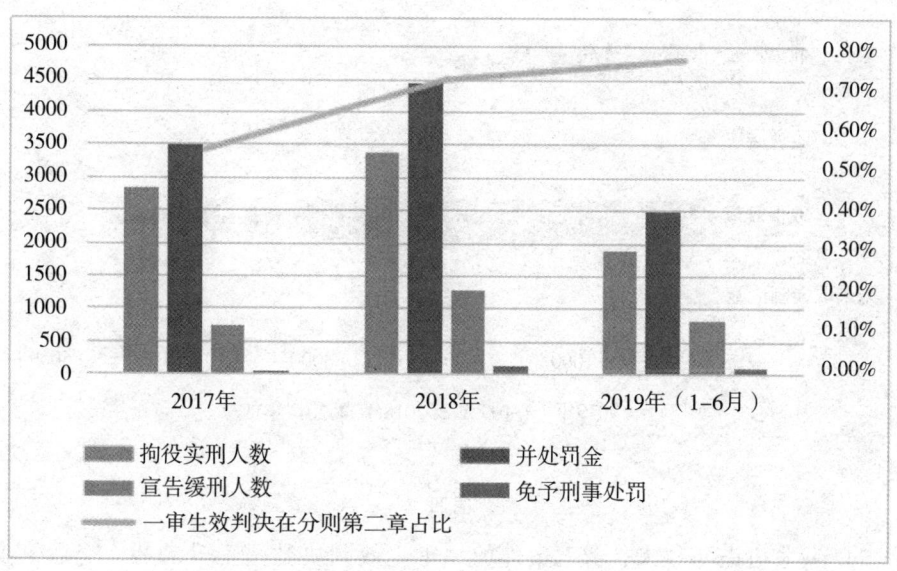

图三

3. 从全省来看,侦查阶段采取非羁押刑事强制措施的比例占到60%以上。总体而言采取羁押强制措施的比例在逐年降低。

但我省羁押比例呈两级分化高。如华阴市2019年上半年,采取刑事拘留的比例高达70.8%。然而汉中市院2016至2017年,醉驾案件中无一例案件适用刑拘。2019年采取刑事拘留措施的比例也仅为1.8%。"轻刑快审、少押速办"应当是醉驾案件办理的宗旨。

表三

年份	受理时强制措施状态									
	未采取强制措施	占比	取保候审	占比	监视居住	占比	刑事拘留	占比	逮捕	占比
2017年	34	0.68%	2996	60.12%	40	0.8%	1906	39.33%	7	0.14%
2018年	47	0.73%	4528	70.17%	35	0.54%	2099	32.53%	13	0.2%
2019年（1-6月）	70	1.53%	3020	66.14%	6	0.13%	1457	31.91%	13	0.28%

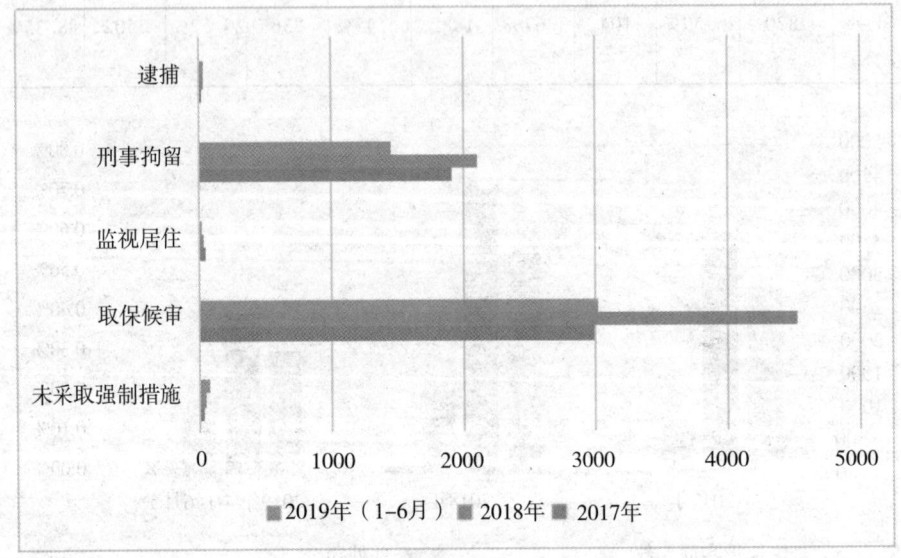

图四

4. 我省近三年以来,醉驾案件的一审生效判决数呈上升趋势,交通肇事罪的一审生效判决数有下降的趋势。对同期数据进行对比可以发现,2017年至2018年,醉驾案件与交通肇事案件均呈上升趋势,但醉驾案件上升的趋势明显高于交通肇事罪上升的趋势。2018 年至 2019 年，醉驾案件持续上升，且上升趋势跟大，而交通肇事罪的数量有所下降，其下降趋势没有醉驾案件上升趋势猛烈。

表四

年份	交通肇事罪一审生效判决	交通肇事罪一审宣判数占第二章罪名比例	醉驾一审生效判决	醉驾一审宣判数占第二章比例
2017 年	1636	29.62%	3681	63.54%
2018 年	1547	24.25%	4840	70.19%
2019 年（1-6 月）	733	19.09%	2820	77.21%

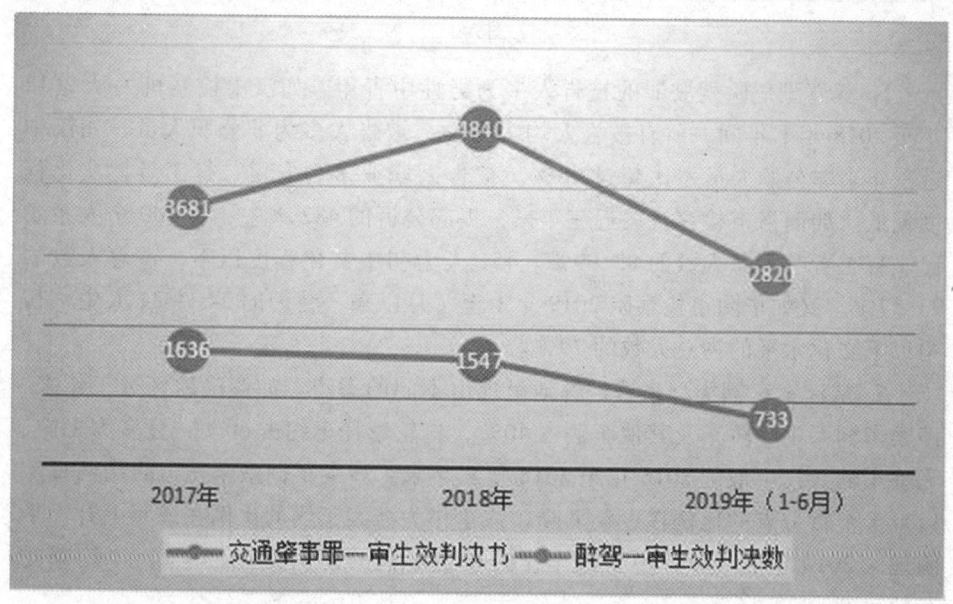

图五

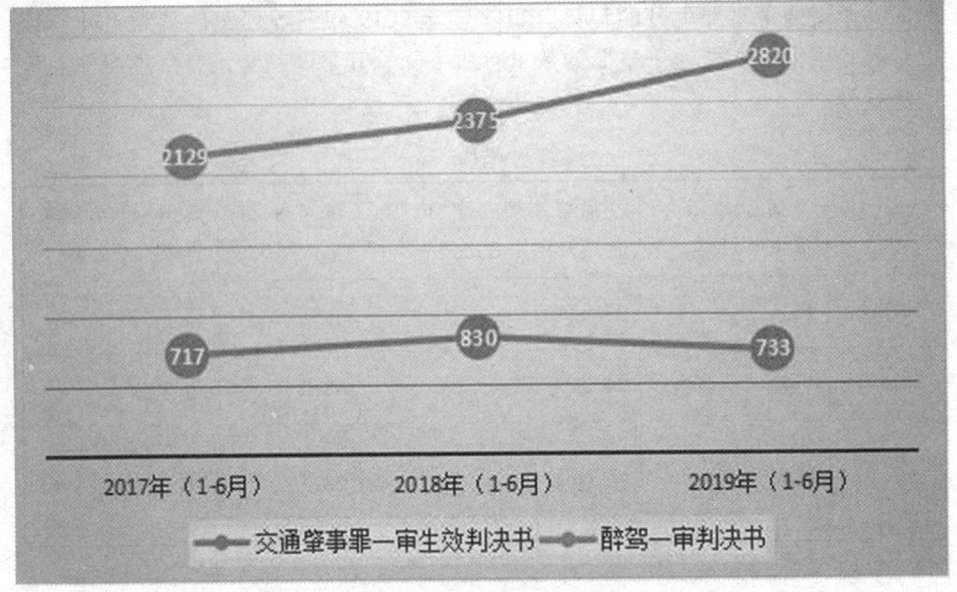

图六

5. 醉驾型危险驾驶罪的被告人多为男性中青年。如汉中检察机关从 2012 年至 2018 年七年间，所有被告人均为男性。被告人多为非公职人员，如汉中近三年来非公职人员占比超过 98%。被告人职业多为农民、打工者，文化程度偏低。如商洛市检察机关近三年来，提起公诉的 482 人中，有 400 余人系农民、打工者，占总人数的 82.99%。451 人为初中文化程度以下，占总人数的 93.57%。又如华阴市检察院 2019 年 1 至 7 月以来，受理的 24 件 24 人中，初中以下文化水平的占总人数的 79%。

6. 从涉案车辆类型来看，各地呈现出不同的态势。如商洛地区近三年来，涉案车辆系中小轿车及其他车辆占 40%，二轮摩托车约占 60%，且多为无牌、无证车辆。汉中地区 2016 年至 2018 年三年来，涉案车辆系摩托车的比例每年以近十个百分点的比例在逐年下降，汽车作为涉案车辆的比例在逐年上升。华阴地区 2019 年上半年，小型汽车作为涉案车辆的比例为 45.83%。二轮摩托车的比例为 29.16%。

7. 从醉酒程度看，多为中度醉酒。如汉中地区，2015 年至 2017 年，涉案人员血液酒精含量在 200mg 以上的占比分别为 40%、42.86%、35.29%；血液酒精含量在 150 - 200mg 之间的占比分别为 33.85%、31.75%、30.88%。如商洛地区，近三年来受理的醉驾案件中，血液酒精含量大多在 80 - 200mg 之间，仅有 4% 的比例血液酒精含量超过了 300mg。再如华阴地区，2019 年上半年,醉驾涉案人员血液酒精含量在 100-150mg 之间的占 47.82%,200mg 以上的占 26.08%,150-200mg 之间的占 17.39%。

8. 案发时间相对集中。醉驾类案件多发生在晚餐后,20 时至 24 时是醉驾行为的高发时段。如商洛地区,近三年来 14 时至 16 时的案发数量占比为 14%,20 时至次日凌晨的案发数量占比为 86%。又如华阴地区,2019 年上半年受理的醉驾案件中,95.8% 的案件案发于凌晨前后。

二、陕西省醉驾型危险驾驶罪实践中存在的问题及成因剖析

醉驾入刑所带来的冲击是全方位的,其与我国刑法结构的不协调、对固有制裁观念与刑事司法实践产生的实质冲击都值得深入反思。基于上述数据分析的基础,本文将从实体层面、量刑层面和程序层面三个方面针对醉酒驾驶型案件疑难问题进行思考和探讨。

(一)实体层面存在的问题及成因剖析

1. 机动车认定问题。对于普通的机动车辆认定不存在困难,但随着科学技术的发展,实践中,往往出现一些老年代步车、电动自行车等超标电动车(即时速超过 40 公里/小时,整车重量超过 70 公斤)、电动平衡车、悬浮滑板等类型的交通工具,该类交通工具有动力装置驱动,且设计最高时速、空车质量、外形尺寸接近或相当于机动车或者以动力驱动供人员乘用,该类交通工具能否认定为机动车存在争议。

2. 醉驾是否应当一律入刑尚存争议,且醉驾不诉标准不统一,影响刑法的适用效果。有学者认为,醉驾一律入罪的做法既严重浪费了有限的司法资源,与刑法关于犯罪的规定不符,又曲解了从严惩治酒驾行为的立法初衷,使得刑事打击面过宽。有学者认为,从《刑法》第 133 条之一设置的"危险驾驶罪"来看,"追逐竞驶"非常明确地具有"情节恶劣"的入罪限制,而"醉酒驾驶"却没有"情节严重"或"情节恶劣"等任何附加条件。因此,要求"醉驾"必须"一律入罪"实质上是对罪刑法定原则进行严格遵循的结果。

通过调研发现,我省各地市关于醉驾是否一律入刑的认识也不尽相同。有的地区认为应当对醉驾犯罪分子进行重点打击,严格适用缓刑,提高惩治力度。过多的适用不诉、缓刑或免刑,在一定程度上会削弱交管部门的打击力度,降低法律的震撼效果,难以达到立法所预期的社会效果。有的地区则认为,为了更好的落实宽严相济的形势政策,维护社会稳定,可以对一些符合条件的醉驾案件作出不诉处理或适用缓刑、免刑。除上述认识上的分歧之外,目前尚无统一的醉驾不诉标准,各地市在实际办案中有的评判依据也各不相同。

通过调研数据分析,近三年来我省醉驾不诉率平均为10%。对比重罪案件全国不诉率8%的比例,危险驾驶罪作为刑法分则中的轻罪而言,10%的不诉率仍然偏低。且省内各地差距较大。

认识上的分歧究其原因,主要是行政法与刑法对醉驾行为的治理模式出现了真空地带。2011年12月25日表决通过的《刑法修正案(八)》,将醉酒驾驶行为直接规定为犯罪行为,随后修改的《道路交通安全法》第91条规定做出让步,规定"饮酒后驾驶机动车的,暂扣6个月机动车驾驶证,并处1千元以上2千元以下罚款。因饮酒后驾驶机动车被处罚,再次饮酒后驾驶机动车的,处十日以下拘留,并处一千元以上二千元以下罚款,吊销机动车驾驶证。醉酒驾驶机动车的,由公安交通管理部门约束至酒醒吊销机动车驾驶证,依法追究刑事责任;5年内不得重新取得机动车驾驶证"。从该规定可以看出,《道路交通安全法》将饮酒后驾驶和醉酒驾驶规定成法律性质完全不同的两类行为,前者饮酒行为对应于行政处罚,后者醉酒行为则对应于刑事处罚。

《道路交通安全法》实际上是把对醉酒驾驶行为真正意义上的处罚留给了刑法。这就给司法人员在办案中带来了两难困境:即如果对于"情节显著轻微危害不大"的醉酒驾驶行为不作犯罪处理,便成为了处罚上的"真空"地带。《道路交通安全法》对危害性较小的饮酒驾车行为都规定了罚款、拘留的行政处罚方法,而对醉酒驾车的行为直接交给了刑法惩治。按照刑法对情节显著轻微危害不大的醉驾驾车行为作出出罪处理后再无其他拘留、罚款上的行政处罚有章可循,有法可依。这无疑也会造成处罚上的不公平。

(二)量刑层面的问题及成因剖析

我省醉驾案件不诉率和一审判决宣告缓刑的比例较其他地区而言均偏低。近三年来一审宣告缓刑的平均比率仅为25.43%,判处拘役实刑的比例平均达到了62%。有数据显示外省某县检察院2013年至2017年危险驾驶案中适用缓刑人数占总数的48.62%。[①]

醉驾案件入罪易出罪难,缓刑适用比例低等问题如果解决不好会衍生出更多的新的社会治理问题。从刑罚社会学的角度来看,醉驾所遭受的制裁远远不止人身自由的剥夺,其还涉及到一系列附随或隐性的制裁效果。一方面由于危险驾驶案件多发于农民、工人群体,文化程度、受教育程度均偏低,社会生存难度略大。因醉驾对其给予严苛的刑罚处罚将会使他们的生活难上加难。另一

---

① 数据来源《检察机关办理危险驾驶刑事案件疑难问题研究》一文,载《西部法学评论》2019年第1期。

方面农民、工人群体占我国人口的很大一部分，该群体工作、生活、交往的稳定性和被社会接纳的程度越高，越有利于维护社会整体的安定、和谐。然而醉驾入刑标准过低，大量醉酒者被追究刑事责任，被贴上罪犯的标签，终身背负前科背景，既不利于个人、家庭和社会稳定发展，易引发新的社会管理问题，社会管理成本增加，又过多的占据了有限的司法资源。

对不诉率低和缓刑适用率低的原因进行剖析，笔者认为，从我国固有的犯罪观的角度出发，"罪"与"刑"几乎是同步一体的；犯罪意味着要在实际上科处刑罚，否则刑罚的威慑便失去了意义。由于拘役的刑期过短、惩罚过轻，因而应较少适用缓刑、免刑，否则刑罚便失去了威慑力。出罪、免刑就更不用提及。这种固有的犯罪观对我国刑事司法实践依然有着深远的影响。而这种对于刑法的过度依赖，并非在于表面上犯罪圈的扩张，其更体现在对适用刑罚所达到的威慑效果的依赖。

（三）程序层面的问题及成因剖析

第一，我们调研发现血液提取的规范化程度现在越来越高，存在的问题相对较少。但仍需要继续加强血液提取操作的规范性。第二，关于血液保存问题实践中问题很多，侦查机关一般只注重血样提取过程的记录而忽略对血样保存方法、条件的证据固定，不规范的血样保存方法容易导致提取血样的变质，影响案件定罪处罚。第三，关于血液的送检问题，虽然有相关指导意见的规定，但实践中因鉴定机构的地理位置、侦查机关任务繁重、专项行动的开展时间等因素影响，血样送检不及时、延长送检不报批等问题时有发生。不同程度的不规范操作行为在调研中我们还发现了一些，虽然各地也制定了醉酒驾驶刑事案件中血样保存的温度区间标准，但由于立法层级和规定不统一的问题，导致实践中适用法律尺度不一。

三、解决对策及建议

第一，《机动车国标》中只是规定符合国家标准的电动自行车不属于摩托车，并没有明确规定"超标车"等交通工具属于机动车，即便是明确了超标车属于机动车，其法律性质也有待确定，毕竟《机动车国标》属于强制性国家标准，是否属于行政法规、部门规章，法律并无明确规定。因此，基于刑法的谦抑性和罪刑法定原则，在无明确行政法规规定老年代步车、电动自行车等超标电动车、电动平衡车、悬浮滑板等交通工具属于机动车之前，建议不宜认定其属于机动车。除此外，为了指导司法实践，解决认定难题，避免随意性和不统一性，建议"两高一部"联合出台有关规定，通过司法解释的方式加以明确，以此解决法律的滞后性无法满足现实科技发展的需要。

第二，更新司法理念，统一认识，醉驾案件可以出罪。2017年5月1日开始实行的最高人民法院《关于常见犯罪的量刑指导意见（二）（试行）》中，对危险驾驶罪的定罪量刑又进一步做了如下表述："对于醉酒驾驶机动车的被告，应当综合考虑被告人的醉酒程度、机动车类型、车辆行驶道路、行车速度、是否造成实际损害以及认罪悔罪等情况，准确定罪量刑。对于情节轻微危害不大的，不予定罪处罚；犯罪情节轻微不需要判处刑罚的，可以免于刑事处罚。"该量刑指导意见的出台也在一定程度上标明了最高人民法院对醉驾案件出罪的认可态度。

第三，尽快出台全国范围内统一适用的醉驾不诉标准。我国现行的醉驾型危险驾驶罪的入罪门槛相对较低，在此前提下应当统一不诉标准。出台统一的醉驾不诉标准有其特有的意义。一是从司法实践角度看，统一不诉标准的出台一方面可以简化繁冗的审批程序。另一方面也有利于对一线办案人员的保护。不诉决定的作出有章可循，有法可依，有据可查，排除办案人员的后顾之忧。二是从办案效果角度看，建立统一的醉驾不诉标准，能够统一执法尺度，解决实务操作中的难题，避免同样的违法事实受到不同的处罚，也避免案件处理的随意性。

第四，积极推动醉驾案件轻缓化处理，有效维护社会稳定和谐。根据调研的有关数据显示，在醉驾入刑之初，对醉驾的制裁并没有表现出普遍的轻缓化倾向。但在醉驾入刑数年后，一些地区在醉驾制裁的基本立场上发生了变化。上海在2016年1月至8月期间，各基层院办理的醉驾案件中适用缓刑的比率达到了49%。① 作为查处醉驾大省的浙江省，其在2012年和2017年先后两次形成关于办理醉驾案件的《会议纪要》。通过对比，我们可以发现，2012年形成的《会议纪要》将酒精含量超过120mg/100ml作为排除缓刑适用的硬性指标，而原则上也只对酒精含量90mg/100ml以下的才有可能考虑适用免刑；在2017年的《会议纪要》中，缓刑适用条件中的酒精含量标准已经提高至180mg/100ml以下，不起诉或者免予刑事处罚条件中的酒精含量标准也提升到140mg/100ml以下。醉酒驾驶两轮、三轮摩托车，酒精含量在160mg/100ml以上，且没有造成他人轻伤及以上后果的，可以不作为犯罪处理；酒精含量超过160mg/100ml但在200mg/100ml以下，且没有造成他人轻伤及以上后果的，可

---

① 黄伟文、曾筱宇：《"醉驾"中缓刑适用的困境与选择——以上海地区醉驾案为切入点》，载《四川警察学院学报》2017年第5期。

以不起诉或者免予刑事处罚。①这无疑扩大了醉驾轻缓化处理的可裁量空间。为了有效维护社会稳定和谐，我省也应当积极推动醉驾案件轻缓化处理。除以血液酒精含量作为评判依据外，应充分综合考虑行为人的各种因素、情节，对无特殊情节，未造成损害后果的犯罪嫌疑人，应尽可能的适用不诉或缓刑。当然，对于系醉驾累犯或因醉酒驾车受过多次行政处罚仍屡教不改的犯罪嫌疑人，可以依法严惩。据此，可以在司法层面实现罪责刑的统一和宽严相济刑事政策的落实。

第五，丰富醉驾案件的治理模式，减少刑法打击面，做好刑罚与行政处罚的有效衔接。为避免司法资源的浪费，避免醉驾犯罪率持续走高，避免越来越多醉酒驾车者而科以刑罚，避免由于行为人一次醉驾，导致其家庭成员在参军和公务员等方面受到不必要的限制。因此建议，一是检察机关应当从罪责刑相统一的角度出发，充分运用不起诉权，制定较为宽松的醉驾不诉标准，对血液中酒精含量不高且无其他加重情节的犯罪嫌疑人尽量免于起诉，实现检察机关对社会的治理有为。二是将危险驾驶罪的刑罚修改为"拘役或者管制，并处或者单处罚金"。同时，按照"举轻明重"的原则，当前可以对情节显著轻微的醉酒驾驶行为不作为犯罪处理，并按照《道路安全法》第91条中关于"再次饮酒后驾车"规定的处罚标准，予以拘留、罚款处罚。从长远看，建议对《道路交通安全法》第91条予以完善，以便对醉酒驾驶机动车行为出罪后，科以更重的拘留和罚款。三是建立周末监禁、半监禁、社区义工服务等多种形式的刑罚执行方式和行政处罚方式。对具有不同情节的醉驾行为判以罪责刑相适应的刑罚处罚或行政处罚。四是将醉酒驾车行为纳入个人信用征信体现，在行为人贷款、购房、评选等事项上给予负分评价。

第六，规范血液的提取、保存及送检。从程序法层面来说，具体案件审理过程中，不可忽视对定罪证据的审查和判断。尤其是对醉驾案件的关键证据，即与血液酒精含量检测相关的血液提取、保存、送检、检测等证据合法性的审查，往往成为案件定罪与出罪的关键。因此，建议一方面可以借助现有技术条件，通过执法民警的执法记录仪或采血点的监控等设备采取过程进行全程录像，实现提取过程的可视性，直观、真实地记录血样提取的全过程。杜绝非犯罪嫌疑人血样、未采用非醇类消毒液等现象发生，保证证据的客观真实，保障犯罪嫌疑人的合法权益。另一方面，为了明确血样保存的条件，统一司法适用

---

① 参见2012年浙江省《关于办理"醉驾"犯罪案件若干问题的会议纪要》"关于刑事处罚"部分与2017年浙江省《关于办理"醉驾"案件的会议纪要》"关于刑事处罚"部分。

尺度，有必要出台具体的血液保存规范，明确统一的低温的温度区间和具体的存放环境。侦查人员要以符合法律规定的条件和方式保存血样，在血样提取登记表中明确注明血样保存的方式，并提供血样密封后的照片、存放环境照片、冰柜的温控范围、交接记录台账等来证明血样的保存情况及交接情况，以证实送检的血样的合法性。除此外，检察机关也应加强对血液提取、报送、送检等程序性的审查，将实体与程序并重，避免因程序上的操作不当，导致犯罪嫌疑人受到刑法上不公正的处罚或对其的放纵。

结　语

如何在法治的前提下，加强刑法与社会治理之间的互动，使刑法能够更好的服务于社会治理是我们现今乃至今后很长一段时间里需要长期思考、研究的问题。刑法的天然属性使得其余社会治理应当存在紧密的互动关系。与此同时，刑法的保障法地位，又决定了社会治理需要刑法作为坚强的后盾，保障各种社会机能有序运转。因此，为了适应社会治理的要求，基于二者的契合，刑法及其相关司法解释、法律法规应当从以下几个方面作出努力：关注社会情势，贯彻宽严相济刑事政策；坚持以人为本，"刚柔并济"，保障公民权利；革新纠纷解决理念，建立灵活、多样，多元化的社会治理模式。

黑恶势力犯罪的防控与治理

套路贷的概念及入刑条件辨析

刘仁文 刘文钊*

近年来,在快速积累的民间资本、相对狭窄的投资渠道、民营企业的融资困境等多种原因的共同促进下,民间借贷行业日趋活跃。作为一种资金来源多样、手段灵活便捷的融资途径,民间借贷在一定程度上满足了部分社会融资需求,促进了社会资本的流动,但也催生了诸多社会乱象,甚至衍生出大量违法犯罪行为。大约从 2016 年开始,一种被称为套路贷的借贷模式逐步出现,其巨大的危害引发了社会舆论的极大关注。对此,司法机关高度重视。2017 年起,上海、浙江、安徽、重庆等地陆续出台针对套路贷案件的地方性司法文件①。2018 年 1 月,在全国范围内开展的"扫黑除恶"专项斗争将民间借贷领域的黑恶犯罪作为打击重点之一。2019 年 4 月,最高人民法院、最高人民检察院、公安部、司法部联合印发了《关于办理"套路贷"刑事案件若干问题的意见》(以下简称《套路贷意见》),希望统一套路贷刑事案件的法律适用。但是,套路贷并非一个具有严格教义学上定义的法律概念,仅仅是司法实践中对于部分新型违法犯罪行为的类型化总结,如何对其合理甄别、准确处罚和有效规制仍然处于探索阶段,由此产生了一定的司法风险。本文拟从套路贷的概念入手,分析当前套路贷中的犯罪行为的刑法规制手段,以期为司法机关准确认定和打击此类犯罪提供一点参考意见。

---

* 刘仁文,中国社会科学院法学研究所研究员、刑法研究室主任、博士生导师;刘文钊,中国社会科学院法学研究所博士研究生、天津市人民检察院第一分院检察官。

① 2017 年 10 月 25 日,上海市高级人民法院、上海市人民检察院、上海市公安局发布《关于本市办理"套路贷"刑事案件的工作意见》(沪公通〔2017〕71 号);2018 年 3 月 18 日,浙江省高级人民法院、浙江省人民检察院、浙江省公安厅印发《关于办理"套路贷"刑事案件的指导意见》(浙公通字〔2017〕25 号);2018 年 6 月 15 日,安徽省高级人民法院、安徽省人民检察院、安徽省公安厅发布关于办理"套路贷"刑事案件的指导意见(皖高法〔2018〕125 号);2018 年 7 月 4 日,重庆市高级人民法院发布《关于办理"套路贷"犯罪案件法律适用问题的会议纪要》(渝高法〔2018〕136 号)。

一、狭义套路贷概念的缺陷

依法处理的前提是正确认识套路贷的概念。从外延上看，套路贷概念有广义与狭义之分。[①] 狭义套路贷概念认为套路贷是假借民间借贷之名非法占有公私财物的犯罪行为[②]或者认为其是以非法占有的目的，通过虚增债务等欺诈手段，辅以暴力或者暴力相威胁，非法占有他人财物的犯罪行为。[③] 虽然两种表述略有不同，但是均认为套路贷是犯罪行为，应当严格区分套路贷与民间借贷、高利贷、非法讨债等行为。套路贷在借款目的、侵犯客体、手段方法、法律后果等方面与民间借贷具有本质上的不同。[④] 其定义方法实质上是将套路贷中的犯罪行为的共同点归纳为狭义套路贷的行为特征，认为符合狭义套路贷特征就是犯罪行为。

《套路贷意见》采用狭义套路贷概念，其认定规则可以被总结为三个特征、两点区分、五类步骤。狭义套路贷具有三个特征，即行为目的非法性、债权债务虚假性、讨债手段多样性。[⑤] 狭义套路贷与民间借贷行为的两点区别在于是否具有非法占有的目的、是否采取"套路"与借款人[⑥]形成虚假债权债务。五类步骤指套路贷的常见犯罪手段和步骤，包括制造民间借贷假象、制造资金走账流水等虚假给付事实、故意制造违约或者肆意认定违约、恶意垒高借

[①] 为了行文方便，本文中未明确使用广义或狭义套路贷时，均采用的是广义的套路贷。

[②] 详见刘道前、满艺伟：《"套路贷"的法律性质及侦防对策分析》，载《犯罪研究》2018年第4期。

[③] 典型的如浙江省高级人民法院、浙江省人民检察院、浙江省公安厅印发的《关于办理"套路贷"刑事案件的指导意见》中将套路贷定义为"假借民间借贷之名，通过'虚增债务''签订虚假借款协议''制造资金走帐流水''肆意认定违约''转单平帐'等方式，采用欺骗、胁迫、滋扰、纠缠、非法拘禁、敲诈勒索、虚假诉讼等手段，非法占有公私财物的犯罪"。学者中也有持该观点的，详见董邦俊、侯晓翔：《"套路贷"的刑事规制及其防控研究》，载《湖北社会科学》2018年第10期。

[④] 类似观点详见谢波、蒋东平：《"套路贷"犯罪的特点及其法律规制》，载《山东警察学院学报》2018年第2期；详见孙丽娟、孟庆华：《"套路贷"相关罪名及法律适用解析》，载《犯罪研究》2018年第1期。

[⑤] 详见朱和庆、周川、李梦龙：《〈关于办理"套路贷"刑事案件若干问题的意见〉的理解与适用》，载《人民法院报》2019年6月20日，第5版。

[⑥] 在套路贷法律关系中，本文统一使用借款人的表述。借款人主要在民事法中予以表述，刑事法中主要用被害人的表述。为了显示广义套路贷与犯罪行为脱钩的特点，所以我们选择了借款人的表述。涉及犯罪时使用被害人的表述。

款金额、软硬兼施"索债"等。《套路贷意见》改变传统刑法罪与非罪、此罪与彼罪判断同时进行的一元判断模式，① 构建了狭义套路贷概念确定罪与非罪、犯罪构成确定此罪与彼罪的二元判断模式，认为套路贷犯罪案件适用法律时，首先认定是否构成套路贷。一旦构成套路贷就是犯罪行为，之后根据犯罪构成确定具体罪名。根据犯罪行为的表现不同，认定不同罪名，一般情况下认为构成诈骗罪。如果行为人采用多种手段并用构成诈骗、敲诈勒索、非法拘禁、虚假诉讼、寻衅滋事、强迫交易、抢劫、绑架等多种犯罪的，区分不同情况数罪并罚或者择一重罪处理。如果能够有效统一判断标准，这种二元判断模式即便造成法律适用的重复，也不会对正确处理案件造成实质影响。但是，狭义套路贷仅是对部分发达地区早期套路贷犯罪事实特征的归纳总结，认定过程存在以下缺陷，影响准确认定犯罪。

（一）占有目的的非法性内涵不明，引发司法实践认定混乱

根据《套路贷意见》，占有目的的非法性既是狭义套路贷的认定特征，又是其与正规民间借贷行为、高利贷行为区分的重要标准。民间借贷中，债权人放贷的目的本来就是获取利息。《套路贷意见》只能将非法性作为民间借贷谋利目的与财产犯罪非法占有的目的的区分标准，认为民间借贷的出借人是为了到期按照协议约定的内容收回本金及获取利息，不具有非法占有他人财物的目的。但是非法性的具体内容十分模糊。无论是民间借贷、高利贷还是套路贷案件都涉及多个法律关系，非法性究竟指的是刑事违法性、行政违法还是民事违法并不明确。《套路贷意见》还强调整体评价非法占有的目的，但是如何整体评价、参考那些因素、以何为标准并不明确。缺乏明确的判断标准引发了理解适用混乱。有人从行政许可的角度认识非法性。我国目前对于金融领域的管理采用特许制度，以此为逻辑凡是未经监管机构批准从事金融业务的均被视为非法，这显然背离了财产犯罪的本质。有人从单纯的刑事违法性认识非法性，认为符合了套路贷五种常见犯罪手段和步骤就具有非法性。② 这相当取消了占有目的的非法性这一要件，将非法占有的目的与犯罪故意等同。还有一些地方司

---

① 传统刑法认为犯罪构成是区分清罪与非罪、此罪与彼罪界限的具体标准，是行为构成犯罪的一切主、客观要件的有机统一。行为一旦符合犯罪构成，即同时确定构成犯罪和构成哪种犯罪。我们将这种模式称为罪与非罪、此罪与彼罪的一元判断模式。

② 类似观点如浙江省高级人民法院、浙江省人民检察院、浙江省公安厅《关于办理"套路贷"相关刑事案件若干问题的纪要》（浙高法〔2019〕117号）第2条规定"以非法占有为目的，'套路贷'的本质属性。在'套路贷'案件中，只要有'套路'，就可认定非法占有的目的"。

法机关以道德评价代替法律评价认定非法性，认为只要套路贷行为超出了一般民事经营、夸大宣传、钻营取巧的范围，手段行为触碰一般社会道德底线，就应当评价为具有非法占有的目的。① 这实际上是将占有目的的法律标准解释为道德标准，违背了罪刑法定原则。根据从前的司法解释，具有交易因素的侵犯财产犯罪中非法占有的目的认定标准是对价的合理性。② 如果参照该标准，民间借贷与套路贷的区分标准应当为利息是否合理。这是高利贷与民间借贷之间的区分标准。《套路贷意见》认为需要区分狭义套路贷与高利放贷行为，③ 两者相互矛盾。如果以此为标准将会造成高利贷与狭义套路贷的混同。反之则会造成司法实践中非法性认定标准的不统一。

（二）债权债务的虚假性脱离实践，造成入罪标准不当扩大

《套路贷规定》认为区分套路贷犯罪与民间借贷的另一特征是债权债务的虚假性，即吸引被害人借款，利用虚增借贷金额、恶意制造违约、肆意认定违约、毁匿还款证据形成虚假债权债务。但是，这些行为并不能与犯罪的实行行为完全对应。实行行为是刑法分则具体罪名所定型化的行为。判断是否构成犯罪首先需要判断的是否具有某种犯罪的实行行为。如果不符合一切犯罪的实行行为，则无法构成犯罪。④ 从实质角度看，一个行为被认定为犯罪行为应当具备"当罚性"也就是处罚的必要性、合理性。符合《套路贷意见》罗列的债权债务的虚假性特征的行为并不完全具有当罚性，甚至很多行为不仅不是法秩序所禁止的，反而还是部门法保护的，直接将其作为犯罪行为的认定标准，不当扩大了入罪标准。比如虚增借贷金额、制造虚假给付痕迹不能完全被解释为诈骗、敲诈勒索、抢劫等犯罪的实行行为。在民间借贷中，大量存在着预先在

---

① 详见胡公枢：《"套路贷"的刑法规制路径》，载《中国检察官》2018年第4期。
② 2005年最高人民法院《关于审理抢劫、抢夺刑事案件适用法律若干问题的意见》第9条第2项以暴力、胁迫手段索取超出正常交易价钱、费用的财产行为定性中规定，"从事正常商品买卖、交易或者劳动服务的人，以暴力、胁迫手段迫使他人交出与合理价钱、费用相差不大钱物，情节严重的，以强迫交易罪定罪处罚；以非法占有为目的，以买卖、交易、服务为幌子采用暴力、胁迫手段迫使他人交出与合理价钱、费用相差悬殊的钱物的，以抢劫罪定罪处刑"。这里以获得对价是否合理作为非法占有的目的有无的标准。
③ 详见朱和庆、周川、李梦龙：《〈关于办理"套路贷"刑事案件若干问题的意见〉的理解与适用》，载《人民法院报》2019年6月20日，第5版。
④ 当然在预备犯罪具有可罚性的情况下，也可能构成预备犯罪。但是，这里考虑的是司法实践中套路贷的一般情况，故而暂不考虑该情况。

本金中扣除利息的情况，也就是人们通常讲的"砍头息""上打息"。① 显然不能认为这些民间借贷行为都是套路贷犯罪。《套路贷意见》认为正常民间借贷行为不会虚增债务，那么按照该逻辑凡是虚增债务都是狭义套路贷，这样不当扩大了套路贷构成犯罪的范围。又如恶意制造违约、肆意认定违约。我国《合同法》中违约责任的归责原则采用严格责任，也就是在借款人无过错的时候，除非存在不可抗力等免责事由，仍需由借款人承担责任。② 即便违约是放贷人③恶意造成的，根据民事法借款人也要承担违约责任。刑法作为保护法将民法都不禁止的行为一概解释为犯罪行为是不适当的。再如毁匿还款证据。根据《民事诉讼法》的相关规定，谁主张谁举证。在民间借贷中，还款的事实自然由主张还款的借款人举证。④ 既然民事诉讼都未赋予债权人交出还款凭证的义务，作为保护法的刑事法增加该义务也是不适当的。

（三）套路贷整体评价方法不明确，增加法律适用错误风险

《套路贷意见》及起草人员撰写的理解与适用文章均在提出狭义套路贷时应当整体评价案件事实，不能只关注某个因素、某个情节。⑤ 上述整体评价的思路是透过套路贷案件虚假合法表象发现案件真实情况。但也留下了整体评价的内容、范围并不明确的缺点，实践中套路贷案件千差万别，有些套路贷行为以公司、网站进行，究竟是评价整个公司、网站的行为，还是针对不同借款人进行整体评价；有些套路贷行为可能涉及不同小额贷公司相互介绍、平账，究竟是评价其中的一次借贷行为，还是评价多次借贷行为；有些套路贷行为针对

---

① 根据我们的搜索，中国裁判文书网公开的 2019 年上半年涉及"砍头息"、"上打息"的民间借贷一审案件达 243 件，遍及全国 25 个省、自治区、直辖市，这说明这种情况的普遍性。《民间借贷规定》第 27 条规定，"借据、收据、欠条等债权凭证载明的借款金额，一般认定为本金。预先在本金中扣除利息的，人民法院应当将实际出借的金额认定为本金"。这也说明，在民事审判过程中借据上载明的借款金额不一定是实际发生的借款金额。

② 关于合同的严格责任与过错责任的立法选择，详见韩世远：《合同法总论》，法律出版社 2018 年版，第 746~750 页。

③ 在套路贷法律关系中，本文统一使用放贷人的表述，区分民间借贷中出借人。出借人主要在民事法中予以表述，刑事法中主要用行为人的表述。为了显示广义套路贷与犯罪行为脱钩的特点，同时突出套路贷与普通民间借贷行为的区别，所以我们选择了经营色彩更重的放贷人表述，但在套路贷法律关系中两组表述内涵、外延基本一致。

④ 《民间借贷规定》第 16 条规定，"原告仅依据借据、收据、欠条等债权凭证提起民间借贷诉讼，被告抗辩已经偿还借款，被告应当对其主张提供证据证明"。

⑤ 详见朱和庆、周川、李梦龙：《〈关于办理"套路贷"刑事案件若干问题的意见〉的理解与适用》，载《人民法院报》2019 年 6 月 20 日，第 5 版。

不同的借款人采取不同的套路,究竟是评价全部套路,还是针对借款人所涉及的套路整体评价。不同的评价内容和范围,结果可能不同。同时,整体评价方法未明确整体评价与狭义套路贷三个特征的关系。整体由部分组成,部分离不开整体。整体评价与特征判断的逻辑先后顺序可能影响裁判结果。在认定犯罪时,通常采取涵摄或者涵摄锁链的形式,也就是采取三段论判断每一个构成要件要素。当一个行为符合全部构成要件要素时,则整体评价为犯罪行为。此时,强调整体评价意义不大,因为实质上起到判断作用的是部分判断。如果将整体评价置于特征评价之前,则判断的标准不再是特征判断,而是特征之外的其他规则,这样架空了狭义套路贷的概念。另外,《套路贷意见》未明确犯罪手段和步骤是整体评价的参考因素还是决定因素。如果是参考因素,那么即便全部符合了前述五种常见犯罪手段和步骤也可能不构成狭义套路贷。如果是决定因素,只要部分符合常见犯罪手段和步骤就可以整体认定狭义套路贷。

综上,《套路贷意见》确立的狭义套路贷概念及其二元判断模式产生的最大法治风险是与罪刑法定原则的紧张关系。整体评价方法为司法机关先入为主认定行为有害提供了空间。既然行为是有害的,就应予处罚,基于犯罪行为与具体罪名二元判断模式,法官可以绕开刑法分则的规定,直接认定犯罪行为。下面的问题就是如何定罪处罚了,《套路贷意见》中诈骗罪作为狭义套路贷的兜底性罪名,成为"最好"的入罪方法。狭义套路贷概念的另一副作用是将诈骗罪口袋化,在"有恶能罚"观念的推动下超出刑法法条的解释范围认定犯罪。

针对狭义套路贷概念的上述缺陷,本文从套路一词的日常含义入手结合近期司法实践中出现的套路贷案件特点,提出广义套路贷的概念。

二、广义套路贷概念的提倡

(一) 广义套路贷的概念及其特征

近年来,"套路"一词的内涵正在逐步变化。在2012年出版的《现代汉语词典(第六版)》中,套路的含义主要有两个:一是编制成套的武术动作,如少林武术套路;二是成系统的技巧、方式、方法。① 在这个阶段,套路并不具有贬义色彩。随着互联网兴起,网友、青年人之间相互调侃时常常使用套路一词。② 此时,套路逐渐具有圈套、诡计、门道、陷阱的意思。套路一词的日

---

① 中国社会科学院语言研究所词典编辑室主编:《现代汉语词典(第6版)》,商务印书馆2012年版,第1272页。

② 比如网络经典名句"城市套路深,我要回农村"、"少一点套路,多一点真诚"。

常理解体现了套路贷的事实特征即借贷过程的诱骗性与行为模式的系统性。但仅从事实层面分析套路贷的特点并不能准确认定套路贷。这就引出了套路贷的法律特征即法律规避属性。综上,广义套路贷指采取乘人之危(显失公平)①、虚构事实、隐瞒真相、胁迫等方式,系统性的诱使、欺骗或者迫使借款人签订或形成规避法律调整的虚假文件、证据的民间借贷行为,具有借贷过程的诱骗性、行为模式的系统性、法律适用的规避性三个特征。

1. 借贷过程的诱骗性

根据对意思自治的侵害程度不同,借贷过程的诱骗性可以分为引诱、欺骗、胁迫。除胁迫系违背借款人意思放贷获利外,引诱、欺骗均是利用借款人意思表示瑕疵放贷获利。引诱与欺骗的本质区别在于借款人是否产生认识错误。现实生活中存在着很多没有欺骗但是引诱进入"陷阱"的行为,比如赌博、传销、虚假广告。这些行为虽然存在一定引诱的成分,但是不能被评价为诈骗行为,只能单独规定为犯罪。虽然《套路贷意见》要求整体上把握,一般以诈骗罪定罪处罚,但是在套路贷犯罪处理过程中司法机关发现为了规避打击放贷人有意思摒弃了"骗"的环节,将不公平的条款明白无误地告诉借款人,借款人因自身原因还不上款造成了高额违约金或者利息。② 这些都说明,引诱也是司法实践中套路贷的放贷手段。乘人之危(显失公平)是引诱的主要表现形式,指利用对方处于危困状态、缺乏判断能力等情况与借款人达成显失公平的借款协议的情形。危困状态一般指陷入暂时性的急迫困境而对金钱的需求极为迫切等,如利用创业中期常出现的资金短缺与创业者签订不公平的借款合同。③ 所谓缺乏判断能力是指缺少基于理性考虑而实施民事法律行为或对民事法律行为的后果予以评估的能力,④ 如利用未成年人、在校大学生风险意

---

① 根据《合同法》的规定,乘人之危与显失公平为两个独立的合同可撤销的条件。但是《民法总则》第151条的规定将二者合并规定,赋予显失公平新的内涵。本文考虑到语义的衔接并未直接使用该名词,仍使用乘人之危一词,表达《民法总则》第151条规定的情形。关于乘人之危与显失公平的立法变化及评价,详见陈甦主编:《民法总则评注》,法律出版社2017年版,第1082~1084页。

② 详见金懿:《"套路贷"犯罪案件的刑法定性》,载《犯罪研究》2019年第2期;详见钱立波、胡公枢:《"套路贷"行为规制刍议》,载《中国检察官》2019年第2期。

③ 中央电视台《今日说法》栏目2018年3月31日报道的《破解"套路贷"》中所讲述的案例就是乘创业中期的资金短缺之危,与创业者签订显失公平,获得非法利益。(详见:http://tv.cctv.com/2018/03/31/VIDERCErF73nZaMfHpHPkxRr180331.shtml,2018年7月19日访问)

④ 韩世远:《合同法总论》,法律出版社2018年版,第292页。

识不足、防范意识淡薄、盲目非理性消费、社会阅历浅等特点签订显失公平的借款合同。另外，套路贷利用资金优势与借款人多次签订借款合同，以贷还贷累积虚高债务形成显失公平的借款协议的情况也属于这种情形。欺骗的主要表现形式为虚构事实、隐瞒真相，一般指虚构、隐瞒影响对方做出财产处分的事实，造成对方陷入认识错误的情形，如隐瞒实际目的，以"行规"、不会真正索要财物为由欺诈借款人签订虚高合同，事后以虚假合同要求还款。胁迫即敲诈勒索罪、抢劫罪中的胁迫行为，一般指以恶意诉讼、软暴力、暴力等恶害相通告，使对方产生恐惧进而处分财物，如借款人无力还款时，以提起诉讼马上冻结对方全部资金为由胁迫借款人签订包括所欠高额利息、违约金为本金的借款合同并虚假走账。

2. 行为模式的系统性

套路贷犯罪的行为模式的主要包括物色借款对象、确立虚高债务、索取虚高债务三个阶段，形成一个放贷索债的整体。通过公司化管理、系统化放贷流程，对借款人形成法律优势、人员优势，诱使、欺骗或者迫使借款人进入债务陷阱。套路贷对借款人一般具有明确的要求，其会审查借款人的个人信息、家庭状况、资产状况，为之后索取债务实际得利创造条件。套路贷确立虚高债务主要通过三种方式，一是在借款之初与借款人签订虚高合同，并制造虚假给付事实；二是在还款过程中放任违约、故意制造违约、肆意认定违约，利用严格的违约条款增加债务；三是当被害人无力偿还时，采取转单平账、以贷还贷，垒高虚假债务。套路贷的目的就是获取高额利息。由于法律对于民间借贷利息的限制，① 套路贷获取异常高息的方式，必然包括虚高债务。套路贷的手段可能不断翻新，但是其虚高债务的本质不会改变。最后，套路贷索取虚高债务的手段多种多样，即可能采取诉讼、仲裁、公证等法律手段，也可能采取暴力、威胁、软暴力等手段，甚至有的案件中经过简单的催要借款人就归还了债务。

套路贷行为模式的系统性仅是对同一借款人相互关联的借贷过程具有系统性。套路贷的系统性不是一个放贷组织的所有放贷行为的系统性。实践中，套路贷组织会对多个借款人放贷。虽然所使用的手段具有相似性，但同一套路因被害人的不同认识、放贷行为的细微差别可能构成不同犯罪，甚至可能不构成犯罪。套路贷的系统性也不是对同一借款人的所有套路贷行为的系统性。实践

---

① 我国对于民间借贷利息的限制主要依据的是最高人民法院《关于审理民间借贷案件适用法律若干问题的规定》确立的法定利息的司法红线。严格讲，该文件仅属于司法解释，但是司法解释的作用是解释立法，考虑该文件已经成为指导实践的明确标准，所以在此处行文时并不突出法律与司法解释的区别。

中，不同套路贷组织对同一借款人的债务可能存在资源互换、共享客户、相互平账的情况。除非能够证明具有事前同谋，否则这种套路贷组织相互平账的行为不能直接作为一个整体考虑，尤其是当两个组织各自独立考察借款"资质"，单独放款，"利益""风险"各自承担时，应当谨慎认定系统性。

3. 法律适用的规避性

套路贷为什么要设计并逐步发展出这样复杂行为流程呢？原因是以合法的方式进行民间借贷无法获得如此高额的回报，还甚至会面临无法收回借款的风险。在保证借款足额收回、获得超额回报、规避司法打击三重目标的共同作用下，高利贷行为从简单的"食利"，逐步进化出"砍头息""造违约"等行为方式，最终异化为套路贷。① 从规范角度看，套路贷之所采取上述借贷模式的目的是为了规避法律调整，获得合法途径无法获得优势。这是套路贷的规范本质。

法律规避原本属于国际私法上的概念，后来被学者引入理论法学视野。② 套路贷中所涉及的法律规避在民法上又称为脱法行为，指利用契约自由原则，规避强行规定，获得法律所禁止或未设定的效果,③ 主要规避是民事、行政法律对民间借贷的限制，获得合法途径无法获得优势。关于借贷主体限制。小额贷公司属于特许设立的公司。④ 有些套路贷组织没有特许经营的权力，就采用借款中介的形式，安排组织成员或其他自然人作为出借人与借款人签订借款合同，达到规避行政管理的法律效果。这种虚构放贷人的方式与以贷还贷、索要中介费增加实际利息等方法结合成为套路贷犯罪中的常见法律规避手段。关于利息限制。套路贷行为模式中虚高债务是规避利息红线⑤的主要方法，本质就是隐瞒利息的法律属性，利用"砍头息"、以贷还贷等形式将利息变为本金、违约金、中介费。关于担保措施，套路贷在使用抵押、质押等担保物权的同时，还会采取签订虚假买卖合同、租赁合同等方式保证债务履行，同时约定一

---

① 关于高利贷向套路贷的演变过程，详见孙丽娟、孟庆华：《"套路贷"相关罪名及法律适用解析》，载《犯罪研究》2018年第1期。

② 关于法律规避问题，详见苏力：《法律规避和法律多元》，载《中外法学》1993年第6期；苏力：《再论法律规避》，载《中外法学》1996年第4期。

③ 详见王泽鉴：《民法总则》，中国政法大学出版社2001年版，第284~287页。

④ 《小额贷指导意见》规定，"……申请设立小额贷款公司，应向省级政府主管部门提出正式申请，经批准后，到当地工商行政管理部门申请办理注册登记手续并领取营业执照。……"

⑤ 《民间借贷规定》确立了年利率24%的民间借贷利息红线和年利率36%自然债务利息红线。

且无力偿还则履行买卖合同。这实际上颠倒了借款合同与担保合同的主从合同关系，为获取高额利息、肆意认定违约、超额抵押等行为提供了空间。

（二）广义套路贷概念的优势

1. 整合多种法律关系，更好实现"扫黑除恶"的治乱需求

民间借贷行业的暴利和乱象成为黑恶犯罪的温床。本次"扫黑除恶"专项斗争比以往"打黑除恶"更加全面深入，与"打黑"更多是从社会治安角度点对点打击黑恶犯罪不同，"扫黑"更加强调治理社会乱象，重视综合治理、源头治理、齐抓共管。相比等同于犯罪行为的狭义套路贷概念，整合民事、行政、刑事法律关系的广义套路贷概念更符合社会综合治理的需求。

套路贷涉及的法律关系具有复杂性。在刑事法视角内，其既可能构成犯罪，也可能不构成犯罪；在民事法视角内，其借贷关系既可能因乘人之危（显失公平）属于可撤销的合同，也可能因为实际利息超过年利率36%属于部分无效的合同，① 甚至在个别套路贷案件中存在借贷合同属于有效合同的可能；在行政法视角内，其可能根据《非法金融机构和非法金融业务活动取缔办法》（以下简称《取缔办法》）属于非法发放贷款而应当予以取缔，也可能因设立方式符合中国银行业监督管理委员会、中国人民银行《关于小额贷款公司试点的指导意见》（以下简称《小额贷指导意见》）的规定而具有发放贷款资质。面对这样复杂的法律关系，有效治理套路贷需要打破学科壁垒、树立系统思维，构建一个统御全局的概念，指导民事、行政、刑事法律的协调适用，提示司法机关、行政管理部门依法处理。法学和法治是一个开放复杂的巨系统，相关学科作为其中的一个子系统，对内有其自组织系统的原理，对外有和环境关系及其沟通。② 广义套路贷为各部门法相互协调沟通提供了平台，其并非刑事法的专属概念，也不与犯罪行为相对应，能够有效表征民间借贷行为异化的最新特点，将传统生活性民间借贷排除出治理的重点领域，保证社会治理的针对性。

2. 统一犯罪认定标准，维护罪刑法定原则

2018年1月16日，最高人民法院、最高人民检察院、公安部、司法部印发的《关于办理黑恶势力犯罪案件若干问题的指导意见》（以下简称《指导意见》）使用的表述是"非法放贷的犯罪活动"。此时，套路贷中的犯罪行为的

---

① 最高人民法院《关于审理民间借贷案件适用法律若干问题的规定》第26条第2款规定，"借贷双方约定的利率超过年利率36%，超过部分的利息约定无效"。

② 关于系统性思维，详见刘仁文等：《立体刑法学》，中国社会科学出版社2018年版，第1～19页。

认定仍然采用的是犯罪构成一元认定标准,并没有在事实与定罪之间加入狭义套路贷这个概念。《套路贷意见》使用的狭义套路贷概念的问题在于二元判断模式,造成套路贷中的犯罪行为的判断标准与罪名认定标准相分离。广义套路贷概念回归《指导意见》中犯罪行为与罪名认定的一元模式,从而维护罪刑法定原则。与狭义套路贷不同,广义套路贷是司法机关认定事实的一部分,并不直接进行法律评价,也不代表犯罪行为,对于是否属于犯罪行为、构成何种犯罪、如何有效处罚均应当以刑法规定的犯罪构成作为唯一标准。刑法处罚的并非制造民间借贷假象、制造虚假给付事实、故意制造违约、肆意认定违约、恶意垒高借款金额、以虚高"借款"提起诉讼的行为,而是在这些行为背后虚构事实、隐瞒真相骗取财物的诈骗行为,以借贷、违约为借口威胁借款人获得财物的敲诈勒索行为以及软硬兼施索债时的寻衅滋事、非法拘禁、强迫交易等行为。另外,狭义套路贷无法解决的占有目的非法性的认定标准、整体评价判断标准等问题,只有回归犯罪构成、实行行为才能得出妥当的结论。

3. 有效指引侦查行为,衔接刑事诉讼证明标准

在"扫黑除恶"专项活动开始之初,套路贷并非司法解释层面的专有名词。《套路贷意见》提出狭义套路贷概念的原因是一些地方对套路贷案件的理解、认识存在偏差,在办理套路贷刑事案件时不同程度出现了"不会打"或"打不准"的问题。[①] 我们认为狭义套路贷概念希望有效指引侦查的初衷值得提倡,但是其中的法治风险也是不能忽视的。广义套路贷概念也可以实现有效指导侦查的目的且法治风险更小,更值得提倡。《套路贷意见》中总结的五种套路贷常见借贷手段和步骤也是广义套路贷的表现形式,同时借贷过程的诱骗性、行为模式的系统性、法律适用的规避性三个特征可以指导套路"进化"后套路贷的甄别与认定。与狭义概念相比,广义套路贷概念更具有的包容性、灵活性,更有利于经济发展水平不同、民间金融发展阶段不同的地区统一适用,更有利处理发展阶段不同、借贷模式不同的套路贷案件的法律判断。

广义套路贷概念形成的套路贷与犯罪行为分层认定的模式更符合刑事诉讼的特点。刑事诉讼中各个阶段的证明标准并不相同,案件事实的证明活动是一个由浅入深的认识过程。虽然认定套路贷不能直接认定犯罪,但是根据套路贷中的犯罪行为多发的特点,侦查机关可以将认定套路贷作为是否立案的标准,一旦初步认定行为构成套路贷即可推定有犯罪事实发生,进而立案侦查。经过侦查,套路贷中行为符合诈骗、敲诈勒索等犯罪构成的,应当及时移送检察机

[①] 详见朱和庆、周川、李梦龙:《〈关于办理"套路贷"刑事案件若干问题的意见〉的理解与适用》,载《人民法院报》2019年6月20日,第5版。

关审查起诉。对于其中行为不符合犯罪构成的,应当及时撤案。另外,侦查机关应当制定妥当的考评机制,正确认识套路贷这种复杂社会现象在立案侦查时的认识局限性,充分调动基层干警侦查案件的积极性。

三、当前打击涉套路贷犯罪应当注意的几个问题

(一) 依法认定犯罪,维护构成要件的定型功能

"套路"并不能直接被解释为刑法规定的实行行为,认定套路贷中的犯罪行为应当严格根据刑法规定的犯罪构成。套路贷主要涉及的财产犯罪包括诈骗罪、敲诈勒索罪、抢劫罪等,准确认定上述犯罪的关键在于正确区分借贷过程的诱骗性程度的差异,根据套路行为对被害人意志自由的侵害程度不同,套路贷可能构成不同的犯罪。

套路贷案件中认定财产犯罪还应当注意行为模式的系统性。套路贷的手段可能是五花八门的,但合成的有机整体都需要经过虚高债务、实现债务的过程。比如某套路贷组织以借款后以房平账的方式进行套路贷。放贷人与借款人以砍头息的方式签订借款合同,将借款人某房屋作为担保,办理了抵押登记。同时,放贷人又要求与借款人签订虚假房屋买卖合同,委托套路贷组织其他成员全权代理该房屋买卖事宜,办理了全权代理公证。当借款人无法还款时,放贷人要求借款人用该房屋抵偿。征得借款人同意后利用全权代理进行过户占有房屋。在这个套路贷中,砍头息、虚假买卖合同是虚高债务阶段的套路,全权代理、逼迫抵债是实现债务阶段的套路。判断是否构成财产犯罪应当考虑两个阶段的全部情节,综合判断是否构成诈骗、敲诈勒索、抢劫罪。我们认为本案借款人明知砍头息和虚假买卖合同,因为急需用钱不得不签订上述合同,故而不构成诈骗行为。在之后的债务实现过程中,放贷人利用抵押权限制借贷人自行卖房还款,利用全权代理获得随时过户的权利,从而对借款人形成法律上的优势。此时,放贷人逼迫借款人用房屋还款,借款人因套路处于不利的法律地位迫于无奈以房抵债,可以被评价为敲诈勒索的胁迫行为或强迫交易的强迫行为。两者的区别在于是否具有非法占有的目的。

套路贷案件中认定财产犯罪需要正确认识套路贷的法律规避属性。民法学界通常认为处理脱法行为需要经过正确的解释法律行为,探寻行为人的真正想要实施的法律行为,进而判断真实法律行为的效力,解决纠纷。① 为了公平解

---

① 关于民法中法律规避的性质,详见迪特尔·施瓦布:《民法导论》法律出版社2006年版,第 406~407 页;迪特尔·梅迪库斯:《德国民法总论》法律出版社2001年版,第 493~496 页。

决纠纷，最高人民法院《关于审理民间借贷案件适用法律若干问题的规定》（以下简称《民间借贷规定》）确立了前述案件中脱法行为的处理规则，将形式上的买卖合同视为实质的担保合同。① 我们认为在认定套路贷中的犯罪行为时也应当注意此类套路的特殊情况，同时考察形式上的法律关系与实质上的法律关系。比如前列案例中，在形式上的法律关系是房屋买卖合同，实质上的法律关系是债务担保。在认定被害人是否陷入认识错误时，应当综合考虑两类法律关系。如果通过骗取签字的方式获得房屋买卖合同，则此时借款人对形式上的法律关系陷入认识错误，应当认定为诈骗行为。如果谎称以后不会执行这份买卖合同欺骗借款人签字，则借款人对实质法律关系陷入认识错误，也应当认定为诈骗行为。

（二）合理判断非法占有的目的，明确财产犯罪认定范围

套路贷中的财产犯罪在认定非法占有的目的时具有特殊性，需要区分虚高债务、实现债务两个阶段分别进行。虚高债务阶段借款人对放贷人没有债务负担或者债务负担尚未实现，如若采取不正当手段缔结借款合同，则借款人负担不正当的债务，产生的仅是财产法益侵害的风险，而非实害。认定非法占有的目的的关键在于是否产生了财产法益侵害的不当风险。司法实践中，有观点认为凡是有"套路"就有非法占有的目的。这种观点的问题在于片面强调行为的不正当性，忽视刑法中法益侵害风险与经济交往中正常风险的实质区别，以刑事责任代替民事、行政责任。根据民法中脱法行为②的相关理论，一些"套路"并不当然属于无效的法律行为，甚至有些可能被解释为有效的民事法律行为。这种情况下"套路"所体现出来的财产损失风险是经济交往中正常风险而非法益侵害风险。虚高债务阶段的财产法益侵害风险起源于放贷行为的不正当性。我们认为只有当套路侵害了借款人的缔约自由，造成认识错误或者恐惧，甚至违背借款人意志时才能认定为具有占有目的的非法性。在实现债务阶段，放贷人的债权影响占有目的的非法性认定。根据行为模式的系统性，在虚

---

① 《民间借贷规定》第24条规定，"当事人以签订买卖合同作为民间借贷合同的担保，借款到期后借款人不能还款，出借人请求履行买卖合同的，人民法院应当按照民间借贷法律关系审理，并向当事人释明变更诉讼请求。当事人拒绝变更的，人民法院裁定驳回起诉。按照民间借贷法律关系审理作出的判决生效后，借款人不履行生效判决确定的金钱债务，出借人可以申请拍卖买卖合同标的物，以偿还债务。就拍卖所得的价款与应偿还借款本息之间的差额，借款人或者出借人有权主张返还或补偿"。

② 脱法行为主要指利用契约自由原则，规避强行规定，获得法律所禁止或未设定的效果。详见王泽鉴：《民法总则》，中国政法大学出版社2001年版，第284~287页。

高债务阶段已经具有非法占有的目的的放贷人在实现债务阶段也具有非法占有的目的,其对借款人拥有的"债权"只是犯罪的工具,不影响非法占有的目的的认定。需要分析的是在虚高债务阶段并无非法占有的目的时行使债权的行为是否具有非法占有的目的。我们认为此时的判断标准有两个。第一个标准为是否超出法定利息限制,对于超出法定利息限制的部分具有非法占有的目的。这是因为套路贷具有法律适用的规避性,设计套路的目的就是规避利率限制,那么套路贷所希望获得的超出法定利息限制就具有非法性。这种非法性不仅表现为民事法的非法性,还具有刑事法的非法性。在实践中需要解决的是年利率24%与36%之间的自然债务如何处理的问题。我们认为本着刑法谦抑性的原则,应当以年利率36%作为占有目的非法性的判断标准,超过的部分具有刑法上的非法性。第二个标准为在具有债务履行阻却事由时采取诈骗、敲诈勒索、抢劫等方式要求给付。此时涉及财产犯罪保护法益的争议。关于财产犯罪保护的法益有本权说、占有说、修正说等①,由于篇幅所限本文无意在此区分三种学说的优劣,但我们认为在套路贷案件中修正说值得肯定。套路贷在借贷过程中具有欺骗性,通过套路使借款人陷入债务陷阱。获得法律上的优势是放贷人引诱借款人的结果。债权尚未到期、债权已经超过诉讼时效等给付阻却事由是借款人为数不多的自我保护方法。放贷人使用诈骗、敲诈勒索、抢劫等犯罪方法排除给付阻却事由可以体现出非法占有的目的。

根据上述分析,可以总结出三条非法占有的目的的认定规则:第一,实际利息超过36%的套路贷的,对超过部分具有非法占有的目的;第二,在债务缔结过程中侵害了借款人的缔约自由造成认识错误或者恐惧甚至违背借款人意志的,对全部实际利息具有非法占有的目的;第三,在具有给付阻却事由时采取诈骗、敲诈勒索、抢劫等方式要求给付或者实现债权的,对全部利息具有非法占有的目的。

(三)防止认定套路贷犯罪的口袋化,厘清非法经营罪入罪条件

有观点认为套路贷整体上认定为诈骗罪无法自圆其说,建议突破法律障碍,增设行政前置法、调整司法解释将套路贷整体规定为非法经营罪。② 非法经营罪一直被理论界诟病为"筐"中之"筐",是所有破坏市场秩序的兜底性

---

① 基于本权说,由于放贷人具有债权,以犯罪方法要回债权的情形下没有侵害财产权,故而不构成犯罪。基于占有说,如果没有犯罪行为就不会归还借款及利息,故而构成财产犯罪。基于混合说,需要通过法定程序改变现状的占有也值得保护,在具有给付阻却事由的情况下采取犯罪方法实现债权也构成犯罪。

② 详见金懿:《"套路贷"犯罪案件的刑法定性》,载《犯罪研究》2019年第2期。

罪名，是旧刑法口袋罪的历史遗留。① 我们认为在适用非法经营罪时也应当慎重，既应当防止诈骗罪口袋化，也应当防止非法经营罪口袋化。

套路贷是否构成非法经营罪的关键在于是否符合非法经营罪中"其他严重扰乱市场秩序的非法经营行为"。从罪状表述方式上看，《刑法》第 225 条第 4 款属于空白罪状与弹性条款的结合，在刑法解释过程中应当采用同类解释的规则，也就是第 4 款中的其他行为应当与前三项规定犯罪行为具有同等性质、罪质相当。根据《刑法》第 225 条规定其他三种非法经营行为及司法解释明文确定为非法经营的 10 余种行为②均为未经许可、擅自经营的行为。如果按照同类解释规则，第 4 款中的"其他严重扰乱市场秩序的非法经营行为"的认定条件应当为违反国家规定侵害国家对特殊商品、特种经营业务实行的专营、专卖、许可等制度，严重扰乱市场秩序的非法经营行为。

我们认为与高利贷不同，当套路贷符合非法金融业务活动的特征，③ 又不具有小额贷特许经营权时，可能被解释为非法经营行为。理由如下：第一，套路贷与高利贷不同，侵害了民法上的契约自由与意志自由。虽然套路贷的欺骗性对借款人意志自由侵害的程度存在差异，但是本质上均对借款人的意志自由造成了影响。第二，套路贷与高利贷不同，其存在不具有任何合理性。民间借贷对金融体系的补充作用毋庸置疑。高利贷具有相对合理性也是学者论述其不

---

① 详见于志刚：《口袋罪的时代变迁、当前乱象与消减思路》，载《法学家》2013 年第 3 期。

② 如最高人民法院、最高人民检察院《关于办理扰乱无线电通讯管理秩序等刑事案件适用法律若干问题的解释》规定的非法生产、销售"黑广播""伪基站"、无线电干扰器等无线电设备的行为；最高人民法院、最高人民检察院《关于办理环境污染刑事案件适用法律若干问题的解释》规定的无危险废物经营许可证从事收集、贮存、利用、处置危险废物经营活动的行为；最高人民法院、最高人民检察院、公安部、国家新闻出版广电总局《关于依法严厉打击非法电视网络接收设备违法犯罪活动的通知》规定的违反国家规定从事生产、销售非法电视网络接收设备的行为；最高人民法院、最高人民检察院、公安部、国家新闻出版广电总局《关于依法严厉打击非法电视网络接收设备违法犯罪活动的通知》规定的为非法广播电视接收软件提供下载服务、为非法广播电视节目频道接收提供链接服务等营利性活动的行为；最高人民法院、最高人民检察院《关于办理危害药品安全刑事案件适用法律若干问题的解释》规定的未取得或者使用伪造、变造的药品经营许可证非法经营药品的行为等。

③ 中国人民银行办公厅《关于以高利贷形式向社会不特定对象出借资金行为法律性质问题的批复》，对《取缔办法》中的非法发放贷款行为进行了解释，明确了形成非法金融业务活动的判断标准，即借贷频率的经常性、借贷对象的不特定性、出借金额的规模性。

构成非法经营罪的重要理由①。但是，套路贷作为异化的借贷行为，采用规避法律调整的方式进行民间借贷不具有任何合理性，还侵害了法律的权威。第三，经营性套路贷与高利贷不同，侵害了民间借贷市场的有效监管。套路贷规避法律属性，妨碍了监管部门对民间借贷行为的有效监督，影响司法机关正确处理民间借贷纠纷，对正常民间借贷市场秩序造成了侵害。

套路贷作为非法经营罪处理还要考虑前置行政法规。虽然《取缔办法》属于行政法规，但是其侵害的《小额贷指导意见》的效力级别仅为部门规章，尚不能认为是刑法上的"国家规定"。所以，现阶段经营性套路贷仍然不能认定为非法经营罪。为了整治民间借贷行业的乱象，应当由有权机关制定相关小额贷行政法规。根据该行政法规，可以对其以非法经营罪处理。

结　语

最好的社会政策是最好的刑事政策。套路贷的出现与民间借贷行业的混乱息息相关，加强对套路贷中的犯罪行为的刑法规制只是依法治理套路贷乱象的一个环节，还需要民法、行政法等部门法的协同配合。我们提倡广义套路贷的概念就是希望能够提供一个部门法协调规制的平台。现有司法解释性文件使用狭义套路贷概念难以满足"扫黑除恶"专项斗争的社会治理需求，还会带来某些法治风险。建议以适当方式完善司法解释，使用广义套路贷概念，以套路贷中的犯罪行为来代替狭义套路贷概念。在完善刑法规制的同时，应当由有权机关制定行政法规替代《小额贷指导意见》，完善经营性民间借贷行为的行政监管，明确套路贷的行政责任。同时，制定民事司法解释，统一套路贷案件中民事纠纷、民刑交叉案件的处理规则。

---

① 详见邱兴隆：《民间高利贷的泛刑法分析》，载《现代法学》2012年第1期。

"腐恶并发型"恶势力组织治理模式的路径更新*

——监察力量参与恶势力组织治理的策略

蒋凌申**

犯罪学视野中的"恶势力组织",系低级违法犯罪组织形式,衍生模式多样,始终是社会治理的重点对象,其与腐败犯罪的并合,更加剧了现实治理的难度,国家治理现代化时代的到来,对综合择策、全面施策提出了更迫切的要求。2018年1月,中共中央、国务院发布《关于开展扫黑除恶专项斗争的通知》(简称《通知》)提出,"把打击黑恶势力犯罪和反腐败、基层'拍蝇'结合起来,把扫黑除恶和加强基层组织建设结合起来,既有力打击震慑黑恶势力犯罪,形成压倒性态势,又有效铲除黑恶势力滋生土壤,形成长效机制……各级纪检监察机关要将党员干部涉黑涉恶问题作为执纪审查重点,对扫黑除恶专项斗争中发现的'保护伞'问题线索优先处置"。"治理""反腐败""长效机制"等关键词,均将黑恶势力的治理与监察机制相联系。习近平同志在中纪委十九届二次全会上提出,"要把扫黑除恶同反腐败结合起来,既要抓涉黑组织,也要抓后面的'保护伞'",为纪检监察力量在"扫黑除恶"行动中的作用指明方向。国家监察力量切入恶势力组织犯罪治理的价值根据如何?法律路径和切入重点何在?值得及时做出理论设计与重点研究。

一、治理对象的甄别分流:犯罪学视域下的"恶势力"谱系考察

(一)恶势力违法犯罪组织与恶势力犯罪集团

根据组织形式严密度的不同,恶势力可以分为普通恶势力组织与恶势力犯

---

* 本文系国家社科基金重大课题"中国特色反腐败国家立法体系建设重大理论与现实问题研究"(编号:ZDA0135)的阶段性成果。

** 蒋凌申,北京师范大学刑事法律科学研究院博士后研究人员,福州大学法学院副教授、法学博士。

罪集团，前者是后者的特殊形式。《关于办理恶势力刑事案件若干问题的意见》（简称《恶势力刑案意见》）第4条规定，恶势力是指经常纠集在一起，以暴力、威胁或者其他手段，在一定区域或者行业内多次实施违法犯罪活动，为非作恶，欺压百姓，扰乱经济、社会生活秩序，造成较为恶劣的社会影响，但尚未形成黑社会性质组织的违法犯罪组织。从该解释对恶势力以"违法犯罪组织"的定性上看，所谓恶势力实为恶势力违法犯罪组织，同时跨越"违法"和"犯罪"两个层级，而恶势力组织中符合犯罪集团法定条件的，则被称为恶势力犯罪集团。将恶势力与恶势力犯罪集团根据组织形式分类进行并列表述，不仅突显恶势力犯罪根据组织形式不同而导致的不同危害性，也是对恶势力违法犯罪组织的生成和发展形式的初步解释。

恶势力因具备组织性和暴力性，一般被认为是黑势力的雏形，我国大陆地区也长期使用着"黑恶势力"一词，"黑"与"恶"概念在经历一定时期的混同后，在"扫黑除恶"行动之中开始逐渐分离，分别形成相对固定且不同内涵的法律概念。结合《恶势力刑案意见》的精神，黑恶势力已形成一定的法律分层：黑社会组织、黑社会性质组织、恶势力犯罪集团、普通恶势力犯罪组织四种层级的黑恶势力分类，并进一步提供"扫黑"与"除恶"一体化治理视角。"我国社会发展的不平衡、不充分，造成了有组织犯罪的多样性，分类处理、有效打击是必然之选，恶势力犯罪、黑社会性质组织犯罪阶梯化的打击模式就是在这一现实需求下逐步确立的。"① 有别于黑社会组织与黑社会性质组织的本质差异，恶势力犯罪组织与恶势力犯罪集团仅存在组织形式和程度上的差异，后者是前者的特殊形式，阻滞普通恶势力组织向恶势力犯罪集团，乃至黑社会性质组织发展，是"打早打小、除恶务尽"的意义所在。从治理角度而言，恶势力组织与恶势力犯罪集团并无二致。

（二）滋事型恶势力组织与牟利型恶势力组织

以是否牟利为标准，恶势力犯罪组织可以分为滋事型恶势力组织和牟利型恶势力组织。《恶势力刑案意见》将恶势力的特征归纳为四点：（1）组织性，即经常纠集在一起，但尚未形成黑社会性质组织；（2）作恶性，即以暴力、威胁或者其他手段，为非作恶，欺压百姓；（3）特定范围的频繁性，在一定区域或者行业内多次实施违法犯罪活动；（4）恶劣影响秩序，即扰乱经济、社会生活秩序，造成较为恶劣的社会影响。但《恶势力刑案意见》并未将

---

① 刘仁文、刘文钊：《恶势力的概念流变及其司法认定》，载《国家检察官学院学报》2018年第6期。

"谋取利益"或"经济实力"作为必备要件,尤需特别指出,"单纯为牟取不法经济利益而实施的违法犯罪活动,不具有为非作恶、欺压百姓特征的",不应作为恶势力案件处理。鉴于黑社会性质组织对经济利益的追逐,并将"具有一定的经济实力,以支持该组织的活动"作为经济实力特征,"牟利性"应当成为治理恶势力犯罪的重要分水岭。

在市场经济时代,单纯的滋事型恶势力组织,其违法动机简单且更具随意性,而缺少经济实力为基础的犯罪团伙,其违法的积极性,尤其对保护伞的渗透力明显不强,社会危害性相对较弱,亦难以往更高级黑势力组织犯罪发展。牟利型恶势力组织,一般以牟取经济利益主要目标(也争取其他影响力间接牟取经济利益),违法犯罪的积极性高,随时可以采取暴力手段插手经济领域,获取经济利益以黑养商,在获得经济利益反哺后违法犯罪能力大为提升,也必然进一步寻求保护伞,而一旦保护伞条件成熟,牟利型恶势力组织将毫无节制地迅速成长为黑社会性质组织。牟利型恶势力组织是最具破坏性的恶势力组织,也是"腐恶并发"高危区域,然而也正因其逐利性,其相比于滋事型恶势力组织更有迹可循,是国家监管力量重点介入的对象,在法律和手段上也具有很强的可行空间。

(三)积极腐恶并发型恶势力组织与消极腐恶并发型恶势力组织

根据相关职能部门及工作人员在恶势力组织产生和壮大过程中的过错不同,可以将恶势力组织分为积极腐恶并发型恶势力组织与消极腐恶并发型恶势力组织。前者(简称"积极型")在其在产生和壮大过程中得到了"保护伞"的积极包庇或纵容,并因此发挥重大作用,是一种积极的腐败,是黑恶势力中的腐败常见形态。后者(简称"消极型")因相关职能部门存在履职上的失职渎职,未及时消除恶势力因素,而致使恶势力组织得以产生和壮大。因积极型的"保护伞"已被黑社会性质组织犯罪所重点关注,保护伞行为是否涉及刑事犯罪也有具体标准,故能常见于各类学术和实务视野之中;但消极型因不属于传统的"保护伞"范畴,加之渎职失职行为在该场合的认定仍具不确定性,目前尚无司法解释或文件予以具体规范,容易被刑事研究者忽视,但并不等于缺乏法律依据。

从犯罪治理和反腐败角度而言,对消极型腐恶并发型恶势力组织予以注意,本质上是将公职人员在社会治理上的失职渎职行为纳入"扫黑除恶"防控与惩戒范畴。既符合《通知》对恶势力组织"打早打小"的治理需求,也是《监察法》第 11 条对监察委员会的职责要求,即"对滥用职权、玩忽职守、徇私舞弊等职务违法和职务犯罪进行调查"和"对履行职责不力、失职失责的领导人员进行问责"。积极腐恶并发型与消极腐恶并发型恶势力组织的分类,在于避免社会治理力量对恶势力组织治理的认知空缺和偏颇,也点明了国家监察力量参与恶势力组织治理的法治使命,是《监察法》实施对"扫黑除恶"专项斗争的协助与契合。

二、双重治理缺失:"腐恶并发型"恶势力组织治理的特殊格局

(一)无黑社会组织威压下的特殊黑、恶势力格局

"黑社会"发起于社会治理的空白区域,"官不作为,民自代之",官家统治之外的社会,自然成为了"黑"社会。由于黑社会组织的获利和行为方式往往是游走于国家治理灰色区域乃至法律禁区,必然为国家机器所不允许而不得不隐藏起来。故,黑社会组织的"黑",更多是"隐藏"之意,而不仅是"心狠手辣""心黑"的意思。为了减少社会敌意以更好存活,成熟的黑社会组织往往具备较为完善的管理规则和组织纪律,不再以低端的扰乱社会秩序和轻易付诸暴力的方式来攫取利益,甚至转型"服务人民"洗白自身、维护社会形象,某种程度上还要争取民心以避免或对抗政府的压制。目前,东亚地区的黑社会组织已经趋于稳定和洗白,用聚敛的金钱收购合法企业、投资各类生意业务,并竭力在一些合法业务和近乎合法业务中确立垄断权,其中建筑装修业、运输业、饮食业和娱乐业都是他们乐于染指的区域。

我国大陆地区自新中国成立后便根除了黑社会组织,并在很长时期内杜绝了黑恶势力,得益于执政党高超的领导力,我国社会治理排斥且不需要黑社会组织。但另一方面,随着改革开放带来的社会多元化,国家的社会治理空白区域因经济和社会转型开始不断出现,而由于缺乏对成熟黑社会组织的压制,流氓恶势力及黑社会性质组织亦随之逐利性频繁出现,呈现出:(1)分阶段随机性,一旦有利可谋之区域出现治理不及时,即迅速产生不同层次的黑恶势力;(2)低端暴力性,诉诸初级的暴力手段来争取利益,并酿造恶性社会治安事件;(3)小规模分散性,同类性质黑恶势力"群氓并起",为争取利益而互相倾轧;(4)迅猛发展性,无论起点于何种层次,恶势力总有更高层次发展的自觉性,并围绕此产生大量的危害社会秩序和腐败违法的行为,一旦缺乏治理行为的威压。相较于成熟的黑社会组织而言,这些"发展型"恶势力犯罪组织,层次低手段差,对社会秩序和百姓安全基础性因素更具有破坏力。危害特征是恶势力与黑社会性质组织最根本的区别,[①] 所以必须要"除恶务尽"。

---

① 刘仁文、刘文钊:《恶势力的概念流变及其司法认定》,载《国家检察官学院学报》2018年第6期。

（二）国家治理的不及时形成"白-黑-恶"的特殊进退关系

治理不及时而并非治理缺失，原因在于社会和经济迅猛发展，频繁产生新的经济利益区域且伴随治理的空白区。我国大陆地区能够压制恶势力成长的直接力量，来自于国家相关职能部门的治理力量。然相较于国家的保护和监管力量，民众发现经济利益更敏锐更积极，容易在一定领域形成经济活动频繁和治理不完善的矛盾，逐渐堆垒出滋生出黑恶势力的土壤。然从过往的经验来看，得益于执政党和政府坚定的治理决心，这种情况并会不长期持续，黑恶势力的治理和移除往往只是时间问题，但国家治理不及时的问题，却必须予以重视。

1. 国家保护不及时而滋生恶势力组织。主要产生于社会经济转型过程中而产生的法律空白区域，出现以合法手段掩盖非法目的的牟利型恶势力行为。一方面，国家禁止公安机关以办理刑事案件的方式介入经济纠纷，导致相关部门在法治局势明朗前不敢轻易采取保护措施，如套路贷中以民事合同纠纷为表象的恶势力行为，以及其他（软）暴力讨债行为，经济利益的催促加上国家治理力量的不及时介入，就必然滋生恶势力组织。另一方面，无法得到国家法律认可又可能触犯法律的灰色经济区域，比如赌博型游戏厅、高利贷地下钱庄，行为属性界定不明，从业者不敢公开自己行为，为了维护自己的个人利益，就不得不屈服恶势力团伙，或者组织力量进行对抗，两相结合就形成了新的恶势力团伙，这也是我国香港特区三合会、台湾地区黑社会组织产生壮大的模式。

2. 国家打击不及时而使恶势力组织壮大。主要产生于两个领域：其一，传统性违法但国家治理不到位的区域，如经营涉"黄、赌、毒"的宾馆、浴室、KTV、棋牌室等场所的行为。这些游走于合法与非法之间的暴利生成场所，是吸引和产生各种恶势力的主要角力场，其存在的前提更多是依赖保护伞的包庇和纵容。其二，村霸性恶势力组织，主要依托宗族势力、亲属势力或涉黑涉恶人员，操控基层组织选举、侵占集体财产，垄断农、牧、渔、矿等资源，排挤弱势村民或外来合法竞争者。这些恶势力的存在不一定因为"保护伞"包庇或纵容，也因为国家治理力量在面对复杂农村问题时的畏难情绪，更在于未找到解决此复杂疑难问题的合理路径。这需要相关职能部门"勇于担当，敢于碰硬"的工作精神。

3. 国家监管不及时而纵容恶势力组织。国家监管不及时的情形主要存在于对国家公职人员监管不到位，促使公务员队伍被恶势力侵蚀成为其保护伞，或急功近利而寻求或纵容恶势力协助，如在拆迁矛盾突出地方，某些地方政府纵容恶势力参与弹压矛盾，而被拆迁对象也会诉诸恶势力手段予以对抗。坦率而言，在党和政府国家治理能力不断提升和治理手段不断丰富的今日，国家治理力量已经逐渐有效布局到社会治理的各个领域。恶势力组织的牟利点就不得不游走于合法与非法之间,其生存和发展越来越依赖"保护伞"的包庇或纵容。可以说,离开了一定的'保护伞',也就很难存在有黑社会性质组织,①对于低层次的牟利型恶势力犯罪组织尤其如此。

治理不及时揭示了恶势力治理的另一困境,在以包庇和纵容为基本形态的"保护伞"式腐败外,还可能存在渎职失职型的黑恶势力治理过错,以及治理能力不足时管控路径的缺失,这虽然与传统黑恶势力的治理腐败有着本质性不同,但在法律规制层面,却是监察法所要重点调整的行为。

三、监察力量作为新型治理主体的必要性:恶势力犯罪的"腐恶并发"态势

《通知》要求"对每起涉黑涉恶违法犯罪案件及时深挖其背后的腐败问题,防止就案办案、就事论事"。因此,对恶势力组织犯罪的危害性特征,须在"扫黑"与"除恶"一体化的视角下分析,在"打老虎,拍苍蝇"的反腐败战略高度上进行思考。明确腐败行为对于黑恶势力的根源性成因和危害性加持,可为寻求黑恶组织犯罪与腐败犯罪的一体化治理提供规范样本的教义学依据。

(一)恶势力组织犯罪与腐败有着天然关联性

在有组织犯罪的演变过程中,犯罪在早期阶段诉诸暴力,然后根据时代与现实的变化,它采取了另一种发展手段,即腐败。②虽然恶势力在犯罪组织结构上依然处于初级阶段,也不必然与腐败关联,但其保护伞有着天然渴望,腐蚀能力随着经济实力的增长而越来越强,引发的腐败危害并不亚于黑势力组织。"通过'保护伞'集团内部犯罪能量的不断传递和增长,保护集团内部首要分子的影响能够直接或间接到达基层派出所,不同层次国家工作人员'同向'的乱作为和不作为,使得受到多重保护的黑社会性质组织能够迅速生成并壮大起来"。③香港特区过去黑恶势力治理有着强大的教训,"很多华人警察穿上警服在街头巡逻,脱了警服就跟黑帮老大称兄道弟。当有案件发生,警察甚至懒得侦破,直接要求黑帮交个人顶罪了事。黑帮之间发生摩擦,也会请警

---

① 刘宪权、吴允锋:《黑社会性质组织犯罪司法认定若干疑难问题探讨》,载《犯罪研究》2002年第1期。
② 朱本欣、梁健:《论黑社会性质组织的司法认定》,载《法学评论》2008年第1期。
③ 陈世伟:《黑社会性质组织犯罪的新型生成及法律对策研究》,法律出版社2016年版,第346~347页。

察居中调停。警匪一家,'和气生财'"。这种情况在"扫黑除恶"前的大陆地区也有存在。

值得注意的是,公众对黑恶势力已形成了一个"共识"——黑恶势力的背后必然有保护伞,即便没有这层关系,老百姓也会有这样感觉。因为黑恶势力的存在必然与相关部门的履职不到位有关,除了保护伞的积极因素,还有公职人员失职渎职的消极因素。"治黑必先治白","反黑必先反腐",政府、警界廉洁高效,黑恶势力自然不成气候,20世纪80年代香港地区廉政公署通过反腐实现治黑治恶,就是其中的典范。对于国家监察工作而言,"除恶"是整治群众身边腐败问题的重点举措,更是消除腐败土壤的必要途径。

无独有偶,在《关于开展扫黑除恶专项斗争的通知》颁布的同时,也是《监察法》开始实施,各级监察委同步成立之时,两者交相辉映相得益彰就必然为治理恶势力犯罪组织带来新的治理力量和新的治理策略,也让"扫黑除恶"专项斗争在本质上有别于过往的"打黑除恶"运动。

(二)"为非作恶、欺压百姓"伤及国家的治理根基

我们比较容易把握的是"恶势力"客观外化的犯罪行为,如寻衅滋事、强迫交易、故意伤害等,① 相比于黑势力之"黑"的复杂内涵,恶势力之"恶"的内涵十分直接赤裸,即"为非作恶、欺压百姓"。与成熟黑社会组织不同的是,恶势力组织的生成和发展,常伴随低级赤裸的(软)暴力行为,尤其是牟利型恶势力往往通过(软)暴力方式来实现行业垄断,通过霸场子、占地盘、暴力冲突来控制某个领域或者某些人群的违法手段,以"为非作恶、欺压百姓"的面目直接暴露于公众面前,不仅严重扰乱经济和社会秩序,冲击社会治安环境,动摇国家治理之根基,还会直接败坏执政党和国家机关工作人员队伍的纯洁性、机能性,还会损害党和政府威信,必将严重挑战《监察法》"推进国家治理体系和治理能力现代化"的法治使命。

早在2009年《办理黑社会性质组织犯罪案件座谈会纪要》就指出的"恶势力是黑社会性质组织的雏形,有的最终发展成为了黑社会性质组织",而牟利型恶势力更是全面具备黑势力犯罪组织的基本雏形,在缺乏压制力量的情况,牟利型恶势力可以轻松壮大自身力量,并迅速地发展成为黑社会性质组织。此外,恶势力组织还是黑势力组织的重要"人才"来源,由"恶"向"黑"演进,是恶势力组织和成员的自然需求。正因为此,《通知》认为"扫

---

① 王强军:《知恶方能除恶:"恶势力"合理界定问题研究》,载《法商研究》2019年第2期。

黑除恶"是"事关社会大局稳定和国家长治久安,事关人心向背和基层政权巩固"的攻坚战。某种意义而言,"除恶"是"反腐""扫黑"的配套性措施,是有别于西方国家的社会治理模式,是推进社会主义国家治理体系和治理能力现代化的重大考验,是"保障人民安居乐业、社会安定有序、国家长治久安,进一步巩固党的执政基础"的政治举措,作为兼具政治使命和法治使命的国家监察力量对此责无旁贷。

四、监察力量治恶新路:多维度压缩"腐恶并发型"恶势力组织的滋生空间

《通知》要求"各有关部门要结合自身职能……依法行政、依法履职,强化重点行业、重点领域监管,防止行政不作为和乱作为,最大限度挤压黑恶势力滋生空间",为"扫黑除恶"的治理行为指明新思路,同时也是《监察法》完善国家腐败治理体制不可回避的任务和使命。

(一)在"保护伞"治理基础上加强对失职渎职行为的治理

《通知》特别指明各职能部门要"依法行政、依法履职……防止行政不作为和乱作为","各级党委和政府主要负责同志要勇于担当,敢于碰硬……为政法机关依法办案和有关部门依法履职、深挖彻查'保护伞'排除阻力、提供有力保障。"这是在包庇纵容型的"保护伞"外,又突显对有关职能部门的失职渎职性评价,而不再依赖传统标准评价,从多元角度敦促有关职能部门,加强对恶势力行为治理的积极性,对恶势力犯罪组织治理的法律责任,由专注后端惩治转向前端预防。值得注意的是,《监察法》《刑事诉讼法》要求失职渎职违法或犯罪行为由监察机关管辖,包庇型违法犯罪(包庇、纵容黑社会性质组织罪和包庇罪)由公安机关管辖——管辖的改变意味着恶势力"保护伞"的治理模式,尤其是监管力度更强调独立性及监察力量的介入,让职能部门尤其公安部门的"自我监督"格局将得到重大改变。

但必须先解决法律协调问题——对包庇型保护伞的评价强调积极作为,纵容型保护伞的评价则是从消极角度对前者予以补充,这些行为往往直观具体,并因为办案压力大而容易被评价为"保护伞"得到法律关注和惩治。"扫黑除恶"的失职渎职行为,则更多是消极履行职责的规范性评价且并不直观具体,甚至易与纵容型"保护伞"行为相混同,在罪名定性和后续管辖反而不利于监察机关对失职渎职行为实施管辖。对此,本文赞成一种观点,即应当将包庇、纵容黑恶组织犯罪的行为纳入失职渎职行为的范畴,完成由妨害社会管理秩序型评价到渎职性评价的转向,既可以明确纪检监察部门对涉黑恶腐败违法犯罪的调查主体地位,从而实现对"保护伞"治理上的有力调控,更符合牟利

型恶势力犯罪组织的治理规律。① 但在法律必要修订前，监察机关应当不要忽视从公职人员失职渎职违法犯罪的路径，对恶势力组织犯罪进行监察和规控。

（二）监察力量多手段加强督促职能部门及时填补社会治理死角

《通知》要求"最大限度挤压黑恶势力滋生空间"，其首要的是填补社会治理死角，"聚焦涉黑涉恶问题突出的重点地区、重点行业、重点领域，把打击锋芒始终对准群众反映最强烈、最深恶痛绝的各类黑恶势力违法犯罪。"需要注意的是，这些"重点地区、重点行业、重点领域"并非一成不变，大致分为传统性治理缺失区和新生性治理空白区，前者如涉及黄、赌、毒、高利贷、制假造假等领域，后者如套路贷、网络赌博等多以合法形式掩盖非法目的的行业，并围绕此领域形成相关行业和地区。

传统性治理缺失区实早为国家治理力量所熟悉，其存在前提则多依赖于保护伞的包庇或纵容，有的甚至是地方保护主义的刻意安排，并在一定区域形成恶势力的聚集地，如原南方省份某地区的色情行业、制毒行业。单一依托当地某个职能部门来避免地方保护主义而导致的治理缺失，其效果并不明显，利用垂直管理机制的监察力量介入，其意义则更为巨大，因为"监察一体化是防止监督权力地方化、监督失灵的有效机制，也是监察领导体制的重要内容"，②可有效防止"地方性特色"恶势力的保护伞。新生性治理空白区来自国家治理力量陌生区域，是社会和经济发展转型产生新的经济形态或领域，形成法律法规的空白区，进而造成国家治理力量反应不及时而被黑恶势力抢先抵达。通过监察力量对失职渎职行为的追责机制，可以避免相关职能部门对恶势力问题的消极应对，及时形成必要的治理力量，以压缩恶势力的生成和成长空间，必要时候亦可以实现"打早打小"，而避免"等老鼠养大了再抓"的困局。

更为要者，《监察法》赋予监察委员会的调查和惩戒手段更为丰富，能针对违法和违纪行为而实施，合署办公的执政党纪律检查委员会还可以供给出党纪调查和惩戒手段，可以对黑恶势力治理的相关职能部门和人员队伍保持层次完整的高压态势，避免行政部门和司法部门自我监管在层级上的不完备。

（三）依托监察制度稳定性巩固"扫黑除恶"成果并形成长效机制

"扫黑除恶"专项斗争为期3年，一年为1个阶段，2018年形成浓厚氛

---

① 徐永伟：《黑社会性质组织"保护伞"的刑法规制检视与调试——以涉黑犯罪与腐败犯罪的一体化治理为中心》，载《北京社会科学》2019年第5期。

② 魏昌东：《〈监察法〉与中国特色腐败治理体制更新的理论逻辑》，载《华东政法大学学报》2018年第3期。

围,2019年集中攻坚,2020年建立长效机制。"扫黑除恶"专项斗争的最终目标是要"建立健全遏制黑恶势力滋生蔓延的长效机制,取得扫黑除恶专项斗争压倒性胜利",但必须要面对专项斗争会结束的事实。建构"长效机制"的基础何在?其中一个答案在《监察法》第 6 条之"国家监察工作坚持标本兼治、综合治理,强化监督问责,严厉惩治腐败……构建不敢腐、不能腐、不想腐的长效机制"。巩固"扫黑除恶"成果并形成长效机制,须依托监察制度的稳定性和高效性;反之,如果"扫黑除恶"成果无法巩固并形成长效机制,"构建不敢腐、不能腐、不想腐的长效机制"的使命亦无法实现。

监督权有两个子环节,"监"意指观察、观测,"督"意指督促、规范,监督权的行使,"观测口"的设定最为重要。① 应用于"扫黑除恶"领域,具体展开有三个方面:其一,对容易盘踞黑恶势力的重点地区、重点行业、重点领域的职能部门继续保持足量的监察力量,震慑潜在性的保护伞;其二,建立"治后观察和复查"制度,对曾经发生黑恶势力的重点地区、重点行业、重点领域的管理部门设立观察期,并时常定期进行排查和复查其职能工作,督促职能部门对新生恶势力"打早打小";其三,督促职能部门提高新经济领域管理的履职积极性,加快对新生经济领域的治理力度,把握法治底线减少"新生性治理空白区"。

---

① 魏昌东:《监督职能是国家监察委员会的第一职能:理论逻辑与实现路径》,载《法学论坛》2019 年第 1 期。

企业涉黑财产处置法治化问题研究*

商浩文**

经济特征是我国刑法典中规定黑社会性质组织必须具备的四个特征之一，某一犯罪组织必须"有组织地通过违法犯罪活动或者其他手段获取经济利益，具有一定的经济实力，以支持该组织的活动"，才能被认定为黑社会性质组织。在黑社会性质组织的发展过程中，其最早是直接通过暴力犯罪获取经济利益，后来逐渐通过控制黄、赌、毒等非法行业谋取暴力。近年来，其获取经济利益的手段更为隐秘，其中出现了以公司企业为依托，披上"合法外衣"而直接通过经济活动获取经济利益的新趋势，黑社会性质组织的财产多以企业财产的形式出现。① 黑社会性质组织这一形态上的变化，给涉黑资产认定和处理带来新问题。

既往，在我国司法实践中，对企业犯罪涉案财物的刑事保护来看，不区分个人财产与企业法人财产、涉黑组织违法所得与合法财产随意处置问题较为突出，用公权力侵害私有产权、违法查封扣押冻结企业财产等现象时有发生，已严重造成对企业正常经营的损害和企业财产权的破坏。② 因而在涉黑企业的查处过程中，有必要合理区分企业的涉黑财产和合法财产，这不仅有助于企业产权的合法保护，也有助于扫黑除恶斗争的规范化和法治化发展。2019年4月9日最高人民法院、最高人民检察院、公安部、司法部（以下简称"两高两

---

* 本文系2019年度最高人民检察院检察理论研究课题"境外追赃新形势下违法所得没收程序司法适用研究"（GJ2019D31）以及"中央高校基本科研业务费专项资金资助"的阶段性成果。

** 商浩文，北京师范大学刑事法律科学研究院副教授、硕士生导师，G20反腐败追逃追赃研究中心研究员，法学博士、博士后。

① 参见付其运：《涉黑企业财产的处置探讨》，载《法学杂志》2012年第8期。

② 参见柯明：《刑事诉讼视野下民营企业家犯罪涉案财物的处置》，载《河北法学》2017年第12期。

部") 更是联合印发了四个关于办理扫黑除恶案件的意见①,其中专门提及对黑社会性质组织的财产处置问题。故而有必要对企业涉黑资产处置问题开展研究,这对于完善企业涉黑犯罪涉案财物处置制度、避免对企业财产权的侵犯以及推动扫黑除恶斗争的法治化、规范化具有重要的现实意义。

一、企业涉黑财产处置范围问题

在黑社会组织犯罪涉及企业时,如何对企业涉黑财产进行处分是司法实践中面临的重要现实问题。而其中最为关键的当是确定企业涉黑资产的范围,如何区分企业违法所得和合法经营所得是理论和实践的一大难题。对此,要结合黑社会性质组织的经济性特征加以分析。

(一)涉黑财产处置范围的规范阐释

《刑法修正案(八)》在界定黑社会性质组织的经济特征时,强调黑社会性质组织不但要具备一定的经济实力,而且积累的经济利益要用于支持黑社会性质组织的活动。所以,凡是用于支持黑社会性质组织活动的一切资产都属于黑社会性质组织的经济基础。② 2015年10月13日最高人民法院印发的《全国部分法院审理黑社会性质组织犯罪案件工作座谈会纪要》(以下简称2015年《纪要》)中指出,"一定的经济实力,是指黑社会性质组织在形成、发展过程中获取的,足以支持该组织运行、发展以及实施违法犯罪活动的经济利益。是否将所获经济利益全部或部分用于违法犯罪活动或者维系犯罪组织的生存、发展,是认定经济特征的重要依据。" 2019年4月9日"两高两部"印发的《关于办理黑恶势力刑事案件中财产处置若干问题的意见》(以下简称2019年《意见》)也提出"要彻底摧毁黑社会性质组织的经济基础,防止其死灰复燃。"因而根据我国刑法典及相关法律文件的规定,黑社会性质组织的经济性特征要求组织将获得的经济利益全部或部分用于违法犯罪活动或者维系犯罪组织的生存、发展。

因而对于涉黑资产的认定也有牢牢把握黑社会性质组织的经济性特征,要将维系黑社会性质组织生存、发展的财产予以追缴和没收,斩断黑社会性质组织的经济命脉。我国关于黑社会性质组织犯罪的规范性文件主要是以下五个文

---

① 这四个意见分别是"两高两部"印发的《关于办理恶势力刑事案件若干问题的意见》《关于办理黑恶势力刑事案件中财产处置若干问题的意见》《关于办理实施"软暴力"的刑事案件若干问题的意见》《关于办理"套路贷"刑事案件若干问题的意见》。

② 参见赵秉志:《〈刑法修正案(八)〉宏观问题探讨》,载《法治研究》2011年第5期。

件,这五个文件对于涉黑财产的认定也都在一定程度上作出了规定:第一,2000年最高人民法院《关于审理黑社会性质组织犯罪的案件具体应用法律若干问题的解释》(以下简称2000年《司法解释》)要求:"对黑社会性质组织和组织、领导、参加黑社会性质组织的犯罪分子聚敛的财物及其收益,以及用于犯罪的工具等,应当依法追缴、没收。"这表明涉黑犯罪财产包括了犯罪所得及收益、犯罪工具,甚至包括用于犯罪原料、犯罪的生成物,等等。[①]但该司法解释没有细化如何划分涉黑犯罪财产。《刑法》第64条规定,犯罪分子违法所得的一切财物,应当予以追缴或者责令退赔;对被害人的合法财产,应当及时返还;违禁品和供犯罪所用的本人财物,应当予以没收。这是适用于包括黑社会性质组织犯罪在内的一切犯罪的有关追缴、没收违法犯罪所得和犯罪工具的规定。2000年《司法解释》是对《刑法》第64条内容的具体化,但"聚敛的财物及其收益"这一表述较为模糊,且没有明确什么是犯罪分子聚敛的财物及其收益,从而未能为司法实践提供可操作性的标准。第二,最高人民法院、最高人民检察院、公安部于2009年12月15日印发的《办理黑社会性质组织犯罪案件座谈会纪要》(以下简称2009年《纪要》)就黑社会性质组织聚敛的财物及其收益的认定和处理问题专门做了规定。2009年《纪要》要求,对于涉黑犯罪的财物及其收益以及犯罪工具,要按照《刑法》第64条和最高人民法院《关于审理黑社会性质组织犯罪的案件具体应用法律若干问题的解释》第7条的规定,予以追缴没收。2009年《纪要》还对黑社会性质组织及其成员通过犯罪活动聚敛的财物及其收益作了界定,是指在黑社会性质组织形成、发展过程中,该组织及组织成员通过违法犯罪活动或其他不正当手段聚敛的全部财物、财产性权益及其孳息、收益。但是这两个规范性文件仅仅是概括性的规定,并不能为司法实践提供比较明确的规范指导。第三,2015年《纪要》中规定,审理黑社会性质组织犯罪案件时,对于依法查封、冻结、扣押的涉案财产,"属于下列情形的,依法应当予以追缴、没收:1. 黑社会性质组织形成、发展过程中,该组织及其组织成员通过违法犯罪活动或其他不正当手段聚敛的财产及其孳息、收益,以及合法获取的财产中实际用于支持该组织存在、发展和实施违法犯罪活动的部分;2. 其他单位、个人为支持黑社会性质组织存在、发展以及实施违法犯罪活动而资助或提供的财产;3. 组织成员通过个人实施的违法犯罪活动所聚敛的财产及其孳息、收益,以及供个人犯罪所用的本人财物;4. 黑社会性质组织及其组织成员个人非法持有的违禁品;5. 依法应当追缴的其他涉案财物。"对此,该纪要以列举的形式将涉黑财产进

[①] 参见王利荣:《涉黑犯罪财产之没收与追缴》,载《中国刑事法杂志》2011年第5期。

行了相对明确的界定。第四,2018年最高人民法院、最高人民检察院、公安部、司法部印发的《关于办理黑恶势力犯罪案件若干问题的指导意见》(以下简称2018年《指导意见》)在延续2015年《纪要》精神的基础上,明确指出,符合下列情形之一的涉案财产,应当依法追缴、没收:"(1)组织及其成员通过违法犯罪活动或其他不正当手段聚敛的财产及其孳息、收益;(2)组织成员通过个人实施违法犯罪活动聚敛的财产及其孳息、收益;(3)其他单位、组织、个人为支持该组织活动资助或主动提供的财产;(4)通过合法的生产、经营活动获取的财产或者组织成员个人、家庭合法资产中,实际用于支持该组织活动的部分;(5)组织成员非法持有的违禁品以及供犯罪所用的本人财物;(6)其他单位、组织、个人利用黑社会性质组织及其成员的违法犯罪活动获取的财产及其孳息、收益;(7)其他应当追缴、没收的财产。"第五,2019年《意见》对于涉黑资产的分类延续了2018年《指导意见》的相关规定,未有新的变化。通过对比2015年《纪要》和2018年《指导意见》以及2019年《意见》,我们可以看到,事实上,涉黑财产在类型化的基础上,可以划分为四种类型,也即:一是黑社会性质组织及其成员通过违法犯罪活动聚敛的财产及其孳息、收益;二是其他单位、组织、个人资助黑社会性质组织活动主动提供的财产;三是其他单位、组织、个人利用黑社会性质组织及其成员的违法犯罪活动获取的财产及其孳息、收益;四是组织成员非法持有的违禁品以及供犯罪所用的本人财物。对此,需要注意的是,组织聚敛的财物及其收益作为涉黑资产的重要组成部分是没有异议的,但组织成员聚敛的财物及其收益是否应当纳入涉黑资产则不能一概而论。组织成员如果是通过有组织的违法犯罪活动所获取的财物及其收益应当作为涉黑财产;如果黑社会性质组织成员或者企业通过合法经营的经济利益支持犯罪组织活动,虽有利于黑社会性质组织发展壮大,但不能将合法财产源头的所有资金或合法企业的所有经济利益都视为对犯罪组织活动的支持,认定为"涉黑财产";即使是通过个人非以组织名义实施的违法犯罪而获得的财产,也不能认定为涉黑财产,虽然也要予以追缴没收,但不属于黑社会性质组织经济基础的范畴。

(二)企业涉黑财产的具体形式

通过以上规范分析和类型化的思维方式,我们可以看到,企业涉黑财产在具体类型的划分上,主要是指企业通过有组织地违法活动聚敛的财产及其收益、企业通过黑社会性质组织违法犯罪所得及其收益投资所积累的财物以及企业利用黑社会性质组织的违法犯罪活动排挤竞争对手所获取的经济利益、企业以自己合法经营的财产资助黑社会性质组织活动等。

1. 企业通过有组织地违法犯罪活动聚敛的财物

这种情形的涉黑财产，主要是指黑社会性质组织成员依法注册成立公司企业，目的是给有组织的违法犯罪活动披上一层合法"外衣"，利用公司、企业的形式从事违法犯罪活动；在资金流向方面，公司企业获取的利益主要是用于黑社会性质组织的生存、发展等。这种以公司、企业为依托的黑社会性质组织，只要其目的是为了从事违法犯罪活动，不论其投资来源是否合法，公司企业的资产均应视为涉黑财产予以追缴、没收。① 如岳某黑社会性质组织犯罪案件中，被告人岳某以他人或自己名义先后成立了邦德公司、银德公司等十余家公司，这些公司主要从事发放"高利贷"、代人追讨债务、婚外情调查等违法犯罪活动。② 尽管这些公司经过合法的工商登记注册，但是其主要的经营活动为违法犯罪活动，为黑社会性质组织的活动提供经济支持，故而公司资产均应被认定为涉黑资产性质，其投资和获利均应被追缴和没收。

2. 企业通过黑社会性质组织违法犯罪所得投资所积累的财物

这种情形主要是指，黑社会性质组织将其通过违法犯罪手段获取的财产用来投资企业，但是企业的生产经营却是合法的。对于此种情形，在司法实践中比较复杂，但是一个总的处理原则就是，应当合理区分企业涉黑资产和企业的合法财产。特别要注意的是，虽然是公司企业的股东乃至控股股东属于黑社会性质组织或者成员，但是要合理区分公司企业与股东的财产权，不能因为作为投资者的涉黑组织或者成员的犯罪行为，就将整个企业的财产认定为涉黑财产。2014年10月30日，最高人民法院公布了《关于刑事裁判涉财产部分执行的若干规定》，其中，对用赃款赃物单独投资置业和共同投资置业的情形分别进行了规定。若被执行人将赃款赃物单独投资或者置业，不能仅将投资或置业的赃款赃物本金追缴，还应对因此形成的资产及其收益予以追缴。若被执行人将赃款赃物与其他合法财产共同投资或者置业，对因此形成的财产中与赃款赃物对应的份额及其收益，人民法院应予追缴。但是，需要注意的是，在将犯罪直接所得用于合法生产经营活动的情况下，收益往往是多种因素共同作用的结果，并且通常具有不确定性，不能将这种收益自然作为违法所得的自然延

---

① 参见于天敏：《黑社会性质组织犯罪理论与实务问题研究》，中国检察出版社2010年版，第157页。

② 参见《昔日派出所所长 今被指控为"黑老大"》，载网易新闻网 http://finance.ifeng.com/city/cq/20091217/1591581.shtml，2019年3月1日访问。

伸，只能将与涉嫌的犯罪之间具有直接关联性的财产予以追缴和没收。①

3. 企业利用黑社会性质组织的违法犯罪活动排挤竞争对手所获取的经济利益

这种情形主要是指，公司企业在发展过程中，为排挤竞争对手，从而获得更大的经济利益，通过雇佣黑社会性质组织实施违法犯罪活动来获取竞争优势。② 这种情况下，对于黑社会性质组织形成之前的公司资产，既不是通过黑社会性质组织的违法犯罪活动或事实上的强势地位所获取的，也未用于支持黑社会性质组织的活动，则不宜认定为涉黑资产。但对于黑社会性质组织形成之后，公司获取的经济利益可能是通过违法犯罪活动或市场强势地位获取的，应当认定为涉黑资产，并予以查处。比如，在刘某黑社会性质组织的案件中，2005年年底，什邡市对某河流河段的采砂权进行招标，想参加竞标的黄某找到刘某，希望他能帮个忙。刘某随即对外散布，谁敢在招标时随便举牌竞争，轻则砍胳膊，重则开枪打。在刘某的威慑下，竞标当日，无人敢随便举牌竞争，黄某不费吹灰之力便竞标成功。③ 对此，黄某所在企业利用黑社会性质组织违法犯罪活动获取的财产及其孳息应当予以追缴和没收。

4. 企业以自己合法经营的财产资助黑社会性质组织活动的有关财产

此种情形是指企业通过合法经营获取的一定的财产积累，但是明知相关组织系黑社会性质组织，而为相关组织及其成员的生存发展提供相关的财产资助。2009年《纪要》中明确指出"用于违法犯罪活动或者维系犯罪组织的生存、发展"，一般是指购买作案工具、提供作案经费，为受伤、死亡的组织成员提供医疗费、丧葬费，为组织成员及其家属提供工资、奖励、福利、生活费用，为组织寻求非法保护以及其他与实施有组织的违法犯罪活动有关的费用支出等。此种情形下，需要区分企业的合法资产中，哪些是实际用于支持黑社会性质组织活动的部分，对于此部分的财产应当予以追缴和没收，除此之外的合法财产应当予以保护。

二、企业涉黑财产处置措施问题

无论是2009年《纪要》还是2018年《指导意见》以及2019年《意见》，

---

① 参见王志祥、柯明：《民营企业（家）涉嫌犯罪时涉案财物的确定》，载《人民检察》2017年第10期。
② 参见宋洋：《我国黑社会性质组织犯罪若干问题研究》，中国政法大学2011年博士学位论文。
③ 参见《刘某拥财产400亿 被控以商养黑以黑护商》，载腾讯网 https：//new.qq.com/cmsn/20140401/20140401001639，2019年3月5日访问。

均要求对于黑社会性质组织的财产都应予以追缴和没收。但是，在我国现行的法律规范中，对追缴的性质、没收的对象均有待厘清和明确，以有助于企业涉黑资产的合理处置。

(一) 财产追缴与没收的规范检视

我国《刑法》第64条规定："犯罪分子违法所得的一切财物，应当予以追缴或者责令退赔；对被害人的合法财产，应当及时返还；违禁品和供犯罪所用的本人财物，应当予以没收"。但是上述法条中关于"追缴""责令退赔"和"没收"三种措施含义模糊，使用混乱。例如，关于"追缴"的含义，国家立法机关有关专家的解释是："将犯罪分子的违法所得强制收归国有。"[①] 既然强调将违法所得"收归国有"，那么追缴就是对于违法所得的最终处分。但是，根据《刑法》第64条的规定，在对犯罪分子违法所得的一切财物进行追缴以后，如果属于被害人的合法财产，还应当及时返还。这里，追缴似乎又变成了一种程序行为，对于违法所得的最终处分可以表现为"返还被害人"，而不是一律"收归国有"，与前述国家立法机关专家关于"追缴"是最终处分措施的解释相矛盾。再如，关于"追缴"、"责令退赔"和"没收"三者的对象，根据《刑法》第64条规定，"追缴""责令退赔"的对象是"违法所得"，而"没收"的对象是"违禁品和供犯罪所用的本人财物"。但是，《刑法》第191条关于洗钱罪的规定中有以下表述："有下列行为之一的，没收实施以上犯罪的违法所得及其产生的收益……"，将没收的对象转变为"违法所得"，从而与《刑法》第64条的规定并不一致。这些矛盾和不协调，反映出中国关于违法所得追缴措施在立法和实务中的混乱与不完善。

并且相关法律之间对于相关术语的使用不尽相同。《刑法》和《刑事诉讼法》作为我国两个基本大法，其所使用术语的含义应当基本相同，避免不必要的混淆和误解。但是，现有《刑法》第64条同《刑事诉讼法》第298至301条违法所得没收程序中的"追缴"和"没收"所适用的对象并不相同。《刑事诉讼法》第298条规定："……依照刑法规定应当追缴其违法所得及其他涉案财产的，人民检察院可以向人民法院提出没收违法所得的申请。"根据最高人民法院《关于适用〈中华人民共和国刑事诉讼法〉的解释》第509条之规定，该条中作为"追缴"对象的"违法所得及其他涉案财产"是指"实施犯罪行为所取得的财物及其孳息，以及被告人非法持有的违禁品、供犯罪所

[①] 参见胡康生、朗胜主编：《中华人民共和国刑法释义》，法律出版社2004年版，第62页。

用的本人财物",对于这些财产,可以向人民法院申请予以"没收",所以,在违法所得没收程序书"追缴"和"没收"所适用的对象不仅包括犯罪的违法所得,而且包括违禁品和供犯罪所用的本人财物,这同《刑法》第64条中"追缴"的对象是"违法所得的一切财物"以及"没收"的对象是"违禁品和供犯罪所用的本人财物"并不相同。

(二)企业涉黑财产处置措施的厘清

针对我国《刑法》第64条"追缴"和"没收"使用混乱的状况,应当尽快理顺二者的关系。我国《刑法》第64条将追缴和没收作为适用对象不同的两种处理措施进行了并列规定,会给人造成这样一种误解,即追缴和没收只是适用对象不同,其产生的效果应是相同的,即都产生将涉案财物被最终收归国有的实体效果。笔者认为,结合我国相关的法律规定,赞同相关学者提出的将追缴解释为一种程序性的处理措施的观点①,将有助于沟通不同法律之间的用语龃龉。对于涉案财物,司法机关在启动司法程序时,一般会通过查封、扣押、冻结、保全等程序,及时将涉案财物置于司法机关的控制之下,以便刑事诉讼能顺利进行,这一阶段往往不涉及对涉案财物的追缴。一般对于尚未到案的涉案财物,人民法院会判令继续追缴,之后或返还被害人,或上缴国库。因此,追缴作为一种程序性的处理措施,可以适用于所有的涉案财物,只要该物没有被置于司法机关的控制之下,需要继续追查其下落,并予以收缴,由公安、检察部门等机构在诉讼过程中适用,"追缴"强调对于涉案财物的收集和实际控制。对于已经被追缴到案的涉案财物,再根据财产的性质决定是返还给被害人(被害人合法财产),还是在没收后上缴国库(其他违法所得)。不管是违法所得的财物,抑或是供犯罪分子所用的他人财物,只要该物不属于没收的范围,均应及时返还。这样没收就作为一种实体性处理措施,除已经返还的财产,其余的涉案财物均应通过人民法院判决没收实现实体处分而转移为国家所有。②

对于上述"追缴"与"没收"的理解,不仅能够厘清我国相关法律中关于追缴与没收的性质及其适用范围的问题,而且也能够为涉黑资产的合理处置提供法理基础,也即"追缴"作为一种程序性处理措施,而非实体性处理措施,企业涉黑资产在未经审判不得进行审前的实体性处分,这将有助于涉黑企

---

① 参见张磊:《〈刑法〉第64条财物处理措施的反思与完善》,载《现代法学》2016年第6期。

② 参见何帆:《刑事没收研究——国际法与比较法的视角》,法律出版社2007年版,第108页。

业的财产的合法保护，避免司法实践中发生涉黑企业资产在审前被不当处分的违法现象的发生。事实上，这种理解在某种程度上也符合了司法者对于涉黑资产的处理思路。在涉黑财产处置的层面最高人民法院，2000年《司法解释》第7条规定，对黑社会性质组织和组织成员聚敛的财物及其收益，以及用于犯罪的工具，应当依法追缴、没收。2010年《纪要》，就要求公检法三家"在办案时，要依法用查封、扣押、冻结、追缴、没收等手段彻底摧毁黑社会性质组织的经济基础，防止死灰复燃。"2018年《指导意见》以及2019年《意见》也要求对于涉黑资产应当依法追缴、没收。其中，就将追缴和没收进行并列，并与查封、扣押、冻结等手段依照处置程序进行排列，强调的就是涉黑资产的流程控制。

三、刑事诉讼中涉黑企业托管规范化问题

刑事诉讼中，相关企业若认定为涉黑企业，在进行实体处分之前，往往由相关的办案机关采取相关的措施进行托管，尤其是对于一些在当地具有重要影响的企业，如何对其进行适当处理不仅关系到企业的经营，也关系到社会稳定。

（一）涉黑企业托管的现实意义

在打击黑社会性质组织犯罪的司法实践中，一些黑社会性质组织以公司和企业为依托从事违法犯罪行为，获得巨额经济利益后，又投入公司企业的运营扩大发展，有些企业甚至已经垄断了当地某些行业领域，直接涉及一些关系百姓民生的产品或服务的供应，而且涉黑资产和合法资产已经混同，难以剥离。在黑社会性质组织被打掉后，对于此类企业的处理，是实践中的一大难题。此种情形下，黑社会性质组织的组织者、领导者往往成为公司企业高层和决策层，案发被抓后，将会直接影响了公司企业的正常运营。而对此种企业的处置涉及到员工的合理安置，如果处理不当将直接危及部分民生安全，影响经济发展和社会稳定。例如，重庆王某某黑社会性质组织案件中，永红食品公司垄断了当地40%的猪肉供应，该组织被打掉后，重庆市民的猪肉供应曾一度出现波及。故对于此类经营性的涉黑资产，在判决对资产进行处理之前，不宜一律予以查封、扣押、冻结，可以借鉴国外的先进经验，由政府指定有关部门或者委托有关机构进行托管，签订托管协议明确托管和受托双方的权利义务，从而

确保维持公司企业的正常运转。① 在 2018 年《指导意见》以及 2019 年《意见》中也明确指出，对于不宜查封、扣押、冻结的经营性资产，可以申请当地政府指定有关部门或者委托有关机构代管或者托管。但是，上述指导意见并未对代管或者是托管进行明确的规定，容易造成实践中操作标准的不统一。

(二) 涉黑企业托管的规范化

1. 托管企业的规范化选择

如何选择托管企业直接关系到涉黑企业资产的保值增值，但是在实践中，对于托管企业的选择却并未有明确的标准。比如，在查处以陈某亮为首的涉黑案中，由政府有关部门指定市国资委下属的某企业集团托管涉及的某实业有限公司；在查处王某强涉黑案时，由政府相关部门指定该区建委下属的区园林市政建设公司负责托管建筑垃圾消纳场。② 再如，彭某某涉黑案件中，涉及到的企业是有政府部门指定重庆国际信托有限公司进行托管。③ 企业托管属于一种营业信托，与一般信托相比，营业信托中受托人的范围应局限于具有专业管理人才和雄厚资金实力的法人企业。④ 因而从理论上讲，托管企业必须是按现代企业制度模式建立的企业托管公司、国有资产管理部门等机构，其职责在于直接以实现企业资产的保值、增值为目标，在规定期限内，通过经营、管理、运作受托资产。

2. 规范涉黑企业的托管情形

在现行的规范性文件中，2018 年《指导意见》以及 2019 年《意见》中，确定企业托管的情形为"不宜查封、扣押、冻结的经营性资产"，那么，哪些属于"不宜查封、扣押、冻结的经营性资产"呢，并未有相关的法律规范进行明确。笔者认为，在企业托管的情形下，本着有利于企业生产经营的原则，企业托管应当只限定于企业全部涉黑或者企业的主要决策层涉黑导致企业无法正常生产经营的情形。而对于企业的业务部分涉黑或者是企业的部分决策层涉黑的情形下，如果企业能够正常运转，基于企业产权保护的原则，此时不应当对企业进行托管，毕竟此时，涉黑企业还有相关人员和财产并未涉黑，有关财

---

① 参见宋洋：《我国黑社会性质组织犯罪若干问题研究》，中国政法大学 2011 年博士学位论文。

② 参见刘湘廉：《近年我国涉黑犯罪组织资产处置实务考察——以 C 市为样本》，载《邵阳学院学报（社会科学版）》2013 年第 6 期。

③ 参见周远征：《揭秘重庆涉黑资产处置利益链：谁来托管公安说了算》，载《中国经营报》2012 年 12 月 17 日。

④ 参见齐佩全：《商务管理信托》，载《财经问题研究》2003 年第 8 期。

产权应得到保护。比如，在查处黎某等涉黑案时，侦查机关在不影响公司正常生产、经营的情况下，依据涉案财产依类别的不同分别采取查封、扣押、冻结等强制措施，并责令原公司法人代表黎某出具全权委托书委托未涉案的公司管理人员为临时负责人，由专案组全面监管公司经营。①

3. 对托管企业加强监管

我国企业托管经营监管体制还相对落后，受委托方有可能不尽自己的能力履行义务与职责，经营不力导致企业遭受损失灭。在此过程中，拥有实权的监管部门却经常将委托企业的经营管理权等完全转移给受托方，造成受托方的权力膨胀，导致企业缺乏健全的产权监督制约机制。② 事实上，涉黑企业中在被托管期间资产"蒸发"的况并不鲜见。比如陈某某涉黑案件中，重庆交旅集团旗下的重庆两江假日酒店管理有限公司成为了陈某某旗下的世纪英皇大酒店的托管方，但是在托管过程中，该公司最终以较低的价格让陈某某在世纪英皇项目上的合伙人重庆林建物业有限公司只获得了较低的补偿后退出，世纪英皇大酒店的房地证上两江假日酒店管理有限公司已经取代了陈某某的江州实业。③ 这种托管经营监管体制不完善，导致托管公司可能以财产所有人的身份对企业财产行使处分的权利，却无需因为经营行为承担独立的民事责任，这种不对等的责权关系使得被托管的涉黑企业的经营风险大为增加。因而有必要加强对托管企业的监管，包括建立托管企业提高担保、受托企业自我交易的有限禁止和审核、托管期间的核查以及相关法律责任追究机制。

结　语

涉黑犯罪组织渗透经济领域，不利于构建公平的市场竞争秩序，而且对于相关企业也会造成重大损害。因而加大对涉黑企业的打击力度，有利于营造良好的企业生态环境。企业家涉黑犯罪，不仅与企业生存环境有关，同时企业家刑事法律意识薄弱也是一个重要原因。④ 企业（家）要坚守刑事法律底线，依法诚信经营，自觉远离涉黑犯罪，以促进企业的合法经营。党的十八大以来，

---

① 参见刘湘廉：《近年我国涉黑犯罪组织资产处置实务考察——以C市为样本》，载《邵阳学院学报（社会科学版）》2013年第6期。

② 参见唐重：《国有企业资产托管经营模式分析》，西南财经大学2011年硕士学位论文。

③ 参见周远征：《重庆涉黑资产处置利益链》，载《中国经营报》2012年12月17日。

④ 参见袁林、佘杰新：《民营企业家涉黑犯罪风险防范研究——以20个民营企业家涉黑案例为样本》，载《江海学刊》2016年第4期。

以习近平同志为核心的党中央高度重视产权保护，最高司法机关贯彻落实党中央决策部署，大力加强对产权和企业家合法权益的司法保护，制定实施一系列政策文件，取得良好效果。2016年11月，《中共中央国务院关于完善产权保护制度依法保护产权的意见》发布之后，最高法、最高检相继发布有关意见，强调加强产权司法保护。而涉黑案件因为具有经济性特征，特别是相关的涉黑企业，容易涉及到企业涉黑资产的处置问题，如果处理不当，极易侵犯涉黑案件中企业财产权的有效保护，如因涉黑而遭受非法处置企业合法资产的袁某某和谢某某向辽宁省公安厅要求国家赔偿37.3亿余元的案件就是一个显著的例子。在当下中国，随着我国扫黑除恶专项斗争的深化，重视对涉黑案件中企业产权的依法处置和保护就尤为重要，这不仅关系到企业的产权保护，更是关系到扫黑除恶专项斗争的规范化、法治化发展，这需要相关的司法机关在对涉黑企业财产的处置上恪守法治原则，坚持对企业产权的合法保护。

"软暴力"的概念及其类型化认定研究[*]

陈毅坚　陈梓瀚[**]

一、问题的提出

20世纪末以来，刑法规定了黑社会性质组织犯罪，而我国各机关也相继开展"打黑除恶"运动、"扫黑除恶"专项斗争，不断丰富治理黑恶势力的经验、完善相关法律规范，取得了显著效果，黑恶势力组织的犯罪成本不断提高。而在完成了犯罪能量积蓄之后，为了尽可能的逃避处罚，黑恶势力组织改变了以前"以拳头打天下"的做法，有选择的使用暴力，出现了"软暴力"行为，即逼而不打、打而不伤、伤而不重、重不致命的犯罪手法。

2019年4月9日，最高人民法院、最高人民检察院、公安部、司法部（以下简称"两高两部"）发布了《关于办理实施"软暴力"的刑事案件若干问题的意见》（以下简称《意见》），以司法文件的形式对黑恶势力的"软性"暴力犯罪手段作出了详细规定，在2018年"两高两部"发布的《关于办理黑恶势力犯罪案件若干问题的指导意见》（以下简称《指导意见》）的基础上进一步细化规定"软暴力"的特征及在具体犯罪构成要件中的适用问题。

根据以上规范文件的规定，"软暴力"既在黑恶势力实施的具体犯罪中具有构成要件要素的地位，也是认定黑恶势力组织的条件之一。然而，软暴力行为的类型层次以及软暴力行为与暴力、威胁等其他概念的界限仍然比较模糊，需要厘清。

---

[*]　本文系国家社科基金一般项目"互联网视角下的持有型犯罪研究"（项目编号：17BFX070）的阶段性成果。

[**]　陈毅坚，中山大学法学院副教授、博士研究生导师，中山大学粤港澳发展研究院兼职副教授，法学博士；陈梓瀚，中山大学法学院硕士研究生。

事实上,"软暴力"的表现形式早在 2000 年的司法解释中就有所体现①。2009 年最高人民法院、最高人民检察院、公安部《办理黑社会性质组织犯罪案件座谈会纪要》(法〔2009〕382 号)(以下简称《2009 年纪要》)和 2015 年最高人民法院《全国部分法院审理黑社会性质组织犯罪案件工作座谈会纪要》(法〔2015〕291 号)(以下简称《2015 年纪要》)也相继对暴力手段以外的"非暴力手段"和"其他手段"作出细化规定。但"软暴力"作为一个正式性术语出现在司法文件中,是始于 2018 年的《指导意见》。

2009 年、2015 年、2018 年及 2019 年四个司法文件对黑恶势力"软暴力"相关的概念性规定可归纳成如下表格:

《2009 年纪要》	根据司法实践经验,"其他手段"(第 294 条第五款第(三)项)主要包括:以暴力、威胁为基础,在利用组织势力和影响已对他人形成心理强制或威慑的情况下,进行所谓的"谈判""协商""调解";滋扰、哄闹、聚众等其他干扰、破坏正常经济、社会生活秩序的非暴力手段。
《2015 年纪要》	黑社会性质组织实施的违法犯罪活动包括非暴力性的违法犯罪活动,但暴力或以暴力相威胁始终是黑社会性质组织实施违法犯罪活动的基本手段,并随时可能付诸实施。因此,在黑社会性质组织所实施的违法犯罪活动中,一般应有一部分能够较明显地体现出暴力或以暴力相威胁的基本特征。否则,定性时应当特别慎重。
2018 年《指导意见》	四、依法惩处利用"软暴力"实施的犯罪 第 17 条:黑恶势力为谋取不法利益或形成非法影响,有组织地采用滋扰、纠缠、哄闹、聚众造势等手段侵犯人身权利、财产权利,破坏经济秩序、社会秩序,构成犯罪的,应当分别依《刑法》相关规定处理(强迫交易罪、寻衅滋事罪、敲诈勒索罪、非法拘禁罪)。
2019 年《意见》	第 1 条:"软暴力"是指行为人为谋取不法利益或形成非法影响,对他人或者在有关场所进行滋扰、纠缠、哄闹、聚众造势等,足以使他人产生恐惧、恐慌进而形成心理强制,或者足以影响、限制人身自由、危及人身财产安全,影响正常生活、工作、生产、经营的违法犯罪手段。

---

① 最高人民法院《关于审理黑社会性质组织犯罪的案件具体应用法律若干问题的解释》(法释〔2000〕42 号)第 1 条第(四)项,在涉及黑社会性质组织的行为方式特征时采用了"滋扰"一词,该词在 2018 年《关于办理黑恶势力犯罪案件若干问题的指导意见》中也被采用。

从上述规范文件的对比中可见：

第一，《2009年纪要》中的"非暴力手段"是软暴力的前身，"非暴力手段"在文义上便同暴力手段严格区分开来，而《指导意见》开始使用"软暴力"一词，实则淡化了软暴力这一概念同暴力概念之间的界限，若不做限定解释，软暴力手段则有可能归入广义暴力的范畴。

第二，软暴力与威胁的概念界限不明。《指导意见》和《意见》均规定"软暴力"手段属于《刑法》第294条第5款第（三）项"黑社会性质组织行为特征"以及《指导意见》第14条"恶势力"概念中的"其他手段"，将软暴力作为与暴力、威胁并列的手段规定。矛盾之处在于，两文件同时又规定：采用"软暴力"手段，使他人产生心理恐惧或者形成心理强制，分别属于《刑法》第226条规定的"威胁"、《刑法》第293条第1款第（二）项规定的"恐吓"，同时符合其他犯罪构成要件的，应当分别以强迫交易罪、寻衅滋事罪定罪处罚，这样一来又承认了软暴力手段可以归入"威胁"的范畴[①]。有学者甚至认为抢劫罪中的以暴力相威胁，敲诈勒索中的敲诈行为，寻衅滋事罪中的恐吓等等，凡以黑恶势力为后盾、具有"非暴力"性质的行为都为软暴力——该观点将软暴力与威胁等同视之，出现该观点的文章却也尚未论及软暴力和威胁的区别[②]。

第三，《意见》虽然在《指导意见》的基础上作出，然而在规定软暴力概念的条文中却删去了"有组织地"一词。因此，软暴力行为的组织性特点在规范含义上变得不够突出，组织型特征不再是构成软暴力的必要条件。《意见》遵循《指导意见》的基本原则，但却有意扩大"软暴力"概念的适用范围，在黑恶势力案件以外的普通刑事案件也可能适用《意见》。组织性特点是否构成软暴力行为的必要条件，便与此问题紧密相关。

二、"软暴力"及其与相关概念的界限

（一）软暴力与暴力的关系

1. 刑法中暴力的含义

在刑法中，暴力更多地是指一种行为手段，属于构成要件要素，以对各行为进行准确的定罪量刑，其含义应当准确界定。我国刑法并未对"暴力"的

[①] 参见《指导意见》第17条、《意见》第5条。
[②] 卢建平：《软暴力犯罪的现象、特征与惩治对策》，载《中国刑事法杂志》2018年第3期。

概念做出完整的规定，这也给刑法学界留下了研究的空间。根据《现代汉语词典》的解释，暴力有两种含义：一是指一种强制的力量、武力；二是特指国家的强制力量。作为一种法律用语，根据我国刑法的规定，其词源应当是"一种强制的力量、武力"，而非政治学上的"国家暴力""暴力机器"。在社会生活中，暴力一词也发展出了许多外延，例如"冷暴力""语言暴力""网络暴力"等等，社会环境的不断变化使得暴力一词在生活用语中的涵盖范围不断扩大，甚至包括了言语性的行为、对他人造成心理上而非身体上伤害的行为。但是，刑法中的"暴力"具有规范意义，其含义并不完全等同于社会生活语境下的暴力，其定义范围更加狭窄。

日本刑法理论界有学者基于暴力的程度和范围做出四个分类：（1）最广义的暴力，不仅是对人，对物行使物理力的，也包括其中；（2）广义的暴力，是指对人行使物理力（包括所谓对物的"间接暴力"——对物使用，但是其目的依然是为了对受害人施加物理性强制力）；（3）狭义的暴力，是指对人实施物理力，但未要求抑制人的反抗；（4）最狭义的暴力，也是指对人行使物理力，且要求抑制人的意志或反抗。① 笔者认为，以上分类中，狭义的暴力是比较合理的范畴，刑法中的暴力应当体现其"现实性"或"有形性"的特征，即确实地施展了一定的力量，并且其对象只能是人或者人的贴身之物（足以造成压制）。

在德国司法判例的历史上，暴力的概念也有一段反复的发展历程。在古典的暴力概念中，决定性的因素是行为人攻击性的身体举动，但在随后帝国法院逐渐放宽了对暴力概念的限制，开始强调被害人身体所收到的强制性效果，只要行为人通过对被害人身体的影响压制了被害人反抗，就足以被认定为暴力；20世纪60年代以后，联邦最高法院甚至更进一步缓和了对被害人身体受到强制性影响的要求，愈发重视被害人受到的心理上的影响，在这一时期暴力的概念出现"精神化"，甚至行为人驾车在道路上紧逼前车的行为也被认定为强制罪，集会抗议的学生在电车枢纽地带静坐抗议导致交通瘫痪的行为也被视作暴力；直到1995年联邦宪法法院才裁定静坐封锁不能被认定为暴力行为，否则便是违反罪刑法定原则和宪法精神②。总体而言，目前的多数观点仍认为，暴力是为了压制所实施的或者预想中的反抗，行使身体力量对他人进行强制。

---

① ［日］山口厚：《刑法各论》（第二版），王昭武译，中国人民大学出版社2011年版，第46页。
② 王钢：《德国判例刑法（分则）》，北京大学出版社2016年版，第100~102页。

2. 软暴力与暴力的区别

《意见》在《指导意见》的基础上细化了对软暴力的规定，不仅明确了软暴力的概念，还列举出一些典型的软暴力的表现形式。但是软暴力之"软"如何体现，软暴力与暴力的本质区别何在，文件并没有作出回答。笔者认为，运用软暴力概念时应当与暴力手段严格区分，对暴力和软暴力作出解释时应当严格遵守罪刑法定原则。

暴力的概念应当有一定的边界，不应该将软暴力也纳入暴力的范围。软暴力的"软"，本质应该体现在这样的手段不能是以伤害为目的对被害人施加有形力，并不包括对被害人身体法益的侵害，而是非接触的形式对被害人的自由法益、财产法益、意志自由，以及正常生活、工作、生产、经营等社会法益造成严重影响。软暴力足以使他人产生恐惧、恐慌进而形成心理强制，或者足以影响、限制人身自由、危及人身财产安全，影响正常生活、工作、生产、经营，但必须以暴力、威胁的现实可能性为基础，这种现实可能性并非现实性，否则应当认定为暴力。在行为人实施软暴力的过程中，可能会对被害人的财物、住宅等进行破坏，虽然有有形力的存在，但这主要是对物暴力，也不宜认定为暴力手段。

值得一提的是，黑恶势力组织实施的软暴力行为，应当以先前的暴力、威胁为基础或者交替使用，尽管暴力威胁的现实可能性更大，但仍符合非暴力性的本质特征；而普通软暴力犯罪则无须以暴力为基础。

简而言之，软暴力的基本特性即为非暴力性[1]。《意见》第2条即对软暴力的表现形式进行了列举，例如跟踪贴靠、揭发隐私、贴报喷字、拉挂横幅等等，从中也可以软暴力手段的非暴力性。

（二）软暴力与威胁的关系

1. 刑法中威胁的含义

对于我国刑法所规定的威胁，有学者认为：威胁是以实施暴力和其他侵害或使他人遭受某种不利相要挟，使他人在精神上陷于恐惧或不自由，从而迫使被威胁人进行一定的作为或者不作为[2]。德国判例形成的观点认为：威胁是指行为人为了动摇被害人而向其宣示将来的恶害，并且宣称自己可以影响这种恶害是否发生[3]。日本判例的观点认为：威胁是指足以使一般人畏惧的危害相通

---

[1] 黄京平：《恶势力及其软暴力犯罪探微》，载《中国刑事法杂志》2018年第3期。
[2] 朱宏伟：《论刑法中的威胁行为》，载《中国刑事法杂志》2005年第5期。
[3] 王钢：《德国判例刑法（分则）》，北京大学出版社2016年版，第104页。

告，该通告须达到对方并被对方所认识①。虽然表述不同，但上述观点都突出了威胁的内容和威胁的效果，内容即"不利"或"恶害"，效果即为使被害人产生恐惧心理，从而形成一种动摇或者强制。

关于胁迫（威胁）的范围，按照日本学者的分类可分为三种：广义的胁迫，是指以使他人产生恐惧心理为目的，以恶害相通告的一切行为；恶害的内容、性质，通告的方法没有限制，也不问对方是否实际产生了恐惧心理。狭义的胁迫，主要是指限定了所通告的恶害内容的胁迫，不要求达到足以抑制对方反抗的程度。最狭义的胁迫，则是指胁迫程度足以抑制对方反抗的行为②。

2. 软暴力与威胁的区别与联系

《意见》第4条即规定："软暴力"手段属于《刑法》第294条第5款第（三）项"黑社会性质组织行为特征"以及《指导意见》第14条"恶势力"概念中的"其他手段"，这也说明软暴力手段是和暴力、威胁并列，具有独立规范意义的范畴。然而，以强迫交易罪为例，按照刑法第226条的规定，强迫交易罪的手段只能是暴力或威胁，《意见》第5条则规定软暴力可以属于其中的"威胁"。对此，应当从体系解释的角度出发做出妥当处理，以达到刑法规范条文之间的协调效果。

第一，刑法的用语具有相对性，一个相同的刑法用语在不同的条文或者同一条文的不同条款种可能具有不同的含义③。《刑法》第249条第5款第（三）项黑社会性质组织的构成条件与第226条的强迫交易罪相比，威胁的特征、要求有所不同。两处"威胁"，一个是判断黑社会性质组织成立的必要要件中的选择性要素，另一个则是犯罪行为的手段，这也是对同一用词作不同解释的基础。

一方面，《指导意见》承袭了两个《纪要》的规定：黑社会性质组织实施的违法犯罪活动包括非暴力性的违法犯罪活动，但暴力或以暴力相威胁始终是黑社会性质组织实施违法犯罪活动的基本手段，仍旧是黑社会性质组织能够对

---

① ［日］山口厚：《刑法各论》（第二版），王昭武译，中国人民大学出版社2011年版，第80~81页。
② 张明楷：《刑法分则的解释原理（下）》（第二版），中国人民大学出版社2011年版，第786页。
③ 张明楷：《刑法分则的解释原理（下）》（第二版），中国人民大学出版社2011年版，第778页。

社会公众形成心理强制的重要原因①。由此可见，暴力行为是黑社会性质组织犯罪的基本特征，构成黑社会性质组织的威胁手段、软暴力手段都应当以有形的暴力作为保障。恶势力作为黑社会性质组织发展的初期阶段，对其犯罪行为的威胁手段也应作相同的理解②。另一方面，强迫交易罪中的威胁手段应作广义理解，不论恶害的内容、性质，通告的方法没有限制，也不问对方是否实际产生了恐惧心理③。即使承认部分软暴力手段以"威胁"作为表现形式，符合强迫交易罪中威胁手段的软暴力行为在程度或范围上尚未达到构成黑社会性质组织的威胁手段之要求。

第二，软暴力行为和威胁行为的概念范围存在重叠。有学者认为，软暴力不同于暴力性手段（包括暴力和以暴力相威胁），是以软性恶害相通告，使他人心生畏惧的行为；软性恶害，即不具有暴力性成分的恶害④。笔者认为，以软性恶害为恐吓基础的软暴力行为属于广义的威胁。

首先，当所谓的软暴力行为以明示的方式表达实现恶害的意愿时，本质上就是一种广义的威胁，例如《意见》第 2 条第 1 款所规定的"扬言传播疾病"，威胁的恶害即为"感染疾病所可能导致的伤害"。

其次，当软暴力手段是以举动的方式表现出来时，则应区别对待。司法实践中也有判决表明软暴力行为中包含了威胁的举动⑤，这种举动软暴力可以认为是一种默示的威胁。一方面，行为人在滋扰、纠缠、破坏财物的同时，通常夹杂着威胁、恐吓的语言。另一方面，以黑恶势力自报组织、头目名号、统一着装、显露纹身、特殊标识等方式为例，通过显露犯罪组织的身份，向被害人展示实力，虽然没有传达恶害，却可以达到"隐形胁迫"的效果⑥。此种所谓

---

① 戴长林、朱和庆、刘广三等：《〈全国部分法院审理黑社会性质组织犯罪案件工作座谈会纪要〉的理解与适用》，载最高人民法院刑事审判第一、二、三、四、五庭主办：《刑事审判参考》（总第 107 集），法律出版社 2017 年版，第 144 页。

② 黄京平：《黑恶势力利用"软暴力"犯罪的若干问题》，载《北京联合大学学报（人文社会科学版）》2018 年第 2 期。

③ 张明楷：《刑法分则的解释原理（下）》（第二版），中国人民大学出版社 2011 年版，第 786 页。

④ 黄京平：《恶势力及其软暴力犯罪探微》，载《中国刑事法杂志》2018 年第 3 期。

⑤ 林乔、王引、任平：《黑社会性质组织犯罪中"软暴力"的认定》，载《人民司法（案例）》2018 年第 29 期。

⑥ 黄京平：《恶势力及其软暴力犯罪探微》，载《中国刑事法杂志》2018 年第 3 期。隐形胁迫，是指组织及其成员仅利用人们对其恶名的恐惧，即可强制他人的精神，抑制他人的反抗，达到与直接使用暴力、胁迫相同的效果。

软暴力行为，实际上是以犯罪组织先前已经进行的暴力行为作为威胁的恶害，通过默示的方法向被害人通告，即便没有对被害人施加有形力，也完成了通告恶害的实际作用。

反之，如果软暴力手段是以单纯"滋扰、纠缠、聚众造势"等行为作为表现形式时，被害人不堪其扰，基于犯罪组织的势力不敢反抗，这一类手段则不应归入到"威胁"的范畴，因为行为人只是捣乱和骚扰，并没有明示或暗示地表达将要实施的恶害。例如，被告人郝某对外发放贷款，为了索债多次到借款人的工作室或家中待到深夜不走、大声喧哗、随意躺卧、翻箱倒柜，反复滋扰、纠缠被害人及其家人，或者连续多次打电话等"软暴力"方式索要债务，严重影响其正常工作。法院最终以寻衅滋事罪追究被告人的刑事责任①。

第三，《意见》第1条规定了软暴力的三种条件：足以使他人产生恐惧、恐慌进而形成心理强制、足以影响、限制人身自由、危及人身财产安全或者影响正常生活、工作、生产、经营。类比"准抽象危险犯"，两个"足以"表明软暴力手段所产生的效果是一种令被害人产生恐惧、恐慌的准抽象危险②。《意见》第5条的表述则是，"使他人产生心理恐惧或者形成心理强制"，才属于威胁，此时行为人使用软暴力，已经产生了类似实害的行为效果，使被害人切实产生了恐惧心理。因此，笔者认为，软暴力手段可以作为刑法第226条所称"威胁"的方法，即强迫交易行为的构成要件要素，当行为人实施了软暴力手段，使他人产生了心理恐惧或心理强制，便符合"威胁"的构成要件。

三、"软暴力"手段的类型化认定

《意见》第3条针对"两个足以"和"一个影响"作了细致的列举，通过对该条进行分析，可以在司法适用中，对软暴力手段作出类型化的认定。

（一）组织型

《意见》第1条删去了对软暴力概念"有组织地"一词的限定，具有组织性特征不再是软暴力手段的必要条件。但有观点据此认为所有的软暴力手段均不要求具有组织性特征③，笔者认为，这种观点值得商榷。对于黑恶势力实施的软暴力行为，仍应强调其组织性特征；对于不属于黑恶势力的软暴力也可能存在组织性特征。

---

① 呼和浩特市新城区人民法院（2019）内0102刑初203号判决书。
② 参见陈洪兵：《准抽象危险犯概念之提倡》，载《法学研究》2015年第5期。
③ 童碧山：《〈关于办理实施"软暴力"的刑事案件若干问题的意见〉的阐释》，载《人民检察》2019年第6期。

第一，黑恶势力犯罪的组织性，是其软暴力手段实际具有与暴力性手段程度相当的社会危害性的重要原因，也是滋扰、纠缠等手段被黑恶势力所利用，被称为"软暴力"的重要原因。组织的影响力，是普通软性恶害的属性改变为黑恶势力软暴力的基础之一，是一般软性恶害转变为恶势力软暴力的关键条件。有组织地以软性恶害相通告，具有超出一般软性恶害的更强的、特有的心理强制力，具有更加严重的社会危害性①。而这种基于组织支配的组织性，不仅使组织行为的具体实施者是组织中一个可以随时替换的螺丝钉，更保证了针对被害人的软性恶害具有随时实现的现实可能性。《指导意见》第9条亦规定，非暴力手段虽然暴力、威胁色彩虽不明显，但实际是以组织的势力、影响和犯罪能力为依托，以暴力威胁的现实可能性为基础。因此，对于黑恶势力实施的软暴力行为，仍然要重视其"组织性"特征，认定黑恶势力组织，仍要以组织行动范围内所实施的行为为限。

《意见》第3条对"足以使他人产生恐惧、恐慌进而形成心理强制或者足以影响、限制人身自由、危及人身财产安全或者影响正常生活、工作、生产、经营"的情况作了列举。第1款中，第（一）项、第（二）项和第（五）项规定了组织型软暴力手段。第3条第2款规定："由多人实施的……足以使他人感知相关行为的有组织性的，应当认定为'以黑恶势力名义实施'"。条文当中，"多人实施"是整一条款适用的一个必要条件，若为单人实施，则不能适用这一条款；足以使他人感知相关行为有组织性的，也为黑恶势力行为的组织性提供了规范及逻辑基础。

第二，《意见》第3条第1款第（五）项则明确将"有组织实施的"与其他类型并列，对于不是以黑恶势力或者以黑恶势力名义实施的软暴力行为，只要是有组织地实施，同样有可能认定为软暴力。由此可见，"软暴力"虽然滋生于黑恶势力犯罪，但《意见》在规范条文上的细微修改，显示了"两高两部"扩大"软暴力"概念适用范围的意图，在定义中删去"有组织地"一词，同时在手段认定上增加"有组织地"，这为"软暴力"在普通刑事案件中的适用提供了规范基础，更适应了当下"扫黑除恶"，"打早打小"的刑事政策环境。

（二）暴力亲缘型

所谓暴力亲缘性的软暴力，是指此种软暴力具有转化成为有形暴力的现实基础。《意见》第3条第1款第（三）项、第（四）项和第（五）项规定了

---

① 黄京平：《恶势力及其软暴力犯罪探微》，载《中国刑事法杂志》2018年第3期。

此种暴力亲缘型的软暴力手段。第（五）项规定：足以使他人认为暴力、威胁具有现实可能性的，即可以认定为"两个足以"和"一个影响"。暴力、威胁的现实可能性，是软暴力手段成立的基础，这是对"两个足以"和"一个影响"的实质性判断条件。尽管黑恶势力组织犯罪以外的刑事案件中，行为人实施软暴力手段，无须以先前的暴力性手段为基础，但须具有或者足以使他人认为暴力、威胁具有现实可能性。

其中，第（三）项规定了具有软暴力相关犯罪前科的行为人再次实施相关行为，即可认定为软暴力，无须再做任何实质性的判断。结合第（五）项的规定对第（三）项进行分析，实际上是推定这一类行为人所实施的行为具有或者足以使他人认为暴力、威胁具有现实可能性。

第（四）项规定了携带凶器实施的情况，同样是作了具有暴力或威胁的现实可能性的推定，而且这种现实可能性程度比第（三）项规定的足以使他人认为暴力、威胁具有现实可能性的程度更高。值得注意的是，若携带凶器向被害人展示，则会使行为转化为以暴力相威胁，此时便不再是"软暴力"手段，而是一种现实的威胁，甚至是暴力。

（三）共同参与型

软暴力并非有形暴力，因此，要形成法益侵害的效果，往往也建立在多人的共同分工参与中。《意见》第3条第3款规定："由多人实施的，只要有部分行为人符合本条第一款第（一）项至第（四）项所列情形的，该项即成立。"该款适用于共同正犯的情况，只要共同正犯的部分行为人的行为达到了第（一）项至第（四）项的要求，所有的共同正犯的行为应当均认定为"软暴力"行为。与第3条第2款不同，此处的"多人实施"并非必要条件，因此可以对该款作反对解释，软暴力不一定由多人实施，也可以由单人实施，如此解释也印证了"软暴力"概念可以适用于黑恶势力以外的普通刑事案件。

第4款规定："虽然具体实施'软暴力'的行为人不符合本条第一款第（一）项、第（三）项所列情形，但雇佣者、指使者或者纠集者符合的，该项成立。"此项适用于教唆共同犯罪的情形，实行犯虽不符合该条款第（一）项、第（三）项的情形，但只要教唆犯符合这两项的条件，实行犯也作相同认定。若教唆犯不符合，而实行犯符合的情况，《意见》并没有作出规定，笔者认为，根据共犯从属性原理，对于此种情况下的教唆犯也应当认定为实施了软暴力，按照《指导意见》第17条的规定，以共同犯罪的主犯论处。

结　语

"软暴力"概念同"恶势力"一样，是来源于办案需求的法律修辞，是公安机关、司法机关在司法实践中提炼出来的一种犯罪类型，先有惩治需求、惩处实践，后有规范文件的规定，软暴力不仅可以适用于黑恶势力犯罪，也可以适用于特定罪名的普通刑事案件。"软暴力"虽并非法律概念，但在"扫黑除恶"的时代背景下，可以指导司法实践，贯彻宽严相济刑事政策，对于难以把握的黑恶势力组织规避法律制裁的新型犯罪手段，通过对软暴力概念的解读以及和具体犯罪构成要件的衔接，可以做到不纵不枉，满足扫黑除恶"打早打小"需求。适用"软暴力"相关概念和条文，必须严格遵守规范文件的效力层级，遵循罪刑法定原则，厘清软暴力和暴力、威胁等手段的关系，通过具体犯罪的构成要件来认定"软暴力"行为的刑事可罚性。

暴力讨债刑事犯罪防控实证研究*

——兼及恶势力雏形治理

四川省崇州市人民检察院课题组[**]

2018年1月，中央针对当前涉黑涉恶犯罪的新动向，在全国范围内部署开展为期三年的"扫黑除恶"专项斗争。为落实中央部署，"两高两部"印发了《关于办理黑恶势力犯罪案件若干问题的指导意见》，明确严厉打击11类黑恶势力，其中就包括非法高利放贷、暴力讨债的黑恶势力。2019年4月，"两高两部"再次联合印发四个关于办理扫黑除恶案件的意见，专门对"套路贷""软暴力"等与暴力讨债相关黑恶势力犯罪案件的办理进行规范。

近年来，由暴力索债所引发的相关刑事犯罪案件上升迅猛，已经成为社会治理中的一大隐患，但是司法实务界和学界对此问题仍缺乏必要的关注，相关研究成果较少。在为数不多的研究中，有的是从具体的司法个案入手，对暴力索债行为进行分类，对其是否构成非法拘禁罪、抢劫罪、敲诈勒索罪进行刑法教义学分析[①]，有的采用大数据实证研究的方法，通过建立数学模型对索债型非法拘禁的债务对象、时空分布、量刑趋势等进行分析[②]。但是无论是前者还是后者，均未从实证的角度，对暴力索债的群体的行为特征、组织特征以及产生原因进行深入研究，进而分析暴力索债与黑恶势力犯罪之间的关联。

---

* 本文系2018年度成都市人民检察院检察理论研究重点课题"黑恶势力犯罪案件适用法律问题研究"（项目编号：CDJC2018B02）的阶段性研究成果。

** 课题组成员：周光富，四川省崇州市人民检察院党组书记、检察长；钟会兵，四川省崇州市人民检察院研究室副主任；杨婷，四川省崇州市人民法院员额制法官；张勇，四川省崇州市人民检察院员额制检察官。

① 具体参见柯钰：《暴力索债行为探析》，广西大学2016年硕士学位论文；杨星楷：《暴力索债行为的刑法定性研究——陈某绑架案分析》，西南政法大学2014年硕士学位论文；董玉庭：《索债型非法拘禁罪研究》，黑龙江大学2015年硕士学位论文；等等。

② 参见侯晓焱等：《索债型非法拘禁犯罪的大数据研究》，载《中国应用法学》2018年第1期。

而对于黑恶势力犯罪研究，国内的专家学者对此问题关注较多，相关研究成果亦颇为丰富。有的学者从黑社会性质组织和恶势力团伙之间的区别入手进行学理分析①，有的学者则关注黑恶势力"软暴力"犯罪相关问题②，有的学者从黑恶势力犯罪的防控角度出发研究黑恶势力形成的原因及其治理对策③。尽管"黑社会性质组织一般都由犯罪集团、恶势力团伙逐步演化而来，会经历一个渐进的、从量变到质变的过程"已成为学界的共识。但是当下在黑恶势力犯罪问题上，学者们都把目光聚焦在黑社会组织、恶势力团伙等黑恶势力高阶形态，而对黑恶势力发展的初期形态——恶势力雏形未予以必要的关注。"理论是灰色的，实践之树常青"，刑法及相关规定对黑恶势力的范围作了界定，但社会中涌动的暗流远不止如此。如何认定恶势力雏形并对其进行整治是当下扫黑除恶工作中亟待解决的重大问题之一。

一、样本选择及案件特征分析

以"讨债"为关键词，在中国裁判文书网中随机选取2014年至2018年审结的一审刑事案件，从裁判文书网首页第一个刑事案件开始，每年度选取前50个涉债刑事案件，共计250件。本文主要研究索债人员暴力讨债所致刑事案件，剔除37件债务人作为被告方的刑事案件以及11件非因讨债所引起的刑事犯罪，共有202件暴力索债刑事案件。由于存在共同犯罪，且同一个刑事案件可能存在多个与暴力索债无关的案件事实，为了使实证分析客观科学，本文以判决书事实认定部分涉及暴力讨债刑事犯罪的每一个被告人作为一个测量单位进行数据的整理，共计478个被告人构成因暴力讨债受到刑事处罚，并对上述暴力讨债刑事案件进行样本分析。

---

① 具体参见周光权：《黑社会性质组织非法控制特征的认定——兼及黑社会性质组织与恶势力团伙的区分》，载《中国刑事法杂志》2018年第3期；刘仁文等：《恶势力的概念流变及其司法认定》，载《国家检察官学院学报》2018年第6期；王强军：《知恶方能除恶——"恶势力"合理界定问题研究》，载《法商研究》2019年第2期；等等。

② 具体参见黄京平：《黑恶势力利用"软暴力"犯罪的若干问题》，载《北京联合大学学报（人文社会科学版）》2018年第2期；卢建平：《软暴力犯罪的现象、特征与惩治对策》，载《中国刑事法杂志》2018年第3期；林毓敏：《黑社会性质组织犯罪中的暴力手段及软性升级》，载《国家检察官学院学报》2018年第6期；等等。

③ 具体参见姜敏：《黑恶势力犯罪形成及防控的文化解析》，载《社会科学研究》2013年第5期；曾亚：《黑恶势力犯罪的治理模式构建》，载《中州学刊》2018年第5期；等等。

(一)暴力讨债群体特征:社会闲散人员占比高,刑释解教人员参与其中

学者研究表明,成员身份"劣迹化"恶势力犯罪团伙、黑社会性质犯罪组织的符号化样态。①通过对202件暴力讨债样本分析,发现暴力讨债刑事犯罪具有黑恶势力犯罪部分群体特征。样本案件478名被告人中,处于无业状态的社会闲散人员327人,占68.41%。此外,累犯或有前科的93人,占比19.46%;有累犯或前科被告人参与的案件75件,占案件总数的37.13%。《2018年度人力资源和社会保障事业发展统计公报》显示,截至2018年年底全国城镇登记失业率为3.80%②。虽然社会闲散人员所占人口比例较低,但是在上述样本中,社会闲散人员参与暴力讨债犯罪活动比例高达68.41%,由此可见,社会闲散人员参与暴力讨债刑事犯罪的概率要远远高于其他身份人员。

(二)暴力讨债行为特征:硬暴力与软暴力并存,犯罪后果较为严重

"暴力"是与黑社会性质组织形影相随的基本特征和前提条件。③在暴力讨债违中,犯罪人员往往会通过使用恶势力团伙及黑社会所惯用的硬暴力和软暴力,以达到索取债务的目的。202件样本案件中,非法拘禁罪137件,故意伤害罪20件,聚众斗殴罪18件,寻衅滋事罪12件,敲诈勒索罪8件,故意毁坏财物罪7件。可见,暴力讨债刑事犯罪采取的手段多为对被害人人身自由进行非法限制。但在犯罪分子暴力或软暴力方式限制被害人人身自由的同时,也伴随着侵犯其人身权利的犯罪行为,有的甚至会造成重伤或者死亡的严重后果。样本案件中,有186件的被害人人身权利受到不同程度的损害,在70个已作伤情鉴定的案件中,轻微伤23人、轻伤36人、重伤6人、死亡3人、被强奸2人。

(三)暴力讨债债务及组织特征:非法债务占比高,专业暴力讨债团伙参与其中

202件样本案件中,76件为合法债务、69件为高利贷、57件为赌毒债务等不受法律保护的黑色债务。而在478名被告人中,涉及自身债务的仅有65人,其余413人均是受人聘用或邀约参与暴力讨债,其中不乏专业讨债团伙。

---

① 莫晓宇:《仪式炫耀、功能检视与规制应对——论黑社会性质组织的符号化样态及其治理启示》,载《河南大学学报(社会科学版)》2017年第1期。
② 参见:《人力资源和社会保障事业发展统计公报显示七点七亿人就业基本盘没变》,https://www.chinacourt.org/article/detail/2019/06/id/4027368.shtml,2019年6月11日访问。
③ 何秉松:《有组织犯罪研究》(第1卷),中国法制出版社2002年版,第256页。

上述202件样本案件中的172件共同犯罪案件中,能够确定债权人和其亲友一起讨债的只有21件,余下151件如无特殊情况按社会经验多数应属讨债团伙讨债,比例可达87.79%。如在张某等12人非法拘禁案①中,张某纠集陈某、黄某等具有刑事犯罪前科的社会闲散人员形成一个分工较为明确、成员较为固定的犯罪团伙,团伙内有人专门从事高利放贷、有人专门从事暴力讨债,该团伙除了暴力收取自身所放贷款外还帮助其他人员收取债务从中获取利益。

(四)暴力讨债刑罚特征:刑事打击力度不够,量刑偏于轻缓

积极一般预防论认为,刑法要以积极的姿态参与社会治理,重视对行为的禁止、制裁突显规范的重要性,进而实现一般预防目的②。尽管近年来暴力索债违法犯罪已经成为影响社会安定的一大隐患,但是司法实务界并未对暴力索债的社会危害性及其背后所隐藏的恶势力雏形予以必要的关注。在202件样本案件478名被告人中,被判处有期徒刑实刑133人、拘役实刑119人、有期徒刑或拘役缓刑210人、管制14人、免处2人。大数据对比分析结果表明,非法拘禁罪判刑的加权平均数为11.81个月,而为索债而非法拘禁的量刑加权平均数则为10.5个月,索债型非法拘禁罪的量刑会相较于非法拘禁罪的平均量刑减少1.31个月③。进一步分析判决书中的量刑情节,可以发现对被告人从轻处罚的量刑情节包括如实供述犯罪事实、索取的是合法债务、被害人在履行金钱给付义务上存在过错、赔偿被害人的经济损失、取得被害人的谅解等;从重处罚的情节主要包括殴打和侮辱被害人,与一般案件的从重处罚情节无异。

二、暴力讨债刑事犯罪原因探析

(一)社会原因

1. 民间资本监管失灵。民间资本运行中产生的暴力讨债刑事案件,其债务类型可概括为正当的逾期债务、高利贷债务和连环债务。虽然高利贷因严重扰乱金融秩序而为国家严令禁止,但是在202件样本案件中高利贷债务就有69件,足以说明高利贷在民间资本运行中的分量。在高利贷中,债务人往往是在没有任何其他融资渠道的情况下,被迫与放贷者以"利滚利"的形式写下高额借据。因为高额的利息,借贷者不得不通过"拆东墙补西墙"的方式

---

① 2017川0184刑初字627号。

② 周光权:《行为无价值论与积极一般预防》,载《南京师范大学学报(社会科学版)》2015年第1期。

③ 侯晓焱等:《索债型非法拘禁犯罪的大数据研究》,载《中国应用法学》2018年第1期。

持续扩大债务规模维持资金运转,最终导致债务难以偿还;放贷者为牟取高额暴利,通常是通过威胁、恐吓以及非法拘禁、殴打等非法手段索取债务。

2. 社会闲散人员及刑满释放人员加速暴力讨债团伙形成。社会闲散人员是违法犯罪的一大隐患,因为"无所事事是犯罪的温床"①。按照社会阶层理论关于社会阶层划分的基本要求,城市社区闲散无业阶层应当具备以下几个特点:(1)无正常职业;(2)无正常稳定的经济收入;(3)与以上两方面相联系的生活方式。② 社会闲散人员特点决定其经济时常面临困窘,心理不平衡现象突出。受亚文化群体心理驱使,社会闲散人员等处于社会底层的群体基于人类结群本能、相似与同类相聚偏好以及个性品质的差异互补需求③,结成具有共同意向、动机和目的的犯罪群体。为弥补物质的匮乏,社会闲散人员往往会纠集在一起通过帮人"讨债"等非法手段获取经济利益,进而形成相对固定的违法犯罪团伙。从202件样本案件中可以发现,大量社会闲散人员及刑满释放人员夹杂在暴力讨债刑事案件中,已成为此类犯罪的"主力军"。

(二) 司法原因

1. 刑事司法对恶势力雏形认识不足。唯物辩证法认为任何事物都是质和量的统一,量变引起质变。④ 黑恶势力不是一朝一夕就能发展来的,必然是从一些散见的违法乱纪现象逐渐发展壮大的,其初期虽不完全具备黑恶势力的所有特征,但具有发展成为黑恶势力的苗头或倾向。对于黑恶势力的初期形态,本文将其命名为"恶势力雏形"。实践中,有的团伙犯罪被抓获时只查实了一次犯罪活动,有的没有一定的经济基础,有的没有固定的纠集者,显然不属于黑恶势力的范围。但是,如果对此不及时进行必要的打击或遏制,其发展为黑恶势力的可能性极大。如在姜某、易某文、田某军犯开设赌场罪,姜某、易某文、田某军、周某革、杨乙、易某波、黄某非法拘禁罪案中⑤,在2012~2013年,姜某、易某文、田某军与他人伙同开设赌场,其间姜某为帮周某革索取债务,安排易某文、石某军、易某波非法拘禁谭某山;田某军为帮助杨乙索取债务,伙同黄某、晏某等人非法拘禁段某。本案中有3起与黑恶势力犯罪相关的

---

① [美] 特拉维斯·赫希:《少年犯罪原因探讨》,吴宗宪等译,中国国际广播出版社1997年版,第45页。
② 丛梅:《城市社区无业闲散人员犯罪问题研究》,载《理论与现代化》,2006年第3期。
③ 宋小明:《群体犯罪心理研究》,载《政法学刊》1999年第4期。
④ 丁国浩:《唯物辩证法视域中的科学发展观浅析》,载《社科纵横》2012年第9期。
⑤ (2014) 芙刑初字第107-1号。

刑事案件，姜某、易某文、田某军各自均只参与了其中的两起，不符合恶势力犯罪"多次"的标准。但是本案中以姜某为核心，易某文、田某军为骨干，其他人参与的犯罪团伙初显，极容易往恶势力犯罪团伙演变。

在现行刑事政策要求对黑恶势力犯罪严厉打击的背景下，《刑法》仅对组织、领导、参加黑社会性质组织等行为规定为犯罪，而未对针对恶势力组织本身规定罪名，遑论对恶势力雏形概念法定化。由于恶势力雏形不完全具备黑恶势力的认定条件①，既不能适用刑法第294条定罪量刑，又没有立法和司法解释的明文规定要对恶势力雏形所实施的相关犯罪予以从重处罚，直接导致司法实践中对其较严重社会危害性的漠视。以暴力讨债刑事案件为例，一方面相关法规未将索取非法债务、恶势力雏形团伙参与讨债等作为从重或加重处罚的情节；另一方面，侦查人员就案办案，不深挖恶势力雏形团伙中其他犯罪事实，审判人员忽视犯罪的组织特征，按照一般刑事案件对恶势力雏形实施犯罪进行处理。导致刑法的惩戒和预防功能失效，此类人员再次勾结或与其他团伙相互勾结，并不断发展壮大的可能性不断增大，为黑恶势力的形成埋下隐患。

2. 民事司法的不合理诉讼风险。在202件暴力讨债样本案件中，索取合法债务占比为37.6%。合法债务的债权人为何会使用非法手段追求合法目的？这是因为民事诉讼存在风险，不可能百分之百地保障当事人的合法权益，且通过民事诉讼实现债权的成本较高。一方面，长期以来，"赢了官司输了钱"的现象一直存在，执行难还未有效根治。另一方面，民事诉讼时间太过漫长，结案时间不可预期，这对急需用钱的债权人而言远水不解近渴。暴力讨债，这一现象在我国现实社会中大量存在，从某个方面反映了我国法律未能满足老百姓的预期愿望②。

当公权力对于债权的保护无法达到社会的预期，债权人意图通过暴力讨债等"私力救济"的方式实现债权的概率就会大大增加。囿于债权人并非都具

---

① 黑社会性质组织应具备"组织特征""经济特征""行为特征"和"危害性特征"。恶势力认定标准：1. 经常纠集在一起，以暴力、威胁或其他手段，在一定区域或者行业内多次实施违法犯罪活动，为非作歹，欺压百姓，扰乱经济、社会生活秩序，造成较为恶劣的社会影响，但尚未形成黑社会性质组织的违法犯罪组织。2. 一般为三人以上，纠集者相对固定，违法犯罪活动主要为强迫交易、故意伤害、非法拘禁、敲诈勒索、故意毁坏财物、聚众斗殴、寻衅滋事等，同时还可能伴随实施开设赌场、组织卖淫、强迫卖淫、贩卖毒品、运输毒品、制造毒品、抢劫、抢夺、聚众扰乱社会秩序、聚众扰乱公共场所秩序、交通秩序以及聚众"打砸抢"等。

② 汪力、付小容：《浅析游离于法律边缘的私力救济》，载《内蒙古社会科学（汉文版）》2015年第3期。

有亲自使用暴力的意愿和亲手控制债务人人身的能力，雇佣他人成为不二之选。如在王某某、丛某某等人寻衅滋事案①中，四川泸州某房开发公司欠李某、王某潮等人补偿款币750余万元，在法院民事判决生效并经强制执行后，李某等人仍未能实现其债权，遂通过网络招揽王某某等讨债人员，以实际讨回数额的15%为报酬，签订合同委托其讨要合法债务。王某某等人采用"吃跟班"、言语辱骂的方式及以讨债人员中有精神病人随时会发病、要拿高音喇叭到处宣扬债务人卫欠债不还等恐吓手段，持续向其讨要债务。在此类案件中，债权人并不能意识到受托人会采用暴力讨债的方式，这些债权人当然不构成暴力讨债违法犯罪行为的共犯。这说明了债权人是否有暴力讨债意愿并不是暴力讨债的全部原因，暴力讨债团伙的存在本身就是一种潜在的威胁。

三、遏制暴力讨债刑事犯罪的三重路径

（一）完善社会闲散人员和刑满释放人员监督管理机制

群体冲突犯罪论（group conflict theory of crime）认为，犯罪是在争取社会权力的斗争中为获得改善群体地位而产生的社会和政治冲突的伴生现象。② 社会闲散人员和刑满释放人员违法犯罪人员作为社会底层人员，其所拥有的经济、社会、政治资源比其他任何群体都少，而打破现有利益分配格局的意愿比任何其他阶层的群体都要强烈。因此，减少和杜绝社会闲散人员和刑满释放人员参与暴力讨债团伙犯罪、进而演化为黑恶势力，必须构建包括法律、社会、文化、心理在内的长效预防机制，消除其犯罪动机和犯罪机会。一是推进法治教育全覆盖。将法治教育向城乡接合部、偏远乡镇等容易产生社会闲散人员的地区倾斜，增强待业、无业、失业人员的法治意识，避免色情、暴力、毒品、犯罪等亚文化的滋生。二是注重对社会闲散人员进行职业技能和职业知识培训，增强就业竞争能力。并为此类人员提供更多的就业机会和岗位。三是妥善安置刑满释放人员。当前，我国的刑事立法和司法严重依赖惩罚主义来抑制增长的犯罪率和控制犯罪，却忽视了犯罪人的再社会化改造工作③。选择具有一定规模且员工需求量足够的企业，为刑满释放人员提供适当的岗位，杜绝其出狱后再次组织和实施犯罪。四是打造、完善社区心理咨询服务体系，缓解社会

---

① （2016）浙0602刑初字第110号。

② 乔治·B.沃尔德、托马斯·J.伯纳德等：《理论犯罪学》，方鹏译，中国政法大学出版社2005年版，第377页。

③ 莫洪宪：《我国有组织犯罪的特征及其对策》，载《河南财经政法大学学报》2012年第6期。

闲散人员、刑满释放人员面临的心理压力，帮助他们找回信心、早日回归正常的生回轨道。

（二）完善民间资本运行引导监管机制

民间资本运行是由多个个体、多处资金、多种行为构成的庞大复杂的体系，既有资本的投资，又有民间的借贷，有的是合法的交易行为，有的是不见天日的违法勾当。① 对民间资本运行的引导监管不能仅停留于事前的审批和事后的惩罚，还需要贯穿于运行的整个过程。针对民间资本运行的过程实现有效引导和监管，可实行民间融资借贷登记备案制度，设立登记备案机构，并通过中介服务机构进行事先信用调查，建立信用信息登记备案等，降低民间融资门槛和风险，实现民间资本运行安全有序。该平台可由国家公权力介入，对双方的合同、身份信息、出借人的资金来源、借款人的借款用途以及双方约定的借款利息等进行严格审查并登记备案，使民间借贷和融资在阳光下进行，既能够对合法债务进行保护，又能防控高利贷等非法债务的产生。

（三）提升民事司法权威

当法律失去权威，正义也就不复存在。② 大量暴力讨债团伙介入正常民事债务纠纷正是司法权威的丧失所结出来的恶果，要遏制暴力讨债团伙甚至黑恶势力介入正常民事债债务纠纷，就必须消除不合理的民事诉讼风险，重塑民事司法权威。起诉是当事人参与民事诉讼，维护其民事权利的重要途径和方式。一方面，要进一步简化民事诉讼流程，完善起诉制度、证据制度、送达制度、审前程序和审理程序，提高民事司法效速，让正义不再迟到。另一方面，充分发挥执行联动机制的效能，用足用好执行强制措施，依法加大对失信被执行人的打击、惩戒和曝光力度，运用"互联网＋"手段，形成强大震慑，全力破解"执行难"问题，打通民事司法"最后一公里"。③

---

① 杨积堂：《民间资本运行的危机透视与法制思考》，载《法学杂志》2012年第1期。
② 蒋惠岭：《卷入"先公正还是先权威"怪圈只会两败俱伤》，https：//www.chinacourt.org/article/detail/2016/05/id/1885456.shtml，2019年6月10日访问。
③ 参见：《肇庆法院妙招治"老赖"，多措并举"亮剑执行难"》，http：//dy.163.com/v2/article/detail/D5FHF8KS0514IJIU.html，2019年5月10日访问。

四、重点打击恶势力雏形

(一) 认清恶势力雏形现象

德国刑法学认为,没有犯罪学的刑法是盲目的①。一切对有组织犯罪的立法必须建立在科学认识这种特殊犯罪的基础之上,大部分黑社会性质组织并不是直接设立的,而是经由普通共同犯罪、恶势力逐步发展壮大的②。即使恶势力组织也是通过一次次的有组织的违法犯罪行为不断增强的,因此,有学者将恶势力团伙界定为"从一般团伙犯罪向黑社会性质组织犯罪的动态发展的高级阶段"③。2019年4月,"两高两部"印发《关于办理恶势力刑事案件若干问题的意见》,强调"要深刻认识恶势力违法犯罪的严重社会危害,毫不动摇地坚持依法严惩方针……有力震慑恶势力违法犯罪分子,有效打击和预防恶势力违法犯罪"。恶势力雏形作为普通犯罪团伙向恶势力团伙发展演变的必经阶段,已经具备了黑恶势力部分行为特征、组织特征、危害特征,对其进行严惩的目的就在于贯彻"打早打小"的刑事政策,切断普通犯罪团伙向恶势力犯罪团伙、黑社会性质犯罪组织的成长路径,将黑恶势力消灭在萌芽状态。

(二) 科学认定恶势力雏形

在恶势力雏形具备了部分行为特征、危害特征及组织特征的基础上,考察其是否具有从一般的松散型共同犯罪"进化"成为更为高阶的恶势力犯罪团伙甚至是黑社会性质组织的趋势和可能,既是对其加重处罚的根本原因,也是将其与普通团伙犯罪进行区分的根本点。恶势力雏形不仅存在于暴力讨债中,还可能存在于垄断农村资源,操纵、经营"黄赌毒"等多种违法乱行为中。其表现形式虽多种多样,但仍然能够提炼出其主导形象:一是有三名及其以上较为固定的组织成员,虽然无法明确谁是较为明显的首要分子,但是经常纠集在一起从事违法犯罪活动;二是参加人员主要以社会闲散人员和刑满释放人员为主;三是违法犯罪活动的主要表现形式为强迫交易、故意伤害、非法拘禁、敲诈勒索、故意毁坏财物、聚众斗殴、寻衅滋事、聚众扰乱社会秩序等八种黑恶势力惯常犯罪行为。

---

① 德汉斯·海因里希·耶塞克等:《德国刑法教科书》,徐久生译,中国法制出版社2001年版,第61页。

② 刘仁文、刘文钊:《恶势力的概念流变及其司法认定》,载《国家检察官学院学报》2018年第6期。

③ 周光权:《黑社会性质组织非法控制特征的认定——兼及黑社会性质组织与恶势力团伙的区分》,载《中国刑事法杂志》2018年第3期。

一般认为恶势力犯罪团伙具有以下四大构成要素：（1）犯罪的有组织性，行为人经常纠集在一起；（2）犯罪的多次性，行为人多次实施违法犯罪活动；（3）犯罪的严重社会危害性，行为造成了较恶劣的社会影响；（4）犯罪的多样性，并且暴力手段在"恶势力"实施的违法犯罪手段中居支配性、基础性地位。① 恶势力雏形作为恶势力团伙的初期表现形式，其基本构成要素同样包括以上四点，但是在具体细节上存在差异。在组织性上，恶势力雏形并不需要有明显的首要分子，只要相互伙同即可；在违法犯罪多次性上，恶势力雏形并不需要共同故意实施三次以上恶势力惯常犯罪，只要共同实施一次以上相关犯罪并且有其他行政违法相关记录即可；在社会危害性上，恶势力雏形不需要达到黑社会组织非法控制，以及恶势力团伙在一定区域或者行业造成恶劣影响②，只需要对被害人及其周边人员造成内心恐惧、厌恶或者心理强制；在犯罪的多样上，恶势力雏形通常实施恶势力团伙惯常犯罪，并且暴力手段亦居支配性、基础性地位。

（三）加大对恶势力雏形的打击力度

现行刑事司法对暴力讨债犯罪行为打击力度较小，没有考虑到其可能涉及黑恶势力产生的苗头，也没有对犯罪行为作更细的分类以区别对待，不仅不利于对暴力讨债行为的规制，而且可能养痈遗患，使黑恶势力由其雏形发展成熟。恶势力雏形的认定不能只从形式上看是否具有恶势力的一个或某几个特点，最根本的是，在具备某些形式要件的情况下，要结合案发的情况和当地的社会情况，辨别该团伙是否具有发展成黑恶势力的较大趋势。

1.恶势力雏形的酌定从重原则。由于恶势力及其雏形不像黑社会，可以在犯罪构成要件之内评价其危害性，在刑法上实质是基于刑事政策的酌定从重处罚情节③。以暴力讨债为例，对暴力索取合法债务的被告人，视其手段和危害后果等情节定罪量刑，债务的合法性可作为对其酌定从轻处罚的情节，但对其采取非法手段致严重危害后果的要作为对其从重处罚的法定量刑情节。对暴力索取非法债务的被告人，同样视其手段和危害后果等情节定罪量刑，但索取非法债务应作为对其从重处罚的法定量刑情节，若与黑恶势力相勾结讨债、逼

---

① 王强军：《知恶方能除恶"恶势力"合理界定问题研究》，载《法商研究》2019年第2期。

② 刘仁文、刘文钊：《恶势力的概念流变及其司法认定》，载《国家检察官学院学报》2018年第6期。

③ 戎静：《"扫黑除恶"背景下"恶势力"的司法认定——刍议与破解》，载《政法学刊》2018年第6期。

债、为参赌人员提供赌资、因逼债而致人重伤或死亡的或造成其他严重后果的应当作为对其加重处罚的法定情节①。雇佣、指使他人有组织地采取暴力或者"软暴力"方式索取非法债务的，对于雇佣、指使者以共同犯罪中的主犯论处。

2. 慎用轻缓化刑事处罚原则。如前文所述，暴力讨债案件对被害人造成的伤害结果可轻可重，虽然大多数未造成严重后果，但是有的案件被告人中明显有社会闲散人员甚至带有黑恶势力的些许标志或苗头，在这些案件中如果对犯罪嫌疑人或被告人不从严采取强制措施和慎用轻缓刑则会有较大风险。恶势力雏形所实施的犯罪原本就有较大的社会危险性，加之实施人员的其本身的人身危险性，决定了在案发后采取非监禁强制措施很可能再次实施犯罪或对被害人进行恐吓，逼迫其对犯罪行为谅解，以获得轻缓化量刑。如果法院在审判时，将恶势力雏形刑事案件当作一般共同犯罪案件对待，而判刑轻缓化，则可能放纵此类人员继续从事相关非法行业，进而由恶势力雏形演变为黑恶势力。

结 语

德国刑法学家李斯特曾指出，"刑法是刑事政策不可逾越的鸿沟"。虽然打击暴力讨债及其他恶势力雏形，能够有效抑制相关违法犯罪活动、切断普通共同犯罪向恶势力团伙和黑社会发展的路径，是贯彻中央对黑恶势力犯罪"打早大小、露头就打"刑事司法政策的具体举措。但是刑事司法是在"实在法律规则的前提下进行的概念分析"进而得出有关结论，不能以刑事政策之名，随意超越法律。就打击恶势力雏形而言，既要防止把具有发展成为恶势力团伙倾向的恶势力雏形当作普通共同犯罪进行轻缓化处理，又要防止将偶发性的共同犯罪人为拔高为恶势力雏形甚至是恶势力犯罪团伙。此外，扫黑除恶是一个系统性工程，需要司法机关、行政机关及社会应通力配合，通过对社会全方面的综合治理，才能改变暴力讨债行为的滋生环境，抑制黑恶势力及其雏形生存空间。

---

① 张建、俞小海：《强索高利贷行为的刑法分析》，载《中国刑事法杂志》2012年第8期。

组织、领导、参加黑社会性质组织犯罪的治理与防范

——以遏制犯罪人的产生为视角

彭凤莲 邓 瑞[*]

2018年1月中共中央、国务院发布的《关于开展扫黑除恶专项斗争的通知》一改传统的打黑除恶的提法,提出了扫黑除恶的新思路。一字之差,凸显国家对黑恶势力违法犯罪行为进行系统、彻底消除的决心和信心。利用专项斗争来消灭已存在的犯罪固然重要,但更重要的是从源头出发预防此类案件的发生,更为根本的就是减少此类案件犯罪人的产生。本文选取遏制黑社会性质犯罪人产生为视角,运用统计分析法,从受教育程度、职业情况、前科情况这三个方面对犯组织、领导、参加黑社会性质组织的犯罪人进行分析,从中找寻共同点,并进而得出可以采用加大普法力度、提升公民的受教育程度、及时科学运用刑罚措施、对刑满释放人员给予更多关注等方式予以应对的结论。

一、黑社会性质组织的界定

从1997年《刑法》颁布时,其第294条对黑社会性质组织的界定,可以得出黑社会性质组织是指以暴力、威胁或其他手段,有组织地进行违法犯罪活动,称霸一方,为非作恶,欺压、残害群众,严重破坏经济、社会生活秩序的犯罪组织。由于这一规定并没有完全揭示黑社会性质组织的法律性质,给司法实践带来了一定的困难。2000年最高人民法院发布《关于审理黑社会性质组织犯罪的案件具体应用法律若干问题的解释》,总结了黑社会性质的组织"一般应具备"的特征。2002年4月28日第九届全国人民代表大会常务委员会第二十七次会议通过立法解释进一步明确了黑社会性质组织应当具备的四个方面

---

[*] 彭凤莲,安徽师范大学教授、博士生导师,副校长;邓瑞,安徽师范大学法学院硕士研究生。

的特征，分别是组织特征、经济特征、行为特征和危害性特征。只有同时符合以上四个特征的犯罪组织才能被视为是黑社会性质的组织。这一立法解释的内容被《刑法修正案（八）》全盘吸收，在第294条增加规定了黑社会性质的组织必须同时具备四个特征：一是形成较稳定的犯罪组织，人数较多，有明确的组织者、领导者，骨干成员基本固定；二是有组织地通过违法犯罪活动或者其他手段获取经济利益，具有一定的经济实力，以支持该组织的活动；三是以暴力、威胁或其他手段，有组织地多次进行违法犯罪活动，为非作恶，欺压、残害群众；四是通过实施违法犯罪活动，或者利用国家工作人员的包庇或者纵容，称霸一方，在一定区域或者行业内，形成非法控制或者重大影响，严重破坏经济、社会生活秩序。2018年1月16日，最高人民法院、最高人民检察院、公安部、司法部联合发布《关于办理黑恶势力犯罪案件若干问题的指导意见》，提出办理黑恶势力犯罪案件的总体要求、依法认定和惩处黑社会性质组织犯罪、依法惩处恶势力犯罪、依法打击非法放贷讨债的犯罪、依法严惩"保护伞"等。此前，还发布过其他司法指导文件，例如：最高人民法院、最高人民检察院、公安部、司法部《办理黑社会性质组织犯罪案件座谈会纪要》（2009年12月9号），《全国部分法院审理黑社会性质组织犯罪案件工作座谈会纪要》（2015年10月13号），最高人民检察院《关于认真贯彻执行全国人大常委会〈关于刑法第二百九十四条第一款的解释〉和〈关于刑法第三百八十四条第一款的解释〉的通知》（2002年5月13号）。由上可知，组织、领导、参加黑社会性质组织罪在1997年设立以来，通过司法解释、立法解释、刑法修正案、座谈纪要等一系列方式不断修正关于该罪的认定评价标准，并通过专项整治、"打早打小"等各项举措进一步强化对此类犯罪的治理，确实对改革开放以来日趋严重的黑社会问题实现了有效控制。① 目前，黑社会性质的犯罪组织出现了一个明显的变化，即组织者、领导者、骨干成员可能并不多，但他们控制着一批社会上的闲散人员，这些人员形成了一个市场，需要实施违法犯罪时，即通过这个市场雇佣打手，形成"一呼即来，一哄而散"的活动方式。实践中，有些黑社会性质组织的头目，在其具备了一定的实力后，往往通过各种手段将财产洗白，合法地经营一些活动，以此支撑该组织的活动和存续，这部分资产也应当算作该组织的"经济实力"。无论是合法行业还是非法行业，只要对其实行垄断或控制，严重影响了当地该行业的正常经营，扰乱了当地百姓的正常生活秩序，就应当认为"在一定区域或者行业内，形成非法

---

① 李海莹：《关于组织、领导、参加黑社会性质组织罪司法审判的反思与应对》，载《东北大学学报（社会科学版）》2018年第6期。

控制或者重大影响"。① 这些新现象,对该罪犯罪嫌疑人的锁定、黑社会性质组织的认定带来一定困难。

二、组织、领导、参加黑社会性质组织罪的犯罪人的特征

作者随机选取了 100 篇自 2018 年 1 月以来的组织、领导、参加黑社会性质组织罪的刑事案件判决书。100 篇刑事案件判决书中包含有 192 个犯罪人。从各犯罪人的文化程度来看,初中及以下文凭犯罪人的比例达到 86%,只有一名犯罪人是本科学历。从就业情况方面来看,71% 的犯罪人处于无业状态,剩下的 29% 中,也基本都是农民或者个体工商户,极少数的犯罪人拥有稳定职业。前科情况方面,有 43% 的犯罪人有前科,没有前科的犯罪人中,也有将近 12% 的人因吸毒、赌博等原因受过行政处罚。从上述数据可以看出,受教育程度偏低、无固定职业、有前科劣迹是组织、领导、参加黑社会性质组织罪的犯罪人所共有的特征。那么,为什么会出现这样的情况呢?上述三种因素为什么会对犯罪人的形成产生如此大的影响呢?

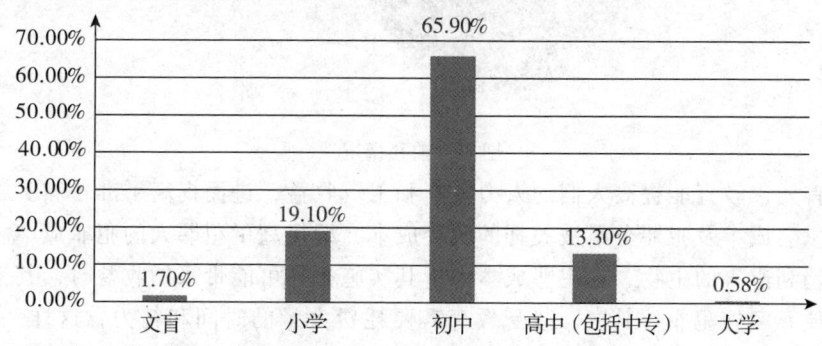

图一:受教育程度

(一) 受教育程度方面

有研究表明,发展教育对于预防犯罪是一种有效的手段,通过发展教育来预防犯罪能为社会带来更高的效益。也即意味着提高公民的受教育程度能在一定程度上减少犯罪人的产生,从而降低犯罪率。受教育程度之所以能影响犯罪的发生,原因主要有以下几点:

---

① 何帆:《刑法注释书》,中国民主法制出版社 2019 年版,第 726 页。

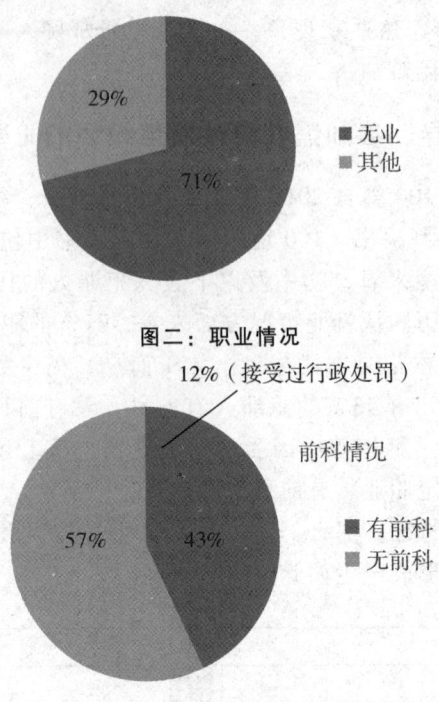

图二：职业情况

图三：前科情况

首先，教育能提高人们的人力资本和工资收益，进而提高了准备和实施犯罪的机会成本及犯罪分子被关押的机会成本，即提高了犯罪人的犯罪成本。人都是趋利避害的生物，在犯罪成本大于其实施犯罪可能带来的收益时，其自然就会放弃实施犯罪。其次，接受教育需要耗费大量的时间和精力，这样一来，犯罪人计划、准备实施犯罪的时间就相应减少了、也没有充足的精力去筹备犯罪行为。再次，教育提高了人们的道德标准，增加了犯罪的心理成本。受教育程度低并不意味着犯罪人智商低，只是因为由于在学校中受教育程度不够，又加之家庭或者社会原因，导致不能形成一个正确的价值观，不能成为一个道德高尚、明辨是非的人，才会在进入社会后，容易被不良风气所感染，价值观被扭曲。最后，教育改变了人们的时间偏好和风险厌恶程度，进而提高了人们赋予的在犯罪后所受到的惩罚的权重。

随着制度体系改革与经济的迅猛发展，我国义务教育已得到了很好的普及，中等教育和高等教育发展迅速，整体的国民素质已得到大幅度的提高。对于一个成年人而言，对其人生的走向发挥着至关重要作用的是其在未成年阶段受到的义务教育，在这个阶段受到了良好的教育，对其成人后的社会生活都会大有裨益。对于义务教育，我国目前仅做到了普及，让更多的未成年人有机会到学校学习科学知识，为"扫盲"作出了巨大的贡献，但是在对受教育者的人生观、价值观的培养、塑造及心理健康疏导方面，做得还远远不够。义务教务对于受教育者而言是人生受教育的初级阶段，人生观、价值观正处在形成时期，思想极易受到影响，在这个时期，价值观以及品德教育应放在比文化知识更为重要的地位。

（二）就业情况方面

从理论上讲，早在200多年前亚当斯密在《国民财富的性质和原因的研究》中就认识到天赋自然资源是十分重要的。但是无论是一国的土壤、气候或者领土面积如何，国民财富从根本上是取决于它的人力资源——劳动力的熟练、技巧和判断力，以舒尔茨、贝克尔为代表的主流人力资本理论认为，教育能提高劳动生产率，给个人带来更高的收入，国民收入也相应的提高，政府应加大人力资本、尤其是在教育方面的投资。① 可见，受教育的程度对就业能力影响很大，尤其是在今天这个社会，影响将更加深远、强烈。受教育程度低的人，很难在社会上找到心仪的工作岗位，无法维持正常的生活，在这样的情况下，一旦听说哪里有可以赚到钱的行当，就会不假思索地加入，再加上法律意识淡薄，误以为自己实施的并非犯罪行为，导致犯罪组织一步步发展壮大，实施的违法行为也越来越猖獗，逐渐形成了黑社会性质的组织。

（三）前科方面

所谓有前科的人员是指刑满释放人员、解除劳教人员等。从收集的100份判决书可以看出，黑恶势力的为首头目、骨干分子大多是刑满释放人员，主观恶性大，反社会心理强。在笔者办理过的涉黑刑事案件中，惊奇地发现这样一个事实：犯罪人在被捕、甚至在法院作出判决后，大多数并没有从内心深处认识到自己的错误，只觉得是自己时运不济，或者运气不好，才会落到这样一种境地，法院认定的事实、法律的规定、法院作出的判决，如果与他们自己的认知不一致，他们就会觉得法律有问题，内心觉得很委屈，觉得自己无罪，就算认识到自己有罪，也觉得罪不至此。对于这样的犯罪人，即使让他们在监狱里关上三五年，也不会使他们从内心悔改，只会增添内心的愤懑甚至是报复，更谈不上他们出狱后能做出有利于社会的事情了。

意大利著名法学家贝卡利亚在《论犯罪与刑罚》一书中对刑罚的目的是什么这一问题做了经典的回答，"刑罚的目的既不是要摧残折磨一个感知者，

---

① 罗亚萍：《就业与受教育程度的相关性研究——以中国城镇就业量为基础》，载《西安交通大学学报（社会科学版）》2010年第5期。

也不是要消除业已犯下的罪行""刑罚的目的仅仅在于：阻止罪犯再重新侵害公民，并规诫其他人不要重蹈覆辙"。① 从作者统计的数据可以看出，现阶段，我国的累犯率仍较高，这说明了我国刑罚特殊预防的效果还不够理想，对实现特殊预防的途径需要进行新的探索。

三、遏制组织、领导、参加黑社会性质组织罪犯罪人数量增长的对策

预防犯罪比惩罚犯罪更高明，这乃是一切优秀立法的主要目的。笔者认为可以从以下几个方面来解决此问题。

（一）加大普法力度

普法即普及法律知识，是我国为提高公众法律意识而采取的重要措施之一。多年以来，我们虽然一直在做这件事情，但一直没有做好、成效尚不显著。

其一，普法的深度、广度不够，且浮于形式。一是对农村普法力度不大，农民法律素质不是很高，对与自己生活息息相关的法律知识缺乏必要的了解。二是向基层的法治宣传不够。乡镇、村一级的法治宣传尚未真正启动。三是对重点对象的普法力度不够，辍学少年、社会闲散人员、有犯罪倾向的人员、社会上的混混等法治培训力度欠缺，他们法律知识贫乏，一旦被其他恶劣环境影响，把持不住就会走上犯罪的道路。同时，法治宣传教育内容乏味、形式呆板、互动不足等问题仍一定程度存在。在内容上，有的部门注重学习宣传与工作职责紧密相关的法律法规，不注意学习宣传宪法和基本法律，在弘扬社会主义法治精神、引导群众依法行使权力等方面做的还不够。在形式上，有的部门在普法工作中"照本宣科"，没有将法言法语转化为生动的群众语言，虽然普了法，但却没能让群众了解到实实在在的法律知识与法律精神。更多的普法活动仅仅是为了普法而普法，在形式上和内容上都没有仔细钻研，在普法中擅于贴标语、喊口号，不擅于设计群众喜闻乐见的普法方式、普法力度不大、针对性不强，实效不明显。

其二，学校法治教育的缺位。学校本是未成年人逐渐适应社会生活的训练机构，在这里，学生将获得在社会中生存和发展的必备知识、技能，其中，了解熟悉各种社会规则，尤其是法律规定，是必要环节，但是，我国现阶段的学校教育，无论是中小学教育还是其他更高层次的教育，法治教育极其薄弱。有

---

① ［意］贝卡利亚：《论犯罪与刑罚》，北京大学出版社2008年版，第29页。

很多学生从学校毕业后，由于未在学校中获取足够的法律知识，导致在离开学校后，就受到了他人的蒙骗，加上自身社会阅历不够、警惕性较低，就误入歧途，一步步走向了犯罪的深渊。

（二）保障公民就业权，提供充足就业机会

国家要完善社会保障制度，堵住下岗、失业等没有生活来源的人员因为无法生活而产生的报复社会的心理，也要减少人们因为疾病等而增加的生活负担。更为重要的是，要保障公民的就业权，就业是人立足于社会的最基本的条件，通过就业，人们对于生活的不满可以有效地在工作中得到转移，在工作中取得的成果也可以增添人们生活的乐趣，用自己的双手创造劳动来维持生活能够提升人的幸福感。此外，对于那些难以就业的人员，国家也不能放任其自生自灭，在依靠他们自身力量远不能获得工作机会的情况下，要给予特殊关照，提供适合他们的工作岗位。最后，保障就业权最重要的就是要保障平等就业权，工作单位不应当附加与岗位无关的要求，无理由地提高求职难度，主动承担起应承担的社会责任。

（三）提高刑罚适用的及时性、科学性

惩罚犯罪的刑罚越是迅速和及时，就越是公正和有益。[①] 犯罪人实施犯罪行为后，如果不能及时被发现、被审判，让其逍遥法外，犯罪人就会产生侥幸心理，认为自身实施的犯罪，只要"运气好"或者"实施犯罪的时候更加小心一点"就能够逃避追究，从而助长了其继续实施犯罪，危害社会。列宁说过："惩罚的警戒作用绝不是看惩罚的严厉与否，而是看有没有漏网，重要的不是严惩罪行，而是使一切罪案都真相大白。"并且，刑罚适用得及时了，不仅能让犯罪人也能让社会大众，将犯罪人实施的犯罪行为与科处的刑罚更加紧密地联系在一起，能够在犯罪与刑罚之间建立起更为直接的联系，增加刑罚的威慑力。因此，只有通过司法机关最大程度的提高破案率，对犯罪人及时而迅速的适用刑罚，才能相应降低犯罪人实施犯罪的积极性。

第一，法院在对犯罪人定罪量刑时，要严格遵守罪责刑相一致的原则，对犯罪人科处的刑罚要以其应当承担的刑事责任为基础，罚当其罪，维护刑法的威严。避免犯罪人因为轻罪重刑导致的对刑罚的质疑和不满，以及重罪轻刑导致的轻视和不屑。

第二，要贯彻宽严相济的刑事司法精神，尝试引入和建立刑事和解制度。在轻微刑事案件中，通过加害人对受害人进行赔偿，征得受害人的谅解，双方

---

① ［意］贝卡利亚：《论犯罪与刑罚》，北京大学出版社 2008 年版，第 47～48 页。

达成和解协议，从而对犯罪人免除刑罚处罚。刑事和解制度不但可以有效修复社会关系，还能使犯罪人免受监禁造成的交叉感染，有利于其回归社会。

第三，要始终把握刑法的谦抑性原则。谦抑性原则又称必要性原则。是指立法机关只有在该规范确属必不可少——没有可以代替刑罚的其他适当方法存在的条件下，才能将某种违反法律秩序的行为设定为犯罪行为。刑法的谦抑性主要在当出现刑罚无效果、可以它法替代、无效益等情况时才会使用。不仅在立法上，在执法上同样要把握这一原则。司法机关不要吝啬对撤销案件、不起诉、宣告无罪等决定或判决的适用，对于在法律上不应当也无必要追究的行为，应当依法一律不予追究。

第四，对服刑人员进行思想道德和法律知识教育，从思想上对他们进行彻底改造。很多服刑人员虽然被判处有罪并执行刑罚，但他们却依然认识不到自己的行为是犯罪行为。这与他们法律知识贫乏是分不开的。还有一些犯罪人因为生长环境等因素的影响，思想落后愚昧，甚至性情冷漠，对社会充满仇恨，丧失了身为一个人最根本的"同情心"，对于这样的犯罪分子，要在服刑过程中，让他们认识到其行为对受害人和社会造成的严重危害，促使他们从内心深处真正悔过，避免以后类似行为的发生。通过讲解法律知识，进一步明确哪些是合法的，哪些是违法犯罪的行为，避免以后因不懂法而继续犯罪。

第五，实现刑罚执行的人性化，重视罪犯的人权保障。刑罚执行过程中，要切实保障罪犯的基本人权，监狱工作者要改变传统的对罪犯的歧视心理，从内心深处把罪犯当人看，当作朋友，耐心地与其交流，以真情感化他们，使每一个犯罪人感觉到思想上没有被歧视，人格上没有被侮辱，促进他们思想上的转变。此外，还要保证服刑人员的基本生活条件和医疗条件，有病及时治疗，不任意打骂、侮辱和体罚被监管人员；对家庭困难的服刑人员，适当给予一定劳动报酬；增加准予家属探视的次数，对表现良好的服刑人员可以有条件地准许回家探视等等。通过一系列人性化的措施，促使服刑人员积极改造，促其早日回归社会。

（四）积极帮助服刑期满的犯罪人回归社会

很多犯罪人之所以再犯，是因为在服刑期满后，由于被冠上了犯罪人这个头衔，找工作四处碰壁，没有能力养活自己，才不得再次走上犯罪的道路。在这个时候，社区如果能够对服刑期满的犯罪人予以关注，重点关注他们在找工作方面是否存在困难、生活状况如何，在必要的时候，能够给予他们及时的帮助，帮助他们更快、更好地回归社会，消除他们心中因为长期服刑而积压的不满情绪，让他们体会到只要能够真正融入社会、用自己的双手创造财富，他们就不会被社会抛弃、不会被人们轻视。

新时代黑恶势力犯罪善治问题研究

王燕飞*

2018 年年初，中共中央、国务院发布了《关于开展扫黑除恶专项斗争的通知》（以下简称《通知》），决定在全国开展为期三年的扫黑除恶专项斗争。这次开启的扫黑除恶工作是我国进入新时代，在全面贯彻党的十九大精神、以习近平新时代中国特色社会主义思想为指导的一次前所未有的专门惩治与治理活动。① 从为期一年多的实践看，这项如火如荼、轰轰烈烈的专项斗争取得了突出成效。截至 2018 年 12 月 31 日，"打掉涉黑组织 1292 个，恶势力犯罪集团 5593 个，破获各类刑事案件 79270 起，缴获各类枪支 851 支，查封、扣押、冻结涉案资产 621 亿余元。"② 这与 2006 年、2009 年全国开展的"扫黑除恶"专项斗争打掉涉黑组织 1300 个，铲除恶势力 14590 个相比③，力度与收效是前所未有的。然而，对于我国社会转型过程中结构断裂与矛盾激发④而滋生、

---

* 王燕飞，湖南大学犯罪学研究所所长、教授，湖南省犯罪学研究会会长，中国犯罪学会理事。

① 参见张远煌：《依法严惩黑恶势力 创造安全稳定社会环境》，载《检察日报》2018 年 1 月 25 日；康均心：《从扫黑除恶到扫黑除恶》，载《河南警察学院学报》2018 年第 3 期；何荣功：《以新理念依法整体推进扫黑除恶专项斗争》，载《检察日报》2018 年 2 月 1 日，第 3 版。

② 《全国公安机关扫黑除恶专项斗争取得明显成效》，参见 http：//www. 360kuai. com/pc/91c47bccb5dea34a6? cota = 4&kuai_ so = 1&tj_ url = so_ rec&sign = 360_ 57c3bbd1&refer_ scene = so_ 1，2019 - 7 - 10。

③ 参见于天敏等：《黑社会性质组织犯罪理论与实务问题研究》，中国检察出版社 2010 年版，第 2 页。

④ 参见郑杭生主编：《中国社会结构变化趋势研究》，中国人民大学出版社 2004 年版，第 96～99 页；谢勇：《有组织犯罪与社会结构》，载湖南省扫黑除恶专项斗争领导小组办公室主编：《扫黑除恶工作指导手册（一）》（内部资料），第 61～71 页；于建嵘：《抗争性政治：中国政治社会学基本问题》，人民出版社 2010 年版，第 203～231 页。

蔓延的黑恶势力犯罪现象这类社会病态的综合绝症①，在这种秋风扫落叶一般的专项斗争猛药特效治理下，能否完全愈合与良好控制，能否达到发动斗争初衷所寄予的"不断增强人民获得感、幸福感、安全感……"的社会效果，恐怕还需要进行"正反"辩证考量与深刻理论检讨②，从而更好地指引这项斗争科学推进，取得更佳效果。本文正是以此逻辑基点展开分析，在其基础上提出新时代黑恶势力犯罪现象善治问题及其策略，从而更好地贯彻落实十九大精神与《通知》精神，以及在新时代党与国家治国理政新理念新战略新部署指引下，进一步创新发展扫黑除恶专项斗争的工作问题。

一、新时代黑恶势力犯罪治理问题检讨

对于此次专项斗争，有学者定位为运动式犯罪治理方式，并对其存在不足进行了分析：扫黑除恶专项斗争难以避免政治化与扩大化的危险，不考虑实际地强行分配扫黑除恶指标，只重数量不重质量，将普通共同犯罪人拔高成黑恶势力等激进做法既违背了犯罪的基本规律，也容易酿成冤假错案。为造声势、震慑黑恶势力而大规模"公捕""公判"的做法虽符合政治上的宣传需要，却明显有悖于法治的精神，……政法机关在"打早打小"中人为"制造"了涉黑组织，党政机关甚至以"政治正确""政治挂帅"的权威姿态随意干涉扫黑除恶斗争，司法机关也出于政治上的服从抛弃法治思维，让渡自身权力……③也有学者认为，随着社会法治进行推进和黑恶势力犯罪方式的转型升级，原本的黑恶势力犯罪治理模式表现出强调短期治理效果、治理范围存在局限、治理模式法治化程度不高等缺陷。④ 还有学者认为，当前扫黑除恶专项斗争新形势下存在的难点与不足表现在四个方面：思想认识不统一、工作理念不跟进，侦控能力

---

① 我国有学者提出自组织原因论的理论来解释我国黑恶势力犯罪现象。参见何秉松主编：《黑社会犯罪的解读》，中国检察出版社2003年版，第291~341页。
② 对于严打问题，我国学界曾经有深刻的检讨，对于当下的扫黑除恶，也有人提出了各种隐忧。参见王利荣：《检视"打黑"对策》，载《法制与社会发展》2014年第3期；戴小强：《论"扫黑除恶"专项斗争的特征及其法治要求》，载《北京警察学院学报》2018年第3期。
③ 参见刘夏：《扫黑除恶专项斗争的法治内涵研究》，载赵秉志、陈泽宪、陈忠林主编：《改革开放新时代刑事法治热点聚焦（下卷）》，中国人民公安大学出版社2018年版，第637~639页。
④ 参见郭泽强、谢昊轩：《黑恶势力犯罪的成因及治理》，载黄河、高扬捷主编：《现代社会与犯罪治理——中国犯罪学学会年会论文集》（2018年），中国检察出版社2018年版，第228~230页。

不充足、动态综治不到位、衔接打击不紧缩、根源治理不彻底、执法标准不统一、法律适用不明确。事实上,从事扫黑除恶专项斗争有关领导也有所感触,指出了此次斗争中出现的6个苗头性问题:随意定性、乱贴标签,尺度不一、畸轻畸重,小胜即止、应付了事,重打轻治、不顾长远,统计失真、弄虚作假,作风漂浮、工作不实。①

客观地说,此次专项斗争是在新时代高位强力推动下发起的历时三年的"持久战",很大程度上改变了以往追求毕其功于一役短期严打效应。② 尤其是,《通知》中强调的"三结合"与"五坚持"③,实战9月的斗争经验中突出的"八个坚持",以及继续推进中实现的"十个新突破"④,集中体现出了打、防、控、治一体化综合治理创新发展的新形态、新气象。⑤ 然而,任何事情不可能十全十美、完美无缺,此次专项斗争所隐藏的深层治理问题事实上也相继暴露出来,遭致学界上述批评与引发实务界隐忧也不无道理。

二、新时代黑社会势力犯罪善治之倡导

为了破解上述治理上存在的问题,实现专项斗争的理想目标,就需要积极推进当下刚性治理向善治转变,促进政府与公民合作管理,建构起新颖的政治国家与公民社会关系以更好地惩治与控制黑恶势力犯罪问题。⑥

(一)善治问题的提出

"所谓善治,就是使得公共利益最大化的社会管理过程。善治的本质特征就在于它是政府与公民对公共生活的合作管理,是政治国家与公民社会的一种新颖关系,是两者的最佳关系。"⑦ 因而,善治是公共利益最大化的最优治理,

---

① 参见陈一新在山西调研扫黑除恶专项斗争时强调在"稳准狠实合"上下功夫推动专项斗争健康深入发展,http://www.rmfzwqw.net/fzxw/2150.html,2019-7-13。
② 参见余姚市人民检察院"重庆打黑"课题组:《"重庆打黑"后时代的法学思考》法律出版社2010年版,第4~5页。
③ 参见徐隽:《中共中央国务院发出〈关于开展扫黑除恶专项斗争的通知〉》,载《人民日报》2018年1月25日。
④ 参见《全国扫黑除恶专项斗争再吹号角:推动实现"十个新突破"》,载http://www.sohu.com/a/270510284_100001483,2019-7-15。
⑤ 参见黄日华、赵斌良:《从"扫黑除恶"到"扫黑除恶":惩治黑恶势力刑事政策的新发展》,载中国犯罪学学会预防犯罪专业委员主编:《第五届犯罪学论坛:国家治理体系中的犯罪治理与预防论文集》2018年5月,第253-254页。
⑥ 俞可平主编:《治理与善治》,社会科学文献出版社2000年版,第8页。
⑦ 俞可平主编:《治理与善治》,社会科学文献出版社2000年版,第8页。

包括合法性、透明性、公正、参与、稳定、责任、法治、回应、廉洁诸要素。① 可见,善治是20世纪末提出的"治理"理论新的发展,表现为治理达到的理想状态。对于新时代扫黑除恶,提出善治问题,不仅是基于当下扫黑除恶专项斗争的治理中出现种种问题与隐藏的现实危机,需要从根本上予以克服与消除;而且也是基于对"通知"精神深入理解与全面贯彻,从而保障正在轰轰烈烈开展的这项扫黑除恶工作平稳有效、深入睿智、公平正义的运行。具体而言:

第一,推进国家治理体系和治理能力现代化作为新时代一项全面深化改革的重要工作,正在全力全面推进,而切实推进国家治理现代化,就是实现国家与社会的善治。② 因此,在此次专项斗争中如何落实十九大精神与如何体现"以习近平新时代中国特色社会主义思想为指导"显得至为关键。可见,遵从这个方面进行实践探索、大胆改革、积极推进,具备了新的精神与思想指引,具有了新武器。显然,这是切实可行的与必须认真履行的,更为重要的也是必要的。理由在于"黑恶势力形成的一个基本规律是:凡是在合法控制持续薄弱的地方,它就能乘虚而入;凡是在社会正义持续不彰的领域,它就会横行霸道。"③ 不言而喻,这是在国家与社会之间关系处于严重病态或者恶化下的结果,因此在治理上就应该提高到这个层面与高度进行考量④,从而抓住问题的关键与实质,否则就是皮毛枝叶上下功夫。从这个意义上,从国家与社会关系快速转变过程中型构良性互动的关系实现善治来防治黑恶势力犯罪现象也就成为了扫黑除恶工作迈进的终极方向。目前的暴力打击与开展五项治理工作(指《通知》中提及的专项治理、系统治理、综合治理、依法治、源头治理)就需要沿着这个方向步步推进。

第二,具体贯彻落实《通知》中"牢固树立以人民为中心的发展思想"的必然结果。黑恶势力犯罪目的是为了获取非法经济利益,是利用暴力等方式维持着一个非法生活状态⑤,因此被喻为寄生社会的毒瘤。根据司法统计,这

---

① 参见俞可平:《走向善治:国家治理现代化的中国方案》,中国文史出版社2017年版,第63、249页。
② 参见俞可平:《走向善治:国家治理现代化的中国方案》,中国文史出版社2017年版,第62~63页。
③ 张远煌:《依法严惩黑恶势力 创造安全稳定社会环境》,载《检察日报》2018年1月25日。
④ 我们早就提出了"国家—社会"范式解释黑恶势力犯罪问题。参见谢勇、王燕飞主编:《有组织犯罪研究》,中国检察出版社2004年版,第155~260页。
⑤ 参见张远煌主编:《犯罪学》,中国人民大学出版社2007年版,第158页。

类犯罪的组成人员年龄分布情况为：18~30岁，人数占比为51.56%；31~40岁，人数占比为26.11%；41~50岁，人数占比为14.41%。可见，集中在18~50岁占比为92.08%。① 很显然，基本是在中青年阶段，正是谋求独立生活与发展的时期。这其中的刑释人员、文化水平较低的无业人员、不良青少年一度成为其主要成员。② 此外，考虑到我国市场经济建设中提供中青年合法职业与正常发展渠道受到各种因素的制约一直受到较大阻碍难以化解③，在新时代中青年又面临更加激烈的社会竞争，分化与分流出更多处于劣势的中青年④，或产生相对剥夺感，或处于不利地位，也可能成为从事黑恶势力犯罪社会群体⑤。从总体上，走上黑恶势力犯罪这些人员往往是遭遇到社会不公正或者为了谋求生存受挫等社会问题所导致的，因此仅仅以暴制暴的方式予以铲除，不仅极度难以从根本上解决问题，反而可能推进其演变发展以适应严打的环境处于活跃发展期⑥，构成了对于我国的扫黑除恶实践严重挑战与隐性抗争。从这个意义上，对于黑恶势力犯罪治理上就需要摒弃战争年代残留至今，仍然在实践发挥实际作用的以近似战争对敌斗争方式、打几个歼灭战来将其彻底消灭的思想，牢固树立以人民为中心发展的思想，从国家与社会层面化解引发黑恶势力犯罪的社会矛盾与冲突，以及社会结构中不公正的各种因素，疏解与引导上述"易感人群"放弃或者不从事这类犯罪，保证其生存与发展的正常机制与条件。很明确，善治也就是新时代背景下解决黑恶势力犯罪的根本出路。

（二）当下治理向善治的转变

基于当下扫黑除恶斗争现状、部署与存在的实际问题，革新当下治理模式，推动其向善治目标创新发展，至少在两个方面做出转变：

---

① 《司法大数据专题报告：涉黑犯罪》，http://www.360doc.com/content/19/0305/15/38233100_819387072.shtml，2019-7-19。

② 参见于天敏等：《黑社会性质组织犯罪理论与实务问题研究》，中国检察出版社2010年版，第256~257页。

③ 参见许欣欣：《当代中国社会结构变迁与流动》，社会科学文献出版社2000年版，第316~317页；陆学艺主编：《当代中国社会阶层研究报告》，社会科学文献出版社2002年版，第29~37页。

④ 参见《2018年中国劳动就业形势全面分析：劳动人口连续7年下降 失业率保持低位》，http://www.askci.com/news/chanye/20190219/1118371141885_4.shtml，2019-7-20。

⑤ 参见靳高风：《当前中国有组织犯罪现状与对策》，中国人民公安大学出版社2012年版，第44页。

⑥ 参见熊选国主编：《扫黑除恶办案手册》，法律出版社2011年版，第10页。

第一，将打早打小、延伸打击改变为打大治小、限缩打击圈，革新以暴制暴模式，节省打击成本投向疏解等防治工作。对于当下的扫黑除恶全面出击，打击面不断扩大，一定程度上是以暴制暴全面清扫，其实是不明智的。这是由于在社会上渲染出了四面出击严打，大造声势如同发动对敌战争一样，尤其是无黑恶，竟为"治乱"开道，无疑是为专项斗争定格在传统的严打高压态势之位上，显然不够科学的。另外，对于打早打小，也是值得检讨。发动这种专项斗争，显然是黑恶势力犯罪出现了严重的态势了，从而进行专项的整治行动，因此重点应该就放在严重的、规模大的黑恶势力犯罪打击上，从而真正发挥震慑作用，对于刚刚露头的黑社会性质组织犯罪雏形或者恶势力团伙，也就具有较大警示作用，有望其望风而逃或自生自灭。如果更多精力投向打早打小上，岂不是舍本求末。从这个意义上，此次扫黑除恶专项斗争，秉承以往打黑除恶斗争的打早打小的刑事政策①，并没有深刻考量这种政策在新时代形势下是否出现了打击逻辑悖论。事实上，将打早打小改为防小防早与治小治早才是科学的。可见，在保持对于严重危害性的黑恶势力犯罪的严厉打击态势下，相应的其他防控工作也就可望开展了。

第二，对于扫黑除恶之中动员与发展群众的工作，不仅仅是将重心放在举报黑恶势力犯罪线索等办案问题上，而是激活、引导与积极推动群众参与社会治理黑恶势力犯罪的社会工作之中，构筑起人民群众抵御黑恶势力犯罪的钢铁长城。具体而言：一方面，在国家层面对于当下各地的涉黑涉恶的犯罪现象的原因有精准的把握，对于易发群体科学的估量，从而依靠党领导下的人民群众路线的政治优势，共同推动化解黑恶势力犯罪的各种社会因素、对于易感的人群加强监督与教育、帮助等各项工作。如开展扫黑除恶之中的"民生工程项目"，制定特定对象的帮扶济困，加强对消极文化、低俗生活价值观念转变教育的工作计划等，然后部署各项具体工作开展。这样渐次构建社会、文化和社区的黑恶势力犯罪预防、黑恶势力犯罪发展预防、刑事司法途径预防②的三级预防体系，并不断推动其完善、成熟。另一方面，建立其官方与民间互动的机制，积极推动民众、被害人等对于黑恶势力犯罪的社会反应机制形成，对于黑恶势力犯罪的新动向、新发展，让广大群众用雪亮的眼睛予以洞察与发现，甚

---

① 我国有学者进行了这方面的初步反思。参见王志祥：《涉黑犯罪"打早打小"刑事政策的批判性思考》，载赵秉志、陈泽宪、陈忠林主编：《改革开放新时代刑事法治热点聚焦（下卷）》，中国人民公安大学出版社2018年版，第591－597页。

② 参见斯蒂芬·E. 巴坎：《犯罪学：社会学的理解》，秦晨等译，上海人民出版社2011年版，第629～639页。

至评估与预测，从而建构起一个良性的社会网络平台。

三、新时代黑恶势力犯罪善治之策略

新时代推进扫黑除恶向善治方向挺进，需要在观念上进行大的转变外，还需要具体探索采取多种策略积极推进，不断地促进黑恶势力犯罪善治渐次生成，发挥出综合、良性的互动长效机制，适度控制此类犯罪现象。当然，善治策略更多的是需要实践之中大胆创造与发现，在困境之中摸索形成。在此，仅仅提出一些粗略的理论方案，仅供参考。

（一）智慧扫黑除恶之策

"应用大数据技术精准对重点地区、行业、领域进行日常监测、关联串并，深入分析当前面临风险的趋势、特点、规律，分类施策、分别处置，切实打好各类风险防御战、歼灭战、攻坚战、持久战。"很显然，运行大数据技术提高对于黑恶势力犯罪打击、侦查、公诉、审判等司法惩治是非常必要的。但是更应向善治方向推进实施，实现智慧社会智慧治理的目标，努力的方向大致是：运用大数据、云计算、人工智能等现代科学技术，建立起专门化扫黑除恶专门机构的网络化平台，整合资源与专门队伍，发挥出集体的聪明才智，使得人民大众的集体智慧远远胜过黑恶势力的穷途末路之计，推进扫黑除恶科学惩治能力向事前预防能力转型升级，实现魔高一尺、道高一丈。另外，运用现代科技实现黑恶势力犯罪社会治理网格化体系形成①，建立社会公众参与治理黑恶势力犯罪的网络平台，使其能够充分表达意见、出谋划策、凝聚智慧，形成共享共治共赢的社会网络机制，充分发挥社会公众的参与力量，使得黑恶势力犯罪陷入人民汪洋大海之中渐次湮灭。

（二）优化整合规范性文件之策

自2000年开展"扫黑除恶"专项斗争以来②，立法层面进行了多次修改有关立法外，中央制定了10余项规范性文件③，地方也出台了诸多"指导意见"，形成了较为庞大的法律政策体系。一定程度上，这些规定性文件对于提高扫黑除恶政策、法律适用发挥了重要作用，但是存在问题不少，主要表现在：第一，文件本身暴露出不足。诸如一些文件仅仅在机关内部发行，属于内

---

① 参见康均心：《大数据时代扫黑除恶与社会治理网格化研究》，载《武汉公安干部学院学报》2018年第4期，第8~9页。
② 参见何秉松主编：《黑社会犯罪的解读》，中国检察出版社2003年版，第350页。
③ 参见康均心：《从扫黑除恶到扫黑除恶》，载《河南警察学院学报》2018年第3期。

部规范性文件,缺乏公开性、透明性等,存在很大不足亟待进行改革①。第二,文件缺乏系统性,没有形成完整的体系。诸如,这些文件多围绕扫黑除恶的惩治的政策与法律适用的解释,但是对于围绕预防黑恶势力犯罪与保护其权益、对于规范国家打击权力常态化运行、对于社会参与治理等有关规范文件缺失。因此,基于这种状态,我们一方面希望推进有组织犯罪治理专门性立法出台②,在上述规范文件基础上进行优化升级,形成"总则、组织结构、国家惩治、社会善治、处置与保护"等为内容的专门性法律,尽早出台。另外一方面,建议有关机关,在立法未能出台前,对于相关规范性文件进行清理,层级高的相关机关进行系统化工作,使其更为科学、统一。总之,推进扫黑除恶法律制度公正、科学、完备,是善治的法治保障,至关重要。

(三)恢复性司法激活之策

对于黑恶势力犯罪的刑事司法不宜采取传统的较为单一性惩罚性的报应司法,需要实施恢复性司法。③ 这不仅需要对于黑恶势力犯罪分子根据个体情况,侧重从其矫正回归出发,进行定罪量刑,而且对于黑恶势力犯罪对于社区、社会公众造成的社会关系、文化价值观念的损害,需要进行修复、协商,重新营造一个健康的、正义的社会生活环境。从这个意义上,黑恶势力犯罪的恢复性司法活动,不仅需要一种医学、心理学等科学治疗的理念对待犯罪人,科学评估,使其改邪归正或者不致留下怨言与冤恨,而且,司法之中更需要体现司法为民,改变法官为本位,树立社会为本位思想,创造性开展系列活动,积极化解黑恶势力犯罪产生或者激发的各种矛盾与冲突,恢复安全的社会生活秩序,推进黑恶的司法活动真正发挥更好的法律效果,社会效果、政治效果的有机统一。可见,对待黑恶势力犯罪刑事司法,需要刑事司法机关承担更为艰巨的社会任务与分担更多的细致的社会工作以实现社会安全与正义。

(四)制度性疏解欲望膨胀、适度管理灰色行业策略

妥善医治两种当下引发涉黑涉恶社会病态问题。④ 一种是对青年人拜金主义歪曲价值观群体进行社会主义价值观的教育与扶持计划。在当下社会主义市

---

① 参见王燕飞:《"扫黑除恶"内部规范性文件改革研究》第3页。
② 我国学界有学者提出这样主张,但是对其主体内容尚缺乏深入思考。参见莫洪宪:《有组织犯罪研究》,湖北人民出版社1998年版,第200页。
③ 参见蔡德辉、杨士隆:《犯罪学》(增订第六版),五南图书出版股份有限公司2013年版,第416~436页。
④ 这应与我国刚刚兴起黑恶势力犯罪现象提出的治本之策是有所差别。张荆:《冲突、犯罪与秩序建构》,知识产权出版社2017年版,第36~38、62~64页。

场经济建设中,人们对于物质财物的追求更加迫切,一些人贪婪欲望的急剧膨胀,这无疑需要进行多元价值观念宣扬与倡导,确定人们成就感多元标准,从制度层面疏解一些人铤而走险、从事黑恶势力犯罪,以此社会流动渠道获得财物与地位。① 另外一种是对非法需求与非法生活状态适度管理控制,进行双层双化,如对于赌博、卖淫、吸毒等满足非法需求的灰色行业进行有效的"底线"管理,全力反对腐败,提高科学的治理能力,从而化解黑恶势力犯罪生成的机制。②

总之,当新时代扫黑除恶专项斗争进行全面省思与大胆革新推进、成功腾飞跃上善治之道时,备战开火即将转变为"察病"开刀,其任重而艰险,但愿不是痴人说梦!

---

① Steven E. Barkan, Criminology : A Sociological Understanding, Pearson Education, Inc, 2001, P397 - 398.
② 参见王燕飞:《双层双化:涉黑腐败犯罪的防控》,载张凌、严励等主编:《犯罪防控与法治中国建设——中国犯罪学学会年会论文集(2015年)》,中国检察出版社2018年版,第33~37页。

论农村黑恶势力犯罪的防控与治理

——以犯罪滋生土壤为切入点

俞 亮 罗来兵[*]

一、前言

近年来，以"村霸"为代表的农村黑恶势力逐渐进入公众的视野，他们长期干预、操控我国农村自治政权，横行乡里、欺压百姓，使得农村矛盾急速加剧，严重危害到了社会稳定。自2018年中共中央、国务院发出《关于开展扫黑除恶专项斗争的通知》（以下简称《通知》）以来，把打击黑恶势力犯罪和反腐败、基层"拍苍蝇"结合起来，把扫黑除恶和加强基层组织建设结合起来，引起了社会各界对此项专项活动的高度关注。尤其近期国产禁毒题材电视剧《破冰行动》一播出，受到了公众的高度追捧和热议，主要源于导演天然地把真实禁毒大案与影视剧情结合在一起。公众在观看影视剧时会情不自禁的把其剧情，与2013年12月29日，广东警方出动上千全副武装的警力雷霆扫毒，"清剿"了涉毒活动严重的博社村，即"制毒第一村"震惊全球的毒品大案联想在一起。对公安机关所采取的禁毒、扫毒、扫黑行动所取得的成效，公众对其拍手称道和赞许。

同时我们也要清醒地认识到，虽然公安机关短时间集结优势警力强势打击农村黑恶势力犯罪，其能够摧毁犯罪窝点、逮捕犯罪行为人。但有可能并未触及滋生犯罪活动的土壤及生存养分[①]，很有可能导致犯罪活动出现"割韭菜"现象。尤其是现阶段我国农村社会结构在政治、经济以及社会关系等正在转型变迁下，农村法治出现了短暂的真空，使得农村黑恶势力得以滋生和不断壮

---

[*] 俞亮，北京工商大学法学院副院长、副教授，法学博士、博士后；罗来兵，北京工商大学法学院硕士研究生。

[①] 参见宛诗平.：《坚决铲除"村霸"滋生的土壤》，载《人民法院报》2018年5月24日第2版。

大。如想彻底铲除农村黑恶势力犯罪"死灰复燃"的不良问题,就必须采取"严打+根治"二种方式结合防控与治理,才能达到综合治理、齐抓共管,依法严惩、打早打小,标本兼治、源头治理的效果①。

二、农村黑恶势力犯罪的基本概况

(一) 农村黑恶势力犯罪的概念及特征

农村黑恶势力犯罪是指在农村一定区域或行业内以家族势力、人情社会或帮伙②等为主体,其通过贿选、拉票等方式操纵农村自治政权,并经常有组织或无组织的聚集在一起,采用暴力或暴力相威胁等手段进行违法犯罪活动的一种特殊群体性犯罪形态。从农村黑恶势力犯罪的概念中可以看出,其蕴含了地域性、伪合法性、组织与非组织的结合性、暴力和软暴力相结合等基本特征。

1. 地域性

农村黑恶势力犯罪主要受血缘、地缘及业缘的限制,一般产生于特定的农村区域。而以家族势力建立起来的人情社会关系,决定了农村黑恶势力犯罪主体与一般的社会黑恶势力犯罪主体存在本质上的差异。因为在当前社会快速发展背景下,以血缘建立起来的社会关系,只会出现在农村这一相对较为封闭的地域,而在人口流动性较大的城市,以血缘为根基建立起来的社会关系很难形成。同时,农村经济发展环境与城市相比较为缓慢的状况下,农村黑恶势力犯罪需要依赖于农村经济产业才能存活,如果没有经济基础作为基本生存条件,其是无法滋生及长期存活。所以,对农村物质资源的非法抢夺、控制就成了农村黑恶势力犯罪滋生的动力。同时也基于血缘、地缘及业缘之间的特殊关系,使得农村黑恶势力具有天然的凝聚力,其成员之间关系牢固紧密,作案后相互掩护③。

2. 伪合法性

一般农村黑恶势力为了使自身的非法利益合法性,其会以非法手段干预、操纵农村自治组织的选举,使其能够当选村中"两委"④ 成员,以达到操控本村政权目的。通常表现为,以"两委"名义获取"非法"利益,被冠以了"合法"的噱头。例如:山西侯某某、郭某某、海南王某某等通过贿选干预本

---

① 《中共中央、国务院发出关于开展扫黑除恶专项斗争的通知》,载 http://www.qstheory.cn/yaowen/2018-01/25/c_1122310917.htm,最后访问时间2019年6月19日。
② 参见任禹:《"村霸"现象及其治理路径》,载《领导科学》2018年第18期。
③ 参见李晓林:《农村黑恶势力犯罪研究》,山东大学2009年硕士研究生论文。
④ "两委"是指农村的中国共产党支部委员会和村民自治委员会,前者简称为村支部,后者简称村委会。

村自治组织选举,当选为村两委成员,并通过两委的名义操纵本村的经济命脉(煤矿、土地、水资源等),以此取得了巨额资产。

3. 组织与非组织的结合性

农村黑恶势力犯罪一般表现为非组织和组织两种形式。非组织犯罪一般表现为流氓行为,其犯罪主体采取犯罪行为时往往是盲目、随机,即无计划、无组织的"一时兴起"犯罪。主要表现为寻衅滋事、聚众斗殴、敲诈勒索、欺行霸市等。而组织犯罪以人数较多,成员基本固定,以有计划、有组织的行为谋取非法经济利益为主要行为特征,即"蓄谋已久",更多的是以看似合法的方式实施犯罪①,如农村黑恶势力控制、操纵本村"两委"活动,看似合法的犯罪身份,实则属于非法犯罪组织。

4. 暴力和软暴力相结合

农村黑恶势力为了达到长期控制、操纵自治组织政权的目的,其会采取非法手段干预本村的选举活动。对本村具有选举权与被选举权的村民进行拉票、吃请、贿赂、威胁或恐吓等暴力与非暴力②相结合的非法手段,要求村民选举自己,以及强迫被选举人退选、弃权,最终达到操控村"两委"的目的。

(二)农村黑恶势力犯罪的滋生土壤

1. 滥用宗族势力与不良的人情社会关系

著名社会学家、人类学家、民族学家费孝通先生把这种深受地缘和血缘关系影响的传统乡土社会关系称之为"差序格局",在这种差序格局下会形成特有的伦理本位和乡村共同体,其中小社会大家族的凝聚力发挥着重要的社会整合作用。通常大家族以血缘为单位,每一个家族自为一经济单位,如史书所说的薛安都世为强族,同姓有三千余家③的情形。宋孝王《关东风俗传》谓瀛诸刘,清河张、宋,并州王氏,濮阳候族,诸如此辈,一宗将近万室,烟火连接,比屋而居,亦非同居合爨(cuan)④,即使当代家族势力受到市场经济的

---

① 参见陈兴良:《关于黑社会性质犯罪的理性思考》,载《法学》2002年第8期。

② "软暴力"是指不直接使用暴力或者胁迫手段,故意利用人们面对暴力侵害却又不敢反抗的畏惧心理实施侵害行为后所产生的能够抑制受害人反抗的心理威慑作用。

③ 《薛安都传》。按永嘉二十一年,安都与宗人薛永宗起义,击拓跋焘。永宗营汾曲。安都袭得弘农。拓跋焘自率众击永宗灭其族,其势力之雄大自非具三千家之强族不办,而为其族主者便为宗豪,在家族中在社会政治上均具有极大潜势力,故《宋书》称安都之父广为豪宗,宋高宗以为上党太守。安都之所以得有政治势力,先为北朝都统,仕宋为建武将军者,盖其族家之强盛有以致之。

④ "爨",与"窜"字同音,作"灶"或"烧火做饭"解。此处"合爨"就是"一个锅里吃饭"的意思。

冲击下,打开了以前农村较为封闭的环境,但在全国各地还存在很多名门望族,他们多则达上千户,少则达几百户,家族势力渗透到当地的各个领域(政治、经济、文化等),尤其在村两委成员选举时,同族人会受其宗族关系影响,带有一定的倾向性、人情性进行投票。甚至有些地方的家族族长可以达到一呼百应、从者如流的景象。可见,一旦族长滥用其势力,其破坏力非一般违法犯罪行为可比。如广东警方 2013 年 12 月 29 日针对博社村进行的雷霆扫毒行动,博社村全村有一千都户人家,全村都姓"蔡",有着共同的祖先。原博社村村支书蔡东家贩卖、制造毒品,大多数村民参与其中,并为包庇、窝藏其犯罪行为。导致有关司法机关无法及时准确的了解农村黑恶势力的犯罪情况,使得其长期在农村地域猖獗、横行霸世,无人敢言敢管,一时间使农村区域变成了"法外之地"。

2. 严重的"保护伞"问题

"保护伞"① 是指,犯罪行为人采取贿赂、威胁等手段,引诱、逼迫国家工作人员为其的违法犯罪行为提供包庇或者纵容的非法保护手段。在农村黑恶势力犯罪中,往往存在国家工作人员为其犯罪行为提供包庇、纵容等非法保护,否则农村黑恶势力长期存在不可能不受到当地政府的打击和压制或同村村民的上诉和举报。主要原因在于有国家工作人员在犯罪势力背后撑腰,充当"保护伞",犯罪分子才敢有恃无恐的进行违法犯罪活动。如江苏省东海县温泉镇罗庄村以高某某为首的"农村黑恶势力",当有村民提出要上诉他的恶迹时,他竟无畏惧的说:"你告到哪里,我就把钱送到哪里"。由于存在国家公务员充当黑恶势力"保护伞"的严重违纪现象,使得村民敢怒不敢言,最终导致农村社会矛盾日益激化。

3. 操纵农村自治政权选举及组建地下执法队

我国《宪法》以及《中华人民共和国村民组织法》等规定:"村民委员会是村民自我管理、自我教育、自我服务的基层群众性自治组织,实行民主选举、民主决策、民主管理、民主监督。村民委员会办理本村的公共事务和公益事业,调解民间纠纷,协助维护社会治安,向人民政府反映村民的意见、要求和提出建议。村民委员会向村民会议、村民代表会议负责并报告工作。"而随

---

① 法学界对"保护伞"是否属于犯罪成员,存在两种不同的观点:第一种观点认为,有无"保护伞",是认定某一犯罪组织是否为组织的必要条件;第二种观点认为,"保护伞"只是一个或然性条件。参见庄永康:《关注前沿问题,寻求治理良策——中国犯罪学研究会第十一届学术研讨会综述》,载《检察日报》2002 年 5 月 21 日。在司法实践中法院普遍采用第二种观点,此观点同样适用对农村黑恶势力犯罪行为的认定。

着近年来扶贫惠农资金项目日益增多，一些地方的村委会搞起了"终身制""世袭制"，搞起了"家族制""群带制"①，最终形成农村黑恶势力，严重破坏了村民自治组织政权民主自我管理的法定程序。农村黑恶势力为了当选村"两委"成员，对本村村民进行贿选、吃请、许愿、暴力或软暴力威胁等手段，同时在日常的村务活动中，村两委的活动也缺乏有效的民主监督，使民主选举、民主管理的法定程序被破坏殆尽。

由于我国警察体制从上到下分别设置为公安部、省公安厅、市（地区）公安局、县或自治县（区）公安局或公安分局、乡镇或民族乡设公安分局派出所等机构，其主要承担区域内的户籍管理、行政治安、刑事案件侦查等工作。而在我国广大的农村地区却没有类似的治安管理部门，导致农村安全出现真空局面，为农村黑恶势力的猖行埋下了隐患。在无正规部门管理农村治安状况下，农村黑恶势力集结本村地痞流氓、闲散人员，尤其网罗刑满释放的人员，组成本村的"保安队"，名义上为确保村"两委"活动的开展或保护本村村民人身和财产安全，实则该组织为黑恶势力非法获取利益提供暴力保障。

4. 黑恶势力对村里经济资源的优势控制

农村黑恶势力犯罪与其他犯罪形态的目的一样，皆是为了非法获取利益，也是其铤而走险实施违法犯罪行为的主要动力。黑恶势力通过伪合法的手段操控本村自治组织政权，也就有了侵占村民或集体利益的合法外衣。在披着羊皮的狼的面孔下，长期侵犯村民和集体合法权益，如强行侵占村民的宅基地、自留山、林地等；强行变卖村集体所拥有的煤矿、山林、土地等资源，把变卖的资产收入囊中，变成自己的私产，不向村民合理分配，再把违法资产运用于贿选、贿赂保护伞、收拢地痞流氓暴力执法等犯罪活动。

三、农村黑恶势力犯罪的防控与治理

（一）构建"自治、法治、德治"相结合的新型农村治理体系

宗者主也，宗的本身即为一种统率，宗子权即统率之权，所以汉儒说："宗，尊也，为先祖主也，宗人之所尊也"②，因为宗道以兄统弟，故宗道亦即兄道③。顾名思义，就是由族长来统领全族事务④。为了防控和治理农村黑恶

---

① 参见肖唐镖：《宗族、乡村权力与选举：对江西省十二个村委会选举的观察研究》，西北大学出版社2002年版，第112页以下。

② 《白虎通德论·宗族》。

③ 毛奇龄云："宗之道兄道也"。吾人或可说无兄弟相宗之法即等于无宗。

④ 参见瞿同祖：《中国法律与中国社会》，商务印书馆2017年版，第29页以下。

势力犯罪,应当循循善诱当地的家族势力,通过重塑家风家训,进行引导、推动乡土社会礼治秩序,建立家长及族长负责制,即家长为家庭成员的行为负责,以及族长为本族村民的言行负责,使家、族秩序与社会秩序联系在一起。

同时进行送法下乡①活动,对村民的民主意识和政治参与意识进行培养与强化,使之懂得争取、利用自身的权利,推进村民自治向制度化、民主化发展,培养习惯,在日常生活中,能够有效的遏制黑恶势力的产生与蔓延,并且实现农民自治的效用②。同时把农村的村务自治政权纳入执纪监督和巡视巡察工作内容中,使村民及时把"下情"传达到上诉机构,也使"上情"能够及时传达到村民,最终使上下情能够"互通",左右情能够"互达",做到对农村黑恶势力及时的依法严惩、打早打小、除恶务尽,始终保持对各类黑恶势力违法犯罪的严打高压态势。从新打造新时代的新型农村治理体系,以达到自治、法治、德治相结合的农村良性发展道路。

(二) 优先处置并彻查、深挖"保护伞"案件

2018年5月24日,中央召开全国扫黑除恶专项斗争领导小组会议,郭声琨强调:"要对涉黑涉恶案件一律深挖其背后腐败问题,对黑恶势力'保护伞'一律一查到底、绝不姑息。对政法系统内部充当'保护伞'的,要敢于刀刃向内,坚决清除害群之马。"③ 国家公职人员的腐败,既是农村黑恶势力犯罪的一个重要表征,也是其得以兴起的重要因素④。由于国家工作人员为农村黑恶势力充当保护伞的现象,严重损害了党和政府形象。对于群众举报或发现存在保护伞案件的黑恶势力犯罪,办案机关需要优先处置,并彻查、深挖涉案人员,各级党委、人大机关要为办案关查处保护伞案件扫除阻力、提供保障。如果国家工作人员包庇或者纵容的是黑社会组织犯罪的,按照包庇或者纵容黑社会组织罪、帮助犯罪分子逃避处罚罪或受贿罪等对其处罚;如果其包庇或者纵容的属于非黑社会组织性质犯罪的,依照帮助犯罪分子逃避处罚罪、受

---

① 参见苏力:《为什么研究中国基层司法制度——〈送法下乡〉导论》,载《法商研究(中南政法学院学报)》2000年第3期。
② 参见任禹:《"村霸"现象及其治理路径》,载《领导科学》2018年第18期。
③ 《中央扫黑除恶矛头直指"村霸"和"保护伞",附"村霸"认定方法》,载 http://k.sina.com.cn/article_2955253145_b0259599001009h6n.html,最后访问时间2019年6月19日。
④ 参见蔡莉敏、崔刚辉:《黑社会犯罪原因的法律社会学分析》,载《河北法学》2000年第2期。

贿罪或徇私枉法罪等处罚①。

(三) 规范农村自治政权选举与治安体系

为预防和治理黑恶势力操纵、破坏村民自治组织政权，建立真正的民主组织体系，必须完善和健全村两委成员的选举、任职制度，并将破坏村民选举的行为纳入刑法调整范围②。

首先，规范选举程序。在选举两委成员时，要严格遵循《宪法》及《中华人民共和国村民组织法》等有关民主选举的法律规定，对贿选、拉票、吃请等违法手段破坏民主选举程序的人员，在《刑法》第256条破坏选举罪中增加"破坏村委会选举"的有关规定。明确规定在村民委员会、居民委员会选举过程中，以暴力、威胁、欺骗、贿赂、伪造选举文件、虚报选举票数等手段破坏选举或者妨害选民和代表自由行使选举权、被选举权，情节严重的，处3年以下有期徒刑、拘役或者剥夺其政治权利。③ 其次，完善村两委成员任职制度。其一，建立任职期制。任期不得超过两届，防止任职久后滋生腐败。其二，建立任职回避制度。村支部书记、村主任以及会计等村委委员成员之间，不能有任何利害关系。其三，建立重大事项报告制度。村两委在作出重大决策之前，需要及时开展村民会议、村民代表会议，并听取他们的建议。其四，建立村委监督委员会。其成员由村民会议或者村民代表会议在村民中推选产生，其中应有具备财会、管理知识的人员。村两委及其近亲属不得担任村务监督机构成员。其五，建立村委会成员经济责任审计制度。由县政府农业部门、财政部门或乡政府负责组织，对村两委成员实行任期和离任经济责任审计。其六，逐村落实包保帮扶部门、派驻第一书记，及时调整不合格不称职村党支部书记④。

美国全国一共有六种常规警察力量，即联邦警察、州警察、县警察、城镇警察、村和自治村警察，以及重要场所的保卫警察（如桥梁、停车场、大学

---

① 参见罗泽旭：《充当黑恶势力"保护伞"如何依法严惩》，载《中国纪检监察报》2019年5月29日第3版。
② 参见赖静紫：《"村官"职务犯罪研究——以广州市"村官"职务犯罪为例》，暨南大学2015年硕士学位论文。
③ 参见王昌奎：《论职务犯罪惩防一体化机制建设——以扶贫领域职务犯罪的惩防为例》，载《重庆大学学报（社会科学版）》2018年第1期。
④ 参见吉林省扫黑除恶专项斗争领导小组、省委组织部：《发挥职能作用　主动担当作为　着力破解铲除农村黑恶势力滋生土壤难题》，载《人民公安报》2018年10月19日，第3版。

校园等)①。我国也可借鉴美国在全国范围内设置的警力分配制度,在广大的农村地域设置"村民自治保安分队",效仿我国古代"兵农合一"② 制度进行管理,该分队成员的产生与村"两委"产生方式一样,由本村村民民主选举产生,在政治地位上独立于村"两委",在村务上互相监督和合作。保安分队在业务由县(区)公安分局直接支持、指导、帮助,其主要职能配合公安分局打击侵犯本村利益的黑恶势力,保卫本村村民及村集体合法利益不受侵犯。

(四)铲除农村黑恶势力犯罪滋生的经济基础

历史唯物主义认为经济基础决定上层建筑,同时马克思、恩格斯认为经济、政治、文化三者的关系中,经济制约、规定、决定、支配着政治、文化。③ 在《政治经济学批判》序言中,马克思作了精辟的论述和明确的断定,"物质生活的生产方式制约着整个社会生活、政治生活和精神生活的过程"④,以及在《反杜林论》中,恩格斯指出,"直接的政治暴力,反而是完全受经济情况支配的"⑤。所以,在中共中央、国务院所发的《通知》中,要求对农村黑恶势力的资产要依法及时采取查封、扣押、冻结等措施,综合运用追缴、没收、判处财产刑以及行政罚款等多种手段,铲除农村黑恶势力经济基础。各有关部门要结合自身职能(如国土资源部门、农业部门针对农村土地、林业、水、矿产等资源进行管理,监察部门做好黑金交易防控等),主动承担好在扫黑除恶专项斗争中的职责任务,依法行政、依法履职,强化重点行业、重点领域监管,防止行政不作为和乱作为,最大限度挤压农村黑恶势力滋生空间。只有合法有效的打击农村黑恶势力赖以生存的"经济资源",才能从根源上斩断其滋生的土壤及养料。

笔者衷心希望"扫黑除恶"专项行动能像"反腐"行动一样变成一种社会常态,并非"一阵风"压倒式打击。因为只有长期坚持该项行动,才能实现"人民安居乐业、社会安定有序、国家长治久安,进一步巩固党的执政基

---

① 参见汪建成:《冲突与平衡——刑事程序理论的新视角》,北京大学出版社 2009 年版,第 177 页以下。
② 《国语·周语上》中说周代"三时务农而一时讲武",以及《周礼·地官·大司徒》在谈到周代居民组织时说:"令民五家为比"。"兵农合一"是周代兵役的一种制度,该组织使村社组织与军事组织的统一。而村民保安分队在平时也可忙于自己的业务,当村里出现安全隐患或危及时组织起来维护村民利益。
③ 参见《马克思恩格斯全集(第 1 卷)》,人民出版社 1960 年版,第 5 页。
④ 参见《马克思恩格斯全集(第 13 卷)》,人民出版社 1962 年版,第 8 页。
⑤ 参见《马克思恩格斯全集(第 20 卷)》,人民出版社 1973 年版,第 181~182 页。

础"目标。但在打击农村黑恶势力犯罪的同时,办案机关也要主动适应以审判为中心的刑事诉讼制度改革,切实把好案件事实关、证据关、程序关和法律适用关,严禁刑讯逼供,防止冤假错案,确保把每一起案件都办成铁案①,保证每一个案件的裁判结果都能够经得起时间和法律事实的检验。

---

① 《中共中央、国务院发出关于开展扫黑除恶专项斗争的通知》,载 http://www.qstheory.cn/yaowen/2018-01/25/c_1122310917.htm,最后访问时间:2019年6月19日。

黑恶势力保护伞问题实证研究

——以中纪委国家监察委网站通报的83起保护伞案件为例

张应立 *

  为期三年的"扫黑除恶"专项斗争是党中央作出的事关社会稳定和国家长治久安，事关民心向背和基层政权巩固的重大战略决策。当前"扫黑除恶"是党委政府尤其是司法机关各项工作的重中之重，同时也是理论研究的热点。"有黑必有伞，除黑必除伞"，黑恶势力对保护伞的依赖关系，决定了"打伞破网"是"扫黑除恶"战略能否取得决定性胜利的关键，保护伞不除，旧的黑恶势力被打掉后，新的黑恶势力又会一茬一茬地冒出来。同"扫黑除恶"的热点重点效应不相适应的是理论界对"保护伞"问题关注力度还远远不够，根据对中国知网期刊网的检索，截至2019年3月4日，以"打黑除恶"为关键词的文章229篇，而"黑恶势力保护伞"为关键词的文章仅25篇。现有的黑恶势力"保护伞"问题研究思辨为主，鲜见实证研究。犯罪学研究不能坐而论道，保护伞问题研究也是一样，更重要的是要深入实践，揭示保护伞的规律特点，进而寻找有针对性的治理保护伞问题的对策，助推"扫黑除恶"斗争走向深入。有感于保护伞问题实证研究的匮乏，为弥补这一缺陷，笔者以中纪委国家监察委网站2018年1月至2019年1月公布的83起保护伞案件为样本，对黑恶势力的保护伞问题进行分析研究，探索保护伞特点规律，寻求治理保护伞问题的对策。

一、本文的研究对象范围和方法

  保护伞案件资料收集困难是制约保护伞问题实证研究的最重要瓶颈。保护伞往往与利用职务职权有关，与利益输送有关，因而也是反腐的重要目标。纪委监察委是反腐的主力军，中央决定实施"扫黑除恶"战略之前，各类媒体对保护伞案件的通报披露的都是零星的，2018年年初中央部署开展"扫黑除

---

* 张应立，宁波市公安局北仑分局副调研员，宁波大学兼职教授、硕士研究生导师，中国犯罪学学会理事，公安部研究室特约研究员。

恶"专项斗争,将铲除保护伞作为"扫黑除恶"重中之重,要求"扫黑"与"打伞破网"同步推进。专项斗争以来中纪委国家监察委网站陆续通报了一批保护伞案件的查处情况,一些媒体也跟进进行了深度报道,为我们对保护伞问题开展实证研究提供了便利。根据笔者对中纪委国家监察委网站的检索,2018年1月至2019年1月一年时间里中纪委国家监察委网站先后公布了83起保护伞案件,本文以这83起保护伞案件为研究对象。

本文采用了文献检索追踪、数据统计分析、专家座谈等方法。通过检索收集83起保护伞案件及相关的资料,从保护伞主体特征、组织特征、时空特征、行为特征、思想动机特征及对象特征等六个维度建立坐标进行统计分析,梳理出保护伞的特点规律。在此基础上召集有志于"扫黑除恶"的资深的法官、检察官、打黑警官及专家学者等参加的座谈会,研讨黑恶势力保护伞的特点原因,寻求治理黑恶势力保护伞对策。

二、当前黑恶势力"保护伞"的特点

从83起保护伞案件中揭示来看,当前的黑恶势力"保护伞"呈现以下特点:

(一)保护伞的主体特征充当保护伞的以基层民警、街道乡镇社区村干部居多

根据梳理统计,83个保护伞案件中明确了职业身份的669人,其中民警259人,这259个民警中除了省厅市局(设区的市)26人外,其他233人均为区县级公安机关的民警,占已明确身份的保护伞总数的34.8%,占民警身份的保护伞的89.96%,也就是说83起"保护伞"案件反映出1/3以上的"保护伞"是基层民警,当然充当"保护伞"的基层民警绝大多数带"长"字,有派出所的所长、副所长,刑侦或治安大队的中队长、大队长,有副局长,甚至是局长,等等。以往的研究中交警充当黑恶势力"保护伞"的较为少见,但83起保护伞案件中,有两起窝案,涉及车保恶势力和路霸,因而83起保护伞案件中基层交警充当保护伞现象凸显。259个充当保护伞的民警中交警竟然达到125人,占充当保护伞的民警数的48.3%,占已明身份的保护伞数的18.68%。当然,由于抽取的样本是中纪委国家监察委网站2018.1-2019.1时间段公布的保护伞案例,与这一时间段内打击揭露出来的保护伞有关,具有偶然性和局限性,因而交警充当保护伞比例较高具有或然性,座谈中,专家学者及实务部门资深打黑检察官、法官指出,交警受职责所限充当保护伞比例要远低于样本水平。从实际情况看,监狱系统存在充当黑恶势力保护伞情况,只是此类案件以前极少曝光,83个保护伞案件中有一起是监狱系统充当保护伞的窝案,从省监狱管理局主要领导到监狱领导到管教干部共91人为一个黑老大

充当保护伞，是除公安民警以外的充当保护伞最多的群体，占已明身份的保护伞数的 13.6%。监狱里腐败问题集中反映在对包括黑恶势力在内的服刑人员的非法减刑上，根据座谈，与会的资深法官、检察官、警官与专家学者认为，监狱系统黑恶势力保护伞比例水平真实、可信。从样本案件来看，街道乡镇、社区村干部充当保护伞达 46 人以上，占已明身份保护伞的 6.87%，其中社区（村）书记村长 11 人，街道乡镇书记、乡长、副书记、副乡长（主任）15 人，20 人是街道乡镇的中层干部。值得注意的是，村长书记除了当了充当黑恶势力保护伞外，更突出的是在黑恶势力中起组织领导作用的问题。中纪委通报的五起典型的保护伞案件中，第一起就是村书记组织领导的黑社会性质组织案件，河北、山东、广东、陕西、福建等地纪委监察委均通报过村官组织领导黑恶势力犯罪的案件。83 起保护伞案件有 7 起是给村官组织领导的黑社会组织案件提供保护的，有 16 起是给村长书记为首的恶势力团伙提供保护的，也就是说 83 起保护伞案件中 27.7% 是给村官组织领导的黑恶势力提供保护的。村官组织领导黑社会组织腐蚀性强，对基层政权巩固，对党和政府在人民群众中形象危害最直接。83 起保护伞案件中共有基层民警与其他街道乡镇的基层干部 279 人充当保护伞，占已明身份的保护伞数的 41.7%。保护伞身份的这一重要特征佐证了中央将巩固基层政权作为"扫黑除恶"战略目标的科学性。应当注意的是，中纪委国家监察委网站 2018 年 1 月至 2019 年 1 月在通报 83 起保护伞案件的同时，还通报了 28 起村级班子成员及党员村民涉黑涉恶案件，其中普通群众 2 人，党员村民小组长 2 人，老年协会会长 1 人，其他 23 人均为村长、书记等村官。2018 年 1 月至 2019 年 1 月中纪委国家监察委网站通报涉黑涉恶及腐败问题案件共 111 起，其中村官涉黑涉恶及充当保护伞的案件就达 51 起，占同期通报的全部涉黑涉恶及腐败问题案件的 45.9%。保护伞的身份情况见表1、图1。

表 1　保护伞身份情况

保护伞身份情况	数量	占已明确身份保护伞比例%
警务人员（交警）	125	18.68%
警务人员（派出所民警）	27	4.03%
警务人员（监狱司法警察）	91	13.6%
警务人员（协警）	4	0.59%
乡镇街道干部（乡镇领导）	15	2.24%
乡镇街道干部（其他）	20	2.98%
生猪屠宰管理	10	1.49%

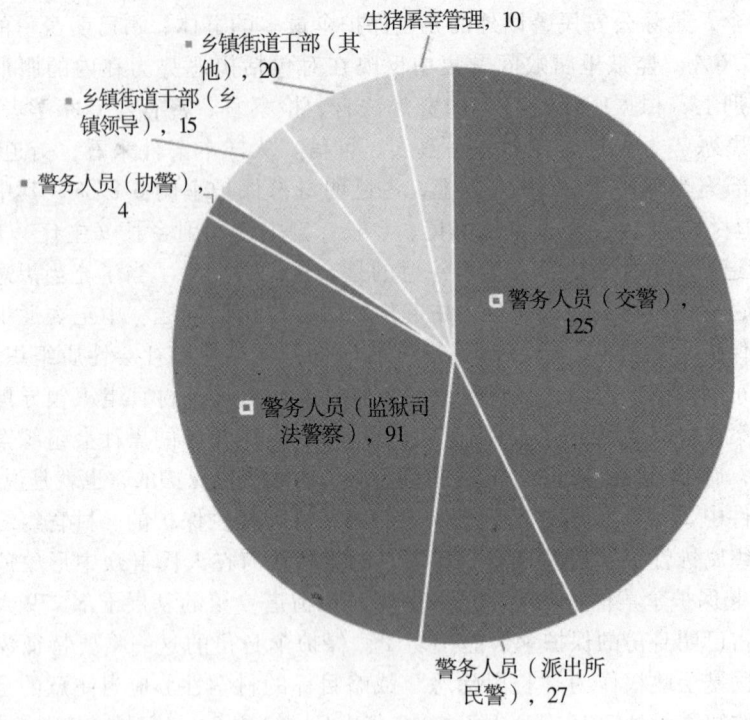

图1 保护伞身份

（二）保护伞的组织特征：单独保护和共同或结伙保护并存

83起保护伞案件中单独保护的45起，占保护伞案件样本数的54.2%，也就是说超过半数以上是单独保护的。共同或者结伙充当保护伞的38起，占保护伞案件的45.8%，说明共同保护或者结伙保护的具有相当的普遍性，也反映出当前保护伞问题的严重性。单独保护中，公安民警所为的为27起，也就是说有60%单独保护的是公安民警所为，其中普通民警仅4人，大多数是带"长"的民警。这与公安民警职责权限有关，一方面基层一线民警个人权力较大，特别是一些现场执法的，另一方面尽管程序法上均要求两人以上执法，但由于基层警力严重不足，很多情况下存在一人执法或者一个民警带领一个或多个协警执法的现象，此外90%以上公安执法任务是由基层完成的，事多人少监督滞后乏力，三方面因素综合作用导致极少数别有用心的民警，甚至协警得以充当起黑恶势力的"保护伞"。38起共同保护或者结伙保护涉及624人以上，平均每起案件有16个以上共同或结伙充当保护伞，可见个案如果是共同或结伙保护的保护伞的规模都较大，另一方面也说明保护伞的窝案成分比例较高，应当引起纪委监察委及检察机关的高度重视。

共同保护有的是众多保护伞有意识联手提供保护,也有的虽没不是有意识共同保护但保护伞们对被保护对象均心知肚明形成一种默契,还有一种更危险的共同保护是在"扫黑除恶"行动中临时纠集形成的,进而呈现出伞外有伞的共同保护局面,这种在"扫黑除恶"中临时形成的共同保护有对抗中央战略决策的嫌疑,应当引起纪委监察委特别关注。共同保护又分系统内的共同保护和跨部门跨系统的共同保护两种。案件性质越恶劣,影响越大,作案时间越长,充当保护伞的人数就会越多,保护伞的网络就越大,有意识的共同保护就越明显,跨部门保护成分就越大。83起保护伞案件中,哈尔滨市市区两级108名交警和14名公管共同充当了7个车保恶势力团伙的保护伞,是有意识的以交警为主的跨系统的共同保护①;浙江杭州虞某某黑社会案件仅逮捕的省市区三级公职人员就达27人,虞某某在杭州滨江一带横行10多年屡屡犯案,市公安局、区公安分局的领导、中层干部参与提供保护,是一起以公安为主的跨系统共同保护案件②;广东清远市清城区罗氏兄弟黑社会组织保护伞案件,罗氏黑社会组织2005年起初步形成,其骨干成员徐明相1998因抢劫罪判处有期徒刑11年,2003年假释,2005年在假释期间因纠纷杀人,因保护伞的作用被取保候审,首犯罗氏兄弟之一罗某2009年因与合伙开赌场的王某发生矛盾持枪带领一班马仔到赌场内绑架王某,该案案发后经保护伞之一的时任公安分局副局长兼刑侦大队长做工作,罗氏兄弟仅赔偿王某10万元就了事,事后连案卷都离奇失踪,罗氏黑社会组织案件中市区两级公安机关有29名民警涉案充当了保护伞,其中有市局副局长兼分局局长的1人,分局副局长的2人,29名涉案民警中已5人被移交司法机关追究刑事责任,该起保护伞案件是典型的系统内部(公安系统)共同保护的案件③。保护伞保护形式见图2。

---

① 徐大勇、史延志:《哈尔滨市开展扫黑除恶、整治"疯狂大货车",深挖背后"保护伞"专项行动——122顶"保护伞"是这样拔掉的》,载《中国纪检监察报》2018年6月29日第2版。

② 浙江省纪委监委:《浙江查处虞关荣涉黑案件背后的腐败和"保护伞"问题》,载http://www.zjsjw.gov.cn/ch112/system/2019/02/02/031442584.shtml。

③ 广东省纪委监察委:《谁在充当黑恶势力"保护伞"》,载http://www.ccdi.gov.cn/yaowen/201801/t20180129_162737.html。

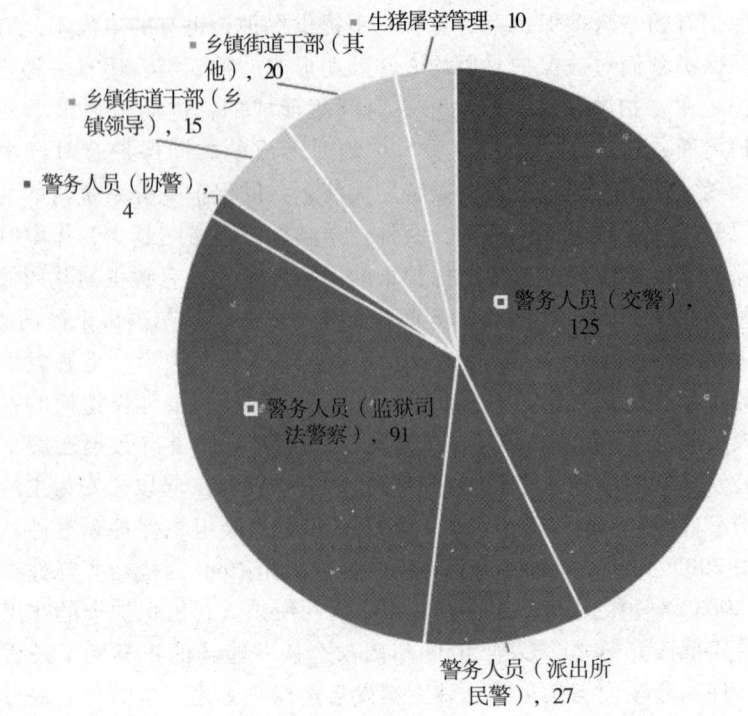

图 2　保护伞形式

（三）保护伞的思想动机特征：逐利性和互利性

根据 83 个保护伞案例的梳理，充当保护伞最重要的原因是经济因素即逐利性，有受贿，有接受利益输送，有在黑恶势力非法经营里面投资入股分红，有既受贿又接受利益输送或者在黑恶势力非法经营里面投资入股分红。受贿是最主要的逐利形式，83 个充当保护伞案件中 51 个是因为受贿，比例高达 61.4%，如果加上受贿且接受利益输送或受贿且在黑恶势力非法经营中投资入股分红，则受贿因素在充当保护伞原因中比例高达 74.7%。杭州虞某某黑社会保护伞案件，27 名被追究刑事责任的保护伞均被认定犯有受贿罪[1]。83 起保护伞案件中因利益输送充当保护伞的 13 起，占通报的保护伞案件的 15.7%，利益输送有的是直接输送给保护伞本人，也有输送给保护伞的配偶或近亲属。湖南永州郭某某黑社会性质组织案，黑社会老大郭某某早在 20 世纪 90 年代就通过向时任湖南省公安厅副厅长杨某的妻子输送利益，让其向杨某

---

[1]　浙江省纪委监委：《浙江查处虞关荣涉黑案件背后的腐败和"保护伞"问题》，载 http://www.zjsjw.gov.cn/ch112/system/2019/02/02/031442584.shtml。

吹枕边风拉上了杨副厅长的关系,关键时让杨副厅长出面打招呼,2006年正是因杨某的干预,郭某某得以重罪轻判,出狱后又因杨某打招呼,郭的6个情妇及私生子得以落户①。每起保护伞案件里都可以看到"黑金"的身影,正是由于"黑金"的作用,一些党员干部和公职人员才纷纷充当起保护伞来。充当保护伞原因分别见表2、图3。

表2 充当保护伞原因情况

充当保护伞原因类型	数量及比例	
受贿	51	61.4%
利益输送	13	15.7%
投资入股分红	5	6.02%
不明	12	14.5%
受贿且利益输送	7	8.4%
受贿且投资入股分红	4	4.8%

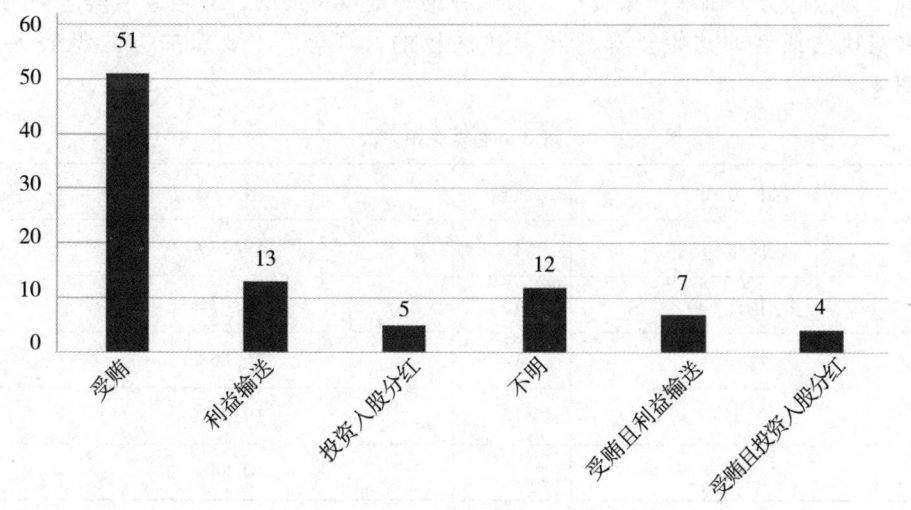

图3 充当保护伞原因

---

① 廖隆章:《湖南永州"郭怀安黑社会组织"覆灭记》,载《民主与法制时报》2018年2月11日第1版。

(四) 保护伞的行为特征：保护行为的多样性

通风报信、包庇、纵容是最为常见的保护方式。应当注意的是，保护伞在提供保护时往往是多种形式并用，单纯运用一种方式保护的不是主流，更多的多种保护方式并用。保护方式与保护伞自身拥有的资源正相关，受保护伞自身掌握拥有资源的限制，保护伞自身权力大资源多，能够提供保护的方式也就会越多，反之保护伞自身资源少权力小能够提供的保护方式往往就较为单一。如公安机关的110工作人员，派出所接警平台的协警，充当保护伞的，只能是接到警情举报时获悉出警情况，及时的给黑恶势力团伙通风报信，让其避避风头。从83起保护伞案件来看，有通风报信的16起，占全部保护伞案件的19.27%，单纯的通风报信的10起，占全部保护伞案件的12.04%。保护方式也随着国家政策、法律的调整变化而发展变化。刑诉法的修订中对具有人大代表等身份的嫌疑人有特殊规定，一些黑恶势力的首犯或骨干分子就开始注重捞取政治资本，一些保护伞通过为黑恶势力的首犯或骨干谋取人大代表等政治资本来给黑恶势力提供保护。83起保护伞案件中有4起是帮助黑恶势力的首犯或骨干捞取政治资本。此外还有帮助黑恶势力承揽工程项目牟利，为黑恶势力骗取国家资产、财政补助等提供帮助的，甚至邀请黑恶势力参与执法或者非法授予黑恶势力执法权的，等等。主要保护方式见表3、图4。

表3 主要保护方式

保护方式	数量	比例%
通风报信	16	19.27%
包庇	15	18.07%
放任	14	16.86%
纵容	16	19.27%
包庇纵容	9	10.84%

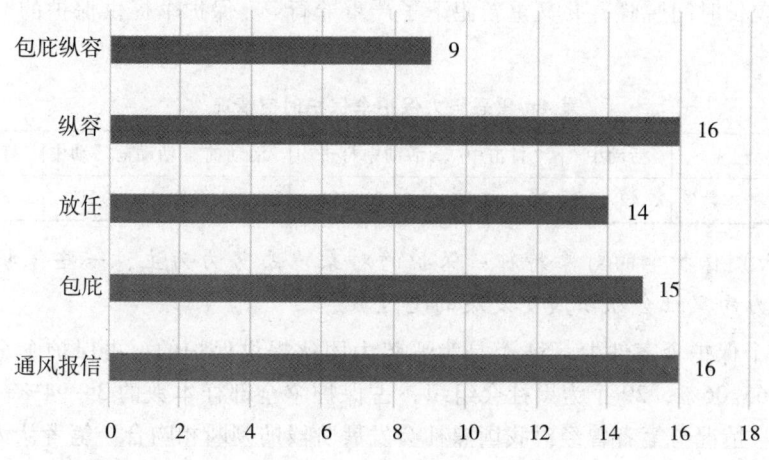

图 4　主要保护方式

（五）保护伞的时空特征：提供的保护时间以黑恶势力活动中为主，并向黑恶势力活动前、打击中、活动后蔓延

83 起保护伞案件中，35 个是发生在黑恶势力违法犯罪活动中，占全部保护伞案件的 42.17%，20 个发生在打击黑恶势力违法犯罪的行动中，占全部保护伞案件的 24.06%；23 个发生在黑恶势力违法犯罪活动中和打击黑恶势力违法犯罪活动中，占全部保护伞案件的 27.71%。两项合计，发生在黑恶势力活动中打击中的保护行为占全部保护伞保护活动的 93.94%。极少数发生在黑恶势力违法犯罪活动前的，广西打掉的一个派出所所长充当保护伞案件的，该所所长胆大妄为，黑恶势力活动前通过中介找到该所长，许诺给好处后，再前往该所长的辖区活动，该所长的保护贯穿黑恶势力违法犯罪前和活动中[①]。黑恶势力违法犯罪活动后的保护是指被打击处理后的保护，山西监狱系统系列涉黑涉恶腐败案件就是因一个绰号"小四毛"的被判处无期徒刑的黑社会老大，在服刑、减刑中共同提供的系统性保护，导致一个被判处无期徒刑的黑社会老大服刑不到十年就刑满释放[②]。83 起保护伞案件中另一起发生在黑恶势力违法犯罪活动后的案件是黑社会老大被判处有期徒刑缓期执行，在缓刑期间属地司法所长因在黑老大非法经营中投资入股分红而不履行职责，导致该黑社会老大缓

[①] 卢展州：《为涉黑涉恶活动"开绿灯"的派出所长》，载 http：//www.ccdi.gov.cn/yaowen/201811/t20181113_183290.htm。

[②] 徐梦龙：《一起涉黑案件竟然牵出 90 余名公职人员——谁在充当他的"保护伞"》，载 http：//www.ccdi.gov.cn/yaowen/201809/t20180928_180586.html。

刑期间较长时间脱管,并又重新犯下了严重罪行①。保护伞提供保护的时空情况见表4。

表4 黑恶势力保护伞保护时空情况

类型	活动中	打击中	活动中打击中	活动前	活动前活动中	打击后
数量及占样本数%	35 42.17%	20 24.06%	23 27.71%	2 2.41%	1 1.2%	2 2.41%

(六)保护伞的对象特征:保护的对象以恶势力为主,一些保护伴随着恶势力向黑社会组织演变发展的全过程

83个保护伞案件中,54个是为恶势力团伙提供保护的,占保护伞全部样本数的65.06%,29个为黑社会组织,占保护伞全部样本数的34.94%。保护对象这一情况与笔者曾经对我国黑社会发展阶段的判断相吻合,笔者认为当前我国的黑社会正处在向成熟期迈进的阶段②,成熟的黑社会组织并不多,更多的是大量的恶势力处在向黑社会组织发展演变的过程中。也有一些保护行为贯穿了黑恶势力由恶势力团伙向黑社会性质组织发展演变的整个过程,这个过程中,如果缺乏保护伞的保护行为,则恶势力团伙就会被铲除,其向更高阶段的黑社会组织的发展演变就会中断。2018年10月中央纪委国家监委公开曝光五起涉黑涉恶腐败和"保护伞"典型案例,其中湖南长沙的文某某黑社会组织案中的保护伞保护行为贯穿了文某某团伙坐大成势的全过程,正是由于原湖南省公安厅常务副厅长周某某、原湖南省纪委副书记李某某、原长沙市委常委、宣传部长张某某、原长沙市公安局常务副局长单某某等人不遗余力的保护,在20多年的时间里,文某某从一个靠街头打打杀杀的流氓混混,发展成长沙有较大影响力的黑社会组织老大,除了首犯文某某的凶残外,更主要的是上述手中掌握大权的保护伞们的保护。周某某早在邵阳市当副市长时就是文某某赌场、娱乐场所及饭桌上的常客,由于嗜好赌博欠文某某的赌债数百万元,在追求升官时运作的钱及被骗子骗去的数百万元巨款,均是文某某所出,周某某由此沦为文某某的一条走狗,导致周某某多次在文某某黑社会组织犯案行将遭受公安机关毁灭性打击时出手相救,使得文某某黑社会组织一次次逃过打击覆灭的厄运;张某某在任长沙市望城县委副书记、县长、书记期间给了文某某大力支持,文某某回报给张某某巨额资产及数十套房产,张某某案发时被追缴1.6

---

① 福建省纪委监委:《福建通报3起涉黑涉恶和充当"保护伞"典型案例》,载 http://www.ccdi.gov.cn/yaowen/201809/t20180910_179477.html。

② 张应立:《论腐败与黑社会犯罪》,载《山东警察学院学报》2015年第1期。

亿赃款及20余套房产。① 我国大陆地区的黑社会组织主要是由恶势力团伙发展而成，少数是境外黑社会组织渗透进来的。恶势力向黑社会组织的发展演变均离不开保护伞的保护，少了保护伞的保护，恶势力就会被司法机关铲除。从这个意义上，凡是黑社会性质组织案件均存在着保护伞，所谓"有黑必有伞"。

三、滋生黑恶势力保护伞的原因分析

有学者认为保护伞的滋生一般有政治的、经济的和社会的三个方面原因②，笔者认为保护伞的滋生与发展的原因既有充当保护伞的党员干部及公职人员的自身因素，也有腐败丛生等社会因素。自身因素是内因，社会因素是外因，自身因素是充当保护伞的决定性因素。

（一）社会因素

滋生保护伞的社会因素主要表现为不良社会风气的影响、对保护伞的查处打击乏力等方面。

1. 不良社会风气影响。所谓社会风气是指社会上或集团内部普遍的好恶取向，表现为社会成员的思想认识、价值观念、行为意向、行为方式甚至嗜好和习惯的竞相仿效③。不良的社会风气反映在理想信念缺失，拜金主义盛行，买官卖官贪污受贿等腐败丛生。具体到保护伞案件，一般发生保护伞事件的部门单位都存在着严重的风气不正问题，保护伞的保护行为越严重，参与对黑恶势力的保护的人越多，则该部门单位风气不正也就越严重。浙江打掉的徐某某黑社会案件是中央巡视组交办的涉黑大案，一个基层公安机关目前已经出现充当保护伞被逮捕判刑的中层干部就有四人，这几个充当保护伞的人都是典型带病提拔的干部。山西省监狱系统先后有90多名干警，在钱色利诱、"圈子文化"等不正之风影响下，纷纷给黑老大提供各种各样的保护。中央纪委国家监察委在通报分析山西监狱系统保护伞窝案塌方式腐败时指出：山西监狱系

---

① 中央纪委国家监察委：《公开曝光五起涉黑涉恶腐败和"保护伞"典型案例》，载http://www.ccdi.gov.cn/toutiao/201810/t20181010_181123.html；浩原：《正义不会缺席文某某涉黑犯罪团伙覆灭记》，载《长沙晚报》2017年11月16日。

② 糜琳娜、朱青：《析有组织犯罪的保护伞》，载《河南公安高等专科学校学报》2007年第5期。

③ 李行健：《现代汉语规范词典》，语文出版社2004年版，第391页。

"圈子文化""打招呼文化"盛行,钱色利诱和黑恶势力威胁下充当保护伞。①。

2. 对保护伞打击乏力,保护伞的违法犯罪成本低,助长了极少数党员干部公职人员充当黑恶势力的保护伞。对保护伞打击不力原因主要有三个方面:一是极少数地区党委政府对政法工作领导不力,借口打保护伞是纪委监察委的事,是检察机关的事,对区域内发生的党员干部和公职人员充当保护伞问题麻木不仁,视而不见充耳不闻;二是出于护短、遮丑等考量,对暴露出来的保护伞问题,能不处理就不处理,能从轻处理就从轻处理,如果追究刑事责任的很少按"包庇纵容黑社会性质组织"定罪量刑,甚至一些保护伞案件中连受贿罪也不去认定;三是在打击黑恶势力的过程中,一些保护伞出于自保,千方百计干扰扫黑除恶,同时拉关系找靠山,形成伞中有伞,伞外有伞,层层保护的复杂局面,加剧了对保护伞处理难度。这三种情况,导致了对保护伞的打击乏力,造成党员干部和公职人员充当保护伞的成本过低。犯罪经济学认为犯罪成本与收益的关系决定着犯罪人的犯罪动机,犯罪成本低收益大,则刺激着犯罪人的犯罪动机,反之犯罪成本大收益低就会抑制着犯罪人的犯罪动机。实践中,如因提供保护,赚了数千万钱,但由于更大的保护伞没有被挖出来,在更大的保护伞运作下,出现了伞、伞相护,结果这个小保护伞被判处的刑罚过轻,就会导致这个保护伞的犯罪成本过低但犯罪收益却巨大,实质上是纵容保护伞的行为,这会刺激被轻处的保护伞的周边的党员干部和公职人员,使他们肆无忌惮前赴后继的去充当保护伞。中央纪委国家监察委认为党委政府和职能部门的失职渎职、疏于监管,是出现打击不力的重要原因。中央纪委国家监察委 2018 年 10 月 10 日在通报五起涉黑涉恶腐败和保护伞案件时指出"有的地方党委政府和职能部门惩治不力、疏于监管、失职渎职,客观上助长了黑恶势力的蔓延坐大"。造成这种局面是因为党组织软弱涣散,工作中不担当、不作为、责任落实不力的形式主义、官僚主义问题。中央纪委国家监察委网站刊发的徐梦龙撰写的调查——《一起涉黑案件竟然牵出 90 余名公职人员——谁在充当他的"保护伞"》一文中指出:"滋生黑恶势力的地方,往往就是基层党组织软弱涣散的区域,必然存在党的领导弱化、党的建设缺失、全面从严治党不力等问题,存在主体责任、监督责任落实不到位问题,这些都为黑恶势力坐

---

① 徐梦龙:《一起涉黑案件竟然牵出 90 余名公职人员——谁在充当他的"保护伞"》,载 http://www.ccdi.gov.cn/yaowen/201809/t20180928_180586.html。

大成势提供了可乘之机"①。山东省纪委监委通报朱某某组织领导黑社会案涉及"保护伞"和有关人员失职失责问题时指出：基层党组织管党治党意识薄弱、责任缺失，基层组织职责弱化，职能部门监管失位，基层党员干部纪法意识淡薄，甚至与黑恶势力沆瀣一气，对动机不纯、别有用心的候选人缺乏警觉，对歪风邪气抵制不坚决、斗争不彻底②。笔者认为这些既是滋生黑恶势力的重要条件，也是滋生保护伞的重要条件。如果这些地区的党组织都能从严治党，职能部门都能监管到位，那么黑恶势力一旦露头就会被打掉，或者对保护伞行为严惩不贷，也就不可能出现保护伞。

（二）保护伞自由因素

保护伞自身因素主要是充当保护伞的党员干部和公职人员信仰迷失，价值观、人生观、权力观变异，免疫力下降等。

1. 信仰迷失，价值观、人生观、权力观变异是充当保护伞的重要思想基础。充当保护伞的党员干部和公职人员都存在理想信念迷失问题，人生的目的追求、人生的价值发生了变异，他们的工作就是为了能当官或者能捞钱，他们当官是为了能捞更大更多的钱，他们捞钱是为了能过上纸醉金迷的生活或贿赂运作获得提拔晋升当更大的官。在这些腐朽的人生观、价值观的引导下，他们捞钱不问出处，为了捞钱充当黑恶势力保护伞也在所不惜。浙江查处的一起中央巡视组交办的涉黑大案里，一个民警在任打黑中队长时，受拜金主义思想影响，为了捞钱升官，竟然向黑社会老大索要娱乐场所的干股，在拿了这些干股获得巨额分红后，就死心塌地为黑老大服务，一有涉及该黑社会组织的消息，会第一时间向该黑社会老大通报，甚至连上级派来的专案组成员的信息、举报人的信息也及时通报给该黑老大，导致该黑社会组织成员屡屡逃脱抓捕，一些出面举报的群众也被该黑社会组织派人行凶报复。湖南省长沙市文某某黑社会案件中最大保护伞——湖南省公安厅原常务副厅长周某某之所以死心塌地效忠黑老大文某某，就因为周某某嗜赌如命，需要大量资金支撑，文某某充当了周某某的金主，在文某某屡屡提供巨额资金后，周某某就成了文某某最重要的保护伞。

2. 辨别力低、免疫力差，抵御不了诱惑。黑恶势力在形成发展中总是在不断寻找保护伞，有寻找长线保护伞的，也有寻找短线保护伞的。不管是寻求

---

① 徐梦龙：《一起涉黑案件竟然牵出90余名公职人员——谁在充当他的"保护伞"》，载http：//www.ccdi.gov.cn/yaowen/201809/t20180928_180586.html。

② 山东省纪委监委：《通报朱永君案涉及"保护伞"和有关人员失职失责问题》，载http：//www.ccdi.gov.cn/yaowen/201809/t20180925_180366.html。

长线保护还是短线保护，黑恶势力总是尽可能在党员干部和公职人员中广交朋友，然后根据对方掌握的资源和兴趣爱好，分别做长短线投资安排。对手中掌握黑恶势力生死大权或财运的人，列为重点保护伞候选对象，这些对象如没有什么不良嗜好的，则进行长线投资，一般采取平时投资慢慢培养感情，逐步加大投资，到黑恶势力遭遇打击等需要帮忙时，这些党员干部和公职人员发觉已经无法摆脱，只能利用手中权力帮助黑恶势力摆脱困境。如果属于重点保护伞候选对象又有不良嗜好的，则直接投其所好，或重金收买，或给干股分红，或安排女色进行色诱，拉其下水。此外黑恶势力还会采取同学、老乡等关系，组织各种聚会，在聚会中出手大方，拉拢腐蚀，极少数党员干部和公职人员受信仰迷失、价值观人生观权力观错位的影响，不加辨别，来者不拒，逐渐进入黑恶势力关系网中，甚至以为他们办事为荣为乐，逐渐成为黑恶势力的帮凶。

3. 互相利用、互相需求是保护伞与黑恶势力间的利益基础。相当长时间里，人们认为黑恶势力对腐败的公职人员是单向的需求关系，近年来的反腐实践不断地颠覆人们过往的这种认识，近年来反腐实践中越来越多反映出黑恶势力与腐败的党员干部和公职人员间的关系是双向的，是相互需求、相互利用的。黑恶势力需要保护伞的保护，避免被打击的厄运，使其能够做大做强。极少数信仰丧失的党员干部和公职人员，基于满足自己对金钱的渴望、对腐朽生活的向往等需求，甚至是摆脱一些不必要的麻烦，而产生主动傍黑现象，因为他们的这些非理性的需求，正常途径无法满足，但是黑恶势力能够提供，于是他们就主动跟黑恶势力交往，并为其提供保护做交换①。正是这种相互需求的存在，导致了黑恶势力很容易与保护伞达成交易。

四、黑恶势力保护伞治理的对策思考

犯罪学意义上讲，黑恶势力保护伞问题也是一种腐败犯罪，同治理其他犯罪问题一样，治理保护伞问题也需要一定的理论指导。笔者以为破窗效应理论、社会学习理论、犯罪经济学理论对治理黑恶势力保护伞问题有借鉴意义。破窗效应理论认为及时修复第一扇被打破的窗户非常重要，社会学习理论认为犯罪技术是从他人处学习而获得的，犯罪经济学认为降低犯罪收益提升犯罪成本增加犯罪风险是预防抑制犯罪发生的重要措施。根据"破窗效应理论"、"社会学习理论"、犯罪经济学理论，及时修复破损的窗户、减少学习犯罪技术的榜样及实践犯罪技术的机会，加大犯罪成本，抑制黑恶势力保护伞滋生蔓延发展，需从以下几方面入手：

---

① 张应立：《论腐败与黑社会犯罪》，载《山东警察学院学报》2015年第1期。

(一) 提高思想认识

通过教育学习，端正态度，充分认识保护伞及黑恶势力的严重危害性，奠定全党重视全社会动员的"扫黑除恶""打伞破网"的思想基础。是否及时修复第一扇破损的窗户，取决于对第一扇破损窗户危害性的认识，"扫黑除恶""打伞破网"能否顺利推进，同样与对黑恶势力及保护伞问题严重危害性认识有直接关系。为此要重点克服两种错误认识：一是黑恶势力一定合理性的认识，主要是在一些基层领导干部中存在的所谓"以恶制恶"思想，认为对付难缠户，黑恶势力比党委政府的说服教育管用。二是深挖保护伞就是给单位抹黑。克服这两种错误认识，是端正态度同党中央保持一致的重要思想基础。正是由于认识错位，一些地方发生的政府主导的暴力征地拆迁中常常出现黑恶势力身影，一些地区才出现在"扫黑除恶"问题上，尤其是推进深挖保护伞问题上消极怠工。帮助广大党员干部尤其是领导干部充分认识黑恶势力及其保护伞问题的严重危害性是进一步推进"扫黑除恶"专项斗争的重要基础。为此要以案说法，通过具体案例，让广大党员干部及公职人员看清黑恶势力及其保护伞对党和政府形象，对人民群众人身财产安全的严重危害性。此外，要教育广大党员干部和公职人员，尤其是教育党员领导干部认清保护伞在黑恶势力滋生和发展中的重要作用，进而坚定"扫黑除恶"和"打伞破网"的信念。"扫黑除恶"是中央维护党的执政基础和政权稳定的重大战略部署，"扫黑必除伞"是贯彻中央"扫黑除恶"战略决策在政治上同党中央保持高度一致的必然要求。

(二) 强化组织领导

及时修复第一扇破损的窗户，铲除保护伞犯罪技术技能的学习榜样减少实践中学习充当保护伞技术技能的机会，加大查处力度提高保护伞犯罪成本，都需要强有力的组织领导。各级党委要高度重视对"扫黑除恶"专项斗争的统一领导，既要重视具体"扫黑除恶"工作的领导，又要重视对"扫黑除恶"宣传发动的领导。现在各级党委都成立了"扫黑除恶"领导小组，下设了办公室具体领导和组织协调"扫黑除恶"工作。但绝不能就此高枕无忧，更不能当甩手掌柜。要坚持各级党委主要领导是"扫黑除恶"第一责任人，各级党委主要领导要亲自过问"扫黑除恶"问题，尤其是"打伞破网"情况，不仅要掌握整体的宏观层面情况，更要关注过问一些群众反映强烈的"扫黑除恶"大要案办理情况，了解存在的问题和困难，遇到的阻力，协调解决相关问题，推动"扫黑除恶""打伞破网"不断走向深入。各级党委主要领导还要重视从信访中发现"扫黑除恶"的线索；重要的涉黑案件及保护伞线索，要坚持回头看，盯紧办理结果的反馈。各级党委还要重视对"扫黑除恶"宣传发动工作的领导，明确"扫黑除恶"的宣传不仅仅是公安司法机关的责任，而且也是全社会的责任，各个部门都必须在本部门工作领域内做好"扫黑除恶"的宣传发动工作，扩大"扫黑除恶"的社会知晓率，提高广大社会成员参与"扫黑除恶"专项斗争的积极性。要落实全社会"扫黑除恶"宣传发动的责任，协调解决广播电视新闻媒体向公安司法机关索要"扫黑除恶"宣传费问题。

（三）强化队伍建设

无论是及时修复第一扇破损的窗户，还是铲除保护伞犯罪技术技能的学习榜样减少实践中学习充当保护伞技术技能的机会，加大查处打击力度，都要求对黑恶势力及保护伞行为持零容忍态度，都需要一支干净干事清正廉洁的党员干部和公职人员队伍，尤其是一支干净干事清正廉洁的公安司法队伍。保护伞问题不仅是违法违纪问题，也是严重的队伍建设问题，保护伞问题的出现暴露出党员干部和公职人员队伍建设发生了严重事故。思想教育薄弱，宗旨信仰迷失，治党不严，才发生充当保护伞问题。为此，一是要改变党员干部队伍思想教育考核模式，把思想教育落到实处，发挥实效。现在什么工作都要考核，思想教育也是党政机关部门考核的重要内容，但同其他考核一样，思想教育考核也存在着一些不合理因素，如过于重视形式问题，一定要安装多少个 APP，每人每天一定要在各种 APP 上学习多长时间，等等。实际上没有什么人在认真听、认真看 APP 内容，这种要求没有实际效果，有形式主义之嫌，为此有必要将过于注重形式的考核改为结果倒查，以交通法规教育为例，违章数据共享，一个单位交通违章多，那么交通法规教育宣传的考核就不合格；党风廉政教育也是如此，群众举报、媒体曝光的党员干部查证属实的数据，就应当直接决定该单位部门党风廉政教育考核合格与否。二是要强化监督，把好用人关。从实际情况看，充当保护伞的党员干部不少是带病提拔，在提拔时就遭遇到各种投诉、举报，但是投诉举报没有起到作用。为此要充分运用好公示制度。要把好考察公示、任职公示关，防止出现考察公示走过场。干部提拔公示是一种好的监督。此外就是要完善公示制度，扩大财产公示范围，县区管的干部财产公示就应当在县区范围内公示，设区的市管干部要在大市范围内财产公示，这样才能接受更广泛的监督。考察谈话的范围要适当扩大，现在一些地方考察谈话只谈班子成员、中层正职干部，不同普通党员干部谈话，局限性大，容易掩盖问题，导致带病提拔。三是发挥好英模人物的引领作用和人大代表、政协委员的监督、沟通和桥梁作用，关键是要确保英模人物真材实料，人大代表能真实反映民意，杜绝包装拼凑出来的英模人物，杜绝领导指定产生的代表委员，极少数问题积累的地区单位部门,为了改变外界印象,不惜拼凑包装英模,结果不仅发挥不了引领作用,因弄虚作假反而更加败坏队伍风气。一支干净、干事的队伍,是不会发生涉黑充当保护伞的严重队伍问题。

(四) 建立两个机制提升打"伞"效率

一是建立涉伞线索移送机制。明确公安机关在侦办黑恶势力违法犯罪案件中发现涉伞线索的应当及时移送纪委监察委、检察机关;检察机关在批准逮捕、审查起诉期间发现涉伞问题线索的,属于自己管辖范围的自行侦查,同时报纪委监察委备案,对不属于自己管辖的涉伞线索应及时移送纪委监察委;信访部门发现的涉伞线索向同级纪委监察委移送,由同级纪委监察委审查后决定管辖机关;纪委监察委及检察机关对移送的线索适当时机反馈给移送机关;对不移送、少移送涉伞人员线索的实行严格问责,情节严重的追究责任人员分管领导的渎职失职刑事责任。二是建立涉伞案件的提级办理机制,一般干部涉伞案件,由县区级纪委监察委、检察机关办理,县(区)管干部由设区的市级纪委监察委、检察机关办理,设区的市管干部涉伞案件由省级纪委监察委办理,重大的涉伞案件由设区的市级以上纪委监察委直接办理,多个层级干部共同涉伞案件根据职级最高的干部确定提级管辖机关。提级管辖涉伞案件是减少查处保护伞阻力的重要措施。

(五) 坚持"两个零容忍"原则

既要对黑恶势力零容忍,又要对充当保护伞行为零容忍。始终保持对黑恶势力违法犯罪的严打高压态势,使黑恶势力无法坐大成势,这样黑恶势力少了,破窗修复了,就不会出现更多的破窗危害社会环境,充当保护伞的党员干部、公职人员也就自然会减少。长期以来公安机关在"打黑(扫)除恶"斗争中一直倡导"打早打小""露头就打",但一段时期以来受三方面因素影响,这一原则在一些地方走样变味。一是绩效考核指标化,省里给市里下任务指标,市里加码给县区下任务指标,在完成当年度"打黑(扫)除恶"任务指标的同时,还要考虑明后年任务指标的完成,为此一些地区和部门会将一些社会反映相对较小的黑恶案件隐瞒下来养在那里,导致养下来的黑恶势力渐成气候。二是公安机关情报信息来源走样变味,一些给公安机关提供情报线索的人,一些违法甚至较轻的犯罪会被淡化,淡化过程夹杂人情等因素,会变成庇护,发展下去再演变成黑恶势力团伙骨干。三是一线黑恶势力以商养黑护黑助黑,甚至非法经商,牟取巨额利润,再从中分一杯羹贿赂相关的公安司法人员、党政干部,使这些公安司法人员、党政干部为黑恶势力所用。减少黑恶势力对正常社会秩序的冲击和危害,就必须继续坚持和完善"打早打小""露头就打"原则,坚持及时修复破损的窗户,因此应采取以下措施:一是要改变下达指标任务数的"扫黑除恶"考核办法,实行倒查制度,基本分100分,从警情、信访等中倒查涉黑涉恶警情线索,没有反馈结果或者反馈结果与事实不符,该打击的没有及时依法打击处理,每发现一起扣多少分,同时对相关部门负责人分管领导倒查问责;二是要完善情报信息制度,出台《污点证人制度》,使对提供情报信息的人管理有法可依;三是在对黑恶势力零容忍的同时,树立严管就是厚爱的思想,对包括民警在内的党员干部和公职人员的涉黑涉恶违法违纪坚持零容忍,防微杜渐。

论恶势力开设实体赌场的特征与防控

周 娅 方向楠*

赌场之所以为法所不容许，概因其所创设之风险将扰乱社会系统之稳定，侵犯国家对社会风尚的管理秩序，① 扰乱以劳动或其他合法行为取得财产之国民健全的经济生活方式与秩序，② 危害社会公序良俗。③ 根据《关于办理黑恶势力犯罪案件若干问题的指导意见》与《关于办理恶势力刑事案件若干问题的意见》的规定，本文所谓的"恶势力开设实体赌场"是指行为人在实施强迫交易、故意伤害、非法拘禁、敲诈勒索、故意毁坏财物、聚众斗殴、寻衅滋事等违法犯罪的同时，还伴随实施了开设赌场的行为。因此，恶势力开设赌场是双重风险的叠加，属于恶中之恶，应严厉打击之。

一、研究价值

赌场既包括传统的实体赌场，亦包括网络赌场和利用赌博机开设的赌场。本文之所以探讨恶势力非利用赌博机开设实体赌场问题，因其具有独特的研究价值：

首先，从赌博规则来看，不论是网络赌场，抑或是赌博机赌场，④ 其赌博

---

* 周娅，深圳大学法学院副教授、硕士研究生导师，刑法学博士，中国犯罪学研究会理事，广东省法学会犯罪学研究会常务理事，广东省法学会刑法学研究会理事；方向楠，深圳大学法律硕士研究生。

① 参见高铭暄、马克昌编：《刑法学》（第七版），北京大学出版社2016年版，第552页。

② 参见张明楷：《刑法学》（第五版），法律出版社2016年版，第1078页。

③ 参见林山田：《刑法各罪论（下）》，北京大学出版社2012年版，第380页。

④ 根据2014年《关于办理利用赌博机开设赌场案件适用法律若干问题的意见》的规定，赌博机是"具有退币、退分、退钢珠等赌博功能的电子游戏设施设备，并以现金、有价证券等贵重款物作为奖品，或者以回购奖品方式给予他人现金、有价证券等贵重款物"。

规则皆对外公示，可以通过对网页进行截屏①或对电子游戏设施设备进行鉴定等方法予以取证。与之相反，非利用赌博机开设实体赌场者，其赌博规则相对隐秘，经常是口头约定，取证难度较高。

其次，从赌资与抽头渔利来看，网络赌场一般无法线下现金支付，而是普遍采用线上的非现金支付，故一旦使用网银、支付宝、微信等进行转账，则必然有银行流水的资金转账记录。赌博机赌场则是以现金购买游戏币等方式进行赌博，并以现金、有价证券等贵重款物作为奖品，故其赌资与抽头渔利的取证难度较低。与之相反，非利用赌博机开设实体赌场者，其赌资与抽头渔利的资金流转普遍采用现金交付的方式，甚至采用先记账、后支付的模式，这种越传统的赌场营利模式反而越具有反侦查的效果，导致刑侦取证难度较高。

再次，从手段的强制性来看，由于恶势力主要是线下的实体形态，而很少或很难对线上的匿名赌客采取强迫交易、故意伤害、非法拘禁、敲诈勒索、故意毁坏财物、聚众斗殴、寻衅滋事等违法犯罪，故网络赌场一般不涉及恶势力问题。与之相反，非利用赌博机开设实体赌场者，即使赌场开设者不熟识赌客，但由于实体赌场的赌客具有现场性与实体性，故赌场就具有对赌客直接施以人身威胁的可能性。因此，这种越传统的赌场反而越具有手段强制的可能性。

最后，2010年《关于办理网络赌博犯罪案件适用法律若干问题的意见》与2014年《关于办理利用赌博机开设赌场案件适用法律若干问题的意见》已分别就网络赌场与利用赌博机开设赌场的问题作出明确解释，但对传统的非利用赌博机开设实体赌场的正犯判断标准、既遂门槛、情节严重等问题却始终未予明示，故司法实践中争议较大，最具研究价值。

二、一般特征

根据《关于办理黑恶势力犯罪案件若干问题的指导意见》的规定，在涉赌类犯罪中只有开设赌场罪才可能涉及恶势力的认定，而赌博罪则不可能涉及恶势力的探讨。若要避免将聚众赌博行为错误认定为开设赌场并进而误认为恶势力，则须明确开设赌场罪的特征。

在三种赌场类型中，我国司法解释针对网络虚拟赌场和以赌博机开设的赌场虽有详尽释义，但对传统的实体赌场却未予明示，由此导致司法实践难以区分"非利用赌博机开设实体赌场"与"赌博罪之非网络聚众型赌博"，公检法

---

① 例如赌博网站或微信赌博抢红包群的赌博规则是对外公示的，可以通过截屏等方式予以取证。

观点不一的案例时有发生，甚至有部分判决书前后表述自相矛盾。① 例如，最高人民检察院认为二者在规模大小、参赌人员的固定性、场所的公开性、活动的召集方式、主观意图（是具有针对不特定多数人开设赌场的意图抑或是仅想召集相对固定的人员参赌的意图）等方面存在区别。② 因此，最高人民检察院比较重视赌博场所"服务合同"主体双方的特征：一方面，从购买赌博场所服务的买家角度来判断参赌者是否具有固定性；另一方面，则从提供赌博场所服务的卖家角度来判断是否面向不特定多数人。而最高人民法院则认为二者在规模大小、地点的固定性、时间的持续性与稳定性、行为的隐秘性、活动的召集方式等方面存在区别③（如下图所示）。

		开设赌场罪之实体赌场	赌博罪之非网络聚众型赌博	
规模	较大	营业场所大	较小	
		赌具齐全		
		赌博方式多		
		有专门为赌场服务的人员		

		开设赌场罪之实体赌场	赌博罪之非网络聚众型赌博	
地点	固定性	固定的营业地点和场所	无固定性	自己家中
				临时租赁、借用他人的房屋内
				宾馆里开房
				公共场所
时间	持续性稳定性	在一定时间内连续不间断地为赌博人员开放	临时性短暂性	在一次赌博结束后的下一次赌博又须组织者再次组织
		只要在其开放时间内来到赌场均能进行赌博		
		无须赌场经营者临时组织、通知		

---

① 参见周娅、方向楠：《论"实体赌场"——在网络赌场与赌博机赌场之外》，载《江西警察学院学报》2018年第5期。

② 参见最高人民检察院侦查监督厅编：《刑事案件审查逮捕指引配套典型案例》，中国检察院出版社2017年版，第714页。

③ 参见最高人民法院刑事审判第一、二、三、四、五庭主办：《刑事审判参考》2007年第5集（总第58集），法律出版社2008年版，第91页。转引自人民法院出版社编：《最高人民法院司法观点集成》第三版（刑事卷），人民法院出版社2017年版，第1596页。

续表

方式	半公开	赌场开设的时间被一定社会范围的公众知晓	隐秘性	在小范围内组织他人参赌
		赌场开设的地点被一定社会范围的公众知晓		在每一次聚众赌博行为中其成员相对固定
		赌场开设的性质被一定社会范围的公众知晓		只有组织者、参赌者和为赌博服务者知晓
召集		经营者一般不亲自参与召集、组织人员参与赌博		赌头利用人际资源来召集、组织每一次赌博活动
参与		经营者本人一般不会参与赌博		赌头本人有时会参与赌博

我国理论界对于如何区分"开设赌场罪之实体赌场"与"赌博罪之非网络聚众型赌博"亦众说纷纭。有观点认为二者的区别主要在于组织结构分工、参赌人数规模、空间稳定性、时间连续性、赌具来源、赌博方式设定等方面;① 实体赌场主要表现为场所相对固定、在较长时间内吸引不特定多数人参与赌博、非法经营赌博活动达到较大规模等。② 但也有学者提出异议,认为在我国大陆地区严禁赌博的背景下,受到营业场地规模、交通地理位置、营业时间的限制,实体赌场吸引和接纳赌博人群的能力有限,故现实社会中实体赌场的规模普遍较小,赌场运营时间普遍较短;为了逃避和对抗查处,还出现了大量的流动性赌场,大部分人群根本无法获悉赌场的位置。③ 还有学者认为以接受电话投注的方式进行赌博、参与者并不集中在一起的情形也属于赌场;④ 实体赌场不要求具有长期性、常设性和固定性,临时性赌场还是长期性赌场亦在所不同;⑤ 实体赌场在位置上没有限制,既可以在公开场合,也可以在隐蔽处所,⑥ 例如利用房屋、场馆或者在郊外等隐蔽处所搭建的临时性设施充当赌场,均属于实体赌场。⑦

---

① 参见徐志伟编:《妨害社会管理秩序罪》,中国民主法制出版社2014年版,第146页。
② 参见黄京平编:《刑法》(第六版),中国人民大学出版社2016年版,第330页。
③ 参见于志刚:《网络开设赌场犯罪的规律分析和制裁思路——基于100个随机案例的分析和思索》,载《法学》2015年第3期。
④ 参见周光权:《刑法各论》(第三版),中国人民大学出版社2016年版,第379页。
⑤ 参见张明楷:《刑法学》(第五版),法律出版社2016年版,第1079页。
⑥ 参见曾斌、卢建义编:《图解公安机关管辖363种刑事案件统——罪名的认定界限、量刑标准与相关执法参考》,中国长安出版社2011年版,第1481页。
⑦ 参见朱建华编:《刑法分论》(第二版),法律出版社2016年版,第338页。

综上所述可知，关于如何认定实体赌场的问题，我国实务界与理论界尚未达成共识。为了避免"非利用赌博机开设实体赌场"与"赌博罪之非网络聚众型赌博"之判断发生混淆，笔者在《论"实体赌场"——在网络赌场与赌博机赌场之外》①基于对我国刑法、司法解释、判例数据的分析，并结合比较研究的有益启示，为司法实践提供相对明确的判断标准：除了具有非法性之外，②实体赌场必备特征主要是指开设者对赌博活动起支配作用，围绕"自动吸引性"而具有"以不特定多数人为对象""地点具有固定性""时间具有持续性"等特征（如下图所示）。

实体赌场 必备特征		非法性
		自动吸引性
		对赌博活动起支配作用
		以不特定多数人为对象
		固定性
		持续性
实体赌场 非必备特征	非必备但 重要之特征	严密组织和明确分工
		提前制定赌博方式
		专供赌博之用的设备
		规模较大性
	非必备且 非重要之特征	长期性
		公开性
		秘密性

所谓的"自动吸引性"是指赌场可以自动吸引不特定多数人的赌徒前来参赌，而不需要赌场经营人员费尽周折去刻意宣传和招徕。③赌场在赌博活动开始之前就已存在，在平时就已具备自动吸引赌客的作用，不特定多数人的

---

① 参见周娅、方向楠：《论"实体赌场"——在网络赌场与赌博机赌场之外》，载《江西警察学院学报》2018年第5期。

② 在我国，由中国福利彩票发行中心和国家体育总局体育彩票管理中心发行的中国福利彩票与中国体育彩票，由于具备官方许可的合法性前提，属于合法彩票，故其彩票投注站不属于开设赌场罪之赌场。

③ 赵天水：《开设地面赌场罪与聚众型赌博之区分》，载《江苏警官学院学报》2015年第4期。

赌客在获悉某个物理空间具有赌场属性的信息后自主决定到达该场所进行赌博（因场而聚），而非因为被动接收到他人发起聚众赌博活动的信息后被其临时召集至该场所进行赌博（因人而聚或因事而聚）。如同毒品的买卖信息能够吸引吸毒者敏感的神经一般，赌场的开设信息亦可以在一定范围内吸引具有赌瘾的赌徒自动前来参赌，[①] 这正是立法者对其重视程度高于赌博罪的原因之一。

所谓的"以不特定多数人为对象"是基于"自动吸引性"的必然要求。如果组织者仅是通过组织特定人员到达某个约定或指定的空间场所进行赌博，则只能在特定人员内部封闭地传递"该空间场所在某个时间段具有赌博场地的功能"之信息，仅能起到一种"为赌博活动提供客观物理空间条件"之"裸"的帮助作用，而不具有自动吸引不特定多数人进行赌博的特殊功能。在时间顺序上，开设赌场罪必须是先有赌场后有不特定多数人的赌徒，是由赌场来吸引赌徒。

所谓的"固定性"与"持续性"亦是"自动吸引性"的应有之义。实体赌场必须具有固定性，否则经纬坐标飘忽不定，必将使赌客难以寻觅而无法自动吸引不特定多数人到达该赌博场所。但是，除了有证据证明曾在该地点固定举办过赌博活动外，也可以是有证据证明开设者已具备于该地点固定举办赌博活动的主客观条件。换言之，即使该赌博场所的实际存续时间较为短暂，但只要有证据能够证明开设者已做好充分准备来实现其在该地点固定举办赌博活动的计划，则该空间场所就具备固定性特征。实体赌场的持续性与固定性相关联，但后者是指空间存续的相对静止，而前者则是指时间存续的相对稳定，即通过证据能够证明该赌场已不间断地持续存在过一段时间，或者有证据证明该赌场已计划且有能力在未来一段时间内稳定持续地经营。

所谓的"对赌博活动起支配作用"是指实体赌场对于赌博活动的存续有无、规模大小、时间长短，均起到主导性、支配性、决定性作用。如果赌场没有开张，则赌博活动无法开启；如果赌场关门打烊，则赌博活动随之中止。开设赌场罪的立法目的并非是将"对赌博罪的帮助行为"予以"帮助犯之正犯化"，因为赌博罪帮助犯不可能比赌博罪正犯的不法程度更大，故若将开设赌场罪误解为"赌博罪帮助犯之正犯化"，则难以解释开设赌场罪比赌博罪配置更高刑罚幅度的立法目的。

[①] 赌博者与吸毒者均属于成瘾性患者。参见参见许章润编：《犯罪学》，法律出版社 2015 年版，第 234 页。

三、特殊特征

根据《关于办理黑恶势力犯罪案件若干问题的指导意见》与《关于办理恶势力刑事案件若干问题的意见》的规定，恶势力是指经常纠集在一起，以暴力、威胁或者其他手段，在一定区域或者行业内多次实施违法犯罪活动，为非作恶，欺压百姓，扰乱经济、社会生活秩序，造成较为恶劣的社会影响，但尚未形成黑社会性质组织的违法犯罪组织。若开设赌场者不具有"为非作恶、欺压百姓"之特征，仅是单纯为了牟取不法经济利益，则一般不应认定为恶势力；但若开设赌场的案件明显地反映出"为非作恶、欺压百姓"的特征，且同时符合其他认定条件，则可认定为恶势力。具体而言，开设实体赌场而构成恶势力者，除了必须具备实体赌场的一般必备特征之外，还应具备恶势力实体赌场的特殊必备特征：强制性、公开性、聚众性、组织性、长期多次性（如下图所示）。

恶势力开设实体赌场之特征	实体赌场一般必备特征	非法性
		自动吸引性
		对赌博活动起支配作用
		以不特定多数人为对象
		固定性
		持续性
	恶势力实体赌场特殊必备特征	强制性
		公开性
		聚众性
		组织性
		长期多次性

所谓的"强制性"是指是暴力、威胁或者其他手段，既可以是物理强制，也可以是心理强制；既可以是硬暴力，也可以是软暴力。例如，被告人以强迫交易的方式强制他人为其提供空间场地作为赌场，或者直接强占房屋作为赌场，或者强制他人向其提供赌博之用的设备，或者在赌徒赢取赌债后禁止离场而强迫其继续参赌直至输掉赌资才予放行，或者为强索赌债而雇佣、指使他人有组织地采用滋扰、纠缠、哄闹、聚众造势等手段寻衅滋事，且同时符合其他认定条件，则可能构成恶势力。

所谓的"公开性"① 是指该实体赌场的时空信息在一定区域内能被多数民众普遍轻易获取，反映的是恶势力无视刑法或不惧刑罚的肆无忌惮。应当正确把握"打早打小"与"打准打实"的关系，即"公开性"并不在于具体有多少民众个体在客观上已经接收到该实体赌场的时空信息，而在于一定区域内的多数民众在客观上接收到该实体赌场的时空信息的难易程度问题。② 例如，被告人以公开或半公开的方式在公共场所向不特定多数人发放实体赌场的广告，若同时符合其他认定条件，则可能构成恶势力。

所谓的"聚众性"是指恶势力作为一种为非作恶、欺压百姓的违法犯罪组织，只有三人及以上的共犯才有可能形成一个组织，而所谓的"二人恶势力"之说法不应成立。③ 所谓的"组织性"与"聚众性"相关联，即经常纠集在一起者应具有一定的固定性与稳定性。若每次参与违法犯罪活动的人员都变化不定，则不宜认定为恶势力。例如，被告人在开设实体赌场时，其组织内部具有明确分工，有人负责提供场地或联系场地，有人负责张贴广告或接送赌客，有人负责发牌或摇骰子，有人负责交接赌资或抽取水钱，有人负责放哨望风，有人负责后勤服务，有人负责购买赌具，故其具有聚众性与组织性，若同时符合其他认定条件，则可能构成恶势力。

所谓的"长期多次性"是指被告人在一定时间内多次实施违法犯罪活动，而非时间相隔较久的历史次数的机械累加。但时间跨度又不能过于短暂，否则难以造成认定恶势力所要求的"恶劣的社会影响"。④ 例如，被告人与他人在2年内数次开设实体赌场，为了索取赌债而非法拘禁赌徒或与赌徒聚众斗殴，且同时符合其他认定条件，则可能构成恶势力。

---

① 虽然恶势力开设实体赌场不似黑社会性质组织所要求的必须具有"争夺势力范围、打击竞争对手、形成强势地位、谋取经济利益、树立非法权威、扩大非法影响、寻求非法保护、增强犯罪能力"的主观意图，但必须具有一定的公开性，否则无法造成"恶劣的社会影响"。

② 关于恶势力实体赌场的"公开性"的判断标准并不在于统计结果显示有多少民众在客观上"已经普遍知晓"该实体赌场的时空信息，而在于一定区域内的普通民众在客观上"能不能普遍知晓"该实体赌场的时空信息。

③ 有观点认为若"为非作恶，欺压百姓"的恶势力特征非常明显或者"扰乱经济、社会生活秩序"造成特别恶劣的严重社会影响，可以例外地被认定为"二人恶势力"。参见朱和庆、周川、李梦龙：《〈关于办理恶势力刑事案件若干问题的意见〉的理解与适用》，载《人民法院报》2019年6月13日第5版。

④ 根据《关于办理恶势力刑事案件若干问题的意见》的规定，"多次性"的时间跨度被要求限制在2年以内。

四、侦查打击

由于侦查学的刑事案件构成是以刑法学的犯罪构成要件为基础，是对更加系统化和动态化的犯罪行为事实的探讨，因此刑事案件的构成要素决定侦查方法。① 对于恶势力开设实体赌场的犯罪现象，应根据实体赌场的一般必备特征与恶势力实体赌场的特殊必备特征来制定相应的刑侦策略。另外，由于身处数字化及大数据时代，故恶势力开设实体赌场的犯罪结果虽是线下形态，但其准备过程却可能是线上方式。对此，应当建设专门化的网络通讯监听数据信息控制平台，② 建立案件线索资料库、已办案件资料库、社会公共信息资料库，③ 在不损伤公民人权的前提下充分应用数据化侦查方式。④

（一）基于空间规律的侦查

恶势力实体赌场具有固定性的特征，即空间存续的相对静止，具体表现为：开设者在某段时间内能够相对稳定地在某一地点招徕不特定多数人的赌徒自动前来该固定场所进行赌博活动。对此，应在已办案件资料库中对过往判例的实体赌场地点进行统计，⑤ 筛查高发区域，锁定潜在危险源，以"定点打击的点杀伤"与"区域扫荡的面杀伤"相结合，加强对城市死角、城乡结合部、社会控制真空地带、流动空间等容易滋生赌场犯罪的特殊空间⑥的治安巡查与刑侦力度，压缩实体赌场的生存空间。在对隐蔽公共场所加强日常巡查的同时，应借助视频监控数据开展数据化侦查工作，⑦ 合法增设公共场所的视频监

---

① 刑事案件的构成要素包括纵向构成要素（犯罪思想基础、动机、预备、实行等）和横向构成要素（犯罪主体、对象、空间、时间、手段、工具、痕迹等）。参见许昆编：《侦查学》，高等教育出版社2016年版，第122页。

② 例如，公安部门的天网工程、公安云计算中心、国安部门的大数据反恐系统等。

③ 参见欧阳爱辉：《侦查中的网络通讯监听法制化研究》，中国社会出版社2017年版，第207页。

④ 数据化侦查，是指借助数字信息、数据库、数字信息系统、数字信息网络等数字信息资源、数字信息载体、数字信息平台、数字信息传输途径与方式，通过对海量数据的专业化处理，获取线索和证据。参见许昆编：《侦查学》，高等教育出版社2016年版，第152页。

⑤ 例如，《论"实体赌场"——在网络赌场与赌博机赌场之外》一文收集的判例中，实体赌场既有设立在相对封闭的空间内（例如设立在私人住宅内、出租屋内、无证棋牌室内、咖啡店包房内的实体赌场），亦有设立在相对隐蔽的公共场所内（例如设立在小树林内、路边地摊上、便利店内、自行车保管站内的实体赌场）。参见周娅、方向楠：《论"实体赌场"——在网络赌场与赌博机赌场之外》，载《江西警察学院学报》2018年第5期。

⑥ 参见许章润编：《犯罪学》，法律出版社2015年版，第158页。

⑦ 参见许昆编：《侦查学》，高等教育出版社2016年版，第153页。

控设备，为多种数据化侦查方式的关联运用提供结合点，依法增强对实体赌场的刑侦取证能力。

（二）基于时间规律的侦查

由于恶势力开设实体赌场不仅具有持续性，且具有长期性和多次性，故其开设时间必然具有一定的规律（如下图所示）。①

（2017）浙 0303 刑初 1204 号	2017 年 3 月 26 日下午、3 月 27 日下午
（2017）浙 10 刑终 982 号	2017 年 5 月 3 日下午查获
（2018）沪 0105 刑初 230 号	2017 年 10 月 10 日下午查获
（2018）粤 5203 刑初 38 号	每天设赌时间为 13 时多至 16 时多
（2018）沪 0113 刑初 605 号	2018 年 1 月 25 日 14 时 30 分许查获
（2018）粤 1324 刑初 35 号	2017 年 10 月 1 日 15 时至 16 时 45 分许
（2018）沪 0113 刑初 587 号	2017 年 11 月 9 日 15 时 30 分许查获
（2018）沪 0113 刑初 589 号	2017 年 11 月 15 日 17 时 30 分许查获
（2018）粤 0515 刑初 41 号	2017 年 9 月 15 日晚查获
（2018）沪 0118 刑初 436 号	2017 年 2 月 26 日晚查获
（2018）京 0106 刑初 4 号	每天赌局晚上 18 点开始
（2018）浙 0327 刑初 386 号	2017 年 8 月 10 日 18 时许查获
（2015）丰刑初字第 2179 号	2015 年 9 月 15 日 21 时查获
（2018）沪 0120 刑初 245 号	2017 年 12 月 3 日晚上 21 时 30 分许查获
（2018）沪 0113 刑初 226 号	2017 年 8 月 29 日 22 时许查获
（2018）粤 5202 刑初 142 号	2016 年 4 月 10 日 23 时查获
（2016）京 0113 刑初 17 号	2015 年 6 月 8 日晚至 6 月 10 日 1 时许
（2018）粤 1303 刑初 13 号	2017 年 9 月 25 晚上至 2017 年 9 月 26 日 2 时许
（2018）京 0105 刑初 24 号	未说明具体时间段
（2016）京 0101 刑初 318 号	未说明具体时间段

---

① 例如，在本文收集的 20 个开设赌场罪的判例中，除了 2 个判例未说明具体时间段外，共计 10 个判例的开设时间处于晚上 18 点至凌晨 2 时许之间的夜间，另有 8 个判例的开设时间处于下午时段。

对此，侦查部门应当基于实体赌场的时间规律来科学收集线索，建立情报共享机制，将线上的数据化侦查与线下的实体侦查相结合。① 例如，夜间开设实体赌场者普遍需要使用照明设备，而照明设备则普遍需要电网公司的供电，故侦查机关可与电网公司合作：② 一是线上侦查，依靠电网公司的计量自动化系统对所有用户的电表装置的电能量数据信息进行远程实时在线监控与大数据分析，③ 筛选出夜间开设实体赌场的嫌疑范围；二是线下侦查，与电网公司的用电检查工作人员共同行动，对上述疑似夜间开设赌场的用户进行检查，在联合执法过程中依法收集实体赌场的蛛丝马迹。

（三）针对信息供给的打击

由于恶势力实体赌场具有公开性、自动吸引性、固定性与持续性的特征，故其开设地点与经营时间等时空信息就具有内容的相对稳定性，其对外公开发布的广告信息就具有关键词的高度重复性。对此，既需要侦查机关针对个案进行精确打击的闪电战，亦需要依靠人民群众的力量进行全民反赌的持久战。

由于恶势力实体赌场具有固定性与持续性，故应借助互联网的数字信息、数据库、各类搜索引擎开展数据化侦查，④ 对网络社交平台或电信短信平台某一时间段内高频出现的、涉及实体赌场的关键词进行数据检索与统计分析，⑤ 从而获取实体赌场的情报线索。另外，虽然恶势力实体赌场普遍无视刑法或不惧刑罚而具有公开性，但并不等于必然没有任何反侦查手段，因为采取反侦查手段并不一定是因为恐惧刑罚，也有可能是基于"老鼠戏猫"的反社会游戏

---

① 参见许昆编：《侦查学》，高等教育出版社2016年版，第157页。

② 由于电网公司无行政执法权，故其反窃电工作需要公安机关的协助；而公安机关普遍对窃电等违法犯罪缺乏相应的专业侦查技能，亦需要电网公司的配合。因此，公安机关与电网公司存在合作的客观基础，且可以在扫黑除恶、查处开设赌场罪等方面继续深化合作。

③ 以广东电网有限责任公司的计量自动化系统为例，该系统可以查询用户电能表在不同时间段的表码、电量、负荷曲线等信息。

④ 借助互联网开展数据化侦查，最常用的方法是搜索引擎查控、人肉搜索、网络即时通信信息发掘与分析。参见许昆编：《侦查学》，高等教育出版社2016年版，第153页。

⑤ 数据检索范围既包括在网络平台公开发布的、不特定多数人均可主动获取的公开广告（例如微博或论坛帖吧），也涉及实体赌场向不特定多数人进行公开传播的网络群聊或短信群发（例如微信群）。

心态。例如，某些实体赌场为了反侦查而将某些关键词进行替换或掩饰，① 则应魔高一尺、道高一丈，注重网络通讯监听数据信息收集的适当人工化，并加强与网络服务商的合作，② 相应扩大或变更关键词的信息检索范围，提高反反侦查的侦破效率。

由于恶势力实体赌场的时空信息在一定区域内能被多数民众普遍轻易获取，故侦查部门应当走群众路线，深入群众当中去了解情报信息，依靠群众力量去挖掘线索证据，鼓励和发动人民群众广泛参与到反对恶势力开设实体赌场的长期斗争之中。根据人民群众提供的举报信息，顺藤摸瓜倒查传播赌场广告的手机号码、微信群、微博账号等信息源，让开设实体赌场的恶势力陷入全民反赌的汪洋大海中。

五、犯罪控制

由于"犯罪场"的功能是主客观因素相互作用的信息传递机制，故只要控制犯罪场的任一构成因素便能影响其信息的传递，从而实现对犯罪的控制。由于人性的弱点，我们必须承认很难做到"不让人赌"，但却有可能做到"使人赌不了"。因此，犯罪控制的关键在于犯罪场的控制。③ 赌场是赌博活动的平台载体和供给侧，赌徒则是赌博活动的参与者和需求侧。若赌博需求下降，则赌场将难以经营。对此，应深入研究恶势力实体赌场的供求关系，通过抑制赌场需求量、降低参赌人数来实现赌场的需求侧"改革"，使之供过于求而抑制恶势力开设实体赌场的心理动力。

（一）刑罚的特殊预防

根据我国刑法第 303 条之规定，以营利为目的且以赌博为业者，构成赌博罪。在实体赌场的参赌人员中，绝大多数是以赌博为业者，因此如何有效预防以赌博为业者再犯，既是预防赌博罪的必然要求，亦是预防开设赌场罪的应有

---

① 例如，以手机短信"你好，我是婷，现就职于香港皇家⑥合俱乐部，+V，（本文此处略去号码），告之本次靠谱的皺，要保密哦。"为例，该短信的真正内容其实是"你好，我是婷，现就职于香港皇家六合彩俱乐部，加微信（本文此处略去号码），告之本次靠谱的数字，要保密哦。"例如，以手机短信"好久没联系了，加我新葳（本文此处略去号码），再给你下洄（6咮保）的两个烍。"为例，该短信的真正内容其实是"好久没联系了，加我微信（本文此处略去号码），再给你下回六合彩的两个数。"

② 参见欧阳爱辉：《侦查中的网络通讯监听法制化研究》，中国社会出版社 2017 年版，第 209 页。

③ 参见许章润编：《犯罪学》，法律出版社 2015 年版，第 144 页。

之义。诚然，刑罚特殊预防的实践效果已被实证数据所证伪，即实证研究的结果表明教育刑之矫正努力并未起到降低再犯率的效果。① 但是，被证伪的并不是特殊预防，而是过往特殊预防的手段措施的有效性问题，而非特殊预防本身。不能因为刑罚的特殊预防效果在过往的失败而否定刑罚对于特殊预防的初心与努力。我们要做的并非放弃刑罚的特殊预防、放弃对罪犯进行教育与矫正的真挚努力，亦如良善的学校教育不应放弃且从未放弃过对后进生的学业帮扶，哪怕许多后进生因为诸种因缘而遗憾未能获得学业进步之果。我们要做的应当是对刑罚执行过程的反思，应当更加深入地挖掘刑罚特殊预防的潜力，尤其是激活社区矫正对于赌瘾心理的矫正功能，② 让服刑之以赌博为业者能真心领悟刑法对其施以刑罚的目的与意义，深刻认识赌博的风险连带性，学会放弃一赌暴富的侥幸心理与懒惰浪费的弊习恶俗，③ 重新习得勤劳美德的健康文化，洗心革面而驱除心魔，不再因实体赌场之开设而自动被其所吸引，共同遏制实体赌场的自动吸引功能。

　　对于缺乏一定劳动技能的以赌博为业者，不仅要授之以罚，更要授之以渔。不能仅通过刑罚来机械教育其复归社会后要勤劳美德，却没有提供任何复归社会的劳动技能培训。不能单纯一罚了之，刑满不管。否则，刑满释放后，面对日新月异的社会发展，却没有一定的劳动技能，加之有犯罪前科，再就业的难度较高，那么其从刑罚那里获取再多的主观矫正，可能也敌不过其面对无业穷苦④与贫富悬殊⑤时的惶恐、无措、抑郁与自卑，最终自暴自弃而沦为终日游手好闲、幻想一夜暴富、灵魂无处安放的行尸走肉，可能将再次走进赌

---

①　参见陈金林：《积极一般预防理论研究》，武汉大学出版社2013年版，第10页。

②　成瘾性是指人在生理或心理上对于某种物质或行为方式的依赖性，是一种复杂的生理与心理病态。若这种需要无法在一定时间内被满足，则会出现生理的不适或心理的不适，会产生强烈冲动寻求满足，其冲动之强烈与迫切将导致其无视法律。赌博者属于这种成瘾性患者。参见许章润编：《犯罪学》，法律出版社2015年版，第234页。

③　一方面，随着市场经济的发展，过分注重物质利益的价值取向导致部分国民没有恪守社会主义核心价值观，为了金钱选择铤而走险，幻想通过赌博而一夜暴富。另一方面，当部分国民一夜暴富后，由于较低的文化水平决定其不可能享受高雅的娱乐方式，故导致赌博等现象滋生。参见许章润编：《犯罪学》，法律出版社2015年版，第168页。

④　许多失业者的自尊心受到挫伤，有种被社会抛弃的受歧视感，不仅很难形成积极和健康的个性，而且易因受到失望打击而堕落，例如选择赌博。参见许章润编：《犯罪学》，法律出版社2015年版，第171页。

⑤　贫富悬殊将引发严重的社会心理失衡，使人产生"相对被剥夺感"。当金钱欲无法被满足时，可能采取非法手段来补偿其被剥夺感。参见许章润编：《犯罪学》，法律出版社2015年版，第232页。

场,进入下一个罪与罚的滥赌轮回。因此,市民刑法的刑罚执行,应当是罚中有爱,为爱而罚。刑罚应当承认罪犯与其他人是平等的,将罪犯当人来看待(in der Behandlung als Person),将其尊重为"有理性的东西"(der Verbrecher als Vernünftiges)。① 作为公民的角色(in seiner Rolle als Bürger),罪犯通过对共同体(für das Allgemeine)承担合法的共同责任(eine rechtliche Mitverantwortun),得以在刑罚中作为一种"理性之物"而获得尊重(in der Bestrafung als Vernünftiges)。② 市民刑法的刑罚并不是将以赌博为业者的人格予以矮化、贬损或剥夺,并不是满眼嫌弃、厌恶乃至敌对的眼神而将其如同垃圾分类一般丢进所谓的"敌人"的垃圾桶里予以遗弃(如果罪犯不属于敌人刑法之敌人的话)③,而仍应将其视为市民社会中的人格体,努力挽救和感化,授人以渔,使其在复归社会之时既有一定的能力可以重新参与到中国特色社会主义的伟大建设中来,又不会再次陷入通过赌博而一夜暴富的懦弱幻想,从而改变实体赌场的供求关系,抑制恶势力开设实体赌场的心理动力。

(二) 风控的统一战线

赌徒虽是自陷风险,但因此而陷入风险的不仅是行为人自身,还会牵涉到赌徒家属或利害关系人的经济风险,属于连带型的自陷风险。对于受此风险牵连的赌徒家属或利害关系人,应对其"定点精准教育"与"区域全面普法"相结合,使其能正确认识到赌博对其自身可能带来的现实风险,树立命运共同体的风险意识与法律共同体的忠诚意识,由"针对我们的刑法"的被动守法转变为"咱们的刑法"的主动守法。通过争取赌徒家属或利害关系人的积极配合,形成共同抵御赌博风险的风控统一战线,使其自觉主动冲在禁赌最前线,从而改变实体赌场的供求关系,抑制恶势力开设实体赌场的心理动力。

(三) 积极的一般预防

刑罚的功能在于通过对公民不法(ein Unrecht des Bürgers)的制裁,并且通过证实"忠诚义务之履行"(Loyalitätspflichterfüllung)与"自由之享有"(Freiheitsgenuß)之间的相互性,得以将法作为法(das Recht als Recht)来进行恢复。④ 刑罚的目的不是基于人们对刑罚的恐惧而予以威慑的消极一般预

---

① Vgl. Günther Jakobs, Das Schuldprinzip, 1993, S. 27.
② Vgl. Michael Pawlik, Person Subjekt Bürger, Berlin 2004, S. 97.
③ 根据 Günther Jakobs 敌人刑法理论,由于以赌博为业者之客观行为可以反映其并未根本否认社会的根本规范,故尚不足以亦不可能被评价为"敌人"。
④ Vgl. Michael Pawlik, Person Subjekt Bürger, Berlin 2004, S. 97.

防,而是"学会对法的忠诚"之积极一般预防。① 通过刑罚将被犯罪所被破坏了的规范有效性再度巩固起来,让守法者感到安心并继续坚定其对法的忠诚。因此,应当正确把握"打早打小"与"打准打实"的关系,对恶势力实体赌场予以及时有效的打击,维护国民对规范有效性的期待,从而改变实体赌场的供求关系,抑制恶势力开设实体赌场的心理动力。

结　语

关于恶势力开设实体赌场问题的治理路径,应当根据其必备特征与客观规律来科学制定刑侦打击措施与犯罪控制方法。恶势力开设实体赌场,既具备普通实体赌场的一般必备特征,亦具备恶势力的特殊必备特征。对此,应基于恶势力实体赌场的空间规律与时间规律进行刑事侦查,打击赌场的信息供给,遏制赌场的赌博需求。通过正确发挥刑罚的特殊预防与积极一般预防的功能,建立赌博风控的统一战线,营造全民反赌的文化氛围,最终改变实体赌场的供求关系,有效抑制恶势力开设实体赌场的心理动力。

---

① 参见 [德] 格吕恩特·雅科布斯:《行为 责任 刑法:机能性描述》,冯军译,中国政法大学出版社1997年版,第8页。

"扫黑除恶"的法治保障之思维向度

荣 月*

我国的社会主义社会目前已经进入了新时代,"扫黑除恶专项斗争"是我党针对当前中国的社会治安形势提出的一项非常重要而紧迫的政治任务,其目的旨在于巩固党的执政基础,可以说是夯实我国基层政权的关键之举与治本之策。严格贯彻宽严相济的刑事政策;依法及时采取查封、扣押、冻结等措施;严禁刑讯逼供,防止冤假错案……要严格依法办案,确保办案质量和办案效率的统一,确保政治效果、法律效果和社会效果的统一。扫黑除恶专项斗争应当始终贯穿法治精神,因为法治是本次扫黑除恶专项斗争取得最后胜利的重要保障及关键所在。而法治保障的关键、核心要素则是要有正确的思维向度作为指导,正确的思维向度应当包括:定罪准确、量刑公正。只有通过正确的思维向度指引,我国的扫黑除恶专项斗争才会按照事先预想的正确轨道稳步前进,直至取得最后的胜利。

一、"依法治国"理念下"公正量刑"释义

据统计数据显示,自党的十八大以来约有 23 起冤假错案得以纠正,而这些冤假错案大多数是由人民法院依法予以纠正的,且大多数是因为"证据不足",根据疑罪从无原则被宣判无罪。① 在众多的冤假错案中,最引人关注的典型个案是——1996 年 6 月 10 日被错杀的呼格吉勒图无罪。纠正冤假错案是要具备坚定的决心与勇气的,认真反思这一典型冤案的形成原因及依法进行纠正的过程和最终的结果,这一具有里程碑意义的典型个案,对于推动中国的法治进程很有价值。在中共十八届四中全会上,"依法治国"成为重要议题被高度重视,这充分说明政治、经济不断发展的中国亟需一个健康、有效、公平、

---

* 荣月,吉林师范大学经法学院副教授。
① 《十八大以来 23 起被纠正冤假错案多证据不足》,载 2014 年 12 月 17 日,《人民日报》http://news.china.com/domestic/945/20141217/19119119.html? h123,最后访问日期:2019 年 6 月 16 日。

正义的司法体制与其相适应,只有更好地将法治在社会治理与国家治理中的作用充分发挥出来,国家现代化的目标才能实现。党的十八大中明确提出,对于社会公正,司法公正具有重要的引领作用,如果出现司法不公,将对社会公正产生致命的破坏作用。全面推进"依法治国"的理念并将其具体表现为:提高司法公信力,保证司法上的公正、通过努力使得在每一个司法案件中人民群众均能够感受到公平与正义。公正是法治的生命线,同时也是司法之灵魂,如果我们从"法"这个字的古体字进行追溯的话,"法"的古体字是写作"灋",这是一个会意字,字的左从"水",代表法律公平如水的表面一样,字的右上从"廌",也称为"解廌",是神话传说中的一种神兽,据说它能分辨是非曲直,而字的右下从"去",表示在审理案件时,廌能够用角把罪犯"触而去之"。在我国《说文解字》这部古书中,是这样解释"法"的:"平之如水,从水"。由此可以了解到,从法的词源进行理解,像水一样平的"法",包含着深刻的公平意义。

"公正量刑"也被称为"量刑公正",对其理解在学理界众说纷纭,几种具有代表性的观点是:有学者认为公正量刑具体包括三个方面的含义:其一是定罪与量刑均应以刑法的规定为准绳,其依据是罪刑法定原则;其二是定罪要准确,即被告人确实犯了所指控的罪名,其行为已经符合了刑法明确规定的犯罪构成;其三是刑罚轻重适宜,体现罪刑相当的要求。① 有学者认为公正量刑是指对犯罪分子所判刑罚的轻重与其所犯罪行的社会危害程度及其人身危险程度相对均衡的情形。② 有学者认为量刑公正是指法院在准确定罪的基础上,在法定量刑幅度内对被告人判处适当的刑罚。③ 有学者认为量刑公正可以分为形式公正与实质公正。其中的形式公正是指不同案件在量刑方面获得适用统一标准,实现"同罪同罚";量刑实质公正是指量刑结果能够反映出案件的犯罪行为该当性与犯罪行为人人身危险性要素,具有实质合理性,符合个案正义的要求。④ 有学者认为量刑公正包括程序公正与实体公正。⑤ 同时,也有学者认为程序公正表现为量刑的方法公正,即量刑方法具有透明性、一致性和效率性;

---

① 高峰:《量刑公正与平衡研究》,四川大学 2004 年硕士学位论文。
② 赵廷光:《论量刑公正的一般标准》,载《河南政法管理干部学院学报》2007 年第 4 期。
③ 陈光中:《量刑公正与刑事诉讼制度改革》,载《中英量刑问题比较研究》,中国政法大学出版社 2001 年版,第 29 页。
④ 白云飞:《论量刑公正》,载《中国刑事法杂志》2010 年第 2 期。
⑤ 沈德咏:《论量刑公正》,载《中英量刑问题比较研究》,中国政法大学出版社 2001 年版,第 1~28 页。

实体公正表现为量刑结果公正。公正的量刑结果具备平等性、合理性、可预测性和可验证性。① 另有学者认为量刑公正是指在刑罚裁量时对犯罪行为人相对平等的处罚，重罪重判，轻罪轻判，罚当其罪，坚决反对重罪轻判、轻罪重判和同罪异罚、异罪同罚。②

"公正量刑"，既包括形式公正，也包括实质公正；既包括程序公正，也包括实体公正；既包括一般公正，也包括个案公正。

二、"依法治国"理念下"公正量刑"的思维向度转换的含义及其价值

思维向度的转换是人们实践开拓和理论创新的逻辑前提。在当前我国已经开始进行"量刑规范化"改革的背景下，"依法治国"理念真正贯彻落实面临的关键问题是：如何保障"公正量刑"的核心要素，我国的量刑规范化改革在推进过程中也并不是完美无缺的，其中也存在一些问题，例如：最高人民法院决定全国法院的量刑规范化工作自2014年1月1日起正式实施。第六次全国刑事审判工作会议对此作了具体部署，各级人民法院要认真贯彻落实。落实司法为民、公正司法、提高司法公信力与透明度，确保量刑公开、公平、公正。

英国著名的哲学家培根曾经说过这样一段话："一桩误判比多桩犯罪还更有害，因犯罪只是搅浑河水，可误判却是搅浑水源"（One foul sentence doth more hurt, than many foul examples, For these do but corrupt the stream, the other corrupteth the fountain.）③ 司法活动的灵魂与法治的生命线是公正，司法不公将造成严重的后果与破坏作用。而我国自党的十八大以来，加大了法治建设的步伐，彰显了法治的力量，尤其是在"纠正冤假错案"与"反腐倡廉"这两个方面成效明显。

"公正量刑"的思维向度的转换可以起到对于"公正量刑"进行导航的作用，试想一下，如果我国近年来开展的量刑规范化改革的思维向度不正确的话，而最高人民法院和地方高级人民法院及其他各级法院如果按照量刑规范化改革的《量刑指导意见》来办案的话，就如同一艘在海上航行的船只按照不准确的航标所指引的方向前行一样，它会面临触礁的风险，它也无法实现量刑

---

① 杨志斌：《中英量刑问题比较研究》，知识产权出版社2009年版，第22~23页。
② 张勇：《经济犯罪量化研究》，法律出版社2008年版，第130页。
③ ［英］培根：《培根随笔集》（双语版），曹明伦译，北京燕山出版社2011年版，第211、423页。

规范化改革所追求的"刑罚裁量的公平和正义"这一理想目标。反之,如果我们将"公正量刑"的思维向度转换到正确的航向,将有助于实现"公正量刑"。

三、"公正量刑"的实然思维向度

从"公正量刑"的实然层面而言,我国近年进行的"量刑规范化改革"是最实际的表现。自从 2005 年最高人民法院成立了量刑规范化课题组以后,便着手开展对量刑规范化问题的调研工作,经过反复论证以及广泛听取了各界意见的基础之上,从量刑程序与量刑实体两方面分别起草了文件,并展开了试行与部分地方法院的试点工作。经过近几年的努力,最高人民法院下发了相关通知,决定全国法院全面开始实施量刑规范化工作,时间是从 2014 年 1 月 1 日正式开始,对此,第六次全国刑事审判工作会议也进行了具体的部署,要求各级人民法院要认真贯彻落实,努力让人民群众在每一个司法案件中都感受到公平正义。需要明确的是,量刑规范化实施的案件是有范围限定的,而非全部案件,其根据是:2013 年 12 月 23 日《最高人民法院关于实施量刑规范化工作的通知》第五项"实施中应当注意的问题"第(1)关于实施的案件范围做出了规定:"这次实施的案件范围是经过多年试行的交通肇事罪、故意伤害罪、强奸罪、非法拘禁罪、抢劫罪、盗窃罪、诈骗罪、抢夺罪、职务侵占罪、敲诈勒索罪、妨害公务罪、聚众斗殴罪、寻衅滋事罪、掩饰、隐瞒犯罪所得、犯罪所得收益罪以及走私、贩卖、运输、制造毒品罪等十五种犯罪判处有期徒刑、拘役的案件。对于依法应当判处无期徒刑以上刑罚、共同犯罪的主犯依法应当判处无期徒刑以上刑罚的案件,以及故意伤害、强奸、抢劫等故意犯罪致人死亡的案件均不属于本指导意见规范的范围。"[①]

四、"公正量刑"的应然思维向度

(一)定罪准确——公正量刑的必备前提要件之一

"公正量刑"是建立在定罪准确的基础之上的,如果定罪是不准确的,何谈"公正量刑"?那么如何才能做到定罪准确呢?要想做到定罪准确,我们就必须了解"定罪"的概念、意义及其应当遵循的基本原则。

我国刑法学理界与司法实践中,普遍认为"定罪"一词就是认定犯罪的简称。[②] 关于"定罪"的具体界定,在刑法学界可谓是众说纷纭,例如,有的

---

① 《最高人民法院关于常见犯罪的量刑指导意见》,法律出版社 2014 年版,第 4 页。
② 高格:《定罪与量刑》(上册),中国方正出版社 1998 年版,第 18 页。

学者主张："定罪就是人民法院根据案件事实和依照刑事法律确定某人行为是否构成犯罪或犯了什么罪"①；另有学者主张："定罪是在侦查和审判工作中认定被告人是否犯罪、犯何种犯罪，以及对犯罪人适用相应刑事法律规定"②；还有学者的观点是："定罪就是司法机关对被审理的行为与刑法所规定的犯罪构成之间进行相互一致认定的活动"③；另有学者认为："定罪 指人民法院依据刑事法律确认某一行为是否构成犯罪、构成什么犯罪以及重罪还是轻罪的一种刑事司法活动"④；也有学者认为："定罪就是司法机关根据案件事实和依照刑事法律认定犯罪嫌疑人和被告人的行为是否符合犯罪构成的活动"⑤ 笔者赞同第五种观点，按照这一界定，法律只赋予司法机关以定罪的职责，因此定罪的主体只能是司法机关，其他任何主体均不具备定罪的职责；犯罪嫌疑人、被告人的行为才是定罪的对象，这既避免了刑事古典学派与刑事人类学派、刑事社会学派各自对于定罪对象或者仅仅理解为行为或者仅仅理解为行为人的片面性；从定罪的根据与标准上讲，案件事实是定罪的根据，刑事法律是定罪的准绳，即总的标准，这样符合定罪与量刑所依照的基本原则，即以事实为根据与以法律为准绳的原则；定罪的刑事诉讼活动或者说司法活动，其内容的核心是要认定被告人的行为是否符合犯罪构成，符合即构成犯罪，不符合即不构成犯罪；定罪的结论是行为是否构成犯罪以及构成什么犯罪。认定为无罪时，得出无罪结论。认定为有罪时，应判断构成什么犯罪。

定罪准确的意义非常重要，定罪是国家对实施了犯罪行为的人进行政治上和法律上的否定评价，确认其行为对社会造成的严重危害性；正确定罪可以使犯罪分子受到威慑和教育；通过定罪，教育和抑制社会上的不稳定分子，使他们不致以身试法，走上犯罪道路，从而达到一般预防的目的；正确定罪对于伸张社会正义和安抚被害人具有重要意义；定罪准确是公正量刑的前提与基础，是否应予判刑决定于是否构成犯罪，构成犯罪才应当量刑，不构成犯罪就不应当量刑，这就是无罪不罚与有罪应罚的原则。构成犯罪的性质与情节轻重，又决定量刑轻重，即重罪判重刑，轻罪判轻刑，实行罪与刑相适应原则，由此可见，定罪准确与公正量刑二者具有不可分割的密切关系。

---

① 何秉松：《建立具有中国特色的犯罪构成理论新体系》，载《法学研究》1986 年第 1 期。
② 曾榕：《定罪的根据是什么》，载《法学研究》1986 年第 3 期。
③ 王勇：《定罪导论》，中国人民大学出版社 1990 年版，第 11 页。
④ 陈兴良：《刑法哲学》（下），中国政法大学出版社 2009 年版，第 708 页。
⑤ 高格：《定罪与量刑》（上册），中国方正出版社 1998 年版，第 18 页。

定罪的基本原则和整个定罪的活动都是为了达到定罪的要求服务的。从我国司法实践审理刑事案件总结出来的经验，整个办案质量的基本要求中的定性准确，不枉不纵，就是定罪的要求。所谓定罪准确，是指在查清案件事实证据的基础上，对行为人的行为性质作出准确的结论。从"定罪"一词的文字含义上而言，就是指认定犯罪，定性准确，即准确认定犯罪。准确认定犯罪必须首先划清罪与非罪的区别，其次要将此罪与彼罪、重罪与轻罪、一罪与数罪等之间的界限加以区分，等等。准确地认定犯罪就能做到不枉不纵，不冤枉好人，保护了好人的合法权益；同时，准确地认定犯罪就能做到不放纵坏人。不漏掉应当追究刑事责任的犯罪分子，使犯罪分子受到应有的法律制裁，而不能逍遥法外。定罪的基本原则这一问题在学理界是有不同认识的，例如，有学者认为，定罪的基本原则是以事实为根据、以法律为准绳的原则。① 另有学者认为定罪的基本原则是：主客观相统一的原则；协调统一原则；平等公正原则；疑罪从宽原则。② 也有学者主张：定罪的基本原则是以事实为根据、以法律为准绳的原则和主观与客观相统一的原则。③ 笔者赞同第三种观点，首先，定罪必须遵循以事实为根据、以法律为准绳的基本原则，这是辩证唯物论与历史唯物论的要求。定罪是一种属于意识的范畴，是主观反映客观的活动与结果。正确定罪就必须以查明的刑事案件的事实即犯罪事实为基础，从客观存在的事实出发，以法律为标准分析判断案件的事实，然后作出行为人的行为是否构成犯罪与犯何罪之结论。定罪所根据的事实是客观的真实，是表现为现象的本质的事实的全部总和，而不是某些案件的现象或者片面的事实，更不是人们主观的臆想。定罪所遵循的法律是我国的刑事法律，而不是任何其他法律。经过实践的检验，以事实为根据，以法律为准绳的原则，是定罪的基本原则。从司法实践中的经验与教训来讲，处理刑事案件定罪与量刑均必须在查清事实的基础上进行，这是一个众人皆知的但又往往被人忽视的问题。查清案件的事实，对于一个办案人员的业务要求来说，是一个基本功的问题，对于办案的质量来说，这是正确定罪与量刑的前提。实践证明，凡是正确定罪量刑的案件，首先是因为查清了案件的事实，证据确凿无误；凡是定罪与量刑错误，造成错捕错判或者漏捕漏判的案件，其重要原因是由于没有犯罪事实作根据，或者是事实尚未查清以及认定事实错误引起的。而定罪应当遵循的另外一个原则是主观与客观

---

① 何秉松：《建立具有中国特色的犯罪构成理论新体系》，载《法学研究》1986年第1期。
② 王勇：《定罪导论》，中国人民大学出版社1990年版，第34~49页。
③ 高格：《定罪与量刑》（上册），中国方正出版社1998年版，第25页。

相统一的原则,这一原则包括两个层面的含义:其一,司法工作人员定罪不能主观臆断,不能使主观与客观分离,不进行调查研究而随意定罪,而是必须使自己的主观认识同案件的客观实际即事实相一致;其二,客观存在的犯罪事实是全面的合乎规律的本质,而不是片面的零散的不反映规律与本质的表面现象,这种犯罪事实按法律规定的规格,就是犯罪人的主观构成要件与客观构成要件的统一。

(二) 立法公正——合理的刑罚配置是公正量刑的必备前提要件之二

"公正量刑"必须基于刑罚的正当性,没有正当性的刑罚配置,根本谈不上公正量刑。立法公正是司法公正的前提,而作为一项重要的刑事立法活动,刑罚配置是合理设置罪刑关系、进而保证刑罚公正实现的必要前提。我们可以想象一下,如果立法方面不科学、合理即刑罚配置存在问题,即使法官再如何的公正、量刑再如何的精细,也不可能真正实现公正量刑。正如马克思所言"如果认为在立法者偏私的情况下可以有公正的法官,那简直是愚蠢而不切实际的幻想,既然法律是自私自利的,那么大公无私的判决还能有什么意义呢?法官只能够丝毫不苟地表达法律的自私自利,只能够无条件地执行它,在这种情况下,公正是判决的形式,但不是它的内容,内容早被法律所规定。"① "刑罚配置"是指立法机关设置刑罚种类并依据一定的原则和要求对各罪行分配与确定判处何种刑罚以及判处刑罚的轻重之刑事立法活动。② 其在刑法分则中的具体表现就是法定刑的配置。

(三) 司法公正——法官在审理案件时能够适度合理地使用自由裁量权是公正量刑的必备前提要件之三

由于受到诸多因素之影响,例如:立法技术相对精略的制度因素、法官队伍素养参差不齐、程序正义观念不强、我国人情社会等因素对于法官中立地位的影响,等等,由于受到上述诸多因素之影响,我国目前的法官自由裁量权难以做到适度、合理。

那么,如何才能确保法官适度、合理地行使其自由裁量权呢?首先,从立法设定层面而言,应当设定适度的自由裁量权,其授权范围既不能过小,也不能超过合理的幅度,要想掌握好"适度"这两个字,并非一件容易的事情,需要考虑的因素至少应该包括:结合刑法中的刑种与刑期,规定法官在一定的范围和幅度内有结合实际案件情况进行选择的余地;结合现有立法技术水平,

---

① 《马克思恩格斯全集》(第1卷),人民出版社1961年版,第178页。
② 邓文莉:《刑罚配置论纲》,中国人民公安大学出版社2009年版,第7页。

我国现有的立法技术水平也不是完美的，也存在自身的缺陷，我们应当清楚的是：根据立法技术的一般原理，法律规定的详略与司法人员的自由裁量权成反比，法律所作规定越多、越详备，法律留给司法人员的自由裁量权就越小。然而要想穷尽一切法律细节而避免人为操作是不现实的，也是做不到的。从现有的立法技术上来看，有限的法律只能作出一些较原则性的规定，作出可供法官选择的措施和上下活动的幅度。其次，从司法监督层面来说，改革和完善司法体制，加强我国司法体制的科学性及其运行中自身的监督、制约机制，加强对司法程序的全方位监督及对司法权的制约。最后，加强对我国法官自身法律素养及业务能力的培养。总之，关于法官的自由裁量权的行使，一定要适度合理地来把握，既要防止法官滥用自由裁量权随意量刑，又要赋予法官在依法审理案件过程中有适度合理的自由裁量权来灵活、公正量刑。

结　语

正如美国法学家伯尔曼所言："法律如果不被信仰，它将形同虚设。"[①] 然而，法律被人们信仰的前提条件是司法的公平与正义得以彰显，在量刑方面要体现为"公正量刑"。期盼"公正量刑"是每位公民内心最真切的声音，哪怕是迟到的公平与正义。实现"公正量刑"必须建立在定罪准确、立法公正即刑罚配置合理、司法公正即法官能够适度合理地使用自由裁量权这三个要件的基础上，这也是应当尽快实现从"公正量刑"的实然思维向度向应然思维向度转换的意义之所在。扫黑除恶专项斗争不应当偏离法治的轨道、应当在法治框架内进行，做到不枉不纵。在扫黑除恶的过程中，应当贯彻宽严相济的刑事政策，遵循正确的思维向度，确保我党最初预期的扫黑除恶专项斗争的目标顺利实现。

---

① ［美］伯尔曼：《法律与宗教》，梁治平译，中国政法大学出版社 2003 年版，第 12 页。

环境领域犯罪的防控与治理

生态环境犯罪长效治理的法律机制

——以长江流域非法采砂治理为例

叶小琴*

对长江流域采砂犯罪的调查研究表明，只有构建多元共治的法律机制才能实现生态环境犯罪的长效治理。2016年12月1日起施行的最高人民法院、最高人民检察院《关于办理非法采矿、破坏性采矿刑事案件适用法律若干问题的解释》（以下简称《非法采矿解释》）明确以非法采矿罪追究非法采砂行为人刑事责任，标志着非法采砂行为多元共治法律机制的初步完善。十九大报告提出"构建政府为主导、企业为主体、社会组织和公众共同参与的环境治理体系"。因此，非法采砂行为多元共治的法律机制应防止对刑法的路径依赖，以刑事责任为后盾充分发挥行政法及检察公益诉讼的作用，实现多元主体的参与，从而以打击促管理。

一、长江流域采砂管理面临的基本态势

长江流域采砂管理多年来始终处于非法采砂行为屡禁不止的困局，对长江流域生态环境保护形成了持续的威胁。《非法采矿解释》明确了刑法适用标准，施行后各地相关刑事案件侦破迅速。例如，非法采砂司法解释出台以来，湖北省已经或正在办理的非法采砂入刑案件18起。① 因此当前长江河道采砂管理秩序总体稳定可控，但河砂的非法产、运、销已经形成黑色产业链，非法采砂治理仍处于攻坚期，应创新管理理念，积极构建多元共治模式。

（一）非法采砂黑灰产业链

第一，非法采砂已形成造船、采、过驳、运、销各个环节分工明确的黑灰产业链。造船指采砂船的建造或改装，属于上游环节。采砂船舶有的是具有船

---

* 叶小琴，武汉大学法学院副教授，中国犯罪学学会常务理事。
① 参见胡顺华、程波、徐典树：《湖北省打击河道非法采砂成效显著》，载《楚天都市报》2018年1月21日第A04版。

舶登记证书的运输船私自加装采砂机具后改装的采砂船，还有的则是"三无"[无船名船号、无船舶证书（《船舶所有权登记证书》《船舶国籍证书》）、无船籍港的船舶]采砂船。90%的都是"三无"采砂船。采指非法采砂，属于中游环节。采砂船通常有两种，一种是大型采砂工程船（俗称"吸砂王"），自带挖掘、筛选和传输设备，通常与运输船联合作业，一晚通常可以采砂4000~5000吨。一种是小型挖砂船，采用吸砂铁管采砂，通常自采自装，载重量通常1000~2000吨。过驳是水上将货物从一艘船转运到另一艘船的过程，运指天然砂的水上及陆上运输，销指天然砂的水上及陆上收购与出售，这三个环节属于采砂犯罪的下游环节。非法采砂属于黑色产业，因为该环节从业人员没有取得采砂许可证，长期从事非法采砂违法犯罪活动。造船、过驳、运、销属于灰色产业，因为这四个环节从业人员通常具有从事合法经营活动的身份，例如码头经营者、砂场经营者、混凝土搅拌站经营者，建筑工地，运砂车经营者等，但在利益驱动下参与采砂犯罪相关活动。总之，采砂犯罪黑灰产业链包括水上与岸上两部分，犯罪行为在水上，根源在岸上。

第二，采砂犯罪黑灰产业链已经形成船主直采直销与"带泵人"两种模式。船主直采直销模式是多人合资购买采砂船并雇佣人员采砂，然后出售给水上或者岸上收砂人，通常股东之一即名义船主负责采砂作业安排及采砂船的现场管理。例如，陈某等非法采矿案中，① 被告人陈某、李某甲与他人共同购买货船后改为吸砂船，高薪聘请被告人胡某作为驾驶员，在长江非法采砂，李某甲负责在船上采砂，所采江砂多数销售给陈某的砂站，少数销售给过往的运砂船。船主直采直销模式中，采砂船股东通常建立了比较稳定的销赃渠道，天然砂通常销往砂场、混凝土搅拌站、大型建筑工地或河道中行驶的运输船。

"带泵人"模式中，"带泵人"通常负责非法采砂水域（俗称"打砂水域"）保护、认缴行政罚款、安排天然砂过驳及收购，组织众多采砂船主自带采砂船、采砂设备、采砂工到特定水域采砂。"带泵人"收购天然砂后转卖给岸上老板，岸上老板通常是掌握稳定天然砂销售网络的人员，一般不直接出面，只与特定"带泵人"合作。因此，"带泵人"是采砂犯罪各环节的组织者。"带泵人"与采砂船主之间利益分配根据市场行情及双方资源情况具体协商。有的按照岸上老板收购河砂的交易额按比例分成，通常是"带泵人"四成，船主六成；有的是"带泵人"按照天然砂数量向船主支付报酬后转售赚取差价；有的是船主按照采砂时长向"带泵人"缴纳费用（通常以每晚每船

---

① 参见湖北省黄石市黄石港区人民法院（2017）鄂0202刑初156号刑事判决书。

为标准），然后"带泵人"按照商定价格收购天然砂。这类模式往往涉及黑恶势力犯罪。

（二）采砂领域黑恶势力犯罪

长期以来河道采砂行业治理的经验表明，河道采砂行业与该领域的黑恶势力犯罪既相互依存又相互助长。河道非法采砂行为的存在使得行业竞争无序、监管失序，为黑恶势力形成提供了土壤。长江首例采砂涉黑案即刘某组织、领导黑社会性质组织案体现了非法采砂"带泵人"模与黑恶势力生成的某些特点。2015年3月以来以被告人刘某为首的黑社会性质组织控制长江武汉二七长江大桥至天兴洲长江大桥段水域非法采砂作业，以暴力或以暴力相威胁，向每条采砂船主每天晚上收取2000至3000元"保护费"并负责收购河砂。① 刘某为首的黑社会性质组织之所以能够发展壮大，重要原因在于长江武汉段内的非法采砂行为难以根治，刘某发现有利可图，便组织、领导了黑社会性质组织非法控制该江段。②

而且，黑恶势力一旦形成就会对非法采砂行为起到推波助澜的作用。黑恶势力往往划分势力范围，称霸一方"打砂水域"，恣意收取非法采砂船舶的"保护费"并为其通风报信以逃避监管，如前述刘某等人组织、领导的黑社会性质组织。还有的黑恶势力甚至暴力抗法以攫取非法利。2013年至2016年以来湖北省发生7例河道非法采砂暴力抗法事件，2014年武汉市汉南区"4.12"河道非法采砂暴力抗法事件中，8名汉南区水务局工作人员深夜打击非法采砂时遭遇18名身份不明人员乘快艇阻挠，并被殴打强行扣留近3个小时，直至长航公安赶到方才获救。③ 在黑恶势力犯罪组织的干预下，河道非法采砂行政执法难以深入推进，执法权威受损，这又进一步助长非法采砂违法犯罪相关人员的嚣张气焰。总之，非法采砂行为一旦和黑恶势力相勾结就会陷入非法采砂行为蔓延和黑恶势力壮大的恶性循环。非法采砂行为的暴利催生黑恶势力的形成和发展，而黑恶势力通过对非法采砂行为的"保护"和"监管"促使非法采砂行为进一步蔓延。

综上所述，实现法治社会的依法监管是铲除黑恶势力非法控制的根本路

---

① 参见湖北省武汉市中级人民法院（2018）鄂01刑终335号刑事裁定书。
② 参见周晶晶等：《想要非法采砂，就得交"保护费"》，载《检察日报》2018年7月18日第4版。
③ 参见刘兴海：《河道非法采砂暴力抗法成因及防治》，载《中国水利》2016年第12期。

径。《非法采矿解释》施行后湖北省首例王某等非法采矿案①的定罪结果貌似令人欢欣鼓舞，不过 3 名被告人被判的主刑最高不超过 1 年有期徒刑。非法采砂黑灰产业链的形成意味着非法采砂行为呈现分工协作、互相配合的发展趋势，非法采砂从业人员与黑恶势力的勾结表明非法采砂行为向组织化、有序化方向转变，逐渐形成与法律监管体系相对抗的发展趋势。因此，片面强调行政执法或刑事制裁均不足以实现非法采砂行为的惩治和预防，只有建构多元共治的法律机制，才能充分发挥政府各部门及社会多方面力量，实现非法采砂的有效治理。

二、长江流域非法采砂法律治理的困境

当前长江流域非法采砂治理的法律机制已经陷入困局，主要面临行政执法体制权责不明和检察公益诉讼难以推进两大挑战。由此，理顺行政执法体制与强化检察公益诉讼均是非法采砂多元共治法律机制的重要内容，前者是非法采砂行为的日常监管机制，后者是治理非法采砂行为的监督法机制。

（一）行政执法体制

水上行政执法体制权责不明是制约非法采砂行为治理的主要障碍。如图 1 所示，长江干流河道非法采砂的产、运、销管理涉及中央与地方两类多个机构。多层、多重行政执法问题在各地、各领域普遍存在，长江湖北段采砂管理涉及的行政机关数量及管理层级特别多，问题尤其突出。采砂行政许可采取分级管理体制，非法采砂行政执法涉及产、运、销各环节的人、财、物监管。但是涉嫌非法采砂违法犯罪的各类船舶在长江干流及各级支流之间穿梭行驶。因此，中央部委与省市地方政府之间、中央省市各层级的不同行政机关之间、不同地域的行政机关之间、同一行政机关不同内设机构之间存在大量行政管理职责的交叉点以及空白点，长江大保护多部门共治困难重重。

---

① 参见武汉市中级人民法院（2018）鄂 01 刑终 479 号刑事判决书。

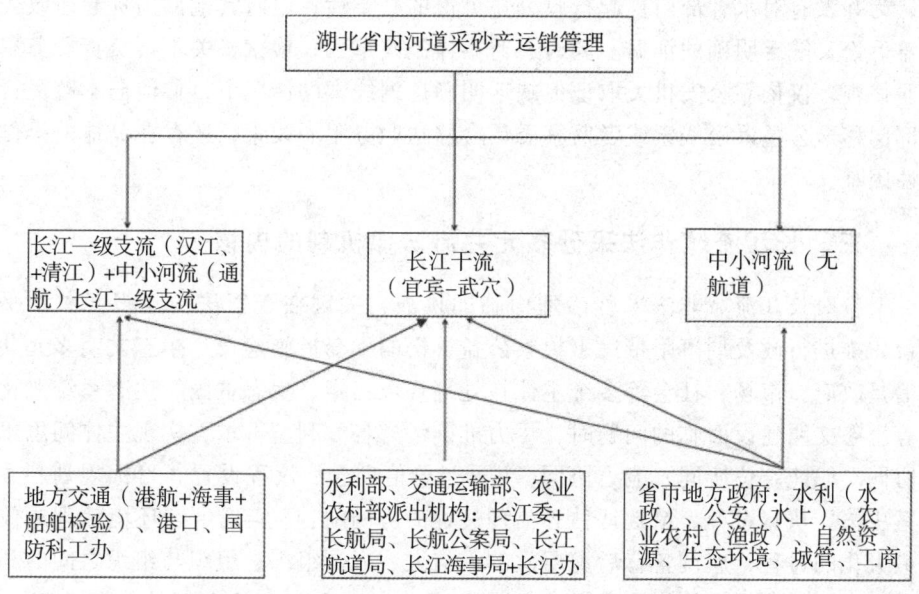

图1 湖北省河道采砂治理行政执法示意图

（二）检察公益诉讼

检察公益诉讼包括刑事附带民事公益诉讼以及行政公益诉讼难以推进，导致民法、行政法难以与非法采砂全面入刑发挥合力。民事公益诉讼起诉非法采矿罪被告人，旨在使非法采砂者承担修复河道生态环境的民事赔偿责任。行政公益诉讼起诉对非法采砂行为负有监管职责的行政机关，以督促相关部门积极作为。不过由于非法采砂相关环节的监管部门众多且职责边界不清晰、非法采砂刑事案件的幕后人员没有被定罪，司法实务中检察公益诉讼因为取证难、鉴定难、赔偿实际难以执行到位而陷入困局。

总之，通过检察行政公益诉讼或职务犯罪侦查推动追究非法采砂管监部门或幕后人员法律责任的工作难以推进。根据《行政诉讼法》第25条，人民检察院对生态环境和资源保护等领域负有监督管理职责的行政机关违法行使职权或者不作为，致使国家利益或者社会公共利益受到侵害的，应当向行政机关提出检察建议，督促其依法履行职责；行政机关不依法履行职责的，人民检察院依法向人民法院提起诉讼。但实际上，有一些非法采矿案中已经有职务犯罪相关线索，但往往因种种原因没有立案。有的案件中检察机关向水行政部门发出了检察建议，但因为非法采砂犯罪在江上、根子在岸上，仅靠水务部门抓非法采砂现行实际难以达到良好的治理效果。往往是发出检察建议之后，检察机关认为并没有对水务部门提起行政公益诉讼的必要性；但对其他部门提起行政公益诉讼又缺乏明确的证据。同时，监察体制改革后，检察机关不再负责职务犯罪侦查，仅依靠公安机关取证但缺乏明确证据线索的情况下，如何向本院民行部门移送公益诉讼线索或者监察委员会移送职务犯罪线索，还存在具体的操作性困难。

三、长江流域非法采砂多元共治法律机制的内核

应对长江流域非法采砂治理面临的挑战，关键在于依法构建多元共治平台，推进行政及刑事附带民事检察公益诉讼的配套措施建设。生态文明多元共治是政府、市场、社会等多个主体在处理环境污染、生态贫困、生态系统恶化等生态文明建设面临的问题时，尽力准确考虑各方利益诉求，实现主体间思想协同、职能定位协同、能力协同，并通过价值理念、议程设置、目标规划、方案决策、执行过程、绩效评估等治理过程的协调配合，实现生态环境治理成效最大化的过程；应调整背后深层次的人与人、人与组织、组织与组织之间的利益悖论，构建多主体间利益共容机制，真正实现人与自然之间的和谐状态。[①]因此，多元共治的关键要素是有序及增效，健全法律机制是建立非法采砂多元共治长效机制的基础。非法采砂多元共治的法律机制，应围绕构建多元共治平台、明确多元共治目标、畅通多元共治渠道三方面核心机制。

（一）多元共治平台

应以河湖长制、综合行政执法体制改革作为两大法律制度支柱，通过完善各级河道采砂管理工作领导小组机制，构建整合中央部委以及地方政府各部门资源并吸收社会多元主体参与的非法采砂多元共治平台。

第一，构建非法采砂多元共治平台的第一步是政府治理统一化。非法采砂治理需要统一的负责者，才能推动法律机制建设及相应的人、财、物保障，实现多部门协同增效。湖北省 2013 年以来逐级建立河道采砂管理工作领导小组。责任制的法律基础是省政府与各级政府的河道采砂管理目标责任书和省纪委的规范性文件。但是行政机关职责法定，一旦河道采砂管理工作领导小组的行政首长负责制不到位，部门负责制的落实程度也堪忧。

第二，应深化涉水行政管理的综合执法改革，并完善跨区域及跨部门联合执法机制。湖北省委省政府在涉水行政管理的综合执法改革、跨区域及跨部门

[①] 参见张雪：《生态文明多元共治的利益悖论及共容路径探析》，载《云南社会科学》2018 年第 5 期。

联合执法机制等方面也采取了一些针对性措施,包括地方海事、港航、船舶检验部门成立综合执法部门、推动水上执法协助的制度建设、推动水政主管部门跨区域执法协作机制。《湖北省河道采砂管理联合执法工作制度》等行政执法协助作制度正在发挥重要作用,如大悟县的柳某①以及谌某②案件都是河道采砂联合监督管理部门首先发现的。不过,目前各种制度多以部门协议形式作为制度框架,相关制度仅对抽象原则问题达成共识,工作制度法治化、涉砂信息资源互补优化以及合作机制常态化等方面还需要进一步完善。

综上所述,应以河湖长制以及综合执法改革作为非法采砂多元共治的根本法律制度,通过制定地方性法规或地方政府规章,进一步完善各级河道采砂管理工作领导小组的工作机制,明确各级行政首长依法全面推进河道采砂相关工作的统筹职责以及各部门法定职责的具体范围,同时增加社会公益组织、企业、社会公众参与采砂共治平台工作的制度接口,构建党委领导、行政首长负责、多部门合作、社会协同、公众参与的非法采砂治理平台。

(二) 多元共治目标

非法采砂多元共治应始终遵循社会主义民主的法治原则,行政首长主导是为了统筹安排各部门治理资源并支持社会力量参与治理,目标旨在提高社会治理的社会化、法治化、智能化、专业化,而非发展全能型政府。经验的观察也许会支持这样的判断,多年来党政主导的制度安排和行为模式,使中国人习惯于将主要的社会事务寄托在政府身上而把政府的全部事情寄托在执政党及领导人的身上,于是领导人的变动和更替成了社会变化的关键;因此让社会事务与政治事务适度分离,可以降低全社会依赖于"领袖—政党—政府"环链的风险。③ 因此,非法采砂多元共治应明确区分社会事务与政治事务界限,一切行动立法先行,理顺行政许可及行政执法、刑事司法工作的关系,然后严格按照既定法律对非法采砂的产运销环节进行治理,而非政府包揽相关社会事务。

因此,推动非法采砂多元共治旨在政府统筹资源推动长江河道采砂的社会治理,绝非政府承担全部责任,最终的解决方案更不能是政府牵头组织国家出资企业包揽河砂的产运销。"生态环境治理的政府主导地位,并不意味着政府要承担生态环境保护的全部责任,只能是政府主导地位、企业主体责任和社会

---

① 参见湖北省大悟县人民法院 (2017) 鄂 0922 刑初 199 号刑事判决书。
② 参见湖北省大悟县人民法院 (2018) 鄂 0922 刑初 42 号刑事判决书。
③ 参见燕继荣:《协同治理:社会管理创新之道——基于国家与社会关系的理论思考》,载《中国行政管理》2013 年第 2 期。

公众参与的多元共治机制。"① 河砂如果全部由国家出资企业集中经营违背市场经济自由竞争原则,更容易留下滋生腐败的制度空间。我国社会主义现代化的国家治理体系由三个基本子系统构成,顶层由执政党的领导、人民当家作主、依法治国构成的核心子系统;中层是由政府、市场和社会的协同与互动所构成的关键传动子系统;底层是促进和规范市场经济、民主政治等诸方面的各类具体规则制度组成的保障子系统。② 总之,非法采砂治理体系不能过分强调顶层设计与中层按指令执行,而忽视底层参与以及中层多方主体协同互动的法律机制,应实现从单向管理到顶层、中层、底层纵向与横向之间双向互动的转变,逐步实现政府单方监管向多元共治的转型。

(三) 多元共治渠道

第一,应畅通对各类采砂活动进行科学、规范管理的渠道。科学管理是技术要求,是行政许可等行政行为的前置审查程序;规范是法治标准,是行政许可等行政行为的行为标准。具体而言,应通过对公益采砂、采砂规划、采砂行政许可制定地方性法规与地方政府规章,提升采砂管理的科学化与规范化水平,推动政府、企业对采砂的多元共治。非法采砂治理应疏堵结合,关键要扩大砂源,并提高对天然砂的利用效率。当前湖北省在长江大保护以及环保问责的政治环境之下,各级政府对长江等河道采砂通常采取全面禁采的简单做法,形式上是重视环保,但在各类城市建设工程对天然砂的需求仍在日益增长的情况下,实质上却有"懒政"的嫌疑。因此,各级政府应该科学制定采砂规划,合理划定禁采区、可采区、保留区范围,进一步规范经营性采砂、公益性采砂行政许可配套法律机制。

第二,应强化对非法采砂进行刑事打击的保障渠道。"组织机构建设与行为机制设计是一种反比例关系。良好的组织结构,可以简化行为机制。不合理的组织结构,将导致错综复杂的行为机制,如行政机关相互间的审批、备案、征求意见和会审等,以及对公民或企业的多头审批。"③ 涉水行政审批与行政执法协同机制的基础是建立推进制度创新平台以及统一责任者。刑法是其他部门法的保障法,因此非法采砂全面入刑并非目的而是手段。非法采砂治理关键

---

① 孟庆瑜、梁枫:《京津冀生态环境协同治理的现实反思与制度完善》,载《河北法学》2018年第2期。
② 参见胡宁生:《国家治理现代化:政府、市场和社会新型协同互动》,载《南京社会科学》2014年第1期。
③ 参见叶必丰:《长江经济带国民经济和社会发展规划协同的法律机制》,载《中国政法大学学报》2017年第4期。

应依靠科学规范管理而非单纯从重从快打击，非法采砂的乱象绝不可能因为全面入刑就一扫而空。因此，应以非法采砂全面入刑为契机，以刑事法律责任终端环节的定罪量刑标准等为导向，建立跨部门、跨地域的综合执法、联合执法机制。同时，以入刑及其相关的检察公益诉讼为依托，强化对非法采砂及相关职务犯罪线索的追查力度，推动对相关行政机关的检察行政公益诉讼，加大对非法采砂行为人提起刑事附带民事检察公益诉讼的力度，逐步提升生态环保类社会公益组织与公众的参与度，推动社会共治。

四、长江流域非法采砂多元共治法律机制的外延拓展

长江流域非法采砂多元共治法律机制的外延拓展还包括强化监督法机制，从而确保制度执行效果。因为，多元主体之间产生行为协同的前提是具有共同利益，而共同利益则在于各项法律制度的执行。应通过行政公益诉讼推动各行政机关积极履行非法采砂相关监管职责，同时通过刑事附带民事公益诉讼督促被告人支付生态修复费用，使公众切实分享非法采砂治理的效果。

（一）积极探索推进行政公益诉讼的路径

根据各部门的执法能力、执法资源综合衡量，对有确实充分证据证明应当、有能力而未履行职责的行为，精准提起行政公益诉讼。水务部门仅对采砂具有管理职责，因此仅仅监督水行政部门是不够的。而且，目前对非法采砂的监管主要集中在江面开采上，忽视了对陆地运输销售渠道的治理。要破解非法采砂治理难题，必须实现对水上开采和陆上运输销售的同步治理。① 因此，应当针对河砂的产、运、销各环节的人、财、物有法定管理职责的各部门全面推进行政公益诉讼，不能选择性诉讼，将行政公益诉讼作为监督行政机关依法履职的法律手段。行政公益诉讼必须与监察体制改革实现有效的协调衔接，可以探索建立由监察机关作为专门调查机关，检察机关作为专门起诉机关，法院作为专门审理机关，三者分工负责的"调查—起诉—审理"分立的科学模式。②

（二）进一步立法明确非法采砂刑事附带民事公益诉讼的鉴定机构、鉴定标准等

根据《非法采矿解释》第14条规定，对案件所涉的有关专门性问题难以

---

① 参见薛嘉伟、赵爽：《长江流域非法采砂联防联控法律制度的构建》，载《长江论坛》2018年第1期。

② 参见贾永健：《中国检察机关提起行政公益诉讼模式重构论》，载《武汉大学学报（哲学社会科学版）》2018年第5期。

确定的，依据司法鉴定机构就生态环境损害出具的鉴定意见，结合其他证据作出认定。因此，鉴定意见是启动公益诉讼的关键证据。湖北省目前正在审理的2件刑事附带民事检察公益诉讼案件，一件是依据生态修复费用的鉴定提起赔偿，另一件是依据生态修复费用以及恢复渔业资源的鉴定提起赔偿。前述两个案件的赔偿范围不一致，费用计算标准也有差异。这种差异是合理的。因为修复生态环境责任方式适用的前提是生态环境损害具有可恢复性，如果受到损害前的生态环境并不处于良好状态，要求加害者恢复原状也并非受害者利益所需，司法实践中有的法院将专业机构制订的修复方案作为生效裁判文书的附件，必要时还应以一定形式充分征求公众或相关利益方的意见。① 因此，由于非法采砂点不同，刑事附带民事公益诉讼中提请赔偿的损失范围可能包括修复水生态、渔业资源、堤防等水利工程、岸线环境的费用。

总之，应进一步落实公益诉讼配套措施。规范环境损害鉴定意见作为证据适用的具体问题，同时加强地方环境损害鉴定机构能力建设，通过相关政策引导鉴定机构公益性鉴定给予费用优惠，组建具备资质且鉴定费用合理的鉴定机构。应切实加强对涉及绿色发展的民事、行政诉讼的监督力度；充分运用好诉前程紧密跟踪检察建议的落实情况，对符合条件的案件依法提起行政公益诉讼，符合民事公益诉讼条件的及时提起公益诉讼。②

---

① 参见吕忠梅、窦海阳：《修复生态环境责任的实证解析》，载《法学研究》2017年第3期。
② 参见尹晔斌、万鹏吉：《非法采砂问题司法规制路径初探——以湖北段长江河道非法采砂为视角》，载《中国检察官》2017年第19期。

环境犯罪案件监测数据认可的实践困境与制度创新

涂龙科[*]

最高人民法院、最高人民检察院《关于办理环境污染刑事案件适用法律若干问题的解释》(法释〔2013〕15号,以下简称"两高司法解释")第11条规定,对案件所涉的环境污染专门性问题难以确定的,由司法鉴定机构出具鉴定意见,或者由国务院环境保护部门指定的机构出具检验报告。县级以上环境保护部门及其所属监测机构出具的监测数据,经省级以上环境保护部门认可的,可以作为证据使用。因此,省级以上环境保护部门对监测数据的认可,是监测数据具有合法性、有效性,能被作为证据使用来证实、打击环境犯罪的必要条件。从法律实践来看,"两高"司法解释发布之后,由于该条文规定不具体、配套措施不健全,导致对监测数据认可制度争议较大,尤其实践部门的反映较为强烈,甚至把监测数据认可制度视为环境犯罪"两法衔接"机制不畅的一个主要原因,削弱了对环境犯罪的惩治实效。因此,有必要深化本课题研究,归纳出实践中反映出来的问题,加以具体分析。

一、采集样品、出具监测数据的主体

采集样品、出具监测数据是监测数据作为鉴定结论而参与诉讼的不同阶段,此处分别阐述。

(一) 采集样品的主体

要提供监测数据,其前提是要采集到相关样品以供检测。因此,样品采集的合法、规范,是监测数据合法、有效从而用以追诉犯罪的重要基础条件。在法律及相关司法解释层面,并无样品的采集有权主体的明确规定(只是在环境监测相关技术规范中有所涉及)。环境保护部于2011年10月8日出台的部

---

[*] 涂龙科,上海社会科学院法学所研究员,法学博士。

门规章《关于加强污染源监督性监测数据在环境执法中应用的通知》（环办〔2011〕123号）中对此予以明确。该文件第2条规定："各级环保部门要建立环境监测机构和环境执法机构的协作配合机制。污染源监督性监测的现场监测工作由环境监测机构和环境执法机构共同开展。环境执法机构人员负责对排污单位污染防治设施进行检查，将采样过程记入现场检查（勘查）笔录，并要求排污单位当事人确认。环境监测机构人员负责采集样品，填写采样记录，开展现场测试工作。"很明显，样品采集的职责归属环境监测机构。此外，原环境保护总局2007年9月1日颁行的《环境监测管理办法》（环保总局令第39号）第5条、1999年1月1日颁布实施的《污染源监测管理办法》第6条等条文也做了类似规定。一般情况下，对样品采集的主体有明确规定，应当不会产生争议。但实践中问题在于，各地在环境行政执法过程中，除了少数情况下有监测机构配合共同协作采样之外，大多数情况下，监察机构都是单独进行行政执法，如在环境违法犯罪现场监察中遇到企业或行为人偷排漏排时，此时再临时通知监测机构到现场采样的话，等监测机构到场可能违法犯罪现场早已被破坏，致使证据永久性灭失。在此情况下，为保全证据，现场监察人员就会使用事先准备好的采样器材先行做好样品的采集工作。① 那么，环境监察执法机构采集样品是否具有法律依据，基于该样品得出的监测数据能够作为追究犯罪的有效证据呢？在面临质疑时，监察机构一般采用环保部于2010年3月1日起施行的《环境行政处罚办法》第29条为自己辩护。该条规定"调查人员有权采取下列措施：（一）进入有关场所进行检查、勘察、取样、录音、拍照、录像；（二）询问当事人及有关人员，要求其说明相关事项和提供有关材料；（三）查阅、复制生产记录、排污记录和其他有关材料。环境保护主管部门组织的环境监测等技术人员随同调查人员进行调查时，有权采取上述措施和进行监测、试验。"支持监察执法机构具有采样权的观点认为，该条第（一）项规定的"取样"就包括了"采样"，因此，监察机构同样具有取样权。但该观点同时认为，如果监察机构也具备了监测采样的职能，从监察工作责任主体上看，模糊了与监测机构的界限。因此，监察机构的取样权应当限于遇到紧急情况下，监察人员虽然有权采集样品，但其前提是采集样品的监察人员必须取得采样技术上岗证。②

---

① 胡文翔：《环境污染刑事案件中监测数据认可存在问题与对策》，载《环境保护》2014年第11期。

② 胡文翔：《环境污染刑事案件中监测数据认可存在问题与对策》，载《环境保护》2014年第11期。

笔者不赞成以损害相关法律法规规定的权威为代价，去换取行政执法实践的认同和妥协。在相关的规定已经明确监测机构为采样主体的情况下，监察机构没有法规、规章的授权，不得行使取样权。实践中监察机构擅自采样以供监测得出的数据，其法律效力应以否定。实践中认为"取样"包括"采样"，从而环境监察机构自动拥有采样权的观点，并不成立。首先，认为"取样"包括"采样"的逻辑，是一种理所当然的猜测而缺乏法律和事实依据，并不能成立。其次，"取样"和"采样"虽然同为样品的取得，但是，该样品取得之后的法律意义有根本区别。"取样"的目的在于固定证据，并用作后来行政执法的依据。而"采样"则是保全证据，用做之后司法的凭证。两者在行为主体、技术要求、采集程序等方面都应有所不同。因此，不宜把两者混同。再次，从两个不同规定的颁行时间的先后，也可以得出监测机构是采样权主体的结论。如前所述，《关于加强污染源监督性监测数据在环境执法中应用的通知》颁行于2011年10月8日，而《环境行政处罚办法》则是自2010年3月1日起施行。在立法上，如果前后不同的两个规范性文件就同一事项的规定有矛盾和冲突，一般适用新法。因此，认为监测机构具有采样权，有其法理依据。进一步而言，为避免不同部门对相关规定理解不一致而可能带来的尴尬和冲突，建议环保部在日后制订的相关规范性文件中，明确"取样"和"采样"的区别，赋予监察机构"取样"权，而否定其"采样"权。

（二）出具监测数据的主体

对于出具监测数据的合法主体范围，也有不同的观点。如有学者认为，对于出具监测数据机构的性质"两高解释"已经规定：必须是县级以上环境保护部门及其所属监测机构。据此，其他部门及其所属监测（检测）机构或社会检测机构提供的环境监测数据是否能作为环境污染刑事案件的司法证据不在环保部门审核认可范围之列。[1] 而有论者则主张，除了县级以上环保部门及所属监测机构之外，环保部门委托的有资质的第三方检测机构进行环境监测数据，也可以作为移送公安机关的监测证据。并且，实践中有不少地方认可并推行了该做法。

笔者主张，应当严格执行"两高解释"对出具监测数据主体的限定，即其主体只能是"县级以上环境保护部门及其所属监测机构"。主张环保部门委托的检测机构也可以作为出具监测数据的主体的观点，会导致一系列无法解决

---

[1] 傅军、方路乡：《试论作为司法证据的环境监测数据认可审核》，载《环境保护》2013年第19期。

的问题,诸如什么部门有权委托？什么级别的部门有权委托？除环保部门之外,环保部门所属的监测机构是否有权委托？应当如何委托？等等。上述诸问题不解决,或者解决得不妥当,必然会带来巨大的隐患,影响到环境犯罪案件办理和司法公正。

二、监测数据认可制度的存在必要性

"两高司法解释"出台之后,就其中数据认可制度的具体执行过程中可能出现的问题,许多地方省市制定了具体的实施意见。如广东省环境保护厅于2013年12月出台了《广东省环境保护厅关于县级以上环境监测机构监测数据认可工作程序》(以下简称《工作程序》),用以规范和指导广东省境内的环境犯罪案件的证据监测数据认可工作。浙江省颁布了《关于环境污染刑事案件中环境监测数据认可有关事项的通知》(浙环发〔2013〕39号)以及省环保厅会同省公安、省检察院、省高院联合发布的《关于建立打击环境违法犯罪协作机制的意见》(浙环发〔2014〕10号)。各省市的具体实施意见从可操作性的角度出发,对监测数据提供单位的资质、监测数据的真实性、监测数据认可程序等方面作出了明确规定。但是,具体实施办法、操作意见的出台并没有平息执法实践中对数据认可的非议和诟病。相反,近年来,反对数据认可制度的声音日渐高涨,甚至有观点直接主张可以取消数据认可制度。如有人认为：县级以上环保部门所属监测机构的监测数据作为污染事故的执法依据已有规章可依,具有法律效力,因此,经省级以上环境保护部门认可设立的县级以上环境保护部门及其所属监测机构出具的监测数据,应当视为已经省级以上环境保护部门认可,可以作为证据使用。[①]该观点在实质上否定了数据认可制度。还有观点更直接认为,只要是通过计量认证的单位、测试指标是通过认证的项目及方法、监测过程按照质量管理体系文件运行、质量控制措施落实到位,就应该可以认定监测数据有效。因此,通过计量认证的县以上环境监测机构出具的监测数据报告的技术审核完全可以简化程序,没必要经省级以上环保部门认可……[②]可见,在当前形势下,数据认可制度面临着针锋相对的存废之争。

笔者认为,主张废除数据认可制度的观点理由并不充分,原因如下：

首先,主张废除数据认可制度的观点认为,"经省级以上环境保护部门认

[①] 陈素兰等：《涉刑环境监测中有待解决的若干技术问题及对策建议》,载《环境监测管理与技术》2013年第6期。

[②] 傅军、方路乡：《试论作为司法证据的环境监测数据认可审核》,载《环境保护》2013年第19期。

可设立的县级以上环境保护部门及其所属监测机构出具的监测数据,应当视为已经省级以上环境保护部门认可",该观点显然经不起推敲。理由在于:其一,机构的设立和数据认可不能混同,认可设立某一机构,不代表就概括性地认可了该机构的监测数据。其二,客观上,监测数据分为合法、有效的数据与非法、无效的数据,在县级环保部门提供非法、无效的数据的场合,不宜自动认为该数据经省级以上部门认可。其三,从我国的国家机构设置上分析,各级环保部门的设立并不需要上级环保部门的认可,该观点没有法律依据。

其次,认为县级以上环保部门或环境监测机构足以胜任,而无须省级以上环保部门认可的观点同样值得商榷。该观点在立论前面设立了冗长的定语,用作假设条件,即"只要……"。该假设条件恰恰反映了数据认可制度的存在必要性与价值。缺少省级以上环保部门对监测情况的必要监督与审查,数据监测工作的合法合规性无法得到保证。

在环境污染犯罪案件中,监测数据是认定是否构成犯罪的关键证据,关系到被告人的人身自由与财产安全等根本性权利与利益。正因如此,立法上通过设立省级环保部门的数据认可制度,来保证监测数据的科学性和权威性,从而实现打击环境污染犯罪案件的准确性。在当前执法、司法环境下,县级环保部门在数据监测的技术手段、监测程序、法律意识等方面都还存在一定不足之处,建立、维护数据监测认可制度有其实践上的必要性,不宜动辄轻言废除。

三、设立"绿色通道"制度对监测数据分类认可

综观实践中对监测数据认可制度的批评,主要集中在以下几个方面:其一,数据认可程序非常烦琐,数据认可时间过长,公安机关难以迅速对环境犯罪嫌疑人采取强制措施,导致环境犯罪行为不能得到迅速有效制止。以广东省为例,依据该省环保厅颁布实施的《工作程序》,监测数据认可首先需由县级以上环保部门提出书面申请,并经地级以上市环保部门初步同意之后,报送省环境保护厅并抄送省环境监测中心。整个认可程序,包括地级市环保部门初审、认可受理、技术审核、出具意见等环节,省环保厅监测数据认可按照资料齐全一次受理的规定时限17~22个自然日不等。在需补全材料的情况下,时间会更长。一方面,在环保部门没有提供有效的监测报告给公安机关或提请公安机关提前介入的情况下,公安机关不敢贸然对相关人员采取限制人身自由的强制措施;且实践中许多环境污染案件的行为人都存在无证照、隐蔽性和流动性极强的特点,一旦在案件开始时没有及时控制排污者,将很可能无法追究其刑事责任。另一方面,公安机关采取的强制措施受到法律的严格时间条件限制,如没有在法定时间内收集完整证据,公安机关将陷入被动境地。其二,数

据认可时间过长会挫伤环保执法部门和公安部门办案的积极性,并致使"两法衔接"机制不通畅。数据认可制度也因此甚至被冠以"目前涉环境犯罪案件办理中最大的一个机制障碍"。其三,数据认可时间过长,超过监测样品的保存期,导致直接的物证缺失,如犯罪嫌疑人对样品监测数据持有异议,并申请对监测对象复检时,难以保障其权利。

有鉴于此,实践中出现各种对数据认可制度加以规避或者折中的方法,具体包括:(1)委托国内权威的、有资质的第三方检测机构进行环境监测、鉴定,以作为移送公安机关的监测证据。(2)原则上县级以上环保部门监测数据具有法律效力,可以作为证据使用,但省级以上环境保护部门有异议的除外,可以针对个案进行单独的审核认可。[①](3)下放或委托行使认可权限,如将认可的权限下放或委托至地级环保部门,从而避免环节过多,耗时过长。上述诸做法目的在于,针对实践中监测数据认可制度的弊端,试图能另辟蹊径,避免由省级以上环保部门进行数据认可的烦琐、冗长程序,以高效、顺利完成监测数据认可。

笔者认为,上述三种对监测数据认可制度加以规避的方法,其初衷值得肯定,但做法并不妥当,不宜提倡。上述三种做法的共同缺陷在于,没有法律依据,并且在一定程度上突破了现行的法律规定,有违法之嫌。那么,问题来了。在现行法律规定的框架内,有没有既不违反法律规定,又能有效控制与惩处犯罪的途径与办法?有观点认为,监测数据包括经省级环保部门认可的数据与未经省级环保部门认可的数据,两类数据其用途和效果各有不同。对于由市、县级环保部门及其所属环境监测机构出具、未经省级环保部门认可的监测数据,公安机关可以作为采取拘传、拘留等刑事强制措施以控制犯罪的证据。但要移送检察院起诉,直至法院在庭审中认定犯罪时,应当以经省级环保部门认定的监测报告作为证据。该观点在表面看来似乎能解决一定问题,但实际上在实践中没有可行性。如果公安机关依据市、县级环保部门及其所属环境监测机构出具、未经省级环保部门认可的监测数据,对行为人采取拘传、拘留措施后,相关监测数据后来未得到省级环保部门认可的,若让公安机关依法承担相关国家赔偿,公安机关显然不会愿意,一般不会承担该行政风险。

笔者建议,可以对需要认可的监测数据分类管理、分类认可,并辅之以不同的数据认可通道。设立"绿色通道"制度,对进入"绿色通道"的监测数据相关部门应当结合刑事诉讼和行政执法的办案时间节点要求尽快予以认可。

---

① 陈素兰等:《涉刑环境监测中有待解决的若干技术问题及对策建议》,载《环境监测管理与技术》2013 年第 6 期。

关于"绿色通道"制度大致设想如下：第一，制定相关的规范性文件，确立"绿色通道"的规范依据，保证"绿色通道"在法律规范的框架内运行；可以考虑先在省级环保部门层面出台相关规定，在运行成熟之后，制定全国性的环保部门规章。第二，"绿色通道"的设立、负责机构。"绿色通道"是适应刑事诉讼需要而设立的监测数据快速认可制度，考虑到现有的行政资源利用效率和监测数据认可的法律框架，"绿色通道"制度可由各省环保部门具体设置，在省级以下的环保部门监测机构设立，并由其负责"绿色通道"的日常运作。第三，明确可以适用"绿色通道"制度的具体情形，对于存在以下情形的，可以适用"绿色通道"：（1）犯罪嫌疑人确有可能逃脱的；（2）犯罪行为不能得到迅速有效制止；（3）证据可能灭失，导致犯罪行为可能无法得到惩处的等。第四，在调研的基础上，确定适用"绿色通道"的数据认可的最长时间限制。凡进入"绿色通道"的监测数据认可，不得超过时间限制要求。初步考虑，进入"绿色通道"的监测数据，相关部门应当在不超过 7 个工作日的时间内完成认可。第五，凡适用"绿色通道"的数据认可，可不受行政层级的约束。如县级环保部门监测机构的数据认可，可根据需要直接报送省级环保监测机构加以认可，而不必经由地级环保部门转达。通过设立"绿色通道"制度保证监测数据认可契合刑事诉讼的需要、实现无缝链接。对于不存在上述紧急、特殊情形的，仍然适用普通程序进行数据认可。

总之，在现有的执法水平和司法环境下，监测数据认可制度是完全有必要和应当维护的。在监测数据认可制度运行过程中暴露出来的一些问题，应当在现有的法律框架内，通过制度的创新加以完善，以保证其合法、合理、有效运行，而不宜动辄轻易否定监测数据认可制度本身。

"治理靶向更新"：污染环境罪合规治理模式之首倡

——从"理性选择理论"视角

钱小平[*]

基于生态环境对人类社会可持续性发展的重要性，党的十八大提出生态文明建设和生态环境保护的一系列新理念、新思想、新战略，十九大进一步将生态环境问题纳入社会主义初级阶段的主要矛盾，提出实行最为严格的生态环境保护制度。自2015年以来，环境监管力度前所未有，各级环保部门下达行政处罚决定份数和罚款数额大幅增长，查封扣押、停产限产、按日连续处罚款、移送拘留成为遏制环境违法行为的重要手段和有力武器。[①] 在加大前置法处罚力度的同时，对于环境犯罪的刑事惩治力度也得以不断强化。"两高"在2016年颁布了环境犯罪新司法解释，扩大刑法规制范围；2017年生态环境部联合或会同最高检、公安部等部门，先后出台《环境保护行政执法与刑事司法衔接工作办法》《关于在检察公益诉讼中加强协作配合依法打好污染防治攻坚战的意见》《关于办理环境污染刑事案件有关问题座谈会纪要》等重要规范性文件，完善了刑法与前置法的衔接机制；2018年最高人民检察院下发《关于充分发挥检察职能作用助力打好污染防治攻坚战的通知》，提出以"零容忍"态度坚决惩治环境污染犯罪。然而，在加大治理资源投入的背景下，环境犯罪案件数量却保持增长趋势。对生态环境破坏最为严重的污染环境罪，自十八大以来，年均案件数量均在千件以上，并保持稳定增加，2018年生态环境部门移送涉嫌环境污染犯罪案件更是高达2574件，是2013年3.7倍。[②] 客观而言，污染环境罪案件数量的增长在很大成分上存在入罪标准放宽的原因，但另一方

---

[*] 钱小平，东南大学法学院副教授、博士生导师，法学博士。
[①] 李干洁：《加强生态环境保护，建设美丽新中国》，载《经济日报》2017年12月4日。
[②] 中新网：《2018年生态环境部门移送涉嫌环境污染犯罪案件2574件》，http://2019sjzg.chinanews.com/gn/2019/07-26/8907792.shtml，访问时间：2019年7月28日。

面确实也暴露出犯罪治理"靶向"功能不足的弊端。对此，需要借助于犯罪学的基本原理，深入分析污染环境犯罪的衍生原因，进而建立针对性的合规治理模式，提高治理能力与治理效果。

一、理性选择理论的提出及运用

（一）理性选择理论的提出

理性选择理论认为，犯罪是有目的和故意进行的行为，是犯罪人为了获取利益而实施的；人们进行行动选择的目的是优化他们爱好的结果，理性就是决定行为人在特定的处境中最佳的并且是其爱好的行动的过程。通常假设，人们都有一种追求个人利益最大化的普遍爱好，最佳结果往往意味着，人们的行动选择是在成本与收益之间追求最有利的平衡。① 理性选择理论的基础来源于古典犯罪学派的威慑理论，后者认为享乐主义是人类与生俱来的本能，享乐主义诱发犯罪，控制犯罪的关键在于提高刑罚的处罚厉度，使其超过从犯罪中获得的好处，进而迫使潜在犯罪人做出理性选择，遏制其犯罪动因。贝卡利亚在《犯罪与刑罚》中提出，人是理性的动物，倡导以理性和公平的原则来改革刑事司法体系。受贝氏影响，边沁提出了功利主义刑罚观，认为人类会自动计算如何增加快乐和减少痛苦，应以此作为刑罚配置的指导原则，"要使惩罚的值能够超过罪过的收益，必须依其就确定性而言的不足程度，相应地在轻重方面予以增加。"②

1978 年科恩和菲尔生（Cohen and Felson）在修正古典犯罪学的基础上，正式提出了犯罪学意义上的现代理性选择理论。该理论认为，精于计算的潜在犯罪人在机会合适时会选择实施犯罪；犯罪机会与日常活动紧密联系，日常生活中所包含的微妙暗示具有向潜在犯罪人传达引诱或抑制犯罪动因的功能，与其通过司法系统威慑犯罪，不如在日常情境和活动中限制犯罪机会。③ 科尼什和克拉克在 20 世纪 80 年代提出了理性选择理论的分析框架，认为人们实施犯罪行为的决定，是基于享受利益目的而做出的选择，其理性体现在对预期成本和收益的计算，当某个人处于某个环境时，如果对处境的评估导致个人相信能

---

① ［美］亚历克斯·皮盖惹：《犯罪学理论手册》，吴宗宪主译，法律出版社 2019 年版，第 571 页。

② ［英］边沁：《道德与立法原理导论》，时殷弘译，中国人民大学出版社 2000 年版，第 228 页。

③ 曹立群、任昕主编：《犯罪学》，中国人民大学出版社 2008 年版，第 239 页。

够获得超过潜在成本的期望结果和预期收益时，就会实施犯罪行为。① 贝克尔指出，"当某人从事违法行为的预期效用超过将时间及另外的资源用于从事其他活动所带来的效用时，此人便会从事违法，由此，一些人成为罪犯不在于他们的基本动机与别人有什么不同，而在于他们的利益同成本之间存在的差异。"②

作为一种学说假设，理性选择理论推定人是其目的的理性最大化者，但事实上，人的理性是有限的，受到外部世界的影响，包括：一是环境是复杂的，在非个人交换形式中，人们面临的是一个复杂的、不确定的世界，而且交易越多，不确定性就越大，信息也就越不完全。二是人对环境的计算能力和认识能力是有限的，人不可能无所不知。③ 帕累托（Pareto, V.）曾提出人类社会存在着"非逻辑行为"，这些行为涉及价值观、信仰和感性领域，本能和机械地遵从于习惯。在现实生活中逻辑行为与非逻辑行为几乎是混杂在一起的，理性主义的行为观只可应用在重要但是有限的行为中。④ 社会学的研究认为，在组织环境中，不是所有的行为选择都是理性的，在组织文化中，当一系列的越轨行为已经被视为日常惯例时，组织压力容易使人做出自认为是正常的、符合规定的理性决定，但在外部看来，这一决定却是非理性的。人的理性不是无边际的，而是受到限制。这种限制主要表现为：首先，一般人在做决定时，只能同时考虑三五种具体目标；其次，人所掌握的信息可能是不完全或不确定的，最后，行为的决定还在很大程度上受特定环境的影响，组织结构、文化和环境压力可能通过惯例化组织活动而使人们做出非理性行为。⑤

理性选择理论在人与环境的结合与互动系统中分析了行动机制，即人对行为的理性选择的过程。在犯罪学上，理性选择理论的运用主要体现为两个方面：一是罪刑结构的理性化。通过理性选择理论，建立犯罪收益与犯罪成本的关系，确立定罪率与刑罚的最优组合，提高犯罪成本，充分发挥刑罚的威慑效果；二是行为人选择的理性化。基于做出理性选择就可以避免犯罪的理论假设，通过必要措施，促使潜在犯罪人能够理性认识犯罪成本，避免"非理性"

---

① ［美］亚历克斯·皮盖惹：《犯罪学理论手册》，吴宗宪主译，法律出版社2019年版，第572页。

② ［美］加里·S.贝克尔：《人类行为的经济分析》，王业宇、陈琪译，上海人民出版社1995年版，第63页。

③ 卢现祥：《西方新制度经济学》，中国发展出版社1996年版，第11页。

④ ［美］霍奇逊：《现代制度主义经济学宣言》，向以斌等译，北京大学出版社1993年版，第121~122页。

⑤ 曹立群、任昕主编：《犯罪学》，中国人民大学出版社2008年版，第239页。

的违法选择。罪刑结构理性化是行为人选择理性化的前提,在一个原本不当的罪刑结构关系下,难以确保潜在犯罪人能够做出理性选择;行为人选择理性化是罪刑结构理性化的保障,通过排除影响理性选择的限制性因素,促使行为人能够客观分析犯罪成本,并作出合法的选择,进而达到预防犯罪的目的。

(二)理性选择理论的运用

理性选择理论建立在"理性人"的前提假设之下,而市场经济中的"经济人"也具有理性色彩,善于利用成本—收益关系作为其行为的指导,因而,理性选择理论被广泛用作经济犯罪的分析框架。在美国,白领犯罪包含了经济犯罪的多数情形,控制白领犯罪的方法分为:劝从的方法(compliance strategics)和威慑的方法(Deterrence strategics)。前者是通过提供经济的利益刺激诱使公司服从法律,以行政手段预防犯罪;后者以确定不法者、惩罚罪犯为中心。威慑学派提出白领人士对于相对于一般犯罪而言,行事更为理性计算,劝从的方法缺乏威慑作用,严厉和确定的行政处罚或刑罚对他们应该更具有威慑作用。[①] 美国在20世纪90年代之前,对白领犯罪实际起诉的较少,即使定罪,处罚也较轻,较多依赖于非刑事的政府规制和组织内部的自我规制(self-regulation)。然而,这些规制本身也存在着弊端:对于政府规制而言,政府需要对规制的积极与消极效应进行评估,这使得规制的范围和程度都会受到是否会造成当地民众丧失工作或丧失选票等消极因素的制约;对于企业的自我规制而言,一切增加企业成本的措施,都会受到企业自发的阻碍,内部人员比外部人员更容易"沦陷",最终导致自我规制的形式化。在利益追求的市场环境中,规制措施的弱化降低了越轨成本,不可避免使得市场主体产生越轨动机并做出犯罪的非理性选择。针对劝从措施的不足,90年代以后,美国加强对白领犯罪的处罚力度。美国量刑委员会在1991年出台的量刑规范中提高了公司犯罪的罚金,提高了犯罪成本,促进了罪刑结构的理性化;同时还将强制措施与内部治理相结合,规定对于判处缓刑的公司,法院直接介入其内部管理,强制公司实定期提供财务报告,未经法院许可不得分红、融资或合并,检察官有突击查账和对相关公司管理活动的讯问权。上述刑事威慑方法不仅提高了犯罪成本,更为重要的是改善了影响行为决策的环境系统,避免了环境系统对非理性决策形成的消极影响,有助于促使潜在犯罪人做出避免犯罪的理性选择。

二、污染环境罪的衍生原因:理性选择的失灵

对于经济犯罪而言,在犯罪成本较低,或潜在犯罪人不能知晓犯罪成本与

[①] 曹立群、任昕主编:《犯罪学》,中国人民大学出版社2008年版,第244页。

收益关系或受组织系统内部环境影响时,都影响潜在犯罪人对不法行为的判断,导致理性选择的失灵。污染环境罪通常发生在生产经营活动中,属于经济犯罪,经济主体理性选择的失灵是导致犯罪衍生的主要原因,具体体现为以下几个方面:

(一) 犯罪成本不高

犯罪成本是潜在犯罪人对于实施犯罪的预期成本。预期成本主要由直接成本、惩罚成本和机会成本三部分构成。直接成本是指犯罪行为人在实施犯罪时投入的人力、物力等运营成本,如一些不法企业为实现隐蔽排污,往往要铺设排污的暗管或者伪造、篡改有关自动监测系统的系统或数据,其所花费的成本都是实现环境犯罪的直接成本。惩罚成本是环境犯罪行为人实施环境犯罪可能面对的行政或刑事处罚。机会成本是指犯罪行为人由于实施了环境犯罪而可能会被限制或剥夺人身自由而丧失从事其他活动的机会。如,取消排污企业的法人代表的各种荣誉称号、政治身份,由此可能产生的各种收益也会不复存在。① 在预期成本中,惩罚成本和机会成本是潜在犯罪人主要考虑的成本形态,对于行为选择具有最为重要的影响,但目前这两项成本并不高。

刑罚成本是潜在犯罪人需要付出的最为严厉的处罚成本,尽管 2011 年《刑法修正案(八)》将重大环境污染事故罪修正为污染环境罪,"两高"司法解释,降低了入罪标准,严密了刑事法网,但在具体案件办理过程中,仍然存在明显的"取证难、鉴定难、认定难、适用难"问题,刑法虽然规定了污染环境罪的无限额罚金制,但对污染主体所判处的罚金数额往往大幅低于其所获取的经济利益,甚至有的企业已经把污染罚款的数额纳入预算成本之中,普遍认为缴纳罚金即可免除刑罚,导致罚金刑不能较好地起到威慑与预防犯罪作用。② 相比惩罚成本,机会成本更无法发挥犯罪预防功能,污染主体不仅不会丧失市场竞争机会,甚至还可能因经济发展"荫蔽"而获得较轻的处罚。当下环境犯罪受罚主体具有"两极化"特征:在环境行政处罚案中,绝大多数的处罚对象都是单位,但在追究刑事责任时,绝大多数的处罚对象是自然人。在 2014—2017 年间,在全国法院作出的四千多件污染环境罪一审判决中,行为主体是单位的仅有几十件;在查处地方企业是否偷排、超排时,一般要经过县委县政府领导的批准,很多被行政处罚的企业,实际上都已经达到了超标排

---

① 姚远:《论环境犯罪及其预防对策》,载《江苏警官学院学报》2019 年第 2 期。
② 卢金有、董潇:《环境犯罪治理困境破解》,载《人民检察》2016 年第 9 期。

放3倍以上的刑事追诉标准。① 在司法层面,将"两极化现象"的产生原因归于"对单位追责较为困难",但更深层面的原因则体现了地方经济发展与环境保护之间的矛盾。从地方政府角度,考虑到企业带来的就业、GDP和税收收入,地方政府有较强的激励成为污染企业的"保护伞"。② 对于已经符合追诉标准的污染企业采取以"以罚代刑"的处置方式,不仅导致犯罪成本的降低,更为严重的是提高了污染主体对于污染不法的"包容度",污染主体在经营策略上难以产生"勿触法"的理性选择,无法有效消除理性选择的障碍,进而造成环境污染的加剧化。

(二) 经验认知的偏差化

经验认知是人在同客观对象的直接接触中,对客观对象的现象和外部联系的反映。从认知心理学上,有两种认知模式:一是经验认知,通过感性经验来认识世界。洛克认为,"我们的一切知识都是建立在经验之上的,而且归根结底是来源于经验"。这种认知不受理性意识束缚,只需占用少量资源,便可凭借个体经验快速、自动处理信息。二是理性认知,通过人有目的的行为,建立起与可能达到结果之间的联系,有意识的解决和处理问题。在人的认知系统上,经验认知被视为是认识世界的第一系统,理性认知被视为是第二系统。然而,经验认知建立在感官系统的直觉基础上,在外部信息不充分的情形下,个人直觉可能会发生偏差。③ 在环境犯罪中,存在着主体依靠经验的直觉机制做出污染环境行为判断与决策的情形。

这种偏差的经验认识主要包括以下四个方面:一是对行为违法性缺乏认识。犯罪人可能因为文化水平的限制而缺乏守法所需要的技能,因为不了解法律而违法,误以为行为合法。这种情形常出现于"黑作坊"污染环境案件中。二是对危害结果缺乏认识。犯罪人明知行为违反了环境法的规定,但凭借个人经验,误以为不会产生环境污染的结果。在2010年腾格里沙漠污染环境案中,宁夏中卫明盛染化公司等多家企业无所顾忌的向腾格里沙漠排污,就是在"经验—直觉"的影响下笃信沙漠可大量沉降污水,且该行为能有效逃避监管。三是对违法行为被发现的可能性缺乏认识。部分污染环境行为并非偶发、

---

① 王峰:《2018年污染环境罪数量下降背后:隐秘的地方保护》,载《21世纪经济报道》2019年1月17日。

② 徐莉萍等:《环境规制能有效抑制哪些企业环境犯罪行为?》,载《商业研究》2018年第10期。

③ 蒋云飞:《论破窗理论及其在环境犯罪防控中的应用》,载《犯罪研究》2015年第5期。

初犯,而是多次、反复实施,具有一定的时间持续性,其主要原因在于,犯罪人对于初次实施污染行为未被发现产生了偏差性的经验认识,并以这种偏差性认识指导未来的行为。四是对违法成本缺乏认识。污染主体对犯罪收益的认知程度往往会超过犯罪成本。污染环境的犯罪收益通常是指成本降低带来的收益。产废企业要达到国家环保要求,必然发生环保社会投资与营运费用,环保设备的安装、运营、维修等方面费用巨大,而将危险废物交由处置企业处理,处置费也较为不菲。如市场上焚烧油漆渣的费用是 1.5 万/吨,成本相当于生产 3 吨优质大米。若对危险废物不加处置直接排放,就可以将处置成本直接转为净利润。由于净利润的增加与经营活动直接相关,是具体而即时的,因而被污染主体所高度关注。但是,限于专业、经验等因素,污染者对于犯罪成本往往只有模糊性、抽象性认识。如,污染环境罪在立法上规定了抽象罚金,司法解释也未规定具体的执行标准,而由法官根据案情灵活掌握,这种情形下污染者很难对预期惩罚成本做出相对准确的判断。此外,污染成本付出的延期化和不确定性,也会影响到污染主体对犯罪成本的正确认识。

(三) 组织文化的消极影响

与独立的自然人主观认识不同,法人或其他经济组织对犯罪成本的认识则是取决于组织文化。在组织体系中,个体被整合在组织内的各种角色之中,个体的理性选择除了受自身的意思自由影响之外,也受系统组织文化的影响。组织文化是由组织的政策、制度与机制及其运行关系而形成的价值观。在组织文化的影响下,可以形成上下一致信奉和遵循的无形的行为规则,对于组织系统中主体的理性选择具有重要影响。在缺乏环保组织文化的法人系统中,企业环保意识较弱,往往也缺乏有效的环保内控制度。很多企业没有设置专门的环境污染内部控制制度,或虽然设立了环保部门,但投入较少,更多的只是呈现于文件或口头上,环保管理未达到相关要求,未设定具体的人员配置,也没有规定具体的监管职责,对生产设备、污染治理设施缺少动态监督管理,不能及时发现生产设施和污染治理设施的异常情况,从而不能及时解决问题导致污染。

单位组织的政策、内部规范和目标对于环境保护的轻视或无视,容易形成可以违反环保规范的氛围,从高级管理人员传递给中层管理人员,进一步影响到实际执行人员,引发环境侵害的发生。有研究统计了 2018 年污染环境罪单位犯罪的自然人身份信息,发现"其他责任人员"是数量最多的被处罚人,高达 53%。[①] 在刑法上,单位犯罪的"其他责任人员"通常不属于单位决策

---

① 焦艳鹏:《我国污染环境犯罪刑法惩治全景透视》,载《环境保护》2019 年第 6 期。

人员，一般不参与单位犯罪犯意的形成，只是参与犯罪行为的实施，处于被领导、指挥的地位。在单位组织结构中，"其他责任人员"属于较低层次的人员，受制于上级主管的命令，容易受到单位组织文化的影响而缺乏理性选择的能力，也更容易成为污染环境犯罪的直接责任承担者。在缺乏有效地预防环境侵害的组织文化环境中，即使企业管理人员并无破坏生态环境的意思，"其他责任人员"也可能产与管理者原意无关的侵害环境行为。如单位负责人按照法律规定下达了处理污染物指令，但由于缺乏有效的内部检查和监督机制，具体工作人员不完全按照指令履行，随意倾倒危险废物，或随便找没有资质机构或个人处理。

三、"治理靶向更新"：生态环保合规模式的倡导

从犯罪学原理角度，理性选择失灵是导致污染环境罪衍生的重要原因。在当下严厉打击污染环境犯罪刑事政策的大面积涤荡之下，个体化的污染环境犯罪已经得到有效遏制，组织化的污染环境犯罪将成为未来治理的重点对象，对此，犯罪治理的重点应当聚焦于犯罪衍生原因，重点矫正组织体系下的理性选择失灵。在医疗领域，靶向治疗是在已经明确致癌位点的前提下，设计相应的治疗药物进入体内后与致癌位点相结合发生作用，使肿瘤细胞特异性死亡，而不会波及肿瘤周围的正常组织细胞的一种癌症治疗方式。借用这一概念，本文倡导在污染环境罪的治理上确立精准化的"靶向治理"理念，针对犯罪衍生根源，构建生态环保合规模式。

（一）建立生态环保合规模式之必要性

就目前环境污染犯罪而言，尽管在案件数量上自然人犯罪占据绝对比例，但从环境犯罪治理的重点上，仍是应当是以单位犯罪为中心。理由在于：第一，单位污染环境的"犯罪黑数"较大。相对于个人而言，单位具有更强的经济能力、技术能力、社会关系能力，也更容易掩饰其污染环境的行为，特别是在地方保护主义、证据难以取得等障碍性因素的影响下，单位污染环境要么被阻挡在刑事程序之外，要么转为自然人犯罪，形成了较大的"犯罪黑数"。在实践中，经常出现单位对直接责任人员给以金钱、利益等方面的补偿，让其独立承担责任，从而使单位逃脱刑罚处罚的情形。[1] 第二，单位污染环境犯罪的社会危害性更为严重。单位主体污染环境往往是发生在大规模的生产经营活动之中，相对于自然人的小作坊，污染范围更广、持续时间更长、对

---

[1] 王志远：《环境犯罪视野下我国单位犯罪理念批判》，载《当代法学》2010年第5期。

环境的破坏也更为严重。从世界环境保护史上看,重大环境污染案件几乎都是由单位实施的。第三,单位污染环境犯罪不容易得到"涤荡式"处置。对于自然人犯罪而言,犯罪治理成本较小,在大规模的环境犯罪治理行动中能够被及时发现并从严惩治。但是,单位环境犯罪与经济发展、职工就业、市场竞争等问题牵扯在一起,较高的犯罪治理成本形成了压力缓冲带,使得从严惩治的刑事政策难以有效贯彻,犯罪治理具有反复性和长期性,更需要建立制度化的长效治理机制。

环境犯罪治理的重点是单位犯罪,较之自然人,单位的理性选择更难实现,因此,确保单位做出理性选择,是"治理靶向"的重点。建立单位生态环保合规模式的意义在于:第一,有助于提高犯罪成本,实现预防性治理。提高犯罪成本的关键在于让潜在犯罪人明确犯罪的不可脱逃性,而后者建立在及时发现、揭示犯罪的基础上。合规原本属于企业的自我约束,企业可以根据自身技术及生产方案的改善程度,自行拟定其管制方案或调整管制的标准与程序。尽管企业内部合规审查具有一定的犯罪预防功能,但其根本出发点在于维护企业利益而不是犯罪治理,难以真正对企业环境犯罪产生威慑性的阻却效果。企业内部合规人员不直接为公司创造利润,在公司结构中的地位并不高,内部合规审查的最大阻力,就是企业本身。通过建立环保合规审查,管制机关可以提前介入企业经营活动,确保及时发现问题,不仅对环境污染"打早"、"打小",更是要让潜在犯罪人认识到污染环境被发现、被处罚的即时性和必定性,从而在犯罪成本和收益之间做出理性选择。第二,有助于形成企业环保文化,促进理性选择。不同于自然人,单位的理性选择更多受组织内部文化影响。通过合规审查,可以及时矫正企业组织架构与运行机制的偏差,培养企业管理人员的环保伦理,促进企业环保文化的形成。企业组织文化是对企业成员具有某种程度上约束力的为社会所普遍认可的行为准则、道德规范和价值观念。良好的企业环保文化有助于培养企业守法意识,促使其充分认识到犯罪成本,在面对守法成本与犯罪收益时做出理性选择。第三,有助于降低治理成本,提高犯罪治理效率。环保合规制度建立的目的在于形成单位污染环境的有效发现与纠正机制,避免危害结果扩大化或再犯发生,促使不法者形成自我激励的环保意识,进而形成有效的事前预防机制。从整体上看,环保合规制度虽然会发生一定的制度成本投入,但却可以降低"突击式"检查、"运动式"检查所消耗的人力、财力资源成本,且最终形成生态环境保护的长效治理机制,实质上仍是节约了治理成本,提高了治理效率。

(二) 生态环保合规模式的具体构建

"合规"(Compliance Program)一词,最早出现在金融证券业,即指企业行为应当符合一定的规则和标准,通常包括"国家颁布的法律和政令、企业自身制定的共同体规则和协定、自由市场所要求的一般性诚信伦理"。企业合规的本质在于"全面风控",是企业为免受法律制裁、监管处罚、财务或声誉损失,从治理结构、内控机制、责任价值建立的"全面风控"意识、标准和取向,从行为预期上又突出强调对违规的"零容忍"。基于合规在控制风险、提升管理能力上的积极作用,国外出现了通过合规审查构建企业犯罪预防机制的实践。如,美国《量刑指南》、德国《反洗钱法》、日本《反垄断适法计划指导》等,均对合规审查进行了规定,通过量刑激励促进企业的自我管理,以弥补国家法律规制的不足;英国则是将合规制度引入了反腐败立法。在借鉴国外经验的基础上,可以考虑从行政、刑事和诉讼三个层面建立体系化的生态环保合规模式。

1. 建立生态环保行政合规审查制度

2018年3月13日,国务院机构改革将原来的环境保护部改为生态环境部,机构整合与职责重塑导致环境监管范围更广、监管力度更大,与之相应,企业的环保合规也应当受到更为广泛、更为严格的监管。在此背景下,可以考虑确立生态环境行政主管部门的合规审查职责,并据此建立生态环保行政合规审查制度。具体包括:(1)审查对象。在生产、经营等活动中产生污染物排放的单位;正在建设过程中的排污型单位;其他产生环境污染的非法人组织。(2)审查内容。生态环境保护的行为准则;定期更新污染风险绘图资料,以识别、分析和排列生态环境污染的风险;针对生产、经营、交易等环节污染风险的评估程序;对具有预防环境污染职责的岗位人员培训机制;内部举报系统,旨在收集违反环境保护标准行为或情况的举报;环境污染的内部制裁,对违反企业生态环境行为规则的员工予以制裁;等等。(3)责任承担主体。违反上述合规义务,由作为企业代表人的自然人与企业承担共同责任。(4)责任承担程序。由生态环境行政主管部门对企业合规情况进行监管,发现企业存在违反合规义务的情形,有权要求相关人员提交说明,并向企业及其代表人发出警告,可以命令企业及其代表人在警告之日起1年内,建立符合要求的内部合规程序,若企业拒绝设置合规程序或在规定时间内合规仍不符合要求的,行政主管机关可以对企业及其代表人予以罚款。对于处罚有异议的,相关主体可以在接到处罚之日起三个月内向法院提起行政诉讼。

2. 建立生态环保刑事合规处罚制度

对于已经构成污染环境犯罪的单位,应当建立必要的刑事合规措施,以使其修正或重建内部控制机制,以避免再犯。根据2012—2018年的案件数据统计,污染环境罪案件适用第一档刑期的占到绝大多数,而"后果特别严重的"

适用第二档刑期的仅占全部案件数量的 2.31%。[①] 在污染环境罪刑罚相对较轻的情形下，有必要针对单位犯罪增设合规处罚的资格刑，以去除具有环境污染再犯"危险"的组织文化。具体建议：（1）在立法上增设污染环境罪合规处罚资格刑。（2）对于构成污染环境罪的单位，法院可要求其按照行政合规审查标准提供一份合规计划，并在3年内确保特定的措施和程序在单位内部得以建立并实行。由于已经构成犯罪，表明受刑企业内部环境控制机制已经丧失功能，故而，应当由法院指定专家或适格的个人或机构协助其构建环保内控机制，相关费用由单位承担，但不得超过罚金数额。（3）判处合规处罚的单位未能采取必要措施或不履行合规资格刑的，将被强制破产或退出市场。（4）积极执行合规要求并符合标准的，在刑罚执行期限内受刑单位可以向检察机关提出合规报告，检察机关审查后可向法院提出申请，终止该资格刑的执行。

3. 建立合规迟延起诉制度

迟延起诉，是指检察机关附条件的不起诉。建立以生态环保合规为内容的附条件不起诉，可以为涉案单位的主动合作提供激励，通过监管机关的积极介入以及通过合规计划来管理受刑的企业，促进其环保文化的建设发展，以达到预防再犯之目的。具体建议：（1）对于可能适用污染环境罪第一档法定刑的单位犯罪，检察机关在起诉前可与其达成司法协议，要求该单位履行特定的义务，作为迟延起诉的条件。（2）涉案单位必须履行的义务至少包括：一是向国家缴纳生态环保补偿金，补偿金的数额应当与生态环境修复所需费用成比例，但不得超过单位前3年年平均营业额的30%。二是在检察机关的监管下，提交合规计划，确保在最长3年的时间内建立符合行政合规审查标准的环保内控机制，由检察机关指定专家或适格的个人或机构协助其构建环保内控机制，相关费用由单位承担。（3）检察机关与涉案机关的司法协议及附条件不起诉书，应当在生态环保机关网站上公布，以接受公众监督。（4）在协议规定的时间内，涉案单位履行了相关义务，检察机关不得再提起公诉。若涉案单位违反协议要求，或者协议规定的期限内未充分履行规定义务，检察机关应当提起公诉。（5）司法协议及附条件不起诉应当告知被害人，且应当同时规定因污染环境造成损害的赔偿数额和方式。受害人可以在协议规定的期限内，向检察官提交任何可确定其损害事实和程度的证据，由检察机关提起民事公益诉讼。

---

① 焦艳鹏：《我国污染环境犯罪刑法惩治全景透视》，载《环境保护》2019年第6期。

环境污染犯罪治理困境破解：
理念更新与综合治理

王志远 陈 昊 季金升[*]

我国现行刑法第六章第六节"破坏环境资源保护罪"共规定了15个罪名，其中污染型环境犯罪包括污染环境罪、非法处置进口的固体废物罪、擅自进口固体废物罪、走私固体废物罪等四种犯罪，其余的11类环境犯罪则均属于破坏型环境犯罪。从立法修改和司法解释变动情况来看，环境污染犯罪的立法和司法解释修订与完善的力度是国内外罕见的。从理论研究角度来看，环境污染犯罪的治理与防控理论正逐渐成为我国刑事法学研究的重要学术增长点，获得了长足的发展。但令人遗憾的是现有研究多是集中于该类犯罪的犯罪构成、刑罚设置等刑法学内部问题的探讨，过度的强调刑法在环境犯罪治理中的作用，忽略了"环境污染犯罪原因的多层次性与复杂性决定了其治理是一项综合而系统的工程"这一重要命题，传统的行政处罚、刑罚等手段措施无法有效应对环境污染犯罪破坏性强、影响范围广、治理恢复难等特点，因此有必要借鉴国外综合治理理念与手段的合理之处，跳脱出研究视角单一性的桎梏，建立适合我国环境污染犯罪现状的综合治理体系。

一、刑法内部视角研究的束缚

《刑法修正案（八）》将原有"重大环境污染事故罪"修改为"污染环境罪"，将既遂标准由原来的"致使公私财产遭受重大损失或者造成人身伤亡的严重后果"调整为"严重污染环境"，降低了污染环境罪的入罪门槛，于是引

---

[*] 王志远，中国政法大学刑事司法学院副院长，教授、博士生导师；陈昊，中国政法大学刑事司法学院硕士研究生；季金升，中国政法大学中欧法学院硕士研究生。

发了刑法学界关于环境污染犯罪刑事治理早期化的争议。①

刑事治理早期化理论的核心观点是预防为主的治理理念，即刑罚的适用并不以危害结果的发生为必要，只要行为人实施了具有社会危害性的危险行为即可。② 具体主张则包括环境污染犯罪的危险犯化、承认污染环境罪的过失犯以及弱化环境污染犯罪的行政从属性。至今为止，在环境惩处的早期化论调中，作为环境法益保护的早期化和精神化的依据，总结起来主要有"风险刑法"理论、积极的一般预防理论和生态中心主义环境法益观三种。③反对者则站在恪守刑法谦抑性原则的立场上对环境犯罪刑事治理早期化理论的实质依据和实定法根据一一驳斥，主张环境犯罪的治理应当减少对刑法的依赖，发挥刑法之前的部门法的最大功效，尤其是注重发挥行政法解决环境污染问题的应有作用。④

笔者认为以上争论的产生并非是生态中心主义环境法益观与刑法谦抑性原则之间的冲突所造成的，而是由于论者错误地将前者等同于风险刑法理论，并过度地将其与环境污染犯罪的构成要件、既遂标准等刑法问题进行联结，由此将环境犯罪的治理视角单一化的集中在刑法内部，无法有效实现预防和减少环境犯罪这一立法目标。

（一）还原生态中心主义的"真实面目"

生态中心主义环境法益观建立的理论基础是生态中心主义伦理观，与之前的人类中心主义伦理观不同的是，后者主张将人类道德关怀和权利主体的范围从所有存在物扩展至整个生态系统，是一种更加关注生态共同体的伦理学。⑤从生态中心主义伦理观产生的背景来看，20 世纪后期随着人类发展对自然资源的无限需求与自然资源有限这一矛盾的不断升级，人类所面临的资源枯竭和生态环境日益恶化的危机促使人们开始对传统的以人类利益为中心的这种狭隘

---

① 此次争论的标志是刘艳红教授于《政治与法律》2015 年第 7 期发表的《环境犯罪刑事治理早期化之反对》和李梁博士于《法学杂志》2017 年第 12 期发表的《环境犯罪刑法治理早期化之理论与实践》。持支持观点的学者还包括赵秉志教授、冯军教授（河北大学法学院）、黄旭巍博士、任彦君博士等。从目前笔者掌握的论文资料来看，支持环境犯罪刑法治理早期化的观点占据主要地位。

② 参见李梁：《环境犯罪刑法治理早期化之理论与实践》，载《法学杂志》2017 年第 12 期。

③ 刘艳红：《环境犯罪刑事治理早期化之反对》，载《政治与法律》2015 年第 2 期。

④ 参见刘艳红：《环境犯罪刑事治理早期化之反对》，载《政治与法律》2015 年第 2 期。

⑤ 曹明德：《从人类中心主义到生态中心主义伦理观的转变——兼论道德共同体范围的扩展》，载《中国人民大学学报》2002 年第 3 期。

又自私的伦理观进行深刻反思批判，于是以生态环境保护为目的、以生态利益为中心的生态中心主义伦理观应运而生。生态中心主义伦理观是对20世纪后期在西方资本主义国家兴起的各种绿色思潮的总称，根据对人类中心主义伦理观所持立场的不同，主要可以划分为以下三种类型：将人类与自然界相互对立的极端的生态中心主义伦理观、以人类中心主义伦理观为基础进行修补的折中生态中心主义伦理观和以马克思恩格斯生态共同体思想为借鉴的统一生态中心主义伦理观。① 倡导环境犯罪刑事治理早期化的学者提出刑法事前治理理念的提出正是由人类中心主义向生态中心主义转向的必然要求，这里的生态中心主义实际上指的是"人类—生态中心主义观"，也就是上述分类中的折中的生态中心主义伦理观，强调不仅应当重视现代人类发展利益的实际损害，还应考虑到子孙后代利益因此可能遭受到的损害。

（二）刑事治理早期化并非是生态中心主义的必然结论

刑事治理早期化的核心主张便是将环境污染犯罪由传统的实害犯修改为危险犯，同时弱化环境犯罪的行政从属性，以使得刑罚充分发挥积极的一般预防功能，刑法成为了治理和预防环境污染问题的利器。笔者认为站在其支持者所依据的"人类—生态中心主义"理论之上并不能当然的得出我国刑法中的污染环境罪是危险犯而非结果犯的结论，这一结论得出的主要理论依据恰恰是风险刑法理论。

如上文所述，无论是哪一种具体的生态中心主义观，都是旨在对人类中心主义强调人类利益绝对优先的纠偏，主张不能因为重视人类财产利益、人身利益的保护而忽略了生态环境利益的保护。不少学者都指出我国刑法及司法解释对污染型环境犯罪科以"只有造成财产重大损失或人身伤亡等严重后果"才成立犯罪的构成要件，正是坚持人类中心主义观的体现。有学者指出这样的规定意味着污染行为只有造成了实际损害才构成犯罪，对于那些还没有造成实际损害却使环境、人身、财产受到严重威胁的危险犯不予制裁，这无疑是造成环境犯罪日趋严重的原因之一。② 由此论断便不难看出，主张将刑法治理早期化的学者主要目的是为了解决在没有对人身、财产造成严重威胁的情况下能够对行为人的行为进行入罪的评价，以此严密环境污染犯罪的刑事惩罚圈。而"人类—生态中心主义观"主张的是改变人类主宰自然世界的错误认识，从人

---

① 有学者将其分别概括为"深绿""浅绿"和"红绿"思潮。参见周光迅、李家祥：《习近平生态文明思想的价值引领与当代意义》，载《自然辩证法研究》2018年第9期。

② 任彦君：《论生态文明进程中的犯罪控制》，载《中国海洋大学学报（社会科学版）》2008年第4期。

类自身利益出发倡导一种可持续发展的理念，降低生态环境恶化对人类生存造成的危害，其所强调的是人类在利用自然环境的同时应当同时重视对环境的保护。因此笔者认为解决我国当前环境犯罪治理难题的关键不在于将环境污染犯罪由结果犯修改为危险犯（即刑法的提前介入），而在于明确环境犯罪所要保护的法益是生态利益，将"严重污染环境"这一结果作为环境污染犯罪的构成要件正是生态中心主义观的体现。事实上，日本学者今井猛嘉早就对此作过精辟论述：从伊东研友教授的论述不难发现，似乎基于生态中心主义进行研究，环境犯罪就越容易成为危险犯，但从人类中心主义出发将环境犯罪理解为危险犯同样是可能的。① 因此对于生态环境伦理观理解的不同，并不会影响环境污染犯罪是否是危险犯这一结论的得出。

刑事治理早期化实际上是风险刑法理论的深刻表现。正如支持者所强调的，追究环境污染犯罪危险犯刑事责任的根据，在于环境污染犯罪造成的危害结果非常严重，一旦这种危害结果实际发生，必将对环境以及人类的生命和财产安全造成极大的破坏。因此，为了保护社会公共利益，无须危害环境的实害结果发生，法律就应把这种足以造成环境污染的行为规定为犯罪。② 刑法的提前介入正是应对环境风险社会到来的应然措施，将犯罪成立的标准前置化，扩大刑法适用的边界是风险刑法理论的典型体现。在风险社会理论创始人德国社会学家乌尔里希·贝克的论著中也不难发现，环境风险社会是风险社会的典型表现。③ 因此，环境犯罪刑事治理提前化理念的根据并非生态中心主义而是风险社会理论。

从以上论述不难发现，原有争论并非是生态中心主义理论与刑法谦抑性原则之间的对立，而是风险刑法理论与后者之间的对立造成的，是刑法理论内部之间的矛盾，倡导生态中心主义观与恪守刑法谦抑性、反对刑法治理事前化并不矛盾。

二、理念的更新：统一的生态中心主义观之提倡

当前我国环境犯罪治理理念正在经历从人类中心主义向生态中心主义变革

---

① 参见［日］今井猛嘉、李立众：《环境犯罪》，载《河南政法管理干部学院学报》2010年第1期。

② 赵秉志、冯军：《论环境污染的刑法治理：理念更新与立法完善》，载《法治研究》2013年第4期。

③ "我说风险，首先是指完全逃脱人类感知能力的放射性、空气、水和食物中的毒素和污染物。"参见［德］乌尔里希·贝克：《风险社会》，何博闻译，译林出版社2004年，第4页。

时期，这一点从刑事立法的修订便不难看出，《刑法修正案（八）》将污染环境罪的保护对象由原来的人类现实利益改变为环境利益，"两高"《关于办理环境污染刑事案件适用法律若干问题的解释（2016）》第 1 条对"严重污染环境"做出了细致化处理，其中前十三项规定均是强调对生态环境利益造成破坏的后果或行为，后四项则是突出对人类身体健康或财产造成的损失。我国现行刑事立法和司法所坚持的治理理念并非完全的人类中心主义观，也绝非极端的生态中心主义观，而是带有一定折中色彩的生态中心主义观。

传统理论过多的将目光集中在人类中心主义与生态中心主义之间的对立上，缺少对生态中心主义伦理观的内部审视。笔者认为极端的生态中心主义观并不可取，在这种理念的影响下，为了达到保护生态环境的目的，在必要的情形下可以牺牲个人利益，从而有可能导致人类利益受到损害。这种理念实际上是保护环境过于激进的体现，无法改变人类与环境相对立的传统思维，没有实现有效调和二者之间紧张关系的目标。"人类—生态中心主义法益观"是目前我国刑法学者所力倡的一种治理理念，支持者认为极端的生态中心主义法益观将生态利益作为环境犯罪唯一的保护法益，忽视了人类本身的主体性和能动性，是一种淡化了物质力量的空想主义理念。① 其主张保护生态环境的根本目的是为了人类长远利益与可持续发展，是为保护和发展生产力所服务的。笔者认为以上论述并不可取，理由在于：这种折中处理方案实际上只是人类中心主义观的简单修补，其虽一定程度上缓解了人类利益与生态利益之间的紧张对立，但试图将生态利益统一于人类利益之中的做法并没有完全破除二者之间的对立，而是迫于生态环境的恶化这一现实不当的将二者"强硬"统一起来，并没有真正的认识到"经济价值"与"环境价值"的统一性，这种折中只是缓和了人类中心主义所面临的责难，而非彻底的清算。

笔者认为在人类发展与环境保护关系日益紧张的当今中国，需要以马克思主义理论为指导，以习近平生态文明思想为指引，以人类与自然和谐相处为目标，以破除发展利益与生态利益相对立的二元观念为任务，倡导一种符合自然发展规律和中国国情的统一生态中心主义观。这种理念又可以称作"生命共同体"的思想，是对人与自然关系的全新阐释，是对西方绿色思潮人类中心主义和生态中心主义的反思。② 由于人类过度开发与利用自然资源，导致人与

---

① 参见陈伟、熊波：《人类—生态刑法法益的提倡与现实运用》，载《内蒙古社会科学（汉文版）》2018 年第 3 期。

② 周光迅、李家祥：《习近平生态文明思想的价值引领与当代意义》，载《自然辩证法研究》2018 年第 9 期。

自然之间的关系日趋紧张,无论是何种环境伦理观都是对人与自然的关系所做出的的回答。折中生态中心主义虽然强调生态利益的重要性,但其仍然将发展利益作为环境治理的最终目标,生态危机的出现正是人们在科技发展面前只着眼于自身生产力的发展而忽视了生态环境的保护,因此若想走出生态危机就必须重新审视人与自然之间的关系,破除原有对立的二元观,树立人与自然相互影响、相互制约的生命共同体理念,发展利益与生态利益统一于人与自然和谐发展的进程中。人类命运共同体的生态理想是最终实现人与自然本质上的融合的思想根源,人与自然处于一种和谐共存的关系时,人类也就走出了生态危机而走向了共生共存的理想状态。① 统一的生态中心主义观强调尊崇自然、保护自然,通过发挥人类的能动性促使生态系统的良性运转,合理有节制的利用自然资源。

三、综合治理的立法模式:环境污染犯罪治理的破解之路

我国《环境保护法》第 5 条规定了环境保护的基本原则,即"环境保护坚持保护优先、预防为主、综合治理、公众参与、损害担责"的原则。与该条款确立的"综合治理"原则不同的是,下文所指的"综合治理"是关于德、日环境污染犯罪的立法模式。该部分在对德、日以及我国的环境污染犯罪立法模式进行分析后,对环境污染犯罪的刑事治理早期化理论提出了质疑,并进而探讨适用于我国的环境污染犯罪的刑事立法模式。

(一)德、日环境污染犯罪的立法模式分析

德国和日本比中国更早遭遇到生态环境污染的难题,因此在环境污染犯罪的治理上有很多值得借鉴的经验,尤其体现在关于环境污染犯罪的立法模式上。

总体来说,德、日采取的是"综合治理"的立法模式,即环境法(附属刑法)、单行刑法和刑法典的综合治理模式。② 在环境污染犯罪的刑事立法模式上,德国经历了由行政法规到附属刑法,再到刑法典这样一个不断发展的过程,目前已经形成以《德国刑法典》为核心、以附属刑法为补充的严密的规范体系。③《德国刑法典》在第 29 章设专章规定了环境犯罪(危害环境之犯罪)。日本有关环境污染犯罪的规定体现在刑法典、单行刑法、附属刑法之

---

① 马倩如:《人类命运共同体视域下的生态世界观及审美》,载《重庆社会科学》2019 年第 6 期。
② 李梁:《环境犯罪刑法治理早期化之理论与实践》,载《法学杂志》2017 年第 12 期。
③ 参见张岱渭、冯军:《德国的环境污染犯罪治理》,载《公民与法》2014 年第 5 期。

中,其中,以单行刑法——《关于危害人体健康的公害犯罪制裁法》(以下简称《公害罪法》)为核心,以刑法典、附属刑法中的环境刑事立法为辅助。《公害罪法》开创了制订环境刑法单行法的先例,该法被认为是世界上最现代化、最先进的环境刑事立法。① 刑法典中虽然也存在可归入环境犯罪之一种的犯罪类型(如毒物混入水道罪·刑法第 146 条)、作为公害刑法起作用的犯罪类型(如业务上过失致死伤罪·刑法第 211 条等),但是环境刑法的大多数是作为环境行政法规所规定的罚则而存在的。②

与德国环境污染犯罪的刑事立法模式类似,我国环境污染犯罪的刑事立法也是以刑法典为核心、以附属刑法为补充。尽管如此,实际上两国存在较大的区别。首先,《德国刑法典》设专章规定了环境犯罪,但我国刑法分则却将环境污染犯罪以"节"标题的形式规定了下来,并冠以"破坏环境资源保护罪"名称,隶属于分则第六章"妨害社会管理秩序罪"。其次,德国环境污染犯罪立法在罪名、行为、结果、罪过形式、刑罚等方面均实现了分立,但我国环境污染犯罪立法却在罪名、行为、结果、罪过形式、刑罚等方面均实现了统合。③ 最后,尤为重要的一点是,虽然我国在形式上存在环境污染犯罪的附属刑法,但是该所谓附属刑法中只有关于罪的规定,却没有关于刑的规定,最终如何对犯罪行为追究刑事责任,必须依据刑法典的规定。

综上所述,与德、日采取的"综合治理"的立法模式不同,我国当前环境污染犯罪的立法模式具有一元化的特点,即事实上我国的全部环境污染犯罪都规定在 我国现行刑法中。

(二)我国环境污染犯罪治理的立法模式之探讨

我国《环境保护法》与德、日环境法在治理战略上是基本一致的,都规定了"预防为主"的早期化治理理念。我国《环境保护法》第 5 条确立了我国"保护优先""预防为主"和"综合治理"的环境治理战略,清晰地表明国家在治理环境上扩展了传统的立法模式,基本接近德、日等国家关于环境保护和治理的"早期化"的处置战略。④ 如前所述,刑事治理早期化理论的核心

---

① 参见陈英慧、关凤荣:《中日环境犯罪问题比较》,载《河北法学》2009 年第 12 期。
② 今井猛嘉:《环境犯罪》,李立众译,载《河南省政法管理干部学院学报》2010 年第 1 期。
③ 李梁:《德国环境刑法的立法模式及其对我国的借鉴意义》,载《法学杂志》2018 年第 11 期。
④ 参见李梁:《环境犯罪刑法治理早期化之理论与实践》,载《法学杂志》2017 年第 12 期。

观点正是预防为主的治理理念。笔者赞同对环境保护采以预防为主的早期化治理理念，但是，"预防为主"的环境治理战略并不能自然得出刑事治理早期化理论，除了刑事惩罚外，行政制裁也是一种行而有效的治理手段，如日本《环境基本法》第 4 条规定制定本法的目的与国策是："足以防范环境保全上之障碍于未然为宗旨"，同时该法第 2 条明确了环境保全之障碍的含义，即"有可能造成环境有害的行为"即是违反本法，应当受到行政制裁或者刑事惩罚。正如学者所言，预防刑法追求对法益侵害的事先预防，实现有效的社会控制，却隐含着扩张和模糊刑法干预界限的风险。① 这要求我们不能盲目通过刑罚手段对法益侵害进行事先预防。

就传统刑法之内的解决而言，应对环境污染等问题的核心是谨守刑法的谦抑性，而不是刑法惩处的早期化。各国长久以来的实践证明，环境治理是涉及多元化的问题，绝非刑法这一部门法所能包办的。就刑法之外的解决方式而言，我国环境污染等问题的日益严峻化，刑法之前其他部门法防线的薄弱才是主要原因。② 笔者认为，这里的其他部门法指的是环境行政法。环境刑法与环境行政法是环境污染犯罪治理的重要法律手段，如果两者之间相互协调，就能实现共同保护环境法益的目的，达到预期的治理效果；如果两者不和谐甚至冲突，就可能造成环境治理法律体系的混乱，从而影响治理的效果。因此，如何保障环境刑法和环境行政法之间的协调就成为环境污染犯罪治理所面临的重要问题。

环境污染犯罪属于行政犯的范畴，行政犯的成立要以违反行政法规为前提。

环境污染犯罪通常以未获环境资源保护行政机关的许可或违反环境行政法的安全标准、安全要求为前提，该类罪的成立对依环境行政法及行政命令的依附称之为环境刑法的行政从属性。③ 我国刑法典中所规定的绝大多数环境污染犯罪都是以违反相关环境行政法的规定为前提，从刑法典的规定来看，环境刑法的行政从属性主要体现为以下几个方面：（1）环境刑法中的某些概念、术语的界定需要借助环境行政法的规定。例如，我国《刑法》第 349 条第 1 款非法处置进口的固体废物罪中的"固体废物"。（2）环境刑法中空白罪状的适用需要借助相关行政法规范的规定。例如，《刑法》第 338 条污染环境罪、第

---

① 何荣功：《预防刑法的扩张及其限度》，载《法学研究》2017 年第 4 期。
② 刘艳红：《环境犯罪刑事治理早期化之反对》，载《政治与法律》2015 年第 2 期。
③ 参见任彦君：《论生态文明进程中的犯罪控制》，载《中国海洋大学学报（社会科学版）》2008 年第 4 期。

339 条第 1 款非法处置进口的固体废物罪等，刑法条文对这些罪名的规定都采用的是空白罪状，文字表述为"违反国家规定""违反……法规"。与此相对应，相关的环境行政法规中也会作出相应的指引性规定。这些刑法条文中并不直接规定犯罪的构成要件，对其适用必须借助于相关的行政法规。（3）环境行政处罚是认定某些环境犯罪的条件。例如，2013 年 6 月 17 日最高人民法院、最高人民检察院公布的《关于办理环境污染刑事案件适用法律若干问题的解释》第 1 条关于"严重污染环境"的情形中第（五）项规定："两年内曾因违反国家规定，排放、倾倒、处置有放射性的废物、含传染病原体的废物、有毒物质受两次以上行政处罚，又实施前列行为的"，该规定就将行政处罚作为污染环境罪构成犯罪的标准之一。（4）行政机关的行政许可作为违法阻却事由。例如，根据《刑法》第 339 条第 2 款前段规定，如果进口固体废物的行为得到了国务院有关主管部门的许可，那么，即使造成了环境污染事故，也不可能成立擅自进口固体废物罪。

环境刑法的行政从属性对环境污染犯罪的刑事治理早期化理论构成了挑战。首先，刑法具有谦抑性，即刑罚作为最严厉的处罚手段，其必须在其他制裁手段的处罚力度明显不充分时，才能加以使用。刑罚的发动，必须限于社会秩序迫切需要维持的场合，而且刑罚权的运用必须限定在最小的活动范围内，必须要考虑用刑法保护法益是否是唯一合理的手段。[①] 环境刑法的行政从属性决定了环境行政执法部门行使管理权是治理环境污染犯罪的第一道防线，如果环境行政执法部门能够有效治理环境问题，就没必要动用刑法手段；反之，如果环境行政执法部门不能够有效治理环境问题，那么国家必然会使用刑法手段进行干预。其次，实践中，环境污染治理由行政机关主导，行政手段是最基本的治理手段。环境执法依靠行政机关的多部门优势、技术优势，往往能够超前地解决环境问题。从这个意义上讲，环境行政法具有事前预防的性质，这也是"预防为主"的早期化治理理念的体现。在这里刑法是作为环境行政法的保障与后盾而存在的。最后，刑法具有相对稳定性。但是，社会发展日新月异，法律所调整的社会关系随着社会发展不断变化，环境领域更是如此。刑法的相对稳定性导致其调控力很难适应不断变化的环境法律关系。在这种情况下，环境行政法的特性可以增强刑法在环境领域的调控能力，使其调控能力能够适应社会发展的需要。行政法具有具体性、灵活性、应急性等特点，环境行政法能够及时地进行补充和修改，使其调控能力能够与时俱进。综上，环境污染犯罪的刑事治理早期化理论欠缺合理性，应当注重发挥环境刑法之前的环境

---

① 参见周光权：《刑法总论》，中国人民大学出版社 2016 年版，第 20 页。

行政法所具有的治理环境污染问题的作用。

如前所述，我国环境污染犯罪的立法模式具有一元化的特点。但是，这种将所有犯罪都往刑法典框子里装的做法未必是最佳方案，用"大而全"的刑法典来包罗所有犯罪的立法模式，从长远看并不现实，不能将所有罪刑规范都归拢到刑法典中，法典不能终结单行法，大量制定单行刑法和附属刑法是世界各国通例。① 德、日两国采取的即是环境法（附属刑法）、单行刑法和刑法典的综合治理模式，这对我国环境污染犯罪的刑事立法有着深刻的借鉴意义。

综上所述，对于我国环境污染犯罪的刑事立法模式问题，笔者认为应当在环境行政法中制定罪刑罚则，创立名副其实的附属刑法，在未来条件成熟时制定《危害环境犯罪法》。此种立法模式吸收了德、日"综合治理"的立法模式的优点，在保持刑法典稳定性的同时，可以充分发挥环境行政法对于环境污染犯罪治理的应有作用。

---

① 参见周光权：《转型时期刑法立法的思路与方法》，载《中国社会科学》2016年第3期。

地方排放标准修改与污染
环境犯罪防控问题研究

毛颖洁　李怡文*

为有效应对近年来水污染及保护形势的变化，2018年12月1日，历时3年修改的上海市地方标准《污水综合排放标准》（DB31/199－2018，以下简称"2018年地标"）正式施行。2018年地标收严了部分重要污染物项目的排放限值，大大降低了行政违法乃至刑事犯罪的入罪门槛，对于保护上海总体水环境，有效预防犯罪、打击犯罪将起到有利作用。但同时，标准的修订也对检察机关刑事犯罪的认定提出了新的挑战。本文旨在通过梳理2018年地标的主要修改要点，从而厘清认定构成污染环境罪时，如何准确适用超过地方污染物排放标准的条款，并从犯罪预防的角度对企业提出升级转型、节能环保的建议。

一、污染环境罪与地方排放标准的关系

2016年《关于办理环境污染刑事案件适用法律若干问题的解释》第1条第3项、第4项将"排放、倾倒、处置含铅、汞、镉、铬、砷、铊、锑的污染物，超过国家或者地方污染物排放标准三倍以上""排放、倾倒、处置含镍、铜、锌、银、钒、锰、钴的污染物，超过国家或者地方污染物排放标准十倍以上"作为认定"严重污染环境"的情形，以进一步细化重金属污染环境的入罪标准。所谓污染物排放标准，是指为了实现环境质量标准目标，结合技术经济条件和环境特点，对排入环境的污染物或者有害因素所作的控制规定，是实现环境质量标准的主要保证，也是控制污染的重要手段。① 我国的环境标准分为国家环境标准和地方环境标准二级。关于污染物排放标准的适用，我国法律规定实行地方污染物排放标准优于国家污染物排放标准的原则。因此，司法适

---

* 毛颖洁，上海铁路运输检察院第三检察部检察官助理；李怡文，上海铁路运输检察院第三检察部检察官。

① 喻海松：《环境资源犯罪实务精释》，法律出版社2017年版，第64页脚注2。

用中同样适用上述原则。如胡某某污染环境案，2017 年 7 月起，被告人胡某某在未办理营业执照和环境测评等验收手续的情况下生产加工烫金铜版，将生产废水直接排放至市政雨水管网中。2018 年 5 月 16 日经检测，废水外排口中铜浓度为 268mg/L，浓度超过《上海市污水综合排放标准》（DB31/199 - 2009）规定的铜排放限值的 10 倍以上，严重污染环境。胡某某犯污染环境罪，判处有期徒刑 8 个月，并处罚金人民币 7000 元。

二、2018 年地标修订的背景及对犯罪预防的意义

犯罪作为一种复杂的社会现象，其产生是由包括社会因素、个人因素在内的多种因素促成的。① 根据理性选择理论，犯罪是有目的的和故意进行的行为，是犯罪人为了获取利益而实施的。②理论创始人科尼什、克拉克认为，犯罪决策的过程包括两个环节，首先是参与决策，通过这个过程，个人理性地决定自己在特定的条件下是否进行犯罪行为；然后是事件决策，通过这个过程，个人理性地决定当时的条件是否适合进行犯罪行为以及怎样进行犯罪行为。犯罪活动是一种需要在每个决策点上都要进行理性选择的逐步过程。③任何污染环境犯罪的行为人实施如非法排污的行为，一定是出于获取利益最大化的考量，这也符合人类趋利避害的本能。此时如果外界没有强有力的威慑力量，阻止行为人如此作为，那么行为人即会判断当时的外部环境适合进行犯罪行为，犯罪的几率就会大幅上升，正如机会理论学者费尔森提出的，"机会制造了小偷（opportunity makes the thief）"，当然，可能"小偷利用机会（thieves take opportunies）"更为合适④，是行为人利用了宽松的标准实施了污染环境的犯罪行为。

为控制上海市地面水和地下水污染，保护水体水质，上海市于 1997 年制定颁布了地方污水综合排放标准，并于 1998 年起实施，该标准根据本市环境状况和管理需要，规定了特殊保护水域控制要求、比国标多 11 项污染物项目且部分污染物项目限值严于国标，是本市最主要的污水排放标准。针对该标准

---

① 崔学会：《犯罪预防政策的均衡性适用》，载《天津市政法管理干部学院学报》2007 年第 3 期。
② [美] 亚历克斯·皮盖惹主编：《犯罪学理论手册》，吴宗宪主译，法制出版社 2019 年版，第 571 页。
③ [美] 亚历克斯·皮盖惹主编：《犯罪学理论手册》，吴宗宪主译，法制出版社 2019 年版，第 572~573 页。
④ [美] 亚历克斯·皮盖惹主编：《犯罪学理论手册》，吴宗宪主译，法制出版社 2019 年版，第 579 页。

执行过程中暴露出的总体框架不能与国标衔接、排放级别设置不尽合理等问题，2009年第一次对标准进行修订。

2009年以来，国家和本市的水环境管理不断深化，随着2015年《中华人民共和国环境保护法》的颁布实施及《水污染防治行动计划》（简称"水十条"）的出台，水环境管理对排放标准的要求不断提高，原标准部分技术指标宽松、未将新型污染物纳入管理范围、部分检测方法与标准落后，已不能满足当前形势的要求。根据本市环境管理的需要，自2016年起由上海市环境科学研究院承担2009版标准的修订工作，耗时3年，最终完成本次修订。

犯罪预防是犯罪学研究的归宿和目标。所谓预防，是指"事前防备"。尽管犯罪预防可以在犯罪发生前或犯罪发生过程中进行，亦可以在犯罪发生后进行，但其指向的目标均是在一定的犯罪出现之前消除犯罪隐患，有效控制犯罪，遏制犯罪的蔓延。犯罪预防，就其最基本含义而言是指采用各种方法和措施，防止和减少犯罪的发生，而要保证防范工作方向正确、措施得当、运用及时，犯罪预防工作的总体思路必须具有超前性，即要在事先对一定区域未来时间内犯罪的种类、数量及走势有明确的认识，并有针对性地提前采取措施。[①]因此，如果2018年地标部分污染物控制项目限值的收严能较好地起到震慑作用，那么就能达到"先其未然"的目的，在犯罪出现之前即消除隐患，行为人在实施犯罪行为前即会作出理性判断，在获取利益与触犯刑法之间选择，如果预期收益超过预期损失，就认为更有可能发生犯罪[②]，如果标准的收严使潜在犯罪人感到作案风险大于收益[③]，那么行为人很有可能就会选择放弃，从而有效遏制犯罪行为的发生，降低犯罪概率。

三、2018年地标主要修订要点

（一）调整了适用范围，更新了部分污染物项目的测定分析方法

2018年地标调整了适用范围，删除了原标准对个别行业的特别要求，如原标准针对肉类加工工业的pH值提出了特殊的排放限值。

规范性引用文件部分则主要对水质测定分析方法进行补充和更新，共计更

---

① 陈明添、郭敏峰：《关于犯罪预防体系的思考》，载《福建政法管理干部学院学报》2004年第3期。

② [美]亚历克斯·皮盖惹主编：《犯罪学理论手册》，吴宗宪主译，法制出版社2019年版，第217页。

③ 王康庆：《犯罪预防三维分析——以3·4长春盗车杀婴案为例》，载《黑龙江省政法管理干部学院学报》2017年第1期。

新 90 个项目水质测定方法，13 项新增加管控项目增补相应的水质测定方法。

（二）调整了标准分级，增加了间接排放和协商排放的规定

考虑到 2017 年 2 月上海市环境保护局出台的《关于进一步加强一类水污染物排放企业监管工作的通知》第 2 条要求"一类污染物执行 A 级标准"，而 B 级标准并无执行对象，已无存在的必要，因此 2018 年地标将原第一类污染物两个级别的排放标准调整为执行同一级别的排放标准，将原第二类污染物三个级别的直接排放标准调整为二个级别。

第一类污染物是指能在环境中或动物体内蓄积，对人体健康产生长远不良影响的污染物质。第二类污染物是指长远影响小于第一类污染物质的污染物质。2018 年地标中第一类污染物共 17 项，在车间或生产设施排放口采样监测，第一类污染物不分污水排放方式，其监控位置与排放浓度实行统一执行。

第二类污染物共 92 项，在单位污水总排放口采样检测，第二类污染物根据去向分为三级，排入特殊保护水域的执行特殊保护水域标准，排入Ⅲ类水及二类海域的执行一级标准，向非敏感水域直接排放水污染物的排污单位执行二级标准，间接排放水污染物则执行三级标准。

2018 年地标 3.6 条明确"间接排放是指排污单位向公共污水处理系统排放水污染物的行为。"

2018 年地标 4.4 条中新增"当排污单位以密闭管道的形式向设置污水处理厂的工业园区排水系统排放污水，且污水处理厂具备处理此类污水的特定工艺和能力并确保达标排放时"，可协商排放。但标准同时也作出了限制，第一类污染物不得协商排放。排污单位要开展自行监测，做好备案并载入排污许可证。

（三）调整了污染物控制项目，调整了部分污染物项目的排放限值

1. 增加了 14 项污染物控制项目，包括总锑、总铊、总铁、二氯甲烷、硝基酚、硫氰酸盐、多氯联苯、滴滴涕、六六六、壬基酚、六氯代 -1,3 - 环戊二烯、苯胺、多环芳烃和苯系物总量。

事实上，本次修订的《征求意见稿一》仅增加了总锑、总铊、总铁、二氯甲烷、硝基酚、硫氰酸盐 6 项污染物控制指标，《征求意见稿二》增加了多氯联苯、滴滴涕、六六六、壬基酚、六氯代 -1,3 - 环戊二烯、苯胺 6 项，最终版本再增加了多环芳烃、苯系物总量 2 项，由此比 2009 年地标共计新增了 14 项。

增加项目中前 12 项分别为地表水有检出项目、有毒项目及本市工业企业有排放的项目。其中，壬基酚和六氯代 -1,3 - 环戊二烯 2 项具有较强毒性，

拟纳入在编的《优先控制化学品名录》。壬基酚主要用于生产非离子表面活性剂、润滑油添加剂等，但进入环境中后，是一种内分泌干扰物，有"精子杀手"之称，因此将此2项列入标准增加排放管控。多氯联苯、滴滴涕和六六六是《关于持久性有机污染物的斯德哥尔摩公约》的受控物质，在我国已禁止生产和使用，为控制非法使用上述物质，也将此3项列入管控范畴。多环芳烃会通过呼吸道、皮肤、消化道进入人体，具有致癌作用且有遗传毒性，苯会对造血系统造成危害，也对人体有致癌作用，因此此次修订将这2项纳入标准。

2. 取消了元素磷污染物控制项目。

3. 调整了现行标准中可溶性钡、五氯酚及五氯酚钠（以五氯酚计）、硝基苯类（以硝基苯计）、总大肠菌群（仅针对涉及生物安全性的废水）4项指标为总钡、五氯酚及五氯酚盐（以五氯酚计）、硝基苯类、粪大肠菌群。

调整现行标准中二甲苯总量为1,2-二甲苯、1,3-二甲苯和1,4-二甲苯3个项目。

4. 收严了总汞、总镉、化学需氧量等63个污染物项目的排放限值。

四、2018年地标修订对刑事犯罪预防的影响

党的十八大以来，以习近平同志为核心的党中央高度重视生态文明建设，着眼于美丽中国建设，作出了打好污染防治攻坚战等一系列重大战略部署。在惩治污染环境犯罪的同时需要坚持创新、协调、绿色、开放、共享的新发展理念和双赢、多赢、共赢的监督理念，以理念变革推动新时代检察工作创新发展，把生态环境检察工作摆在更突出的位置来谋划推进。惩罚犯罪，目的不是对犯罪嫌疑人、被告人进行简单的刑事处罚，而是修复社会关系，使生态环境得到恢复，通过案例起到警示及预防犯罪的作用，呈现良性发展的态势。

（一）倒逼企业转型，降低犯罪几率

江浙沪三省同处长三角地区，江苏省于2018年发布了《太湖地区城镇污水处理厂及重点工业行业主要水污染物排放限值》，浙江省于2019年发布了《城镇污水处理厂主要水污染物排放标准》，只有上海市针对水污染制订、发布了单独的《污水综合排放标准》，上海的责任与担当可见一斑。由于行政处罚力度有限，若上升至刑事违法犯罪，企业一般会面临责令停产、整改，这对于企业而言无疑是沉重的打击。2018年地标的发布能有效遏制上海郊区重金属加工小作坊数量多、管理松等问题，标准的收严能倒逼企业革新技术、升级转型，由传统的污染型生产、加工模式转为绿色、节能的新环保模式，从而起到降低犯罪几率的作用。若企业无法达到上海市地标要求，则难以避免被迫搬

厂的命运。如我院办理的龚某某3人污染环境一案中,3人所属的公司上海凯莉玛门窗系统有限公司(以下简称"凯莉玛公司")原本住所地在上海市松江区,本案案发后凯莉玛公司因非法排污行为被法院判处罚金,三人均被判处一年以下有期徒刑,并处罚金,后凯莉玛公司由上海搬迁至浙江嘉善。

(二)帮助企业整改,有效预防犯罪

2018年地标4.5.2条规定,对于现有单位,新标准自2019年12月1日起执行,2019年12月1日之前执行原标准DB31/199-2009的标准,这意味着对于现有单位,新标准给予了一年的缓冲期。在一年的缓冲期内,企业可结合自身技术水平、当地法律要求对现有工艺流程、生产加工工艺进行技术革新、落实整改,若在2018年地标实施后能符合新标准的要求,则可以继续在上海市内生产、经营。2018年地标的出台对于促进企业自我整改、自我完善以及有效预防犯罪将大有裨益。刑罚只是预防犯罪的一种手段而非目的,犯罪预防才是刑罚的目的。[1] 如我院办理的王某某等3人污染环境案,王某某系旭东压铸(上海)有限公司的环保专员,其在工作中发现存在管道泄露含重金属的废水的情况,工作期间不断向其上级环保经理、分管副总经理反映,但一直未得到回复。直到生态环境局至该公司检查,公司管理层才认识到问题的严重性。在对其三人批准逮捕后,公司对排污管道进行了全面重排,彻底整改,现阶段的排污流程已完全符合上海市地标要求。

(三)考虑影响因素,谨慎把握案件

由于2018年地标更严,在把握时更应谨慎,所以对证据收集、事实认定的要求肯定也会更高、更严格。因此,在认定犯罪嫌疑人是否构成刑事犯罪时应当考虑以下几个影响因素:

1. 该场地环境背景值是否较高。由于在郊区开设金属加工作坊的成本较低、监管较松散,金山、青浦、奉贤等地集中了较多化工、电镀小作坊,借助空气、土壤、地表水、地下水等介质,通过粉尘、雨水传播等方式使得该场地整体环境背景值数值较高。近年来频频发生的垃圾随意倾倒事件,由于未采取任何防渗漏措施,相关的重金属污染物可能对区域内地表水和地下水环境造成损害,且倾倒的固体废物在无任何防护措施的情况下亦可能对周边土壤、水体等造成污染,会进一步影响水环境。如我院办理的李某等4人污染环境案,其倾倒垃圾的地块内固体废物中污染物的迁移转化使得该区域地表水中部分污染物项目(总磷、总氮、总锰等)浓度升高,超标严重。因此,对于此类情况,

---

[1] 董士昙:《犯罪预防模式研究》,载《山东警察学院学报》2014年第1期。

首先应当排除是否是由于场地背景值较高才导致了污染物项目超标,应当选取受场地影响较小的对照点,将其与监测点位检测数据进行对照比较,从而真实反映场地内活动对水环境的影响。

2. 是否存在意外事件。"法律不能强人所难",污染环境罪的成立须存在主观罪过,对于主观上无罪过的事件不能进行刑事归责。在司法实践中,确实存在由于意外事件而发生的超标排污行为。如突发防治污染措施及相关设备故障,在故障发生后、发现前这段时间内的超标排放也是人力所不能抗拒的,不能认定为犯罪。但是,如果行为人明知防治污染设施及相关设备发生故障,而故意违反有关规定未及时采取措施,则可能构成污染环境罪或者其他相应犯罪。①如我院办理的顾某某等4人污染环境案,被告人陈某某、周某某在某公司工业废水处理车间当班期间,明知污泥处理池排泥管道堵塞,二人未按照标准废水处理流程操作,擅自使用抽水泵和软管将生产废水直接排放入市政污水管道,并于当日将该排污方式告知给前来换班的另两名操作工顾某甲、顾某乙。此后,四名被告人轮流当班,使用上述方式直接违规排放生产废水至市政污水管道。经检测,该公司废水处理池排口总镍、总铬均超过地标规定限值的10倍以上,严重污染了环境,后四名被告人分别被判处拘役五个月,缓刑五个月。

3. 因果关系是否成立。因果关系是指原因与结果之间决定与被决定、引起与被引起之间的关系。在刑法中,将某一结果归咎于某人的时候,往往需要查明其行为与结果之间是否存在因果关系。②在认定行为人的行为是否构成污染环境罪时,也应当查明是否是行为人的非法排污行为导致水环境检测数据超标,从而造成了环境污染。一般来说,此时应结合个案证据查明涉案企业的工艺流程,查实过程中每个加工环节会产生的污染物质及废水排放走向,以确定涉案企业系唯一可能会造成水污染的企业,从而排除场地内其他企业非法排污造成水环境污染的情况。

最高法对于处于临界点的案件也表示应慎重处理。对于污染物浓度超过2018年地标但没有超过2009年地标的,或是处于2018年地标的临界点的,宜充分考虑案件的具体社会危害性,妥善决定是否纳入刑事范围。其中,对于情节显著轻微社危害不大的,可以适用刑法第13条但书的规定出罪。③

---

① 喻海松:《环境资源犯罪实务精释》,法律出版社2017年版,第70页。
② 陈兴良主编:《刑法总论精释》(上),人民法院出版社2016年版,第199页。
③ 喻海松:《环境资源犯罪实务精释》,法律出版社2017年版,第67页。

结　语

考虑到全国统一强制性标准不能完全兼顾各地的实际情况，无法满足某些地方的具体要求，结合本地地理特点、环境本底、经济发展水平、人口密度、管理机构和人员等情况，制定严于国家标准的地方标准，不仅有利于更好地推动国家标准的执行，也有助于促进本市企业承担社会责任和环境责任，保护和改善环境，对于企业而言，标准的设立、公示也能起到警示作用，有效预防犯罪。作为检察机关，在适用2018年地标时应注意与2009年地标之间的平衡，借助地标的力量促使企业升级转型。由于2018年地标总体趋严，对于处于临界点的案件，检察机关应当谨慎把握，特别是要注意坚持打击与服务并重，保护民营企业、小微企业等非公有制企业合法权益，积极营造良好的法治环境和营商环境，服务和保障非公有制经济健康发展。

新型非法采矿行为的特点、定罪量刑与防控

叶林秀[*]

一、问题的提出

我国《宪法》《矿产资源法》都明确规定了矿产资源属于国家所有。为规划矿产资源的开发秩序，实现矿产资源的有效保护，1997年《刑法》增设了非法采矿罪和破坏性采矿罪，2003年最高人民法院颁布了《关于审理非法采矿、破坏性采矿刑事案件具体应用法律若干问题的解释》。为进一步回应司法实践，有力打击非法采矿犯罪行为，2011年《刑法修正案（八）》修改了非法采矿罪的构成要件，删除了"经责令停止开采后拒不停止开采"的要件，并按照"情节严重""情节特别严重"来设置相应的法定刑，2016最高人民法院、最高人民检察院联合颁布了《关于办理非法采矿、破坏性采矿刑事案件适用法律若干问题的解释》。20多年来，非法采矿罪作为传统的刑法罪名并不被司法实务界和刑法理论界所关注、熟知，1997~2004年，全国非法采矿罪案件数量为0件，2005年为3件，到2018年增长为1981件，非法采矿罪的案件数量呈现急剧上升趋势，理论界对于非法采矿犯罪行为的研究也逐渐增多。虽然《刑法》和两高司法解释对非法采矿罪进行了相对具体、明确的规定，但是司法实践变化万千，总是出现一些疑难复杂问题和现象。随着习近平生态文明思想和国家生态文明建设的推进，破坏环境资源型犯罪越来越成为关注的焦点和打击的重点。同时，行政等各方面打击力度的增加，也导致非法采矿行为发生了演变，由传统的直接性非法采矿行为演变为间接性、掩盖性非法采矿行为。对于这类新型的非法采矿行为如何进行刑法规制和预防，就成为急迫需要解决的问题。本文首先介绍新型非法采矿行为的表现形式和特点，其次介绍新型非法采矿行为法律适用难点，最后探讨对于新型非法采矿犯罪行为如何进行有效的防控，以期提出相关措施和建议，共同维护我们的青山绿水。

---

[*] 叶林秀，徐州铁路运输检察院环境资源检察部检察官助理。

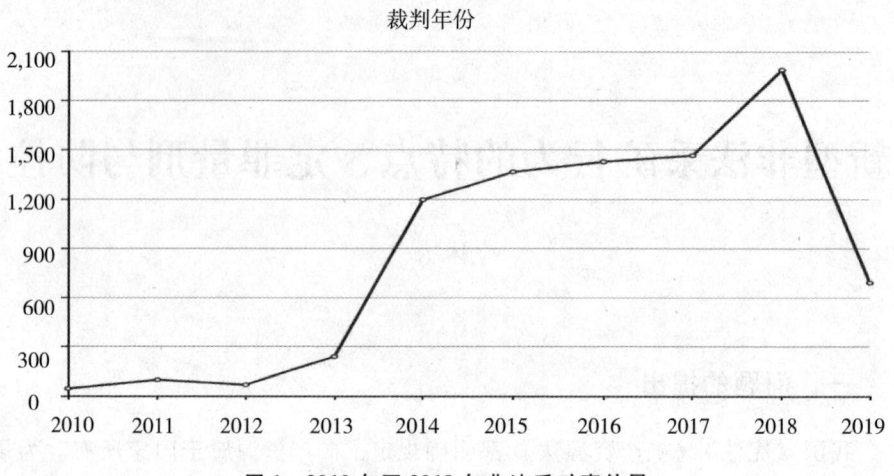

图1：2010年至2019年非法采矿案件量

二、新型非法采矿行为的特点

传统非法采矿行为集中表现为，行为人纠集多人在偏远地区或夜间，直接通过机械采凿的方式盗采矿石，同一个盗采地点盗采时间持续短，盗采数额小，呈"游击盗采"形式，盗采行为方式较为简单粗暴，盗采的非法性一目了然。

新型非法采矿犯罪行为一般是指，行为人以合法的"环境整治""土地复垦""增减挂钩""占补平衡""塘坝改造"等工程项目为名义，在施工过程中大肆开采矿产品资源销售，朱某某非法采矿案①就是典型的新型非法采矿案。2017年1月9日，安徽省中畅生态工程建设有限公司中标了位于安徽省宁国市中溪镇中田村"子弹冲"山场的杭宁新型墙体材料石煤矿矿山地质环境质量工程项目。同年1月17日，中畅公司与宁国市中溪镇人民政府签订了地质环境治理工程合作协议，并将该工程的机械施工部分转包给了被告人朱某某。自2017年2月28日起，被告人朱某某在该项目治理工程中，故意违反设计方案规定，非法开采治理区范围内的石煤矿和砖瓦用页岩矿，矿石量达56700.12吨，销售额共计人民币1715019元。

新型非法采矿行为具有以下特点：

（一）客观上存在合法有效的工程

从客观上看，朱某某非法采矿案中，确实存在合法有效的施工工程，矿山

---

① 安徽省宁国市人民法院2019皖1881刑初43号刑事判决书。

地质环境质量工程项目是经政府招标,中畅公司中标,然后委托朱某某具体施工的合法项目。也就是说,环境整治工程本身是合法的,朱某某取得环境整治工程的施工权也不违反任何法律。所以表面看,朱某某"开采"矿石的行为是合法的,是施工所必须经过的程序。

(二) 使用炸药爆破等方式大规模开采

由于存在合法有效的工程为掩护,导致行为人的盗采行为一般可持续很长一段时间。朱某某从2017年2月28日开始盗采矿石,直到2017年7月6日才被村民联名举报,2017年7月10日被国土部门责令停止违法行为。在长达4个多月的时间里,开采矿石销售的行为一直在持续,盗采价值达170余万元。有的行为人打着"工程施工"的名义,申请爆破,由于项目占地范围大,盗采价值可达千万元。

(三) 多有保护伞或公职人员参与

环境整治或土地整理工程一般由区县国土部门委托项目所在地的镇人民政府组织招标实施,并且按照每亩固定单价支付给地方镇政府,再由地方镇政府进行招投标组织施工单位施工。这种委托施工方式很容易产生监管漏洞。镇一级政府为了创收,对于采石行为尽量是睁一只眼、闭一只眼,很少干预。甚至有的镇政府直接与施工方约定,项目区内的矿石由施工方处理,镇政府不再支付施工费用。如此操作,将产生巨大的经济利润,镇政府可以将区县财政部门所拨财政款全部收入囊中,施工人员也可以通过销售大量矿石获的高额利润,在矿石价格持续上涨的大背景下,不断催生了地方政府与盗采者相勾结的非法采矿犯罪,导致国家矿产资源大量流失。而地方政府等部门的不作为或乱作为直接导致该类非法采矿犯罪行为查处难。

三、新型非法采矿行为的定罪量刑

朱某某非法采矿案的定性争议较大。朱某某的辩护人认为,"开挖行为是按照图纸施工,虽然没有开采许可证,但有治理施工合同,不属于擅自开采矿产资源;即使对开采过程中获得煤矸石等处置行为没有取得合法外运和销售许可,但由于施工合法、处置违法,不符合非法采矿的客观要件。"但宁国市法院经审理认为"被告人在设计方案已明确详细载明施工方法、削坡方案、渣土堆坡面修整、土方回填方法、设计挖方量以及削方产生的土石不外运,全部用于露采坑回填,削方的总体原则是削方量及废渣量的总量与回填量总体平衡等要求的情况下,故意违反设计方案要求,其主观上具有非法获取矿产品并牟利的主观故意,客观上实施了利用矿山环境治理对伴随矿产品采出并销售获利的行为。被告人的行为符合非法采矿罪的犯罪构成要件。"争议的焦点是：在施工过程中，开采矿石销售的行为，是否满足非法采矿罪的构成要件？

(一) 定性争议

《刑法》第343条第1款规定了非法采矿罪的客观要件是：未取得采矿许可证擅自采矿，擅自进入国家规划矿区、对国民经济具有重要价值的矿区和他人矿区范围采矿，或者擅自开采国家规定实行保护性开采的特定矿种，情节严重的行为。实践中经常发生的非法采矿犯罪行为为第一种：即未取得采矿许可证擅自采矿，所针对矿产资源种类一般就是普通的建筑石料用灰岩矿或其他常见矿种。非法采矿罪的构成要件核心是"无证开采"，也就是说开采行为具有非法性。那么，在研究新型非法采矿行为时，就面临着"取得合法工程，进而施工开采矿石销售时，该开采行为是否具有非法性？"笔者认为：答案是肯定的。

第一，不管是何种土地工程，都有相应的设计方案或施工方案。以土地复垦工程为例。土地复垦项目的规划方案会明确规定覆土深度为50厘米左右（正常种植要求）。施工区域地形高低不平，需要平整土地，高处挖低，低处垫高，这样就会产生"采凿矿石"的行为，但这些因施工需要被采凿出来的矿石只能用于垫平、回填使用。而且，土地平整过程中不需要向地下采凿过深，一般以1米为限。因此，行为人使用炸药爆破等方式在项目范围内地下几米甚至十几米开采矿石并销售的行为，显然不是施工要求的"平整土地"，而是"非法开采"。这也与非法采矿罪司法解释规定的"超出许可证规定的矿区范围或许可范围的"属于没有采矿许可证情形相印证。所谓越界开采是指"采矿权人擅自超过许可证规定的矿区范围（含平面范围和开采深度）开采矿产资源的行为。"① 同理，超过施工要求的界限开采的行为同样具有非法性。上文朱某某非法采矿案中，环境治理工程本身就有明确的设计方案，方案中关于施工的范围、矿石如何处理已经做出了明确的规定。行为人违反方案要求，以开采矿石销售为目的，显然构成非法采矿罪。

第二，矿产资源的所有权属于国家。《矿产资源法》明确规定开采矿产品资源必须取得采矿许可证。换言之，采矿许可证是开采矿产品资源的唯一合法有效手续，其他工程施工手续都不能替代采矿许可证。现阶段，由于环境保护力度加大，很多地区合法的采石场都被关停。以徐州地区为例，全徐州市已经完全不存在销售"毛石"的采矿企业，仅存的几家具有采矿许可证的企业也

---

① 国土资源部执法监察局编：《国土资源违法行为查处工作流程》，地质出版社2014年版，第83页。

都是开采矿石后经加工成石子或水泥销售。因此,在矿石供不应求,无处可购的情况下,在工程施工过程中开采矿石销售的行为就急剧增加。换言之,行为人取得相关土地工程时,就是为了开采矿石销售,或主要是为了开采矿石销售,其非法占有矿石的主观故意产生于开采行为前,客观上实施了开采并销售的行为,自然构成非法采矿罪。如果行为人一直按照正常的施工设计方案施工,但仍产生了多余的矿石,而后将多余矿石私自销售的,才需研究其开采行为是否具有非法性,能否构成非法采矿罪。

(二) 非法采矿罪量刑均衡研究

刑法分则第六章第六节破坏环境资源犯罪中的罪名法定刑配置普遍偏低。其中,非法处置进口的固体废物罪、非法猎捕杀害珍贵濒危野生动物罪、盗伐林木罪的法定刑最高刑为 15 年,擅自进口固体废物罪的法定最高刑为 10 年,其余十余个罪名的法定最高刑为 7 年、5 年或 3 年,非法采矿罪的法定最高刑为 7 年。法定刑普遍配置较低与本章节罪名主要是法定犯密不可分,法定犯的法定刑配置一般均低于自然犯。对于传统的非法采矿犯罪行为配置最高 7 年的法定刑基本能实现罪刑相适应。但是新型非法采矿犯罪行为的价值巨大,社会危害也较大,还是以最高刑 7 年来规制,是否有失量刑均衡?

张明楷教授在探讨盗窃罪与盗伐林木罪的关系时,提出两罪并非是特别与一般的关系,而是想象竞合的关系,只有在法定刑能均衡时,才适用盗伐林木罪,当适用盗伐林木罪出现法定刑明显不合适的情况时,就需要适用盗窃罪。因为"盗窃罪仅侵犯了财产;盗伐林木罪不仅侵犯了财产,而且破坏了森林资源。盗窃罪仅导致现实的被害人遭受财产损失,而盗伐林木罪不仅导致现实的被害人遭受财产损失,而且导致子孙后代的生态环境恶化。盗伐林木罪的违法性和有责性均重于盗窃罪。"① 质言之,盗伐林木罪的法益侵害性不比盗窃罪低,因此当适用盗伐林木罪最高只能判 15 年明显不合适时,可考虑适用盗窃罪。同理,非法采矿罪和盗窃罪的关系就如同盗伐林木罪与盗窃罪的关系。当适用非法采矿罪最高只能判处 7 年有期徒刑明显不合适时,可考虑适用盗窃罪。但是笔者同时认为,盗窃罪等财产犯罪的法定刑较高,很大一方面是因为财产犯罪的一般预防必要性大。非法采矿罪作为破坏环境资源型犯罪,其一般预防必要性小。因此,一般情况下,对其适用 7 年法定刑就足以做到罪责刑相适应。只有在非法采矿犯罪数额特别巨大,行为社会危害性极大等特殊情形下,才可考虑适用盗窃罪去实现量刑均衡。

---

① 张明楷:《刑法分则的解释原理》(下),中国人民大学出版社 2011 年版,第 710 页。

四、新型非法采矿行为的防控

非法采矿犯罪的社会危害是极大的。矿产资源属于不可再生资源,处于持续递减的消耗之中。从环境法益保护的角度,非法采矿行为对矿产资源的破坏具有不可逆性。而且,非法采矿不但破坏了矿产资源,还存在损毁农田、占用林地、污染江河大气等诸多严重问题。而且特别是,南方的矿藏大多在山区,非法采矿对森林、林地、生物物种等生态资源均造成不同程度的损害。① 新型非法采矿行为由于其隐蔽性、规模性等特点,导致其社会危害更大。因此,对于新型非法采矿犯罪行为的防控成为当务之急。

（一）行政防控前置

非法采矿罪是行政犯,在认定和查处时均需行政前置。因此,在防控时也应当行政前置。国土部门作为土地资源的主管部门,具有不可推卸的责任。

第一,国土部门在委托镇政府招投标相关土地工程时,需明确施工方案以及施工过程中矿石如何处理的问题,并加强在日常施工过程中的监管。但是,有些时候国土部门的监管是制度性缺失,不是主观性缺失。某地在查处非法采石点时,该采石场不仅不配合,反而用铲车堵住道路,把国土资源局局长、旅游局、乡政府等主要领导等执法人员围困山上长达5小时,直到公安出警后才得以脱身。"相对于武装到'牙齿'的最严的《环境保护法》而言,迟迟没有修改的《矿产资源法》则是'手无寸铁',根本无法为国土资源执法行为提供强有力的保障和支持。"因此,应尽快修改《矿产资源法》,赋予国土等行政部门一定的行政强制权。加强执法力度,从而对盗采人员形成强有力的震慑和牵制。

第二,加强对炸药等危险品的审批监管。若盗采者仅使用挖掘机采凿,其危害后果有限。但一旦使用爆破的方式开采,其危害就明显增大,矿产资源流失更加严重,甚至会造成周边村民上访等恶劣社会影响。但由于国土部门与公安部门职能分工不同,监管责任不同,导致不适合使用爆破或明显不需要使用爆破施工的工程也能经公安机关治安大队批准爆破,从而导致危害后果蔓延。因此,国土、公安等部门应当建立沟通机制,明确土地工程中不允许进行爆破审批,从而有利遏制盗采规模和危害。

第三,重点地区要重点布控。"地点犯罪学"指出地点上犯罪的聚集性要

---

① 喻海松:《环境资源犯罪实务精释》,法律出版社2017年版,第176页。

比个体的犯罪聚集性高得多①。2018年全国共1900余件非法采矿案件。其中，宿迁市宿城区人民法院、徐州铁路运输法院案件数量位居前二。这说明宿迁宿城区和徐州地区非法采矿案件多发，非法采矿行为聚集。因此，宿迁、徐州等地就需要针对性制定强有力的行政监管措施，进行打击盗采专项行动。

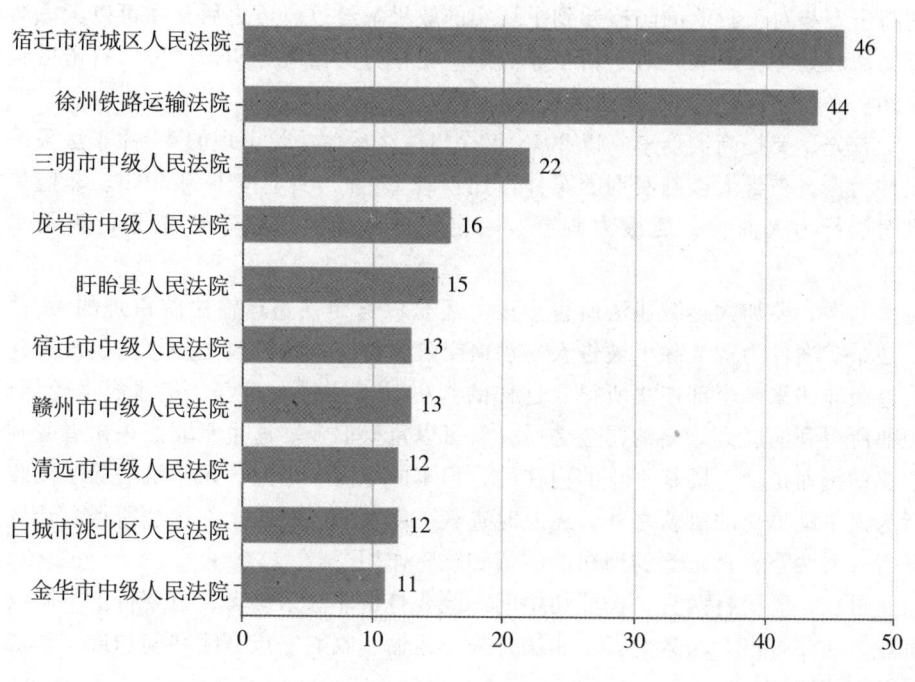

图2：审理法院

（二）司法防控保障

虽然说"犯罪对公共利益的危害越大，促使人们犯罪的力量越强，制止人们犯罪的手段就应该越强有力。"②但是也有人认为，简单的"以暴制暴"有失刑法之正义追求，不利于人权保障。同时，运用刑法对付犯罪也消耗大量的社会成本。控制犯罪的根本并不在于刑罚的有无或者轻重，而在于最大限度消减犯罪成因系统中的根源性因素。这些都决定了在犯罪防控系统中，应该慎

---

① 刘建宏、刘晓梅、张金武：《犯罪防控政策科学化研究》，载严励、岳平主编，《犯罪学论坛》（第二卷），中国法制出版社2016年版，第35页。

② ［意］切萨雷·贝卡里亚：《论犯罪与刑罚》，黄风译，北京大学出版社2014年版，第21页。

重地对待刑罚这一手段。① 笔者认为，在一定时期内，加大对某类犯罪的打击力度与社会发展趋势相符合，也并不违背刑罚的正义理念。2011年《刑法修正案（八）》将醉驾入刑之后，危险驾驶罪的案例数量急剧上升，到如今"喝酒不开车，开车不喝酒"的观念几乎深入每位驾驶人员的骨髓，这说明严厉的打击态势对于犯罪的防控起到了切实的效果。经过严厉之后，才可以考虑对醉驾从轻处理。因此，对于新型非法采矿犯罪行为出现之初，严厉的打击措施是切实必要的。

首先，要提高实刑率。以2018年徐州铁路运输法院审理的44件非法采矿案件为例，被告人被判实刑的案件占比仅有12件，实刑率不到30%。非监禁刑对于行为人而言，震慑力较差，一定程度上导致非法采矿犯罪行为屡禁不止。

其次，要加大追缴违法所得力度。还是以徐州铁路运输法院审理的44件非法采矿案件为例，除了被告人主动退交赃款法院依法没收之外，法院没有判决追缴非法采矿全部违法所得。这样的判决对于被告人而言，犯罪成本较低，犯罪所得利润巨大。交纳罚金之后，就可以重操旧业。这也是非法采矿者受利益驱动铤而走险，屡禁不止的内在的，根本的原因。因此，司法机关除了没收行为人主动退交的赃款之外，还及时查获赃款去向，没收全部违法所得，让盗采者人财两空，真正起到刑罚的震慑和预防作用。

再次，既要打两头，也要切中间。既要打击非法采矿者，也要打击下游收赃者，还要打击非法运输者。非法开采—运输—收购三点一线共同构成了非法采矿经济链。

最后，要加强法治宣传。在司法办案过程中参与社会综合治理。不仅注重司法办案质量和效率，还要关注案件背后的社会问题，真正办好一件案。

（三）社会防控补充

村级自治组织对于新型非法采矿行为的遏制具有不可忽视的力量，土地整理项目均位于村内，如果村民或村委会能够及时发现，并及时举报，非法采矿行为难以持续。

现代社会，传媒的发达也应成为值得关注的力量，在犯罪防控中也应充分利用这一优势，通过信息普及、司法监督以及传媒自律来预防和控制犯罪。②

---

① 王娟、卢山：《现代社会犯罪防控理念研究》，载《政治与法律》2007年第2期。
② 刘守芬、林岚：《现代传媒与犯罪的预防和控制》，载《山东公安专科学校学报》2004年第6期。

金融领域犯罪的防控与治理

涉众型金融犯罪问题及实证性对策研究

贺 卫[*]

涉众型金融犯罪的产生与发展可以说是得益于我国经济快速发展以及人民收入水平的提高，民众可支配收入和闲散资金大幅度增加，顺应国家金融改革趋势与民间利率的提升等因素，民间融资活动极其活跃。基于此，涉众型金融犯罪在金融风险中滋生，当前，我国金融犯罪呈现的新形势，多数都反映出涉众型的特点。涉众型金融犯罪已然成为金融犯罪的重要组成部分，成为常见多发的犯罪类型，其不仅对金融秩序的稳定造成了严重的破坏和威胁，也极易引发群体性实践，甚至影响社会秩序的和谐与稳定。因此，有必要加强对涉众型金融犯罪趋势进行研究，根据其呈现的问题采取相应的对策。

一、涉众型金融犯罪的趋向相当严峻

总体来看，涉众型金融犯罪案件的数量呈现上升趋势，以上海市黄浦区检察院为例，2016 年至 2019 年四年间，黄埔区检察院共受理审查起诉的非法集资类犯罪案件 143 件，共 304 人，案件数平均增长 74.45%，人数上升 48.81%。[①] 近三年来，此类案件呈井喷式增长，早在 2016 年，该院受理的个案涉案金额从早期的数百万、数千万突破至数亿元；2017 年，该院受理审查起诉的案件已超过前三年案件数的总和。截至 2019 年 7 月，涉案金额过亿案件有 36 件，涉案金额高达 142 亿元，达到此类案件总数的 66%。

然而，我国刑法并没有清晰地界定涉众型金融犯罪的内涵，实务界与理论界对涉众型金融犯罪研究均留有诸多空白之处。结合刑法分则中"破坏社会主义市场经济秩序罪"中的相关罪名，以及相关司法实践中的通常理解，可以将"涉众型金融犯罪"界定为：在金融活动中，行为人以牟取经济利益为目的，违规采用金融手段，向不特定对象进行虚假宣传，危害金融管理秩序，

---

[*] 贺卫，上海市黄浦区人民检察院检察长。
[①] 统计数据截至 2019 年 7 月。

情节严重的行为。其不仅对金融秩序的稳定造成了严重的破坏和威胁，也极易引发群体性事件，甚至影响社会秩序的和谐与稳定。

由于立法对涉众型金融犯罪的解释与指引仍存留白，但实践证明，厘清涉众型金融犯罪概念，研究其发展趋势和特点，对打击与预防该类犯罪而言均刻不容缓。结合司法实践来看，当下涉众型金融犯罪呈现出以下特点：

（一）网络化趋势

互联网金融业作为新兴行业，正以蓬勃之势发展，与此同时，相关法律对其的规制较为滞后，行政监管也存在缺位的现象。不法行为人借此罅隙，以"虚拟货币""购物返利""货币银行"等噱头，依托网络虚拟平台吸收受害人资金，骗取高额财物，这类互联网金融犯罪案件层出不穷。

以P2P平台为例，P2P平台的借贷模式自从引入国内后，着实在一定程度上解决了小微型企业融资困难的窘境。根据深圳市钱诚互联网金融研究院发布的报告，仅在2018年上半年，全国P2P网贷成交额已经突破1.35亿元，成交额突破10亿元的平台达到240家。但P2P领域的借款方资质审查、资金流向、使用等方面都缺乏严格的监管，导致该领域的金融平台鱼龙混杂。"人人投""乐投天下"等多个P2P平台在一年之内相继暴雷，众多小微企业面临高额举债偿还不能的困境。其中混杂着不少本身并没有高额盈利能力的网贷平台，通过设立资金池、发布虚假借贷信息、承诺高额回报等模式，非法吸收公众存款，最终因无力偿还债款、提现困难等问题导致倒闭。

互联网金融在跨界融合和流通效率上，具有无可比拟的优越性，但当下的管控和监督实践与互联网金融引发的一系列风险并不相当，金融风险一般较为隐蔽、传染性强、影响范围广泛、对实体金融的传导效应强，一旦互联网金融业的处于高风险状态，涉众型金融犯罪的监管就会受到剧烈的冲击。相比于传统的线下传销、货币犯罪，互联网模式下的涉众型金融犯罪影响更为广泛，社会危害性尤甚。基于此，互联网领域的涉众型金融犯罪需得到足够的重视，该领域成为高发之地，因此成为涉众型金融犯罪的一大新兴特征。

犯罪分子利用虚拟网络服务、网上拍卖等新型犯罪形式，骗取高额资金，并通过网络服务迅速隐匿、销毁涉案关键证据，规避司法机关的侦查，办案机关通常需要更长的时间进行调查、固定涉案证据。相较于传统的货币、信贷等业务的金融犯罪，网络化的涉众型犯罪涉及人员更为广泛，手段极为多变、隐蔽，对社会危害程度更高。这就意味着，司法机关侦办此类案件需要付出相当大的人力、物力成本，然则犯罪案件层出不穷，着重打击并不是减少乃至杜绝此类案件的良策，在此类犯罪案件高发且短期内不可完全避免的情况下，预防的重要性则显而易见了。

(二) 紧跟金融市场热点，手段隐蔽多变

随着社会经济水平的提高，居民可支配收入相应地增长，投资需求增大。涉众型金融犯罪分子多数利用受害者的投资需求，紧跟金融市场热点，借以"证券投资""黄金投资""委托理财""车市投资"等金融热点的旗号，开展金融犯罪活动。除此之外，金融犯罪手法愈发多变、隐蔽，甚至不乏运用合法手段为掩饰，作案方式具有相当的欺骗性。

随着共享经济和互联网技术的进步与推广，P2P平台、共享经济、人工智能、数字货币等领域又成了不法行为人实施涉众型金融犯罪活动的栖身之地，一方面，其利用现行法律和政策监管的缺漏，按照程序办理完整的营业执照、税务登记手续，借金融类公司合法经营活动之名行金融犯罪之实。为了进一步得到投资者及社会的信任，利用现代包装手段，通过主流媒体或社交网络平台发布虚假广告，虚构盈利事实，夸大其投资规模、前景，或有甚者邀请知名人士、行政官员为其推广介绍，骗取公众信任，从而达到获取投资者资金的目的；另一方面，为吸取公众财物，不法行为人往往许以投资者高额回报，借投资理财产品、购买新品种保险等名义，通过首月实际发放高利的掩饰行为以利诱投资者。"付融宝"在暴雷前，曾打出7%—16%的超高额年收益利率以吸引金融投资者。科学水平和互联网技术正不可阻挡地革新升级，但监管的留白给涉众型金融犯罪留下可趁之机，犯罪手段愈发隐蔽多变，侦查机关侦破此类案件也面临多重阻碍。近两年来，涉众型金融犯罪数量不降反增，对社会经济秩序的稳定性造成严重影响。

二、涉众型金融犯罪检察模式呈现的问题

(一) 犯罪数额认定问题

在司法实践中，涉众型金融犯罪往往以自然人共同犯罪的形式出现，对于共同犯罪的犯罪数额认定问题，不同的检察机关在不同的案件中做了相异的处理，实践中对于全案总额、共同犯罪中的各共犯数额认定的问题也不乏疑问。前者方面，存在总额说、损失说、实际总额说、实际占有说四种观点。[①] 就后者而言，如前所述，实践中，既有将总额认定为犯罪数额的前提下区分主从犯

[①] 总额说，即以行为总额计算犯罪数额；损失说，即以被害人损失计算犯罪数额；实际总额说，即以行为总额减去立案前已经归还的本金和利息，以及减去实际投资和必要支出后计算犯罪数额。实践中，以实践总额说的观点为多数说。参见胡根明、刘小兵、宁松：《论涉众型经济犯罪的法律适用》，载《杭州电子科技大学学报（社会科学版）》2010年第1期。

的做法,也有将参与额作为犯罪数额前提下不区分主从犯的做法,还有将参与额作为犯罪数额前提下区分主从犯的做法,为统一执法尺度,亟需明确数额和主从犯的具体认定标准。

(二) 犯罪主体认定问题

尽管涉众型金融犯罪常采用公司化和职业化的运作方式,但是一旦纳入刑事诉讼,在起诉和审判阶段往往认定为自然人犯罪,而非单位犯罪。尽管行为人在实施非法集资行为时,可能具备合法的公司身份,并且以单位的名义进行违法活动,但在审查起诉阶段,均是以自然人身份起诉,而不认定为单位犯罪。另外,由于涉众型金融犯罪本身的行为人数量众多,在不承认单位犯罪的情况下,基本上均以自然人共同犯罪处理。

在具体认定主从犯的处理方式方面,主要分为三种模式:一是根据所有犯罪事实认定犯罪数额,并将主管级别以上人员认定为主犯,其他人员认定为从犯;二是根据参与的犯罪事实认定为犯罪数额,但不区分主从犯;三是根据参与的犯罪事实认定犯罪数额,并将主管级别以上的人员认定为主犯,其他人员认定为从犯。

(三) 取证难问题

涉众型金融犯罪一般以不特定对象为受众,涉案人数众多,凭单人或几人之力难以取得投资者的信任,完成复杂的金融犯罪。其常以抱团的形式,精确分工、严密组织、有计划地进行非法骗取、吸纳公众资金等违法犯罪活动。实践中,不乏涉众型金融犯罪分子借"基金管理""投资基金""理财咨询"等名义实施金融犯罪的例子,公司化的运营方式亦造就了其亦具有职业化的倾向。在此类金融犯罪案件中,有不少犯罪分子本身具有多年的金融工作经验,甚至不乏高学历海归学者、国有大型金融机构的工作精英,熟悉金融业务,职业化程度高。另外,如 e 租宝、付融通等投资理财公司,一方面是有序运营、专业化运作、组织严密的规模公司,另一方面,其依附于公司的利益关系也是严密有序的,容易形成案发后的"攻守同盟"的紧密格局,给此类案件的预防与侦破带来诸多障碍。

除此之外,涉众型金融犯罪常以小额资金为初始运作资本,自资金聚拢后再开始滚雪球式的增长,作案手段专业、复杂,时间跨度大。在明知这点的前提下,不法行为人猖獗地利用"拆东墙补西墙"的手段来获取流动资金,虽难以兑现其承诺的高额回报率,但从案发到侦查机关介入调查需要较长时间,诸多物证、书证在此阶段内能得以迅速销毁、隐匿。侦查机关难以在第一时间固定证据,加上涉众型金融犯罪案件证据数量较为庞杂,若需从电信、网络方面调取证据，则需付诸更多的成本。

(四) 追赃难的问题

涉众型金融犯罪涉案金额高，资金内部流向呈复杂化趋向，往往在案发时资金链已断裂多时，涉案财产或赃款早已被挥霍一空，导致案件侦办机关陷入追赃无据、追赃不能的窘境。因此，涉众型金融犯罪案件追赃率极低，案件侦办机关能回挽回的损失金额远远低于被害人实际损失数额。

另外，我国目前仅在部分法律中对追赃退赃作了一些概括性的规定，追赃退赃的具体程序、主题职责、工作机制等并没有细化的规定，也没有形成完整的追赃退赃制度体系。近年来，经济、金融犯罪案件高发，最高检、最高法以及其他机关发布了不少规范性法律文件，但其强制措施并不明确，与其相关的辅助性强制规定也不配套。由于追赃退赃没有立法上的规范制度，具体操作程序也不够明确，侦办机关办理此类案件时，有引起标准不同一、不规范争议的可能性，严重影响办理追赃、退赃案件的效果。另外，缺乏具体的实践操作体系规范追赃退赃行为，也没有对应的立法对追赃退赃活动予以规制，保护被害人合法的财产权，维护社会公平正义，实现追赃退赃的其他价值只能成为空想。

三、涉众型金融犯罪问题之实证性对策

(一) 犯罪数额

首先，建议对全案犯罪数额采取实际总额说予以认定。即以行为总额减去立案前已经归还的本金和利息后的数额计算犯罪数额。犯罪总额说主张以共同犯罪的总额作为确定各共同犯罪犯罪成员的犯罪数额与刑事责任的标准，覆盖面较广，打击力度大，但没有考虑到案发前的归还情况，有加重犯罪嫌疑人刑罚之嫌。损失说能直接体现犯罪数额，但该学说存在直接损失说与间接损失说之争，本身尚未形成统一的意见；实际占有说需要扣除必要的支付，但必要支出的概念本身较为模糊，且学界对此仍存有争议，不利于司法实践操作。采用实际总额说，不仅考虑到犯罪前已经归还的犯罪数额，在酌情量刑上一定程度地保障了被告人的人权，并且实际总额认定较为明确，在此基础上，可为案件侦办机关争取时间便利，提高司法效率。

(二) 固定证据

因涉众型金融犯罪都具有被害人数量众多、犯罪分子人数多、犯罪金额数量大、涉及地域广等特点，这就意味着涉众型金融犯罪的证据运用不可能像一般刑事案件一样，应当具备自己的特点。

1. 取证方面。调取证据是证明犯罪事实的第一步,也是侦办涉众型金融犯罪案件的成败关键,在新时代社会主义法治国家,明确犯罪事实,举证符合定罪标准才能入罪。

首先,需要正视被害人陈述的地位。由于涉众型金融犯罪中往往被害人、犯罪分子数量众多,相应的证人数量也不在少数,对所有的被害人、证人一一取证缺乏现实性,耗费大量司法资源可能无功而返。另外,涉众型金融案件侦办活动持续时间较长,需要调取的物证、书证等实物证据,往往还需要进行勘验、检查和鉴定等过程,以审计报告为甚。因此,正确看待被害人陈述的作用,即使只有少数被害人陈述对犯罪予以佐证,只要该类证据结合其他证据能证明犯罪事实和犯罪数额,就予以定案。

2. 证据标准方面。根据我国《刑事诉讼法》规定,公安机关侦查终结、检察机关审查起诉和人民法院判决有罪的标准均为"事实清楚,证据确实、充分"。在侦办涉众型金融犯罪案件中,对于异常复杂的情况,经常存在证据标准降低的质疑,有观点认为此种情况下,事实清楚,证据确实、充分的可能性极低,被害人动辄成百上千且分布广泛,然而诉讼期间有限,无法在该期间内完成所有取证,因此,证据充分的可能性要被排除。另外也有观点认为,对于轻微刑事案件,取证要耗费大量司法成本,而法院判处的刑罚又比较轻,所谓投入与产出不成正比,故应当降低轻微刑事案件的证明标准。对此,笔者持否定意见,无论是疑难复杂案件,或是轻微刑事案件,其证明标准无一例外,均应达到"事实清楚,证据确实、充分"的证明标准。一方面,对于疑难复杂案件来说,无论疑难程度如何,都必须在查清事实的基础上对案件进行正确的刑法评价,而"事实"并非一定要满足"完全"的事实标准,而是客观事实中满足刑法评价需要的那部分事实即可,即在刑法视野中影响定罪量刑的事实。对于并不影响定罪量刑部分的客观事实,不需要也不必要用证据证明。对于涉众型金融犯罪而言,只要综合全案证据可以认定其犯罪事实,即使没有对所有的被害人进行询问取证,证据也不可谓不充分。另一方面,对轻微刑事案件而言,由于其案件事实简单、涉及人员较少,需要查证的工作也相对较少,没有必要通过降低证明标准的方式来节约司法成本,相反,可以通过查证属实的证据使犯罪分子真诚认罪悔罪,从而通过简化诉讼程序的方法,降低司法成本。

3. 追赃机制方面。在涉众型金融犯罪案件侦办过程中,应当将追赃止损作为一项重要的工作看待,这是决定案件办理是否做到案结事了的前提和基础。① 建立有效的追赃机制,防止犯罪分子因犯罪行为而得益,同时最大化地挽回被害人的损失。

首先,在审查逮捕阶段,检察机关除了审查行为人是否构成犯罪、人身危险性等一般判断要素外,还需将犯罪嫌疑人的资金退还意愿与退还能力纳入人身危险性的考量范围。对于认罪、不妨碍诉讼程序顺利进行,并且具有退还意愿和退还能力的犯罪嫌疑人,原则上都应作出相对不捕的决定,以鼓励犯罪嫌疑人积极筹措资金,为后期赔偿被害人奠定基础。

其次,探索建立独立的财产查询通道,通过大数据技术。尽量打通各部门的数据隔离,实现数据交换,至少在省一级建立房产、车辆、存款、证券等财产查询系统,对于查询到的财产,经查明系赃款赃物、违法所得的,应当及时予以查封、扣押。

最后,对于犯罪嫌疑人近亲属自愿主动表示帮助退赔的,检察机关应当协助其完成退赔事宜,并作为酌定量刑情节加以考虑,可以直接写入书面的量刑建议书,或者在开庭时及时向法庭予以口头说明。

(三)刑罚适用

1. 合理运用财产刑的建议权和监督权。涉众型金融犯罪本身也属于经济类犯罪,就经济犯罪而言,犯罪行为人往往具有贪利的动机,无论时出于报应刑的考虑,还是处于预防刑的考虑,都应当在实践中注重财产刑的运用。以检察机关立场来看,财产刑的运用主要体现在两个方面,一是应当根据案件的具体情况,提出相对合理的财产刑的量刑建议,取代抽象的"并处相应罚金""并处相应的没收财产"等。二是在刑事审判监督中强化对法院判处刑罚的监督,尤其是注重对判处财产刑的监督。以往检察机关对审判活动的监督主要集中于定罪方面,远远超过对量刑的监督,即使部分检察机关在实践中对量刑加以一定的关注度,也多是侧重于对主刑的监督,附加刑的监督基本没有被纳入考量范围,这一情况在侦办涉众型金融犯罪案件中应予以纠正。

2. 重视从业禁止规定的适用。涉众型金融犯罪案件中,存在不少部分人员利用职业便利实施犯罪或者实施违背职业要求的特定义务犯罪的现象,基于此,检察机关在提出具体量刑建议时,应当强化资格罚的运用,禁止行为人从事相关职业,从而加大惩治的力度,预防行为人再犯。

---

① 参见吴国贵:《涉众型经济犯罪的查证风险、难点及其对策研究》,载《黑龙江政法管理干部学院学报》2017年第3期。

首先，对于涉众型金融犯罪案件的组织、领导人员，检察机关在量刑建议中可酌情提出禁止其从事涉及金融职业的意见，针对案件不同的情况，甚至可以提出禁止其担任公司、企业的法定代表人、高级管理人员，以及其他可以实际控制公司、企业的岗位的检察建议。

其次，对于涉众型金融犯罪案件中涉及的金融行业的专业人员，检察机关在量刑建议中可以建议禁止其从事金融行业职位，接触金融业务。对于依行政管理法规规定应当处以暂扣、吊销职业资格处罚的，应当及时移送有关行政机关处理。

再则，为保证相关从业禁止规定的执行落地，公安机关、检察机关、人民法院、司法行政机关应当协调建立保证人制度、群众举报奖励制度、数据库和信息查询制度、处罚制度。对于被判处从业禁止的犯罪分子，人民法院在审判时应当要求被告人提供保证人，保证监督其履行从业禁止义务；对于执行过程中违反从业禁止业务的，要求司法行政机关给予群众适当奖励，从而规范执行行为；司法行政机关可于内部建立从业禁止人员数据库，免费供用人单位查询相关情况；用人单位明知行为人被禁止从事某项职业仍然为其提供职业岗位的，以及保证人违反相关保证义务的，公安机关应当及时予以行政处罚。

3. 适度扩大困难被害人的国家救助制度。目前，检察机关控告申诉部门已经建立了困难被害人的国家救助制度，但其救助的范围基本局限于困难被害人因犯罪行为遭受人身损害的案件，侵犯财产权类案件、经济犯罪案件上却鲜有进行国家救助的尝试。然而，在实践中，有些被害人因涉众型金融犯罪行为而遭受严重的损失，远超出其经济承受能力，一时无法正确处理，以致作出一些自残、自杀的极端行为。尤其是涉众型金融犯罪的老年被害人群体，其投资较盲目冲动，动辄悉数将全部财产投入其中，但投资承受能力较差，被骗取钱财后往往思想压力比较大，容易造成严重后果。因此，建议检察机关在现有被害人救助制度的基础上，适度扩大困难被害人国家救助范围。一方面，可以适度解决困难被害人的日常生活问题，对被害人是一种物质上的救助；另一方面，彰显了国家司法的温度，对被害人也是一种精神上的抚慰。

另外，在条件允许的情况下，建议检察机关超前思维，从被害人经济利益的修复责任出发，对于查扣在案的财物，由于无法查清来源而导致无法认定违法所得的，可以通过适当考虑提高财产刑、财产刑执行完毕后通过国家救助或者补偿的方式对被害人的损失予以适当弥补，从而在整体上维护了社会秩序。①

4. 科学把握刑法适用与刑事政策。根据我国传统刑法理论，犯罪的本质在于犯罪行为的严重社会危害性，就涉众型金融犯罪而言，应当辩证地看待其社会危害性。一方面，涉众型金融犯罪不同于严重的暴力犯罪，而属于经济犯罪，具有刑罚宽缓性的一面。另一方面，其属于严重的经济犯罪，涉案数额大、人数多、社会影响恶劣，往往侵害公私财产和国家的金融管理秩序双重法益，追赃止损困难，具有相当严重的社会危害性。因此，司法机关在办理此类案件时，应当准确地把握宽严相济的刑事政策，正确甄别罪与非罪、罪轻与罪重的区别。针对不同的案件、案件中承担不同责任的行为人，充分运用现行法律的规定，灵活处理，做到不枉不纵，恪守罪责相一致的刑法原则。

---

① 参见相庆梅、刘冬：《涉众型经济犯罪对被害人补偿的政府角色——以"蚁力神"事件为例》，载《理论探索》2011年第3期。

从抑制到缓和：我国金融刑事政策的基本走向[*]

满 涛[**]

当前，金融活动已成为世界范围内经济发展的重要组成部分，其作用于经济社会发展、国民日常生活的角色效应愈加明显、突出。毫不夸张地讲，金融活动已经成为了当前经济领域的中心环节，是所有经济活动的纽带，把控着经济整体发展趋势与正常运行。基于金融领域的复杂性尤其是互联网金融，金融失序行为时有发生，成规模的金融犯罪也难以避免，都严重威胁金融市场秩序与安全、损害金融活动参与各方的合法权益。因此，建立起行之有效的刑事法律应对体系也就成为了惩治与预防金融犯罪、保障金融安全与稳健的首要任务。在此之前，我们应当正确选择与合理建构当前的金融刑事政策，从而对相应条件下的刑事立法与刑事司法等系列治理手段进行宏观调整与指导。

一、当前抑制型金融刑事政策的面相

就当前对金融犯罪的治理来看，我国金融刑事政策整体上采取了以抑制、打击为主的严厉化策略形式，主张重点运用刑罚（甚至是重刑）手段[①]来应对金融领域的失序行为。这一点，在近年的刑法立法与司法实践中表现得最为集中与明显。

（一）金融领域犯罪圈不断扩张

集中梳理现行刑法的修订及历次刑法修正案，可以发现，金融领域的犯罪化立法呈现出逐步加强的趋势。从犯罪化立法的具体方式来看，直接增加新罪与修改已有罪名构成要件的方式均有涉及，几乎席卷了金融行业的各个领域。直接增加新罪，就是将之前的非罪行为直接规定为犯罪，并配置相应的刑罚。

---

[*] 本文系笔者主持的中国博士后科学基金面上资助项目（2019M653243）的阶段性成果。
[**] 满涛，中山大学法学院博士后，法学博士。
[①] 参见刘宪权：《论我国金融犯罪的刑罚配置》，载《政治与法律》2011年第1期。

如，《刑法修正案（五）》在《刑法》第177条之后增加了"妨害信用卡管理罪"和"窃取、收买、非法提供信用卡信息罪"两个新罪，将妨害信用卡管理的行为予以犯罪化；《刑法修正案（六）》在《刑法》第175条后增加了"骗取贷款、票据承兑、金融票证罪"，将以欺骗手段取得银行或者其他金融机构贷款、票据承兑、信用证、保函等行为规定为犯罪；《刑法修正案（六）》同时在《刑法》第185条中增加了"背信运用受托财产罪"和"违法运用资金罪"两个新罪，将金融机构和特定资金管理机构违背受托义务擅自运用资金的行为规定为犯罪；《刑法修正案（七）》在《刑法》第180条中增加了"利用未公开信息交易罪"，将金融市场领域常见的"老鼠仓"行为予以犯罪化处理，即"基金管理公司、证券公司、商业银行或者其他金融机构的工作人员，利用因职务便利获取的内幕信息以外的其他未公开的经营信息，违反规定，从事与该信息相关的交易活动，或者明示、暗示他人从事相关交易活动，情节严重的，依照第一款的规定处罚"。修改构成要件，则是指采用"扩充或降低"的方式，将某种特定犯罪的覆盖范围加以扩大，从而使某些原本并非该种犯罪涵盖的行为与主体得以进入该罪的惩罚范围。① 在修改式的犯罪化立法中，扩充构成要件中的行为类型，是金融犯罪领域扩张中较为常见的方式之一。如《刑法修正案（五）》在《刑法》第196条"信用卡诈骗罪"中增加了"使用以虚假的身份证明骗领的信用卡的"这一行为方式，从而使得通过该种行为进行诈骗活动的，均可构成信用卡诈骗罪，信用卡诈骗罪的制裁范围依靠行为类型的增加得以扩张；《刑法修正案（六）》对《刑法》第182条"操纵证券、期货市场罪"的行为类型也做了一定的修改，即将原有条文第（三）项中"以自己为交易对象，进行不转移证券所有权的自买自卖"修改为"在自己实际控制的账户之间进行证券交易等"，这些修改都相应导致该罪规制的犯罪圈范围得以扩大。同时，扩充构成要件中的行为主体范围，也是刑法修正中实现犯罪化的重要方式。比如，《刑法修正案》将《刑法》第180条"内幕交易、泄露内幕信息罪"的犯罪主体由原来的"证券交易内幕信息的知情人员或者非法获取证券交易内幕信息的人员"修改为"证券、期货交易内幕信息的知情人员或者非法获取证券、期货交易内幕信息的人员"，《刑法修正案》也对《刑法》第181条"诱骗投资者买卖证券、期货合约罪"的犯罪主体范围进行了增加，由"证券交易所、证券公司的从业人员，证券业协会或者证券管理部门的工作人员"扩展到"证券交易所、期货交易所、证券公

---

① 满涛：《我国犯罪化立法的教义学边界——以犯罪构造为中心》，载《刑法论丛》2017年第4期。

司、期货经纪公司的从业人员,证券业协会、期货业协会或者证券期货监督管理部门的工作人员",均将期货交易活动的相关主体纳入到该罪的主体范围之内。还有的修正条款,则是径直降低或删除某些特定的构成要件内容,降低入罪门槛,扩大本罪处罚范围。如《刑法修正案(六)》将《刑法》第187条第1款原来规定的"以牟利为目的,采取吸收客户资金不入账的方式,将资金用于非法拆借、发放贷款"修改为"吸收客户资金不入账",取消了"以牟利为目的""将资金用于非法拆借、发放贷款"等入罪的条件限制,明显地扩大了该罪的适用范围。与此同时,改结果犯为抽象危险犯,提前犯罪成立的时间节点,也是金融领域犯罪圈扩大的一大体现。比如,《刑法修正案(六)》修订了《刑法》第186条"违法发放贷款罪"的罪状,将犯罪构成中的"造成较大损失"修改为"数额巨大或者造成较大损失的",使得该罪成立无须一定造成较大损失才构成,只要满足违法发放贷款的数额巨大的要求,亦可在违法发放贷款时即可构成该罪。

由上可知,我国刑法修正对于金融领域呈现出典型的积极犯罪化趋势,金融犯罪的"制裁之网"铺得很开、撒得很广,对于"距离实害较远"的失序行为都能很好地实施制裁,实现了对金融犯罪"打早、大小"的策略要求。从新增罪名到扩充犯罪构成要件,从扩大犯罪主体范围到设置抽象危险犯,都可以清晰地表明,我国金融领域犯罪圈的制裁范围正在不断扩张。

(二) 金融犯罪法定刑设置趋重

随着《刑法修正案(九)》第12条做出了删除《刑法》第199条的规定,我国《刑法》中所有涉及经济金融的犯罪统统告别了死刑苛罚的时代,这应当是我国逐步废除死刑政策路上的里程碑式成果。[①] 可以说,金融犯罪死刑配置的废止,在一定程度上落实了我国宽严相济基本刑事政策中"宽"的要求。但是,仅凭这一点是否可以论证出我国金融犯罪法定刑设置从宽、走轻的趋势?答案应当是否定的。首先,作为典型的财产性犯罪,金融犯罪的死刑配置本身不具有法理依据,同时,在司法实践中,也极少对金融犯罪适用死刑。金融犯罪死刑配置多是"配而未用",实际上并未起到最高刑的实际功能;其次,就金融犯罪而言,常规适用的法定刑多为有期徒刑和罚金刑,而在这两种刑罚设置上,刑法修订则呈现出明显的攀升与趋重的态势。以《刑法》第182条为例,《刑法修正案(六)》将原条文中的法定刑条款"处五年以下有期徒刑或者拘役,并处或者单处违法所得一倍以上五倍以下罚金"和"单位犯前

---

① 参见赵运锋:《金融刑法立法重刑政策评析及反思》,载《上海金融》2011年第5期。

款罪的,对单位判处罚金,并对其直接负责的主管人员和其他直接责任人员,处五年以下有期徒刑或者拘役"修改为"处五年以下有期徒刑或者拘役,并处或者单处罚金;情节特别严重的,处五年以上十年以下有期徒刑,并处罚金"和"单位犯前款罪的,对单位判处罚金,并对其直接负责的主管人员和其他直接责任人员,依照前款的规定处罚"。对比修订前后的法定刑条款,我们可以从三个方面来理解该罪的法定刑由轻变重:第一,法定最高刑由五年升格为十年,即触犯操纵证券、期货市场罪最高可判处十年有期徒刑;第二,罚金刑由倍数制(数额限定)修订为裁量制(数额不限定),即修正后的罚金刑裁量删除"最高五倍"的数额限制,罚金刑裁量空间明显增大;第三,将单位犯罪中"直接负责的主管人员和其他直接责任人员"的法定刑条款修订为"依照前款的规定处罚",亦即表明对直接负责的主管人员和其他直接责任人员判处自由刑也适用升格后的法定刑,既提高了法定最高刑也增加了"五年以上十年以下有期徒刑"的量刑档次。

总体上来看,废除死刑配置对金融犯罪法定刑的作用多为宣示意义,并不能较大程度地影响金融犯罪法定刑轻与重的基本判断。相反,实际承担金融犯罪法定刑功能的有期徒刑与罚金刑的修订,则能明显反映出该类犯罪法定刑愈加偏重的趋势。

(三)金融刑事司法治理趋严

与立法层面上犯罪化扩张、法定刑趋重的"重重"策略相似,刑事司法应对金融犯罪同样表现出了严厉规制、重刑打击的态势。

近三年,最高人民检察院在其所作的工作报告中对金融犯罪的指导意见集中体现为一个"严"字,如"积极参与互联网金融风险专项整治,严惩非法集资等涉众型经济犯罪以及洗钱、地下钱庄、网络传销犯罪,严惩'老鼠仓'等证券期货领域犯罪"(2017)、"重点惩治非法集资、网络传销、内幕交易等犯罪"(2018)、"从严惩治侵犯知识产权、制售伪劣商品、非法集资、虚开发票骗税等严重破坏市场经济秩序犯罪,让法治成为最好的营商环境"(2019)。① 同样,最高人民法院的工作报告也强调了对金融犯罪的严惩与重办,如"严惩非法集资、电信网络诈骗等新型违法犯罪,维护资本市场秩序,防范金融风险"(2017)、"严惩非法集资、内幕交易等金融犯罪"(2018)、"严厉打击非法集资等涉众型经济犯罪"(2019)。② 以"两高"近三年的工作

---

① 具体内容详见《最高人民检察院工作报告》(2017—2019)。
② 具体内容详见《最高人民法院工作报告》(2017—2019)。

报告为分析样本,不论是工作总结部分还是工作建议部分,我们都可以清晰地发现,国家层面上的宏观刑事司法政策对于金融犯罪的治理方针就是"重办、严惩"。

与此同时,宏观刑事司法政策对于金融犯罪"严惩""严办"的指导方针,也将直接影响各级司法机关对具体金融犯罪案件的刑事司法取向,从严办案自不待言。以近年来较为典型的金融犯罪案件为例,从湖南的"曾成杰案"到浙江的"吴英案"再到深圳的"马乐案",基本可以展现出刑事司法应对金融犯罪的严厉态度。在罪与非罪、重罪与轻罪、重刑与轻刑的抉择之间,司法实践中的做法大多是选择宜重不宜轻的惩治方式。一个很简单的司法逻辑就是,上述金融犯罪案件具有涉案范围广、案件影响大、危害结果重的特点,同时参考国家严惩金融犯罪的宏观司法政策,自然就有了从严惩治的个案结论。

还需要说明的是,司法官在办理金融犯罪案件过程中长期形成的唯结果、唯数额的司法惯性思维,也是司法治理过严的一种表现。不同于一般的经济财产型犯罪,金融行业以大额款项、资本、市场为经营内容,一般的金融活动都会涉及到巨额财产,这是行业行为的特点而不应成为定罪量刑的直接依据。换言之,对于金融犯罪的定罪量刑依据必须是刑法条文的明文规定,而非案件中"巨额财产"数量的直观印象。这一点恰恰是当前涉金融类刑事司法的一种"典型"思维,因而造成对金融犯罪案件定罪与量刑上有失偏颇,导致过于严厉的司法结论。

二、抑制型金融刑事政策的实践困境

在金融犯罪治理领域,宽严相济基本刑事政策并未得到理性地落实,而是呈现出了倚重刑罚手段与刑罚效果的侧偏倾向,金融领域的刑事政策走向表现出明显的抑制特点。单从当前的治理效果来看,该种偏向抑制的策略选择在一定程度上确实可以起到打击金融犯罪、维护金融市场的效果,但是从长远看,抑制型金融刑事政策的负面效果也是显而易见。

(一)背离刑法谦抑主义的基本要求

在抑制型刑事策略的指导下,金融领域的刑事立法与司法均表现出过于积极的举动倾向,增加新罪、降低入罪标准、升格刑罚幅度、积极扩张解释等,背离了刑法谦抑的基本要求。现代法治条件下,基于刑罚手段的恶害本质与保护公民自由权利的双重考量,普遍承认使用或者发动刑罚手段应当具备一体性的谦抑特点,即刑法在行为规制层面应该保持克制,不宜过早、过多地干预公民个人行为,而应当尽量保持最后手段的形象。

近年来,随着金融行业的迅速发展,各式各样的金融产品如证券、基金、期货、互联网交易等迅速融入公众生活，市场繁荣的同时，也引发了针对性行业规范（包括法律）缺位的难题。但是，针对市场管控的需求，决策机关难以短时补强规范缺失问题，又要对金融市场失序行为加以治理，犯罪化的刑事强制管控就成了应对问题的高效工具。作为维持社会秩序的基底性规范，刑法的谦抑特点，决定了其是其他部门法的保障法，是"最后法"。[①] 换言之，面对某种危害社会的行为，只有穷尽其他部门法（前置法）的救济途径后仍然难以规制时，才有发挥刑罚制裁功能的必要与空间。因此，如"信用卡诈骗罪"行为类型的增加、"操纵证券、期货市场罪"的行为方式的扩充、"吸收客户资金不入账罪"入罪门槛的降低，等等，都是典型的金融市场主体违规失序的行为，其规制手段完全可以由职业道德守则、行业内组织规范、金融市场监管法律等予以惩治，刑法不宜一般性地过早介入。当然，如果行业内组织团体、金融业行政管理部门能够完善操作标准、制定行业准则、加强业务审查与监督，积极履行职责，前述金融失序（越轨）行为基本上是很难发生，相应的危害后果也能予以避免。

（二）阻滞金融系统法律法规的生成

刑法过早、过多、过重地介入金融活动，必然阻碍金融系统自身法律法规的创立、生成与发展。在金融行业规制体系中，刑法的事后法角色决定了其只能承担事后制裁的消极功能，而其他金融领域前置的部门法则承担了事前管理、规制的积极任务。自1997年刑法典到今天的九个刑法修正案，金融刑法的严厉化趋势，使得金融规制手段不自觉地依赖刑罚严厉制裁，因为这种事后法具有"一劳永逸"的效果。然而，缺乏前置法充分考察、酝酿的刑罚制裁在短期效应后，无法融入金融领域的具体生活，就无法从根源上提出解决相应违法行为的合理方案，其对于恢复抑或促进金融行业规范化操作而言，并无积极功能。相反，过度刑罚依赖，还会阻碍金融行业准则与金融部门法的良性发展。与此同时，金融行业内的创新活动亦会因为规范不全、动辄入刑等一系列风险而难以发展，从而阻滞金融行业的整体前进，影响经济社会的全局发展。面对金融活动中的诸多刑事风险，适时运用刑罚制裁手段对相关的违法犯罪行为进行规制是必要的，但是，基于保障金融活动自身的创新价值，刑法的介入理应适度而不能过度干预，否则势必会适得其反，将金融创新扼杀于"摇篮"之中，阻碍国家经济的整体发展。[②]

---

① 参见顾肖荣、陈玲：《必须防范金融刑事立法的过度扩张》，载《法学》2011年第6期。

② 参见刘宪权：《论互联网金融刑法规制的"两面性"》，载《法学家》2014年第5期。

（三）阻碍金融创新活动的发展

从长远来看，过度动用刑法，势必会阻碍一个新行业、新经济的兴起，也可能会阻滞一种创新性服务模式的兴起以及相关的技术革新，最终甚至堵塞经济的生长点。当前，有效治理金融活动失序行为的重点应当在"疏"而不在"堵"。疏，是指市场开放与规范引导，开放金融市场、破除金融资源垄断的局面，完善国家金融活动规则标准与规范体系，建构自由、合理的金融市场运行制度。从这个意义上讲，从金融活动的自身规律出发，立足于制度构建与政策制定上的有据可循、宽缓适宜，为金融活动主体提供更为便捷、畅通的金融创新渠道和金融服务，才是治本之道。相应的，对金融活动的刑法规制，理应应当保持较大程度的理性与克制。

三、缓和型金融刑事政策的构建

如前所述，当前我国应对金融犯罪的指导策略主要是以严厉为导向，侧重刑罚的抑制效果，欠缺正当性与合理性，存在诸多问题。重新思考当前金融刑事政策的走向，笔者主张融合宽严相济基本刑事政策的含义，合理借鉴域外规制缓和理论的实践成果，构建金融领域内宽缓为主、刑罚适宜的缓和型刑事政策体系。总的来讲，缓和型金融刑事政策强调刑法制裁手段最大限度的滞后与限缩，扩展金融活动中行业自治准则与金融部门法的规范功能，形成"行业准则—部门法—刑法"的梯次治理规范体系。

规制缓和理论，并非法学研究中的特定范畴，而是来源于经济学与公共政策领域。在世界经济发展史中，凯恩斯主义完成对亚当·斯密市场自由主义的革命后，"革命成果"并未保持良久，就出现了政府规制失灵的局面。20世纪70年代，主要资本主义国家经济滞胀的出现，凯恩斯主义在应对危机时束手无策，反凯恩斯主义的自由主义重新回到了理论制高点。① 以哈耶克为代表的新自由主义学派，沿袭了古典自由主义的传统，坚持经济自由的理论主张，认为资源有效配置只能由市场来执行。同时，新自由主义并不否认甚至还强调政府规制的积极作用，"为了竞争能有益的运行，需要一种精心想出的法律框架"。② 对于政府规制，哈耶克认为，不能无限地扩大公共行动领域而侵犯个人在其自己的领域中自由自在；一旦国家控制所有手段的公共部分超过了整体

---

① ［美］斯蒂格利茨：《政府为什么干预经济——政府在市场经济中的角色》，中国物资出版社1998年版，第5页。
② ［英］弗里德里希·奥古斯特·哈耶克：《通往奴役之路》，中国社会科学出版社1997年版，第40~41页。

的一定比例，国家行为的影响会支配整个体系；政府的作用限于如"防止严重的物质匮乏的保障，即确保每个人维持生计的某种最低需要"。① 依据新自由主义学说，西方资本主义国家逐渐开始在金融、能源、航空等重要经济领域限缩政府规制的规模，缓和政府规制的积极角色功能，引导建立以市场自由竞争为主的市场主导型产业结构，实现经济活性化。这即是规制缓和理论的基本内涵。大体来看，规制缓和主要强调市场自由调节，引导政府规制从市场活动中回退，但"回退"也并不意味着放任或是放纵，只是强调规制规模的理性限缩。因此，规制缓和理论实质上是将市场自由与政府规制融合并用，市场自主是主导、政府规制为辅助的经济运行策略。

不难看出，规制缓和理论与我国当前的宽严相济基本刑事政策具有异曲同工的地方，即都主张规制手段运用的宽缓。但是，二者在"谁主谁辅"的问题上有所区别。我国宽严相济基本刑事政策中，"宽与严"的把握强调"济"字哲学的实在意蕴，要求在"宽"与"严"之间达成定量平衡，相互衔接，形成良性互动与优势互补的运行机制，实现以"济"为治、"济"为治用的基本目标。宽严相济的二维刑事政策图式不容偏废，两造虽各行其道，但终在互以为济。②

具体到金融犯罪的治理中，宽严相济基本刑事政策同样具有指导、适用的功能空间。针对金融犯罪或是一般性的金融违法、失序行为，刑事法的治理措施应当是"该严则严，当宽则宽"。但是，具体如何落实宽严相济，如何在刑事法治理中具体把握宽与严的量度，笔者认为规制缓和理论给我们提供了一种明确清晰的思考维度，即基于金融犯罪领域的特殊性，刑事政策应当以缓和为主，刑事制裁手段应当尽量回退，保证前置规范的充分适用。

（一）刑事立法的合理空间

如前所述，刑事政策是刑事法律制定的方向与指导。基于缓和型刑事政策的考量，金融活动中的行为类型在犯罪化的立场上应当谨慎为之，要求入罪考量必须尊重刑法的谦抑特点，严格把握准入条件：第一，没有其他制裁力量可以满足纷争的解决，只有动用刑法才能抑止这种行为，才能充分保护合法权益；第二，运用刑罚处罚这种行为符合刑事责任的目的，即具有预防或抑止该行为的效果；第三，具有严重社会危害性而且绝大多数人不能容忍，并主张以

---

① ［英］弗里德里希·奥古斯特·哈耶克：《通往奴役之路》，中国社会科学出版社1997年版，第187~188页。

② 满涛：《现代化治理视域下的刑事政策导向——能动与有限的分野》，载《西北民族大学学报（哲学社会科学版）》2019年第1期。

刑法进行规制的行为;第四,对这种行为在刑法上能够进行客观的认定和公平处罚;第五,运用刑罚处罚这种行为,不会导致禁止对社会有利的行为,不会使公民的自由受到很大限制。入罪立法谦抑的同时,还需要去罪修订的及时合理。去罪,是指通过刑事立法将原本是犯罪的行为从刑法中去除。在社会发展与承载容度不断升高的情势下,有些原本侵害法益的犯罪行为会相应地转变为对法益损害较轻甚至是无害,因而需要刑事立法修订实现去罪化。

不论是入罪还是出罪,金融行为犯罪化立法的核心在于把握该行为侵害的法益之属性及其程度。在新自由主义经济条件下,市场自治化日益增强,政府规制程度日渐式微,这一点反映到金融行为的犯罪化立法上,则是金融刑法所保护法益的转变,从金融市场秩序转向金融活动主体的投资利益。① 在金融市场发端时期,金融市场交易规则欠缺,市场秩序混乱,刑法的功能旨在保护金融市场秩序、维护金融交易安全。换言之,此时刑法保护法益的侧重点在社会本位之上,金融市场秩序是刑罚权发动的目标指向。待市场规则日渐成熟后,刑法过度依赖的负面效应日益明显,刑法规制手段对金融行业深化发展、创新发展而言,阻碍严重。因此,在成熟的金融体制中,金融刑法的目标法益应当重构,从早前的秩序保障转向保护金融活动主体的投资利益。从市场秩序到投资主体利益的转变,不仅表明金融刑法保护法益的变化,更表明刑法干预金融活动的回退,是金融刑法在犯罪化层面上的缓和表现。很简单,法益重构后的金融刑法规制对象仅是对金融主体投资利益造成严重损害的行为,一般的损害金融秩序的行为可以由金融行业规范或金融部门法施以规制,金融刑法覆盖面也就相应回退,保持在合理空间之内。

在犯罪圈合理划定的同时,刑罚部分的调整也是构建缓和型金融刑事政策的重点。在刑罚缓和的目标之下,金融犯罪的刑罚轻缓化的调整方向在于建立张力较小、距离适度的刑罚结构。法益重构条件下,金融活动主体投资利益本质上即是一种财产性权益。金融犯罪,更多的是对被害人财产权利的侵犯。当以保护投资者的具体利益为重的观念深入人心后,针对金融犯罪的刑罚规制手段自然会发生重大变化,民事赔偿、民事罚款、损害赔偿责任的追究等制度也应成为遏制金融犯罪的重要手段。在英美法系国家,民事罚款等非刑罚处罚措施更加广泛地适用于金融犯罪当中。以内幕交易犯罪为例,民事罚款制度之所以更受"青睐",其原因在于:民事罚款程序由专业的监管机关发动,在查处的专业性方面强于刑事司法机关,并且,民事罚款程序启动简易,不像刑事司

---

① 参见钱小平:《中国金融刑法立法的应然转向:从"秩序法益观"到"利益法益观"》,载《政治与法律》2017年第5期。

法程序那样繁琐，因而可以更好更迅捷地处罚内幕交易。① 刑罚缓和化，除了引入大量非刑罚处罚措施之外，还可适当缩减无期徒刑、十年以上有期徒刑的配置，缩减金融犯罪刑罚体系的适用张力。

（二）刑事司法的理性限缩

刑事司法在金融犯罪治理中如何落实缓和的政策性目标，需要在金融犯罪认定与刑罚适用上进行理性限缩。在犯罪认定层面，基于法益侧重的转变，金融犯罪的规制对象应偏向对金融活动主体投资利益的侵害。② 这一点，具体到个罪犯罪成立要件上的判断，则主要是在"情节严重""情节特别严重""造成重大损失""造成特别重大损失"等规范性构成要件要素的具体解释，应当将上述情节、损失等还原到投资利益的侵害及其程度之上。当然，毕竟现有刑法仍然是保持传统金融犯罪治理理念的，强调的是金融秩序的违反。因此，上述构成要件的解释仍需遵守罪刑法定的基本要求，在构成要件的文意范围内进行合理解释。但是，该种不违反罪刑法定原则的"侧重投资利益保护"的解释结论，可以积累形成一系列有益的司法经验，对于转变金融犯罪司法重心以及金融犯罪立法而言具有重要意义。同时，在缓和型刑事政策下，金融犯罪的刑罚司法适用也应当宽缓先行，建立轻刑优先、由轻至重的分类加重适用体系。具体而言，前述的民事罚款等非刑罚处罚措施应当先于刑罚适用，在不得已适用刑罚时，罚金刑应当优先于自由刑，在适用自由刑时，缓刑应当优先于实刑。

结　语

习近平总书记在党的十九大报告中强调深化金融体制改革的重要性，提出了"健全金融监管体系，守住不发生系统性金融风险的底线"这一基本要求。如何科学、理性地认识与应对金融风险，是深化金融改革、发展现代金融的必由之路。经验表明，作为法律制裁体系中最为严厉的手段，刑罚在促进金融发展的进程中绝不是唯一赖以依靠的方法。在开放式的市场经济环境下，金融越轨行为层出不穷甚至难以避免，但这并不是全面挥舞刑罚大棒的理由。与一般犯罪治理一样，完全依赖刑罚效果是不可取的，这一点，已为过去的犯罪治理工作所验证。更为重要的是，现代金融的发展与完善，必然带有一定的超前性

---

① 参见张小宁：《"规制缓和"与自治型金融刑法的构建》，载《法学评论》2015年第4期。

② 参见魏昌东：《中国金融刑法法益之理论辨正与定位革新》，载《法学评论》2017年第6期。

与突破性，这也是金融行业实现自我转变、螺旋上升的必然命题。保障金融行业的健康发展，需要在法律层面建构起合理的规制手段体系，但这绝非意味着刑罚制裁的全盘激活。建立由行业自治与行政规制为主导的治理体系，辅之以缓和、适当的刑罚应对，应是促进国家金融业既快且稳发展的必然策略选择。

技术、制度、价值视野下
互联网金融刑事风险及其防控[*]

郭泽强　谢　逍[**]

"法律必须稳定,却不能静止不变。"无论是静止不变,还是变动不居,如果不加以调剂或不加以制约,都同样具有破坏力。法律如同人类,要活下去,必须寻觅某些妥协的途径。

——本杰明·N. 卡多佐《法律的成长·法律科学的悖论》

互联网金融是指互联网技术和金融功能的有机结合,具有普惠金融、平台金融、信息金融等不同于传统金融的新型模式。技术创新与金融的结合使得互联网金融在新时代有了十足的动力,层出不穷的业务创新,大量涌现的金融模式,不断更新的金融产品,让互联网金融迅速在金融领域扎根生长。目前,随着移动端的互联网技术、云计算、大数据、人工智能、区块链等新型技术得到发展和广泛运用,大量的企业可以借助信息技术开展网络金融服务,尤其是大型的电子商务或者互联网公司,依托于流量,与传统金融机构同台竞争。金融发展与技术创新在繁荣经济的同时带来了巨大的风险,极易诱发各类犯罪。有必要对风险进行评估,建立有效的防控机制。

一、风险评估:互联网金融犯罪之实证考察分析

(一) 互联网金融犯罪类型分析

在互联网金融发展过程中,互联网金融犯罪也层出不穷。互联网金融犯罪

---

[*] 本文系国家社科基金重大项目"网络金融犯罪的综合治理"(编号:17ZDA148)的阶段性研究成果;中南财经政法大学法治发展与司法改革研究中心暨湖北法治发展战略研究院重大课题"生态文化视野下互联网金融之刑法介入研究"(FZFZZB (2018) A04)之阶段性成果。

[**] 郭泽强,中南财经政法大学法治发展与司法改革研究中心互联网犯罪治理首席专家,刑事司法学院教授;谢逍,中南财经政法大学刑事司法学院硕士研究生。

的概念，最早来自 2015 年 7 月 18 日中国人民银行十部门发布的《关于促进互联网金融健康发展的指导意见》。这是涉互联网新型金融业务模式中出现的新型犯罪，包括互联网金融平台提供者、互联网金融业普通参与者的犯罪和以互联网为对象的扰乱金融秩序犯罪，换言之，即互联网金融业务犯罪及针对该业务和互联网金融机构的犯罪。

互联网金融下的 P2P 网贷平台、众筹平台、第三方支付等可能成立非法吸收公众存款罪、集资诈骗罪等，具有极大的涉众性，侵犯普惠金融的秩序。以 2013 年至 2019 年 7 月为时间段，在北大法宝上以"P2P""刑事案件"为关键词进行检索，共检索出 1083 份判裁判文书，其中集资诈骗犯罪案件裁判文 198 份，非法吸收公众存款犯罪案件裁判文书 822 份。以"众筹""刑事案件"为关键词，共检索出 591 份裁判文书，其中明确案由的集资诈骗犯罪案件裁判文书 111 份，非法吸收公众存款犯罪案件裁判文书 291 份。具体情况见下表：

	总案例	集资诈骗罪	非法吸收公众存款罪	占比
P2p	1083	198	822	94.2%
众筹	591	111	105	36.5%
第三方支付	2201	97	442	24.4%
数字货币	66	1	10	16.7%

由统计可见，非法吸收公众存款罪和集资诈骗罪在互联网金融领域大量出现，尤其是在 p2p 网贷平台和众筹平台的运作之中。在第三方支付和虚拟货币相关的金融活动中，还存在大量非法经营、组织、领导传销活动的行为，会构成相应的犯罪。

1. 非法吸收公众存款罪。根据我国《刑法》第 176 条规定，非法吸收公众存款或者变相吸收公众存款，扰乱金融秩序的行为构成非法吸收公众存款罪。根据最高人民法院《关于审理非法集资刑事案件具体应用法律若干问题的解释》，非法吸收存款罪要满足以下条件：未经有关部门依法批准或者借用合法经营的形式吸收资金；通过媒体、推介会、传单、手机短信等途径向社会公开宣传；承诺在一定期限内以货币、实物、股权等方式还本付息或者给付回报；向社会不特定对象吸收资金。即非法性、公开性、利益性和广延性。诸如 p2p 网贷平台和众筹平台，其本身涉众广，又具有回报资金，很容易满足本罪的构成要件。

2. 集资诈骗罪。集资诈骗罪是指以非法占有为目的，使用诈骗方法非法集资，数额较大的行为。集资诈骗罪与非法吸收公众存款罪的区别在于一是行为方式不同，即集资诈骗罪要求以欺诈的方法来骗取集资款，例如行为人采取虚构集资用途，以虚假的证明文件、高回报率作为诱饵来骗取集资款。二是集资诈骗罪要求行为人具有非法占有集资款的目的。网贷或者众筹平台如果未将资金用作正常的生产经营，往往会被认定为具有非法占有的目的。

3. 擅自发行股票、公司、企业债券罪。擅自发行股票、公司、企业债券罪是指未经国家有关主管部门批准，擅自发行股票或者公司、企业债券，数额巨大、后果严重或者有其他严重情节的行为。在互联网金融条件下，通常股权众筹可能成立该罪。2013年沸沸扬扬的美微传媒在淘宝网上以出售会员卡的方式变相售卖原始股权的事件就是金融创新引发擅自发行股票、公司、企业债券罪的一个很好的佐证。

4. 非法经营罪或者擅自设立金融机构罪。许多的互联网金融服务的提供方并没有相应的拍照，无牌照的经营合法性已被官方否决。在没有批准的情况下开展相应金融业务就可能构成本罪。而像之前一些p2p网贷平台引入的放款人的风险保障机制，事实上也会被认定为是一种非法经营行为而构成犯罪。①

5. 洗钱罪。互联网金融中的网络交易和数字化流转为洗钱提供了方便。尤其是在第三方支付平台的帮助下，不仅增加了资金的流转环节，而且交易便捷，足不出户便可以单方完成操作；加上网络提供的隐蔽性，极易掩盖交易资金的来源和去向，② 洗钱罪也成为互联网金融中的高发犯罪。

	总案例	组织、领导传销活动罪	占比
第三方支付	2201	130	6%
数字货币	66	52	78.8%

6. 组织、领导传销活动罪。该罪往往以推销商品或提供服务等经营活动为名，要求参加者以缴纳费用或者购买商品、服务等方式获得加入资格，进而开展一系列的骗局。由于互联网金融带来许多新型金融产品和服务，往往被犯罪分子所利用欺骗大众，骗取财产，扰乱市场秩序。由上图可知，该罪主要发生于和数字货币有关的金融活动中，占比高达百分之八十。比如在李光晨等组织、领导传销活动案中，犯罪分子在境外搭建U币虚拟货币网络交易平台，宣称U币项目合法经营并受监管，投资U币项目具有升值前景，引诱投资者

---

① 刘宪权：《论互联网金融刑法规制的"两面性"》，载《法学家》2014年第5期。
② 张英：《互联网金融创新下的经济犯罪防控机制探究》，载《暨南学报（哲学社会科学版）》2018年第8期。

不断发展下线，骗取数千万元。①

刑法作为"二次违法"的判断依据，在互联网金融模式中以行政违法为前提。由此带来刑法适用的问题，因为互联网金融平台的创新产品往往在行政法上"未经许可"，其与非法集资的界限该如何区分，尤其在创新失败、导致各参与者经济损失时能否直接适用刑法就成为难题，这也影响了刑法在规制互联网金融犯罪时的效果。

（二）科技背景下互联网金融风险之新变化

随着互联网金融新的发展，异化的风险和犯罪也有了新的变化和特征。国家层面从 2014 年、2015 年起的支持互联网金融健康发展，到 2016 年、2017 年、2018 年三年的强调打击金融诈骗、非法集资从未有变。而在 2019 年的政府工作报告中，未曾提及互联网金融，却在金融领域提及 23 次"风险"问题，可见，在新时期下，互联网金融的风险以及犯罪问题仍然是对互联网金融关注的重点。

在新时期下，互联网金融的风险更多是在金融科技之下产生的。根据金融稳定理事会的定义，金融科技是"技术带来的金融创新，它能创造新的模式、业务、流程与产品，从而对金融市场提供的服务和模式造成重大的影响，既可以包括前端产业也包含后台技术"。金融科技从小处着手，慢慢形成引领金融行业的技术导向。比如移动支付不仅满足日常小额支付，大额交易也完全能够胜任。而区块链技术更是让交易无须借助第三方信用中介开展经济活动，帮助消费者享受到以前无法企及的普惠金融服务。

在金融科技的影响下，当前互联网金融领域的风险有了以下变化：

1. 金融创新风险不断。互联网金融的本质是一种金融创新，包括新的组织模式，交易形式，金融产品，服务理念，等等。而新的产品、服务、模式出现自然会带来新的未知风险。比如信用卡诈骗，在信用卡这一新型金融创新产品出现后，信用卡诈骗随之而来。随着互联网金融的发展，犯罪分子利用第三方支付平台充值再提现的方式恶意透支，极大地增强了传统的信用卡风险。互联网金融创新带来的新的违法犯罪手段越加多样化。校园贷、套路贷乱象频现，虚拟货币炒作盛行这些问题都是创新所附带的负效应。而随着金融科技的不断发展，金融创新带来的风险犯罪会不断涌现。

2. 技术风险突出。互联网金融依托于互联网技术的发展而兴起，而如今大数据、人工智能、云计算、区块链等技术的发展和运用进一步扩展了互联

---

① 案件字号：（2016）苏 07 刑初 18 号。

金融的纵深。技术的发展带来诸多问题,一是在监管方面,由于其具有跨市场跨行业的特点,就要求不同的行业和不同的监管机构共同合作解决风险。其次是业务安全问题,在数字化的大背景下,金融机构账户、渠道、数据、基础设施等方面的关联性不断增强,业务连续性的管理难度增大。最后是大数据和信息技术的大量使用,数据和信息的安全成为问题。由于当下金融科技的突出特征就是数据庞大,集中性强,一旦金融风险在短时间内突然爆发,进行化解的难度巨大。技术创新引发的技术漏洞必然存在技术风险,技术风险被不法分子利用则可能产生网络犯罪。① 有组织,大规模的网络攻击时有发生。比如在大数据技术的推动下,网络金融犯罪呈现出犯罪主体智能化、职业化乃至身份的虚拟化,手段技术化、数字化,活动国际化和危害严重化等广角度多维度的特征,给网络金融活动造成严重危害后果。②

3. 信用风险深化。2018 年 p2p 网贷平台大量爆雷退场,出现了严重的信用危机。根据"网贷天眼"的数据,在 2018 年,网贷成交额结束了四年的持续性增长,出现了成交额的首次下降。P2p 网贷的信用风险给整个行业带来了深刻影响,截至 2019 年 6 月底,P2P 网贷行业正常运营平台数量为 864 家,行业累计停业及问题平台数量达到了 5753 家。截至 2019 年 6 月底,P2P 网贷行业正常运营平台合计贷款余额总量为 6871.2 亿元,环比下降 1.87%,同比下降幅度已高达 32.86%。信用风险的集中爆发也是体现了政府监管方面的失利。互联网金融从零星监管直接到大刀阔斧改革,2018 年监管部门推出大量新政,对互联网金融进行改革,前期埋下的隐患都集中此时爆发。随着监管深化,信用风险也将继续凸显。尤其在我国,互联网金融平台担负了一部分信用中介的职能,但平台承担过多的信用身份,必然带来严重的信用风险。如果不能对金融科技发展施以灵活的监管,信用风险的问题将无法解决。

伴随着技术进步和金融创新,金融科技使资金的提供者和需求者之间的交易费用下降,带来高效率和低成本的同时,金融风险隐蔽性、突发性、传染性和负外部性不仅存在,而且在技术加成下,传递更快,波及更广。所以,金融科技带来的新风险需要金融监管和法律规制的积极回应。

---

① 张成虎、武博华:《金融和技术创新视角下网络金融犯罪的形成机理与治理策略》,载《西安交通大学学报(社会科学版)》2019 年第 1 期。
② 徐汉明、张乐:《大数据时代惩治与预防网络金融犯罪的若干思考》,载《经济社会体制比较》2015 年第 3 期。

二、技术支撑：金融风险防控的监管科技化

面对日新月异的金融科技，传统的监管方式已显疲态，改进监管策略势在必行。金融创新和金融监管既是相互抑制，也是相互促进的，金融创新推动了监管方式的改革，而监管方式的革新也能规范金融创新，保障金融发展。今天在跨境电子支付、跨国证券交易及其清算体系等领域，监管者和金融创新部门伴随着技术和监管解决方案，长期进行着紧密合作。随着监管者信息自动申报系统、人工智能和深度学习等金融科技的快速增长，自动化市场监管、消费者保护和审慎监管等现代监管领域的发展潜力也越益明显。[1] 监管科技的概念由此而生，并得以发展。

英国金融行为监管局最早提出了监管科技的概念，并将监管科技描述为"运用新技术，促进达成监管要求"，即金融机构利用新技术更有效地解决监管合规问题，减少不断上升的合规费用。我国中央银行金融研究所所长孙国峰提出，监管科技可以定义为"科技和监管的有机结合"，也就是将科技运用于监管，帮助金融机构满足监管要求。监管科技基于大数据、云计算、人工智能、区块链等新技术，能够实现对金融运行的灵活监控，维护金融体系的稳定，保障消费者权益。不同于传统监管的滞后性，监管科技随着科技创新一同发展，甚至能够对金融创新起导向作用。

为了更好地发展监管科技，需要从以下几个方面着手：

（一）转变监管理念

由于传统金融行业有固定的金融机构，运营规范，信息较为透明。传统的监管理念在应对更为灵活和多样化的互联网金融时难免会脱节。传统的栅栏式监管和运动式监管已无法有效隔离风险，"一行三会"的分业监管模式也难以满足跨行业的金融模式。大大小小的互联网金融企业都利用大数据技术进行数据的处理和分析，产生海量的分析报告，而监管机构对如此多的报告也不可能亲力亲为。金融监管机构需要学会掌握和运用新技术，通过大数据、自动化、人工智能等手段建立基础的模型，提升监管数据收集、整合、共享的实时性，进而扩大监管范围，提高监管的灵活性。

（二）建立科技型监管

首先在信息监控方面，传统的监管方式要求金融机构向社会披露信息，然

---

[1] 许多奇：《金融科技的"破坏性创新"本质与监管科技新思路》，载《东方法学》2018年第2期。

而披露者往往会使用假数据或者拒绝提供,这点在互联网金融中体现的尤为明显,而信息不对称是金融系统脆弱性的原因,信息风险是互联网金融风险之一。在科技监管下,"监管者可以借助科技手段及时有效地获得数据,监管由被动变为主动"。① 一来可以借助大数据和云计算构建数字化的社会,建立起涵盖各类金融机构、金融基础设施、金融交易行为、行业协会等的数据收集体系,通过对数据的及时收集和比对分析,更早发现异常交易或可疑行为。还可以利用区块链多中心化、数据不可改的特点,降低信息不对称的程度,减少可能因为信息不对称带来的监管问题。比如 2017 年开始建立的"网络支付清算平台"(即"网联"),能够对行业的数据信息进行有效分析,预判行业风险、监测机构违规行为,最终实现监管者对非银行支付机构资金流动的宏观监控。

其次是建立动态管理机制。科技监管能够让监管更加透明化与自动化,从而合规程序更加完善。借助科技手段优化合规流程,能够实现更加高效的合规管理,更好进行监管。比如,人工智能和深度学习可以提供自动化的消费者保护、市场监测和审慎监管。还可以通过将金融监管规则的代码化,让机器或者人工智能来进行自动化处理,及时对新的规则做出反应,避免风险。另外构建大数据分析和风险预警机制。通过强大的数据分析能力对收集到的海量数据进行评价,实现同步监管跟踪,为事中事后监管提供强有力的证据依据并及时发现问题,为消费者提供指导。

最后需要探索新的模式,比如英国的"监管沙盒",即提供一个不受当下金融监管体制监管的"安全港",在这个小型的真实市场内,公司在获得准入资格后,就可在其中对自己的金融创新产品、服务和模式进行实验,及时发现该金融创新的缺陷与风险,介入寻求解决方案。② 在风险尚不明朗,规则难以确定的情况下,先进行试验田性质的"监管沙盒",围绕着金融创新、风险控制、消费者权益保护进行探索,在互联网金融机构和监管部门之间建立起可信赖的、长久的、稳定的规范评估机制,既能避免过度监管带来的抑制创新,也能对风险进行有效控制。

(三)建立适应性监管

这是指在金融科技创新所导致的金融领域变化迅速的情况下,要在保障金融法律规定基本稳定的基础上,赋予监管机构依据及时更新的信息在制定和实施金融监管规定上享有更大的自主权,以及赋予被监管机构通过制定内部规则

① 杨东:《监管科技:金融科技的监管挑战与维度建构》,载《中国社会科学》2018 年第 5 期。

② 柴瑞娟:《监管沙箱的域外经验及其启示》,载《法学》2017 年第 8 期。

实现合规的自主权。① 因为行政法领域认为包括立法主体在内的行政主体都是有限理性，各主体占有的行政法信息不完全但具有较强的互补性，行政法主体依据一定的相互作用规则通过博弈形成均衡。② 因而在监管科技之下，由于大数据极其分析能力远超过去，对信息的处理能力大幅提升。金融监管机构能够根据所得信息及时调整监管机制从而对相关规定以及法律法规加以改变。由于互联网金融市场的变化迅速，金融监管机构对监管规则的及时调整能够有效满足金融发展的需要，对市场的反馈及时做出调整。而监管机构的规定往往是最底线的要求，所以被监管的金融机构应在符合金融监管规则规定的监管要求的前提下，自行制定更加审慎和严格的要求。

三、制度演进：互联网金融的规制之前置法完善

除了运用监管科技加强对互联网金融的管控，法律作为顶层设计需要进一步完善，尤其是行政法规。因为我国目前对互联网金融的规制主要集中于行政法领域，行政法的完善有助于加强对互联网金融风险的管控，并为刑法的"二次违法"提供依据。纵观世界上其他发达国家可以发现，对互联网金融的管控也主要集中于行政法规的设置和规定上。例如，自 1978 年始，美国出台了 140 多部互联网金融监管的法律法规，从法律定位、监管主体、准入机制、业务运转等方面进行了规定。③ 由于社会的需要和发展往往都是走在法律的前面，法律的滞后性不可避免，特别是互联网金融的发展，使得行政法规不得不及时做出调整。

（一）加强信息披露和征信体制建设

行政法规的设置不仅要对互联网金融的风险进行规制，还应要满足互联网金融创新的需要，而互联网创新的能力在于降低交易成本。在传统金融交易中，银行受不对称的信息难以为中小企业提供融资。但在互联网金融时代，信息技术的发展缩小了信息获取的难度，减少了双方交易所需的步骤和时间，从而降低了交易成本。根据这样的逻辑可以得出行政规制的路径，即增强信息交流，加强信息披露和信息获取机制建设。比如当前建立的全国互联网金融登记披露服务平台，公众可通过登录登记披露平台集中查询网贷会员机构提供的融

---

① 周仲飞、李敬伟：《金融科技背景下金融监管范式的转变》，载《法学研究》2018 年第 5 期。

② 宋功德：《行政法的均衡之约》，北京大学出版社 2004 年版，第 225 页。

③ 邓超：《互联网金融发展的刑法介入路径探析——以 P2P 网络借贷行为的规制为切入点》，载《河北法学》2019 年第 5 期。

资项目关键数据（已脱敏），包括借款金额、借款期限、借款用途、年化利率、借款人基本信息、借款人收入及负债情况等。减少了此前金融消费者与网贷机构之间存在的信息不对称。这样既有利于监管部门通过将项目信息、运营信息、合同信息及金存管流水信息进行多方比对，加强对金融机构监管，同时能够降低交易成本，促进金融创新。除此之外还有征信体系的建立，征信体系是降低信息不对称及规制信用风险的重要金融市场基础设施。人民银行批准了国家首个市场化的个人征信机构，即百行征信有限公司，目前百行征信已经签约接入了600多家机构的信用信息。征信体系的完善将会大幅度提高信息的透明度，减少交易成本。而各地征信标准的统一、各金融机构数据共享还需进一步完善，处理好信息披露与保护企业商业秘密之间的关系问题，减少信息分散。

（二）提高市场准入门槛

除了减少信息不对称，行政法作为刑法规制的前置法还需要在市场准入方面对互联网金融机构进行严格的管控。对互联网金融从业的准入门槛要提高，应根据p2p网贷平台、众筹平台和第三方支付机构不同的法律地位和经营形式，确定不同的市场准入机制。一是机构特许经营。只要从事金融业务无论是什么形式都必须实行准入制度，特别是对于涉众投资的互联网金融业务更要实行前置审批。只有通过严格的审批制或者备案制将从事金融活动的主体纳入监管范围，才能做到有效的规范互联网金融活动。目前，互联网小贷、互联网支付等部分互联网金融业态实行了前置审批制；P2P网贷虽然目前提出来的是备案制，基于网贷行业目前复杂性及风险还未得到彻底出清的现状，无论最终是备案制还是审批制，一定会有一个硬性和软性的门槛标准出台作为准入方式，比如要将借贷规模与实收资本挂钩，健全合格投资者机制。二是业务模式及产品准入。就是要对所有的以互联网或其他金融科技工具从事的金融业务或产品都要实行前置准入或者备案。互联网金融也应该将所有的互联网金融产品、业务模式说明、风险提示、合法合规说明等材料交由相关机构进行产品备案，在"监管沙箱"里获得认可后方可进行推广。这种方式将互联网金融机构可能产生的违法违规产品扼杀在源头、苗头、萌芽状态，驱使互联网金融机构提升专业度，进一步保护和维护投资者利益。

四、价值重塑：刑法介入"新保守主义"之展开

互联网金融带来的风险是金融创新的必然产物，是为了金融领域发展不可避免的代价。但利用金融创新的名义，违反法律规定，破坏金融秩序，侵犯公民财产权益的行为就必须受到刑法的规制。

关于互联网金融犯罪的刑法介入，实际上涉及到价值观念层面的探究，对此学界主要有两种主张。第一种观点是"缓和违法一元论"，该说认为刑法的介入应当克制、谨慎。正如有学者指出，基于互联网金融所具有的巨大创新价值，刑法只能适度规制而绝对不能过度干预，否则势必会适得其反，将互联网金融创新扼杀在"摇篮"之中。① 刑法在执行中应该对金融探索活动保持应有的克制，为探索行为预留更大的法律空间，营造更宽松的法律环境。② 另一种观点是扩张说，该说则认为应当扩大刑法对互联网金融犯罪的规制。如有学者指出，当前互联网金融犯罪的类型不断增加，犯罪的形势十分严峻。互联网金融监管尚处于起步阶段，监管措施比较薄弱以及多种因素的现实制约，促使互联网金融犯罪易发多发，互联网金融的治理亟须刑法介入。为了有效打击互联网金融犯罪，刑事司法亦要及时跟进，增强刑法的灵活性和适应性。③ 还有学者提出现代刑法发展应当从"厉而不严"走向"严而不厉"，"严"就是要不断严密刑事法网，弥补刑法立法的先天不足，这就要求当前必须以相对积极的态度处理网络犯罪问题。扩大互联网金融的刑法规制范围，有利于司法实践中应对和处理互联网金融领域出现的疑难问题，避免有风险的创新行为误入犯罪泥潭。④

本文原则上认同采取缓和违法一元论的观念，因为违法多元论者对法秩序统一的忽视是有失偏颇的。缓和的违法一元论同样承认行政违法和刑事违法存在"质"的区别，行政法和刑事法各自规制的任务和目的、关注的重点不同，即使在行政犯的场域，刑法相对性仍不能忽视。⑤ 在行为不法的"质"和"量"尚未达到刑事介入的要求时，该行为由前置法诸如行政法进行规制，此时行为仅仅是一般违法行为，而刑法只对二次违法的行为加以规制。

但是，我们认为，缓和违法一元论也需要与时俱进，根据实践的新情况予以适当完善，故本文提出"新保守主义"的观点，认为互联网金融刑事政策应遵循"立罪至后"的逻辑规则。在保证互联网金融发展的良好态势背景下，针对部分违法行为首先考虑民事或者行政处罚，只有对严重的犯罪行为再考虑刑法的介入。在互联网金融犯罪防控和治理中，监管机制以及阶梯式的法律规

---

① 刘宪权：《论互联网金融刑法规制的"两面性"》，载《法学家》2014年第5期。
② 贺鲲鹏：《金融探索与刑法介入的临界研究——以辽宁自由贸易试验区为例》，载《沈阳大学学报（社会科学版）》2019年第2期。
③ 卢鹏：《互联网金融犯罪急需刑法应对》，载《检察日报》2016年2月24日第3版。
④ 王志祥、单奕铭：《互联网金融犯罪刑法规制探究》，载《辽宁师范大学学报（社会科学版）》2019年第3期。
⑤ 孙国祥：《行政犯违法性判断的从属性和独立性研究》，载《法学家》2017年第1期。

制十分重要。刑法的合理介入必须先厘清行政监管和刑法规制的范围，对刑法所要保护的财产权益进行明确。"新保守主义"之"新"主要体现在以下方面：

(一) 考虑对市场准入秩序的违反

市场准入是我国法律中预防经济犯罪的"第一道门槛"，虽然根据《最高人民法院、最高人民检察院、公安部关于办理非法集资刑事案件适用法律》（以下称《意见》）第1条的规定：行政部门对于非法集资的性质认定，不是非法集资刑事案件进入刑事诉讼程序的必经程序。但本文认为违反市场准入秩序是许多互联网金融犯罪的"一般违法"行为，必须有明确违反行政法的规定才可以进行刑法规制的二次判断。比如对于p2p网贷平台而言，我国法律缺乏细致、明确的规定，政策性调控较多，但其高风险且容易滋生犯罪的行为也与违反行政许可有极大的关系。按照行政许可的规定，如《网络借贷信息中介机构业务活动管理暂行办法》明确提出不得吸收公众存款、不得归集资金设立资金池、不得自身为出借人提供任何形式的担保等。之前大量诞生而又迅速爆雷的P2P网贷平台都突破了其作为"信息中介"的角色定位，出现了大量归集资金池，进行资本运作的情况。其他的行为，擅自提供担保客观上可对现有融资构成威胁，是形成资金池的重要手段。虚假宣传并承诺高额利息可以说是P2P网贷平台吸引投资者投资的"惯用伎俩"，也是形成较大资金池的手段。在形成资金池之后，虚构借款或投资标的就成为进一步攫取公众财产的方式。而大肆挥霍集资贷款也是形成资金池后的行为。由此可见，对p2p网贷平台而言，归集资金设立资金池这一行为违法行为具有严重的危害性，属于对市场秩序的严重违反。再如众筹，因为项目发起人筹资的过程，是属于向社会不特定公众募集资金并且在特定账户形成资金沉淀的行为，所以可能会触犯非法吸收公众存款罪。那么根据《商业银行法》第81条和《非法金融机构和非法金融业务活动取缔办法》第4条①，构成本罪需要的是没有国务院银行业监督管理机构或者中国人民银行的批准，只有在未经批准的情况下才有可能构成此

---

① 《商业银行法》第81条规定："未经国务院银行业监督管理机构批准，擅自设立商业银行，或者非法吸收公众存款、变相吸收公众存款，构成犯罪的，依法追究刑事责任；并由国务院银行业监督管理机构予以取缔。"《非法金融机构和非法金融业务活动取缔办法》第4条规定："本办法所称非法金融业务活动，是指未经中国人民银行批准，擅自从事的下列活动：（一）非法吸收公众存款或者变相吸收公众存款；（二）未经依法批准，以任何名义向社会不特定对象进行的非法集资；（三）非法发放贷款、办理结算、票据贴现、资金拆借、信托投资、金融租赁、融资担保、外汇买卖；（四）中国人民银行认定的其他非法金融业务活动。"

罪。不管是p2p网贷还是众筹或是第三方支付平台，随着当前行政法规对互联网金融行业的市场准入规定的完善，"前置法"的缺失得以弥补，刑法更应当遵循二次违法原则，保持谦抑性，保证金融创新的环境。

（二）在方法论上，入罪时进行限缩解释

互联网金融犯罪行为要体现出对普惠金融秩序的破坏，主要表现为对不特定公众财产权的侵害或威胁。比如对于非法吸收公众存款罪中"集资款用途"进行合理限定，吸收公众存款用于货币、资本经营经营以外的正当的生产、经营活动的并不宜认定为犯罪。对于非法集资要结合"构成要件""案件事实""处理结论"等多方面进行独立判断，不仅要求侵犯金融秩序，而且实质侵害须"还原为法益"，威胁或侵害公众的财产权。再比如对非法集资中的"非法占有目的"的解释，不能仅凭较大数额的非法集资款不能返还的结果，推定行为人具有非法占有的目的；而且在行为人将大部分资金用于投资或生产经营活动，而将少量资金用于个人消费或挥霍时，不应仅以此便认定行为人具有非法占有的目的。对第三方支付所涉及的财产类犯罪，应将互联网金融下的财产犯罪的入罪标准明确到有明确的财产损失或财产损害的危险的程度，才能够将其入罪。而对于数字货币，现在在我国以"特殊的虚拟商品"的地位出现，但是在现实生活中其确切法律属性仍然还处于模糊不清的尴尬境地。所以，一旦发生数字货币相关的刑事案件，应根据"存疑有利于被告人"原则对刑法适用加以限缩。通过对犯罪构成的限缩解释，保证刑法只是保护法益的最后手段，只有当其他法规范的保护没有效果或者并不充分时，才能发动最后手段。

强监管背景下互联网金融犯罪侦防研究
——以 P2P 网贷为中心

董邦俊 赵 聪[*]

互联网金融作为互联网与传统金融结合而成的新型金融,不仅拓宽了自然人和中小企业的融资渠道,而且带动了普惠金融的快速发展。随着网贷市场的迅速扩张,网贷平台的实际控制人却开始了非法运营,有的甚至异化为金融犯罪。当然,互联网金融的出现挑战了原有的监管理念,监管工作也在摸索中持续开展。在 2018 年年底,监管机构开始落实 p2p 网贷业务的"三降"工作,即降余额、降人数、降店面。随后,P2P 网贷也被正式纳入中国银行保险监督管理委员会的监管范围,进一步形成了以银保监会、地方金融局及互金协会合力监管的格局。在强监管背景下,不少平台仍然存在刑事犯罪的风险,需及时对互联网金融犯罪进行打击。从 2014 年起,学界对于互联网金融犯罪的研究开始逐渐增多。学者主要是从法学和侦查学两大视角对互联网金融犯罪进行全方位的研究。首先,法学方面。有学者认为,面对互联网金融,刑法应保持谦抑性,以防刑法阻碍民间金融的健康发展。[①] 还有学者在坚持二次性违法原则的同时,积极探索并提出相应的刑事救济对策。[②] 还有学者详细阐述互联网金融下融资可能涉及的犯罪,同时认为有必要对该类犯罪采用行政法规为主、刑法为辅的法律规制措施加以治理。[③] 还有学者认为,在刑事立法方面,应当注重刑罚结构的科学化。在刑事司法方面,还应重视司法的理性克制并坚持罪刑

---

[*] 董邦俊,中南财经政法大学刑事司法学院教授、博士生导师,法学博士;赵聪,中南财经政法大学刑事司法学院博士研究生。

[①] 姜涛:《互联网金融所涉犯罪的刑事政策分析》,载《华东政法大学学报》2014 年第 5 期。

[②] 傅跃建、傅俊梅:《互联网金融犯罪及刑事救济路径》,载《法治研究》2014 年第 11 期。

[③] 王良顺、杨成:《互联网金融下融资犯罪与法——以 P2P 网贷和众筹为视角》,载《山东警察学院学报》2016 年第 4 期。

法定原则。① 其次，从侦查学的研究视角出发。有学者对 P2P 网贷业态领域的犯罪情况及法律风险进行分析，并提出互联网金融犯罪的侦防对策。② 还有学者强调情报导防的重要性，试图从源头上防范互联网金融犯罪的发生。③ 还有学者归纳总结出互联网金融犯罪案件的侦查难点，并有针对性的提出对策。④ 还有学者认为，公安机关应遵循互联网规则，善于运用"大数据思维"，创新互联网安全管理。⑤ 还有学者通过归纳总结互联网金融行业的现状，从中来分析互联网金融犯罪的成因，提出防控犯罪风险的建设性策略。⑥ 还有学者为了应对互联网金融犯罪案件中的海量证据，提出具体的应对之策。⑦ 由此可见，对于互联网金融犯罪的研究已经相对成熟。本文在前人成果的基础上，结合当前复杂、趋向严苛的监管大形势，将研究重点集中于 P2P 金融犯罪的防控研究，希望能够进一步完善互联网金融犯罪的研究。

一、互联网金融犯罪概述

（一）互联网金融犯罪的范畴

2015 年 7 月，央行等 10 部委于联合发布《关于促进互联网金融健康发展的指导意见》提出，互联网金融（ITFIN）是指传统金融机构与互联网企业利用互联网技术和信息通信技术实现资金融通、支付、投资和信息中介服务的新型金融业务模式。互联网金融有着成本低、效率高、覆盖广和风险大的特点，由于互联网金融作为新兴事物，相关法律和监管并未到位。随着技术的更新交替，互联网金融违规和犯罪的界限就更加模糊不清。于是有些不法分子打着金融创新的旗号，借助 P2P 网贷平台进行金融诈骗或非法集资，这使得互联网金融面临巨大的刑事犯罪风险。当前，厘清互联网金融犯罪的刑事处罚的边界

---

① 黄辛、李振：《互联网金融犯罪的刑法规制》，载《人民司法》2015 年第 5 期。
② 贾蓉：《监管深化背景下互联网金融犯罪的侦防研究——以 P2P 网贷业态为例》，载《湖北警官学院学报》2019 年第 2 期。
③ 刘坤、高春兴：《互联网金融犯罪的特点与侦防对策研究》，载《山东警察学院学报》2015 年第 5 期。
④ 徐志、陈秋梅：《互联网金融犯罪侦查的难点与对策》，载《北京警察学院学报》2016 年第 1 期。
⑤ 蔺牛：《以互联网思维构筑互联网金融安全新生态》，载《浙江警察学院学报》2015 年第 1 期。
⑥ 胡邦、钱翔：《互联网金融犯罪防控策略研究》，载《金融经济》2018 年第 14 期。
⑦ 刘品新、唐超琰：《互联网金融犯罪案件证据海量问题及应对》，载《人民检察》2018 年第 20 期。

是十分必要的,平台的违规运营并不必然导致犯罪。介于互联网金融不同于以往传统金融的运营模式,一方面要适度容忍其在创新发展过程中出现的失误,另一方面要坚决杜绝互联网金融犯罪给金融业发展带来阻碍。通过分析近年来法院已判决的 P2P 网贷平台刑事案例,笔者发现 P2P 网贷平台犯罪主要涉及非法吸收公众存款罪和集资诈骗罪这两类罪名。在互联网金融强监管的背景之下,对于 P2P 网贷违规和违法仍然要坚持挽救的态度,但是对于 P2P 金融犯罪的打击不能缺席。

(二) P2P 金融犯罪的现状

P2P 金融犯罪的犯罪危害性极大,严重影响了社会的平安稳定,现已成为全社会必须面对的问题。从案发数量来看,此罪近几年呈现出高发态势,在案件的数量不断刷新纪录的同时,涉案金额也在以几何数级的增长速度暴增。基本呈现出如下现状:

1. 犯罪持续高发。P2P 网贷作为一个融资平台,在国内起步较晚,但因其自身便捷的特性,近年来变得空前火爆。由于 P2P 网贷的门槛较低,社会大众已经普遍接受这一便捷的互联网金融模式。从 2007 年首家网贷公司"拍拍贷"在上海落脚,到 2018 年年底共产生有 5000 余家网贷平台,但其中近一半公司已经无法正常运营。①在 2018 年 6 月之后的两个月时间里,共有近 200 家平台相继"爆雷",其中多数平台涉嫌非法吸收公众存款和集资诈骗犯罪。最终在 2019 年 2 月,公安机关历时 8 个月,依法对 380 余个涉嫌非法集资的 P2P 网贷平台立案侦查,查封、扣押、冻结的涉案资产价值百亿元。②

2. 涉案金额逐年激增。早在 2014 年,银监会召开了处置非法资部际联席会议,当值银监会主任刘张君发言称,近期警方查获了一起 P2P 非法集资案件,涉案金额 6 亿元创历史之最。目前 P2P 金融犯罪的涉案金额正在逐年攀高且不断突破,一些案件的涉案金额达到百亿甚至千亿,当年涉案金额 6 亿元的案件现已不能称之为大案。随着经侦机关的介入,这些问题平台争相浮出水面。"e 租宝"平台在上线不足两年的时间内招徕到 90 万元投资人,最后涉案金额高达 762 亿元。另外,"善林金融"通过线下销售和线上经营的方式,在平台运营期间卖出 600 亿元的理财产品。业内所熟知的"中晋系"不仅涉案金额达 400 亿元之巨,而且此案的受审人数也创业内最高,先后共有 180 名被

---

① 刘美茹:《2018 年 P2P 问题平台兑付现状》,载 https://www.wdzj.com/news/yc/3406526.html,2019 - 1 - 10。

② 《公安机关依法打击涉嫌非法集资犯罪 P2P 网贷平台》,载 http://www.mps.gov.cn/n2253534/n2253535/c6404531/content.html,2019 - 2 - 10。

告被判处刑罚。事实上，还存在着涉案金额超千亿元的网贷平台，比如总部位于南京的"钱宝网"。平台实际控制人张小雷以20%~40%的年化收益率为诱饵，向不特定社会公众非法集资近千亿元。

3. 犯罪危害性极大。P2P金融犯罪不仅涉案金额巨大，投资人之众更是前所未有，自身所携带的金融风险也有向其他领域蔓延的态势。一方面，影响当地治安环境。平台"爆雷"之后，投资人聚集在当地政府或中心城区以示威、游行的方式进行维权，给当地的交通和市民生活带来不小影响。在2018年，还发生过多起投资人自杀事件，作为网贷"爆雷"带来的社会后遗症，危害性已远超人们的预期。另一方面，从长远来看，此类犯罪正在"腐蚀"我国金融市场。网贷投资人将大量银行存款投入网贷平台，使得银行储备资金急剧减少，从而影响到银行的正常运营。银行系统作为宏观调控的重要一环，储备金的大幅减少必然会导致金融市场的大幅动荡，还会对经济秩序造成极大地破坏。

（三）P2P金融犯罪的表现形式

结合相关学者的研究以及对已经案发的P2P金融犯罪的梳理，目前暴露出的P2P金融犯罪形式一方面脱胎于传统的金融犯罪，另一方面因互联网金融的发展有新的表现，主要体现为如下一些形式：

1. 经营"庞氏骗局"。处于运营初期的平台为了赢取市场份额，纷纷采用"庞氏骗局"这一风险性极高的运营方式。事实上，在经营成本陡增的情况下，不少平台组织者是被迫选择"庞氏骗局"来维持运营的。当然，"庞式骗局"的成功离不开资金池的设立，平台通常会"拆东墙、补西墙"，但是往往"庞氏骗局"的败露只是时间问题。对P2P金融犯罪所涉及的"庞氏骗局"进行考察，可以发现维持该骗局的手段主要有两种：一是提高投资返利。在平台设立之初，公司会通过高返利达到其拓展业务之目的。平台的运营成本持续升高，网贷平台自然无法承受高额利息，长此以往公司为了维持经营只能以新还旧，于是一些平台私下挪用投资者的本金用于返利，资金链走向恶性循环。二是降低客户提现。平台运营的关键在于资金链的良性循环，投资人扎堆提现将加速平台瓦解。在广开财源的同时，平台还要尽力留住老客户。一旦网贷平台无法保证资金池里的资金流动性，苦心经营的整个"庞氏骗局"也会随之败露。

2. 虚构标的进行"自融"。网贷公司在自家平台虚假招标，虚构借款人与投资人签订借款合同，后再由银行将该笔资金转入公司控制的账户。例如，"小牛"网贷上出现了许多虚假借贷标的，这些借款人不仅包括个人，还有不少企业法人参与其中。该平台从未对申请借款的企业进行信息披露，甚至未对企业的经营状况和还债能力进行审查,这对于借款金额100万元且还款期长达120个月的贷款来说是异常的。事实上,该平台通过虚构借贷关系将该笔资金打入其实际掌握的账户,实属典型的自融行为。同时,"自融"型非法集资也日益猖獗。作为"中宝投资"的实际控制人周辉,他用2年半的时间虚构了34位借款人,并用虚构的借款人发布借贷标的进行自融,最后平台累计向全国1586名不特定对象非法集资10.3亿余元。①"德赛财富"的创始人徐芳为了自营企业的长期发展,共向投资人吸收资金3000万元,平台"爆雷"之后仍欠投资人1400万元未归还。位于合肥的"金喜财富"还在当地大肆宣传"自融平台更安全",该平台背后的实体企业虽然有着多次商业失信的不良记录,但仍能躲避监管吸引不少投资人在其平台上抢标。

3. 暗设线下门店。目前,P2P网贷公司逐渐形成了线上、线下共存的销售模式。为遏制P2P网贷公司在线下开设门店,银监会于2016年牵头颁布了《网络借贷信息中介机构业务活动管理暂行办法》。《办法》明确了互联网作为P2P网贷公司的主要销售渠道,并禁止网贷公司在线下门店开展销售活动。但是在现实执法过程中,由于金融执法部门缺乏相应的职能,工商部门和金融办只能对线下门店予以罚款或行政警告,这间接导致了线下门店的屡禁不止。线下门店虽不具备线上平台那样吸收资金的能力,但其在线下有着稳定的客户群体,这也使得线下公司呈现出欣欣向荣的景象。为吸收老年群体的退休金与养老金,网贷平台的线下门店全力向老年客户推售理财产品,利用高利率来诱使其参与投资。一旦"灰发族"们的投资失败,必将增大整个家庭的经济压力,严重的还会影响到当地的治安稳定。这种线上、线下相结合的犯罪模式极易产生共振效应,大幅加快了非法集资的速度,使得社会危害性陡然升高。

本文将现实中较为常见的表现形式一一列举,并未穷尽其全部犯罪表现形式,经营"庞氏骗局"、虚构标的进行"自融"和设置线下门店只是三种主要的犯罪表现形式。在上述三种情形中,"庞氏骗局"和设置线下门店完全脱胎于传统金融犯罪,两者仅在原先的犯罪基础上进行优化。不同于传统的金融犯罪,平台"自融"则必须依托于互联网,在信息不对称的博弈局势之下,平台凭借高频率的虚拟交易屡次得手。未来该类犯罪的表现形式或将出现新的特点和样式。但是,无论任何一种方式,对于投资者的失去信用、恶意欺瞒和利益侵占却是共同的特征。

---

① 《最高人民检察院第十批指导性案例》,http://www.spp.gov.cn/spp/jczdal/201807/t20180712_384673.shtml,2019-1-10。

（四）P2P 金融犯罪的特点

P2P 金融犯罪的特点与绝大部分的互联网金融犯罪相同，主要缘于两个方面的原因：一方面，这两类犯罪都与互联网紧密联系，另一方面在于传统金融自身所夹带着复杂性和技术性因素。目前，P2P 金融犯罪的特点可归纳为以下几点：

1. 犯罪活动虚拟化。P2P 金融犯罪主要集中在线上，主要是通过互联网对"理财产品"进行宣传和营销。小到双方的磋商、合同签订，大到金钱支付、收受收益，整个过程无需当面就能进行，交易活动电子化大幅降低了犯罪成本。交易虚拟性是非接触性犯罪的重要特性，犯罪分子打破时空的局限性，在不特定的时间有计划的犯罪。正是因为这一特性，犯罪分子能够在短时间内建立 P2P 平台，从而达到快速敛财之目的。伴随着互联网的普及，信息传播变得十分迅速。倘若某一地区发生了犯罪，将会进一步辐射到相邻县区乃至外省，从而形成一种联动趋势。① 该类犯罪现已产生连锁效应，金融风险一触即发。随着经侦对问题平台的介入频率增多，一些网贷公司积极将互联网上的犯罪痕迹进行隐匿和破坏。尤其是在 2018 年 6 月份的"爆雷"潮中，一些公司在案发后为员工出具假的离职证明，并积极销毁存储在公司系统内的考勤信息与工资流水等电子数据，不仅阻碍了公安机关的侦查取证，更有为他人脱罪的嫌疑。

2. 犯罪手段多样化。P2P 金融犯罪的手段较为复杂，具体表现为以下三个方面：一是外部包装升级。在传统金融犯罪中，犯罪嫌疑人往往依靠其虚高的财力来彰显自身实力，而如今的犯罪分子则是通过对公司虚假宣传，借助虚虚实实的信息迷惑投资人。例如，北京"赢多多"网贷公司对外声称其办公位于银监会大楼，并默认公司受到银监会认可的传言，事实上银监会对此并不知情。二是内部伪装隐蔽。一方面，人为降低坏账率。低坏账率体现出公司具有良好的风险控制水准，这类平台受到广大投资人的青睐。于是，许多网贷平台把坏账率人为控制在一个极低的水平，于是市面上出现不少零坏账网贷平台。另一方面，虚增公司业绩。有些平台虽然提交了完整的自查报告，但在该平台的债转区内还是被投资人发现存在大量虚假标的。总之，外部包装升级和内部伪装隐蔽都可以看作平台的一种欺诈行为，随着平台非法运营的持续进行，其早先的欺诈行为也将演变成犯罪。三是骗术推陈出新。随着"爆雷"

---

① 孙静晶：《大数据时代涉众型经济犯罪案件侦查机制创新》，载《中国刑事警察》2019 年第 1 期。

平台的逐步曝光，大众对网贷的投资热情骤降，于是犯罪分子又将目光投向了不动产租赁行业。北京当地媒体报道称，许多租房客通过一家名为"美丽屋"的房屋租赁公司寻找住房，在合同协商过程中接受了"押一付一"的付款方式，事后却被告知必须通过第三方平台"惠人贷"交付房租。租客们在销售人员的误导下办理了网络贷款，他们中的大多数人对此并不知情。最终该网贷平台"爆雷"，不但房东无法按时收租，承租人还需按期偿还平台贷款，一旦逾期将会终身留下不良征信记录。

3. 犯罪主体精英化。网贷公司作为经营互联网金融的技术型公司，对高级管理人员和技术人员有着较大的需求量，公司成员早已呈现多元化特征，主要表现在两大方面：一方面，公司成员较为年轻。网贷之家对32家网贷公司的统计，数据显示30岁以下的员工占总人数的78.18%，而35岁以上的从业人员则不足7%。网贷公司的工作基本符合年轻人的就业意向，公司在双向选择中往往处于优势地位。另一方面，公司员工学历较高。网贷公司的运营离不开电子设备和网络通信技术支持，技术人才成为公司的主要构成，公司还需要大量精通财务和法律的专业人才来管理企业、处理合同。据统计显示，在3万多从业人员中有1630人拥有研究生学历，占总人数的5.36%之多。虽然犯罪主体的文化程度有所提升，但仍无法掩盖其自身法制观念淡薄的短板，很多员工并未意识到自己正在进行违法犯罪活动。①

4. 犯罪活动高收益化。犯罪经济学认为，当犯罪的收益大于成本时，犯罪将是理性的选择。② 通常情况下，犯罪分子会对即将实行的犯罪进行评估，P2P金融犯罪的高收益化主要表现在以下两个方面：一方面，犯罪成本较低。犯罪成本主要包含有形成本和无形成本，犯罪有形成本主要是指人力和金钱成本，而无形成本则是由时间成本所构成的。从有形成本的角度考虑，网贷公司可以轻松聘任优质员工，并且对其进行简单的培训便可上岗。同时，随着电子设备的不断贬值，未来其犯罪成本也将持续走低。犯罪分子利用网贷平台在全国范围内非法集资，平台在短时间内聚集到巨额资金，因此时间成本也被有效控制。另一方面，犯罪收益大。此类案件涉及巨额资金，非法吸收上亿元公众存款也已经稀疏平常，平台通过非法处置巨额资金从而获取较大的犯罪收益。高犯罪收益率取决于犯罪成本和犯罪收益之间产生的巨大差值，由于犯罪成本

---

① 毛玲玲：《互联网金融刑事治理的困境与监管路径》，载《国家检察官学院学报》2019年第2期。

② 史晋川、吴兴杰：《流动人口、收入差距与犯罪》，载《山东大学学报（哲学社会科学版）》2010年第2期。

的逐步降低,犯罪收益自然水涨船高。总之,犯罪分子用少量启动资金搭建网贷平①台,同时花费极低的时间成本去获取大量利益,这正是 P2P 金融犯罪在全国范围内盛行的主要原因。

(五) P2P 金融犯罪之成因

1. 外部因素。主要有两个方面:(1) 网贷行业的准入门槛低,而且行业内缺乏统一的准入标准,致使一些不具备运营条件的公司纷纷涌入网贷行业。在实践中,行政机关对网贷公司的注册审核流于形式,工商部门难以核实公司的实际业务,有些 P2P 网贷平台注册成普通公司,或者以科技公司的名义进行登记。近期,监管部门开始将平台合规提上日程,许多不符行业标准的网贷公司将无法取得运营牌照。因此,许多平台为了拿到"入场券"选择收购合规公司,试图用"借壳"经营的方式来规避监管。总而言之,宽松的事前审查制度使得网贷行业鱼目混杂,强化事前审查工作已成为净化互联网金融生态圈的首要任务。(2) 行业缺乏统一的信息披露制度。各大 P2P 网贷平台的信息披露制度并不健全,而且平台的相关数据并未实时更新,侦查人员始终无法从互联网上甄别出问题平台。② 由于公司人员流动性较大,内部人员名单始终无法确定,公司高管的征信记录和犯罪前科记录更是无法掌握。有些公司为了转嫁风险,会指派与公司毫无关联的适龄人员来"担任"公司负责人。例如,只需花费几百块钱便可在网络上购买到一个有效身份证,该身份证可以被用于注册公司、银行开户、缴纳税款等多个领域。总之,对此类非接触性犯罪的打击时机难以确定,主要表现为侦查机关对犯罪的打击较为迟缓。

2. 内部因素。主要有两个因素:(1) 人为因素。由于平台违规运营,其对借款人的资格审查流于形式。许多借款人仅凭本人的银行流水即可办理网贷,网贷公司为了预防借款人逾期还款,只能设置风险备付金为投资人提供保障。网贷整治办在 2017 年发布《关于做好 P2P 网络借贷风险专项整治整改验收工作的通知》明令禁止网贷公司继续提取新的风险备付金,并认定平台"自保"属于违规经营。但是,面对激烈竞争的网贷市场,不少平台为了赢得客户纷纷采用"自保"模式。事实上,自保平台并没有宣传的那么牢靠,一旦平台的资金链断裂,投资人必将陷入血本无归的结局。(2) 技术因素。金融圈里运用"资金池"早已成为一种常态,"资金池"虽复杂了单方债权、债

---

① 谭中明、钱珍:《新监管体系下我国 P2P 网贷风险管控现状的检视及改进对策》,载《西南金融》2019 年第 4 期。

② 陈雯倩、艾浏洋:《P2P 网贷经营者信息披露制度的构建》,载《现代经济信息》2017 年第 9 期。

务关系,却大大提高了资金的流动性。金融机构在合法、合规的情形下才能设立"资金池",私设"资金池"属于明显的违规行为。早在2017年,中国互联网金融协会就已将设立资金存管系统提上日程,网贷公司的全面合规逐渐成为业内共识。截至2019年1月,江西银行和新网银行等60家银行与多家P2P网贷平台展开合作,共有816家正常运营的P2P平台宣布与银行签订资金存管协议,占同期所有平台的八成之多。银行的全面介入使得网贷平台无法形成"资金池",即便平台发生"爆雷"事件,债权到期后的投资人仍可对本金进行提现,从源头上保护了投资人的财产性利益。但是,仍有许多P2P网贷公司未与银行签订存管协议,他们在自家平台上发布短周期的投资标的,对资金池内的资金进行期限错配,实现其扩大业务之目的。例如,"睿信贷"私自搭建"资金池",在资金从回流到借出的这段时间里,私自挪用投资人在资金池内的资金,最终该平台未能避免"爆雷"发生。这类平台本身并无犯罪的主观故意,平台的"爆雷"大都是自身经营不善所导致的。

3. 主观犯罪意愿增强。随大量流动性人口进入城市,犯罪分子由于脱离了当初的乡土社会,他们原本的道德观念也在被逐渐削弱。在缺乏道德约束的情形之下,被巨大的犯罪收益所吸引,于是纷纷选择参与犯罪活动。一些犯罪分子借助先前的运营经验,能够短时间在其他城市、地区复制非法集资活动。跨区域犯罪给公安机关的工作带来困难,诸如案件的管辖不明、立案标准不一,不利于犯罪事实的查清,进而导致案件侦查进展缓慢。从而导致许多案件在多年之后才被立案侦查,但是此时的犯罪分子早已离开当地,办案机关错过了最佳的侦办时机,给了犯罪分子喘息的机会。例如,在2015年年底,位于河南郑州市的金基有限责任公司因资金链断裂从而导致骗局败露。但是,经过两年之后,郑州市公安局东风路分局才对该公司的实际控制人高水成、刘金玲签发立案决定书。在此期间,高、刘二人又在北京市设立了两家P2P网贷公司,在当地熟练地进行非法集资活动。

二、P2P金融犯罪之侦查困境

当前,P2P金融犯罪的侦查面临诸多不足,侦查过程中仍然存有许多阻碍。按侦查工作开展的先后顺序,主要分为初查、立案、取证和追赃四个阶段。

(一)罪名交织,案件定性困难

P2P金融犯罪主要是指破坏金融管理秩序罪和金融诈骗。侦办此类案件的办案人员应当具备从案件中找出法律主体和法律关系的能力,这对侦查人员的办案水平提出极高的要求。我国相关金融管理法规将单位或个人未经相关行政部门批准,向社会公众筹集资金并承诺返本付息的行为定性成非法集资行为。① 但是,随着金融产品与科学技术的更新换代,借助互联网进行非法集资的犯罪手段和形式已经变化,原先的法律条文和司法解释已经变得模糊不清,缺乏统一的适用标准将导致全国范围内的金融犯罪难以界定,严重地阻碍了侦查工作的开展。② 在司法实践中,非法集资犯罪往往存在罪名的交织,再加上本身的性质不明确,导致了同行为不同罪名的现象。③ 尤其是对集资诈骗罪的认定存在困难,这是由于被告人对他人财物具有非法占有目的证明标准较高,大多数案件都只能以非法吸收公众存款罪处理。集资诈骗罪的最高刑为无期徒刑,而非法吸收公众存款罪最高刑期仅为十年。这种避重就轻的处理方式虽然提高了办案效率,但却严重破坏了司法公正和公安机关的公信力。

(二)案情复杂,立案审查迟缓

据网贷之家的统计数据,截至 2019 年 1 月,全国共有问题平台 5006 家。警方介入的共有 214 家,占总问题平台数的 4.28%。在侦查机关初查过后,符合立案标准的案件则更少。导致这一现象的原因如下:首先,案件十分复杂。在侦查初期,掌握少量证据的侦查人员无法判断其是经济纠纷还是刑事案件,许多案件只能通过涉案金额和维权人数来定性。在司法实践中,仍然普遍存在"先破后立""不破不立"等立案不实的情况。④ 面对数量激增的问题平台,警力不足的公安机关能不立案则不立案,从而导致很多问题平台免于刑事处罚。这从一个侧面体现了刑法的谦抑性,但却大大降低了对犯罪的打击力度。不可否认,这种选择性"失明"的立案方式正是司法实践倒逼的结果。其次,跨区域报案受阻。跨区域网贷平台已经十分普遍,这给投资人的报案带来不小的困难。由于案发地警方未能及时发送协助通知,直接导致投资人无法在本地报案,投资人只能前往该 P2P 平台所在地的公安机关进行报案。异地报案不仅提高了报案人员的维权成本,还在某种程度上挫败了其维权的信心,许多报案人因此放弃报案。最后,证据不符合立案要求。在案发之后,许多犯

---

① 《非法金融机构和非法金融业务活动取缔办法》(国务院 [1998] 247 号令), http://www.cbrc.gov.cn/showFfjzDoc/8C5D06CD1ED24249AA6D29BD47001D61.html, 2019 – 1 – 15。

② 李永升、胡东阳:《P2P 网络借贷的刑法规制问题研究——以我国近三年的裁判文书为研究样本》,载《政治与法律》2016 年第 5 期。

③ 齐力莼:《P2P 借贷的刑法规制现状研究》,载《法律适用》2018 年第 11 期。

④ 董邦俊、马君子:《公安机关刑事立案问题及对策研究》,载《中南民族大学学报(人文社会科学版)》2016 年第 5 期。

罪证据早已被犯罪分子损毁。此时，侦查机关只能从投资人处获取相关证据，但是由于大部分投资人缺乏证据保存意识，投资人在侦查阶段也难以提供有效的证据。在上述多种原因的作用之下，最终导致了此类案件无法及时被立案。

（三）取证困难，有效证据缺失

1. 物证不易收集。P2P金融犯罪案件涉及大量实物证据，侦查人员不仅要应对复杂的犯罪现场，还要从中提取有效物证。由于此类证据容易遭受物理性破坏，一旦证据被破坏将难以修复。一方面，现场勘查工作中，侦查人员使用传统思维对实物证据进行收集，有可能遗漏相关重要信息。由于该类犯罪具有非接触性，不同于往常单一的物理犯罪现场，其犯罪现场是复杂多变的。在物证搜集过程中，侦查人员主要面对物理犯罪现场，因此侦查人员很难发现与虚拟犯罪现场相互关联的证据和信息，这对于证据的收集工作来说是一种巨大损失。由于二元犯罪现场是有机统一的整体，因此对其现场勘验和物证收集应适当修正其传统的思维模式。另一方面，犯罪嫌疑人毁坏证据的行为，直接导致侦查机关不能全面收集物证，极大阻碍侦查机关的取证进度。随着犯罪分子反侦查能力的提高，公司在设立之初就已有两本账，公司管理层长期对账目进行技术处理，这种一虚一实、交替掩护的手段极具迷惑性。

2. 电子数据难处理。在司法实践中，不少司法机关由于缺乏电子数据收集、保全、审查、判断和运用的经验，从而导致部分电子证据无法使用，从而使得一些新兴案件的办案质量大打折扣。[①] 涉案的电子证据主要包括：银行交易信息、网贷平台数据和第三方支付平台交易信息。通常情况下，犯罪嫌疑人在后台通过技术处理，将电子合同的履行时间、标的额进行修改，仅凭投资人单方出具的投资凭证是无法与平台数据相互印证的，这无疑加重了投资人的举证难度。专业的数据处理人员在提取到部分电子数据之后，会将这些证据与线下的公司账簿一同交由司法会计进行鉴定。但是，有些网贷公司缺乏完善的财务会计制度，同时又缺少部分银行交易的信息，司法会计人员将无法对这一部分资金进行鉴定。另外，由于电子数据的认定和审查标准未能统一，司法实践中普遍存在电子证据资格难认定的情形，尤其是对电子合同真实性的认定存疑。[②]

3. 有效的言词证据难获取。在此类案件中，由于言词证据并不是证明犯

[①] 樊崇义、李思远：《论电子证据时代的到来》，载《苏州大学学报（哲学社会科学版）》2016年第2期。

[②] 褚福民：《电子证据真实性的三个层面——以刑事诉讼为例的分析》，载《法学研究》2018年第4期。

罪的唯一证据，言词证据并未引起侦查人员的绝对重视。当然，为了更好的还原犯罪事实，借助物证也无法做到100%还原的，言词证据对于案件隐藏信息的发现和挖掘意义重大。言词证据是一把双刃剑，侦查人员在口供的指引之下，提高了侦查工作的效率，从而节约大量的司法资源。但不可否认，一些虚假、不实的供述也会将侦查工作带入歧途。在司法实践中存在以下几个问题：一是犯罪嫌疑人供述不实。公司主要成员为了脱罪，在案发之前就已经做好了充分的准备工作，他们把重要的书证、电子合同和银行流水信息隐藏或销毁。他们只选择性的提供不足以定罪的证据，仅凭侦查机关掌握的少量证据，也难以通过讯问取得实质性进展。在讯问过程中，侦查机关难以分辨犯罪嫌疑人是否编造口供，尤其是面对一些订立"攻守同盟"的犯罪嫌疑人。二是证人证言难以证伪。证人证言的形成过程主要分成感知、记忆和陈述三个阶段。由于每个证人的个体情况不同，导致他们的感知能力存在差别，他们在经历同一事件的时候会产生不同的主观感受。同时，证人的记忆容易受到"事件后"信息的干扰。在外界暗示增强和自身辨识度偏低的双重作用下，他们容易被模糊信息所误导从而做出错误判断。

（四）追赃困难，动态难以追踪

网贷公司内部的资金流十分复杂，通常运营过程中存在多条资金流。一些公司在运营过程中还会隐藏其资金流，资金一般先从投资人账户流向第三方账户，再由第三方账户转入其实际控制的账户，可是这一资金交易信息并未出现在公司账目上。因此，对于资金流的识别，不仅要掌握犯罪嫌疑人实际控制的银行账户信息，同时还应对比分析出借人和借款人的银行流水。一般犯罪分子实际控制的银行账户是难以在第一时间被发现的，随着侦查工作的逐步深入，侦查机关将面临资金流向难追踪和涉案金额无法确定的难题。在初查阶段，一旦公司账目出现电子合同信息与银行到账信息不符的情形，便可认定该网贷平台有自融的嫌疑，平台还有可能通过关联交易来转移资金。只有继续搜集平台的相关交易数据，并对这些信息进行对比分析才能找出关联交易。现实中的网贷公司不只与其他网贷公司有着关联交易，通常还会设立数家子公司，将大量资金转入其子公司账户。由于网贷公司主要依托互联网来发布借贷标的和签订电子合同，这些重要的电子数据都会留存在服务器内，犯罪分子为了躲避侦查甚至会将服务器设在境外。

追赃难已成为侦查工作中的必须面对的一大顽疾，通过分析以往案例可知，大多数投资人是无法及时获得退赔的。其原因有两个方面：一方面，P2P金融犯罪案件的诉讼耗时较长。大量时间耗费在刑事诉讼过程中，从侦查机关初查到法院下达判决书最短也得一年半，"盛融在线"案耗时长达31个月才诉讼终结。另一方面，退赔工作不易开展。退赔工作涉及多个退赔款项，主要包括：销售人员的业绩提成、推广公司的广告收入以及高管们的巨额奖金。侦查人员短时间内很难弄清与本案相关的所有资金流，同时退赔方的经济状况好坏不一，也会阻碍退赔工作的开展。关联方普遍存在还款不积极的情况，关联方的消极退赔直接导致资金难以到位，更有一些失信借款人存有侥幸心理，在公司屡次催收后仍不及时还款，并在公司"爆雷"后选择断供。最后，一些借款人虽有还款意愿，但由于其所处行业的投资回报周期较长，在贷款到期之后仍无钱可还。例如，福建省某渔业有限公司在"零钱罐"平台上申请到一笔大额借款，后该企业正常运营并顺利进行下海捕捞作业，虽然企业的贷款已到期且未能实现盈利，但是其在当年年底也开始了陆续还款。

三、P2P金融犯罪之侦查对策

侦查机关在侦查非接触性犯罪过程中，不仅要提高侦查人员的综合素质，还应进一步提升搜集案件线索的能力，在此基础上寻求最佳的侦查途径。最后还应妥善处理证据的提取和固定工作，在开展侦查工作的同时更要保存战果。

（一）扩大案件线索来源

P2P金融犯罪是隐蔽性较强的犯罪，为避免损失的进一步扩大，侦查机关应当"尽早发现、尽早处置"。在坚持情报导侦的同时，还应从三个方面加强线索的搜集工作，争取在第一时间内介入案件。

1. 打造便捷举报平台，提高线索收集能力。相对于举报人，被动受理案件的公安机关显然无法第一时间得到各种线索，这将导致造成案件无法及时被侦破。有的举报人是案件的被害人，他们通常掌握第一手资料。在司法实践中，常常会出现举报人虽有足够的线索，但是由于自身原因而怠于行使权利的情形。案发之前，网贷平台一般会出现逾期回款的情形，此时的投资人仍未意识到平台已经出现问题。随着P2P金融犯罪案发数量增多，绝大多数的投资人是在平台负责人失联之后才开始报案。这给了犯罪分子足够的时间去销毁证据并转移资金，投资人因此错失最佳的报案时机。面对此种情况，侦查机关应为举报人提供便利，拓宽公众的举报途径。公安机关通过在官方微信公众号和新浪微博官微上设立举报专线的方式，实时与公众互动从而掌握举报信息的最新动态，从根本上克服电话与网站举报的不便性。

2. 借助大数据平台，把握犯罪规律。在侦查工作信息化的大背景下，大数据在侦查工作中发挥着举足轻重的作用。侦查机关在大数据平台的支持下，对以往案件进行分析并总结出相应的犯罪规律，从而实现对此类犯罪的全面掌控。大数据侦查的外延要宽于传统侦查，主要体现在侦查时间的向前延伸，利用大数据进行"预测性侦查"可以赢得最佳破案时机。通过搭建"临近重复"模型来处理此类案件，妥善利用大数据平台对犯罪进行预测，从而指引侦查人员办案。例如，以某一地区公、检、法所办理的P2P金融犯罪案件的数据为基础，对该地区近几年的案件进行分析，找出该类犯罪在受害人群、作案场所和监管环境等多重维度所展现的规律和特点。在侦查过程中，大数据对该公司的相关人员进行数据碰撞，从而发现其是否为在逃人员或者有无犯罪记录。随后，侦查人员便可在掌握相关信息的情况下，进行有针对性的摸底排查，大幅地节省办案人员的办案时间。

3. 落实跨区域接警，整合警力资源。各级公安机关在面对群众报警时，通常建议群众向有管辖权的公安机关进行报案，这些显然符合有关地域管辖的规定。但是，随着此类案件案发数量的持续走高，从维护群众财产利益的角度出发，侦查机关应当第一时间介入案件。因此，对有关P2P网贷的报案应当不分地区全部接收，小到派出所、大到厅局的经济侦查队都可开设受理案件的"绿色通道"，并在公安机关内部及时互通报案信息。同时，为了应对新型互联网犯罪，亟需对办案警员进行高强度、高要求的技术培训。由于警力资源不足的问题依然存在，抽调大量在岗警力参与集训也是不现实的，因此组建一支具备战斗力的专业技术队伍变得十分必要。从公安机关内部来看，应当从各部门精选出一批具备金融、法律和计算机知识的专业人才，组建成单独的P2P金融犯罪工作小组。主要负责处理涉案金额巨大、案情复杂的案件，同时能够直接对接公安分局的侦查工作，真正实现公安机关内部的协同作战。从外部来看，与当地的科技公司或者专业审计机构进行合作，鼓励专业的技术人员辅助侦查机关办案，直面办案中的各类疑难技术、专业问题，让专业人员能够做专业的事。

（二）寻求最优侦查途径

刑事案件的侦查途径主要分为"由案到人"和"由人到案"，具体采用何种途径还需结合具体案件进行确定。P2P金融犯罪案件的犯罪行为与结果都发生在网络上，因而侦查此类案件应从以下几个途径着手。首先，从银行流水入手。与其他金融犯罪一样，犯罪分子控制着大量资金，这些资金都存储在银行。因此，应当将公司银行账户和与其相关的账户列为主要排查对象，逐条查询并分析资金具体流向，必要时还应采取强制措施将资金冻结，实现对赃款的源头控制。其次，从公司的运营关系切入。一些P2P网贷公司是由广告公司投资设立的，两家公司以合法手段来掩盖其非法目的，通过商业合作进行资金转移。侦查人员应当对该广告的发布者进行追查，从而寻找涉案公司是否存在用"阴阳合同"转移资金的情形。当然，公司的运转离不开各项章程制度，侦查人员应当熟悉各类公司的具体交易规则,只有这样才能更好地审查交易的各个环节。最后,重视举报线索。有些投资人不仅充当举报人而且还是整个案件的知情者,他们向侦查机关提供了留存的电子合同、付款收据和银行记录,毋庸置疑这些信息具有较高的价值。当然,现实中还出现过举报人虚假举报的先例,实际只是同行之间恶性商业竞争。因此,侦查人员应当善于识别举报信息的真伪,去伪存真并发现有效线索,从而达到高效侦查之目的。

(三) 加强证据的收集工作

1. 全面收集电子证据。全面地收集证据是指在各个阶段都应注重证据的收集,在时间轴上将证据的收集划分为立案前和立案后两个阶段。在初查阶段,将收集到的公司信息整合与分类,为后期提取证据奠定了基础。在立案之后,可在前期收集证据的基础上,有针对性地补充相关证据,尤其注重对间接证据的保存,使其形成完整的证据链。互联网金融犯罪作为一种网络犯罪,主要是借助互联网进行资金运作与信息交换,会在服务器和互联网上留下痕迹。一方面,要收集数量充足的电子数据。侦查人员提取证据时会对证据进行初步审查,但也不能将一些看似没有关联的证据排除掉,由于电子数据之间的逻辑是无法用肉眼去分辨的,因而对拿不准的证据也要一并收集。另一方面,要高效处理数据。对于电子数据的采集有着极高的要求,普通的侦查人员在单独面对电子数据时也难以提取有效证据。此时,侦查机关可与高校实验室进行合作,或者求助于BAT公司的数据处理中心,借鉴他们采集和分析电子数据的先进方案。

2. 侧重针对性讯问。一方面,侦查人员要有打心理战的准备。此类案件的讯问对象主要是公司的核心管理层,包括负责公司财务、技术和销售的经理和总监,他们能够直接接触到公司的核心业务。办案人员可重点调查这类人员的银行流水,在掌握足够的证据之后,再利用犯罪嫌疑人的利己心理,引导犯罪分子自行坦白。在其拒绝供述时,讯问人员还可与其进行模糊对话,促使犯罪嫌疑人之间产生怀疑心理。在讯问中审时度势地运用讯问策略,告知犯罪嫌疑人其同伙早已经交代,使犯罪嫌疑人心生狐疑并在错误估计形势的情况下坦白供述。① 另一方面,及时分析供述,摸清赃款的流向。结合前期所掌握的信息,侦查人员应对公司的实际控制人进行有针对性的讯问,以确定资金的具体去向。侦查人员还可以职业投资介绍人为突破口,将其供述作为查找资金流向

---

① 吕新华、刘伟:《刑事侦查"欺骗性"讯问手段相关问题探析》,载《山东警察学院学报》2018年第6期。

的重要线索，进而发现公司实际控制人是否隐藏资金。在讯问结束之后，侦查人员还需对讯问笔录进行仔细分析，在巩固战果的同时，仍要不断地修正侦查方向。

3. 妥善保存线下证据。线下证据主要是指实物证据和留存在电子设备内的电子数据，此类证据具有隐蔽性强的特点。首先，及时保存证据。到达现场之后，侦查人员需第一时间进行现场访问，通过对报案人、证人和知情群众交谈，为接下来的现场搜索确定方向。在现场访问的基础上，侦查人员应当迅速查封公司的工作场地，妥善保存线下公司的纸质合同原件、复印件和广告宣传单。另外，线下电子证据主要留存在网贷公司的电子设备内，对此类证据的提取需要更多的技术支持。侦查人员应当优先保护电子数据的完整性，将无法处理的数据进行现场封存，尤其注重对存储这些数据的手机、笔记本电脑、硬盘和电子邮件进行优先处理。其次，提前收集信息。侦查人员在初查阶段，应当对可疑公司的相关信息建档保存，以防案发之后网贷公司对重要证据进行破坏与销毁。案发之前，网贷平台的警惕性不足，因此其所展示的内部信息相对全面，侦查人员可以借助便衣身份深入调查，从而直接接触并发现有问题的公司。最后，审慎处置证据。合法性、客观性和关联性是证据的三大特征，侦查机关在取证过程中仍受其指引。但是，对非接触性犯罪的侦查过程中，按照传统证据的"三性"将很难进行侦查取证，这类证据无形中增加了取证工作的难度，极易导致证据的证明力下降。侦查人员应当重新构建证据审查思维，尤其要提高对线下证据的甄别能力，特别是一些被加密和被"污染"的证据。

（四）提高侦查人员综合素质

1. 转变司法理念。侦查人员要改变其有罪推定思维，善于从犯罪嫌疑人的角度来分析案件。在审判中心主义指引之下，侦查工作要始终围绕着庭审开展，在打击犯罪的同时兼顾人权保障。主要体现在证据收集过程中，侦查人员应当重视取证质量而不能只追求证据的数量。

2. 熟悉相关金融类常识。侦查人员在将相关证据提交给司法鉴定机构之前，应充分掌握涉案公司的人员构成与其具体分工，还应将相关犯罪嫌疑人的信息告知司法会计人员以免遗漏重要的证据。及时的沟通与信息反馈提高了办案效率，更有利于异常的账目的发现。

3. 提高摸底排队的效率。在案发以前，侦查机关处于被动的地位，但是可以在摸底排查中主动出击。在摸底排查过程中，侦查人员应注意观察P2P网贷公司的几个重要指标：一是公司是否有风险内控制度，二是公司高管是否出现了异常变动，三是公司临时更换审计机构。每当有公司的上述相关指标发生异动，侦查机关便可及时跟进，第一时间发现与处理问题公司，从而扭转其被动的处境。

四、加强 P2P 金融犯罪的防控

开展侦查工作的目的是为了惩治犯罪，侦查机关往往在案发之后才开始介入案件，打击犯罪必定是滞后的。从个案角度来看，犯罪暂时被遏制且成效显著。但仅仅依靠侦查机关的被动出击必然无法达到"治标又治本"的效果。因此，为了避免此类犯罪的再度发生，主动对犯罪进行预防和控制变得尤为重要。

（一）完善相关法律法规

1. 刑事立法领域。随着经侦机关的频繁介入，使得大批投资人失去信心纷纷撤资，许多平台因此被立案调查，P2P 网贷业的生存处境变得十分艰难。许多违规运营的平台并无主观犯罪的意图，在经营不善的情况下被迫"爆雷"，却被按照刑事案件处罚。正是由于部门法之间缺乏必要的衔接机制，金融行政监管往往形同虚设，最终导致了 P2P 金融违法极易被当作犯罪来进行刑法规制。因此，应当划清 P2P 金融违法和犯罪的界线，在金融执法与刑事处罚之间建成有效的衔接机制，这也是刑法谦抑性原则的应有之意。

2. 金融立法领域。近些年来的金融立法大多是以部门规章的形式出现，其在法的效力上存在不足。同时，金融监管立法缺乏较大漏洞。例如，未能明确监管主体、监管的具体对象和范围，执法权限的规定也不明确。应当提高金融立法的效力，从而赋予金融执法单位充分的执法权，从根本上解决监管乏力的难题。最后，还应制定法律法规对市场准入制度、企业信息披露以及资金用途等信息进行详细规定，在行业自律的基础上，营造出公开、透明的交易环境。将互联网金融的信用风险性降到最低，进一步清除违法犯罪的土壤。

（二）加强多部门联动协作，完善防控机制

1. 集合数据信息，构建信息互享机制。海量信息对于未来金融监管和侦查工作具有重要作用，通过大数据平台将相关部门的信息数据进行整合和深挖，有利于从源头上对 P2P 金融犯罪进行遏制。本着"打早、打小"的理念，侦查机关应当与金融部门和第三方支付平台进行合作，主动出击寻求案件线索和明显的违规信息。

2. 强化侦查和金融执法的衔接。一方面，完善高效的协作机制。根据案件线索的指引，侦查机关会第一时间入驻金融机构调查取证。但是，侦查机关的突然介入势必会影响到银行的正常运营，在调查过程中还可能侵害到部分银行客户的隐私权。为实现双方利益最大化，金融部门可以安排专人与侦查人员实现对接,通过一段时间的试运行,最终建成一套可行的办案协作机制。另一方面,组建单独的办事协调机构。中国人民银行、银监会和公安部为了联合办案,可由公安机关来主导案件的发展,进一步紧密部门间合作。通过设立综合办公室的方式来明确各部门的权力和责任,同时制定出完善的奖惩机制来激励各部门人员的工作,为了防止办案人员权利寻租,该综合办公室可按期对各部门进行中期考核和专项评比,以此来激励办案人员的工作热情。

3. 加大平台信息披露力度。信息披露失实的情况还较为普遍,行业内始终缺少统一口径的信息披露。一方面,制定信息披露的基础指标,统一行业披露口径。通过倡导全行业披露重要信息,进一步深化信息披露工作,切实保护投资者的投资知情权。当然,在确定统一的标准之后,还应及时不完善的员工信息予以补充,引导平台完善公司员工的各项重要信息,让投资人清楚公司的人员构成。另一方面,加大对虚假披露信息的处罚力度。由于公司的逾期贷款过多且平台的坏账率畸高,虚构数据主要是为了掩盖其运营不善的事实。为了避免发生群体性"爆雷"事件,监管部门应对此类公司及时整改和劝退。

4. 细化监管细则,进阶行业自律。金融产品更新换代较快,相关立法和监管措施是相对滞后的,网贷协会应当承担起监督者的职责。相关部门应重新制定符合本行业的自律公约,进一步发挥P2P网贷协会的组织作用,积极引导各个平台进行自我约束。

另外,在执法层面,还应当进一步细化工商、公安、央行和银监会的监管职责,落实对P2P网络借贷平台的注册登记、资金来源和税务缴纳等环节的监管。

(三) 积极引导群众,提高防骗意识

首先,面对投资人的集体上访,侦查人员不仅要及时介入以避免发生群体性事件,还要担负起引导和教育群众的任务。办案民警应认真核实维权群体的真实信息,在线下与群里的管理员约谈,明确告知不可触碰法律"红线"。与此同时,网监部门还应当对此类QQ群与微信群实时监督,通过网警入群的方式,实现对该群体日常动向的全面掌控。其次,鼓励群众提供情报。案发后犯罪嫌疑人会进行适当的伪装,这给抓捕工作带来了困扰。群众一旦发现犯罪嫌疑人行踪,应及时向公安机关报告,必要时还可以采取合法的手段将其就近扭送至公安机关。最后,提高群众保全证据的意识。侦查机关在推广"微信"小程序里的报警系统时,还应在自媒体平台上设立相关的证据专栏,将接受群众举报的行政机关和司法机关予以展示。随着第五代移动通信技术的推出，使用短视频 APP 的用户正逐年增多，侦查机关应当及时认证其官方账号，通过该平台发布有关 P2P 金融犯罪的短视频。该账户主要用于对相关法律政策以及投资风险的宣传，并将证据的种类以及证明标准通过小品案例的形式予以仔细展现。侦查机关通过践行上述多种举措，逐步达到了引导人民群众协助侦查之目的。

结　语

　　互联网金融犯罪的种类繁多，本文侧重对 P2P 金融犯罪的研究。文章对犯罪现象和原因的梳理和分析，试图掌握此类犯罪的特性，为了能够在将来更好的应对互联网金融犯罪的变种。文章贴近实践，对近些年发生的刑事案件进行剖析，为侦查办案人员的侦查工作提供借鉴。在侦查部分积极反映了司法实务部门办案中遇到的难题，同时给出了适当的解决方案。最后还将侦查和预防对策有机结合，更好的配合了金融执法部门的执法工作，也给人民群众打击 P2P 金融犯罪提出了新的要求。作为新时代社会治安防控体系建设的一块拼图，如何应对金融风险将是我们无法回避的难题。只有进一步了解和掌握互联网金融犯罪，才能从根本上遏制犯罪的上升势头，真正实现社会的长治久安。

金融领域网络犯罪的防控与治理

——基于河南省焦作市解放区检察院办理的杨某特大网络犯罪案件实证分析

漆泽民　赵海燕　王晓雯　徐梦瑶[*]

计算机与网络的研制与问世,计算机与网络创造出一个与平行于现实社会的虚拟社会,它宽广无际,内容宽泛,受制约难度较大,互联网公民们通过计算机操作、语言编程及代码组织等方式来控制和表达自己的思维与行动,无疑是人类经济发展、科技进步史上浓墨重彩的一笔。在网络经济高速发展的同时,社会各行各业对于网络技术的依赖性越来越大,于是一些社会上的不安分子也开始注意到这一广阔的"市场",有关借助网络手段实施犯罪的现象迅速蔓延,网络类犯罪逐步引起社会的普遍性关注。其中,网络盗窃、诈骗无疑是新出现的众多网络类犯罪活动的"头等兵",它极具操作性,不易侦破等特点。

目前,学术界对网络犯罪的研究,理论方面较多,实务方面不多,对网络犯罪讲,需要从实务方面去研究,特别是对案件的特点逐个分析、研究,找出网络犯罪产生的原因,防控该类犯罪的对策。为此,笔者以所在的焦作市解放区的网络犯罪进行调研。本文从焦作市解放区检察院办理的一起特大网路盗窃案件为切入点,通过实证的方法提出自己关于治理和防控网络犯罪的看法。析其背后的原因,提出的关于网络盗窃犯罪防控措施。

一、特大网络盗窃案实证分析

(一)基本案情

犯罪嫌疑人杨某通过非法渠道购买被害人侯某建行卡的四要素(姓名、身份证号、银行卡号、银行卡绑定电话)后,通过QQ、微信、手机等方式将

---

[*] 漆泽民,河南省焦作市解放区人民检察院党组书记、检察长;赵海燕,河南省焦作市解放区人民检察院综合业务部主任;王晓雯,河南省焦作市解放区人民检察院第五监察部助理;徐梦瑶,河南省焦作市解放区人民检察院第三监察部干警。

信息提供给犯罪嫌疑人高某、欧某、曾某等人,并约定赃款五五分成。高某、欧某、曾某等人在2016年7月28日至2016年12月18日,利用金融代扣业务,采取伪造虚假协议等方式,通过另一犯罪嫌疑人赵某提供的网络技术,非法盗刷侯某建行卡107笔,共计516.5万元资金,四人挥霍。

该案是一起团伙网络犯罪案件,犯罪嫌疑人杨某等四人分工明确、配合默契。犯罪嫌疑人杨某负责购买信息、手机号等方式,将信息提供给其他犯罪嫌疑人,网络轻易地将犯罪嫌疑人联系在一起,并很方便地输送作案需要的信息,去从事网络违法犯罪活动,也和网络技术的迅猛发展是分不开的。该案的特点,一是隐蔽性强,分工明确。犯罪嫌疑人杨某是组织者,策划者,通过非法渠道购买,给犯罪嫌疑人高某、欧某、曾某等人,并约定赃款五五分成;二是成本低、收益高。仅仅花费了非法渠道购买到被害人侯某建行卡的四要素的费用,获利500万元;三是犯罪嫌疑人都有一定的网络技术知识和网络技术水平;四是通过网络信息技术的方式实施犯罪活动。

(二)特大网络盗窃案件所引发的思考

1. 引发网络犯罪对社会影响的问题思考

在互联网时代,网络支付几乎遍布了我们生活的所有领域,给人民的生活带来了极大的便利,但是便利的同时,网络犯罪的发案率也呈现出增长态势。以焦作市解放区为例。焦作市位于河南省中部,毗邻省会城市郑州,在中原城市群中具有核心区位优势。据2017年《中国城市竞争力第15次报告》,焦作在河南省综合经济竞争力中排名第三,可持续竞争力中排名第六。解放区是焦作的主城区,商业、学校、公司企业密集,网络使用无处不在。2018中国互联网报告:网民首次超8亿,普及率为57.7%。其中,手机网民达7.88亿,利用手机接入互联网比例98.3%。网络发展迅速,焦作市解放区网络越来越密集,网络无处不在。据不完全统计,截至2018年12月焦作市解放区移动网点39余家,网吧130多家。辖区的公共场所均免费提供上网服务,网络通讯已成为主要的信息交流平台。互联网融入人们常生活的同时,传统犯罪也趁机找到了一张滋生犯罪的温床,最后变异"网络犯罪"的果实,网络犯罪问题也随之越来越突出。

2. 引发对解放区检察院办理的其他网络犯罪寻根求源

(1)网络盗窃案件

案例一:2016年10月15日,犯罪嫌疑人冯璐(化名)的母亲捡到一部手机,冯璐(化名)将该手机拿走使用,冯璐(化名)通过支付宝验证码验证的方法将所捡到手机支付宝余额内的9000元钱转自己的建设银行卡内,后将9000元钱挥霍。

案例二：2018年9月份以来，犯罪嫌疑人朱丹（化名）秘密窃取"珍珠服装店"老板马某的微信及支付宝的支付密码，随后在马某不知情的情况下多次将马某微信及支付宝账户中的钱转入自己所使用的微信及支付宝中账户中。其中微信转账6万多元，支付宝转账2万多元，共计8万余元，后将盗窃得来的赃款挥霍一空。

上述两起案件的犯罪嫌疑人支付平台信息获取来源方式不同，案例一通过使用捡到的手机获取了原主人的支付平台信息，案例二是犯罪嫌疑人有意主动窃取老板的支付平台的信息；其次，获取金额差别大，案例一获取金额为9000元，案件二获取金额8万余元；两起案件有其相同之处：一是犯罪嫌疑人心态一致，都是为了非法获取钱财；二是犯罪嫌疑人都是通过网络方式，实施的犯罪；三是犯罪嫌疑人都是将钱财挥霍一空。

经对上述两起案件发案原因分析可知，犯罪嫌疑人缺乏网络道德教育，当发现网络能很方便的给自己带来利益的同时，就忘记了社会公德，在利益的驱动下不惜以身试法，走上犯罪的道路。再则，大多数网民不注意保护自己的网络信息，不注意保护自己的账号密码，让不法之徒有机可乘，给自己的财产遭受较大的损失。

（2）网络诈骗案件

案例一：2017年3月1日，犯罪嫌疑人李天（化名）与被害人李玉（化名）在网上相识，李天（化名）自称与李玉（化名）同为武汉市敏惠公司员工，谎称自己为部门经理，并建立微信号冒充武汉市敏慧公司人事部经理周某与李玉（化名）聊天，博取信任，李天（化名）以给李玉（化名）来上班后安排好的工作岗位为名，于2017年3月1日至2017年3月26日期间通过微信转账及支付宝付款的方式多次向李玉（化名）索要钱财，共计诈骗李玉4万多元，赃款挥霍一空。

案例二：2017年10月至11月，犯罪嫌疑人刘小（化名）为获取非法钱款，伙同郑某、杨某、张某等人在济源市新龙门客栈内，以贷款不用还钱为名义拉拢李一（化名）、魏二（化名）、郝三（化名）等人前来贷款，通过在借贷宝平台以相互借还款制造假流水的方式来提高信用，以此骗取被害人的信任，后直接向被害人借款并恶意不还款，或者一开始借被害人钱款按期归还，待借款额度提高以后就恶意不还的方式，共骗取被害人金额达20多万元，并将钱款瓜分，给被害人带来严重的经济损失。

两起案件的不同是：一是与受害人是否相识不同。案例一通过在网上相识，案例二是通过在借贷平台多次借款；二是骗取方式不同。案例一通过受害人需要更好的工作的利益诉求，编造自己能够给安排到好岗位，来骗取钱财；

案例二通过借款不还。三是获取信任方式不同。案例一通过日常的交流获取信任；案例二通过多次的借款还款，提高在平台的信用额度，最终达到借取大笔钱财。两起案件的相同之处是：一是都是为了牟取非法利益，都是想通过不法手段来骗取钱财；二是都是通过网络平台；第三是都给被害人带来严重的经济损失。

随着网络发展壮大，人们的日常生活对网络的依赖性逐步加大，无论是衣食住行还是商业活动，都可以用网络结算来进行支付，在支付方式便捷的同时也给犯罪分子的犯罪活动打开了方便之门。犯罪分子利用网络的虚拟性和隐蔽性，虚拟自己的身份和信息，并且不断更新信息，来迷惑受害人，由于网络的虚拟性受害人无法及时和准确分辨信息真伪，慢慢的使受害者对违法者产生信任，然后违法者通过建立的信任编造各种理由来骗取钱财。

二、当前网络犯罪的现状

（一）网络犯罪数值呈上升趋势

笔者对解放区检察院 2016—2018 年有关网络违法犯罪情况研究，具体如下图所示：

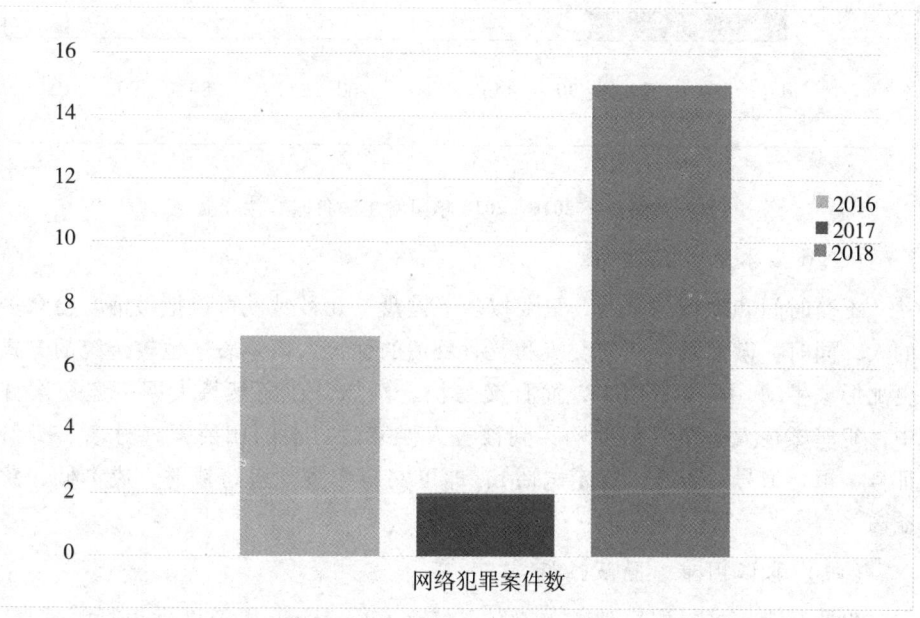

焦作市解放区 2016－2018 年网络违法犯罪案件数

(二) 网络犯罪案件呈上升趋势

2016—2018年，网络犯罪的案件所占比例呈上升趋势，分别是：2.88%，0.90%，6.76%，基本涉案金额高达百万元，其中网络诈骗案件最多，占到了诈骗案件的27%，盗窃案件占到了总案件的3%。

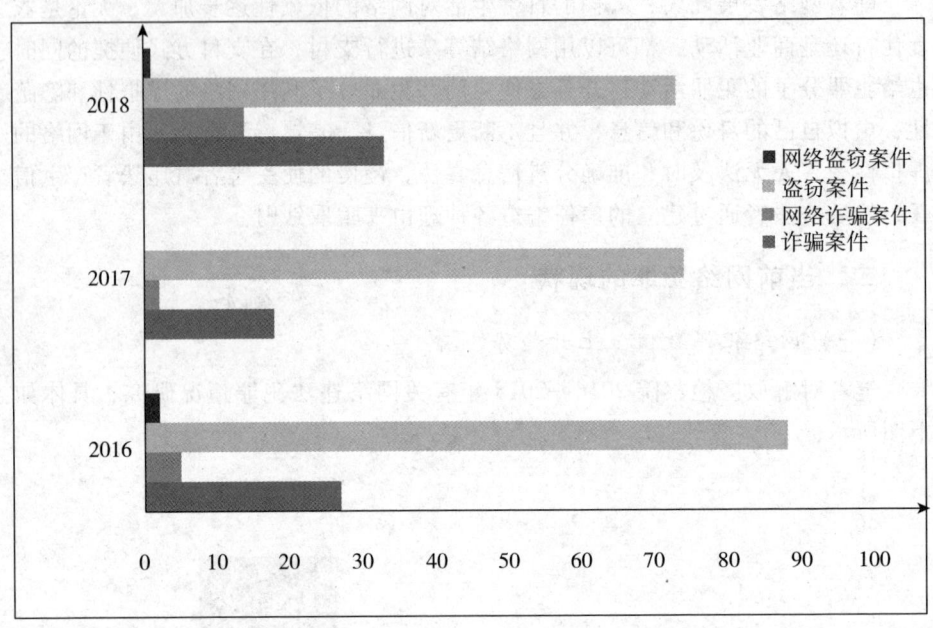

焦作市解放区2016—2018年网络违法犯罪案件分类

(三) 成本低，获益高

不受时间和地域的限制，只要按一下键盘，几秒钟就可以把微信发给众多的人，同时，微信具备双向交流和及时反馈的优势，内容表达也较传统的方式更加形象生动，需要费用少，而且交易快。例如，在杨某特大网络盗窃案件中，犯罪嫌疑人杨某只需要购买到被害人侯某建行卡的四要素（姓名、身份证号、银行卡号、银行卡绑定电话），即可实施作案，盗窃钱财，成本低，获益高。

(四) 取证困难，隐蔽性好

犯罪行为人通过盗窃他人的微信、MSN、Facebook以及网上银行等信息，进而窃取或诈骗他人资金，这种利用网络实施的犯罪相较于传统的诈骗、盗窃类犯罪在形式上就更加难以认定。在我实际工作上遇到过一个这样的案例：张明（化名）、李明（化名）通过在网上的"单身恋恋""缘分吧"等交友软件中注册账号，填写编造的虚假身份信息，并将业务员的诈骗微信号添加进信息备注里面，诱惑男性主动添加业务员微信好友，之后业务员就冒充漂亮女性，以提供小姐性服务的名义和对方聊天，让被害人缴纳各种名义的款项，被害人缴纳成功后，业务员按照一定的分成与张明、李明进行分成。在这个案件中，犯罪嫌疑人就是通过在网上编造虚假身份信息并且冒充女性对受害人实施诈骗行为，这就具有很强的隐蔽性，为我们在侦查过程中的取证造成一定程度的困难。

（五）公安机关在立案和侦查方面难度大

网络犯罪行为人在接受互联网中信息和文字的同时，可以不需要任何登记，通过匿名的操作，并且能够随时更换场所，因而对其实施的犯罪行为侦查难度就很大，也很难控制。犯罪行为人可以通过反复匿名登录，几经周折，最后直奔罪犯目标，而作为对计算机犯罪的侦查，就得按部就班地调查取证，等到接近犯罪目标时，犯罪分子早已无迹可寻了。

（六）惩治力度不够

也就是说对网络犯罪的打击力度不够，该罪处罚手段存在立法层面的缺陷，实践中，治理网络犯罪的立法、立法滞后、量刑过低的问题，对该类犯罪的处罚条款，比较散，不集中，甚至比较滞后，造成对打击惩罚网络犯罪过程中，执法机关在法律适用上不便。

（七）网络犯罪主体低龄化

网络犯罪案件中，犯罪者一般具有较高的知识技能、旺盛的精力，作案人群集中，呈现出低龄化、无业化等趋势。根据近几年发案情况显示，同样是犯罪，网络犯罪普遍呈现出年轻化的特点，比如上述网络盗窃和网络诈骗中的嫌疑人，普遍都是"90后"，由于在他们的日常生活中，对网络的接触比较普遍，熟知各种手机软件的使用方式，一旦起了贪念，便会滑入犯罪的深渊。2018年10月解放区检察院办理的李某某、王某某等人16人电信诈骗案，具体案情如下：2017年5月至2017年11月，吴云（化名）在焦作市武陟县某家属楼租房作为诈骗场所，并招募被告人李某某（17岁）及李某兴（另案处理）、王某盖（另案处理）等人，形成诈骗团伙。其中吴云（化名）通过在"单身恋恋"等网络交友软件中注册账号，填写编造的虚假身份信息，并将该团伙成员用于诈骗的微信号添加进信息备注，通过修改微信人员信息、图像等，让业务员冒充漂亮女性，诱惑男性添加其为微信好友，并以提供性服务等名义与对方聊天，通过向被害人提供虚假微信位置、女性聊天语音信息等，骗取被害人信任，以让被害人缴纳定金、身体健康保证金、防性虐待保证金、套套钱、打车钱等为借口，要求被害人以微信红包、转账等方式，向其支付相应款项，诈骗他人钱财。李某某（17岁）、王某盖等人作为该团伙业务员，具体实施诈骗活动。2017年7月至2017年11月，郝亚（化名）（另案处理）先后在武陟县某小区、焦作市解放区某处租房作为诈骗场所，招募被告人李某某（17岁）、王某某（17岁）（另案处理）等人，形成诈骗团伙。郝亚（化名）通过在"单身恋恋""缘分吧"等网络交友软件中注册账号，填写编造的虚假身份信息，并将该团伙成员用于诈骗的微信号添加进信息备注里面，并通过修改微信人员信息、图像等，让业务员冒充漂亮女性，诱惑男性主动添加其为微信好友，并以提供性服务等名义和对方聊天，通过向被害人提供虚假微信位置、女性聊天语音信息等，骗取被害人信任，以让被害人缴纳定金、身体健康保证金、防性虐待保证金、套套钱、打车钱等为借口，要求被害人以微信红包、转账等方式，向其支付相应款项，诈骗他人钱财。李某某（17岁）、王某某（17岁）等人作为该团伙业务员，具体实施诈骗活动。案中嫌疑人绝大部分属于"90后"。

三、治理与防控网络犯罪的措施

（一）健全网络犯罪的立法体系

预防和控制网络犯罪，不仅需要在技术上下功夫，还必须加强网络犯罪的法律控制。首先，健全网络法制，全面规制网络犯罪，从专门法的角度，规制影响网络安全的犯罪行为、设立"网络诈骗犯罪""网络盗窃犯罪"新罪名，制定与目前电信网络新型违法犯罪形势相适应的法律条款。一是建立一部专门针对网络犯罪的刑事立法，形成网络犯罪法律防控体系。建议提高有关网络犯罪法定最高刑，对网络犯罪的量刑幅度也应提高，此外，还应对有关网络犯罪，如，量刑档次再细化。三是建议当降低犯罪主体的刑事责任年龄。四是完善程序法有关网络犯罪证据的规定。建议建立一套侦查程序，专门适用于网络犯罪，建议扩大使用特殊侦查手段及秘密侦查措施的范围，以保证收集证据及时、准确。规范电子证据的提取、认定，包括电子证据的保存以及固定，确保证据有效。同时，应由专门规定专业的鉴定人员，对证据进行鉴定，确保可信度。

（二）健全个人信息保护机制

互联网时代，以网络为媒介发生的财产交易越来越多，每个人资料和隐私非常重要。个人信息安全与个人的财产联系十分密切，使用计算机网络的部门，个人应提高网络安全意识。共同为营造健康的网络环境。一是要求信息管理人非经本人同意不得使用他人的信息,对被使用人的个人信息应给以保护。二是建议出台一部主要针对网络个人信息的保护和利用的法律规定。用法律保护个人信息,出台适应互联网发展的,能够保护网民个人信息的法规。三是完善法律法规、行业管理办法多层面的我国网络安全立法体系框架,让网络空间在良好的法制环境健康发展。

(三)健全网络信息交易平台的管理机制

首先,国家充分利用社会管理职能加强对网络系统的管理,对苗头问题,做好提前预防的工作;其次,对网络使用多的重点行业,建立网络监控站。实施网络市场监控制度,整顿规范网络市场;三是加强网络交易平台的管理,平台经营方,首先要依法办理工商登记手续,采取实名认证制,平台经营者应信息审查义务,对明显的侵权或违法信息,依法及时予以删除,并对站内经营者予以警告。维护好社会环境。加强行政监管工作,文化部门、公安部门等监管部门的监管力度。

(四)健全网络安全技术的开发建设

网络犯罪是针对和利用计算机信息网络技术而实施的一种高科技、智能化的犯罪,打击网络犯罪,需要专业的人才,首先就必须在技术方面占据制高点,打到"以技制技"的目的。从长远的角度来看,必须加大人力物力的投入,对工业互联网、人工智能、大数据等前沿核心技术在网络安全产业的应用,在技术、产业、政策上共同发力,构建多层次的技术保障体系。一是建议培养一支专门的网络执法队伍,对执法人员通过开展专业培训,培养一批业务能力强的网络犯罪技侦人员,加强网络警察队伍的建设一是加强查处网络犯罪的人力物力的投入。侦查力量的投入大小,关系到网络犯罪侦破。随网络的飞速发展,网络犯罪案件数剧增,给社会造成的危害也越来越严重,对网络警察的需求越大。因此,建议增加网络警察的比例。二是提高网络警察业务素质,以适应新时代 的需要。引进先进监察技术,加强对先进技术手段的学习。三是推进网络安全技术的不断创新。加快防火墙技术的优化和创新,以及信息加密技术的优化和创新,使犯罪分子无机可乘。

(五)健全网络道德体系建设

一是树立正确的网络道德观念。网络道德规范建设投入不足,会导网络犯罪频发,建议制定网络道德准则。用网络道德准则,约束网民的行为。二是加强网络道德教育。应从家庭教育、学校教育、社会教育三方面开展道德教育。家长应提高自身网络能力素质,对孩子网络应用有效方法加以引导。其次,通过法律机制,促使家长与孩子共同学习成长。学校要引导学生正确用网,倡导好的网络道德观念，让学生增强网络法制观念。三是加强社会道德教育。应利用微信、微博、广播电视、报纸杂志等传播媒介，宣传健康向上的网络道德观念，使人们逐渐形成健康的网络道德观念，预防和减少犯罪的发生。帮助网民明辨是非、真假、丑美的正确标准，自觉抵制不良思想、不良信息。

（六）健全对网络空间的监督与侦查机制

一是加强网络空间外部监督。公安部网络监管部门应加大对网络空间的监督力度，应密切监控网上信息。二是加强网络空间内部监督。加强内部工作人员的监督，应定期对他们进行审查、考核、教育与培训。三是建立网络报警中心。四是动员全社会的通力合作共同监督。

完善查处机制，加大打击力度。首先，保持高压态势，对网络犯罪要坚持严打狠打，从萌芽状态消除，对重点部位，加强排查，一旦发现网络犯罪行为，要追踪监控，及时立案，其次，对网络犯罪人员的前科信息，实行登记制度；其次，采取跨地域侦查，相关部门如工商、文化市场监管等部门应积极配合。最后，建立境内外合作，跨境联合侦查，使跨国跨境网络犯罪无处藏身。

积极治理主义导向下 P2P 网贷平台犯罪防控模式更新

程 衍[*]

一、问题提出

P2P 借贷（Peer to Peer Lending）是个人与个人之间以网络为联结纽带而实现的资金借贷。P2P 平台则发挥着居间功能，为借贷双方提供信息沟通、信用评价、投资咨询等交易促进性服务。[①] 世界第一家 P2P 网络贷款平台协议空间于 2005 年在英国创立，随后即在世界范围内迅速发展。

P2P 网络借贷作为一种新型投融资模式，是利用互联网平台将社会闲散资金出借给资金需求者，本质上可被视为"互联网+民间借贷"的模式。P2P 网贷作为金融中介的创新与延伸，其将互联网思维与信贷市场运作体系两者融合，并依托于当前大众创业、万众创新的政策背景，既满足了个人投资的高收益需求，又拓宽了中小微企业融资渠道，符合当下我国社会经济发展的需求。[②] 因此，在我国第一家 P2P 借贷平台（拍拍贷）2007 年于上海成立之后的十年时间，P2P 借贷迅猛发展，2015 年全国 P2P 网贷成交额突破万亿，达到 11805.65 亿元，同比增长 258.62%；历史累计成交额 16312.15 亿元。[③] 可以说其在一定程度上推动了我国民营经济的发展。

表面的繁荣实则隐藏着巨大的危机，很多 P2P 平台的运营超出了被许可的界限，网络借贷成为掩饰犯罪的幌子。而这些隐藏于 P2P 平台之下的犯罪，严重损害了国家金融管理秩序和公民财产安全，繁荣过后即是严重的社会问

---

[*] 程衍，华东政法大学科学研究院助理研究员，法学博士。
[①] 叶湘榕：《P2P 借贷的模式风险与监管研究》，载《金融监管研究》2014 年第 3 期。
[②] 廖天虎：《论 P2P 网贷的刑事法律风险及其防范》，载《中国政法大学学报》2018 年第 1 期。
[③] 数据来源于中国经济网，http://finance.ce.cn/rolling/201601/09/t20160109_8164309.shtml。

题。仅2018年6月1日至7月12日的42天内，全国共有108家P2P平台爆雷，涉及7万亿资产，上千万受害人卷入。① 典型案例如2017年发生的"e租宝非法集资"案，以网络平台为媒介非法集资700多亿，111人入狱、涉及31个省市的90多万被害人，造成了非常严重的社会后果。② 如何防控和治理平台下犯罪行为的滋生是保障平台有序运行、推动经济繁荣的关键，本文以发现、分析和解决问题为路径研究P2P网贷平台下的犯罪防控与治理。

二、P2P网贷平台的异化经营与犯罪滋生

P2P网贷平台的异化经营即超出国家审批许可范围的经营，是导致平台下犯罪滋生的最主要原因。

（一）P2P网贷平台的应然定位——信息中介平台

2015年中国人民银行等十部门发布的《关于促进互联网金融健康发展的指导意见》、2018年互联网金融风险专项整治工作领导小组下发的《关于加大通过互联网开展资产管理业务整治力度及开展验收工作的通知》指出了网络借贷平台的信息中介性质。2016年的《网络借贷信息中介机构业务活动管理暂行办法》也明确规定了网络借贷平台的中介性质及有关规范，要求平台不能自行发售理财产品。

P2P借贷平台实质就是民间直接融资的信息交互平台，③ 发挥着收集信息与发布信息的功能。借款方在平台发布资金需求及资金用途，经过平台的信用评估后，出借方选择性投出资金并自身承担投资风险或者赚取投资收益。

（二）类金融机构性质的异化经营

为更高的利润以及在激烈的竞争中生存，很多平台逐渐抛弃了信息中介的单一功能定位，朝向类金融机构发展。P2P网贷交易随即发展出了另外两种模式：类资产证券化模式和类货币基金模式。④

首先，类资产证券化模式的融资项目来源于企业或个人的已有资产，如小

---

① 信息来源于凤凰财经新闻，http：//finance.ifeng.com/a/20180719/16393903_0.shtml。
② 信息来源于中国法院网，https：//www.chinacourt.org/article/detail/2018/01/id/3148426.shtml；凤凰财经新闻，http：//finance.ifeng.com/a/20180525/16319232_0.shtml。
③ 李有星、陈飞：《互联网金融监管的探析》，载《浙江大学学报（人文社会科学版）》2014年第4期。
④ 丁国峰：《P2P网贷平台异化经营的法律规制》，载《上海财经大学学报》2017年第4期。

额债权、融资租赁债权、担保债权等，这些资产多由资产管理公司拥有，其与P2P网贷平台合作对资产进行包装设计，成为P2P网贷平台上的理财项目产品。P2P网贷平台将小额贷款公司的债权包装之后，开发成债权转让项目出售给投资者。其次，货币基金的运行模式是吸引社会闲散资金，并由基金管理人统一负责投资与收益。货币基金资产主要投资于短期货币工具，如国债、票据、银行定期存款、政府或企业短期债券等短期性的有价证券等。一些P2P网贷平台发展出了类货币基金业务，吸收了社会投资，再进一步向外投资。比如，"人人贷"的一项"优选理财计划"，出借人并非在网站上选择项目进行定点投资借款，而是由平台吸收资金后再统一投资相关标的。①

在发展过程中，大多数P2P网贷平台超越了信息中介的单一功能设定，或多或少地介入借款方和贷款方的交易之中，如此便使得平台的性质由信息中介变为了积极参与交易的一方主体，此即是异化经营的开端也是平台下相关犯罪发生的开端。

（三）平台异化经营下的犯罪滋生

P2P网贷平台的异化经营超越了法定许可界限可能滋生多种犯罪，而借助于信息网络的巨大能量，相关犯罪的社会危害性将被无限放大。②

1. 擅自设立金融机构

《刑法》第174条规定，未经国家有关主管部门批准，擅自设立商业银行、证券交易所、期货交易所、证券公司、期货经纪公司、保险公司或者其他金融机构的构成擅自设立金融机构罪。P2P网贷平台的异化经营实则是行使着金融机构职能，而平台控制者则可能构成擅自设立金融机构罪。

2. 非法吸收公众存款

P2P网贷平台吸纳社会资金形成资金池并与平台自由资金混同的情况非常的常见。一个典型的渠道是放款前滞留资金的占有：P2P线上网络借贷中全额支付借款标的额的条件是借款标满额且经P2P线上网络借贷平台审核通过，如此资金方能从第三方支付平台流向借款者。在此时间间隙中，滞留在第三方支付平台的资金就构成沉淀资金，从而形成一定数量的资金池。③ 而资金池的

---

① 冯果、蒋莎莎：《论我国P2P网络贷款平台的异化及其发展》，载《法商研究》2014年第5期。

② 俞小海：《P2P网络借贷平台的刑事责任问题研究》，载《汕头大学学报（人文社会科学版）》2015年第5期。

③ 廖天虎：《论P2P网贷的刑事法律风险及其防范》，载《中国政法大学学报》2018年第1期。

形成即涉嫌非法吸收公众存款。最典型的即是 e 租宝，以高额回报为引诱在不到两年时间内非法吸收公众资金累计人民币 762 亿余元，集资款未兑付共计人民币 380 亿余元。①

3. 集资诈骗

相当一部分问题平台是以网络借贷为幌子，虚构投资项目，以非法占有投资者资金为目的实施诈骗。2018 年，根据清华大学金融科技研究院的研究结果，2015-2016 年，有超过 40% 的网贷平台涉嫌不同程度诈骗，严重威胁了公民财产安全和金融秩序稳定。② 例如，2018 年在广东省佛山市发生的"理财咖"案件，经营者虚构投资项目，平台吸收资金一部分用于兑现之前的投资者，另一部分则由经营者挥霍，最终导致资金链断裂。P2P 网贷平台实施诈骗的手段主要包括：首先，虚构投资项目，例如广州市"礼德财富"，该平台控制人郑某森向代办机构购买了多家手续齐备的空壳公司，并用这些空壳公司在平台发标借钱，前后一共买了几千家公司，每家花了 6000 元，营业执照、印章、银行卡、U 盾一应俱全；其次，以高收益为诱饵，例如很多平台发布的预期收益在 8%-16%，在当下经济环境下是很难实现的；再次，对投资产品的安全性进行虚假"包装"，例如一些平台负责人 P 图伪造房产抵押证明、租用高档写字楼树立形象、通过各类媒介发布虚假宣传广告扩大影响、虚构平台担保公司等；最后，资金转移，实践中很多诈骗平台会将吸收所得资金归集于特定的银行或者第三方支付平台专门账户，之后再通过其他手段将相关资金转入控制人个人账户，实现非法占有的目的。

4. 洗钱

一些 P2P 平台成为了上游犯罪的洗钱工具，平台控制者通过虚拟账户和在途资金，将沉淀的大量客户资金用于高风险的投资活动，增加了洗钱、套现等非法活动的发生风险。③ 或者直接通过伪造交易完成洗钱，平台经营者通常控制有空壳公司，上游犯罪所得钱财可通过交易平台在空客公司的账户中转，并且伪造相关的经营记录，借此平台可将实现洗钱功能。

---

① 参见北京市人民检察院网站，http://www.ajxxgk.jcy.cn/html/20161223/1/3900846.html。

② 向虹宇、王正位：《网贷平台的利率究竟代表了什么？》，载《经济研究》2019 年第 5 期。

③ 黄国平：《"模式"异化的网络借贷风险管理与监管》，载《财经问题研究》2015 年第 11 期。

三、互联网金融监管失灵的表现

（一）监管主体不明、权责不清

实现有效监管首先应确定监管主体，并明确职权范围。关于 P2P 网贷平台的监管实则涉及多方主体，因此便存在多头监管、权责不明的问题。依据相关法律、法规，银监局、工商部门、工信部门、税务部门、公安部门等均在不同环节对平台负有监管责任，例如，工商部门对 P2P 网贷企业的设立承担监管职责；工信部门的监管主要涉及 ICP 许可证的颁发、银监局主要负责监管平台运行所涉及的相关金融业务，另外税务部门查处涉税问题、公安机关负责侦查平台下可能发生的非法集资、诈骗等相关犯罪。

各监管主体之间有着大致分工，但是缺少能够统筹调控的主要负责部门，因此实践操作中会发生交叉推诿、权责不清的情况。此外，相关监管行为仅涉及平台初始设立审核以及危机爆发后的侦查、调查，而对于平台日常运行的监管以及风险的防控并没有明确的监察主体与监管职权的划分。如此头、尾式的监管方式实难发挥效果，应在平台运行过程中建立有效政府监管机制。

（二）市场准入审查虚化

基于"互联网+金融"的特殊属性，P2P 网贷平台的建立应当经过更加严格的审批程序。但是依据相关法律、法规，P2P 网贷平台的注册程序与其他有限责任公司或股份有限公司的注册程序并无差别。依照《公司法》《公司登记管理条例》的规定进行登记，同时按照《互联网信息服务管理办法》《互联网站管理工作细则》的规定取得"ICP 许可证"并完成备案即可设立。2013 年《公司法》修改后，改资本实缴制为认缴制，许可设立原则改为登记设立原则，P2P 网贷公司的设立程序更为简洁。[①]

行业门槛的低矮化促成了市场的高度繁荣，大量的网贷平台涌入市场，但其中鱼龙混杂导致了行业运行的乱象。平台数量的激增意味着激烈的市场竞争，为占有市场份额牟取更高利益，一些平台即开始异化经营并逐步发展到以网络借贷为幌子实施犯罪行为。大量问题平台充斥市场极大影响了金融行业稳定，政府应加强监管力度，严把准入审批门槛，保证市场主体的合格性。

（三）监管模式不明、监管规则缺失

P2P 网贷平台是互联网与金融的结合是新生事物，无论是政府还是各行业

---

① 参见丁国峰：《P2P 网贷平台异化经营的法律规制》，载《上海财经大学学报》2017 年第 4 期。

都缺乏对其有效监管的经验。如何针对 P2P 网贷平台的特殊属性，在不妨碍互联网金融蓬勃发展的前提下对其实现有效监管，将是非常重要的研究课题。当下的行业乱象与平台下犯罪的滋生源于有效监管的缺失，具体表现为监管模式不明、监管规则缺失，关于如何能够实现有效监督没能形成一套完善的制度。在对实践经验进行总结后，以下内容应予以明确：平台监管的模式与手段；平台运行的信息披露制度；平台及平台借贷款双方信用评价制度；第三方资金储存、支付制度；平台合规计划等。上述制度的利弊评价及功能预测将是 P2P 平台监管体系建立的前提。有效的监管规则与监督制度将是保障互联网金融平稳运行前提，也是防控相关犯罪发生的重要手段。

四、积极治理主义导向下的政府监管体系构建

作为一种犯罪治理的应然观念，积极治理主义形成于我国学者对腐败犯罪治理对策的研究之中，是对 20 世纪前后英美等先现代化国家贿赂犯罪治理的立法实践的升华，我国学者魏昌东教授首倡提出，积极治理主义的核心主旨在于，立基于权力的生成与运行过程、围绕权力限制、透明与滥用惩治建构全面、系统的腐败治理体系。积极治理主义提高国家腐败治理能力，是"新国家主义"的必然要求，是解决国家治理危机的必由之路。① 在犯罪学领域积极治理主义是与消极治理主义相对的概念，强调在事前对于犯罪行为的控制与预防，而不是仅注重犯罪发生后的惩戒。② 纠正 P2P 网贷平台经营异化、控制相关犯罪的滋生需要依靠政府积极有力的监管，实践证明平台"爆雷"后的惩戒与补偿未有理想效果。

（一）以地方银行业监督机构为监管主体

主体的明确是监管体系建立的首要前提。就发生源头而言，P2P 网贷平台和众筹融资产生于民间，是地方金融的重要组成部分。我国地域辽阔，各地方经济发展极不均衡，对 P2P 网贷平台等新兴互联网金融的监管不宜采取类似对传统金融机构的集中式统一监管，更何况当下网贷平台数量众多，集权式监管效率难以保证。因此监管权限应逐步下放到地方政府，此亦符合国务院"十二五"规划中有关金融规划的内容，《国民经济和社会发展十二五规划纲要》明确提出要完善地方政府金融管理体制，强化地方政府对地方中小金融

---

① 魏昌东：《积极治理主义提升立法规制腐败的能力》，载《中国社会科学报》2014 年 10 月 31 日第 6 版。

② 钱小平：《我国惩治贿赂犯罪的立法检讨——以积极治理主义为视角》，载《法商研究》2018 年第 1 期。

机构的风险处置责任。①

随着交叉性金融工具的出现,银行、保险、证券等领域间的界限不再泾渭分明,单一监管机构难以在新兴行业履行职责,特别是在互联网与金融高度结合之后,相关领域的监管往往需要多部门合力,如此便形成银监部门、工商部门、工信部门、税务部门、公安部门、网络监管部门等相互配合监管的局面。但实践证明多重主体往往意味着中心不明,在缺乏统筹的情况下,难以实现有效监管的目标。因此,关于P2P网贷平台的监管应当明确主要监管责任主体,专门负责平台运行的监管。关于具体监管部门的明确,笔者认为,应当由地方银行业监督部门负责。P2P网贷平台虽然借助互联网运行,但其本质仍是民间借贷,而平台在发展过程中具有"类金融机构"的性质,因此基于业务属性地方银行业监督部门应为主要监管主体。

(二)"刑事合规+信用评价"的监管模式

截止至2017年,全国P2P网贷平台数量已有6461家,成交量达16681.65亿元,虽然2018年之后平台发展放缓,但整体数量与牵涉资金仍然巨大。②再加上网络金融的特殊属性,对于平台的直接主动式监管不易实现。因此关于平台监管,可选择合规式被动审查与信用评价的模式,充分调动各平台的自我监管能动性。

1. 平台合规

刑事合规体现了风险社会刑罚积极一般预防的理念,具有犯罪预防前置化和"私有(企业)化"等特点。其赋予企业及经营者一定的刑事风险管理积极义务,即企业需要建立实现这种义务的组织,为预防、发现和制裁违法犯罪行为建立完善的内部监管机制。③ 具体到P2P网贷平台的合规,应当要求各平台在内部建立合规部门,对平台的日常运行进行合规式监管,从平台信息发布到资金吸收到资金存储再到资金的发放,依据《刑法》和相关规章制度防止异化经营的发生。此外,合规部门应当定期就平台运行情况以及具体合规行为的实施情况向地方银行业监督部门报告,比如运营模式、风控手段、借款人的

---

① 李有星、陈飞:《互联网金融监管的探析》,载《浙江大学学报》(人文社会科学版)2014年第4期。
② 李建强、张淑翠:《P2P网络借贷、流动性风险与宏观审慎政策》,载《当代经济科学》2019年第8期。
③ 孙国祥:《刑事合规的理念、机能和中国的构建》,载《中国刑事法杂志》2019年第2期。

个人信息等。① 平台内部刑事合规制度的建立与合规情况的汇报应当作为允许平台继续运行的前提,更重要的是在犯罪行为发生后,刑事合规可作为企业刑事责任的积极抗辩事由。②

有学者提出,监管可能给 P2P 平台这一另类的金融机构带来高额的成本,要求其实施复杂的合规机制所产生的高昂成本可能超过其作为个体的小型金融机构给市场和金融消费者带来的风险,并影响行业的发展。③ 对此笔者持不同观点,当下 P2P 网贷行业门槛的低矮化使得大量问题平台涌入市场。互联网的广泛连接性使互联网金融具有高度风险,就 P2P 网贷平台而言即使规模极小的平台也可能在短时间吸收几亿甚至几十亿元的资金,在缺失监管的情况下平台爆雷将导致严重的社会问题。因此并不是平台越多即意味着行业更繁荣,相反在高度风险下应当控制不合格的小规模平台进入市场,而合规机制的建立将有助于实现这一目标,仅留大规模具备合规能力的平台支持市场运营,解决当下 P2P 网贷市场准入虚化的问题。

2. 信用评价机制建立

信用是影响 P2P 网络借贷交易的重要因素,而当下导致交易风险提升、平台爆雷频发的一个主要原因即是信息数据的不对称。④ 借款人对平台的信用、平台对贷款人的信用均缺乏有效渠道实现全面了解。在信息不对称的环境下盲目交易亦为犯罪的滋生创造了条件,而一些不正规平台也正是利用这一点以网络借贷为幌子实施相关犯罪行为。例如"优易网案",其假称系香港亿丰国际集团投资发展有限公司旗下的 P2P 网贷平台,以此吸引资金。之后停止运转,三位负责人,即缪忠应、王永光、蔡月珍捐款而逃,此案直接涉案金额为人民币 2551.7995 万元,出借人受损金额为人民币 1517.8055 万元。

P2P 网贷平台信用评价体系的建立是预防平台异化经营,防控相关犯罪发生的有效手段。具体说来,地方银行业监督部门作为主要监管主体,可依照各网贷平台的注册信息以及其呈报的刑事合规报告,建立平台信用评价机制,并且通过平台用户回访以及实地调查的方式持续更新平台相关信息,同时将信用

---

① 张海洋:《信息披露监管与 P2P 借贷运营模式》,载《经济学(季刊)》2017 年第 1 期。
② 可作为不起诉的根据、无罪抗辩以及减免刑罚的理由。参见陈瑞华:《企业合规制度的三个维度——比较法视野下的分析》,载《比较法研究》2019 年第 3 期。
③ 黄韬:《我国金融市场从"机构监管"到"功能监管"的法律路径——以金融理财产品监管规则的改进为中心》,载《法学》2011 第 7 期。
④ 参见王会娟、廖理:《P2P 网络借贷平台信用认证机制研究——来自"人人贷"的经验证据》,载《中国工业经济》2014 年第 4 期。

评价内容在网络公开。信用评价机制的建立将暴露问题平台，在得不到用户投资的情况下相关犯罪行为亦不会发生。此外，监管机构应同样建立借款人信用评价机制，可要求各平台就借款人的信用情况进行评价，并由监管机构汇总供公共查询。如此即可防止恶意借贷的发生，降低坏账发生的概率，保障平台的平稳运行。

（三）行业规范的进一步完善

当下 P2P 网贷平台运行乱象丛生，除因监管失灵外亦源于行业规范的不完善。就平台实践运行而言，在很多方面缺乏明确的指引，而平台的异化经营多因此而生。因此除行为监管外，政府应制定更加详细、完善的行业规范以指引平台运行同时作为惩戒违规平台的依据。具体说来，行业规范应涵盖但不限于以下内容。首先，对于网贷利率范围的控制。当下很多问题平台以高回报率为诱饵吸引投资，实则极大增加了投资风险，因此应将利率控制在合理范围之内。[①] 其次，信息披露义务。公开透明的信息能防止盲目投资，保障平台的平稳运行，披露内容包括但不限于借款金额、期限、利率、用途、还款保障及来源、信用状况等。再次，资金池之禁止与第三方资金存储与支付。防止平台资金与投资资金混同，预防非法集资等犯罪行为的发生。最后，业务范围的划定。初始 P2P 网贷平台仅作为信息中介，但随着行业的发展单一业务模式恐难以满足市场的需求，平台业务需要拓展，但拓展到什么程度需要监管机构予以明确。具体说来是否被允许担保网贷模式；债权转让模式以及线上、线下结合等模式运行，应由行业规范明确规定。[②]

[①] 向虹宇、王正位：《网贷平台的利率究竟代表了什么？》，载《经济研究》2019 年第 5 期。

[②] 廖天虎：《论 P2P 网贷的刑事法律风险及其防范》，载《中国政法大学学报》2018 年第 1 期。

涉众型金融犯罪的原因分析与治理对策

胡 江 刘宛春[*]

随着经济、科技的发展和市场经济改革的推进，金融行业发展迅速，金融犯罪也层出不穷，其中的涉众型金融犯罪作为涉案受害人数多、社会危害性及影响力较大、预防与治理较难的一类特殊金融犯罪，其犯罪影响因素较多、成因复杂，对其进行预防和治理的措施既要覆盖面广，又要针对性强，需要细致地分析其特点、成因进而提出相应对策。

一、涉众型金融犯罪的主要特点

（一）涉众型金融犯罪的范围

1. 金融犯罪

现代社会，金融活动普遍被解释为"货币、货币流通、信用及与其直接有关的经济活动"[①]，金融市场作为商品交换达到一定程度的产物，随着金融机构的建立和联结而不断发展，形成了金融市场独特的公平交易秩序和信用体系，由法律规范和行业规则进行规制。金融市场巨大的资金流通量产生极大的利润，诱惑了一些不法行为人违背金融市场的交易秩序，以此获取不正当的利益，不惜试探刑法边界，金融犯罪由此产生。

因此，金融犯罪就是指违反金融管理法律法规、危害金融秩序达到一定程度，为刑法规制而应受刑罚处罚的行为。狭义上普遍会参照我国刑法规定，将刑法分则第三章第四节规定的"破坏金融管理秩序罪"及刑法分则第三章第五节规定的"金融诈骗罪"界定为金融犯罪。

2. 涉众型金融犯罪

涉众型犯罪并不是刑法规范意义上的犯罪分类，但作为犯罪学研究，涉众

---

[*] 胡江，西南政法大学法学院副教授、硕士研究生导师，法学博士；刘宛春，西南政法大学毒品犯罪与对策研究中心研究人员，刑法学硕士研究生。

[①] 闫爱青等：《金融与金融犯罪研究》，中国民主法制出版社2011年版，第4页。

型犯罪是一种具有独特特点的类型。因其涉及的人数较多，往往会造成极大的社会影响和社会危害。因此，不仅需要选择有效的防控方式预防此种犯罪的发生，还要考虑善后事宜，对其进行针对性研究和治理是有必要的。

涉众型犯罪广义上来说包括三种：一是犯罪行为人"涉众"；二是犯罪受害人"涉众"；三是行为而和受害人都"涉众"。而一般研究意义上来说，对于犯罪行为人"涉众"的犯罪学治理往往是从共同犯罪、集团犯罪、有组织犯罪等方面进行研究，因此狭义上的涉众型犯罪往往只包括受害人"涉众"的情况。本文视角的选择也是狭义上的涉众型犯罪。

据此，涉众型金融犯罪是指以多数社会公众为活动对象、非法从事金融活动导致多数社会公众遭受直接经济损失并因此扰乱金融秩序的行为，包括两种情况：一种是构成犯罪即要求牵涉大量社会公众的金融犯罪，典型的如集资诈骗罪、非法吸收公众存款罪；另一种是构成犯罪不必然要求牵涉多数社会公众、但事实上通常会牵涉多数社会公众的金融犯罪，如擅自设立金融机构罪、擅自发行股票、公司、企业债券罪等。

（二）涉众型金融犯罪的特点

1. 犯罪行为的涉众性

司法解释并未对涉众金融犯罪的标准和类型进行定义，但可将涉众型经济犯罪的规定作为参考①，以受害人是否众多作为标准按照公安部经侦局的认定标准，涉众型经济犯罪是指受害群众在 30 人以上的经济犯罪案件。通常理论上认为"涉众"包括两种情况：一是涉及不特定的人，二是涉及多数人。还有观点采取了综合性的判断标准，认为涉众犯罪是涉及不特定多数人并造成重大社会影响的行为。

本文认为，行为的涉众性重点体现在同一或重复行为可能针对的行为对象的人数，即利用同一行为或多次重复的相似行为来针对"某类人群"或多个"个体"实施犯罪，可以是确定但大量的人数，也可以是不确定而可能快速集中的人群。至于具体的受害人数量，则不能简单以公安部所说"30 人"作为机械标准。

以非法集资案件为例，本文随机选取 2019 年上网的 100 份涉案受害人数可查的一审判决书，统计涉案受害人数如下：其中受害人数为 30 人以下（含 30 人）的案件有 25 件；受害人数为 30～100 人（含 100 人）的案件有 32 件；

---

① 涉众型金融犯罪是涉众型经济犯罪的下位概念，涉众型金融犯罪必然是涉众型金融犯罪。

受害人数为 100～500 人（含 500 人）的案件为 31 件；受害人数为 500 人以上的案件为 12 件。由此可看出，涉众型犯罪的受害人数范围广、各数量段分布较为平均，要以具体涉案受害人数作为"涉众"与否的划分标准并不明智。而案件涉众性也是其危害性较一般案件有所不同、治理难度较大的原因之一。

2. 犯罪主体专业化、职业化、组织化

涉众型金融犯罪已经从传统模式发展到现代模式，越来越多的犯罪主体是企业、公司或者以企业、公司为名义实施犯罪，形成了一种组织化、有明确的上下分级、严格分工，也存在合法运营的异化组织进行犯罪。在组织中的成员往往具有专业的知识、职业的身份等，能够采用专业化的方式进行宣传、营销或运营，也因其职业化的外表更易于迷惑大众。

在多数涉众型金融案件中，犯罪主体越专业、越职业、组织性越强，涉案的人数越多，涉案金额也就相应越大，破获难度和治理难度也随之提升。

3. 犯罪手段网络化

网络的发展对于金融犯罪的影响极大。互联网金融的发展首先给金融犯罪提供了新的场地和发挥空间，涉众型金融犯罪开始由"低调掩饰"向"大张旗鼓"发展，网络成为其扩大影响力、快速敛财的工具，配合其形式合法的组织和成员的专业性，加强诱惑力。同时利用网络的虚拟特征和信息传播的时间差，降低其暴露的可能性，使得行为的真实目的和资金流向被掩藏更久的时间。据统计，2014 年 1 月 1 日至 2018 年 4 月 30 日，深圳市宝安区人民检察院依据互联网金融犯罪的分类，共受理审查起诉非法吸收公众存款案件 88 件 320 人；受理审查起诉集资诈骗案件 24 件 81 人。① 此数量已是值得引起重视，不仅能体现出涉众型金融案件数量的庞大，也体现出了网络手段逐渐深入涉众型金融犯罪之中。

4. 涉案资金追缴难度大、受害人上访率高

涉众型案件都会存在较大的社会影响力。涉众型金融犯罪的不利社会影响主要是因其涉案资金较大，来源较广。首先，涉及的群众来自各行各业，传播比较迅速，社会关注度也较高；其次，多数受害人没有太多财产而又急功近利，轻易将所有存款投入，造成生活困难，追回资金的心情非常急迫；最后，犯罪主体往往会短期内将资金大量投入项目或挥霍掉，至查处时往往已经出现极大资金缺口，无法追缴，案件审结前难以进入执行程序，案件审结后犯罪主体往往要被执行监禁刑，相关企业、组织往往会被取缔，失去后续的赔偿补偿

---

① 深圳市宝安区人民检察院课题组：《互联网金融犯罪实证研究》，载《行政与法》2019 年第 1 期。

能力，同时完成执行需要时间而群众往往不愿耐心等待甚至怀疑司法公信力。因此，受害人往往会采用上访手段直接向政府提出要求，甚至有些受害人会采取极端手段如非法上访"逼迫"政府出手干预执行或者出资补偿受害人。

二、涉众型金融犯罪的原因分析

（一）经济背景：经济转型、融资环境

1. 经济转型期的结构失衡

我国正处于经济转型期，经济体制从传统计划经济体制到现代市场经济体制转轨。传统计划经济体制对资源配置的影响逐步淡化，转向建设现代市场经济体制，市场机制在对资源的配置中起主导作用。与此相适应，必然要放宽市场，层层放权。但是权力的下放必须配合市场自我管控能力的提高和民众综合素质的提升，才能达到放开市场、使市场机制对资源配置其主导作用的目的。

但是，经济的高速发展与社会意识形态、社会心理等结构要素之间未能得到协调发展；国民受教育程和人口素质、文化水平等等都未能跟上经济发展的脚步。[1] 随着经济的发展，贫富差距逐渐显现，结构失衡造成极少数人收入差异、心理失衡，进而导致犯罪心理产生。心理失衡的人群更为渴望"一夜暴富"，进而"铤而走险"。同时，知识水平的差异也造成了受害人分辨能力差、被害可能性增加的情况。

2. 中小企业融资环境差

"我国中小企业在促进技术进步、拉动内需、促进就业以及提高经济运行效率方面发挥着非常重要的作用"，[2] 但中小企业融资难却是我国长久存在的难题。我国对金融行业实行严格的管制，国家权力几乎垄断了金融资源配置，而当前金融创新程度较低，融资渠道单一，导致社会资金供需矛盾不断扩大。[3] 国家对于信贷进行调控，更是影响了金融业在对中小企业进行信贷审查时更为严格和谨慎，即便中小企业获得了贷款，也几乎都是以提供双重抵押担保为前提。而且中小企业本身实力有限，能够提供抵押担保的财产有限，而陷入融资难题的企业往往已经出现经营或管理问题，很难取得金融机构信任，这时，寻求信息闭塞、知识有限但资金充足、渴望投资的社会公众的资金帮助便

---

[1] 陈荣飞：《涉众型经济犯罪之特征、成因及防控措施》，载《河南公安高等专科学校学报》2008 年第 5 期。

[2] 张坚主编：《涉众型经济犯罪案件疑难问题研究》，法律出版社 2017 年版，第 47 页。

[3] 杨兴培、朱可人：《论民间融资行为的刑法应对与出入罪标准》，载《东方法学》2012 年第 4 期。

成了其优先的选择。

(二) 法律因素:体系不完善、刑法前置性

1. 金融领域法律体系不完善

金融领域近年进入高速发展阶段,在市场经济道路上,国家逐渐在放宽对金融领域的管控,却没能及时建立完善的管控法律体系。民间融资市场已经一定程度地开放,但市场准入机制,行政管控、监督、惩罚机制都未能跟上时代的发展,尤其是新兴金融领域的过快发展,显然在法律发展的预料之外,短期内很难跟上脚步。例如,P2P 爆雷等现象的出现也给了金融法律体系一个警示:鼓励快速发展是一方面,完善体制才是可持续发展的根本。

2. 刑法介入过早

正是因为金融领域法律体系的不完善,刑法开始发挥作用,快速、直接介入金融领域的管控。刑法作为保障法,应当具有一定的谦抑性,在其他法律法规发挥作用前不应轻易出现。许多金融问题原本应当通过行政手段或经济手段解决,但刑法的过早介入不仅影响了金融行业的创新发展,更有可能阻碍后续问题的解决,如行为人被监禁后难以进行后续的赔偿补偿,而刑事案件审理中也比较不容易及时处理相关涉案资产。

(三) 行为人因素:内在逐利性、急功近利等

1. 经济人的内在逐利性

市场经济假设人是利己的经济人,经济人进行经济活动受到利益驱使,追求满足自己的功利欲望。① 这就是经济人的内在"逐利性"。而经济犯罪人本身也是经济人,其作为经济人的内在逐利性,是经济犯罪人的固有特征。在市场经济下,市场资源的可开发性更大,极大激发了经济人的逐利性,在市场管控机制不够完善的情况下,不断有人试图冲击高额利润,不惜触碰法律边界。

2. 急功近利的心态影响

金融市场近年来的需求增长,不仅推动了金融行业的创新发展,也引起了金融企业数量"野蛮式的疯涨"。例如,2007 年我国出现第一家 P2P 借贷平台后,短短 10 年间 P2P 平台的数量就累计增长达到了 3917 家②,而随之出现的就是 P2P 平台频频"爆雷",陷入了发展的尴尬境地。虽然经济发展过快会导

---

① 张其学:《从市场主体的逐利性看道德及其建设》,载《赣南师范学院学报》1997年第 5 期。

② 任怡、刘娟:《互联网+背景下涉众型经济犯罪成因与治理对策研究》,载《江西警察学院学报》2018 年第 4 期。

致金融秩序混乱，但行为人急功近利而不考虑后果或漠视法律的心态才是搞乱金融秩序的"罪魁祸首"。金融行业是依赖于信用体系建立和发展的，作为行业参与者，保持谨慎、细致的从业态度是维持秩序、保证发展的必然要求，急功近利的心态只能导致原本正常的金融项目异化为犯罪行为。

（四）受害人因素：无知、贪利和从众

1. 缺乏专业投资性知识

随着涉众型金融犯罪手段的网络化，其影响规模不断扩大，接收相关信息的人囊括了各行各业，各种年龄不同知识水平的人员。其中上当受骗或遭受财产损失的人群都有着共同的特点，即缺乏专业的投资知识，又缺乏专业人员指导，只是简单了解便轻信高额投资回报承诺。尤其是网络投资，信息不对称问题更加严重，导致资金投出而不知去向不知用途，出现问题也不能及时收手止损。缺乏专业投资知识不仅是受害人盲目投资导致受骗的原因，更是使损害扩大、涉案金额不能及时追回的原因之一。

2. 与行为人契合的贪利心态

单是犯罪行为人急功近利追逐利益是不能导致涉众型金融犯罪的。涉众型金融犯罪的特点是面向广大公众吸取资金，只有得到犯罪对象的"配合"才能达到敛财的效果。因此，受害群体也基本都存在同样的贪利心态——背后的原因可能是生活困难，或者是对生活水平不满而恰好资金闲置——希望能够"以钱换钱"，获取高额回报。这种心态刚好契合犯罪行为人作出犯罪行为的逐利心态，也就是双方目标的一致，尤其是行为人作出的项目宣传往往是发展前景极好，可获巨大利润等，甚至原本的项目并不是为了犯罪敛财，只是后来异化成为犯罪，这样双方的心态更加契合，易于"走到一起"。

3. 盲目的从众扩大影响

涉众型金融案件受害人的从众心理非常明显，线下的口口相传和线上的宣传作用不相上下。涉众型金融案件逐渐朝着职业化和专业化发展，往往会给前期投资的人一部分承诺的高额回报，随后受害人便成了起宣传作用的主力，形成"羊群效应"和"滚雪球"效应。依据羊群效应理论，个体的决策行为不是在理性约束下的相互独立的随机过程，而是受其他个体影响的，个体之间相互学习模仿，情绪和行为互相传染。另一方面，市场存在反馈机制，群体的贪婪和恐惧往往又自我强化。[①] 从众心理形成了"羊群效应"，犯罪效果便像"滚雪球"一样发展，随着犯罪时间持续，卷入的人数和资金如雪球般越滚

---

① 贺电等：《涉众经济犯罪研究》，中国人民公安大学出版社2012年版，第27页。

越大。

(五) 社会因素：保障机制不健全、应对反应迟钝

1. 保障机制不健全

目前我国的社会保障机制仍然不够健全，群众的生活并不能完全保障，高额的医疗费用和高昂的房价等，都使群众心态焦虑，更渴望成功和财富。投资作为一种可以在工作、生活的同时增加存款余额的方式，在经济发展大背景下也更容易被大众接收，但在投资渠道不畅、投资知识不足且社会宣传力度不强等原因的影响下，没有安全感的社会大众盲目选择高额回报率的项目进行投资，渴望改善生活，以弥补社会保障的不足。

2. 普法程度不够

金融领域的特殊性导致只有专业人士能够详细了解和实施金融业务。很多人认为，金融工具只是获利的工具，国家也有严格管理，因此在遇到大规模宣传时往往不会怀疑，更不要说去了解法律知识避免被骗。而政府在普法方面还停留在普及基本人身伤害犯罪、普通财产犯罪和近期严打的涉黑涉恶以及恐怖犯罪等范围内，对于金融法律几乎不会有所普及。这一方面是因为多数人不具备基本金融知识难以接受和理解；另一方面也体现出我们国家的普法活动仍需改进和提升水平。

3. 发现和举报机制不足

涉众型金融犯罪的数量增加、规模扩大和持续时间极长等发展特征，体现出社会对于此类犯罪的反应的迟钝。往往等到行为人资金链断裂自己暴露，期间可能持续多年，而此时涉案资金基本都挥霍大半，受害人血本无归。究其根本，是社会发现和举报机制不足导致的，因为仅仅依靠相关部门的监管很难在繁荣的市场中分辨真假，只有陷入其中的群众最能及时知晓是否"有鬼"。因此，只有建立良好的发现和举报机制，配置相应的咨询和奖励制度，才能解决社会反应迟钝的问题。

三、涉众型金融犯罪的治理对策

(一) 法律体系的完善

1. 刑法适当谦抑给从业者以信心

刑法的过早介入不仅会影响行业创新，同时也会阻碍行政和经济法律法规发现问题和自我完善，即使建立起完善的管理体系也可能被刑法提前"截胡"，无法发挥作用，不利于从管理的角度促进行业发展；而从犯罪圈的角度来看，刑法过早介入必然会使犯罪圈不当扩大。

首先，从刑事政策上应当明晰国家鼓励金融行业创新发展，非基于危害社会主观故意的行为而造成危害后果，但能及时止损或积极赔偿减少损失到不至于影响过大的，可以一定程度上不再入罪；其次，完善前置行政法体系并采取行政前置政策，只有违反行政法规范并具有严重社会危害性的行为才能作为犯罪处理；同时，应当明确行政和刑事标准的界分，避免以刑事手段处理行政问题；最后，在刑罚设置上，更多的使用罚金刑，并且可以适当设置资格刑，以达到降低犯罪能力、避免再犯的目的，但要注意罚金刑的执行必然要放在民事赔偿完成后。

2. 开放民间融资变"严防"为"细管"

民间资本已经非常充裕，充裕到需要有一个渠道去融通，而此时中小企业的发展也正是势头，需要大量资金，民间融资于是应运而生。虽然风险也随之出现，但仍然属于可控范围。因此，民间融资不应当被抑制，而需要相应的法律规制。应当坦然地开放民间融资渠道，包括涉众型融资的渠道，并且建立细致的规范去树立利率和风险放开的标准、引导融资活动、规定相关人员的责任义务，使其走上正轨。如此，不仅能够为投资者拓宽投资渠道，也能在一定程度上达到严密法网的效果。

民间融资一旦合法开放，许多罪名或罪状也需要更改，如非法吸收公众存款罪，吸收公众存款原本是主体资格违法的犯罪行为，民间融资开放后需要规制的就变成不按照行政法规定的标准和流程进行吸收公众存款，入罪标准便被提高。同时随着行政法规范的完善，作为保障法的刑法也要随之进行完善，涉及的相关行为规制应更为细化，发展成为严密的金融刑事法网。法律的细致化使民众更能通过简单了解法律而知晓、分辨犯罪行为，进而提高防范意识，正确选择投资方向。

（二）基层警务的发展

1. 培养基层干警治理能力

警务系统近年进行了人员配置和治理模式的改革。基层警力不足问题一直存在，应对的方式便是"警力下沉"，为基层增加更多的人手。"更多的警察"对于治理犯罪必然是有极大意义的，但是仅仅只是人多是不能解决犯罪治理问题的，尤其是专业性犯罪和高精尖犯罪，需要"更好的警察"来应对。对于涉众型金融犯罪来说，警察只懂得侦查和抓捕是不够的，还需要懂得金融知识和具备治理、维稳能力，才能发现犯罪、抓捕罪犯、治理犯罪并妥善解决社会问题。因此，对基层警察进行一定的专业金融知识的培养和社会治理、维稳能力的培养对于涉众金融犯罪能够起到一定的治理作用。

2. 设置社区金融顾问

警务治理模式的改革主要集中于建立"社区警务"。社区警务的概念来自美国,主要是指通过了解和解决社区居民的问题达到服务社区、维护治安、治理犯罪的目的。网格化管理就是在社区警务模式下建立的具体制度,将社区分为一个个的小网格,由社区人员作为网格长搭建社区警察与居民之间的桥梁,及时了解居民的问题和需求,反馈给警方,以便及时处理、解决问题,更能够及时、提早发现犯罪,将犯罪扼杀在萌芽期。

涉众型金融犯罪中,社会民众投资知识不足、法律知识也不足,即使遇到犯罪也无法及时察觉,到犯罪被发觉已经难以挽回损失。因此,可以借助社区警务的力量,配置懂得金融知识和法律知识的警员或者聘用符合条件的社区居民兼职,以社区金融顾问或者网格长的身份为居民提供咨询服务,详细了解居民投资情况并给出建议,将出现频率较高的投资项目集中整理上报相关部门审查,做到及时发现和惩治犯罪、及时止损。

(三) 赔偿机制的创新

1. "改良"涉案组织以落实赔偿

一般来说,被确认为犯罪后,涉案组织往往会被取缔,但是所查获的财产往往不足以返还受害人,更不要说支付巨额罚金了。但涉案组织也并非全都是非法机构,有些只有部分行为涉嫌犯罪,在这种情况下,对其进行"改良"而非取缔可能更有利于案件处理和行业发展。可以考虑使建立程序合法但部分行为涉嫌金融犯罪的组织继续存续,通过更换负责人或管理人员,重新制定规章和发展方向等方式,由行政机关引导其"改头换面"继续发展,争取"将功补过",用获取的利润承担一定比例的赔偿责任。

2. "往息抵本"的填平原则

在处置浙江泰顺立人非法集资案件时,针对大多数债权的月利息高达2-8分不等的实际情况,为最大限度地保护受害人的合法权益,温州法院根据相关法律,提出"往息抵本"的清退原则,被当地政府采纳施行,得到受害人认可,稳妥处置了涉案资产,成功避免了群体性事件的发生。① "往息抵本"的处置方式,是以保证受害者投入的资金得到回收而预期的高额利益不再考虑的方式,类似于民法上所讲的"填平原则",即一种"权利人损失多少,侵权人就赔偿多少"的规则,通过填补至填平,使权利人在经济上的损失消失。

---

① 张坚主编:《涉众型经济犯罪案件疑难问题研究》,法律出版社2017年版,第51~52页。

对于涉众型金融犯罪来说，本身受害人得到的高额利益的承诺就不符合市场规则，如果遭受犯罪侵害的人却能因此收获利益本身便不符合公平原则，其次大多数受害人在案发后已经不奢求高额回报，更大的社会隐患在于因资金无法回收而生活困难的受害人，因此填平投资金额远比保证利息更重要。推广此种"往息抵本"的资产处置方式不仅能够最大限度上弥补受害人的损失，更能告诫广大民众远离所谓"高回报"的投资陷阱。

（四）民众意识的培养

1. 法律意识的培养

民众法律意识的薄弱不仅体现在"不知法"上，更体现在"不正确知法"上。近年来，建设法治国家的观念深入人心。但大多数人对于法律的认识处于一种"法律是保护群众的武器"的层次，认为群众应该理所当然得到支持，尤其是"大量的人"立场一致时，法律就应当站在他们一边，否则就不是好的法律。这并不是一种好的现象，因为法治国家的法律应当是保护"正确的人"，而非"大量的人"。涉众型金融犯罪受害人的特点是自己投资专业知识懂得不多，对法律也只是一知半解，一旦出事就轻易聚集，采用非正常方式影响政府出面解决，非常容易形成群体事件。因此，我们不仅要从预防受害的角度向群众普及金融专业知识、相关法律知识，更要从维稳的角度培养他们正确的法律意识和对国家与法律的信任感，尊重法律和司法。

2. 民主意识的培养

21世纪是以人的发展为主的新时代，国家也一直努力构建真正能做到让人民当家做主、更好地当家做主的制度，司法系统也致力于"让人民群众在每一个案件中感受到公平正义"。但人民群众目前树立的民主意识似乎有所偏差，"民主"并不能简单地理解为许多人提出要求就应当被满足的主人姿态，而是一种自主决定并能自己担责的地位，每个人在以主人姿态要求国家保证自己利益的同时，也应当以主人的姿态为防控犯罪、解决问题作出自己的努力，也应当在草率作出决定时有承担的勇气，而不是投资时只顾利益不顾风险，出事后以非正当途径要求政府解决。

在涉众型金融犯罪中，受害人往往对风险有所察觉，对高额回报有所怀疑，但出于贪利心理而不管不顾，甚至出现受害人向犯罪行为人转化的情况，这都证明的受害人并没有以主人意识参与国家管理，对犯罪至少是放任的心态。因此，应当进行更多的民主意识宣传，比起将国家作为维护利益的工具，人民群众更应当以一种保护国家的、主人姿态实现保护自己的目的，对犯罪行为保持警觉、坚决抵制，犯罪行为发生后积极配合案件调查，主动同政府一起解决问题，相信法律和司法机关。

国企产权转让中中介机构的犯罪风险与防范

王 天[*]

国有企业是对国有资产进行经营以使国有资产保值增值的经济组织形式,是推进国家现代化、保障人民共同利益的重要力量,是党和国家事业发展的重要物质基础和政治基础。[①] 国有企业一旦出现问题,既会影响到国家经济的发展,同时也会给政治带来不利的影响。随着国企改革的不断深入,作为改革重要组成部分的产权转让也逐渐暴露出自身问题,产权交易涉及转让方、受让方和中介机构,相互之间蕴含大量的利益,也将会潜在一系列的犯罪风险,容易成为权力寻租、滋生商业贿赂、恶意操纵产权市场、虚假评估资产、利益输送等犯罪行为的"温床"。这些犯罪问题都会导致国有资产大量流失,社会主义市场经济秩序被严重破坏,产权转让中中介机构行为的规制已成为时代诉求。

一、国企产权转让中中介机构的地位和作用

(一) 中介机构的概念

1. 一般中介机构的概念

中介机构是指依据相关法律法规规定,符合设立条件,经主管部门批准,通过专业知识和技术服务,向委托方提供公证性、代理性和信息技术服务类等中介服务的机构。[②] 依据提供中介服务的种类,中介机构可分为三类:第一类为公证性中介机构,即提供土地、房产、物品等有形资产和无形资产价值评估、企业资信评估服务,以及提供公证、检验、鉴定、仲裁等服务的机构;第二类为代理性中介机构,即提供税务咨询、财务管理以及代理、项目投资,企

---

[*] 王天,北京产权交易所业务主管,法学博士。
[①] 参见2015年8月24日印发《中共中央、国务院关于深化国有企业改革的指导意见》。
[②] "中介机构",参见载百度百科,https://baike.baidu.com/item/%E4%B8%AD%E4%BB%8B%E6%9C%BA%E6%9E%84/9488874?fr=aladdin。访问时间:2019年7月5日。

业增资扩股、并购重组等方面的咨询、分析、方案设计等会计、法律等服务的机构；第三类为信息技术服务类中介机构，即提供咨询、招标、拍卖、职业咨询、广告设计等服务的机构。

在我国产权交易活动中，公证性和代理性中介机构提供的服务最多，联系也最为密切，同时也最易出现风险和问题，主要包括在交易的前期为交易活动提供审计报告、资产评估报告和法律意见书等的会计师事务所、资产评估机构和律师事务所等，在交易活动中提供交易平台、公证、代理服务的产权交易所、经纪公司等。

2. 产权交易中介机构的概念

产权交易中存在的法律关系主体分为两种，即直接主体与间接主体，直接主体是指产权交易中的转让方和受让方，而间接主体主要指的是中介机构。间接主体包括经纪公司、资产评估机构、会计师事务所、律师事务所、拍卖公司等。它们并不是产权交易的直接交易主体，而是凭借自身的技术优势和专业市场功能为产权市场的交易主体提供法律咨询、价格评估、审计、商业策划等方面的服务。①

（二）产权中介机构的作用

1. 组织产权转让公开挂牌服务

根据《企业国有资产交易监督管理办法》第2条规定，企业国有资产交易，在依法设立的产权交易机构中公开进行。② 产权市场是为国有产权及其他各类产权安全有序流转提供专业化服务的具有中国特色的有形并购市场，而产权交易机构是政府指导下依法成立的进行产权交易的市场化机构。③ 可以说，在产权市场中，产权交易机构扮演着重要的角色，其主要作用在于：（1）为产权交易提供场所和设施；（2）组织产权交易活动，如信息披露、受让登记、签约、结算等；（3）审查产权交易转让方和受让方的主体资格及转让行为的真实性与合法性；（4）为产权交易双方提供信息等中介服务以及项目推介、代征印花税等增值服务；（5）根据国家的有关规定对产权交易活动进行监管，并定期向国有资产监督管理部门报告交易情况。产权交易所的设立，规范了国有产权转让交易的流程，维护了交易的公平、公正、公开的原则，对产权交易全环节的完善和实施起到了积极作用。

---

① 洪亮：《国企产权交易中的中介机构风险与防范》，载《上海国资》2010年第11期。
② 参见2016年6月24日颁布《企业国有资产交易监督管理办法》。
③ 诸韬、郑欣、臧展：《产权交易机构企业化改制》，载《环球市场》2017年第10期。

2. 为产权转让企业提供评估服务

根据《企业国有资产交易监督管理办法》第 33 条规定,企业国有资产交易过程中需审核的文件包括转让标的企业审计报告、资产评估报告及其核准或备案文件。① 在企业进行产权转让活动中,转让方委托具有评估资质的机构,遵照独立、客观公正、科学性等评估原则,严格依照法定程序,科学合理对产权价值进行评估。在上述原则的基础上,评估过程可以如实反映出国有资产价值的变化,在制定出评估报告后,可以成为产权转让重要的参考依据。因此,产权转让活动的顺利展开,评估服务是其中不可或缺的一项服务,在国有企业保值增值、维护产权转让双方的合法权益中都发挥着重要的作用。

3. 为产权转让清产核资出具审计报告

产权转让方案获批后,进行清产核资活动,会计师事务所受转让方委托,根据转让方提供各类资产报表和资产移交清册,依照相关法定程序开展审计业务,包括对转让方的财务清查、清理、资金核实、损益认定、价值重估等。通过专项审计工作客观真实合理地反映转让方企业的资产、负债、权益等情况。可以说,会计师事务所依法独立、公正地执行审计业务出具的真实、公允的审计报告,既是评估机构做好资产评估业务的重要前提,又是转让方确定企业国有产权转让价格的重要参考,更是受让方了解转让标的企业财务状况慎重作出价格决策的重要依据。②

4. 为产权转让行为出具法律意见书

根据《企业国有资产交易监督管理办法》第 33 条规定,企业国有资产交易过程中需审核的文件包括产权转让行为的法律意见书。③ 从该规定可以看出,在国有产权转让过程中,法律意见书是审核环节重要依据和必备文件。法律意见书的制定严格遵守相关法律程序,明确各方法律责任,预测在产权转让中潜在的法律风险,从交易标的真实性、可行性等方面出具法律意见,从而为国有资产产权交易提供法律支撑,确保产权转让的法律效力,有效预防和规避法律风险,促成产权交易的成交。

二、国企产权转让中中介机构潜在的犯罪风险与原因

资产管理的主要意图在于资产的保值增值,其根本目的在于资产所有者希

---

① 参见 2016 年 6 月 24 日颁布《企业国有资产交易监督管理办法》。
② 张锦秀、陈武明:《国有产权转让审计中应关注的几个重要事项》,载《财政监督》2005 年第 2 期。
③ 参见 2016 年 6 月 24 日颁布《企业国有资产交易监督管理办法》。

望利用资产获得利润。① 在产权转让中,利益与风险是并存的,由于中介机构法律意识的淡薄,产权管理机制的不完善等因素,使得其看到了产权交易"有利可图",因而出现存在产权价值不明确,管理者恶意渎职,利用自身权力优势,造成企业正常亏损,只顾个人利益,导致国有资产流失。② 研究和分析目前中介机构的犯罪风险以及成因,可以有效预防犯罪的发生,弥补法律的灰色地带,保证产权交易的进行和国有产权的流转效率。

(一) 中介机构潜在的犯罪风险

1. 参与商业贿赂行为

在国企产权转让中,中介机构基于承揽业务、谋取利益等目的,会成为商业贿赂的主体,此主体具有"双向性",既可以成为收受财物或其他利益的商业受贿主体,也可以成为给予财物和其他利益的商业行贿主体。大量商业贿赂正是通过所谓的"过节礼金"、感谢费等名义实现的。③ 发生在产权交易中的商业贿赂,行贿方通过贿赂权力主体以较低的成本获得高收益和高回报。例如,某股份有限公司某高官,花费数百万元向资产经营公司高层行贿,以低价将企业国有股权变为私有股权;重庆长江钢厂在破产清算中,西南拍卖公司为争取钢厂整体拍卖工作,向该区经委主任、调研员等多人行贿。在产权转让中,这类触目惊心的商业贿赂行为已屡见不鲜,严重危害到我国社会主义市场经济秩序,使大量国有资产被侵吞和流失,让人痛心疾首。

2. 恶意串通操纵交易市场

在产权交易活动中,中介机构的工作人员勾结转让方和受让方的负责人,恶意串通,操纵产权交易的网络竞拍、招投标、拍卖等活动。中介机构帮助转让方侵吞国有或公有资产,并从中收取贿赂。如重庆涪陵丝绸集团公司总经理柳某某,伙同公司办公室副主任经某某,在处置其公司下属企业北拱丝厂时,行贿重庆某拍卖公司职工宋某某,以务处置生产性财产之虚,行侵占非生产性资产之实,上演一出"狸猫换太子"的戏码。通过限制他人竞标,暗箱操作竞标,将拍卖标的"北拱丝厂整体资产"恶意混淆区财政局批复的"整体处置的资产"为"整体资产",将涉及的非生产性资产部分(土地11175平方米和房屋9869.84平方米)占为己有,侵占私分国有资产达430余万元,给国家

---

① 李松森、孙晓峰:《国有资产管理》,东北财经大学出版社2013年版,第67页。
② 参见2013年11月15日颁布《中共中央关于全面深化改革若干重大问题的决定》。
③ 郑春勇:《"中介腐败":表现、成因与治理》,载《理论探索》2011年第4期。

造成上亿元的损失。①

3. 虚假评估国有资产

在产权交易中,资产评估具有重要的地位,虚假地资产评估,或者资产评估报告的不真实,将会直接导致国有资产的流失。然而在交易实践中,中介机构为了获取非法利益,按照委托人的要求,在审计、评估活动中,恶意评估国有资产出具虚假评估报告。近年来,全国各地被发现、查处的国企改制过程中大量国有资产流失或侵吞案件的背后,几乎都有中介组织的黑手。②例如,重庆市北碚区顺祥物资回收有限公司为国有控股公司,由北碚区供销社与吕某某等七人共同成立。后来吕某某等七人得知顺祥公司所属房屋被划入拆迁范围,向北碚区供销社主任顾某某多次行贿,在顾某某帮助下,北碚区供销社主任办公会研究后,以低价 41 万元购得顺祥公司 72% 股权。而后,吕某某等人联系重庆某评估公司对顺祥公司资产进行评估,将其中某处房产的成新率确定为 10%,低于国家国有资产管理局《资产评估操作规范意见(试行)》第 75 条关于"对于基本能够正常使用的建筑物,成新率高于 30%"③ 的规定,最终拿到房屋拆迁款 443 万元,吕某某等人将此款私分。④

4. 参与利益输送活动

利益输送的概念是国家工作人员(受托方)为谋求不正当利益,收益请托方将相关财物给予受托方的特定关系人或借用市场运作方式将相关财物至于受托方的实际控制之中。⑤而在产权交易活动中,中介机构承担的是"军师"的角色,为国家工作人员出谋划策,帮助其进行利益输送。具体的方式有:中介机构与利益相关人成立公司联合经营,在产权转让中实行简单的"一卖了之"的民营化举措,演变成暗地实行"国有资产私有化"浪潮和"公共资源贱卖化"的形态;⑥通过中介机构的运作将国有资产投资于相勾结的海外公司,在经营"亏损"后再进行清盘;利益相关人成立中介公司开展咨询服

---

① 雷雨、崔晓龙、李玲:《重庆市涪陵丝绸集团公司原总经理柳某某腐败案实录》,载清风高邮,http://www.gylz.gov.cn/news/jingzhongchangming/2012 - 12 - 07/2169.html. 访问时间:2019 年 7 月 10 日。

② 潘新法、张忠平:《"中介腐败"透视》,载《检察风云》2013 年第 9 期。

③ 参见 1996 年 5 月 7 日颁行《资产评估操作规范意见(试行)》。

④ 参见《吕某某与重庆市北碚区供销合作社联合社,重庆市北碚区顺祥物资回收有限公司确认合同效力纠纷二审民事判决书》,(2013)渝一中法民终字第 05079 号。

⑤ 刘铁栓、康定祥:《"利益输送"型职务犯罪的特征分析与对策研究》,载《法制与社会》2017 年第 31 期。

⑥ 唐亚林:《官商利益输送四种典型形态》,载《人民论坛》2015 年第 7 期。

活动，转让方与受让方向其支付高额咨询费和服务费，从而侵吞国有资产。由于利益输送的隐蔽性、多样性、长期性和漂白性的特点，在编造和制作"合法"文书（如资产评估报告、审计报告、法律意见书等），参与交易活动，通过合法账户转账以漂白非法资产等方面，皆需要中介机构和其工作人员的"帮助"，使得产权转让项目运作腐败化。

（二）中介机构犯罪风险的成因

1. 中介机构可以降低犯罪成本

国家对贪污受贿犯罪打击力度的不断增大，违法成本也在不断增高。各方犯罪主体都希望能够降低犯罪成本，从而达到自身的非法目的。中介机构的身份具有双重性①，既可以为了自身利益，向国家工作人员行贿，以此获得产权转让的中介服务，同时也可以接受转让方或受让方的委托，按其要求进行相应的中介服务。正因为中介机构本身的身份合法公开，介于转让方与受让方之间，对于两方企业、人员的信息中介机构都有较多的了解和掌握，在信息上具有垄断性的地位，交易双方可以利用中介机构的优势，搭建起沟通的桥梁，以中介机构为重要依托，从而既能够降低犯罪成本，又可以"精准"地进行犯罪活动。

此外，由于少数国有企业领导人未能树立正确的三观以及职业素养不高，他们往往把国企改制作为"最后的晚餐"，认为改制时期各种制度松弛，不够规范，不容易被人发现，觉得付出的成本较低，因而铤而走险，利用手中的权力大肆侵吞国有资产。② 而借助产权交易进行犯罪活动时，犯罪主体最在意的为腐败交易的隐蔽性。中介机构通过资产评估、出具法律意见书、参与产权交易等事项，依托其合法公开身份，以中介活动繁杂的程序和环节、专业的文件文书等形式为掩护③，与产权双方相互勾结，形成利益共同体，以合法形式掩盖非法目的，给权钱交易腐败活动披上"合法"外衣，使其活动更具有欺骗性和隐蔽性，也能大大降低犯罪成本。

2. 中介机构管理与产权市场制度不规范

第一，中介机构操作不规范，法律意识淡薄。在整个产权交易市场中，充斥着大大小小、各式各样的中介机构，其中多数中介组织规模小、人员少、专

---

① 林跃勤：《试论"中介腐败"及其治理》，载《学习与探索》2010年第6期。
② 徐传洲：《规范企业国有产权转让行为的几点思考》，载《中国监察》2015年第18期。
③ 贾亮、庞方、王柯武：《让"中介"回归中立——"中介腐败问题透析"》，载《中国纪检监察报》2015年1月20日第4版。

业水平低、法律意识淡薄,追求眼前利益,没有长远规划,缺乏自我发展的动力。① 此外,产权转让要求简单,规范性程度不高,不少经营管理人员形成了拍脑袋决策、协议转让的不规范操作思维和做法,对进场交易心存疑虑,担心不能交易给适合的对象,导致国有产权交易私下进行,暗箱操作,严重危害了国有企业改革与发展的正常进程。②

第二,中介机构监管体制不完善,力度不足。对于产权交易中介机构的监管和交易规则的制定都需要进一步的完善。虽然目前产权交易规则对中介机构的定位、管理要求、运行规范有了一定程度的明确,行业协会与主管部门对其也有相关的管理,但是在实践中仍存在管理缺失的现象。例如,产权交易扮演重要角色的会计师事务所,其是由会计师协会进行规范与管理,但管理相对松散,缺少具体的管理措施,再加上会计师事务所本身为独立法人,监督执行上难度较大。一旦其利用自身优势,出具假审计报告、评估报告,只有在交易后问题才会逐渐暴露,而在过程中难以显现,追究其法律责任也属于事后追究,对国有资产的流失难以起到挽回的作用。另外,国内目前有多家产权交易市场,规则不统一也为不法分子提供可乘之机,而且规则中对于中介机构违法违规应承担的责任后果不够细致明确,力度不足,使得出现问题后中介机构往往承担的责任较轻,因而在交易市场中依旧有中介机构铤而走险,进行违法活动的现象屡有发生。

三、国企产权转让中中介机构犯罪风险的防范措施

(一) 完善产权转让相关立法与规范交易规则

1. 完善产权转让相关立法

进一步清理废止法规文件与政策性意见,建立健全统一的法律法规体系。随着我国国有企业改革的不断深化,在国资监管、产权交易转让与监督等方面相关部门制定和办法一系列的规定,然而真正的法律法规依旧不健全,文件种类繁多,且弹性大,部分内容想矛盾,在实践中难以把握。过去的经验曾表明,对于国有资产转让须在依法设立的产权交易场所进行,而由于依法设立这一表述会有多种不同的理解方式,所以也就给产权市场的任意设立埋下了伏笔,有些地方政府甚至认为,凡是有行政权力的政府,无论哪一级即使再低的政府部门,都可以批准设立产权市场,这样一来,出于获取各种不正当利益的

---

① 洪亮:《国企产权交易中的中介机构风险与防范》,载《上海国资》2010 年第 11 期。

② 罗敏、刘冲:《产权交易领域商业贿赂特点、原因及治理对策》,载《产权导刊》2007 年第 1 期。

恶劣目的，各级政府设立层层产权交易机构，并且也都可以找得到法律依据。① 因此，应当把产权交易纳入统一、规范的法制化轨道，完善相关立法，使之有法可依、有章可循。

2. 规范产权转让交易规则

完善"政府监督、市场化运作、企业化经营"的产权交易管理体制，建立规范的交易决策和运作平台制度，构建综合产权交易信息体系，大力推进不良资产处置变现的市场化运作，确保交易竞争的公平、公正、公开，加快与产权交易相关的法治建设，规范国企重组、破产、拍卖等产权交易执法，切实防止中介机构参与的暗箱操作和幕后交易，坚决杜绝国有资产流失。②

(二) 建立健全和规范有形产权市场，完善服务功能

健全和完善有形产权市场，是活跃产权变动业务、提高产权变动活动透明度、加强产权变动活动的监督管理、防止产权变动中腐败行为的一项重要措施。③ 首先，在产权转让中，要充分发挥产权市场的作用，根据相关规定要求，产权转让原则上通过产权市场公开进行。④ 即通过有形的产权市场对国有资产以网络竞价、动态报价、招投标和拍卖等方式进行转让，除法律法规明文规定可以进行非公开协议转让的行为，其余皆应当以公开方式转让，杜绝出现中介机构暗箱操作的情形。其次，产权市场服务功能进一步完善。产权市场作为产权转让的平台，提供诸多服务功能，如收集、整理、发布产权政策法规、市场信息、人才信息；提供交易场所和相关设施；为政府监管提供必要协助等。因此，通过完善产权市场的服务功能，可以保证服务的公开、公平、公正，从而也能够促进中介机构服务的完善。最后，加强产权市场设施建设。建立健全完善的产权交易网络平台，优化产权交易流程，提升信息化质量，通过提高网络服务水平，减少人为操作的步骤，使产权交易操作更为透明，防止中介机构过多参与的可能性。

(三) 加强对中介机构的有效监管力度

为了预防中介机构犯罪问题的发生，对其有效监督是必不可少的，并且应当在权力行使以及产权交易全环节都有相应的监督管理制度与措施。对于中介机构的监督可以通过四类主体进行：法律监督、行政监督、自律监督与社会舆

---

① 任胜利：《产权交易机构如何"依法设立"》，载《上海国资》2009年第1期。
② 周娜、鲍晓娟：《集中与制衡：信息技术行业股权多元化对国企改革的启示》，载《重庆邮电大学学报（社会科学版）》2016年第4期。
③ 胡新平：《产权变动中职务犯罪的防范对策》，载《经济研究导刊》2009年第2期。
④ 参见2016年6月24日颁布《企业国有资产交易监督管理办法》。

论监督。

1. 法律监督

监督管理，要做到法律法规先行。国有资产产权转让以及国有企业深化改革等工作，涉及范围大、流程环节多、政策性强，需要形成完备的政策法律制度为保障。目前，《企业国有产权转让管理暂行办法》《企业国有资产交易监督管理办法》等法规相继出台，中介机构在参与国有企业产权转让活动时应当遵循公开、公平、公正的原则，按照相关规定健康、有序、规范地开展。一旦出现违法违规的情况，也能做到有法可依，在法律层面予以监管。

2. 行政监督

加强政府对中介机构的监督，产权交易是综合性活动，涉及多方参与，因此应当围绕交易全过程，将监督主体全部纳入其中，建立健全行政监督体系，包括公安、财政、工商、审计等部门，并且不断提升行政部门监督质量。对中介机构的选聘严格按照制度执行，重点检查和监督中介机构进场服务、参与信息披露、履行职责时的情况，出现虚假评估、暗箱操作、合同诈骗、串通舞弊等违法行为，坚决打击，绝不姑息，建立"黑名单"制度，将参与违法违规的中介机构写入黑名单中，取消其中介服务资格。

3. 自律监督

规范中介机构服务行为，行业自律是重要举措。建立全国性行业协会，并出台完备的行业规范，使中介机构严格遵守行业规范参与产权交易活动。第一，完善中介机构执业资质认定标准，建立诚信档案。从理论和实务方面对从业人员加以指导，提升其执业水平与职业素养，培养出一大批德才兼备，秉承公正、独立精神的从业人员。第二，完善中介机构管理规定，加强内部组织监管工作。在日常工作中，严格监督交易程序，保证交易工作合法、真实、透明，对于违法违规行为坚决遏制加以纠正，严重者及时上报有关部门处理。通过行业自律监督，规范中介机构组织管理和运行，做大做强具有代表性的中介机构，有效防止国有资产在中介层面的流失。

4. 社会舆论监督

产权转让活动应根据规定在信息披露、受让登记、竞价环节、签约、公示等环节进行公开，主动接受公众监督。增加社会舆论监督的力度，正确处理社会公众对产权交易的监督意见，对违规操作的中介机构和人员予以曝光和惩处。[①] 在做好企业国有产权转让行为的监管方面能得到广大群众和新闻界的积

---

① 陆军、刘俊、邓莉：《中介机构参与国企股权多元化过程中的职务犯罪研究》，载《重庆理工大学学报（社会科学）》2017年第2期。

极参与和支持,形成全社会监督的氛围,保障企业国有产权转让规范有序地进行。①

加强中介机构参与产权转让犯罪活动的查处力度,对于中介机构虚假评估、营私舞弊、恶意串通、违规操作等非法活动认真严肃处理。将刑事执法、行政执法、自律监督有效衔接,落实严格责任机制,出现违法案件,如未经国资监管等相关部门批准,未进场交易,不办理过户登记手续,暗箱操作等腐败行为严加惩治,构成犯罪的,追究中介机构与相关负责人的刑事责任。

---

① 《国资委负责人:企业国有产权转让欢迎全社会监督》,载网易网,http://news.163.com/2004w02/12455/2004w02_1076134640852.html。访问时间:2019年7月19日。

地方金融犯罪预防和打击对策研究

卢一凡 朱全龙[*]

众所周知,金融是现代经济的核心,更是国家经济的命脉,而地方金融的安全与稳定也必然关系着地方经济的发展繁荣。然而,在我国地方金融事业蓬勃发展的同时,由于各项监管措施的失范、各地金融立法的缺失、地方金融犯罪中被害人盲目追逐高额收益,风险防范意识淡薄等原因,地方金融犯罪出现愈演愈烈的趋势,因此,本文以地处华北的北京市、地处华东的上海市、地处华南的广东省、地处西北的陕西省为主要研究对象,对这些地方金融犯罪进行统计分析、归纳总结,对让大家更好地认识地方金融犯罪,提出防范和打击的治理对策,维护地方正常金融秩序,保障金融体制改革的成效,都具有重要的现实意义。

一、地方金融犯罪概述

（一）地方金融犯罪的概念

1. 金融犯罪的概念

从概念逻辑上讲,"金融犯罪"为"地方金融犯罪"的上位概念,要准确探究"地方金融犯罪"的概念,首先的问题是正确认识"金融犯罪"的危害实质及行为本质。刑法学理论认为,犯罪是指危害社会,依照法律应当受到刑罚处罚的行为。犯罪的本质特征是行为的社会危害性,即任何犯罪,本质上都是对我国一定的社会主义社会关系或利益的危害。金融犯罪并非刑法规定的一个独立罪名,而是指某一类犯罪的总称。金融犯罪涉及的罪名主要包括《刑法》分则第三章"破坏社会主义市场经济秩序罪"中的第四节"破坏金融管理秩序罪"和第五节"金融诈骗罪"中所规定的罪名。

金融犯罪的危害实质上是对我国的金融管理秩序的危害,这已成为理论界

---

[*] 卢一凡,陕西省人民检察院第十检察部二级检察官助理,金融法学博士研究生;朱全龙,西北政法大学经济法学院硕士研究生。

的共识。对于危害金融管理秩序的犯罪而言，行为是否具有违法从事金融活动或其相关活动的特征，是区分是金融犯罪与其他犯罪的重要界限。如果行为虽然危害了金融管理秩序，但没有"违法从事金融活动或其相关活动"的特征，那就不是金融犯罪。① 比如，抢劫、盗窃银行的犯罪行为。这种犯罪不仅对银行的资金构成直接威胁，而且对银行的金融活动秩序造成危害，当然危害了金融管理秩序，但这种犯罪行为不具有"违法从事金融活动或其相关活动"的特征，因而不是金融犯罪。

通过上述分析可知，"违法从事金融活动或其相关活动，危害金融秩序"是金融犯罪区别于其他犯罪的本质属性。因此，我们可将金融犯罪定义为：在金融活动中，违反金融管理法律、法规，危害国家金融交易安全、金融监管和金融调控制度，侵犯金融管理关系和货币资金所有关系，破坏金融秩序、情节严重，依照刑法应受刑罚处罚的行为。②

2. 地方金融犯罪的概念

第五次全国金融工作会议明确指出，地方政府要在坚持金融管理主要是中央事权的前提下，按照中央统一规则，强化属地风险处置责任。检视我国地方金融监管实践，兼具形态复杂性与危害后果严重性的地方金融犯罪极易引发地方金融风险点、甚至会造成系统性金融风险。如何有效预防、打击地方金融犯罪已成为防范化解地方金融风险、维护地方金融稳定工作的重中之重。

学术界与实务界对"地方金融犯罪"的研究涉及甚少，其概念亦未形成统一定论。准确地界定地方金融犯罪的定义是法学理论工作责无旁贷的任务。本文试对金融犯罪的定义作一探讨。

要准确地给金融犯罪下定义，首要的问题是要正确认识地方金融犯罪的危害实质及其行为本质。按照我国刑法"罪刑法定"的原则精神，法律明文规定为犯罪的行为，按照法律定罪处罚；法律没有明文规定为犯罪的行为，不得定罪处罚。故"地方金融犯罪"的本质尚为"金融犯罪"，亦具有"违法从事金融活动或其相关活动，危害金融秩序"的本质属性。我国刑法分则中明确规定了金融犯罪的种类、构成要件、刑罚的种类和适用的条件。鉴于其"金融犯罪"的本质，地方金融犯罪在种类、构成要件、刑罚、适用的条件方面并无自身独立的体系，与金融犯罪的定罪、量刑体系完全相同。

与金融犯罪不同的是，地方金融犯罪具有明显的"地方性"。以四川省为例，2015年，四川省高级人民法院、四川省检察院、四川省公安厅会签下发

---

① 乔青：《刑法谦抑理论下金融犯罪圈的界定》，载《湖南科技大学学报（社会科学版）》2019年第7期。

② 强力：《金融法通论》，高等教育出版社2017年出版，第411页。

了《关于我省办理非法集资刑事案件若干问题的会议纪要》，四川省非法资金案件持续高发的趋势所引发的区域金融风险点，做出了预防、打击地方金融犯罪的联合部署。由此可见，"地方性"的含义可理解为，某一类金融犯罪案件在某一地区持续高发，造成较大影响并引发了地方金融风险。

通过上述分析可知，"地方金融犯罪"的本质是"金融犯罪"，亦具有"违法从事金融活动或其相关活动，危害金融秩序"的本质属性。地方金融犯罪的特点是地方性，即某一类金融犯罪案件在某一地区持续高发，造成较大影响并引发了地方金融风险。因此，我们可将地方金融犯罪定义为：在金融活动中，某一地区持续高发的违反金融管理法律、法规，危害国家金融交易安全、金融监管和金融调控制度，侵犯金融管理关系和货币资金所有关系，破坏金融秩序、情节严重，对地方金融的安全与稳定造成重大影响，依照刑法应受刑罚处罚的行为。

（二）地方金融犯罪的特点

笔者通过对北京市、上海市、广东省、陕西省四个省市近五年来（2015—2019年）金融犯罪一审判决的统计、分析，制作如下表一至表三、图一至图四，并总结出地方金融犯罪的诸多特点。

表一：2015—2019年地方金融犯罪案例数据统计表
（北京市、上海市、广东省、陕西省）

罪名	法律依据	总案例数量	北京市	上海市	广东省	陕西省
伪造货币罪	《刑法》第170条	64	4	2	45	13
出售、购买、运输假币罪	《刑法》第171条第1款	84	6	1	71	6
持有、使用假币罪	《刑法》第172条	167	19	7	111	30
高利转贷罪	《刑法》第175条	4	0	1	2	1
骗取贷款、票据承兑、金融票证罪	《刑法》第175条之一	181	32	50	54	45
非法吸收公众存款罪	《刑法》第176条	2496	519	964	488	525
伪造、变造金融票证罪	《刑法》第177条	37	4	10	20	3
妨害信用卡管理罪	《刑法》第177条之一第1款	826	80	342	381	23
窃取、收买、非法提供信用卡信息罪	《刑法》第177条之一第2款	36	1	18	15	2

续表

罪名	法律依据	总案例数量	北京市	上海市	广东省	陕西省
擅自发行股票、公司、企业债券罪	《刑法》第179条	4	1	1	1	1
内幕交易、泄露内幕信息罪	《刑法》第180条	6	1	3	2	0
利用未公开信息交易罪	《刑法》第180条第4款	10	5	5	0	0
操纵证券、期货市场罪	《刑法》第182条	4	0	1	0	0
违法运用资金罪	《刑法》第185条之一第2款	1	1	0	0	0
违法发放贷款罪	《刑法》第186条	8	0	0	4	4
吸收客户资金不入账罪	《刑法》第187条	1	0	1	0	0
违规出具金融票证罪	《刑法》第188条	1	0	0	1	0
骗购外汇罪	《全国人大常委会关于惩治骗购外汇、逃汇和非法买卖外汇犯罪的决定》第1条	86	10	12	63	1
逃汇罪	《刑法》第190条	4	0	2	2	0
洗钱罪	《刑法》第191条	15	1	2	11	1
集资诈骗罪	《刑法》第192条	345	56	74	177	38
贷款诈骗罪	《刑法》第193条	58	3	17	25	13
票据诈骗罪	《刑法》第194条第1款	77	11	18	42	6
信用证诈骗罪	《刑法》第195条	9	4	1	4	0
信用卡诈骗罪	《刑法》第196条	7808	960	3233	3174	441
保险诈骗罪	《刑法》第198条	189	23	113	39	14

表二：金融犯罪行为案例数量比较表

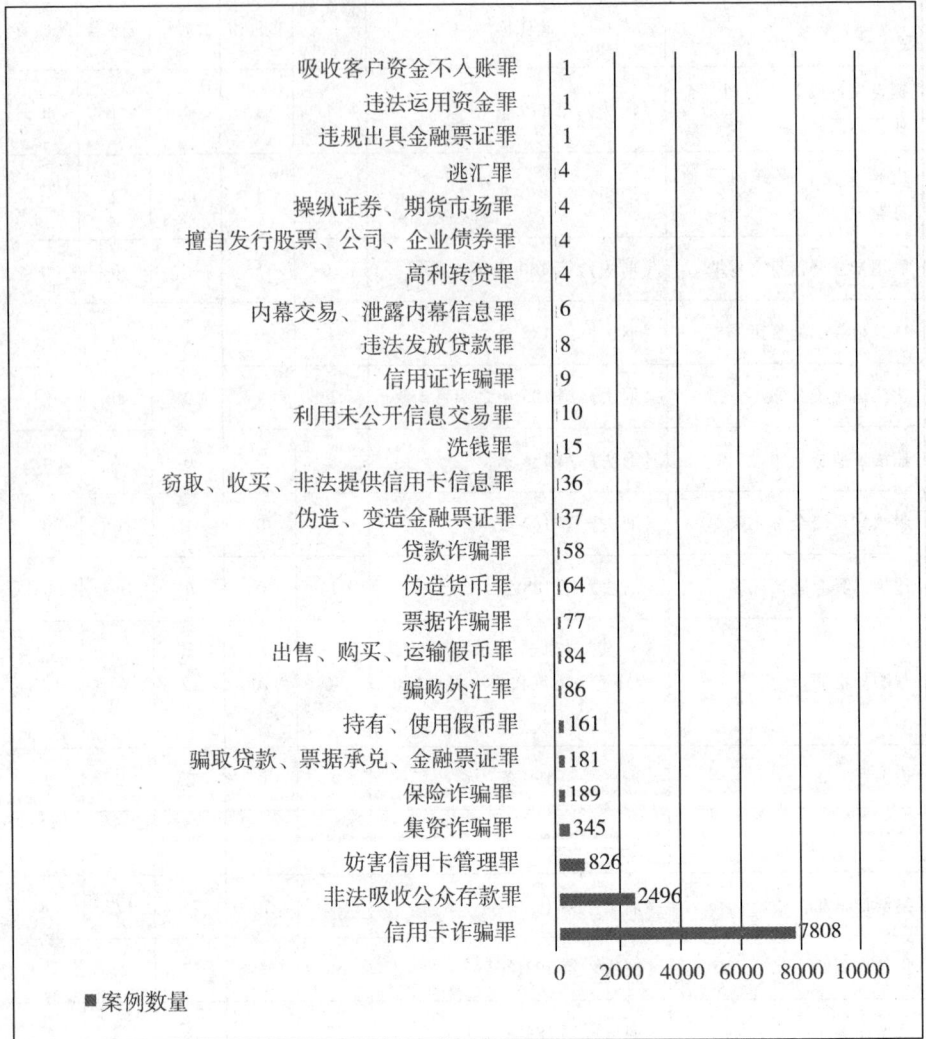

表三：陕西省地方金融犯罪案例数量统计对比表

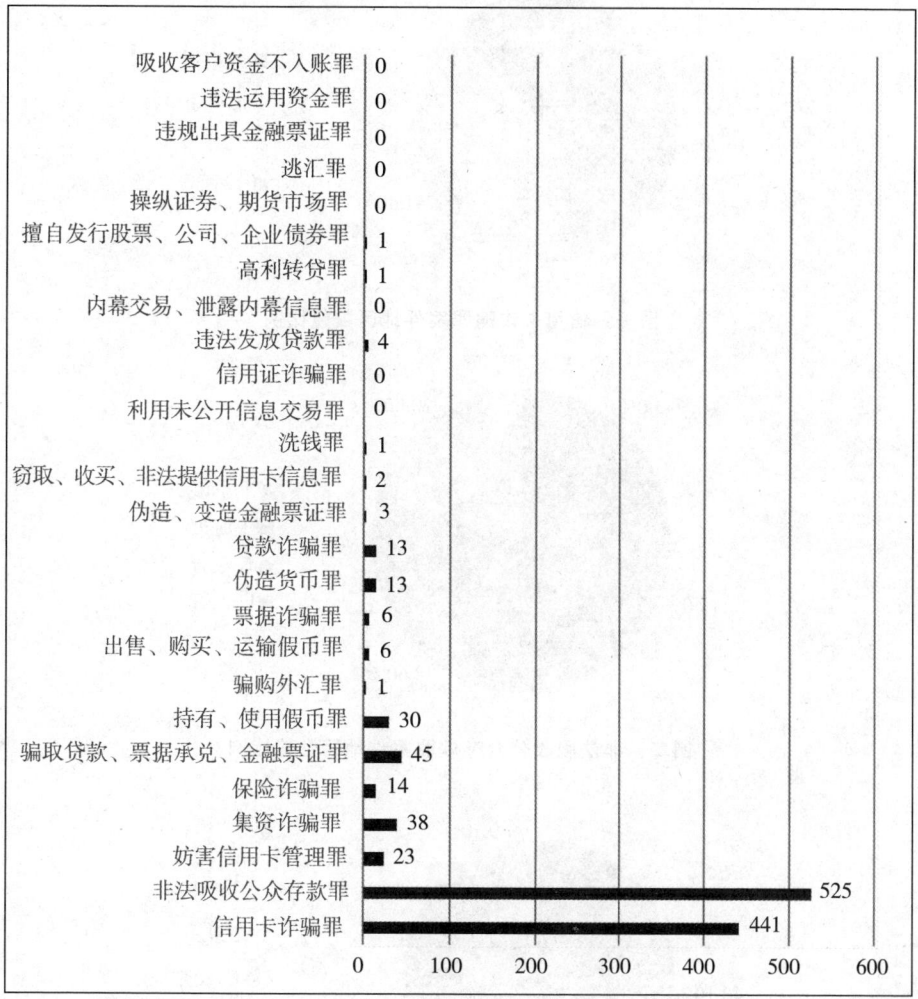

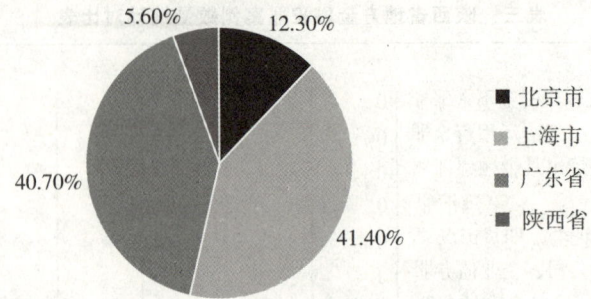

图一：信用卡诈骗罪案件地区数量比例

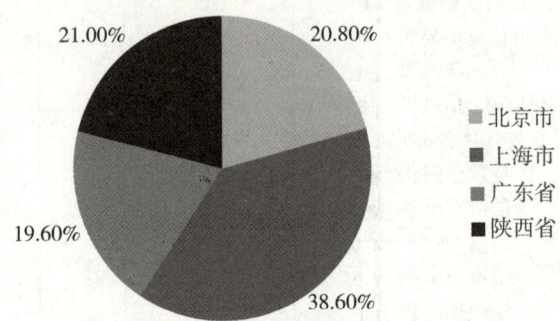

图二：非法吸收公众存款罪案件地区数量比例

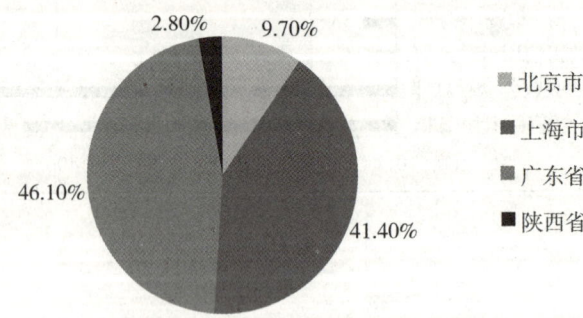

图三：妨害信用卡管理罪案件地区数量比例

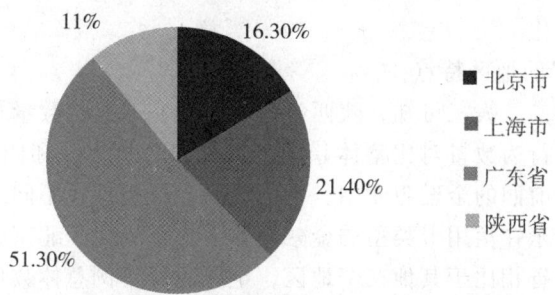

图四：集资诈骗罪案件地区数量比例

1. 犯罪手段多样化

由表一、表二可得，金融犯罪的类型广泛，手段多样。但采取的行为比例相差极大。其中信用卡诈骗和非法吸收公众存款行为远超其他金融犯罪手段。非法吸收公众存款罪、妨害信用卡管理罪、集资诈骗罪、信用卡诈骗罪等案例数量极大，应当重视并重点进行防范和规制。持有、使用假币罪、骗取贷款、票据承兑、金融票证罪、保险诈骗罪等案例数量相对较多，也应当加强防范。伪造货币罪、出售、购买、运输假币罪、伪造、变造金融票证罪、窃取、收买、非法提供信用卡信息罪、骗购外汇罪、洗钱罪、贷款诈骗罪、票据诈骗罪案例数量相对较少，应做到一般性防范。

2. 犯罪对象特定化

从笔者统计分析的上述四个地方的金融犯罪一审判决内容可以总结出金融犯罪对象相对于其他犯罪具有特定性。其犯罪个体为金融管理秩序和金融交易秩序。主要行为表现为侵害他人的相关金融资产包括股票、债权、基金、保险金、货币和外汇等，以达到非法获利的目的。

3. 犯罪样态复杂化

从上述判例可以看出，金融犯罪可能是自然人犯罪，也可能是单位犯罪。同时既可能是单独犯罪，也可能是共同犯罪。金融犯罪也同时包含了故意犯罪和过失犯罪、结果犯、行为犯和危险犯等多种犯罪分类类型。其有着十分复杂的犯罪样态。

4. 犯罪领域专业化

金融犯罪行为具体发生于证券业、银行业、保险业、信托业等专业领域开展业务的各个环节。同时由于领域的专业化，致使金融犯罪的犯罪主体在一般情况下是对金融业务较为熟悉或者有着较高的金融知识的人员。但也有相关金融犯罪类型如伪造货币罪、妨害信用卡管理罪等，对于主体专业化的要求并不明显。此外，犯罪主体由于领域的专业化而常常形成分工明确的团体，致使金融犯罪出现团体化。

5. 金融犯罪的地区特点

通过对比表二、表三可知，陕西省各项金融犯罪案例数量与所统计金融犯罪总案例中各项行为数量对比整体趋同。另外，分析表一和四张比例图可知，在案例数量排名前四的金融犯罪中，不同金融犯罪类型在不同地区的表现并不相同。上海和广东在信用卡类型的金融犯罪上比重远大于北京和上海。而从地区上比较，陕西省相比于其他三个地区，金融犯罪案例总体数量和所占比重也较小，但与该罪名中的某一或几个地区的比重相差并不大。因此，对于金融犯罪的总体研究对陕西省地方金融犯罪防范具有重大意义。

（三）地方金融犯罪的分类

金融犯罪条文分布在《刑法》分则第三章"破坏社会主义市场经济秩序罪"中第四节、第五节所规定的"破坏金融管理秩序罪"和"金融诈骗罪"中。对金融犯罪依据不同的划分标准可分为不同的类型，通常以犯罪客体或犯罪对象为划分依据，分为破坏金融管理秩序犯罪和金融诈骗罪两大类。破坏金融管理秩序罪是违反国家对金融业和金融市场监督管理的法律、法规，从事危害国家对货币、外汇、有价证券及金融机构、证券交易机构和保险公司管理的犯罪活动。又可分为货币犯罪，破坏金融机构管理秩序罪，破坏金融票证、存贷款管理秩序罪，破坏证券、股票、债券的发行、管理、买卖秩序罪，破坏外汇管理秩序罪等五项。金融诈骗罪是指以非法占有为目的，采用虚构事实或者隐瞒事实真相的方法，骗取公私财物或者金融机构信用，破坏金融管理秩序的行为。又分为集资诈骗罪、贷款诈骗罪、票据诈骗罪、金融凭证诈骗罪、信用证诈骗罪、信用卡诈骗罪、有价证券诈骗罪、保险诈骗罪等八项。

二、地方金融犯罪成因及其危害

（一）地方金融犯罪成因

1. "互联网+技术"的快速发展

当前我国金融业在市场经济为基础的环境中快速发展，在"互联网+技术"不断进步的条件下，金融业市场有着明显的网络化趋向。互联网金融有着巨大潜力，提供了促进金融业进一步发展的平台。面对金融业本就能带来丰厚的经济利益回报，加之便捷又易为公众所接受的互联网技术的促进，这成为近年地方金融犯罪的成因之一。网络支付技术的发展在带来方便的同时也成为非法吸收公众存款、集资诈骗、擅自发行股票、债券等金融犯罪的诱因。

2. 金融监管滞后

传统金融业的发展已使金融市场上拥有大批金融专业人士，而信息技术的快速发展直接给金融业的专业监管带来挑战。面对快速成熟的技术必然要求对金融活动的相关行为进行及时甚至前瞻性的规制。同时也对金融监管机构和监管人员对于金融秩序的管理提出了更高要求以应对金融市场的快速变化和金融犯罪手段的多样化。

3. 社会公众防范意识不高

金融市场的巨大活力一定程度上体现在对资金不断上升的大量需求上。近年来社会公众对于金融市场业务的参与热情极大提升，金融市场吸引到更多客户。由于社会公众对金融专业业务知识的储备不足，以及对金融犯罪行为手段缺少相应认识，往往丝毫没有意识到自己的财产受到损失，也很难积极采取防范措施。这就需要进一步加强社会公众在参与金融业务时提高防范意识。

4. 从业人员自律水平有待加强

金融业务的创新开展使得金融业相关产品更加复杂化与专业化。这就要求从业人员进行系统的认识，但对于金融投资者，需要花费更多的成本以了解新的金融产品或者模式的创新内容本质或者核心要点。在从业人员与投资者信息不对称的情况下，从业人员可能利用信息优势得以在表面合法的情况下损害投资者的经济利益。因而相关从业人员及机构的自律监管的完善具有重要意义。

（二）地方金融犯罪危害

通过对地方金融犯罪典型罪名案例的统计分析，主要显示的是以上四个地方金融犯罪在一审判决中不同罪名表述的特点与危害，详见表四。

表四：金融犯罪的特点与危害案例表述摘录

类型	特点与危害	
伪造货币罪	以出售为目的，伪造人民币，数额较大或特别巨大（（2019）京03刑初13号）	伪造人民币，破坏金融管理秩序（（2018）陕0204刑初17号）
出售、购买、运输假币罪	出售、购买伪造的货币，数额巨大（（2017）陕0581刑初43号）	明知是假币而购买、使用，数额较大，侵犯了国家的货币管理制度（（2017）陕0502刑初10号）
持有、使用假币罪	明知是伪造的货币而故意持有，数额较大（2019京0115刑初623号）	明知是伪造的货币而故意持有，数额巨大，其行为侵犯了国家货币管理制度（（2015）榆刑初字第00701号）

续表

类型	特点与危害	
高利转贷罪	以转贷牟利为目的，套取金融机构信贷资金高利转贷给他人，违法所得数额较大（（2017）粤0103刑初885号）	私自改变贷款资金用途，以转贷牟利为目的高利转贷给他人，数额巨大，扰乱了国家对信贷资金的发放及利率管理秩序（（2016）陕0581刑初105号）
骗取贷款、票据承兑、金融票证罪	采取隐瞒事实真相的手段，骗取金融机构贷款，给金融机构造成特别巨大损失（（2014）岐刑初字第00025号）	以欺骗手段取得银行贷款，情节严重的行为，既破坏了金融管理秩序，又侵犯了金融机构的财产权，已构成骗取贷款罪（（2018）京0102刑初129号）
非法吸收公众存款罪	违反国家金融管理法律规定，未经有关部门依法批准，以向社会公开宣传项目并承诺在一定期限内还本付息的方式，结伙向社会公众吸收资金，且数额巨大（2016陕0113刑初957号）	违反国家金融管理法律规定，变相吸收公众存款，扰乱金融秩序，数额巨大，其行为均已构成非法吸收公众存款罪（（2015）虹刑初字第1337号）
伪造、变造金融票证罪	伪造金融票证，并使用伪造的金融票证进行诈骗活动（（2017）陕01刑初235号）	伪造银行存单，破坏了金融管理秩序，其行为已构成伪造金融票证罪（（2017）京0102刑初662号）
妨害信用卡管理罪	违背他人意愿，使用他人居民身份证申领信用卡（2018陕0582刑初24号）	使用虚假的身份证明骗领信用卡，妨害信用卡管理，二被告人的行为扰乱了国家金融管理秩序，均已构成妨害信用卡管理罪（（2018）京0101刑初66号）
窃取、收买、非法提供信用卡信息罪	无视国家法律，窃取他人信用卡信息资料（（2016）粤0304刑初1103号）	在银行ATM自助取款机上安装窃取他人信用卡信息资料的设备，其行为侵犯了国家信用卡管理制度和他人对信用卡信息资料所享有的隐私权（（2017）陕0802刑初332号）
擅自发行股票、公司、企业债券罪	未经国家有关主管部门批准，结伙擅自发行股票，数额巨大（（2018）陕0113刑初277号）	未经国家有关主管部门批准，向社会不特定对象转让股权，数额巨大、后果严重（（2015）闸刑初字第666号）

续表

类型	特点与危害	
内幕交易、泄露内幕信息罪	作为内幕信息知情人员，在涉及证券交易价格有重大影响的信息尚未公开前，从事相关证券交易（（2017）沪01刑初121号）	作为金融机构从业人员，违反规定，与他人通谋，将利用职务便利获取的本单位拟交易股票情况等未公开信息透露给他人，明示或暗示他人利用这些未公开信息进行股票交易，获取非法利益，情节特别严重（（2018）京02刑初35号）
利用未公开信息交易罪	身为金融机构的从业人员，利用因职务便利获取的未公开信息，违反规定，从事与该信息相关的证券交易活动（（2015）沪一中刑初字第131号）	作为基金管理公司的从业人员，利用因职务便利获取的未公开信息，违反规定，从事或明示他人从事与该信息相关的证券交易活动，情节严重（（2015）沪二中刑初字第27号）
操纵证券、期货市场罪	利用信息优势，操纵该公司股票价格及交易量；朱某某还为形成持股优势，将相关内幕信息泄露给被告人李某某，并明示李某某卖出避损，故朱某某、杨某某、窦某某的行为均构成操纵证券市场罪，情节特别严重（（2017）沪01刑初86号）	
违法运用资金罪		中融人寿保险股份有限公司违反国家规定运用资金的行为，侵犯了国家金融管理制度以及保险资金的所有权（（2017）京0102刑初343号）
违法发放贷款罪	无视国家法律，身为银行工作人员，违反国家规定发放贷款，数额特别巨大，给银行造成特别重大损失（（2016）粤0113刑初1240号）	身为银行工作人员，违反国家对于银行发放贷款要审贷分离、严格审查等相关规定，发放巨额贷款，给银行造成特别严重的损失（（2016）陕0821刑初660号）
吸收客户资金不入账罪	身为银行工作人员，吸收客户资金不入帐，数额巨大（（2018）沪0101刑初440号）	

续表

类型	特点与危害	
违规出具金融票证罪	莫某某身为湛江市赤坎区农村信用联社某某分社的工作人员,违反湛江市赤坎区农村信用合作联社的规定及超越理事长对其特别授权,为陈某某出具承诺书((2017)粤0802刑初183号)	
骗购外汇罪	无视国家法律,在没有真实的情况下,通过虚构合同、发票,向银行骗购外汇,数额特别巨大,其行为已构成骗购外汇罪。((2015)深中法刑二初字第208号)	被告人姚某某骗购外汇的行为侵犯了国家外汇管理秩序,其行为已构成骗购外汇罪,且属数额巨大,应予惩处((2015)朝刑初字第1932号)
逃汇罪	被告单位成某公司违反国家规定,将境内的外汇非法转移到境外,数额巨大,被告人胡某系成某公司直接负责的主管人员,上述单位和个人的行为均已触犯《中华人民共和国刑法》第190条,应当以逃汇罪追究其刑事责任((2017)沪0110刑初1172号)	某公司违反国家外汇管理规定,将境内的外汇非法转移到境外,数额较大。被告人周某作为公司直接负责的主管人员,依法应以逃汇罪追究其刑事责任。((2017)粤0704刑初258号)
洗钱罪	被告人罗某明知其丈夫曾某的实际收入与其所提供银行卡收到资金不相符,却仍利用自己名下的银行卡为他人取现、转账等方式协助转移、转换资金,使受贿款得以合法化,后又为规避调查而注销涉案银行账号的行为已构成洗钱罪((2017)粤1881刑初415号)	所谓"洗钱",就是指通过各种手段掩饰或隐瞒犯罪所得的赃款、赃物及其收益,使之表面上的来源和性质合法化。刑法所指的洗钱,是专门针对毒品犯罪、黑社会性质的组织犯罪、恐怖活动的犯罪、走私犯罪、贪污贿赂犯罪、破坏金融管理秩序犯罪、金融诈骗犯罪等特定的七类上游犯罪而言((2018)粤0803刑初10号)

续表

类型	特点与危害	
集资诈骗罪	无视国家法律，以非法占有为目的进行非法集资，集资后用于生产经营活动与筹集资金规模明显不成比例，生产经营活动的盈利能力不具备支付全部本息的可能性，转移、隐匿财产，逃避返还资金，致使集资款不能返还，数额特别巨大，情节特别严重，其行为已构成集资诈骗罪（（2017）粤03刑初367号）	以非法占有为目的，违反国家金融管理法规，使用诈骗方法非法集资，数额巨大，其行为均已构成集资诈骗罪（（2018）沪0115刑初3380号）
贷款诈骗罪	以非法占有为目的，贷款诈骗银行贷款，数额较大，其行为已构成贷款诈骗罪（（2016）粤0306刑初第2491号）	以非法占有为目的，经过预谋，通过车贷公司办理车辆分期贷款业务过程中，向银行提供虚假的证明文件，以欺骗手段使银行相信其有偿还贷款能力而骗取银行数额巨大的贷款，后又将抵押车辆自行处置，其行为均已侵犯了银行对贷款的所有权和国家金融管理秩序（（2018）陕0502刑初46号）
票据诈骗罪	无视国家法律，签发空头支票，骗取他人财物，数额特别巨大，其行为已构成票据诈骗罪（（2016）粤0111刑初2457号）	无视国家法律，明知是伪造的汇票而使用，进行金融票据诈骗活动，数额特别巨大，其行为已构成票据诈骗罪（（2016）粤0304刑初872号）
信用证诈骗罪	被告单位某公司及其直接负责的主管人员陈某某以非法占有为目的，使用伪造的信用证附随单据骗取信用证项下款项，其行为均已构成信用证诈骗罪（（2016）京01刑初32号）	无视国法，以非法占有为目的，利用信用卡恶意透支，诈骗公私财物，数额较大，其行为已构成信用卡诈骗罪（（2015）汕海法刑初字162号）
信用卡诈骗罪	无视国法，冒用他人信用卡进行信用卡诈骗，数额特别巨大（（2015）朝刑初字第2971号）	以非法占有为目的，违反信用卡管理法规，伪造他人信用卡进行诈骗活动，共骗取财物853958.4元，数额特别巨大（（2015）湛麻法刑初字第202号）

续表

类型	特点与危害	
保险诈骗罪	编造未曾发生的保险事故，骗取保险金，数额较大（（2016）沪0110刑初643号）	以非法占有为目的，违反保险法规定，伙同他人编造未曾发生的保险事故，骗取保险金，数额较大，其行为已构成保险诈骗罪，依法应予处罚。公诉机关指控的罪名成立。为严肃国家法制，维护国家保险制度，保护公共财产所有权不受侵犯（（2016）沪0110刑初639号）

根据以上案例摘录，对地方金融犯罪所带来的严重危害进行归纳总结，主要表现在以下几个方面：

1. 严重侵害公民财产利益

从判例摘录中可以看到，在法院进行论理的部分往往会存在"数额较大"或者"数额巨大"的表述，地方金融犯罪的犯罪标的巨大体现了该种犯罪对社会公民财产利益的严重侵害。在大数据时代，公民的个人隐私和其他相关信息已受到泄露。金融犯罪则通过利用公民信息非法牟利。比如无视国家法律，窃取他人信用卡信息资料，不仅侵害金融管理秩序，也是对公民隐私权和财产的极大侵害。

2. 严重妨害国家和地方正常金融秩序运行

金融犯罪还会严重妨害国家和地方的金融秩序。金融犯罪使得正常的证券制度、银行制度、保险制度、货币制度的正常运行等受到极大打击。金融犯罪的手段与工具的多样化，如果不能及时规制将会极大地破坏市场交易的公平，市场异常波动致使金融领域的投资者蒙受损失的情况将不断发生。又如对外汇制度的破坏，逃汇、骗购外汇等金融犯罪行为破坏了我国的外汇管理制度，不利于我国金融资本市场的发展，冲击了国家金融资本市场秩序。

3. 危害国家经济安全与社会和谐稳定

金融犯罪如果不及时制止最终将危害股价经济安全和影响社会稳定。比如在犯罪成本较低的情况下，社会公众以其闲置资金投资金融领域的兴趣提高，这成为了非法吸收公众存款、集资诈骗、擅自发行股票、债权等金融犯罪行为的诱因。犯罪主体往往利用公众专业知识缺乏或者以畸高的回报承诺等实施犯罪行为。且此类犯罪的受害群体人数较多，一旦损失无法得到合理弥补，易引发群体性事件，进一步破坏金融管理秩序和社会稳定。又如洗钱行为，其助长了上游的犯罪活动，影响社会经济生活其他领域的安全。

三、地方金融犯罪的预防对策

犯罪预防是在对犯罪原因和条件研究的基础上，针对犯罪原因所采取的一系列条件和措施。

（一）行业预防

地方金融犯罪的行业预防是指在金融系统内部开展专门性预防。这是针对地方金融犯罪当中内外勾结实施犯罪居多的现象和金融机构内部防范不严的现实，对金融机构进行的内部控制。所谓金融机构的内控，是指通过事前预警和事后惩戒相结合的方法，用法律法规和规章制度规范金融机构从业人员以及金融机构自身的职务或职能活动，以防范各类地方金融违法犯罪活动。①

金融机构的内控不是单纯的上级对下级的任意的行政管理活动，而是金融机构全体从业人员依照法律、法规和内部规章制度所从事的法律行为。或者说，金融机构的内控本质上不是人对人的控制，而是法对人的控制。行业内控的目的不仅是保障金融资产的安全，还包括金融资产和各项金融工具有效的运用。内控的对象既包括金融机构从业人员，还包括金融机构自身。内控不仅限于针对已然的刑事犯罪案件的查办和惩处，更重要的还有各个业务岗位环节对依法经营情况的监督制约和实时监控，具体可包括安全预警系统内控、人事教育系统内控、案件查处系统内控三个方面。

（二）立法预防

完善的金融法律、法规能够起到预防金融犯罪的作用。地方金融犯罪的立法预防主要包括两方面。

1. 修订、制定地方金融犯罪防治法律、法规

针对金融业发展的趋势，及时修订、制定相关法律、法规，从而规范和引导金融创新和金融发展。金融法律、法规始终要积极回应金融业发展的客观事实，通过明确规则，提供制度供给，赋予金融业务活动时的可预期性，确定合法与非法的判定标准，使金融活动有法可依，从而防止金融违法犯罪者企图通过金融法律、法规的不健全，打着"合法"的幌子实施金融犯罪活动，也使得公众能够甄别合法与非法的金融活动。

2. 完善地方金融违法行为的民事和行政责任体系

进一步完善对金融违法行为的民事和行政责任体系。根据刑法谦抑性的理念，如果采取民事责任和行政责任的方式能够预防和惩治金融违法行为，就不

---

① 杜嘉雯：《互联网金融犯罪刑法规制探究》，载《人民司法》2019年第3期。

应动用刑罚手段。因此,应当进一步完善地方金融违法行为的民事和行政责任体系,协调好民事责任、行政责任与刑罚的衔接问题。

(三) 司法预防

1. 将刑事案件纳入金融法院审理范围

上海金融法院成立以来,仅受理金融民商事案件与涉金融行政案件,不受理刑事案件。因地方金融犯罪引发的刑事案件,依据刑事诉讼法仍由其他法院管辖,不属于金融法院的管辖范畴。故而有别于金融民商事与行政违法行为,地方金融犯罪行为尚无专门的司法审判机关进行专业化的审理。然而金融业务及其规则具有专业性、技术性与行业性的特点,加之地方金融犯罪在手段的智能性、形式的隐蔽性与形态的复杂性方面无不甚于地方金融民商及行政违法行为,故而更加需要专门审判团队的专业化审理。故宜将刑事案件纳入金融法院审理范围,对"新、难、精"的地方金融犯罪案件加强专业化研判,确保裁判标准统一,分析共性问题,提炼类案裁判规则。在此基础上,与地方金融监管机构、同业公会、金融研究机构等外部组织机构开展沟通协调,与地方金融监管部门形成金融犯罪的合力防治秩序。

2. 完善金融检察防治工作

以往,检察机关对金融犯罪的预防职能分散于职务犯罪预防部门、公诉、批捕等刑事检察部门,在办案的同时开展犯罪预防工作,资源分散、作用发挥有限,常常是问题挖掘不深入、对策措施浮于表面,难以触及金融领域的深层次问题和矛盾。因此,宜借鉴上海"金融检查"专门机制,建立重要课题调研机制,对带有一定普遍性的地方金融犯罪问题开展调查研究,为司法决策提供参考;邀请知名高校、金融监管机构、金融机构的专家组建金融专家咨询委员会,汇聚和整合金融检察理论与实务研究资源,为地方金融犯罪案件的办理和地方金融犯罪的防治完善提供智力支持和理论支撑。

(四) 执法防治

由于资金具有跨行业互通性,金融监管客观上有一体化监管的要求。故在地方金融的制度安排上宜将地方金融监管从地方宏观金融管理和行业管理职能中独立出来,对辖区内的地方金融实施统一监管。目前全国半数省份均在地方金融办加挂地方金融监管局的牌子,整合地方政府各职能部门的金融监管权,对辖区内"7+4+n"类金融机构实施统一监管,并赋予地方金融监管局相应执法权,补上了地方金融办注重协调、难以监管的短板。[①] 对此,应当从中央

---

① 沈显克:《温州地方金融监管体系构建之初探》,载《浙江金融》2015年第12期。

层面统筹推进尚未挂牌金融监管局的省份尽快设立金融监管局，并切实履行以下职责：其一，全面承担地方性金融机构的监管与金融犯罪防范；其二，负责地方各类新兴金融业态的监管，利用属地优势整顿影子银行黑产风险，摸清地方金融风险底数；其三，负责地方性金融交易市场的发展规划、组织协调、建设运营的监管；其四，负责在辖区内制定金融监管规则、建设地方性金融监管数据系统、宣传地方性金融风险的防范知识，多管齐下进行金融犯罪的执法防治。

四、地方金融犯罪的打击对策

（一）加强地方金融犯罪的惩处力度

针对地方金融犯罪的犯罪对象特定化、犯罪样态复杂化、犯罪领域专业化等特点。在打击制度上，公、检、法系统应当进行相应调整配合，以提升办案质量，实现对地方金融犯罪的精准打击与惩处。

1. 公安机关要及时侦查

作为担负着刑事案件侦查任务的司法机关，公安机关有关部门对地方金融犯罪隐患应做到及时侦查。配合其他部门对本地区金融企业及相关业务开展有关监管活动，做好侦查与情报分析等基础工作。加强警方的金融业知识技术培训工作，金融犯罪有其特殊性，在侦查时需要运用专业的金融知识技能。在互联网金融快速发展的环境下，同样需要相关技术对金融业务活动进行侦查与监管。公安侦查需要揭示金融犯罪往往打着合法的表象。提升办案质量，做到先知先觉，一旦在本地区发生金融犯罪要及时进行分析，尽早使责任人归案受到惩处，以维护社会稳定和人民财产安全。

2. 检察院需及时审查起诉

检察院同样需要以金融犯罪的特殊性着眼，建立高效打击地方金融犯罪的制度体系。检察机关办案人员负责指控与证明有关人员违反金融犯罪规制法律，除了刑法理论知识外，还需要提前对金融领域的法规政策、自律制度、专业知识技能进行全面了解。面对已经发生的金融犯罪案件，应及时审查起诉，要注重突出指控和证明犯罪的重点，以应对金融犯罪案件的复杂性。以便于在审判中找准重点，使金融犯罪者得到应有惩处，以达到打击犯罪的良好效果。此外，检察机关也应加强与金融监管部门的联系，对于金融违法犯罪线索的移送，做到有效沟通衔接，建立高效的情报收集、分析及通报机制。

3. 法院要依法公正裁判

金融犯罪手段、工具多样，加之互联网、大数据的发展，使其更加复杂化。例如因资金的牟取手段和去向不同，有的行为认定为非法吸收公众存款罪，有的构成集资诈骗罪，有的则认定为合同诈骗等等。因此，法院要加强对地方金融犯罪的打击惩处，前提是应当对所审理的犯罪行为进行准确的法律定性。在审理案件中，法院还应充分考虑案件的社会效果与法律效果的统一。面对快速发展的金融业务和新型的金融犯罪手段与工具，以法律为底线，严格区分罪与非罪，宽严相济，对于故意犯罪且主观恶性大、情节严重、受侵害群体大的金融犯罪从重惩处，以打击金融犯罪。

(二) 提高地方金融犯罪涉案财产的处置水平

地方金融犯罪涉案财产的处置关乎金融犯罪中被害人损失的及时挽回和社会的稳定，所以，提高地方金融犯罪涉案财产的处置水平是有力打击地方金融犯罪的应有之义，也是严厉打击地方金融犯罪，公正、及时、有效地处置查封、扣押、冻结涉案财产的必要条件。

1. 各职能部门要通力配合

在地方金融犯罪中，首先，地方各级人民法院要统一思想，提高对地方金融犯罪涉案财产的处置重要性的认识，要在查明地方金融犯罪事实的基础上依法处置。其次，公安机关、人民检察院移送的涉案财产应当附涉案财产移送清单及涉案财产的权属证明，需要强调的是，涉案财产的移动清单应当清晰列明涉案财产的名称、存放地点、数量、采取的措施等事项，为后面相关职能部门的介入提供最大的方便。最后，法院的刑事审判庭要负责查明涉案财产的权属，并且要及时按照法律规定对涉案财产的处置提出意见、出具司法文书，以及赃款分配。而接下来，作为法院的执行局的相关职能部门就要负责涉案财产的查控和处置。

2. 提高刑事审判人员对涉案财产处理的敏感性

刑事审判人员不但要对犯罪嫌疑人定罪量刑精准，更要对犯罪涉案财产的处置提高敏感性，因为对犯罪涉案财产的依法正当处置，也是司法权的重要组成部分，也深刻体现着刑事审判人员的专业素养。如刑事审判人员经办地方金融犯罪案件时发现被告人有未被查封、扣押、冻结的财产，应及时查封、扣押、冻结；发现被告人有转移、隐匿财产的线索，需要对被告人或者其他涉案人员的财产状况进行查控的，要及时和执行局沟通，让其予以配合，如果还需要补充侦查的，要及时通知公安机关进行补充侦查。刑事审判人员要在案件生效后及时启动财产处置程序，按照部分地方法院的做法，特殊情况下，经分管院领导批准，可以在审理过程中对涉案财产进行分配，这就需要刑事审判人员充分发挥自己的主观能动性。

3. 严格依法认定涉案财产的范围

在地方金融犯罪案件中要严格依法认定涉案财产的范围，切不可随意处置,超出涉案财产处置范围,加重被告人的责任,违反罪刑相适应原则。一般而言:下列财产应当被认定为被告人的财产予以执行:(1)被告人违法犯罪所得的财产及孳息、被告人个人所有的合法财产;(2)有证据证明系登记在第三人名下的被告人财产;(3)被告人与第三人恶意串通转移给第三人的财产;(4)被告人在犯罪期间转移至近亲属或其他亲属名下的财产;(5)被告人在犯罪期间转让给第三人但未办理产权变更登记的房产、车辆;(6)其他根据法律规定属于被告人财产的。还有一些情形应视为被告人的财产予以执行:(1)被告人声称系第三人的财产,第三人不主张权利或者第三人信息不明的;(2)第三人主张权利,但不能提供有效证明的;(3)经通知第三人不到案或者第三人无法联系经公告满六个月仍没有主张权利的。

4. 处理好刑民交叉案件的管辖

关于地方金融犯罪,如果对于涉案财产有多个单位采取查封、扣押或者冻结措施的,按照相关法律规定,应当由最先采取控制措施的法院处置财产并主持分配,如果由刑事案件审理法院或主要财产所在地法院处置更有利于处理涉案财产、化解社会矛盾,可以由该法院处置。另外,如果各地方法院之间因财产处置权发生争议的,由双方协商解决;协商不成的,可以报请地方中院执行局决定。

5. 坚持被害人经济损失优先退赔原则

有些地方金融犯罪中,由于受害人人数众多,如果处理不好,很可能引起群体性事件,破坏社会和谐稳定,所以,在处置地方金融犯罪涉案财产时,在不涉及人身损害赔偿医疗费用的情况下,要坚持被害人经济损失优先退赔原则,至于其他民事债务、罚金、没收财产要依次轮后分配。在退赔被害人经济损失时,涉案财产权属关系明确的,直接返还原财产所有人;执行到的钱款不足以清偿所有被害人的经济损失时,各被害人应该按照损失比例分配钱款。被害人根据财产权属已经获得部分财产返还的,参与其他财产分配时,要少分或者不分;但如果该被害人已获得返还的财产仍少于其按照分配比例应获得返还的财产时,可以继续参与分配,不能因此而剥夺被害人继续分配的权利。

(三)鼓励地域协同合作,提高跨地域金融犯罪打击力度

地方金融犯罪特别是互联网金融犯罪通常涉及不止一个地区,在打击时需要跨区域。当前金融犯罪跨区域联合打击仍有待加强,相关问题仍需解决。例如跨区域时管辖权的问题,执法时如何进行追赃及之后的退赃如何分配问题,以及跨境的地域金融犯罪如何配合打击等。

其一,从立法角度可以考虑完善刑事诉讼程序。对金融犯罪的调查、取证等程序做出更加具体的规定,配合刑法等相关法律法规,体现司法的效率性。

加强打击金融犯罪时地域协同合作的力度。

其二，从执法角度而言，针对案件建立跨区域统一指挥机制，利用信息技术等平台对相关地区的管辖权、调查取证、追赃退赃等问题进行临时分配，以提高执法力度和效力。同时建立跨区域合作机制，对于需要跨区域执法的案件，予以配合和进行协调。

其三，由于法律制度的不同，对于跨境的金融犯罪打击亟需完善，应当努力建立跨境警务合作机制。譬如双方或多方可尝试达成合作协议，对跨境金融犯罪予以打击，比如对上下游金融犯罪同时行动进行联合打击。也可建立相关潜在金融犯罪情报共享协议，对本地域内金融犯罪者进行跨地域的金融犯罪情报进行尽早掌握和分析，降低危害，维护金融秩序。

P2P 网贷平台案件
侦办特点、控辩焦点与侦查对策

王枫梧[*]

近年来,随着互联网技术的不断革新,一些不法行为人借助互联网络平台以"金融创新"为幌子,实施线上非法集资、金融诈骗等不法行为,P2P网贷平台犯罪案件便是其中之典型。虽然国家出台相应的政策、法规予以调整和规制,但是此类不法行为屡禁不止且呈现出"野蛮生长"之态势,致使全国多地集中爆发P2P网贷平台犯罪案件。民之所呼、我之所应,公检法三机关以追求积极实体真实主义为目标、消极实体真实主义为底线,分工负责、互相配合、互相制约,依法通过诉讼的方式使不法行为人罪当其罚,从而维护国家的法秩序统一。三机关积极侦办此类案件是新时期、新时代,对人民期待的最好关切和回应,亦是"以人民为中心"的司法理念具体体现。本文立足于实务,从P2P网贷平台犯罪案件存在的侦办难点、庭审控辩焦点等方面予以剖析,同时对问题予以反思并提出侦查对策。

一、侦办特点

近年来,P2P网贷平台案件多集中爆发在经济较发达的城市,这给公安机关在短时期内集中办理大量"爆雷"的P2P网贷平台犯罪案件提出了挑战。公安机关在侦办过程中不仅存有案多人少、取证困难复杂、追赃挽损不力、办案人员业务素养良莠不齐等诸方面的因素制约,而且因其是金融和网络技术的深度融合,故又存在自身如下的侦办特点:

(一)主观故意难明确

P2P网贷平台案件的主要犯罪手段是不法行为人借助网络平台的虚拟性,以中介者的身份发虚假标的给投资者,再以较高的投资回报率为诱饵引诱投资

---

[*] 王枫梧,浙江省杭州市公安局案审支队民警。

者投资，进而实施的非法吸收公众存款或集资诈骗犯罪。实务中，P2P 网贷平台犯罪案件存在真假标的混同、自融资金建立隐蔽资金池、为他人实体投资进行融资设立资金池等多种不法样态。公安机关在侦办此类案件初始时（亦即立案时）往往以集资诈骗罪予以立案侦查，确定罪名后实施侦查措施来侦查证明犯罪嫌疑人的不法占有为目的的主观行为。然而，案件中由于真假标的混同情形难剥离、隐蔽资金池难查询、多平台资金交易相互交织难以厘清等多方面侦查瓶颈的出现，致使很多案件出现了客观证据无法查清、查全、查实。客观证据不能够提供强有力支撑来证明或反向推定不法行为人的主观不法行为，依据案件定性罪名的主客观相一致性原则，难以让检法人员内心形成确信，所以致使在重罪名认定上左右摇摆。据此，这一关键的主观明知的犯罪构成要件要素认定往往是辩护人实施罪轻辩护的攻击焦点。

（二）事实认定难全面

案件事实的认定不仅影响着案件的准确定性，而且也影响着案件的量刑轻重。案件事实的全面认定取决于全案证据体系的建立和证据锁链形成的闭环，而且证据与证据之间具有关联性、能够相互之间得以印证。实务中，公安机关在侦办 P2P 网贷平台犯罪案件过程中，针对客观证据的取证、固证存在一定的难度，如作为客观证据的银行资金流数据的查询、分析，侦查员面对海量的银行数据进行查询、分析、再查询、再分析时不仅耗费侦查资源，而且在有限的侦查时限内很难查清、查明、查全涉案资金流向并形成资金闭环，结果也就是认定的案件事实无法达到全面客观、无法形成完整的证据体系。如：杭州"人人爱家"平台案件涉及多层级银行查询的账号为达 4500 个，需要予以查询、分析和研判。另外，一些证据没有被侦查机关予以及时取证固证，结果人为造成了证据的湮灭，无法事后补救，最终造成了部分事实的无法认定。如：杭州"金牛聚财"平台案件因电子数据不及时取证而灭失。正如一位学者所言："侦查要越快越好，不然，丧失的时间如同于蒸发的真理。"随着诉讼进程不断地向前推进，在庭审中辩护方往往会针对在案事实不清、证据不足，予以攻击进而达到其辩护目的，从而使裁判者做出有利于被告人的终局性裁判。

二、控辩焦点

以审判为中心的诉讼体制改革强化了法院庭审过程中作为法律共同体的控辩双方实质性对抗，据此，辩护律师在案卷移送审查起诉至检察院时就会通过仔细阅卷、会见犯罪嫌疑人核实在案证据。之后，随着诉讼进程的推进辩护律师根据 P2P 网贷平台案件侦办特点予以制定精细化辩护策略，通过庭审实质化的开展来实现保护被告人合法权益最大化的诉讼目标。实务中，辩护律师围绕控诉方认定的全案事实证据从以下几个方面作为辩护的焦点问题予以展开辩护：

(一) 罪轻辩护

罪轻辩护是指通过论证被告人不构成某一较重的罪名而构成另一较轻的罪名的辩护。辩护律师结合 P2P 网贷平台案件特点通过以下策略来实现其辩护目标。

1. 重罪辩护为轻罪。P2P 网贷平台犯罪案件主要涉嫌罪名为非法吸收公众存款罪、集资诈骗罪。此两罪的区分：一是非法吸收公众存款罪的主观构成要件不以非法占有为目的，而集资诈骗罪的构成要件则必须以非法占有为目的；二是非法吸收公众存款罪的最高法定刑为 3 年以上 10 年以下，而集资诈骗罪最高法定刑为 10 年以上有期徒刑或无期徒刑。根据公安机关侦办 P2P 网贷平台犯罪案件的特点，辩护律师依据犯罪行为的构成要件往往采取将公诉方予以认定的集资诈骗罪名论证为不构成该罪的构成要件，进而采取迂回辩护的策略将本案的犯罪构成要件论证为符合非法吸收公众存款罪的构成要件。其是一种现实主义辩护理念，亦是一种"两害相权取其轻"的辩护策略。这种围绕犯罪构成要件的主观方面难以证明其非法占有为目的的不法行为的辩护策略常常会被居中裁判者予以采信。

2. 个人犯罪辩护为单位犯罪。单位犯罪是我国《刑法》规定的一种特殊犯罪形态，我国《刑法》第 30 条规定：公司、企业、事业单位、机关、团体实施的危害社会的行为，法律规定为单位犯罪的，应当负刑事责任。上述条文中对单位犯罪构成的主客观要件并未明文加以明确规定。值得注意的是，2001 年 1 月 21 日最高人民法院《全国法院审理金融犯罪案件工作座谈会纪要》明确规定："以单位名义实施犯罪，违法所得归单位所有的，是单位犯罪。"依据量刑规则之规定：单位犯罪较个人犯罪量刑较轻。据此，辩护律师可以依据罪刑法定原则及法益造成的实质侵害采取将个人犯罪辩护为单位犯罪的辩护策略，来实现其单位犯罪相比较个人犯罪刑罚较轻的辩护目标。实务中，P2P 网贷平台犯罪案件多为不法行为人搭建 P2P 网贷平台或者前后手买卖 P2P 网贷平台后实施的以非法占有为目的不法行为，其手段是以 P2P 网贷平台为"外衣"实施的个人犯罪。然而，公安机关在侦办过程中关于金融公司的组织架构、公司类型、股东名册、实际控股人员信息、电子会计账簿、公司股东会议记录等资料信息取证不及时、不到位，以及犯罪嫌疑人在侦讯期间的笔录无法证明其主观的犯罪意图、主客观证据无法相互印证等诸多因素的存在，故而辩护律师往往会采取将个人犯罪辩护为单位犯罪的辩护策略，此种辩护策略往往在客观证据无法印证或存疑时，正义的天平则会倾向被告人。

3. 事实性违法行为辩护为违法性认识错误。P2P网贷平台是国家允许的金融创新、符合国家宏观政策，其经营受到政府支持和鼓励，是一种众筹行为，故其本身并不违法。在经济环境大形势下，国家银根紧缩无法通过正常银行、民间借贷来满足资本市场运作需求，故中小企业规避法律监管采用此法予以非法集资，实施事实性违法行为。依据刑法理论，违法性认识错误是指一个人完全知道自己在干什么，即对不法的案件事实有认识，但是仍然不知道自己的行为是被刑法所禁止的，就是违法性认识错误，又称禁止性错误。违法性认识错误又可分为不可避免的禁止性错误和可以避免的禁止性错误。不可避免的禁止性错误，因为对于行为人来说这种认识错误是无法避免的，就不存在对法规范的忽视，也就没有犯罪的故意，因此是免责的。可以避免的禁止性错误，即行为人如果愿意，他完全可以找到认识法律的途径，能够获得相关知识，从而知晓自己的行为是被刑法所禁止的。但是行为人并没有这样做，容忍自己在可能违法的情况下不关心法律的规定而实施行为。实务中，辩护律师往往以得到国家宏观政策支持和鼓励为辩护切入口，依据国家近期出台P2P网贷平台集资行为也不应予以追究其法律责任的保护民营企业政策相关规定来混淆是非，采取将利用国家政策实施非法集资的行为辩护为违法性认识错误的辩护策略，从而来实现其罪轻甚至无罪免责的辩护目标。

（二）程序辩护

程序性辩护被视为一种独立于实体性辩护的辩护活动，有广义和狭义之分。广义的程序辩护是指一切以刑事诉讼法为依据所进行的程序抗辩活动，如申请回避、申请变更管辖、申请证人出庭作证、申请法院调取某一证据材料等。狭义的程序辩护是指以说服法院实施程序性制裁为目的的辩护活动，换言之，遇有侦查人员、公诉人或者审判人员违反法定诉讼程序之情形，辩护律师将此问题提请法院予以审查，并说服法院作出宣告无效的裁决结论。实务中，辩护律师往往利用P2P网贷平台犯罪案件侦办过程的案多人少的矛盾，易出现讯问、询问、扣押、搜查等侦查行为违反法定程序之规定而予以攻击，致使公安机关通过大量侦查工作搜集到证明犯罪嫌疑人员有罪的证据，因侦查行为违反程序规定被法院裁判者做出宣告无效的程序性制裁裁决而无效。如：公安机关在P2P网贷平台案件的搜查、扣押过程中常常是一名侦查员将收集到的涉案物品打包到办公室予以扣押，且整个侦查行为过程中很少同步录音录像来证明侦查活动的客观性。此种侦查行为严重违反了程序法的实质要求，一旦进入实质庭审阶段将面临被辩护律师质疑和攻击的被动。另外，实务中电子证据的取证固证亦是侦查行为违法的重灾区。如：电子证据的取证固证没有严格按照"两高一部"《关于电子数据收集提取判断的规定》《公安机关办理刑事案件电子数据取证规则》的程序规定予以提存，尤其是电子证据搜集过程中MD5完整性往往是庭审阶段被辩护律师重点攻击的对象。

（三）证据辩护

证据辩护是指根据证据规则对单个证据能否转化为定案根据以及现有证据能否达到法定证明标准所做的辩护活动，其所追求的诉讼目标：一是控方证据不能转化为定案根据，是对单个证据的证据辩护；二是裁判者对于被告方的犯罪事实无法达到排除合理怀疑的确信程度，是针对证明标准的证据辩护。证据是案件的核心，一旦证据在庭审中被否定、质疑，那么极有可能会造成证据体系的崩溃，因此，辩护律师常常采取对单个证据的证明力及证明能力予以攻击，从而达到以点到面来攻击整个证据体系，致使裁判者对于被告方的犯罪事实无法达到排除合理怀疑的确信程度从而做出有利于被告人的裁判。实务中，辩护方主要从以下三个方面予以论证：一是针对P2P网贷平台犯罪案件侦办过程中存在的非法证据运用非法证据排除规则主张予以排除，致使关键的证据不能转化为定案的关键证据，从而使裁判者不予认定该关键证据，而做出有利于被告人的裁判。二是针对P2P网贷平台犯罪案件侦办过程中关于银行数据的查询往往会关涉到多层级的账号查询、分析，至案件进入庭审时往往资金流还没有全部查清查实，证据之间无法达到一一相互印证的特点，辩护律师往往在庭审中会对此予以攻击，从而使裁判者在证据没有完全查明、查实、查清的情况下做出有利于被告人的裁判。三是针对P2P网贷平台犯罪案件侦办过程中司法审计报告权威予以挑战和质疑，如：重复投资金额的计算方式是否有漏洞，行为人为尽快完成投标行为而自己加入投标的资金有无剔除等问题予以攻击和否定，从而使裁判者在存有证据漏洞的情况下做出有利于被告人的裁判。

三、侦查对策

从整个刑事诉讼流程来看，公安机关的侦查阶段是刑事诉讼程序的前端，而审判则是末端。因此，诉讼的前端侦查是证据收集、固化的源头性、基础性工作，要牢牢地夯实这个阶段的证据基础，只有这样才能真正地保障案件的诉讼顺利进行。P2P网贷平台犯罪案件的侦诉审过程中，前端的侦查阶段往往有其固有的侦查难点和瓶颈，但并非无解决之策。面对新情况、新问题，公安机关应提升侦查员"以人民为中心"的执法理念和业务素养，及时转变侦查思维。公安机关要善于运用法治方式和法治思维倒逼侦查理念转变，是新时期、新时代公安工作的必然亦是实然。公安机关要顺应法治时代，适应"以审判为中心"的司法体制改革，转变侦查思路，依法定程序开展侦查活动，让侦查获取的证据中经受得住庭审实质化检视。

(一) 主观方面

P2P 网贷平台犯罪案件所侵犯的法益是金融管理秩序,因此其触犯的罪名往往是关涉到非法吸收公众存款罪和集资诈骗罪,此两罪的犯罪构成以是否非法占有为目的而予以区分。公安机关在案件办理过程中依据在卷的事实证据和罪名成立的构成要件予以严格标准、准确定性,只有这样才能准确定性案件罪名,并按照罪名的犯罪构成予以夯实证据基础,从而筑牢证据堤坝,保障公诉方积极地展开防御使辩护方之辩护目的落空。针对 P2P 网贷平台犯罪案件中的集资诈骗罪主观明知从如下方面予以认定:

1. 犯罪嫌疑人供述。公安机关依据侦查活动中收集的客观在卷证据,予以提讯犯罪嫌疑人,运用审讯艺术明晰犯罪嫌疑人员的作案轨迹和犯罪心理状态。在审讯时不仅要依法提讯,而且要有客观证据事实相互印证的情况下予以固定犯罪嫌疑人员的有罪、关键供述来证明其主观明知性。根据刑事诉讼法相关规定,只有被告人的供述,没有其他证据,不能认定被告人有罪和处以刑罚。因此,在提讯犯罪嫌疑人的同案犯时,共犯之间口供亦应相互印证,从而形成证据上的链条。达到有力证实犯罪嫌疑人主观明知的这一犯罪构成要件。

2. 主观故意推定。犯罪嫌疑人的主观故意推定主要从以下情形予以推定:一是具备一定涉金融活动相关从业经历、专业背景或在犯罪活动中担任一定管理职务的,应当推定其知晓相关金融法律管理规定。如果有证据证明其实际从事的行为应当批准而未经批准,行为在客观上具有非法性,原则上就可以认定其具有明知的主观故意。二是收集运用犯罪嫌疑人的任职情况、职业经历、专业背景、培训经历、此前任职单位或者其本人因从事同类行为受到处罚情况等证据来证明犯罪嫌疑人提出的"不知道相关行为被法律所禁止,故不具有非法占有的主观故意"等辩解不能成立,从而予以推定其主观故意。

3. 客观证据印证。公安机关依据侦查收集的客观在卷证据,如融资项目真实性情况、资金去向、归还能力等事实予以综合分析判断来印证犯罪嫌疑人的主观明知。一是犯罪嫌疑人存有大部分资金未用于实际生产经营活动,或名义上投入生产经营但又通过各种方式抽逃转移资金的。二是资金使用成本过高,生产经营活动的盈利能力不具有支付全部本息的现实可能性的。三是对资金灭失性使用的决策极度不负责任或肆意挥霍造成资金缺口较大的。四是归还本息主要通过借新还旧的"庞氏骗局"来实现的。

(二) 程序方面

现代刑事诉讼的理念就是限制公权力的扩张,从而保障私权利得以保护和救济。公安机关必须依照现代诉讼理念来行使侦查权,否则就会受到程序违法性制裁，致使个别证据的证明力及证明能力受到质疑和否定。

1. 侦查行为合法性。公安机关实施侦查行为查明案件事实，应遵循以下方面予以实施：一方面，保证程序正义优先。侦查活动始终贯穿于公安机关侦办案件的全过程，《刑事诉讼法》《公安机关办理刑事案件程序规定》具有明确之规定，因此公安机关在办理 P2P 网贷平台犯罪案件中要始终严格按照程序法定实施侦查活动。现代刑事诉讼最鲜明的特点就是程序正义优先，有时宁愿牺牲个案正义也要保障程序正义实施。据此，公安机关行使侦查权时，不仅要保证侦查权的及时性，更要保证侦查行为的合法性。另一方面，保证收集证据主体合法。为了保证侦查机关收集证据主体的合法性，《刑事诉讼法》《公安机关办理刑事案件程序规定》予以了详细的规定。实务中，尤其是涉案物品的查、扣、冻，常会出现单兵作战的现象，因此公安机关应高度重视这种证据瑕疵，切实保障证据收集主体的合法性，从而确保 P2P 案件诉讼的顺利进行，杜绝庭审中出现因证明收集证据主体合法而予以质证的尴尬。

2. 证据来源合法。公安机关侦办 P2P 网贷平台案件，首先要确保收集、提取证据时依照《公安机关办理刑事案件程序规定》之规定，依法进行侦查活动，从而确保证据来源具有合法性。另外，按照程序规定详细记录证据的来源、持有者、现存状态等详细信息，同时如有录音录像之规定的，要予以录音录像保存并附卷。针对易损坏、易腐蚀、易灭失的特殊涉案证据严格按照程序规定予以处置，并做好录音录像印证证据的合法性。

3. 取证固证合法。随着科技的发展、网络技术的革新，证据的载体也在不断地变换。尤其是 P2P 网贷平台案件中银行数据的展示、电子会计账簿数据、第三方支付平台数据等方面电子数据提取固证难点尤为凸显。虽然"两高一部"《关于电子数据收集提取判断的规定》《公安机关办理刑事案件电子数据取证规则》的程序规定予以了明确的规定，但是实务中由于侦查员素质良莠不齐，难免会造成电子数据的提取不全、被删除、被篡改等灭失的可能性出现。因此，公安机关应予以高度重视，一方面强化和提升侦查员电子数据提存的业务素养；另一方面整合和利用社会有效资源，如委托或引进有涉密资质的公司、相关领域专家、第三方公司专业人员等共同参与，确保数据提存的完整性、真实性、合法性。

（三）事实认定方面

证据的合法性、真实性、关联性统称为证据属性的三性，证据的属性在证据的证明力和证据能力中缺一不可。案件事实证据事关能否认定全案事实，能否实现被告人的罪当其罚，不仅证据之间要能够形成有效的证据链条，而且单个证据或构建的证据体系要具有证据资格和证明力。只有这样，方能保障实质庭审中在案证据真正地发挥证明案件事实之效力,从而促使居中裁判者对犯罪事实予以充分、全面的认定。

1. 构建核心证据。证据体系的核心就是关键证据的收集和固化,因此P2P网贷平台犯罪案件侦办过程中不仅要构建证据体系,而且要以"钉钉子"的精神将核心证据予以固定。P2P网贷平台的发展和运作是网络技术和金融的有机融合产物,据此,公安机关在侦查中应重点围绕金融银行数据的查询、分析和网络技术中的电子数据的提取、固定为核心证据予以查明、固化。另外,侦查机关按照证据体系的类型和属性分别予以全面的取证、固证,并将在案证据予以脉络化,形成可视化的思维导图予以证据展示。

2. 完善证据链条。随着网络技术的不断发展,证据的载体亦发生变化。P2P网贷平台犯罪案件的证据特点表现为以电子数据为载体的银行数据流,公安机关侦办案件过程中主要围绕银行资金流的查询、分析和展示,以及电子证据的搜集和提取等主要证据予以开展工作。因此,公安机关在有限的案件办理期限内,要穷尽侦查思路运用现代网络技术,查清、查实、查明案件最为关键核心的银行资金流证据,确实保障案件的证据体系得以构建,并形成完善的证据链条,只有这样,才能符合刑事诉讼中案件移送审查起诉之标准,保证案件诉讼顺利进行之可能。

3. 突破侦查瓶颈。电子证据的搜集、取证固证及银行资金流的查明是P2P网贷平台犯罪案件中的侦查瓶颈,因此公安机关要善于运用大数据、云计算,整合一切可利用的资源突破侦查瓶颈,切实保障案件侦查的顺利进行。电子证据取证固证方面要严格按照"两高一部"《关于电子数据收集提取判断的规定》《公安机关办理刑事案件电子数据取证规则》的程序规定予以搜集和提取;银行资金流的查明要充分利用区域银行数据资源整合人民银行、银监部门、金融保险、第三方支付平台、商业类银行等金融机构,建立快速、便捷、高效的"绿色通道",真正实现"让数据多跑路、民警少跑路"的侦查理念的转变,有力保障案件事实的全部查清、查实,从而实现犯罪事实的全面认定。

4. 非法证据严排除。近年来,最高人民法院、最高人民检察院、公安部、司法部等部门集中出台了非法证据排除规则系列的司法解释,同时大部分规则也被刑事诉讼法予以吸收,说明证据规则和证据意识不断向实质证据纵深度发展。在侦查阶段,公安机关办理刑事案件中既是证据的收集者亦是证据的裁判者,因此,要坚持客观、理性的态度对待非法证据,严格程序正义优先,对非法证据要严格排除,唯有这样,才能提升公安机关的执法素养和适应"以审判为中心"的诉讼体制改革。否则,大量的案件证据将会面临着非法排除风险,案件中被告人无法在庭审得到应有的惩罚,司法正义无法得以彰显。

金融犯罪刑法规制的风险逻辑

张玮琦*

一、传统规制思维的前提批判

"思想的'前提',是思想构成自己的根据和原则,也就是思想构成自己的逻辑支点,它具有'隐匿性'和'强制性'。"① 我们所采用的前提性理念亦框定了相应的视域,于是在面对具体的犯罪类型之时,一些使体系之所以可能成为体系的基本理念,实际上成为了先验形式。"算术世界对我存在,只有当我采取算术的态度时。"② 理想类型的建构一方面使得体系得以在其既定视域之中更好地展开,另一方面也使视域融合遇到了一定阻碍,或者说,褫夺了立足其他视域进行理解的可能性。

对于金融犯罪这一范畴,宏观上以一种一以贯之的刑法学视域对其加以观照显然是必要且无可厚非的,但问题在于,这种"一以贯之"的理念可能会在与"金融活动"这一视域进行对接时发生错位,例如对于"风险"的理解、对于"行为""结果"的言说方式。就微观上而言,对于个罪的解释所遵循的目的性导向,又很可能因为话语体系的不同而未能真正切中该罪在金融领域中所要规制的本质问题。故而,毋宁说在视域褫夺之后,对于金融犯罪的研究是在追求一种偶然的合理性——它并非是线性地直达病灶,而是在症状之间辗转徘徊,以希能够由对现象的补缺修正来偶然地呼应本质的需求。

首先,在本体论意义上,要区分的是金融犯罪中的实体问题和修辞问题。实体问题,意味着其本身具有自己的价值属性,或者说,它至少是可被理解成某种意义上的价值理性的存在的;修辞问题,则指向的是体系的可言说性,或说是一种立足于自洽性的工具理性。支撑判断的是实体问题,支撑体系性解释

---

* 张玮琦,中国政法大学刑事司法学院刑法学博士研究生。
① 孙正聿:《理论思维的前提批判》,中国人民大学出版社2010年版,第3页。
② [德]胡塞尔:《纯粹现象学通论》,[荷]舒曼编,李幼蒸译,商务印书馆2015年版,第107页。

的是修辞问题。例如,当我们谈论"有责"时,指向的是可谴责性这一价值设定,而在谈论因果关系时,实际上指向的是在既有体系内自洽地对事态加以言说的方式。前者可以使自因的,可以独立地考虑应然问题,而后者则不具备自身的应然,仅能以刑法学中其他体系性存在的价值导向来作为其在根本上是否"应当认定为有因果关系"的基础。具体到金融犯罪的范畴中,实体问题和修辞问题亦体现于问题本身是否可被或说应被视为价值理性的,即问题本身到底应当以其价值设定而考察其实质上的应然还是以自洽为导向考察其可言说性。围绕金融犯罪问题的研究,常有因视域褫夺而造成的对这一语境内的实体问题与修辞问题有所混淆,于是,在根本性的、论证的出发点与其指向上,即存在着一定的不当。

举例而言,围绕对违法票据承兑、付款、保证罪的主观心态是否能由过失构成,有着不同看法。不谈结论的对错,单就前提而言,有些学者的论证方式显然是不妥的。故意与过失的区别,本身是个实体性的设定,其关涉到行为人主观上的可谴责性(或将其理解为一种行为构成,那么则指向的是一般预防等目的设定),然而,拆分开来的"故意"和"过失"是否一定也是实体性的?可以说,在不考虑纷繁的个罪的情况下,理想状态中的故意与过失亦是实体性的。但是,问题在于,考虑具体个罪的不同形态,故意与过失的区分显然仍有着实体性意义,而"故意"与"过失"本身的意义是否人与理想状态相同?有学者认为,该罪不能由过失构成,因为虽《票据法》第 104 条规定中提到"玩忽职守",但"因为刑法条文中没有'玩忽职守'的规定,也没有规定本罪由过失构成,而刑法总则规定'过失犯罪,法律有规定的才负刑事责任',故难以认定本罪的责任形式为过失。"[①] 先不论这种对体系的解说是否正确,就其论证思路而言,是把体系当成了价值本身,本质上是以修辞问题的方式解决实体问题。不可否认,分则中的具体理解应当与总则一致,但是,总则这一先验形式在碰触到具体视域的时候,其所应做的是综合判断而非分析判断。具体到各个罪名的事态类型中,行为人的"认识""意志"所指向的具体内容的类型亦千差万别,故笔者认为,故意与过失的种类应在具体罪名中依具体的罪质、目的理性而确定,不过在此不做过多展开。在前文所引的学者的逻辑中,其所着眼的并非真正的实体问题,即故意与过失在该罪之中的区分,而是着眼于这种实体问题附随的修辞问题,即把体系内的自洽这一工具理性存在错误地看待成了价值理性存在。简单地说,思路应当在与,在该罪中故意与过失的区分是如何表现的且应当如何看待,并在这样的前提下,考虑如何在体系

[①] 张明楷:《刑法学(下)》(第五版),法律出版社 2016 年版,第 791 页。

内自洽地言说。其他学者在论及该罪的主观性问题时,虽有多种不同观点,但很多论证亦是遵循着这种实体问题与修辞问题相混淆的思路而展开的。

其次,在方法论意义上,要区分的是证成的判断与解读。与实体问题和修辞问题的混淆相对应,视域褫夺亦是在金融犯罪相关理论具体论述中的判断和解读上造成了混乱。在刑法解释之时,实际上我们是在想象出的事态与想象出的法律含义之间进行事实与规范的交融。当我们以规范及规范的目的理性为先验形式而面向事态,并将其涵射于规范的语境之中,是为判断;而当我们将这种判断作为先验形式,面向具体的法律条文,并将其进行合理的解释、言说,是为解读——本文的判断与解读即指的是这种意义上的两种逻辑形式。两种逻辑形式本身即易被混同,在总则相关的论述中,事实与规范之间易于弥合,言说方式上概念所指向的本身即很可能是较为抽象的事态,那么这两种逻辑形式一定程度上是同一的。例如当我们谈论正当防卫问题时,虽然可能我们想象出的是及其具体、复杂的案件,但是,基于一定目的理性所作出的判断可直接反馈称对于相应规范的解读——基于法益冲突的目的指引判断失态中的方为人并不该被评价为不法,接着由此对防卫限度进行解读。然而,在具体的分则,有其是金融犯罪范畴中,判断和解读两种逻辑形式是应当被严格区分的,因为在这里,判断所基于的目的理性往往未必可回馈于解读的对象。

举例而言,金融诈骗罪中有些罪名规定了以非法占有为目的,有些则并未规定。围绕金融诈骗罪的各罪名是否需要非法占有目的,存在一定争论。有学者认为,非法占有目的是金融诈骗罪的必备条件。其理由在于,"非法占有目的是超过的主管要素,并不包含在故意之中。直接故意存在犯罪目的,这是故意本身包含的目的,这是诈骗故意的内容之一。但非法占有目的则是在故意之外的,意欲将他人财物占为己有的主观意图。在非法占有目的中,包含了排除意思,即将这种金融诈骗罪与破坏金融秩序罪加以区分。"[①] 可以看出,这位学者的论证逻辑在于,定义了非法占有目的,随即理清了非法占有目的与故意的关系,然后说明了非法占有目的所可能具有的区分功能,接着证成了金融诈骗罪应具备非法占有目的——唯独没论证几个未规定非法占有目的的罪名在其规范意义上为什么需要非法占有目的。这里所发生的,就是在视域褫夺的前提下,以对某些抽象概念(非法占有目的、故意)的解读,来完成了对某些抽象事态(利于没有非法占有目的的票据诈骗、信用证诈骗行为)的判断,随即又一次来当作对具体罪名(未规定非法占有目的的金融诈骗罪罪名)的规

[①] 陈兴良:《金融犯罪若干疑难问题的案例解读》,载《江西警察学院学报》2017年第6期。

范解读。显然,在这样的论证中,两种逻辑形式的使用是混乱的。无论其结果是否合理,这样错位"嫁接"的逻辑路径都并不能真正解答问题,而只是在南辕北辙之中增添无实际意义的争论。

归根结底,实体问题与修辞问题、判断逻辑与解读逻辑在金融犯罪理论范畴中的混乱,在于不当地以金融犯罪之外的视域对金融犯罪视域所进行的视域褫夺——这些论证在一定视域之内合理,但其以有限的合理性不当地代替了金融犯罪视域之内应有的论证。就其根源,可以说正是规范论与存在论思维的角逐所留下的遗响。规范论与存在论之间的正义在此不做过多的赘述,简单地说,其焦点在于"究竟规范是否由现实当中形成,也就是决定于素材与否,或者规范和现实是否为两个各自闭锁存在的领域,规范是从其他规范体系演绎而言,而不是从存体系归纳而成。"① 我国近些年来对于教义学、犯罪论体系的重视,催生出了对建构宏观体系的冲动。诚然,这是我国刑法学现实发展状况的需要,它使这个学科得以更精细地言说理论。然而,过度着眼于规范本身——无论是实定法规范还是理论建构出的规范——亦使得问题在具体的视域之中失焦,过度的规范论倾向一定程度上以宏观而抽象的规范语言体系、言说方式、理解方式替代了具体罪名所要规制的具体问题其自身实际的存在方式。本文不否认规范论思考方式的价值,然而在前提批判的意义上,对于金融犯罪,立足于存在论,思考其具体事态与这一类事态的内在逻辑,应当是更加必要的——过度立场化、过度学派化所带来的往往是失焦且无所指的争论。

二、风险逻辑的定位及内容

(一)几种风险概念的厘清

从存在论的角度出发,笔者认为,金融犯罪的刑法规制应当以这一范畴自身存在的逻辑为规制路径。金融即资金的融通,其有着自身的规则体系,在金融犯罪这一面向上,刑法规制所立足于的极其所要预防、矫正的,并非单纯的财产归属、管理秩序,而是金融风险。但是刑法并非要"消除"金融风险,金融风险是金融活动的内在基础,风险逻辑是金融活动正常运行以及得以运行的内在逻辑。所以,刑法在金融领域应当遵循的最基本逻辑在于,通过规制不当干预金融风险、不当改变风险归属、不当创设金融风险等行为,保障作为前提的金融风险得以"恰如其分"地存在。对此,需要厘清的是刑法所涉及的几个基本的风险概念。

---

① 许玉秀:《当代刑法思潮》,中国民主法制出版社2005年版,第9页。

近年来对于风险的讨论往往会溯至风险社会理论。系统介绍风险社会理论并将之融合入刑法理论的相关文章已汗牛充栋，在此仅讨论一些风险社会理论的特点。首先，风险社会理论并非一个普遍的基本的对社会的理解，而是一个时代性的概念，这种"时代性"在贝克的理论中是围绕着现代科技带来的生态风险展开的。"过去，危害可被归结为卫生技术的供应不足，今天，危害的根源在于工业生产的过剩。"① 在前提上，风险社会的风险源于现代化进程中科技、工业的过度扩张，所要关注的问题在于社会结构和政治动力在现代性语境之中的表现与应对。其次，风险社会的实然状况在贝克的理论中导向的是技术民主化、生态民主化的政治可能性。"对科学的不确定性特征的进一步揭示，意味着在政治层面上、法律层面上及公共生活层面上，政治家和社会公众将会从技术权威所拥有的技术垄断特权被逐渐分解的过程中分享到对技术权威进行怀疑和质询的自由。"② 也就是说，在贝克的理论中，风险社会问题的社会理性，最终归结于参与性。总的来看，贝克的风险社会理论是在现代性的语境下对于科学理性和社会理性之间关系的一种探讨。"科学理性和社会理性确定是分离的，但同时它们也以各种方式保持着相互的交织和依赖。"③ 这种相互交织、依赖，在不同视域中会引申出不同的实践模式，风险刑法亦从众产生。

聚焦于刑法视域，则风险社会理论在我国刑法理论中的兴起与发展，更多地立足于预防。"在风险社会中，政治层面对安全问题的高度关注，导致预防成为整个刑法体系的首要目的；而刑法体系在目的层面向预防的转变，深刻地影响了传统的刑法体系。"④ 这种理念的现实化路径林林总总，责任论、违法性、刑事政策乃至类罪名、具体个罪，皆有探讨。然而首先不得不面对的一个问题在于，风险社会理论中的风险与风险刑法倡导者们口中几乎无所不包的"风险"，是否是同质的？以"风险社会的来临"作为"应以风险社会的范式规制恐怖主义犯罪、经济犯罪乃至一般犯罪"的基础，是否经得起推敲？对此，有诸多反对风险刑法的学者从不同角度表达了观点。有学者称："从'风

---

① ［德］乌尔里希·贝克：《风险社会 新的现代性之路》，张文杰、何博闻译，译林出版社 2018 年版，第 7 页。
② ［德］乌尔里希·贝克：《从工业社会到风险社会（上篇）——关于人类生存、社会结构和生态启蒙等问题的思考》，王武龙译，载《马克思主义与现实》2003 年第 3 期。
③ ［德］乌尔里希·贝克：《风险社会 新的现代性之路》，张文杰、何博闻译，译林出版社 2018 年版，第 19 页。
④ 劳东燕：《风险社会中的刑法》，北京大学出版社 2015 年版，第 8 页。

险社会'理论到'风险刑法'理论是一次危险的跳跃。"① 其从刑法的正当化需求和最后法特点出发,认为风险社会理论并不能如此想当然地挪用到刑法学中。有学者称:"风险刑法理论在对风险社会的风险概念上的外延溢出,在一定程度上消解了风险概念的确定性,并使风险社会的理论失去其解释力。在此基础上建立起来的风险刑法理论,就可能丧失器基础。"② 其从风险概念出发,认为风险刑法理论实际上将风险社会理论中的"风险"进行了不当的泛化,并在错误的基础上展开风险刑法理论。笔者赞同上述两种观点。风险刑法中的风险因沿自风险社会理论,而使其不同于传统刑法理论中的风险——风险社会中的风险是固有的、现代化所附随的,刑法的特点使其并不能过于积极地对这些风险皆作出反应。同时,风险刑法的风险相对于风险社会的风险,亦是脱缰的——技术性生态问题引起本身是不可控而不可知的,故而引发了风险社会的思考,风险刑法理论所针对的大多情况并不具有这种特点,而只是传统犯罪单纯地在手段上更加丰富了而已。

那么,金融犯罪刑法规制的风险逻辑中的金融风险,应如何理解?笔者认为,这种风险不同于前两种语境中的风险概念以及传统刑法理论中的风险概念。首先,金融风险不仅是客观存在的,甚至是必要的。金融活动之中,风险本身的高低是决定资产价值的重要变量。"金融并不能消灭风险,它只能分散风险、转移风险。"③ 在利用数学期望进行预测、交易的同时,风险的存在使得资金的融通得以在一个复杂而又有效的金融市场中实现。也就是说,金融风险对于刑法而言,并非一个要消除、要预防的对象,刑法要打击、预防的是金融犯罪而不是金融活动。在这个意义上,虽然金融领域的风险亦可能带来极其严重的后果——如系统性风险——但其不同于风险社会理论中纯作消极理解的风险概念。其次,金融活动有着自身的运行范式,其中的风险亦只能在这个范式中被理解。对于这种风险极其严重后果并非可泛泛地以视域褫夺的方式单纯地用法益保护前置等方式"防患于未然",而是应当将个罪的目的理性真正融入金融活动的范式之中,以金融风险自身逻辑为基础解释相关法律。在这个意义上,这种风险逻辑并非是过于形而上的在总论之中寻求一劳永逸的抽象建构,而是应集中于个罪,从具体某一类事态实际上的风险归属、风险被不当干预与否等情况,来进行刑法应对。最后,金融风险并不能被刑法所直接规制。基于最后法的特点,刑法在金融领域之中并非是无所不在的,诸如客观归责理

---

① 于志刚:《"风险刑法"不可行》,载《法商研究》2011年第4期。
② 陈兴良:《风险刑法理论的教义学批判》,载《中外法学》2014年第1期。
③ 吴晓求:《金融的过去、今天和未来》,载《中国人民大学学报》2003年第1期。

论中的那种"风险"与金融风险并非同一层次——前者是刑法所直接应对的,后者则是刑法在金融犯罪的面向上所应遵循的内在逻辑。于是,问题往往不在与行为是否创设了、升高了风险,而更在于行为在风险逻辑中是否该被评价为不法。

(二)金融犯罪领域所涉风险的种类

就金融犯罪领域而言,其所涉及的风险类别有限。风险逻辑得以运用的前提,在于明确个罪所指向的究竟是何种具体的风险,以及这种风险自身的内在规律。对于金融风险的类别,有诸多观点,本文仅就信用风险、市场风险、操作风险为主,加以简要分析。

信用风险,即交易对象无力履约的风险。"调查显示,对于银行来说,面临的风险苟恒比例大约为:信用风险70%～80%、市场风险4%～6%、操作风险10%～15%,剩下的为流动性风险。"① 作为对银行而言最重要的金融风险,在金融犯罪汇总所涉的罪名亦较多,如骗取贷款、票据承兑、金融凭证罪,信用卡诈骗罪,等等。信用风险所针对的是债务人未能如期偿还其债务造成违约而给经济主体经营带来的风险,其又称违约风险。如若行为本身并未影响原有的信用风险,是否值得被刑法评价为犯罪?值得一提的是,针对信用风险,金融机构有其自身的风险管理措施,如要求提供担保、信用保险、协议条款等,甚至定价亦是建立在违约概率或贷款风险之上的。那么,如果行为在风险管理措施的涵盖范围之内,例如有骗取贷款刑为但提供了有效担保的,是否还应评价为骗取贷款罪?笔者认为,未对信用风险产生实际影响的行为,仅就其"骗取"行为而"违规""违法",但不应被评价为犯罪。针对违约行为,债权方与债务方所预先设定的防范措施有效发挥了作用,则信用风险仍在刑法所应容认的范围之内存在。那么基于谦抑性与最后法的特点,刑法不应过度介入于金融活动之中——甚至说,刑法的介入有可能会使事态更加不利,例如彻底使债务人没有偿还的可能性。故而,对于信用风险,刑法应止步于信用风险措施的有效涵盖范围。

市场风险,是经济主体可能遭受市场价格不利变动造成的损失的风险。宏观经济、供求关系等因素造就了市场风险。金融机构本身在面对这种风险时通常是被动性的,遑论金融活动中的其他低一级的参与者。在金融犯罪中,主要涉及到市场风险的领域,并非是利率、汇率这些以商业银行为中心的项目,而

---

① 周月刚:《信用风险管理 模型、度量、工具及应用》,北京大学出版社2017年版,第3页。

是证券交易领域,如操纵证券、期货市场罪,内幕交易、泄露内幕信息罪,等等。由于市场风险是在整个市场的宏观背景下才可被理解的,故而这里的风险逻辑不在于具体对向性的交易双方是否在金融语境通过一定的措施消弭了风险,而在于行为人的行为对于整个市场的市场风险造成了什么性质的影响。以操纵证券、期货市场罪为例,"抢帽子"交易是否构成该罪,素有肯定说与否定说之争。其焦点正在于,《刑法》第182条前三项所列举条款与抢帽子交易行为是否有同质性,是否可用兜底条款将抢帽子交易行为评价为犯罪。① 资本进入证券市场之时,带来机会亦带来风险,且机会与风险都不仅是对投资者本人展开的。因供求关系的作用,可以说证券市场中每个参与者都一定程度上影响了供求关系并创造了新的风险。那么何种情况的参与才应被理解为"操纵"证券市场?同样参与至证券交易之中,买入卖出行为本身都是在市场风险规则之内的,而规则外的信息——无论是不该利用的信息还是刻意提供的错误信息——则是背离了证券市场风险逻辑的。姑且不谈"操纵说"与"欺诈说"的冗长争辩,该罪前三项虽的确如很多学者所提出的一样,是通过交易影响时长供求关系的,但这并不准确,也正由此引发了肯定说与否定说之间自说自话的争论。笔者认为,该罪的目的理性指引在于考察行为人是否以市场风险自身运行逻辑之外的手段造成了操纵市场这一事实。前三项规定与其理解为"影响市场供求关系"这种任何交易行为都会造成的情况,毋宁理解为以市场风险规律之外的方式——在此罪中则为故意提供错误信息、误导其他参与者——进行交易。这种返归于金融活动内在逻辑的考查方式,亦能使问题得以在存在论的角度,针对所言说之物的实体问题展开具体讨论,而非泛泛地求诸于罪刑法定与兜底条款的宏观问题却过少地俯身于问题本质。

操作风险,即信息系统或内部控制缺陷导致意外损失的风险。目前,操作风险通常被划分为以下七种:内部欺诈,外部欺诈,雇员活动与工作场所安全,客户、产品和业务活动,实物资产的损坏,业务中断和系统错误,行政、交付和过程管理。② 值得注意的是,战略风险和声誉风险通常认为并不属于操作风险,"战略风险是指对于商业运营的错误的战略决策;而声誉风险自身并非直接的风险因素,而通常是由于操作风险失败造成的结果或后果。"③ 金融

---

① 参见王崇青:《"抢帽子"交易的刑法性质探析——以汪建中操纵证券市场案为视角》,载《政治与法律》2011年第1期。
② 参见钟伟、王元:《略论新巴塞尔协议的操作风险管理框架》,载《国际金融研究》2004年第4期。
③ 管斌:《金融法的风险逻辑》,法律出版社2015年版,第160页。

犯罪中涉及操作风险的罪名有违法方法贷款罪、违规出具金融票证罪等。对于该类罪名而言，"违法""违规"而作出相应行为的主体，其行为本身是一种广义上的"渎职"，相应的法律法规、规定，即是金融机构用以实现操作风险管理的工具，那么这类犯罪中，主观心态是否可由过失构成？以违法发放贷款罪为例，部分学者认为其只能由故意构成①，亦有学者认为该罪既可以是故意，也可以是过失②。涉及这类问题时，焦点往往混淆了实体问题与修辞问题，判断逻辑与解读逻辑。重新回到这一罪名的本质，违反国家规定发放贷款之所以需要被刑法规制，在于其使金融机构不得不面临不必要的操作风险。那么，无论理解为客观的超过要素，还是过失心态，本罪中的故意与过失的分界点都不该在于"重大损失"。因为贷出数额巨大的款项或是遭受重大损失，本身都是银行正常贷款业务中所极可能发生的。不同于普通的盗窃行为、诈骗行为，银行贷出款项与遭受损失是在其操作风险被不当干预的情况下因信用风险而受到的无法收回款项的危险与实际承受的不利后果。在这里，行为人对结果很难谈得上明知或者应当预知，因为之间隔了风险的屏障——一方面行为人当然明知贷出了相应的款项，另一方面行为人若明知会有重大损失，则很可能应认定行为人为贷款诈骗罪、骗取贷款罪的正犯或共犯。所以，笔者认为真正有意义的分界点应当在于对"违反国家规定"的心态上，亦即，以风险逻辑观照本罪，其"危害结果"正在于通过"违反国家规定"而不当地使操作风险管理措施失效，以致造就了不必要的操作风险。本罪既可以构成故意也可以构成过失，而行为人的心态指向的是"违反国家规定"。

流动性风险与系统性风险，本质上不同于前三种基本的风险。流动性风险即在需要时获取现金的能力，是一种综合性风险，即各种基础性风险均可能影响流动性风险。换言之，在宏观角度上，前述犯罪几乎都可能影响金融机构的流动性风险，而对非金融机构的个体而言，在金融活动中又很难涉及流动性风险，故而在此不过多展开。系统性风险，则是大部分金融机构界面对的一种系统性冲击或是整个体系的整体性危机，危害性巨大。同样，因其过于宏观，多数金融犯罪的过量堆叠理论上都可能引发系统性风险，它是悬在金融犯罪刑法规制乃至所有金融活动头上的达摩克利斯剑。于刑法而言，需要的是正视金融

---

① 参见 高铭暄、马克昌主编：《刑法学》（第八版），北京大学出版社 2018 年版，第 142 页；周光权：《刑法各论》（第三版），中国人民大学出版社 2018 年版，第 273 页；陈兴良：《规范刑法学（上册）》（第三版），中国人民大学出版社 2013 年版，第 643 页；张明楷：《刑法学（下）》（第五版），法律出版社 2016 年版，第 790 页。

② 刘宪权：《金融犯罪刑法学原理》，上海人民出版社 2018 年版，第 236 页。

风险,并真正建立有效的风险逻辑规制体系,以遏制系统性风险。

三、风险逻辑刑法分析的典型路径

(一) 风险转换——以保本付息委托理财活动为例

金融活动中的风险各有其恰当的归属,且如前所述,不同种类的金融活动有其不同的风险逻辑。通过一系列技术手段,将某一种风险范畴的活动伪装成另一种风险范畴的活动,改变了风险归属,则可能引起实际上并不具备其真正所涉范畴的风险保障能力,而构成金融犯罪。

理财产品就其形式而言,是一种投资合同。银行或其他金融机构募集资金,并将其投入金融市场,按约将收益回馈给投资人。《人民银行金融市场司关于商业银行理财产品进入银行间债券市场有关事项的统治》中界定商业银行发行的理财产品指"商业银行作为资产管理人……接受客户……的委托授权,按照与委托人约定的投资计划和方式开展资产和投资业务,并由托管人进行独立托管的理财产品。"可见,理财产品的本质,应被理解为证券。"银行发型理财产品最初的目的之一,是规避《商业银行法》所要求的 1. 资本充足率和存货比例限制;2. 交存存款准备金;3. 存款利率;以及 4. 贷款利率。银行发放理财产品,可以将其所筹资金投资于正常情况下银行被禁入的高风险领域。"① 尽管这种资产表外化的措施,使得围绕着理财产品是否属于影子银行业务,有一定争议,然而至少在现行法律框架之内,是完全合法的。以风险逻辑观之,其所涉的是市场风险,即柚子人通过投资合同,委托金融机构以一定方式代其进行投资和其他资产运作,而市场风险的最终承受者无疑是投资人。

近年来,一些金融机构为获取资金而以保本付息为承诺开展委托理财活动,即"证券公司以给予固定回报或高于银行同期储蓄存款利率数倍的承诺为前提,通过与客户签订行为资产管理合同等方法吸引客户投入资产,再以证券公司自己的名义将资产投入证券市场从事股票、债权等金融工具的组合投资,实现自己利益的最大化。"② 这种委托是否仍可被理解为合法的理财产品?有学者称:"首先,在保本付息的活动中不存在委托关系……其次,在保本付息活动中的投资行为并未体现客户的意愿……最后,在保本付息活动中客户并不承担投资风险。"③ 故而认为应将其评价为非法吸收公众存款行为。笔者赞

---

① 朱伟一:《证券法》,中国政法大学出版社2018年版,第51~52页。
② 费晔:《中富证券有限责任公司非法吸收公众存款案评析》,载《人民司法》2006年第3期。
③ 刘宪权:《金融犯罪刑法学原理》,上海人民出版社2018年版,第224页。

同这种结论,然而关键并不在于委托关系、客户意愿或客户本身承担风险与否——倘若从这三点出发,那么保本付息似乎实际上是"百利而无一害"的了,毕竟客户即无须费心又不必承担交易的风险,同时委托关系存在与否是个纯粹的法律上的形式问题,那么投资人何乐而不为呢?既如此,从这一点上又凭什么认为该行为应被评价为犯罪呢?所以,还是应当将焦点置于风险逻辑的考量上。

理财产品是让投资人以委托的方式,将资产投入市场之中,获取利益的同时也使自己承担交易的风险。而保本付息的方式,则根本上将投资人与市场风险相隔断,使其进入了信用风险的范畴。诚然,鉴于正规金融机构的偿付能力,对投资人而言,这种风险的转换似乎使资产更为"安全"并得以收到更多回报了,但是,关键并不在于投资人或其与金融机构的关系,而在于这种风险转换在之后是否仍是稳健而可控的。对银行而言,理财产品本身就是资产表外化的一种实现方式,在吸收资产时因转入市场风险范畴而无须受央行、银监会等机构控制商业银行信用风险时的风险管理措施所制约。然而当其承诺保本付息、屏蔽了投资人的市场风险之时,则又暴露在完全不受制约、保障的信用风险之中。亦即,这种行为所破坏的是宏观上的秩序,而不仅仅是微观上的委托关系。这种对信用风险管理措施的规避所造成的是对金融领域风险抵御能力的威胁,它使原本应归属于投资人的合理的市场风险,转换成了银行本身的不可控的信用风险或流动性风险,具有一定的危险性,遑论无相应完善的信用风险管理措施的非银行金融机构在保本付息委托理财中所具有的危险性。故而笔者认为,应将其认定为非法吸收公众存款行为。

简而言之,金融活动中对风险类型的不当转换,在使得风险归属发生改变、行为本身形式上的法律性质发生改变的同时,亦使得该活动在其实际应属的风险范畴之中,可能造成不当的干预。在金融犯罪视角,应当以其实际所属的风险范畴及其相应的应对情况而予以评价。

(二)风险自身规律——以内幕交易罪中二次转手信息的认定为例

对于金融活动中的风险,有其是市场风险,准确地界定相关行为是否在法律上属于不当,较为复杂。而在刑法是否应当对其予以规制的角度上,更为困难。对此,以罪刑法定为出发点,经由空白罪状,于金融法律法规及相关的解释、规定中,探究应然处断,虽然于形式上无可厚非,但正如前文所述,对实体问题与修辞问题的混淆往往造就了低效的争论。从风险逻辑来看,关键问题在于,那些我们所关注的情况是否真正地不当干预了相应的风险,以至于需要被刑法所规制,而不在于哪一种解释在修辞意义上更加通顺。

在内幕交易罪中,是否应对二次转手的内幕信息获得者进行处罚,我国法律中没有具体规定,故而理论中存在着相当的争议。我国有法官认为:"在传递性内幕交易犯罪中,对于二手以上人员不宜再追究刑事责任,这样既可能体现刑法的谦抑性,也不会出现打击面扩大的问题。"① 在实务上,日本与欧盟所采取的模式均为只对第一手内幕交易的接收人员追究刑事责任,欧盟对第二首人员仅给予行政处罚,日本则进一步对第一手信息要求明知信息来源于内部人员或准内部人员。美国则处罚范围交广,并较为复杂。德克斯规则与纽曼规则是美国法院处理传递性内幕交易行为的重要规则。前者强调信息传递中的个人获益,即如若内幕知情人并未从内幕交易中个人获益,则不构成内幕交易犯罪;后者强调个人获益的界定,即对前者进行了进一步的阐述,要求仅在内幕消息知情人被赋予受信责任并违反了其受信责任、信息接收人指导泄露人违反了责任并仍将其传递给另一人以便个人获益的,才能认定信息接收人构成内幕交易罪。② 可见,各国实务中对该问题有着不同的侧重点和倾向。那么,关键就在于该问题的解决在前提上应选择何种路径。

有学者称:"任何人'不得利用内幕信息进行证券交易'是规制内幕信息的基本规则,违反该规则的行为原则上都是违法且有责的,之所以不对内幕交易二次转手者进行处罚,是处于法律安定性和经济政策的考虑而作出的例外处理。"③ 其前提在于,该学者认为《关于办理内幕交易、泄露内幕信息刑事案件具体适用法律若干问题的解释》虽值得肯定地通过推定方式将相关人员纳入内幕交易的主体范围,但是列举的形式并不能真正地穷尽该被认定为内幕交易罪的主体,例如二次转手的情况,故本罪应理解为一般主体。而在对于二次转手情况的论述中,其最根本的基础又在于"任何人不得利用内幕信息进行证券交易",即这个基础实际上是将该罪主体理解为一般主体后所带来的自然而然的规则。那么问题在于,这里有一定的循环论证之嫌,其在对"该罪应当为一般主体"的证成上以"有些情况未被列举所穷尽"为理由,而在那些具体情况中又以"一般主体"的原则认为其应当被认定为该罪。显然,这即是修辞问题替代实体问题的典型类型,在该问题以及金融犯罪领域的其他问题中,这种思路极其普遍且具有代表性——在宏观层面上由体系来为解读背书,而在微观问题上则以解读来进行判断。再者,还有些论证是脱离了现实语境而

---

① 赵靓:《内幕交易案件审判实务若干难点探讨》,载《上海证券报》2016年5月16日第10版。

② 参见朱伟一:《证券法》,中国政法大学出版社2018年版,第355~358页。

③ 缪劲翔:《证券内幕交易罪的认定——基于刑事推定的展开》,载《比较法研究》2013年第4期。

在刑法视域内进行解释的。如有学者认为："不应知悉内幕信息的人员从获取内幕信息时就应承担保密义务。"① 所以再泄密行为可构成泄露内幕信息罪。然而且不论相关人员是否应对其内幕消息承担保密义务，仅就"内幕消息"而言，对于二手以上的信息获得者，其以主动或被动的方式，并非以非法的方法获取的信息，虽然从内容上的确是内幕信息，但在该罪的语境里，是否仍是刑法评价所指向的"内幕信息"？笔者认为，这亦是过度强调自洽的言说体系所造就的错位，同样内容的信息在这个语境中，实际上已不再是"内幕信息"。

利用内幕信息进行交易，不只损害其他投资者利益，而且使市场风险受到不当的影响。刑法对于内幕交易及泄露内幕信息行为的规制，无疑是对"三公"原则的保障。然而，信息本身并非是理想状态下无成本的，交易者亦并非纯然理性。在股价与真实价格的博弈之中，市场存在着大量的"噪声"。"金融资产作为一种虚拟资产，尽管它的存在适应商品经济发展及社会生产力增长的需求，由于它自身不可摆脱的虚拟性质，使其价格不能完全回归于基本价值，价格可能短时间或长时间或过高或过低第偏离于基础价值。它本身所带来的噪声即是信息不对称、不均衡的结果，同时也成为新的噪声源。"② 证券市场自身的特点决定了，在"噪声"环绕的环境中，信息往往并非真实有效。在这种情况下，刑法对于内幕交易、泄露内幕信息的行为的规制格外重要。但与此同时，与真实信息源有一定距离的信息，现实里是淹没于"噪声"之中的，交易者总会极力获取真实信息，对信息的采信与否是证券交易中市场风险的常规组成部分。对于第一手信息获得者与采取非法途径获取信息者，追究其刑事责任的基础在于不当地利用了其于源头上获取的有效信息与信息获取手段不当而破坏三公原则。对于二手以上信息获得者，似乎追究其刑事责任的可能依据仅在于其在噪声之中恰好获取了且确信了真实信息。诚然在现实情况中，而受益杀昂的信息获得者或许会有及其肯定的理由相信其所听取的确为真实内幕信息，但在相关司法解释已列举出非法获取证券、期货市场内幕信息人员的情况下，二手以上信息获得者若不可被推定为非法获取，则仍是"噪声"的一部分。市场风险于"噪声"之中展开，对于二手以上的信息获得者的交易、再泄密，不仅在刑法谦抑性上没必要评价为犯罪，且在充斥着各种真假信息的现实证券交易环境中，即便信息真实可信，也因为其实际融入到了噪声之中，而不可再被理解为"内幕"的，换言之，此时相应的信息已成为市场风险的

---

① 刘宪权：《金融犯罪刑法学原理》，上海人民出版社2018年版，第335页。
② 胡俞越、高扬：《金融市场噪声理论评析》，载《经济学动态》1998年第10期。

自身规律之内的了。

　　金融活动中，一方面，不同风险各自风险管理措施的有效实现意味着刑法没有介入的必要；另一方面，金融活动与风险的自身规律亦将一些有争议的行为纳入了合理的金融活动范畴。在罪刑法定的框架内，金融犯罪刑法规制的目的理性并非以作为"他者"的纯然刑法的言说体系来对相关情况加以评价，而是指向金融活动本身，以其自为、自在的风险逻辑进行恰当视域内的判断。

扶贫领域犯罪的防控与治理

惠农扶贫领域职务犯罪问题研究

霍辉生　陈　兵*

党的十八大以来,以习近平同志为核心的党中央把脱贫攻坚工作纳入"五位一体"总体布局和"四个全面"战略布局,作为实现第一个百年奋斗目标的重点任务,作出一系列重大部署和安排,全面打响脱贫攻坚战。2015年11月29日,党中央、国务院颁布了《关于打赢脱贫攻坚战的决定》①,扶贫开发工作进入全面攻坚阶段,有效推动了贫困地区经济社会快速发展。党的十九大报告指出:"确保到2020年我国现行标准下农村贫困人口实现脱贫。"明确把精准脱贫作为决胜全面建成小康社会必须打好的三大攻坚战之一,作出了新的部署。2018年6月15日,中共中央、国务院公布了《关于打赢脱贫攻坚战三年行动的指导意见》。打好精准脱贫攻坚战是我们党做出的庄严承诺。在全党上下紧盯脱贫目标,采取有效措施帮助贫困户脱贫致富并取得显著成效的同时,也要清醒地看到,当前扶贫领域出现的一些违规违纪违法的现象仍不容忽视。这类职务犯罪作案手段及社会影响恶劣,直接侵害群众切身利益,妨碍国家和地方惠民政策的顺利落实,成为不利于农村经济发展和社会稳定的重要因素。

一、惠农扶贫领域职务犯罪的主要表现

(一)以权谋私型

一些干部不能秉公办事,而是凭关系、靠感情办事,吃拿卡要,徇私舞弊。有的在项目招投标、质量验收等环节搞"猫腻",借机敛财;有的在贫困

---

* 霍辉生,北京市密云区人民检察院副检察长,三级高级检察官;陈兵,北京市密云区人民检察院三级检察官助理。

① 《决定》提出的目标是:到2020年,稳定实现农村贫困人口不愁吃、不愁穿,义务教育、基本医疗和住房安全有保障。实现贫困地区农民人均可支配收入增长幅度高于全国平均水平,基本公共服务主要领域指标接近全国平均水平。确保我国现行标准下农村贫困人口实现脱贫,贫困县全部摘帽,解决区域性整体贫困。

户申报、农村低保认定、困难户资金补助、物资发放等工作中，搞亲情救助或贿赂性救助；有的利用掌握的职权故意刁难群众，不给好处不办事，给了好处乱办事；有的借城市扩建、新农村建设之机从中渔利，强拆民宅、强占农地，补偿安置政策不落实，补偿费不及时到位。

（二）侵占集体资金型

一些村组干部利用村组财务管理混乱、不透明的漏洞，侵占集体资金。有的收入不记账，隐匿集体收入，从中谋利；有的巧立名目，虚报各种费用开支，做假账，私分公款。

（三）挪用专款型

扶贫专用款项在一些地方遭到不同程度的"劫持""提留"，有的基层干部截留专项补偿款，将专项资金挪作其他用途，或弥补办公经费的不足，或直接挥霍，进行公款吃喝、公款送礼、公费旅游等。

（四）工作作风不实型

当发生侵害贫困群众合法权益时，有的基层干部工作方法简单，情绪化处置，导致信访事件频发；或在处理信访事项过程中，敷衍塞责、推诿扯皮导致矛盾激化，造成严重后果。

二、惠农扶贫领域职务犯罪的发案原因

（一）部分基层工作人员法纪和廉洁意识还有待强化

基层干部任务繁重琐碎，普遍学识学历不高，自我学习、自我修养、自我约束能力不强，导致部分基层干部法纪观念和廉洁意识不足。有的处于基层一线的工作人员认为"山高皇帝远"，工作中不认真执行有关管理规定，不遵守业务操作流程，或编造虚假情况欺骗上级职能部门，或隐瞒真实情况糊弄基层群众，直至铤而走险，进行违法犯罪活动。有的基层干部心存侥幸，突破自律防线，走上犯罪道路。有的干部对罪与非罪的界线认识不清，以为在保管和管理专项资金的过程中，利用职务之便"吃点、占点、捞点"都属正常现象。有的乡镇站所中的工作人员认为自己长期从事一线工作，任务重，待遇低，心理感到失衡，产生"捞点钱弥补自己工作辛苦和待遇差"的思想，进而利用手中有限的权力贪赃枉法，牟取非法利益。

（二）少数基层扶贫工作制度建设、操作流程不规范

部分乡镇扶贫资金的申报、拨付、使用没有形成规范的制度，审查、复核程序不够严密。扶贫优惠政策受主观意志左右，弹性幅度大，优惠政策可给可

不给，可给多也可给少。致使基层工作人员在补贴配额派发环节中有机可乘，利用调配补贴指标的职务便利，将配额分给行贿人、关系户或直接据为己有，将惠"农"变为惠"己"。

（三）监督管理缺实效

对乡镇站所多实行"条块结合"的双重管理模式，上级职能部门注重"线"上管理，强调专业性、独立性，所在乡镇党委、政府注重"面"上管理，强调全局性、协调性，管理各有侧重，但又容易出现"两管两不管"的尴尬局面。基层纪检监察部门力量比较薄弱，监督执纪问责职能发挥不到位，对权力运行的监督制约不够有力。在基层农村，权力多集中在村党支部书记和村委会主任等少数人手里，个别村党支部书记或村委会主任把集体议事规则当儿戏，把财务管理、村务公开当摆设，村里的一切事务及财务收支由一人说了算，权力过度集中使他们作案时有恃无恐。监督管理缺乏实效，为个别人员非法攫取国家和集体财物留下漏洞。

（四）政策宣传力度不够

目前，扶贫政策宣传主要依靠村干部，但是政策宣传过程中，部分村干部对支农惠农有关政策宣传解释不到位，存在着该公开的不公开、公开的信息不具体、公开的程序不规范、公开的时间不及时等情况。有的只在开会时向村民讲一下扶贫政策，有的仅通过村公示栏公示扶贫名单等。大部分农民群众仅仅知道有涉农补贴这回事，对于补贴款的发放标准、发放时间、公示方式、核定及监督的程序等一概都不清楚，甚至不知道按规定应当补贴给自己多少钱，往往是发多少领多少，从不多问一句，为部分基层干部搞暗箱操作提供了可乘之机。

三、对惠农扶贫领域职务犯罪发案趋势的预测

（一）惠农扶贫领域职务犯罪仍可能高发

随着新农村建设的深入推进，各项惠农政策资金扶持力度进一步加大，农村基层组织管理的资金也随之不断增加。但是惠农政策在执行过程中缺乏配套管理措施，资金管理使用过程中被侵吞、滥用的风险随之加大，惠农扶贫领域职务犯罪仍可能高发。

（二）乡镇站所工作人员或将成为惠农扶贫领域职务犯罪主要群体

国家对扶贫专项资金从申报到领取等流程都作了明确规定，资金由国库支付，申领方式通过基层村委会和乡镇政府逐级上报，上级财政部门审核通过后再发放。作为政策执行重要环节的乡镇站所处于基层一线，有的上级部门或乡

镇政府疏于管理，扶贫专项资金从发放到领取的全过程监督还不完善，加之农民利用法律保护自身合法权益意识薄弱，乡镇站所工作人员或将成为惠农扶贫领域职务犯罪的主要群体，亟须引起高度重视。

（三）惠农扶贫领域反腐败将作为一项特殊的反腐任务来抓

习近平总书记多次强调："扶贫资金是贫困群众的救命钱，一分一厘都不能乱花，更容不得动手动脚、玩猫腻！要加强扶贫资金阳光管理，集中整治和查处扶贫领域的职务犯罪，对挤占挪用、层层截留、虚报冒领、挥霍浪费扶贫资金的，要从严查处！"中央关于打赢脱贫攻坚战的决定和相关文件也明确要求，要重点查处扶贫开发领域侵犯农民群众权益的问题。2016年8月1日，中纪委监察部官网公开曝光了9起扶贫领域腐败问题典型案例。8月12日，中纪委监察部网站又集中通报了88起侵害群众利益的不正之风和腐败问题，其中扶贫腐败领域的案件至少有25起，超过总数的1/4。中纪委监察部集中曝光扶贫领域腐败案例，体现了中央治理扶贫腐败的坚定决心，在未来相当长的一段时间内，惠农扶贫领域的反腐败将作为一项特殊的反腐任务来抓。

四、预防惠农扶贫领域职务犯罪的对策建议

（一）建立健全预防体制机制

一是各乡镇应加强对扶贫领域预防职务犯罪工作的领导，成立扶贫预防工作领导小组，建立健全制度，细化责任分工，提高工作专业化水平，确保扶贫工作顺利开展。二是各乡镇应坚持科学性、合理性、可操作性原则，建立预防职务犯罪制度，包括制度建设的依据、目的、原则，可能存在职务犯罪的风险点以及风险防控的措施、对策，做到有的放矢。三是进一步完善扶贫项目招标、投标、监督、验收等环节的细则要求，建立扶贫专项资金使用台账，明确项目的申报、监管、验收具体责任人，实现扶贫工作规范有序。四是加强村级民主管理，实行村务决策、执行、监督相对分离机制，明确不同责任人，形成干部间的相互监督、相互制约。五是完善监督体系，建立扶贫款项使用等重大事项报告制度，强化上一级主管部门对工作的指导和监督；财政、审计等部门要全程参与、跟踪资金的发放和使用，实现财务、审计与扶贫管理相结合，确保专款专用；依靠群众力量，发挥举报作用，消除扶贫领域违法违纪行为滋生的土壤。通过建立健全预防体制机制，确保扶贫项目资金运作规范、使用严格、操作合理、监管到位。

（二）严格审批程序

审批部门要严格对照项目资金申报领取标准，切实规范审批程序。审批

前,要明确具体责任人,充分调查申报项目资金是否与当地发展、贫困户实际对口,实现精准扶贫。审批中,要认真做好书面审查,通过深入走访、电话确认等多种方式再次联系印证,确保万无一失。审批后,要进行不定期巡查,了解群众是否实际受益,资金管理使用是否规范严格,项目建设是否按照申报计划有效运作,让扶贫项目资金真正落到实处、发挥实效。

(三) 深入推进政务公开

要建立健全公开机制,在乡镇、村、组全面公示资金性质、来源、补助标准、申报人员情况等信息,让应该享受政策扶持的群体真正受益。要及时、全面、清晰公示扶贫款项的具体数额、使用情况,让群众看得明白、能够监督,确保资金合理、有效使用。资金补偿工作要采取上门补偿、集中公开补偿等方式,严禁代办代领,杜绝揩客,防止刁难盘剥群众的现象发生。要将"三重一大"制度执行情况逐步纳入公开范围,建立公开信息反馈制度,全过程接受群众监督。

(四) 提高扶贫队伍整体素质

扶贫部门应将干部队伍的教育和管理列入重要议事日程,联系司法部门开展法制讲座、典型案例警示等教育活动,提高干部法律观念和宗旨意识。党组织要充分发挥作用,通过开展谈心帮教活动,教育干部树立正确的世界观、人生观和价值观,增强拒腐防变能力。要严格审查乡镇扶贫干部尤其是协助政府从事扶贫工作的"村官",确保扶贫队伍真心为民,打造一支群众信得过的队伍。

(五) 做好政策宣传

各乡镇、村要高度重视扶贫政策宣传工作,尽可能将扶贫政策宣传覆盖面扩大到每个农户,努力提高扶贫政策的知晓率。要通过电视、报纸、网络等各类宣传媒介以灵活的方式加强对各类惠农扶贫资金政策的宣传、公示,保障广大群众的知情权、参与权、监督权。利用农闲时节和农村集市,联合相关职能部门开展形式多样的"送法下乡"和"法律进村"等活动,专门对惠农扶贫的相关政策、法律法规进行宣传;通过典型案例和反面教材现身说法,以案释法;开展"精准扶贫、廉洁为民"专题警示宣传教育基层行等专项活动,不断增强群众依法维权意识。

(六) 加大扶贫领域案件查办力度

积极推进两法衔接平台建设,共同推进涉农职务犯罪的惩治和预防。建立专项工作联席会议制度,相互交流通报查办扶贫领域案件工作情况,研究解决协作配合中的重大问题。各部门要加强协同配合,侦查部门要从线索管理、信息共享、人员调配等方面提供保障。检察机关要针对存在的问题进行分析并提出建议。各部门对发现可能涉及违纪、违法的行为，要移交相关部门进行立案查处，震慑违法犯罪，确保各项惠农利民政策真正落到实处。

惩防扶贫领域职务犯罪的困境与出路
——以 S 省 C 市 2018 年办理的案件为例

杨 娟[*]

党的十八大以来,扶贫开发工作被党中央作为重点纳入"四个全面"战略布局中,2015 年 11 月 23 日党中央审议通过的《关于打赢脱贫攻坚战的决定》进一步对服务和保障农村扶贫开发作出具体部署。2017 年 10 月 24 日,习近平总书记在十九大报告中提出了扶贫攻坚的新任务、新要求、新机制、新策略、新责任和新担当,强调全面动员全国全社会力量,坚持精准扶贫、精准脱贫,突出中央统筹、省负总责、市县抓落实的工作机制,协同续写脱贫攻坚的新篇章。目前,我国扶贫开发已进入攻坚期,必须依托不断创新的扶贫开发的手段方法,才能丰富和拓展扶贫道路,开创农村扶贫事业新局面。

一、现阶段扶贫领域职务犯罪的基本情况及特点

(一)基本情况

2018 年,S 省 C 市两级院共办理已判决生效的扶贫领域职务犯罪案件 28 件 42 人,占职务犯罪案件总量约 1/5。涉案主体相对集中,主要集中于乡镇民政办主任或负责人、村支书、村委会主任,此外扶贫领域犯罪主体具有明显的岗位特性,例如残联专干,社会救助管理站站长等。罪名分布主要为贪污罪,部分案件涉及挪用特定款物罪、行贿罪、滥用职权罪等,案发多在项目发放管理环节。该类犯罪单笔涉案金额较小,侵犯对象多,累计涉案金额较大,具有累积型"微腐败"特征,犯罪金额从 3 万元到 65 余万元不等,累计犯罪金额不满 20 万元占多数。量刑上总体偏轻,其中 1 件免予刑事处罚,22 件判处缓刑。

(二)主要特点

第一,犯罪环节比较集中。近年来中央惠农政策力度不断加大,中央和各

---

[*] 杨娟,四川省成都市青羊区人民检察院公诉科科员,助理检察员。

级政府为促进农业发展、农民增收,对农民生产生活实行一系列财政补贴政策。但一些基层干部却利用手中的权力,在项目申报环节弄虚作假,在资金发放环节层层截留。诸如种粮农民直接补贴、良种补贴、生猪规模化养殖补贴、蔬菜大棚补贴、农机具购置补贴、农资综合补贴、家电下乡补贴资金等,以及扶贫、救灾、农民工培训、农业政策性保险等专项资金申报审核、资金管理、项目验收等环节,贪污挪用、侵占挪用、侵占私分;或失职渎职、违规操作,致使资金虚报冒领。

第二,"小官涉贪"现象明显。在涉农扶贫领域,基层乡、镇、站、所职务犯罪发案率逐年上升,涉案主体多集中在乡镇政府以下基层工作人员,涉案人员包括村党支部书记、村委会主任、村会计、村出纳等"两委"成员和村民组长等村组干部以及乡镇站所工作人员,另外还包括部分县级职能部门工作人员。总体上看,科级以下工作人员和村组干部占了较大比例。

第三,"抱团"腐败现象严重。检察机关近年来查办的涉农扶贫领域职务犯罪案件中,窝案、串案占比很大。这一领域职务犯罪的查处,往往是突破一案、带出一串,相互勾结、团伙作案、"抱团"腐败等共同侵吞国家涉农扶贫政策性补贴和专项资金现象时有发生。还有一些惠农扶贫职能部门与使用单位之间、国家工作人员与申请人之间、村委成员之间相互勾结、团伙作案。

第四,犯罪手段隐蔽多样。在涉农扶贫领域,犯罪分子通过挤占挪用、层层截留、虚报冒领等方式,挥霍浪费扶贫资金。有的对上虚报冒领,对下隐瞒实情,利用代领、代发补助金的便利,直接克扣、截留、私分涉农资金,骗取、套取各项涉农扶贫补助款;有的虚列户头、重复报账、虚报受灾情况、收入不入账等方式侵吞补贴资金。

二、查办和预防涉农扶贫领域职务犯罪的经验

(一)提前介入,一案双查

约80%职务犯罪案件,检察机关公诉部门都进行了提前介入,围绕拟指控罪名完善证据,对证据体系的构建进行会诊,办理案件全部得到法院有罪判决,确保职务犯罪的打击和指控效果。在办理挪用和贪污扶贫资金的同时,通过提前介入,同时发现案件中涉及的渎职犯罪情况,例如C市某区检察院办理的李某某等七人贪污、挪用特定款物案中,除收集指控证据外,还注意到扶贫资金验收监管人员的失职问题,提示有关部门继续追究相关人员责任,保持扶贫领域职务犯罪打击力度不减,形成持续高压态势。

（二）走访群众，深入调查

扶贫领域职务犯罪案件侵犯对象广，侵犯主体多，部分案情被当地群众知情后，在当地造成了恶劣的社会影响。例如张某等多人系列贪污案中，被告人采用侵吞、骗取的手段非法占有家电下乡补贴款、五保金、低保金等方式侵害村民救济补助资金，其中C市石某镇有485名农村低保对象资金被侵占。该案办理中承办检察官与反映问题的村民及当地村镇民进行细致交流，了解作为村基层组织领导的犯罪分子在日常村务管理中的方式方法、作风，与侦查部门及时沟通，将该系列贪污案中的相关人员及时清理，坚决查处，通过对张某案的反思总结，查处相关领域职务犯罪案件近10余起。

（三）坚持"赃物必追"的原则

由于该类案件侵犯的都是贫、弱、困、残等弱势群体的合法利益，检察机关必须在办案过程中始终把追赃挽损工作提升到与办案同等重要的地位，加大赃款赃物追缴力度。例如C市D区检察院办理的肖某某等四人贪污案中，被告人隐瞒劳务费，在案件办理过程中，检察机关针对付出劳动但未拿到劳务费的老百姓，督促四名犯罪嫌疑人积极退赃并仔细梳理老百姓名单，在案件判决前将赃款退还，化解社会矛盾。再如C市J区院办理唐某某贪污案中，被告人侵吞资金包括脱贫人口低保兜底资金、贫困户低保金、五保金、优抚金、高龄补贴等10多个方面，通过部门联动及时统计被侵犯利益群众信息，保障补助资金发放到位。

（四）发挥人大代联机制作用

充分接受人大代表对检察机关的权力监督，通过邀请两级人大代表和扶贫领域中具有监管职责的国家工作人员参与旁听庭审，切实加强职务犯罪预防，让干部"不能为""不愿为"。例如C市某区检察院办理的闫某某等四人贪污案，该案采取虚报受助人员数量和虚增受助天数的方式，套取中央流浪乞讨人员救助专项资金用于发放补助，针对该案暴露出的救助资金审批、审查不规范，监管不到位等系列，检察机关特别邀请两级人大代表和扶贫领域中具有监管职责的国家工作人员参与旁听庭审，起到了有力的犯罪预防和警示教育作用。

三、案件办理中存在的困难问题

目前两级院在办理该类案件中遇到的问题集中在法律适用和证据收集方面。

(一) 法律适用

我国现行刑法及立法解释对"农村基层组织"及其"人员"的界定较为模糊，这带来犯罪主体认定上的混乱。全国人民代表大会《关于〈中华人民共和国刑法〉第九十三条第二款的解释》（以下简称《解释》）规定，村民委员会等村基层组织人员只有在协助人民政府从事七类行政管理工作时，才属于《刑法》第九十三条第二款规定的"其他依照法律从事公务的人员"。也就是说，只有当村民委员会等村基层组织人员协助政府从事这七类公务时，才能被法律拟制为"国家工作人员"，这时若行为人利用职务上的便利，非法占有公共财产、挪用公款或者非法收受他人财物，才有可能成立贪污罪、挪用公款罪和受贿罪。相对应的，若村基层组织人员在实施集体事务时，利用职务之便，非法占有公共财产、挪用公款或者非法收受他人财物，仅有可能构成职务侵占罪、挪用资金罪和非国家工作人员受贿罪。然而，农村基层的事务十分复杂繁琐，各组织人员的权力分工也不尽明确，他们通常具备"政府代理人"和"村民代理人"的双重身份，履行职务时很难区分，这是农村基层工作的客观现实，容易导致定罪上的困难。

具体罪名如挪用特定款物罪，2002年《S省高院关于挪用特定款物罪数额标准执行标准和情节认定标准的意见规定》，挪用特定款物价值在5000元以上或造成损失5万元以上的便属于情节严重，挪用特定款物价值在5万元以上或造成损失50万元的便属于情节特别严重。因两高贪受贿司法解释已经将挪用公款的数额大幅度提高，但S省高院现未对挪用特定款物罪标准作相应提高，以致对挪用特定款物罪与挪用公款罪挪用数额与量刑不相适应，经查询案例，S省内部分法院对挪用特定款物数额超过上述标准的未认定属于情节严重。

(二) 证据收集

因该类资金所发金额相对较低，容易被款项监督者忽略，例如张某贪污案中，其虚增家电购置金时间从2009年持续到2017年，作案时间长达8年之久，作案次数高达67次，在证据收集方面往往由于跨度时间长，涉及人数多而难以逐一收集。再如渎职犯罪的罪名指控，政府扶贫工作人员具体职责职权规定往往不明确，以致认定被告人是否未履行职责并导致扶贫资金流失困难的书证难以认定；加之被告人监管职责多来自言词证据，稳定性不强可变性高；再则侦查部门不重视收集除政府领导及被告人之外其他村民的证言，以致认定被告人是否履职尽责证据不全面。

四、办理涉农扶贫领域职务犯罪的意见建议

(一) 社会预防政策引导扶贫领域职务犯罪预防

社会预防是指,通过科学制定和依法执行适当的公共政策和社会政策,一方面配合经济的稳步发展、完善各项制度建设,另一方面有效组织和管理社会,弱化和消除矛盾,减少和克服犯罪的社会过程。充分发挥社会预防犯罪体系的功能,实行科学的社会控制,可以有效地预防犯罪,保证社会生活正常、有序地运行,促进社会的发展和进步。社会预防政策与刑事惩罚政策是刑事政策分系统的两个主要方面,前者是指国家机关运用刑事法律与违法犯罪作斗争的一切方式、手段和措施,内容涉及立法、司法和执行三个方面;后者是对犯罪控制和犯罪预防具有影响的措施、策略和方法,包括直接和间接两种表现形式。两类政策相辅相成、彼此协调、互为补充,共同为刑事政策的落实和发展作出贡献。社会预防政策不是普通政策的简单相加,而是由一系列系统性、目的性、关联性、社会性的预防措施组成的有机整体,它以控制与预防犯罪为主要目的,通过良性地调整和改良社会形态和社会结构,以实现从根本上解决犯罪的目的。严励教授将社会预防政策划分为宏观预防政策和微观预防政策,前者是立足全局和整体,充分运用和发挥国家职能,减少和控制犯罪现象的预防体系;后者则是通过各种具体的措施、手段和方法,减少行为人实施犯罪的社会因素,同时兼顾对犯罪者的矫治和再犯罪的防范的预防体系。该分类方式具有相当的科学性和可操作性。

从宏观层面上看,要充分发挥检察职能的预防功能,建立健全扶贫领域职务犯罪"惩防一体化"机制,锁定重点领域、重点环节、重点地区的犯罪动向,还要注重农村基层组织人员权力的合理分配,优化农村公共权力的设置,以实现确权法定、合理便民、程序正当、权责统一。从微观层面上看,要认真对待"农村基层组织"及其"人员"的界定问题,科学区分公务和村务、公共财产和集体财产,加强对村基层组织人员和县乡级扶贫工作人员的教育和引导,创新思想教育方式,提高扶贫领域职务犯罪预防的群民参与度。

(二) 案件办理方面

第一,在法律适用方面,针对挪用公款罪建议省检察院连同省高院进行调研研究出台指导意见。"两高"贪污贿赂解释将挪用公款的数额大幅提高,其中挪用公款中,若款项性质属于救灾、抢险、防汛、优抚等特定款物的进行非法活动和归个人使用,进行营利活动的情节严重标准分别为 50 万元以上不满 100 万元,以及 100 万元以上不满 200 万元,而挪用特定款物罪 5000 元以上或

造成直接经济损失5万元以上即属于情节严重。两罪名在社会危害性上相同，建议出台解释使得两罪名在法律适用上更加明确，做到罪责刑相适应。第二，证据收集方面，由于该类案件作案时间长、作案次数多等原因，导致证据收集存在一定难度，建议积极运用认罪认罚制度，鼓励嫌疑人提早认罪，在侦查阶段积极提供证据线索，保障案件办理的法律效果。

（三）妥善用好检察建议

妥善用好检察建议，及时与相关职能部门沟通，了解工作方式提出具体建议，尤其是对于高发地区，与政府积极联系，提示监管漏洞，确保国家重要款项、微资金领域的有效管理。通过检察建议的发出，一方面，监督基层组织做到信息畅通。建议发放扶贫、民政、残疾人补贴等专项资金时，严格遵守民主评议、登记造册、张榜公布、公开发放的程序，做到发放对象、发放标准、发放时段、发放数量的信息公开；一方面做到渠道畅通。利用网络、电话、公告栏、救助卡、广播等方式，使群众及时、准确了解扶贫、救助、优抚、残疾人补贴等专项资金发放条件、补助标准、发放金额等，便于群众实时查询和监督。

（四）充分发挥检察职能

充分发挥检察职能，检察机关派驻检察室可以通过定期走村串户，加强相关法律宣传，让群众知法守法懂法，学会用正确方式维护自身的合法权益。合理运用庭审公开，组织全区村组干部和政府扶贫工作人员旁听庭审，以案说法，进行警示教育，增强广大村组干部法律意识，充分认识到侵害扶贫资金后果的严重性，达到"办理一件，教育一片"的积极效果。

（五）重视群众参与与思想文化教育

除了妥善运用社会预防政策建立健全扶贫领域职务犯罪的预防机制外，还要重视群民参与和思想文化教育。相比传统的集体联合的组织形式，现代治理不仅需要国家组织的主导，还需要非政府组织、企业、家庭、个人的多方参与，因此有必要提高社会预防政策在引导扶贫领域职务犯罪预防的群众参与度。一方面要重视群众举报和控告，根据扶贫领域职务犯罪的不同种类，设立举报机制，积极受理、科学甄别、及时取证，同时要注重保护举报者的个人隐私。另一方面，要加强对村基层组织人员职权的监督。

发挥社会预防政策在扶贫领域职务犯罪的预防功能，还必须加强对村基层组织人员和县乡级扶贫工作人员的教育引导和宣传。思想文化教育不能仅限于举办法治讲座、开展警示教育讲座、发放宣传手册等简单形式的帮扶层面，而应该有针对地、有目的地、有指向地创新思想教育模式。如设立重点案例报告平台和扶贫领域重点案件警示录,基层检察院和区公安分局定期开展对扶贫领域职务犯罪案例的详解,将所在辖区发生的相关犯罪案例真实、生动地展现在村干部面前,发挥警示警醒作用。应当充分利用信息社会的传媒技术,通过微博、微信等公众平台,定期推送扶贫政策实施进度、扶贫资金使用情况以及重点违反犯罪案例等内容,以达到宣传教育的目的。另外,还要不断加强农村文化建设和村基层组织中的党员党性教育,定期开展党性学习活动,丰富组织生活形式,将道德约束和法律约束手段相结合,改善农村法治文化土壤,提高村民的法治素养,提高基层组织人员拒腐抗压的能力。

扶贫专项资金领域职务犯罪预防的对策研究

——以广东扶贫资金监管的创新实践为视角

李 娟*

随着中央对"三农"和扶贫工作力度的加大，各项中央惠农财政补贴和扶贫专项资金不断增多，滋生了一批损害农民利益的贪污贿赂、渎职侵权等职务犯罪。以广东省为例，2016年1月至2017年8月，广东检察机关共立案查处扶贫领域职务犯罪案件169人，同比上升15.8%，占同期立查职务犯罪案件总人数的3.0%，其中逾八成为村官。① 广东扶贫领域职务犯罪具有三方面典型特征：一是贪腐主体以乡镇、站所和村两委人员为主，村干部占立案查处总人数的80%以上；二是在农村住房改造补助、城乡医保金、对口扶贫款、农村劳动力培训等专项资金领域职务犯罪数量较多；三是公职人员同管理惠农资金的基层人员内外勾结、合伙作案。党的十八大以来，截至2018年5月，广东省共立案查处农村基层党员干部违纪违法案件47502件，结案40358件，给予党纪政务（纪）处分39140人，移送司法机关处理1823人。② 2018年6月，广东省委出台《广东省基层正风反腐三年行动方案（2018—2020年）》，该《方案》的实施，意味着在决胜全面建成小康社会的关键时期，广东基层正风反腐再加速。

为贯彻落实《中国农村扶贫开发纲要（2011—2020）》提出的"到2020年基本消除绝对贫困"的国家扶贫战略目标，广东省委、省政府在2016年制定的《广东省国民经济和社会发展第十三个五年规划纲要》中提出，将在"十三五"期间完成180万左右贫困人口的扶贫工作，同时确定"2018年为广

---

* 李娟，广东省社会科学院法学研究所研究员。

① 黄琼、韦磊、王磊：《去年以来广东立查扶贫领域职务犯罪169人》，载《广东新快报》2017年9月15日。

② 《广东开展基层正风反腐三年行动 抓实从严治党最后一公里》，载搜狐网http://m.sohu.com/news/a/241823529_267106，访问时间：2018年7月18日。

东率先全面建成小康社会的目标年"。广东经过30多年的扶贫工作,现在剩下的工作都是"硬骨头""大难题""深水区",扶贫进入精准扶贫攻坚阶段。① 近年来,广东不断加大对扶贫项目投入及扶贫专项资金的支持力度。② 为确保扶贫项目资金"精准投入"都用在"刀刃上",努力使"输血式"扶贫转化为"造血式"扶贫,有效预防扶贫领域职务犯罪的发生,加强扶贫项目资金监管的法治化建设是预防职务犯罪工作的重中之重。

一、广东扶贫项目资金监管法制化建设的实践成效

(一)制定扶贫资金管理政策和措施,有效规范扶贫资金的使用

广东作为改革开放先行地,较早出台了一系列扶贫资金相关政策和制度。1996年,根据广东省委、省政府《关于进一步扶持山区加快经济发展的若干政策规定》(粤发〔1996〕5号)精神,以促进我省山区、贫困地区的经济发展,缓解其资金不足的困难。同时制订了《广东省扶贫基金管理办法》(粤府〔1996〕46号),扶贫基金只限于经省委、省政府批准的山区县及所在市使用,重点扶持16个特困县兴办的资金周转快、经济效益好、确有偿还能力的开发性农业和资源加工型项目,以及造血型的骨干企业。2003年,为贯彻落实省政府《关于进一步加强旅游扶贫工作的意见》(粤府办〔2003〕1号),规范我省旅游扶贫专项资金的使用和管理,充分发挥旅游扶贫专项资金的作用,促进我省区域性经济协调发展,省财厅制定《广东省级旅游扶贫专项资金管理办法》(粤财外〔2003〕33号)。2011年,省人大出台《广东省农村扶贫开发条例》规定,各级人民政府应当将农村扶贫开发资金列入年度财政支出预算,并建立与本地区经济发展水平相适应的财政扶贫资金增长机制。2013年,广东省人民政府出台《广东省省级财政专项资金管理办法》(粤府〔2013〕125号)、《广东省新一轮扶贫开发"规划到户责任到人"及重点县(市)帮扶工作实施方案》(粤办发〔2013〕14号)。2014年,为规范和加强扶贫开发建档

---

① 党的十八大以来,习近平总书记在云南、贵州等地调研中多次强调,扶贫开发"贵在精准,重在精准,成败之举在于精准",要做到"六个精准":扶贫对象精准、项目安排精准、资金使用精准、措施到户精准、因村派人精准、脱贫成效精准,为精准扶贫指明了方向。

② 政府扶贫项目资金投资方向主要有:以工代赈工程、贫困易地搬迁项目、道路改造项目、人饮工程、农电工程等项目,主要用于解决农村贫困人口生产生活问题,支持贫困地区经济社会发展。项目建设的好坏直接关系到广大贫困线下人民群众的切身利益,资金使用的正确与否维系着扶贫项目预期目标能否实现。

立卡专项资金的分配和管理,提高资金使用效益,省财政厅、省扶贫办制订了《广东省扶贫开发建档立卡专项资金管理办法》(粤财农〔2014〕243号),专项资金通过因素法等方式分配,实行项目资金信息公开、资金集中支付或报账制管理、实施情况绩效评价的工作机制。2016年,广东省委、省政府又制定出台《关于新时期精准扶贫精准脱贫三年攻坚的实施意见》(粤发〔2016〕13号),从财政、金融、用地、科技、人才等方面强化政策支撑,确保扶贫工程顺利实施。从2016年至2018年,广东省各级财政计划投入资金391亿元,帮扶贫困户脱贫。为确保资金使用效益,2016年省财政厅和省扶贫办出台《广东省精准扶贫开发资金筹集使用监管办法》(粤财农〔2016〕166号),明确了扶贫开发资金筹集使用管理、监督检查、绩效考核、责任追究等内容,加强新时期精准扶贫精准脱贫三年攻坚财政资金监督管理。2018年2月,广东省委办公厅印发《关于进一步压实责任加大惩治扶贫领域腐败和作风问题工作力度的方案》,开展扶贫领域腐败和作风问题专项治理,严惩失职渎职行为,坚决斩断伸向扶贫资金"黑手",为打赢脱贫攻坚战提供坚强保障。

(二)强化精准扶贫资金政策实施效果,有效促进精准脱贫的实现

扶贫资金是整个扶贫工作的核心。广东省在扶贫开发的各个历史阶段,均形成了一系列行之有效的办法和经验,如双转移扶贫、对口扶贫、基础建设扶贫、搬迁扶贫等,这些成功的办法和经验,是广东高度重视扶贫资金使用合管理的结果,在全国起到率先示范作用。2009年6月,广东开始正式实施"规划到户、责任到人"的扶贫模式,改变了传统只注重资金物质的短期扶贫,形成了长期有效的帮扶脱贫机制。从2009年实行"双到"工作至2014年,全省各级帮扶单位累计投入帮扶资金227.3亿元,其中各级财政专项资金达到66.1亿元;平均每个贫困村的村集体和贫困户落实帮扶资金667.2万元,帮助发展经济项目和基础设施等项目共28868个,[①] 巨额的扶贫资金投入为广东贫困地区尽快脱贫发挥了重要作用。广东独具特色的实践经验主要有:(1)推广"双到"模式。"规划到户、责任到人"的"双到"模式,对全省贫困户"建档立卡",建立大数据系统,通过大数据对扶贫对象进行动态精细管理,帮扶资金到村到户。(2)实施"靶向疗法"。"一村一策、一户一法"的"靶向疗法",逐村逐户制定有针对性的帮扶措施规划和年度计划,实现精准扶贫的重大转变和突破。(3)实施"大手拉小手"策略。广东珠三角地区经济繁荣,粤东西北地区相对落后,构成广东区域发展不平衡的短板。为突破

---

① 邓圣耀:《广东"精准扶贫"成全国经验》,载《南方日报》2014年3月26日。

区域发展不平衡制约，2012年以来，通过集中资源对口帮扶，省直机关、企事业单位、科研院所、大专院校、珠江三角洲6个经济发达市以及粤东西北12个市的有关单位派出3541个工作组、11524名干部进村驻点。（4）构建大扶贫格局框架。2013年至2015年，在第二轮扶贫开发工作中，动员社会广泛参与扶贫开发，广东全省7986名干部带着项目和资金驻村，为每户贫困户制定脱贫措施，着力精准扶贫。三年来，2571个重点帮扶村、20.9万户相对贫困户、90.6万贫困人口实现精准脱贫。① 在精准扶贫、精准脱贫三年攻坚开局的2016年，当年仅省级财政就投入脱贫攻坚资金81.3亿元，启动超过1.3万个项目，完成了50万贫困人口脱贫任务。② 国务院扶贫办对广东的成效给予高度评价，认为广东扶贫有"四最"，即领导重视程度最高、扶持政策最实、资金投入最多、社会参与最广。③

二、精准扶贫项目资金监管中存在的问题和不足

（一）精准扶贫的实施政策较充足，资金监管辅助政策相对缺乏

重视对精准扶贫政策支持体系的构建，全国各省制订"1＋17"的新时期精准扶贫攻坚总体方案，全面部署产业发展扶贫、劳动力转移就业扶贫、农村金融扶贫等10项扶贫工程，由省有关部门相应出台精准选派驻村干部扶贫、底线民生精准扶贫、改善农村人居环境扶贫等17个配套政策文件，建立扶贫工作"1＋N"政策措施体系，扶贫攻坚的实施政策日趋完善。但有关扶贫监管辅助政策，如为保障精准扶贫需建立的扶贫项目资金的分配机制、扶贫资金管理机制、扶贫资金绩效评价机制等还不够完善和细化，势必影响精准扶贫的实施效果。在实际工作中，由于资金监管理念还没有形成共识，有的地方和个别领导干部还存在认识不到位，注重项目建设，忽视资金管理；有的不按程序管理，账务处理不规范；有的挤占挪用扶贫资金，致使资金到位差；还有的随意调整投资方向，改变资金用途等等，致使扶贫领域时常出现贪污侵占、虚报冒领、挤占挪用、公款消费、损失滥用、滞留闲置、随意改换项目等违纪违法职务犯罪行为。2015年1月至2016年12月，全省检察机关共受理扶贫领域职

---

① 李书龙、戴晓晓、靳延明、张宁宁、向松阳：《广东：发挥精准扶贫经验优势 集中力量脱贫攻坚》，载《南方日报》2016年3月10日。

② 章宁旦：《广东检察机关惩防结合紧盯扶贫领域职务犯罪》，载《法制日报》2017年6月2日。

③ 罗建华：《广东扶贫经验为率先全面小康加速助力》，载南方网 http：//opinion.southcn.com/o/2016－04/10/content_ 145655389.htm，访问时间：2016年4月10日。

务犯罪案件线索 1985 件,立查扶贫领域职务犯罪案件 1766 件 2335 人,涉案金额高达 2.49 亿余元。① 2016 年 4 月至 2017 年 7 月,广东检方共立案查办扶贫领域职务犯罪 166 人,同比上升 13.7%。② 此外,有些制度配套方面有空白,缺少与之配套的制度,如信息反馈制度、惩戒和激励制度等等,实践证明,如果没有具体的制度来保证政策的有效落实,扶贫资金的使用效果将大打折扣。

(二)扶贫资金的短期临时政策较多,资金监管长期稳定法规相对较少

当前在推进"精准扶贫"工作中,大量存在追求"短、平、快"的现象,许多扶贫项目面临难持续的问题,并且越来越多地集中在制度"短板"上。扶贫单位和扶贫干部追求短期的目标,三年一过,考核完、总结完就走人,存在一种急功近利的心态。具体来说,资金监管还缺乏系统性和整体性,主要表现在:一是制度缺乏整体效应。如一些制度都是针对某一项具体业务而制定的,看似周全,但过于单一,不仅不能从根本上解决问题,还可能出现与别的出台制度"互相打架"的现象。二是制度缺乏时效性。有的制度与变化了的新形势不相适应,在操作过程中不符合当地实情,有的制度标准模糊,缺乏可操作性。三是一些"精准扶贫"政策不能形成合力。在调查中普遍反映,目前扶贫资金分配从省级到地方大多采用因数法,没有科学的分配依据。资金分配与贫困程度、脱贫任务脱节。更为严重的是由于因数法一般与项目结合,一方面产生了部分地方千方百计跑项目的现象,另一方面一些地方则认为由于因数法分配每年都有一定的指标会下达,既等得上、也靠得住,干好干坏都一样,缺乏动力,造成基层扶贫项目资金没法到位,使得精准扶贫的政策无法落实。

(三)扶贫资金的绩效机制较完善,资金监管责任追究相对欠缺

长期以来,财政促进农村减贫实行补偿式扶贫政策、维权式扶贫政策和开发式扶贫政策,在资金使用绩效方面考核相对重视,但由于扶贫项目资金使用三年一周期的特点,时间紧任务重,扶贫部门对项目资金监管不到位,容易造成监管脱节,腐败行为就会不可避免的发生。由于对资金监管的认识不足,在

---

① 闫昭、杨蓝:《广东:扶贫领域职务犯罪集中在基层 农村"两委"发案多》,载正义网 http://news.jcrb.com/jxsw/201706/t20170601_1758546.html 访问时间:2017 年 6 月 1 日。

② 章宁旦、韦磊、王磊:《广东一年半查办扶贫职务犯罪 166 人》,载中华网 http://news.china.com/news100/11038989/20170907/31304914.html,访问时间:2017 年 9 月 7 日。

制度规定的顶层设计中,针对部门或单位的设计多,针对人的行为的设计少;扶贫部门注重项目的审核申报环节,对具体实施过程缺乏有效的监督,按制度管人、按制度办事的有效机制尚未完全形成;有些制度偏重于引导,缺少对违反制度行为如何处置的责任规定,对监管对象的约束力不强;对扶贫廉政风险防控方面约束性的规定较少,扶贫信息公开内容不具体,监督机制不完善,监督渠道不顺畅;权力配置、监督与制约机制还不科学;制定出台的制度治标的多,治本的措施少;尚未形成明确的考核机制和责任机制,对廉政风险防控工作无法用量化进行评估,从而妨碍了监督的效果。总之,扶贫项目资金监管中的制度设计还不够系统,缺乏科学的扶贫项目资金分配机制,扶贫资金投入难"精准";缺乏科学有效的扶贫项目资金使用监督机制,扶贫资金投向使用上缺乏透明度;缺乏各部门之间有效的协调配合机制,造成多头管理,资源浪费;缺乏扶贫效果的评估机制,造成扶贫资金重申请轻使用,重计划轻落实。

三、加强精准扶贫项目资金监管法制化建设的建议

(一)重视"事前监管",改革扶贫资金管理使用的监管模式

一是建立科学化、精细化、规范化的扶贫项目资金审批预算管理机制。全面实施审核审批和预算编制管理制度,政府发改委、扶贫办等部门要有针对性地成立项目编制、审核、审批部门,严格审查项目,财政部门要建立地区扶贫核算中心,严格经费预算、资金拨付和使用管理。二是建立扶贫项目实施及项目资金拨付到位情况的巡查机制。进一步发挥基层财政,特别是乡镇财政所,就地、就近实施监管的作用,建立健全对扶贫项目资金的巡查机制。三是建立项目进展跟踪制度。全面推行扶贫资金项目公告、公示制,引导广大群众参与扶贫项目的监管,实行阳光操作,建立专项经费使用情况的公示制度和项目进展跟踪制度。

(二)规范"事中审查",明确各个环节的岗位职责和检查制度

一是围绕重点领域、重点环节、重点岗位,查找廉政风险点,健全完善权力约束机制。对扶贫领域的职务犯罪最可能发生的扶贫资金分配、发放管理,以及项目申报、审核审批、项目实施、检查验收等环节,针对性地加强预防措施,提高预防实效,完善具体制度。二是围绕扶贫项目立项、审批、实施、监管、验收、绩效评估等重要环节,建立监管约束制度,明确各个环节的岗位职责和检查制度。三是围绕资金分配、拨付、使用、报账和管理等环节,建立全程跟踪监管制度。四是围绕督查项目资金主管部门,制定专项资金具体管理办法,建立内部事前事中事后相互之间制约的操作制度。五是结合实际制定资金

使用的具体问责办法，层层建立资金使用"定人员、定目标、定任务、定职责、定绩效、定奖惩"的责任机制。六是充分发挥项目主管部门、财政、审计、监察、社会中介机构、新闻媒体和社会舆论的监督作用，构建全方位监管相结合的长效监管机制。七是党委、政府应高度重视，努力争取将资金使用绩效纳入党委、政府的重点督查工作，纳入人大、政协的监督内容，纳入对有关部门的年度目标考核，建立健全覆盖扶贫资金使用管理的监管体系，建立廉政风险防控机制。

（三）严格"事后追究"，健全扶贫资金监督检查责任追究制度

一是建立健全扶贫资金检查制度。财政、扶贫部门要采取自查、抽查、重点检查等多种形式，定期或不定期对帮扶资金的拨付、到位、使用情况进行检查，发现问题，及时纠正。防止截留、挤占、挪用、套取、贪污等违纪违法行为发生，确保帮扶资金安全、合规、有效使用。二是建立健全专项审计制度。对扶贫专项经费投入使用开展全过程专项审计制度，强化财政监管中心对经费的使用、管理、监督常态化、规范化、制度化。三是建立第三方监管服务机制。积极探索由市县级政府分别组织购买社会化扶贫项目的代建、代管等的监管服务，委托社会中介机构第三方监管服务机制，建立创新扶贫资金管理使用方式。四是建立责任追究制度。积极与纪检监察、审计部门配合，开展重点监督检查，强化日常的督查。加大对违规违法情况的查处力度，分级建立分工明确、权责对等的资金分配、使用、监管机制，借鉴司法领域的办案终身责任制的责任追究制度，建立长效机制以约束急功近利的做法，确保财政扶贫资金"精准投入"。

把精准扶贫项目资金监管纳入法治化轨道，不仅为精准扶贫长效机制奠定制度基础，也是从顶层设计、总体布局和完善机制等方面推进精准扶贫工作重要保障。

食品药品领域犯罪的防控与治理

医疗事故犯罪案件判决的特点与犯罪治理思路

——以113份医疗事故罪相关裁判文书为分析对象

吴 勃*

医疗事故罪是我国1997年《刑法》新增罪名,是医疗行业的专业罪名,其保护的法益是医疗单位的工作秩序,以及公民的生命健康权利。自1999年发生第一例医疗事故罪案件已经20年,当时整个医疗界一片"狼来了"的呼声,立法和司法机关顶住压力的主要理由就是必须规范医疗行为以保障公民的生命和健康。在20年这个节点上,对医疗事故罪的刑法适用进行统计分析,有利于对该罪的设立和适用进行评估,以提出医疗事故犯罪的预防和治理建议。因此,对1997年《刑法》实施以来发生的医疗事故犯罪进行梳理,具有回顾过去、展望未来的意义。笔者于2019年5月7日,以"医疗事故罪"为关键词,以刑事案由为限定条件,在无讼网、裁判文书网上共搜索到不重复的文书131份,并以此为对象开展统计分析。最终判决构成医疗事故罪的裁判文书49份,共48件案件;17份裁判文书或以医疗事故罪起诉,或辩护认为构成医疗事故罪作罪轻辩护,但最终判决构成其他罪名或无罪;48份为自诉医疗事故罪的裁定;剩余18份为统计无效文书。① 本文即以统计有效的113份裁判文书为实证分析对象,以统计数据为依托,揭示医疗事故罪司法裁判中的现象,对裁判中的问题和争议进行归纳分析,提出医疗事故罪犯罪预防对策。

一、医疗事故罪相关案件裁判情况

(一) 案件情况

因上诉、申诉、再审等原因,113份裁判文书共涉及96件案件,其中

---

* 吴勃,武汉大学刑法学博士研究生。
① 裁判文书中存在自诉判决构成医疗事故罪的文书1份,统计中有重合。

48份自诉医疗事故罪裁判文书涉及31件案件,但裁判文书大部分极为简略,对案件情况并无描述,无法有效统计案件情况。17份判决构成其他罪名或无罪的裁判文书涉及16件案件,裁判文书对案件事实有详细描述,但其数量较少,且分别构成不同罪名,仅可作为典型案例与判决构成医疗事故罪的案件进行对比。因此,笔者首先对判决构成医疗事故罪的48件案件情况进行统计。

1. 犯罪人行为特征

犯罪人主要的行为方式具有典型性,包括违规操作、违规用药、误诊、误操作和手术误操作五种方式,违规操作构成医疗事故罪的件数最多,达27件,其中,未皮试行为有11件。①

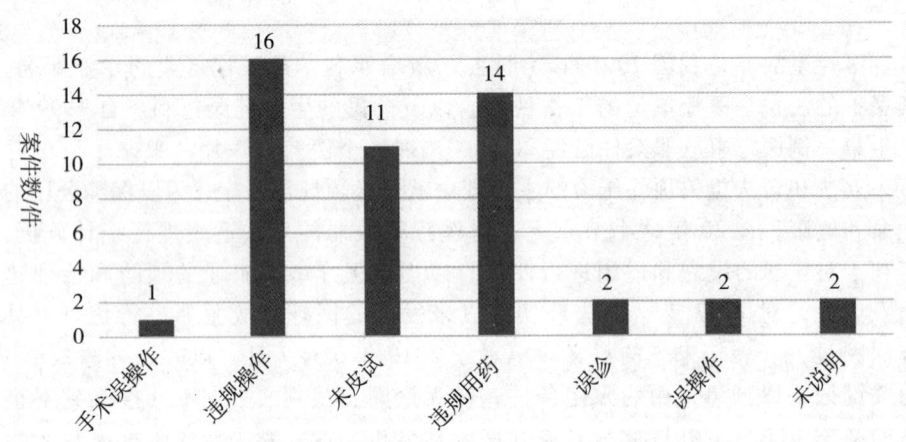

图1 行为方式

违规操作、违规用药是触犯医疗事故罪的主要方式。行为后果以被害人死亡为主,与刑法规定的"造成就诊人死亡或者严重损害就诊人身体健康"的客观构成要件有关。

---

① 对易过敏药物使用前的皮试属于操作规范中的一部分,统计中的违规用药行为主要指"药不对症"或药物冲突情况,因此笔者将未皮试纳入违规操作行为中统计。

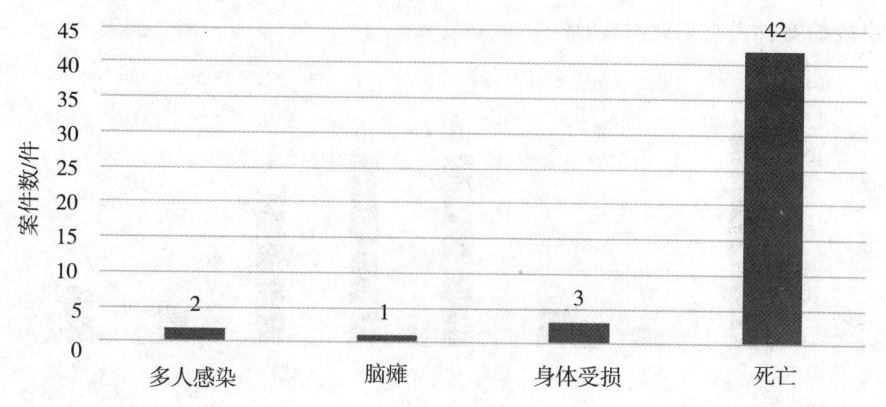

图 2 行为后果

通过裁判文书中列明的证据、鉴定意见和法院认为可总结出造成后果的原因,其中"过敏"明显高于其他原因,达到 21 例,占比达到 43.75%,与行为方式中"未皮试"行为占比高相一致。

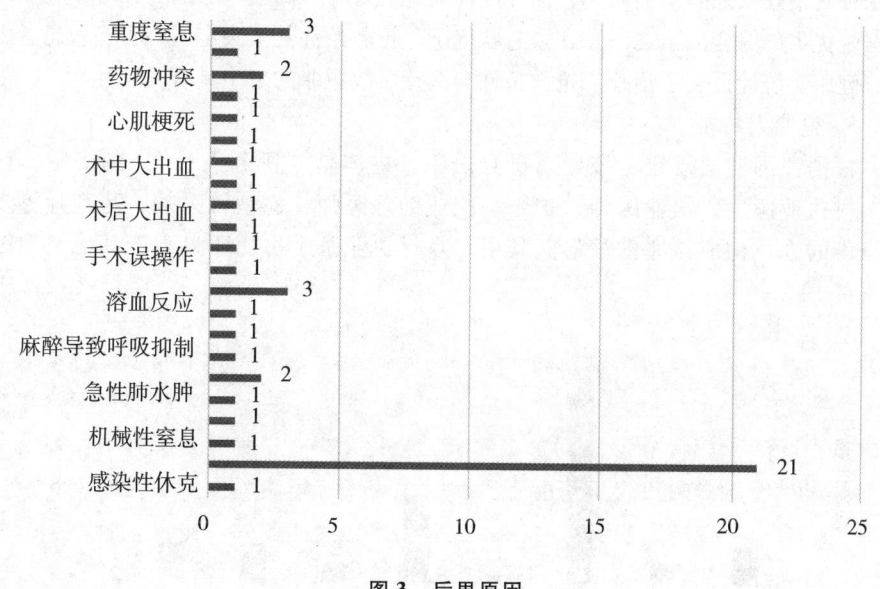

图 3 后果原因

2. 医疗场所

医疗场所以患者家中为最多,共 12 例,乡村卫生所和医院次之,各 10 例。除未说明外,在非医院中发生医疗事故的比例较高,在患者家中、推拿店、私开诊所等完全不具备治疗、抢救条件的场所发生医疗事故的案件占总数的 31.25%;在卫生院、乡村卫生所、诊所等治疗、抢救条件落后场所发生医疗事故的案件占总数的41.7%。

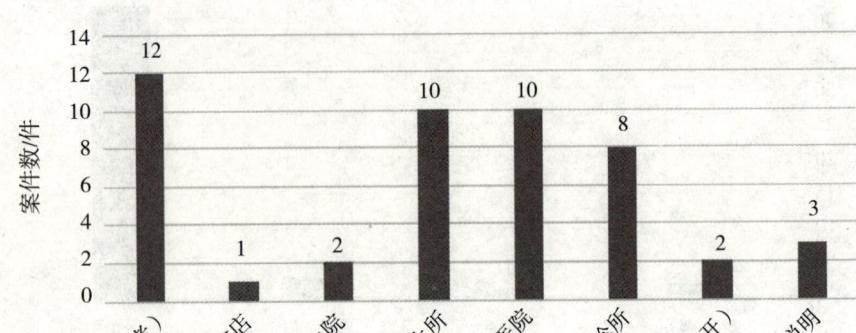

图4 医疗场所

医疗行为本是医疗人员借助专业工具、用品对患者疾病进行治疗的过程，治疗条件对治疗效果有明显影响，医疗硬件设施的好坏、高端仪器的有无等本就是衡量医院优劣的综合因素之一。在紧急状况下，抢救条件甚至决定了能否挽救患者生命、健康。统计证实了治疗、抢救条件与医疗事故犯罪的发生具有关联性。

3. 犯罪人特征

根据我国刑法规定，该罪属于身份犯，主体是"医务人员"，判决中，存在乡村执业医生、执业医师、护士、执业助理医师、检验科医师、药剂师等多种身份的人员构成该罪的情形。其中，乡村执业医生占比明显高于其他类型医务人员。

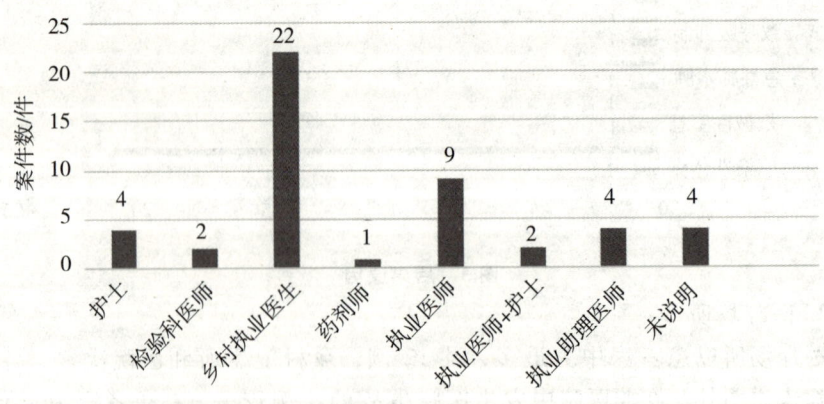

图5 犯罪人身份

根据《乡村医生执业管理条例》规定，乡村执业医生属于"尚未取得执业医师资格或者执业助理医师资格，经注册在村医疗卫生机构从事预防、保健和一般医疗服务的乡村医生"，仅能在注册的村医疗卫生机构"进行一般医学处置"。乡村执业医生本就不具有较高的医疗水准，大量人员并未经过严格的规范化培养，更易因严重违反操作规程，成立严重不负责任，构成犯罪。

4. 案发情况

医疗事故罪是1997年《刑法》新增罪名，自法条生效后，从1999年开始，每年均有医疗事故罪案件发生，2012年、2013年、2014年和2016年每年案件数在5件以上，在2014年和2016年最高，达到8件。

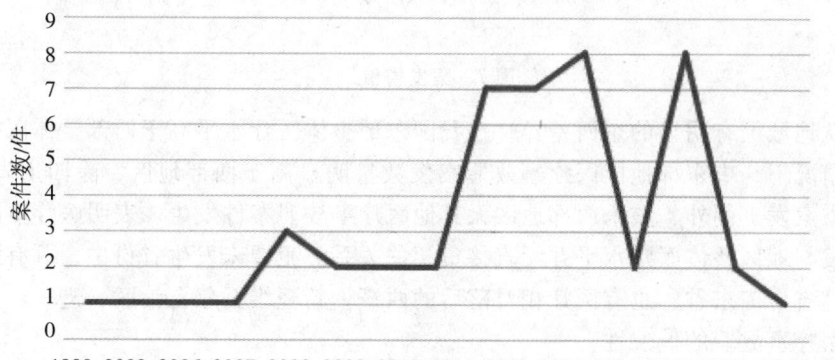

图6　案发年份

每年案件数波动较大，如2015年案件数仅为2件，与2014年和2016年的高案件数对比明显。虽然在2011年后案件总数远超2011年前案件总数，但在2017年和2018年案件数明显下降的情况下，也无法得出案件数趋势的结论。笔者认为，是因整体案发数量极少，每年案发数具有一定的偶然性，造成了较大波动。

案发省份统计中，共有19个省份发生过医疗事故罪案件。

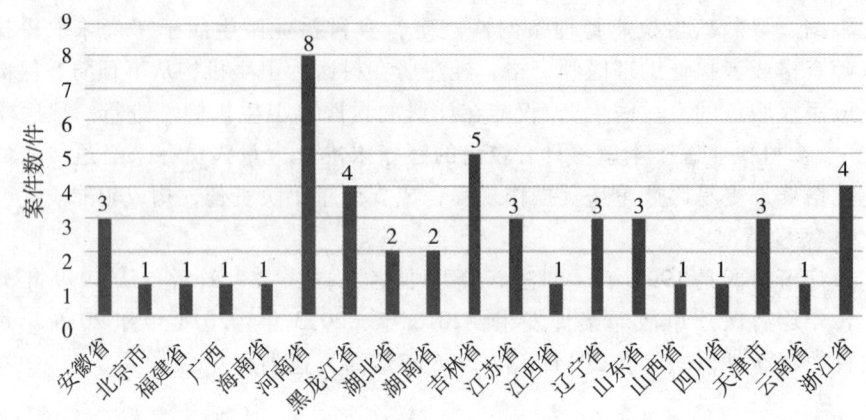

图7 案发省份

从地域上有明显的东西差异,在我国东部整体医疗水平高于西部整体医疗水平情况下,中东部地区医疗事故罪案发数量明显高于西部地区,除四川省、云南省案发1例外,整个西部地区无其他医疗事故罪案件发生。表明医疗事故罪案发与地区整体医疗水平并无直接负相关关系。犯罪未发生省份中,既有医疗发达省份广东省,也有医疗相对落后的西藏、新疆维吾尔自治区,进一步确认了医疗事故罪的偶发性。

(二)裁判情况①

医疗事故罪通常带来极为严重后果,被害人及家属对追究医务人员刑事责任的诉求较高,因此存在48份医疗事故罪自诉的裁判文书。笔者将本部分裁判情况分为自诉案件裁判情况和构成医疗事故罪案件裁判情况两部分。

1. 自诉案件裁判情况

31件自诉医疗事故罪案件通过裁判文书中信息查询,共涉及63份裁判文书,但因裁定书较多未上传至网络等原因,仅能收集48份裁判文书,且大多为二审裁定书。因此,笔者认为自诉医疗事故罪案件数量可能多于31件,但以裁定书的方式被驳回起诉或不予受理,并未上传至裁判文书网等网站中。在31件案件中,仅有7件案件未上诉或未将上诉裁判文书上传至裁判文书网,上诉率达到77.4%。

---

① 医疗事故鉴定是判决构成医疗事故罪的重要依据,也在此部分对医疗事故鉴定情况进行统计分析,以了解我国目前医疗事故罪裁判现状。

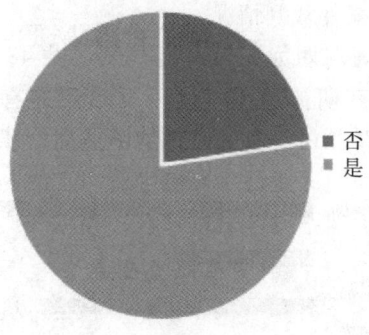

图 8　自诉案件是否上诉

所有上诉案件无一例外地驳回上诉，维持原裁定。对最终裁判结果进行统计，已公布的 31 件自诉医疗事故罪案件中，有 4 件被驳回起诉，24 件被裁定不予受理，2 件被判决无罪，一件被判决构成医疗事故罪，但被判处免于刑罚。

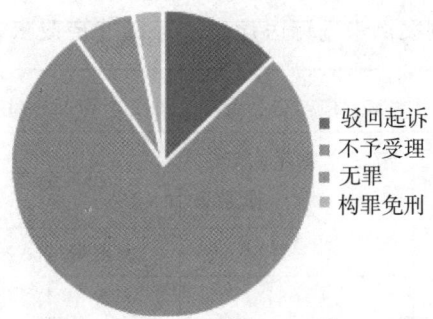

图 9　自诉案件裁判结果

经统计，仅有 1 件案件被判处构成医疗事故罪，但也被判处免于刑事处罚，其余 2 件被判处无罪的案件在诉讼过程中均有被裁定不予受理的过程，虽最终以再审的方式指定受理，但仍被判决无罪，表明我国自诉医疗事故罪案件被支持的概率极低。

在医疗事故罪的认定中，医疗事故鉴定是重要依据，31 件自诉案件中，因裁判文书内容极其简短，仅有 5 件案件对医疗事故鉴定情况作出说明，其中 2 件为判处无罪的案件，1 件为判处构成医疗事故罪但免于刑事处罚的案件。其余 2 件有医疗事故鉴定的案件均以不属于自诉案件范围的理由裁定不予受理。

2. 构成医疗事故罪案件裁判情况

量刑方面，该罪最高刑期为 3 年有期徒刑，共 48 例案件[①]，适用缓刑的有 22 例，接近 1/2，在有期徒刑 1 年及以下量刑的有 30 例，占总数的 2/3，其中有 5 例免于刑事处罚。在量刑上体现出明显的轻罪化倾向。

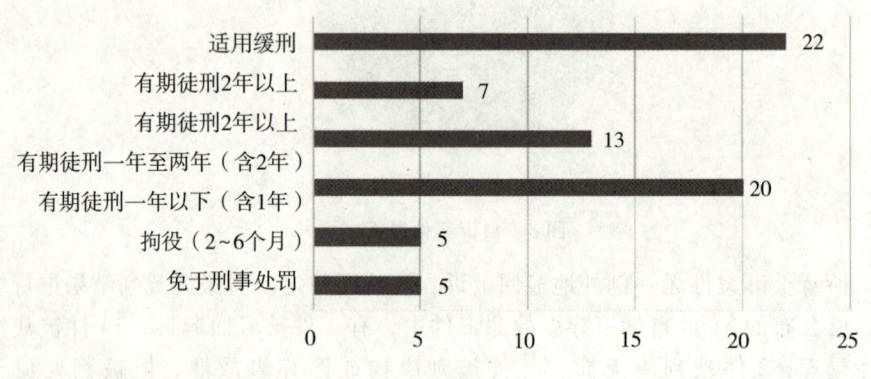

图 10 量刑

统计中，有 15 例案例未进行医疗事故等级鉴定或未在判决中说明即认定构成医疗事故罪。

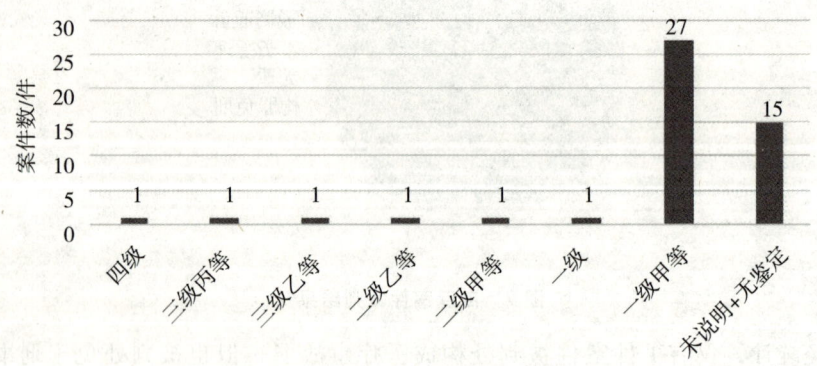

图 11 医疗事故等级

在已鉴定案例中，一级甲等案例最多，达 27 例。医方责任也以主要责任和完全责任为主，共达 28 例。

---

① 因存在共同犯罪现象，统计中将共同犯罪中各犯罪人量刑情况单独统计，因此各刑期人数总和超过 48 人。

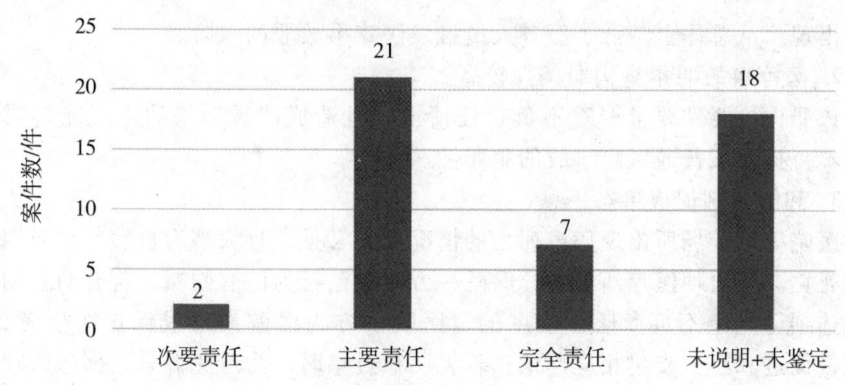

图 12 医方责任

二、裁判数据体现出的现象及原因分析

医疗事故罪本就是身份犯,只有医务人员才能构成,从裁判统计中,不难看出目前医疗事故罪犯罪数量少、量刑轻缓等现象,医疗水平、知情同意问题等医事刑法关切问题在裁判中也有回应。该部分即对裁判数据中体现出的现象进行总结,并分析原因,为后续建议提供基础。

(一)案件数量少

统计中发现,医疗事故罪发案数量极少,与医疗损害责任纠纷案件数形成强烈对比。以"医疗损害责任纠纷"为案由搜索,在"裁判文书网"共有74842份文书,仅判决书就有47926份,因和解、调解等机制,发生的医疗损害案件总数应远大于5万件,但其中仅有48件构成医疗事故罪,数量极低。笔者认为,导致这一现象的原因如下:

1. 刑罚的一般预防功能得到充分发挥

应当看到,尽管医疗界对医疗事故犯罪有不同看法,但自严重不负责任的医疗事故入刑以来,极大的震撼了医院和医务人员,医务人员普遍对遵守医疗规范给予前所未有的重视。20年来,医疗机构对规章制度的建设不遗余力,医务人员对诊疗护理常规的学习和遵守达到新的高度。实践中,规范化培养已是一名合格的医生必须要经历的过程,并有效地提高了我国医师的临床水平和医疗服务质量。① 严格的规范化培养使得医生在执业初期即对医疗规范详细学习,形成严守医疗规范的执业习惯,客观上直接减少了"严重不负责任"情

---

① 祁敏、陈华江等:《我国住院医师规范化培训现状分析与展望》,载《中国高等医学教育》2013年第4期。

形的出现。从总体上降低了医务人员触发医疗事故罪的风险。

2. 医疗事故罪本身构罪条件较高

该罪构成要件要求严重不负责任情形,且造成严重后果的才可能构成该罪,本身排除了普通医疗事故的犯罪性。①

3. 和解机制促成事态平息

医院等医疗场所出现病患死亡的情况极为常见,且大多为自然死亡或因病正常死亡。当出现医疗纠纷时,医院一方对自己行为已有判断,若有明显的过错或达到"严重不负责任"程度的,医院一方为医院声誉或保护医生考虑,会积极促进和解,支付相应赔偿;若无明显过错时,为避免诉累,部分医疗机构也会选择支付补偿,息事宁人。以医院为主体的医疗机构具有较高的支付能力,在满足受害人家属赔偿或补偿要求情况下,事态更易平息,当无第三方介入时,极难进入刑事程序。

需要特别说明的是,判决构成医疗事故罪犯罪案件数量可能低于实际发生犯罪案件数量。和解机制、死亡原因登记制度等原因可能让本应进入到刑事程序的案件未能启动,裁判文书录入不全面、不及时,比如,福建长乐发生的医生李某雪医疗事故案裁判文书网尚未录入,因此,统计裁判数据与真实数据可能存在差距。这也意味着,仅采用司法裁判文书统计分析的方式无法全面准确的反映我国医疗事故犯罪现状。

(二)量刑轻缓

裁判中,有期徒刑1年及以下量刑的有30例,占总数的62.5%,其中有5例免于刑事处罚。有期徒刑2年以上刑期量刑的犯罪人中,有两例导致多人感染案例,其余5例均为被害人死亡案例。适用缓刑的22例,占总数的45.8%。究其原因,笔者认为,一是医疗事故罪在整个刑罚体系中属于轻罪,其量刑幅度为"三年以下有期徒刑或拘役",具有使用缓刑的基础。二是与医疗事故罪属过失犯罪,与医务人员医疗目的完全背道而驰,② 医疗行为本身具有一定风险性,且医疗人员在发生医疗事故后不再具有明显的社会危害性等原因密切相关。笔者认可大多数学者主张的医疗事故罪量刑应重视缓刑的适用的观点。

(三)医疗水平高低与医疗事故罪认定无直接因果关系

对犯罪人行为方式统计发现,我国目前构成医疗事故罪的犯罪人行为中并

---

① 杨丹:《我国处理医疗事故刑事案件的实证分析》,载《中国刑事法杂志》2008年第6期。

② 张爱艳、张联巍:《医疗事故罪的量刑研究》,载《法学论坛》2004年第1期。

无漏诊而构罪的情形，误诊构成医疗事故罪案件仅 2 件。在 3 件以医疗事故罪起诉，最终被判无罪案件中，有 2 件案件的被告人行为方式为误诊、误治。绝大部分犯罪人行为为违反操作规程，且皮试等最为基础的操作规程占据绝大多数，这也与最高人民检察院、公安部《关于公安机关管辖的刑事案件立案追诉标准的规定（一）》中对"严重不负责任"列明为对医疗规范的严重违反一致。也有学者在此之前即讨论过医疗配置医疗配置会实际影响医疗水平，从而对医生注意义务有影响。① 笔者同意该学者的结论，但认为对医疗规范的遵守与医疗水平无关，通过分析表明，司法实践中并无医务人员无过错，只因医疗水平不足，导致患者死亡或造成其他严重后果即构成医疗事故罪的案例。

（四）知情同意原则在医疗事故犯罪中无体现

知情同意原则问题是医事刑法的第一问题，也是目前我国众多学者开展医事刑法研究必须要论证的问题。但在医疗事故罪司法审判实践中，患者知情同意问题并无体现。在丁某某诉吴某构成医疗事故罪一案中，自诉人起诉理由即为"超说明书用药不履行法定告知义务，在患者家属未能充分了解溶栓风险与后果的情况下签订同意书，使患者家属丧失了避免风险的选择权，最终导致患者死亡"，即为典型的侵犯患者知情同意权的行为，法院最终以不属于自诉案件范围的理由裁定不予受理。在判决构成医疗事故罪的所有案件中，并无因侵犯患者知情同意权而构罪的。

（五）与过失致人死亡罪、非法行医罪的交叉和认定

（2017）苏 0684 刑初 202 号判决书系以过失致人死亡罪起诉，最后法院认定构成医疗事故罪，并以此定罪量刑。该案系乡村执业医生在私开诊所中为他人诊疗，在未进行皮试情况下为病人输液，最终导致病人过敏性休克死亡，法院认定犯罪人行为是"严重不负责任的诊疗行为"，判决犯罪人构成医疗事故罪。通过典型案例和过失致人死亡罪案件统计分析，在过失致人死亡罪案件中，与广义"医疗"行为有关的案件较少，司法裁判中对医疗事故罪与过失致人死亡罪区分认定较为明确，即犯罪人是否是医务人员，其开展的是否是诊疗活动。

17 份裁判文书指向的或以医疗事故罪起诉，或辩护认为构成医疗事故罪，但最终判决构成其他罪名或无罪的案件中，成立最多的犯罪是非法行医罪。医疗事故罪与非法行医罪本身具有较大差异，但跨区域执业、互联网医疗等新问

---

① 于佳佳：《医疗资源配置不均衡对医疗过失认定的影响——医疗资源配置的空间性差异和时间性差异两个纬度上的展开》，载《东方法学》2016 年第 4 期。

题的出现，使得两罪界限尚存争议。

（六）医疗事故鉴定非必经程序

对于进行过医疗事故鉴定的案件，其结论为一级甲等案例最多，达27例，医方责任也以主要责任和完全责任为主，共达28例。对于未进行医疗事故等级鉴定或未在判决中说明是否经过医疗事故鉴定即认定构成医疗事故罪的15例案件的存在，表明医疗事故罪的刑事诉讼程序或者证明标准尚不统一。已有众多学者讨论鉴定二元制模式下带来的裁判困境，有学者认为现行医疗事故犯罪鉴定的困境，使得刑法对重大医疗过失行为过度放纵。① 笔者对此表示同样担忧，在广东省（2015）东一法刑初字第3261号案件中，虽多份鉴定结论均表示医务人员存在过错，但因存在重大矛盾，法院认定"根据现有证据不能证实被告人谢某某在诊疗患者何某某的过程中存在严重不负责任的情形"，判决被告人无罪。个案评述并非本文讨论重点，但该案中的多重鉴定结论冲突，对裁判者准确掌握医务人员是否构成"严重不负责任"要件已有实质影响。

三、医疗事故犯罪治理思路

我国目前医疗事故罪案件数量少，量刑轻缓，裁判中虽存在罪名具体认定的争议，但并未导致明显错误。针对第一部分统计情况中展现出的问题，结合目前所处的大数据时代和未来可能来临的人工智能时代，笔者提出以下医疗事故犯罪防治建议，对医疗事故犯罪进行预防，维护医疗活动的正常秩序，保护患者的生命健康权利。

（一）医疗事故罪的合理适用

观察世界各国，直接规定医疗事故犯罪的国家较少。英美法系国家对医疗事故主要是通过民事赔偿及行政制裁等方式处理。即使行为人的主观过失造成严重后果，承担的责任往往是高额赔偿。对一名医生提出的过失控告应比对一名驾驶员提出过失控告应当更为严肃、慎重。我国确立严重医疗事故入刑是存在巨大争议的。因为这不仅涉及到患者的生命健康和合法权益，也涉及到医疗机构和医生的重大利益。立法机关意在保护患者的合法权益与促进医学研究、保护医务人员权益之间找到平衡点。而司法实践中往往存在较大的困难。尽管如此，笔者仍认为1997年刑法确立医疗事故罪具有重大价值，刑法规制对医疗机构和医务人员形成非常现实的警醒。医疗事故罪多发于不具备高水准的乡村执业医生在不具备医疗、抢救条件的场所开展的医疗行为，也表明这一结论

---

① 谈在祥：《论我国刑事医疗过失鉴定的困境与展望》，载《证据科学》2013年第2期。

具有现实依据。

医疗事故罪适用方面存在的问题主要是对医疗事故鉴定的采信问题。不经过医疗事故鉴定程序而从司法鉴定因果关系入手判定医疗事故罪的成立，与我国《医疗事故处理条例》规定存在冲突，也导致裁判标准不统一。2019年7月20日，全国法院贯彻落实政法领域全面深化改革推进会精神专题会议在成都召开。会议要求，推动建立高级法院审判指导文件和参考性案例备案机制，避免裁判标准的区域性差异，并推行类案及关联案件强制检索制度，确保法律适用统一。笔者认为此举有望消除目前在医疗事故罪判罚上存在的差异。

（二）进一步推进医务人员的规范化训练

我国目前推行的医学生毕业后医学教育是参考了美国、加拿大等发达国家多年来实行的临床执业医生培养体系，开展规范化培训，其目的是建立一套培训制度来保证所有的住院医师都达到并维持一定的行医水准。① 该培训已取得较好效果。医疗机构和医生均认识到规范化培训对提高医疗质量至关重要，并认为培训深度、力度、高度、强度等都需加强。② 目前规范化培训仍存在不足，其培训对象限于住院医师，而住院医师仅是执业医师的一部分，因此具有明显犯罪预防效果的规范化培训制度无法全面普及，应尽快加以改善。进一步来看，据统计，乡村执业医生是构成医疗事故罪中占比最高的医务人员，根据《乡村医生从业管理条例》规定，由各地政府自行组织对当地的乡村执业医生进行培训，但乡村医生教育培训缺乏统一的质量控制，水平不高。③ 借鉴规范化培训中部分经验，针对性加强乡村执业医生培训，能够提高乡村执业医生行医规范化水平，可有效降低医疗事故刑事案件的发生。同时，已有统计数据证明，培训对象有明显的倦怠现象。④ 因此，规范化培训常态化，执业医生培训终身化等措施也可有效加强医务人员执业规范化。

（三）开展医疗人工智能环境下医疗事故犯罪预防的前瞻研究

以辅助诊断程序为代表的医疗人工智能已开始逐渐应用，如广州市妇女儿

---

① 林锦、陈尚勤：《美国儿科住院医师及新生儿——围生期医学专科医师规范化培训体系简介》，载《中国实用儿科杂志》2019年第7期。

② 张海英、张海：《住院医师规范化培训制度落地难点问题及实践探索》，载《中国医院管理》2019年第9期。

③ 刘宇、康健、杨三：《网格视域下的乡村医生教育培训模式构建研究》，载《中国卫生事业管理》2018年第8期。

④ 杨立、王传芳：《住院医师规范化培训视域下不同年度医学生学习倦怠情况和影响因素分析》，载《中国健康教育》2019年第7期。

童医院利用医疗人工智能技术诊断儿科疾病的重磅科研成果已在国际顶级杂志发表。医学界对医疗人工智能的讨论逐渐深入,人工智能医疗器械创新推进会于7月17日在北京召开,并成立创新合作平台促进医疗人工智能产品创新、落地。医疗人工智能的发展可有效提高医疗效率,减轻医生负担,缓解我国部分地区因医疗资源短缺而产生的医患矛盾。医院管理人工智能软件早已落地,运用人工智能医疗管理系统,从药物管理、医疗程序管理等方面入手,对医疗事故罪的发生有直接遏制作用。目前医疗人工智能产品对医疗程序的介入程度还比较有限,并且具有代表性的辅助诊断系统被明确为辅助诊断和临床决策支持系统,不能作为临床最终诊断,最终诊断必须由有资质的临床医师确定。①因此,目前还没有与医疗人工智能有关的医疗事故罪案例产生。但英国达芬奇机器人手术中暴走,最终"杀死"患者的案例也为我们敲响警钟。笔者认为,在未来医疗人工智能应用介入医疗程序程度更深的情况下,社会可容忍风险以及人工智能条件下医疗事故罪的严重社会危害性需要尽早论证。同时需要对知情同意原则在医疗人工智能环境下的表现形式、信赖原则的适用条件等问题,开展相关前瞻性研究。

---

① 参见国家卫生计生委办公厅《人工智能辅助诊断技术管理规范(2017版)》(国卫办医发〔2017〕7号)。

非法添加和滥用含铝食品添加剂犯罪之实证分析与研究

——以 539 个案例为样本

郑丽萍 赵 杨[*]

食品添加剂广泛存在于人们日常食用的大部分食品中,被视为现代食品工业的灵魂。针对食品添加剂的非法添加和滥用行为,尽管我国出台了一系列法律法规加以规制,但在司法实践中仍存在着入罪界限模糊、罪名选择不一、罪刑不均衡等问题。本文以食品添加剂中常见的含铝添加剂,即含铝泡打粉和明矾为视角,通过判例统计的方法进行实证研究,探寻非法添加和滥用含铝食品添加剂行为的刑事司法现状,并就其司法规制问题提出建议。

一、判决样本采集与基本情况

(一) 判决样本的采集与选择

在威科先行法律信息库,运用"案由'生产、销售不符合安全标准的食品罪'、'生产、销售有毒、有害食品罪'、关键词'铝'、裁判年份2017—2019"的条件进行检索,[①] 共计得到裁判文书 1485 份。经过对重复文书、裁定书、对象非含铝食品添加剂等文书的筛选整理,共得到 2017—2019 年非法添加和滥用含铝食品添加剂犯罪的刑事判决 539 份,其中生产、销售不符合安全标准的食品罪判决 456 份,生产、销售有毒、有害食品罪判决样本 83 份。

对判决样本进行全面梳理,提取判决样本中的省份、年龄、性别、犯罪持续时间、违法所得数额、残留铝含量、食品类型、主刑刑期、罚金刑数额、缓刑适用、是否造成中毒后果等变量,通过统计软件 SPSS 进行录入与分析。

---

[*] 郑丽萍,北京航空航天大学法学院教授、博士生导师;赵杨,北京航空航天大学法学院刑法学博士研究生。

[①] 检索网址为:https://law.wkinfo.com.cn/,访问时间为 2019 年 7 月 2 日。

(二) 判决样本的情况分析

1. 地域分布。判决样本地域分布于 25 个省、市、自治区，涵盖了全国大部分区域。含铝食品添加剂主要添加于馒头、包子、油条等主食中，由于南米北面的饮食差异，华北地区省份判决数量较多，其中样本数最大的是河北省，判决样本 73 份，占样本总数的 13.54%。

2. 食品种类。首先要对含铝食品添加剂的非法添加和非法滥用进行区分。国家卫计委等五部门于 2014 年发布《关于调整含铝食品添加剂使用规定的公告》（以下简称五部门《公告》），规定小麦粉及其制品生产中不得使用硫酸铝钾和硫酸铝铵，油炸面制品、面糊、裹粉、煎炸粉除外。而根据《食品安全国家标准食品添加剂使用标准》（GB2760 – 2014）的规定，在油炸面制品、面糊等产品中，含铝食品添加剂可以作为膨松剂、稳定剂适量使用，但要求在产品中铝的残留量小于 100mg/kg。

本文样本中，生产、销售有毒、有害食品罪 83 份判决中食品均为馒头、包子、花卷等小麦粉制品，即不允许有铝残留、不得非法添加的类型。生产、销售不符合安全标准的食品罪 456 份判决中，262 份判决中食品为不得非法添加的类型，194 份判决中食品为油条、油饼等油炸面制品，即允许适量铝残留、不得非法滥用的类型。

3. 量刑情况。具体涉及三个方面：

（1）主刑方面，生产、销售有毒、有害食品罪判决样本中，量刑均值即平均数为有期徒刑 9.85 个月，众数①为有期徒刑 6 个月，共 20 份判决，占总样本的 24.1%，中位数②为有期徒刑 10 个月。生产、销售不符合安全标准的食品罪判决样本中，量刑均值即平均数为有期徒刑 6.43 个月，众数为有期徒刑 6 个月，共 97 份判决，占总样本的 21.3%，中位数为有期徒刑 10 个月。③

（2）罚金刑方面，生产、销售有毒、有害食品罪判决样本中，罚金刑均值即平均数为 13864 元，众数为 5000 元，共 18 份判决，占总样本的 21.7%，中位数为 6000 元。生产、销售不符合安全标准的食品罪判决样本中，罚金刑均值即平均数为 12882 元，众数为 10000 元，共 67 份判决，占总样本的 14.7%，中位数为 5000 元。

---

① "众数"，统计学名词，即一组数据中出现次数最多的数值。
② "中位数"，统计学名词，按大小顺序排列的一组数据中居于中间位置的数，即在这组数据中，有一半的数据比它大，有一半的数据比它小。
③ 因拘役刑期为 6 个月以下，有期徒刑刑期为 6 个月以上，数值上可以衔接，此处仅按照刑期长短一起计算。

（3）缓刑适用方面，生产、销售有毒、有害食品罪判决样本中，适用缓刑的判决51份，缓刑适用率为61.45%，缓刑考验期均值即平均数为13.14个月，众数为12个月，共37份判决，占缓刑总样本的44.6%，中位数为12个月。生产、销售不符合安全标准的食品罪判决样本中，适用缓刑的判决294份，缓刑适用率为64.47%，缓刑考验期均值即平均数为10.08个月，众数为12个月，共121份判决，占缓刑总样本的26.5%，中位数为12个月。

二、判决样本定罪量刑特征分析

（一）罪名选择

对于油条、油饼等油炸面制品，即允许适量铝残留、不得非法滥用的案件，所有判决罪名均为生产、销售不符合安全标准的食品罪；但对于馒头、包子、花卷等小麦粉制品，即不允许有铝残留、不得非法添加的案件，263份判决罪名为生产、销售不符合安全标准的食品罪，83份判决罪名为生产、销售有毒、有害食品罪。

（二）主刑量刑特征分析

1. 主刑刑期地域差异显著。对各省的主刑刑期进行比较，以平均值来看，平均刑期最高的为湖南省，达到了11.92个月，平均刑期最低的为浙江省，仅为4.19个月；以中位数来看，最高的是湖南、贵州、重庆三省市，达到了12个月，最低的为江苏、浙江两省，仅为4个月。

2. 犯罪主体年龄较大，年龄与主刑刑期呈不显著的反比趋势。本罪犯罪主体年龄较大，平均年龄43.9岁，年龄众数与中位数均为45岁。将年龄与主刑刑期进行双变量相关分析，得出皮尔森相关系数[①]为 -0.54，P[②] $= 0.267 > 0.05$，说明年龄与主刑刑期在不显著的范围内呈现反比趋势，即年龄越大，主刑刑期在一定程度上相对越短。

3. 不同性别犯罪主体的主刑刑期差别不显著。以平均值来看，女性的平均刑期为7.08个月，男性的平均刑期为7.13个月；以中位数来看，男女主体的主刑刑期中位数均为6个月。

4. 犯罪持续时间与主刑刑期存在一定的正相关性。将犯罪持续时间与主

[①] "皮尔森相关系数"，统计学名词，即Pearson相关系数，其数值正负与大小可以体现两个连续变量的正负线性相关关系，其绝对值越大，相关性越强，一般绝对值0.4以上即可认为存在较为明显的相关性。

[②] "P值"，统计学名词，即概率，反映某一事件发生的可能性大小，统计学根据显著性检验方法所得到的P值，一般以 $P < 0.05$ 为有统计学差异。

刑刑期进行双变量相关分析，得出皮尔森相关系数为 0.206，$P<0.05$，说明犯罪持续时间与主刑刑期在不显著的范围内呈现一定正比趋势，即犯罪持续时间越长，主刑刑期相对越长。

5. 违法所得金额与主刑刑期存在一定的正相关性。将违法所得金额与主刑刑期进行双变量相关分析，得出皮尔森相关系数为 0.378，$P<0.05$。

6. 样本残留铝含量与主刑刑期基本无相关性。将样本残留铝含量与主刑刑期进行双变量相关分析，得出皮尔森相关系数为 0.027，$P=0.541>0.05$。

(三) 罚金刑量刑特征分析

1. 罚金刑数额地域差异显著。对各省的罚金刑数额进行比较，以平均值来看，平均数额最高的为福建省，达到了 11833.33 元，平均数额最低的为湖北省，仅为 3384.62 元；以中位数来看，最高的是广西省，达到了 60000 元，最低的为广东、贵州、湖北、天津四省市，仅为 3000 元。

2. 犯罪主体年龄与罚金刑数额基本无相关性。将年龄与罚金刑数额进行双变量相关分析，得出皮尔森相关系数为 0.014，$P=0.775>0.05$，说明年龄与罚金刑的相关性极低。

3. 女性的罚金刑数额略低于男性，差别不显著。以平均值来看，女性的平均罚金刑数额为 11066.15 元，男性的平均罚金刑数额为 14443.32 元；以中位数来看，男女主体的罚金刑数额中位数均为 5000 元。

4. 犯罪持续时间与罚金刑数额存在一定的正相关性。将犯罪持续时间与罚金刑数额进行双变量相关分析，得出皮尔森相关系数为 0.218，$P<0.05$，说明犯罪持续时间与罚金刑数额在不显著的范围内呈现一定正比趋势，即犯罪持续时间越长，罚金刑数额相对越大。

5. 违法所得金额与罚金刑数额存在较强的正相关性。将违法所得金额与主刑刑期进行双变量相关分析，得出皮尔森相关系数为 0.451，$P<0.05$。此皮尔森相关系数在法学领域中基本已可视为较强相关性，即违法所得金额越高，罚金刑数额越大。

6. 样本残留铝含量与罚金刑数额基本无相关性。将样本残留铝含量与罚金刑数额进行双变量相关分析，得出皮尔森相关系数为 0.086，$P=0.06>0.05$。

(四) 缓刑适用特征分析

1. 缓刑适用情况地域差异显著。对各省的缓刑适用情况进行比较，以缓刑率来看，最高的为广东、黑龙江、天津三省市，达到了 100%，最低的为甘肃、广西两省，缓刑率为 0；以缓刑考验期平均值来看，最高的是山东省，达到了 15.62 个月，最低的为湖北省，仅为 7.29 个月。

2. 犯罪主体年龄与缓刑适用与否基本无相关性,与缓刑考验期呈不显著的反比趋势。将年龄与缓刑适用与否进行双变量相关分析,得出皮尔森相关系数为 -0.074, $P=0.226>0.05$,说明年龄与缓刑考验期在不显著的范围内呈现反比趋势,即年龄越大,缓刑考验期在一定程度上相对越低。

3. 女性的缓刑率略高于男性,缓刑考验期差别不显著。女性的缓刑率为 75.21%,男性的缓刑率为 59.01%;女性的平均缓刑考验期为 11.23 个月,男性的平均缓刑考验期为 10.92 个月。

4. 犯罪持续时间与缓刑适用与否基本无相关性。将犯罪持续时间与缓刑适用与否进行分析,得出皮尔森相关系数为 -0.039, $P=0.372>0.05$。

5. 违法所得金额与缓刑适用与否基本无相关性。将违法所得金额与缓刑适用与否进行相关分析,得出皮尔森相关系数为 -0.179, $P=0.094>0.05$。

6. 样本残留铝含量与缓刑适用与否基本无相关性。将样本残留铝含量与缓刑适用与否进行相关分析,得出皮尔森相关系数为 -0.064, $P=0.144>0.05$。

三、判决样本中存在的问题

(一) 罪名选择适用不统一

对于馒头、包子、花卷等小麦粉制品,即不允许有铝残留、不得非法添加的案件,通过对判决说理部分的比较,法官对于罪名选择的差异主要源于对最高人民法院、最高人民检察院《关于办理危害食品安全刑事案件适用法律若干问题的解释》(以下简称《食品安全司法解释》)的理解差异。

判处生产、销售有毒、有害食品罪的判决,对含铝泡打粉认定为有毒、有害物质,依据的是《食品安全司法解释》第 20 条第(三)项规定的"国务院有关部门公告禁止使用的农药、兽药以及其他有毒、有害物质",认为五部门《公告》中对小麦粉及其制品生产中不得使用硫酸铝钾和硫酸铝铵的规定即符合此项。

(二) 入罪标准不明确

生产、销售不符合安全标准的食品罪属于具体危险犯,需要"足以造成严重食物中毒事故或者其他严重食源性疾病",而根据《食品安全司法解释》第 1 条第(一)项,需要认定所添加的物质"严重超出标准限量",此处便存在着对于限量的认定问题。若对于禁止添加含铝添加剂的案件,只要样本有铝残留或对于禁止滥用含铝添加剂的案件,只要样本铝残留含量大于 100mg/kg 即认定为犯罪,显然不符合"严重超出"的规定。而对于"严重超出"缺乏数值上的明确界定,显然使得此行为的入罪标准不明确。

福建省长汀县（2017）闽0821刑初92号判决书说理部分便写道，"本罪属于危险犯而不是实行犯，而且不属于抽象的危险犯，构成本罪的，必须同时具有'生产、销售不符合食品安全标准的食品'行为，以及该行为具有'足以造成严重食物中毒事故或者其他严重食源性疾病'的危险，即并非'生产、销售不符合食品安全标准的食品'行为即应入罪，只有该行为足以造成严重食物中毒事故或者其他严重食源性疾病的现实危险时，才能以本罪论处。"加之证据存在瑕疵，福建省长汀县人民法院最终作出了无罪判决。

（三）罪刑均衡与量刑规范化的缺失

根据本文样本分析显示，生产、销售有毒、有害食品罪与生产、销售不符合安全标准的食品罪判决样本中，量刑中位数均为有期徒刑10个月，远低于两罪法定刑中线[1]的30个月和18个月。虽然不能仅以量刑中位数作为判断量刑轻重的标准，但如白建军教授所述，"对抽象个罪法定刑幅度而言，中线是描述其集中趋势的唯一指标，因此，宣告刑的平均值与法定刑的中线之间具有观察意义上的可比性。"[2] 据此可以在一定程度上认为，对于非法添加和滥用含铝食品添加剂的犯罪行为，当前判决主刑量刑相对较轻。事实上，有学者对多个罪名的裁判文书进行实证研究，发现诸多罪名均呈现出量刑低于法定刑中线的现状，[3] 裸刑均值普遍低于法定刑中线已是既成事实。[4] 并且，非法添加和滥用含铝食品添加剂的判决缓刑适用率已超过60%，缓刑考验期大多数不足一年，缓刑适用率远高于我国缓刑适用的平均水平。[5]

在进行变量相关分析前，根据基本判断，样本残留铝含量与违法所得金额理应为与主刑刑期最具相关性的因素，但皮尔森相关系数甚至不到0.1，违法所得金额的皮尔森相关系数也低于0.4，说明对于非法添加和滥用含铝食品添加剂的犯罪行为，主刑刑期与样本残留铝含量基本无相关性，与违法所得金额的正相关性也很弱，这在一定程度上体现了非法添加和滥用含铝食品添加剂犯

---

[1] 即某罪名法定刑所有刑期的中位数。
[2] 参见白建军：《裸刑均值的意义》，载《法学研究》2010年第6期。
[3] 参见章桦：《食品安全犯罪的量刑特征与模型构建——基于2067例裁判的实证考察》，载《法学》2018年第10期。
[4] 参见白建军：《裸刑均值的意义》，载《法学研究》2010年第6期。
[5] 2010年全国缓刑适用率为26.32%，2011年为29.41%，2012年为30.26%，参见《全国法院司法统计公报》，载《中华人民共和国最高人民法院公报》2011年第4期、2012年第4期、2013年第4期。虽最高人民法院未公布近几年数据，但连续三年趋近的百分比已可说明问题。

罪的裁判存在罪刑不均衡的情形。

在判决样本整理过程中,还发现了明显的量刑错误,如在《刑法修正案(八)》废除生产、销售有毒、有害食品罪的拘役刑后,在没有从旧从轻的适用条件下,判处拘役4个月的判决,① 以及违反有期徒刑6个月以上的规定,判处有期徒刑3个月、5个月的判决,② 侧面上说明了部分判决中量刑规范化的缺失。

四、含铝食品添加剂犯罪司法规制的完善

(一) 规范罪名选择适用

五部门《公告》虽规定禁止在小麦粉制品中使用硫酸铝钾和硫酸铝铵,但对《食品安全司法解释》第20条第(三)项不应进行僵化理解与适用。《食品安全司法解释》第8条规定"在食品加工、销售、运输、贮存等过程中,违反食品安全标准,超限量或者超范围滥用食品添加剂,足以造成严重食物中毒事故或者其他严重食源性疾病的,依照刑法第一百四十三条的规定以生产、销售不符合安全标准的食品罪定罪处罚。"对于不得非法添加含铝泡打粉的小麦粉制品案件和不得超量滥用明矾的油炸面制品案件,即应适用此条规定,前者为超范围使用食品添加剂的行为,后者为超限量使用食品添加剂的行为,二者均应以生产、销售不符合安全标准的食品罪定罪处罚。

铝食品添加剂在油炸面制品、面糊等物质中仍允许适量使用,即可说明其并非能与此项中农药、兽药或《食品安全司法解释》第20条第(二)项规定的非食用物质等量评价的有毒、有害的非食品原料。有学者认为,此项规定是不必要的,即使没有此项规定,仍然应当将禁用农药、兽药认定为"有毒有害的非食品原料",③ 尚能在部分食品中适量使用的含铝食品添加剂显然不能与之并列。

对于不得非法添加含铝泡打粉等含铝食品添加剂的馒头、包子、花卷等小麦粉制品的案件,在2017—2019年的判决中,有23.99%的判决罪名为生产、销售有毒、有害食品罪,需要司法解释进一步细化规定,以规范含铝食品添加

---

① (2018) 闽刑初171号判决,被告人张某某犯罪行为发生在2017年5月,即《刑法修正案(八)》颁布之后。

② (2018) 黔0181刑初274号判决,被告人颜某某被判处有期徒刑3个月,缓刑1年;(2018) 赣0123刑初104号判决,被告人徐某某被判处有期徒刑5个月,缓刑1年;

③ 赵秉志、张伟珂:《食品安全犯罪司法认定问题研究——以法释〔2013〕12号司法解释为视角》,载《中南民族大学学报(人文社会科学版)》2017年第2期。

剂犯罪的罪名选择适用。

(二) 完善行刑交叉标准

根据最高人民法院《关于办理生产、销售伪劣商品刑事案件若干问题的解释》第4条,经省级以上卫生行政部门确定的机构鉴定,食品中含有可能导致严重食物中毒事故或者其他严重食源性疾患的超标准的有害细菌或者其他污染物的,应认定为刑法第143条规定的"足以造成严重食物中毒事故或者其他严重食源性疾患"。一些省级卫生行政部门与司法机关联合出台了地方性指导意见,如上海市高级人民法院、市检察院、市公安局、市司法局2013年出台的《关于适用〈关于办理危害食品安全刑事案件适用法律若干问题的解释〉的若干意见》规定,超出国家限量标准一倍使用食品添加剂时,可认定严重超出标准限量;河北省规定,需要省食药行政执法机关根据检验报告提出认定意见。

这些地方性指导意见的出台,一定程度上使得本省内含铝食品添加剂案件的行刑交叉部分有了明确的标准,但在全国性标准缺失的情况下,使得各省认定标准不统一,造成了不同省份内,同样剂量的含铝食品添加剂非法添加和滥用案件,当事人有的被处以行政处罚,有的被追究刑事责任的现象,也造成了食品监管部门与公安机关的案件衔接移送的困难。

有学者提倡,由最高司法机关以判例的形式把全国范围出现的典型食品安全案件予以公布,详述某一类案件相关构成要件的证据标准以及裁判理由,形成指导性意见,指导全国机关对同类案件的处理。① 笔者更赞同由国务院卫生行政部门统一组织有关专家进行技术论证,并联合公安、检察院及法院等部门,在对含铝添加剂进行科学评估的基础上出台数值明确的全国统一标准,以统一刑事立案的标准,为基层准确办案、行刑部门衔接提供依据。

(三) 加强量刑规范化

根据前文对判决书主刑刑期的相关性分析,主刑刑期与样本残留铝含量基本无相关性,与违法所得金额的正相关性也很弱,而这两个因素理应是影响刑期长短的重要因素,需要法官在量刑过程中充分考量相关因素的轻重程度,规范量刑,在更大程度上实现罪刑均衡。

最高人民法院、最高人民检察院、公安部、司法部于2010年发布的《关于依法严惩危害食品安全犯罪活动的通知》(以下简称《食品安全犯罪通知》)

---

① 赵秉志、张伟珂:《食品安全犯罪司法认定问题研究——以法释〔2013〕12号司法解释为视角》,载《中南民族大学学报(人文社会科学版)》2017年第2期。

明确指出"高度重视、审慎审理危害食品安全犯罪案件,避免重罪轻判",2011年最高人民法院再次发布《关于进一步加大力度,依法严惩危害食品安全及相关职务犯罪的通知》,充分体现了从严治理食品安全犯罪的理念。而根据本文对判决统计分析,无论是远低于法定刑中线的主刑刑期还是超过60%的缓刑适用率都并不能很好体现出从严治理的倾向。

近年来我国食品安全事件频发,其中很大的原因在于刑事处罚力度不足、经济处罚力度不够。① 使用含铝食品添加剂的当事人多为经营摊铺的小商贩,人身危险性较低,但这并不意味着如此高的缓刑适用率是合理的。缓刑的发展是目的刑论勃兴的结果,② 但缓刑的适用同样应受到责任刑的制约。含铝食品添加剂虽然不会导致急性中毒,但是人体摄入的铝80%到90%会刘在人体内,长期摄用过量的铝会损伤大脑导致痴呆,还可能出现贫血、骨质疏松等疾病,尤其对老人、儿童、孕妇产生的危害更大。有必要在宽严相济的刑事政策指导下,适度加大针对非法添加和滥用含铝食品添加剂犯罪行为的处罚力度,降低缓刑适用率,落实《食品安全犯罪通知》中明确规定的"要从严控制对危害食品安全犯罪分子适用缓刑和免予刑事处罚",更好地治理食品安全犯罪。

---

① 于杨曜:《论我国食品添加剂违法的刑事责任》,载《政治与法律》2015年第6期。
② 叶良芳:《缓刑适用应受责任性的制约——以国内最大基金老鼠仓案为分析重点》,载《法学》2014年第9期。

危害食品安全犯罪研究的
现状、反思与展望*
——基于 2008~2018 年相关文献的研究

王　嘉　李春雷**

　　自 21 世纪初开始，频频爆发的食品安全事件引发了人们对食品安全问题的思考与关注，并促动危害食品安全犯罪研究领域的形成。本研究以"食品安全犯罪研究"为主题，采用文献计量和内容分析的研究方法，对 2008 年至 2018 年十年间发表的相关文献进行定量和定性分析，描述食品安全犯罪研究的发展历程和现状，分析影响该领域研究的制约因素，并展望食品安全犯罪研究的走向。

　　为保障研究结果的全面和准确，本研究运用 CiteSpace 软件，对危害食品安全犯罪的论文进行脉络梳理与数据挖掘，同时对相关的专著和研究报告进行补充分析。在 CNKI 期刊全文数据库中，以"主题＝食品安全犯罪"为检索条件，检索范围为 2008—2018 年，检索时间为 2019 年 6 月 24 日，检索到相关文献 1136 篇。为确保所搜索文献的学术性，剔除了关于食品安全犯罪的新闻报道和重复性学术文献，本研究最终以 920 篇论文为研究对象，运用 CiteSpace 软件进行数据分析。

---

* 本文系 2018 年度公安理论及软科学研究计划"重大活动食品安全防范与应急处置警务机制研究"（项目编号：2018LLYJGADX058）的中期研究成果。
** 王嘉，中国人民公安大学博士研究生；李春雷，中国人民公安大学教授，中国人民公安大学食品药品与环境犯罪研究中心主任。

一、食品安全犯罪研究概况

（一）论文发表数量及年代分布

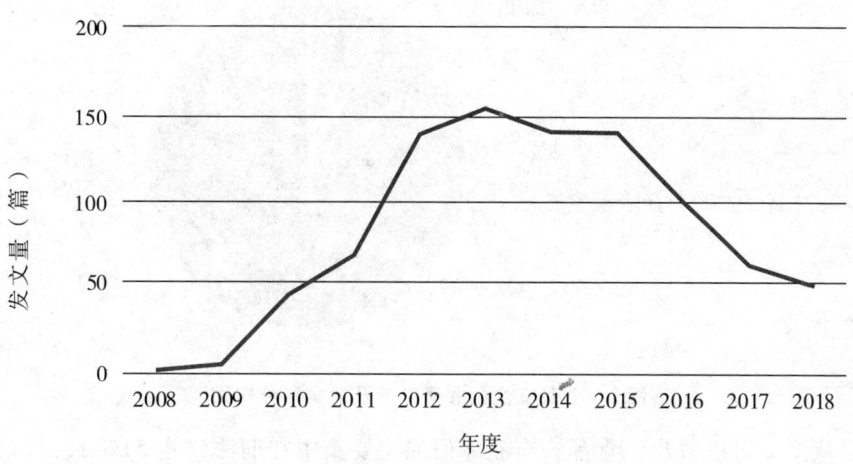

图 1　2008－2018 年食品安全犯罪研究发文量统计图

　　食品安全犯罪的研究与我国食品安全的现状相辅相成，发表论文大体上呈现一种递增的态势，在重大食品安全事件和立法节点上出现了阶段性的小高峰。2008 年中国奶制品污染事件催生了《食品安全法》的出台，2009 年起食品安全犯罪的研究随之快速兴起。2011 年《刑法修正案（八）》加大了对食品犯罪的处罚力度，对涉及假冒伪劣食品的相关刑事责任规定的第 143、144 条均作出了较大修改，大大提高了刑罚的严厉性，同时，第 408 条之一还新增了"食品监管渎职罪"，① 但我国严峻的食品安全犯罪形势并未得到有效遏制。2012 年至 2013 年食品安全事件频发，食品安全犯罪研究论文的数量亦随之达到顶峰。随着 2015 年《食品安全法》修订颁布和食品安全犯罪形势的相对好转，有关研究呈现平稳下降的态势，并一直持续到 2018 年。由此可见，我国重大食品安全事件和国家立法动态，对危害食品安全犯罪的研究具有较大影响力。

---

　　① 李春雷、任韧：《我国食品药品犯罪防治回顾与前瞻》，载《中国人民公安大学学报（社会科学版）》2015 年第 4 期。

(二) 研究的学科和机构分布

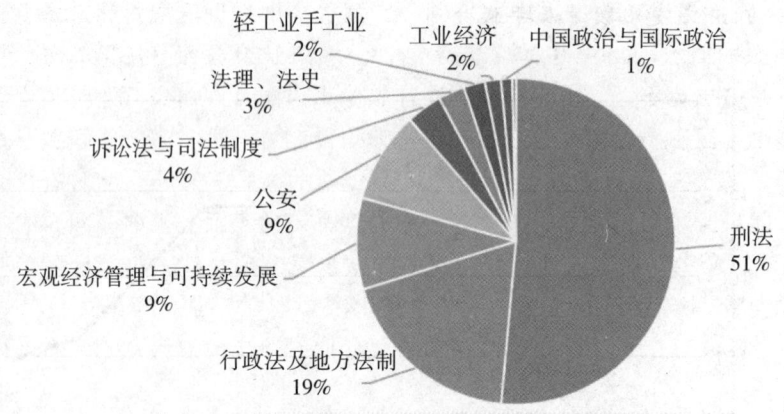

图2　食品安全犯罪研究涉及的学科分布图

从图2可以看出，食品安全犯罪研究主要集中在刑法（占51%），行政法及地方法（占19%），宏观经济管理和可持续发展（占9%）和公安（占9%）等学科。这些学科的研究是维护食品安全的立法、司法、制度、机制、执法队伍建设的基础，能为食品安全犯罪治理提供重要的理论支持。

从发文量来看，北京师范大学、西南政法大学、中国人民公安大学、华东政法大学、武汉大学、西北政法大学等高校是主要的研究机构。食品安全犯罪研究虽然多集中在政法类和公安类院校，但国内一流的综合大学和最高人民检察院也在持续开展该主题的研究。除此之外，2010年由中国法学会成立的食品安全法治研究中心、2011年由西北政法大学成立的食品安全法治研究中心、2013年由中国人民大学牵头共建的食品安全治理协同创新中心和2015年由中国人民公安大学成立的食品药品与环境犯罪研究中心等，都是目前我国食品安全犯罪研究的重要机构。这些研究机构汇聚和培养食品安全治理的专门人才，以重大任务牵引项目研究，推动着我国食品安全犯罪研究的深入发展。这种多元化的科研机构布局将有利于食品安全犯罪研究的长远发展。

（三）研究的主题及热点分析

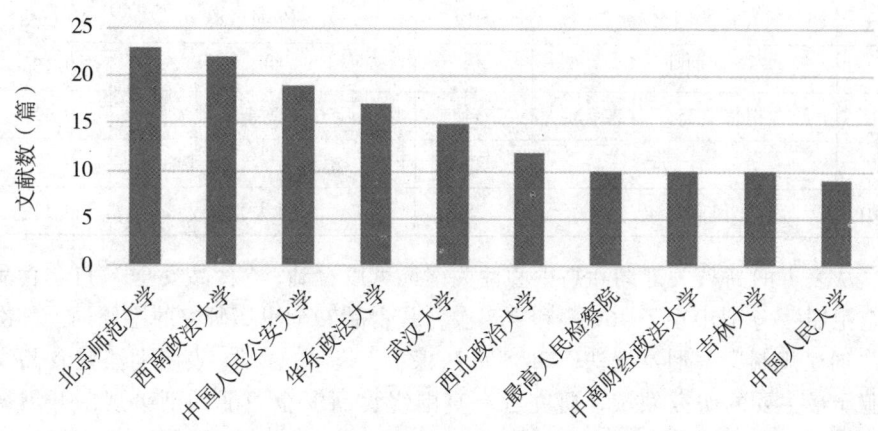

图3 发表食品安全犯罪论文数量排名前十的研究机构

论文的关键词是对研究核心内容的浓缩和提炼，某一关键词在其所在领域的文献中反复出现，可以反映出该关键词所表现的研究主题是该领域的研究热点。本研究利用关键词共现技术构建食品安全犯罪研究的关键词共现图谱，并对图谱中的近义词加以合并以提升其信效度。例如，将危害食品安全犯罪、食品安全犯罪和食品犯罪统一为食品安全犯罪。在CiteSpace中网络节点设定为"Keyword（关键词）"，修正算法选择"Pathfinder（寻径算法）"，数据抽取对象选择前50项，其他策略不变，运行软件得到个208关键词节点和486条关键词间连线。

表1 食品安全犯罪研究的高频和高中心性关键词一览表

排名	高频关键词		高中心性关键词	
	关键词名称	频次	关键词名称	中心性
1	食品安全	469	食品安全犯罪	0.42
2	食品安全犯罪	343	食品安全	0.35
3	刑法规制	106	刑法	0.30
4	刑事立法	69	食品	0.29
5	刑法保护	57	资格刑	0.26
6	犯罪	47	食品安全法	0.16

续表

排名	高频关键词		高中心性关键词	
	关键词名称	频次	关键词名称	中心性
7	刑法	45	罪名	0.13
8	生产、销售有毒、有害食品罪	34	以危险方法危害公共安全罪	0.12
9	食品	29	生产、销售有毒、有害食品罪	0.11
10	风险社会	28	过失犯	0.11

从表 1 的高频关键词和高中心性关键词可以看到,"食品安全"和"食品安全犯罪"分别出现了 469 次和 343 次,是食品安全犯罪研究的主题词。其次是"刑法规制""刑事立法"和"刑法保护"等关键词,表明刑法是食品安全犯罪最主要的研究领域,研究者一直围绕食品安全犯罪的刑事规制开展研究。高中心性关键词与高频关键词基本保持一致,"资格刑""食品安全法""罪名"和"过失犯"等高中心性关键词的出现,反映了食品安全犯罪研究的时代背景和社会焦点问题。高中心性关键词在不同研究网络中具有中介桥梁作用,研究者们可以围绕这些词开展广泛的关联研究,他们对于食品安全研究网络具有较大的影响力和控制力。

(四) 研究的学术影响力分析

为了客观评价食品安全犯罪研究的学术影响力,本研究对 CNKI 期刊数据库有关论文的被引情况进行分析,计算得出 H 指数为 29,即有 29 篇论文的被引频次在 29 次以上[1],食品安全犯罪研究成果具有一定的学术传播度。被引频次最高的是彭玉伟 2009 年发表《内蒙古社会科学》期刊的《论我国食品安全犯罪刑法规制的缺陷和完善》,截至统计日共被引用 141 次。虽然食品安全犯罪研究的论文大部分发表在普通的学术期刊上,但也不乏在《中国人民公安大学学报(社会科学版)》《中国刑事法杂志》和《法学杂志》等核心期刊上发表的论文。目前,有关食品安全犯罪的论文被 CSSCI 来源期刊(含扩展版)收录的共计 90 篇,占总发文量的 9.8%。

---

[1] H 指数 (h - index) 是评价学术产出数量及水平的量化指标,H 代表"高引用次数",即有 h 篇论文每篇至少被引 h 次以上。

表2 食品安全犯罪研究经典文献一览表

题名	作者	来源	时间	被引
论我国食品安全犯罪刑法规制的缺陷和完善	彭玉伟	内蒙古社会科学（汉文版）	2009	141
论食品安全的刑法保护——以食品安全犯罪本罪的立法完善为视角	吴喆、任文松	中国刑事法杂志	2011	102
加强对民生的刑法保护——民生刑法之提倡	卢建平	法学杂志	2010	89
论中国刑事法中的食品安全犯罪及其制裁	田禾	江海学刊	2009	84
风险社会语境下我国危害食品安全犯罪刑事立法的转型	刘伟	中国刑事法杂志	2011	80
论食品安全犯罪中的过失问题——以公害犯罪理论为根基	毛乃纯	中国人民公安大学学报（社会科学版）	2010	69
中国食品安全的刑法规制	刘仁文	吉林大学社会科学学报	2012	64
食品安全犯罪的刑事立法若干问题研究	刘净	法学杂志	2010	62
危害食品安全犯罪刑法规制的反思与重构	蓝艳	行政与法	2010	60
食品安全刑法保护的缺陷与完善	房清侠	河南财经政法大学学报	2012	51

（五）研究的补充分析

除了论文以外，食品安全犯罪的研究成果还辅以专著和研究报告的形式体现。自2008年，以食品安全犯罪为主题的专著出版数量约30本，多数都是依托项目课题或博士论文整理出版的，例如，杜菊、刘红的《食品安全刑事保护研究》、冉犟的《食品安全刑事规制研究》、黄星的《中国食品安全刑事概论》、李双其的《食品犯罪治理》和岳蓓玲的《论食品安全的刑法保护》等。自2016年起，中国人民公安大学食品药品与环境犯罪研究中心围绕食品安全犯罪问题，秉持"关注实践、注重实效"的研究理念，连续撰写出版了食品药品与环境犯罪防治丛书5本和食药环执法办案实务丛书5本，大力推动研究成果的实践转化，极大丰富了食品安全犯罪领域的研究素材，对执法司法也起到了较为明显的参鉴、引导作用。

相对于偏好理论构架的期刊论文和专著，近些年来有关单位发表了一些应用型的调研报告，为食品安全犯罪领域的研究提供了更为翔实的资料。例如，广州市中级人民法院的《关于广州市危害食品药品安全犯罪案件审理情况的调研报告（2009—2014）》、安徽省高级人民法院的《全国食药安全犯罪案件专题分析报告》、中国人民公安大学的《当前食品案件查办中存在的问题、原因及对策建议》、《中国网售食品安全调研报告》等。调研报告的主题由最初的行业报告、研究热点为主，正发展为食品安全法治状况的综合评价。

二、食品安全犯罪研究主题的变迁和内在逻辑

研究主题的分布及演化能够直观地体现不同时区内的热点领域、分析视角、研究方法的变化。本研究利用 CiteSpace 软件绘制了 2008 年至 2018 年食品安全犯罪研究热点时区分布图，从图 4 可以看出，2008 年起出现的"食品安全""食品安全犯罪""刑法规制"等词汇的字体较大，与后续出现词汇的连线紧密，说明与食品安全相关的犯罪和刑事法律问题一直是研究的主要对象。随着时间的推移，出现了"风险社会""刑事政策""资格刑""定罪处罚"等高频关键词，说明食品安全犯罪研究的主题发生了变化，研究逐渐深入法律适用和司法实践领域。伴随着食品安全法律法规的完善，恶性食品安全犯罪问题逐步得到遏制，出现了"行政监管""国外经验""行刑衔接""社会控制"等高频关键词，这说明食品安全犯罪研究正在经历从被动应对到主动预防，从刑法规制到社会控制的转变过程。这与国家提出的打造共建共治共享的社会治理格局，"实施食品安全战略，形成严密高效、社会共治的食品安全治理体系，让人民群众吃得放心"的大方向，是一脉相承的。

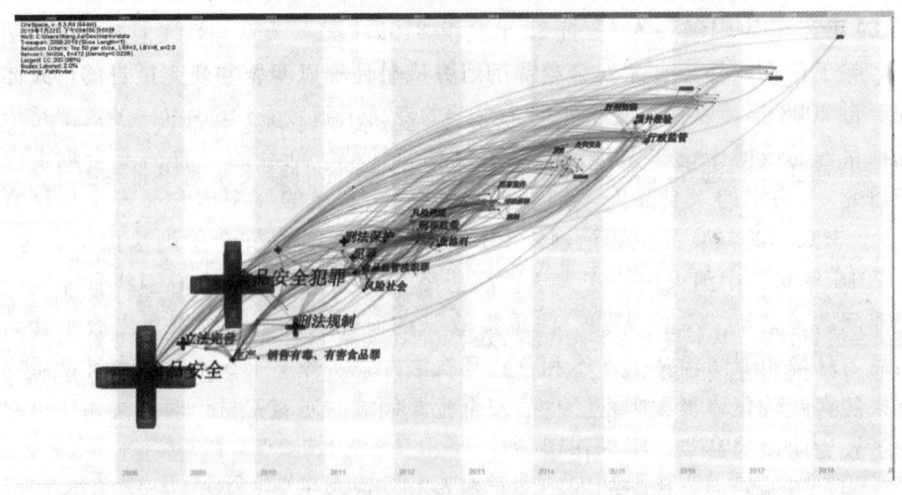

图 4　食品安全犯罪研究热点时区分布图

另外，本研究运用 CiteSpace 的突变检测分析①为知识演进图谱提供佐证（图 5），"法律适用""犯罪""刑事政策"突变时间持续了 4 年以上，很大程度上说明这些是我国食品安全犯罪研究的前沿问题。

Top 14 Keywords with the Strongest Citation Bursts

Keywords	Year	Strength	Begin	End	2008 - 2019
食品安全犯罪	2008	4.1587	2009	2010	
生产、销售有毒、有害食品罪	2008	3.4692	2009	2012	
刑事责任	2008	2.7919	2009	2011	
《刑法修正案（八）》	2008	6.0835	2011	2012	
食品安全监管	2008	3.7178	2011	2012	
生产、销售伪劣产品罪	2008	3.002	2011	2013	
罪名	2008	2.8182	2012	2013	
刑事立法	2008	9.9397	2015	2016	
国外经验	2008	7.638	2015	2016	
现实启示	2008	5.4981	2015	2016	
法律适用	2008	3.5634	2015	2019	
犯罪	2008	3.4199	2015	2019	
刑事政策	2008	2.5807	2015	2019	
行刑衔接	2008	3.7569	2016	2017	

图 5　食品安全犯罪研究突发性关键词网络图谱

结合食品安全犯罪研究关注重点变迁轨迹图，本研究将食品安全犯罪研究划分为研究起始期、研究发展期和研究攻坚期三个阶段，尝试解释不同阶段我国食品安全犯罪研究关注重点变迁的内在逻辑和驱动这种变迁的影响因素。从图 6 可以看出，食品安全犯罪研究的主题深受重大食品安全事件和立法工作的影响；研究视角和理论分析框架受食品安全监管部门、公安机关和食品生产、经营主体之间的博弈影响；研究方法和技术受学科发展和学科融合的影响。食品安全犯罪研究内容从刑事立法扩张到刑事司法，再从制约食品安全犯罪的司法问题扩张到食品安全犯罪预防和控制问题。最新的研究则开始检验和反思前期有关法律和制度的有效性和效率等问题，为下一个阶段的制度设计和立法完善工作做准备。这种"立法—司法—执法—立法"的发展轨迹和从理论到实践、再从实践到理论飞跃的过程，符合人类认识和知识本身的发展规律。

---

① 突变是指频次的变化率，是领域研究兴趣变化的体现，是判断研究前沿的重要依据。

阶段	研究起始期 2008-2011年	研究发展期 2012-2015年	研究攻坚期 2016-2019年
①	2008: 三聚氰胺奶粉 2010: 地沟油 2011: 瘦肉精	2013: 镉大米 2014: 福喜过期肉 2015: 僵尸肉	2016: 外卖卫生 2017-2019年: 保健食品的虚假宣传和非法添加
②	2009: 食品安全法 2011: 刑法修正案(八)	2013: 关于办理危害食品安全刑事案件适用法律若干问题的解释 2015: 食品安全法(修订)	2016: 食品安全法实施条例(启动修订，尚未颁布) 2018: 关于办理危害食品安全刑事案件的司法解释(启动修订，尚未颁布)
③	卫生部、农业部、商务部、质检部、工商部、食药(分段监管+综合协调) 2009:长沙市公安局治安管理支队食品执法安全大队 2011:辽宁省食品药品犯罪侦查总队	2013:国家食品药品监督管理总局(统一监管) 2015:19个省市已成立食药警察队伍	2018:国家市场监督管理总局(统一监管) 2017:北京市公安局环食药旅安全保卫总队 2019:公安部食品药品犯罪侦查局
④	以刑事立法为中心: 刑法保护、刑罚、刑事责任、刑法修正案(八)、生产、销售有毒有害食品罪、罚金刑等	以刑事司法为中心: 刑法规制、风险社会、食品监管渎职罪、罪名、食品、立法完善等	以犯罪防控为中心: 刑法规制、行政监管、犯罪、域外经验、刑事政策、行刑衔接、法律适用、公安机关等

图6 食品安全犯罪研究关注重点变迁轨迹图

注: ①重大食品安全事件; ②有关食品安全犯罪法律法规; ③食品安全监管体制和警察队伍; ④研究主题和高频关键词

三、食品安全犯罪研究的反思：困境与机遇并存

通过对食品安全犯罪研究的分析，可以看出国内学者对于食品安全犯罪的立法、司法和犯罪防控问题进行了深入的研究，并提出了因应之策。但是，因食品安全犯罪这一主题涉及内容广泛、各方关系错综复杂以及技术使用风险等不确定因素较多，借此检视，目前的研究还存在一定困境，有着较大的提升空间。

(一) 研究视野较为狭窄

从文献计量结果可以看出，现有的研究主要聚焦于食品安全犯罪的刑法学研究。不可否认，在刑法研究中，对于食品安全犯罪构成要件的准确界定是食品安全犯罪研究的起点，对危害食品安全的犯罪实行刑罚是保障食品安全的最后一道防线，但国内外犯罪学的多年实证研究早已证明，仅仅依靠刑法的严惩并不足以从根本上遏制犯罪，刑罚无法完全替代食品安全的监管与社会政策的作用。无论从学理层面去建构、解释、适用食品安全犯罪的规范，还是从治理层面去回应、协调、解决食品安全犯罪的问题，单靠刑法研究都是难以为继的。

从食品技术的快速发展和食品链趋于复杂的大背景来看，研究食品安全犯罪和治理对策已经不是单一学科所能驾驭的，它涉及系统运行、宏观管理和决

策等一系列的复杂问题。行政法学、科学技术与刑事法学等多学科的融合研究是未来的发展趋势,排斥其他学科介入,将无益于食品安全犯罪问题的解决。例如,面对不断出现的新型食品安全犯罪现象,我们需要运用危险评估技术来认定犯罪的危害性;在食品的生产、加工、流通和销售等环节,我们需要运用食品安全快速检测技术提升监管工作的效率;面对复杂繁多的涉案物品、各类非法添加的新型有毒有害非食品原料时,我们需要完善检测标准和检验方法来破解检验鉴定的难题等等。狭窄的研究视角和研究领域,会阻碍食品安全犯罪研究深入和可持续的发展,目前,在食品安全治理的立法及执法司法环节,这一困境已凸显。

(二) 研究方法较为单一

纵观国内食品安全犯罪研究的发展,研究方法是影响研究发展的关键因素。在研究初期,研究者们主要采用法学思辨和注释的方法对食品安全犯罪的法理和法条进行研究。随着食品安全犯罪的司法认定和量刑问题的出现,研究者们开始运用实证研究的方法,结合定性分析与定量分析来提高研究的客观性和精确性。但在实证研究兴起的背后,食品安全犯罪研究隐含着部分跟风式的盲从,实证元素含量差异较大和从实证数据中提炼理论的能力不足等问题。

从研究素材来看,实证研究的数据主要来自刑事判例和官方公布的数据资料,研究缺少对食品安全违法信息和犯罪信息的全面掌握。虽然食品安全犯罪的认定是以刑法为依据,但食品安全犯罪研究不能限于刑法的规定,而是以此为基础向外围进行了扩展与延伸,研究应包括其他法律所规定的食品安全违法行为,以及具有发展为违法犯罪可能性的不良行为。从研究方法来看,某些研究者仅仅围绕论证主题搜罗一些相关数据、典型案例或去实务部门召开几次座谈会,就贴上实证研究的标签。未能按照"提出理论假设→运用客观方法测量→验证假设或修正理论"的研究过程,没有遵守研究方法的具体规则,都会影响研究结果的信度和效度。从研究结果来看,由于实证研究的数据主要来自于发达地区,反映的是经济发达地区的食品安全犯罪治理状况和法治经验,很容易导致将研究结论"过度外推"的问题。在现阶段阶层分化日益扩大的情势下,选取不同地区食品安全犯罪的样本尤为重要,只有在充分了解犯罪现象的基础上,才有可能发现犯罪治理的核心问题。另外,在一些精心设计的实证研究中,研究者尽管占有了大量有价值的数据信息,但是除了数据堆积外,缺乏发人深省的问题揭示和理论思辨。实证研究并不等同于数据统计的经验式研究,缺乏理论深度的"实然"描述,无助于知识总量的增长,脱离了理论抽象的数据调查，终将随着时间的流逝而被新的数据所替代。①

(三) 研究价值有待提升

近十年来，有关食品安全法律法规的修改几乎都带动了食品安全犯罪研究的增长，"立法完善"一直是食品安全犯罪研究的高频关键词。从研究项目的资助情况来看，食品安全犯罪的多数研究为政策导向型项目，由此可见，我国的食品安全犯罪研究更多地体现为一种对策研究，致力于立法建言的研究尽管能在短期内催生大量学术成果，但是这类研究由于缺乏翔实的论证和理论锤炼而很难具有长久的生命力。

犯罪学的研究能提供关于犯罪现象本质和规律的知识，帮助人们形成科学的犯罪观，通过批判性地审视刑事政策和公共政策，为防控犯罪问题献计献策，因而具有广泛的研究价值。但目前犯罪学在食品安全犯罪研究中作用并不突出，采用犯罪学范式的研究比例较低。为数不多的食品安全犯罪学研究也仅仅是对食品安全犯罪防控策略进行框架性的描述，缺乏对基本原理的论述和具体措施的设计，从而导致犯罪对策难以落地实施。对于现有的食品安全刑事政策和公共政策，犯罪学也未能展开有效性的评估，提出完善政策的建议。政策的决策者和执行者也很少听取犯罪学家们的意见，更谈不上主动问策于犯罪学家，他们往往凭主观意志和经验来进行决策，至于这种决策的社会治安成本如何，全然不予考虑。久而久之，对于食品安全犯罪问题，公共决策和公共行政将无法成为一种"知识性治理"，而只能是一种单纯凭借国家权力而对社会进行的强力管制。② 对此，食品安全犯罪研究要想扩大自身的影响力，并为自身发展赢得制度性支持，就需完善研究设计，扎实开展调查研究，提升研究的价值。

四、食品安全犯罪研究的应然走向：研究范式的转型

我国的食品安全问题在不断变化，展望食品安全犯罪研究的发展，必然要面对更多的挑战。突破研究困境的希望在于研究视野、研究方法和研究目标等方面的改变，在新的社会形态和科学发展趋势下，需要打破学科界限倡导跨学科合作的研究模式，平衡好思辨研究和实证研究的关系，发挥基础研究和应用研究相辅相成的作用。

---

① 雷鑫洪：《方法论演进视野下的中国法律实证研究》，载《法学研究》2017年第4期。

② 赵宝成：《制度犯罪学初论——科学与公共政策相结盟》，载《中国人民公安大学学报（社会科学版）》2009年第5期。

(一) 倡导跨学科的研究模式

自20世纪以来,学科发展呈现分化和整合的两种并行趋势,专业化研究可以加深人们对具体领域问题的认识,跨学科研究有助于创新性地破解研究问题。食品安全犯罪是一个与多方面社会问题紧密联系的社会现象,食品安全犯罪研究广泛涉及食品科学、法学、材料检测学、管理学和经济学等学科的知识。在这种情况下,孤立地研究犯罪问题,是难以形成认识问题的正确思路和解决问题的有效方案。

为了顺应学科发展的趋势和研究主题的需要,食品安全犯罪研究应该构建跨学科融合的研究模式,实现专业知识和研究方法的互补,增强学科之间的思维碰撞和交流,开阔研究思路,提高解决复杂问题的能力。一是联合不同学科专业的专家进行课题研究,打破某一学科专家垄断、各自片面化研究的模式。二是多校联合建立的关于食品安全犯罪的研究机构,集合各方面学者围绕食品安全犯罪主题展开定期的共同研究。三是在大学内部打破院系的界限,进行整合的研究计划。四是实现国际化的合作研究,建立跨国智库,成立国际食品安全犯罪的研究组织。当今世界已不再是封闭的世界,食品犯罪是一个全球的问题,是各国政府关注的民生问题。研究者们不能只注意本国的食品安全犯罪问题,也要放眼世界,对其他国家食品安全犯罪的发生原因、规律、特点和防范对策进行比较研究。另一方面,犯罪的全球性趋势以及全球食品产业链的形成,也从客观上要求各国的研究者们需要携手开展食品安全犯罪的研究。

(二) 构建科学的研究方法体系

工欲善其事,必先利其器,科学的研究方法是使食品安全犯罪研究走出"窠臼"的关键,食品安全犯罪研究应注重实证研究方法的运用。对于现有食品安全犯罪实证研究方法单一的问题,研究者们要拓展思路,尽可能广泛地收集事实材料,揭示食品安全犯罪敏感或隐藏的危害形式。国外"绿色犯罪学"正在运用"地平线扫描""荟萃研究"等方法来突破研究的困境,绿色犯罪学研究者们从诸多不同的素材和学科中收集观点和证据,以确认作为可能的危害和风险在哪里出现,并提前形成预防性的战略,以便解决潜在的问题。[①] 在国内,也有学者创新性的引用层次分析法来研究我国农村的食品安全问题,该研究系统全面地梳理了当前我国农村食品安全领域存在的问题,为加强农村食品安全监管工作提供了充分、翔实的科学依据,也为其他同类研究提供较为系统

---

① 陈世伟:《我国犯罪学知识谱系的完善研究——以绿色犯罪学知识本土化构想为视角》,载《刑法论丛》2017年第3期。

的科学参考。①

除了丰富实证研究的方法外,食品安全犯罪的研究者还要克服收集资料困难的问题。面对大量法务和政务信息(包括司法案例和统计数据)不易获取的现实情况,食品安全犯罪的研究者要学会利用开源数据进行研究。例如,2011年复旦大学硕士三年级研究生吴恒和他的团队用一个月时间,做了一个《中国食品安全问题新闻资料库》,他们共查阅相关报道17268篇,约1000万字,从中筛选出有明确来源、有受害者的2107篇报道,制作了2849条记录,并为每篇报道提取了包括事发地、涉及食品的种类、对人体有害的原因等在内的关键词。② 这种民间自发建立食品安全数据库,不仅体现了公众参与社会管理的热情,还为食品安全犯罪研究提供新的契机和思路。

当然,"实证"与"思辨"一样都是认识事物的渠道和工具,实证研究和思辨研究是科学研究中不可或缺的研究方法。食品安全犯罪研究要辩证地看待二者的关系,综合利用好两种研究范式,为食品安全犯罪研究奠定全面的基础。

(三)提升科研的价值含量

从研究发展的阶段性来看,现阶段的食品安全犯罪研究应当发挥更多的价值,除了服务于立法和司法工作外,还应具备公共政策制定的决策价值、预防犯罪价值和社会经济价值等。准确地分析食品安全犯罪的现状和社会危害性,树立科学的食品安全观,对现有的食品安全刑事政策和社会政策进行有效的评估,以及开展相关的被害预防和被害救助工作,都是实现研究价值的有效途径。

对于食品安全违法、违规行为的社会危害性有多大?是否有必要扩大犯罪圈?其他手段是否已经难以控制犯罪?对于此类争议性的问题,学术界与其一味地呼吁实施"严而不厉"的刑事政策,不如回过头来认真分析我国食品安全犯罪的形势,评估刑事政策和社会政策的效果。通过寻找、识别、整理和分析确定政策的作用范围和作用机制,找出政策实施中存在的问题和缺陷,加以纠正和弥补。另外,根据犯罪场理论,食品安全犯罪研究还要充分注重被害人研究的价值,因为所有的民众都是食品安全犯罪潜在的被害人。被害人在犯罪互动中能发挥关键性的作用,开展食品安全犯罪的被害人研究不仅有助于全面

---

① 刘星:《我国农村食品安全问题及治理对策研究——以山西省为例》,武汉大学2017年博士学位论文。

② 《"民间数据库"打开食品安全新思路》,载中国青年网 http://pinglun.youth.cn/wywy/shsz/201106/t20110621_1620970.htm, 2011 - 06 - 21/2019 - 07 - 1。

地分析犯罪原因和机制,还有助于制定被害预防和被害救助的对策。被害预防是犯罪预防的有机组成,它可以帮助广大民众树立正确的食品消费观和被害预防意识,降低民众成为被害人的可能性,避免其对食品安全犯罪的助推作用,因此,该领域的研究具有重要的社会价值。

总体上,食品安全犯罪研究不但要提供犯罪现象的具体知识和犯罪防控的对策,还要体现出学术研究的问题意识和人文关怀。人文关怀精神是一种对人类社会现实以及人类命运表示关注与关怀的精神,在未来的研究进程中,食品安全犯罪研究应当更多秉持这一宝贵的研究品质。

食品安全领域犯罪治理问题研究

——以台湾大统食用油掺假案侦办经验为镜鉴

沈 威 徐晋雄[*]

"三聚氰胺""瘦肉精"事件尘埃未落,"染色馒头""镉大米""牛肉膏""毒生姜""皮革奶"等等具有时代色彩的特有名词又接踵而至。在百度里以"食品安全事件"为关键词进行搜索,结果就有141万项之多。人类的生活质量和科技水平自上世纪中期以来,以惊人速度发展,食品加工技术、清洁用品、塑化产品等在给人们带来生活便利的同时,也使民众笼罩于毒性化学物质、添加剂、放射线等高风险之下。加之少数不良从业者为图暴利,全然不顾化学物质的副作用,将之掺入食品以达成食品安全监管所需指标,造成民众对于食品安全问题越发恐慌。导致这一局面的原因,固然有生产、销售者的人为因素,亦有食品安全标准无法面面俱到的客观因素,更有行政执法机关与司法机关对食品安全监管不力的管理因素。无独有偶,与大陆一水之隔的台湾地区,近年来也遭遇"米糠油""地沟油""塑化剂""毒淀粉"等一系列食品安全事件,引发政府、企业、学者等各界人士对食品安全防护机制的全面检讨。[①] 他山之石可以攻玉,笔者试以我国台湾地区大统食用油掺假案中行政机关与检察机关联动侦办的成功经验为视角,立足本地危害食品安全刑事案件的现状,结合最高人民检察院部署的保障"舌尖上的安全"专项监督活动,对危害食品安全刑事案件中行政执法乏力与刑事司法衔接不畅等问题展开分析,并提出相应对策,以期对完善行政执法的检察监督,形成对食品安全违法犯罪的打击合力有所裨益。

---

[*] 沈威,福建省莆田市城厢区人民检察院副检察长,首批全国检察理论调研骨干,福建省检察业务专家;徐晋雄,福建省莆田市城厢区人民检察院公诉科副科长。

① 张哲茂:《台湾食用油风暴史——认识食品安全》,载《品质月刊》2015年第1期。

一、危害食品安全刑事案件的现状与困境——以福建省 P 市为例

福建省 P 市地处我国东部沿海,经济总量及消费水平在全省均处于中游,系中小型城市,农业、海洋渔业相对较为发达,虽然大中型的食品加工企业较少,但近年来,小型食品加工厂及生猪屠宰行业发展较为迅速,涉及的危害食品安全刑事案件呈逐年上升趋势,行政执法与检察监督的压力也与日俱增。

(一)福建省 P 市危害食品安全刑事案件的现状与特点

笔者对 2016 年至 2018 年三年以来该市危害食品安全刑事案件的受理、审查、办理及判决情况作了统计,详见如下两表:

表一　2016—2018 年 P 市危害食品安全刑事案件受理情况表

罪名 年份	生产、销售伪劣产品罪	生产、销售有毒、有害食品罪	生产、销售不符合安全标准的食品罪	合计
2016 年	1 件 4 人	37 件 54 人	3 件 8 人	41 件 66 人
2017 年	4 件 7 人	7 件 16 人	4 件 7 人	15 件 30 人
2018 年	6 件 17 人	8 件 11 人	4 件 6 人	18 件 34 人

表二　2016—2018 年 P 市危害食品安全刑事案件判决情况表

处理情况 年份	存疑不诉	三年以下有期徒刑及缓刑	三至十年有期徒刑
2016 年	17 件 23 人	18 件 29 人	1 件 1 人
2017 年	11 件 16 人	6 件 12 人	2 件 4 人
2018 年	3 件 7 人	9 件 13 人	4 件 11 人

由上两表可见,三年来该市办理的危害食品安全刑事案件呈逐年递减趋势,2016 年因"毒豆芽""松香脱鸭毛"等常见类案在检察机两年基本以相对不诉、存疑不诉作出处理后,行政执法机关减少案件线索移送,公安机关亦少有立案侦查,故案件数量有所下降。与案件数量减少相对应的是案件质量也在下降,存疑不诉的案件数持续居高不下,占受理总数的 35.5%,这也从侧面反映出当前危害食品安全刑事案件仍存在较多问题未理清、法律适用分歧以及证据瑕疵无法补强的状况。更进一步分析类案,我们发现有以下几个特点:

1. 涉案人员身份多元化,作坊式犯罪手段日益突出。该市近年来办理的危害食品安全刑事案件中,犯罪主体身份较为复杂,包括农民、无业人员、个体工商户以及一些小型企业经营者,但总体来看,文化程度普遍不高,法律意

识、道德观念相对薄弱。同时,诸如"毒豆芽""毒米线"等技术难度、造价成本较低的伪劣有害食品,仍是基层院受理的危害食品安全刑事案件中的主要对象,因生产技术条件要求不高,故多见于小作坊式窝点。该类窝点的生产环境一般具有"脏、散、乱、差"等特点,作案工具简陋,缺乏生产合格食品的基本条件,食品标准难以达到要求,食品安全难以保障。① 目前,传统的"单干"模式逐渐具有团伙化、组织化的趋势,并以吸收家庭成员、亲属好友为主。近两年全市办理的危害食品安全刑事案件中,共同犯罪的案件数已达受理总数的 41.2%。

2. 违法范围跨区域、长链条,查证难度不断加大。劣质有害食品的生产、储存和销售都需要一定的设备、工具以及空间,故其多存在于监管较为薄弱、交通较为便利、租金较为低廉的城乡结合部。其中,简陋者如小作坊,多分散于废弃工厂、猪圈牛舍、车库或山中窝地、个人居所及乡间私人屠宰场等场所,精细者如小部分食品加工企业,为避免太过招摇被"一网打尽",多采取生产、包装、运输、仓储、销售多环节相互分离的方法,犯罪嫌疑人之间各负其责、单线联系。由于目前的跨区域、跨部门合作多依赖于临时性的协调、通气,必然难以及时深入,这无疑也大大提高了查证难度和成本。如该市于2016 年办理的八重洲饲料科技有限公司制售含瘦肉精饲料案,销售地遍及四川、浙江、江西等省和厦门、泉州等地,涉案人员众多,公安机关跨省取证难度大、耗时长,许多犯罪事实无法在法定侦查羁押期限内查清。

3. 犯罪手段呈隐蔽性、技术性,反侦查意识逐渐提高。正如该市多发的制假售假案件一样,② 犯罪嫌疑人通常知晓被查获的仓储和查明的销售数额往往决定了量刑的轻重。因此,一方面,犯罪嫌疑人改变策略,开始采取小批量、小数额的方式,多次作案,以订单式生产规避较大风险。通俗而言,即借助食品快速流通之特点,生产一批贩卖一批,消化一批再生产一批,防止因存货太多而被刑事立案。另一方面,无论是购置原材料,还是伪劣有害食品的运输、储存和销售,均不做账或做两套账以备检查,以隐瞒真实之罪证。2016年至今,因犯罪数额未查清而无法对犯罪嫌疑人进行追诉的案件达 8 件 14 人,占受理总数的 11.8%。

(二) 检察监督工作在治理食品安全违法犯罪中面临的困境

食品安全领域的违法犯罪牵扯行政执法与检察监督两个层面的管控,但该

---

① 王蕾:《食品安全犯罪现状与对策研究——以青岛市为例》,中国海洋大学 2012 年硕士学位论文。
② 福建省 P 市是销售假冒注册商标的商品罪案件高发多发的地区。

两个机关内部以及相互之间均有不适应打击合力形成的消极因素。对于行政执法机关而言,《食品安全法》的修改及各地食品药品监督管理局的成立,很大程度上解决了之前"九龙治水"的混乱无序局面,但"大部制"改革下,农业部、食品药品监督管理总局和卫生部还继续发挥着重要作用,仍需各部门之间的协调。① 对于检察机关而言,该领域的检察监督工作主要由侦查监督部门承担,但基层院案多人少的普遍性矛盾,决定了集中足够的人力主动深入地开展监督工作是几乎不可能实现的任务。诸多现实冲突,使得当前基层危害食品安全刑事案件检察监督工作的开展阻碍重重。

1. 沟通交流不足,对法律的理解和适用不统一。囿于日常事务繁忙及人员生疏等原因,目前行政执法机关与检察机关的沟通交流,很大程度上还依赖于一年至多一至两次的联席会议,以此来解决实务中旷日已久、积少成多的观点不一致等问题,无疑是杯水车薪。以近年来逐渐增多的"毒针盗狗"案为例,可观的利益诱惑使一些盗狗者铤而走险,利用含有氯化琥珀胆碱毒针射杀家狗、野狗以便贩售狗肉获利。琥珀胆碱作为一种可以数秒使人致瘫的高稳定性管制物品,卫生部门虽将其列入《麻醉药品和精神药品管理条例》,却未列入《高毒物品目录》中全面监管,故在网上即可轻易买到,导致其间接进入人类食物链,造成食品安全隐患。面对这一情形,部分人员认为琥珀胆碱应当认定为"有毒、有害的非食品原料",对该类行为应当予以刑事追责,但部分人员却认为琥珀胆碱本身具有挥发性,一些被毒杀的狗肉经检测还显示各项指标合格,故是否达到"足以造成严重食物中毒事故或者其他严重食源性疾患"的法定后果仍存疑问,应当秉持刑法谦抑性原则,慎重作入罪处理。这就导致了两方面后果:其一,"以罚代刑"现象不可避免,部分行政执法案件可能已达刑事立案标准,却未移送公安机关而草草以行政处罚结案;其二,"宁刑勿行"观点亦有存在,行政执法人员出于监管失职被追责的担忧,认为违法行为只要游离于刑法边缘,便一律移送公安机关了事,加重了衔接失序的现状。

2. 取证能力仍显滞后,对违法行为的打击难成合力。暂不论行政执法机关与司法机关在沟通交流上存在诸多隔阂,即便是行政执法机关与公安机关在侦办案件这第一道关口上,经常都难以形成及时有效的打击合力。实务中,行政执法机关在获得重要线索后,往往单枪匹马便"深入敌穴",但碍于"势单力薄",在经验、队伍力量等方面存在先天不足,一些行政执法人员不具有严谨的取证程序意识,往往只注重收集行政处罚所需证据,不对涉案物品分类登

---

① 张浒、陈刚:《食品安全监管制度的优化及其实现逻辑——基于上海羊肉掺假的个案分析》,载《重庆理工大学学报(社会科学)》2014 年第 10 期。

记、扣押，还有一些行政执法人员在行政处罚后即销毁物证甚至直接捣毁现场，以致部分证据来源、形式的合法性存在较多瑕疵，甚至一些关键证据因取证不及时、保护不力等原因而灭失，使得后续案件定性、证据采信时处于两难境地。这在办理危害食品安全刑事案件中尤为突出，该类犯罪分子作案手段通常较为隐蔽，账目、资料等物证、书证极少，如不当场抓获，则往往难以定罪。特别对于涉案数额，多依赖口供，如同案人之间的供述无法相互印证，也很难从其他途径获取具体数额，证据相对薄弱许多，这无疑对第一时间充分固定证据的能力提出了更高要求。

3. 检测鉴定仍较困难，对案件处理的效率影响较大。主要有三方面的问题：第一，目前仍然缺乏国家级或省级层面可供参考的具有鉴定资质的机构名录，导致行政执法机关或公安机关无法第一时间委托具备鉴定资质的鉴定机构，实务中两方难免对此棘手的问题有所推诿扯皮，时常出现久拖不立、不了了之的情形。第二，在办理生产、销售不符合安全标准的食品案件过程中，鉴定机构出具的检测报告一般仅列明成分、含量等数据，并以未有法律授权或未经有关行政部门指定为由，拒绝出具最终明确的专家意见，以致是否达到"足以造成严重食物中毒事故或者其他严重食源性疾病"法定后果或属于"有毒、有害非食品原料"难以确定。以实务中常见的"松香脱鸭毛"案件为例，犯罪嫌疑人多用大锅将松香煮沸后，将已宰杀但尚未脱毛的鸭子放入锅内，尔后捞起拔毛，可以使鸭毛拔得更干净且更快捷。案发后，鉴定机构认定松香不能用于食品加工，但未分析其中具体理由及毒害性。经查阅相关文件资料，并未找到松香是否符合《关于办理危害食品安全刑事案件适用法律若干问题的解释》（以下简称《解释》）第20条前三项情形的依据。后经办案人员多方问询，得知松香实际上分为工业松香和食用松香，二者只是在个别指标上有所差异，已知范围内仅有广东佛山一家司法鉴定所可以就上述差异指标做出鉴定。虽然《解释》第21条[①]对这一困境作了预见性制度安排，但实践中由于耗时冗长、经费制约、地域相隔等诸多客观因素，显然难以启动这一程序，由此导致无法确定其毒害性，进而直接影响罪与非罪的分析判断。第三，执法过程中对涉嫌生产、销售有毒有害食品罪及涉嫌生产、销售不符合安全标准的食品罪中所扣押物品进行抽样检测，是有针对性对其中几项标准进行检测，还是对抽样物品进行全面检测以查明是否存在其他不明有毒物质或不符合安全标准情形，存在较大争议，导致部分案件在不同诉讼环节进行多次鉴定的情况，加之

---

① 根据《解释》第21条规定"有毒、有害非食品原料"难以确定的，司法机关可以根据检验报告并结合专家意见等相关材料进行认定。

司法鉴定周期长、速度慢、费用高的实际情况，鉴定难问题始终是影响案件快速办理的一个重要因素。

4. 信息平台设计仍有短板，共享信息的利用效率不尽如人意。虽然从 2014 年 4 月份起，由福建省检察院与省政府联合开发的"行刑衔接"信息共享平台即正式投入使用，但由于该平台与各行政执法机关及公检法三家的办案系统是相互独立的，因此实务中一直存在行政执法机关重视程度不够、选择性录入等问题，检察机关很难从中发现漏录、不录行为，也很难进行实时跟踪监督。同时，相当部分的行政执法人员与平台填录人员隶属不同内设机构，许多平台填录人员并不归属负责该项工作的领导分管等现象，这无疑进一步导致了工作衔接的不通畅。信息共享平台的利用率与功能发挥仍差强人意，强制性填录与追责机制的缺失，极大制约了信息共享平台本应发挥的重要作用。

5. 队伍建设仍在起步，各项工作机制难以落到实处。以福建省 P 市为例，2014 年市区一级的食品药品监督管理局陆续挂牌成立，但在走访过程中，相关部门领导均反映目前执法队伍尚属新生，人员来源复杂且力量严重不足，无论编制或素质都有待提高，许多工作仍难以施展拳脚。对于检察机关来说，一方面，2016 年全省林业检察部门统一更名为生态资源检察部门，负责环境资源类案件的审查逮捕、起诉工作，而危害食品安全类案件仍由刑事检察部门办理，职能的重新划分也导致了个别地方交接不畅、配合不力等问题。另一方面，信息共享平台的有效利用离不开实时巡查工作，对于基层院而言，指定专人负责该项工作必然力不从心。同时，无论是行政执法人员还是检察人员，日常办案中不敢、不善监督的情况仍时有出现，对食品安全领域的专业知识均有待补强，审查判断行政执法对象是否涉嫌犯罪与及时介入监督的能力有待提高。

二、我国台湾地区大统食用油掺假案侦办对于强化食品犯罪治理的启示

食品安全是所有国家和地区在现代社会科技发展带来福利的同时必须承担的风险，处理食品安全事件中行政执法与检察监督相互衔接的难题不仅我国存在，也是各国、各地区都要面临的问题。笔者试从我国台湾地区成功侦办大统食用油掺假案的经验出发，介绍其侦办经过，总结其侦办特点，以供我国完善食品安全领域犯罪治理参考借鉴。

（一）我国台湾地区大统食用油掺假案侦办经过

2013 年 10 月，台湾大统长基食品公司生产的"大统特级橄榄油"被举报不纯，彰化县卫生局与地方法院检察署调查后，发现该橄榄油标榜使用百分之

百进口特级橄榄油,但实际上橄榄油含量不足50%,除添加廉价的葵花油及棉籽油混充外,另以铜叶绿素调色以迷惑消费者。铜叶绿素是从植物中提取的叶绿素而启用化学方法修饰的着色剂,依照台湾《食品添加物使用范围及限量暨规格标准》,只可添加于口香糖、干海带以及不含酒精的调味饮料等食品,不可添加于食用油脂产品。

经进一步查明,大统公司长期以低价的棉籽油混充高级油谋利,该公司生产的油品,不仅限于橄榄油,包括葡萄籽油、葵花油、红花籽油、纯麻油等等,共计48种油品内均掺有棉籽油、铜叶绿素以贩售,掺伪油品贩卖长达七年之久,不法获利共计新台币18亿5601万元。彰化县卫生局依据《食品安全卫生管理法》规定,因标示不实及规避调查等违法事由,对大统公司处以2860万元罚款并勒令停产。之后,彰化县政府依据行政院卫生福利部决议,重罚大统公司新台币18亿5000万元。彰化地检署于2013年10月25日以违反食品卫生法、诈欺罪起诉大统公司代表人,且为防止脱产,查扣被告及大统公司名下所有不动产。① 同年12月,彰化地方法院以102年度易字第1074号判决,认定被告大统公司违反食品安全卫生管理法第49条第1项及第15条第1项与第10款、刑法第339条诈欺罪以及刑法第255条商品虚伪标示罪,处以大统公司代表人有期徒刑16年,并处罚金新台币5000万元。

(二)本案侦办经验的有益启示

大统食用油掺假是台湾地区近年来影响较大的食品安全事件,随着案情的逐步查明,大统公司被曝九成食用油均存在掺假问题,民众对此饱受折磨。所幸的是,台湾地区行政机关与检察机关通力合作,在短短两个月内就完成从初始举报、案件侦查、起诉乃至最后判决的流程,行动之迅速、取证之到位、诉讼之快捷给人留下深刻印象。基于此,笔者试总结该案办理的几点启示。

1. 行政执法机关与检察机关紧密联系、通力合作是成功办理该案的基础。机关与部门之间常因本位主义,加上欠缺联系沟通,故难以整合资源有效打击不法犯罪行为。以本案查获经过而言,卫生局人员对于食品应具有的成分、标示规定、厂商应具有的设备以及制造流程等,都有相当的专业判断能力。但问题在于卫生局人员未受过侦查技能培训,所以在稽查过程中遇到厂商隐匿证据或故意作虚假陈述时,往往会难以突破。而检察官虽然具有专业的侦查技巧,但对于食品公司的制造流程、食品管制的行政法规却未必熟悉。本案通过检察

---

① 《大统负责人高振利被起诉》,载中时电子报,http://www.chinatimes.com/newspapers-20131026000068-260202,最后访问日期:2017年6月24日。

官与卫生局行政执法人员的联合行动,在侦查的同时即商请卫生局专业人员进行同步稽查,才能在第一时间高效厘清事实证据。此外,在进销资料清查过程中,税务机关对于厂商所使用的各类会计软件、制作的各类报表,均能彻底掌握,检察官只须提出整理书证时所需要的格式,税务人员即可立即要求大统公司会计人员依照该格式产制作出报表,防止大统公司人员利用专业知识的优势恣意推托卸责。而且在税务人员的现场监督之下,大统公司会计人员亦难有机会消灭罪证,并能在第一时间调取讯问时所需的资料。

2. 检察官团队的有效分工是成功办理该案的前提。本案虽非重大犯罪,但影响层面深及整个台湾地区且犯罪时间长达7年之久,各项证据繁杂。又因本案震撼台湾舆论,若不能在短期间内尽速侦结,对于检察形象也将有负面影响。因此,本案自侦查时起,即采用全程分工模式,各检察官角色定位清楚,依需求分为进销资料(由检察官率员掌控办公室,在税务人员监督下由电脑资料中找出涉案掺假油品的产销资料)、厂区证物(由检察官率员掌控工厂区,配合卫生稽查人员进行查证)、人员讯问(由另3位检察官分别于现场进行侦讯)等部分。侦办过程中,每日由检察长或襄阅主任检察官主持专案会议,加上各协办检察官之间不定时讨论、沟通,才能迅速有效完成侦办。

3. 后续无间的跟踪督促是成功办理该案的保证。大统公司长期制售混掺油品,之所以能够屡次规避卫生主管机关的稽查,主要在于其所调制的油品与台湾卫生的 CNS 标准相当接近。为了欺瞒下游销售商以及消费者,大统公司在调制油品时主要使用棉籽油,因为棉籽油经过精制后,口味极为轻淡,所以混入橄榄油等油品内,比较不会破坏该油品所应有的清香风味。另外为了调色,大统公司使用多种色素,到后期改用铜叶绿素,因为后者可均匀溶入油脂中呈现较为自然的色泽。所以在本案侦办过程中,彰化县地方法院检察署侦查团队锁定棉籽油及铜叶绿素作为后续侦办的主要线索,由两位检察官亲持公函向北部贸易商调取进销资料,以求清查。本案起诉后,为求稳固追诉结果,检察长指示侦查团队全程参与公诉阶段。在本案审判过程中,侦查主任检察官及两位承办检察官、公诉检察官在讨论后,决定由公诉检察官担任主要联络窗口,侦查团队主要负责庭前准备。在庭前准备时,四位检察官共同临庭,对于辩护人所提事实上、证据上的争议点,都能立即予以回应,明显比一般案件交由公诉检察官重新消化、准备论述来得有效率,使得法官得以迅速完成庭前准备程序,达成"证据能力、起诉事实均不争执;无请求调查事项;无声请诘问证人;仅就起诉事实之法律适用效果争执"的结论。之后的开庭审判,合议庭在证据展示后,就直接进入法律争议焦点的辩论程序,并在不到50天时就做出一审判决,展现出高超的诉讼效率,及时消除民众疑虑。

三、完善检察环节食品安全领域犯罪治理的若干建议

2015年4月,福建省一审被判处10年有期徒刑的芽农全某某在上诉期间被通知取保候审;6月,辽宁省葫芦岛市连山区人民法院改判芽农郭某、鲁某无罪,出现了首例判处无罪的"毒豆芽"案。然而,根据中国裁判文书网的数据显示,2013年至2014年8月间,该类案例公开709起,有918人被以"生产、销售有毒、有害食品罪"判刑。① 关于"毒豆芽"案的争议由来已久,对于添加"无根水"是否应该作为定罪依据,理论界与司法界始终有不同声音,也凸显出当前危害食品安全刑事案件在"严打"高压态势与规范严重缺位的矛盾之下,治理仍处于混乱无序的窘境。这其中,行政执法的检察监督滞后亦难辞其咎。以下,笔者试结合我国台湾地区侦办大统食用油掺假一案的成功经验,谈谈完善该领域检察监督工作机制的本土化建议。

(一) 探索强化侦、捕、诉衔接机制,确保"两个关口"合理前移

我国台湾地区大统食用油掺假案之所以能在短短几个月内便完成侦办、审判等一系列刑事追诉动作,检察机关、侦查机关与行政执法机关三方的无缝密切衔接是至关重要的一点。虽然这与台湾检察官在侦查阶段即是指挥领导侦查活动的中心有关,对于大陆检察体系而言,因侦查、审查逮捕、审查起诉与审判各阶段明确分离,并且侦查机关并不隶属服从检察机关的指挥,检察机关只能主要以提前介入方式参与侦查活动,故模式的照搬照抄必然不具有太大意义,但其中配合沟通的方式、分工推进的形式对于我们老生常谈的侦、捕、诉衔接机制,却有诸多可参考借鉴之处。笔者以为,可以通过实现以下两个"关口前移",完善危害食品安全刑事案件的侦、捕、诉衔接机制。

1. 适时介入关口前移至行政执法环节。作为刑事案件审查的第一道关口,负责审查批捕的部门是检察机关内部主要负责"行刑衔接"工作的机构,但由于工作内容交集太少,行政执法机关与检察机关之间的沟通联系往往停留在为数不多的联席会议等方式,在查办案件的配合上几近于无。这就导致许多关键证据在行政执法阶段就已被毁灭或转移,以致案件无法进入刑事诉讼程序。笔者以为,行政、检察双方在"行刑衔接"工作中的关联,并不止于监督案件移送工作,更应往深处主动尝试寻求高效配合。在打击危害食品安全的违法犯罪工作上,行政执法机关执法程序的简易性与检察机关证据审查的严谨性更

---

① 参见《"毒豆芽"案首现无罪判决,争议数年已有近千芽农获刑》,载澎湃新闻网 http://www.thepaper.cn/newsDetail_forward_1357530_1,访问时间:2015年7月28日。

具有之天然优势,若能充分得以融合,必将发挥更大的作用。因此,检察机关与行政执法机关之间可以通过交流探讨,以出台规范性文件等方式,明确对于一些涉及范围较广、社会影响较大或执法对象较多的危害食品安全刑事案件,行政执法机关在采取措施前可以商请检察机关同步介入,帮助理清办案思路、引导取证方向,以保障后续案件进程能够更加顺畅。

2. 证据审查关口前移至侦查环节。作为承接侦查与审判的重要角色,公诉部门的工作内容虽与"行刑衔接"工作关系不大,但谈及诸多危害食品安全刑事案件不是反复退查、延宕未决,就是在上、下级审间流浪的原因,不可说不与侦诉双方衔接沟通的低效滞后有关。许多或多或少存有问题的案件,侦查机关事先藏着掖着,抱着得过且过的心理,移至审查起诉阶段之时,证据调取、补强已然不具有太多可能性,最终难产于此或就低轻判,对于前期投入的人力精力财力无疑造成一种浪费,对于司法之严肃性也是一种损害。笔者以为,公诉部门作为审判中心主义的重要参与者,为扭转侦查中心主义长久以来带来的弊端,对侦查活动施以更深层次的监督,应当实现证据要求向前有效传导。江苏省无锡市检察机关的做法具有相当之借鉴价值。该市公检两家联合制定了《重大疑难案件公安机关听取检察机关意见实施方案》,对于言词证据依赖性较大或者事证繁多的案件,检察机关公诉部门可在案发时派员参与第一时间的现场勘验、检查等工作,力求从源头上防止"带病"案件进入审判环节,为庭审指控赢得先机。

(二)更加注重犯罪线索的经营,确保行政与刑事两个环节上证据收集的合法完整

如前所述,当前危害食品安全刑事案件的嫌疑人常常通过精确控制货值、不留存产销票据等行为来逃避法律打击。[①] 因此,无论对于行政执法机关还是侦查机关来说,具有案件经营意识在当下越发重要,不能盲目为了完成任务急于"收网";而在"收网"后亦应当学习台湾地区侦办团队,力求行动迅捷、分工科学、沟通及时、查处到位,以防部分关键证据灭失或案件事实无法查清。具体而言,应当做好以下几方面工作:

1. 及时固定主观证据。对于举报人、内部雇员等重要证人提供的线索及证言等证据,应当第一时间制作笔录予以固定,对于上游生产者、销售者、犯罪团伙内的领导、骨干人员等主要犯罪嫌疑人,在"收网"过程中应由侦查

---

① 闫峰、张全涛:《食品安全犯罪的侦查对策》,载《河南警察学院学报》2014年第3期。

机关尽快同步介入,通过采取适当的强制措施,防止出现串供、干扰作证、通风报信等情形,并及时制作笔录以核实案情。

2. 全面收集补强客观证据。对于大中型企业、犯罪集团等涉及面较广、社会影响较大的危害食品安全刑事案件,宜事先制作有关执法、侦查方案,并商请检察机关提前介入、引导取证,通过对关键节点的合理侦查"经营",查清伪劣有害食品的来源、制作过程、原料采购渠道及数量等情况、内部人员的分工、任职等信息,并进而通过深挖产销网络,借助司法会计等力量,查明资金流向,全面掌握整个犯罪链条,力求能有效并彻底地惩治危害食品安全犯罪,形成强有力的震慑效果。

3. 重视衔接前后的证据转化。对于在行政执法中收集的言词证据,因具有较强的主观性,容易发生变化,依据行政法律法规取证的程序要求又明显不如刑事诉讼严格,对于取证对象诉讼权利、义务的要求也相差甚多,故侦查机关应当依法重新取证,方具有刑事证据资格。① 这与《人民检察院刑事诉讼规则(试行)》第64条第3款规定的精神,② 亦是相吻合的。对于在行政执法中收集的物证、书证、视听资料、电子数据等客观证据,因往往在取证前便以稳定存在,所体现内容受取证程序影响较小,依据刑事诉讼法相关规定③,经审查系以该行政执法机关名义移送,并且符合刑事证据法定要求的,可以直接作为刑事证据使用。综上,在以审判为中心的诉讼制度改革形势下,对于危害食品安全刑事案件"行刑衔接"工作中的证据移送环节,应当得到更多重视,以防止因犯罪嫌疑人翻供、取证程序不规范等问题导致的案件质量出现瑕疵等不必要后果。

(三)逐步完善检测鉴定机制,确保案件查办的高效对接

对于小型企业、民间作坊型危害食品安全犯罪,查明掺杂成分之本质往往是定案的关键;而对于更具专业化、组织化、精细化的大中型企业危害食品安

---

① 杜开林:《王志余、秦群英容留卖淫案》,载《刑事审判参考》(总第97期)。
② 《人民检察院刑事诉讼规则(试行)》第64条第3款规定:"人民检察院办理直接受理立案侦查的案件,对于有关机关在行政执法和查办案件过程中收集的涉案人员供述或者相关人员的证言、陈述,应当重新收集;确有证据证实涉案人员或者相关人员因路途遥远、死亡、失踪或者丧失作证能力,无法重新收集,但供述、证言或者陈述的来源、收集程序合法,并有其他证据相印证,经人民检察院审查符合法定要求的,可以作为证据使用。"
③ 根据《刑事诉讼法》相关规定,行政机关在行政执法和查办案件过程中收集的物证、书证、视听资料、电子数据等证据材料,在刑事诉讼中可以作为证据使用。

全犯罪，厘清既往生产、销售的具体数额，则更显重要性。危害食品安全犯罪不同于一般侵财案件价值的确定性，亦异于一般侵犯人身权利案件损害程度的易参照性，其中涉及到物质变化、账目核对等事宜，自然有赖于检测鉴定机构的专业支持与辨明。笔者以为，可作如下两个层面的制度设计：

1. 健全食品鉴定机构，提升食品鉴定的便捷性、规范性。涉案食品鉴定难，始终是办理危害食品安全刑事案件中备受困扰的难题，缺少食品鉴定机构，由其所出具的检验报告又不符合刑事证据的法定要求，导致危害食品安全刑事案件时常陷入"诉不出、判不了"的尴尬境地。结合2014年12月福建省省五家联合下发的三个指导性文件①，可作如下构建：其一，扩充司法鉴定队伍。省食品药品监督管理局、省质量技术监督局应当尽快确定并公布承担危害食品安全刑事案件的检测鉴定机构名单，确保全省九设区市至少各有一家检测鉴定机构，并在条件成熟的情况下，组建相关专家库，对是否"足以造成严重食物中毒事故或者其他严重食源性疾病"难以直接判断、是否属于"病死或死因不明"需要专业识别等情况，结合数据进行论证并出具专业评估意见。远如四川省检察机关，在2012—2013年期间，便已出台有关会议纪要，确定9家单位为全省危害食品安全犯罪涉案食品鉴定机构；② 近如宁德市检察院，在今年协调市食安办、卫生局、技术监督局等部门，成立市食品药品安全委员会专家库，负责参与食品安全检测，较大食品安全事故调查、救援，对相关食品安全问题进行风险评估，出具鉴定结论，为政府预防和控制突发食品安全事件提供咨询和技术指导。③ 其二，明确鉴定意见要求。检测鉴定机构出具的最终鉴定意见，除各项理化指标外，应当明晰送检食品是否"足以造成严重食物中毒事故或者其他严重食源性疾病"、是否属于"有毒、有害的非食品原料"，以便刑事诉讼的顺利推进。其三，合理运用法律拟制规定。对于客观上无法或难以鉴定的，亦可通过法律拟制来解决。依照文件精神，制售病死或死因不明畜、禽、兽、水产动物及其肉类、肉类制品的，应当认定为"足以

---

① 即福建省高级人民法院、福建省人民检察院、福建省公安厅、福建省食品药品监督管理局、福建省质量技术监督局《关于办理危害食品药品安全刑事案件若干问题的座谈纪要》《关于规范涉嫌危害食品药品安全刑事案件的检测、鉴定及相关工作的座谈纪要》《关于办理危害食品药品安全刑事案件严格适用缓刑、免予刑事处罚的指导意见》。
② 刘德华：《破解鉴定难题，护卫百姓餐桌》，载《检察日报》2013年6月3日第2版。
③ 参见：《宁德建立食品药品安全专家库》，载宁德市食品药品监督管理局网站 http://www.ningde.gov.cn/cms/www2/www.ningdeyjj.gov.cn/0BD01D8D236CB32886CD84BF9478134D/2015-07-24/92DC413318EB0448735166F4C7807786.html，访问时间：2017年6月28日。

造成严重食物中毒或者其他严重食源性疾病",而凡有确实充分的证据证明在食品中掺入或使用"有毒、有害的非食品原料"的,不需要对涉案食品进行定性检测或鉴定,即可直接予以认定。

2. 完善司法会计鉴定制度,强化案件查办的公正性、快速性。正如上述台湾地区侦办的大统食用油掺假一案,许多涉及大中型企业的危害食品安全刑事案件,对于掺杂物质的定性并无太多争议,难点在于如何认定涉案金额,进而确定量刑及罚金幅度。但这已实属经济犯罪范畴,无法仰赖人证、物证直接查明事实真相,加之检察官也非经济专业出生,难以清楚其中游戏规则,若须达到证据确实充分的起诉条件,清查资料、认定事实自然旷日费时。因此,侦办此案时,台湾检察官采取了税务机关同期介入调查、实时监督的方式。但由于大陆检察官并不像台湾检察官自发案时即是刑事侦查的主导者,除非提前介入,否则案件移送至检察机关已历时日,证据是否全面收集固定、是否仍未灭失均不得而知,由检察机关商请介入显失实效性。若由食药监等行政执法机关商请,因不具任何强制性,税务机关是否配合,沟通协调又是否存在阻碍,亦难以确定。笔者认为,仿效我国台湾地区侦办该类案件的另一成功经验——强化司法会计鉴定在实务中的运用,值得一试。据调查,截至 2014 年,台湾地区会计师协会已培训约 150 名具有鉴识会计专长的会计师,以支援案件侦办的人力需求。① 但在大陆,目前除上海等一线大城市有多家会计师事务所具备司法会计鉴定资质,并成立有上海市司法会计鉴定专家委员会外,就福建省为例,司法会计机构的设置都是捉襟见肘的,并且我们还未能掌握本就寥寥无几的具体名单,这对查办产销网络复杂的危害食品安全刑事案件,无疑具有明显的制约性。因此,扩充和壮大司法会计鉴定机构,选任和配齐司法会计鉴定人员以符合本地办案需求,确保其客观性、专业性与独立性,并委之以帮助查明案情的一定强制性义务,同样是危害食品安全刑事案件"两法衔接"工作机制设计所应当思考的问题。

(四)充分发挥信息共享平台作用,确保实时的检察监督落到实处

反应迅速的适时介入调查、移送案件的实时跟踪监督、有案不移与以罚代刑现象的及时纠正,凡此种种都有赖于信息共享之全面高效。因此,"行刑衔接"信息共享平台是检察监督工作能否深入有效开展的关键载体。笔者认为,打破当前信息共享平台在实务中略显乏力与停滞的困境需依赖于两方面的

---

① 许顺雄:《鉴识会计在食品安全管理的运用》,载《会计师季刊》2014 年 12 月,第 30 页。

努力:

1. 设计科学合理的追责机制。共享信息选择性录入、应付性录入的现象之所以久拖难决,最大原因就在于缺少问责机制的倒逼,以致行政执法机关即使是面对诸如《检察建议》等一系列催办文书,仍然有恃无恐、我行我素,而检察机关身负法律监督职责,却对此情形无可奈何。此处,可作如下制度安排:积极与纪检监察部门就信息共享平台录入等问题沟通协商,达成共识,出台相应规范性文件,对于发现存在录入不规范问题的单位或个人,由监察部门予以效能追责,要求限期整改并将情况抄送其上级主管部门备案;对于拒不改正或发现上述问题达三次以上的单位或个人,由纪检监察部门通报批评并对有关人员予以纪律处分;对于存在玩忽职守等可能涉嫌职务犯罪的情形,依法移送检察机关职务犯罪侦查部门追究刑事责任。

2. 搭建无缝衔接的数据导入导出功能。当前的信息共享平台因系"凭空而起"的独立系统,与检察机关统一业务应用系统以及各行政执法机关的内部办案系统并无丝毫关联,这就导致即使存在有案不录现象,常常也难以在检查中发现,行政执法机关亦常反映录入不畅、设置漏洞等问题。从"两法衔接"工作发展的长远考虑,在技术支持上实现案件情况、文书等信息的快捷乃至一键导出导入,甚至打破各单位办案系统自成体系的壁垒,是值得探索和努力的方向。若能实现信息数据端口的统一化和规范化,则可以较大幅度地缩减在数据填录上所耗费的工作量,而将更多的精力和重心置于案情研判、疑点排查等重要工作上来。

结 语

民以食为天,食以安为先。食品安全直接关系大众生命安全与身心健康,关系社会安定有序,关系国家平稳发展。迅猛有力惩治危害食品安全犯罪,不枉不纵,不偏不倚,是百姓之希冀,亦是国家之重托。无论对于行政执法机关、侦查机关还是检察机关来说,都各有所为、应有所为。摆脱各自为战的现状,以"行刑衔接"桥梁形成打击合力,是未来办理危害食品安全刑事案件需要考虑的重要一面。通过借鉴海峡对岸处置危害食品安全刑事案件成功经验,以完善检察监督工作制度的同时,我们更应看到,侦办团队所彰显的团结一心、恪尽职守、虚怀若谷、谨言慎行的专业精神,是在制度构建之上所应追求的更高目标。

涉假药犯罪案件的社会认同问题研究

高孝义　金华捷*

随着民生观念的深入人心以及典型案例的宣传报导,社会各界对于涉药品犯罪这类涉及民生领域犯罪的关注程度普遍提高。立法者以及相关司法机关会根据这类犯罪的司法动态,通过刑法修正案及司法解释的途径,及时回应打击态势以及社会需求的变迁。社会公众也会通过各种媒介,反映社会舆论与公众民意。

时下,生产、销售假药罪中"假药"的范围是参照《药品管理法》中"假药"的概念予以认定的。这种两法界定一致性的立法模式也造成了当下假药犯罪法律效果与社会效果反差较大的现象。《刑法修正案(八)》取消了原先"足以严重危害人体健康"的入罪门槛后,大量不具有人体健康危害性的生产、销售假药行为,被纳入刑事处罚的范畴。这种无差别打击的处理方式,已经在一定程度上出现了社会认同的矛盾。随着"陆勇案"等典型案例的问世以及相关影视、传媒作品的宣传,上述的社会认同矛盾受到了社会各界的普遍关注。不少学者因此而主张,刑法中"假药"的含义不应等同于《药品管理法》中假药的定义。[①]

这里有三个问题值得思考:一是生产、销售假药罪的社会危害性如何评判;二是时下社会认同风险的产生原因;三是今后应当如何协调法律效果与社会效果之间的关系,通过法律体系的完善来减少、化解这种社会认同的矛盾。笔者拟从上述三个问题的角度,对涉加药犯罪案件的社会认同问题进行分析。

---

* 高孝义,上海市人民检察院第三分院(铁检分院)副检察长;金华捷,上海市人民检察院第三分院(铁检分院)检察官助理。

① 郭妍:《刑法中"假药"的认定不应完全从属于前置法》,载《人民法院报》2019年7月12日。

一、涉假药犯罪社会危害性的评析

目前,根据涉案药品的性质、用途,司法实务中的生产、销售假药案件主要可以分为三种类型。

第一种类型为涉案药品存在实质瑕疵的案件。这类案件中的涉案药品均为没有疗效、危机人体健康的假药,且涉案主体绝大多数是不具有行医、经营药品资质的个人、企业。例如,"江湖郎中""赤脚医生"为牟取非法利益,私自调制中草药,并虚构、扩大药品疗效,造成服药人伤亡或者症状并无好转。这类案件的特征可以归纳为三点:一是主体不具有行医、药品经营的资质;二是主观上通常基于牟利目的;三是涉案药品不具有资质,质量本身也存在瑕疵。

第二种类型为涉案药品的疗效并无瑕疵,行为人为牟取非法利益,在相关部门未经批准的情况下,生产、销售上述药品。行为人通常是在国内市场已经有同类药品的情况下,出于牟利的目的,而生产、销售私自调制或者未经许可进口的境外药品。司法实务中大量的进口美容针案件即为这种类型。这类案件的也有三点基本特征:一是主体通常具有行医、药品经营资质;二是主观上基于牟利目的;三是涉案药品虽不具有资质,但质量通常是合格的,在种类上通常属于消费品而非治病、救命的必需品。

第三种类型为药品疗效无瑕疵的典型案件。这类案件中,行为人出于治疗严重疾患、拯救生命的动机,未经批准,擅自生产、销售假药。由于动机特殊,这类案件中的行为人获利极少。"陆勇案"就是这类案件中的典型。这类案件的特征可以归纳如下:一是主体通常不具有行医、药品经营资质;二是主观上通常基于治疗严重疾患、拯救生命的动机;三是涉案药品虽不具有资质,但质量通常是合格的,在种类上通常属于治病、救命的必需品。

目前,理论和实务界不少观点认为,生产、销售不具有人体健康危险性的假药的行为不具有社会危害性。这也成为了目前涉假药犯罪案件存在社会认同矛盾的理念根源。这就涉及到生产、销售假药罪的社会危害性应如何评判的问题。

关于生产、销售假药罪的社会危害性,学界和实务界主要有两种观点:第一种观点认为,该罪的社会危害性体现在对于药品监管秩序的违反[1],即使没有危害人体健康,行为人生产、销售假药的行为同样具有社会危害性;第二种

---

[1] 张平涛:《刑法"假药"界定的妥当性辩护》,载《中国人民公安大学学报》2017年第2期。

观点认为,该罪的社会危害性体现在人体健康侵害性上,如果没有出现这类危害结果,行为人生产、销售假药的行为就没有社会危害性。①

笔者同意第一种观点,该罪社会危害性应当以违反药品监管秩序作为主要评判的依据。

社会危害性在我国刑法理论体系中占据着"中枢"地位,是我们评判立法必要性以及认定犯罪和进行量刑的主要衡量标准。社会危害性原先是马克思主义政治学中的一个概念。在马克思看来,凡是反抗统治阶级统治,被认定为犯罪的行为,均具有社会危害性。苏联刑法理论吸纳了上述思想后,将其转变为一个法学上的概念。经我国刑法学家师承,社会危害性理论传入我国,成为了立法和司法环节衡量罪与非罪、罪重与罪轻的标准。② 大陆法系刑法理论中并没有社会危害性的概念,其衡量罪与非罪、罪重与罪轻的标准是法益侵害性。事实上,社会危害性可以衡量罪与非罪、罪重与罪轻的功能与大陆法系刑法理论中的法益是相通的。事实上,从概念和定义的维度出发,德日刑法中的"法益"与我国的"犯罪客体"是可以相互等量替代的。因此,贯通社会危害性、法益和犯罪客体这三个概念,我们不难得知,我国的社会危害性能够体现犯罪客体的侵害程度,而两者均是衡量罪与非罪、罪重与罪轻的标准。

因此,社会危害性的界定需要结合犯罪客体。笔者认为,社会危害性的种类是多样的,不仅表现在人身伤亡、财产损失等具体方面,也可以表现在侵犯社会管理秩序等抽象方面。不同的各罪的社会危害性会有不同的体现,取决于具体罪名所侵犯的客体。如果相关罪名侵犯的客体是人身权利、财产权利等,那么这类罪名的社会危害性就体现在人身伤亡、财产损失方面,例如故意杀人罪、盗窃罪;如果侵犯的客体是社会、市场经济管理秩序,那么,这类罪名的社会危害性就是抽象的,即对于管理秩序的违反,例如,我国分则第三章中的经济犯罪以及第六章中的妨害社会管理类的犯罪。

通说认为,生产、销售假药罪侵犯的是复杂客体,其主要客体是药品监管秩序,次要客体才是人体健康。根据我国的传统理论,主要客体才是决定犯罪性质的判断依据。因此,生产、销售假药罪的社会危害性主要应该表现为对于药品监管秩序的侵犯。由此而论,无论涉案的药品是否会危及人体健康,只要其符合了《药品管理秩序》中关于"假药"的定义,其行为就侵犯了药品监管秩序,无疑就具有社会危害性。当这类社会危害性积累到一定程度之时,例

---

① 该观点系笔者根据司法实务中的意见自行总结归纳。
② 参见孙建保:《刑法中的社会危害性理论研究》,华东政法大学2013年刑法学博士学位论文。

如生产、销售的假药达到一定金额、数量,其社会危害性就已经达到了需要刑法追责的程度。

当然,学界也有观点认为,该罪侵犯双重法益,只有当行为同时侵犯两种法益时,即涉案药品符合《药品管理法》对于假药的界定,同时又危及人体健康的,才能够成立生产、销售假药罪。[①] 笔者认为,次要客体往往是相关犯罪行为所产生的一种附随后果,至于次要客体受到侵犯才能成立犯罪,理论和实务中均没有定论。从现行立法例来看,犯罪的成立似乎并不以次要客体实际受到侵犯为条件。以抢劫罪为例,该罪是典型的侵犯复杂客体的罪名,其主要客体是财产权利,而次要客体是人身权利。其中,行为人通过其他方法劫取财物,例如主动劝酒致被害人醉酒后劫取财物的,就不会侵犯到人身权利。但是,这类行为同样成立抢劫罪。因此,"双重法益"的前提,并不能当然得出该学者所主张的结论。

事实上,我们没有必要对这类秩序客体存有偏见,其他国家也存在类似的立法例。德日刑法中的法益就分为三类:国家法益、公共法益和个人法益。其中,公共法益就相当于我国的经济管理秩序或者社会管理秩序。在公共法益罪名的认定中,行为人对于"社会、经济管理秩序"的侵犯,就是罪与非罪、罪重与罪轻的衡量标准。

据此,只要生产、销售假药的行为侵犯了药品管理秩序,无论该假药是否具有人体健康的危险性,其均具有社会危害性。当然,笔者并不否认,同样是生产、销售假药,假药是否具有人体健康危险性,生产、销售行为的社会危害性是存在差异的。

二、社会认同矛盾的原因分析

既然生产、销售假药罪的社会危害性并不以人体健康的危险性作为主要评判依据,那么,为什么社会公众对于生产、销售假药罪的处理结果和评价机制无法认同?

笔者认为,这种现象属于群体压力作用下的一种反从众的倾向。

为了生存的共同利益或完成共同的目标与任务,社会将通过一定的方式,由组织、群体或个人去促使其成员采取为社会群体所接受的共同态度或者行动。而上述的"方式"对个体产生的影响力,即为群体压力。通常情况下,群体压力主要两个来源:一是信息压力,一般是指物理现实、个人体验或社

[①] 郭妍:《刑法中"假药"的认定不应完全从属于前置法》,载《人民法院报》2019年7月12日。

现实等；二是群体规范压力，一般是指群体所确立的行为标准。事实上，国家的法律、法规等行为规范就属于一种群体压力规范，国家通过设定法律、法规，为社会公众确立行为准则，统一、规范公众的行为。

从社会治理角度讲，群体压力具有一定的功利主义色彩，国家会通过群体压力的方式，达到社会公众行为上的趋同性、从众性。这是因为，人天生就具有对社会孤立的恐惧感，当被其他群体成员排斥时，会陷入恐惧、痛苦。这种心理会促使行为人的行为逐步趋同于其他群体。同时，人们通常倾向于相信多数而怀疑少数，群体的行为准则也为个体提供参照标准。此外，个体对于其所在的群体往往具有归属感，出于维护群体形象的心理，个体也会与其归属群体的准则保持一致。

当然，这种趋同性与从众性也会表现为两种形式：一是外部行为与内部心理应群体影响而真正发生改变；二是尽管内心怀有疑虑，但迫于群体压力而在行为上与群体保持一致。而群体规范所产生的压力就很容易出现"行为一致、内心疑虑"的情形。社会个体受到群体规范的压力虽然会公开服从，但没有内心接受。

事实上，涉加药犯罪的社会认同矛盾就符合上述"行为一致、内心疑虑"的特征。《刑法修正案（八）》取消了原先"足以严重危害人体健康"的入罪门槛后，两法对于"药品"范围界定一致的"弊端"日益凸显。社会公众虽然在外部行为上能够服从法律规定，但是，内心却对这种法律评价的导向存有疑虑。这即是笔者上文所说的群体压力下的反从众倾向。

一般情况下，法律作为一种群体规范，确实会促使社会公众的行为趋同、从众，但是，反从众倾向恰恰是群体压力作用下的一种例外。有学者就指出，人们对于道德观念、政治取向、价值观、宗教信仰等与自我概念密切相关的问题，不太容易受到参照群体意见的影响，并且当参照群体意见与自己观点相左时，甚至会"反其道而行之"。[①] 而涉加药犯罪出现社会认同矛盾的原因，恰恰是与人的道德观念、价值观息息相关。

生产、销售假药罪系法定犯，而法定犯的社会危害性的受感知、认可程度往往是较低的。有学者指出，自然犯是违背伦理道德观念的犯罪，人们按照一般的伦理道德观念，就可以很直接、很清楚地判断出某种行为是否构成犯罪；

[①] Homsey MJ, Majkut L, Terry DJ, McKimmie BM：《On being Loud and Proud Non-confomtiy and Counter-conformity to Group Norms》，《British Journal of Social Psychology》, 2003, 42（3）.

对于法定犯来说，从人的伦理道德观念是很难判断某种行为是否成立犯罪。[1]换言之，自然犯和法定犯对于社会公众的"刺痛感"是截然不同的。应该看到，社会公众一般运用伦理道德作为评判"善恶"的主要依据。因此，社会公众易于认同和感知违反伦理道德的自然犯的社会危害性，例如，故意杀人、放火、强奸等犯罪。因为这类犯罪均严重违反人伦道德，所以对于社会公众的"刺痛感"是较为强烈的。而法定犯主要违反的是前置行政法规，对于伦理道德的违背程度是比较低的。因此，对于法定犯的社会危害性，社会公众在认知上就会出现认同度不高以及难以感知这类犯罪的社会危害性的现象。而立法者并不会全然根据伦理道德作为刑事立法的依据。为了维护某些管理秩序，立法者的确会设立一些违反前置法规却不明显违背伦理道德的法定犯。这类不明显违背伦理道德的犯罪事实上很难"刺痛"以社会公众的神经，这也是社会公众很难理解和接受某些法定犯处理结果的原因。生产、销售假药罪就是此类典型的立法例。立法者主要是基于保护药品监管秩序的需要而设立生产、销售假药罪。在立法者看来，对药品监管秩序的侵犯才是社会危害性的主要衡量依据，而对人体健康造成危害仅仅是药品监管秩序受到侵犯的表现形式之一。正因如此，后续的司法解释才会将人身伤亡的结果与销售金额、社会影响等情节并列，共同作为量刑标准。从实然层面讲，司法实务中大量的涉药品犯罪案件都是以销售金额作为量刑依据的。但是，立法者的这种立法理念并没有被社会公众完全认同。大多数公众还是从伦理道德的角度来评价涉药品犯罪案件。从朴素的道德观念来看，药品管理秩序的侵害性确实很难为社会公众所感知，涉药品犯罪对于人体健康的危害才是大众评判的主要切入点。

同时，典型案例的案情确实存在较大的价值冲突，而这种价值冲突恰恰是伦理道德的核心内容。事实上，司法实务中大多数的生产、销售假药的案例还是受到公众认可的，例如上文所述的第一、第二类案件。应该看到，第一类案件中的行为人本身就具有伦理道德上的"恶性"，辅之以涉案的药品确有质量瑕疵，能够在伦理道德层面上得到社会公众的认同。即便对于上述第二类案件，社会反对声音也并没有那么强烈。即便是药效较好的进口美容针的假药案例，绝大多数社会公众同样没有出现反感、抵制情绪。这是因为，这类案件中"违法牟利"的因素是符合大众的伦理道德取向的。同时，这类案件中的涉案药品通常表现为消费品，而非治病救人的必需品，因此，不会发生伦理道德的反差。而真正影响社会效果的，还是少量如"陆勇案"这般的存在价值冲突的典型案例。和其他两类假药案件相比，陆勇案存在三点明显差异：第一，陆

---

[1] 刘宪权：《刑法学名师讲演录》（第二版），上海人民出版社2016年版，第113页。

勇出于救人的动机,而违反法律,这表现为生命权与社会秩序之间的价值冲突。而其他案件中的药品,大多是属于保健、美容或者治疗日常疾病的药品,不存在生命权和秩序之间的冲突。第二,陆勇案中,国内市场虽有同类药品,但是,价格昂贵,普通公众难以承受,这表现为紧迫性和社会秩序之间的冲突。而在其他假药案件中,国内市场都有同类的廉价药品,不会出现紧迫性和社会秩序之间的冲突。第三,陆勇以成本价向特定公众销售抗癌药,不具有牟利性质,在社会公众看来,这种举动属于"义举",这表现为"善良义理"与社会秩序之间的冲突。而其他药品案件中,涉案人员通常出于牟利目的,一般不存在"善良义理"与社会秩序之间的冲突。事实上,这种"生命权""紧迫性"和"善良义理"是与伦理道德相契合的,一旦上述三点与社会秩序发生冲突时,社会公众当然会出现强烈的反对情绪。

三、社会认同矛盾的评判与应对

笔者认为,涉假药犯罪案件的社会认同矛盾与我国的法律体系和司法理念也不无关联。那么,从立法和司法层面分析,我们应当如何评判和应对?

笔者认为,对于生产、销售假药的行为,确实不宜一概作为犯罪处理。司法机关认定刑事案件,既要考虑刑事违法性,也是考量处罚必要性。当然,上述的"刑事违法性""处罚必要性"不同于犯罪特征中的"刑事违法性"和"刑罚当罚性",只是司法机关长期指代借用的两个习惯用语。上述的"刑事违法性"是指,根据教义学原理能够认定为犯罪的情形。"刑事违法性"的评判纯粹运用的是法律思维,不以公众舆论、价值平衡等因素为转移。以生产、销售假药罪为例,只要行为人违反药品监管秩序,实施了生产、销售假药的行为,其就具备了所谓的"刑事违法性"。但是,当下的司法办案越来越强调社会效果和社会认同,不提倡机械司法,因此,"处罚必要性"的判断应运而生。"处罚必要性"运用的是综合性思维,既要考虑法律问题,也要权衡社会效果和社会认同的状况。因此,将生产、销售假药的行为一概入罪,虽然符合"刑事违法性",却与"处罚必要性"是相冲突的。

依笔者之见,对于如同"陆勇案"这类存在价值冲突的案件,我们还是要给予出罪、最轻的路径。

目前,很多学者针对该问题提出诸多对策,归纳如下:第一,取消目前两法界定一致性的立法模式,主张刑法中"假药"的范围小于《药品管理法》中"假药"的范围,即将不具有人体健康危害性的"形式"上的假药排除出

《刑法》中"假药"的范畴。① 第二，将生产、销售假药、劣药罪的罪名调整至分则危害公共安全犯罪中，将其主要客体调整为公共安全。②

应该看到，上述两种对策均有其合理的一面，但是，这两条对策均属于重建体系的方式，其二者面临着调整必要性和法律体系协调性的问题。

上述第一种模式的弊端主要体现在调整必要性方面。正如前述，目前生产、销售假药罪面临的社会认同矛盾的根源恰恰是少数典型案例，而非其他大多数常规案例。那么，出于平衡少量的典型案例，就全面推翻现有的法律体系，我们当然要对调整的必要性进行权衡。事实上，生产、销售假药罪对于药品监管秩序确有不小的危害性。国家不仅要考虑到药品行业的经营能力、经营水平等问题，也要兼顾到国内药品市场、行业的发展问题。虽然社会公众很难感知或者认同这种危害性，但是，从国家治理、药品监管层面出发，这种危害性确实是存在的，且不以公众的认知、认同为转移。同时，《刑法修正案（八）》的立法模式已经反映出了"介入点前伸"立法理念，即生产、销售假药罪的成立不以是否具有人体健康危险性作为判断依据。如果我们缩小《刑法》中"假药"的范围，将不具有人体健康危险性的"形式"假药排除出犯罪圈，这实际上与《刑法修正案（八）》的立法理念是相悖的。目前，我们可能更多地看到了生产、销售假药罪犯罪圈"过大"的一面，却没有对于犯罪圈缩小可能带来的新问题进行思考和研判。因此，在充分研判利弊之前，对于第一种模式我们应当保持慎重态度。

第二种方式的弊端表现在会造成刑法体系的不协调性。刑法分则第三章第一节共有9个罪名，如果我们把生产、销售假药、劣药罪调整至第二章危害公共安全中，那么，剩余的7个罪名，我们该如何处理？性质相同、相近的9个罪名却分属两个不同章节，无疑会破坏刑法体系的协调性。

依笔者之见，我们主要可以从立法和司法两个维度，来解决上述社会舆论冲突的问题。

在司法的维度，我们可以通过适用其他罪名来处理"陆勇案"这类典型案件。事实上，分则中有多条罪名可以与生产、销售假药罪形成想象竞合或者牵连关系。例如，走私普通货物罪、走私国家禁止进出口的货物罪、假冒注册商标罪、非法经营罪。如果司法机关以这些罪名来认定典型假药案件，可以一定程度上缓和社会认同上的矛盾。这是因为，以上述这些罪名来处理涉假药犯

---

① 郭妍：《刑法中"假药"的认定不应完全从属于前置法》，载《人民法院报》2019年7月12日。

② 时方：《生产、销售假药罪法益侵害的规范解释》，载《政治与法律》2015年第5期。

罪案件，一般不会出现伦理道德上的价值冲突。在不涉及伦理道德问题的情况下，反从众的倾向也会逐步消解，使公众重新回到趋同、从众的倾向。当然，以上述这些罪名进行处理，也存在一些弊端。第一，无论是想象竞合犯还是牵连犯，刑法理论均规定了择一重罪论处的原理。经过法定刑比较，如果生产、销售假药罪的法定刑较高，司法机关仍然会面临以生产、销售假药罪来认定假药典型案件的问题。同时，其他罪名处理也会存在漏洞。例如，非法经营罪是从市场准入经营资质的角度对涉案行为进行评价的，如果涉案的企业具有药品经营资质，或者系合法医疗机构以牟利目的，使用假药的，就无法以非法经营罪进行论处。再如，如果涉案的药品没有侵犯他人合法商标的，那么，当然也就无法以假冒注册商标罪进行认定。

在立法的维度，笔者建议通过修正案的形式，在《刑法》第141条下增设一款，作为该罪的第3款。在功能上，该条款属于出罪、罪轻条款，专为应对存在价值冲突的典型案件；在用语上，笔者建议对于出罪条款采用模糊、含括的用语设置条款；在具体内容上，笔者建议可以表述为，生产、销售假药，情节轻微的，可以不以犯罪认定；生产、销售的假药经审查认定不具有人体危险性的，应当从轻、减轻处罚。

笔者在出罪条款中建议采用模糊用语是基于两点考虑：第一，典型案件的界限目前难以把握。正如前述，"陆勇案"存在三种价值冲突，那么，在今后的案件中，是三种冲突均要具备还是只要具备一项就符合典型案件的标准，亦或是还有其他判断标准，这些目前尚不能明确。因此，可以先采用模糊立法模式，适度给予司法机关自由裁量权，两高完全可以在适当时机出台司法解释，细化"情节轻微"的标准。第二，立法的明确性固然是罪刑法定原则的基本要求。但是，从罪刑法定原则有利于被告人的精神出发，明确性要求主要是针对不利于被告人的规定，而对于有利于被告人的出罪条款，模糊用语并无不可。笔者同时设立罪轻条款，是考虑到生产、销售不具有人体危害性的假药行为虽然也侵犯了药品管理秩序，但是，其社会危害性毕竟与典型的假药犯罪存在差异。出于罪刑相适应的考虑，还是应当给予犯罪嫌疑人从宽的平台。

这些条款既不会对于现行的两法体系造成冲击，也能够兼顾到典型案件的公众认同问题。在这种体系下，即便出现典型案件，行为人也可以获得较为轻缓的处理。

结　语

当然，徒法不足以自行，法律的介入永远具有滞后性。要从根源上解决问题，我们还是应当注重源头治理。事实上，当今药品的范围比我们传统观念中的范围扩大了很多，不仅包括治疗疾患的必需品，也包括保健、美容的消费品。这两类药品中，后者通常不是社会认同矛盾的高发领域，而前者则一旦涉案，就很容易引发社会关注，并出现社会认同矛盾的风险。从实证角度来看，典型案件产生的社会根源，很大程度上是因为某些急救药品的市场价格过高，使大多数社会公众难以承受，进而威胁到了生存权利。因此，药政部门、药品监管部门、市场监管部门也应当积极履行职责，控制这类药品的市场价格，或将这类药品逐步纳入医保体系，使社会公众面对严重疾患可以看得起病，吃得起药，降低典型案件的发生概率。

微整形领域销售假药犯罪特点、原因及防控研究

马 珣 许 蕾[*]

随着经济社会的发展和人民物质生活水平的不断提高,人们对美有了更高层次的追求。与此同时,日趋成熟的医疗美容技术,使得不用动刀就能变美的微整形[①]得到了空前的发展。然而,看似安全的微整形却大量充斥着假冒伪劣或来路不明的各类美容针剂,以及非法注射行为,销售假药的案件更是层出不穷。笔者拟以上海铁路运输检察院(以下简称"上海铁检院")集中管辖[②]后办理的销售美容针剂类假药案件为研究蓝本,探究微整形领域销售假药犯罪的特点及多发原因,提出防控建议,以期能够引导、规范微整形市场的健康发展,有效防控和减少犯罪的发生。

一、基本特点

2018年1月至2019年6月,上海铁检院共受理审查起诉销售美容针剂类假药案件共计71件90人,其中2018年全年28件33人,2019年上半年43件55人,案件量上升趋势明显,具体呈现以下特点:

(一)假药品种多样,皆为注射类针剂

上述案件中涉案美容针剂类型多样,主要有肉毒素、溶脂针、美白针、祛

---

[*] 马珣,上海铁路运输检察院第三检察部食药专办组主任检察官;许蕾,上海铁路运输检察院第三检察部食药专办组检察官助理。

[①] 微整形(Micro-surgery)就是利用高科技的医疗技术,不需开刀,短时间就能变美变年轻的特性。其逐渐取代过去的整形外科手术,具有安全、没有伤口、恢复期短的优点。

[②] 根据上海市高级人民法院、上海市人民检察院、上海市公安局、上海市司法局会签的《关于本市危害食品药品安全刑事案件调整管辖的规定》明确,2018年1月1日之后立案的危害食品药品安全刑事案件由上海铁路运输检察院审查批捕、起诉,由上海铁路运输法院依法审判。

痘针以及含利多卡因成分的玻尿酸等,其中美白针系多种针剂混合后静脉点滴注射,其他针剂系通过针筒皮下注射。上述美容针剂符合药品特征,且外包装多为韩文、日文、英文,属于来路不明的"水货"或者来自地下工厂生产的假冒伪劣产品,存在较大的安全风险,根据《药品管理法》第48条第3款第(二)项的规定,均属于必须批准而未经批准生产、进口,按假药论处。

(二)销售场所多为实体店,且超范围、无证经营现象普遍

71件案件中,销售场所在美容美甲店、美容工作室等实体店的有52件,占比73.2%。上述实体店中持有合法营业执照的仅8个,包括美甲店、皮肤护理中心、形象沙龙店等,这些实体店在从事正常生活美容①的同时,超范围经营属于医疗美容的微整形项目,偷偷向顾客销售肉毒素等美容针剂,并提供注射服务。余下43个均系开设在居民楼、写字楼的无证美容工作室,通过互联网发布广告招揽顾客,专门为顾客提供非法注射肉毒素、玻尿酸等微整形服务。

(三)多伴随非法注射等非法行医行为

注射肉毒素等美容针剂属于医疗美容项目,根据相关规定②,实施医疗美容项目的医生必须具有执业医师资格和医学美容主诊医生资格。然而上述71件案件中,在销售美容针剂类假药同时冒充医生提供非法注射服务的有62件,占比高达87.3%。这些为顾客提供非法注射服务的"假医生",不仅不具备医师资格,甚至没有任何医学知识和医疗背景,仅经过几天"速成培训"就开始为顾客进行注射,注射点位、剂量一旦把握不好,很容易出现红肿、术后感染、表情失衡、大小脸等不良反应,甚至神经损伤、组织坏死等严重后果。

---

① 生活美容是指运用化妆品、保健品及非医疗性器械,对人体所进行的皮肤护理、按摩等非侵入性的美容护理,而以注射美容针剂为主的微整形属于侵入性的医疗美容,二者有着本质的区别。

② 《医疗美容服务管理办法》第11规定:"负责实施医疗美容项目的主诊医师必须同时具备下列条件:(一)具有执业医师资格,经执业医师注册机关注册;(二)具有从事相关临床学科工作经历。其中,负责实施美容外科项目的应具有6年以上从事美容外科或整形外科等相关专业临床工作经历;负责实施美容牙科项目的应具有5年以上从事美容牙科或口腔科专业临床工作经历;负责实施美容中医科和美容皮肤科项目的应分别具有3年以上从事中医专业和皮肤病专业临床工作经历;(三)经过医疗美容专业培训或进修并合格,或已从事医疗美容临床工作1年以上;(四)省级人民政府卫生行政部门规定的其他条件。"

（四）犯罪行为隐蔽，调查取证难度大

销售美容针剂类假药犯罪行为隐蔽性强，不法分子往往隐藏在居民楼、宾馆、酒店、私家车内等私密性较强的地点，向顾客"一对一"销售并注射美容针剂类假药，除非知情者举报，否则难以发现。同时，不法分子反侦察意识强，一有风吹草动立即隐藏起来，清空删除进货和销售记录，取证难度大。加之微整形隐私性较强，很多顾客配合调查的意愿不高，一些顾客即使出现了不良反应，但得到了经济补偿后，也不太愿意举报或出面作证，客观上增加了该类犯罪的调查取证难度。

（五）犯罪模式与网络平台密不可分

美容针剂类假药销售模式主要有两种，都与网络平台联系紧密。一种是纯线上销售，即通过微信朋友圈、微博发布美容针剂广告，吸引顾客，利用微信、QQ等通讯工具与顾客进行交谈，达成销售合意后，再通过微信、支付宝进行网上转账，最后通物流快递产品完成交易。另一种是线上线下相结合销售模式，即通过微信、QQ等通讯工具从非正规渠道购入美容针剂，在互联网上发布广告，吸引顾客来实体店内，线下完成交易并提供注射服务。

二、原因分析

从上铁院办理销售美容针剂类假药情况看，2019年上半年的案件量已经超过2018年全年的53.6%，微整形领域销售假药犯罪频发，且上升趋势快，主要有以下原因：

（一）市场需求大，供需不平衡

爱美之心，人皆有之，在这个"看脸的时代"，很多人希望通过改善自己的容貌获得自信以及更多的就业和升职机会，"网红经济"、直播行业的兴起，也让不少人想通过提升颜值来一夜成名。与传统整形外科手术相比，微整形操作便捷，能在短时间内迅速变年轻变美，让越来越多的人对其趋之若鹜。白领圈里甚至出现了一种叫"午休微整形"的新潮流，即利用午休时间去打一针美容针。值得注意的是，受日韩审美影响，诞生了一部分畸形的美容需求，如一味追求尖脸、大眼睛、雪白肌肤等，加之大众对于医疗美容的认知不够充分，将属于医疗美容的微整形与生活美容混同，没有充分认识到注射美容针剂的医学美容性质，低估了风险。甚至有部分消费者怀疑或明知自己购买及注射的美容针剂为假药，但受其低价、较强的私密性、效果承诺等诱惑，轻信能够避免医疗风险，存在"赌博买假"的心理，进一步加剧了美容针剂市场的膨胀，制造出了一些扭曲的、本不应存在的市场需求。

然而与火爆的市场需求相比，正规医美资源却十分短缺。一方面，微整形属于医疗美容项目，需要由专业医生进行操作，但目前，我国每百万人保有的整形外科医生数量为 2.88，远低于美国的 20.88 和日本的 17.54①，而培养一名合格的医疗美容医生，通常需要十年以上的时间。另一方面，正规的微整形产品品种较少，难以满足消费者差异化需求。以市面上最常见的瘦脸针（注射用 A 型肉毒毒素）为例，目前经国家药品监督管理局批准生产、进口的只有两种，一种为国产的兰州衡力肉毒素，另一种进口的保妥适，可供消费者选择的范围非常有限，且价格昂贵。微整形圈内深受消费者喜爱的"粉毒"、"白毒"②、美白针、溶脂针、祛痘针等，国内并不正规的类似产品。微整形领域美容针剂市场的供需不平衡，使销售美容针剂假药类犯罪有利可图，有机可乘。

（二）作案难度低，利润空间大

从作案手段上看，销售美容针剂类假药犯罪不需要掌握专业知识或特别技能，只要简单发布广告，通过微信、QQ 等通讯工具就能完成线上线下交易，轻松获得收益，作案难度低。同时，发达的互联网、成熟的快递物流、便捷的移动支付等促使销售美容针剂类假药更加简便易行，比如作为犯罪工具的一次性使用无菌注射器属于《医疗器械分类目录》中的第三类医疗器械，应实行严格的管理，但是从目前来看，一些非正规注射器通过网络渠道能够轻易购买到，为美容针剂类假药的销售和注射提供了极大的便利。

销售美容针剂类假药犯罪虽然作案难度低，但是利润却十分惊人。从我们办理的案件来看，一只"粉毒"从上游批发商购入仅需 200 元左右，卖给消费者并注射收费 1000 元到 3000 元不等，利润率至少 400%。一套"铂金美白针"从上游批发商购入只需 600 元左右，卖给消费者并注射收费 3000 元到 5000 元不等，利润率至少 500%。在暴利驱动下，越来越多的不法分子争相涌入美容针剂市场想要分一杯羹。

（三）监管难度大，违法成本低

销售美容针剂类假药犯罪行为隐蔽，难以有效监管。一些有合法营业执照的美容店，对外公开宣传的消费项目都是生活美容类，但却会"偷偷"向熟

---

① 李劼：《互联网医美"巨头"能走多远?》，载《南方日报》2018 年 9 月 6 日 B04 版。
② "粉毒""白毒"是韩国 Medytox 公司旗下 Meditoxin 品牌肉毒素的俗称，2019 年 3 月，该品牌肉毒素在被曝光了灭菌程序不合规、部分产品不达标的情况，国家药监局作出对其许可审查做出暂停决定。

客推销美容针剂类假药,市场监管部门在排查时很难发现。另外一些无证美容工作室隐藏在居民楼、办公楼、宾馆等地点,租借房屋及非法销售、注射美容针剂的情况,除非有群众主动举报,否则卫计委、市场监管部门很难发现。

即使被发现了,从行政处罚的角度,只能针对非法行医行为罚款几万元、没收现场查扣的各类药品和医疗器械。从刑事处罚角度,以我们办理的案件为例,最终以销售假药罪判处拘役的72人,占比81.8%;6个月至1年有期徒刑的11人,占比12.5%;1年以上有期徒刑的仅有5人,占比5.7%,其中缓刑39人,缓刑适用率44.3%,整体判决情况较轻,对该类犯罪的法律威慑力不足,警示作用不强。无论是行政处罚还是刑事处罚,与不法分子几十万元甚至几百万元的营业收入相比根本微不足道。由此可见,销售美容针剂类假药犯罪行为监管难度大,不易发现,即使被发现,处罚力度也不大,犯罪成本低,使得越来越多的人不惜以身试法。

(四)差异交往理论

差异交往理论认为,人们通过社会环境中的人际互动强化而习得越轨与犯罪行为。该理论在销售美容针剂类假药犯罪上的表现尤其明显。从我们一年多来办理的71件案件来看,90名销售美容针剂类假药的犯罪嫌疑人全部为无业与或美容相关业者,这些犯罪嫌疑人之间相互交流明显,以介绍客源、提供场地、相互调货、传授犯罪方法等方式产生联系,很多"兴趣相投"的人会合伙开设美容店,共同销售美容针剂类假药。我们甚至发现了有些犯罪嫌疑人建立了"互助同盟"微信群,将同样销售美容针剂类假药的"同行"拉入群中,分享销售经验,以及逃避监管和侦查的方法,比如撕毁美容针剂说明书、外包装,人货分离等。

三、防控对策

微整形领域销售假药犯罪易发、多发的原因是多方面的,我们认为,要防控此类犯罪,必须疏堵结合,才能标本兼治。

(一)破解供需不平衡难题,引导合理消费

首先,科学提高正规产品的有效供给。有效供给是商品质量、价格与数量、种类上与市场契合度较高的一种理想状态,从微整形领域的药物市场上看,正是由于正规药品价格高、种类少以及药品注射收费高等因素相结合,使得部分正常消费倒向假药市场。要解决上述问题,一是在保证药品质量的基础上降低药品价格。国家药品管理局对于微整形领域内的药品管理相当严格,保证了该领域内药品质量也间接造成了某种程度的高价,从而产生"劣币驱逐

良币"的现象。应适当采用降低进口药品关税及国内生产企业税率等方式，以降低现有正规药品的市场定价，提高正规药品的市场竞争力和占有率。同时，鼓励其他药品研发企业加大同类药品的研制力度，增加市场上同类药品的种类，形成良好的市场竞争氛围。二是增加药品种类以满足不同层次的需求。以肉毒素为例，我国仅批准了两种A型肉毒毒素，而所谓"第二代A型肉毒毒素"和B型肉毒素等没有任何批准品牌，无法满足不同层次的消费需求。由此可见，应加大研究投入，持续推动医疗美容领域新药品的研发和引进，以满足消费者的多元化需求。

其次，要加强正面引导及宣传教育，消解一些不合理的市场需求。一方面加强宣传教育，引导民众形成正确的微整形消费观念。通过各大媒体普及微整形中的正规药品购买路径和微整形相关知识，揭露假药危害。适当发挥公众人员的示范引领作用，呼吁民众正确形成正确的容貌观念，减少过度消费，共同抵制微整形领域的假药。另一方面，引导正规消费。由政府建立微整形服务行业指导名录，将微整形中的药物、服务价格，正规机构名单等以一定形式向社会公布。由行业协会组织开展医美咨询服务，为消费者提供正确的指引，引导消费者到正规医疗美容机构，接受必要的医疗美容服务。限制金融机构开设或为医美消费过度者提供整容贷、消费贷等贷款产品，降低不理性消费可能。

（二）构建多元化综合监管体系，提升监管实效

根据犯罪学中的一个重要理论——破窗效应，如果一个违法犯罪行为没有受到有效的遏制而被放任存在，久而久之会有更多的人予以效仿，所以加强对违法犯罪行为的监管，是防控犯罪的有效途径之一。为形成科学有效的综合监管机制，提升监管实效，应建立政府监管、行业自律、社会监督相结合的多元化综合监管体系。

一是加强政府监管力度。卫生部门、药监、海关、人社、网信、公安等部门应创新监管执法手段，加大联合执法力度，提升监管实效。药监部门应加强对生活美容机构及药品、化疗器械生产经营企业的监督检查，仔细排查每一条投诉举报线索，依法打击非法制售药品、医疗器械行为。海关部门应加强对过境货物的检查，严厉打击走私药品、医疗器械行为，防止海外医美药剂未经批准就直接流入国内。人力资源社会保障部门应加强对职业技能培训机构的监管，查处违规开展非法医美培训行为。网信部门应充分利用大数据加强对互联网不良信息和虚假宣传广告的监测，查处未经审查和未按照《医疗广告审查证明》违法发布医疗美容广告的行为。公安机关应配合行政机关开展联合执法，对构成刑事犯罪的及时立案侦查。

二是发挥行业自律作用。行业协会通过在会员协商一致的基础上制定的行业规则实行自律管理,是一种典型的自治性民间社会组织。当出现法律缺位或有局限的情况时,行业协会制定的行业规则就成为法律的一种重要补充和替代①。医疗美容作为一个新兴行业,其行业规模和行业影响还在不断扩大的过程中,中国整形美容协会应充分发挥起行业自律作用,制定行业管理规范和技术标准,制定统一的医疗美容执业医师标准和考核机制,推动行业诚信建设,协助政府主管部门做好行业监管工作。同时,推动建立医疗美容信息公开网络,定期向公众公布正规的医疗美容机构和执业医师名录、可从事的医疗美容项目等级、医美药械审批情况及从业机构及人员违法违规情况等,建立规范有序的整形美容市场秩序,促进行业健康有序发展。

三是引导公众参与社会监督。要有效治理医疗美容市场,还需充分调动社会各方的力量来参与和配合,通过营造社会共治、全民参与的良好氛围来增强非法医美监管活动的广泛性。对于在居民楼里开设非法医美机构的行为,出租方、中介机构、居民委员会、村民委员等应共同加强对出租屋的管理,掌握承租者的实际使用用途,严禁出现生活住宅商用的情形出现。对于利用微信、淘宝等网络平台进行非法销售和虚假宣传的不法从业者,电子商务平台、社交平台应深化监管责任,配合网信部门加强医疗美容药品的网络销售大数据监测,堵塞网络违法宣传和销售渠道。借鉴民航、环保领域的成功经验,探索建立医疗美容服务社会监督员制度,支持群众参与医疗服务的监管。依托"12320"公共卫生热线、"12345"便民热线等,建立健全医疗服务投诉举报平台,畅通投诉举报渠道,完善投诉举报线索排查和反馈机制,鼓励公众积极提供违法违规线索。

(三) 加大违法行为处罚力度,形成有效震慑

行政处罚方面,对于销售美容针剂类假药及伴随的非法行医行为,尚未构成刑事犯罪的,市场局、卫计委应分别进行行政处罚出,在法定幅度内,罚款从重。同时,各级药监部门应《药品安全"黑名单"管理规定(试行)》,确立药品安全"黑名单"制度,一旦违法违规者被处以刑事处罚,或被两次处以行政处罚,都应当被列入"黑名单",并被禁止在一定年限内从事与药品行业相关的生产、销售工作,同时违法违规记录将被纳入社会信用体系。

刑事处罚方面,销售美容针剂类假药犯罪整体判决较轻的原因主要是,反

---

① 麦途燕:《我国医疗美容监管存在的问题及法律对策》,广东财经大学 2016 年硕士学位论文。

映网络销售情况的电子证据缺失及实物的灭失,导致大量已销售产品无法被认定为假药,已销售数额无法被准确计算,故仅能以少量待售的囤货作为销售数额予以认定。故应当加大对销售美容针剂类假药犯罪行为的侦查取证力度,对已销售记录的电子证据要及时恢复和固定,重点收集已售假药和待售假药同一性的证据,确保已售情况能够有效认定,提高量刑,形成有效震慑。

危害食品安全犯罪刑事治理的政策性检视

张伟珂*

2019年初,公安部整合多个业务局相关职责,专门组建了食品药品犯罪侦查局,整合打击职责、加强打击力量,强化危害食品安全犯罪的刑事治理。可以说,在部委层面成立新的专业性的危害食品安全犯罪侦查力量,是国家完善执法队伍建设以推动食品安全犯罪治理的重大举措,有助于从专业角度深层次系统探索危害食品安全犯罪刑事治理的法治路径。基于此,从刑事政策角度检视危害食品安全犯罪治理的现状,对于未来运用专业力量提高该类型犯罪防治与惩办效果具有重要意义。

一、危害食品安全犯罪刑事政策及其贯彻

(一)刑事政策的基本导向:从严惩治

宽严相济的刑事政策是当前我国的一项基本刑事政策,危害食品安全犯罪刑事治理也应当受其制约。按照最高人民法院《关于贯彻宽严相济刑事政策的若干意见》的要求,"贯彻宽严相济刑事政策,要根据犯罪的具体情况,实行区别对待,做到该宽则宽,当严则严,宽严相济,罚当其罪……要全面、客观把握不同时期不同地区的经济社会状况和社会治安形势,充分考虑人民群众的安全感以及惩治犯罪的实际需要,注重从严打击严重危害国家安全、社会治安和人民群众利益的犯罪"。据此,贯彻宽严相济的刑事政策,绝不是一味地强调"以宽济严",以表明对"严打"导向下"从重从快"的反思与检讨。相应的,对于某一种犯罪采取何种立场,需要结合特定时期的犯罪形势和社会发展状况。就此而言,在宽严相济刑事政策视野下,危害食品安全犯罪治理应当坚持适度从严的基本立场。

---

* 张伟珂,中国人民公安大学法学与犯罪学学院副教授、硕士生导师,法学博士,中国人民公安大学食品药品与环境犯罪研究中心副主任。

"刑事政策作为犯罪治理的策略，表达了包括政党、国家以及社会群体乃至普通公民参与犯罪治理的集体努力，是国家对犯罪态势评估以及在此基础上作出的回应性策略。"① 因此，国家政治话语和社会公众观念上对食品安全问题的认识决定了当前危害食品安全犯罪治理的政策导向。一方面，在国家政治语境中，食品安全形势虽然有所好转但仍较为严峻，故而强调严厉打击的政治立场。2019 年 5 月 9 日通过的中共中央、国务院《关于深化改革加强食品安全工作的意见》（以下简称《意见》）强调，"我国食品安全工作仍面临不少困难和挑战，形势依然复杂严峻……违法成本低，维权成本高，法制不够健全，一些生产经营者唯利是图、主体责任意识不强；新业态、新资源潜在风险增多"。在对食品安全形势客观评价的基础上，意见提出"必须深化改革创新，用最严谨的标准、最严格的监管、最严厉的处罚、最严肃的问责，进一步加强食品安全工作，确保人民群众'舌尖上的安全'"。这也成为未来国家推动食品安全战略进程中食品安全保障体系建设和法治发展的总体要求。另一方面，在社会公众观念中，食品安全风险依然较大，从而奠定了从严惩治的社会基础。与国家决策层面对食品安全风险的整体评估相吻合，社会公众对食品安全的满意度也多年保持低迷之态。江南大学食品安全风险治理研究院于 2013 年至 2017 年连续对公众食品安全满意度进行调查，结果显示期间公众满意度虽有小幅上升的态势但总体仍然较为低迷且保持稳定（见图 1）。而满意度不高的背后实际上是公众对食品安全现状的不满以及未来食品安全保障的不安感。研究认为，虽然我国的食品安全事件有技术层面的不足等客观原因，但是目前更多地表现的是由生产经营主体的违规违法的人源性因素造成的。这一状况在短时间内难以得到有效改观。这是造成我国食品安全领域公众满意度在短时期内难以得到根本性逆转的原因所在。② 基于上述分析，笔者认为，在食品安全领域贯彻宽严相济的刑事政策，应当恪守从严惩治的政策导向。

---

① 石聚航：《刑事政策司法化：历史叙事、功能阐释与风险防范》，载《当代法学》2015 年第 5 期。
② 参见尹世久等：《中国食品安全发展报告 2018》，北京大学出版社 2018 年版，第 256~259 页。

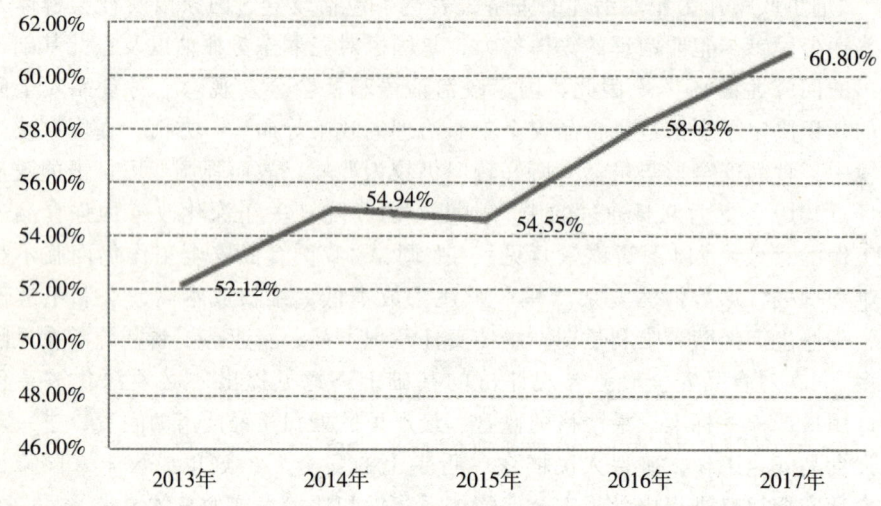

图 1：2013 年至 2017 年十省市受访者食品安全满意度状况①

（二）危害食品安全犯罪刑事政策的具体实践

1. 立法层面的政策贯彻：最严厉的惩罚

从法定刑来看，1997 年刑法修订以来危害食品安全犯罪一直保持较重的刑罚配置。典型表现就是《刑法》第 144 条生产、销售有毒、有害食品罪的法定最高刑为死刑。然而，为了更好地保证食品安全，对现行食品安全制度加以补充、完善，《刑法修正案（八）》对刑法中主要的危害食品安全犯罪立法做了修正，体现在以下几个方面：（1）完善了刑罚配置，取消单处罚金刑和拘役刑。即取消刑法第 143 条生产、销售不符合安全标准的食品罪、刑法第 144 条生产、销售有毒、有害食品罪中单处罚金刑的规定，同时对刑法第 144 条取消拘役刑。（2）将严重情节作为加重处罚条件。在《刑法》第 143 条、第 144 条第二档刑罚中，增加了"其他严重情节"的构成条件；在第 144 条第三档刑罚中，增加了"其他特别严重情节"，删除了"对人体健康造成特别严重危害"的表述。（3）完善了销售金额的有关规定。为解决在适用罚金刑中有的犯罪的销售金额难以认定的问题，将原来倍比罚金制改为不在规定具体的罚金数额。②

除了上述修改，在该修正案中，立法机关将《刑法》第 143 条原罪状中

---

① 数据来源于尹世久等：《中国食品安全发展报告 2018》，北京大学出版社 2018 年版。
② 参见全国人大常委会法制工作委员会刑法室编：《中华人民共和国刑法修正案（八）条文说明、立法理由及相关规定》，北京大学出版社 2011 年版，第 81～86 页。

的"食品卫生"改为"食品安全",客观上因食品安全外延更为宽泛而严密了刑事治理的法网。然而,总体来看,由于此次对危害食品安全犯罪两个条款的修订以加重法定刑为主,故而体现了立法领域从"最严厉的惩治"的角度贯彻刑事政策。

2. 司法层面的政策贯彻:最严密的监管

笔者认为,司法层面贯彻宽严相济刑事政策的典型表现不在于司法机关在打击危害食品安全犯罪领域的具体表现(下文将对其展开阐述),而在于通过制定司法解释而体现出从严惩治的立场——最严密的监管。

为依法惩治危害食品安全犯罪编织严密的刑事法网,进一步加大对危害食品安全犯罪的打击力度,最高人民法院、最高人民检察院发布了《关于办理食品安全刑事案件适用法律若干问题的解释》(以下简称《食品解释》),① 主要从两个方面贯彻"最严密的监管"。首先,通过完善不法行为类型严密法网。由于刑法只是规定了生产、销售行为入罪的标准,因此,对于运输、储存伪劣食品等行为该如何处理不无争议。为此,《食品解释》第 14 条规定了共犯的认定标准,即明知他人生产、销售不符合食品安全标准的食品,有毒、有害食品,而为其提供资金、贷款、账号、发票、证明、许可证件的,提供生产、经营场所或者运输、贮存、保管、邮寄、网络销售渠道等便利条件等,就可以按照共犯论处。其次,通过转换证明对象降低举证难度而严密法网。《食品解释》第 1 条以列举的方式将四种情形认定为"足以造成严重食物中毒事故或者其他严重食源性疾病"。通过这一规定,将食品安全风险这一专业性较强的证明对象转换为是否符合食品安全标准的事实证明,有助于强化犯罪治理的效果。

二、危害食品安全犯罪的刑事治理困境

如上所述,立法领域和司法领域分别从不同角度强化从严惩治的刑事政策。然而,在笔者看来,立法层面偏重于最严厉的惩治这一立场与司法层面最严密的监管这一导向存在刑事政策执行上的错位,并由此导致了危害食品安全犯罪刑事治理的困境。

(一)危害食品安全犯罪领域立法政策与司法政策的错位

首先,在立法层面,贯彻从严惩治的刑事政策,应当坚持"最严密的监

---

① 陈国庆、韩耀元、吴峤滨:《〈关于办理危害食品安全刑事案件适用法律若干问题的解释〉理解与适用》,载《人民检察》2013 年第 13 期。

管"而非仅仅以"最严厉的惩罚"为导向。按照刑法理论的通行观点,严而不厉的刑法结构是有利于刑法运作、确保刑法机制顺畅的最佳形式。① 在规范层面强化犯罪治理的效果需要建构科学的刑法结构体系,不管是从全部犯罪还是某一领域的特定犯罪。然而,从犯罪类型来看,当前的危害食品安全犯罪刑事立法存在法网粗疏的缺憾。而在应然或合理的犯罪圈之内,增设罪名意味着严密法网,② 可以提高对严重危害社会行为的惩治效果。故而在立法层面,通过丰富不法行为类型、增加罪名数量是实现从严惩治的路径之一。遗憾的是,基于从严惩治的政策导向,《刑法修正案(八)》仅仅关注到了刑罚配置的不合理,按照"最严厉的惩罚"这一标准对该类犯罪的法定刑进行调整,却忽视了刑法立法更重要的职能——合理设定犯罪圈并明确犯罪的构成标准。由此造成的结果是,随着网络技术的迅猛发展和专业分工的日益细化,刑法规范在应对食品安全犯罪治理时显得消极滞后。客观而言,加重法定刑也是实现从严惩治的路径之一,从危害食品安全犯罪给公共安全、市场秩序带来的潜在风险和严重后果来看,这种刑法配置也难言一种苛厉的刑罚——没有超出犯罪属性所需的刑罚量。③ 但是,在忽略了犯罪圈是否科学合理的情况下,一味强调刑罚的严厉性,只是强化了对特定犯罪的惩治力度,无助于从整体上对该类犯罪予以从严治理。

其次,在司法层面,贯彻从严惩治的刑事政策,应当坚持"最严厉的惩罚"而非偏向于"最严密的监管"。对于司法活动而言,应当在坚持罪刑法定原则的前提下及时有效地对将刑罚现实化。当然,在此基础上如果能够坚持从严惩治的导向则更具合理性。但是,在危害食品安全犯罪领域,刑事司法以"最严密的监管"为导向则有本末倒置之嫌。一方面,在从严惩治的政策导向下,司法行为的主要职能是对于查证属实的犯罪行为在罪刑均衡的前提下适度从严。正如最高人民法院、最高人民检察院、公安部、司法部《关于依法严惩危害食品安全犯罪活动的通知》所要求的,对危害食品安全犯罪分子的定罪量刑,要从严控制对危害食品安全犯罪分子适用缓刑和免予刑事处罚。另一方面,在从严惩治的政策导向下,司法机关执行"最严密的监管"固然是刑事政策的应有之义,但是应当注意实现路径的选择。在笔者看来,司法机关实现严密监管的方式应当是通过合理解释弥补法律漏洞,而不是突破刑法规范的文本含义扩大犯罪圈。对此,虽然《食品解释》强调是为了犯罪治理编织严

---

① 储槐植、宗建文等:《刑法机制》,法律出版社2004年版,第12~14页。
② 白建军:《犯罪圈与刑法修正的结构控制》,载《中国法学》2017年第5期。
③ 王志祥、韩雪:《刑法结构优化论》,载《人民检察》2016年第23期。

密的刑事法网而明确了部分行为的入罪标准,但这恰恰是通过将行政违法行为犯罪化的方式实现的,与司法解释的职能不无冲突——本质上是将不具有相应危险性的行为解释为犯罪行为,有司法解释立法化之嫌。因此,司法层面本应当以"最严厉的惩罚"为主来实现从严惩治的刑事政策,但是却选择了"最严密的监管"这一本属于立法层面的实践方式,从而导致政策执行出现错位。

(二)危害食品安全犯罪刑事治理的实践困境

当然,立法与司法层面刑事政策的错位并非根本性的政策失误,而是在实现路径的两种导向之间出现了局部性偏差,因此,依然取得了颇为显著的成效。然而,办案规则固化、犯罪监管疏漏、量刑轻缓化等问题也不容忽视。

1. 办案规则固化、滞后。要达到从严惩治的目标,除了在立法层面严密法网,提高法定刑配置,更重要的是在司法层面上实现及时、有效的规则并准确量刑。然而,由于我们在司法层面上只是关注规范性的解释问题,忽略了办案规则的改革与探索,从而导致传统的办案方法难以解决犯罪的证明问题,也在很大程度上削弱了解释规则的实践效果。笔者在调研中发现,不管是公安机关还是司法机关,大多固守传统的办案规则,从自然犯和传统法定犯的视角去把握危害食品安全犯罪中因果关系、犯罪数额、主观明知以及食品安全风险等要素证明,导致影响犯罪认定及其责任程度的关键要素难以被查证或者在初步证明的情况下难以有效区分危害性程度。以因果关系为例,由于缺乏与危害食品安全犯罪特点向适应的判定标准,无法明确不法行为与相关危害后果之间的因果联系,导致量刑差异化上的因素被忽略掉甚至导致案件难以认定。[①]

2. 犯罪监管网络不严。由于在立法层面偏重于"最严厉的惩罚",因此,忽视了对犯罪类型的调整以及对罪状的完善。由此导致的问题是:(1)罪名较少而限制犯罪圈的范围。当前的犯罪类型是以经营方式为基础结合非法添加成分的毒害性而做出的分类,对于过失犯罪和生产、销售行为以外的其他不法行为难以进行充分评价,导致法网疏漏影响从严惩治的司法效果。(2)立法技术不规范导致犯罪认定混乱。现行刑法条文没有使用食品安全领域的专业用语来表述构成要件,导致犯罪认定困难。如《刑法》第144条中的"有毒、有害的非食品原料"并非规范用语,从而引发了关于有毒、有害的非食品原料认定标准的巨大争议。

3. 量刑轻缓化突出。既然立法上通过刑法修正而提高了危害食品安全犯

---

① 张伟珂:《危害食品安全犯罪刑事司法政策研究》,载《中国人民公安大学(社会科学版)》2017年第3期。

罪的法定刑，但是有学者实证研究发现，"法官多有从轻处理的倾向，食品犯罪案件全国有期徒刑刑期均值及中位数远远低于法定刑中线，缓刑适用率也远远高于全国平均水平，罚金数额总体偏轻，反映出司法实践并未贯彻对食品犯罪从严的刑事政策"。① 而笔者通过缓刑适用状况的研究也发现，缓刑宣告与禁止令适用比例严重不协调，司法机关对于判处缓刑的犯罪人没有禁止令规则强化刑罚裁量与执行效果。② 造成这一结果的原因之一是，要达到从严惩治的目标，需要公安机关强化证据收集尤其是罪重的证据，如危害后果、风险程度、经营时间和数量等，同时要求司法机关慎用缓刑等量刑规则。然而，由于立法与司法政策均忽视了从严惩治政策对执法办案的要求，致使公安司法机关往往以完成定罪为主要目标而忽视了罪重方面的量刑情节之收集、证明与运用，导致量刑轻缓化的问题十分突出。

三、刑事政策视野下刑事治理的路径转换

可以说，从立法机关到司法机关，都在从不同角度积极贯彻从严惩治的刑事政策，实现"四个最严"的监管标准。但是，从重典到重罚，似乎并非一蹴而就；量刑轻缓化的司法现状，说明我们对重典的追求也没有达到重罚的理想效果。事实上，立法修订的成效是否能够落到实处，既与立法的科学性密切相关，也与公安司法机关是否能够及时认定犯罪以及证明刑事责任的轻重有很大关系。为此，针对政策错位所导致的实践困境，笔者认为，危害食品安全犯罪的刑事治理，应当关注以下两个层面。

（一）立法层面：严密刑法网络

《意见》在关于"最严厉的惩罚"部分提到要"推动危害食品安全的制假售假行为'直接入刑'。"这说明在国家决策层面已经意识到了危害食品安全犯罪刑事立法的疏漏，而要实现"最严厉的惩罚"，就必须首先建构严密的刑法网络。当然，值得注意的是，这里所提及的危害食品安全的制假售假行为"直接入刑"不等于"一律入刑"。哪些制假售假的行为可以增设在刑法中作为犯罪来处理，需要考虑法益保护与刑法谦抑的协调，尤其不能混淆行政违法与刑事犯罪之间的界限。其实，在理论上，对于完善危害食品安全犯罪的刑事立法，学者们已经进行了诸多探讨，从危害食品安全犯罪对公众安全与健康的侵害性来看，这些观点均具有一定的合理性，与《意见》提出的危害食品安

---

① 章桦：《食品安全犯罪的量刑特征与模型构建》，载《法学》2018 年第 10 期。
② 张伟珂：《危害食品安全犯罪刑事司法政策研究》，载《中国人民公安大学（社会科学版）》2017 年第 3 期。

全制假售假行为"直接入刑"的政策导向相吻合。但是,从刑事立法的规范性考量,这些观点的可行性值得商榷,涉及以下方面:(1)从行为方式来看,应当拓宽危害食品安全犯罪的行为类型,但不宜增设持有型犯罪。言之前者,是因为危害食品安全犯罪的类型不仅有生产、销售,而且包括了食品的贮存与运输。尤其是在物流产业和网络交易发达的背景下,独立于生产、经营的贮存和运输环节对于食品安全影响极大,将其作为独立的犯罪类型具有必要性。言及后者,对于增设持有型犯罪的观点,笔者难以认同。我国刑法中的持有型犯罪往往是具有危害社会公共安全的高度风险的行为,而危害食品安全犯罪中的有毒、有害食品(不符合安全标准的食品)的毒害性的程度差异较大,大多数达不到危害公共利益的紧迫程度,因此,不宜增设持有型犯罪,而对于将预备行为实行犯的做法也要审慎为之。(2)从罪过形式来看,在危害食品安全犯罪中增设过失犯的规定是合理的。但是如何设定危险犯应当慎重。笔者认为,危险犯的设定应当根据食品本身的危险性进行区分。危害食品安全犯罪的法益侵害性程度往往以食品本身的安全性为核心,因此,生产经营的食品的毒害性不同,在立法上应当有所区别。对于非法添加一般毒害性物质或者其他不符合食品安全标准的食品,增设以实害结果为成立条件的传统过失犯更为合理。当然,对于在食品中掺入了剧毒等有毒、有害非食品原料的过失行为,可以仿照妨害传染病防治罪立法模式专门增设过失犯。(3)从行为对象来看,考虑到现行立法规范可以有效解决食品添加剂的违规生产经营问题,因此,不需要专门增设这一新罪名。

(二)司法层面:探索犯罪处理新思路

危害食品安全犯罪涉及的主要罪名是《刑法》第143条和第144条。结合犯罪构成要件,影响法益侵害性的要素可以分为两个层面:(1)影响犯罪成立的要素。主要包括《刑法》第143条规定的是否存在足以造成严重食物中毒或者其他严重食源性疾病的危险状态,《刑法》第144条的有毒、有害非食品原料,以及主观明知的认定等。(2)影响从重或者加重处罚的情节。比如不符合安全标准食品的危险性程度、涉案金额、危害后果等。然而,从司法实践来看,侦查机关围绕犯罪成立搜集证据的办案导向忽略了对其他量刑事实的查证,审查起诉以及审判阶段沿袭传统犯罪领域的证据审查规则而忽视了此类案件证明对象的特殊性。这些因素共同导致危害食品安全犯罪的司法实践难以满足从严惩治的效果,成为量刑轻缓化的诱因之一。基于此,笔者认为,按照从严惩治危害食品安全犯罪的政策导向,公安司法机关应当正视此类犯罪的特殊性,然后在此基础上侧重于相关事实的司法证明。

首先,危害食品安全犯罪的特殊性决定应当转变办案观念,以强化量刑效果。与其他扰乱市场经济秩序犯罪和危害公共安全犯罪不同,危害食品安全犯罪的法益侵害性与食品中非法添加物质、食品性状有密切关系。在技术层面是否有效查实食品中存在某种非法添加的化学物质以及食品性状恶化程度,是犯罪认定以及量刑的关键。基于此,一方面,要准确把握食品安全风险对量刑的影响。食品中非法添加物的适用范围、含量多少是影响法益侵害性程度的重要因素,办案人员不仅要把检测报告作为认定犯罪的依据,而且要重视检验报告所载明的含量、属性对量刑的影响。另一方面,由于受客观条件制约,食品安全技术并不能充分有效地为食品安全司法评估提供保障。故而办案人员应当避免过于依赖国家标准,在通过检验检测技术难以直接得出司法结论的前提下,积极依托于《食品解释》所允许的参考专家评估意见等方式确认不法行为的危险性,探索、拓宽取证的规范化路径,即要通过检测报告、专家意见确定是否存在法定危险以及对法益的侵害性程度,从而在量刑时作为确定刑罚轻重的重要依据。

其次,危害食品安全犯罪的特殊性决定应当拓宽证明思路,以强化量刑效果。如果说生产、销售涉案食品对公共安全所造成的危险是影响犯罪成立的重要因素,那么犯罪数额、危害后果的证明对于实现从严惩治的效果具有重要意义。在此,笔者围绕两个方面探讨证明思路的转变:(1)销售数额的证明思路。犯罪数额主要包括生产但未销售产品的货值金额和产品出售以后核算的销售金额。由于货值金额可以根据现场查货的涉案产品数量予以证实,因此,销售金额的证明是难点所在。从司法实践来看,除了个别地方法院采取公平原则等方式酌情确定销售金额外,大多地方的司法机关没有明确的规则,以至于公安机关在办理此类案件时大多以食品危险性作为评价标准而不去搜集销售金额的证据。笔者认为,销售金额的确定可以采取推定规则,即在行为人无法充分履行《食品安全法》规定的索票索证、留票留证义务的基础上,推定案发以前销售的食品与导致案发的食品具有同类性状,然后结合销售时间、单位时间内的销售量来综合评价销售金额。(2)因果关系的证明思路。危害食品安全犯罪中因果关系判定不同于一般案件,大多数案件难以直接确定某种伤害结果是否有伪劣食品所引起。亦如在三聚氰胺案件中,其毒性并非剧毒、高毒物质,对于婴幼儿造成的伤害后果往往具有漫长的潜伏期。既往能够认定为造成严重后果的案件通常是食品中被掺入了剧毒物质而直接导致人员伤亡的情形。鉴于此,笔者认为,应当在食品安全领域通过指导性案例等方式确定疫学因果关系的法定标准,明确具备何种条件可以将伤害后果与不法行为的事实联系,进而归责于生产经营行为。否则,难以充分评价行为人的刑事责任,更遑论从严惩治。

食品药品领域犯罪的防控与治理
——以 G 省 F 市 2012~2018 年司法审结的案件为样本

付 余[*]

食品药品问题事关百姓的身体健康和生命安全，是中国 13 亿人口的头等大事，制约着社会的和谐与稳定，但市场上个别商家唯利是图，为了降低成本，追逐高额利润，生产有毒有害的食品、药品，如"三鹿奶粉""瘦肉精""假疫苗"等事件，引起了社会公众的高度关注。食品药品问题的层出不穷，引起了中央的高度关注。习近平总书记在 2016 年全国卫生与健康大会上指出，没有全民健康，就没有全民小康。食品药品安全关系人民群众身体健康和生命安全。2011 年 5 月 1 日施行的《刑法修正案（八）》加大了对食品药品犯罪的打击力度，彰显了中央高度惩治食品药品犯罪的决心，但食品药品犯罪的形势依然严峻。为此，文章对 2012 年至 2018 年 G 省 F 市所有法院审结的食品药品领域犯罪案件进行梳理，总结犯罪规律，并提出相应的防控和治理对策。[①]

一、G 省 F 市食品药品犯罪的整体现状

笔者对 G 省 F 市 2012 年至 2018 年所有涉及食品药品犯罪领域的案件进行了统计，[②] 食品药品领域犯罪涉及的罪名主要有生产、销售有毒有害食品罪，生产销售假药罪，生产销售假冒伪劣产品罪，非法经营罪等。其中生产销售有毒有害食品罪 13 件，生产销售假药罪 10 件，非法经营罪 51 件，生产销售伪劣产品罪 25 件（如表一、图一）。

---

[*] 付余，西南政法大学博士研究生，广东省佛山市纪委监委副科级纪检监察干部，原佛山市人民检察院二级检察员。

[①] 案件样本选取来源于中国裁判文书网。

[②] 统计选取了 2012 年至 2018 年司法审结的案件为样本，因 2019 年的案件只能部分统计，为了便于统计样本的整体数量和特点，未选取 2019 年司法审结的案件作为样本。

表一

罪名	食品/药品	2012	2013	2014	2015	2016	2017	2018
生产销售有毒有害食品罪		1	2	3	3	1	1	2
生产销售假药罪		0	2	3	2	1	1	1
非法经营罪	危害食品安全	1	2	4	9	6	4	3
	危害药品安全	0	2	4	6	4	5	1
生产销售伪劣产品罪	危害食品安全	2	1	3	2	2	3	2
	危害药品安全	0	1	3	1	2	3	1

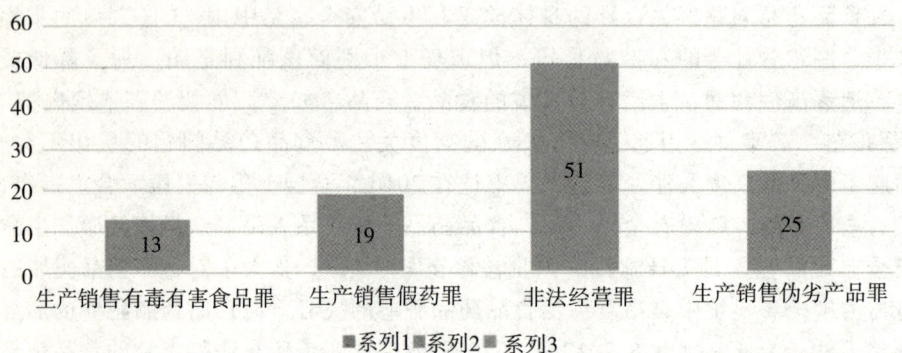

图一　2012~2018年G省食品药品领域犯罪案件

G省F市在全省食品药品领域的犯罪数据和形势呈现出中上水平，具有一定代表性。《刑法修正案（八）》出台后，G省F市对食品药品领域犯罪的案件打击力度加大，从案件数量看，2012~2015年，案件呈明显的上升趋势，尤其是危害食品犯罪案件，上升的幅度较大。影响较为恶劣的案件有：例如2015年F市公安机关打掉一条涉及广、佛、肇三地的加工销售病死猪犯罪团伙，每日销售病死猪肉7000余斤，被列为省督办案件；2016年，F市C区公安机关抓获一生产销售香港品牌（仿冒香港制造）的假药一批，网络销售范围涉及八个省，涉案人民币500余万元；2017年央视《焦点访谈》曝光广西省某市和G省F市生产销售掺假花生油，F市公安机关共立案查处违法生产销售食用油案件200宗，查扣问题食用油30245.6公斤。

二、G省F市食品药品领域犯罪案件的特征

笔者对选取的案件样本进行统计，分别从定罪规律和量刑规律上进行实证

分析，针对食品药品领域犯罪的司法适用现状，找出其司法中的薄弱环节，为防控和治理食品药品领域犯罪提供对策和思路。

（一）定罪规律

笔者对选取的案例样本进行统计分析，发现案件在定罪上存在以下规律：

1. 犯罪对象特征：相对比较集中和单一

根据统计的案例，危害食品犯罪中，涉及非法经营罪的有29件，占危害食品领域犯罪案件数的49.1%。涉及的犯罪对象，其中22件是非法私自屠宰生猪肉并进行销售，占比76%。例如2015年，在F市C区张某非法经营案中，张某在未取得生猪屠宰证的情况下，宰杀外地运过来的生猪，并销往F市C区的各大市场，涉案金额高达1458956元，给当地的食品市场带来极大的安全隐患；危害药品犯罪案件中，涉及到疫苗和"人造血红蛋白"的案件有8件，占比19%，例如2017年，S区陈某、刘某在没有取得药品经营证的情况下，向同样不具有药品经营证的山东庞某、河南牛某等人购买用于注射于人体的二类疫苗，再将疫苗销售给其他不具有药品经营证的个人。陈、刘非法经营金额共计人民币810302元；陈某的违法所得大约60000元。

2. 犯罪个体特征：以个人犯罪为主

食品药品犯罪领域的常见罪名犯罪主体既可以是单位，也可以是个人。在统计的样本中，属于单位犯罪的有5件，其余全部是个人犯罪。单位犯罪涉及到的全部为危害药品安全领域的犯罪，其中非法经营罪有3件，生产销售假药罪的有2件。这说明食品领域犯罪通常是以个人为主，多以家庭为单位，需要的犯罪成本相对较低，通常不容易被发现；而药品领域犯罪，通常需要的犯罪成本较高，尽管以个人小作坊的形式生产销售假药也有不少，但购买制售假药的成本较高，需要较大的资金链，小作坊难以形成规模；而且犯罪分子以公司为幌子来进行销售，更加具有一定的犯罪隐蔽性。如2016年，沈某某等利用深圳汇通医药有限公司、湖南郴州华运医药有限公司、开封医药有限公司等三家医药公司非法进行复方磷酸可待因溶液、复方磷酸可待因口服溶液销售，共计销售811件，合计金额183万多元。这三家公司均不具有相应的销售资质，涉案时间跨度达八个月之久。

3. 案发环节特征：主要发生在销售环节

食品领域犯罪中，在销售环节被查出的49件，在生产环节被查出的有8件，销售环节所占比例为86%；药品领域犯罪中，在销售环节被查处的38件，在生产环节被查处的有4件，销售环节所占比例为90.5%。因此，99个案件样本中，销售环节所占比例远远高于生产环节，而且没有一个案件被定为生产假药罪。从销售环节来看，食品领域发生在市场的有31件，发生在饭店的有9件，发生在网络的有2件；药品领域发生在医疗机构（含卫生院）的有15件，发生在药店的有10件，发生在网络空间的有8件，发生在商场的有5件。其分布如下：（如图二、图三）

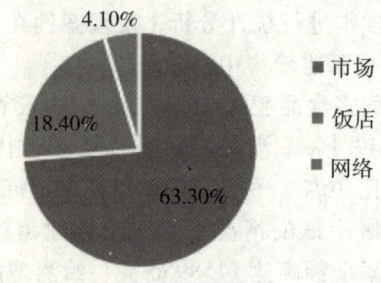

图二　食品领域犯罪案发场所分布图

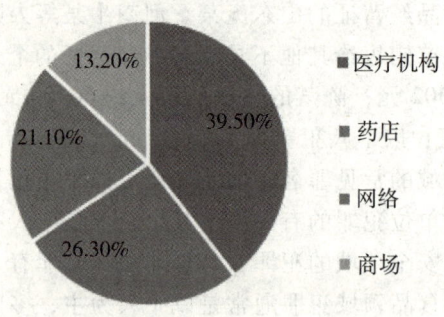

图三　药品领域犯罪场所分布图

从案例样本反映的情况看，食品药品犯罪均主要案发在销售环节，具有以下一些特点：（1）食品药品领域犯罪线索主要来源于群众举报，这也是销售环节占据较大比例的主要原因，生产环节相对比较隐蔽，而且没有产生社会危害，群众和执法机构难以发现。（2）网络销售环节呈现出上升趋势。随着互联网的高速发展，网络销售的商家越来越多，大型网络平台如淘宝、京东、美团、饿了吗等，小的网络平台更是发展的日新月异。网络平台的商家不计其数。因为电子商务的成本低，监管难度大，消费群体广，隐蔽性强等多种因素，在食品和药品领域的网络犯罪出现了上升趋势，涉案人数多，覆盖范围广，社会影响大成为了食品药品领域网络犯罪的突出特点。（3）无证市场、小型诊所成为食品药品安全的隐患地。食品领域犯罪中，发生在市场的比例最高，但这些市场主要以非正规市场为主，缺乏监管，食品进货渠道混乱；小型诊所本是方便社区居民，但却成为销售假药的一个聚集地，为了降低成本，小型诊所在进货渠道上未严格审核，导致不法商家以低成本的价格打入小型诊所的进货市场，让一些过期的、劣质的药品进入小型诊所，给社区居民身体健康带来极大的风险隐患。

（二）量刑规律

刑罚是最能反映犯罪的社会危害性大小，也能体现出刑罚的惩罚功能和预防功能。尽管《刑法修正案（八）》加大了对生产、销售假药罪的处罚力度，将危险犯修改为行为犯，并将倍比罚金刑修改为无限额罚金刑；将生产、销售有毒有害食品罪的最低刑由拘役刑上升为有期徒刑；另外增设了食品监管滥用渎职罪，从立法层面上加了刑罚的惩处力度，但立法的成果在司法中的成效如何，还需要从实践中来寻找答案。笔者根据统计的案例样本，发现量刑中有以下规律：

1. 量刑整体偏轻，犯罪成本偏低

食品领域犯罪中，被判处缓刑的有 78 人，被判处实刑的有 62 人。缓刑所占比例为 55.7%。在判处实刑的量刑档次中，经统计，判处拘役刑人数有 75 人，判处不满 1 年的有 20 人，判处 1 年以上 3 年以下的有 8 人，判处 3 年以上的有 10 人（如图四）。

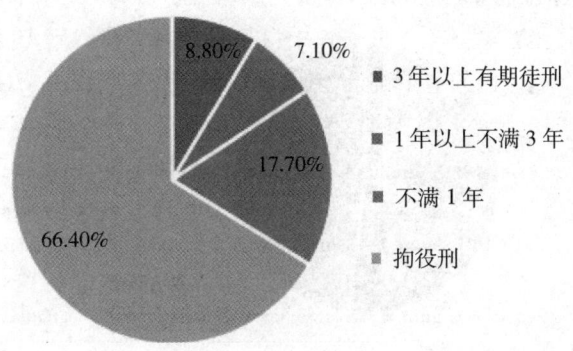

图四

从以上数据可以看出，尽管《刑法修正案（八）》加大了对食品药品领域犯罪的打击力度，但是司法机关的量刑程度明显偏轻缓化。在四个量刑档次中，第一量刑档次（拘役）和第二量刑档次（1 年以上不满 3 年）为主，之所以司法实践中出现这样的情况，与立法上的规定是密切相关的。根据《刑法》第 140 条、第 141 条、第 144 条、第 149 条的规定，生产、销售伪劣产品罪的认定标准是以数额为主，在大多数案件中，司法机关都是根据数额的标准选择对应的量刑档次，因为要证明"对人体健康造成严重危害""致人死亡"

或者"有其他严重情节"是由有毒有害食品或药品造成的因果关系较难证明，司法机关为了避免这一难题，以"严重情节"或"特别严重情节"来选择量刑档次，而没有去查明以上的事实，因此大量的案件选用了第一、二档量刑档次；当涉案数额较大时，涉及到法条竞合的问题，应该适用《刑法》第140条的规定，定生产、销售伪劣产品罪，直接以销售金额来确定量刑档次，这样更加避免了证明是否造成对人体健康的严重危害或致人死亡的因果关系。但实践中，"情节的严重程度"与是否"对人体健康造成危害"是完全不同的概念，过于追求司法的效率，会导致认定结果的不精准，放纵对犯罪分子的打击。

2. 罚金刑适用较多，但惩处的力度较轻

统计的案件样本中，罚金刑适用情况为：99个案件适用罚金刑的为98个，只有一个案件没有适用罚金刑。① 这体现了司法机关加大对食品药品领域犯罪的经济惩罚力度，不能让犯罪分子在经济上得逞，这充分体现了党中央对食品药品领域的从严惩处的决心和成效。② 从罚金数额与涉案金额的对比比例来看，罚金数额是涉案金额50%到1倍的占48%，罚金数额是涉案金额1到1.5倍的占22%，罚金数额是涉案金额1.5倍到2倍的占18%，罚金数额是涉案金额2倍以上的占12%（如图五）。

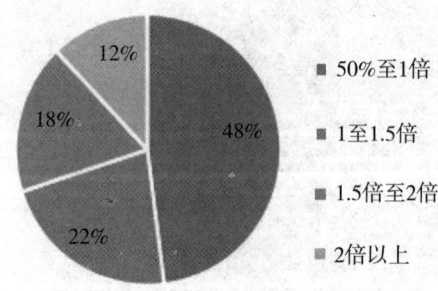

图五

从罚金数额与涉案数额的倍数可以看出，罚金刑的执行主要以涉案金额的50%到1.5倍为主，该区间执行的比例占到总数的70%。尽管《刑法修正案

---

① 该案件为销售假药案，涉案金额小，情节较轻，没收了查获的全部假药。
② 习近平总书记在国务院食品安全委员会第四次会议上作出重要指示：各级党委和政府及有关部门要全面做好食品安全工作，坚持最严谨的标准、最严格的监管、最严厉的处罚、最严肃的问责，增强食品安全监管统一性和专业性，切实提高食品安全监管水平和能力。

（八）》将《刑法》中第 141 条、第 143 条、第 144 条中的倍比罚金"50% 以上 2 倍以下"修改后无限额罚金，但司法实践执行情况来看，罚金刑仍然是按照以前的罚金刑执行比例，并未出现高额的罚金刑。2014 年 9 月 22 日，"两高"《关于办理危害药品安全刑事案件适用法律若干问题的解释》（以下简称《药品刑事案件解释》）第 12 条规定："犯生产、销售假药罪的，一般应当判处生产、销售金额的二倍以上的罚金。"该条规定明显严于《刑法修正案（八）》以前刑法规定的"50% 至 2 倍以下罚金"的程度，但案件统计的结果显示：生产销售假药罪的罚金与涉案金额的比例仅为 1.3 倍。① 因此，罚金刑的适用范围较广，但目前严厉程度仍然较轻。

3. 禁止令的适用较少，适用领域集中在食品领域

在调研的 99 个案件中，适用禁止令的仅有 4 个案例，都是集中在食品犯罪领域。其中非法经营罪有 3 个案件，生产销售伪劣产品罪有 1 个案件。这 4 个案例都是适用缓刑的同时适用禁止令，禁止被告人在缓刑考验期内从事食品生产、销售及相关经营活动。在食品犯罪领域适用缓刑的案件所占比例为 17.4%。药品犯罪领域只有 1 个案件在二审判决后适用禁止令，而药品犯罪领域适用缓刑的案件超过食品领域犯罪的一倍（如表二）。

表二

犯罪领域	罪名	适用禁止令
食品犯罪领域	非法经营罪	3
	生产销售伪劣产品罪	1
药品犯罪领域	生产销售假药犯罪	1

根据《药品刑事案件解释》第 11 条规定，对于药品领域犯罪，应当在适用缓刑的同时宣告禁止令，禁止其在缓刑考验期内从事药品生产、销售等相关活动。② 很明显，2014 年 9 月之后发生的药品领域犯罪案件适用缓刑的案件没有严格按照《药品刑事案件解释》去执行。例如刘某均在 C 区第二市场从外地药贩（在逃，另案处理）处购买"虫草补肾王""虎骨风湿根治王""硬长久""美国 V8""虎骨蛇粉风湿断根王"等药品，在未取得销售药品有关证照

---

① 根据生产、销售假药罪的 10 个案例来统计，罚金刑与生产、销售金额的比例为 50% 至 1.5 倍，比例的平均值为 1.3。

② 《药品刑事案件解释》第 11 条规定："对实施本解释规定之罪的犯罪分子，应当依照刑法规定的条件，严格缓刑、免于刑事处罚的适用。对于适用缓刑的，应当同时宣告禁止令，禁止犯罪分子在缓刑考验期内从事药品生产、销售及相关活动。"

的情况下进行"摆地摊"的形式销售,销售药品总值6000多元,从中获利2000多元,判处拘役3个月,缓刑6个月,罚金5000元。该案没有被适用禁止令,对于这种流动性极强的贩卖假药商贩,在司法实践中较为常见,如果不对这些流动商贩适用禁止令,则很可能会交完罚金后,将罚金作为犯罪成本,继续在当地进行销售假药,无法从根本上惩治假药犯罪。

三、加强对食品药品领域犯罪的防控与治理的对策建设

食品药品安全是老百姓生活中的头等大事,是关系13亿人民群众的身体健康和生命安全的重中之重。民生问题中,食品药品安全问题是每年人大代表提议中经常可以见到的议题。针对媒体曝光的各地食品药品安全事件以来,群众对食品药品犯罪的容忍底线多次受到挑战,老百姓一直在呼吁社会创造一个安全卫生的食品药品环境。如何构建一个健康安全的食品药品环境,除了政府要加大对食品药品生产和销售等环节的监督力度以外,还需要从现有的刑事政策入手,完善现有的刑事立法,在执法层面上加强对犯罪领域的打击与防控。根据统计的G省F市的食品药品司法审计案件,笔者从以下几个方面提出加强对食品药品领域犯罪的防控与治理的对策。

(一)优化现有的刑事政策

食品药品关乎民生领域,是重大民生工程之一。我们国家近几年来一直都在强调食品药品领域的安全,不断地加大对食品药品领域犯罪的打击力度。从立法的变化可以看出我国对食品药品犯罪的刑事政策态度,食品药品领域的犯罪从之前的结果犯到危险犯,再到现在的行为犯,这说明我国刑事政策是采取了风险控制不断迁移,注重预防,惩治与预防并重的模式。但从刑法上的规定来,食品药品领域犯罪放在第三章"破坏社会主义市场经济秩序罪",保护的法益重在保护食品药品领域的市场秩序,而不是人民群众的身体健康和生命安全。从统计的案例看出,食品药品领域犯罪的判决结果是重在修复被破坏的食品药品管理秩序,对危害市场秩序的犯罪行为进行威慑和惩治。笔者认为,现有刑事政策已经对惩治和预防食品药品领域犯罪起到了较好的效果,群众的满意度也逐渐提升,但需要完善的是将保护市场秩序法益调整为保护人民的生命和健康法益,则会取得更好地政治效果、社会效果和法律效果。① 2014年出台的《药品刑事案件解释》将禁止令纳入到药品犯罪被判处缓刑的适用中,剥

---

① 2018年最高人民法院工作报告显示:过去五年,我国加大对危害食品药品安全犯罪惩治力度,各级法院审结相关案件4.2万件。办理食品药品领域公益诉讼731件;起诉制售假药劣药、有毒有害食品等犯罪6.3万人,是前五年的5.7倍。

夺犯罪分子的继续犯罪资格和能力,增大对犯罪分子的罚金倍数,这些正是体现形势政策在朝着保护人民群众的身体健康和生命安全的方向在做调整。① 因此,尽管现有的形势政策在惩治食品药品领域犯罪上已经取得一定成效,但为了更好地保护人民群众的生命和健康法益,需要进一步加大惩治的力度,提高预防的能力。②

(二) 完善现有刑事立法

1. 将危害食品药品犯罪纳入危害公共安全犯罪

食品药品领域犯罪侵犯的客体不仅仅是食品药品的市场管理秩序,更重要的还有不特定对象的生命和健康权。③ 从统计的案例可以看出,食品药品领域犯罪带来的后果不但是对市场秩序的正常运行带来无法估计的损失,更加是对社会公众的生命和健康带来严重了的威胁。如2016年3月发生的全国震惊的山东非法疫苗案,涉案金额5.7亿,遍及全国24个省80个县市。在统计的案例中,有1个案件涉及非法购买和销售疫苗,通过网络渠道销售金额达52.3万元,销售范围涉及湖北、四川、广西等多个省份;再早以前的"三鹿奶粉"事件,更是导致了29.4万名婴儿出现泌尿系统异常。从犯罪构成要件来看,食品药品领域犯罪是完全符合危害公共安全犯罪的;实务中对食品药品领域的惩罚力度较轻与罪名的章节设置有较大关系。因此,将危害食品药品犯罪纳入危害公共安全犯罪,能更为有效地威慑食品药品犯罪分子,真正起到保护人民大众的生命和身体健康权。

2. 调整食品药品犯罪的量刑幅度

根据调研的案件,食品药品犯罪的量刑基本上都在第一量刑档次,而且以1年以下占主要比例,第二量刑档次占极少比例,第三量刑档次案件基本被虚置。由此可见,司法实践中对食品药品犯罪的量刑总体上偏轻。这与刑法的本身规定是有关的,《刑法修正案(八)》虽然对食品药品犯罪的条文进行了修改,但并未调整量刑档次,量刑幅度与2012年之前仍然一样。尽管修改后的罪名对于食品药品犯罪的定罪由危险犯转为行为犯,但量刑的幅度没有太大变化。实务中,大量的案件是在第一量刑档次幅度内,但最高量刑也仅为3年或

---

① 张伟珂:《危害食品安全犯罪刑事司法政策研究》,载《中国人民公安大学学报〈社会科学版〉》2017年第3期。
② 尹新瑞:《食品安全问题背后的风险社会逻辑——风险社会学视角下食品安全问题的治理路径》,载《未来与发展》2018年第1期。
③ 杨凯:《危害食品安全犯罪法规竞合初探》,载《甘肃政法学院学报》2013年第11期。

5年,大多数案件都集中在1年以内量刑。笔者参考2012年以前的判决,大量的案件也是集中在1年以下量刑,缓刑的适用也较为普遍。这与刑法的量刑设置是有很大关系。故笔者建议,将食品药品领域犯罪的第一量刑档次设置为5年以下,第二量刑档次设置为5年到10年,第三量刑档次设置为10年以上。将第一量刑档次的最高刑升高,有助于法官在量刑时综合考虑,平衡不同案件的量刑幅度;对待性质严重、情节恶劣的食品药品犯罪,不能仅因为涉案金额小而从轻量刑;对缓刑的适用应当更加慎重,压缩不当和扩大使用缓刑的空间。

3. 增设禁止令的适用条款

统计的案例中仅有食品领域犯罪的4个案件适用禁止令,药品领域犯罪只有1个案件适用禁止令。禁止令的适用率是相对较低的。食品药品行业具有技术性强、持续性强、起步容易的特点,犯罪分子再受到刑罚惩罚后,重操旧业的几率是很高的。① 对于某些需要特殊技术的行业,尤其是药品领域,如果仅仅是适用缓刑并处以罚金,对犯罪分子难以达到惩戒的效果。理由有三点:一是该行业需要有一定的技术水平;二是积累了一定的人力资源;三是需要一定的资金基础,当犯罪分子受到刑事处罚后,只是断绝了第三点的资源,其前两项资源仍然存在,只需要凑集资本,又可以"重起炉灶"了。

《刑法》第38、72条对管制和缓刑作了适用禁止令的规定,② 《食品安全法》第135条规定:"被吊销食品许可证的食品生产经营者及其法定代表人、主管人员和直接责任人员在处罚之日起五年之内不能申请食品生产经营许可,或者从事食品生产经营相关工作。"《药品刑事案件解释》对适用缓刑的作出了同时适用禁止令的规定。因此,立法上应当在食品药品犯罪的条文设置中增设禁止令的适用条款,扩大禁止令适用范围,减少犯罪分子再犯罪能力,加大犯罪成本。

(三) 改进刑事司法的策略

1. 完善量刑指导意见

食品药品犯罪不仅扰乱了国家对食品药品市场的监管秩序,更是对社会公

---

① 苏国平:《我国与发达国家食品监管体制比较研究》,载《中共宁波市委党校学报》2013年第2期。

② 《刑法》第38条第2款规定:"判处管制,可以根据犯罪情况,同时禁止犯罪分子在执行期间从事特定活动,进入特定区域、场所,接触特定的人。"《刑法》第72条第2款规定:"宣告缓刑,可以根据犯罪情况,同时禁止犯罪分子在缓刑考验期限内从事特定活动,进入特定区域、场所,接触特定的人。"

众造成了生命和健康的侵害,具有较为严重的危害后果。因为刑法将食品药品领域犯罪放在破坏社会主义市场经济秩序一章,容易让执法者将此类犯罪作为经济类犯罪定罪量刑,对此,理论和实务界都存在较多争议。通过调研 G 省 F 市的案件,也可以得出以下结论:案件的量刑普遍较轻,量刑不均衡的现象也个别存在。① 笔者认为,应加强对食品药品犯罪量刑的调研力度,在《人民法院量刑指导意见》中增设食品药品犯罪的相关罪名,使得法官在裁量的过程中有较为明确的参考标准,杜绝枉法裁判的现象发生。②

2. 加强罚金刑的惩罚力度

统计的案例显示罚金刑主要集中在 50% 至 1.5 倍于涉案金额,整体的比例较为偏低,达不到惩处的效果。食品药品行业犯罪是营利性犯罪,对此类犯罪只能在经济上予以严惩,才能达成惩罚和预防的目的。《药品刑事案件解释》明文确定了生产销售假药的罚金应当在生产、销售金额的二倍以上,在实务中,该司法解释必须要予以贯彻落实;对于食品领域犯罪,可以参照此规定,加大罚金刑的惩罚力度,让犯罪分子在经济上受到重大损失,提高其犯罪成本,达到预防犯罪的目的。

3. 减少缓刑的适用范围

从统计的案例可以看出,缓刑的适用比例较大,适用范围较广,基本涵盖了所有的食品药品犯罪行业,这种现象在其他地区也比较普遍。③ 那么,造成这种情况的主要原因在于量刑时过于注重涉案数额,而忽视了案件的社会危害性。2010 年 9 月 15 日,最高人民法院、最高人民检察院、公安部、司法部颁布的《关于依法严惩危害食品安全犯罪活动的通知》中明确指出,要从严控制对危害食品安全犯罪分子适用缓刑和免予刑事处罚。《药品刑事案件解释》中也明确规定了要严格缓刑、免于刑事处罚的适用。笔者认为,应当限制缓刑的适用范围,对于食品和药品中以下情形禁止适用:(1) 主要对象为婴幼儿、孕妇的食品、药品;(2) 用于危重病人使用的处方药品;(3) 有毒、有放射性的药品等。因为这些食品药品的特殊性,对社会造成的危害性相当大,也是赚取暴利的行业,一旦适用缓刑,不久又可以再重操旧业。因此,在适用缓刑的范围上必须要加以严格限制。

---

① 如王某涉嫌非法经营罪(食品领域),涉案金额为 18.90 万元,判处有期徒刑 8 个月;李某涉嫌非法经营罪(食品领域),涉案金额为 145.9 万元,判处有期徒刑 10 个月。

② 陈永法:《食品药品安全信息公开的多层次价值取向研究》,载《南京社会科学》2011 年第 10 期。

③ 许美:《生产、销售假药罪刑法适用调查分析》,载《人民检察》2013 年第 17 期。

图书在版编目（CIP）数据

现代社会与犯罪治理：中国犯罪学学会年会论文集.2019 年/黄河，葛迪主编．—北京：中国检察出版社，2019.9
ISBN 978－7－5102－2332－7

Ⅰ.①现… Ⅱ.①黄…②葛… Ⅲ.①犯罪学－学术会议－中国－2019－文集 Ⅳ.①D917－53

中国版本图书馆 CIP 数据核字（2019）第 195836 号

现代社会与犯罪治理
——中国犯罪学学会年会论文集（2019 年）

主　编：黄　河　葛　迪
副主编：岳向阳　徐　然　舒洪水

出版发行：	中国检察出版社
社　　址：	北京市石景山区香山南路 109 号（100144）
网　　址：	中国检察出版社（www.zgjccbs.com）
编辑电话：	（010）86423703
发行电话：	（010）86423726　86423727　86423728
经　　销：	新华书店
印　　刷：	北京宝昌彩色印刷有限公司
开　　本：	710 mm×960 mm　16 开
印　　张：	52
字　　数：	957 千字
版　　次：	2019 年 9 月第一版　2019 年 9 月第一次印刷
书　　号：	ISBN 978－7－5102－2332－7
定　　价：	150.00 元

检察版图书，版权所有，侵权必究
如遇图书印装质量问题本社负责调换